Código do Trabalho

ANOTADO E COMENTADO

Código do Trabalho

ANOTADO E COMENTADO

(aprovado pela Lei nº 7/2009, de 12 de fevereiro, com as alterações introduzidas pela Declaração de Retificação nº 21/2009, de 18 de março; pela Lei nº 105/2009, de 14 de setembro; pela Lei nº 53/2011, de 14 de outubro; pela Lei nº 23/2012, de 25 de junho; pela Declaração de Retificação nº 38/2012, de 23 de julho; pela Lei nº 47/2012, de 29 de agosto; pela Lei nº 69/2013, de 30 de agosto; pela Lei nº 27/2014, de 08 de maio; pela Lei nº 55/2014, de 25 de agosto; pela Lei nº 28/2015, de 14 de abril; pela Lei nº 120/2015, de 01 de setembro; pela Lei nº 8/2016, de 01 de abril; pela Lei nº 28/2016, de 23 de agosto; pela Lei nº 73/2017, de 16 de agosto; pela Declaração de Retificação nº 28/2017, de 02 de fevereiro; pela Lei nº 14/2018, de 19 de março; pela Lei nº 90/2019, de 04 de setembro; pela Lei nº 93/2019, de 04 de setembro e pela Lei nº 18/2021, de 08 de abril)

2021 • 6ª Edição

Paula Quintas
Professora do Ensino Superior
Doutora em Direito do Trabalho
Docente Especialista em Direito do Trabalho

Helder Quintas
Advogado

ALMEDINA

CÓDIGO DO TRABALHO
1ª Edição – Maio, 2006
AUTORES
Paula Quintas
Helder Quintas
EDITOR
EDIÇÕES ALMEDINA, S.A.
Rua Fernandes Tomás, nºs 76, 78 e 80
3000-167 Coimbra
Tel.: 239 851 904 · Fax: 239 851 901
www.almedina.net · editora@almedina.net
DESIGN DE CAPA
FBA.
CAPA: Edições Almedina, S.A.
PRÉ-IMPRESSÃO
EDIÇÕES ALMEDINA, S.A.
IMPRESSÃO E ACABAMENTO
PAPELMUNDE

Junho, 2021
DEPÓSITO LEGAL
484227/21

ALMEDINA | GRUPOALMEDINA

BIBLIOTECA NACIONAL DE PORTUGAL – CATALOGAÇÃO NA PUBLICAÇÃO
PORTUGAL. Leis, decretos, etc. Código do trabalho
Código do trabalho : anotado e comentado / Paula
Quintas, Hélder Quintas. – 6ª ed. – (Códigos anotados)
ISBN 978-972-40-9483-0
I – QUINTAS, Paula, 1965-
II – QUINTAS, Hélder
CDU 349

PAULA QUINTAS

OBRAS PUBLICADAS:

- *Casos práticos resolvidos de Direito do Trabalho,* 5ª ed., Almedina, 2021.
- *Legislação Turística Anotada,* 9ª ed., Almedina, 2020.
- *Manual Prático de Direito das Obrigações,* 3ª ed., Almedina, 2020.
- *Manual de Direito do Trabalho e de Processo do Trabalho,* 9ª ed., Almedina, 2020, em coautoria.
- *Código Civil (descodificado),* 2ª ed., Almedina, 2017.
- *Direitos de Personalidade do trabalhador,* Tese de Doutoramento, Almedina, 2013.
- *Novo (O) Regime Jurídico de Instalação, Exploração e Funcionamento dos Empreendimentos Turísticos,* Almedina, 2008.
- *Prática (Da) Laboral à Luz do Novo Código do Trabalho,* 4ª ed., Almedina, 2007, em coautoria.
- *Regime (O) Jurídico dos Despedimentos,* Reimpressão, Almedina, 2007, em coautoria.
- *Regime Jurídico dos Títulos de Crédito – Compilação anotada com Jurisprudência,* 2ª ed., Almedina, 2007, em coautoria.
- *Regulamentação do Código do Trabalho,* 3ª ed., Almedina, 2006, em coautoria.
- *Problemática (Da) do Efeito Direto nas Diretivas Comunitárias,* Dixit, 2000.

ARTIGOS PUBLICADOS:

- *O novo regime do contrato a termo após as alterações introduzidas pelas Leis nºs 90/2019 e 93/2019, de 04 de setembro.* QL, nº 56.
- *Súmula do entendimento jurisprudencial dos conceitos trabalhador à procura de primeiro emprego e desempregado de longa (ou muito longa) duração.* PDT, 2020-I.
- *O percurso jurídico do assédio laboral.* PDT 2018-I.
- *A problemática constitucional da justa causa nos despedimentos objetivos.* Estudos em Homenagem ao Professor Monteiro Fernandes, Editora Nova Causa, II, 2017.

- *O Direito à Palavra no mundo do trabalho: liberdade de expressão ou delito de opinião?*, PDT, nºs 76-78.
- *Apreciação de alguns aspetos cruciais do «Livro Branco das Relações Laborais» no que concerne à contratação individual – a pulsão flexibilizadora do legislador*, PDT, nºs 74-75.
- *A dificultosa transposição da Diretiva 98/59/CE, do Conselho, de 20 de julho de 1998 (despedimentos coletivos)*, Scientia Iuridica, nº 302.
- *A precariedade dentro da precariedade ou a demanda dos trabalhadores à procura de primeiro emprego*, QL, nº 24.
- *A diretiva nº 80/987 (quanto à aproximação das legislações dos Estados-membros respeitantes à proteção dos trabalhadores assalariados em caso de insolvência do empregador) – o antes e o depois de Francovich*, QL, nº 16.
- *A perversidade da tutela indemnizatória do art. 443º do CT – a desigualdade entre iguais (breve reflexão)*, PDT, nº 71, CEJ.

HELDER QUINTAS

OBRAS PUBLICADAS:

- *Manual de Direito do Trabalho e de Processo do Trabalho*, 9ª ed., Almedina, 2020, em coautoria.
- *Regime Jurídico das Sociedades por Quotas – Anotado*, Almedina, 2010.
- *Prática (Da) Laboral à Luz do Novo Código do Trabalho*, 4ª ed., Almedina, 2007, em coautoria.
- *Regime (O) Jurídico dos Despedimentos*, Reimpressão, Almedina, 2007, em coautoria.
- *Regime Jurídico dos Títulos de Crédito – Compilação anotada com Jurisprudência*, 2ª ed., Almedina, 2007, em coautoria.
- *Regulamentação do Código do Trabalho*, 3ª ed., Almedina, 2006, em coautoria.
- *Direito dos Transportes – Legislação Nacional, Internacional e Comunitária: Jurisprudência Nacional e Comunitária*, Almedina, 2002, em coautoria.

ARTIGOS PUBLICADOS:

- *Breves notas sobre o passado, o presente e o futuro do regime da transmissão de empresa ou estabelecimento*, PDT, 2019 – I, CEJ.
- *A (nova) acção de impugnação judicial da regularidade e licitude do despedimento*, PDT, nº 86.
- *A concretização do princípio da boa fé enquanto limite normativo das cláusulas de mobilidade geográfica*, PDT, nºs 74-75.

PREFÁCIO DA 6ª EDIÇÃO

Nesta 6ª edição, contemplámos as alterações ao regime da transmissão de empresa ou estabelecimento introduzidas pela Lei nº 18/2021, de 08 de abril e reformulamos algumas anotações, procurando trazer um novo olhar, esperamos nós melhorado, sobre determinadas questões que, entrementes, se levantaram.

Aproveitámos, ainda, para dar nota das decisões judiciais recentemente proferidas pelos nossos tribunais e pelo Tribunal de Justiça da União Europeia.

Finalmente, optámos por inserir o regime processual aplicável às contraordenações laborais e de segurança social, aprovado pela Lei nº 107/2009, de 14 de setembro, com algumas notas jurisprudenciais.

Grijó, 24 de abril de 2021.

TABELA DE CORRESPONDÊNCIA CT/2003 – CT/2009

CT/2003	RCT	CT/2009
1º		1º
2º		2º
4º		3º
86º, 87º e 90º		4º
88º e 89º	158º, 159º e 479º	5º
7º	11º	6º
8º	12º	7º
9º		8º
11º		9º
13º		10º
10º		11º
12º		12º
14º		13º
15º		14º
18º		15º
16º		16º
17º e 641º, nº 5		17º
	27º e 471º	18º
19º e 641º, nº 1		19º
20º e 641º, nº 1	29º	20º
	28º e 472º	21º
21º		22º
	32º	23º
22º e 472º	31º e 33º	24º
23º e 642º, nº 8	33º, nº 3, 34º e 35º	25º
	39º, nºs 1 e 2	26º
25º		27º
26º		28º
24º e 642º, nº 1		29º
27º e 642º, nº 136º		30º
28º e 642º, nº 1	37º, nºs 2 e 3	31º
		32º
33º		33º
	103º a 106º	34º

CT/2003	RCT	CT/2009
		35º
34º		36º
35º e 643º	68º	37º
35º e 643º		38º
		39º
35º e 643º	68º	40º
35º e 643º	68º	41º
36º e 643º	69º	42º e 43º
38º e 643º	71º e 475º	44º
		45º
39º e 643º	72º e 475º	46º
39º e 643º	73º e 475º	47º
	73º	48º
40º, 42º e 643º	74º	49º
41º e 643º	75º	50º
43º e 643º	77º	51º
43º e 643º	77º	52º
44º e 643º		53º
37º e 643º	70º e 475º	54º
45º e 643º	78º e 81º	55º
45º e 643º	79º	56º
	80º e 475º	57º
45º e 643º		58º
46º e 643º		59º
47º	83º	60º
48º		61º
49º e 643º	84º a 95º	62º
51º e 643º	98º	63º
	99º	64º
50º e 643º	101º e 475º	65º
53º e 644º		66º
54º		67º
55º e 644º	115º e 476º	68º
56º e 644º		69º
58º e 644º		70º
59º		71º
60º e 644º	115º a 126º	72º
62º e 644º		73º
63º e 644º		74º
64º e 644º		75º
65º e 644º		76º
66º e 644º		77º
67º e 644º		78º
68º e 644º		79º
69º e 644º		80º
70º e 644º		81º
608º		82º
609º		83º
71º e 645º		84º
73º e 646º		85º
74º e 646º		86º

CT/2003	RCT	CT/2009
175º, 77º e 646º		87º
76º e 646º		88º
79º		89º
80º e 647º	149º, 154º e 478º	90º
81º e 647º	151º e 478º	91º
83º e 647º	152º e 478º	92º
84º		93º
	148º e 156º	94º
	153º	95º
	148º	96º
150º		97º
365º, nº 1		98º
153º e 657º		99º
91º		100º
92º e 649º	101º	
93º		102º
94º		103º
95º		104º
96º		105º
97º, 98º e 650º	106º	
99º e 650º	107º	
100º e 650º	108º	
101º e 650º	109º	
102º		110º
104º, nºs 1 e 2 e 110º, nº 2		111º
104º, nº 3, 107º, 108º, 109º e 110º, nº 1		112º
106º		113º
105º		114º
111º		115º
112º		116º
113º		117º
151º e 656º		118º
313º, nº 1		119º
313º, nº 2, 314º e 673º		120º
114º		121º
115º		122º
116º		123º
117º e 651º		124º
118º		125º
119º		126º
120º, 123º, nº 1 e 653º		127º
121º e 123º, nº 2		128º
122º e 653º		129º
124º		130º
125º e 654º		131º
	168º	132º
	164º e 480º	133º
	169º	134º
127º		135º
146º		136º

CT/2003	RCT	CT/2009
147º, nº 1		137º
148º		138º
128º		139º
129º, 130º, nº 1, 143º e 655º, nº 1		140º
131º e 655º		141º
		142º
132º e 641º		143º
133º e 655º, nº 3		144º
135º e 655º, nº 2		145º
136º		146º
103º, 131º, 132º, nº 3, 145º e 655º, nº 2		147º
139º e 142º		148º
140º		149º
180º e 182º		150º
181º		151º
183º e 660º		152º
184º		153º
185º e 660º		154º
186º e 660º		155º
187º e 660º		156º
		157º
		158º
		159º
		160º
244º		161º
245º, 248º e 668º		162º
246º		163º
247º e 668º		164º
233º		165º
234º e 667º		166º
235º e 667º		167º
238º		168º
236º, 239º, 240º e 242º, nºs 1 e 2		169º
237º e 667º		170º
243º e 667º		171º
		172º
		173º
		174º
		175º
		176º
		177º
		178º
		179º
		180º
		181º
		182º
		183º
		184º

CT/2003	RCT	CT/2009
		185º
		186º
		187º
		188º
		189º
		190º
		191º
		192º
154º		193º
315º, 316º e 674º		194º
		195º
317º		196º
155º, 156º e 658º		197º
158º		198º
157º		199º
159º		200º
160º		201º
162º		202º
163º e 658º		203º
164º e 658º		204º
165º e 658º		205º
		206º
166º e 658º		207º
		208º
		209º
167º		210º
169º		211º
170º, 171º, 172º e 659º, nºs 1 e 2		212º
174º, 175º e 659º, nº 1		213º
176º e 659º, nº 1		214º
	180º e 482º, nº 1	215º
179º, nº 3	181º e 482º, nº 2	216º
173º e 659º, nº 1	178º	217º
177º e 659º, nº 1		218º
178º e 659º, nº 1		219º
188º		220º
189º e 661º		221º
190º e 661º		222º
192º		223º
193º, 194º e 662º		224º
195º, 196º e 662º	183º a 186º	225º
197º		226º
198º, 199º e 663º, nº 1		227º
200º e 663º		228º
202º e 663º, nºs 1 e 2		229º
203º e 663º, nº 2		230º
204º e 663º, nºs 2 e 3	188º e 189º	231º
205º e 664º		232º
207º e 664º, nº 1		233º
208º		234º

CT/2003	RCT	CT/2009
209º		235º
210º		236º
211º, 212º, nº 1 e 665º, nºs 1 e 2		237º
213º e 655º, nº 1		238º
212º, 214º, 220º, nº 2 e 665º, nº 1		239º
215º e 665º		240º
213º, nº 2, in fine, 217º, 218º, nº 5 e 665º, nº 3		241º
216º		242º
218º, nºs 1, 2 e 5 e 665º, nº 3		243º
218º, nºs 3, 4, 219º e 665º		244º
220º, nº 4, 221º e 665º		245º
222º e 665º, nº 1		246º
223º		247º
224º		248º
225º		249º
226º		250º
227º e 666º		251º
	203º, nºs 1 e 4	252º
228º, 229º, nº 6 e 230º, nº 4		253º
229º		254º
230º e 665º, nº 1204º		255º
231º		256º
232º e 666º, nº 1		257º
249º		258º
267º, nºs 2 e 3		259º
260º, 261º e 262º		260º
251º e 252º		261º
250º		262º
254º e 669º		263º
255º e 669º 493º		264º
256º e 669º		265º
257º e 669º		266º
152º e 656º		267º
258º e 669º		268º
259º		269º
263º		270º
264º		271º
265º		272º
266º e 669º	207º a 210º	273º
	207º	274º
	209º	275º
267º, nºs 1, 4 e 5 e 669º		276º
268º		277º
269º		278º
270º e 669º		279º
271º		280º
272º a 274º e 671º, nº 1		281º
275º e 671º, nº 1		282º

CT/2003	RCT	CT/2009
281º, nº 1, 290º a 292º, 295º, 296º, 303º, nº 1, 307º, nº 1 e 310º, nº 1		283º 284º
314º		120º
315º		194º
316º		194º
318º, 319º e 675º		285º
320º e 675º		286º
321º		287º
322º		288º
324º e 676º		289º
325º e 676º		290º
327º, 328º e 676º		291º
329º		292º
326º e 676º		293º
330º		294º
331º e 677º, nº 1		295º
333º		296º
334º		297º
335º e 349º, nº 3		298º
336º e 677º, nº 1		299º
337º e 677º, nº 2		300º
339º e 677º, nº 2		301º
		302º
342º e 677º, nº 1		303º
345º		304º
341º e 677º, nº 1		305º
346º, 347º e 677º, nº 1	294º e 295º	306º
340º		307º
348º e 677º, nº 1		308º
350º, 351º 352º e 677º		309º
353º		310º
	296º, nºs 1 a 4	311º
	296º, nºs 4 a 8 e 486º, nº 6	312º
	297º	313º
	298º	314º
	299º	315º
	465º a 467º	316º
354º, 355º, nº 1 e 678º, nº 1		317º
356º e 357º, nº 1		318º
357º, nº 2		319º
359º		320º
358º e 360º		321º
361º		322º
363º e 364º		323º
	301º, 302º e 467º	324º
	303º e 487º	325º
	307º	326º
	305º	327º
366º, 368º, 369º e 680º		328º
365º, nº 2, 371º, 372º e 680º		329º

CT/2003	RCT	CT/2009
367º, 370º, nº 1, 373º e 680º		330º
374º, 375º e 680º		331º
376º e 680º		332º
377º		333º
378º		334º
379º		335º
380º	316º a 326º	336º
381º		337º
382º		338º
383º		339º
384º		340º
385º		341º
386º		342º
387º		343º
388º e 681º, nº 1, al. a)		344º
389º e 681º, nº 1, al. a)		345º
390º e 681º, nº 1, al. a)		346º
391º		347º
392º		348º
393º, 394º e 681º, nº 4		349º
395º		350º
396º		351º
397º		359º
412º		352º
411º e 681º, nº 1, al. b)		353º
417º e 681º, nº 1, al. a)		354º
413º e 681º, nº 1, al. b)		355º
414º e 681º, nº 1, al. b)		356º
415º, 416º e 681º, nº 1, al. b)		357º
418º e 681º, nº 1, al. b)		358º
397º		359º
419º e 681º, nº 1, al. c)		360º
420º e 681º, nº 1, al. c)		361º
421º e 681º, nº 4		362º
422º, 398º e 681º, nº 1, al. c)		363º
399º e 681º, nº 4		364º
400º		365º
401º e 681º, nº 1, al. a)		366º
402º		367º
403º e 681º, nº 1, al. d)		368º
423º e 681º, nº 1, al. d)		369º
424º		370º
425º e 681º, nº 1, al. d)		371º
404º		372º
405º		373º
406º		374º
407º, 408º e 681º, nº 1, al. e)		375º
426º e 681º, nº 1, al. e)		376º
427º		377º
428º e 681º, nº 1, al. e)		378º
409º		379º

CT/2003	RCT	CT/2009
410º		380º
429º e 51º, nº 4		381º
430º		382º
431º		383º
432º		384º
433º		385º
434º		386º
435º		387º e 388º
436º e 681º, nº 1, als. a) e b)		389º
437º		390º
439º, nºs 1 a 3		391º
438º, nºs 2 a 4 e 439º, nºs 4 e 5		392º
440º e 681º, nº 1, al. a)		393º
441º	308º, nºs 1 e 2	394º
442º e 449º, nºs 4 e 5		395º
443º		396º
449º, nºs 1, 2 e 3		397º
444º e 445º		398º
446º		399º
447º e 449º, nº 4		400º
448º		401º
449º, nºs 1, 2 e 3		402º
450º		403º
451º		404º
452º e 682º		405º
453º e 682º		406º
611º		407º
454º e 682º		408º
455º e 682º		409º
456º		410º
457º e 682º		411º
458º e 459º		412º
460º		413º
470º		414º
461º	330º	415º
462º		416º
464º e 465º		417º
	343º	418º
468º, nºs 1 e 2 e 685º		419º
468º, nº 3 e 685º		420º
469º e 685º		421º
467º e 685º		422º
	354º, 355º e 488º	423º
	356º e 488º	424º
	357º, nº 1	425º
	359º, 360º, 361º e 488º	426º
	357º, nºs 2, 4 e 5, 358º e 488º	427º
	362º	428º
	363º, 364º e 488º	429º
	328º, 331º, 334º, nº 1, 337º e 339º	430º

CT/2003	RCT	CT/2009
	332º, 333º, 334º, nºs 2 e 3 e 488º	431º
	335º, 336º, nº 2, 338º e 488º	432º
	340º	433º
	329º	434º
	344º e 347º	435º
		436º
	348º	437º
	350º, 351º, 342º e 349º	438º
	352º	439º
475º e 506º		440º
482º e 512º		441º
476º e 508º		442º
477º e 510º		443º
479º, 506º, nº 2 e 523º		444º
480º e 511º		445º
481º e 507º		446º
483º e 511º		447º
522º		448º
484º e 514º		449º
485º, 490º, 515º e 520º		450º
486º e 516º		451º
487º e 517º		452º
488º e 518º		453º
489º e 519º		454º
		455º
491º e 521º		456º
492º e 493º		457º
494º e 683º		458º
612º		459º
496º		460º
497º	396º a 398º	461º
498º e 499º		462º
500º		463º
501º e 682º		464º
502º e 682º		465º
503º		466º
504º e 682º		467º
505º e 682º399º a 403º		468º
524º		469º
525º		470º
526º		471º
527º		472º
528º		473º
529º	404º e 405º	474º
530º		475º
531º		476º
532º		477º
533º		478º
		479º
534º		480º

CT/2003	RCT	CT/2009
535º		481º
536º		482º
537º		483º
538º		484º
539º		485º
544º		486º
545º e 686º		487º
546º		488º
547º e 687º		489º
548º		490º
540º		491º
541º, 542º, nº 1 e 543º		492º
542º		493º
549º e 550º		494º
551º		495º
552º, 553º e 554º, nº 1		496º
		497º
555º		498º
556º		499º
558º		500º
557º		501º
559º		502º
560º		503º
563º		504º
565º e 566º		505º
564º		506º
565º e 688º		507º
567º		508º
568º		509º
		510º
		511º
570º	412º a 417º	512º
572º		513º
573º e 575º		514º
3º		515º
574º e 576º		516º
578º		517º
577º, 579º e 580º		518º
581º		519º
561º e 562º		520º
687º, nºs 1, 2 e 3		521º
582º		522º
583º e 584º, nº 1		523º
584º, 585º e 687º		524º
586º		525º
587º		526º
587º, nº 3, 588º, 589º, nº 2 e 687º		527º
587º, nº 4 e 588º, nº 2		528º
590º		529º
591º		530º

CT/2003	RCT	CT/2009
592º		531º
593º		532º
594º		533º
595º		534º
596º e 689º		535º
597º		536º
598º e 600º		537º
599º	439º a 449º	538º
602º		539º
603º e 689º		540º
601º e 604º		541º
606º		542º
613º		543º
605º e 689º		544º
613º		545º
607º		546º
	468º	547º
614º		548º
615º		549º
616º		550º
617º		551º
		552º
619º		553º
620º		554º
621º		555º
622º		556º
623º		557º
624º	451º	558º
625º		559º
		560º
626º		561º
627º		562º
		563º
		564º
629º		565º
628º		566º

ABREVIATURAS

AAFDL	Associação Académica da Faculdade de Direito de Lisboa
Ac.	Acórdão
ACT	Autoridade para as Condições do Trabalho
ADSTA	Acórdãos Doutrinais do Supremo Tribunal Administrativo
AR	Assembleia da República
BFD	Boletim da Faculdade de Direito da Universidade de Coimbra
BMJ	Boletim do Ministério da Justiça
BOA	Boletim da Ordem dos Advogados
BTE	Boletim do Trabalho e Emprego
CAP	Confederação dos Agricultores de Portugal
CC	Código Civil, aprovado pelo Decreto-Lei nº 47344, de 25 de novembro de 1966
CCom	Código Comercial, aprovado pelo Lei de 28 de junho de 1888
CCP	Confederação do Comércio e Serviços de Portugal
CDFUE	Carta dos Direitos Fundamentais da União Europeia, publicada no JOUE, C 364, de 18 de dezembro de 2000
CEE	Comunidade Económica Europeia
CEJ	Centro de Estudos Judiciários
CGTP-IN	Confederação Geral dos Trabalhadores Portugueses – Intersindical Nacional
CIP	Confederação Empresarial de Portugal
CIRE	Código da Insolvência e da Recuperação de Empresas, aprovado pelo Decreto-Lei nº 53/2004, de 18 de março
CITE	Comissão para a Igualdade no Trabalho e no Emprego
CJ	Coletânea de Jurisprudência
CJTJ	Coletânea de Justiça do Tribunal de Justiça da Comunidade Europeia

CLB	Comissão do Livro Branco das Relações Laborais
CNDT	Congresso Nacional de Direito do Trabalho
CNot	Código do Notariado, aprovado pelo Decreto-Lei nº 207/95, de 14 de agosto
CNPD	Comissão Nacional de Proteção de Dados
CPA	Código de Procedimento Administrativo, aprovado pelo Decreto-Lei nº 4/2015, de 7 de janeiro
CPC	Código de Processo Civil, aprovado pela Lei nº 41/2013, de 26 de junho
CPEREF	Código dos Processos Especiais de Recuperação da Empresa e de Falência, aprovado pelo Decreto-Lei nº 132/93, de 23 de abril
CPT	Código de Processo do Trabalho, aprovado pelo Decreto-Lei nº 480/99, de 09 de novembro
CRP	Constituição da República Portuguesa de 02 de abril de 1975
CSC	Código das Sociedades Comerciais, aprovado pelo Decreto-Lei nº 262/86, de 02 de setembro
CT/2003	Código do Trabalho, aprovado pela Lei nº 99/2003, de 27 de agosto
CT/2009	Código do Trabalho, aprovado pela Lei nº 7/2009, de 12 de fevereiro
CTP	Confederação do Turismo Português
DL	Decreto-Lei
DLJ	Dicionário de Legislação e Jurisprudência
DR	Diário da República
Dreg	Decreto-Regulamentar
EFTA	*European Free Trade Association*
EIDT	Estudos do Instituto do Direito do Trabalho
Exposição de motivos	Exposição de motivos da proposta de lei nº 216/X, que esteve na base da Lei nº 7/2009, de 12 de fevereiro, a qual aprovou o Código do Trabalho de 2009
GDE	Gabinete de Direito Europeu
FCT	Fundo de Compensação do Trabalho
FGCT	Fundo de Garantia de Compensação do Trabalho
IDICT	Instituto de Desenvolvimento e Inspeção das Condições de Trabalho
IDT	Instituto do Direito do Trabalho
IGT	Inspeção Geral do Trabalho
JOC	Jornal Oficial das Comunidades Europeias
JOUE	Jornal Oficial da União Europeia

JUTRA	Associação Luso-Brasileira de Juristas do Trabalho
L	Lei
LAT	Regime de reparação de acidentes de trabalho e de doenças profissionais, aprovado pela Lei nº 98/2009, de 04 de setembro
LCCT	Regime Jurídico da Cessação do Contrato de Trabalho, aprovado pelo Decreto-Lei nº 64-A/89, de 27 de fevereiro
LCT	Regime Jurídico do Contrato Individual de Trabalho, aprovado pelo Decreto-Lei nº 49408, de 24 de novembro de 1969
LDT	Regime Jurídico da Duração do Contrato de Trabalho, aprovado pelo Decreto-Lei nº 409/71, de 27 de setembro
LFFF	Regime Jurídico das Férias, Feriados e Faltas, aprovado pelo Decreto-Lei nº 874/76, de 28 de dezembro
Lorg	Lei-Orgânica
LSCT	Regime Jurídico da Suspensão do Contrato Individual de Trabalho, aprovado pelo Decreto-Lei nº 398/83, de 02 de novembro
LSA	Regime Jurídico dos Salários em Atraso, aprovado pela Lei nº 17/86, de 14 de junho
LTS	Regime Jurídico do Trabalho Suplementar, aprovado pelo Decreto-Lei nº 421/83, de 02 de dezembro
LTT	Regime Jurídico do Trabalho Temporário, aprovado pelo Decreto-Lei nº 358/89, de 17 de outubro
MJ	Ministério da Justiça
MP	Ministério Público
OIT	Organização Internacional do Trabalho
P	Portaria
PDT	Prontuário de Direito do Trabalho
PER	Processo Especial de Revitalização
PGR	Procuradoria Geral da República
PMA	Procriação Medicamente Assistida
QL	Questões Laborais
RC	Tribunal da Relação de Coimbra
RCP	Regulamento das Custas Processuais, aprovado pelo Decreto-Lei nº 34/2008, de 26 de fevereiro
RCT	Regulamentação do Código do Trabalho, aprovada pela Lei nº 35/2004, de 29 de julho
RCLB	Relatório da Comissão do Livro Branco das Relações Laborais
RDE	Revista de Direito e Economia
RDES	Revista de Direito e de Estudos Sociais
RE	Tribunal da Relação de Évora

RIDT	Revista Internacional de Direito do Trabalho
RG	Tribunal da Relação de Guimarães
RJCCG	Regime Jurídico das Cláusulas Contratuais Gerais, aprovado pelo Decreto-Lei nº 446/85, de 23 de outubro
RJCO	Regime Jurídico das Contraordenações, aprovado pelo Decreto-Lei nº 433/82, de 27 de outubro
RL	Tribunal da Relação de Lisboa
RGL	*Revista General Laborale*
ROA	Revista da Ordem dos Advogados
RP	Tribunal da Relação do Porto
RPDC	Revista Portuguesa de Direito do Consumo
STJ	Supremo Tribunal de Justiça
TC	Tribunal Constitucional
TFUE	Tratado sobre o Funcionamento da União Europeia
TJ	Tribunal de Justiça
TJC	Tribunal de Justiça das Comunidades Europeias
TUE	Tratado da União Europeia
UE	União Europeia
UGT	União Geral de Trabalhadores

Lei nº 7/2009, de 12 de fevereiro

Aprova a revisão do Código do Trabalho

A Assembleia da República decreta, nos termos da alínea *c*) do artigo 161º da Constituição, o seguinte:

Artigo 1º – Aprovação do Código do Trabalho

É aprovado o Código do Trabalho, que se publica em anexo à presente lei e dela faz parte integrante.

Artigo 2º – Transposição de diretivas comunitárias

O Código do Trabalho transpõe para a ordem jurídica interna, total ou parcialmente, as seguintes diretivas comunitárias:

a) Diretiva do Conselho nº 91/533/CEE, de 14 de outubro, relativa à obrigação de a entidade patronal informar o trabalhador sobre as condições aplicáveis ao contrato ou à relação de trabalho;

b) Diretiva nº 92/85/CEE, do Conselho, de 19 de outubro, relativa à implementação de medidas destinadas a promover a melhoria da segurança e da saúde das trabalhadoras grávidas, puérperas ou lactantes no trabalho;

c) Diretiva nº 94/33/CE, do Conselho, de 22 de junho, relativa à proteção dos jovens no trabalho;

d) Diretiva nº 96/34/CE, do Conselho, de 3 de junho, relativa ao acordo quadro sobre a licença parental celebrado pela União das Confederações da Indústria e dos Empregadores da Europa (UNICE), pelo Centro Europeu das Empresas Públicas (CEEP) e pela Confederação Europeia dos Sindicatos (CES);

e) Diretiva nº 96/71/CE, do Parlamento Europeu e do Conselho, de 16 de dezembro, relativa ao destacamento de trabalhadores no âmbito de uma prestação de serviços;

f) Diretiva nº 97/81/CE, do Conselho, de 15 de dezembro, respeitante ao acordo quadro relativo ao trabalho a tempo parcial celebrado pela UNICE, pelo CEEP e pela CES;

g) Diretiva nº 98/59/CE, do Conselho, de 20 de julho, relativa à aproximação das legislações dos Estados membros respeitantes aos despedimentos coletivos;

h) Diretiva nº 1999/70/CE, do Conselho, de 28 de junho, respeitante ao acordo quadro CES, UNICE e CEEP relativo a contratos de trabalho a termo;

i) Diretiva nº 2000/43/CE, do Conselho, de 29 de junho, que aplica o princípio da igualdade de tratamento entre as pessoas, sem distinção de origem racial ou étnica;

j) Diretiva nº 2000/78/CE, do Conselho, de 27 de novembro, que estabelece um quadro geral de igualdade de tratamento no emprego e na atividade profissional;

l) Diretiva nº 2001/23/CE, do Conselho, de 12 de março, relativa à aproximação das legislações dos estados membros respeitantes à manutenção dos direitos dos trabalhadores em caso de transferência de empresas ou de estabelecimentos, ou de partes de empresas ou de estabelecimentos;

m) Diretiva nº 2002/14/CE, do Parlamento Europeu e do Conselho, de 11 de março, que estabelece um quadro geral relativo à informação e à consulta dos trabalhadores na Comunidade Europeia;

n) Diretiva nº 2003/88/CE, do Parlamento Europeu e do Conselho, de 4 de novembro, relativa a determinados aspetos da organização do tempo de trabalho;

o) Diretiva nº 2006/54/CE, do Parlamento Europeu e do Conselho, de 5 de julho, relativa à aplicação do princípio da igualdade de oportunidades e igualdade de tratamento entre homens e mulheres em domínios ligados ao emprego e à atividade profissional (reformulação).

COMENTÁRIOS:

Constata-se a forte comunitarização do direito do trabalho, em certas matérias.

A diretiva, como ato normativo derivado, vincula o estado-membro destinatário quanto ao resultado a alcançar, deixando, no entanto, às instâncias nacionais a competência quanto à forma e aos meios (art. 288º, 3§, do TFUE). Assiste, portanto, ao Estado uma legítima discricionariedade de transposição.

– A Diretiva do Conselho nº 91/533/CEE, de 14 de outubro, relativa à obrigação de a entidade patronal informar o trabalhador sobre as condições aplicáveis ao contrato ou à relação de trabalho (al *a*)) será revogada, com efeitos a partir de 1 de agosto de 2022, pela Diretiva (UE) 2019/1152 do Parlamento Europeu e do Conselho, de 20 de junho, relativa a condições de trabalho transparentes e previsíveis na União Europeia (art. 24º).

– A Diretiva nº 96/34/CE, do Conselho, de 3 de junho, relativa ao acordo quadro sobre a licença parental celebrado pela União das Confederações da Indústria e dos Empregadores da Europa (UNICE), pelo Centro Europeu das Empresas Públicas (CEEP) e pela Confederação Europeia dos Sindicatos (CES), al. *d*)) foi revogada pela Diretiva 2010/18/UE do Conselho, de 8 de março de 2010, que aplica o Acordo-Quadro revisto sobre licença parental celebrado entre a BUSINESSEUROPE, a UEAPME, o CEEP e a CES (art. 4º). Esta última será, entretanto, revogada, com efeitos a partir de 2 de agosto de 2022, pela Diretiva (UE) 2019/1158, do Parlamento Europeu e do Conselho, de 20 de junho, relativa à conciliação entre a vida profissional e a vida familiar dos progenitores e cuidadores (art. 19º).

– A Diretiva nº 98/59/CE, do Conselho, de 20 de julho, relativa à aproximação das legislações dos Estados membros respeitantes aos despedimentos coletivos (al. *g*)) foi alterada pela Diretiva (UE) 2015/1794 do Parlamento Europeu e do Conselho de 6 de outubro de 2015 (art. 4º).

– A Diretiva nº 2001/23/CE, do Conselho, de 12 de março, relativa à aproximação das legislações dos estados membros respeitantes à manutenção dos direitos dos trabalhadores em caso de transferência de empresas ou de estabelecimentos, ou de partes de empresas ou de estabelecimentos, (al. *l*)), foi alterada pela Diretiva (UE) 2015/1794 do Parlamento Europeu e do Conselho, de 6 de outubro de 2015 (art. 5º).

Artigo 3º – Trabalho autónomo de menor

1. O menor com idade inferior a 16 anos não pode ser contratado para realizar uma atividade remunerada prestada com autonomia, exceto caso tenha concluído a escolaridade obrigatória ou esteja matriculado e a frequentar o nível secundário de educação e se trate de trabalhos leves.

2. À celebração do contrato previsto no número anterior aplicam-se as regras gerais previstas no Código Civil.

3. Consideram-se trabalhos leves para efeitos do nº 1 os que assim forem definidos para o contrato de trabalho celebrado com menor.

4. Ao menor que realiza atividades com autonomia aplicam-se as limitações estabelecidas para o contrato de trabalho celebrado com menor.

COMENTÁRIOS:

1. A matéria compreendida neste artigo estava consagrada no art. 16º, do CT/2003.

2. O presente preceito, possui a redação introduzida pela L nº 47/2012, de 29 de agosto, a qual acrescentou a expressão "ou esteja matriculado e a frequentar o nível secundário". Esta alteração vem admitir que o menor com idade inferior a 16 anos possa ser contratado para realizar trabalhos leves, desde que concluída a escolaridade obrigatória (ou seja, 12º ano) ou se encontre matriculado e a frequentar o nível secundário de educação.

3. A propósito da L nº 47/2012, convém referir que a mesma visou adequar o CT/2009 à L nº 85/2009, de 27 de agosto, a qual estabeleceu o regime da escolaridade obrigatória para as crianças e jovens que se encontram em idade escolar e consagra a universalidade da educação pré-escolar para as crianças a partir dos 5 anos de idade.

4. À celebração do contrato previsto no número anterior aplicam-se as regras gerais previstas nos arts. 122º e ss., do CC (nº 2) e as regras do próprio art. 69º, do CT.

5. A L nº 105/2009, de 14 de setembro, alterada pela L nº 93/2019, de 04 de setembro, regulamentou a participação de menor em atividade de natureza cultural, artística ou publicitária e o trabalho autónomo de menor com idade inferior a 16 anos (art. 1º, nº 1, al. *a*)).

Artigo 4º – Acidentes de trabalho e doenças profissionais

1. O regime relativo a acidentes de trabalho e doenças profissionais, previsto nos artigos 283º e 284º do Código do Trabalho, com as necessárias adaptações, aplica-se igualmente:

***a*) A praticante, aprendiz, estagiário e demais situações que devam considerar-se de formação profissional;**

***b*) A administrador, diretor, gerente ou equiparado, sem contrato de trabalho, que seja remunerado por essa atividade;**

***c*) A prestador de trabalho, sem subordinação jurídica, que desenvolve a sua atividade na dependência económica, nos termos do artigo 10º do Código do Trabalho.**

2. O trabalhador que exerça atividade por conta própria deve efetuar um seguro que garanta o pagamento das prestações previstas nos artigos indicados no número anterior e respetiva legislação regulamentar.

COMENTÁRIOS:

1. A matéria compreendida neste artigo estava consagrada no art. 18º, do CT/2003, que correspondia, por sua vez, aos arts. 2º e 3º, da L nº 100/97, de 13 de setembro.

2. O art. 283º, do CT/2009, só protege o trabalhador (e seus familiares) vinculado por um contrato de trabalho.

Os restantes casos igualmente reparáveis são acolhidos através do preceito em anotação. O regime relativo a acidentes de trabalho e doenças profissionais também se aplica, de acordo com o nº 1:

– Ao praticante, aprendiz, estagiário e demais situações que devam considerar-se de formação profissional (al. *a*));

A aprendizagem é definida como "o processo que se desenvolve ao longo da vida mediante o qual se adquirem conhecimentos, aptidões e atitudes, no âmbito do sistema educativo, de formação e dos contextos profissional e pessoal" (art. 3º, al. *a*), do DL nº 396/2007, de 31 de dezembro, na versão dada pelo DL nº 84/2019, de 28 de junho).

Entende-se por estágio profissional, para os efeitos do presente decreto-lei, a formação prática em contexto de trabalho que se destina a complementar e a aperfeiçoar as competências do estagiário, visando a sua inserção ou reconversão para a vida ativa de forma mais célere e fácil ou a obtenção de uma formação técnico-profissional e deontológica legalmente obrigatória para aceder ao exercício de determinada profissão (artigo 2º, nº 1, do DL nº 66/2011, de 1 de junho).

A formação profissional está prevista no art. 130º, do CT/2009.

– A administrador, diretor, gerente ou equiparado, sem contrato de trabalho, que seja remunerado por essa atividade (al. *b*));

– A prestador de trabalho, sem subordinação jurídica, que desenvolve a sua atividade na dependência económica, nos termos do art. 10º (al. *c*)).

O trabalhador que exerça atividade por conta própria deve efetuar um seguro que garanta o pagamento das prestações previstas nos artigos indicados no número anterior e respetiva legislação regulamentar (nº 2).

Artigo 5º – Regime do tempo de trabalho

O disposto na alínea *a*) do nº 2 do artigo 197º do Código do Trabalho não é aplicável até à entrada em vigor de convenção coletiva que disponha sobre a matéria, mantendo-se em vigor, durante esse período, o previsto no artigo 1º da Lei nº 21/96, de 23 de julho, e na alínea *a*) do nº 1 do artigo 2º da Lei nº 73/98, de 10 de novembro.

COMENTÁRIOS:

A matéria compreendida neste artigo estava consagrada no art. 10º, do CT/2003.

Artigo 6º – Deveres do Estado em matéria de formação profissional

1. Compete ao Estado garantir o acesso dos cidadãos à formação profissional, permitindo a todos a aquisição e a permanente atualização dos conhecimentos e competências, desde a entrada na vida ativa, e proporcionar os apoios públicos ao funcionamento do sistema de formação profissional.

2. Compete ao Estado, em particular, garantir a qualificação inicial de jovens que pretendem ingressar no mercado de trabalho, a qualificação ou a reconversão profissional de desempregados, com vista ao seu rápido ingresso no mercado de trabalho, e promover a integração socioprofissional de grupos com particulares dificuldades de inserção, através do desenvolvimento de ações de formação profissional especial.

Artigo 7º – Aplicação no tempo

1. Sem prejuízo do disposto no presente artigo e nos seguintes, ficam sujeitos ao regime do Código do Trabalho aprovado pela presente lei os contratos de trabalho e os instrumentos de regulamentação coletiva de trabalho celebrados ou adotados antes da entrada em vigor da referida lei, salvo quanto a condições de validade e a efeitos de factos ou situações totalmente passados anteriormente àquele momento.

2. As disposições de instrumento de regulamentação coletiva de trabalho contrárias a normas imperativas do Código do Trabalho devem ser alteradas na primeira revisão que ocorra no prazo de 12 meses após a entrada em vigor desta lei, sob pena de nulidade.

3. O disposto no número anterior não convalida as disposições de instrumento de regulamentação coletiva de trabalho nulas ao abrigo da legislação revogada.

4. As estruturas de representação coletiva de trabalhadores e de empregadores constituídas antes da entrada em vigor do Código do Trabalho ficam sujeitas ao regime nele instituído, salvo quanto às condições de validade e aos efeitos relacionados com a respetiva constituição ou modificação.

5. O regime estabelecido no Código do Trabalho, anexo à presente lei, não se aplica a situações constituídas ou iniciadas antes da sua entrada em vigor e relativas a:

a) Duração de período experimental;

b) Prazos de prescrição e de caducidade;

c) Procedimentos para aplicação de sanções, bem como para a cessação de contrato de trabalho;

d) Duração de contrato de trabalho a termo certo.

6. O regime estabelecido no nº 4 do artigo 148º do Código do Trabalho, anexo à presente lei, relativo à duração de contrato de trabalho a termo incerto aplica-se a situações constituídas ou iniciadas antes da sua entrada em vigor, contando-se o período de seis anos aí previsto a partir da data de entrada em vigor da presente lei.

COMENTÁRIOS:

A matéria compreendida neste artigo estava consagrada nos arts. 8º, 9º e 14º, do CT/2003.

Artigo 8º – Revisão de estatutos existentes

1. Os estatutos de associações sindicais, associações de empregadores, comissões de trabalhadores e comissões coordenadoras vigentes na data da entrada em vigor da presente lei que não estejam em conformidade com o

regime constante do Código do Trabalho devem ser revistos no prazo de três anos.

2. Decorrido o prazo referido no número anterior, o serviço competente do ministério responsável pela área laboral procede à apreciação fundamentada sobre a legalidade dos estatutos que não tenham sido revistos e, caso haja disposições contrárias à lei, notifica a estrutura em causa para que esta altere os estatutos, no prazo de 180 dias.

3. Se houver alteração de estatutos no prazo referido no número anterior, ou fora desse prazo, mas antes da remessa destes ao Ministério Público no tribunal competente, aplica-se o disposto nos nºs 3 a 6, 8 e 9 do artigo 447º do Código do Trabalho, com as necessárias adaptações.

4. Caso não haja alteração de estatutos nos prazos referidos nos nºs 2 e 3, o serviço competente do ministério responsável pela área laboral remete ao magistrado do Ministério Público no tribunal competente a apreciação fundamentada sobre a legalidade dos mesmos, para os efeitos previstos nos nºs 8 e 9 do artigo 447º do Código do Trabalho.

5. Caso a apreciação fundamentada sobre a legalidade da alteração de estatutos conclua que não existem disposições contrárias à lei, o processo é remetido ao magistrado do Ministério Público, para os efeitos previstos na alínea *b*) do nº 4 do artigo 447º do Código do Trabalho.

6. As entidades referidas no nº 1 podem requerer a suspensão da instância pelo prazo de seis meses em caso de processo judicial em curso tendente à extinção judicial da mesma, ou declaração de nulidade de normas dos estatutos com fundamento em desconformidade com a lei, e apresentar no processo a alteração dos estatutos no mesmo prazo.

Artigo 9º – Extinção de associações

1. As associações sindicais e as associações de empregadores que, nos últimos seis anos, não tenham requerido, nos termos legalmente previstos, a publicação da identidade dos respetivos membros da direção dispõem de 12 meses, contados a partir da entrada em vigor desta lei, para requerer aquela publicação.

2. Decorrido o prazo referido no número anterior, sem que tal requerimento se tenha verificado, o ministério responsável pela área laboral dá desse facto conhecimento ao magistrado do Ministério Público no tribunal competente, para efeitos de promoção da declaração judicial de extinção da associação.

3. À extinção judicial nos termos do artigo anterior aplica-se o disposto nos nºs 1 a 3 e 7 do artigo 456º, com as devidas adaptações.

Artigo 10º – Regime transitório de sobrevigência e caducidade de convenção coletiva

1. É instituído um regime específico de caducidade de convenção coletiva da qual conste cláusula que faça depender a cessação da sua vigência de substituição por outro instrumento de regulamentação coletiva de trabalho, de acordo com os números seguintes.

2. A convenção coletiva caduca na data da entrada em vigor da presente lei, verificados os seguintes factos:

a) A última publicação integral da convenção que contenha a cláusula referida no nº 1 tenha entrado em vigor há, pelo menos, seis anos e meio, aí já compreendido o período decorrido após a denúncia;

b) A convenção tenha sido denunciada validamente na vigência do Código do Trabalho;

c) Tenham decorrido pelo menos 18 meses a contar da denúncia;

d) Não tenha havido revisão da convenção após a denúncia.

3. A convenção referida no nº 1 também caduca, verificando-se todos os outros factos, logo que decorram 18 meses a contar da denúncia.

4. O disposto nos nºs 2 e 3 não prejudica as situações de reconhecimento da caducidade dessa convenção reportada a momento anterior.

5. O aviso sobre a data da cessação da vigência da convenção é publicado:

a) Oficiosamente, caso tenha havido requerimento anterior cujo indeferimento tenha sido fundamentado apenas na existência da cláusula referida no nº 1;

b) Dependente de requerimento, nos restantes casos.

JURISPRUDÊNCIA:

O TC decidiu não declarar a inconstitucionalidade do art. 10º, da L nº 7/2009, de 12 de fevereiro. [Ac. nº 338/2010, de 22.09.10, pub. no DR, I Série, de 08.11.2010].

Artigo 11º – Regiões Autónomas

1. Na aplicação do Código do Trabalho às Regiões Autónomas são tidas em conta as competências legais atribuídas aos respetivos órgãos e serviços regionais.

2. Nas Regiões Autónomas, as publicações são feitas nas respetivas séries dos jornais oficiais.

3. Nas Regiões Autónomas, a regulamentação das condições de admissibilidade de emissão de portarias de extensão e de portarias de condições de trabalho compete às respetivas Assembleias Legislativas.

4. As Regiões Autónomas podem estabelecer, de acordo com as suas tradições, outros feriados, para além dos previstos no Código do Trabalho, desde que correspondam a usos e práticas já consagrados.

5. As Regiões Autónomas podem ainda regular outras matérias laborais enunciadas nos respetivos estatutos político-administrativos.

COMENTÁRIOS:

A matéria compreendida neste artigo estava consagrada no art. 11º, do CT/2003.

Artigo 12º – Norma revogatória

1. São revogados:

a) A Lei nº 99/2003, de 27 de agosto, na redação dada pela Lei nº 9/2006, de 20 de março, pela Lei nº 59/2007, de 4 de setembro, e pela Lei nº 12-A/2008, de 27 de fevereiro;

b) A Lei nº 35/2004, de 29 de julho, na redação dada pela Lei nº 9/2006, de 20 de março, e pelo Decreto-Lei nº 164/2007, de 3 de maio;

c) As alíneas *d*) a *f*) do artigo 2º, os nºs 2 e 9 do artigo 6º, os nºs 2 e 3 do artigo 13º, os artigos 7º, 14º a 40º, 42º, 44º na parte relativa a contraordenações por violação de normas revogadas e o nº 1 e as alíneas *d*) e *e*) do nº 2 do artigo 45º, todos da Lei nº 19/2007, de 22 de maio.

2. O artigo 6º do Código do Trabalho, aprovado pela Lei nº 99/2003, de 27 de agosto, sobre lei aplicável ao contrato de trabalho é revogado na medida em que seja aplicável o Regulamento CE/593/2008, do Parlamento Europeu e do Conselho, de 17 de junho, sobre a lei aplicável às obrigações contratuais (Roma I).

3. A revogação dos preceitos a seguir referidos do Código do Trabalho, aprovado pela Lei nº 99/2003, de 27 de agosto, produz efeitos a partir da entrada em vigor do diploma que regular a mesma matéria:

a) Artigos 272º a 280º e 671º, sobre segurança, higiene e saúde no trabalho, na parte não referida na atual redação do Código;

b) (*Revogada*);

c) Artigos 471º a 473º, sobre conselhos de empresa europeus;

d) Artigos 569º, 570º e nº 1 do artigo 688º, sobre designação de árbitros para arbitragem obrigatória e listas de árbitros;

e) Artigos 630º a 640º, sobre procedimento de contraordenações laborais.

4. A revogação dos artigos 34º a 43º, 50º e 643º do Código do Trabalho, aprovado pela Lei nº 99/2003, de 27 de agosto, e dos artigos 68º a 77º e 99º a 106º da Lei nº 35/2004, de 29 de julho, sobre proteção da maternidade e da paternidade produz efeitos a partir da entrada em vigor da legislação que regule o regime de proteção social na parentalidade.

5. A revogação dos artigos 414º, 418º, 430º e 435º, do nº 2 do artigo 436º, do nº 1 do artigo 438º e do artigo 681º do Código do Trabalho, aprovado pela Lei nº 99/2003, de 27 de agosto, produz efeitos a partir da entrada em vigor da revisão do Código de Processo do Trabalho.

6. A revogação dos preceitos a seguir referidos da Lei nº 35/2004, de 29 de julho, na redação dada pela Lei nº 9/2006, de 20 de março, e pelo Decreto-Lei nº 164/2007, de 3 de maio, produz efeitos a partir da entrada em vigor do diploma que regular a mesma matéria:

a) Artigos 14º a 26º, 469º e 470º, sobre trabalho no domicílio;

b) Artigos 41º a 65º e 474º, sobre proteção do património genético;

c) Artigos 84º a 95º, sobre proteção de trabalhadora grávida, puérpera ou lactante;

d) Artigos 103º a 106º, sobre regime de segurança social em diversas licenças, faltas e dispensas;

e) Artigos 107º a 113º, sobre regimes aplicáveis à Administração Pública;

f) Artigos 115º a 126º e 476º, sobre proteção de menor no trabalho;

g) Artigos 139º a 146º e 477º, sobre participação de menor em espetáculo ou outra atividade de natureza cultural, artística ou publicitária;

h) Artigos 155º e 156º, sobre especificidades da frequência de estabelecimento de ensino por parte de trabalhador-estudante, incluindo quando aplicáveis a trabalhador por conta própria e a estudante que, estando abrangido pelo estatuto de trabalhador-estudante, se encontre em situação de desemprego involuntário, inscrito em centro de emprego;

i) Artigos 165º a 167º, 170º e 480º, sobre formação profissional;

j) Artigos 176º e 481º, sobre período de funcionamento;

l) Artigos 191º a 201º e 206º, sobre verificação de situação de doença;

m) Artigos 212º a 280º, 484º e 485º, este na parte referente àqueles artigos, sobre segurança, higiene e saúde no trabalho;

n) Artigos 306º, sobre direito a prestações de desemprego, e 310º a 315º, sobre suspensão de execuções;

o) Artigos 317º a 326º, sobre Fundo de Garantia Salarial;

p) Artigos 365º a 395º e 489º, sobre conselhos de empresa europeus;

q) Artigos 407º a 449º, sobre arbitragem obrigatória e arbitragem de serviços mínimos;

r) Artigos 452º a 464º, nº 2 do artigo 469º e artigos 490º e 491º, sobre mapa do quadro de pessoal e balanço social;

s) Artigos 494º a 499º, sobre a Comissão para a Igualdade no Trabalho e no Emprego, na parte não revogada pelo Decreto-Lei nº 164/2007, de 3 de maio.

7. O regime sancionatório constante do Código do Trabalho não revoga qualquer disposição do Código Penal.

COMENTÁRIOS:

1. O presente artigo tem a redação introduzida pela L nº 23/2012, de 25 de junho, a qual revogou a al. *b*), do nº 3, do art. 12º, que dispunha o seguinte: "*Artigo 344º, sobre comparticipação na compensação retributiva*".

2. O preceito expressa que a revogação de certas matérias constantes do CT/2003 e da RCT só será realizada após a entrada em vigor do diploma que regule essa matéria.

Até hoje, as revogações realizadas foram as seguintes:

- Quanto ao nº 3, al. *a*), sobre segurança (higiene) e saúde no trabalho, foi regulada pela L nº 98/2009, de 04 de setembro (que aprovou o regime jurídico de reparação de acidentes de trabalho e de doenças profissionais) e pela L nº 102/2009, de 10 de setembro (que aprovou o regime jurídico de promoção da segurança e saúde no trabalho, sendo a última alteração dada pela L nº 79/2019, de 02 de setembro), cumprindo-se assim o postulado no art. 284º, CT, sobre a epígrafe Regulamentação da prevenção e reparação de acidentes de trabalho e doenças profissionais;

- A al. *c*), sobre conselhos de empresa europeus, foi regulada pela L nº 96/2009, de 03 de junho;

- A al. *d*), sobre designação de árbitros, para arbitragem obrigatória e listas de árbitros, foi regulada pelo DL nº 259/2009, de 25 de setembro, retificado pela DRet. nº 76/2009, de 15 de outubro;

- A al. *e*), sobre procedimento de contraordenações laborais, foi regulada pela L nº 107/2009, de 14 de setembro (sendo a última alteração dada pela L nº 55/2017, de 17 de julho), que aprovou o regime processual aplicável às contraordenações laborais e de segurança social;

- Quanto ao nº 4, sobre proteção da maternidade e da paternidade, foi regulada pelo DL nº 91/2009, de 09 de abril (sendo a última alteração a realizada pela L nº 53/2018, de 02 de julho);

- Quanto ao nº 5, sobre o Código de Processo do Trabalho, foi regulado pelo DL nº 480/99, de 09 de novembro (sendo a última alteração realizada pela L nº 107/2019, de 09 de setembro);

- Quanto ao nº 6, al. *a*), sobre trabalho no domicílio, foi regulada pela L nº 101/2009, de 09 de setembro;

- As als. *b*) e *c*), respetivamente, sobre proteção do património genético e proteção de trabalhadora grávida, puérpera ou lactante, foram reguladas pela L nº 102/2009, de 10 de setembro, que aprova o regime jurídico da promoção da segurança e saúde no trabalho (sendo a última alteração a constante da L nº 79/2019, de 02 de setembro);

- A al. *d*), sobre o regime de segurança social em diversas licenças, faltas e dispensas, foi regulada pelo DL nº 91/2009, de 09 de abril (sendo a última alteração realizada pela L nº 53/2018, de 02 de julho);

- A al. *e*), sobre regimes aplicáveis à Administração Pública, foi regulada pelo a L nº 35/2014, de 20 de junho (sendo a última alteração realizada pela L nº 2/2020, de 31 de março);

- A al. *f*), sobre proteção do menor no trabalho, foi regulada pela L nº 102/2009, de 10 de (sendo a última alteração a constante da L nº 79/2019, de 02 de setembro);

– As als. *g*) a *n*) e al. *r*), respetivamente, participação de menor em espetáculo ou outra atividade de natureza cultural, artística ou publicitária; especificidades da frequência de estabelecimento de ensino por parte de trabalhador-estudante, incluindo quando aplicáveis a trabalhador por conta própria e a estudante que, estando abrangido pelo estatuto de trabalhador-estudante, se encontre em situação de desemprego involuntário, inscrito em centro de emprego; formação profissional; período de funcionamento; verificação de situação de doença; sobre segurança (higiene) e saúde no trabalho; sobre direito a prestações de desemprego, suspensão de execuções e mapa do quadro do pessoal e balanço social, foram reguladas pela L nº 105/2009, de 14 de setembro (a qual procedeu a uma regulamentação parcial do CT/2009, na versão dada pela L nº 93/2019, de 04 de setembro);

– A al. *o*), sobre o Fundo de Garantia Salarial, foi regulada pelo DL nº 59/2015, de 21 de abril (sendo a última alteração realizada pela L nº 71/2018, de 31 de dezembro);

– A al. *p*), sobre conselhos de empresa europeus, foi regulada pela L nº 96/2009, de 03 de setembro;

– A al. *q*), sobre arbitragem obrigatória e arbitragem de serviços mínimos, foi regulada pelo DL nº 259/2009, de 25 de setembro, retificado pela DRet. nº 76/2009, de 15 de outubro.

– Na al. *s*), sobre a Comissão para a Igualdade no Trabalho e no Emprego, o DL nº 164/2007, de 3 de maio foi revogado pelo DR nº 1/2012, de 06 de janeiro.

Por sua vez, a L nº 105/2009, de 14 de setembro, indica no art. 34º (Norma revogatória), que a revogação do art. 166º, dos nºs 3 e 4 do art. 167º, dos arts. 170º, 259º, 452º a 464º e 480º, do nº 3 do art. 484º e dos arts. 490º e 491º, determinada pelo nº 6 do art. 12º da L nº 7/2009, de 12 de fevereiro, produz efeitos no início do primeiro ano abrangido pelo regime da informação relativa à atividade social da empresa a que se refere o artigo 32º. A P nº 55/2010, de 21 de janeiro (alterada pela P nº 108-A/2011 de 14 de março) regula o conteúdo do relatório anual referente à informação sobre a atividade social da empresa e o prazo da sua apresentação, por parte do empregador, ao serviço com competência inspetiva do ministério responsável pela área laboral.

Artigo 13º – Aplicação das licenças parental inicial e por adoção a situações em curso

1. As licenças previstas nas alíneas *a*), *b*) e *c*) do artigo 39º e no artigo 44º são aplicáveis aos trabalhadores que estejam a gozar licença por maternidade, paternidade e adoção nos termos do artigo 35º, da alínea *c*) do nº 2 do artigo 36º e do artigo 38º do Código do Trabalho, aprovado pela Lei nº 99/2003, de 27 de agosto, e nos termos do artigo 68º, do nº 3 do artigo 69º e do artigo 71º da Lei nº 35/2004, de 29 de julho, contando-se, para efeito daquelas licenças, os períodos de gozo de licença já decorridos.

2. Para efeito do disposto no número anterior, os trabalhadores devem informar os respetivos empregadores de acordo com os procedimentos previstos naqueles artigos, no prazo de 15 dias a contar da entrada em vigor da legislação que regule o regime de proteção social na parentalidade.

Artigo 14º – Entrada em vigor

1. Os nºs 1, 3 e 4 do artigo 356º, os artigos 358º, 382º, 387º e 388º, o nº 2 do artigo 389º e o nº 1 do artigo 391º entram em vigor na data de início de vigência da legislação que proceda à revisão do Código de Processo do Trabalho.

2. Os artigos 34º a 62º entram em vigor na data de início de vigência da legislação que regule o regime de proteção social da parentalidade.

COMENTÁRIOS:

1. Os preceitos a que alude o nº 1 entraram em vigor no 01.01.2010 (data de início da vigência do DL nº 295/2009, de 13 de outubro, que alterou o CPT, aprovado pelo DL nº 480/99, de 09 de novembro).

2. Os preceitos a que alude o nº 2 entraram em vigor no dia 01.05.2009 (data de início da vigência do DL nº 89/2009 e do DL nº 91/2009, ambos de 09 de abril, que regularam o regime de proteção social na parentalidade).

Aprovada em 21 de janeiro de 2009.

O Presidente da Assembleia da República, *Jaime Gama.*

Promulgada em 4 de fevereiro de 2009.

Publique-se.

O Presidente da República, ANÍBAL CAVACO SILVA.

Referendada em 9 de fevereiro de 2009.

O Primeiro-Ministro, *José Sócrates Carvalho Pinto de Sousa.*

Anexo – Código do Trabalho

LIVRO I – PARTE GERAL

TÍTULO I – Fontes e aplicação do direito do trabalho

CAPÍTULO I – Fontes do direito do trabalho

Artigo 1º – Fontes específicas

O contrato de trabalho está sujeito, em especial, aos instrumentos de regulamentação coletiva de trabalho, assim como aos usos laborais que não contrariem o princípio da boa fé.

COMENTÁRIOS:

1. Antecedentes legislativos: Arts. 1º, do CT/2003 e 12º, da LCT.

2. O presente artigo refere algumas das fontes de direito do trabalho.

A propósito das fontes de direito, podemos distinguir as fontes internacionais e as fontes internas.

Fontes internacionais

Para além dos tratados internacionais clássicos, salientámos alguns instrumentos convencionados que se têm destacado na tentativa de alcance de uma ordem social internacional:

– Declaração Universal dos Direitos do Homem (publicada no DR, por aviso de 9 de março de 1978);

– Convenção Europeia dos Direitos do Homem (aprovada para ratificação pela L nº 65/78, de 13 de outubro);

– Carta Social Europeia (aprovada para ratificação por resolução da AR nº 21/91, de 6 de agosto);

– Os pactos internacionais sobre Direitos Civis e Políticos e sobre os Direitos Económicos, Sociais e Culturais (aprovados para ratificação pelas L nºs 29/78, de 12 de junho e 45/78, de 11 de julho, respetivamente).

Apesar da importância destes instrumentos, as principais fontes internacionais de Direito do Trabalho são as convenções adotadas sob a alçada da Organização Internacional do Trabalho (OIT).

Sem desconsiderar as linhas mestras definidas pela Direito Internacional Clássico, não restam dúvidas que a ordem jurídica comunitária, cada vez mais, se tem assumido como o meio privilegiado de construção de uma ordem social harmonizada. Para uma visão completa das fontes de direito comunitário, cfr. João Mota de Campos, *Direito Comunitário*, vol. II, p. 24 e ss. e Rui Moura Ramos, *Das Comunidades à União Europeia Estudos de Direito Comunitário*, p. 69.

Detenhamo-nos, agora, no sistema de acolhimento do direito Internacional adotado pelo nosso ordenamento regulado pelo art. 8º, da CRP. O nº 1, deste preceito, contém uma cláusula geral de receção plena, segundo a qual o direito internacional aí distinguido vale na ordem interna diretamente sem que seja exigido qualquer requisito adicional. Sobre o âmbito do Direito Internacional geral ou comum, *vide* André Gonçalves Pereira/Fausto de Quadros, *Manual de Direito Internacional Público*, pp. 108 e ss..

No nº 2, do art. 8º, da CRP, foi igualmente adotada uma cláusula geral de receção plena, embora sujeita a duas condições: a publicação no jornal oficial e a regularidade do processo da sua conclusão por Portugal.

No nº 3, do art. 8º, da CRP, o sistema empregue pelo legislador foi o da aplicabilidade direta, no sentido de aplicabilidade imediata e automática na ordem interna, sem necessidade de interposição de qualquer ato legislativo, regulamentar ou administrativo por parte do estado português.

Por fim, o nº 4, do art. 8º, da CRP, estabelece que os tratados e as normas comunitários são aplicáveis na ordem interna, contanto respeitem os princípios fundamentais do Estado de direito democrático.

Sobre esta temática, *vide* Albino Azevedo Soares, *Lições de Direito Internacional Público*, pp. 80 e ss. e Joaquim da Silva Cunha, *Direito Internacional Público – Introdução e Fontes*, p. 92.

Fontes Internas

i) *Constituição*

O elenco das fontes internas tem à cabeça a Constituição, a qual contém diversas disposições referentes ao direito do trabalho, como por exemplo os arts. 53º ("*Segurança no emprego*"); 54º ("*Comissões de trabalhadores*"); 55º ("*Liberdade sindical*"); 56º ("*Direitos das associações sindicais e contratação coletiva*"); 57º ("*Direito à greve e proibição do* lock-out"); 58º ("*Direito ao trabalho*") e 59º ("*Direitos dos trabalhadores*").

ii) *Lei ordinária*

Neste grupo, incluem-se todos os diplomas legais, *maxime*, as leis e os decretos-leis.

iii) *Instrumentos de regulamentação coletiva*

O regime jurídico dos instrumentos coletivos de trabalho está definido nos arts. 476º e ss..

"As Convenções Coletivas de Trabalho devem ser respeitadas pelas partes, face aos princípios constitucionais de consagração dos direitos das associações sindicais e contratação coletiva, na promoção e defesa dos direitos e interesses dos trabalhadores que representam, e o preceituado no próprio Código do Trabalho, que lhes atribui natureza relevante integrando-as nas fontes laborais específicas do Direito do Trabalho (cf. arts. 1º e 2º do CT/2009)". [Ac. do STJ, de 03.03.16 *in* www.dgsi.pt (Proc. nº 2528/13.3TTLSB.L1.S1].

De notar que os instrumentos de regulamentação coletiva prevalecem sobre os usos da empresa. Cfr. o Ac. da RP, de 01.07.13 *in* www.dgsi.pt (Proc. nº 1464//11.2TTPRT.P1);

iv) *O caso especial dos assentos*

Até 1995, os assentos apresentavam-se como fontes mediatas de direito, por força do art. 2º, do CC, o qual viria a ser revogado pelo nº 2, do art. 4º, do DL nº 329-A/95, de 12 de dezembro, que alterou o Código de Processo Civil;

v) *Os usos*

Os usos podem ser definidos como uma mera prática social, a que falta a convicção de obrigatoriedade. Por sua vez, os costumes assumem-se como fonte de direito consuetudinário, sendo constituídos por dois elementos típicos essenciais:

a) o *corpus* ("traduzido na observância generalizada e uniforme, com certa duração, de determinado padrão de conduta em que está implícita uma norma");

b) o *animus* ("a convicção de se estar a obedecer a uma regra geral a abstrata obrigatória, caucionada pela consciência jurídica da comunidade", João Baptista Machado, *Introdução ao Direito e ao Discurso Legitimador*, p. 161).

Nos termos do nº 1, do art. 3º, do CC, os usos que não contrariem os princípios da boa fé são juridicamente atendíveis quando a lei o determinar.

É questionável se o legislador não terá querido usar, aqui, a expressão "costume" e não "usos". José de Oliveira Ascensão, *O direito – Introdução e Teoria Geral*, p. 255, considera que se "o Código Civil não usa a expressão «direito consuetudinário» mas usos, temos de presumir que o fez tecnicamente, e seguir a indicação terminológica. Aliás, uma previsão genérica sobre os usos como a do art. 3º do Código Civil português é muito útil".

3. No que concerne aos usos laborais, devemos já adiantar que as normas por eles criadas são fonte mediata de direito e aplicam-se ao contrato de trabalho. Cfr. o Ac. da RC, de 02.04.20 *in* www.dgsi.pt (Proc. nº 5193/18.8T8VIS.C1) e CJ, Ano XLV, Tomo II, p. 46.

Os usos laborais têm sido encarados como a prática "reiterada, regular, uniforme, com carácter de generalidade, que é realizada sem a convicção da sua obrigatoriedade jurídica, o que a permite distinguir do costume. Sendo também corrente o entendimento de que se trata de uma prática voluntária e espontânea". [Ac. da RL, de 02.05.19 *in* www.dgsi.pt (Proc. nº 3749/17.5T8BRR.L1-4)]. Como acrescenta a RC, para "relevarem como tal, os usos laborais devem representar uma prática social reiterada e geral, sem a convicção da sua obrigatoriedade, passível de gerar efeitos associados à tutela da confiança e expectativas das partes". [Ac. de 02.04.20 *in* www.dgsi.pt (Proc. nº 5193/18.8T8VIS.C1)].

Deste modo, uma "prática reiterada que não tenha carácter geral ou social não se constitui como fonte de direito enquanto uso laboral". (Ac. da RC, de 27.10.16 *in* www.dgsi.pt (Proc. nº 7303/15.8T8CBR.C1) e *in* CJ, Ano XLI, Tomo IV, p. 61).

Em relação ao seu objeto, a RP veio esclarecer que os "usos laborais, enquanto fonte de direito, não podem afastar normas legais imperativas e não podem, também, contrariar normas legais de natureza supletiva, a não ser, quanto a estas, num sentido mais favorável para os trabalhadores". (Ac. de 16.12.15 *in* CJ, Ano XL, Tomo V, p. 210).

No proc. nº 5193/18.8T8VIS.C1, a RC decidiu que a "aplicação temporalmente continuada e voluntária de um CCT pelo empregador à generalidade dos seus trabalhadores é passível de integral um uso laboral relevante". (Ac. de 02.04.20 *in* www.dgsi.pt).

A RC sublinhou, ainda, que os usos laborais "só têm relevância se não contrariarem disposição legal (ou de IRC) imperativa ou supletiva, podendo ser afastados por instrumentos de regulamentação coletiva do trabalho". [Ac. de 10.07.20 *in* www.dgsi.pt (Proc. nº 5227/19.9T8CBR.C1)].

4. A atendibilidade dos usos, à semelhança do que havia sido consagrado no Código Civil, depende do respeito pelo princípio da boa fé. As considerações de António Menezes Cordeiro, *Da boa fé no direito civil*, p. 1281, são preciosas para a integração do conteúdo que a boa fé comporta. Com efeito, diz-nos este autor, em análise ao art. 3º, nº 1, do CC, que "A referência à boa fé postula uma relação entre duas pessoas e comporta, desde logo, as cores da proteção da confiança e da materialidade da regulação jurídica. Por isso, o uso aplicável, para além de não contradizer aspetos fundamentais do sistema, não deve ser invocado numa conjuntura inesperada para a outra parte ou oferecer, para esta, um teor tal que, com ele, ela não pudesse de todo contar; deve, ainda, corresponder a um aspeto da situação em jogo que não desequilibre, por desarmonia, o conjunto a que ele pertença".

Note-se que os usos não têm, necessariamente, que abranger todos os trabalhadores de uma empresa. Na verdade, basta que "a prática afete uma categoria abstrata de trabalhadores, desde que não se trate de uma prática ilícita porque discriminatória. No limite pode mesmo tratar-se de um único trabalhador, desde que só ele na empresa caiba nessa categoria abstrata e não seja o destinatário da prática por força das suas qualidades estritamente pessoais", JÚLIO GOMES, *Dos usos da empresa em Direito do Trabalho*, p. 106.

Importa ainda destacar a sua função reguladora da relação laboral. De facto, se não houver disposição imperativa ou supletiva da lei ou de regulamentação coletiva, nem disposição contratual sobre determinado aspeto da relação laboral, podemos entender que as partes quiseram adotar a conduta usual em relação a esse aspeto. Cfr. o Ac. da RP, de 08.06.17 *in* www.dgsi.pt (Proc. nº 531/12.0TTPRT.P1).

Outra das funções é a de servir como instrumento de interpretação de cláusulas pantanosas e dúbias, sem prejuízo dos restantes critérios de interpretação dos negócios jurídicos.

Em matéria de retribuição, os usos assumem um papel constitutivo relevante. Veja-se, a título de exemplo, o nº 1, do art. 258º (noção de retribuição), a al. *b*), do nº 1, do 260º (gratificações) e o nº 1, do art. 278º (tempo de cumprimento).

5. A existência de uso laboral foi rejeitada nas seguintes situações:

– Uma prática do empregador que, durante um período de dez anos e nove meses, consistiu em contratualizar, anualmente, um seguro coletivo de saúde, em benefício dos seus trabalhadores. (Ac. do STJ, de 27.03.19 *in* www.dgsi.pt (Proc. nº 18047/16.3T8LSB.L1.S1) e CJ, Ano XXVII, Tomo I, p. 232);

– O "período de três anos, durante o qual a empregadora continuou a considerar a pausa diária de 60 minutos, como tempo de trabalho, nos termos anteriormente estipulados no AE, entretanto substituído por ACT, expressamente considerado, nos termos do art. 503º, nº 3 do Código do Trabalho, globalmente mais favorável e que deixou de prever aquela pausa como tempo de trabalho". [Ac. do STJ, de 21.03.19 *in* www.dgsi.pt (Proc. nº 26175/16.9T8LSB.L1.S1)];

– A "concessão de uma regalia social ao autor e seus familiares, ao longo de 37 anos (acesso aos serviços de um hospital em condições benéficas), visto tal concessão decorrer dos vários diplomas legais reguladores das nacionalizações e privatizações a que estiveram sujeitas as empresas que assumiram a posição de empregador do trabalhador". [Ac. da RL, de 02.05.19 *in* www.dgsi.pt (Proc. nº 3749/17.5T8BRR.L1-4)];

– Comportamento "do empregador que durante quatro anos, anualmente, concedeu o gozo da terça-feira de Carnaval aos seus trabalhadores, pelo que não se pode considerar constituído um uso de empresa". [Ac. do STJ, de 09.03.17 *in* www.dgsi.pt (Proc. nº 401/15.0T8BRG.G1.S1)];

– O "regime praticado pelo empregador ao longo de mais de dez anos no sentido de proceder a "descontos vários" no "abono para falhas" devido aos trabalhadores operadores de valores, dividindo por estes o montante das falhas surgidas na sequência das operações de tratamento de valores, bem como de metade do montante das falhas cuja origem é detetada (sendo a outra metade imputada ao responsável pela falha) e deduzindo o valor encontrado do devido a cada um a título de "abono para falhas" sem dar prévio conhecimento aos trabalhadores dos montantes que lhes vão ser descontados, nem por quanto tempo, nem a origem das falhas, ainda que o valor descontado a cada operador não seja superior ao valor mensal recebido a título de "abono para falhas" e que esta prática se tenha seguido a um acordo firmado no ano de 2002 entre os operadores que então prestavam trabalho no mesmo setor e se destine à diluição por todos eles das falhas verificadas". (Ac. da RP, de 16.12.15 *in* CJ, Ano XL, Tomo V, p. 210);

– "O facto de um dos sócios se ter ocupado, por norma, das questões relativas ao pessoal". [Ac. da RP, de 13.10.14 *in* www.dgsi.pt (Proc. nº 214/09.8TTSTS.P2)];

– A "atribuição de complementos de reforma, no quadro e por força de sucessivos instrumentos de regulamentação coletiva do trabalho que vinculam uma empresa onerada com aquele encargo". [Ac. do STJ, de 19.09.12 *in* www.dgsi.pt (Proc. nº 524/10.1TTVCT.P1.S1)];

– "A atualização, nos termos de regulamentos internos, de complementos de reforma efetuada durante um certo número de anos". [Ac. do STJ, de 29.11.05 *in* www.dgsi.pt (Proc. nº 05S2556)].

6. No sentido do reconhecimento da existência de usos laborais, vejamos as seguintes situações:

– O pagamento do subsídio de refeição, nas férias, durante cerca de 40 anos. (Ac. do STJ, de 27.11.18 *in* www.dgsi.pt (Proc. nº 12766/17.4T8LSB.L1.S1) e CJ, Ano XXVI, Tomo III, p. 222);

– A "consideração pela empresa de uma pausa especial como tempo de trabalho diariamente repetida ao longo de três anos relativamente a todos os trabalhadores em regime de laboração contínua em certos departamentos, apesar de ter sido revogado o IRC ao abrigo do qual antes aquela assim o considerava". [Ac. da RL, de 23.05.18 *in* www.dgsi.pt (Proc. nº 26175/16.9T8LSB.L1-4)];

– O "valor pago pelo empregador aos seus trabalhadores com a retribuição de férias a título de subsídio de refeição, num montante fixo relativo a 21 dias por mês (no valor em 2017 de € 233,10 mensais), há cerca de 40 anos de um modo constante, uniforme, universal e pacífico". [Ac. da RL, de 21.03.18 *in* www.dgsi.pt (Proc. nº 12766/17.4T8LSB.L1-4)];

– A concessão pelo "empregador, durante vários anos e desde o início da contratação dos Autores, de "uma pausa na sua prestação funcional diária com cerca de 15 minutos de duração e sem perda de retribuição". (Ac. da RE, de 20.04.17 *in* CJ, Ano XLII, Tomo II, p. 246).

7. Para maiores desenvolvimentos, cfr. Júlio Gomes, *Dos usos da empresa em Direito do Trabalho*, pp. 101 e ss. e António Dias Coimbra, *Uso laboral*, pp. 251 e ss..

Artigo 2º – Instrumentos de regulamentação coletiva de trabalho

1. Os instrumentos de regulamentação coletiva de trabalho podem ser negociais ou não negociais.

2. Os instrumentos de regulamentação coletiva de trabalho negociais são a convenção coletiva, o acordo de adesão e a decisão arbitral em processo de arbitragem voluntária.

3. As convenções coletivas podem ser:

***a*) Contrato coletivo, a convenção celebrada entre associação sindical e associação de empregadores;**

***b*) Acordo coletivo, a convenção celebrada entre associação sindical e uma pluralidade de empregadores para diferentes empresas;**

***c*) Acordo de empresa, a convenção celebrada entre associação sindical e um empregador para uma empresa ou estabelecimento.**

4. Os instrumentos de regulamentação coletiva de trabalho não negociais são a portaria de extensão, a portaria de condições de trabalho e a decisão arbitral em processo de arbitragem obrigatória ou necessária.

COMENTÁRIOS:

1. Antecedentes legislativos: Art. 2º, do CT/2003.

Antes da entrada em vigor do CT/2003, o regime jurídico dos instrumentos de regulamentação coletiva de trabalho estava consagrado no DL nº 519-C1/79, de 29 de dezembro.

2. Em relação ao CT/2003, o nº 1 não sofreu alterações. No nº 2, é de destacar a substituição da expressão "*decisão de arbitragem facultativa*" pela expressão "*decisão arbitral em processo de arbitragem voluntária*". No nº 3, o legislador, na definição das convenções coletivas, optou pela utilização do singular em substituição do plural. De salientar, ainda, a substituição, na al. *c*), da expressão "*subscritas*" pela expressão "*celebrada*".

3. O nº 4 consagra o elenco dos instrumentos de regulamentação coletiva de trabalho não negociais, sendo de sublinhar a substituição do regulamento de extensão (art. 573º, do CT/2003) pela portaria de extensão (art. 512º) e a substituição do regulamento de condições mínimas (art. 577º, do CT/2003) pela portaria de condições de trabalho (art. 515º).

O regime jurídico dos instrumentos de regulamentação coletiva de trabalho está previsto nos arts. 476º e ss.; a convenção coletiva está regulada nos arts. 485º e ss.; o acordo de adesão está regulado no art. 504º; a arbitragem voluntária está regulada nos arts. 506º e ss.; a arbitragem obrigatória está regulada nos arts. 508º e ss.; a portaria de extensão está regulada nos arts. 514º e ss. e a portaria de condições de trabalho está regulada nos arts. 517º e ss..

Artigo 3º – Relações entre fontes de regulação

1. As normas legais reguladoras de contrato de trabalho podem ser afastadas por instrumento de regulamentação coletiva de trabalho, salvo quando delas resultar o contrário.

2. As normas legais reguladoras de contrato de trabalho não podem ser afastadas por portaria de condições de trabalho.

3. As normas legais reguladoras de contrato de trabalho só podem ser afastadas por instrumento de regulamentação coletiva de trabalho que, sem oposição daquelas normas, disponha em sentido mais favorável aos trabalhadores quando respeitem às seguintes matérias:

a) Direitos de personalidade, igualdade e não discriminação;

b) Proteção na parentalidade;

c) Trabalho de menores;

d) Trabalhador com capacidade de trabalho reduzida, com deficiência ou doença crónica;

e) Trabalhador-estudante;

f) Dever de informação do empregador;

g) Limites à duração dos períodos normais de trabalho diário e semanal;

h) Duração mínima dos períodos de repouso, incluindo a duração mínima do período anual de férias;

i) Duração máxima do trabalho dos trabalhadores noturnos;

j) Forma de cumprimento e garantias da retribuição, bem como pagamento de trabalho suplementar;

l) Capítulo sobre prevenção e reparação de acidentes de trabalho e doenças profissionais e legislação que o regulamenta;

m) Transmissão de empresa ou estabelecimento;

n) Direitos dos representantes eleitos dos trabalhadores.

4. As normas legais reguladoras de contrato de trabalho só podem ser afastadas por contrato individual que estabeleça condições mais favoráveis para o trabalhador, se delas não resultar o contrário.

5. Sempre que uma norma legal reguladora de contrato de trabalho determine que a mesma pode ser afastada por instrumento de regulamentação coletiva de trabalho entende-se que o não pode ser por contrato de trabalho.

COMENTÁRIOS:

1. Antecedentes legislativos: Arts. 4º e 5º, do CT/2003.

Antes da entrada em vigor do CT/2003, o critério jurídico de hierarquização das fontes de direito do trabalho estava previsto no art. 13º, da LCT. Sobre este preceito, *vide* José Barros Moura, *A Convenção Coletiva entre as Fontes de Direito do Trabalho*, p. 155.

2. O presente artigo tem a redação introduzida pela L nº 93/2019, de 04 de setembro.

A L nº 93/2019 aditou à al. *j*), do nº 3, a expressão "bem como pagamento de trabalho suplementar". Em virtude desta alteração, é agora inequívoco que as normas legais que respeitem ao pagamento de trabalho suplementar só podem ser afastadas por instrumentos de regulamentação coletiva de trabalho que disponham em sentido mais favorável aos trabalhadores.

Olhando ao que dispõe o art. 268º, nº 1, podemos extrair que os instrumentos de regulamentação coletiva de trabalho para serem válidos têm que fixar acréscimos superiores:

– A 25% pela primeira hora ou fração desta e 37,5% por hora ou fração subsequente, em dia útil;

– A 50% por cada hora ou fração, em dia de descanso semanal, obrigatório ou complementar, ou em feriado.

No fundo, assistimos aqui a um reforço da posição do trabalhador em relação às investidas da contratação coletiva. Paulo Duarte Santos e Outros, *Brevíssimas notas sobre as alterações ao Código do Trabalho (a Lei nº 90/2019, de 4 de setembro e a Lei nº 93/2019, de 4 de setembro)*, p. 14, concluem que, com esta alteração, o CT "consagra em matéria de trabalho suplementar um regime mínimo para todos os trabalhadores".

3. O presente artigo fixa o critério de prevalência na relação entre:

– As normas legais reguladoras de contrato de trabalho e as disposições de instrumento de regulamentação coletiva de trabalho e

– As normas legais reguladoras de contrato de trabalho e o contrato individual.

Já no que concerne ao critério de prevalência na relação entre as disposições de instrumento de regulamentação coletiva de trabalho e o contrato de trabalho vale o disposto no art. 476º.

O regime definido no art. 4º, do CT/2003, não consagrava um critério de hierarquização das fontes de direito do trabalho.

À luz do regime anterior, referíamos que, embora a epígrafe do art. 4º fosse o "Princípio do tratamento mais favorável", certo era que tal princípio tinha deixado de valer enquanto elemento essencial de hierarquização das fontes de direito laboral. Jorge Leite, *Código do Trabalho – Algumas questões de (in) constitucionalidade*, p. 270, falava de alguma ironia na expressão utilizada. *Vide*, neste mesmo sentido, João Leal Amado, *Tratamento mais favorável e art. 4º/1, do Código do Trabalho: o fim de um princípio?*, p. 15.

Entendíamos, ainda, que o regime que emanava daquele preceito (*maxime* do seu nº 1) implicava um verdadeiro choque ideológico em relação ao regime anterior, fazendo surgir um novo Direito do Trabalho "menos garantístico e mais transacional, em que aumenta o espaço concedido à autonomia coletiva em virtude do relaxamento da regulação estadual das condições de trabalho".

4. No que diz respeito ao nº 1, o relatório da CLB referiu que a redação do art. 4º supunha "uma descaracterização profunda do papel das leis do trabalho, tal como se afirmou no processo de formação e desenvolvimento deste ramo de direito. Aquilo que o texto do atual art. 4º/1 oferece – diz-se – é a imagem de um legislador do trabalho indiferente ou neutral ao sentido em que venham a produzir-se as soluções concretas, o que contraria a sua história e até a razão de ser da sua existência autónoma.

Além disso, argumenta-se com o facto de as estruturas sindicais se encontrarem em fase de debilidade, com a capacidade de intervenção limitada por falta de recursos, o que conduz a situações de desigualdade também no plano das relações coletivas".

Neste seguimento chegou a ser sugerida a seguinte redação para o nº 1:

"As normas deste Código podem ser afastadas por instrumento de regulamentação coletiva de trabalho negocial, quando elas expressamente o admitam e dentro dos limites dessa previsão".

Esta solução "permitiria, decerto, eliminar grande parte – ou mesmo a totalidade – das dúvidas que se levantam a propósito da possibilidade e do sentido da negociação coletiva sobre matérias reguladas pela lei", cfr. RCLB.

No entanto, esta proposta não reuniu consenso junto da Comissão, a qual, depois de ponderar alguns aspetos que constam do relatório, optou por apresentar a redação atual.

5. Pela leitura do nº 1, os instrumentos de regulamentação coletiva de trabalho continuam a poder afastar as normas legais reguladoras do contrato de trabalho, quer no sentido mais favorável ao trabalhador, quer no sentido menos favorável. Basta apenas que das respetivas normas não resulte o contrário. Segundo Jorge Leite, *Código do Trabalho – Algumas questões de (in) constitucionalidade*, p. 270, o nº 1 significava que "uma convenção coletiva pode considerar não aplicável às relações por si reguladas uma ou várias normas do Código, estabelecendo ou não para as matérias contempladas uma diferente disciplina em sentido mais (*in melius*) ou menos (*in pejus*) favorável aos trabalhadores". Para a RP resulta do nº 1 "que as normas legais, desde que não imperativas, podem, em princípio, ser afastadas pela regulação coletiva, mesmo que estas disponham em sentido não favorável aos trabalhadores". [Ac. de 18.01.16 *in* www.dgsi.pt (Proc. nº 167/15.3T8MTS.P1)]. Cfr., ainda, os Acs. da RL, de 27.05.20 *in* www.dgsi.pt (Proc. nº 10818/19.5T8LSB.L1-4) e do STJ, de 27.09.11 *in* www.dgsi.pt (Proc. nº 557/07.5TTLSB.L1.S1).

Interpretando o art. 4º, do CT/2003, o STJ entendia que na "relação CCT/contratos individuais de trabalho, as cláusulas de feição normativa que as integram constituem um mínimo de condições de trabalho, que apenas podem ser afastadas/alteradas na contratação individual se resultarem efetivamente em melhoria de condições para os trabalhadores, conquanto que daquelas disposições não resulte o contrário". Assim, dispondo "o CCT que o período normal de trabalho tem a duração de sete horas por dia e trinta e cinco horas por semana, e considerando-se trabalho suplementar o prestado fora do período normal de trabalho, é nulo qualquer acordo que estabeleça um horário superior, porque obviamente menos favorável para o trabalhador". [Ac. de 12.04.12 *in* www.dgsi.pt (Proc. nº 229/09.6TTBRR.L1.S1)].

O regime consagrado era justificado pelo facto dos trabalhadores, no âmbito da contratação coletiva, estarem representados pelos sindicatos, "razão pela qual se encontram em situação de igualdade (formal ou material) com os empregadores", Luís Gonçalves da Silva *in* Pedro Romano Martinez, aavv., *Código do Trabalho Anotado,* p. 105. Por seu lado, João Leal Amado, *Tratamento mais favorável e art. 4º/1, do Código do Trabalho: o fim de um princípio?*, p. 16, sustenta que, nestes termos, a convenção coletiva deixou de se perfilar como "instrumento vocacionado para melhorar as condições de trabalho relativamente à lei, mas antes como um puro mecanismo de adequação da lei às circunstâncias e às conveniências da organização produtiva".

A expressão "resultar o contrário" devia, na opinião de Luís Gonçalves da Silva *in* Pedro Romano Martinez, aavv, *Código do Trabalho Anotado,* p. 105, ser entendida no sentido de o legislador ter proibido a intervenção dos instrumentos de regulamentação coletiva de trabalho. Para Jorge Leite, *Código do Trabalho – Algumas questões de (in) constitucionalidade,* p. 271, a expressão "não resulte o contrário" devia ser entendida não só no sentido de a norma não poder ser afastada, mas também no sentido de que "a matéria em causa seja matéria de convenção coletiva".

Segundo Luís Gonçalves da Silva *in* Pedro Romano Martinez, aavv, *Código do Trabalho Anotado,* p. 105, "essa proibição tanto pode ser absoluta – caso das normas imperativas de conteúdo fixo, que contém valores de ordem pública – como relativa – no caso, por exemplo, das normas imperativas-permissivas".

O Tribunal Constitucional, na apreciação que fez do art. 4º, do anterior CT, distinguiu as seguintes categorias de normas:

"(i) normas absolutamente imperativas, que não consentem qualquer derrogação, seja in melius, seja in pejus (exemplos: artigos 210º e 383º, nº 1, primeira parte);

(ii) normas parcialmente imperativas, que consentem derrogação apenas num desses sentidos (in melius: artigo 110º; in pejus: artigos 167, nº 2 e 369º, nº 1);

(iii) normas «dispositivas», que consentem derrogações em ambos os sentidos (exemplos: artigos 66º, nº 2, 194º, nº 1, 314º, nº 2, 315º, nº 3, 316º, nº 2 e 383º, nº 2); e

(iv) normas supletivas, em que a norma do Código só atua se não houver regulação por instrumento coletivo ou pelo contrato individual de trabalho (exemplos: artigos 166º, nº 1, 178º, nº 2, 184, nº 3, 256º, nº 2 e 268º, nº 1)".

Na ótica de António Monteiro Fernandes, "*Direito do Trabalho,* pp. 125 e 126, as disposições dos instrumentos de regulamentação coletiva podiam prever regimes menos favoráveis, "quando as disposições legais em confronto sejam de natureza dispositiva ou estabeleçam vantagens máximas para os trabalhadores".

A proibição de afastamento por instrumentos de regulamentação coletiva deve constar expressamente da norma em causa, ou poderá e deverá resultar da sua interpretação?

Pela leitura do nº 1, podemos continuar a considerar que a imperatividade da norma em causa deverá ser apurada com base na alma da norma, ou seja, com base no conjunto de princípios e valores fundamentais que a compõem. Assim, se da interpretação global da norma (e/ou do regime em que está inserida) extrairmos que a mesma proíbe o sentido e o alcance que o instrumento de regulamentação coletiva de trabalho pretende dar, podemos concluir que a mesma é, quanto a esse sentido e alcance, imperativa.

A interpretação consiste "em retirar desse texto um determinado sentido ou conteúdo de pensamento", João Baptista Machado, *Introdução ao Direito e ao Discurso Legitimador*, p. 175. As regras de interpretação da lei estão previstas no art. 9º, do CC

Para a RP, a norma do art. 256º, nº 3, "não se encontra contemplada pela imperatividade do regime de faltas previsto no Código do Trabalho, antes tem natureza meramente dispositiva, sendo susceptível de ser afastada por instrumento de regulamentação colectiva", nos termos previstos no nº 1, do presente artigo. [Ac. de 18.05.20 *in* www.dgsi.pt (Proc. nº 1083/18.2T8PNF.P1)].

Em relação à expressão "afastar", diga-se que a mesma não significa revogar.

Na verdade, "a convenção coletiva só está autorizada a reduzir, temporariamente, o âmbito subjetivo de aplicação das normas afastadas que continuarão a produzir os seus efeitos em relação aos seus destinatários não abrangidos pela convenção em causa", Jorge Leite, *Código do Trabalho – Algumas questões de (in) constitucionalidade*, p. 270, nota 11.

Jorge Leite, *loc. cit.*, p. 274, entendia que o nº 1 era "suscetível de censura constitucional", porque ofendia a "alma que, desde sempre, informou o Direito do Trabalho" e que é partilhada pelo bloco normativo do trabalho consagrado na Constituição.

Para este autor, *loc. cit.*, a Constituição "intervém diretamente no mundo do trabalho, preocupando-se com a definição de um estatuto social mínimo cujo respeito impõe às entidades públicas – e, desde logo, ao legislador – e às próprias entidades privadas."

Podemos induzir o princípio constitucional da norma social mínima no sentido de que "as várias injunções constitucionais têm a marca da tutela mínima, de que são inspiradas ou informadas pela ideia de que ao Estado cabe definir e garantir um programa" que os destinatários só podem dispor para melhorar, Jorge Leite, *Código do Trabalho – Algumas questões de (in) constitucionalidade*, p.273.

A título de remate, Jorge Leite, *loc. cit.*, concluía que "a possibilidade de afastamento por convenção coletiva, em sentido menos favorável aos trabalhadores, dos standards sociais legalmente estabelecidos pode aceitar-se como exceção, mas não pode, sem censura constitucional, aceitar-se como princípio".

6. Em relação ao nº 2 e comparando com o CT/2003, é de salientar a substituição da expressão "*Regulamento de condições Mínimas*" pela expressão "*Portaria de condições de trabalho*".

De facto, no quadro do Direito Coletivo, o Regulamento de condições Mínimas (previsto no art. 577º, do CT/2003) foi substituído pela portaria de condições de trabalho (art. 514º).

O nº 2, do presente artigo, decorria da apreciação da constitucionalidade, do TC. (Ac. nº 306/2003, de 25.06.03, pub. no DR, Série I – A, de 18.06.2003). O Presidente da República havia requerido a apreciação da constitucionalidade, entre outras, da norma constante do nº 1, do art. 4º, do CT/2003, por eventual violação dos nºs 1 e 6, do artigo 112º, da CRP.

O TC viria a concluir no sentido de:

– "*Considerar que, relativamente à norma do nº 1 do artigo 4º do mesmo Código, o pedido apenas abrange os regulamentos de extensão e os regulamentos de condições mínimas*".

– "*Não se pronunciar pela inconstitucionalidade da norma constante do nº 1 do artigo 4º do Código do Trabalho, na parte em que se refere à regulamentação de extensão*".

– "*Pronunciar-se pela inconstitucionalidade da mesma norma, na parte em que permite que regulamentos de condições mínimas possam afastar normas do Código que não prevejam que a regulação da matéria seja feita, em primeira linha, por instrumentos de regulamentação coletiva, por violação do artigo 112º, nº 6, da CRP*".

Com o nº 2 "mantém-se, no que concerne à relação entre lei e portaria de condições de trabalho, a regra da imperatividade", Milena Silva Rouxinol, *O regime da relação entre fontes laborais no Código do Trabalho de 2009*, p. 53.

Ora, para esta mesma autora, *loc. cit.*, "tal estatuição não impede a existência de normas legais que assumam natureza diversa, relativamente às portarias de condições de trabalho, desde que delas resulta indicação nesse sentido. Na verdade, se já na vigência do Código anterior esta conclusão nos parecia preferível, por maioria de razão a sustentamos ante o regime ora vigente, em face do disposto no já analisado nº 3 do art. 3º".

7. O nº 3 constitui a grande novidade do CT/2009, no que concerne ao presente artigo, correspondendo à proposta apresentada pela CLB.

Para amenizar os efeitos do nº 1, o legislador optou, aqui, por ressuscitar o princípio do tratamento mais favorável na relação lei/instrumento de regulamentação coletiva de trabalho, embora no âmbito das matérias expressamente elencadas.

Por força da natureza excecional da norma e conforme parece resultar do respetivo texto legal, o referido elenco é taxativo.

Na opinião de Milena Silva Rouxinol, *O regime da relação entre fontes laborais no Código do Trabalho de 2009*, pp. 44 e 45, com "o nº 3, do art. 3º, o que se opera é a *tendencial concentração* num único preceito, dedicado à relação entre as fontes de regulação, das diversas indicações de semi-imperatividade das normas legais laborais".

Esta autora, *ob. cit.*, pp. 45 e 46, faz ainda notar que a "feição de imperatividade unidirecional que este art. 3º, nº 3, associa a um conjunto de matérias, já resultava, relativamente a algumas delas, expressamente, do Código do Trabalho de 2003. Assim sucede, v.g., com as matérias referida nas alíneas g) (duração do período normal de trabalho, diário e semanal) ou h) (duração dos períodos de repouso, incluindo as férias). Por outro lado, mesmo quanto às demais, julgamos poder afirmar que, verdadeiramente, essa natureza, já deveria extrair-se, com mais ou menos exigente labor argumentativo, de outros dados normativos, sobretudo constitucionais, mesmo na vigência do diploma codicístico anterior".

A RP dilucidou que do nº 3 "resulta que em determinadas matérias as normas legais apenas podem ser afastadas por instrumento de regulamentação coletiva de trabalho desde que este disponha em sentido mais favorável para os trabalhadores e que essas normas legais a tal não se oponham, ou seja, nas desde que a lei não fixe um regime absolutamente imperativo, tanto quanto aos mínimos como aos máximos". [Ac. de 18.01.16 *in* www.dgsi.pt (Proc. nº 167/15.3T8MTS.P1)].

A propósito, por exemplo, da al. *m*), do nº 3, a RL veio esclarecer que esta "só consente, efetivamente, a derrogação das normas legais relativas ao instituto da transmissão de estabelecimento, quando as regras da regulamentação coletiva se revelarem mais favoráveis à posição dos trabalhadores, o que, como é óbvio, não é o caso do número 2 da Cláusula 13ª do CCT AES/STAD, que, nessa medida, deverá ser considerada nula, por violação de norma imperativa (arts. 478º, nº 1, al. a) do Código do Trabalho de 2009 e 294º do Código Civil)." [Ac. de 25.03.15 *in* www.dgsi.pt (Proc. nº 357/13.1TTPDL.L1-4)].

8. O nº 4 define o critério de prevalência na relação entre as normas legais reguladoras do contrato de trabalho e o contrato individual.

Um dos princípios que se continua a retirar do presente artigo é o de que os trabalhadores, no âmbito da contratação coletiva, estão supostamente ao mesmo nível e têm a mesma força negocial que os empregadores. Por sua vez, no âmbito da contratação individual, parece que os trabalhadores continuam a ser encarados como a parte mais fraca, realidade em que assenta o princípio do tratamento mais favorável.

Neste seguimento, o nº 4 impõe dois requisitos para que o contrato de trabalho possa afastar as normas do Código:

– Em primeiro lugar, é necessário que o contrato individual estabeleça condições mais favoráveis e

– Em segunda lugar, que das normas em causa não resulte o contrário, ou seja, se estas não proibirem tal afastamento.

José Barros Moura, *A Convenção Coletiva entre as Fontes de Direito do Trabalho*, p. 163, entendia que se o contrato individual de trabalho estipulasse condições menos favoráveis, deveria verificar-se uma "substituição automática da estipulação contratual menos favorável pelo preceito imperativo e não, propriamente, uma invalidade parcial do contrato".

Na visão da RL, face ao disposto no nº 4 "é admissível que o contrato individual de trabalho inclua normativos de um CCT que não é aplicável às partes quando represente norma mais favorável ao trabalhador". [Ac. de 15.07.15 *in* www.dgsi.pt (Proc. nº 218/13.6TTVFX.L1-4)].

9. Chamado a pronunciar-se sobre a constitucionalidade do presente artigo, o TC, não declarou a inconstitucionalidade do nº 1, nem, em consequência, dos nºs 2 a 5. (Ac.

nº 338/2010, de 22.09.10, pub. no DR, I Série, de 08.11.2010). MARIA JOÃO ANTUNES votou no sentido da inconstitucionalidade do nº 1, do presente artigo, por violação do art. 59º, nº 2, da CRP.

10. Ao contrário das normas imperativas, as normas dispositivas podem ser afastadas, quer pelos instrumentos de regulamentação coletiva de trabalho, quer pelo próprio contrato individual de trabalho. O presente artigo reporta-se às normas que admitem expressamente o seu afastamento por instrumento de regulamentação coletiva de trabalho, *v.g.* o art. 218º, nº 2 (relativo aos casos de admissibilidade de isenção de horário de trabalho).

A faculdade de afastar o regime legal – conferida aos instrumentos de regulamentação coletiva de trabalho – não se estende às cláusulas apostas no contrato individual. O sentido desta norma assenta no entendimento de que a posição do trabalhador, no âmbito da contratação individual, é mais fraca do que no âmbito da contratação coletiva. Aliás, um dos princípios subjacentes ao CT é o de que o trabalhador no âmbito da contratação coletiva, está ao mesmo nível do empregador.

Em suma, se os referidos níveis de negociação assentam em realidades tão distintas, justifica-se que o legislador tenha optado por afastar expressamente a equiparação legal dos mesmos.

11. Com a L nº 18/2021, de 08 de abril, foram aditados, ao art. 285º, os nºs 10 e 14. O nº 10 vem estender, expressamente, o regime desse preceito a todas as situações de transmissão de empresa ou estabelecimento por adjudicação de contratação de serviços que se concretize por concurso público ou por outro meio de seleção, no setor público e privado, nomeadamente à adjudicação de fornecimento de serviços de vigilância, alimentação, limpeza ou transportes, produzindo efeitos no momento da adjudicação.

Por seu turno, o nº 14 determina que o disposto na al. *m*), do nº 1, do presente artigo, é aplicável aos trabalhadores das empresas ou estabelecimentos transmitidos ao abrigo do art. 285º.

12. Para maiores desenvolvimentos sobre o presente artigo, *vide* ainda JOÃO REIS, *Princípio do tratamento mais favorável e da norma mínima*, pp. 855 e ss..

13. Sobre a hierarquia das fontes de Direito antes do CT/2003, *vide* ANDRÉ GONÇALVES PEREIRA/FAUSTO QUADROS, *Manual de Direito Internacional Público*, pp. 116 e ss.; ALBINO AZEVEDO SOARES, *Lições de Direito Internacional Público*, pp. 94 e ss.; ANTÓNIO DIAS COIMBRA, *A convenção coletiva de âmbito europeu: – eficácia jurídica*, pp. 144 e ss. e ANTÓNIO MENEZES CORDEIRO, *Manual de Direito do Trabalho*, pp. 207 e ss..

CAPÍTULO II – Aplicação do direito do trabalho

Artigo 4º – Igualdade de tratamento de trabalhador estrangeiro ou apátrida

Sem prejuízo do estabelecido quanto à lei aplicável ao destacamento de trabalhadores e do disposto no artigo seguinte, o trabalhador estrangeiro ou apátrida que esteja autorizado a exercer uma atividade profissional subordinada em território português goza dos mesmos direitos e está sujeito aos mesmos deveres do trabalhador com nacionalidade portuguesa.

COMENTÁRIOS:

Antecedentes legislativos: Arts. 86º, 87º e 90º, do CT/2003 e 1º, nº 1, 2º e 9º, da L nº 20/98, de 12 de maio.

Artigo 5º – Forma e conteúdo de contrato com trabalhador estrangeiro ou apátrida

1. O contrato de trabalho celebrado com trabalhador estrangeiro ou apátrida está sujeito a forma escrita e deve conter, sem prejuízo de outras exigíveis no caso de ser a termo, as seguintes indicações:

a) Identificação, assinaturas e domicílio ou sede das partes;

b) Referência ao visto de trabalho ou ao título de autorização de residência ou permanência do trabalhador em território português;

c) Atividade do empregador;

d) Atividade contratada e retribuição do trabalhador;

e) Local e período normal de trabalho;

f) Valor, periodicidade e forma de pagamento da retribuição;

g) Datas da celebração do contrato e do início da prestação de atividade.

2. O trabalhador deve ainda anexar ao contrato a identificação e domicílio da pessoa ou pessoas beneficiárias de pensão em caso de morte resultante de acidente de trabalho ou doença profissional.

3. O contrato de trabalho deve ser elaborado em duplicado, entregando o empregador um exemplar ao trabalhador.

4. O exemplar do contrato que ficar com o empregador deve ter apensos documentos comprovativos do cumprimento das obrigações legais relativas à entrada e à permanência ou residência do cidadão estrangeiro ou apátrida em Portugal, sendo apensas cópias dos mesmos documentos aos restantes exemplares.

5. O empregador deve comunicar ao serviço com competência inspetiva do ministério responsável pela área laboral, mediante formulário eletrónico:

a) A celebração de contrato de trabalho com trabalhador estrangeiro ou apátrida, antes do início da sua execução;

b) A cessação de contrato, nos 15 dias posteriores.

6. O disposto neste artigo não é aplicável a contrato de trabalho de cidadão nacional de país membro do Espaço Económico Europeu ou de outro Estado que consagre a igualdade de tratamento com cidadão nacional em matéria de livre exercício de atividade profissional.

7. Constitui contraordenação grave a violação do disposto nos nºs 1, 3, 4 ou 5.

COMENTÁRIOS:

1. Antecedentes legislativos: Arts. 88º e 89º, do CT/2003 e 158º, 159º e 479º, da RCT e 3º, nº 1, 4º e 5º, da L nº 20/98, de 12 de maio.

2. De acordo com a L nº 23/2007, de 04 de julho (na versão dada pela L nº 28/2019, de 29 de março), a *al. b*), nº 1, reporta-se, hoje, respetivamente, ao visto de estada temporária (art. 54º) e ao visto de residência para exercício de atividade profissional subordinada (art. 59º).

3. No Proc. 2305/13.1TTLSB.L1-4, resultou da factualidade apurada, que o autor apesar de várias vezes instado para o efeito não regularizou a sua situação junto das autoridades portuguesas, o que tinha sido contratualmente assumido com uma condição resolutiva. Assim, a RL decidiu que "não ocorreu um despedimento ilícito, mas sim a resolução do contrato pelo réu/recorrido, por incumprimento da condição estipulada na cláusula 11ª do contrato, uma vez que o autor/recorrente não regularizou a sua situação junto das autoridades portuguesas, nos prazos que lhe foram concedidos para o efeito". (Ac. de 16.11.16 *in* www.dgsi.pt).

A RE reconheceu a validade de um "acordo verbal celebrado entre a empregadora e a trabalhadora, aquando da celebração pelas mesmas de contrato de trabalho escrito com trabalhador estrangeiro, nos termos do qual a empregadora forneceria à trabalhadora transporte entre a residência desta e o local da prestação do trabalho". [Ac. de 12.05.16 *in* www.dgsi.pt (Proc. nº 725/15.6T8PTM.E1)].

O TJCE opôs-se "a que um Estado-Membro, por um lado, recuse a um nacional de um Estado terceiro, que tem a seu cargo os seus filhos de tenra idade, cidadãos da União, a permanência no Estado-membro da residência destes últimos, cuja nacionalidade têm, e, por outro, recuse ao dito nacional de um Estado terceiro uma autorização de trabalho, na medida em que essas decisões venham a privar os referidos filhos do gozo efetivo do essencial dos direitos associados ao estatuto de cidadão da União". (Ac. de 08.03.2011 *in* CJ, Ano XIX, Tomo I, p. 14).

A propósito de um contrato de serviço doméstico celebrado com trabalhadora estrangeira (cidadã nacional de país que não era membro do Espaço Económico Europeu ou de outro Estado que consagre a igualdade de tratamento com cidadão nacional em matéria de livre exercício de atividade profissional), a RE considerou que o mesmo está sujeito à forma e conteúdo prescritos no presente artigo. [Ac. de 27.02.20 *in* www.dgsi.pt (Proc. nº 669/19.2T8FAR.E1)].

3. Sobre a igualdade e não discriminação de trabalhadores estrangeiros, cfr. Pedro Ortins de Bettencourt, *Trabalho de Estrangeiros*, pp. 27 e ss.. Sobre o contrato de trabalho de estrangeiros, cfr. Rita Lages, *A língua do contrato de trabalho de estrangeiros e o risco da diversidade linguística.*

Artigo 6º – Destacamento em território português

1. Consideram-se submetidas ao regime de destacamento as seguintes situações, nas quais o trabalhador, contratado por empregador estabelecido noutro Estado, presta a sua atividade em território português:

***a*) Em execução de contrato entre o empregador e o beneficiário que exerce a atividade, desde que o trabalhador permaneça sob a autoridade e direção daquele;**

***b*) Em estabelecimento do mesmo empregador, ou empresa de outro empregador com o qual exista uma relação societária de participações recíprocas, de domínio ou de grupo;**

***c*) Ao serviço de um utilizador, à disposição do qual foi colocado por empresa de trabalho temporário ou outra empresa.**

2. O regime é também aplicável ao destacamento efetuado nas situações referidas nas alíneas *a*) e *b*) do número anterior por um utilizador estabelecido noutro Estado, ao abrigo da respetiva legislação nacional, desde que o contrato de trabalho subsista durante o destacamento.

3. O regime de destacamento em território português não é aplicável ao pessoal navegante da marinha mercante.

COMENTÁRIOS:

1. Antecedentes legislativos: Arts. 7º, do CT/2003 e 11º, da RCT.

Antes da entrada em vigor do CT/2003, o regime do destacamento estava regulado na L nº 9/2000, de 15 de junho, a qual, por sua vez, havia transposto a Diretiva 96/71/CE, do Parlamento Europeu e do Conselho, publicada no JOC L 018, de 21.10.97.

2. Às situações de destacamento de trabalhadores para outro Estado membro, por prestadores de serviços estabelecidos em Portugal, abrangidas pelos arts. 6º a 8º, do CT, é aplicável a L nº 29/2017, de 30 de maio (que transpõe a Diretiva 2014/67/UE, do Parlamento Europeu e do Conselho, de 15 de maio de 2014, relativa ao destacamento de trabalhadores no âmbito de uma prestação de serviços). A L nº 29/2017 foi alterada pelo DL nº 101-E/2020, de 07 de dezembro, que transpôs a Diretiva (UE) 2018/957, de 28 de junho.

3. No Proc. nº 2226/17.9T8BCL.G2, a RG entendeu que "tal como foi ressalvado pelos Considerandos (34) e (40) e art. 23º do referido Regulamento (CE) nº 593/2008 (Roma I), por aplicação da Directiva 96/71/CE do Parlamento Europeu e do Conselho, de 16 de dezembro de 1996, transposta para a ordem jurídica interna portuguesa através, designadamente, dos arts. 6º, 7º e 8º do Código do Trabalho, e para a ordem jurídica interna francesa através, designadamente, do «Titre VI» do «Code du Travail» francês, a lei francesa em matéria de retribuição mínima é de aplicação imediata a um trabalhador de empregador estabelecido em Portugal destacado em França, a não ser que a lei aplicável (no caso, a portuguesa) ou o contrato sejam mais favoráveis". (Ac. de 22.10.20 *in* www.dgsi.pt). Aliás, lê-se ainda nesse acórdão, "independentemente da referida Directiva, ou da sua transposição, sempre deveria ser dada prevalência às normas da lei francesa em matéria de retribuição mínima, no caso de serem mais favoráveis que a lei aplicável (no caso, a portuguesa) ou o contrato, por força dos nºs 1 e 3 do art. 9º do aludido Regulamento (CE) nº 593/2008 (Roma I)".

4. Sobre este tema, *vide* FRANCISCO LIBERAL FERNANDES, *A Lei nº 29/2017 e o combate à fraude no destacamento de trabalhadores na União Europeia* e KÁTIA COSTA E SILVA, *Mobilidade transnacional de trabalhadores e empresas.*

Artigo 7º – Condições de trabalho de trabalhador destacado

1. Sem prejuízo de regime mais favorável constante de lei ou contrato de trabalho, o trabalhador destacado tem direito às condições de trabalho previstas na lei e em regulamentação coletiva de trabalho de eficácia geral aplicável que respeitem a:

a) Segurança no emprego;
b) Duração máxima do tempo de trabalho;
c) Períodos mínimos de descanso;
d) Férias;
e) Retribuição mínima e pagamento de trabalho suplementar;
f) Cedência de trabalhadores por parte de empresa de trabalho temporário;
g) Cedência ocasional de trabalhadores;
h) Segurança e saúde no trabalho;
i) Proteção na parentalidade;
j) Proteção do trabalho de menores;
l) Igualdade de tratamento e não discriminação.

2. Para efeito do disposto no número anterior:

a) A retribuição mínima integra os subsídios ou abonos atribuídos ao trabalhador por causa do destacamento que não constituam reembolso de despesas efetuadas, nomeadamente com viagens, alojamento e alimentação;

b) As férias, a retribuição mínima e o pagamento de trabalho suplementar não são aplicáveis ao destacamento de trabalhador qualificado por parte de empresa fornecedora de um bem, para efetuar a montagem ou a instalação inicial indispensável ao seu funcionamento, desde que a mesma esteja integrada no contrato de fornecimento e a sua duração não seja superior a oito dias no período de um ano.

3. O disposto na alínea *b*) do número anterior não abrange o destacamento em atividades de construção que visem a realização, reparação, manutenção, alteração ou eliminação de construções, nomeadamente escavações, aterros, construção, montagem e desmontagem de elementos prefabricados, arranjo ou instalação de equipamentos, transformação, renovação, reparação, conservação ou manutenção, designadamente pintura e limpeza, desmantelamento, demolição e saneamento.

COMENTÁRIOS:

1. Antecedentes legislativos: Arts. 8º, do CT/2003; 12º, da RCT e 3º, nº 1, da L nº 9/2000, de 15 de junho.

2. No Proc. nº 4800/16.1T8MTS.P1, a RP entendeu que "estando o trabalhador deslocado na Alemanha quando sofreu o acidente de trabalho, sendo a remuneração mínima aí estabelecida superior quer à estabelecida em Portugal quer à que era efetivamente paga, àquela se impõe atender para efeitos de cálculo das indemnizações/pensões dividas ao sinistrado". (Ac. de 22.05.19 *in* www.dgsi.pt e *in* CJ, Ano XLIV, Tomo III, p. 268).

Artigo 8º – Destacamento para outro Estado

1. O trabalhador contratado por uma empresa estabelecida em Portugal, que preste atividade no território de outro Estado em situação a que se refere o artigo 6º, tem direito às condições de trabalho previstas no artigo anterior, sem prejuízo de regime mais favorável constante da lei aplicável ou do contrato.

2. O empregador deve comunicar, com cinco dias de antecedência, ao serviço com competência inspetiva do ministério responsável pela área laboral a identidade dos trabalhadores a destacar para o estrangeiro, o utilizador, o local de trabalho, o início e o termo previsíveis da deslocação.

3. Constitui contraordenação grave a violação do disposto no número anterior.

COMENTÁRIOS:

1. Antecedentes legislativos: Art. 9º, do CT/2003.

A cooperação em matéria de informação estava regulada no art. 13º, da RCT.

2. A RG fez notar que o presente artigo "institui garantias de proteção mínima de trabalhadores destacados no estrangeiro, assegurando a aplicação obrigatória da lei nacional em temáticas consideradas vitais, sem prejuízo de regimes mais favoráveis, mas não é uma norma de resolução de conflitos no espaço, sendo inidónea a resolver casos de trabalho plurilocalizado". (Ac. de 07.11.19 *in* www.dgsi.pt (Proc. nº 4300/17.2T8VCT.G1) e *in* CJ, Ano XLIV, Tomo V, p. 314).

A RC esclareceu que, por força da primazia do Direito da União, o nº 1 "tem de ser interpretado em termos de não ser postergado o estatuído na Diretiva 96/71/CE". (Ac. de 06.12.19 *in* www.dgsi.pt (Proc. nº 1313/18.0T8FIG.C1) e *in* CJ, Ano XLIV, Tomo V, p. 45). Neste aresto, é referido que a "denominada "Lei Macron", que estabelece um salário mínimo inter-profissional, apenas se aplica às empresas não residentes em território francês que deslocam motoristas para a França para realização de operações de transporte com origem ou destino em França ou que realizem operações de cabotagem nesse país".

3. O TJ decidiu que "um Estado-Membro não tem o direito de exigir que os nacionais de Estados terceiros, colocados à disposição de uma empresa estabelecida noutro Estado-Membro, por uma outra empresa igualmente estabelecida nesse outro Estado-Membro, para realizar uma prestação de serviços no primeiro destes Estados-Membros, disponham de uma autorização de trabalho". [Ac. de 14.11.18 *in* JOUE, C-16, de 14.01.19 (Proc. C-18/17)].

No Proc. C-451/17, este mesmo tribunal entendeu que "um trabalhador recrutado com vista ao seu destacamento noutro Estado-Membro deve ser considerado como tendo estado «imediatamente antes do início da sua atividade, [...] já sujeit[o] à legislação do Estado-Membro em que o respetivo empregador está estabelecido», na aceção do artigo 14º, nº 1, do Regulamento nº 987/2009, apesar de esse trabalhador não ter a qualidade de segurado ao abrigo da legislação deste Estado-Membro imediatamente antes do início da sua atividade, uma vez que o trabalhador tinha nesse momento a sua residência no referido Estado-Membro, o que cabe ao órgão jurisdicional de reenvio verificar". (Ac. de 25.10.18 *in* JOUE, C-4, de 07.01.19).

No Proc. C-815/18, O TJ proclamou que a Diretiva 96/71/CE é aplicável às prestações de serviços transnacionais no setor do transporte rodoviário. Segundo este tribunal, os arts. 1º, nºs 1 e 3 e 2º, nº 1, dessa Diretiva "devem ser interpretados no sentido de que um trabalhador que desempenha as funções de motorista no setor do transporte rodoviário internacional, no âmbito de um contrato de fretamento entre a empresa que o emprega, estabelecida num Estado-Membro, e uma empresa situada num Estado-Membro diferente daquele onde o interessado habitualmente exerce a sua atividade, é um trabalhador destacado no território de um Estado-Membro na aceção destas disposições, quando a execução do seu trabalho apresente, pelo período limitado em causa, uma ligação suficiente com esse território. A existência dessa ligação é determinada no âmbito de uma apreciação global de elementos como a natureza das atividades exercidas pelo trabalhador em causa no referido território, o grau de intensidade da ligação das atividades desse trabalhador com o território de cada Estado-Membro em que opera assim como a parte que as referidas atividades representam em todo o serviço de transporte". A circunstância de um "motorista de transporte internacional colocado, por uma empresa estabelecida num Estado-Membro, à disposição de uma empresa estabelecida noutro Estado-Membro receber instruções inerentes às suas missões e começar ou terminá-las na sede desta segunda empresa não basta, por si só, para se considerar que esse motorista foi destacado para o território desse outro Estado-Membro, na aceção da Diretiva 96/71, uma vez que a execução do trabalho do referido motorista não apresenta, com base noutros fatores, uma ligação suficiente com esse território". (Ac. de 01.12.20 *in* JOUE, C-35, de 01.02.21). Nesta decisão, foi ponderada a relação de grupo entre as empresas que eram partes no contrato de colocação à disposição de trabalhadores, acabando o TJ por concluir que os arts. 1º, nºs 1 e 3 e 2º, nº 1, da Diretiva 96/71 devem ser interpretados no sentido de que a existência dessa relação "não é, enquanto tal, relevante para efeitos da apreciação da existência de um destacamento de trabalhadores".

Ainda na mesma decisão agora a propósito dos instrumentos de regulamentação coletiva de trabalho, o TJ fez notar que o art. 3º, nºs 1 e 8, da Diretiva 96/71 "deve ser interpretado no sentido de que a questão de saber se uma convenção coletiva foi declarada de aplicação geral deve ser apreciada por referência ao direito nacional aplicável. Corresponde ao conceito visado por estas disposições uma convenção coletiva de trabalho que não foi declarada de aplicação geral, mas cuja observância condiciona, para as empresas por elas abrangidas, a dispensa de aplicação de outra convenção coletiva de trabalho declarada, por seu turno, de aplicação geral e cujas disposições são, no essencial, idênticas às dessa outra convenção coletiva de trabalho".

A RC considerou que o "destacamento de um trabalhador contratado em Portugal para trabalhar em território francês não implica, só por si, que o mesmo passe a ter direito a auferir o 'salaire minimum de croissance' devido em França, ainda que superior ao devido contratualmente ao trabalhador", fazendo notar que em "França, o pagamento de subsídio de férias e de subsídio de natal não está determinado no Code du Travail". (Ac. de 12.01.18 *in* www.dgsi.pt (Proc. nº 233/16.8T8LRA.C1) e *in* CJ, Ano XLIII, Tomo I, p. 49).

Artigo 9º – Contrato de trabalho com regime especial

Ao contrato de trabalho com regime especial aplicam-se as regras gerais deste Código que sejam compatíveis com a sua especificidade.

COMENTÁRIOS:

1. Antecedentes legislativos: Art. 11º, do CT/2003.

2. Do elenco dos contratos de trabalho com regime especial a que alude o presente artigo podemos destacar o trabalho doméstico (regulado pelo DL nº 235/92, de 24 de outubro, com a redação introduzida pela DRet nº 174/92, de 31 de outubro e pela L nº 114/99, de 03 de agosto).

Segundo a RP não existe exata correspondência entre a previsão das als. *c*) e *d*), do art. 28º, do DL nº 235/92 e "o que consta em geral para a cessação do contrato de trabalho na lei geral (CT), sendo que apenas encontramos, quanto à alínea d), real identidade com o que estabelece a alínea *b*) do artigo 343º do CT/2009 e mesmo quanto a esta, de modo não exatamente equivalente, daí resultando, como a própria redação das normas evidencia, que o legislador, por decorrência das especificidades que este tipo de contrato comporta, não é tão exigente, não exigindo que a impossibilidade superveniente de o empregador receber o trabalho seja absoluta e definitiva e sim, apenas, que se demonstre que seja imediata e praticamente impossível a subsistência da relação de trabalho". [Ac. de 06.11.17 *in* www.dgsi.pt (Proc. nº 22377/16.6T8PRT.P1)].

O STJ, tendo em linha de conta que a vontade de fazer cessar o contrato de trabalho, tem que ser "inequívoca" e "concludente", entendeu que o "facto de, durante uma troca de palavras entre empregador e trabalhador, por causa do desaparecimento duns "socos", aquele tirar-lhe as chaves da sua casa, que ele detinha para abrir a porta quando fosse trabalhar, não é, por si só e sem mais, revelador e indicador de que o estava a despedir". [Ac. de 11.04.19 *in* www.dgsi.pt (Proc. nº 19318/16.4T8PRT.P1.S1)].

3. Outro dos contratos de trabalho com regime especial que merece destaque é o do trabalho a bordo (regulado pela L nº 146/2015, de 09 de setembro, com a redação introduzida pela L nº 29/2018, de 16 de julho e pelo DL nº 101-F/2020, de 07 de dezembro). Nos termos do seu art. 3º, ao contrato de trabalho a bordo de navio que arvora a bandeira portuguesa aplicam-se as regras previstas nessa mesma lei e, nas matérias não reguladas, as regras gerais do Código do Trabalho e as demais normas legais reguladoras do contrato de trabalho que sejam compatíveis com a sua especificidade.

Consideremos também o contrato de trabalho nas embarcações de pesca, cujo regime está previsto na L nº 15/97, de 31 de maio (com a redação introduzida pela L nº 114/99, de 03 de agosto; pela L nº 29/2018, de 16 de julho e pelo DL nº 101-F/2020, de 07 de dezembro). Na perspetiva da RG, se este regime impõe "o pagamento de férias e subsídio de Natal, sendo omisso quanto ao pagamento de subsídio de férias, e não remete, quanto a esta última matéria, para o regime geral do Código do Trabalho, este não é aplicável e, consequentemente, não é devido aos trabalhadores o pagamento de subsídio de férias". (Ac. de 06.12.18 *in* CJ, Ano XLIII, Tomo V, p. 236).

A propósito ainda deste contrato específico, a RP decidiu que, ao abrigo do presente artigo, é-lhe aplicável o disposto no art. 112º, nº 4, do CT, "por ser uma regra geral compatível com as suas especificidades e, ainda, por o regime do período experimental ser de natureza imperativa". [Ac. de 23.03.15 *in* www.dgsi.pt (Proc. nº 554/12.9TTMTS.P1)].

A matéria do trabalho a bordo das embarcações de pesca e da atividade de marítimos a bordo de navios estava tratada nas Diretivas (UE) 2017/159, de 19 de dezembro de 2016 e 2018/131, de 23 de janeiro de 2018, as quais foram transpostas para a ordem jurídica nacional através do DL nº 101-F/2020, de 07 de dezembro, que procedeu à terceira alteração à L nº 15/97.

4. Podemos ainda destacar como exemplos de contratos de trabalho com regime especial:

– O contrato de trabalho portuário, regulado pelo DL nº 280/93, de 13 de agosto, com a redação introduzida pela DRet nº 202/93, de 30 de outubro e pela L nº 3/2013, de 14 de janeiro;

– O contrato de trabalho do praticante desportivo, regulado pela L nº 54/2017, de 14 de julho;

– A atividade profissional do marítimo, regulada pelo DL nº 166/2019, de 31 de outubro;

– O contrato de trabalho dos profissionais de espetáculos, regulado pela L nº 4/ /2008, de 07 de fevereiro, com a redação introduzida pela L nº 105/2009, de 14 de setembro; pela L nº 28/2011, de 16 de junho e pela L nº 22/2019, de 26 de fevereiro.

Artigo 10º – Situações equiparadas

As normas legais respeitantes a direitos de personalidade, igualdade e não discriminação e segurança e saúde no trabalho são aplicáveis a situações em que ocorra prestação de trabalho por uma pessoa a outra, sem subordinação jurídica, sempre que o prestador de trabalho deva considerar-se na dependência económica do beneficiário da atividade.

COMENTÁRIOS:

1. Antecedentes legislativos: Arts. 13º, do CT/2003 e 2º, da LCT.

2. O art. 13º, do CT/2003, equiparava todo e qualquer contrato que tivesse por objeto a prestação de trabalho, sem subordinação jurídica, contanto o trabalhador estivesse na dependência económica do beneficiário da atividade. O legislador pretendeu alargar o âmbito de aplicação dos princípios do Código a todo e qualquer contrato de prestação de trabalho em que o prestador estivesse numa posição de subordinação económica.

3. O presente artigo tem a redação proposta pela CLB, a qual considerou o seguinte: "Tal como na vigência da legislação anterior, o não esclarecimento de que

princípios se trata e do alcance da sujeição dos "contratos equiparados" aos mesmos faz com que a disposição legal seja praticamente irrelevante do ponto de vista operativo.

Por isso a Comissão preconiza uma solução em que os elementos nucleares do regime do atual ao 13º – direitos de personalidade, igualdade e não discriminação e segurança, higiene e saúde no trabalho – sejam imediatamente aplicáveis às situações contratuais em causa". Cfr. RCLB.

4. A propósito do trabalho no domicílio, a RL fez notar que o prestador deste trabalho, estando também dependente economicamente, encontra-se "numa situação materialmente semelhante à de um trabalhador subordinado, justificando-se, por isso, uma equiparação de regimes". (Ac. de 15.12.11 *in* CJ, Ano XXXVI, Tomo V, p. 176).

TÍTULO II - Contrato de trabalho

CAPÍTULO I - Disposições gerais

SECÇÃO I - Contrato de trabalho

Artigo 11º – Noção de contrato de trabalho

Contrato de trabalho é aquele pelo qual uma pessoa singular se obriga, mediante retribuição, a prestar a sua atividade a outra ou outras pessoas, no âmbito de organização e sob a autoridade destas.

COMENTÁRIOS:

1. Antecedentes legislativos: Arts. 10º, do CT/2003 e 1º, da LCT.

2. O presente artigo introduz as seguintes alterações face ao art. 10º, do CT/2003:

– *A especificação de que o trabalhador é uma pessoa singular*;

– *A substituição da expressão "direção" pela expressão "no âmbito de organização"*.

A introdução da organização como elemento definidor do contrato de trabalho, parece pretender incluir neste conceito novas realidades jurídico-laborais em que o trabalhador goza de uma autonomia técnica de tal forma acentuada que o conteúdo do poder de direção (plasmado no art. 97º) fica esgotado. Isto não significa um afastamento deste poder, embora o seu alcance normativo, enquanto elemento da laboralidade, seja atingido.

No entendimento da CLB, procurou-se, aqui, "corresponder à evolução que a realidade sofreu neste domínio. Na verdade, as manifestações factuais da direção do trabalho – ordens e instruções – vão-se tornando menos visíveis e frequentes, à medida que se elevam os níveis de instrução, de qualificação profissional dos trabalhadores, e de sofisticação das atividades profissionais. A subordinação jurídica vai-se remetendo a estados potenciais, como a jurisprudência há muito vem reconhecendo. O que hoje releva na caracterização da subordinação é, pois, sobretudo, a existência de uma relação de autoridade, inerente à conceção e à titularidade de uma organização de trabalho em que a pessoa do trabalhador se integra".

3. A noção empregue corresponde à do art. 1152º, do CC, tendo o legislador optado por definir de modo expresso o contrato de trabalho, desincentivando, desde logo, potenciais querelas doutrinais, ao contrário do que se verifica noutros territórios contratualísticos, em que se absteve de fornecer quaisquer elementos conceituais. E se sabido é que as definições legalmente impostas não são vinculativas para o intérprete, não esqueçamos que estas emprestam-se à projeção de elementos essenciais à corporização dos diversos comandos normativos orientadores da atividade interpretativa, função que, na definição legal de contrato de trabalho, ganha uma invulgar relevância dado o acolhimento que tem tido na nossa doutrina.

O papel privilegiado do contrato de trabalho é, contudo, o de delimitar, em termos práticos, o âmbito de intervenção do Direito do Trabalho, entendido como "o conjunto de normas jurídicas, de origem estadual e convencional, que visam regular, com vista à sua normalização, as relações individuais e coletivas que têm como seu elemento unificante e desencadeante o trabalho assalariado", JORGE LEITE, *Direito do Trabalho*, p. 79.

Da definição adotada podemos concluir que o Direito do Trabalho abrange, não só a relação individual entre o trabalhador e o empregador, como também as relações coletivas de trabalho, onde se incluem as relações entre um grupo de trabalhadores e um ou mais empregadores, as relações entre os trabalhadores entre si e, por fim, as relações entre os empregadores e os trabalhadores de um lado e o Estado do outro.

4. O Direito do Trabalho ocupa-se apenas do trabalho que seja livre, por conta alheia, subordinado, remunerado e realizado pelo homem.

5. O contrato de trabalho inclui-se no grupo dos negócios jurídicos bilaterais (ou contratos), contendo, à semelhança de todos os outros, um conjunto de características próprias que de seguida passamos a considerar.

i) *Sinalagmaticidade*

Os contratos podem ser sinalagmáticos ou não sinalagmáticos, consoante produzam obrigações para uma ou ambas as partes, havendo entre aquelas um nexo causal ou sinalagma.

Rompemos, em absoluto, com a terminologia contratos unilaterais (ou não sinalagmáticos) e contratos bilaterais (ou sinalagmáticos), pois, como refere António Menezes Cordeiro, *Tratado de Direito Civil Português*, I Parte Geral, Tomo I, p. 255, todos os contratos são, pelo menos, bilaterais, por terem, sempre, mais do que uma declaração de vontade. Posição que já havia sido tomada por Manuel de Andrade, *Teoria Geral da Relação Jurídica*, vol. II, p. 43.

O contrato de trabalho, enquanto fonte geradora de obrigações para ambas as partes, inclui-se no grupo dos contratos sinalagmáticos. Aqui, as obrigações principais são a prestação de trabalho e o pagamento de retribuição, sendo cada uma causa da outra. A doutrina tem perspetivado o sinalagma em dois planos diferentes: um referente à génese do contrato (sinalagma genético) e o outro relativo ao cumprimento das obrigações impostas e à produção efetiva dos efeitos que venham a ser desencadeados pelo contrato (sinalagma funcional), este último associado ao pensamento de que toda a vicissitude verificada numa dessas obrigações se repercute "necessariamente no ciclo vital da outra". Cfr. Antunes Varela, *Das Obrigações em Geral*, vol. I, pp. 360 e 361. *Vide* ainda Manuel de Andrade, *Teoria Geral da Relação Jurídica*, vol. II, p. 39 e António Menezes Cordeiro, *Tratado de Direito Civil Português*, I Parte Geral, Tomo I, p. 254;

ii) *Bivinculatividade*

António Menezes Cordeiro, *Tratado de Direito Civil Português*, I Parte Geral, Tomo I, p. 255, veio introduzir uma subdistinção do contrato, que assenta na vinculatividade que este impõe às partes e que não se deve confundir com a sinalagmaticidade. A vinculatividade remete-nos para uma dimensão binária do dever de realizar as prestações. Assim, há que distinguir o facto de as partes estarem incumbidas à realização de prestações recíprocas, da circunstância de ambas estarem vinculadas a fazê-lo. Se, no primeiro caso, falamos de sinalagma, no segundo falamos de vinculatividade.

Este autor distingue os contratos em monovinculantes e bivinculantes, consoante apenas uma das partes fique vinculada à realização da respetiva prestação ou ambas estejam vinculadas a fazê-lo.

O contrato de trabalho é um contrato bivinculante, na medida em que o empregador e o trabalhador ficam adstritos (vinculados) ao cumprimento das respetivas prestações, "o qual não depende de nova vontade de nenhuma delas", António Menezes Cordeiro, *Manual de Direito do Trabalho*, p. 519;

iii) *Consensualidade*

Vide anotações ao art. 110º;

iv) *O caráter nominado*

O negócio jurídico é a mais veemente afirmação do princípio da autonomia privada. No entanto e como realidade jurídica que é, sujeita-se a uma regulação específica que garante a segurança do comércio jurídico e as expetativas dos contraentes. Quando essa regulação consta supletivamente da lei, o negócio é típico, quando é definida pelas partes, o negócio é atípico.

Os negócios típicos e atípicos podem ainda ser classificados em nominados ou inominados. Nos primeiros incluem-se aqueles que a lei *condecorou* com um *nomen iuris*, *v.g.*, compra e venda, mútuo, arrendamento, etc.. Por seu turno, os segundos referem-se aos negócios que não mereceram designação legal.

O contrato de trabalho é um contrato típico e nominado, previsto no presente artigo e no art. 1152º, do CC. A tipicidade, no contrato de trabalho, ganha especial expressão jurídico-normativa, pois, como já vimos e é consabido, o direito laboral envolve o contrato de trabalho num manto de normas, algumas de natureza imperativa, que determinam a sua constituição, vigência e extinção;

v) *Natureza não real* (quoad constitutionem)

Os negócios reais *quoad constitutionem* são aqueles cuja eficácia depende não só das declarações das partes, mas também da prática anterior ou simultânea de um certo ato material.

O contrato de trabalho é um contrato não real, pois a situação laboral ganha corpo com o simples consenso, não se exigindo qualquer ato material de tradição, criação, modificação ou extinção.

Cfr., para maiores desenvolvimentos, Carlos Alberto da Mota Pinto, *Teoria Geral do Direito Civil*, 3ª edição, p. 398; Antunes Varela, *Das Obrigações em Geral*, vol. I, p. 293; Pires de Lima/Antunes Varela, *Código Civil Anotado*, vol. I, p. 374 e António Menezes Cordeiro, *Manual de Direito do Trabalho*, p. 519 e *Tratado de Direito Civil Português*, I Parte Geral, Tomo I, p. 259;

vi) *Onerosidade*

A distinção entre negócios onerosos e gratuitos alicerça-se nos respetivos conteúdo e finalidade. Os negócios onerosos pressupõem atribuições patrimoniais para ambas as partes em simultâneo. Conforme refere Manuel de Andrade, *Teoria Geral da Relação Jurídica*, vol. II, p. 54, cada "uma delas dá e recebe, considerando aquilo que dá retribuído ou contrabalançado por aquilo que recebe". Ao invés, o negócio gratuito gera vantagens e sacrifícios apenas para uma das partes.

Os negócios onerosos subclassificam-se, ainda, em negócios onerosos aleatórios e comutativos. Nos primeiros, as partes têm em vista uma mera possibilidade de ganho ou perda, a chamada álea ou risco, enquanto que nos segundos, as partes não só têm consciência do direito de receber e do dever de dar, como também do montante e natureza das prestações a realizar.

Os contratos de trabalho são negócios onerosos e comutativos, pois importam esforços económicos e vantagens patrimoniais para ambas as partes. De facto, embora o contrato de trabalho dependa de inúmeras condicionantes (algumas de natureza claramente imprevisível, como por exemplo, a condição física do trabalhador, a sua longevidade, a conjuntura económica, etc.), estas não afetam a sua comutatividade, a qual, quanto a nós, é definida com base num critério de previsibilidade, medianamente obtida, das circunstâncias prestacionais e patrimoniais gerais que orientam a relação contratual. Cfr., para maiores desenvolvimentos, Carlos Alberto da Mota Pinto, *Teoria Geral de Direito Civil*, 3ª edição, p. 401; Manuel de Andrade, *Teoria Geral da Relação Jurídica*, vol. II, p. 54; António Menezes Cordeiro, *Tratado de Direito Civil Português*, I Parte Geral, Tomo I, p. 266 e Jorge Leite, *Direito do Trabalho*, p. 243.

vii) *Natureza duradoura*

O contrato de trabalho é um contrato duradouro de execução continuada, na medida em que as obrigações fundamentais respetivas protelam-se no tempo de forma ininterrupta, tendo a duração temporal da relação creditória influência decisiva na conformação global das respetivas prestações.

Um dos efeitos que decorre da natureza duradoura é a antiguidade, a qual assume-se como uma das figuras integradoras do estatuto jurídico-laboral do trabalhador.

A antiguidade nasce com a integração do trabalhador no processo produtivo da empresa. Em abono desta ideia será de chamar à colação os arts. 112º, nº 6 (que consagra a regra segundo a qual o início do período experimental conta para efeitos de antiguidade) e 147º, nº 3 (ao abrigo do qual, após a conversão do contrato a termo em contrato sem termo, a antiguidade conta-se desde o início da prestação de trabalho).

O tempo de serviço efetivo (sendo este o tempo durante o qual o trabalhador esteve, na realidade, a exercer funções) não se confunde com a antiguidade, a qual é mais ampla.

A antiguidade opera, por exemplo, como fator normativo de cálculo da indemnização devida ao trabalhador, no caso de despedimento ilícito (art. 391º, nº 1).

O conceito de antiguidade é polissémico, pois encarna várias conceções. Assim, consideremos:

– A antiguidade na empresa (que reflete o período no qual o trabalhador encabeçou a respetiva posição no contrato de trabalho); a antiguidade no posto de trabalho (que se refere ao lapso de tempo durante o qual o trabalhador ocupou um determinado lugar na empresa) e a antiguidade na categoria profissional (correspondente ao período pelo qual o trabalhador desempenhou determinadas funções-tipo – categoria-função; ou pelo qual foi colocado num determinado contexto normativo – categoria estatuto).

A antiguidade na categoria profissional está envolvida com certas realidades jurídicas que alimentam a posição e estatuto normativos do trabalhador, nomeadamente:

– A diuturnidade que consiste no período de permanência na mesma categoria e um acréscimo de retribuição correspondente a essa categoria e

– A promoção automática, que significa a subida de categoria assente no decurso do tempo.

Para evitar a eliminação do trilho temporal, de conteúdo jurídico-normativo, deixado pela antiguidade, o legislador criou um regime tutelar específico, proibindo a interrupção provocada e fictícia da relação laboral operada pelo empregador, através do despedimento e subsequente readmissão do trabalhador, com o intuito exclusivo de prejudicar direitos ou garantias emergentes da antiguidade [art. 129º, nº 1, al. *j*)]. A violação deste preceito constitui justa causa de resolução do contrato de trabalho [art. 394º, nº 2, al. *b*)];

viii) *Natureza pessoal*

O contrato de trabalho é um contrato *intuitus personae*, uma vez que as qualidades pessoais do trabalhador são elementos essenciais para a conformação da relação jurídica subjacente. Como já vimos, o trabalho é realizado pelo homem, daí que o interesse na prestação laboral seja aquilatado por um conjunto de atributos psicossomáticos do trabalhador que se refletem na expetativa do seu desempenho como elemento de um grupo nuclear de produção.

O período experimental que visa, fundamentalmente, facultar a possibilidade de testar a aptidão profissional do trabalhador (arts. 111º e ss.) e a exigência de título profissional para o exercício de determinadas atividades (*vide* a anotação ao art. 117º), prendem-se com esta natureza fiduciária;

ix) *Puro ou simples*

O contrato de trabalho não se combina com outros contratos típicos, na medida em que contém um conjunto de prestações (prestação de trabalho e retribuição), perfeitamente articuladas num conteúdo contratual típico. Numa palavra, reúne, apenas, elementos de um contrato. Por sua vez, os contratos mistos reúnem elementos de dois ou mais negócios, total ou parcialmente regulados na lei, ANTUNES VARELA, *Das Obrigações em Geral*, vol. I, p. 274.

6. No Proc. nº 12602/16.9T8PRT.P1, a RP decidiu que a "qualidade de sócio gerente de uma sociedade por quotas não impede o reconhecimento da qualidade, também, de trabalhador", a qual fica, no entanto, dependente da demonstração de indícios relevantes de subordinação jurídica a outros gerentes ou a deliberações da gerência no seu todo", não sendo suficiente o mero pagamento, pela sociedade, de um rendimento mensal. (Ac. de 21.01.19 *in* www.dgsi.pt).

Por seu turno, a RE entendeu que nestas sociedades, "detendo o gerente poderes de autoridade, direção, fiscalização e disciplina dos respetivos trabalhadores, ocorre, em princípio, uma situação de incompatibilidade entre o exercício simultâneo dessas funções de gerente e as de trabalhador". [Ac. de 06.04.17 *in* www.dgsi.pt (Proc. nº 127/15.4T8STR-B.E1)].

No caso das Sociedades Anónimas, o STJ determinou que existe "uma incompatibilidade absoluta entre os vínculos laboral e de Administração, pelo que o exercício das funções de um Administrador societário não pode assentar num contrato de trabalho". [Ac. de 17.11.16 *in* www.dgsi.pt (Proc. nº 394/10.0TTTVD.L1.S1)]. *Vide* ainda o Ac. do STJ, de 25.11.14 *in* www.dgsi.pt (Proc. nº 284/11.9TTTVD.L1.S1).

Artigo 12º – Presunção de contrato de trabalho

1. Presume-se a existência de contrato de trabalho quando, na relação entre a pessoa que presta uma atividade e outra ou outras que dela beneficiam, se verifiquem algumas das seguintes características:

a) A atividade seja realizada em local pertencente ao seu beneficiário ou por ele determinado;

b) Os equipamentos e instrumentos de trabalho utilizados pertençam ao beneficiário da atividade;

c) O prestador de atividade observe horas de início e de termo da prestação, determinadas pelo beneficiário da mesma;

d) Seja paga, com determinada periodicidade, uma quantia certa ao prestador de atividade, como contrapartida da mesma;

e) O prestador de atividade desempenhe funções de direção ou chefia na estrutura orgânica da empresa.

2. Constitui contraordenação muito grave imputável ao empregador a prestação de atividade, por forma aparentemente autónoma, em condições características de contrato de trabalho, que possa causar prejuízo ao trabalhador ou ao Estado.

3. Em caso de reincidência, é aplicada a sanção acessória de privação do direito a subsídio ou benefício outorgado por entidade ou serviço público, por período até dois anos.

4. Pelo pagamento da coima, são solidariamente responsáveis o empregador, as sociedades que com este se encontrem em relações de participações recíprocas, de domínio ou de grupo, bem como o gerente, administrador ou diretor, nas condições a que se referem o artigo 334º e o nº 2 do artigo 335º.

COMENTÁRIOS:

1. Antecedentes legislativos: Art. 12º, do CT/2003.

2. A presunção da existência de contrato de trabalho, introduzida no art. 12º, do CT/2003 e agora prevista no nº 1, procurou fornecer elementos de qualificação do contrato de trabalho. Sobre o art. 12º, na redação introduzida pela L nº 9/2006, *vide* João Leal Amado, *O contrato de trabalho entre a presunção legal de laboralidade e o presumível desacerto legislativo*, pp. 124 e ss. e Maria do Rosário Palma Ramalho, *Delimitação do contrato de trabalho e presunção de laboralidade no novo Código do Trabalho – Breves notas*, pp. 287 e ss..

Da leitura do corpo do nº 1, mais precisamente da expressão "*se verifiquem algumas das seguintes características*", não é possível definir qual ou quais delas fazem presumir a existência de contrato de trabalho. Parece que a solução terá que ser encontrada de forma casuística, através de uma ponderação de todos os elementos que compõem a relação jurídica em apreço. Sustentando igualmente uma análise casuística, FERNANDA CAMPOS, *Contrato de Trabalho e Presunção de Laboralidade*, pp. 90 e 91, entende que "não bastarão quaisquer dos dois requisitos legais para que se infira que o contrato presente é de trabalho. Dito de outro modo, julgamos que o intérprete não é dispensado de um trabalho interpretativo que, em cada caso ache, de entre as características legalmente possíveis, as pertinentes à qualificação daquele contrato como de trabalho". Em sentido contrário, JOANA NUNES VICENTE, *Noção de Contrato de Trabalho e Presunção de Laboralidade*, p. 64, considera que "a utilização do vocábulo "algumas" sugere que bastará a prova de dois dos indícios para que se possa inferir a existência de um contrato de trabalho". Cfr., neste sentido, o Ac. da RP, de 14.12.17 *in* www.dgsi.pt (Proc. nº 1694/16.0T8VLG.P1).

No Proc. nº 2609/19.0T8OAZ.P1, a RP fez notar que, integradas as circunstâncias previstas em mais do que uma das alíneas do nº 1, do presente artigo, "mostra-se preenchida a presunção da existência de contrato de trabalho, cumprindo, pois, indagar, seguidamente, se a ré ilidiu aquela presunção, demonstrando que, apesar da verificação daquelas circunstâncias e da presunção das mesmas derivada, a relação existente não pode ser considerada como uma relação de trabalho subordinado". (Ac. de 18.05.20 *in* www.dgsi.pt).

Para maiores desenvolvimentos sobre a presunção de laboralidade, *vide* JOANA NUNES VICENTE, *Noção de Contrato de Trabalho e Presunção de Laboralidade*, pp. 65 e ss. e MARIA DO ROSÁRIO PALMA RAMALHO, *Delimitação do contrato de trabalho e presunção de laboralidade no novo Código do Trabalho – Breves notas*, pp. 288 e ss..

3. As características que fazem presumir a existência de contrato de trabalho são:

a) A realização da atividade em local pertencente ao seu beneficiário ou por ele determinado

O local de trabalho "é, em geral, o *centro estável (ou permanente) de atividade de certo trabalhador*, e a sua determinação obedece essencialmente ao intuito de se dimensionarem no espaço as obrigações e os direitos e garantias que a lei lhe reconhece", ANTÓNIO MONTEIRO FERNANDES, *Direito do Trabalho*, p. 388. Este elemento indiciador deverá ser considerado em termos hábeis, porquanto a noção de local de trabalho padece de uma certa relatividade, podendo abranger um edifício, uma rua, uma freguesia, um concelho, um distrito, uma região, ou mesmo um país. Esta relatividade prende-se com as circunstâncias espaciais de execução do contrato variáveis de acordo com a natureza da prestação e o seu enquadramento na organização da empresa. Sendo certo que o campo espacial de execução do contrato, no caso do operário de uma fábrica, é, em regra, de fácil determinação, já tratando-se de motorista de transportes internacionais, tal tarefa é, naturalmente, dificultada;

b) Que os equipamentos e instrumentos de trabalho utilizados pertençam ao beneficiário da atividade

A lei aqui estipula que o beneficiário da atividade seja titular dos equipamentos e instrumentos de trabalho utilizados, não bastando o simples fornecimento dos mesmos;

c) A observância pelo prestador de atividade de horas de início e de termo da prestação, determinadas pelo beneficiário da mesma

O tempo de trabalho está regulado nos arts. 197º e ss..

A este propósito importa ter em atenção que, nalguns casos, o trabalhador não está obrigado a um horário fixo. Vejamos, por exemplo, as situações de isenção de horário de trabalho (art. 218º);

d) Seja paga, com determinada periodicidade, uma quantia certa ao prestador de atividade, como contrapartida da mesma

A retribuição esta regulada nos arts. 258º e ss.;

e) O exercício, pelo prestador de atividade, de funções de direção ou chefia na estrutura orgânica da empresa

A inserção do trabalhador (que não desempenhe funções de direção ou chefia) na estrutura organizativa do beneficiário da atividade deixou de constituir uma característica de presunção da existência do contrato de trabalho, o que é justificável, desde logo, pelo facto de a organização ter passado a constituir um dos elementos que compõe a noção de contrato de trabalho (cfr. art. 11º).

Os elementos caracterizadores do contrato de trabalho previstos no presente artigo correspondiam "a elementos mais frequentemente verificados nas relações de trabalho subordinado", cfr. RCLB.

De salientar, ainda, que a dependência (no sentido mais lato) e a sujeição às ordens, direção e fiscalização do beneficiário da prestação deixaram de figurar na atual redação. A CLB, a este propósito, refere que "o elemento "dependência" não é inequívoco, embora se afigure que deva tratar-se de dependência económica e não jurídica, porque esta estará referenciada através dos indícios "ordens, direção e fiscalização" do beneficiário da atividade. Por outro lado, se o trabalhador provar que realiza a prestação sob as "ordens, direção e fiscalização" do beneficiário da atividade e mediante retribuição, estão verificados factos de que já será possível concluir que existe contrato de trabalho e não meramente uma presunção do mesmo", cfr. RCLB.

4. A subordinação jurídica consiste numa "*relação de dependência necessária da conduta pessoal do trabalhador na execução do contrato face às ordens, regras ou orientações ditadas pelo empregador, dentro dos limites do mesmo contrato e das normas que o regem*", António Monteiro Fernandes, *Direito do Trabalho*, p. 121.

Numa perspetiva funcional, surge como instrumento privilegiado de determinação dos termos em que a prestação de trabalho se irá realizar, dado que, no contrato, não é possível *esculpir*, com toda a precisão, os moldes precisos em que se vai desenvolver a relação laboral. É de acrescentar que "em determinados modelos de gestão a vontade do empregador pode não se manifestar por ordens diretas, mas diluir-se em troca de impressões, em discussões de projetos e de estratégias a seguir, continuando a ser patente a subordinação jurídica". [Ac. da RE, de 07.09.16 *in* www.dgsi.pt (Proc. nº 2123/15.2T8TMR.E1)].

Nas palavras da RC, a "subordinação jurídica traduz-se no poder do empregador conformar, através de ordens, directivas e instruções, a prestação a que o trabalhador se obrigou; é ao credor que cabe programar, organizar e dirigir a actividade do devedor; a ele incumbe não apenas distribuir as tarefas a realizar, mas ainda definir como, quando, onde e com que meios as deve executar cada um dos trabalhadores". [Ac. de 18.12.20 *in* www.dgsi.pt (Proc. nº 2460/19.7T8VIS.C1)].

Ao contrário do que se poderia pensar, este estado de sujeição é uma realidade potencial, não carecendo de concretização efetiva. Conforme considerou o STJ, no Ac. de 11.1.95 *in* BMJ, nº 445, p. 183: "A subordinação jurídica existirá, pois, sempre que ocorra a mera possibilidade de ordens e direção, bem como quando a entidade patronal possa de algum modo orientar a atividade laboral em si mesma, ainda que só no tocante ao lugar ou ao momento da sua prestação". Neste sentido, a posição do trabalhador configura-se, antes de mais, como um "estar à disposição" para desempenhar as atividades que o empregador vier a determinar, dentro de determinados limites. Cfr., ainda, o Ac. da RC, de 17.11.17 *in* www.dgsi.pt (Proc. nº 4255/15.8T8LRA.C1).

Os poderes que caracterizam a subordinação jurídica podem ser exercidos diretamente pelo empregador ou pelos superiores hierárquicos do trabalhador (cfr. art. 128º, nº 2).

Importa ter em linha de conta que a subordinação jurídica não se perfilha inflexível, gozando de uma intensidade de natureza gradativa, que varia em função das aptidões e qualificações do trabalhador e da tecnicidade inerente à própria atividade. Assim, facilmente se compreenderá que, nalguns casos, o trabalhador goze de alguma autonomia e iniciativa na execução do contrato, *maxime* no exercício de atividades de natureza intelectual, em que, por vezes, podemos falar de uma "salvaguarda absoluta da autonomia técnica do trabalhador" (*v.g.*, engenheiros, médicos, enfermeiros, químicos, etc.). Cfr. Jorge Leite, *Direito do Trabalho*, p. 225.

Vide as anotações ao art. 116º.

A subordinação jurídica é um conceito padrão apurável pela verificação de um conjunto de características. Por conseguinte, a sua aferição faz-se através da chamada *caça ao indício*, em que o objetivo é apurar o possível paralelismo entre duas realidades conectáveis, quais sejam a situação concreta e o conceito padrão de subordinação. Os elementos deste conceito padrão, que ganham expressão prática na respetiva concretude em conjunto com outros tantos indícios de subordinação, estabelecerão a proximidade entre este conceito e a situação real.

Como realidade de natureza impositiva, a mesma não pode ameaçar os direitos, liberdades e garantias, bem como os direitos de personalidade dos trabalhadores consagrados, mormente nos arts. 4º, nºs 1 e 2, da Convenção Europeia dos Direitos do Homem ("Ninguém pode ser mantido em escravidão ou servidão"; "ninguém pode ser constrangido a realizar um trabalho forçado ou obrigatório"); 1º, nº 2, da Carta Social Europeia (direito de ganhar a vida por meio de trabalho livremente empreendido);

23º, da Declaração Universal dos Direitos do Homem ("Toda a pessoa tem direito (...) a condições equitativas e satisfatórias de trabalho"); 8º, nº 3, al. *a*), do Pacto Internacional sobre os Direitos Civis e Políticos ("Ninguém será constrangido a realizar trabalho forçado ou obrigatório"); 7º, do Pacto Internacional sobre os Direitos Económicos, Sociais e Culturais (direito de todas as pessoas de gozar de condições de trabalho justas e favoráveis); 59º, nº 1, al. *b*), da CRP (direito à organização do trabalho em condições socialmente dignificantes) e 128º, nº 1, al. *e*) (Dever de obediência a ordens ou instruções que não violem os direitos e garantias dos trabalhadores).

Para maiores desenvolvimentos *vide* Maria Malta Fernandes, *Os limites à subordinação jurídica do trabalhador*; Joaquim de Sousa Ribeiro, *As fronteiras juslaborais e a (falsa) presunção de laboralidade*, pp. 940 e ss. e Rita Garcia Pereira, *Casa dos segredos: Um novo templo para a subordinação jurídica*, pp. 698 e ss.. Sobre o novo conceito de subordinação jurídica, veja-se José Dallegrave Neto, *Contrato de trabalho: conceção, tendências e resistências*, pp. 163 e ss..

5. Muito por força da regra da consensualidade, que, não sujeitando o contrato de trabalho a forma especial (art. 110º), torna mais difícil a demonstração da sua existência, a qualificação do contrato de trabalho envolve-se numa rede complexa de variáveis. Note-se que, habitualmente, estas dificuldades não se verificam nos contratos de trabalho a termo, os quais estão sujeitos a forma escrita (art. 141º). Por outro lado, essa mesma consensualidade reforça a relevância da vontade real das partes na qualificação do contrato. Cfr. o Ac. da RG, de 14.05.15 *in* www.dgsi.pt (Proc. nº 995/12.1TTVCT.G1).

Sobre o trabalhador impende o ónus de provar os factos constitutivos do contrato de trabalho e, mais precisamente, aqueles em que assenta a presunção de laboralidade (art. 342º, nº 1, do CC). Cfr. os Acs. da RL, de 24.02.21 *in* www.dgsi.pt (Proc. nº 1031/20.0T8FNCL.L1-4); da RP, de 18.05.20 *in* www.dgsi.pt (Procs. nºs 4692/18.6T8PRT.P1 e 2609/19.0T8OAZ.P1); do STJ, de 27.11.19 *in* www.dgsi.pt (Proc. nº 457/14.2TTLSB.L2.S2); de 18.05.17 *in* www.dgsi.pt (Proc. nº 81/14.0T8CVL.C1.S1) e de 12.01.17 *in* www.dgsi.pt (Proc. nº 237/14.5T8MTS.P1.S1).

O presente artigo consagra uma presunção de existência de contrato de trabalho. Estamos perante uma presunção legal que pode ser ilidida mediante prova em contrário, nos termos do art. 350º, nº 2, do CC. Conforme decidido, entre outros, no Ac. da RL, de 12.07.17 *in* www.dgsi.pt (Proc. nº 844/16.1T8PDL.L1-4) reconhecida "a existência a favor do trabalhador da presunção prevista no art. 12º do CT/2009, nos termos do art. 350º-2 do CC, incumbe ao empregador a prova de factualidade que ilida tal presunção, demonstrando a inexistência de subordinação jurídica do trabalhador para com o empregador". Cfr., ainda, os Acs. da RP, de 18.05.20 *in* www.dgsi.pt (Proc. nº 2609/19.0T8OAZ.P1); do STJ, de 09.10.19 *in* www.dgsi.pt (Proc. nº 1358/16.5T8CSC.L2.S1) e da RP, de 23.09.19 *in* www.dgsi.pt (Proc. nº 13196/16.0T8PRT.P2).

Convém distinguir a presunção do presente artigo com a prova da existência de elementos característicos do contrato de trabalho.

Dentro deste contexto, continua a ser relevante destacar alguns indícios da existência de contrato de trabalho, como por exemplo, a observância de regimes fiscais e de segurança social; o pagamento dos subsídios de férias e de Natal; a falta de assalariados por conta do trabalhador e a exclusividade da sua atividade laborativa e a sindicalização do trabalhador.

Cada um dos elementos indiciadores de contrato de trabalho, individualmente considerado, enferma de uma certa relatividade, pelo que a sua apreciação deve assentar num juízo de globalidade, em que esses elementos, verificando-se na situação concreta, são entendidos em conjunto, permitindo-se uma perceção mais exata da envolvência que irá servir de base ao juízo qualificativo. Como se lê no Ac. da RL, de 06.06.18 *in* www.dgsi.pt (Proc. nº 3809/17.2T8SNT.L1-4), os "indícios de laboralidade apurados com recurso ao método tipológico ou indiciário devem ser valorados globalmente, tendo em conta que o seu peso individual relativo é variável e que só em conjunto pode obter-se uma visão correta".

Por outro lado, a "vontade das partes consistente em afirmar que entre elas existe um contrato de prestação de serviços não pode prevalecer se a realidade demonstra que a relação jurídica existente constitui um contrato de trabalho subordinado. O legislador optou pela correspondência real e efetiva entre a realidade concreta e a qualificação da relação jurídica existente entre o prestador e o beneficiário da atividade, não podendo valer qualquer outra que se lhe oponha". [Ac. da RE, de 08.06.17 *in* www.dgsi.pt (Proc. nº 3761/16.1T8STB.E1)].

Para maiores desenvolvimentos sobre o método indiciário de qualificação, veja-se Joaquim de Sousa Ribeiro, *As fronteiras juslaborais e a (falsa) presunção de laboralidade*, ps. 945 e ss..

6. Os nºs 2, 3 e 4 constituem uma novidade do CT/2009. Estas disposições visam, fundamentalmente, erradicar o falso trabalho autónomo. Cfr. a exposição de motivos.

Em relação à contraordenação prevista no nº 2, a RC considerou que a mesma "satisfaz-se, do ponto de vista da tipicidade objetiva, com a mera possibilidade de ser causado prejuízo ao trabalhador ou ao Estado, não exigindo a verificação efetiva desse prejuízo, nem a emergência de qualquer benefício económico para o infrator". [Ac. de 15.01.15 *in* www.dgsi.pt (Proc. nº 435/12.6TTGRD.C1)].

7. A L nº 63/2013, de 27 de agosto, instituiu mecanismos de combate à utilização indevida do contrato de prestação de serviços em relações de trabalho subordinado. A L nº 55/2017, de 17 de julho, viria a alargar os mecanismos processuais de combate aos falsos «recibos verdes» e a todas as formas de trabalho não declarado, incluindo falsos estágios e falso voluntariado. Sobre a regularização dos vínculos precários na

administração Pública e no setor Empresarial do Estado, *vide* os Acs. da RC, de 19.01.18 *in* www.dgsi.pt (Proc. nº 1020/17.1T8GRD.C1) e da RP, de 08.01.18 *in* www.dgsi.pt (Proc. nº 6724/17.6T8VNG.P1).

No art. 2º, nº 3, da L nº 107/2009, de 14 de setembro, com a redação introduzida pela L nº 63/2013, era empregue a expressão "...sempre que se verifique uma situação de prestação de atividade, aparentemente autónoma, que indicie características de contrato de trabalho...". Com a L nº 55/2017, esta foi substituída pela expressão "... sempre que se verifique, na relação entre a pessoa que presta uma atividade e outra ou outras que dela beneficiam, a existência de características de contrato de trabalho...". O legislador procurou assim alargar o âmbito da norma, tornando-a aplicável a todas situações jurídicas em que se verifiquem algumas das características do nº 1, do art. 12º, que fazem presumir a existência de contrato de trabalho.

Do elenco dos mecanismos instituídos pela L nº 63/2013, destaca-se o aditamento do art. 15º-A, à L nº 107/2009. O nº 1, deste preceito, igualmente alterado pela L nº 55/2017, estabelece que caso o inspetor do trabalho verifique, na relação entre a pessoa que presta uma atividade e outra ou outras que dela beneficiam, a existência de características de contrato de trabalho, nos termos previstos no nº 1, do art. 12º, lavra um auto e notifica o empregador para, no prazo de 10 dias, regularizar a situação, ou se pronunciar dizendo o que tiver por conveniente. De notar que, segundo a RP, não "podendo no domínio da responsabilidade contraordenacional recorrer-se à presunção legal da existência de contrato de trabalho vertida no art. 12º do CT/09, quando seja controvertida a questão de saber se há, ou não, um contrato de trabalho, tal afere-se por recurso ao denominado método indiciário, cabendo à acusação a alegação e prova dos factos que permitam chegar a essa conclusão". [Ac. de 04.12.17 *in* www.dgsi.pt (Proc. nº 2883/16.3T8VFR.P1)].

Outro dos mecanismos foi a instituição da *Ação de reconhecimento da existência de contrato de trabalho*, através do aditamento dos arts. 186º-K a 186º-R, do CPT. Note-se que, a L nº 55/2017 aditou o art. 186º-S, do CPT, referente ao procedimento cautelar de suspensão de despedimento subsequente a auto de inspeção previsto no art. 15º-A, da L nº 107/2009. Por força da citada L nº 55/2017 foi ainda expressamente reconhecida legitimidade ativa ao Ministério Público nestas ações e nos procedimentos cautelares de suspensão de despedimento regulados no art. 186º-S, do CPT (art. 5º, al. *c*), do CPT). Para maiores desenvolvimentos sobre estas ações, *vide* PEDRO PETRUCCI DE FREITAS, *Da Acção de reconhecimento da existência de contrato de trabalho: breves comentários*, pp. 1423 e ss. e JOÃO RATO, *A Acção de reconhecimento da existência de contrato de trabalho – Interrogações sobre a intervenção do Ministério Público e outras perplexidades*, pp. 779 e ss..

JURISPRUDÊNCIA:

(...) 2. Não beneficia da presunção de laboralidade o prestador de atividade que apenas demonstra que o fazia nas instalações de barbearia da credora. [Ac. da RL, de 24.02.21 *in* www.dgsi.pt (Proc. nº 1031/20.0T8FNCL.L1-4)]

(...) III – Sopesando, no seu conjunto, a matéria de facto provada, é de concluir pela inexistência de um contrato de trabalho entre a Ré Santa Casa da Misericórdia de ... e a enfermeira AA, não merecendo censura o acórdão recorrido. [Ac. do STJ, de 11.11.20 *in* www.dgsi.pt (Proc. nº 2609/19.0T8OAZ.P1.S1)]

(...) 2 – Uma vez que a autora trabalhou como empregada de bar, cozinheira e empregada de limpeza, sob as ordens e direção do réu, mediante horário de trabalho (das 07.00 às 20.00 horas), com a retribuição mensal de € 600,00 acrescidos de € 57,70, sendo o local de trabalho, assim como todos os utensílios de trabalho pertença do réu, à luz dos artigos 11º e 12º do Código do Trabalho, é inequívoco ter vigorado entre as partes um contrato de trabalho, por via do qual se encontra o empregador obrigado ao pagamento da retribuição à trabalhadora. [Ac. da RL, de 24.06.20 *in* www.dgsi.pt (Proc. nº 2477/18.9T8FNC.L1-4)]

(...) 4 – Operando a presunção de laboralidade nos termos do art. 12º do Código do Trabalho de 2003, na versão inicial, e competindo à beneficiária da actividade fazer a prova do contrário, ou seja, de que se verificam outros indícios que, pela sua quantidade e impressividade, impõem a conclusão de se estar perante outro tipo de relação jurídica, designadamente um contrato de prestação de serviço, é de entender que a mesma não o logrou fazer se, de substancial, apenas demonstrou que a prestadora da actividade também auferia rendimentos doutras entidades, não estando adstrita à obrigação de exclusividade. [Ac. da RG, de 21.05.20 *in* www.dgsi.pt (Proc. nº 3814/19.4T8GMR.G1)]

(...) III- É de reconhecer a existência de contrato de trabalho caso de verifiquem quatro dos indícios de laboralidade elencados na presunção legal juris tantum do artigo 12º do CT, que a ré não afastou e quando, ao invés, tais indícios são sedimentados pela prova de significativa inserção na organização da ré e submissão a regulamentos internos extremamente pormenorizados em obrigações, incluindo a necessidade de comunicar/justificar faltas/permutas a aulas e outras actividades. [Ac. da RG, de 07.05.20 *in* www.dgsi.pt (Proc. nº 3644/19.3T8GMR.G1)]

(...) IV – No que diz respeito à apreciação da natureza do vínculo contratual, o regime legal a aplicável já não será o contido no Código do Trabalho revisto, mas o constante da LCT, que se encontrava em vigor aquando da celebração do contrato, pois para a qualificação do contrato importa atentar nos factos que deram origem a tal relação devendo por isso ser utilizada na sua caracterização a lei que estava em vigor quando foram definidos os contornos essenciais da relação contratual. Só não seria assim relativamente aos factos ocorridos posteriormente à entrada em vigor do Código do Trabalho revisto, se deles resultasse que o relacionamento entre as partes tinha passado a ser substancialmente diferente do que tinha sido anteriormente, caso em que seria necessário indagar se essa alteração correspondia a uma modificação da natureza do vínculo que até aí tinha existido. V – Globalmente os índices que resultam da relação contratual estabelecida entre as partes não são suficientes para caracterizar a relação contratual estabelecida como contrato de trabalho, sendo que o ónus da prova relativo aos factos de que se pudesse concluir no sentido da existência daquele contrato impendia sobre a Autora (art. 342º, nº 1, do Código Civil). [Ac. da RG, de 05.03.20 *in* www.dgsi.pt (Proc. nº 1984/18.8T8BCL.G1)]

(...) VI – Da análise das definições legais de contrato de trabalho e de contrato de prestação de serviço resulta que os elementos que os distinguem são, essencialmente, o objecto do contrato, ou seja, prestação de actividade ou obtenção de um resultado e o relacionamento entre as partes, ou seja, subordinação ou autonomia. VII – Atenta a presunção de laboralidade, estabelecida no art. 12º, do CT/2009, demonstrando o trabalhador pelo menos, duas das características enunciadas nas alíneas do seu nº 2, presume-se a existência de contrato de trabalho cabendo à, alegada, empregadora a prova do contrário (art. 350º, nº 2, do CC), não bastando, para o efeito, contraprova destinada a tornar duvidoso o facto presumido, tendo de provar que não

existiu a subordinação jurídica indiciada por aquelas e, nessa medida, um contrato de trabalho. [Ac. da RP, de 17.02.20 *in* www.dgsi.pt (Proc. nº 2600/19.6T8OAZ.P1)]

1– As partes celebraram um contrato de "prestação de serviços de ajudante familiar" previsto no DL nº 141/89, de 28/04. 2– Não resultando dos factos provados elementos suficientes permitam caracterizar a relação contratual entre as partes como laboral, dever-se-á concluir as partes celebram um contrato de prestação de serviços. [Ac. da RL, de 29.01.20 *in* www.dgsi.pt (Proc. nº 13512/18.0T8LSB.L1-4)]

I – (...) II – A atividade desenvolvida pelos professores de educação física é habitualmente prosseguida em instalações do destinatário da atividade prestada, com equipamento específico por este fornecido, não tendo esses elementos, bem como a existência de horário para ministrar as aulas, que é essencial para que a atividade prosseguida funcione com o mínimo de organização, dada a multiplicidade de professores e de alunos, particular relevo na caracterização do vínculo que liga as partes envolvidas. III – A circunstância de a Autora receber formação e estar sujeita a orientações gerais e sugestões dadas por outros instrutores e coordenadores, não significa, só por si, que existe subordinação jurídica, pois na prestação de serviços quem contrata pode também organizar, vigiar e acompanhar a sua prestação com vista ao controlo do resultado, e o beneficiário da atividade não está inibido de dar formação e orientações quanto ao resultado que pretende obter do prestador. IV – Tendo-se provado que nas ausências da Autora, a Ré providenciava, se necessário, pela sua substituição, assim como que a Autora auferia uma remuneração variável, sendo paga à hora, e de nos mais de dez anos em que colaborou com a Ré, nunca lhe terem sido pagos os subsídios de férias e de Natal, sendo paga através de recibos verdes que emitia, não se pode concluir, com segurança, pela existência dum contrato de trabalho. [Ac. do STJ, de 27.11.19 *in* www.dgsi.pt (Proc. nº 457/14.2TTLSB.L2.S2)]

(...) IV – Da análise das definições legais de contrato de trabalho e de contrato de prestação de serviço resulta que os elementos que os distinguem são, essencialmente, o objeto do contrato, ou seja, prestação de atividade ou obtenção de um resultado e o relacionamento entre as partes, ou seja, subordinação ou autonomia. V – Atenta a presunção de laboralidade, estabelecida no art. 12º, do CT/2009, demonstrando o trabalhador pelo menos, duas das características enunciadas nas alíneas do seu nº 2, presume-se a existência de contrato de trabalho cabendo à, alegada, empregadora a prova do contrário (art. 350º, nº 2, do CC), não bastando, para o efeito, contraprova destinada a tornar duvidoso o facto presumido, tendo de provar que não existiu a subordinação jurídica indiciada por aquelas e, nessa medida, um contrato de trabalho. (...) [Ac. da RP, de 18.11.19 *in* www.dgsi.pt (Proc. nº 3875/18.3T8MTS.P1)]

I – A lei aplicável, para efeitos da qualificação do contrato de trabalho, é a que vigorava à data do início da relação entre as partes, salvo alteração ocorrida nessa relação em momento posterior. II – Impendendo sobre o autor que pretende ver reconhecida a existência de um contrato de um contrato de trabalho, de acordo com o regime decorrente do nº 1 do artigo 342º do CC, o ónus de alegar e provar os factos necessários ao preenchimento dos elementos constitutivos do contrato, estabeleceu o legislador, com o objetivo de facilitar essa tarefa, uma presunção legal, vulgarmente denominada de laboralidade, atualmente prevista no artigo 12º do CT/2009. III – Tratando-se de presunção com assento na própria lei (ilação legal ou de direito), quem a tiver a seu favor escusa de provar o facto a que a mesma conduz, sem prejuízo da possibilidade de ser ilidida mediante prova em contrário – presunção iuris tantum –, o que significa que, ao invés do que resulta do regime geral da repartição do ónus da prova (artigo 342º, nº 1, do CC), o trabalhador fica dispensado de provar outros elementos, afirmando-se a existência de um contrato de trabalho, por ilação, demonstrados que sejam aqueles (artigos 349º e 350º, nº 1, do CC), caso a outra parte não prove factos tendentes a elidir aquela presunção de laboralidade (artigo 350º, nº 2, do CC). IV – Integradas as circunstâncias previstas em mais do que uma das alíneas do nº 1 do artigo 12º do CT, mostra-se preenchida a presunção da existência de con-

trato de trabalho na relação que vigorou entre o autor e o réu, cumprindo indagar, seguidamente, se este ilidiu aquela presunção, demonstrando que, apesar da verificação daquelas circunstâncias e da presunção das mesmas derivada, a relação existente não pode ser considerada como uma relação de trabalho subordinado. (...) [Ac. da RP, de 18.11.19 *in* www.dgsi.pt (Proc. nº 234/12.5TTPNF.P1)]

(...) II – Pese embora a presunção a que alude o artigo 12º do CT, mormente alíneas a) e b), a mesma encontra-se ilidida pela dinâmica da execução do contrato, quando estamos em presença de uma empresa familiar, onde trabalhavam marido e mulher, agora Autora, sendo que a mesma nunca recebeu qualquer retribuição, o seu horário de permanência do bar variava consoante as suas conveniências pessoais, e a fonte de sustento do casal provinha maioritariamente do bar em causa, donde resulta não se enquadrar tal execução numa relação de subordinação. [Ac. da RL, de 20.11.19 *in* www.dgsi.pt (Proc. nº 6286/17.4T8FNC.L1)]

(...) II – Mostra-se ilidida a presunção de laboralidade prevista no CT/2009 quando: i) os horários letivos e sua determinação pela Ré era precedido da prévia comunicação pela docente das suas disponibilidades de tempo e da sua aceitação por esta, ii) o montante da retribuição era determinado em função do número de horas de trabalho efetivamente prestadas, iii) foi acordada a possibilidade de variação do valor hora em função do número de alunos e a possibilidade de variação da periodicidade do pagamento da retribuição tudo nos termos referidos nas cls. 4ª dos contratos celebrados, iv) era possível o reagendamento pela docente, de acordo com as suas conveniências, das aulas que não tivesse ministrado, v) estava prevista a possibilidade de poder fazer-se substituir em caso de ausência e vi) não necessitava de justificar as faltas. [Ac. da RP, de 07.10.19 *in* www.dgsi.pt (Proc. nº 17632/18.3T8PRT.P1)]

I – Não se demonstra a existência de um contrato de trabalho se apenas se apurou que o autor, enquanto vendedor de imóveis, o fazia nas instalações da ré. (...) [Ac. da RL, de 23.10.19 *in* www.dgsi.pt Proc. nº 1412/17.6T8BRR.L1-4)]

(...) III – Não se pode questionar a existência de uma relação de trabalho entre a trabalhadora e a empregadora, se entre outros indícios que fazem presumir a existência de um contrato de trabalho, aquela provou que esteve alguns períodos sem trabalhar, porque foi castigada pela última. (...) [Ac. da RP, de 23.09.19 *in* www.dgsi.pt (Proc. nº 3264/18.0T8OAZ.P1)]

(...) III – Não obstante a factualidade permitir ter como integradas as circunstâncias previstas em mais do que uma das alíneas do nº 1 do artigo 12º do CT, mostrando-se assim preenchida a presunção da existência de contrato de trabalho na relação que vigorou entre as partes, cumpre no entanto indagar, seguidamente, se foi ilidida aquela presunção, através da demonstração de que, apesar da verificação daquelas circunstâncias e da presunção das mesmas derivada, a relação existente não poder no caso concreto ser considerada como uma relação de trabalho subordinado. [Ac. da RP, de 27.06.19 *in* www.dgsi.pt (Proc. nº 7361/15.5T8MAI.P1)]

(...) II – No presente caso, não foi ilidida a presunção a que se refere o art. 12º do CT, desde logo porque está demonstrado que a colaboradora praticava ao serviço da Ré, uma atividade ao invés de apresentar um resultado das suas funções, e no âmbito dessa atividade existe um vínculo de subordinação jurídica, com a mesma a ser submetida aos ditames de outros trabalhadores, que eram seus superiores hierárquicos. Por outro lado, e quanto ao elemento mais expressivo da presunção legal, a sujeição a horário de trabalho, resulta provado que ele era definido pela BBB e existia fiscalização da Ré no desempenho das tarefas da colaboradora, a que acresce o facto de os equipamentos e instrumentos de trabalho pertencerem à Ré. (...) [Ac. da RL, de 26.06.19 *in* www.dgsi.pt (Proc. nº 2484/17.9 T8CSC.L1-4)]

1 – Em presença de uma relação laboral estabelecida em 2015, visando-se o reconhecimento da existência de contrato de trabalho, decorre da presunção de laboralidade estabelecida no art. 12º do CT que compete ao autor provar alguns dos factos índice, ficando o réu com o ónus de demonstrar que não existe contrato de trabalho. (...) 3 – Provados dois daqueles factos, mas evidenciando-se autonomia própria do contrato de prestação de serviços, a presunção resulta elidida, não podendo reconhecer-se a existência de contrato de trabalho. [Ac. da RL, de 12.06.19 *in* www.dgsi.pt (Proc. nº 7/18.1T8CSC.L1-4)]

Sobre o regime aplicável, atendendo à data da constituição da relação laboral, *vide*, entre outros, os Acs. do STJ, de 01.06.17 *in* www.dgsi.pt (Proc. nº 470/13.7TTOAZ.P1.S1) e da RG, de 14.05.15 *in* www.dgsi.pt (Proc. nº 995/12.1TTVCT.G1)

(...) II – A prestação da atividade própria de limpeza, em horário estabelecido pela tomadora do serviço, que procedeu durante a relação a alterações deste, com vencimento fixo integrando prestações remuneratórias a título de férias, subsídio de férias e subsídio de Natal, não obstante a passagem de recibos avulsos pela trabalhadora, deve considerar-se um contrato de trabalho. (...) [Ac. da RG, de 23.05.19 *in* www.dgsi.pt (Proc. nº 769/17.3T8BGC.G1)]

(...) v) na qualificação do contrato como de trabalho entre 1993 e 2002 não se pode atender à presunção de laboralidade prevista no art. 12º dos CT de 2003 e de 2009, em virtude de ainda não estarem em vigor e a lei aplicável ser a que regia ao tempo, que não previa índices presuntivos. (...) [Ac. da RE, de 02.05.19 *in* www.dgsi.pt (Proc. nº 8/18.0T8EVR.E1)]

(...) II. Não se tendo provado que a autora estivesse na dependência e inserida na estrutura organizativa da ré, como se retira dos horários e tempos de lecionação variáveis que praticava, o facto de ter exercido funções de docência em regime de tempo parcial, no âmbito de contrato de prestação de serviço, noutras instituições, embora com conhecimento da ré e no cumprimento do procedimento exigido por esta e ainda o facto de se ter provado que quando não lecionava não recebia, e que a sua contraprestação variava em função da carga horária letiva acordada e do número de horas efetivamente prestadas, denota que apenas existia por parte da ré um interesse pelo resultado da atividade, que era prestada com total autonomia pela autora, encontrando--se assim ilidida a presunção de laboralidade prevista no art. 12º do Código do Trabalho, na redação que lhe foi dada pela Lei nº 9/2006, de 20 de março, regime aplicável ao caso concreto. [Ac. do STJ, de 10.04.19 *in* www.dgsi.pt (Proc. nº 23273/15.0T8PRT.P1.S1)]

I – Decorrendo embora da matéria de facto provada que o A., a partir de 06.12.2016, efetuou para a Ré serviços de transporte de passageiros, utilizando equipamento de trabalho desta (veículo, telemóvel e gás) nas rotas por esta definidas, encontra-se ilidida a presunção de laboralidade a que se reporta o art. 12º do CT/2009 se, não obstante o referido, decorre da matéria de facto provado que até 30.06.2017: tal atividade foi prestada com vários períodos de interregno; o pagamento era feito em função de determinada quantia diária (€50,00) por reporte a cada uma das viagens efetuadas, não tendo sido acordado, nem isso resultando da factualidade provada, que tivesse sido acordado o pagamento de quantia com uma periodicidade certa, de antemão conhecida; o A. era contactado pela Ré para a prestação dessa atividade, sendo que esta o era de acordo com a disponibilidade do A. que, podendo ou querendo, a poderia prestar, mas a isso não estando vinculado como o estão os trabalhadores com uma relação de trabalho subordinado. (...) [Ac. da RP, de 08.03.19 *in* www.dgsi.pt (Proc. nº 8528/17.7T8VNG.P1)]

I – Estando em causa uma relação jurídica estabelecida em 1 de abril de 2003 e não se extraindo da matéria de facto provada que as partes tivessem alterado os seus termos essenciais, à qualificação dessa relação aplica-se o regime jurídico do contrato individual de trabalho, anexo ao Decreto-Lei nº 49.408 de 24 de novembro de 1969, não tendo aplicação as presunções previstas no artigo 12º do Código do Trabalho de 2009. [Ac. do STJ, de 15.01.19 *in* www.dgsi.pt (Proc. nº 457/14.2TTLSB.L2.S1)]

(...) 3 – Tendo-se provado que o horário do A., "instrutor de ginástica", era elaborado pela R. tendo em consideração a indicação de disponibilidade manifestada por aquele; que não exercia a atividade em regime de exclusividade; que geria diretamente as marcações (horários/disponibilidade) dos clientes por si angariados; que os clientes angariados pela R. para serviços de treino personalizado podiam ser aceites ou recusados pelo A; que a remuneração era paga de acordo com as horas efetivamente prestadas, mediante a emissão de recibos comumente designados de "recibos verdes"; que o A. se podia fazer substituir por outro instrutor em caso de ausência; que podia agendar as suas férias, sendo apenas desaconselhada tal marcação nos meses de janeiro, maio, junho, setembro e outubro e que não recebia remuneração por subsídio de férias e de Natal, mostra-se ilidida a presunção estabelecida no art. 12º do Código do Trabalho de 2003.[Ac. do STJ, de 09.01.19 *in* www.dgsi.pt (Proc. nº 1376/16.3T8CSC.L1.S1)]

I – Incumbe ao prestador de trabalho a prova dos elementos presuntivos constantes das várias alíneas do artigo 12º, nº 1 do CT, só assim se vendo desonerado da prova definitiva de que esteve vinculado por um contrato de trabalho e passando, então, a caber ao beneficiário da atividade o ónus de prova de que, não obstante preenchidos os elementos integradores da presunção, o contrato não é de trabalho. (...) [Ac. da RL, de 05.12.18 *in* www.dgsi.pt (Proc. nº 3366/17.0T8CSC.L1-4)]

II. Não desconhecendo o Autor (já que o afirma na petição inicial) que a Ré, através dos seus dirigentes, não aceitava a existência de qualquer contrato de trabalho entre ambas as partes, porquanto, entendia haver apenas o exercício do ministério do culto por parte do Autor em regime de voluntariado, deveria este, logo na petição inicial, ter alegado factos suscetíveis de, uma vez demonstrados, levarem a concluir pela existência de um contrato de trabalho entre ambas as partes. No mínimo, exigia-se ao Autor a alegação, naquela peça processual e com vista a uma posterior demonstração, de factos que levassem a concluir pela verificação de algumas das características, pelo menos duas, das que se mostram enunciadas no nº 1 do art. 12º do Código do Trabalho, para, desse modo, poder beneficiar da presunção legal aí estabelecida e fazer recair sobre a Ré o ónus da demonstração de que o contrato entre ambos estabelecido não era efetivamente um contrato de trabalho; (...) [Ac. da RL, de 05.12.18 *in* www.dgsi.pt (Proc. nº 14506/17.9T8LSB.L1-4)]

(...) V – A presunção de laboralidade prevista no artigo 12º do Código do Trabalho assenta no preenchimento de, pelo menos, duas das cinco características aí elencadas. (...) [Ac. da RL, de 05.12.18 *in* www.dgsi.pt (Proc. nº 15564/17.1T8LSB.L1-4)]

I – Estando em causa uma relação jurídica estabelecida em data não apurada mas anterior a 1 de julho de 2002 e não se extraindo da matéria de facto provada que as partes tivessem alterado os seus termos essenciais, à qualificação dessa relação aplica-se o regime jurídico do contrato individual de trabalho, anexo ao Decreto-Lei nº 49.408 de 24 de novembro de 1969, não tendo aplicação as presunções previstas no artigo 12º do Código do Trabalho de 2009. (...) III – Apesar de se ter provado que o trabalhador desempenhava as suas funções em instalações da Ré e com instrumentos de trabalho a esta pertencentes, em períodos de tempo por esta definidos e que o mesmo integrava a estrutura de traduções ao serviço daquela, o facto de os períodos de tempo de prestação da atividade serem definidos pelo trabalhador, que se podia fazer substituir sem qualquer intervenção da Ré, no desempenho das suas tarefas por outro membro daquela estrutura de traduções, conduz à não qualificação da relação existente entre ambos como um contrato de trabalho. [Ac. do STJ, de 21.11.18 *in* www.dgsi.pt (Proc. nº 14910/17.2T8SNT.L1.S1)]

(...) II – As alíneas a), c) e d) do número 1 do artigo 12º do CT/2009 mostram-se preenchidas, com o inerente funcionamento da presunção legal – que a Ré, por seu turno, não conseguiu ilidir ou afastar –, dado a Autora ter desenvolvido de forma constante e ininterrupta, contra o recebimento de uma contrapartida horária variada em função da natureza dos cuidados acordados e prestados, que lhe era liquidada mensalmente, a atividade de cuidadora de idosos, nos locais (habitações) e durante os períodos temporais contratual e previamente definidos com a Ré, com um quadro de funções e deveres profissionais que se mostravam elencados e concretizados em cada um dos onze «contratos de prestação de serviços» que assinou com a Ré e que era quem era contatada e contratada pelos utentes ou pelos seus familiares, com vista a lhes proporcionar os aludidos serviços de cuidador, tudo sem prejuízo da relativa autonomia técnica que depois, no dia-a-dia e dentro do referido quadro funcional, possuía. (...) [Ac. da RL, de 07.11.18 *in* www.dgsi.pt (Proc. nº 388/18.7T8PDL.L1-4)]

V – Tendo a ré celebrado um contrato para a prestação de serviços de enfermeira comunicadora, através do qual lhe incumbia proceder ao atendimento das chamadas telefónicas efetuadas, à triagem, aconselhamento e encaminhamento dos utentes de acordo com as situações que lhe eram expostas telefonicamente, e que apelidaram de "contrato de prestação de serviço", temos de conferir especial valor a tal qualificação contratual se se demonstra que isso correspondeu à real vontade das partes. VI – Podendo os enfermeiros comunicadores trocar entre si os turnos que em concreto lhes eram atribuídos de acordo com as disponibilidades por eles manifestada, trocas acordadas sem qualquer intervenção da ré e que não careciam de qualquer autorização desta ou da apresentação de qualquer justificação para o efeito, estamos perante uma forma de organização do trabalho que apresenta um grau de autonomia que é incompatível com a existência dum contrato de trabalho subordinado, atento o seu carácter "intuitu personae" e a natureza infungível da prestação laboral. VII – Do mesmo modo, demonstrando-se a desnecessidade de ser apresentada qualquer justificação por parte do prestador da atividade quando este faltasse ao serviço, tal evidencia a ausência de poder disciplinar, cuja existência é fundamental no contrato de trabalho, por decorrer diretamente do poder de direção do empregador. [Ac. da RP, de 22.10.18 *in* www.dgsi.pt (Proc. nº 890/14.0TTPRT.P1)]

(...) II – A exploração de um posto dos CTT em edifício da Junta de Freguesia, mesmo com pagamentos das despesas de funcionamento (água, eletricidade, telefone) por esta, não chega para evidenciar uma relação laboral entre a freguesia e o terceiro a que tal exploração foi cedida. [Ac. da RP, de 22.10.18 *in* www.dgsi.pt (Proc. nº 1404/18.8T8OAZ.P1)]

(...) III – Tendo o Ministério Público logrado demonstrar que dois jornalistas correspondentes exercem, respetivamente, a atividade de jornalista e de jornalista/repórter fotográfico em locais determinados pela ré (espaço interior todo equipado para a edição das peças jornalísticas e locais exteriores que a ré indica), utilizando equipamentos e instrumentos de trabalho pertencentes ou disponibilizados pela ré (secretária, cadeira, armários de arquivo, computador, impressora, computador portátil, estúdio de som, ilha de edição, microfones, tripé, câmaras de filmar, baterias, carregadores, cabos de áudio e vídeo, pilhas, software *licenciado para a ré, veículo automóvel com o logótipo da ré, cujo combustível é pago através de um cartão de combustível propriedade da ré e telemóvel pago pela ré), auferindo em contrapartida dos serviços prestados, uma quantia certa, com periodicidade mensal, tanto basta para que se considerem verificadas, pelo menos, as situações previstas nas alíneas a), b) e d) do nº 1 do artigo 12º do Código do Trabalho. IV – Não tendo a ré logrado demonstrar que tais funções eram exercidas com autonomia e independência, importa qualificar as relações jurídicas em apreciação nos autos como contrato de trabalho.* [Ac. da RE, de 12.07.18 *in* www.dgsi.pt (Proc. nº 1149/17.6T8PTG.E1)]

(...) III. Estando em causa uma relação jurídica estabelecida entre as partes em 2 de novembro de 1995, e não se extraindo da matéria de facto provada que as partes tivessem alterado os seus termos essenciais, à

qualificação dessa relação aplica-se o regime jurídico do contrato individual de trabalho, anexo ao Decreto-Lei nº 49.408 de 24 de novembro de 1969, não tendo aplicação as presunções previstas no artigo 12º do Código do Trabalho de 2003 e de 2009. IV. Resultando da factualidade provada que o interesse de uma empresa era o resultado da atividade desempenhada por um colaborador, a quem era deixada margem de liberdade para organizar o serviço, e não existindo indícios de sujeição a ordens ou instruções, é de concluir que o autor não logrou provar, como lhe competia, que a relação contratual que vigorou entre as partes revestiu a natureza de contrato de trabalho. [Ac. do STJ, de 04.07.18 *in* www.dgsi.pt (Proc. nº 1272/16.4T8SNT.L1.S1)]

(...) II. – Se o prestador recebe ordens do credor da atividade, e, ainda para mais, há elementos que fazem presumir a laboralidade do contrato, nos termos do art. 12 do CT, é de concluir pela existência de contrato de trabalho. [Ac. da RL, de 06.06.18 *in* www.dgsi.pt (Proc. nº 3809/17.2T8SNT.L1-4)]

(...) III. – Preenche a presunção de laboralidade da relação contratual a prova pela apelada que prestava a atividade de limpeza nas instalações da apelante, que em parte usava materiais e equipamentos por ela fornecidos e que como contrapartida dela recebia, no fim de cada mês, uma quantia pecuniária fixa (art. 12º, nº 1, alíneas a), b) e d) do CT). IV – Ilide essa presunção a apelante que provou factos que, no seu conjunto, com ela são incompatíveis e demonstram que a relação era de prestação de serviços, como sejam: a apelada "declarou o 'início de atividade' como 'trabalhadora independente' junto da autoridade tributária" (facto 3) e posteriormente "a sua cessação" (facto 19); entretanto, declarou tributariamente ou seus rendimentos como trabalhadora por conta própria (factos 7 a 11); nunca esteve inscrita na segurança social como trabalhadora da apelante (facto 12); subscreveu um "seguro de acidentes de trabalho como trabalhadora independente" (facto 4.b); nunca gozou nem recebeu férias e subsídios de férias e de Natal nem antes o exigiu da apelante (factos13 e 15); a apelante não lhe fixou um horário dentro do qual devesse observar para a prestação da sua atividade (facto 20); e, por fim, a apelante não tinha qualquer registo de assiduidade da autora, como existia para todos os trabalhadores da ré (facto 21). [Ac. da RL, de 09.05.18 *in* www.dgsi.pt (Proc. nº 417/17.1T8PDL.L1-4)]

(...) III – A inscrição do A. como praticante desportivo amador não é impeditiva da existência de um contrato de trabalho entre aquele e o clube para o qual presta a sua atividade de futebolista. [Ac. da RP, de 14.12.17 *in* www.dgsi.pt (Proc. nº 1694/16.0T8VLG.P1)]

(...) II – Não tendo o Autor demonstrado que estivesse sob as ordens, direção e fiscalização da Ré, designadamente sujeito ao dever de obediência, ao controlo da pontualidade e à possibilidade da ré exercer o poder disciplina sobre si e provando-se o autor não estava sujeito a qualquer horário de trabalho e interessando apenas à Ré que fosse prestada assistência médica aos seus utentes três vezes por semana, três horas em cada dia e ocasionalmente num outro dia. Acrescendo ainda o facto de ser o Autor, quem no final de cada mês apresentava à Ré o recibo equivalente ao exercício da atividade por conta própria com indicação das horas prestadas e das suas ausências, que ele próprio contabilizava e cujos montantes lhe eram liquidados pela Ré. III – Tudo isto evidencia que à Ré apenas interessava o resultado da atividade, prestada pelo Autor e é revelador, mormente, em face do comportamento assumido pelo autor ao longo dos anos, que a vontade negocial das partes foi no sentido de que a prestação do autor ficasse sujeita ao regime do contrato de prestação de serviço, sendo certo que da matéria de facto dada como provada, devidamente ponderada na sua globalidade, não resulta que a execução do contrato se tenha efetivamente processado noutro regime que não aquele, ou seja os factos não nos permitem concluir que o autor prestou a sua atividade à Ré em regime de subordinação jurídica. [Ac. da RG, de 16.11.17 *in* www.dgsi.pt (Proc. nº 1441/16.7T8VRL.G1)]

(...) IV) ***O indício do horário do trabalho fixo*** *não tem grande relevância na qualificação do vínculo jurídico existente entre as partes,* ***admitindo-se hoje que elas convencionem outras modalidades de prestação de trabalho,*** *que não se caracterizem por uma rigidez do horário de trabalho, sendo a modalidade que melhor exprime essa tendência* ***a da flexibilidade do horário do trabalho. V) Um trabalhador que celebrou um contrato de trabalho, por escrito, em agosto de 1993, para exercer funções de Diretor de Relações Públicas de um Clube de Futebol,*** *com horário de trabalho flexível, sem exclusividade por sua autorização, em que os poderes diretivo e disciplinar e a autoridade do Réu eram meramente potenciais, e que a partir de abril de 2006 passou faturas de uma sociedade unipessoal, de que era sócio, e a partir de dezembro de 2006 até maio de 2013, data da cessação do vinculo, emitiu recibos verdes, para poder receber a sua remuneração, por proposta do empregador,* ***mas cuja atividade continuou a ser a mesma e a ser executada da mesma forma que o era antes dessa data, e cuja remuneração se manteve fixa e no mesmo montante e os respetivos subsídios de férias e de natal também continuaram a ser-lhe pagos,*** *não deixou o vínculo jurídico existente entre ambos, a partir de abril de 2006, de ser de subordinação jurídica, ou seja,* ***de 23.08.1003 a 23.05.013, a relação jurídica existente entre as partes configurou sempre um verdadeiro e único contrato de trabalho.*** [Ac. do STJ, de 26.10.17 *in* www.dgsi.pt (Proc. nº 1175/14.7TTLSB.L1.S1)]

(...) II – A existência de horário de trabalho, a utilização de equipamento e utensílios da Ré, bem como a existência de ordens e instruções provenientes de diretores da ré não são incompatíveis com o contrato de prestação de serviços. III – Tendo a autora sido contratada pela D. R. C. N., para prestar serviços de apoio administrativo aos diversos programas que a Ré desenvolveu no âmbito de projetos comunitários, atenta a natureza das funções a sua prestação teria de estar adstrita a um horário e os utensílios e equipamentos utilizados teriam de ser postos à disposição pela ré, deixando por isso de ser considerados de índices relevantes quanto à existência de subordinação jurídica. IV – O facto de se ter provado que a autora recebia ordens e instruções dos diretores da ré, revela-se manifestamente insuficiente para se concluir pela existência de subordinação jurídica, uma vez que o contrato de prestação de serviço também não é incompatível com a existência de instruções, determinações ou ordens sob a forma como o serviço deve ser prestado. V – Não abona a tese da subordinação jurídica o facto de a autora não ter recebido retribuição de férias, nem subsídio de férias, nem de natal. VI – O nomen iuris *que as partes deram aos contratos (Contrato a termo certo e contratos de prestação de serviços) e o facto das cláusulas neles inseridas se harmonizarem com o contrato de prestação de serviço, não sendo decisivos para a qualificação de tais contratos, não deixam de assumir no caso concreto relevância decisiva na qualificação do contrato, já que a matéria de facto provada não nos permite concluir, com alguma segurança, que a vontade negocial que esteve subjacente a execução dos contratos foi outra.* [Ac. da RG, de 19.10.17 *in* www.dgsi.pt (Proc. nº 575/11.9TTVRL.G1)]

III. Tendo a R celebrado um contrato para a prestação de serviços de enfermeira comunicadora, através do qual lhe incumbia proceder ao atendimento das chamadas telefónicas efetuadas para a Linha ..., à triagem, aconselhamento e encaminhamento dos utentes de acordo com as situações que lhe eram expostas telefonicamente, e que apelidaram de "contrato de prestação de serviço", temos de conferir especial valor a tal qualificação contratual se se demonstra que isso correspondeu à real vontade das partes. IV. Podendo os enfermeiros comunicadores da R trocar entre si os turnos que em concreto lhes eram atribuídos de acordo com as disponibilidades por aqueles manifestada, trocas acordadas sem qualquer intervenção da Ré e que não careciam de qualquer autorização desta ou da apresentação de qualquer justificação para o efeito, estamos perante uma forma de organização do trabalho que apresenta um grau de autonomia que é incompatível com a existência dum contrato de trabalho subordinado, atento o seu carácter "intuitu personae" e a natureza infungível da prestação laboral. E demonstrando-se a desnecessidade de apresentar qualquer justificação quando o colaborador faltasse ao serviço, tal evidencia a ausência de poder disciplinar, cuja existência é fun-

damental no contrato de trabalho por decorrer diretamente do poder de direção do empregador. [Ac. do STJ, de 12.10.17 *in* www.dgsi.pt (Proc. nº 1333/14.4TTLSB.L2.S2)]

(...) III – Tendo-se demonstrado que o indigitado trabalhador foi contratado pelo Réu para realizar a atividade de apanha de pinhas, mediante o pagamento do montante diário de € 60,00, utilizando instrumentos de trabalho fornecidos pelo Réu, sendo tal atividade exercida nos locais que o Réu determinava, num horário por este fixado, mostram-se preenchidas, pelo menos, as alíneas a), b, c) e d) do nº 1 do artigo 12º do Código do Trabalho. Não tendo o réu logrado demonstrar que tais funções eram exercidas com autonomia e independência, importa qualificar a relação jurídica em apreciação nos autos como contrato de trabalho. [Ac. da RE, de 12.10.17 *in* www.dgsi.pt (Proc. nº 871/16.9T8STC.E1)]

2 – Por tal motivo, para qualificar a relação que liga um formador a um centro de formação os indícios decorrentes da forma de execução da atividade que estejam presentes nas duas formas de vinculação não podem ser invocados a favor da afirmação de uma relação de trabalho subordinado. 3 – Os termos do contrato (escrito) celebrado entre as partes ganham relevo na interpretação do negócio se não se provam factos suscetíveis de abalar o sentido das declarações negociais, nem razões que convençam de que as partes não terão querido vincular-se às cláusulas que subscreveram. 4 – Neste contexto – e não fazendo o Autor a prova de factos suficientemente reveladores de uma situação de subordinação jurídica na execução do contrato –, não pode afirmar-se a existência de um contrato de trabalho. [Ac. do STJ, de 21.09.17 *in* www.dgsi.pt (Proc. nº 75/14.5TTBRR.L1.S2)]

***(...) 6)** A remuneração mensal, a existência de horário e de local de trabalho e de instruções relativas ao modo como o trabalho devia ser prestado **não são incompatíveis com o contrato de prestação de serviço. 7)** Tendo o autor sido contratado por um Município, para exercer tarefas de terapia da fala, com crianças dos 4 aos 16 anos, das Escolas e Jardins de Infância de todo o Município, era natural que a sua prestação tivesse de estar adstrita a um horário de trabalho, de acordo com o horário letivo, o qual, por via disso, deixa de constituir indício relevante quanto à existência da subordinação jurídica. **8)** E, no circunstancialismo referido, **o mesmo acontece no que concerne aos indícios referentes ao local de trabalho**, que tinha que ser no Município junto de uma Escola ou mesmo na própria Escola, o mesmo acontecendo **aos meios e instrumentos de trabalho postos à disposição do autor pelo réu. 9)** O "nomen juris" que as partes deram ao contrato (Contrato de Avença) e o facto das cláusulas nele inseridas se harmonizarem com o contrato de prestação de serviço, não sendo decisivos para a qualificação do contrato, não deixam de assumir especial relevo, uma vez que a vontade negocial assim expressa no documento **não poderá deixar de assumir relevância decisiva na qualificação do contrato**, salvo nos casos em que a matéria de facto provada permita concluir, com razoável certeza, que outra foi realmente a vontade negocial que esteve subjacente à execução do contrato.* [Ac. do STJ, de 21.09.17 *in* www.dgsi.pt (Proc. nº 2011/13.7TTLSB.L2.S1)]

Não pode qualificar-se como contrato de trabalho o negócio jurídico celebrado entre um professor e uma instituição universitária, denominado contrato de docência e com um regime contratual mais afim do contrato de prestação de serviço do que do contrato de trabalho, demonstrando-se, designadamente, que a remuneração paga variava consoante a carga horária atribuída ao docente, que a carga horária atribuída ao docente, que a carga horária poderia ser aumentada, reduzida ou excluída por iniciativa unilateral da instituição universitária, com o consequente aumento, redução ou exclusão da sua remuneração, não se tendo provado que as partes se desejaram vincular a um número mínimo de horas letivas e não constando dos negócios jurídicos formalizados asserções de onde decorresse uma inequívoca vontade de lhes conferir cariz laboral. [Ac. da RC, de 15.09.17 *in* www.dgsi.pt (Proc. nº 3749/15.0T8VIS.C2)]

(...) 3 – Não afasta a presunção referida no número 1 o facto de o pagamento do valor do serviço prestado pelo trabalhador ser calculado com base no número de horas prestadas e de nunca ter recebido quaisquer valores a título de subsídio de férias ou de Natal. (...) [Ac. do STJ, de 07.09.17 *in* www.dgsi.pt (Proc. nº 2242/14.2TTLSB.L1.S1)]

A inexistência de horário de trabalho, só por si, é insuficiente para que se possa afirmar que a entidade patronal ilidiu a presunção de laboralidade. [Ac. da RP, de 12.07.17 *in* www.dgsi.pt (Proc. nº 1374/14.1T8MTS.P2)]

I – Deve qualificar-se como contrato de trabalho e não como contrato de prestação de serviços, o contrato através do qual o autor se comprometeu a integrar a equipa de andebol do réu, utilizando os instrumentos e equipamentos de trabalho fornecidos pelo réu, cumprindo um horário de trabalho estabelecido pelo réu, cumprindo as orientações emanadas do treinador, da equipa técnica e dos dirigentes do réu, obedecendo a um código de conduta, recebendo em contrapartida uma remuneração mensal. (...) [Ac. da RG, de 01.06.17 *in* www.dgsi.pt (Proc. nº 973/13.3TTGMR.G1)]

(...) V – Por não se nos afigurar demonstrada de forma clara e óbvia (ou sequer presumida) a existência de subordinação jurídica, traduzida em poderes (diretos ou por interposta pessoa) de enquadramento, orientação, formação, direção, supervisão, fiscalização e de disciplina (concretos, objetivos e continuados) por parte da Ré sobre os serviços realizados pelo Autor, relativamente a uma atividade de natureza intelectual e manual desenvolvida, contra o recebimento de uma contrapartida pecuniária mensal de cariz misto (parte fixa + parte variável), durante os meses de efetivo desempenho das funções de cobrança de dívidas financeiras, não podemos configurar tal relação profissional como assente num contrato de trabalho. (...) [Ac. da RL, de 14.06.17 *in* www.dgsi.pt (Proc. nº 796/14.2TTLSB.L1-4)]

A vontade das partes consistente em afirmar que entre elas existe um contrato de prestação de serviços não pode prevalecer se a realidade demonstra que a relação jurídica existente constitui um contrato de trabalho subordinado. O legislador optou pela correspondência real e efetiva entre a realidade concreta e a qualificação da relação jurídica existente entre o prestador e o beneficiário da atividade, não podendo valer qualquer outra que se lhe oponha. [Ac. da RE, de 08.06.17 *in* www.dgsi.pt (Proc. nº 3761/16.1T8STB.E1)]

(...)2º – Apesar de se ter provado que a Autora desempenhava as suas funções em instalações do Réu e com instrumentos de trabalho a este pertencentes, bem como que estas incluíam, para além de funções docentes, tarefas de coordenação de um núcleo escolar, com poderes de direção de outros trabalhadores, o certo é que o facto de se poder fazer substituir no desempenho das suas tarefas, nas situações de impedimento, por outro trabalhador, bem como o facto de emitir, como título dos quantitativos auferidos, recibos verdes, e de não estar inscrita na Segurança Social e nas Finanças como trabalhadora dependente, conduz à não qualificação da relação existente entre ambos com um contrato de trabalho. [Ac. do STJ, de 18.05.17 *in* www.dgsi.pt (Proc. nº 81/14.0T8CVL.C1.S1)]

(...) 4. Provando-se que a trabalhadora, docente do ensino superior, prestava a sua atividade para o empregador, dando aulas na área de Saúde e Bem-estar, Terapia da Fala, a tempo inteiro e em exclusividade de funções mediante o pagamento de remuneração global paga em 14 vezes, sendo 12 pagas, mensalmente, uma paga, em regra, no princípio de agosto de cada ano e a outra paga, em regra, em dezembro de cada ano, que o empregador fazia mensalmente os descontos para a Segurança a Social, e estando sujeita a ordens e diretivas do empregador, configura-se a existência de um contrato de trabalho. (...) [Ac. do STJ, de 18.05.17 *in* www.dgsi.pt (Proc. nº 859/15.7T8LSB.L1.S1)]

I – É de considerar verificada a presunção prevista no art. 12º do Código de Trabalho de 2003, na versão decorrente da Lei 9/2006, de 20 de março, a enfermeira comunicadora que em termos não autónomos desde 5.03.2007 até 4.03.2014 exerceu as correspondentes funções no Centro de Atendimento, "callcenter", *explorado pela ré em Lisboa, com os instrumentos facultados por esta, como sejam, mesa, secretária, telefone, auricular, monitor, teclado, rato, e demais tecnologia àquela pertencente. II – Não se mostra ilidida a referida presunção, a circunstância de a ré ter provado, entre o mais, que o contrato celebrado entre as partes foi designado como de prestação de serviços face aos termos em que relação contratual foi executada, de onde resulta, nomeadamente, ter a dita enfermeira beneficiado de formação, e exercido as suas funções sujeita à planificação dos turnos determinada pela ré, auferindo, por regra, mensalmente, determinada quantia em função do número de horas de trabalho realizadas, sujeita às pausas, controlo de duração e de qualidade das chamadas (com reflexos em termos remuneratórios), bem como às regras de higiene e segurança impostas por aquela.* [Ac. da RL, de 17.05.17 *in* www.dgsi.pt (Proc. nº 940/14.0TTLSB.L1-4)]

(...) VII – Para afastar a presunção era necessário que estivessem demonstrados factos que permitissem concluir com segurança estar-se perante uma situação de trabalho autónomo ou trabalhador ou a falta de outro elemento essencial do contrato de trabalho, mormente, a inexistência de subordinação jurídica. VIII – Ora, não só não há prova da primeira realidade, como para além disso, contra o pretendido pela Ré, existem até factos provados que permitem concluir com segurança pela existência de subordinação jurídica, traduzida no poder de direção que a lei confere à entidade empregadora [art. 97º CT/09], e correspondendo-lhe, um dever de obediência por parte do trabalhador [art. 128º / 1 al. e) e 2, CT/09]. [Ac. da RP, de 15.05.17 *in* www.dgsi.pt (Proc. nº 6214/16.4T8PRT.P1)]

(...) 3 – Tendo-se provado que a remuneração do A., "perito-avaliador", *era paga em função do número de peritagens e contra a emissão de* "recibos verdes"; *que nunca esteve inscrito na Segurança Social como trabalhador da R.; que não estava sujeito a qualquer horário de trabalho; que não recebia remuneração por férias, subsídio de férias e de Natal; que tinha liberdade para aceitar ou não as encomendas de peritagens que lhe fossem feitas; que a recusa de realização das mesmas determinaria apenas a não atribuição pela Ré de qualquer serviço e que a única cominação para o desempenho aquém dos objetivos, era a R. prescindir da colaboração do A., mostra-se ilidida a presunção estabelecida no art. 12º do Código do Trabalho de 2003.* Ac. do STJ, de 27.04.17 *in* www.dgsi.pt (Proc. nº 788/14.1TTVNG.P1.S1). Cfr., ainda, o Ac. do STJ, de 09.03.17 *in* www.dgsi.pt (Proc. nº 254/14.5T8MTS.P1.S1)

Existe contrato de trabalho em caso de subordinação jurídica, não sendo necessária a prova de que o empregador é o proprietário das instalações, mas apenas que é o detentor, a qualquer título, da organização em que se insere a atividade. [Ac. da RE, de 30.03.17 *in* www.dgsi.pt (Proc. nº 1708/16.4T8STR.E1)]

(...) III – Não logrando a Autora provar, que ao efetuar os serviços de limpeza para os quais tinha sido contratada, estivesse sob as ordens, direção e fiscalização da Ré, e resultando provado que exercia a sua atividade com plena autonomia e sem exclusividade, que se encontrava coletada como trabalhadora independente, que emitia recibos mensais de prestação de serviços de limpeza, nunca descontou para a Segurança Social, nem nunca recebeu subsídios de férias e de Natal, resulta indemonstrada a possibilidade de concluir que, entre as partes, vigorou um contrato de trabalho. [Ac. do STJ, de 09.03.17 *in* www.dgsi.pt (Proc. nº 424/13.3TTVFR.P1.S1)]

(...) 4 – Tendo-se provado que o A., "Inspetor Pré-Embarque", para exercer a sua atividade, se deslocava em viatura própria aos locais indicados pela empresa depois de esta ter combinado o dia e hora da realização da inspeção com o importador; que os custos das deslocações inferiores a 150 Km eram suportados pelo A.;

que a remuneração era efetuada em função do número de inspeções realizadas, contra a emissão de um recibo, modelo 6, artigo 115º do CIRS; que não estava sujeito a qualquer horário de trabalho nem a limites de duração da inspeção e que nestas apenas cumpria as normas e os regulamentos de Angola respeitantes às importações, o facto de se ter provado também que o A. se obrigou a não prestar serviços ou trabalho subordinado a qualquer outra entidade singular ou coletiva, pública ou privada, que impedisse a normal execução do contrato; que a R. lhe dava formação respeitante ao modo de realização das inspeções, preenchimento de formulários, captação de fotografias e selagem dos contentores; que por vezes o coordenador ou chefe de delegação compareciam no local das inspeções sem pré-aviso e que a atividade exercida pelo A. para a R. era a sua única e exclusiva atividade profissional e que o ocupava a tempo inteiro, é insuficiente para se poder concluir que entre as partes foi celebrado e vigorou um contrato de trabalho. [Ac. do STJ, de 26.01.17 *in* www.dgsi.pt (Proc. nº 234/14.0T8MTS.P1.S1)]

(...) VI – Provados pelo menos dois desses cinco requisitos, presume-se que estamos perante um contrato de trabalho, incidindo sobre a outra parte, a prova de factos que contraírem esta presunção. VII – A presunção estabelecida no artigo 32º, nº 32º Código Contributivo da Segurança Social, aprovado pela Lei 110/2009, de 16 de setembro, apenas se aplica para efeitos contributivos. [Ac. da RP, de 10.10.16 *in* www.dgsi.pt (Proc. nº 434/14.3TTVNG.P1)]

(...) V – Consubstancia contrato de trabalho, seja pelo método indiciário [em que cabe ao trabalhador o respetivo ónus da prova da existência do contrato de trabalho], seja por aplicação da mencionada presunção de laboralidade, a situação em que, e em síntese, o fisioterapeuta: se encontra inserido na estrutura organizativa da Ré, como resulta de diversos pontos da matéria de facto provada; prestação da atividade nas instalações desta ou em domicílios por ela determinados, com utilização, mesmo nos domicílios, de instrumentos de trabalho da Ré; prestação da atividade sob as ordens e direção da Ré, consubstanciadas: na determinação, por esta, dos tratamentos e domicílios a efetuar pelo A., na existência de um horário de trabalho que, conquanto tivesse sido acordado com a Ré, uma vez estabelecido deveria ser cumprido; pré determinação, pela Ré, das marcações atribuídas ao fisioterapeuta, do tempo de duração dos tratamentos e normas a seguir com os utentes, procedimentos internos da clínica a seguir e registos na aplicação informática; determinação, pela Ré, dos colaboradores e fisioterapeutas que devem prestar auxílio relativamente a cada marcação; cumprimento de procedimentos internos e recebimento de orientações por parte do coordenador da Ré; instruções no sentido de obrigatoriamente informar o Coordenador D... de qualquer ocorrência ou imprevisto, como reações inesperadas aos tratamentos (por exemplo alergias aos cremes ou ao calor, quedas de pacientes, etc) e de registar na aplicação informática, relativamente a cada utente, informações quanto a incidentes ocorridos, tudo o que saia dos parâmetros normais, reações adversas aos tratamentos ou alterações de prescrição médica, bem como a obrigação de registar manualmente em folha própria disponibilizada pela ré, qualquer incidente grave ocorrido na clínica, tal como, por exemplo, queda de um paciente; obrigatoriedade de utilização de farda e calçado de modelo determinado pela Ré; registo dos tempos de trabalho desde pelo menos 2007 até por volta de 2010; fiscalização, ou possibilidade dessa fiscalização, pela Ré da atividade exercida decorrente das instruções acima referidas; pagamento de uma retribuição pela sua atividade e dependência, não apenas organizacional [como decorre do referido], mas também económica do prestador da atividade em que, embora não exclusiva, os rendimentos auferidos ao serviço da Ré representavam cerca de 80% do seu rendimento global. [Ac. da RP, de 26.09.16 *in* www.dgsi.pt (Proc. nº 40/16.8T8PNF.P1)]

(...) III. A atividade desenvolvida por músicos de orquestra implica por natureza uma autonomia técnica perfeitamente compatível de ser levada a cabo, indistintamente, num quadro de subordinação ou em termos autónomos. IV. A existência de orientações ou instruções a seguir não é incompatível com o contrato de prestação de serviço pois o credor da prestação sempre tem uma palavra a dizer no modo como o serviço contra-

tado deve ser executado e pode exercer alguma fiscalização sobre o desempenho do prestador dessa atividade. V. Provando-se que os instrumentos utilizados pelos Autores eram sua propriedade; que a falta de comparência aos concertos e ensaios não dava lugar a procedimento disciplinar e apenas poderia implicar perda da retribuição correspondente; que nessas faltas se podiam fazer substituir por outros músicos, a quem os próprios AA. pagavam; que estes nunca auferiram, durante a execução do contrato, retribuição nas férias, subsídios de férias e de Natal, não se pode concluir pela existência de um contrato de trabalho. [Ac. do STJ, de 15.09.16 *in* www.dgsi.pt (Proc. nº 329/08.0TTFAR.E1.S1)]

(...) III – É irrelevante para afastar a subordinação jurídica, o facto de a A. emitir faturas e os denominados "recibos verdes" para dar quitação das importâncias pagas, bem como a subsistência de outros aspetos formais não consentâneos com a execução de um contrato de trabalho, como o não pagamento de retribuição de férias e de subsídios de férias e de Natal. IV – Pode afirmar-se que as partes mantiveram entre si contrato de trabalho se a A. desenvolveu ao longo de cerca de 10 anos a sua atividade de empregada de limpeza do estabelecimento de ensino da R., mediante instruções da sua direção, que controlava o cumprimento da prestação da A. que assinava sempre uma ficha de presença, num concreto período temporal (ao longo do tempo variou de três horas por dia, para oito horas por dia e finalmente para quatro horas por dia), em todos os dias úteis e mediante o pagamento de uma retribuição mensal de valor certo, no local determinado pela R. e com instrumentos de trabalho pertencentes à R., em cuja estrutura organizacional se mostrava inserida. V – Não têm valor para infirmar a conclusão a que se chegou neste juízo de globalidade, a não exclusividade (natural neste setor de atividade), a passagem de "recibos verdes", a não inscrição da trabalhadora na Segurança Social como dependente, mas como independente, e a falta de pagamento de subsídios de férias e de Natal. (...) [Ac. da RP, de 06.06.16 *in* www.dgsi.pt (Proc. nº 424/13.3TTVFR.P)]

I – A transmissão de ordens e instruções de execução de funções, de autoria alheia ao empregador, mas essencial à prossecução da sua atividade lucrativa mediante tal execução de funções e o cumprimento dessas ordens e instruções, não autoriza a que se considere que inexiste subordinação jurídica. II – O estabelecimento de uma cláusula de exclusividade, impedindo o alegado prestador de serviços de desenvolver qualquer outra atividade remunerada, por conta própria ou alheia, mesmo que não em concorrência, conjugado com o facto do exercício de funções ocupar o prestador a tempo inteiro, constitui um indício muito relevante para a qualificação, na medida em que exclui qualquer outra possibilidade da força de trabalho beneficiar da proteção laboral, do mesmo passo que revela uma dependência económica absoluta do alegado prestador que se torna num elemento particularmente relevante da qualificação jurídica. [Ac. da RP, de 14.03.16 *in* www.dgsi.pt (Proc. nº 237/14.5T8MTS.P1)]

(...) 2. A circunstância da atividade da autora ser prestada em local determinado pela ré e com equipamento a esta pertencente aliada à participação da autora na orientação e fiscalização da laboração realizada, à existência de controlo externo do modo de prestação da atividade, que era realizada sob as ordens, direção e fiscalização da ré, à determinação pela ré das horas de início e de termo da prestação de atividade e ao tipo de remuneração acordada, revelam a existência de subordinação jurídica, impondo-se concluir que a relação jurídica estruturada pelas partes como contrato de prestação de serviço assumiu a configuração de um contrato de trabalho. (...). [Ac. do STJ, de 28.01.16 *in* www.dgsi.pt (Proc. nº 2501/09.6TTLSB.L2.S1)]

(...) V – O contrato celebrado entre um médico e um Centro Hospitalar, em que aquele exerce, para além das funções médicas no âmbito da sua especialidade, as de Diretor Clínico e de Coordenador dos serviços da Ré, e nesta qualidade, presta não só os cuidados médicos, mas garante, nomeadamente, toda a coordenação médica, implementa a política de qualidade na área da sua responsabilidade, elabora e valida relatórios clínicos quando solicitados por qualquer entidade, representa a Ré perante entidades externas para resolução de

conflitos na área dos serviços clínicos, analisa os curricula *médicos e emite parecer para a admissão de novos médicos, propõe a compra dos equipamentos médicos mais adequados e assegura a gestão e coordenação dos recursos humanos, tem a natureza jurídica de um contrato de trabalho. VI – A qualificação como contrato de trabalho deriva do facto de o médico, em tais circunstâncias, estar inserido na estrutura organizacional da Ré, receber orientações e instruções desta, com vista a assegurar, para além das funções próprias da sua especialidade, o funcionamento e atividade regular da Ré nas áreas assistenciais e na coordenação dos serviços de Enfermagem, de Imagiologia, Farmácia e Medicina Física e de Reabilitação. VII – Resulta também do facto de, neste caso, o médico cumprir um horário, estar em regime de exclusividade e auferir um valor mensal fixo, a título de retribuição, como contrapartida pela atividade prestada. (...)* [Ac. do STJ, de 14.01.16 *in* www.dgsi.pt (Proc. nº 1391/13.9TTCBR.C1.S1)]

(...) III – Estamos face a um contrato de trabalho, atenta a existência de subordinação jurídica, traduzida em poderes de enquadramento, orientação, direção, formação, supervisão e fiscalização (concretos, objetivos e continuados) por parte da Ré sobre os serviços realizados pela enfermeira comunicadora, relativamente a uma atividade de natureza intelectual, em local e com os instrumentos de trabalho da entidade beneficiária de tal atividade, contra o recebimento de uma contrapartida pecuniária mensal, que visa pagar aquela atividade (e não o resultado, melhor dizendo, os múltiplos resultados da mesma), havendo direito ao gozo de férias (ainda que não remuneradas) e dentro de um determinado quadro temporal que, muito embora não reconduzível aos legalmente denominados período normal e horário normal de trabalho, era, no entanto, previamente determinado pela demandada, em função da situação de duplo emprego existente e da disponibilidade profissional previamente comunicada pela recorrida. [Ac. da RL, de 13.01.16 *in* www.dgsi.pt (Proc. nº 349/14.5TTLRS.L1-4)]

1 – A atividade desenvolvida pelos professores de educação física (musculação e cardiofitness*) é habitualmente prosseguida em instalações do destinatário da atividade prestada, com equipamento específico por este fornecido, não tendo esses elementos, bem como a existência de horário para ministrar as aulas, que é essencial para que a atividade prosseguida funcione com o mínimo de organização, dada a multiplicidade de professores e de alunos, particular relevo na caracterização do vínculo que ligue as partes envolvidas. 2 – A circunstância de o A. dever obediência ao regulamento interno da destinatária da atividade prosseguida e de essa atividade ser enquadrada por esta, não significa, só por si, que existe subordinação jurídica, pois na prestação de serviços quem contrata pode também organizar, vigiar e acompanhar a sua prestação com vista ao controlo do resultado, e o beneficiário da atividade não está inibido de dar orientações quanto ao resultado que pretende obter do prestador. 3 – Tendo-se provado que o Autor auferia uma remuneração variável e que era pago à hora, que a falta de comparência às aulas apenas poderia implicar perda da retribuição correspondente, não sofrendo outras consequências e tendo recebido, nos mais de dez anos em que colaborou com a R., uma retribuição paga apenas em onze meses, sem pagamento das férias, subsídio de férias e de subsídio de Natal e sem nunca ter havido descontos para contribuições para a Segurança Social, como trabalhador dependente, pois apresentava-se como titular de rendimentos de trabalho independente, sendo pago através de recibos verde que emitia, não se pode concluir, com segurança, pela existência dum contrato de trabalho.* [Ac. do STJ, de 10.12.15 *in* www.dgsi.pt (Proc. nº 67/13.1TTBCL.P1.G1.S1)]

(...) IV – Ilide a presunção de laboralidade a ré que prova que uma enfermeira que contratou para, em local e com os meios informáticos por ela disponibilizados, telefonicamente praticar atos de triagem, aconselhamento e encaminhamento dos utentes do Serviço Nacional de Saúde que mantém em funcionamento, por turnos, durante 24 horas por dia, não estando sujeita a qualquer controlo de assiduidade e absentismo e a um período mínimo ou máximo de horas se serviço a prestar, sendo-lhe permitido trocar com outros enfer-

meiros os turnos sem prévia autorização da outra parte, podendo mesmo não comparecer ao serviço sem que a sua ausência tenha quaisquer efeitos disciplinares. [Ac. da RL, de 18.11.15 *in* www.dgsi.pt (Proc. nº 1331/14.8TTLSB.L1-4)]

(...) 2º – Apesar de se ter provado que a Autora recebia mensalmente um valor certo e que exercia funções clínicas nas instalações de um Lar gerido pela Ré, com equipamento por esta fornecido, mas que não estava sujeita a um horário de trabalho definido pela Ré, que se podia fazer substituir por médico da sua confiança e que emitia como título dos quantitativos auferidos recibos verdes, que estava inscrita na Segurança Social e nas Finanças como trabalhadora independente e que não auferia subsídio de férias nem de Natal, não pode qualificar-se a relação existente entre ambos como um contrato de trabalho. [Ac. do STJ, de 12.11.15 *in* www.dgsi.pt (Proc. nº 618/11.6TTPRT.P1.S1)]

I – Tendo sido invocado pela requerente que apesar de ter assumido o cargo de presidente do Conselho de Administração da requerida (uma união mutualista), cumulou este com o de diretora – geral, torna-se necessário apurar elementos de onde se possa concluir pela existência de trabalho dependente ou subordinado. II – O exercício inequívoco da posição de subordinação, pode revelar-se *através de um conjunto de circunstâncias, sendo costume apontar-se: a anterioridade ou não do contrato de trabalho; a retribuição auferida (procurando surpreender alterações significativas ou dualidade de retribuições); a natureza das funções concretamente exercidas antes e depois da ascensão ao cargo de gerência (com vista a apurar se existe exercício de funções tipicamente de gerência e se há nítida separação de atividades); a composição da gerência; a dependência hierárquica e funcional dos gerentes que desempenhem tarefas não tipicamente de gerência relativamente a tais atividades, etc. (...)* [Ac. da RL, de 04.11.15 *in* www.dgsi.pt (Proc. nº 1887/14.5TTBRR.L1-4)]

Tendo as partes acordado, em contrato celebrado em 2007, que a A. ficaria a exercer a gestão de uma loja arrendada pela R. num Centro Comercial, mediante o pagamento de quantia mensal certa destinada a suportar a retribuição da A., as despesas com a luz e gastos similares, podendo ainda a A. receber prémios por objetivos de venda e sendo todo o material existente na loja pertença da R., que fixava os preços de venda no público, as coleções de roupa a vender e a decoração das montras e verificava a atividade da A. através de telefonemas, envio de pessoas à loja e por análise de faturação remetida, e tendo-se provado que a A. cumpria o horário do Centro Comercial e assumia a qualidade de chefe ou superiora hierárquica das suas colegas, deve o negócio jurídico celebrado ser qualificado como contrato de trabalho, ainda que a A. pudesse contratar outras pessoas para a ajudarem na venda dos produtos da R., sendo o pagamento desse trabalho da responsabilidade da A. (Ac. da RC, de 29.10.15 *in* CJ, Ano XL, Tomo IV, p. 63)

(...) IV – Provando-se que: os instrumentos utilizados pelo Autor eram propriedade deste e não do empregador; o Autor utilizava a sua própria viatura nas deslocações de serviço, suportando as respetivas despesas; não estava sujeito a qualquer horário de trabalho; a remuneração auferida era variável e à percentagem, e não fixa em função do tempo despendido na realização da sua atividade ou número de locais visitados, e à qual o Autor dava quitação através da emissão dos respetivos "recibos verdes", nunca tendo auferido, durante a execução do contrato, retribuição nas férias, subsídios de férias e de Natal, afastada está a referida presunção, pelo que, não se pode considerar como provado o contrato de trabalho. [Ac. do STJ, de 08.10.15 *in* www.dgsi.pt (Proc. nº 292/13.5TTCLD.C1.S1)]

(...) V – Não logrando a Autora provar que estivesse sob as ordens, direção e fiscalização da Ré, que estivesse sujeita ao exercício do respetivo poder disciplinar, e resultando provado que exercia a sua atividade com plena

autonomia e sem exclusividade, resulta indemonstrada a possibilidade de concluir que, entre as partes, vigorou um contrato de trabalho. [Ac. do STJ, de 09.09.15 *in* www.dgsi.pt (Proc. nº 3292/13.1TTLSB.L1.S1)]

(...) II – Não obstante a demonstração de factos que integram três das alíneas do nº 1 do art. 12º e o subsequente preenchimento da presunção, daí derivada, da existência de um contrato de trabalho entre a professora de natação e a Ré, seguro é que esta última logrou provar, por seu turno, factos que evidenciam características do correspondente vínculo profissional que são incompatíveis com uma relação de trabalho subordinado entre ambas, vindo, dessa forma, a ilidir, por inteiro, a referida presunção legal. (Ac. do STJ, de 02.07.15 *in* CJ, Ano XXIII, Tomo II, p. 253)

Pese embora a A. desempenhasse a sua atividade de enfermeira em instalações e com instrumentos de trabalho da Ré, com necessidade de observância de procedimentos clínicos, utilizando fardamento e com registo pontométrico do tempo de trabalho, tal relação não constitui contrato de trabalho, mas sim prestação de serviços se, ao longo de cerca de 13 anos:

– O registo do horário de entrada e saída justificava-se pela necessidade de apurar o número de horas prestadas por cada enfermeira, e permitia o controlo sobre a quem devia ser pago determinado período temporal, não se destinando ao controlo de assiduidade;

– A A. não trabalhava em exclusividade para a Ré, em consequência do que os períodos de trabalho na Ré, face àquela outra atividade, dependia da disponibilidade da A. previamente comunicada à Ré;

– A A. não auferia uma retribuição mensal fixa;

– A A. podia fazer-se substituir por outras colegas, por ajuste direto entre as mesmas, não tendo de justificar as suas ausências;

– A A. podia gozar férias quando quisesse, desde que assegurasse a sua substituição.

– A ré nunca proporcionou à autora o gozo de férias remuneradas, nem lhe pagou subsídio de férias ou de natal, nunca tendo a A. constado de qualquer mapa de horário de trabalho ou de férias da ré;

– A A. emitia "recibos verdes";

– A A. nunca gozou férias remuneradas, nem lhe foi pago subsídio de férias ou de natal. [Ac. da RP, de 15.06.15 *in* www.dgsi.pt (Proc. nº 1250/15.5TTVNG.P1)]

(...) IV – Tendo a autora demonstrado que exercia as funções de médica dentista e a direção clínica em duas clínicas dentárias pertencentes e exploradas pela ré, há que concluir pelo preenchimento das alíneas a) e e) do nº 1 do aludido artigo 12º. Não tendo a demandada logrado demonstrar que tais funções eram exercidas com autonomia, importa qualificar a relação jurídica que vigorou entre as partes processuais como contrato de trabalho. [Ac. da RE, de 11.06.15 *in* www.dgsi.pt (Proc. nº 559/13.2TTPTM.E1)]

(...) 9 2 – É de trabalho o contrato em que se evidencia sujeição à autoridade do empregador e está patente que a prestação se desenrola mediante sujeição a ordens e instruções, integrada numa cadeia hierárquica, mediante remuneração atribuída em função do número de horas prestadas no mês sem que a calendarização esteja na livre disponibilidade do trabalhador, inexistindo autonomia e existindo submissão a diretivas organizacionais e administrativas. [Ac. da RG, de 14.05.15 *in* www.dgsi.pt (Proc. nº 67/13.1TTBCL.P1.G1)]

3. O facto da atividade do autor ser prestado em local definido pela ré não assume relevo significativo, já que um professor de natação exerce, habitualmente, a sua atividade em piscinas, não sendo normal que estes profissionais disponham de equipamentos desportivos próprios onde possam cumprir a prestação da atividade ajustada. 4. Por outro lado, a existência de horário para ministrar as aulas não é determinante para a qualificação do contrato, uma vez que num complexo desportivo destinado ao ensino da natação, com vários professores e múltiplos alunos em diferentes fases de aprendizagem, é essencial a existência de horários para que as aulas funcionem com o mínimo de organização, independentemente da natureza do vínculo contratual dos professores e monitores que aí prestem serviço. 5. Também não é decisivo que o fornecimento do material didático utilizado no ensino da natação competisse à ré, tendo em vista que esses materiais existem em qualquer piscina, cumprindo diferentes finalidades operacionais. 6. Tratando-se dum colaborador da R com remuneração variável, pago à hora, cuja falta de comparência às aulas apenas poderia implicar perda da retribuição correspondente, não sofrendo o A consequências caso não comparecesse nos festivais desportivos que a R organizava, e recebendo o A nos catorze anos em que colaborou com a R uma retribuição paga apenas em onze meses, sem pagamento das férias, subsídio de férias e de subsídio de Natal, sem nunca ter havido descontos para contribuições para a Segurança Social, pois o A apresentava-se como titular de rendimentos de trabalho independente, categoria B, sendo pago através de recibos verde que emitia, não se pode concluir, com segurança, pela existência dum contrato de trabalho. [Ac. do STJ, de 15.04.15 *in* www.dgsi.pt (Proc. nº 329/08.0TTCSC.L1.S1)]

(...) II – Tendo a autora demonstrado a verificação de quatro características previstas nas alíneas do nº 1 do aludido artigo 12º e, ainda, que recebia pontualmente diretivas da ré sobre algum trabalho específico a realizar no âmbito do serviço de limpeza das instalações da ré, a que se obrigou, importa qualificar a relação jurídica que vigorou entre as partes processuais como contrato de trabalho. [Ac. da RE, de 26.02.15 *in* www.dgsi.pt (Proc. nº 42/13.6TTTMR.E1)]

(...) iii. Em face da matéria de facto que resultou demonstrada e a que se fez concreta referência no Acórdão, não resta margem para qualquer dúvida, de que, no caso em apreço, se mostra afastada qualquer possibilidade de qualificação das relações contratuais estabelecidas entre ambas as partes entre 1994 e 1996 (com extensão a 2001) e entre 2007 e 2010 (com extensão a julho de 2013, altura em que a R. pôs termo ao denominado "contrato de docência"), como relações contratuais de trabalho subordinado, decorrendo, ao invés, dessa mesma matéria de facto provada, que as partes quiseram e efetivamente estabeleceram e desenvolveram durante todo esse período de tempo, verdadeiras relações contratuais de mera prestação de serviços. (...) [Ac. da RE, de 26.02.15 *in* www.dgsi.pt (Proc. nº 534/13.7TTPTM.E1)]

(...) 2. Tendo o autor demonstrado a exclusividade da prestação da sua atividade para com a ré, a par da consequente subordinação económica e da patente subordinação jurídica à ré, a qual emitia, através de circulares e comunicados, as mais variadas ordens, diretivas e instruções que deviam ser acatadas pelo autor, em matéria técnica, própria do exercício da profissão de médico dentista, como em matéria organizacional, e sendo a atividade prestada fiscalizada pela ré, que se arrogava, em diversos comunicados, poderes disciplinares sobre determinadas práticas ou atos relacionados com a atividade profissional desenvolvida pelo autor, deve qualificar-se o vínculo contratual existente entre as partes como um contrato de trabalho e não um contrato de prestação de serviço. [Ac. do STJ, de 04.02.15 *in* www.dgsi.pt (Proc. nº 437/11.0TTOAZ.P1.S1)]

(...) III – É de prestação de serviços e não de trabalho o contrato celebrado entre um técnico de saúde e a entidade concessionária da prestação de serviços de apoio via telefone, quando as próprias partes declararam que era no interesse de tal profissional que configuravam o contrato como de prestação de serviços, recebendo este em função das horas que o prestava, não recebendo férias, subsídio de férias e de natal, não se encontrando inscrito na segurança social como trabalhador subordinado, nem beneficiando de seguro de acidentes de trabalho, podendo o período de prestação ser definido pelo técnico contratado, embora o mesmo preste o serviço nas instalações da concessionária, usando equipamento desta. [Ac. da RP, de 17.12.14 *in* www.dgsi.pt (Proc. nº 278/14.2TTPRT)]

(...) 4. Tendo o contrato outorgado entre as partes sido reduzido a escrito, o "nomen juris" *que as partes lhe deram e o teor das cláusulas que nele foram inseridas, não podem deixar de assumir relevância para ajuizar da vontade das partes no que diz respeito ao regime jurídico que livremente escolheram para regu-*

lar a relação entre elas estabelecida. 5. Tendo as partes – o Estado Português, representado por um Estabelecimento Prisional, e um médico, com a especialidade de psiquiatria – outorgado um contrato que denominaram de avença, no qual clausuraram de acordo com o diploma legal a que diretamente se reportaram na fixação das respetivas cláusulas, é de pressupor uma vinculação livre e consciente de ambas as partes, sem intuito de defraudação à lei: o médico, na consideração da sua formação académica e de profissional liberal; o Estado, por virtude da sua vinculação ao princípio da legalidade. 6. Em face do específico circunstancialismo do serviço contratado – prestação dos serviços de médico psiquiatra aos reclusos internados num Estabelecimento Prisional –, perdem significação indiciária de subordinação jurídica o estabelecimento de um horário, o controlo da presença, a prestação do serviço no Estabelecimento. 7. De igual passo, a articulação da atividade do A. – prática do ato médico, deontologicamente preservado – com a inserção funcional *decorrente da seriação levada a efeito, em ato prévio, pelo médico responsável pelo serviço clínico no Estabelecimento Prisional – prendendo-se as instruções em causa «com o estabelecimento de prioridades em face de necessidades concretas que ao responsável pelo serviço clínico, e não ao A., competia conhecer, avaliar e definir» – não põe em causa o exercício autonómico da prestação a que o A. estava contratualmente obrigado. 8. O não pagamento de subsídios de férias e de Natal, de par com o facto de nada se ter apurado em matéria disciplinar e em matéria de faltas – da necessidade, ou não, de justificação das mesmas e das eventuais consequências, a nível disciplinar e/ou remuneratório –, corroboram a ausência de indícios de subordinação jurídica.* [Ac. do STJ, de 08.10.14 *in* www.dgsi.pt (Proc. nº 168/10.8TTVNG.P3.S1)]

(...) Daí que, não obstante a denominação formal utilizada ('contrato de prestação de serviços em regime de avença'), *a prestação de funções – com caráter de permanência e regularidade, integradas no organismo onde se exerce a atividade contratada, em período correspondente a uma carga horária, com férias remuneradas, prévia destinação de tarefas e sujeição a instruções – subsume-se no regime do contrato de trabalho. (...)* [Ac. do STJ, de 08.10.14 *in* www.dgsi.pt (Proc. nº 1111/13.8T4AVR.S1)]

(...) III – Não obstante estar demonstrado que a A. gozava um período de férias por ano e que em regra exercia as suas tarefas nas instalações da R., com equipamento e meios por esta fornecidos, não é de afirmar a existência de um contrato de trabalho quando ficou também demonstrado, nomeadamente, que: as partes acordaram que entre si vigoraria um contrato de prestação de serviços, o que a A. aceitou sem levantar qualquer objeção; a A. recebia mensalmente um valor variável em função das horas prestadas, emitindo recibos verdes com referência aos montantes auferidos; recebeu participação de lucros no ano de 2001; não auferia subsídios de férias e de Natal; encontrava-se inscrita nas Finanças como profissional liberal desde setembro de 2008, sendo tributada em IVA; não estava sujeita a controlo de assiduidade; entre as partes não foi estipulada "exclusividade de funções". [Ac. do STJ, de 09.07.14 *in* www.dgsi.pt (Proc. nº 2127/07.9TTLSB.L1.S1)]

SECÇÃO II – Sujeitos

SUBSECÇÃO I – Capacidade

Artigo 13º – Princípio geral sobre capacidade

A capacidade para celebrar contrato de trabalho regula-se nos termos gerais do direito e pelo disposto neste Código.

COMENTÁRIOS:

1. Antecedentes legislativos: Arts. 14º, do CT/2003 e 3º, da LCT.

2. Antes de mais, convém esclarecer que só as pessoas singulares podem encabeçar a posição jurídica de trabalhador (art. 11º).

A capacidade jurídica – elemento essencial do contrato (juntamente com a declaração das partes e com o objeto possível) – consiste na "aptidão para ser titular de um círculo, com mais ou menos restrições, de relações jurídicas" e distingue-se, desde logo, da capacidade de exercício que, por sua vez, se traduz na "idoneidade para atuar juridicamente, exercendo direitos e cumprindo deveres, adquirindo direitos ou assumindo obrigações, por ato próprio e exclusivo ou mediante um representante voluntário ou procurador...", Carlos Alberto da Mota Pinto, *Teoria Geral do Direito Civil*, pp. 192 e 193.

São incapazes para o exercício de direitos: os menores (arts. 123º e ss., do CC), os maiores acompanhados (arts. 138º e ss., do CC) e os insolventes (art. 81º, do CIRE).

Os regimes de incapacidade dos menores e dos maiores acompanhados (quando transpostos para o direito laboral) pautam-se por objetivos tutelares distintos. Com efeito, enquanto que o primeiro visa proteger a escolarização do menor, o segundo pretende garantir a realização segura e eficaz da prestação do trabalho (não só em relação ao trabalhador, como também no que concerne aos restantes trabalhadores e ao empregador).

De notar que o exercício pelo maior acompanhado de direitos pessoais (entre eles, o de escolher profissão) e a celebração de negócios da vida correntes são livres, salvo disposição da lei ou decisão judicial em contrário (art. 147º, do CC).

SUBSECÇÃO II – Direitos de personalidade

Artigo 14º – Liberdade de expressão e de opinião

É reconhecida, no âmbito da empresa, a liberdade de expressão e de divulgação do pensamento e opinião, com respeito dos direitos de personalidade do trabalhador e do empregador, incluindo as pessoas singulares que o representam, e do normal funcionamento da empresa.

COMENTÁRIOS:

§. Os *Direitos de Personalidade* traduzem direitos já reconhecidos no campo civil, agora transpostos expressamente para o mundo laboral, tendo por paradigma a dinâmica deste universo em especial. Na linha de tal *civilização*, o legislador consagra a expressão direitos de personalidade, em vez de direitos fundamentais. Aparentemente, esquece a relação de alteralidade e de tensão, de domínio e de submissão, que compõe a relação laboral.

O chamado personalismo ético aqui consagrado visa uma certa constitucionalização de alguns dos direitos do trabalhador, que é, apesar do trabalho, um ser (que nunca se repete), Paula Quintas, *O direito à palavra no mundo do trabalho: liberdade de expressão ou delito de opinião?*, p. 122.

O trabalhador, apropriado no exercício sobrevivencial do trabalho, é igualmente um ser em devir, nas palavras de ORLANDO DE CARVALHO, *Teoria geral do direito civil. Sumários desenvolvidos*, pp. 160-162.

A relação de trabalho carece de uma presunção de liberdade a favor do trabalhador, homem acima de tudo, e não mera coisificação ou instrumento do negócio, PAULA QUINTAS, *Os direitos de personalidade*, pp. 142 e 144.

A qualidade de trabalhador não pode desvalorizar o cidadão e o valor lealdade que justifica a relação fiduciária laboral, deve ser resguardado pelas partes.

"A lealdade que as partes devem promover é, antes de tudo, a lealdade ao contrato legalmente estabelecido e aos ditames legais", JOSÉ JOÃO ABRANTES, *Contrato de Trabalho e meios de vigilância do trabalhador*, p. 417.

Naturalmente que todo este regime haverá que ser articulado com os arts. 18º, 70º a 81º, do CC, também dedicados aos Direitos de Personalidade, em especial, o art. 70º, nº 1, que prescreve sobre a *Tutela geral da personalidade* ("A lei protege os indivíduos contra qualquer ofensa ilícita ou ameaça de ofensa à sua personalidade física ou moral") e o art. 80º, nº 1, que cuida do *Direito à reserva sobre a intimidade da vida privada* ("Todos devem guardar reserva quanto à intimidade da vida privada de outrem").

Para além dos direitos elencados, há sempre um direito geral de personalidade, indicado como matriz de todo o personalismo que a lei não define (pretendendo, desta forma, evitar as limitações decorrentes de uma taxatividade dos direitos, que poriam exatamente em causa a tutela que a lei pretende consagrar).

Também a CRP pontifícia nesta matéria, releva-se o interesse dos seguintes artigos: 13º; 25º, 26º 34º, 35º e 37º (diretamente aplicáveis e vinculativos das entidades públicas e privadas, por força do art. 18º).

Do CP, igualmente de exponencial interesse, destacamos os arts. 192º; 193º, 194º, 195º e 196º.

Do CPP, são de salientar os arts. 187º a 190º, dedicados à matéria das escutas telefónicas.

E, ainda, o art. 4º (Liberdade de expressão e criação em ambiente digital) da L nº 27//2021, de 17 de maio (Carta Portuguesa de Direitos Humanos na Era Digital): "Todos têm o direito de exprimir e divulgar o seu pensamento, bem como de criar, procurar, obter e partilhar ou difundir informações e opiniões em ambiente digital, de forma livre, sem qualquer tipo ou forma de censura, sem prejuízo do disposto na lei relativamente a condutas ilícitas" (nº 1) e o art. 12º (Direito à identidade e outros direitos pessoais).

1. Antecedentes legislativos: Arts. 15º a 21º, do CT/2003.

2. A liberdade de expressão é indissociável da liberdade de pensamento e ambas estão intrinsecamente relacionadas com interpretações valorativas. É nesse espaço de intersubjetividade que a liberdade de expressão dentro da empresa deverá conquistar o seu lugar.

O reconhecimento do exercício desta liberdade está ínsito na proibição de despedimentos por motivos políticos, ideológicos (étnicos) ou religiosos (art. 381º, al. *a*)), salvo os casos especiais (e devidamente acautelados) das *organizações de tendência*. Destarte, o trabalhador possui a liberdade incensurável de manifestar a sua predileção política, ideológica, desportiva, religiosa.

Pese embora, o preceito se refira à liberdade de expressão e de divulgação do trabalhador e do empregador, certo é que o seu destinatário principal (se não mesmo exclusivo) é o trabalhador, que sofre o natural constrangimento de respeitar os *direitos de outrem*, bem como o *normal funcionamento da empresa* (conceito indeterminado, que só será concretizado casuisticamente). Ainda, por vezes, é exatamente o *normal funcionamento da empresa* que provoca a urgência do exercício desta manifestação de liberdade.

Desta forma, pode ocorrer colisão de direitos, por ex., o valor liberdade pode afetar o valor dignidade. Neste conspecto, há que apelar ao critério da prevalência, quando os direitos são iguais ou de espécie semelhante, e ao critério da superioridade, quando os direitos são desiguais (art. 335º, do CC).

Para Júlio Gomes: "Mas também não é menos exato que a empresa não é o Parlamento e que a liberdade de expressão conhece, nesse contexto múltiplos limites colocados pala necessidade de respeito por outros direitos fundamentais, tanto do empregador (entre os quais a liberdade de empresa) como de outras pessoas, entre as quais os restantes trabalhadores, para já não falar de limites impostos pelos imperativos de boa fé no cumprimento do contrato", *Direito do Trabalho*, p. 273.

Para Maria do Rosário Palma Ramalho, podem ser indicados como limites à liberdade de expressão a impossibilidade de um "empregado de mesa de um hotel de luxo ostentar perante os clientes um emblema com os dizeres «abaixo os ricos», que a caixa de um banco tenha um crachá de um banco concorrente; ou que o funcionário de um clube de futebol receba as quotas dos sócios ostentando uma camisola de outro clube, *Estudos de Direito do Trabalho*, vol. I, p. 176.

Sobre o direito de opinião e de crítica decidiu o STJ: *IV – Ao trabalhador assiste a faculdade de exprimir livremente as suas opiniões e críticas, mas impõe-se que tal direito seja exercido com respeito pelos deveres que para ele emergem do vínculo laboral, nos termos das obrigações contratualmente assumidas e da própria lei. V – É violador dos deveres de respeito e urbanidade o comportamento do trabalhador eletricista que, num momento de pausa na sala de café da empresa, após consultar o mapa de férias ali afixado nesse dia e verificar que lhe havia sido atribuído um período divergente daquele que combinara com o engenheiro Diretor de Produção do empregador, abordou este, que ali passava naquele instante, e disse em tom exaltado, perante os trabalhadores que se encontravam na sala: "Está a brincar comigo?" e "Não gosto que brinquem comigo".* [Ac. de 12.03.09 *in* www.dgsi.pt (Proc. nº 08S2589)].

Mais recentemente: *I – O "meio" utilizado por dois delegados sindicais de empresa de segurança privada onde trabalham – endereço eletrónico de dois clientes da Ré onde os trabalhadores desta se encontravam a trabalhar – não é despropositado, dado não estar provado que aqueles trabalhadores poderiam ter usado outros "meios" disponibilizados pela Ré para o efeito. II – O teor das notas informativas enviadas pelos Autores/delegados sindicais, aos trabalhadores da empresa, contendo "erro de informação", não consubstancia, objetivamente, qualquer violação dos deveres de respeito, de urbanidade para com a entidade empregadora e superiores hierárquicos e do dever de lealdade previstos nas alíneas a) e f) do nº 1 do artigo 128º do CT, na medida em que traduz, tão só, o exercício do direito de liberdade de expressão e do direito de liberdade sindical, previstos nos artigos 37º e 55º da CRP, respetivamente, e 14º do CT. III. Perante esse "erro de informação" restava à empregadora fazer chegar aos trabalhadores o seu entendimento e a sua discordância, em suma, usar do direito de resposta consagrado no nº 4 do artigo 37º da CRP.* [Ac. da RP, de 17.02.20 *in* www dgsi.pt (Proc. nº 10546/18.9T8PRT.P1)].

Dando nota da ofensa da dignidade do empregador, em consequência de exercício de crítica de membro da comissão de trabalhadores, entendeu a RL que: *I – É direito do trabalhador, designadamente se é membro da comissão de trabalhadores, fazer a crítica da forma como a gerência está a gerir. II – Tal crítica deve ser feita em termos que não atinjam a dignidade da outra parte, sem necessidade. III – Assim, constitui justa causa de despedimento, afirmações como as seguintes – determinado documento da administração é vergonhoso, está cheio de falsidades; – foi feito sem o mínimo de honestidade; – só uma administração desonesta pode tomar tal decisão; usa de falsidade e incompetência para subjugar os trabalhadores; apenas merece o nosso desprezo.* (Ac. de 28.02.83 *in* CJ, Ano I, Tomo I, p. 200)

Em toda a temática da restrição e limitação dos direitos de personalidade, a questão crucial é aferir até onde se devem proteger os bens referenciados, património de todos, e, no meio laboral, em especial, do trabalhador. Parece consensual, a relativização dessa proteção, atentos os limites conferidos pelos *princípios da razoabilidade, adequabilidade e proibição da discricionariedade.*

Assim, *O direito à liberdade de expressão é reconhecido no art. 14º do CT/2009, assim como, em corolário do exercício de direito de defesa, é reconhecido ao trabalhador o direito de resposta às acusações que lhe sejam imputadas em sede de procedimento disciplinar, tanto mais com vista ao despedimento. Tais direitos deverão ser exercidos dentro do quadro legal que tutela outros direitos de personalidade de igual relevância, designadamente o direito à honra e bom nome do empregador, restrições que, contudo, deverão mostrar-se adequadas e proporcionais à salvaguarda destes outros direitos, devendo a ponderação efetuar-se por critérios objetivos.* [Ac. da RP, de 30.06.16 *in* www.dgsi.pt (Proc. nº 335/15.8T8AVR.P1)].

Conforme destaca Marco Villa, as críticas (no sentido de juízos de valor ou de desvalor) emitidas pelo trabalhador não são passíveis da sanção de despedimento enquanto "expressões de direitos constitucionalmente garantidos", e contanto que não sejam criminalmente censuráveis, *Il diritto di critica del lavoratore e il licenziamento per giusta causa: una línea di confine*, p. 465.

É complexa a articulação da liberdade de expressão com o dever de lealdade que recai sobre o trabalhador. O dever de lealdade assume, no contexto jurídico-laboral, uma das manifestações da boa-fé contratual, que impõe às partes o dever de resguardo, de não abusar da confiança que a relação laboral, conforme se foi desenvolvendo, suscita. O sentido do dever de lealdade extrai-se de um conteúdo binário composto por:

– Um plano negativo, que veda comportamentos que apontem para a neutralização da utilidade visada, o trabalhador deve abster-se de realizar quaisquer ações que violem os interesses do empregador e da empresa entendida como organização de meios;

– Um plano positivo, segundo o qual "deve o trabalhador tomar todas as disposições necessárias (por exemplo, informar um superior hierárquico, alertar os bombeiros, a polícia, etc.) quando constata um ameaça de prejuízo ou qualquer perturbação da exploração, ou quando vê terceiros, em particular, outros trabalhadores, ocasionar danos", explica António Monteiro Fernandes, citando Boldt, *Direito do Trabalho*, p. 216.

Neste plano, o trabalhador é encarado como um guardião dos interesses da empresa e daí a questão maior do nível de interesse que a empresa prossegue (interesse lícito ou fraudulento, política de aproveitamento de recursos ou de esbanjamento dos mesmos) e até que ponto é exigível ao trabalhador sacrificar-se para que este seja atingido. Estando o trabalhador vinculado a um conjunto de deveres e sendo a relação laboral eminentemente fiduciária, a configuração de um ilícito disciplinar (e até criminal) e inerente procedimento disciplinar impõe, portanto, um juízo casuístico de aferição.

Veja-se o decidido pelo STJ: *VIII – Não prossegue um comportamento integrador de justa causa de despedimento o trabalhador engenheiro que, constatando que a sua entidade patronal incorreu numa situação de ilegalidade ao proceder a obras de ampliação da sua sede a serem executadas por construtor diferente do indicado na Câmara Municipal e de forma distinta da projetada, reclama junto da entidade patronal contra essa situação e pratica atos tendentes a repor a legalidade, o que a entidade patronal ignora, e vem a denunciar a situação à Comissão de Alvarás de Empresas de Obras Públicas e Particulares, com cópia ao Presidente da Câmara, à Direção da Ordem dos Engenheiros, ao Secretário de Estado das Obras Públicas e ao Provedor de Justiça. IX – Na medida em que nas decisões proferidas na sequência da denúncia do recorrido, se constatou a existência de incúria das entidades envolvidas e de ilegalidades cometidas pela R., é de concluir que o seu bom nome ficou em causa e o seu prestígio afetado, em última análise, em virtude de ato seu, que o trabalhador apenas visualizou ou exteriorizou.* [Ac. de 03.03.04 *in* www.dgsi.pt (Proc. nº 03S2731)]

3. O dever de lealdade não é, portanto, um dever absoluto e a lei apresenta alguns contributos para o lícito enquadramento desse bem jurídico.

Assim, a lei protege o trabalhador contra atos de retaliação do empregador, considerando-os ilícitos, em consequência de rejeição ou submissão a ato discriminatório (art. 25º, nº 7).

E defende de forma difusa o estatuto do denunciante.

Caso se considere como denunciante, o trabalhador inserido numa organização, posição que acolhemos, atente-se no regime dos trabalhadores membros de estrutura de representação coletiva, em particular, na proteção do despedimento (art. 410º).

E na proteção do denunciante do assédio. Com a L nº 73/2017, de 16 de agosto, que reforça o quadro legislativo para a prevenção da prática de assédio, quanto ao poder punitivo do empregador, prevê-se que o denunciante e as testemunhas por si indicadas não podem ser sancionados disciplinarmente, a menos que atuem com dolo, com base em declarações ou factos constantes dos autos de processo, judicial ou contraordenacional, desencadeado por assédio até decisão final, transitada em julgado (art. 29º, nº 6). Acolhe-se, portanto, a vertente da liberdade de expressão e de constatação como exercício legítimo de combate a práticas abusivas.

Consagra-se, também, a adoção de códigos de boa conduta para a prevenção e combate ao assédio no trabalho, sempre que a empresa tenha sete ou mais trabalhadores (art. 127º, nº 1, al. *k*)), pelo que, as microempresas até 6 trabalhadores ficam dispensadas.

Por último, plasma-se como justa causa de resolução do contrato de trabalho, o assédio praticado pelo empregador (*assédio vertical*) ou por outros trabalhadores (*assédio horizontal*) e o assédio denunciado à ACT, praticado pelo empregador ou seu representante (*assédio vertical*), art. 394º, nº 2, respetivamente, als. *b*) e *f*)).

De destacar a presunção legal de abusivo o despedimento ou outra sanção aplicada alegadamente para punir uma infração, quando tenha lugar até um ano após a denúncia ou outra forma de exercício de direitos relativos a igualdade, não discriminação e assédio (art. 331º, nº 2, al. *b*)). O arco temporal parece-nos escasso, inclusive por comparação com o regime do trabalhador membro de estrutura de representação coletiva, o qual estipula três anos (art. 410º, nº 3).

Quanto às medidas de combate à corrupção, aprovadas pela L nº 19/2008, de 21 de abril (alterada pela L nº 30/2015, de 22 de abril), o art. 4º, que cuida das garantias dos denunciantes, indica que esta é também aplicável aos trabalhadores do setor privado.

Artigo 15º – Integridade física e moral

O empregador, incluindo as pessoas singulares que o representam, e o trabalhador gozam do direito à respetiva integridade física e moral.

COMENTÁRIOS:

1. Antecedentes legislativos: Art. 18º, do CT/2003.

2. Trata-se de um preceito que recebe o contributo do disposto nos arts. 70º, nº 1, do CC; 25º, da CRP e 143º e 180º, do CP.

3. O direito à integridade pessoal "Consiste, primeiro que tudo, num direito a não ser agredido ou ofendido, no corpo ou no espírito, por meios físicos ou morais. As penas e tratamentos degradantes e/ou desumanos tanto podem consistir em ofensas à integridade física das pessoas (agressões, etc.), como à integridade moral (casos de exposição à execração ou ao enxovalho público, humilhação racial, publicidade de doenças ou de julgamentos insignificantes) ou ofensas mistas", José Joaquim Gomes Canotilho/Vital Moreira, *Constituição da República Anotada*, p. 454.

À luz deste dispositivo revestem grave censura certas práticas empresariais, eminentemente devassadoras da intimidade dos trabalhadores, embora justificadas (aparentemente) por questões de segurança de pessoas e, em particular, bens. São frequentes os casos de revista e apalpação, inspeção de carteiras e outros objetos pessoais, e amostragem do seu conteúdo. Tais práticas são ainda aleatórias (não havendo um mero indício de prática de ilícito), nalguns casos francamente intimidatórias, impostas como operações de rotina, completamente banalizadas, o que provoca um efeito anestesiante no destinatário.

O direito por parte do trabalhador ao gozo da respetiva integridade física e moral obriga à articulação cuidadosa dos princípios da *adequabilidade*, *pertinência* e *proporcionalidade* que legitimam a devassa da vida privada com as medidas de salvaguarda e segurança dos bens do empregador ou de terceiros.

4. O presente preceito deveria incluir o assédio moral e sexual, previstos no art. 29º, atendendo a que se tratam de atos que sempre violam a integridade física e moral do trabalhador.

5. A afetação da integridade física e moral do *empregador* possui um quadro sancionatório próprio (art. 328º), atendendo à violação dos deveres de urbanidade e probidade previstos no art. 128º, nº 1, al. *a*), constituindo os comportamentos descritos nas als. *i*) e *j*), do nº 2, do art. 351º, justa causa de despedimento. A sanção decretada, se expulsiva (despedimento por facto imputável ao trabalhador), dissolve a relação laboral.

A integridade física e moral do *trabalhador* que cabe ao empregador respeitar situa a questão nos arts. 29º e 127º, nº 1, als. *a*) e *c*), CT, e no respeito pelo regime jurídico da segurança e saúde no trabalho (aprovado pela L nº 102/2009, de 10 de setembro, na redação dada pela L nº 79/2019, de 02 de setembro). A violação deste conjunto de dispositivos por parte do empregador permite ao trabalhador resolver o contrato de trabalho (por justa causa subjetiva, nos termos do art. 394º, nº 2, al. *f*)).

Sobre a indemnização por danos a ressarcir ao trabalhador, decidiu a RC: *III – É responsável pelos danos causados na integridade física do trabalhador a empregadora que o sujeitou, durante algum tempo e de modo intencional, a um concreto regime de desempenho funcional completamente desadequado à sua condição física e de saúde por, não obstante conhecer perfeitamente este estado de saúde e a necessidade do trabalhador de não permanecer de pé por longos períodos de tempo, deu-lhe ordens para trabalhar várias horas seguidas em pé, o que, combinado com as patologias de que padecia o trabalhador, levou ao agravamento daquele estado de saúde, culminando numa amputação parcial do pé esquerdo. IV – É equitativa a indemnização de €10.000,00 para ressarcir o trabalhador dos danos consistentes nas fortes dores e sentimentos de tristeza e angústia e a amputação parcial do pé esquerdo e necessidade de usar uma prótese.* (Ac. de 27.09.19 *in* CJ, Ano XLIV, Tomo IV, p. 55).

Artigo 16º – Reserva da intimidade da vida privada

1. O empregador e o trabalhador devem respeitar os direitos de personalidade da contraparte, cabendo-lhes, designadamente, guardar reserva quanto à intimidade da vida privada.

2. O direito à reserva da intimidade da vida privada abrange quer o acesso, quer a divulgação de aspetos atinentes à esfera íntima e pessoal das partes, nomeadamente relacionados com a vida familiar, afetiva e sexual, com o estado de saúde e com as convicções políticas e religiosas.

COMENTÁRIOS:

1. Antecedentes legislativos: Art. 16º, do CT/2003.

2. O presente artigo acolhe o art. 26º, nº 1, da CRP e o disposto no art. 80º, do CC.

3. O conceito de vida privada não está definido legalmente. O legislador português, no entanto, subscreve a teoria alemã da *Spharentheorie*, que concentricamente e analisando do lado externo para o interno, compreende a esfera pública, a esfera privada estrita e a esfera íntima.

Deve-se a Heinrich Hubmann, a primeira teorização sobre as esferas, distinguindo entre uma esfera individual (*Individualsphäre*), onde se incluiria a proteção de identidade perante terceiros e uma esfera privada (*Privatsphäre*), que abrangeria os aspetos da personalidade desligados da vida em relação. A esfera do privado (*Privatsphäre*), que é partilhada por todos os que convivem com o indivíduo ainda se pode separar da esfera da intimidade (*Geheimsphäre*), onde só entrariam o próprio e os respetivos familiares, *Das Persönlichkeitsrecht*, pp. 268-271.

Por sua vez, Henkel distingue três graus ou esferas concêntricas, a esfera privada em sentido estrito (*Privatsphäre*); a esfera da intimidade confidencial (*Vertrauensphäre* ou *Vertraulich-keitssphäre*) e a esfera do segredo (*Geheimsphäre*), *Der Strafschutz der Privatlebens gegen Indiskretion*, citado por Ricardo Leite Pinto, *Liberdade de imprensa e vida privada*, p. 82.

Jónatas Machado indica, por sua vez, que a doutrina distingue a "esfera pessoal, compreendendo as relações que o sujeito estabelece com o meio social envolvente (*v.g.*, profissão, lazer, etc.), uma esfera privada, relativa à trajetória do indivíduo ou à sua inserção em contextos de maior proximidade afetiva e relacional (*v.g.*, factos passados, família, convicções e práticas religiosas, círculo de amigos) e uma esfera íntima, a que se subsumem os aspetos relativos ao mundo dos sentimentos, emoções, da existência bio psíquica, da sexualidade (*v.g.*, oração, doenças, hábitos íntimos ou de higiene, orientação sexual, comportamentos sexuais)", *Liberdade de expressão – dimensões constitucionais da esfera pública no sistema social*, p. 795.

Na explicação de Luís Menezes Leitão, "a teoria compreende uma esfera íntima, a qual abrange a vida familiar, saúde, comportamentos sexuais e convicções políticas e religiosas, cuja proteção é, em princípio, absoluta; a esfera privada, que detém uma proteção relativa, podendo ceder em caso de conflito com direitos e interesses superiores; e a esfera pública, concernente às situações que são objeto de conhecimento público e que, por isso, podem ser livremente divulgadas", *A proteção dos dados pessoais no contrato de trabalho*, p. 126.

Também Paulo Mota Pinto indica que "um setor da doutrina portuguesa (por influência da alemã) distingue três círculos de atividade ou de proteção da pessoa: a esfera íntima ou de segredo; a esfera privada; e a esfera individual ou pessoal (que abrangeria também a vida pública)", *A proteção da vida privada e a Constituição*, pp. 162-163.

Esta distinção não foi adotada expressamente pelo TC, no Ac. 128/92, que refere apenas uma esfera inviolável, identificando a intimidade e a vida privada. Assim, o conceito de «vida privada» é "o direito de cada um ver protegido o espaço interior da pessoa ou do seu lar contra intromissões alheias, ou seja, o direito a uma esfera própria inviolável, onde ninguém deve poder penetrar sem autorização do respetivo titular." (DR, II Série, de 24.07.1992).

José Joaquim Gomes Canotilho/Vital Moreira indicam que, "O critério constitucional deve talvez arrancar dos conceitos de «privacidade» (nº 1, *in fine*) e «dignidade humana» (nº 2), de modo a definir-se um conceito de esfera privada de cada pessoa, culturalmente adequado à vida contemporânea. O âmbito normativo do direito fundamental à reserva da intimidade da vida privada e familiar deverá delimitar-se, assim, como base num conceito de «vida privada» que tenha em conta a referência civilizacional sob três aspetos: (1) o respeito dos comportamentos; (2) o respeito do anonimato; (3) o respeito da vida em relação. Estas dimensões devem ser convocadas para eventuais «renúncias» à proteção da intimidade da vida privada (ex. caso *Big Brother*)", *Constituição da República Portuguesa Anotada*, p. 468.

rabindranath Capelo de Sousa defende a proteção constitucional apenas da esfera íntima, *O direito geral de personalidade*, p. 316.

No contexto da teoria das três esferas, assente em três círculos concêntricos, a esfera exterior é a mais publicitável e a interior a que merece a proteção máxima.

Espera-se que surja uma gradativa evolução entre a esfera de privacidade (de *proteção relativa*) e a esfera de intimidade (de *proteção absoluta*).

O ideal, quanto a nós, é a aceitação da autodeterminação da vontade própria e íntegra, do candidato a emprego e do trabalhador, que indica até onde pode chegar o conhecimento da vida privada por parte do empregador, atendendo a que, o que para uns, é considerado dado íntimo, para outros, não o é. No entanto, não se pode desconsiderar a vulnerabilidade do candidato a emprego e do trabalhador e a sua anuência em ser questionado como ónus para angariação ou manutenção de emprego.

4. O dever de lealdade, como parte do princípio da tutela da confiança, gera como corolários os deveres de informação e de urbanidade. O dever de informação está presente, quer na fase preliminar do contrato de trabalho , quer durante a sua execução, aplicando-se as regras gerais do art. 227º, nº 1, do CC. A viciação destes dados que estiveram presentes aquando do recrutamento e que subordinam a execução contratual fere a validade do contrato, por vício na formação da vontade do empregador, para além de permitirem um eventual pedido indemnizatório.

Já as questões que tutelam os direitos de personalidade do trabalhador exigem especiais cautelas e há que estabelecer os contornos deste dever de informar, em termos de razoabilidade. Problemática mais acutilante relativamente ao candidato a emprego: o dever de informação que se lhe exige será o estritamente necessário, conveniente e adequado para aferir da respetiva aptidão laboral (*v.g.*, habilitações literárias, domínio de línguas, experiência profissional), domínios em que se pede partilha de informação sem atingir a "esfera íntima e pessoal das partes", que o nº 2, do artigo, exemplifica, com os aspetos relacionados com a "vida familiar, afetiva e sexual, com o estado de saúde e com as convicções políticas e religiosas".

Veja-se o caso apresentado no Parecer nº 14/CITE/98, de 13.07.1998, a "CITE conclui pela ilegalidade do denominado «Boletim de Identificação», que a empresa LIDL & Cia utilizava aquando da admissão de trabalhadores. No Boletim em apreço, constava o seguinte: «Só para senhoras: – Tem fundamentos para pensar que nos próximos 9 meses irá utilizar o direito de proteção à maternidade? (Sim/Não). Quando?». «Já prestou serviço militar? (Sim/Não). Quando? Qual a sua situação militar atual?» As declarações prestadas neste boletim são da minha inteira responsabilidade e no caso de se provarem falsas ou omissas reconheço à LIDL & Cia o direito de rescindir ou haver como nulo o contrato que, entretanto, comigo celebrar", Guilherme Dray, *Autonomia privada e igualdade na formação e execução de contratos individuais de trabalho*, p. 71, nota 56.

Acerca da (in)aplicabilidade imediata dos direitos fundamentais para servir de instrumento suscetível de justificar o incumprimento das obrigações, ou para restringir certas áreas de liberdade, podemos invocar o trabalhador que fiel a certa religião, recusa trabalhar à sexta à noite ou ao sábado; manusear certo tipo de produtos; praticar um aborto; colocar um capacete de segurança na construção civil, tendo que retirar o turbante; ou o véu que lhe cobre o rosto, no caso das mulheres.

5. Sobre a privacidade em ambiente digital, a Carta Portuguesa de Direitos Humanos na Era Digital indica no art. 8º , nº 1: "Todos têm direito a comunicar eletronicamente usando a criptografia e outras formas de proteção da identidade ou que evitem a recolha de dados pessoais, designadamente para exercer liberdades civis e políticas sem censura ou discriminação".

6. O STJ entendeu que a *divulgação do recibo de vencimento de outra trabalhadora da empresa e que foi entregue à autora, por engano, não constitui violação do direito à reserva da*

intimidade da vida privada. [Ac. de 20.06.12 *in* www.dgsi.pt (Proc. nº 417/10.2TTVNF.P1.S1)].

Artigo 17º – Proteção de dados pessoais

1. O empregador não pode exigir a candidato a emprego ou a trabalhador que preste informações relativas:

a) À sua vida privada, salvo quando estas sejam estritamente necessárias e relevantes para avaliar da respetiva aptidão no que respeita à execução do contrato de trabalho e seja fornecida por escrito a respetiva fundamentação;

b) À sua saúde ou estado de gravidez, salvo quando particulares exigências inerentes à natureza da atividade profissional o justifiquem e seja fornecida por escrito a respetiva fundamentação.

2. As informações previstas na alínea *b*) do número anterior são prestadas a médico, que só pode comunicar ao empregador se o trabalhador está ou não apto a desempenhar a atividade.

3. O candidato a emprego ou o trabalhador que haja fornecido informações de índole pessoal goza do direito ao controlo dos respetivos dados pessoais, podendo tomar conhecimento do seu teor e dos fins a que se destinam, bem como exigir a sua retificação e atualização.

4. Os ficheiros e acessos informáticos utilizados pelo empregador para tratamento de dados pessoais do candidato a emprego ou trabalhador ficam sujeitos à legislação em vigor relativa à proteção de dados pessoais.

5. Constitui contraordenação muito grave a violação do disposto nos nºs 1 ou 2.

COMENTÁRIOS:

1. Antecedentes legislativos: Arts. 17º e 641º, nº 5, do CT/2003.

2. O presente artigo cuida do alcance, sentido e limites do direito à informação, que é concedido ao empregador.

O direito à reserva da vida privada recebeu acolhimento constitucional (art. 26º, da CRP), na parte referente aos direitos, liberdades e garantias pessoais.

O nº 1, do preceito em anotação, estabelece a proteção dos dados pessoais do candidato a emprego e do trabalhador; a 1ª parte do segmento, estabelece uma norma proibitiva e a 2ª parte, consagra as respetivas derrogações, nos termos seguintes:

– *Quanto à vida privada*; o empregador pode exigir informações quando estas sejam estritamente necessárias e relevantes para aferir da respetiva aptidão no que respeita à execução do contrato de trabalho (al. *a*));

– *Quanto à saúde ou estado de gravidez*, o empregador pode exigir informações, desde que particulares exigências inerentes à natureza da atividade profissional o justifiquem (al. *b*)); ou seja, a exigência não é apenas a de verificar a aptidão para o trabalho, mas a aptidão para a natureza da atividade.

Em ambos os casos, se consagram os *princípios da proporcionalidade* (ou seja, a derrogação é necessária na justa medida de) e *adequabilidade* (não excessiva, nem fora do contexto informativo de intervenção).

– Seja fornecido por escrito ao trabalhador a respetiva fundamentação, por forma a evitar e a controlar atos abusivos, discricionários e discriminatórios do empregador.

O art. 5º, da revogada L nº 67/98, de 26 de outubro, já estabelecia que as questões colocadas ao trabalhador ou ao candidato seriam as estritamente necessárias e pertinentes, devendo o tratamento de dados pessoais ser realizado licitamente e de boa-fé pelo empregador. Neste contexto, a Comissão Nacional de Proteção de Dados, na Deliberação nº 32/98, de 13 de maio, determinou que:

Os dados relativos ao "nome e profissão do cônjuge, número de filhos e idades, situação de contribuinte, incluindo a existência de dependentes ou de cônjuge, deficientes, e referências da conta bancária, serão excessivos quando está em causa a admissão a um emprego. Serão necessários – e apenas em parte – para quem já tem uma relação laboral constituída." (http://cnpd.pt/atos).

A já abordada al. *b*), que cuida exclusivamente dos chamados dados sensíveis (*dados pessoalíssimos*), fez parte, aquando da publicação do CT/2003, do conjunto de normas objeto de fiscalização preventiva, por, e após a proibição de o empregador exigir ao candidato a emprego ou ao trabalhador informação relativa à sua saúde ou estado de gravidez, permitir uma derrogação a essa proibição fundada nas "exigências inerentes à natureza da atividade profissional", apesar de se exigir "por escrito a respetiva fundamentação".

Da declaração do TC, no Ac. nº 306/2003, de 25.06.03, resultou então o aditamento previsto no nº 2, que obriga a que a informação seja prestada a médico, ou seja, há uma *mediatização* de todas as informações recebidas, e aquele apenas transmite ao empregador se o candidato a emprego ou o trabalhador está apto ou não para o desempenho pretendido (DR, I Série, de 18.07.2003).

As informações relativas ao estado de gravidez, atentos os *princípios da adequabilidade* e *proporcionalidade*, podem ser partilhadas, quando é a própria aferição da aptidão para a natureza da atividade ou a execução laboral que estão em causa, contanto que haja uma *mediatização* da informação. Essa mediatização é levada a cabo pela intervenção do médico (que deve ser o médico do trabalho), o qual apenas comunica ao empregador se o trabalhador está ou não apto para a função pretendida (nº 2).

Na eventualidade de falhar esta intervenção de foro médico, o trabalhador legitimamente poderá recusar o pedido de informação.

O médico interveniente está vinculado, naturalmente, ao segredo médico, nos termos do art. 139º, do respetivo Estatuto da Ordem dos Médicos (aprovado pela L nº 117/ /2015, de 31 de agosto).

3. O Regulamento (UE) 2016/679, do Parlamento Europeu e do Conselho de 27 de abril de 2016 (RGPD), relativo à proteção das pessoas singulares no que diz respeito

ao tratamento de dados pessoais e à livre circulação desses dados e que revoga a Diretiva 95/46/CE (Regulamento Geral sobre a Proteção de Dados), entende por:

– «Dados pessoais», a informação relativa a uma pessoa singular identificada ou identificável («titular dos dados»); é considerada identificável uma pessoa singular que possa ser identificada, direta ou indiretamente, em especial por referência a um identificador, como por exemplo um nome, um número de identificação, dados de localização, identificadores por via eletrónica ou a um ou mais elementos específicos da identidade física, fisiológica, genética, mental, económica, cultural ou social dessa pessoa singular (art. 4.º, 1));

Para A. Barreto Menezes Cordeiro, seguindo a sistematização proposta pelo GT 29, a expressão *relativa a* abrange "três situações distintas: (i) conteúdo; (ii) finalidade; ou (iii) resultado.

Por conteúdo, entende-se toda a informação que incida sobre uma pessoa, ou seja, é a própria pessoa que é *objeto de análise*. Atente-se aos seguintes exemplos: (i) análises clínicas – o doente; (ii) avaliação profissional de um trabalhador – o trabalhador; (iii) registo criminal – o cidadão.

Na segunda situação – finalidade –, embora não seja a pessoa o objeto de análise, os dados recolhidos permitem "avaliar, tratar de determinada forma ou influenciar o estatuto ou o comportamento de uma pessoa"; p. ex.: retribuições pagas por entidades; historial das entradas e de saídas de um determinado país; ou dados que constem de um registo de tempos de trabalho relativos, para cada trabalhador, aos períodos de trabalho diário e aos períodos de descanso; dados recolhidos por empresas do setor automóvel.

Como resultado, entende-se toda a informação que não incida sobre uma pessoa (conteúdo) e que não vise avaliá-la ou influenciá-la (finalidade), mas que, em abstrato, o permita fazer. O exemplo apresentado pelo GT 29 é elucidativo: uma empresa de táxis instalou um sistema de localização de satélite para melhor gerir a sua frota. Apesar de não ser essa a sua finalidade, os dados recolhidos permitem avaliar o desempenho dos motoristas", *Comentário ao Regulamento Geral de Proteção de dados e à Lei n.º 58/2019*, pp. 81 e 82.

Outro exemplo: O projeto Tracker da Telepizza (para acompanhar o trajeto da entrega do pedido, via geolocalização, por forma a melhor percecionar o tempo real de entrega) foi considerado nulo pelo Supremo Tribunal espanhol, por sentença de 8 de fevereiro de 2021, pois "obliga a los repartidores a aportar su móvil personal para su geolocalización" e "vulneraba el derecho de privacidad de los afectados por el conflicto al no superar el juicio de proporcionalidad cuando podía acudirse a medidas de menor injerencia". In https://www.poderjudicial.es/.

– "Consentimento do titular dos dados", como uma manifestação de vontade, livre, específica, informada e explícita, pela qual o titular dos dados, mediante declaração ou ato positivo inequívoco, aceita que os dados pessoais que lhe dizem respeito sejam objeto de tratamento (art. 4.º, 11));

– «Violação de dados pessoais», uma violação da segurança que provoque, de modo acidental ou ilícito, a destruição, a perda, a alteração, a divulgação ou o acesso, não autorizado, a dados pessoais transmitidos, conservados ou sujeitos a qualquer outro tipo de tratamento (art. 4º, 12));

– «Dados genéticos», os dados pessoais relativos às características genéticas, hereditárias ou adquiridas, de uma pessoa singular que deem informações únicas sobre a fisiologia ou a saúde dessa pessoa singular e que resulta designadamente de uma análise de uma amostra biológica proveniente da pessoa singular em causa (art. 4º, 13)).

De acordo com o considerando 34), do RGPD, os dados genéticos deverão ser definidos como os dados pessoais relativos às características genéticas, hereditárias ou adquiridas, de uma pessoa singular que resultem da análise de uma amostra biológica da pessoa singular em causa, nomeadamente da análise de cromossomas, ácido desoxirribonucleico (ADN) ou ácido ribonucleico (ARN), ou da análise de um outro elemento que permita obter informações equivalentes.

– «Dados relativos à saúde», dados pessoais relacionados com a saúde física ou mental de uma pessoa singular, incluindo a prestação de serviços de saúde, que revelem informações sobre o seu estado de saúde (art. 4º, 15)).

De acordo com o considerando 35), do RGPD, deverão ser considerados dados pessoais relativos à saúde todos os dados relativos ao estado de saúde de um titular de dados que revelem informações sobre a sua saúde física ou mental no passado, no presente ou no futuro. O que precede inclui informações sobre a pessoa singular recolhidas durante a inscrição para a prestação de serviços de saúde, ou durante essa prestação, conforme referido na Diretiva 2011/24/UE do Parlamento Europeu e do Conselho, a essa pessoa singular; qualquer número, símbolo ou sinal particular atribuído a uma pessoa singular para a identificar de forma inequívoca para fins de cuidados de saúde; as informações obtidas a partir de análises ou exames de uma parte do corpo ou de uma substância corporal, incluindo a partir de dados genéticos e amostras biológicas; e quaisquer informações sobre, por exemplo, uma doença, deficiência, um risco de doença, historial clínico, tratamento clínico ou estado fisiológico ou biomédico do titular de dados, independentemente da sua fonte, por exemplo, um médico ou outro profissional de saúde, um hospital, um dispositivo médico ou um teste de diagnóstico *in vitro.*

O art. 88º, do RGPD (Tratamento no contexto laboral), prevê que os Estados-Membros podem estabelecer, no seu ordenamento jurídico ou em convenções coletivas, normas mais específicas para garantir a defesa dos direitos e liberdades no que respeita ao tratamento de dados pessoais dos *trabalhadores no contexto laboral*, nomeadamente para efeitos de recrutamento, execução do contrato de trabalho, incluindo o cumprimento das obrigações previstas no ordenamento jurídico ou em convenções coletivas, de gestão, planeamento e organização do trabalho, de igualdade e diversidade no local de trabalho, de saúde e segurança no trabalho, de proteção dos bens do empregador ou do cliente e para efeitos do exercício e gozo, individual ou coletivo, dos direitos e benefícios relacionados com o emprego, bem como para efeitos de cessação da relação de trabalho (nº 1). As normas referidas incluem medidas adequadas e específicas para salvaguardar a dignidade, os interesses legítimos e os direitos fundamentais do titular dos dados, com especial relevo para a transparência do tratamento de dados, a transferência de dados pessoais num grupo empresarial ou num grupo de empresas envolvidas numa atividade económica conjunta e os sistemas de controlo no local de trabalho (nº 2).

No seguimento do indicado art. 88º, do RGPD, a L nº 58/2019, de 08 de agosto (que assegura a execução, na ordem jurídica nacional, do RGPD), indica no art. 28º:

"O empregador pode tratar os dados pessoais dos seus trabalhadores para as finalidades e com os limites definidos no Código do Trabalho e respetiva legislação complementar ou noutros regimes setoriais, com as especificidades estabelecidas no presente artigo (nº 1).

O número anterior abrange igualmente o tratamento efetuado por subcontratante ou contabilista certificado em nome do empregador, para fins de gestão das relações laborais, desde que realizado ao abrigo de um contrato de prestação de serviços e sujeito a iguais garantias de sigilo (nº 2).

Salvo norma legal em contrário, o consentimento do trabalhador não constitui requisito de legitimidade do tratamento dos seus dados pessoais (nº 3):

a) Se do tratamento resultar uma vantagem jurídica ou económica para o trabalhador; ou

b) Se esse tratamento estiver abrangido pelo disposto na alínea *b*), do nº 1, do art. 6º, do RGPD". [O tratamento for necessário para a execução de um contrato no qual o titular dos dados é parte, ou para diligências pré-contratuais a pedido do titular dos dados].

A citada lei não define dados pessoais, remetendo para o Regulamento.

Entretanto, a CNPD, na Deliberação 2019/494, entendeu que o art. 28º, nº 3, al. *a*) e a al. 11), do art. 4º, do RGPD, exigem "que o consentimento, para ser juridicamente relevante e, assim, corresponder ao fundamento de licitude do tratamento de dados, tem de ser livre, pelo que só quando estejam verificadas condições que garantam a liberdade de manifestação de vontade do titular é que esta pode ser considerada. Sendo certo que, como é reconhecido no considerando 43 do RGPD, «[...] em casos específicos em que exista um desequilíbrio manifesto entre o titular dos dados e o responsável pelo seu tratamento, o consentimento não deve ser tido como fundamento válido de licitude deste». Não obstante, admitir-se a natureza não paritária da relação laboral, decorre do princípio da dignidade da pessoa humana a necessidade de reconhecer ao indivíduo, mesmo no contexto de relações jurídicas em que, por regra, ele carece de proteção em relação à outra parte, o mínimo de livre arbítrio para gozar do seu direito fundamental à autodeterminação informacional – portanto, na dimensão jus-fundamental de controlo dos dados que lhe digam respeito –, reconhecido no artigo 35º da CRP e no artigo 8º da Carta dos Direitos Fundamentais da União Europeia.

É nesta mesma linha, que o Grupo de Trabalho do Art. 29º (GT29) e o Comité Europeu de Proteção de Dados [que o substituiu] têm entendido, embora recusando por regra relevância jurídica ao consentimento dos trabalhadores, que estes só podem dar o seu consentimento livremente em circunstâncias excecionais, quando o ato de dar ou recusar o consentimento não produza quaisquer consequências negativas.

Ora, o disposto na alínea *a*) do nº 3 do artigo 28º, ao determinar precisamente a solução oposta, restringe excessivamente a relevância do consentimento do trabalhador, com isso eliminando qualquer margem de livre arbítrio dos trabalhadores mesmo quando há condições para a sua manifestação sem risco para os seus direitos e interesses. Nessa medida, esta disposição traduz uma restrição injustificada e desproporcionada do disposto na alínea *a*) do nº 1 do artigo 6º e da alínea *a*) do nº 2 do artigo 9º do RGPD.

Entende, assim, a CNPD que esta disposição não corresponde a uma medida legislativa nacional adequada que salvaguarde a dignidade, os direitos fundamentais e os interesses legítimos do trabalhador, não cumprindo, portanto, os requisitos exigidos na alínea *b*) do nº 2 do artigo 9º e do nº 2 do artigo 88º do RGPD.

Em suma, por traduzir uma restrição não adequada, desnecessária e excessiva do direito fundamental à autodeterminação informacional ou à proteção dos dados enquanto direito ao controlo dos seus próprios dados, para lá do que é necessário à salvaguarda dos direitos e interesses dos trabalhadores, a alínea *a*) do nº 3 do artigo 28º da Lei nº 58/2019 restringe o âmbito de aplicação da alínea *a*) do nº 1 do artigo 6º e da alínea *a*) do nº 2 do artigo 9º do RGPD. Com esse fundamento, a CNPD, de forma a assegurar a plena efetividade do RGPD, desaplicará a referida norma nas situações que venha a apreciar". (*In* https://www.cnpd.pt/decisoes/deliberacoes/).

No mesmo sentido, no Parecer nº 20/2018, de 02 de maio: "No que diz respeito ao nº 3 do artigo 28º, a CNPD admite que a redação decorra de um qualquer lapso que torna, na realidade, o preceito incompreensível. Pretende-se, talvez, clarificar que o consentimento do trabalhador não releva, por regra, como condição de licitude de tratamentos dos dados pessoais pelo empregador, precisamente porque a natureza não paritária da relação laboral não permite assegurar a liberdade da manifestação de vontade do trabalhador, requisito imprescindível de relevância jurídica do consentimento (cf. nº 11 do artigo 4º e Considerandos 42 e 43 do RGPD). Por essa razão, o GT29 entende que apenas quando do tratamento resulta uma vantagem jurídica ou material para o trabalhador é que o seu consentimento pode relevar, sendo essa circunstância a única exceção. Tal como está redigida, a alínea *a*) do nº 3 do artigo 28º da Proposta restringe excessivamente a relevância do consentimento do trabalhador, com isso eliminando qualquer margem de livre arbítrio dos trabalhadores mesmo quando há condições para a sua manifestação. Por essa razão, a CNPD recomenda que a alínea *a*) seja revista passando a constar dela se do tratamento não resultar uma vantagem jurídica ou económica para o trabalhador.

Quanto à alínea *b*), o aí estatuído parece querer concretizar o disposto no nº 4 do artigo 7º do RGPD [Ao avaliar se o consentimento é dado livremente, há que verificar com a máxima atenção se, designadamente, a execução de um contrato, inclusive a prestação de um serviço, está subordinada ao consentimento para o tratamento de dados pessoais que não é necessário para a execução desse contrato].

Na verdade, o consentimento constitui uma condição de licitude autónoma em relação ao contrato, de acordo com o artigo 6º do RGPD, já que, quando os dados são necessários para a celebração ou execução do contrato, uma manifestação de vontade no sentido de autorizar o tratamento dos mesmos dados não pode formar-se livremente; assim, apenas quanto aos dados que não sejam necessários à execução do contrato é que o consentimento pode relevar. A intenção do legislador nacional parece ser a de clarificar o sentido do nº 4 do artigo 7º no contexto das relações laborais. Uma vez que a norma tem por objeto as relações laborais, onde o RGPD deixa espaço para o legislador nacional, admite-se que esta especificação, reiterando parte do estatuído no nº 4 do artigo 7º, não degrada o valor da norma do RGPD". [*In* http://app.parlamento.pt/].

No entendimento de Teresa Moreira, "Desta forma, o único fundamento que pode legitimar o tratamento de dados pessoais na relação de trabalho é a prossecução de interesses legítimos da entidade empregadora aferíveis em função do caso concreto, e nos termos do art. 6º, nº 1, alínea *b*), do RGDP, quando o fundamento for necessário para a execução do contrato de trabalho", *Dados pessoais: breve análise do art. 28º da lei nº 58/2019, de 8 de agosto*, p. 54.

Para Diogo Pereira Duarte, "Em primeiro lugar, o artigo 88º do RGPD não pode ser interpretado como admitindo um regime alternativo em matéria de proteção de dados, mas apenas como uma disposição que permite introduzir disposições mais específicas em matéria laboral. Por outro lado, estaria a eleger como fundamento central para o tratamento de dados o consentimento, ao arrepio da visão consensual de que, em virtude das assimetrias próprias da relação laboral, o consentimento deve ser admitido apenas com cautelas suplementares.

Uma outra leitura, que foi a da CNPD, seria a de que, muito diversamente, o nº 3 estaria, na *alínea a*), ao afastar a hipótese do consentimento no domínio laboral, mesmo naqueles casos em que, ao abrigo do RGPD, ele poderia ser um fundamento legítimo para o tratamento. De facto, o GT 29 sempre admitiu, em geral, que ao abrigo do RGPD o consentimento poderia ser fundamento jurídico para o tratamento de dados pessoais, no domínio laboral, em casos em que a falta de consentimento ou a sua subsequente revogação não implicassem desvantagem para o trabalhador, por entender que nessas circunstâncias o consentimento não deixaria de ser livre. Essa interpretação consta hoje das orientações do Comité sobre consentimento. Tal poderia ocorrer nos casos em que o trabalhador iria obter também alguma vantagem, jurídica e económica, decorrente do tratamento de dados. A função da *alínea a*) do nº 3 seria, então, a de determinar que mesmo nesse caso o consentimento não poderia ser fundamento jurídico para o tratamento no domínio laboral. Esta interpretação, alternativa à primeira leitura, também se mostra inviável por restringir excessivamente o âmbito admissível do consentimento nos termos dos artigos 6º/1, *a*) e 9º/2, al. *a*) do RGPD, o que justifica a deliberação de desaplicação da CNPD. Já a *alínea b)* deixaria de ter, nesta leitura, qualquer feito relevante, quando muito a de especificar o artigo 7º/4 do RGPD no domínio laboral.

Em qualquer dos casos, seja qual, na realidade, tenha sido o regime que o legislador nacional pretendeu consagrar em matéria de fundamentos jurídicos para o tratamento de dados pessoais, ele não se mostra compatível com o RGPD. O artigo 88º, apenas admite a existência de normas nacionais «mais específicas» que têm de surgir no enquadramento do próprio RGPD, e não a existência de um regime alternativo para o tratamento de dados, razão pela qual o nº 3 do artigo 28º se deve ter por não eficaz, para todos os efeitos legais", *Comentário ao Regulamento Geral de Proteção de Dados e à Lei nº 58/2019*, pp. 622 e 623.

4. O art. 9º, nº 1, do RGPD, dedicado aos *dados pessoais sensíveis*, proíbe o "tratamento de dados pessoais que revelem a origem racial ou étnica, as opiniões políticas, as convicções religiosas ou filosóficas, ou a filiação sindical, bem como o tratamento de dados genéticos, dados biométricos para identificar uma pessoa de forma inequívoca, dados relativos à saúde ou dados relativos à vida sexual ou orientação sexual de uma pessoa".

Para A. Barreto Menezes Cordeiro, o primeiro grupo (dados pessoais que revelem a origem racial ou étnica, as opiniões políticas, as convicções religiosas ou filosóficas, ou a filiação sindical) respeita a resultados decorrentes do tratamento e o segundo grupo (dados genéticos, dados biométricos, dados relativos à saúde ou dados relativos à vida sexual ou orientação sexual de uma pessoa) a categoria de dados, *Comentário ao Regulamento Geral de Proteção de Dados e à Lei nº 58/2019*, p. 133.

O nº 2, al. *b*), prevê a legitimidade do tratamento quando "for necessário para efeitos do cumprimento de obrigações e do exercício de direitos específicos do responsável pelo tratamento ou do titular dos dados em matéria de legislação laboral, de segurança social e de proteção social, na medida em que esse tratamento seja permitido pelo direito da União ou dos Estados-Membros ou ainda por uma convenção coletiva nos termos do direito dos Estados-Membros que preveja garantias adequadas dos direitos fundamentais e dos interesses do titular dos dados" .

O art. 29º (Tratamento de dados de saúde e dados genéticos) da L nº 58/2019, indica que nos tratamentos de dados de saúde e de dados genéticos, o acesso a dados pessoais rege-se pelo princípio da necessidade de conhecer a informação (nº 1) e que o tratamento destas categorias especiais de dados pessoais deve ser efetuado por um profissional obrigado a sigilo ou por outra pessoa sujeita a dever de confidencialidade, devendo ser garantidas medidas adequadas de segurança da informação (nº 2).

Para A. Barreto Menezes Cordeiro, "O artigo 29º/1 da LE consagra o usualmente denominado princípio *need to know*. A sua inclusão terá sido motivada pelas sugestões formuladas pela CNPD." (Parecer nº 20/2018, 29v).

"O princípio *need to know* não consta dos princípios fundadores do Direito da proteção de dados – elencados no artigo 5º –, nem tem consagração legal expressa. Todavia, este pode ser apresentado como uma concretização dos princípios da integridade e da confidencialidade, artigo 5º/1, *f)*, do RGPD, e, porventura, do próprio princípio da minimização de dados, artigo 5º/1, *c)*, do RGPD. A sua positivação não era necessária, ele seria sempre aplicável", *Comentário ao Regulamento Geral de Proteção de Dados e à Lei nº 58/2019*, p. 625.

5. Quanto aos *dados criminais*, a sua exigibilidade tem que cumprir o disposto no art. 15º do DL nº 171/2015, de 25 de agosto, alterado pelo DL nº 115/2019, de 20 de agosto (regulamentação do regime jurídico da identificação criminal).

6. O nº 3 dá cumprimento ao disposto nos arts. 15º (Direito de acesso do titular dos dados), 16º (Direito de retificação) e 17º [Direito ao apagamento dos dados («*direito a ser esquecido*»)], do RGPD.

V., por todos, Vitor Palmela Fidalgo, *Comentário ao Regulamento Geral de Proteção de Dados e à Lei nº 58/2019*, p. 175.

7. O nº 4 relativo a ficheiros e acessos informáticos utilizados pelo empregador para tratamento de dados pessoais do candidato a emprego ou trabalhador remete para o RGPD e para a L nº 58/2019, de 8 de agosto que assegura a execução, na ordem jurídica nacional, do referido Regulamento.

Os princípios relativos ao tratamento de dados pessoais (art. 5º, do Regulamento) são:

– "Princípio da licitude, lealdade e transparência": os dados são objeto de um tratamento lícito, leal e transparente em relação ao titular dos dados, nos termos da al. *a)*;

– "Princípio da limitação das finalidades": os dados são recolhidos para finalidades determinadas, explícitas e legítimas, não podendo ser tratados posteriormente de uma forma incompatível com essas finalidades; o tratamento posterior para fins de arquivo de interesse público, ou para fins de investigação científica ou histórica ou para fins estatísticos, não é considerado incompatível com as finalidades iniciais, em conformidade com o artigo 89º, nº 1, segundo a al. *b)*;

– "Princípio da minimização dos dados": os dados tratados são os adequados, pertinentes e limitados ao que é necessário relativamente às finalidades para as quais são tratados, dispõe a al. *c)*;

– "Princípio da exatidão": os dados são exatos e atualizados sempre que necessário; devem ser adotadas todas as medidas adequadas para que os dados inexatos, tendo em conta as finalidades para que são tratados, sejam apagados ou retificados sem demora, de acordo com a al. *d)*;

– "Princípio da limitação da conservação": os dados são conservados de uma forma que permita a identificação dos titulares dos dados apenas durante o período necessário para as finalidades para as quais são tratados; os dados pessoais podem ser conservados durante períodos mais longos, desde que sejam tratados exclusivamente para fins de arquivo de interesse público, ou para fins de investigação científica ou histórica ou para fins estatísticos, em conformidade com o artigo 89º, nº 1, sujeitos à aplicação das medidas técnicas e organizativas adequadas exigidas pelo presente regulamento, a fim de salvaguardar os direitos e liberdades do titular dos dados, nos termos da al. *e*);

– "Princípio da integridade e confidencialidade": os dados são tratados de uma forma que garanta a sua segurança, incluindo a proteção contra o seu tratamento não autorizado ou ilícito e contra a sua perda, destruição ou danificação acidental, adotando as medidas técnicas ou organizativas adequadas, dispõe a al. *f*).

De acordo com o nº 2, o responsável pelo tratamento é responsável pelo cumprimento destes requisitos e tem de poder comprová-lo («responsabilidade»).

Artigo 18º – Dados biométricos

1. O empregador só pode tratar dados biométricos do trabalhador após notificação à Comissão Nacional de Proteção de Dados.

2. O tratamento de dados biométricos só é permitido se os dados a utilizar forem necessários, adequados e proporcionais aos objetivos a atingir.

3. Os dados biométricos são conservados durante o período necessário para a prossecução das finalidades do tratamento a que se destinam, devendo ser destruídos no momento da transferência do trabalhador para outro local de trabalho ou da cessação do contrato de trabalho.

4. A notificação a que se refere o nº 1 deve ser acompanhada de parecer da comissão de trabalhadores ou, não estando este disponível 10 dias após a consulta, de comprovativo do pedido de parecer.

5. Constitui contraordenação grave a violação do disposto no nº 3.

COMENTÁRIOS:

1. Antecedentes legislativos: Art. 27º, da RCT.

2. A notificação obrigatória à CNPD, prevista no nº 1, do preceito em anotação, deve entender-se tacitamente revogada pelo RGPD.

3. O RGPD define dados biométricos, como "dados pessoais resultantes de um tratamento técnico específico relativo às características físicas, fisiológicas ou comportamentais de uma pessoa singular que permitam ou confirmem a identificação única

dessa pessoa singular, nomeadamente imagens faciais ou dados dactiloscópicos" (art. 4º, nº 14).

O tratamento dos dados biométricos consta do art. 9º, do RGPD.

Os dados biométricos permitem apurar as características físicas do titular como os dados dactiloscópicos (impressões digitais, impressões digitais latentes, impressões palmares, impressões palmares latentes como a impressão digital), a face, a íris, o odor, a voz ou ADN.

4. O art. 28º, da L nº 58/2019, de 08 de agosto, indica que o "tratamento de dados biométricos dos trabalhadores só é considerado legítimo para controlo de assiduidade e para controlo de acessos às instalações do empregador, devendo assegurar-se que apenas se utilizem representações dos dados biométricos e que o respetivo processo de recolha não permita a reversibilidade dos referidos dados" (nº 6).

No entendimento de Teresa Moreira, além da assiduidade, também, deverá ser atendível o controlo da pontualidade. E admissível o "acesso e a autenticação de trabalhadores em dispositivos móveis e digitais como *tablets,* ou telemóveis, ou computadores", preconizando a A. uma interpretação extensiva do art. 28º, nº 6, *Dados pessoais: breve análise do art. 28º da Lei nº 58/2019, de 08 de agosto,* p. 57.

5. Apesar da notificação obrigatória à CNPD, prevista no nº 1, do presente artigo, dever entender-se tacitamente revogada pelo RGPD, cremos ser de manter o parecer da comissão de trabalhadores (nº 4).

6. O nº 2 remete para os princípios relativos ao tratamento de dados pessoais (art. 5º, do RGPD).

7. O nº 3 acolhe o "princípio da limitação da conservação" (previsto no art. 5º, al. *e*), do RGPD).

8. Cita-se de seguida algumas considerações proferidas pela CNPD, ao abrigo da revogada LPD, em Princípios sobre a utilização de dados biométricos no âmbito do controlo de acesso e de assiduidade:

9. Importa ter uma posição prudente e equilibrada que incentive os fabricantes de sistemas biométricos a adotar soluções técnicas que, protegendo a privacidade, minimizem os riscos de utilização indevidas.

*10. Os equipamentos biométricos registam, normalmente, uma representação digital (*template*) e não uma amostra biométrica passível de ser reproduzida, ou seja, o* template *armazenado não tem utilidade nenhuma noutros sistemas e não pode ser usado para reproduzir os dados biométricos originais. Isto é, na generalidade dos casos, os sistemas biométricos não utilizam a tecnologia de digitalização da imagem obtida, mas fazem a «codificação» dos dados recolhidos. (...).*

44. A operação de captação de dados biométricos – que implica a cooperação/anuência do trabalhador através da "exposição" da respetiva parte do seu corpo (dedos, mão, olho ou rosto) para "tratamento das características físicas ou morfológicas da sua identidade pessoal que se pretendem coligir para fins de identificação ou autenticação – não pode ser realizada com violação da sua identidade pessoal (art. 26º, da CRP), com lesão da sua integridade física (art. 25º, nº 1, da CRP) ou com intromissão na intimidade da vida privada (art. 26º, da CRP).

[www.cnpd.pt/bin/principiosmetrico.htm].

Artigo 19º – Testes e exames médicos

1. Para além das situações previstas em legislação relativa a segurança e saúde no trabalho, o empregador não pode, para efeitos de admissão ou permanência no emprego, exigir a candidato a emprego ou a trabalhador a realização ou apresentação de testes ou exames médicos, de qualquer natureza, para comprovação das condições físicas ou psíquicas, salvo quando estes tenham por finalidade a proteção e segurança do trabalhador ou de terceiros, ou quando particulares exigências inerentes à atividade o justifiquem, devendo em qualquer caso ser fornecida por escrito ao candidato a emprego ou trabalhador a respetiva fundamentação.

2. O empregador não pode, em circunstância alguma, exigir a candidata a emprego ou a trabalhadora a realização ou apresentação de testes ou exames de gravidez.

3. O médico responsável pelos testes e exames médicos só pode comunicar ao empregador se o trabalhador está ou não apto para desempenhar a atividade.

4. Constitui contraordenação muito grave a violação do disposto nos nºs 1 ou 2.

COMENTÁRIOS:

1. Antecedentes legislativos: Arts. 19º e 641º, nº 1, do CT/2003.

2. O art. 25º, da CRP, expressa que a integridade moral e física das pessoas é inviolável. Também o art. 81º, nº 1, do CC, estatui que "Toda a limitação voluntária ao exercício dos direitos de personalidade é nula, se for contrária aos princípios da ordem pública".

"Problema típico é o de saber se o direito à integridade pessoal impede o estabelecimento de deveres públicos dos cidadãos que se traduzam em (ou impliquem) intervenções no corpo das pessoas (*v.g.*, vacinação, colheita de sangue para testes alcoolémicos, etc.). A resposta é seguramente negativa, desde que a obrigação não comporte a sua execução forçada", comentam Joaquim Gomes Canotilho/Vital Moreira, *Constituição da República Portuguesa Anotada*, p. 456.

3. Afastada a derrogação inicial, a qual remete para as situações previstas em *legislação relativa a segurança e saúde no trabalho*, a 2ª parte, do nº 1 (acompanhando o art. 17º), proíbe a realização de testes ou exames médicos, de qualquer natureza, para comprovação das condições físicas ou psíquicas do candidato a emprego ou do trabalhador.

Num outro momento histórico-jurídico, o TC, no Ac. nº 368/02, de 25.09.02, já entendia que a realização ou apresentação de testes ou exames *constitui em certos casos um ónus relativamente à obtenção do emprego e noutros casos um verdadeiro dever jurídico de que pode depender a própria manifestação da relação laboral. Pelo que, a obrigatoriedade da sujeição a tais exames não deve ser realizada pela natureza e finalidade do exame de saúde, como abusiva, discricionária ou arbitrária, convindo que o médico não se afaste do "estritamente necessário, adequado e proporcionado à verificação de alterações na saúde do trabalhador causadas pelo exercício da sua atividade profissional e à determinação da aptidão ou inaptidão física ou psíquica do trabalhador para o exercício das funções correspondentes à respetiva categoria profissional".* (DR, II Série, de 25.10.02).

No entanto, *in fine*, assegura-se o direito de comprovação por parte do empregador das condições físicas ou psíquicas do candidato a emprego ou trabalhador, admitindo-se expressamente a realização de testes e exames médicos, sendo os respetivos pressupostos de admissibilidade os seguintes:

– *Proteção e segurança do trabalhador ou de terceiros*, em particular, testes de despistagem de consumo de álcool ou droga, atendendo a que pode estar em causa a "privação permanente ou acidental do uso da razão do sinistrado", facto relevante para a exclusão de responsabilidade do empregador, em sede de acidente de trabalho, nos termos do art. 14º, da L nº 98/2009, de 04 de setembro.

Sobre o dever de sujeição a testes de alcoolémia, *v.* Ac. da RP, de 20.12.11 *in* CJ, Ano XXXVI, Tomo V, p. 240.

– *Particulares exigências inerentes à atividade o justifiquem* (*v.g.*, atividades médica, de enfermagem; condução de veículos);

– *Seja fornecida, por escrito, ao candidato a emprego ou trabalhador a respetiva fundamentação.*

Sobre os exames médicos relativos à SIDA, o Conselho Nacional de Ética para as Ciências da Vida no Parecer 16/CNECV/96 defendeu que «Os trabalhadores atingidos pela SIDA [AIDS] deverão ser tratados numa base idêntica à dos trabalhadores atingidos por outras doenças graves que afetem o desempenho da sua função. Quando a condição física destes trabalhadores se deteriorar, convirá proceder, se possível, à reorganização dos locais e dos horários, a fim de lhes permitir continuar a trabalhar durante o maior período de tempo possível. (...).

Há, no entanto, empregos que, pela sua natureza, podem exigir o teste de HIV: aqueles que implicam a manipulação de líquidos biológicos a ser administrados a pacientes, podendo induzir a contaminação/transmissão. Sem ser uma profissão, deve ter-se em conta que um dador de sangue ou um dador de esperma, bem como um dador de órgãos não pode estar infetado, pelo que o teste é necessariamente exigido.

Para além destes casos, parece dever aplicar-se o senso comum que está consagrado em algumas orientações de organismos internacionais. Diz o Conselho Económico e Social da ONU: "poderá ser legítimo restringir a liberdade individual, se tal for necessário, para proteger o bem-estar e a saúde pública". Não é uma discriminação arbitrária, mas referida a uma situação concreta da atividade específica. Não pode considerar-se discriminatório obrigar ao rastreio de anticorpos, HIV, tipos 1 e 2, em todos os dadores potenciais de tecidos e órgãos, já que a doação é voluntária"».

Disponível *in* http://www.cnecv.pt/admin/fi les/data/docs/1273059239_P016_SIDA.pdf

Sobre a caducidade do contrato de trabalho em virtude da doença de HIV positivo, *v.* Ac. do STJ, de 24.09.09 *in* CJ, Ano XVI, Tomo III, p. 266.

Questão de grande atualidade e discussão, em época Covid, é a possibilidade conferida ao empregador de proceder ao controlo de temperatura corporal dos trabalhadores, em conformidade com o art. 7º, do Decreto nº 7/2021, de 17 de abril.

Sobre a nossa posição, *v. Considerandos sobre o controlo de temperatura corporal dos trabalhadores,* Observatório Almedina, 2020, https://observatorio.almedina.net.

4. O nº 2 exclui da permissão geral testes ou exames de gravidez. A lei confirma o potencial discriminatório de tais testes, pelo que, veda expressamente ao empregador uma espécie de poder comprovativo das declarações prestadas.

Sobre a qualidade de grávida da candidata a emprego ou da trabalhadora, apenas se permite aferi-la no contexto da informação obtida nos termos do art. 17º, nº 2, al. *b*).

Nos casos em que a trabalhadora dolosamente omite o respetivo estado de gravidez, e sendo, naturalmente, tal informação contratualmente relevante, para a conformação da vontade de contratar do empregador, o contrato celebrado, nesse contexto, deve ser declarado inválido, por erro sobre a pessoa (arts. 251º e 253º, do CC), nos termos do princípio geral da boa-fé (art. 227º, do CC).

5. O nº 3 estabelece (a exemplo do nº 2, do art. 17º), que a intervenção do médico, se limita a comunicar ao empregador a aptidão ou não aptidão para a função pretendida [o CT/2009 não acolhe (como decorreu com o CT/2003) a indicação "salvo autorização escrita do trabalhador". De facto, no passado, mediante esta derrogação, facultava-se ao candidato a emprego ou ao trabalhador a autodisponibilidade de um direito essencial à dignidade humana, que este ademais das vezes não estava em condições de rejeitar (querendo)].

O modelo da ficha de aptidão consta da P nº 71/2015, de 10 de março, a qual deve ser preenchida pelo médico do trabalho face ao exame de admissão, periódico, ocasional ou outro do trabalhador, sem prejuízo do regime simplificado estabelecido pela P nº 112/2014, de 23 de maio (art. 2º, nº 1, da P citada).

A ficha de aptidão deve ser dada a conhecer ao trabalhador, ao responsável do serviço de segurança e saúde no trabalho e ao responsável pelos recursos humanos da empresa, nos termos do disposto no art. 110º, do RJSST (art. 2º, nº 2, da P citada).

Artigo 20º – Meios de vigilância a distância

1. O empregador não pode utilizar meios de vigilância a distância no local de trabalho, mediante o emprego de equipamento tecnológico, com a finalidade de controlar o desempenho profissional do trabalhador.

2. A utilização de equipamento referido no número anterior é lícita sempre que tenha por finalidade a proteção e segurança de pessoas e bens ou quando particulares exigências inerentes à natureza da atividade o justifiquem.

3. Nos casos previstos no número anterior, o empregador informa o trabalhador sobre a existência e finalidade dos meios de vigilância utilizados, devendo nomeadamente afixar nos locais sujeitos os seguintes dizeres, consoante os casos: «Este local encontra-se sob vigilância de um circuito fechado de televisão» ou «Este local encontra-se sob vigilância de um circuito fechado de televisão, procedendo-se à gravação de imagem e som», seguido de símbolo identificativo.

4. Constitui contraordenação muito grave a violação do disposto no nº 1 e constitui contraordenação leve a violação do disposto no nº 3.

COMENTÁRIOS:

1. Antecedentes legislativos: Arts. 20º e 641º, nº 1, do CT/2003 e 29º, da RCT.

2. Está clarificado que os meios de vigilância à distância não podem ser convertidos em meios de controle, à distância, do desempenho do trabalhador (nº 1).

O controlo não pode colocar o trabalhador em regime penitenciário ou sujeitá-lo a práticas que violem a dignidade humana, atento o disposto no art. 70º, do CC, que alude à tutela geral da personalidade e a outros direitos de personalidade em especial, sendo consideradas, *ab initio*, ilícitas.

3. A jurisprudência subscreve que a videovigilância não pode servir o propósito de controlar o trabalhador:

Sobre a licitude e idoneidade da prova obtida por meio de videovigilância, a doutrina jurisprudencial resume-a a ato confirmatório do comportamento do trabalhador que atentou contra a segurança de pessoas e bens e não para o controlo do seu desempenho profissional. (Ac. da RL, de 16.11.11 *in* CJ, Ano XXXVI, Tomo V, p. 165).

De acordo com o disposto no art. 20º, do Código do Trabalho, a utilização de meios de vigilância será sempre ilícita (ainda que com aviso prévio da sua instalação feito ao trabalhador), desde que tenha a finalidade de controlar o desempenho profissional do ou dos trabalhadores, só sendo, pois, lícita a sua utilização quando a tal finalidade se não destine e, outrossim, se destine à proteção e segurança de pessoas e bens ou quando as exigências inerentes à natureza da atividade o justifiquem, caso em que se torna imprescindível o cumprimento pela empregadora do dever de informar o trabalhador. [Ac. do STJ, de 27.05.10 *in* www.dgsi.pt (Proc. nº 467/06. 3TTCBR. C1. S1)].

Não é admissível, no processo laboral e como meio de prova, a captação de imagens por sistema de videovigilância, envolvendo o desempenho profissional do trabalhador, incluindo os actos disciplinarmente ilícitos por ele praticados. [Ac. da RL, de 19.11.08 *in* www.dgsi.pt (Proc. nº 7125/2008-4)].

Nos termos das precedentes proposições, é ilícita, por violação do direito de reserva da vida privada, a captação de imagem através de câmaras de vídeo instaladas no local de trabalho e direcionadas para os trabalhadores, de tal modo que a atividade laboral se encontre sujeita a uma contínua e permanente observação. (Ac. do STJ, de 21.02.06 *in* PDT, nº 72, p. 48).

Todavia, se é *a própria titular dos dados que requereu em audiência a visualização das imagens vídeo juntas ao procedimento disciplinar, é de considerar que se verifica o "consentimento" do titular dos dados que constitui um dos fundamentos da licitude do tratamento nos termos do artigo 6º, nº 1, al. a) do RGPD. VI – Tratando-se de consentimento prestado por trabalhador, o RGPD coloca a cargo do intérprete especiais cautelas. VIII – Se o ato de requerer o visionamento das imagens foi realizado em nome da trabalhadora por quem tem conhecimentos jurídicos e que a missão de a representar e patrocinar, no quadro de um julgamento que decorria e cujos contornos, até então, bem conhecia, pelo que naturalmente foi um ato esclarecido, estando a parte consciente ao manifestar a sua vontade e, certamente, convicta de que a produção deste meio de prova lhe era favorável, é de considerar que a prova foi produzida na audiência de julgamento com o consentimento e com a vontade da trabalhadora, prevalecendo o direito à prova e à investigação da verdade material sobre o valor da intimidade da vida privada, devendo tal meio de prova, porque lícito, ser tomado em conta na decisão de facto, a par da demais prova produzida.* (Ac. da RL, de 06.11.19 *in* CJ, Ano XLIV, Tomo V, pp. 164 e 165).

4. O nº 2 permite a licitude do emprego do equipamento tecnológico, atenta a finalidade legítima de *proteção e segurança de pessoas e bens* (*v.g.*, no caso da atividade bancária, de estabelecimentos de venda ao público, nas escolas), 1ª parte, **ou** *quando particulares exigências inerentes à natureza da atividade o justifiquem* (*v.g.*, indústria de pirotecnia), 2ª parte.

5. O nº 3 cuida do *dever geral de informação* sempre que o empregador utilize meios de vigilância à distância, por transcrição das menções constantes no preceito.

As imagens recolhidas através do sistema de videovigilância mostram-se feridas de ilegalidade para efeitos de recolha de prova para fundamentar o despedimento do trabalhador *se não foi alegado e provado que o trabalhador despedido havia sido disso oportunamente informado de tal videovigilância e de que essa informação havia sido afixada no correspondente local de trabalho.* (Ac. da RE, de 24.09.20 *in* CJ, Ano XLV, Tomo IV, p. 306).

6. O art. 19º, nº 1, da L nº 58/2019, de 08 de agosto, indica que: Sem prejuízo das disposições legais específicas que imponham a sua utilização, nomeadamente por razões de segurança pública, os sistemas de videovigilância cuja finalidade seja a proteção de pessoas e bens asseguram os requisitos previstos no art. 31º, da L nº 34/2013, de 16 de maio, com os limites definidos no número seguinte.

Um dos limites consta do nº 2, al. *d*), as câmaras não podem incidir sobre o interior de áreas reservadas aos trabalhadores, designadamente zonas de refeição, vestiários, ginásios, instalações sanitárias e zonas exclusivamente afetas ao seu descanso.

Nos casos em que é admitida a videovigilância, é proibida a captação de som, exceto no período em que as instalações vigiadas estejam encerradas (por ex., encerramento durante o período de férias) ou mediante autorização prévia da CNPD (nº 4).

Subscrevemos Francisco Paes Marques, quando esclarece que "é enganadora a remissão que o nº 1 do presente artigo faz para o artigo 31º da Lei nº 34/2013, de 16 de maio. Por outro lado, porque, antes de mais, os requisitos relativos à utilização de sistema de videovigilância terão de encontrar-se no RGPD. Por outro lado, não é este o único diploma onde se encontram normas relativas à videovigilância, estando elas dispersas por uma série de regimes jurídicos setoriais. O legislador absteve-se de regular a utilização de tecnologia com recurso a câmaras de vídeo ou outros dispositivos acoplados a veículos aéreos não tripulados (*drones*)", *Comentário ao Regulamento Geral de Proteção de Dados e à Lei nº 58/2019*, p. 597.

7. Como meio de prova em sede de procedimento disciplinar, o art. 28º, da L nº 58/ /2019, acolhe a sua admissibilidade, contanto que assente no âmbito do processo penal.

Indica o nº 4, do citado preceito, que as "imagens gravadas e outros dados pessoais registados através da utilização de sistemas de vídeo ou outros meios tecnológicos de vigilância à distância, nos termos previstos no artigo 20º do Código do Trabalho, só podem ser utilizados no âmbito do processo penal".

Tais imagens gravadas e outros dados pessoais podem também ser utilizados para efeitos de "apuramento de responsabilidade disciplinar, na medida em que o sejam no âmbito do processo penal" (nº 5).

Este entendimento está conforme com certa jurisprudência já firmada:

I – Não é ilícita a captação de imagens de videovigilância do sistema de CCTV colocado na receção de um estabelecimento hoteleiro, simultaneamente local de trabalho dos arguidos que aí exerciam, à data dos factos, funções como rececionistas, num local de livre acesso ao público, sendo visíveis e, por isso, do seu conhecimento. II – A colocação dessas câmaras de vigilância apenas visa aumentar os níveis de segurança de pessoas e bens de quem ali se desloca, não podendo invadir de algum modo a esfera de privacidade das pessoas, posto que as imagens em causa retratam qualquer pessoa que se desloque ao aludido estabelecimento hoteleiro, numa utilização de vigilância genérica, destinada a detetar factos, situações ou acontecimentos incidentais, ao contrário de uma vigilância dirigida diretamente a uma pessoa em particular, não se encontrando os arguidos, no momento da filmagem, numa situação de privacidade ou de intimidade que não pudesse ser acedida por outras pessoas. III – Sopesando o interesse no apuramento de factos com relevância criminal em contraposição com o direito à imagem no caso concreto, há que concluir pela preponderância do primeiro em detrimento do outro, pois que este não fica beliscado de forma intolerável ou desproporcionada, visto que não fica afetado o núcleo essencial de direitos de personalidade. IV – Nada impede, pois, que tais imagens sejam utilizadas como meio de prova. [Ac. da RP, de 10.12.19 *in* www.dgsi.pt (Proc. nº 10665/15.3T9PRT.P1)].

Sendo imputado pelo empregador ao trabalhador a prática de um ilícito disciplinar por violação do dever de lealdade, passível de integrar igualmente um crime de furto, é de admitir a exibição em audiência de julgamento das gravações de imagens num caso em que está alegado, sem impugnação, que naquele estabelecimento, a videovigilância autorizada pela CNPD, a existência e funcionamento desse sistema foi participado ao trabalhador, está devidamente publicitado por dois dísticos afixados nesse estabelecimento e foi implementado com vista a salvaguardar os bens e produtos à venda. (Ac. da RP, de 04.02.13 *in* CJ, Ano XXXVIII, Tomo I, p. 235).

8. Independentemente do âmbito penal, entende-se lícita a captação de imagens de videovigilância quando está em causa um local de livre acesso ao público, apesar de, também, constituir local de trabalho, como a receção de um estabelecimento hoteleiro.

II – As imagens assim obtidas, que retratam os arguidos no exercício de funções, não se encontrando, no momento da filmagem, numa situação de privacidade ou de intimidade que não pudesse ser acedida por outras pessoas, podem ser utilizadas e valoradas como meio de prova. (Ac. da RP, de 10.12.19 *in* CJ, Ano XLIV, Tomo V, p. 233).

9. O presente artigo não indica ou define os meios de vigilância à distância, mas, está assente que se reportam a formas de tecnologia com o potencial de monitorizar o desempenho do trabalhador. Para a correta interpretação do preceito, neste campo, a jurisprudência tem contribuído de forma abundante. De acordo com o RGPD, há que reter a noção de dados pessoais.

A CNPD através da Deliberação nº 7680/2014, abordou o *tratamento de dados pessoais decorrentes da utilização de tecnologias de geolocalização no contexto laboral.*

Transcrevemos alguns dos considerandos: 141. Embora tecnicamente os dados de geolocalização continuem a ser registados, tornando possível em caso de extrema necessidade (e.g., furto) saber onde se encontra o veículo, eles não deverão, todavia, ser controlados pela entidade empregadora. Ora para garantir que tal não acontece, os dados não deverão estar disponíveis para consulta. 142. É, pois, imperioso encontrar uma solução concreta e eficaz que dê ao trabalhador, na qualidade de titular de dados, a possibilidade de ser ele a controlar o processamento dos seus dados pessoais, de acordo com os seus períodos de trabalho, pausas e descanso, não ficando sujeito a uma monitorização por parte da entidade empregadora fora do exercício da atividade profissional. 143. Uma vez que existem várias opções tecnológicas no plano da geolocalização, poderá haver também mais do que uma via de resolução. De qualquer modo, é indispensável que as empresas prestadoras dos serviços de geolocalização e que decidem das metodologias de organização e funcionamento do serviço deem o seu contributo para o desenvolvimento de soluções práticas que permitam distinguir o exercício da atividade profissional do tempo pessoal do trabalhador. 144. Com efeito, é essencial que o trabalhador possa entrar em 'modo privado' quando termina o trabalho e retomar o 'modo profissional' quando inicia o trabalho. E é ao trabalhador que tem de ser dada a capacidade de acionar tal mecanismo. 145. Não se trata aqui de uma opção, mas sim de uma obrigação de as empresas e entidades públicas adotarem uma solução de salvaguarda sempre que os veículos automóveis, equipados com geolocalização, possam ser utilizados para fins privados dos trabalhadores. 146. Assim, nos casos em que a tecnologia utilizada o permite, sem bloqueio da viatura, deve ser dada a possibilidade de o trabalhador ligar e desligar (*switch on/switch off*) o dispositivo de GPS, consoante está ou não ao serviço. Esta é a solução mais fácil, já usada noutros países europeus. 147. No entanto, há tecnologias em que o sistema de GPS está interligado eletronicamente ao motor do veículo, por razões de segurança contra furtos, e desligar o dispositivo força o bloqueio da viatura, não sendo por isso esta uma solução aplicável. Quando for este o sistema GPS usado, a única possibilidade é recorrer à própria tecnologia, através do conceito de *Privacy by Design*, para encontrar as respostas necessárias para resolver a situação. Na verdade, é possível desenvolver uma aplicação adicional que permita separar a utilização profissional da utilização privada através de um controlo/interruptor colocado na viatura, sem desligar o sistema GPS, ou eventualmente um mecanismo virtual que atinja o mesmo objetivo. 148. A transição de um modo para outro implicará que o registo da geolocalização da viatura fique aberto e acessível ou fechado e inacessível à entidade empregadora, conforme respetivamente o uso seja profissional ou privado. Esta solução técnica permitiria também auditar eventual acesso indevido, garantindo com muito maior eficácia que a entidade empregadora não conhece nem monitoriza a geolocalização dos seus trabalhadores nos tempos livres. Em caso de furto da viatura, quando esta estiver à guarda do trabalhador, é sempre possível, como atrás já explicado, aceder à informação de geolocalização. 149. Seja qual for o sistema que venha a ser desenvolvido, o responsável pelo tratamento tem de garantir que tecnicamente não há possibilidade de o empregador visualizar os dados de geolocalização das viaturas quando usadas para fins privados. [https://www.cnpd.pt/media/zvxmdfad/del_7680-2014_geo_laboral.pdf]

Assim, sobre se o dispositivo de GPS (*Global Positioning System*) constitui meio de vigilância à distância, a jurisprudência divide-se.

A favor da tese da videovigilância:

II – É violadora do direito constitucional do trabalhador à privacidade a situação em que a entidade patronal controla o trabalhador através de dispositivo de geolocalização (GPS, PDA e Telemóvel) instalado no veículo/reboque que lhe estava afeto, incluindo para fins particulares, 24 horas por dia, 6 dias por semana. III – A desorganização da vida pessoal e familiar do trabalhador, os danos causados à sua saúde, por interrupção ou falta de dormir o tempo necessário e a falta de privacidade, constituem danos de natureza não patrimonial. (Ac. da RP, de 24.01.18 *in* CJ, Ano XLIII, Tomo I, p. 325).

VII – Seja através de uma interpretação extensiva ou mediante uma interpretação atualista o dispositivo GPS instalado no veículo automóvel atribuído ao trabalhador deve ser englobado no conceito de meio de vigilância à distância no local de trabalho. VIII – A geolocalização mediante a utilização do GPS pode ser utilizada com o objetivo de "proteção de pessoas e bens", mas não pode servir de meio de controle de desempenho profissional do trabalhador, uma vez que a respetiva utilização com esses objetivos comprime o direito à reserva da vida privada do trabalhador. IX – A utilização do GPS – como equipamento eletrónico de vigilância e controlo que é – e o respetivo tratamento, implica uma limitação ou restrição do direito à reserva da intimidade da vida privada, consignada no artigo 26º, nº 1 da CRP, nomeadamente uma restrição à liberdade de movimento, integrando esses dados, por tal motivo, informação relativa à vida privada dos trabalhadores. XI – A consequência da utilização ilícita dos meios de vigilância à distância invalida a prova obtida para efeitos disciplinares. Assim, à luz do artigo 32º, nº 8 da Constituição da República Portuguesa, a prova produzida através desses registos é nula, uma vez que a sua aquisição, o seu tratamento e posterior utilização constitui uma evidente violação da dignidade e privacidade do trabalhador, não podendo, assim, a mesma ser utilizada como meio de prova em sede de procedimento disciplinar. [Ac. da RP, de 22.04.13 *in* www.dgsi.pt (Proc. nº 73/12.3TTVNF.P1)]. *V.*, também, os Acs. da RL, de 03.03.16 *in* www.dgsi.pt (Proc. nº 20/14.7T8VRL.G1) e da RP, de 05.12.16 *in* www.dgsi.pt (Proc. nº 20/14.8T8AVR.P1).

Contra a tese da videovigilância, *v.* o Ac. do STJ, de 13.11.13: *1. O conceito de «meios de vigilância à distância» expresso no nº 1 do art. 20º do Código do Trabalho de 2009 está reportado aos equipamentos que traduzam formas de captação à distância de imagem, som ou som e imagem que permitam identificar pessoas e detetar o que fazem, como é o caso, entre outros, de câmaras de vídeo, equipamento audiovisual, microfones dissimulados ou mecanismos de escuta e registo telefónico. 2. O dispositivo de GPS instalado, pelo empregador, em veículo automóvel utilizado pelo seu trabalhador no exercício das respetivas funções, não pode ser qualificado como meio de vigilância à distância no local de trabalho, nos termos definidos no referido preceito legal, porquanto apenas permite a localização do veículo em tempo real, referenciando-o em determinado espaço geográfico, não permitindo saber o que faz o respetivo condutor. 3. O poder de direção do empregador, enquanto rea-*

lidade naturalmente inerente à prestação de trabalho e à liberdade de empresa, inclui os poderes de vigilância e controle, os quais, têm, no entanto, de se conciliar com os princípios de cariz garantístico que visam salvaguardar a individualidade dos trabalhadores e conformar o sentido da ordenação jurídica das relações de trabalho em função dos valores jurídico-constitucionais. 4. Encontrando-se o GPS instalado numa viatura exclusivamente afeta às necessidades do serviço, não permitindo a captação ou registo de imagem ou som, o seu uso não ofende os direitos de personalidade do trabalhador, nomeadamente a reserva da intimidade da sua vida privada e familiar. (*In* www.dgsi.pt (Proc. nº 73/12.3TTVNF.P1.S1) e CJ, Ano XXI, Tomo III, p. 247).

Na linha do já entendido pelo mesmo STJ, no Ac. de 22.05.07 *in* www.dgsi.pt (Proc. nº 07S054).

Numa solução que valida o GPS: *1 – A utilização de um equipamento GPS num veículo, que tem por finalidade – provada- controlar o trabalho do A., não é permitida por se tratar de um meio de vigilância à distância. 2 – Deste modo, todas as provas obtidas pela utilização do mesmo e que se reportem ao controlo do desempenho profissional do trabalhador são ilícitas. 3 – O conceito de desempenho profissional não prescinde da concatenação com as funções que estão cometidas ao trabalhador e prende-se com a forma como o mesmo leva a cabo tais funções, ou seja, onde, como e quando desempenha aquelas funções. 4 – Se a empregadora recorre ao aparelho em causa para obter outro tipo de dados, designadamente a conferência da quilometragem percorrida em confronto com os dados transmitidos pelo próprio trabalhador, não está a avaliar o desempenho profissional, situação em que os dados obtidos são lícitos.* [Ac. da RG, de 13.03.16 *in* www.dgsi.pt (Proc. nº 20/14.7T8VRL.G1)].

10. Quanto ao sistema de *voice recording* (registo telefónico do contrato celebrado com terceiro) é configurado como *meio lícito de controle à distância, dado ser efetuado pelo próprio trabalhador, sendo lícita à entidade patronal tal audição, a fim de verificar se as gravações estão de acordo com as normas legais e internas da empresa.* (Ac. da RL, de 22.05.13 *in* CJ, Ano XXXVIII, Tomo III, p. 123).

11. O presente artigo deverá ser articulado, designadamente, com:

– o art. 17º da Carta Portuguesa de Direitos Humanos na Era Digital, sobre o direito à proteção contra a geolocalização abusiva

– o art. 199º, do CP, na parte referente aos crimes contra outros bens jurídicos pessoais, que condena as gravações e fotografias ilícitas, obtidas sem consentimento e com a intenção de devassar a vida íntima;

– o art. 79º, do CC, que estatui: "O retrato de uma pessoa não pode ser exposto, reproduzido ou lançado no comércio sem o consentimento dela";

– a L nº 41/2004, de 18 de agosto (alterada pela L nº 46/2012, de 29 de agosto), que regula o tratamento dos dados pessoais e a proteção da privacidade nas telecomunicações, proibindo a escuta, a instalação de dispositivos de escuta, o armazenamento ou outros meios de interceção ou vigilância de comunicações e dos respetivos dados de tráfego por terceiros sem o consentimento prévio e expresso dos utilizadores, com exceção dos casos previstos na lei (art. 4º, nº 2).

Artigo 21º – Utilização de meios de vigilância a distância

1. A utilização de meios de vigilância a distância no local de trabalho está sujeita a autorização da Comissão Nacional de Proteção de Dados.

2. A autorização só pode ser concedida se a utilização dos meios for necessária, adequada e proporcional aos objetivos a atingir.

3. Os dados pessoais recolhidos através dos meios de vigilância a distância são conservados durante o período necessário para a prossecução das finalidades da utilização a que se destinam, devendo ser destruídos no momento da transferência do trabalhador para outro local de trabalho ou da cessação do contrato de trabalho.

4. O pedido de autorização a que se refere o nº 1 deve ser acompanhado de parecer da comissão de trabalhadores ou, não estando este disponível 10 dias após a consulta, de comprovativo do pedido de parecer.

5. Constitui contraordenação grave a violação do disposto no nº 3.

COMENTÁRIOS:

1. Antecedentes legislativos: Arts. 28º e 472º, da RCT.

2. Os nºs 1 e 2, do presente artigo, devem entender-se como tacitamente revogados pelo RGPD.

Sobre a manutenção da necessidade de autorização prévia da CNPD, citando os arts. 35º e 36º, do RGPD, *v.* Teresa Moreira, *Dados pessoais, op. cit.*, pp. 46-48.

Para Ricardo Nascimento e Alexandre Gama, "com a entrada em vigor do RGPD, passámos de um sistema de heterorregulação para um sistema de autorregulação de proteção de dados. Consequentemente, verifica-se a desnecessidade de solicitar à CNPD a autorização para a utilização de meios tecnológicos de vigilância à distância (vulgo *CCTV*), o que tornou os nºs 1 e 2 do artigo 21º do Código do Trabalho obsoletos, esvaziando-os de conteúdo. O mesmo acontece com os sistemas de GPS, sendo que ambas as matérias têm dado a origem a conhecida controvérsia jurisprudencial", *RGPD em Contexto Laboral.*

No sentido de dispensa de autorização administrativa, entendeu a RL: *II – O RGPD em vigor desde 25 de maio de 2018 não prevê a necessidade de autorização administrativa para a captação de imagens de videovigilância, concretamente a que era dada pela CNPD. III – De acordo com o RGPD, é o responsável pelo tratamento que deve analisar previamente se o tratamento de dados pessoais, decorrente da utilização de um sistema de videovigilância, cumpre os requisitos do Regulamento (arts. 24º, 25º e 28º do RGPD) e de outra legislação nacional que seja aplicável, vg. O Código do Trabalho.* (Ac. de 06.11.19 *in* CJ, Ano XLIV, Tomo V, pp. 164 e 165).

3. Os dados pessoais recolhidos através dos meios de vigilância à distância são conservados durante o período necessário para a prossecução das finalidades da utilização a que se destinam, devendo ser destruídos no momento da transferência do trabalhador para outro local de trabalho ou da cessação do contrato de trabalho (nº 3, em conformidade com o art. 21º, nº 1, da L nº 58/2019). Está claro que este segmento cuida somente do *direito ao apagamento* por parte do titular de dados e não propriamente do prazo de conservação que vincula ambas as partes.

Assim, e no que concerne à posição do empregador, o nº 3, da mesma L nº 58/2019, indica: "Quando os dados pessoais sejam necessários para o responsável pelo tratamento, ou o subcontratante, comprovar o cumprimento de obrigações contratuais ou de outra natureza, os mesmos podem ser conservados enquanto não decorrer o prazo de prescrição dos direitos correspetivos".

4. Face à, quanto a nós, revogação tácita do nº 1, discute-se se se mantém a exigência do parecer da comissão de trabalhadores (nº 4). Para Susana Sousa Machado "É prudente que a solicitação de tal parecer se mantenha já que este continuará a funcionar como uma garantia de cumprimento da obrigação de informação prevista no art. 20º, nº 3", *Direitos de personalidade – Casos Práticos Solicitadoria*, p. 37.

Artigo 22º – Confidencialidade de mensagens e de acesso a informação

1. O trabalhador goza do direito de reserva e confidencialidade relativamente ao conteúdo das mensagens de natureza pessoal e acesso a informação de caráter não profissional que envie, receba ou consulte, nomeadamente através do correio eletrónico.

2. O disposto no número anterior não prejudica o poder de o empregador estabelecer regras de utilização dos meios de comunicação na empresa, nomeadamente do correio eletrónico.

COMENTÁRIOS:

1. Antecedentes legislativos: Art. 21º, do CT/2003.

2. O nº 1 estabelece o direito de reserva e confidencialidade relativamente ao conteúdo das mensagens de natureza pessoal e o acesso a informação de caráter não profissional que o trabalhador envie, receba ou consulte, nomeadamente através do correio eletrónico. Este direito possui natureza absoluta que cabe ao empregador respeitar.

Numa aproximação ao art. 34º, da CRP *(Inviolabilidade do domicílio e da correspondência)*, trata-se de um direito inviolável, o qual impõe uma proibição de ingerência, quanto à liberdade de envio e de receção de correspondência, bem como o direito à não interferência.

3. O nº 2 permite, no entanto, ao empregador, no âmbito do seu poder de direção, estabelecer regras disciplinadoras da utilização dos meios de comunicação, *v.g.*, através do regulamento interno da empresa ou códigos de boas práticas, numa justa composição de interesses. São usuais medidas proibitivas de acesso a certos sítios na Internet; de controlo do uso do correio eletrónico (*e-mails, sms*, etc.), proibição de mensagens pessoais (ou, se permitidas, com limite de destinatários); de tempo de utilização; de partilha de códigos de acesso, etc.

Estabelecido o quadro de utilização dos meios de comunicação, incumbe ao trabalhador cumprir tais ordens e instruções (art. 128º, nº 1, al. *e*)) e ao empregador o respeito pela confidencialidade de mensagens de caráter pessoal (a chamada intimidade informática), não podendo ser utilizadas em procedimento disciplinar ou em processo penal.

Sobre a nulidade da prova em procedimento disciplinar no que concerne às comunicações eletrónicas, respetivamente, via *Messenger* e *Whatsapp*:

IV – São comunicações privadas as mensagens trocadas entre duas trabalhadoras através do Messenger do Facebook em contas que são criadas em nome daquelas e destinadas ao envio e receção de mensagens pessoais e não de serviço. V – Não relevando que o seu conteúdo se refira ao trabalho, tal como consensualmente não releva numa comunicação tradicional (ex. carta ou telefonema), onde os interlocutores podem abordar os mais diversos assuntos, desde íntimos a profissionais, sem que seja através do conteúdo que as mesmas são classificadas de pessoais ou profissionais. VI – O Messenger do Facebook permite comunicações instantâneas de texto e imagem em que o usuário/remetente escolhe o "contacto" /destinatário e tem uma clara e legítima expectativa de privacidade, ao contrário do que pode ocorrer em "grupos" alargados ou "páginas" de redes sociais que podem redundar em falta de controle sobre a identidade e número de destinatários e subtrair a tutela da privacidade. Aquelas são, assim, mensagens pessoais que gozam do inerente direito de reserva e confidencialidade, ainda que remetidas a partir do local de trabalho. VII – O uso de tais comunicações como meio de prova em processo disciplinar integra prova nula por violar o direito de reserva da vida privada e de confidencialidade das comunicações privadas, sendo indiferente o meio através do qual o empregador delas teve conhecimento, mormente se foi ou não por denúncia anónima, porquanto é vedado, quer o acesso, quer a sua divulgação – 26º, 34º, 32º, 8, CRP, 16º e 22º, CT. [Ac. da RG, de 03.12.20 *in* www.dgsi.pt (Proc. nº 3339/19.8T8BCL-A.G1)].

II – As mensagens de WhatsApp trocadas entre dois trabalhadores de uma empresa, no âmbito da sua relação pessoal e privada, não podem ser utilizadas pela entidade patronal, em processo disciplinar dirigido contra um deles, por se encontrarem protegidas pelos direitos constitu-

cionais de reserva da intimidade da vida privada e da confidencialidade da mensagem pessoal. III – Acresce que nem mesmo o destinatário de tais mensagens, em face do disposto no art. 78º do Código Civil, aplicável a estes novos modelos de comunicação, poderia, de seu livre arbítrio, tornar públicas mensagens cujo grau de expectativa do seu emissor fosse a de que as mesmas se mantivessem na esfera privada. IV – Não tendo a entidade empregadora participado por qualquer meio dessa troca de mensagens, nem lhe sendo as mesmas dirigidas, atentas as regras da experiência comum e da normalidade da vida, é de presumível que a vontade do emissor de tais mensagens fosse a de que as mesmas se mantivessem privadas.[Ac. da RE, de 04.06.20 *in* www.dgsi.pt (Proc. nº 2034/19.2T8PTM.E1)].

I – O WHATSAPP é uma aplicação (APP) que pode ser instalada num dispositivo eletrónico móvel e que permite, gratuitamente, o envio de mensagens instantâneas escritas, imagens, vídeos e documentos e chamadas de voz, que se destinam apenas a ser visualizados ou escutados pelos seus destinatários. II – Tendo as mensagens dos autos sido emitidas num ambiente privado, e tendo como destinatários os membros de um grupo restrito, as mesmas têm caráter pessoal e privado, e, como tal, o empregador não podia fazer uso de tais mensagens para efeitos disciplinares, porque lhe estava vedado pelo protegido direito de reserva da vida privada e pela tutela legal e constitucional da confidencialidade da mensagem pessoal. IV – Mesmo no âmbito do poder regulamentar, o incumprimento das regras de utilização fixadas nos termos do nº 2 não legitimam a violação, pelo empregador, do direito à confidencialidade relativamente ao conteúdo das mensagens de natureza pessoal. (Ac. da RE, de 28.03.19 *in* CJ, Ano XLIV, Tomo II, p. 280).

4. *As interceções telefónicas conforme decorre do artigo 187º do CPP apenas são admitidas no âmbito de processo penal para o qual foram autorizadas e apenas relativamente aos crimes enunciados no mesmo preceito legal, pelo que não é legalmente admissível a sua valoração no âmbito do processo laboral.* (Ac. da RL, de 25.09.19 *in* CJ, Ano XLIV, Tomo IV, p. 151).

5. Quanto às publicações em páginas de redes sociais, em particular, o *Facebook*, a jurisprudência tem-se alinhado em recusar ao trabalhador a tutela legal e constitucional da confidencialidade da mensagem pessoal.

O STJ decidiu que *Justifica a consideração de justa causa de despedimento, o comportamento do trabalhador que publica na sua página do Facebook expressões em que apelida o presidente do conselho de administração da empregadora como "Grande mentiroso, Pinóquio e aldrabão do Dr. FM." e referindo-se à administração como "não sabem gerir uma tasca, cambada de incompetentes" e "rua com estes corruptos", terminando como o apelo "partilhem amigos", pois o trabalhador "não só quis deixar ao livre arbítrio dos seus "amigos" de Facebook a divulgação do que publicou, como inclusive tinha em vista que através deles houvesse uma divulgação mais ampla, nomeadamente, aos "amigos" dos seus "amigos".* (Ac. de 24.09.14 *in* CJ, Ano XXXIX, Tomo IV, p. 143).

6. A jurisprudência tem defendido um direito à reserva da esfera da vida privada do trabalhador, ainda que, os suportes utilizados sejam do empregador e as comunicações realizadas em tempo de trabalho, exigindo o consentimento do trabalhador para a respetiva divulgação. Os litígios surgem pela ausência de um quadro regulamentar preciso que defina a formas de utilização dos meios de comunicação na empresa.

– A RL indica claramente que face *à inexistência de qualquer regulamentação prévia para a utilização pessoal e profissional da Internet por parte dos trabalhadores da Ré verifica--se o acesso e conhecimento indevidos e ilícitos por parte da empresa ao conteúdo de conversas de teor estritamente pessoal da Apelada com três amigas e o marido/namorado, numa situação que se pode equiparar, de alguma maneira, à audição de vários telefonemas particulares (no fundo, uma espécie de «escutas» ilegais) ou à leitura de cartas dessa mesma índole, sem que, quer o remetente, como o destinatário, tenham dado o seu consentimento prévio a tal "visionamento" escrito das ditas conversas (artigos 15º e 21º e 16º e 22º dos Código do Trabalho de 2003 e 2009)"*. [Ac. de 07.03.12 *in* www.dgsi.pt (Proc. nº 24163/09.0T2SNT.L1-4)].

– No mesmo sentido, a RP entende que embora *o empregador não possa invocar a propriedade do telemóvel para se intrometer indevidamente na esfera privada do trabalhador, certo é, no entanto, que este não poderá fazer um uso abusivo de tal ferramenta que é, exclusiva ou igualmente, de trabalho, sob pena de estarem preenchidos os pressupostos do abuso do direito, atento o disposto no Art. 334º do Cód. Civil.* (Ac. de 20.12.11 *in* www.dgsi.pt (Proc. nº 520/08.9TTMTS.P2 e CJ, Ano XXXVI, Tomo V, p. 240).

– Em posição distinta, a RL considera que destinando-se *o dever de reserva e confidencialidade previsto no art. 22º do Cód. Trab. a proteger direitos pessoais como o direito à reserva da vida privada consagrado nos arts. 26º da CRP e 80º do Cód. Civil, enquanto que o dever de cooperação para a descoberta da verdade visa a satisfação do interesse público da administração da justiça, a contraposição dos dois interesses em jogo deve, no caso concreto, ser dirimida, atento o teor do pedido e da causa de pedir da ação, com prevalência do princípio do interesse preponderante, segundo um critério de proporcionalidade na restrição de direitos e interesses, constitucionalmente protegidos, como decorre do art. 18º, nº 2, da CRP, concedendo-se primazia ao último, ou seja, ao dever de cooperação para a descoberta da verdade, sobre o primeiro.* (Ac. de 30.06.11 *in* www.dgsi.pt (Proc. nº 439/10.3TTCSC-A.L1-4) e CJ, Ano XXXVI, Tomo III, p. 168).

7. Para cabal entendimento das partes, é crucial que o empregador indique a natureza e extensão da monitorização, conforme foi entendido pela Grande Câmara do Tribunal Europeu dos Direitos do Homem *Muito embora, o trabalhador tivesse conhecimento das regras internas quanto à utilização dos instrumentos de trabalhador, não foi, como deveria ter sido, antecipadamente informado da extensão e natureza da monitorização feita pela entidade empregadora e da possibilidade de acesso desta ao conteúdo das suas mensagens,* Acórdão do TEDH, Processo *Bărbulescu v. Roménia* (Queixa nº 61496/08) – Controlo do

acesso à internet do trabalhador no seu local de trabalho para justificar o seu despedimento *in* http://www.cej.mj.pt/cej.

8. Quanto à questão de saber se a falta de referência prévia, expressa e formal da pessoalidade da mensagem afasta a tutela prevista no art. 21º, nº 1, decidiu o STJ: *III – Não são apenas as comunicações relativas à vida familiar, afetiva, sexual, saúde, convicções políticas e religiosas do trabalhador mencionadas no art. 16º, nº 2 do CT que revestem a natureza de comunicações de índole pessoal, nos termos e para os efeitos do art. 21º do mesmo código. IV – Não é pela simples circunstância de os intervenientes se referirem a aspetos da empresa que a comunicação assume desde logo natureza profissional, bem como não é o facto de os meios informáticos pertencerem ao empregador que afasta a natureza privada da mensagem e legitima este a aceder ao seu conteúdo. V – A definição da natureza particular da mensagem obtém-se por contraposição à natureza profissional da comunicação, relevando para tal, antes de mais, a vontade dos intervenientes da comunicação ao postularem, de forma expressa ou implícita, a natureza profissional ou privada das mensagens que trocam. VI – Reveste natureza pessoal uma mensagem enviada via e-mail por uma secretária de direção a uma amiga e colega de trabalho para um endereço eletrónico interno afeto à Divisão de Após Venda (a quem esta colega acede para ver e processar as mensagens enviadas, tendo conhecimento da necessária password e podendo alterá-la, embora a revele a funcionários que a substituam na sua ausência), durante o horário de trabalho e a partir do seu posto de trabalho, utilizando um computador pertencente ao empregador, mensagem na qual a emitente dá conhecimento à destinatária de que vira o Vice-Presidente, o Adjunto da Administração e o Diretor da Divisão de Após Venda da empresa numa reunião a que estivera presente e faz considerações, em tom intimista e jocoso, sobre essa reunião e tais pessoas. VII – A falta da referência prévia, expressa e formal da "pessoalidade" da mensagem não afasta a tutela prevista no art. 21º, nº 1 do CT. VIII – Não tendo o empregador regulado a utilização do correio eletrónico para fins pessoais conforme possibilita o nº 2 do art. 21º do CT, o envio da referida mensagem não integra infração disciplinar. IX – Tendo o Diretor da Divisão de Após Venda acedido à pasta de correio eletrónico, ainda que de boa fé por estar de férias a destinatária da mensagem em causa, e tendo lido esta, a natureza pessoal do seu conteúdo e a inerente confidencialidade impunham-lhe que desistisse da leitura da mensagem logo que se apercebesse dessa natureza e, em qualquer caso, que não divulgasse esse conteúdo a terceiros.* [Ac. de 05.07.07 *in* www.dgsi.pt (Proc. nº 07S043)].

SUBSECÇÃO III – Igualdade e não discriminação

DIVISÃO I – Disposições gerais sobre igualdade e não discriminação

Artigo 23º – Conceitos em matéria de igualdade e não discriminação

1. Para efeitos do presente Código, considera-se:

a) Discriminação direta, sempre que, em razão de um fator de discriminação, uma pessoa seja sujeita a tratamento menos favorável do que aquele que é, tenha sido ou venha a ser dado a outra pessoa em situação comparável;

b) Discriminação indireta, sempre que uma disposição, critério ou prática aparentemente neutro seja suscetível de colocar uma pessoa, por motivo de um fator de discriminação, numa posição de desvantagem comparativamente com outras, a não ser que essa disposição, critério ou prática seja objetivamente justificado por um fim legítimo e que os meios para o alcançar sejam adequados e necessários;

c) Trabalho igual, aquele em que as funções desempenhadas ao serviço do mesmo empregador são iguais ou objetivamente semelhantes em natureza, qualidade e quantidade;

d) Trabalho de valor igual, aquele em que as funções desempenhadas ao serviço do mesmo empregador são equivalentes, atendendo nomeadamente à qualificação ou experiência exigida, às responsabilidades atribuídas, ao esforço físico e psíquico e às condições em que o trabalho é efetuado.

2. Constitui discriminação a mera ordem ou instrução que tenha por finalidade prejudicar alguém em razão de um fator de discriminação.

COMENTÁRIOS:

1. Antecedentes legislativos: Arts. 22º a 26º, do CT/2003 e 30º a 35º, da RCT.

2. A presente Divisão cuida da *igualdade e não discriminação em geral*, a Divisão II, da *proibição do assédio* e a Divisão III, da *igualdade e não discriminação em função do sexo.*

3. No presente artigo, o legislador nacional acolheu a definição de discriminação direta e indireta prevista no art. 2º, nº 1, als. *a*) e *b*), da Diretiva 2006/54/CE, do PE e do Conselho, de 05 de julho.

4. A discriminação direta, definida na al. *a*), do nº 1, manifesta-se de forma evidente, por exemplo, em anúncios de oferta de emprego apenas para um dos sexos.

O legislador ao indicar *em razão de um fator de discriminação*, obriga à conjugação da norma com o previsto no art. 24º, nº 1, onde são elencados, a título exemplificativo, vários fatores de discriminação.

A discriminação (ao contrário da diferenciação) possui um juízo valorativo censurável de violação do princípio da igualdade.

5. A discriminação indireta (também chamada discriminação oculta ou simulada), acolhida na al. *b*), só através de uma ponderação caso a caso se consegue detetar.

A discriminação indireta opera através de critérios pretensamente neutros, mas produz, de facto, uma desigualdade de resultado.

Maria Manuela Maia da Silva, estabelece as seguintes particularidades do conceito de discriminação indireta:

– "existência de uma medida, prática ou critério formalmente neutro, aplicável tanto a homens como a mulheres". Estas práticas "são discriminatórias em virtude do seu efeito sobre as mulheres, se o empregador não conseguir provar que são necessárias para a empresa ou para o posto de trabalho";

– "efeito desproporcionalmente mais desfavorável sobre os trabalhadores de um sexo";

– "efeito supraindividual da prática discriminatória", atingindo um grupo de pessoas, *in A discriminação sexual no mercado de trabalho – Uma reflexão sobre as discriminações diretas e indiretas*, p. 89.

6. A definição de trabalho igual ou trabalho de valor igual, previsto nas als. *c*) e *d*), é essencial para apurar a igualdade retributiva.

Na discriminação retributiva está em causa a violação do *princípio para trabalho igual ou de valor igual, salário igual* (art. 270º, também consagrado no art. 59º, nº 1, al. *a*), da CRP).

O STJ entendeu que a violação do princípio constitucional «para trabalho igual, salário igual» e a *existência de discriminação de um trabalhador em relação aos seus colegas de secção, não pode fundar-se, apenas, no facto de ter a mesma categoria profissional, maior antiguidade e menor salário: é necessário ainda que se provem outros factos concretos integradores dessa violação e dessa discriminação, designadamente que se verificava uma situação de igualdade no trabalho que prestavam, quanto à sua natureza (isto é, que exerciam as mesmas funções, nas mesmas condições de dificuldade, penosidade ou perigosidade), quanto à quantidade (que era idêntico o volume, duração e intensidade do trabalho, bem como os respetivos resultados) e qualidade (que eram idênticos os conhecimentos, as aptidões, a prática e a capacidade).* (Ac. de 07.05.03 *in* ADSTA, Ano XLIII, nº 505, p. 158).

7. Para concretizar o conceito de trabalho igual por forma a aferir a existência de situações de discriminação em razão do sexo, Maria Manuela Maia da Silva, propõe uma abordagem "em termos amplos, já que passa em primeiro lugar pela assimilação do conceito de trabalho de valor igual ao conceito de trabalho materialmente igual; exige depois uma referência à ideia de categoria em sentido horizontal, ou seja, como conjunto de tarefas integrativas da função do trabalhador; e finalmente, exige

uma concretização através dos critérios constitucionais da quantidade e qualidade do trabalho prestado", *loc. cit.*.

Ainda, a desigualdade retributiva, tem de partir do mesmo empregador. Conforme relembra o TJ, *quando as diferenças verificadas nas condições de remuneração de trabalhadores de sexo diferente que efetuam um mesmo trabalho ou um trabalho de valor igual não podem ser atribuídas a uma única fonte, falta uma entidade que seja responsável pela desigualdade e que possa restabelecer a igualdade de tratamento.* (Proc. C-320/00, Ac. de 17.09.2002, A. G. *Lawrence contra Regent Care Lt. in* http://www.euro-lex.int/).

8. Constitui discriminação a mera ordem ou instrução que tenha por finalidade prejudicar alguém em razão de um fator de discriminação (nº 2).

Artigo 24º – Direito à igualdade no acesso a emprego e no trabalho

1. O trabalhador ou candidato a emprego tem direito a igualdade de oportunidades e de tratamento no que se refere ao acesso ao emprego, à formação e promoção ou carreira profissionais e às condições de trabalho, não podendo ser privilegiado, beneficiado, prejudicado, privado de qualquer direito ou isento de qualquer dever em razão, nomeadamente, de ascendência, idade, sexo, orientação sexual, identidade de género, estado civil, situação familiar, situação económica, instrução, origem ou condição social, património genético, capacidade de trabalho reduzida, deficiência, doença crónica, nacionalidade, origem étnica ou raça, território de origem, língua, religião, convicções políticas ou ideológicas e filiação sindical, devendo o Estado promover a igualdade de acesso a tais direitos.

2. O direito referido no número anterior respeita, designadamente:

a) A critérios de seleção e a condições de contratação, em qualquer setor de atividade e a todos os níveis hierárquicos;

b) A acesso a todos os tipos de orientação, formação e reconversão profissionais de qualquer nível, incluindo a aquisição de experiência prática;

c) A retribuição e outras prestações patrimoniais, promoção a todos os níveis hierárquicos e critérios para seleção de trabalhadores a despedir;

d) A filiação ou participação em estruturas de representação coletiva, ou em qualquer outra organização cujos membros exercem uma determinada profissão, incluindo os benefícios por elas atribuídos.

3. O disposto nos números anteriores não prejudica a aplicação:

a) De disposições legais relativas ao exercício de uma atividade profissional por estrangeiro ou apátrida;

b) De disposições relativas à especial proteção de património genético, gravidez, parentalidade, adoção e outras situações respeitantes à conciliação da atividade profissional com a vida familiar.

4. O empregador deve afixar na empresa, em local apropriado, a informação relativa aos direitos e deveres do trabalhador em matéria de igualdade e não discriminação.
5. Constitui contraordenação muito grave a violação do disposto no nº 1 e constitui contraordenação leve a violação do disposto no nº 4.

COMENTÁRIOS:

1. Antecedentes legislativos: Arts. 22º e 642º, nº 1, do CT/2003 e 31º e 33º, da RCT.

2. O nº 1 recebeu a alteração da L nº 28/2015, de 14 de abril, que aditou o fator "identidade de género".

3. O art. 59º, nº 1, da CRP, confere a necessária paridade entre todos os trabalhadores, quando prevê a abolição da distinção em função da idade, sexo, raça, cidadania, território de origem, religião, convicções políticas ou ideológicas.

4. Dispõe o nº 1 que "o trabalhador ou candidato a emprego tem direito a igualdade de oportunidades e de tratamento no que se refere ao acesso ao emprego, à formação e promoção ou carreira profissionais e às condições de trabalho, não podendo ser privilegiado, beneficiado, prejudicado, privado de qualquer direito ou isento de qualquer dever em razão", exemplificando-se alguns fatores de discriminação.

A discriminação *em razão da nacionalidade* viola a política de igualdade e de não-discriminação que visa os trabalhadores comunitários (decorrendo esse efeito do conceito de cidadania comunitária) e os trabalhadores estrangeiros, devendo o Estado promover a igualdade de acesso a tais direitos.

Quanto à discriminação *em razão do património genético*, a L nº 12/2005, de 26 de janeiro (Informação genética pessoal e informação de saúde), alterada pela L nº 26/ /2016, de 22 de agosto, estatui expressamente que "Ninguém pode ser discriminado, sob qualquer forma, em função dos resultados de um teste genético diagnóstico, de heterozigotia, pré-sintomático ou preditivo, incluindo para efeitos de obtenção ou manutenção de emprego" (art. 11º, nº 2). Sendo considerada como informação genética a "informação sobre características hereditárias de um ou mais indivíduos obtida por análise de ácidos nucleicos ou por qualquer outro método científico" (Relatório/Parecer 43/CNECV, 2004, p. 2).

Ainda, "a contratação de novos trabalhadores não pode depender de seleção assente no pedido, realização ou resultados prévios de testes genéticos" (art. 13º, nº 1, daquela lei).

E afastando-se da permissão geral concedida pelo CT no que concerne à realização de testes (cfr. art. 19º, nº 1) o nº 2, refere expressamente que: "Às empresas e outras entidades patronais não é permitido exigir aos seus trabalhadores, mesmo que com o seu consentimento, a realização de testes genéticos ou a divulgação de resultados previamente obtidos".

A informação genética só pode ser usada para "benefício do trabalhador e nunca em seu prejuízo" (nº 3).

No que concerne à discriminação motivada por *deficiência ou doença crónica do trabalhador ou candidato a emprego*, a L nº 46/2006, de 28 de agosto (Proíbe e pune a discriminação em razão da deficiência e da existência de risco agravado de saúde), veio não só definir os conceitos de discriminação direta, indireta e positiva (art. 3º, als. *a*), *b*) e *d*)), como ainda enunciar práticas tidas como discriminatórias (art. 5º), para além das propriamente previstas no CT. O ato discriminatório confere o direito a uma indemnização, por danos patrimoniais e não patrimoniais, a fixar nos termos gerais (art. 7º), para além da moldura cominatória (art. 9º).

A prática do empregador que consiste em pagar um complemento salarial unicamente aos trabalhadores com deficiência que tenham apresentado uma declaração de deficiência após uma data por ele escolhida pode constituir uma discriminação em razão da deficiência. [Ac. do TJ, de 26.01.21 *in* ECLI: EU:C:2021:64 (Proc. C-16/2019)].

Sobre a discriminação motivada por *religião*, *v.* SUSANA SOUSA MACHADO, *O cliente tem sempre razão? Breve comentário à recente jurisprudência do Tribunal de Justiça sobre o uso de lenço islâmico no local de trabalho*, p. 127.

5. O direito à igualdade no acesso e no emprego é exemplificado no nº 2, referindo:

– *Os critérios de seleção e a condições de contratação, em qualquer setor de atividade e a todos os níveis hierárquicos* (al. *a*));

O controlo deste tipo de discriminação, pela sua opacidade, é algo difícil de confirmar, atendendo a que não existe para o empregador privado, a exigência de publicitar os critérios de seleção.

– *O acesso a todos os tipos de orientação, formação e reconversão profissionais de qualquer nível, incluindo a aquisição de experiência prática* (al. *b*));

– *A retribuição e outras prestações patrimoniais, promoção a todos os níveis hierárquicos e critérios para seleção de trabalhadores a despedir* (al. *c*));

Acolhendo o princípio da igualdade retributiva, consagrada no art. 59º, nº 1, al. *a*), da CRP.

I. Não há discriminação retributiva, nem violação do princípio trabalho igual salário igual, quando a diferença se funda em razões objetivas, a saber, o facto de a trabalhadora prestar trabalho de diferente natureza, quantidade e qualidade do que as colegas com a mesma categoria. [Ac. da RL, de 09.05.18 *in* www.dgsi.pt (Proc. nº 15/15.4T8TVFX.L1-4)].

2. O art. 24º, do mesmo diploma legal, consagra o direito à igualdade no acesso a emprego e no trabalho, elencando, de forma exemplificativa, fatores suscetíveis de causar discriminação, tais como a ascendência, idade, sexo, orientação sexual, identidade de género, estado civil, situação familiar, situação económica, instrução, origem ou condição social, património genético, capaci-

dade de trabalho reduzida, deficiência, doença crónica, nacionalidade, origem étnica ou raça, território de origem, língua, religião, convicções políticas ou ideológicas e filiação sindical. 3. Quando as situações referidas são invocadas como fatores de discriminação, nomeadamente, no plano retributivo, o legislador, no nº 5, do art. 25, do diploma legal referido, estabelece um regime especial de repartição do ónus da prova, em que afastando-se da regra geral, prevista no art. 342º, nº 1, do Código Civil, estipula uma inversão do ónus da prova, impondo que seja o empregador a provar que a diferença de tratamento não assenta em qualquer fator de discriminação. 4. Já quando for alegada violação do princípio do trabalho igual salário igual, sem que tenha sido invocado quaisquer factos suscetíveis de serem inseridos nas categorias do que se pode considerar fatores de discriminação, cabe a quem invocar o direito fazer a prova, nos termos do mencionado art. 342º, nº 1, dos factos constitutivos do direito alegado, não beneficiando da referida presunção. 5. Para que se pudesse concluir que ocorreu violação do princípio para trabalho igual salário igual, seria necessário que o trabalhador tivesse alegado e demonstrado factos reveladores de uma prestação de trabalho ao serviço do empregador, como chefe de equipa do tratamento, nível 4, que fosse não só de igual natureza, mas também de igual qualidade e quantidade que a dos seus colegas de trabalho com a mesma categoria profissional, o que não aconteceu. [Ac. do STJ, de 01.06.17 *in* www.dgsi.pt (Proc. nº 816/14.0T8LSB.L1.S1)].

1 – O princípio «a trabalho igual salário igual» impõe a igualdade de retribuição para trabalho igual em natureza, quantidade e qualidade, e a proibição de diferenciação arbitrária (sem qualquer motivo objetivo), ou com base em categorias tidas como fatores de discriminação (sexo, raça, idade e outras) destituídas de fundamento material atendível, proibição que não contempla diferente remuneração de trabalhadores da mesma categoria profissional, na mesma empresa, quando a natureza, a qualidade e quantidade do trabalho não sejam equivalentes. 2 – Instaurada ação com fundamento em algum dos fatores característicos da discriminação consignados no nº 1, do artigo 24º do Código do Trabalho em vigor, o trabalhador que se sente discriminado tem de alegar e provar, além dos factos que revelam a diferenciação de tratamento, também, os factos que integram, pelo menos, um daqueles fatores característicos da discriminação. 3 – Nessas situações o trabalhador não tem de alegar e demonstrar factos relativos à natureza, qualidade e quantidade das prestações laborais em comparação, pois que, provados os factos que integram o invocado fundamento, atua a presunção prevista no nº 5 do artigo 25º do mesmo código no sentido de que a diferença salarial se deve a esse fundamento de discriminação, invertendo-se, apenas, quanto ao nexo causal o ónus da prova. 4 – Não pode afirmar-se a existência de violação do princípio de «a trabalho igual salário igual» numa situação em que, para além de não se ter provado que as tarefas desempenhadas correspondam a trabalho igual, sob o ponto de vista da qualidade, natureza e quantidade, o trabalhador tem antiguidade diferente dos trabalhadores referidos como fundamento da discriminação retributiva e que esse trabalhador se encontra abrangido por instrumento de regulamentação coletiva diverso. [Ac. do STJ, de 14.12.16 *in* www.dgsi.pt (Proc. nº 4521/13.7TTLSB.L1.S1)].

Para *se poder concluir por uma eventual violação do princípio da igualdade, por desigualdade de tratamento na promoção de categoria profissional, é indispensável que o autor alegue e prove que as funções por si exercidas eram iguais às do trabalhador promovido, não só em termos de natureza, mas também em termos quantitativos e qualitativos.* [Ac. do STJ, de 27.05.10 *in* www.dgsi.pt (Proc. nº 2242/06.6TTLSB.L1. S1)].

– *A filiação ou participação em estruturas de representação coletiva ou em qualquer outra organização cujos membros exercem uma determinada profissão, incluindo os benefícios por elas atribuídos* (al. *d*)).

Outros tipos de discriminação:

I – Invocando o Autor/trabalhador ser alvo de discriminação relativamente a outros trabalhadores da Ré/empregadora, incumbe-lhe alegar e provar esse comportamento alegadamente discriminatório e indicar os trabalhadores em comparação com os quais tal comportamento se verifica. II – À Ré/empregadora incumbe provar que as diferenças de tratamento entre o Autor e os demais trabalhadores que indica, não assentam em qualquer fator de discriminação e que não são irrazoáveis. III – Tendo o Autor, empregado de mesa de 1ª, sido reintegrado na Ré após despedimento com invocação de justa causa (sob a alegação da prática de furto e abuso de confiança), declarado judicialmente como ilícito, mas adotando a Ré os seguintes comportamentos – desde logo não lhe disponibilizando caixa própria no sistema de registo, tendo o mesmo de recorrer às caixa dos colegas para registar os pedidos e pagamentos, e no fim do trabalho entregar o dinheiro e talões de pagamento ao seu colega de turno, que os registava como se fossem dele, embora num turno diferente daquele em que se encontravam, sendo certo que era o único empregado de mesa que não constava dos registos; – logo que implementou o sistema "áreas/runners", colocou o Autor como "runner", ao contrário do que aconteceu com os seus colegas com antiguidade similar, para não mais o retirar desta posição, e para os quais não fez prova das justificações alegadas, nomeadamente que as diferenças de tratamento não assentam nas razões alegadas pelo Autor, antes numa avaliação do mérito segundo critérios objetivos, estamos perante um fator de discriminação negativo ilegítimo, análogo aos referidos no artigo 24º, nº 2 do CT. [Ac. do STJ, de 08.11.17 *in* www.dgsi.pt (Proc. nº 31947/15.9T8LSB.L2-4)].

6. O nº 3 entende que o direito à igualdade no acesso a emprego e no trabalho, pode sofrer compressões tendo em conta a atividade profissional desempenhada por estrangeiro e apátrida (al. *a*)), bem como disposições relativas à especial proteção de património genético, gravidez, parentalidade, adoção e outras relativas à conciliação da atividade profissional com a vida familiar (al. *b*)).

De facto, existem atividades que só podem ser exercidas por nacionais (ex. exercício da magistratura) e aquando da contratação podem advir constrangimentos devidos, nomeadamente, a estado de gravidez (ex. trabalhadora desportiva).

7. O nº 4 mantém o dever de informação a cargo do empregador, que deve afixar na empresa, em local apropriado, informação relativa aos direitos e deveres do trabalhador em matéria de igualdade e não discriminação, dando cumprimento ao disposto no art. 106º.

Artigo 25º – Proibição de discriminação

1. O empregador não pode praticar qualquer discriminação, direta ou indireta, em razão nomeadamente dos fatores referidos no nº 1 do artigo anterior.

2. Não constitui discriminação o comportamento baseado em fator de discriminação que constitua um requisito justificável e determinante para o exercício da atividade profissional, em virtude da natureza da atividade em causa ou do contexto da sua execução, devendo o objetivo ser legítimo e o requisito proporcional.

3. São nomeadamente permitidas diferenças de tratamento baseadas na idade que sejam necessárias e apropriadas à realização de um objetivo legítimo, designadamente de política de emprego, mercado de trabalho ou formação profissional.

4. As disposições legais ou de instrumentos de regulamentação coletiva de trabalho que justifiquem os comportamentos referidos no número anterior devem ser avaliadas periodicamente e revistas se deixarem de se justificar.

5. Cabe a quem alega a discriminação indicar o trabalhador ou trabalhadores em relação a quem se considera discriminado, incumbindo ao empregador provar que a diferença de tratamento não assenta em qualquer fator de discriminação.

6. O disposto no número anterior é designadamente aplicável em caso de invocação de qualquer prática discriminatória no acesso ao trabalho ou à formação profissional ou nas condições de trabalho, nomeadamente por motivo de dispensa para consulta pré-natal, proteção da segurança e saúde de trabalhadora grávida, puérpera ou lactante, licenças por parentalidade ou faltas para assistência a menores.

7. É inválido o ato de retaliação que prejudique o trabalhador em consequência de rejeição ou submissão a ato discriminatório.

8. Constitui contraordenação muito grave a violação do disposto nos nºs 1 ou 7.

COMENTÁRIOS:

1. Antecedentes legislativos: Arts. 25º e 642º, nº 8, do CT/2003 e 33º, nº 3, 34º e 35º, da RCT.

2. Como princípio geral, o empregador não pode praticar qualquer discriminação, direta ou indireta, em razão nomeadamente dos fatores referidos no nº 1, do art. 24º (nº 1).

Está em causa o princípio da igualdade, previsto no art. 13º, da CRP: "1. Todos os cidadãos têm a mesma dignidade social e são iguais perante a lei. 2. Ninguém pode ser privilegiado, beneficiado, prejudicado, privado de qualquer direito ou isento de qualquer dever em razão de ascendência, sexo, raça, língua, território de origem, religião, convicções políticas ou ideológicas, instrução, situação económica, condição social ou orientação sexual".

II – A conduta descrita no número anterior, numa situação em que o empregador atribuiu a outros trabalhadores com idêntica antiguidade as tarefas que integram o núcleo fundamental das funções que com todos tinham sido convencionadas, na falta de um motivo que legitime esta diferença de tratamento, integra discriminação, nos termos do artigo 25º do Código do Trabalho. [Ac. do STJ, de 20.06.18 *in* www.dgsi.pt (Proc. nº 31947/15.9T8LSB.L2.S1)].

V – Não ocorre qualquer situação de discriminação em função do sexo (nos termos do art. 25º do CT), na aplicação de sanção de despedimento a trabalhadora grávida, se a empregadora ilide a presunção estabelecida no nº 2, do art. 63º do CT, através da prova de justa causa do despedimento (promovido através da instauração do procedimento disciplinar e notificação da nota de culpa com intenção de despedimento anteriores à data em que a trabalhadora comunica estar grávida) e a trabalhadora não prova qualquer facto que permita concluir que aquela intenção teve subjacente o seu estado de gravidez. [Ac. da RP, de 19.03.18 *in* www.dgsi.pt (Proc. nº 1705/17.2T8MTS.P1)].

3. O nº 2 autoriza, no entanto, o empregador a promover juízos de seleção, que não serão considerados discriminatórios, quando está em causa a natureza das atividades profissionais ou o contexto da execução do contrato de trabalho, contanto o objetivo seja legítimo e atentos os princípios de proporcionalidade e adequabilidade.

Sobre a proibição de discriminações, José Joaquim Gomes Canotilho/Vital Moreira ponderam que "O que se exige é que as medidas de diferenciação sejam materialmente fundadas sob o ponto de vista da segurança jurídica, da proporcionalidade, da justiça e da solidariedade e não se baseiam em qualquer motivo constitucionalmente impróprio. As diferenciações de tratamento podem ser legítimas quando: (*a*) se baseiem numa distinção objetiva de situações; (*b*) não se fundamentem em qualquer dos motivos indicados no nº 2 (do art. 13º, CRP); (*c*) tenham um fim legítimo segundo o ordenamento constitucional positivo; (*d*) se revelem necessárias, adequadas e proporcionadas à satisfação do seu objetivo", *Constituição da República Anotada*, p. 340.

A análise desta derrogação exige especiais cautelas, sob pena de se promover uma espécie de seleção natural dos trabalhadores, nomeadamente, em função do património genético, quando legitima o comportamento discriminatório do empregador, em virtude da natureza das atividades profissionais em causa ou do contexto da sua execução (profissões de grande *stress*, de maior fadiga física e mental, propícias a depressões e frustração do trabalhador), desde que essa prática constitua um requisito justificável, proporcional e determinante para o exercício da atividade profissional, e o objetivo legítimo. Permite-se, portanto, uma clara violação do princípio da igualdade em função de finalidades de eficiência e rentabilidade empresariais (o trabalhador menos propenso a certo tipo de desgaste físico e/ou mental, faltará menos; uma eventual situação de incapacidade para o trabalho não se manifesta precocemente, com o inerente prejuízo em recrutar e formar novo trabalhador).

É, parece-nos, de ponderar até que ponto a conduta do empregador legitimada por lei no seu estrito interesse (e não propriamente no interesse do trabalhador no que concerne a defender a sua integridade física e/ou moral) não colide com os arts. 58º e 59º, da CRP, dedicados ao *direito ao trabalho e ao direito dos trabalhadores.*

4. O nº 3 permite expressamente diferenças de tratamento (inclusive preterição no acesso) baseadas na idade "que sejam necessárias e apropriadas à realização de um objetivo legítimo, designadamente política de emprego, mercado de trabalho ou formação profissional".

São inúmeros os pareceres do Provedor de Justiça Europeu (*ombudsman.eu.int*) relativos à legitimidade da discriminação com base na idade, que desrespeitaria o art. 21º (Não discriminação) da Carta dos Direitos Fundamentais da União, e que mereceu o melhor acolhimento da Comissão e do Parlamento Europeu. *V.* http://ec.europa.eu/justice/discrimination/files/age_and_employment_en.pdf.

5. O nº 4 obriga a que as disposições legais ou de instrumentos de regulamentação coletiva de trabalho que justifiquem os comportamentos referidos no número anterior devam ser avaliadas periodicamente e revistas se deixarem de se justificar.

6. O nº 5 postula a repartição do ónus da prova (art. 342º, CC). Cabe ao trabalhador a prova da discriminação (por comparação) e ao empregador a prova de inexistência de qualquer critério ou medida discriminatória.

O qual é designadamente aplicável em caso de invocação de qualquer prática discriminatória no acesso ao trabalho ou à formação profissional ou nas condições de trabalho, nomeadamente, por motivo de dispensa para consulta pré-natal, proteção da segurança e saúde de trabalhadora grávida, puérpera ou lactante, licenças por parentalidade ou faltas para assistência a menores (nº 6).

De acrescentar, o aditamento promovido pela L nº 90/2019, de 04 de setembro:

Artigo 35º-A

(Proibição de discriminação pelo exercício dos direitos de maternidade e paternidade)

1. É proibida qualquer forma de discriminação em função do exercício pelos trabalhadores dos seus direitos de maternidade e paternidade.

2. Incluem-se na proibição do nº 1, nomeadamente, discriminações remuneratórias relacionadas com a atribuição de prémios de assiduidade e produtividade, bem como afetações desfavoráveis em termos da progressão na carreira.

7. O nº 7 considera inválido o ato de retaliação que "prejudique o trabalhador em consequência de rejeição ou submissão a ato discriminatório".

Também o art. 331º, nº 1, configura como abusiva a sanção disciplinar motivada pelo facto de o trabalhador "exercer, ter exercido, pretender exercer ou invocar os seus direitos ou garantias" (al. *e*)).

Artigo 26º – Regras contrárias ao princípio da igualdade e não discriminação

1. A disposição de instrumento de regulamentação coletiva de trabalho ou de regulamento interno de empresa que estabeleça profissão ou categoria profissional que respeite especificamente a trabalhadores de um dos sexos considera-se aplicável a trabalhadores de ambos os sexos.

2. A disposição de instrumento de regulamentação coletiva de trabalho ou de regulamento interno de empresa que estabeleça condições de trabalho, designadamente retribuição, aplicáveis exclusivamente a trabalhadores de um dos sexos para categoria profissional correspondente a trabalho igual ou a trabalho de valor igual considera-se substituída pela disposição mais favorável aplicável a trabalhadores de ambos os sexos.

3. O disposto nos números anteriores é aplicável a disposição contrária ao princípio da igualdade em função de outro fator de discriminação.

4. A disposição de estatuto de organização representativa de empregadores ou de trabalhadores que restrinja o acesso a emprego, atividade profissional, formação profissional, condições de trabalho ou carreira profissional exclusivamente a trabalhadores de um dos sexos, fora dos casos previstos no nº 2 do artigo 25º e dos previstos em lei específica decorrentes da proteção do património genético do trabalhador ou dos seus descendentes, considera-se aplicável a trabalhadores de ambos os sexos.

COMENTÁRIOS:

1. Antecedentes legislativos: Arts. 31º, do CT/2003 e 39º, nºs 1 e 2, da RCT.

2. O regime consagrado visa impedir cláusulas de natureza discriminatória incluídas em instrumento de regulamentação coletiva de trabalho ou em regulamento interno que estabeleça profissão ou categoria profissional que respeite especificamente a trabalhadores de um dos sexos, considerando-as nulas e substituindo-as por disposições aplicáveis a ambos os sexos.

Embora os nºs 1 e 2 abordem a preterição sexual, o nº 3 engloba o mesmo princípio a qualquer outro fator de discriminação.

O nº 4 entende que a disposição de estatuto de organização representativa de empregadores ou de trabalhadores que restrinja o acesso a emprego, atividade profissional, formação profissional, condições de trabalho ou carreira profissional exclusivamente a trabalhadores de um dos sexos (fora dos casos previstos em que constitua um requisito justificável e determinante para o exercício da atividade profissional, em virtude da natureza da atividade em causa ou do contexto da sua execução, devendo o objetivo ser legítimo e o requisito proporcional e dos previstos em lei específica decorrentes da proteção do património genético do trabalhador ou dos seus descendentes), se considera aplicável a trabalhadores de ambos os sexos.

Artigo 27º – Medida de ação positiva

Para os efeitos deste Código, não se considera discriminação a medida legislativa de duração limitada que beneficia certo grupo, desfavorecido em função de fator de discriminação, com o objetivo de garantir o exercício, em condições de igualdade, dos direitos previstos na lei ou corrigir situação de desigualdade que persista na vida social.

COMENTÁRIOS:

1. Antecedentes legislativos: Art. 25º, do CT/2003.

2. O presente artigo vem dar acolhimento às diretivas comunitárias dedicadas a esta temática. O art. 5º, da Diretiva 2000/43/CE, do Conselho, de 29 de junho, bem como o art. 7º, da Diretiva 2000/78, do Conselho, de 27 de novembro, preveem medidas de ação positiva, a primeira, a fim de prevenir ou compensar desvantagens relacionadas com a origem racial ou étnica; a segunda, reportando-se a práticas discriminatórias.

Também o art. 3º, nº 7, da Diretiva 2006/54/CE, do PE e do Conselho, de 05 de julho, permite o exercício da ação positiva.

O art. 157º, nº 4, do TFUE, prescreve que a "fim de assegurar, na prática, a plena igualdade entre homens e mulheres na vida profissional, o princípio da igualdade de tratamento não obsta a que os Estados-Membros mantenham ou adotem medidas que prevejam regalias específicas destinadas a facilitar o exercício de uma atividade profissional pelas pessoas do sexo sub-representado, ou a prevenir ou compensar desvantagens na sua carreira profissional".

3. Não se considera discriminação a medida legislativa (ação positiva ou *positive action*), por um determinado período de tempo, que visa promover certos grupos desfavorecidos (mulheres, portadores de deficiência, estrangeiros), não só para garantir o exercício dos direitos previstos na lei, como ainda, para corrigir uma desigualdade de facto, *v.g.*, no caso das mulheres, pela sua condição biológica. Ou seja, a discriminação a favor das mulheres surge "com o escopo de, por um lado, possibilitar a recuperação desse atraso histórico (natureza compensatória), por outro, prevenir a discriminação «através da identificação e modificação das situações discriminatórias» (natureza preventiva)", explica CATARINA CARVALHO, *A problemática da igualdade e não-discriminação no Direito do Trabalho*, p. 148.

Assim, "A discriminação positiva pode ser entendida como uma promoção da igualdade (*soft*) ou a garantia da igualdade (*hard*) mediante medidas que, embora aparentemente discriminatórias, visam na realidade realizar de forma mais plena a igualdade. Simplesmente, para realizar este intento, chegam muitas vezes a subverter o próprio princípio da igualdade", explica VERA LÚCIA RAPOSO, *Os limites da igualdade: um enigma por desvendar*, p. 79.

Artigo 28º – Indemnização por ato discriminatório

A prática de ato discriminatório lesivo de trabalhador ou candidato a emprego confere-lhe o direito a indemnização por danos patrimoniais e não patrimoniais, nos termos gerais de direito.

COMENTÁRIOS:

1. Antecedentes legislativos: Art. 26º, do CT/2003.

2. O trabalhador ou candidato a emprego vítima de discriminação pode responsabilizar o empregador pela prática de ato lesivo.

A prática de ato discriminatório lesivo pode ocorrer nos preliminares da formação do contrato (aquando do processo de candidatura e recrutamento), bem como na execução do mesmo. Discute-se a natureza da responsabilidade civil nos preliminares da formação do contrato. No Ac. *Dreahmpaelh*, o TJ, pese embora, apenas no que concerne ao recrutamento, entendeu que o *Direito Comunitário se opõe a que um estado membro ao decidir sancionar a violação da proibição de discriminação no âmbito de um regime de responsabilidade civil, sujeito à condição de existência de culpa para reparação do prejuízo sofrido por discriminações em razão do sexo num processo de recrutamento.* (Proc. nº C-180/95, de 25.04.97).

3. Discute-se o regime de responsabilidade civil, se o contratual ou o extracontratual.

Quanto a nós, é atendível a imputação de responsabilidade civil contratual, fundada no disposto no art. 798º CC, pelo que cabe ao empregador provar que a falta de cumprimento da obrigação contratual não procedeu de culpa sua (art. 799º CC).

4. Relativamente ao candidato a emprego discriminado (vítima de ato lesivo nos preliminares do contrato), entre a opção pela sanção reconstitutiva (recuperando o candidato a posição que detinha) ou pela sanção compensatória, foi esta última a acolhida, em nome do caráter pessoalístico da relação de trabalho e da liberdade de gestão empresarial. A impossibilidade de recorrer à execução específica do contrato, encontra-se alinhada com a inexistência do dever de contratação em caso de violação do contrato-promessa de trabalho (art. 103º, nº 3).

Quanto ao trabalhador discriminado (vítima de ato lesivo na execução do contrato), pode este optar pela resolução com justa causa subjetiva (art. 394º, nº 2).

5. Sobre o prazo de prescrição aplicável:

Ao direito indemnizatório, a que se reporta o art. 28º, ex vi do art. 29º, nº 3, ambos do CT/2009, decorrente de (alegado) assédio moral sobre o trabalhador exercido no decurso da relação laboral é aplicável o prazo de prescrição previsto no art. 337º, nº 1, do CT/2009 e não o prazo prescricional a que se reporta o art. 498º, nº 1, do Cód. Civil. [Ac. da RP, de 09.01.20 *in* www.dgsi.pt (Proc. nº 609/19.9T8AVR.P1)].

DIVISÃO II – Proibição de assédio

Artigo 29º – Assédio

1. É proibida a prática de assédio.

2. Entende-se por assédio o comportamento indesejado, nomeadamente o baseado em fator de discriminação, praticado aquando do acesso ao emprego ou no próprio emprego, trabalho ou formação profissional, com o objetivo ou o efeito de perturbar ou constranger a pessoa, afetar a sua dignidade, ou de lhe criar um ambiente intimidativo, hostil, degradante, humilhante ou desestabilizador.

3. Constitui assédio sexual o comportamento indesejado de caráter sexual, sob forma verbal, não verbal ou física, com o objetivo ou o efeito referido no número anterior.

4. A prática de assédio confere à vítima o direito de indemnização, aplicando-se o disposto no artigo anterior.

5. A prática de assédio constitui contraordenação muito grave, sem prejuízo da eventual responsabilidade penal prevista nos termos da lei.

6. O denunciante e as testemunhas por si indicadas não podem ser sancionados disciplinarmente, a menos que atuem com dolo, com base em declarações ou factos constantes dos autos de processo, judicial ou contraordenacional, desencadeado por assédio até decisão final, transitada em julgado, sem prejuízo do exercício do direito ao contraditório.

COMENTÁRIOS:

1. Antecedentes legislativos: Arts. 24º e 642º, nº 1, do CT/2003.

2. O presente artigo foi alterado pela L nº 73/2017, de 16 de agosto, a qual aditou os nºs 1, 5 e 6 e alterou os nºs 2, 3 e 4, retificada pela DRet nº 28/2017, de 02 de outubro, com o intuito de reforçar a prevenção e o combate do assédio no local de trabalho.

A L nº 73/2017, de 16 de agosto, enquadra a responsabilidade do empregador pela reparação dos danos emergentes de doenças profissionais resultantes da prática de assédio (art. 283º, do CT), em termos que carecem de regulamentação própria, ainda não publicada, face ao caráter tipificado e de *numerus clausus* da Tabela Nacional de Doenças Profissionais aprovada pelo DR nº 6/2001, de 5 de maio e alterado pelo DR nº 76/2007, de 17 de julho.

3. A presente divisão II recebe a Diretiva nº 2006/54/CE, do Parlamento Europeu e do Conselho, de 05 de julho, relativa à aplicação do princípio da igualdade de oportunidades e igualdade de tratamento entre homens e mulheres em domínios ligados ao emprego e à atividade profissional e a Diretiva nº 2000/43, do Conselho, de 29 de junho, que aplica o princípio da igualdade de tratamento entre as pessoas, sem distinção de origem racial ou étnica.

4. A definição nacional de assédio acompanha, de perto, a Diretiva 2000/43/CE do Conselho, que entende que o assédio é considerado discriminação na aceção do nº 1 (este segmento indica que se entende por "princípio da igualdade de tratamento" a ausência de qualquer discriminação, direta ou indireta, em razão da origem racial ou étnica) sempre que ocorrer um comportamento indesejado relacionado com a origem racial ou étnica, com o objetivo ou o efeito de violar a dignidade da pessoa e de criar um ambiente intimidativo, hostil, degradante, humilhante ou desestabilizador. Neste contexto, o conceito de assédio pode ser definido de acordo com as leis e práticas nacionais dos Estados-membros" (art. 2º, nº 3).

A Diretiva 2006/54/CE refere que: "O assédio e o assédio sexual são contrários ao princípio da igualdade de tratamento entre homens e mulheres e constituem discriminação em razão do sexo" *(*Ponto 6).

O CT/2009 considera o fator *discriminação* como meramente exemplificativo, pelo que urge acolher a figura na Subsecção II, relativa aos direitos de personalidade, em complemento ao art. 15º (Integridade física e moral), pois se trata, e sempre, de uma violência psicológica (assédio moral) ou psicológica/física (pois o assédio sexual igualmente perturba o foro psicológico), retirando-a da Subseção III (igualdade e não discriminação).

O CT/2009 remete, contudo, para o dano por ato discriminatório, refém da sistematização que acolheu (art. 29º, nº 4).

De facto, as práticas de assédio, não carecem de manifestar atos discriminatórios e estão amiúde relacionadas com políticas de esvaziamento de funções, que o legislador proíbe expressamente (*v.* art. 129º, nº 1, al. *b*), dedicado à prestação efetiva de desempenho).

5. O legislador nacional entende por assédio moral o *comportamento indesejado*, nomeadamente o baseado em fator de discriminação, praticado aquando do acesso

ao emprego ou no próprio emprego, trabalho ou formação profissional, com o objetivo (*elemento finalístico*) ou o efeito (*elemento potencial*) de perturbar ou constranger a pessoa, afetar a sua dignidade, ou de lhe criar um ambiente intimidativo, hostil, degradante, humilhante ou desestabilizador (nº 2).

Para Pedro Barrambana Santos, ao estabelecer-se "que o assédio tanto pode resultar de atos que tenha como objetivo ou efeito a gerar no trabalhador não se encontra, na verdade, a dispensar o elemento intencional, finalístico daquela ação. O que se verifica é que, ao reconhecer as tradicionais e discorridas dificuldades probatórias existentes em realizar a demonstração de tal facto cognitivo, de teor marcadamente íntimo e interno ao agente, retira da existência daquele efeito, produzindo em ambiente e na esfera laboral, uma *volutas* assediante do autor. Gerando-se no âmbito de uma relação laboral, um comportamento indesejado lesivo para a dignidade do trabalhador, tal normativo faz discorrer desse facto adquirido – por exemplo, geração de um ambiente de trabalho hostil – um facto desconhecido – o caráter intencional do mesmo – em razão dos efeitos produzidos e da natureza da relação jurídico-laboral", *Do assédio laboral*, p. 292.

Sobre o elemento potencial, decidiu o STJ: *Integram o conceito de assédio moral todos os comportamentos humilhantes, vexatórios e atentatórios da dignidade do trabalhador, que se prolonguem por um período de tempo e tenham como resultado o afetar da vítima – por exemplo, criando um ambiente intimidatório, hostil e desestabilizador –, mesmo que não seja esse o objetivo do agente.* (Ac. de 11.09.19 *in* CJ, Ano XXVII, Tomo III, p. 294).

Entendimento jurisprudencial sobre os requisitos do assédio:

I – O convite à reforma e à mudança do trabalhador para outras funções, com manutenção da remuneração que auferia, nas circunstâncias concretas emergentes da factualidade dada como provada, não constitui, objetivamente, causa adequada para o trabalhador tomar a decisão de colocar termo à vida. II – O comportamento da empregadora e dos seus funcionários, embora causador de dor e sofrimento, não pode ser configurado juridicamente como assédio nem foi idóneo a gerar no trabalhador ideação com intenção suicidária. III – O trabalhador teve apoio dos colegas de trabalho, que o tentaram demover do ato suicidário, da mulher que o acompanhou e ajudou, dos médicos que o medicaram para a depressão de que era portador e de acompanhamento psicológico mas, apesar disso, quando se encontrava fora do tempo e do local de trabalho, em situação de baixa médica e logo após uma consulta de psicologia, decidiu intencionalmente e com consciência das consequências do seu ato, como referem os peritos médicos nas respostas aos quesitos, pôr termo à vida. (Ac. da RE, de 08.10.20 *in* CJ, Ano XLV, Tomo IV, p. 244).

I – Tendo a conduta da ré sido determinada pelo facto do autor, ao ser-lhe negada a alteração da sua folga para o sábado e domingo, ter comunicado ao seu superior hierárquico que não iria mais prestar trabalho suplementar e nos dias de folga, a mesma surge como "punição" pela posição assumida pelo trabalhador, tanto mais que a ré não podia ignorar que, com a afetação do autor exclusivamente àquele horário, iria colocá-lo numa situação mais gravosa em relação ao cumprimento das suas responsabilidades parentais, mormente no que toca à possibilidade de privar com o filho menor durante a semana, possibilidade esta que estava prevista no acordo de regula-

ção do poder paternal (o Autor encontrava-se divorciado da mãe do menor), uma vez que quando este saísse da escola o autor teria de iniciar o seu trabalho. (...) III– Mostram-se, assim, verificados os requisitos do assédio moral, uma vez que ocorre um comportamento ilícito da ré, indesejado, tomado em consequência de reivindicação feita pelo autor, com intenção de "castigá-lo", que lhe causou perturbação e humilhação perante os colegas. [Ac. da RL, de 23.10.19 *in* www.dgsi.pt (Proc. nº 12472/18.2T8SNT.L1-4)].

I – Configura uma situação de assédio moral ou mobbing a colocação de uma trabalhadora licenciada em economia num open space juntamente com outros trabalhadores, sem atribuição de tarefas próprias da categoria profissional para que fora contratada e das funções que desempenhava durante mais de um ano (art. 29º do CT). [Ac. da RL, de 25.09.19 *in* www.dgsi.pt (Proc. nº 10302/18.4T8LSB.L1-4)].

O preenchimento do conceito de assédio no trabalho não exige a verificação de uma intenção persecutória por parte do autor do comportamento assediante, apesar de que tal comportamento tem em regra associado um objetivo final ilícito ou, no mínimo, eticamente reprovável. [Ac. da RP, de 14.03.16 *in* www.dgsi.pt (Proc. nº 574/13.6TTMAI.P1)].

O "assédio moral" no trabalho não se confunde nem com o "stress" (ainda que este possa, por vezes, ser um instrumento de prática daquele), nem com uma relação profissional dura (por exemplo, em virtude de uma chefia muito exigente e pouco cordata mas que não visa esfacelar a integridade moral de ninguém), nem sequer com um mero e isolado episódio mais violento (designadamente, um incidente ou uma discussão particularmente intensos mas sem sequelas), nem se pode confundir com as decisões legítimas advenientes da organização de trabalho, desde que conformes ao contrato de trabalho. [Ac. da RP, de 26.09.11 *in* www.dgsi.pt (Proc. nº 540/09.6TTMTS.P1)].

A finalidade do assédio pode ser, em casos extremos, a promoção da denúncia contratual, dado que, perante a falta de ilicitude disciplinar, é impensável o despedimento por facto imputável ao trabalhador.

Neste caso, o assédio é usado com uma precisa finalidade, designando-se de *assédio estratégico.*

Contudo, pode não ser essa a pretensão do empregador, antes pelo contrário, este enseja manter a relação laboral, mas recorre a um processo disciplinador e punitivo da posição do trabalhador, para melhor o submeter e explorar. Conhecido como *assédio emocional*, dado estar relacionado com a personalidade do assediador, PAULA QUINTAS, *O percurso jurídico do assédio laboral*, p. 53.

O *assédio institucional estratégico* está intimamente ligado às políticas de:

– Esvaziamento de funções, que o legislador proíbe expressamente (art. 129º, nº 1, al. *b*), dedicado à prestação efetiva de desempenho);

– Isolamento social (tratamento de silêncio) com os superiores hierárquicos (a quem reportam) e/ou os colegas;

– Violação da própria arquitetura de desempenho e das condições de trabalho, através de uma estratégia de desgaste (inclusive *burn out*) e de perseguição profissional, uma espécie de *bossing* intencional e com o objetivo de não permitir a concretização de tarefas para, mais tarde, invocar violação de deveres legais e contratuais de desempenho; desvalorização pública; críticas injustificadas e humilhantes ao comportamento laboral; atribuição de tarefas para o qual o trabalhador não possui competência; construção de um ambiente de constante suspeição e conspiração;

– Intimidação, através de ameaças sistemáticas de despedimento, sabendo do receio do trabalhador em perder o posto de trabalho; manipulação de fatores sensíveis como crise económica e avaliação de desempenho;

– Discriminação, devido a características (físicas, psicológicas, etc.) do trabalhador que o vulnerabilizam, PAULA QUINTAS, *loc. cit.*.

O assédio pode provir do próprio empregador ou de terceiro.

III – O presidente de conselho de administração, que atue no local de trabalho como superior hierárquico da trabalhadora, é parte legitima quando seja descrito como autor da prática repetida de atos ofensivos de direitos de personalidade da trabalhadora. IV – Uma empresa terceira, empregadora de trabalhador que assedie sexualmente outrem que não é seu subordinado, tem legitimidade passiva se for apontada como coautora na violação dos direitos de personalidade da autora, por omissão de medidas impeditivas da perpetuação da lesão, quando a mesma ocorra no trabalho e por causa dele, ambos os trabalhadores partilhem o mesmo espaço físico (open space), a autora esteja em contacto contínuo com o agressor e o presidente de conselho de administração e superior hierárquico seja comum à empresa empregadora e à "empresa terceira". [Ac. da RG, de 17.12.20 *in* www.dgsi.pt (Proc. nº 3934/19.5T8BRG-A.G1)].

6. A construção doutrinária-jurisprudencial da figura do assédio ao longo do tempo postulou uma atuação por parte do agressor com caráter duradouro e sistemático.

Contudo, a prática de assédio na atualidade e de acordo com o próprio entendimento legal pode consumar-se instantaneamente, não carece, para possuir dignidade jurídica, de prolongamento no tempo, verificada em atos repetidos e sistemáticos. O que deve ser relevado é a gravidade do ato.

Atente-se no assédio sexual, à hipótese de violação, um único ato, é causa bastante para destruir toda a relação jurídica (no plano contratual) e colocar a vítima num estado de afetação e perturbação da sua dignidade (no plano criminal).

O mesmo se diga para o assédio moral, um único ato de humilhação pública pode colocar o visado num sofrido estado de degradação perante os seus pares e subordinados. Desse único ato pode advir uma insustentável e frágil posição que se irá manifestar numa deterioração da relação de trabalho.

Em posição oposta, entende MAGO GRACIANO DE ROCHA PACHECO, "É mais consentâneo com a vida real, considerar que o assédio moral no local de trabalho se prolonga no tempo e, por isso, constitui-se pela prática de uma série de atos que se estendem ao longo de determinado espaço temporal. É um fenómeno que se constitui de forma progressiva, atravessando vários estádios de duração e frequência muito variável", *O Assédio moral no trabalho, – O elo mais fraco*, 2007, p. 98.

Sobre o caráter continuado do assédio:

O assédio moral pressupõe comportamentos real e manifestamente humilhantes, vexatórios e atentatórios da dignidade do trabalhador, aos quais estão em regra associados mais dois elementos: certa duração; e determinadas consequências. [Ac. do STJ, de 21.04.16 *in* www.dgsi.pt (Proc. nº 299/14.5T8VLG.P1.S1)].

O comportamento subsumível ao conceito de assédio moral há de ser sistemático, repetitivo e com clara premeditação de realização daquela intenção. [Ac. da RC, de 14.01.16 *in* www.dgsi.pt (Proc. nº 1565/14.5T8LRA.C1)].

O assédio moral assenta em situações de extrema gravidade e implica práticas do empregador manifestamente humilhantes, vexatórias e atentatórias da dignidade do trabalhador, com certa duração e consequências. [Ac. do STJ, de 12.11.15 *in* www.dgsi.pt (Proc. nº 217/10.0TTMAI.P1.S1)].

O assédio pressupõe um conjunto encadeado de comportamentos destinados a criar um ambiente hostil, degradante, humilhante ou desestabilizados ao trabalhador que o leve, por si, à desvinculação da relação laboral. (Ac. da RP, de 28.10.15 *in* CJ, Ano XL, Tomo IV, p. 248).

O assédio moral pressupõe comportamentos do empregador ou superiores hierárquicos manifestamente humilhantes e atentatórios da dignidade do trabalhador, com determinada duração e que tenha como resultado o afetar a vítima causando-lhe perturbação ou constrangimento. (Ac. do STJ, de 12.03.14 *in* CJ, Ano XXII, Tomo I, p. 264).

No mesmo sentido, *v.* os Acs. da RL, de 25.01.12 *in* www.dgsi.pt (Proc. nº 429/ /09.9TTLSB.L1) e de 14.09.11 *in* www.dgsi.pt (Proc. nº 429/09.9TTLSB.L1-4).

7. O assédio sexual distingue-se do moral pela manifestação própria: "comportamento indesejado de caráter sexual, sob forma verbal, não-verbal ou física" (nº 3).

Ambos decorrem de um comportamento indesejado e possuem o objetivo (*elemento finalístico*) ou o efeito (*elemento potencial*) de causar uma lesão criada, culposamente ou não, pelo empregador ou decorrente da organização empresarial. Embora nos custe vislumbrar uma prática de assédio não intencional.

Atendendo à dificuldade de aplicação da concetualização, a nossa lei não se ancora apenas no elemento da vontade (*elemento volitivo*), refletindo, igualmente, o elemento potencial.

Consubstancia a prática de assédio sexual intimidatório a atuação do trabalhador traduzida nos seguintes atos: entrega a colega de trabalho de poemas com conteúdo de natureza sexual; aguardar duas horas por que a colega saísse a fim de a acompanhar no metro e contra a vontade da colega; tentativa de lhe dar um beijo; oferta de CD com músicas românticas; entrega de recorte em forma de CD onde se pode ler DVD – Como irritar uma pessoa, "tom" hostil e ameaçatório de uma carta entregue pelo trabalhador à colega de trabalho. (Ac. da RP, de 02.12.09 *in* CJ, Ano XXXIV, Tomo V, p. 207).

8. É, ainda, indiferente que o assédio ocorra dentro ou fora do local e tempo de trabalho.

O assédio sexual ou moral, ainda que exercido fora do local e tempo de trabalho, traduzindo-se num atentado à dignidade da pessoa humana, à sua integridade física, psíquica e moral, viola os deveres de respeito e urbanidade entre sujeitos da relação laboral ou entre colegas de trabalho, acabando por ter idênticos efeitos práticos que o praticado no local e tempo de trabalho. (Ac. da RP, de 02.12.09 *in* CJ, Ano XXXIV, Tomo V, p. 207).

9. Há que distinguir o *assédio moral discriminatório* (baseado em fator de discriminação) e o *assédio moral não discriminatório.*

Este último assenta em dois grandes pilares: a pessoa do próprio trabalhador (e o valor dignidade como um dos garantes do direito geral de personalidade) e/ou ambiente de trabalho.

Sobre os dois tipos de assédio, o discriminatório e o não discriminatório, pronunciou-se a jurisprudência:

I. O assédio laboral tanto pode ser discriminatório, como não discriminatório. II. Mesmo que considere não provada a existência de assédio discriminatório, o Tribunal não está impedido de afirmar a existência de uma violação dos direitos do trabalhador suscetível de desencadear a responsabilidade civil do empregador. [Ac. do STJ, de 29.01.20 *in* jurisprudencia.csm.org.pt (Proc. nº 1824.17.5T8VFX.L1.S1)].

– *O assédio moral pode concretizar-se numa de duas formas: o assédio moral discriminatório, em que o comportamento indesejado e com efeitos hostis se baseia em qualquer fator discriminatório que não o sexo (discriminatory harassement); e o assédio moral não discriminatório, quando o comportamento indesejado não se baseie em nenhum fator discriminatório, mas pelo seu caráter continuado e insidioso tem os mesmos efeitos hostis, almejando, em última análise, afastar o trabalhador da empresa (mobbing).* [Ac. da RC, de 14.01.16 *in* www.dgsi.pt (Proc. nº 1565/14.5T8LRA.C1)].

– *As condutas que configuram assédio não se acham necessariamente reportadas a situações de discriminação, como o assédio sexual ou as referidas no art. 24º do C.T./2009, verificando-se assédio moral não discriminatório quando o comportamento indesejado não se baseia em qualquer fator discriminatório concreto mas, pelo seu caráter continuando e insidioso, produz os mesmos efeitos hostis.* (Ac. do STJ, de 03.12.14 *in* CJ, Ano XXII, Tomo III, p. 258).

10. No caso do *assédio não discriminatório*, enquadrando-se tal prática na responsabilidade extracontratual, o ónus da prova recai integralmente sobre o trabalhador, por força das regras gerais insertas no artigo 342º, nº 1, CC, o qual estipula que aquele que "invocar um direito cabe fazer prova dos factos constitutivos do direito alegado",

sendo, por inerência, uma prova diabólica, face ao caráter oculto e insidioso do assédio, que será o adotado na maioria dos casos, agravado pela inexistência de demonstração palpável ou física.

Dita a jurisprudência quanto ao ónus da prova:

V. Não sendo o assédio moral invocado discriminatório, o ónus da sua prova compete ao trabalhador, nos termos gerais da repartição do ónus da prova estabelecida no artigo 342º, do Código Civil. [Ac. do STJ, de 11.09.19 *in* www.dgsi.pt (Proc. nº 8249/16.8T8PRT.P1.S1)].

I – O assédio não confere automaticamente o direito a indemnização. Esta depende da alegação e prova de danos de natureza patrimonial ou não patrimonial, bem como do nexo de casualidade entre a situação de assédio e os danos. II – Cabe ao trabalhador o ónus de alegação e prova dos danos e do nexo de casualidade entre aqueles e o comportamento ilícito (assédio) da entidade patronal. (Ac. da RP, de 01.07.13 *in* CJ, Ano XXXVIII, Tomo III, p. 216).

Constitui exercício arbitrário do poder de direção a entidade empregadora alterar unilateralmente a situação profissional da trabalhadora, esvaziando o seu âmbito funcional e atribuindo-lhe funções inerentes a uma categoria profissional inferior à que detinha, sem motivo justificativo. Contudo, tal factualidade é, por si só, insuficiente para se concluir que estamos perante uma situação de mobbing, na medida em que a trabalhadora não logrou provar as específicas condutas persecutórias que aponta à sua empregadora, nem a sua intencionalidade. [Ac. da RL, de 13.04.11 *in* www.dgsi.pt (Proc. nº 71/09.4TTVFX.L1)].

Daí que, alegada, pelo lesado, uma situação de assédio moral não discriminatório, é sobre aquele que impende o ónus da prova de todos os factos que, concretamente, integram a violação do direito à integridade moral a que se refere o art. 18º, do Código do Trabalho – art. 342º, nº 1, do Código Civil. [Ac. do STJ, de 21.04.10 *in* www.dgsi.pt (Proc. nº 1030/06.4TTPRT.S1)].

Crê-se que, a manter tal enquadramento de reparação civil, é de repensar o regime probatório, sendo plausível a solução de repartição do ónus da prova como regime geral. Ao trabalhador competiria demonstrar os factos que indiciam a prática de assédio e ao empregador caberia a prova de que tais factos não correspondem a assédio, pela ausência de intenção de perturbar ou afetar.

Ou acolher-se o regime do artigo 344º, CC, que permite a inversão do ónus da prova, "quando haja presunção legal, dispensa ou liberação do ónus da prova, ou convenção válida nesse sentido, e, de um modo geral, sempre que a lei o determine" (nº 1) ou "quando a parte contrária tiver culposamente tornado impossível a prova ao onerado" (nº 2).

Quanto a nós, tudo seria simplificado com o enquadramento da responsabilidade civil como contratual, para o *assédio discriminatório* e *não discriminatório*, posto que está em causa a relação assente no regime laboral e no art. 762º, CC.

Sobre esta problemática, *v.* Rita Garcia Pereira, *Mobbing ou assédio no trabalho*, p. 221 e ss. e Maria Regina Redinha, *Assédio moral ou Mobbing no trabalho*, p. 833.

Sobre a dificuldade de inserir o dano moral na responsabilidade civil, relembramos que é o próprio art. 28º (*ex vi* do art. 29º, nº 4) que contempla, na relação laboral, os danos patrimoniais e não patrimoniais.

Em consequência desta proposta contextualização, ocorreria uma presunção de culpa do empregador (art. 799º, do CC), que favoreceria o trabalhador, dado que o libertaria do ónus da prova dos factos constitutivos.

Entendimento jurisprudencial no sentido de responsabilidade contratual:

O empregador é responsável pelo ressarcimento dos danos sofridos pelo trabalhador em consequência dos atos de assédio praticados pelo superior hierárquico nos termos do art. 800º, nº 1 do Código Civil. (Ac. do STJ, de 12.03.14 *in* CJ, Ano XXII, Tomo I, p. 264).

A qualificação da situação como assédio moral, traduz um ilícito contratual dado que foi violado o dever de respeito e a integridade psíquica e moral do trabalhador, direito de personalidade consagrado no art. 18º do CT, dando causa a um dano moral merecedor da tutela do direito (a autora ficou abalada psicologicamente, pondo em causa a sua autoestima e confiança, provocando-lhe ainda humilhação e desgosto); sendo a atuação da ré culposa, porque não ilidiu a presunção que decorre do art. 799º do CC e intenso o seu grau de culpa, mas desconhecendo-se a situação económica de ambas as partes, sendo a ré uma IPSS que, por norma não têm grande desafogo financeiro e perdurando a situação de assédio por um período relativamente curto (pouco mais de três meses), entende-se equilibrado fixar essa indemnização em €6000,00. [Ac. da RL, de 15.02.12 *in* www.dgsi.pt (Proc. nº 830/06.0TTVFX.L1)].

Estando em causa o chamado *assédio discriminatório*, ocorre uma repartição do ónus da prova, cabendo ao empregador demonstrar a ausência de discriminação (art. 25º, nº 5).

11. Com a L nº 73/2017, de 16 de agosto, consagra-se expressamente o direito de indemnização por danos patrimoniais e não patrimoniais, nos termos gerais de direito, em virtude de assédio discriminatório ou não discriminatório (art. 28º, *ex vi* do art. 29º, nº 4).

Em consonância com o dever de vigilância que cabe ao empregador, a alteração de 2017 prevê a obrigatoriedade de instauração de procedimento disciplinar sempre que o empregador tenha conhecimento de alegadas situações de assédio no trabalho [art. 127º, nº 1, al. *l*)], sob pena de contraordenação grave (nº 7).

I – Nas situações de assédio praticadas por colegas de trabalho, em que o empregador desconhece o comportamento vexatório ou humilhante, o trabalhador visado deve optar pela via da reclamação ou denúncia junto daquele ou do superior hierárquico com responsabilidade disciplinar sobre o assediante. II – Apenas em caso de passividade ou omissão do empregador, é que este poderá ser responsabilizado pelo assédio, pois cumpre-lhe adotar as medidas adequadas a evitar a reiteração do comportamento assediante. (Ac. da RE, de 28.02.19 *in* CJ, Ano XLIV, Tomo I, p. 303).

A L 73/2017, reforçou o regime de proteção para o denunciante e testemunhas de situações de assédio, que não podem por esse facto ser alvo de procedimento disciplinar, salvo se atuarem com dolo (art. 29º, nº 6, do CT) e assumiu como sanção disciplinar abusiva a motivada na alegação por parte do trabalhador de ter sido vítima de assédio ou de testemunha em processo judicial e/ou contraordenacional de assédio [art. 331º, nº 1, al. *d*)].

Ainda, introduziu-se a obrigatoriedade de adoção de códigos de boa conduta para a prevenção e combate ao assédio no trabalho, sempre que a empresa tenha sete ou mais trabalhadores (art. 127º, nº 1, al. *k*)), sob pena de contraordenação grave (nº 7). A verificação de uma desconformidade ou a verificação de más práticas poderia ser um fator de presunção legal.

12. A prática de assédio permite ao trabalhador resolver o contrato de trabalho por justa causa subjetiva (nos termos do art. 394º, nº 2, als. *b*) e *f*)).

Verificando-se que a entidade patronal, com a intenção de perturbar a autora e o seu ambiente de trabalho, esvaziou as funções para as quais a havia contratado, desautorizou-a e afetou a sua reputação perante colegas de trabalho, isolou-a do seu departamento e anteriores colegas, e provocou a degradação das funções que lhe foram sucessivamente atribuídas, assistia à trabalhadora o direito a resolver o contrato de trabalho com justa causa e efeitos imediatos. (Ac. da RP, de 08.03.10 *in* CJ, Ano XXXV, Tomo II, p. 224).

Ocorrendo justa causa subjetiva de resolução, o trabalhador tem direito à indemnização por antiguidade, a determinar entre 15 e 45 dias de retribuição base e diuturnidades por cada ano completo, atendendo ao valor da retribuição e ao grau da ilicitude do comportamento do empregador, não podendo ser inferior a três meses de retribuição base e diuturnidades (art. 396º, nº 1), podendo este valor aumentar no caso de dano patrimonial e moral de montante mais elevado (nº 3).

Por sua vez, o despedimento por facto imputável ao trabalhador presume-se abusivo quando tenha lugar até um ano após a denúncia ou outra forma de exercício de direitos relativos a assédio [art. 331º, nº 2, al. *b*)], e nesse caso, é conferido ao trabalhador, caso não pretenda a reintegração, o direito a indemnização por antiguidade de 30 a 60 dias de retribuição base e diuturnidades por cada ano completo ou fração de antiguidade (nº 4, o qual remete para o art. 392º, nº 3).

Bem como, no contexto dos efeitos gerais da ilicitude, a indemnização por todos os danos causados, patrimoniais e não patrimoniais [art. 389º, nº 1, al. *a*)].

13. Não existe ainda o tipo legal de crime de assédio laboral, pelo que, as práticas descritas no preceito só serão punidas, verificados os pressupostos da lei geral criminal. Por isso, é importante ter em consideração a L nº 83/2015, de 05 de agosto, que aditou ao CP, um novo tipo de crime (artigo 154º-A, Perseguição), o qual pode ser praticado em contexto ou para-contexto laboral. Dispõe o preceito que: *Quem, de modo reiterado, perseguir ou assediar outra pessoa, por qualquer meio, direta ou indiretamente, de forma adequada a provocar-lhe medo ou inquietação ou a prejudicar a sua liberdade de determinação, é punido com pena de prisão até 3 anos ou pena de multa, se pena mais grave não lhe couber por força de outra disposição legal* (nº 1).

DIVISÃO III – Igualdade e não discriminação em função do sexo

Artigo 30º – Acesso ao emprego, atividade profissional ou formação

1. A exclusão ou restrição de acesso de candidato a emprego ou trabalhador em razão do sexo a determinada atividade ou à formação profissional exigida para ter acesso a essa atividade constitui discriminação em função do sexo.

2. O anúncio de oferta de emprego e outra forma de publicidade ligada à pré-seleção ou ao recrutamento não pode conter, direta ou indiretamente, qualquer restrição, especificação ou preferência baseada no sexo.

3. Em ação de formação profissional dirigida a profissão exercida predominantemente por trabalhadores de um dos sexos deve ser dada, sempre que se justifique, preferência a trabalhadores do sexo com menor representação, bem como, sendo apropriado, a trabalhador com escolaridade reduzida, sem qualificação ou responsável por família monoparental ou no caso de licença parental ou adoção.

4. Constitui contraordenação muito grave a violação do disposto nos nºs 1 ou 2.

COMENTÁRIOS:

1. Antecedentes legislativos: Arts. 27º e 642º, nº 1, do CT/2003, bem como no art. 36º, da RCT.

2. Os arts. 30º a 32º cuidam da discriminação sexual, em especial.

A temática da igualdade ganhou há muito acolhimento constitucional. O art. 13º, nº 1, da CRP, estabelece que todos os cidadãos são iguais perante a lei (*vertente positiva*) e no nº 2, a proibição de discriminação entre os cidadãos, em razão da ascendência, sexo, raça, língua, território de origem, religião, convicções políticas ou ideológicas, instrução, situação económica, condição social ou orientação sexual (*vertente negativa*). A interpretação do preceito constitucional deve ter sempre presente que não é admitida qualquer distinção entre os sexos não fundamentada, arbitrária ou contrária aos princípios constitucionais.

3. A exclusão ou restrição de acesso de candidato a emprego ou trabalhador em razão do sexo a determinada atividade ou à formação profissional exigida para ter acesso a essa atividade constitui discriminação em função do sexo (nº 1) e o anúncio de oferta de emprego e outra forma de publicidade ligada à pré-seleção ou ao recrutamento não pode conter, direta ou indiretamente, qualquer restrição, especificação ou preferência baseada no sexo (nº 2).

Apesar de se afastar "qualquer restrição, especificação ou preferência baseada no sexo", na verdade, há casos em que a preferência sexual tem que existir (por ex., na moda e no desporto).

4. O nº 3 permite em ação de formação profissional dirigida a profissão exercida predominantemente por trabalhadores de um dos sexos a preferência positiva, atenta a condição do formando (trabalhadores do sexo com menor representação, trabalhador com escolaridade reduzida, sem qualificação ou responsável por família monoparental ou no caso de licença parental ou adoção).

Artigo 31º – Igualdade de condições de trabalho

1. Os trabalhadores têm direito à igualdade de condições de trabalho, em particular quanto à retribuição, devendo os elementos que a determinam não conter qualquer discriminação fundada no sexo.

2. A igualdade de retribuição implica que, para trabalho igual ou de valor igual:

***a*) Qualquer modalidade de retribuição variável, nomeadamente a paga à tarefa, seja estabelecida na base da mesma unidade de medida;**

***b*) A retribuição calculada em função do tempo de trabalho seja a mesma.**

3. As diferenças de retribuição não constituem discriminação quando assentes em critérios objetivos, comuns a homens e mulheres, nomcadamente, baseados em mérito, produtividade, assiduidade ou antiguidade.

4. Sem prejuízo do disposto no número anterior, as licenças, faltas ou dispensas relativas à proteção na parentalidade não podem fundamentar diferenças na retribuição dos trabalhadores.

5. Os sistemas de descrição de tarefas e de avaliação de funções devem assentar em critérios objetivos comuns a homens e mulheres, de forma a excluir qualquer discriminação baseada no sexo.

6. Constitui contraordenação muito grave a violação do disposto no nº 1 e constitui contraordenação grave a violação do disposto no nº 5.

COMENTÁRIOS:

1. Antecedentes legislativos: Arts. 28º e 642º, nº 1, do CT/2003; 37º, nºs 2 e 3, da RCT e 2º, als. *d*) e *e*) e 9º, do DL nº 379/92, de 20 de setembro.

2. O presente artigo vem receber a Diretiva nº 2000/78/CEE, do Conselho, de 27 de novembro, relativa à aproximação das legislações dos Estados membros no que se refere à aplicação do princípio da igualdade de tratamento entre as pessoas.

Assegura-se a igualdade de condições de trabalho, afastando a discriminação fundada no sexo (nº 1), em particular, a igualdade retributiva (nº 2), ressalvando as diferenciações em função do mérito, produtividade, assiduidade ou antiguidade dos trabalhadores (nº 3).

O princípio da igualdade terá de ser entendido no contexto da *quantidade* (duração e intensidade), *natureza* (dificuldade, penosidade e perigosidade) e *qualidade* (conhecimentos práticos e capacidade) do trabalho prestado, conforme dispõe o art. 270º.

De tal princípio decorre a importância do nº 4, que refere que "as licenças, faltas ou dispensas relativas à proteção na parentalidade não podem fundamentar diferenças na retribuição dos trabalhadores", dado tratar-se de absentismo justificado, no contexto de medidas de apoio à parentalidade.

O nº 5 valora a objetividade dos critérios de avaliação. Esta matéria continua, no entanto, por regular, desde o elenco dos critérios à ponderação dos mesmos, o que dificulta internamente a transparência dos sistemas de avaliação de funções.

3. No Direito Internacional, há a realçar a Convenção sobre Eliminação de Todas as Formas de Discriminação contra as Mulheres que veio definir o conceito de discriminação como "qualquer distinção, exclusão ou restrição baseada no sexo que tenha como efeito ou como objetivo comprometer ou destruir o reconhecimento, o gozo ou o exercício pelas mulheres, seja qual for o seu estado civil, com base na igualdade dos homens e das mulheres, dos direitos do homem e das liberdades fundamentais nos domínios políticos, económicos, social, cultural e civil ou em qualquer outro domínio".

Artigo 32º – Registo de processos de recrutamento

1. Todas as entidades devem manter durante cinco anos o registo dos processos de recrutamento efetuados, devendo constar do mesmo, com desagregação por sexo, os seguintes elementos:

_a_) Convites para o preenchimento de lugares;

_b_) Anúncios de oferta de emprego;

_c_) Número de candidaturas para apreciação curricular;

_d_) Número de candidatos presentes em entrevistas de pré-seleção;

_e_) Número de candidatos aguardando ingresso;

_f_) Resultados de testes ou provas de admissão ou seleção;

_g_) Balanços sociais relativos a dados, que permitam analisar a existência de eventual discriminação de pessoas de um dos sexos no acesso ao emprego, formação e promoção profissionais e condições de trabalho.

2. Constitui contraordenação leve a violação do disposto neste artigo.

COMENTÁRIOS:

1. Antecedentes legislativos: Arts. 40º, da RCT e 6º, da L nº 105/97, de 13 de setembro.

2. O presente artigo tem que ser articulado com o art. 21º, da L nº 58/2019, de 8 de agosto, no que concerne à conservação dos dados pessoais.

SUBSECÇÃO IV – Parentalidade

Artigo 33º – Parentalidade

1. A maternidade e a paternidade constituem valores sociais eminentes.

2. Os trabalhadores têm direito à proteção da sociedade e do Estado na realização da sua insubstituível ação em relação ao exercício da parentalidade.

COMENTÁRIOS:

1. Antecedentes legislativos: Arts. 33º, do CT/2003 e 1º, da L nº 4/84, de 05 de abril.

2. Cfr. a Convenção nº 183, relativa à Revisão da Convenção (Revista) sobre a Proteção da Maternidade, 1952, adotada pela Conferência Geral da Organização Internacional do Trabalho, na sua 88ª Sessão, realizada em Genebra em 15 de junho de 2000, ratificada pelo Decreto do Presidente da República nº 137/2012, de 08 de agosto e aprovada pela Resolução da Assembleia da República nº 108/2012, de 08 de agosto.

3. O TJ fez notar que o art. 45º, do TFUE, "deve ser interpretado no sentido de que uma mulher, que deixa de trabalhar ou de procurar emprego em razão dos constrangimentos físicos ligados às últimas fases da gravidez e na sequência do parto, mantém a qualidade de «trabalhador», na aceção desse artigo, na condição de retomar o trabalho ou encontrar outro emprego num período de tempo razoável após o nascimento do filho". [Ac. de 19.06.14 *in* JOUE, C-282, de 25.08.14 (Proc. C-507/12)].

4. No proc. C-463/19, o TJ concluiu que os "artigos 14º e 28º da Diretiva 2006/54/CE do Parlamento Europeu e do Conselho, de 5 de julho de 2006, relativa à aplicação do princípio da igualdade de oportunidades e igualdade de tratamento entre homens e mulheres em domínios ligados ao emprego e à atividade profissional, lidos à luz da Diretiva 92/85/CEE do Conselho, de 19 de outubro de 1992, relativa à implementação de medidas destinadas a promover a melhoria da segurança e da saúde das trabalha-

doras grávidas, puérperas ou lactantes no trabalho (décima diretiva especial na aceção do nº 1 do artigo 16º da Diretiva 89/391/CEE), devem ser interpretados no sentido de que não se opõem à disposição de uma convenção coletiva nacional que reserva às trabalhadoras que têm os filhos a cargo o direito a uma licença após o termo da licença legal de maternidade, na condição de essa licença suplementar visar proteger as trabalhadoras no que respeita tanto às consequências da gravidez como à maternidade, o que cabe ao órgão jurisdicional de reenvio verificar, tendo em consideração, nomeadamente, as condições de concessão da licença, as modalidades e a duração da mesma, bem como o correspondente nível de proteção jurídica". (Ac. de 18.11.20 *in* JOUE, C-28, de 25.01.21).

Artigo 33º-A – Referências

1. Todas as referências feitas na presente subsecção à mãe e ao pai consideram-se efetuadas aos titulares do direito de parentalidade, salvo as que resultem da condição biológica daqueles.

2. O titular do direito de parentalidade que se enquadre no disposto nas alíneas *a*) ou *b*) do nº 1 do artigo 36º goza da licença parental exclusiva da mãe, gozando o outro titular do direito de parentalidade da licença exclusiva do pai.

3. Às situações de adoção por casais do mesmo sexo aplica-se o disposto nos artigos 44º e 64º.

COMENTÁRIOS:

1. O presente artigo foi aditado pela L nº 90/2019, de 04 de setembro.

2. Com este aditamento, o legislador teve em consideração que a parentalidade hoje está para além da figura tradicional pai/mãe. Basta ter em consideração, por exemplo, a adoção por casais do mesmo sexo, permitida pela L nº 2/2016, de 29 de fevereiro.

Paulo Duarte Santos e Outros, *Brevíssimas notas sobre as alterações ao Código do Trabalho (a Lei nº 90/2019, de 4 de setembro e a Lei nº 93/2019, de 4 de setembro)*, p. 15, referem que "no caso de um casal lésbico ter uma criança, será a mãe grávida quem goza a licença mais longa, mas no caso de um casal lésbico ou gay adotar uma criança, será avisado o empregador e a Segurança Social sobre quem gozará a licença mais longa, sendo certo que, em ambos os casos, o outro elemento do casal goza a licença mais curta".

3. Goza da licença parental exclusiva da mãe a trabalhadora grávida ou a trabalhadora puérpera, gozando o outro titular do direito de parentalidade da licença exclusiva do pai [nº 2 e o art. 36º, nº 1, als. *a*) e *b*)].

4. O nº 3 prevê, expressamente, a aplicabilidade dos regimes da licença por adoção (art. 44º) e da extensão de direitos atribuídos a progenitores (art. 64º) às situações de adoção por casais do mesmo sexo.

Artigo 34º – Articulação com regime de proteção social

1. A proteção social nas situações previstas na presente subsecção, designadamente os regimes de concessão de prestações sociais para os diferentes períodos de licença por parentalidade, consta de legislação específica.

2. Para efeitos do disposto na presente subsecção, consideram-se equivalentes a períodos de licença parental os períodos de concessão das prestações sociais correspondentes, atribuídas a um dos progenitores no âmbito do subsistema de solidariedade e do sistema previdencial da segurança social ou outro regime de proteção social de enquadramento obrigatório.

COMENTÁRIOS:

1. Antecedentes legislativos: Arts. 103º a 106º, da RCT.

2. A proteção na parentalidade no âmbito da eventualidade maternidade, paternidade e adoção do sistema previdencial e do subsistema de solidariedade foi definida e regulamentada pelo DL nº 91/2009, de 09 de abril.

Já a proteção na parentalidade, no âmbito da eventualidade maternidade, paternidade e adoção, dos trabalhadores que exercem funções públicas integrados no regime de proteção social convergente foi regulada pelo DL nº 89/2009, de 09 de abril.

3. As regras para a determinação da condição de recursos a ter em conta na atribuição e manutenção das prestações do subsistema de proteção familiar e do subsistema de solidariedade foram estabelecidas pelo DL nº 70/2010, de 16 de junho.

Artigo 35º – Proteção na parentalidade

1. A proteção na parentalidade concretiza-se através da atribuição dos seguintes direitos:

***a*) Licença em situação de risco clínico durante a gravidez;**

***b*) Licença para deslocação a unidade hospitalar localizada fora da ilha de residência para realização de parto;**

***c*) Licença por interrupção de gravidez;**

***d*) Licença parental, em qualquer das modalidades;**

***e*) Licença por adoção;**

f) Dispensa da prestação de trabalho por parte de trabalhadora grávida, puérpera ou lactante, por motivo de proteção da sua segurança e saúde, e respetivo acompanhante, nas deslocações interilhas das regiões autónomas;

g) Licença parental complementar em qualquer das modalidades;

h) Dispensa da prestação de trabalho por parte de trabalhadora grávida, puérpera ou lactante, por motivo de proteção da sua segurança e saúde;

i) Dispensa para consulta pré-natal;

j) Dispensa para avaliação para adoção;

k) Dispensa para amamentação ou aleitação;

l) Faltas para assistência a filho;

m) Faltas para assistência a neto;

n) Licença para assistência a filho;

o) Licença para assistência a filho com deficiência, doença crónica ou doença oncológica;

p) Trabalho a tempo parcial de trabalhador com responsabilidades familiares;

q) Horário flexível de trabalhador com responsabilidades familiares;

r) Dispensa de prestação de trabalho em regime de adaptabilidade;

s) Dispensa de prestação de trabalho suplementar;

t) Dispensa de prestação de trabalho no período noturno.

2. Os direitos previstos no número anterior apenas se aplicam, após o nascimento do filho, a trabalhadores progenitores que não estejam impedidos ou inibidos totalmente do exercício do poder paternal, com exceção do direito de a mãe gozar 14 semanas de licença parental inicial e dos referentes a proteção durante a amamentação.

COMENTÁRIOS:

1. O presente artigo tem a redação introduzida pela L nº 90/2019, de 04 de setembro.

2. Com o aditamento das als. *b*) e *f*) pela L nº 90/2019, passou a constar do elenco dos direitos que concretizam a proteção na parentalidade a licença para deslocação a unidade hospitalar localizada fora da ilha de residência para realização de parto e a dispensa da prestação de trabalho por parte de trabalhadora grávida, puérpera ou lactante, por motivo de proteção da sua segurança e saúde, e respetivo acompanhante, nas deslocações interilhas das regiões autónomas.

No que tange à atual al. *o*) é de realçar que, para além da licença para assistência a filho com deficiência e doença crónica, está agora também prevista a licença para assistência a filho com doença oncológica.

As alterações ao presente artigo entraram em vigor com o Orçamento do Estado posterior à sua publicação (art. 9º, nº 1, al. *a*), da L nº 90/2019).

3. O presente artigo reforça a igualdade de direitos do pai e da mãe no que se refere ao exercício da parentalidade, adotando a designação licença parental em detrimento da denominação licença de maternidade e paternidade e fomentando a sua partilha entre os progenitores. Cfr. exposição de motivos.

4. O regime jurídico do Apadrinhamento Civil, aprovado pela L nº 103/2009, de 11 de setembro (alterada pela L nº 141/2015, de 08 de setembro), define a figura como "uma relação jurídica, tendencialmente de caráter permanente, entre uma criança ou jovem e uma pessoa singular ou uma família que exerça os poderes e deveres próprios dos pais e que com ele estabeleçam vínculos afetivos que permitam o seu bem-estar e desenvolvimento, constituída por homologação ou decisão judicial e sujeita a registo civil" (art. 2º).

O art. 23º, nº 1, desse diploma, confere aos padrinhos e ao afilhado o direito a:

a) Beneficiar do regime jurídico de faltas e licenças equiparado ao dos pais e dos filhos;

b) Beneficiar de prestações sociais nos mesmos termos dos pais e dos filhos;

c) Acompanhar-se reciprocamente na assistência na doença, como se fossem pais e filhos.

5. A necessidade de proteção da família está reconhecida pelo art. 33º, do CDFUE. Com efeito, nos termos do nº 2, deste preceito, todas as pessoas têm direito a uma licença por maternidade paga e a uma licença parental pelo nascimento ou adoção de um filho, a fim de poderem conciliar a vida familiar e a vida profissional.

Artigo 35º-A – Proibição de discriminação pelo exercício dos direitos de maternidade e paternidade

1. É proibida qualquer forma de discriminação em função do exercício pelos trabalhadores dos seus direitos de maternidade e paternidade.

2. Incluem-se na proibição do nº 1, nomeadamente, discriminações remuneratórias relacionadas com a atribuição de prémios de assiduidade e produtividade, bem como afetações desfavoráveis em termos da progressão na carreira.

COMENTÁRIOS:

1. O presente artigo foi aditado pela L nº 90/2019, de 04 de setembro.

2. Com o aditamento do presente artigo, procurou-se incluir expressamente no elenco dos fatores de discriminação o exercício dos direitos de maternidade e paternidade, o qual não estava previsto no art. 24º.

A prática de ato discriminatório lesivo do trabalhador confere-lhe o direito a indemnização por danos patrimoniais e não patrimoniais, nos termos gerais (art. 28º).

3. A título exemplificativo, o nº 2 refere que estão incluídos nesta proibição as discriminações remuneratórias relacionadas com a atribuição de prémios de assiduidade e produtividade, bem como afetações desfavoráveis em termos da progressão na carreira. Não podemos esquecer que o art. 31º, nº 4, já proíbe as diferenças retributivas fundadas nas licenças, faltas ou dispensas relativas à proteção na parentalidade. No entanto, com o presente artigo, o legislador pretendeu alargar o espectro da proibição a zonas da relação laboral tão sensíveis como a assiduidade, a produtividade e a carreira.

4. O TJ opôs-se:

– A uma "legislação nacional que, por motivos de interesse público, exclui uma mulher que goze de licença de maternidade de uma formação profissional que faz parte integrante do seu posto e que é obrigatória para poder obter uma nomeação definitiva num cargo de funcionário e para beneficiar de uma melhoria das suas condições de trabalho, garantindo lhe, porém, o direito de participar numa próxima formação a organizar, mas cuja data é incerta". [Ac. de 06.03.14 *in* JOUE, C-129, de 28.04.14 (Proc. C-595/12)];

– A que, "na avaliação de trabalhadores no âmbito da extinção de lugares de funcionários devido a uma recessão económica nacional, um trabalhador que se encontra em licença parental seja avaliado na sua ausência com base em princípios e critérios de avaliação que o colocam numa situação desfavorável relativamente aos trabalhadores que não gozaram essa licença." [Ac. de 20.06.13 *in* JOUE, C-225, de 03.08.13 (Proc. C-7/12)];

– A que uma legislação como a que "está em causa no processo principal, que permite a destituição de um membro da direção de uma sociedade de capitais sem restrições, quando a pessoa interessada tenha a qualidade de «trabalhadora grávida» na aceção desta diretiva e a decisão de destituição que lhe diz respeito se baseie essencialmente no seu estado de gravidez. [Ac. de 01.11.10 *in* JOUE, C-13, de 15.01.11 (Proc. C-232/09)].

Artigo 36º – Conceitos em matéria de proteção da parentalidade

1. No âmbito do regime de proteção da parentalidade, entende-se por:

***a*) Trabalhadora grávida, a trabalhadora em estado de gestação que informe o empregador do seu estado, por escrito, com apresentação de atestado médico;**

***b*) Trabalhadora puérpera, a trabalhadora parturiente e durante um período de 120 dias subsequentes ao parto que informe o empregador do seu estado, por escrito, com apresentação de atestado médico ou certidão de nascimento do filho;**

c) Trabalhadora lactante, a trabalhadora que amamenta o filho e informe o empregador do seu estado, por escrito, com apresentação de atestado médico.

2. O regime de proteção da parentalidade é ainda aplicável desde que o empregador tenha conhecimento da situação ou do facto relevante.

COMENTÁRIOS:

1. Antecedentes legislativos: Arts. 34º, do CT/2003 e 2º, da L nº 4/84, de 05 de abril.

2. Questiona-se amiúde até que ponto impende sobre a trabalhadora, na qualidade de grávida, puérpera ou lactante, o dever de informar o empregador do seu estado, enquanto informação relacionada com a sua execução laboral. Atendendo ao disposto na al. *b*), do nº 1, do art. 17º, ao empregador é vedado o direito de exigir informação sobre o estado de gravidez (e, por inerência, sobre os restantes estados), salvo quando "particulares exigências inerentes à natureza da atividade profissional o justifiquem" e seja "fornecida por escrito a respetiva fundamentação".

Jorge Leite exprimia, nas suas lições orais, que à trabalhadora era conferido o "dever de mentir", para acentuar, de forma mais assertiva, o direito da trabalhadora (ou candidata) de não partilhar essa informação com o empregador. Esse direito de não partilha informativa converte-se em dever de partilha nos casos em que as "particulares exigências inerentes à natureza da atividade profissional o justifiquem" (*v.* nota ao art 17º). Catarina de Oliveira Carvalho, *A proteção da maternidade e paternidade no Código do Trabalho*, p. 56 e ss., cita abundante jurisprudência comunitária que desconsidera o valor informativo da informação sobre o estado, atendendo a que, entre outros argumentos, tal esvaziaria o "efeito protetor do art. 10º da Diretiva nº 92/85/CEE".

Naturalmente que a trabalhadora deve comunicar e demonstrar a natureza do seu estado, nos casos em que pretenda receber a proteção conferida por lei ao instituto da maternidade. De notar, no entanto, que a maternidade, como estado, não é geradora de uma incapacidade para o trabalho. Por sua vez, a gravidez e consequente parto apenas implicam uma incapacidade temporária.

Nos três estados, o dever de informar deve ser prestado por escrito. Na nossa ótica, a norma, mais do que sancionar a trabalhadora, pretende protegê-la, impedindo a arguição de um eventual desconhecimento por parte da contraparte.

A RP decidiu que as informações por escrito exigidas nas alíneas do nº 1, para o reconhecimento da condição de trabalhadora grávida, puérpera ou lactante, têm natureza *ad substantiam*. [Ac. de 12.09.11 *in* www.dgsi.pt (Proc. nº 963/08.8TTPRT.P1)].

Já a RL considerou que a "informação escrita da trabalhadora ao empregador de que se encontra a amamentar o filho constitui uma formalidade *ad probationem*". (Ac. 26.06.05 *in* CJ, Ano XXX, Tomo IV, p. 156).

Artigo 37º – Licença em situação de risco clínico durante a gravidez

1. Em situação de risco clínico para a trabalhadora grávida ou para o nascituro, impeditivo do exercício de funções, independentemente do motivo que determine esse impedimento e esteja este ou não relacionado com as condições de prestação do trabalho, caso o empregador não lhe proporcione o exercício de atividade compatível com o seu estado e categoria profissional, a trabalhadora tem direito a licença, pelo período de tempo que por prescrição médica for considerado necessário para prevenir o risco, sem prejuízo da licença parental inicial.

2. Para o efeito previsto no número anterior, a trabalhadora informa o empregador e apresenta atestado médico que indique a duração previsível da licença, prestando essa informação com a antecedência de 10 dias ou, em caso de urgência comprovada pelo médico, logo que possível.

3. Constitui contraordenação muito grave a violação do disposto no nº 1.

COMENTÁRIOS:

Antecedentes legislativos: Arts. 35º e 643º, do CT/2003; 68º, da RCT e 10º, da L nº 4/84, de 05 de abril.

Artigo 37º-A – Licença para deslocação a unidade hospitalar localizada fora da ilha de residência para realização de parto

1. A trabalhadora grávida que se desloque a unidade hospitalar localizada fora da sua ilha de residência para realização de parto, por indisponibilidade de recursos técnicos e humanos na ilha de residência, tem direito a licença pelo período de tempo que, por prescrição médica, for considerado necessário e adequado à deslocação para aquele fim, sem prejuízo da licença parental inicial.

2. Para o efeito previsto no nº 1, a trabalhadora informa o empregador e apresenta atestado médico que indique a duração previsível da licença, prestando essa informação com a antecedência de 10 dias ou, em caso de urgência comprovada pelo médico, logo que possível.

3. Constitui contraordenação muito grave a violação do disposto no nº 1.

COMENTÁRIOS:

1. O presente artigo foi aditado pela L nº 90/2019, de 04 de setembro, entrando em vigor com o Orçamento do Estado posterior à publicação dessa lei.

2. Com o presente artigo, à trabalhadora grávida que se desloque a unidade hospitalar localizada fora da sua ilha de residência para realização de parto, é reconhecido o

direito a licença anterior ao parto pelo período de tempo necessário e adequado à deslocação para aquele fim, tudo sem prejuízo da licença parental inicial cuja duração fica assim intocada.

Artigo 38º – Licença por interrupção da gravidez

1. Em caso de interrupção da gravidez, a trabalhadora tem direito a licença com duração entre 14 e 30 dias.

2. Para o efeito previsto no número anterior, a trabalhadora informa o empregador e apresenta, logo que possível, atestado médico com indicação do período da licença.

3. Constitui contraordenação muito grave a violação do disposto no nº 1.

COMENTÁRIOS:

Antecedentes legislativos: Arts. 35º e 643º, do CT/2003 e 10º, da L nº 4/84, de 05 de abril.

Artigo 39º – Modalidades de licença parental

A licença parental compreende as seguintes modalidades:

_a_) Licença parental inicial;

_b_) Licença parental inicial exclusiva da mãe;

_c_) Licença parental inicial a gozar pelo pai por impossibilidade da mãe;

_d_) Licença parental exclusiva do pai.

COMENTÁRIOS:

A licença parental inicial atribui à mãe e ao pai a partilha de 120 ou 150 dias consecutivos a seguir ao parto (art. 40º, nº 1). A referida licença é acrescida em 30 dias, no caso de cada um dos progenitores gozar, em exclusivo, um período de 30 dias consecutivos, ou dois períodos de 15 dias consecutivos, após o gozo obrigatório pela mãe de seis semanas de licença a seguir ao parto (art. 40º, nº 3).

Com a L nº 120/2015, de 01 de setembro, a qual aditou o nº 2, do citado art. 40º, essa mesma licença passou a poder ser gozada em simultâneo pelos progenitores entre os 120 e os 150 dias.

A licença parental inicial exclusiva da mãe encontra-se prevista no art. 41º, sendo de seis semanas a seguir ao parto (nº 2) e podendo a mãe gozar até 30 dias da mesma antes do parto (nº 1).

A licença parental inicial a gozar pelo pai por impossibilidade da mãe consta do art. 42º, nº 3.

A licença parental exclusiva do pai está tratada no nº 1, art. 43º, sendo de 20 dias úteis seguidos ou interpolados, nas seis semanas seguintes ao nascimento da criança, cinco dos quais gozados de modo consecutivo imediatamente a seguir a este.

O pai tem ainda direito ao gozo de mais 5 dias úteis de licença, seguidos ou interpolados, desde que gozados em simultâneo com o gozo da licença parental inicial por parte da mãe (nº 2, do art. 43º).

Artigo 40º – Licença parental inicial

1. A mãe e o pai trabalhadores têm direito, por nascimento de filho, a licença parental inicial de 120 ou 150 dias consecutivos, cujo gozo podem partilhar após o parto, sem prejuízo dos direitos da mãe a que se refere o artigo seguinte.

2. O gozo da licença referida no número anterior pode ser usufruído em simultâneo pelos progenitores entre os 120 e os 150 dias.

3. A licença referida no nº 1 é acrescida em 30 dias, no caso de cada um dos progenitores gozar, em exclusivo, um período de 30 dias consecutivos, ou dois períodos de 15 dias consecutivos, após o período de gozo obrigatório pela mãe a que se refere o nº 2 do artigo seguinte.

4. No caso de nascimentos múltiplos, o período de licença previsto nos números anteriores é acrescido de 30 dias por cada gémeo além do primeiro.

5. Em situação de internamento hospitalar da criança imediatamente após o período recomendado de internamento pós-parto, devido a necessidade de cuidados médicos especiais para a criança, a licença referida no nº 1 é acrescida do período de internamento, até ao limite máximo de 30 dias, sem prejuízo do disposto nos nºs 3 e 4.

6. Nas situações previstas no nº 5 em que o parto ocorra até às 33 semanas inclusive, a licença referida no nº 1 é acrescida de todo o período de internamento.

7. Sem prejuízo do disposto no nº 6, nas situações em que o parto ocorra até às 33 semanas inclusive a licença referida no nº 1 é acrescida em 30 dias.

8. Em caso de partilha do gozo da licença, a mãe e o pai informam os respetivos empregadores, até sete dias após o parto, após o termo do período do internamento referido nos nºs 5 e 6 ou do período de 30 dias estabelecido no nº 7, do início e termo dos períodos a gozar por cada um, entregando, para o efeito, declaração conjunta ou, quando aplicável, declaração do outro progenitor da qual conste que o mesmo exerce atividade profissional.

9. O gozo da licença parental inicial em simultâneo, de mãe e pai que trabalhem na mesma empresa, sendo esta uma microempresa, depende de acordo com o empregador.

10. Caso a licença parental não seja partilhada pela mãe e pelo pai, e sem prejuízo dos direitos da mãe a que se refere o artigo seguinte, o progenitor que gozar a licença informa o respetivo empregador, até sete dias após o parto, da duração da licença e do início do respetivo período, juntando declaração

do outro progenitor da qual conste que o mesmo exerce atividade profissional e que não goza a licença parental inicial.

11. Na falta da declaração referida no nº 8 a licença é gozada pela mãe.

12. Em caso de internamento hospitalar da criança ou do progenitor que estiver a gozar a licença prevista nos nºs 1, 2 ou 3 durante o período após o parto, o período de licença suspende-se, a pedido do progenitor, pelo tempo de duração do internamento.

13. O acréscimo da licença previsto nos nºs 5, 6 e 7 e a suspensão da licença prevista no nº 12 são feitos mediante comunicação ao empregador, acompanhada de declaração emitida pelo estabelecimento hospitalar.

14. A situação de suspensão da licença em caso de internamento hospitalar da criança, prevista no nº 12, não se aplica às situações nem durante os períodos previstos nos nºs 5 e 6.

15. Constitui contraordenação muito grave a violação do disposto nos nºs 1, 2, 3, 4, 5, 6, 7, 8, 10 ou 11.

COMENTÁRIOS:

1. Antecedentes legislativos: Arts. 35º e 643º, do CT/2003; 68º, da RCT e 10º, da L nº 4/84, de 05 de abril.

2. O presente artigo foi alterado pela L nº 120/2015, de 01 de setembro e pela L nº 90/2019, de 04 de setembro. As alterações introduzidas por esta última lei, entraram em vigor com o Orçamento do Estado posterior à sua publicação.

3. Uma das grandes modificações resultantes da L nº 90/2019 foi o aditamento dos nºs 5 a 8, os quais preveem os acréscimos à licença referida no nº 1, no caso de internamento hospitalar da criança imediatamente após o período recomendado de internamento pós-parto, devido a necessidade de cuidados médicos especiais.

Assim, à licença parental inicial de 120 ou 150 dias consecutivos acresce aquele período de internamento, até ao limite máximo de 30 dias (nº 5). Por força da ressalva prevista na parte final do nº 5, este aditamento temporal é cumulável com o acréscimo de 30 dias, no caso de cada um dos progenitores gozar, em exclusivo, um período de 30 dias consecutivos, ou dois períodos de 15 dias consecutivos, após o período de gozo obrigatório pela mãe a que se refere o nº 2, do art. 41º (nº 3), bem como com o acréscimo de 30 dias por cada gémeo além do primeiro, no caso de nascimentos múltiplos (nº 4).

No caso de internamento hospitalar da criança devido a necessidade de cuidados médicos especiais, se o parto ocorrer até às 33 semanas inclusive, o acréscimo corresponde a todo o período de internamento (nº 6).

Embora o presente artigo não prima pela clareza, da leitura conjugada dos nºs 5, 6 e 7, parece resultar que, se o parto ocorrer até às 33 semanas inclusive, sem que tenha havido internamento hospitalar para prestar cuidados médicos especiais à criança, a licença referida no nº 1 é acrescida em 30 dias.

Note-se que o acréscimo da licença é feito mediante comunicação ao empregador, acompanhada de declaração emitida pelo estabelecimento hospitalar (nº 13).

Chamamos ainda a atenção para o dever que impende sobre a mãe e o pai, no caso de partilha do gozo da licença, de informar os respetivos empregadores, até sete dias após o parto, após o termo do período do internamento referido nos nºs 5 e 6 ou do período de 30 dias estabelecido no nº 7, do início e termo dos períodos a gozar por cada um (nº 8). Para cumprir este dever de informação, o nº 8 obriga à entrega de declaração conjunta ou, quando aplicável, declaração do outro progenitor da qual conste que o mesmo exerce atividade profissional, sob pena de a licença ser gozada apenas pela mãe (nº 11).

Conforme refere expressamente o nº 14, as situações previstas nos nºs 5 e 6 não se confundem com o internamento hospitalar da criança ou do progenitor que estiver a gozar a licença prevista nos nºs 1, 2 ou 3 durante o período após o parto (nº 12). Neste caso, a consequência é a suspensão do período de licença, a pedido do progenitor, pelo tempo de duração do internamento (nº 12). Esta suspensão é feita mediante comunicação ao empregador, acompanhada de declaração emitida pelo estabelecimento hospitalar (nº 13).

4. Uma das novidades do CT/2009, foi o acréscimo de 30 dias à licença parental inicial, no caso de cada um dos progenitores gozar, em exclusivo, um período de 30 dias ou dois períodos de 15 dias consecutivos, após o período de seis semanas de licença obrigatória da mãe a seguir ao parto (cfr., articuladamente, o nº 3 e o art. 41º, nº 2).

5. Com a L nº 120/2015, que aditou o nº 2, a licença parental inicial por nascimento de filho passou a poder ser gozada em simultâneo pelos progenitores entre os 120 e os 150 dias.

6. O direito de gozo simultâneo da licença parental inicial por progenitores que trabalhem na mesma empresa pode constituir um fator significativo de diminuição da sua capacidade produtiva. Talvez prevendo esta eventualidade, o legislador, no nº 9, fez depender este gozo do acordo do empregador, caso o pai e a mãe trabalhem na mesma empresa e esta seja uma microempresa.

7. A "mãe e o pai trabalhadores envolvidos no processo de acolhimento familiar de crianças até 1 ano de idade têm direito a licença parental, sendo aplicável, com as devidas adaptações, o regime previsto nos artigos 40º a 44º do Código do Trabalho" (nº 3, do art. 44º-B, do DL 11/2008, de 17 de janeiro). Note-se que este preceito não foi revo-

gado pelo DL nº 139/2019, de 16 de setembro, que aprovou o regime de execução do acolhimento familiar como medida de promoção dos direitos e de proteção das crianças e jovens em perigo.

Artigo 41º – Períodos de licença parental exclusiva da mãe

1. A mãe pode gozar até 30 dias da licença parental inicial antes do parto.

2. É obrigatório o gozo, por parte da mãe, de seis semanas de licença a seguir ao parto.

3. A trabalhadora que pretenda gozar parte da licença antes do parto deve informar desse propósito o empregador e apresentar atestado médico que indique a data previsível do parto, prestando essa informação com a antecedência de 10 dias ou, em caso de urgência comprovada pelo médico, logo que possível.

4. Constitui contraordenação muito grave a violação do disposto nos nºs 1 ou 2.

COMENTÁRIOS:

Antecedentes legislativos: Arts. 35º e 643º, do CT/2003; 68º, da RCT e 10º, da L nº 4/84, de 05 de abril.

Artigo 42º – Licença parental inicial a gozar por um progenitor em caso de impossibilidade do outro

1. O pai ou a mãe tem direito a licença, com a duração referida nos nºs 1, 3, 4, 5, 6 ou 7 do artigo 40º, ou do período remanescente da licença, nos casos seguintes:

a) Incapacidade física ou psíquica do progenitor que estiver a gozar a licença, enquanto esta se mantiver;

b) Morte do progenitor que estiver a gozar a licença.

2. Apenas há lugar à duração total da licença referida no nº 3 do artigo 40º caso se verifiquem as condições aí previstas, à data dos factos referidos no nº 1.

3. Em caso de morte ou incapacidade física ou psíquica da mãe, a licença parental inicial a gozar pelo pai tem a duração mínima de 30 dias.

4. Em caso de morte ou incapacidade física ou psíquica de mãe não trabalhadora nos 120 dias a seguir ao parto, o pai tem direito a licença nos termos do nº 1, com a necessária adaptação, ou do número anterior.

5. Para efeito do disposto nos números anteriores, o pai informa o empregador, logo que possível e, consoante a situação, apresenta atestado médico comprovativo ou certidão de óbito e, sendo caso disso, declara o período de licença já gozado pela mãe.

6. Constitui contraordenação muito grave a violação do disposto nos nºs 1 a 4.

COMENTÁRIOS:

1. Antecedentes legislativos: Arts. 36º e 643º, do CT/2003; 69º, da RCT e 11º, da L nº 4/84, de 05 de abril.

2. O presente artigo tem a redação introduzida pela L nº 90/2019, de 04 de setembro, a qual alterou o corpo do nº 1 (ajustando-o à nova versão do art. 40º) e o nº 2. Note-se que as modificações introduzidas por esta lei, entraram em vigor com o Orçamento do Estado posterior à sua publicação.

Artigo 43º – Licença parental exclusiva do pai

1. É obrigatório o gozo pelo pai de uma licença parental de 20 dias úteis, seguidos ou interpolados, nas seis semanas seguintes ao nascimento da criança, cinco dos quais gozados de modo consecutivo imediatamente a seguir a este.

2. Após o gozo da licença prevista no nº 1, o pai tem ainda direito a cinco dias úteis de licença, seguidos ou interpolados, desde que gozados em simultâneo com o gozo da licença parental inicial por parte da mãe.

3. No caso de nascimentos múltiplos, à licença prevista nos números anteriores acrescem dois dias por cada gémeo além do primeiro.

4. Para efeitos do disposto nos números anteriores, o trabalhador deve avisar o empregador com a antecedência possível que, no caso previsto no nº 2, não deve ser inferior a cinco dias.

5. Constitui contraordenação muito grave a violação do disposto nos nºs 1, 2 ou 3.

COMENTÁRIOS:

1. Antecedentes legislativos: Arts. 36º e 643º, do CT/2003; 69º, da RCT e 11º, da L nº 4/84, de 05 de abril.

2. O presente artigo tem a redação resultante da L nº 120/2015, de 01 de setembro e da L nº 90/2019, de 04 de setembro. Note-se que as modificações introduzidas por esta última lei, entraram em vigor com o Orçamento do Estado posterior à sua publicação.

3. Com a L nº 90/2019, a licença parental foi alargada de 15 para 20 dias úteis. De igual modo, o período em que a mesma pode ser gozada passou de 30 dias para seis semanas seguintes ao nascimento da criança (nº 1).

Já o período da licença *suplementar*, previsto para os casos de gozo em simultâneo com a licença parental inicial por parte da mãe, foi reduzido de 10 para 5 dias úteis, seguidos ou interpolados (nº 2).

4. Com a L nº 120/2015, que já tinha alterado o nº 1, assistíramos a um reforço dos direitos do pai trabalhador. Com efeito, o período de gozo obrigatório de licença parental passara de 10 para 15 dias. Sendo que 5 desses dias deviam ser gozados de modo consecutivo imediatamente a seguir ao nascimento do filho. Este reforço tem sido gradual, uma vez que, no CT/2003, o período desta licença era de 5 dias, tendo, com o CT/2009, aumentado para 10.

5. A RP não reconheceu o direito do trabalhador ao gozo da licença por paternidade, por decisão conjunta dos pais, "se a mãe for trabalhadora independente ou sócia gerente de uma sociedade por quotas". (Ac. de 11.04.11 *in* www.dgsi.pt (Proc. nº 371/09.3TTOAZ.P1) e CJ, Ano XXXVI, Tomo II, p. 251).

O TJ opôs-se "a um regime nacional que priva um funcionário do direito à licença parental pelo facto de a sua mulher não trabalhar nem exercer qualquer profissão, a menos que ela seja considerada não idónea para cuidar da prole devido a doença grave ou incapacidade". [Ac. de 16.07.15 *in* JOUE, C-302, de 14.09.15 (Proc. C-222/14)].

Ao invés, não se opôs "a uma medida nacional, que prevê que o pai de uma criança, com o estatuto de trabalhador por conta de outrem, possa, com o acordo da mãe, igualmente com o estatuto de trabalhador por conta de outrem, beneficiar de uma licença de maternidade no período subsequente às seis semanas após o parto de descanso obrigatório da mãe, com exceção dos casos em que haja perigo para a saúde da mãe, ao passo que um pai com o estatuto de trabalhador por conta de outrem não pode beneficiar dessa licença se a mãe do seu filho não dispuser do estatuto de trabalhador por conta de outrem e não estiver inscrita num regime público de segurança social". [Ac. de 19.09.13 *in* JOUE, C-344, de 23.11.13 (Proc. C-5/12)].

Artigo 44º – Licença por adoção

1. Em caso de adoção de menor de 15 anos, o candidato a adotante tem direito à licença referida nos nºs 1 a 3 do artigo 40º

2. No caso de adoções múltiplas, o período de licença referido no número anterior é acrescido de 30 dias por cada adoção além da primeira.

3. Havendo dois candidatos a adotantes, a licença deve ser gozada nos termos dos nºs 1 a 3 do artigo 40º

4. O candidato a adotante não tem direito a licença em caso de adoção de filho do cônjuge ou de pessoa com quem viva em união de facto.

5. Em caso de incapacidade ou falecimento do candidato a adotante durante a licença, o cônjuge sobrevivo, que não seja candidato a adotante e com quem o adotando viva em comunhão de mesa e habitação, tem direito a licença correspondente ao período não gozado ou a um mínimo de 14 dias.

6. A licença tem início a partir da confiança judicial ou administrativa, nos termos do regime jurídico da adoção.

7. Quando a confiança administrativa consistir na confirmação da permanência do menor a cargo do adotante, este tem direito a licença, pelo período remanescente, desde que a data em que o menor ficou de facto a seu cargo tenha ocorrido antes do termo da licença parental inicial.

8. Em caso de internamento hospitalar do candidato a adotante ou do adotando, o período de licença é suspenso pelo tempo de duração do internamento, devendo aquele comunicar esse facto ao empregador, apresentando declaração comprovativa passada pelo estabelecimento hospitalar.

9. Em caso de partilha do gozo da licença, os candidatos a adotantes informam os respetivos empregadores, com a antecedência de 10 dias ou, em caso de urgência comprovada, logo que possível, fazendo prova da confiança judicial ou administrativa do adotando e da idade deste, do início e termo dos períodos a gozar por cada um, entregando para o efeito declaração conjunta.

10. Caso a licença por adoção não seja partilhada, o candidato a adotante que gozar a licença informa o respetivo empregador, nos prazos referidos no número anterior, da duração da licença e do início do respetivo período.

11. Constitui contraordenação muito grave a violação do disposto nos nºs 1 a 3, 5, 7 ou 8.

COMENTÁRIOS:

1. Antecedentes legislativos: Arts. 38º e 643º, do CT/2003; 71º e 475º, da RCT e 13º, da L nº 4/84, de 05 de abril.

Em relação ao CT/2003, importa destacar que a licença por adoção passa a beneficiar do mesmo período de duração da licença parental.

2. O presente artigo tem a redação resultante L nº 90/2019, de 04 de setembro, a qual alterou os nºs 1 e 3.

Artigo 45º – Dispensa para avaliação para a adoção

Para efeitos de realização de avaliação para a adoção, os trabalhadores têm direito a três dispensas de trabalho para deslocação aos serviços da segurança social ou receção dos técnicos em seu domicílio, devendo apresentar a devida justificação ao empregador.

COMENTÁRIOS:

Este artigo não constava da proposta de Lei nº 216/X.

Artigo 46º – Dispensa para consulta pré-natal

1. A trabalhadora grávida tem direito a dispensa do trabalho para consultas pré-natais, pelo tempo e número de vezes necessários.

2. A trabalhadora deve, sempre que possível, comparecer a consulta pré-natal fora do horário de trabalho.

3. Sempre que a consulta pré-natal só seja possível durante o horário de trabalho, o empregador pode exigir à trabalhadora a apresentação de prova desta circunstância e da realização da consulta ou declaração dos mesmos factos.

4. Para efeito dos números anteriores, a preparação para o parto é equiparada a consulta pré-natal.

5. O pai tem direito a três dispensas do trabalho para acompanhar a grávida às consultas pré-natais.

6. Constitui contraordenação grave a violação do disposto neste artigo.

COMENTÁRIOS:

1. Antecedentes legislativos: Arts. 39º e 643º, do CT/2003; 72º e 475º, da RCT e 14º, da L nº 4/84, de 05 de abril.

2. O presente artigo tem a redação resultante da L nº 90/2019, de 04 de setembro, a qual alterou o nº 5, substituindo a expressão "trabalhadora" pela expressão "grávida".

3. No presente artigo, é de destacar a concessão, ao pai, do direito a três dispensas ao trabalho para acompanhar a grávida a consultas pré-natais.

Artigo 46º-A – Dispensa para consulta de procriação medicamente assistida

1. O trabalhador tem direito a três dispensas do trabalho para consultas no âmbito de cada ciclo de tratamentos de procriação medicamente assistida (PMA).

2. O empregador pode exigir ao trabalhador a apresentação de prova desta circunstância e da realização da consulta ou declaração dos mesmos factos.

3. Constitui contraordenação grave a violação do disposto neste artigo.

COMENTÁRIOS:

1. O presente artigo foi aditado pela L nº 90/2019, de 04 de setembro.

2. A utilização de técnicas de PMA foi regulada pela L nº 32/2006, de 26 de julho, sendo a última redação a aprovada pela L nº 48/2019, de 08 de julho. Nos termos do nº 1, do seu art. 2º, esta lei aplica-se às seguintes técnicas de PMA: inseminação artificial; fertilização *in vitro*; injeção intracitoplasmática de espermatozoides; transferência

de embriões, gâmetas ou zigotos; diagnóstico genético pré-implantação; outras técnicas laboratoriais de manipulação gamética ou embrionária equivalentes ou subsidiárias.

Estão também aqui abrangidas as situações de gestação de substituição (art. 2º, nº 2, da L nº 32/2006).

3. Com o aditamento do presente artigo, passou a ser garantido ao trabalhador o direito a 3 dispensas para consultas relativas a tratamentos de PMA (nº 1).

Para exercer este direito, pode ser exigido ao trabalhador a apresentação de prova desta circunstância e da realização da consulta ou, em alternativa, declaração dos mesmos factos (nº 2).

4. O TJ entendeu que a Diretiva 92/85/CEE do Conselho, de 19 de outubro de 1992, "deve ser interpretada no sentido de que os Estados-Membros não são obrigados a conceder uma licença de maternidade a título do artigo 8º desta diretiva a uma trabalhadora, na sua qualidade de mãe intencional que teve um filho através de um contrato de maternidade de substituição, mesmo quando pode amamentar essa criança após o parto ou quando a amamenta efetivamente". [Ac. de 18.03.14 *in* JOUE, C-142, de 12.05.14 (Proc. C-167/12)]. Cfr., ainda, do TJ os Acs de 18.03.14 *in* JOUE, C-142, de 12.05.14 (Proc. C-363/12) e de 26.02.08 *in* eur-lex.europa.eu (Proc. C-506/06).

Artigo 47º – Dispensa para amamentação ou aleitação

1. A mãe que amamenta o filho tem direito a dispensa de trabalho para o efeito, durante o tempo que durar a amamentação.

2. No caso de não haver amamentação, desde que ambos os progenitores exerçam atividade profissional, qualquer deles ou ambos, consoante decisão conjunta, têm direito a dispensa para aleitação, até o filho perfazer um ano.

3. A dispensa diária para amamentação ou aleitação é gozada em dois períodos distintos, com a duração máxima de uma hora cada, salvo se outro regime for acordado com o empregador.

4. No caso de nascimentos múltiplos, a dispensa referida no número anterior é acrescida de mais 30 minutos por cada gémeo além do primeiro.

5. Se qualquer dos progenitores trabalhar a tempo parcial, a dispensa diária para amamentação ou aleitação é reduzida na proporção do respetivo período normal de trabalho, não podendo ser inferior a 30 minutos.

6. Na situação referida no número anterior, a dispensa diária é gozada em período não superior a uma hora e, sendo caso disso, num segundo período com a duração remanescente, salvo se outro regime for acordado com o empregador.

7. Constitui contraordenação grave a violação do disposto neste artigo.

COMENTÁRIOS:

1. Antecedentes legislativos: Arts. 39º e 643º, do CT/2003; 73º e 475º, da RCT e 14º, da L nº 4/84, de 05 de abril.

2. Não existe limite ao tempo de amamentação, este mantém-se enquanto perdurar o estado de lactância da mãe (nº 1). Já o direito à dispensa para aleitação só pode ser exercido até o filho perfazer um ano e apenas se ambos os progenitores exercerem atividade profissional (nº 2).

Quer a amamentação, quer a aleitação são distribuídas em dois períodos distintos, com a duração máxima de uma hora cada, salvo se outro regime for acordado com o empregador (nº 3).

É corrente o período ser concentrado, obtendo a mãe ou o pai dispensa de duas horas seguidas antes do final do período de trabalho, o que, quanto a nós, constitui um inequívoco entorse ao fim pretendido pelo legislador.

3. A RP decidiu que do presente artigo e do art. 48º resulta que, "no essencial, o seguinte: *i*) O direito a dispensa do trabalho para amamentação mantém-se durante todo o tempo que durar a amamentação, sem limite, visando-se desse modo possibilitar à trabalhadora a conciliação entre a realização "da sua insubstituível ação" com o dever de prestar a atividade contratada, cumprindo o horário a que está vinculada; *ii*) A dispensa para a amamentação deve concretizar-se em dois períodos distintos, no máximo de uma hora cada, podendo apesar disso ser acordado entre ambos outro regime; *iii*) Para exercer esse direito, a trabalhadora deve comunicar à entidade empregadora que amamenta o filho, fazendo-o com uma antecedência de dez dias e, caso esta dispensa se prolongue para além do primeiro ano de vida do filho, apresentando atestado médico que comprove manter-se a amamentação; *iv*) a dispensa para amamentação não determina perda de quaisquer direitos e é considerada como prestação efetiva de serviço, significando isso, desde logo, que o exercício deste direito não implica perda de retribuição para a trabalhadora". [Ac. de 16.11.15 *in* www.dgsi.pt (Proc. nº 8560/14.2T8PRT-A.P1)].

O STJ determinou que "o empregador tem a obrigação de estabelecer um horário de trabalho compatível com as necessidades de uma trabalhadora lactante, por referência aos períodos de amamentação do filho, sobrepondo-se os interesses de tal trabalhadora aos da entidade patronal, quando esta pretende que a mesma cumpra um horário totalmente desconforme com as aludidas necessidades". Todavia, a "mãe trabalhadora não está obrigada ao cumprimento desse horário de trabalho imposto pela empresa, por se traduzir numa ordem ilegítima, não configurando esse seu comportamento uma situação de justa causa de despedimento". (Ac. de 08.05.12 *in* CJ, Ano XX, Tomo II, p. 256). Cfr., ainda, do STJ, o Ac. de 08.05.12 *in* www.dgsi.pt (Proc. nº 263/06.8TTCSC.L1.S1).

Artigo 48º – Procedimento de dispensa para amamentação ou aleitação

1. Para efeito de dispensa para amamentação, a trabalhadora comunica ao empregador, com a antecedência de 10 dias relativamente ao início da dispensa, que amamenta o filho, devendo apresentar atestado médico se a dispensa se prolongar para além do primeiro ano de vida do filho.

2. Para efeito de dispensa para aleitação, o progenitor:

a) Comunica ao empregador que aleita o filho, com a antecedência de 10 dias relativamente ao início da dispensa;

b) Apresenta documento de que conste a decisão conjunta;

c) Declara qual o período de dispensa gozado pelo outro progenitor, sendo caso disso;

d) Prova que o outro progenitor exerce atividade profissional e, caso seja trabalhador por conta de outrem, que informou o respetivo empregador da decisão conjunta.

COMENTÁRIOS:

Antecedentes legislativos: Art. 73º, da RCT.

Artigo 49º – Falta para assistência a filho

1. O trabalhador pode faltar ao trabalho para prestar assistência inadiável e imprescindível, em caso de doença ou acidente, a filho menor de 12 anos ou, independentemente da idade, a filho com deficiência ou doença crónica, até 30 dias por ano ou durante todo o período de eventual hospitalização.

2. O trabalhador pode faltar ao trabalho até 15 dias por ano para prestar assistência inadiável e imprescindível em caso de doença ou acidente a filho com 12 ou mais anos de idade que, no caso de ser maior, faça parte do seu agregado familiar.

3. Aos períodos de ausência previstos nos números anteriores acresce um dia por cada filho além do primeiro.

4. A possibilidade de faltar prevista nos números anteriores não pode ser exercida simultaneamente pelo pai e pela mãe.

5. Para efeitos de justificação da falta, o empregador pode exigir ao trabalhador:

a) Prova do caráter inadiável e imprescindível da assistência;

b) Declaração de que o outro progenitor tem atividade profissional e não falta pelo mesmo motivo ou está impossibilitado de prestar a assistência;

c) Em caso de hospitalização, declaração comprovativa passada pelo estabelecimento hospitalar.

6. No caso referido no nº 3 do artigo seguinte, o pai ou a mãe informa o respetivo empregador da prestação de assistência em causa, sendo o seu direito referido nos nºs 1 ou 2 reduzido em conformidade.

7. Constitui contraordenação grave a violação do disposto nos nºs 1, 2 ou 3.

COMENTÁRIOS:

1. Antecedentes legislativos: Arts. 40º, 42º e 643º, do CT/2003; 74º, da RCT e 15º e 16º, da L nº 4/84, de 05 de abril.

2. "Durante a vigência do contrato de acolhimento, a pessoa singular ou um elemento da família de acolhimento dispõem do direito a faltas para assistência à criança ou jovem, sendo aplicável, com as devidas adaptações, o regime previsto no artigo 49º e na alínea *e*) do nº 2 do artigo 249º, incluindo a falta ocorrida na data de início do acolhimento" (nº 1, do art. 44º-B, do DL nº 11/2008, de 17 de janeiro). Note-se que este preceito não foi revogado pelo DL nº 139/2019, de 16 de setembro, que aprovou o regime de execução do acolhimento familiar como medida de promoção dos direitos e de proteção das crianças e jovens em perigo.

Artigo 50º – Falta para assistência a neto

1. O trabalhador pode faltar até 30 dias consecutivos, a seguir ao nascimento de neto que consigo viva em comunhão de mesa e habitação e que seja filho de adolescente com idade inferior a 16 anos.

2. Se houver dois titulares do direito, há apenas lugar a um período de faltas, a gozar por um deles, ou por ambos em tempo parcial ou em períodos sucessivos, conforme decisão conjunta.

3. O trabalhador pode também faltar, em substituição dos progenitores, para prestar assistência inadiável e imprescindível, em caso de doença ou acidente, a neto menor ou, independentemente da idade, com deficiência ou doença crónica.

4. Para efeitos dos nºs 1 e 2, o trabalhador informa o empregador com a antecedência de cinco dias, declarando que:

a) O neto vive consigo em comunhão de mesa e habitação;

b) O neto é filho de adolescente com idade inferior a 16 anos;

c) O cônjuge do trabalhador exerce atividade profissional ou se encontra física ou psiquicamente impossibilitado de cuidar do neto ou não vive em comunhão de mesa e habitação com este.

5. O disposto neste artigo é aplicável a tutor do adolescente, a trabalhador a quem tenha sido deferida a confiança judicial ou administrativa do mesmo, bem como ao seu cônjuge ou pessoa em união de facto.

6. No caso referido no nº 3, o trabalhador informa o empregador, no prazo previsto nos nºs 1 ou 2 do artigo 253º, declarando:

a) O caráter inadiável e imprescindível da assistência;

b) Que os progenitores são trabalhadores e não faltam pelo mesmo motivo ou estão impossibilitados de prestar a assistência, bem como que nenhum outro familiar do mesmo grau falta pelo mesmo motivo.

7. Constitui contraordenação grave a violação do disposto nos nºs 1, 2 ou 3.

COMENTÁRIOS:

1. Antecedentes legislativos: Arts. 41º e 643º, do CT/2003; 75º, da RCT e 27º, da L nº 4/84, de 05 de abril.

2. No presente artigo, é de destacar a concessão aos avós, do direito a faltar ao trabalho para assistência a neto menor, em substituição dos pais quando estes não se ausentarem pelo mesmo motivo ou estejam impossibilitados de prestar a assistência devida.

Artigo 51º – Licença parental complementar

1. O pai e a mãe têm direito, para assistência a filho ou adotado com idade não superior a seis anos, a licença parental complementar, em qualquer das seguintes modalidades:

a) Licença parental alargada, por três meses;

b) Trabalho a tempo parcial durante 12 meses, com um período normal de trabalho igual a metade do tempo completo;

c) Períodos intercalados de licença parental alargada e de trabalho a tempo parcial em que a duração total da ausência e da redução do tempo de trabalho seja igual aos períodos normais de trabalho de três meses;

d) Ausências interpoladas ao trabalho com duração igual aos períodos normais de trabalho de três meses, desde que previstas em instrumento de regulamentação coletiva de trabalho.

2. O pai e a mãe podem gozar qualquer das modalidades referidas no número anterior de modo consecutivo ou até três períodos interpolados, não sendo permitida a cumulação por um dos progenitores do direito do outro.

3. Se ambos os progenitores pretenderem gozar simultaneamente a licença e estiverem ao serviço do mesmo empregador, este pode adiar a licença de um deles com fundamento em exigências imperiosas ligadas ao funcionamento da empresa ou serviço, desde que seja fornecida por escrito a respetiva fundamentação.

4. Durante o período de licença parental complementar em qualquer das modalidades, o trabalhador não pode exercer outra atividade incompatível

com a respetiva finalidade, nomeadamente trabalho subordinado ou prestação continuada de serviços fora da sua residência habitual.

5. O exercício dos direitos referidos nos números anteriores depende de informação sobre a modalidade pretendida e o início e o termo de cada período, dirigida por escrito ao empregador com antecedência de 30 dias relativamente ao seu início.

6. Constitui contraordenação grave a violação do disposto nos nºs 1, 2 ou 3.

COMENTÁRIOS:

Antecedentes legislativos: Arts. 43º e 643º, do CT/2003; 77º, da RCT e 17º, da L nº 4/84, de 05 de abril.

Artigo 52º – Licença para assistência a filho

1. Depois de esgotado o direito referido no artigo anterior, os progenitores têm direito a licença para assistência a filho, de modo consecutivo ou interpolado, até ao limite de dois anos.

2. No caso de terceiro filho ou mais, a licença prevista no número anterior tem o limite de três anos.

3. O trabalhador tem direito a licença se o outro progenitor exercer atividade profissional ou estiver impedido ou inibido totalmente de exercer o poder paternal.

4. Se houver dois titulares, a licença pode ser gozada por qualquer deles ou por ambos em períodos sucessivos.

5. Durante o período de licença para assistência a filho, o trabalhador não pode exercer outra atividade incompatível com a respetiva finalidade, nomeadamente trabalho subordinado ou prestação continuada de serviços fora da sua residência habitual.

6. Para exercício do direito, o trabalhador informa o empregador, por escrito e com a antecedência de 30 dias:

a) Do início e do termo do período em que pretende gozar a licença;

b) Que o outro progenitor tem atividade profissional e não se encontra ao mesmo tempo em situação de licença, ou que está impedido ou inibido totalmente de exercer o poder paternal;

c) Que o menor vive com ele em comunhão de mesa e habitação;

d) Que não está esgotado o período máximo de duração da licença.

7. Na falta de indicação em contrário por parte do trabalhador, a licença tem a duração de seis meses.

8. À prorrogação do período de licença pelo trabalhador, dentro dos limites previstos nos nºs 1 e 2, é aplicável o disposto no nº 6.

9. Constitui contraordenação grave a violação do disposto nos nºs 1 ou 2.

COMENTÁRIOS:

1. Antecedentes legislativos: Arts. 43º e 643º, do CT/2003; 77º, da RCT e 17º, da L nº 4/84, de 05 de abril.

2. No Proc. nº 11224/15.6T8LSB.L1-4, a RL decidiu que de "acordo com a cláusula 91ª do ACT para o Setor Bancário, os trabalhadores com um ou mais filhos, enteados, adotados ou adotandos, desde que menores de seis anos ou incapazes e a seu cargo, têm direito a licença sem retribuição nos termos desta Cláusula e até ao máximo de três anos". Fazendo ainda notar que a "expressão "a seu cargo", apesar de pressupor a pertença ao mesmo agregado familiar, não exige, contudo, que o menor esteja exclusivamente a cargo da pessoa que invoca o direito, excluindo apenas as situações em que a guarda do menor esteja atribuída ao outro progenitor, que não exista comunhão de mesa e habitação com o requerente da licença ou em que o menor esteja confiado a uma instituição". (Ac. de 18.11.15 *in* www.dgsi.pt).

Este mesmo tribunal considerou que a licença especial para assistência a filho ou adotado tem como principal objetivo permitir a assistência, o apoio e o acompanhamento do menor no seio do agregado familiar, por isso, tal licença apenas será prorrogável até três anos se os filhos anteriores estiverem vivos e integrados no espaço familiar a considerar. [Ac. de 04.05.11 *in* www.dgsi.pt (Proc. nº 1992/07.4TTLSB.L1-4)].

Artigo 53º – Licença para assistência a filho com deficiência, doença crónica ou doença oncológica

1. Os progenitores têm direito a licença por período até seis meses, prorrogável até quatro anos, para assistência de filho com deficiência, doença crónica ou doença oncológica.

2. Caso o filho com deficiência, doença crónica ou doença oncológica tenha 12 ou mais anos de idade a necessidade de assistência é confirmada por atestado médico.

3. A licença prevista no nº 1 pode ser prorrogável até ao limite máximo de seis anos, nas situações de necessidade de prolongamento da assistência, confirmada por atestado médico.

4. O limite máximo definido no nº 3 não é aplicável no caso de filhos com doença prolongada em estado terminal, confirmada por atestado médico.

5. É aplicável à licença prevista nos nºs 1, 3 e 4 o regime constante dos nºs 3 a 8 do artigo anterior.

6. Constitui contraordenação grave a violação do disposto nos nºs 1, 3 ou 4.

COMENTÁRIOS:

1. Antecedentes legislativos: Arts. 44º e 643º, do CT/2003 e 18º, da L nº 4/84, de 05 de abril.

2. O presente artigo tem a redação resultante da L nº 90/2019, de 04 de setembro. Note-se que as modificações introduzidas por esta lei, entraram em vigor com o Orçamento do Estado posterior à sua publicação.

3. Com a L nº 90/2019, os progenitores passaram a ter também direito a licença por período até seis meses, prorrogável até quatro anos, para assistência de filho com doença oncológica.

É também de salientar o aditamento dos nºs 3 e 4. De acordo com o nº 3, a licença pode, em qualquer um dos casos previsto no nº 1 (deficiência, doença crónica ou doença oncológica), ser agora prorrogável até ao limite máximo de seis anos, se houver necessidade de prolongamento da assistência, a qual deve ser confirmada por atestado médico. Não existe limite máximo para a licença se estiver em causa filho com doença prolongada em estado terminal, igualmente confirmada por atestado médico (nº 4).

Artigo 54º – Redução do tempo de trabalho para assistência a filho menor com deficiência ou doença crónica

1. Os progenitores de menor com deficiência ou doença crónica, com idade não superior a um ano, têm direito a redução de cinco horas do período normal de trabalho semanal, ou outras condições de trabalho especiais, para assistência ao filho.

2. Não há lugar ao exercício do direito referido no número anterior quando um dos progenitores não exerça atividade profissional e não esteja impedido ou inibido totalmente de exercer o poder paternal.

3. Se ambos os progenitores forem titulares do direito, a redução do período normal de trabalho pode ser utilizada por qualquer deles ou por ambos em períodos sucessivos.

4. O empregador deve adequar o horário de trabalho resultante da redução do período normal de trabalho tendo em conta a preferência do trabalhador, sem prejuízo de exigências imperiosas do funcionamento da empresa.

5. A redução do período normal de trabalho semanal não implica diminuição de direitos consagrados na lei, salvo quanto à retribuição, que só é devida na medida em que a redução, em cada ano, exceda o número de faltas substituíveis por perda de gozo de dias de férias.

6. Para redução do período normal de trabalho semanal, o trabalhador deve comunicar ao empregador a sua intenção com a antecedência de 10 dias, bem como:

***a*) Apresentar atestado médico comprovativo da deficiência ou da doença crónica;**

b) Declarar que o outro progenitor tem atividade profissional ou que está impedido ou inibido totalmente de exercer o poder paternal e, sendo caso disso, que não exerce ao mesmo tempo este direito.

7. Constitui contraordenação grave a violação do disposto nos nºs 1, 3, 4 ou 5.

COMENTÁRIOS:

Antecedentes legislativos: Arts. 37º e 643º, do CT; 70º e 475º, da RCT e 12º, da L nº 4/84, de 05 de abril.

Artigo 55º – Trabalho a tempo parcial de trabalhador com responsabilidades familiares

1. O trabalhador com filho menor de 12 anos ou, independentemente da idade, filho com deficiência ou doença crónica que com ele viva em comunhão de mesa e habitação tem direito a trabalhar a tempo parcial.

2. O direito pode ser exercido por qualquer dos progenitores ou por ambos em períodos sucessivos, depois da licença parental complementar, em qualquer das suas modalidades.

3. Salvo acordo em contrário, o período normal de trabalho a tempo parcial corresponde a metade do praticado a tempo completo numa situação comparável e, conforme o pedido do trabalhador, é prestado diariamente, de manhã ou de tarde, ou em três dias por semana.

4. A prestação de trabalho a tempo parcial pode ser prorrogada até dois anos ou, no caso de terceiro filho ou mais, três anos, ou ainda, no caso de filho com deficiência ou doença crónica, quatro anos.

5. Durante o período de trabalho em regime de tempo parcial, o trabalhador não pode exercer outra atividade incompatível com a respetiva finalidade, nomeadamente trabalho subordinado ou prestação continuada de serviços fora da sua residência habitual.

6. A prestação de trabalho a tempo parcial cessa no termo do período para que foi concedida ou no da sua prorrogação, retomando o trabalhador a prestação de trabalho a tempo completo.

7. O trabalhador que opte pelo trabalho em regime de tempo parcial nos termos do presente artigo não pode ser penalizado em matéria de avaliação e de progressão na carreira.

8. Constitui contraordenação grave a violação do disposto neste artigo.

COMENTÁRIOS:

1. Antecedentes legislativos: Arts. 45º e 643º, do CT/2003; 78º e 81º, da RCT; 12º, da L nº 4/84, de 05 de abril e 6º-A, da LCT.

2. O presente artigo tem a redação introduzida pela L nº 120/2015, de 01 de setembro.

3. O nº 7, aditado pela L nº 120/2015, determina que a avaliação e a progressão na carreira de trabalhador que tenha optado por trabalhar em regime de tempo parcial, nos termos do presente artigo, não podem ser prejudicadas. O legislador procurou evitar um tratamento discriminatório destes trabalhadores.

4. Nos termos do nº 1, o "direito ao trabalho a tempo parcial é reconhecido ao trabalhador com filhos menores de 12 anos, que com ele vivam em comunhão de mesa e habitação". [Ac. da RC, de 31.03.17 *in* www.dgsi.pt (Proc. nº 8186/16.6T8CBR.C1)]. Cfr., ainda, o Ac. da RP, de 26.04.10 *in* www.dgsi.pt (Proc. nº 123/09.0TTVNG.P2).

Artigo 56º – Horário flexível de trabalhador com responsabilidades familiares

1. O trabalhador com filho menor de 12 anos ou, independentemente da idade, filho com deficiência ou doença crónica que com ele viva em comunhão de mesa e habitação tem direito a trabalhar em regime de horário de trabalho flexível, podendo o direito ser exercido por qualquer dos progenitores ou por ambos.

2. Entende-se por horário flexível aquele em que o trabalhador pode escolher, dentro de certos limites, as horas de início e termo do período normal de trabalho diário.

3. O horário flexível, a elaborar pelo empregador, deve:

a) Conter um ou dois períodos de presença obrigatória, com duração igual a metade do período normal de trabalho diário;

b) Indicar os períodos para início e termo do trabalho normal diário, cada um com duração não inferior a um terço do período normal de trabalho diário, podendo esta duração ser reduzida na medida do necessário para que o horário se contenha dentro do período de funcionamento do estabelecimento;

c) Estabelecer um período para intervalo de descanso não superior a duas horas.

4. O trabalhador que trabalhe em regime de horário flexível pode efetuar até seis horas consecutivas de trabalho e até dez horas de trabalho em cada dia e deve cumprir o correspondente período normal de trabalho semanal, em média de cada período de quatro semanas.

5. O trabalhador que opte pelo trabalho em regime de horário flexível, nos termos do presente artigo, não pode ser penalizado em matéria de avaliação e de progressão na carreira.

6. Constitui contraordenação grave a violação do disposto no nº 1.

COMENTÁRIOS:

1. Antecedentes legislativos: Arts. 45º e 643º, do CT/2003; 79º, da RCT; 19º, da L nº 4/84, de 05 de abril e 6º-A, da LCT.

2. O presente artigo tem a redação introduzida pela L nº 120/2015, de 01 de setembro.

O nº 5, aditado por esta lei, determina que a avaliação e a progressão na carreira de trabalhador que tenha optado por trabalhar em regime de horário flexível, nos termos do presente artigo, não podem ser prejudicadas. Também aqui o legislador procurou evitar um tratamento discriminatório destes trabalhadores.

3. O presente artigo funciona como um mecanismo legal de adequação do tempo de trabalho às exigências familiares do trabalhador, nomeadamente quando este tem um filho menor de 12 anos. Nesta linha, confere o direito "à atribuição de horário de trabalho flexível, o que, assim, não consubstancia violação dos direitos constitucionais do empregador à livre iniciativa económica e à liberdade de organização empresarial, nem limitação ilícita aos seus poderes diretivos consagrados no art. 97º do CT". [Ac. da RP, de 02.03.17 *in* www.dgsi.pt (Proc. nº 2608/16.3T8MTS.P1)].

4. O nº 1 "consagra o direito do trabalhador ao horário flexível, estando o conceito de tal direito definido no nº 2 do mesmo preceito, nos termos do qual se entende por horário flexível aquele em que o trabalhador pode escolher, dentro de certos limites, as horas de início e termo do período normal de trabalho. Os limites dentro dos quais o trabalhador poderá escolher o horário serão os que decorrem do nº 3. E, deste, resulta que é o empregador quem deve elaborar o horário em conformidade com o que nele se estipula". [Ac. da RP, de 18.05.20 *in* www.dgsi.pt (Proc. nº 9430/18.0T8VNG.P1)]. Neste aresto, podemos ler ainda que esse preceito não "confere ao Trabalhador o direito de balizar ou impor ao Empregador as horas do início e do termo do período normal do trabalho que pretende que este lhe fixe o horário flexível".

Nesta mesma linha, a RL dilucida que, nos termos do nº 1, "o trabalhador apenas pode escolher, dentro de certos limites, as horas de início e termo do período normal de trabalho diário, não já assim os dias de descanso semanal, que são definidos pelo empregador". [Ac. de 25.11.20 *in* www.dgsi.pt (Proc. nº 2748/19.7T8BRR.L1-4)].

5. No exercício do poder de direção, compete ao empregador a determinação do horário de trabalho, devendo facilitar ao trabalhador a conciliação da atividade profissional com a vida familiar [art. 212º, nºs 1 e 2, al. *b*)]. Da conjugação deste preceito com o presente artigo, retiramos que o empregador, respeitando os limites legais e a escolha horária apresentada, determina "o horário flexível de trabalho do trabalhador que, com responsabilidades familiares, lhe tenha solicitado a prestação laboral nesse

regime de horário, definindo, dentro da amplitude de horário escolhido por este, quais os períodos de início e termo do trabalho diário". [Ac. do STJ, de 28.10.20 *in* www.dgsi.pt (Proc. nº 3582/19.0T8LSB.L1.S1)].

No Ac. da RL, de 29.01.20, lê-se que a "indicação pelo trabalhador dos limites que balizarão a determinação, pelo empregador do concreto horário de trabalho há de ter em conta, por um lado, a premência das suas responsabilidades familiares, que podem justificar limites muito apertados na indicação feita pelo trabalhador quando esta é a única forma de conciliar a sua vida familiar com a profissional, e, por outro, as necessidades de gestão e o poder de determinação do empregador". [*In* www.dgsi.pt (Proc. nº 3582/19.0T8LRS.L1-4)]. Neste aresto, a RL acabou por decidir que, tendo "sido requerido pela trabalhadora demandada, que tem um horário semanal de 35 horas, um horário flexível, entre as 08h00 e as 16h00 horas de 2ª a 6ª feira, sendo o sábado e domingo dias de folga, apenas motivado pela circunstância de o marido também trabalhar por turnos, tal significa que a mesma se colocou fora do âmbito da prestação da atividade aos fins-de-semana e que, sem motivo suficientemente premente, em situação de beneficiária exclusiva – ao contrário do que acontece com os colegas – de um horário fixo, impedindo na prática o empregador de qualquer determinação que vá além da mera gestão do intervalo de descanso (art. 213 e 56, nº 4, CT). Isto porque acabaria sempre por entrar e sair às horas que indicou, quaisquer que sejam os imperativos da atividade prosseguida pelo empregador", concluindo-se que, nestas circunstâncias, "que ultrapassam a razão de ser do direito, é de concluir que a trabalhadora não indicou um horário flexível, não tendo o empregador qualquer escolha razoável, e que o empregador tem motivo justificativo para recusar o seu pedido".

A atribuição de horário flexível só pode ser recusada pelo empregador com base em circunstâncias relacionadas com exigências imperiosas do funcionamento da empresa ou com a impossibilidade de substituir o trabalhador se este for indispensável e, ainda assim, mediante parecer positivo da CITE. Cfr. o Ac. do STJ, de 28.10.20 *in* www.dgsi.pt (Proc. nº 3582/19.0T8LSB.L1.S1).

6. A RP fez notar que não "há incompatibilidade entre o trabalho a tempo parcial e em regime de horário de trabalho flexível". Acrescentando ainda que um "horário flexível, uma vez definido, pode até ser fixo na sua realização". [Ac. de 18.05.20 *in* www.dgsi.pt (Proc. nº 9430/18.0T8VNG.P1)].

Artigo 57º – Autorização de trabalho a tempo parcial ou em regime de horário flexível

1. O trabalhador que pretenda trabalhar a tempo parcial ou em regime de horário de trabalho flexível deve solicitá-lo ao empregador, por escrito, com a antecedência de 30 dias, com os seguintes elementos:

***a*) Indicação do prazo previsto, dentro do limite aplicável;**

b) Declaração da qual conste:

i) Que o menor vive com ele em comunhão de mesa e habitação;

ii) No regime de trabalho a tempo parcial, que não está esgotado o período máximo de duração;

iii) No regime de trabalho a tempo parcial, que o outro progenitor tem atividade profissional e não se encontra ao mesmo tempo em situação de trabalho a tempo parcial ou que está impedido ou inibido totalmente de exercer o poder paternal;

c) A modalidade pretendida de organização do trabalho a tempo parcial.

2. O empregador apenas pode recusar o pedido com fundamento em exigências imperiosas do funcionamento da empresa, ou na impossibilidade de substituir o trabalhador se este for indispensável.

3. No prazo de 20 dias contados a partir da receção do pedido, o empregador comunica ao trabalhador, por escrito, a sua decisão.

4. No caso de pretender recusar o pedido, na comunicação o empregador indica o fundamento da intenção de recusa, podendo o trabalhador apresentar, por escrito, uma apreciação no prazo de cinco dias a partir da receção.

5. Nos cinco dias subsequentes ao fim do prazo para apreciação pelo trabalhador, o empregador envia o processo para apreciação pela entidade competente na área da igualdade de oportunidades entre homens e mulheres, com cópia do pedido, do fundamento da intenção de o recusar e da apreciação do trabalhador.

6. A entidade referida no número anterior, no prazo de 30 dias, notifica o empregador e o trabalhador do seu parecer, o qual se considera favorável à intenção do empregador se não for emitido naquele prazo.

7. Se o parecer referido no número anterior for desfavorável, o empregador só pode recusar o pedido após decisão judicial que reconheça a existência de motivo justificativo.

8. Considera-se que o empregador aceita o pedido do trabalhador nos seus precisos termos:

a) Se não comunicar a intenção de recusa no prazo de 20 dias após a receção do pedido;

b) Se, tendo comunicado a intenção de recusar o pedido, não informar o trabalhador da decisão sobre o mesmo nos cinco dias subsequentes à notificação referida no nº 6 ou, consoante o caso, ao fim do prazo estabelecido nesse número;

c) Se não submeter o processo à apreciação da entidade competente na área da igualdade de oportunidades entre homens e mulheres dentro do prazo previsto no nº 5.

9. Ao pedido de prorrogação é aplicável o disposto para o pedido inicial.

10. Constitui contraordenação grave a violação do disposto nos nºs 2, 3, 5 ou 7.

COMENTÁRIOS:

1. Antecedentes legislativos: Arts. 80º e 475º, da RCT.

2. O Parecer nº 17/CITE/2006 considerou que seria de atribuir o regime de flexibilidade de horário, se a trabalhadora demonstrar os pressupostos das als. *a*) e *b*), do nº 1, do art. 80º, da RCT (atuais als. *a*) e *b*), do nº 1), designadamente o prazo durante o qual "vai trabalhar em regime de flexibilidade de horário, a declaração de que a filha menor faz parte do seu agregado familiar e que o outro progenitor tem atividade profissional". V. ainda o Parecer nº 49/CITE/2005.

3. O trabalhador que pretenda trabalhar a tempo parcial ou em regime de horário de trabalho flexível deve solicitá-lo ao empregador, por escrito, com a antecedência de 30 dias (nº 1). A RP esclareceu que a "não menção no requerimento da trabalhadora ao aviso prévio de 30 dias não determina a sua nulidade, mas apenas o deferimento do início da produção de efeitos do novo horário para o momento subsequente ao termo do prazo legal de aviso prévio". (Ac. de 06.09.10 *in* CJ, Ano XXXV, Tomo IV, p. 221).

4. No Proc. nº 12279/16.1T8LRS.L1-4, a RL entendeu que, comunicando a autora que era mãe solteira, tendo a seu cargo um filho com 12 anos de idade, não estabelecendo qualquer relação com o outro progenitor e não beneficiando de qualquer apoio por parte de outros familiares, indicando as horas de início e termo do período normal de trabalho diário (entre as 9h e as 17h ou máximo às 18h), com folgas aos fins de semana e feriados que pretende, observou o disposto no nº 1. (Ac. de 27.03.19 *in* www.dgsi.pt).

Se o empregador pretende recusar o pedido prestação de trabalho a tempo parcial formulado pelo trabalhador com filho menor de 12 anos, que com ele vive em comunhão de mesa e habitação, deve suscitar a intervenção da CITE, para efeitos de emissão do respetivo parecer, sob pena de considerar-se que aceita tal pedido. (Ac. da RC, de 31.03.17 *in* www.dgsi.pt (Proc. nº 8186/16.6T8CBR.C1) e CJ, Ano XLII, Tomo II, p. 60).

A RL fez notar que se o trabalhador pretender exercer o direito ao regime de horário flexível cabe ao empregador fixar o horário de trabalho. [Ac. de 18.05.16 *in* www.dgsi.pt (Proc. nº 1080/14.7T8BRR.L1-4)].

Finalmente, é de notar que o pedido de "flexibilização do horário apenas pode ser recusado com fundamento em razões imperiosas ligadas ao funcionamento da empresa ou serviço ou por impossibilidade de substituir o trabalhador". (Ac. da RP, de 06.09.10 *in* CJ, Ano XXXV, Tomo IV, p. 221). No Proc. nº 9430/18.0T8VNG.P1, este mesmo tribunal esclarece que tais "exigências imperiosas não se exprimem na maior ou menor dificuldade de organização da atividade da empresa ou no maior ou menor encargo para o empregador perante a necessária gestão do respectivo quadro de pessoal". (Ac. de 18.05.20 *in* www.dgsi.pt).

O TJ decidiu que a Diretiva 2010/18/UE do Conselho, de 8 de março de 2010, deve ser interpretada no sentido de que não se aplica a uma regulamentação nacional, "que prevê o direito de um trabalhador, para cuidar diretamente de menores ou de familiares que se encontrem a seu cargo, reduzir o seu tempo ordinário de trabalho, com uma redução proporcional do salário, sem poder, quando o seu regime de trabalho habitual é por turnos com horário variável, beneficiar de um horário laboral fixo, mantendo o seu tempo ordinário de trabalho". [Ac. de 18.09.19 *in* JOUE, C-399, de 25.11.19 (Proc. C-366/18)].

Artigo 58º – Dispensa de algumas formas de organização do tempo de trabalho

1. A trabalhadora grávida, puérpera ou lactante tem direito a ser dispensada de prestar trabalho em horário de trabalho organizado de acordo com regime de adaptabilidade, de banco de horas ou de horário concentrado.

2. O direito referido no número anterior aplica-se a qualquer dos progenitores em caso de aleitação, quando a prestação de trabalho nos regimes nele referidos afete a sua regularidade.

3. Constitui contraordenação grave a violação do disposto neste artigo.

COMENTÁRIOS:

Antecedentes legislativos: Arts. 45º e 643º, do CT/2003; 19º, da L nº 4/84, de 05 de abril e 6º-A, da LCT.

Artigo 59º – Dispensa de prestação de trabalho suplementar

1. A trabalhadora grávida, bem como o trabalhador ou trabalhadora com filho de idade inferior a 12 meses, não está obrigada a prestar trabalho suplementar.

2. A trabalhadora não está obrigada a prestar trabalho suplementar durante todo o tempo que durar a amamentação se for necessário para a sua saúde ou para a da criança.

3. Constitui contraordenação grave a violação do disposto neste artigo.

COMENTÁRIOS:

Antecedentes legislativos: Arts. 46º e 643º, do CT/2003 e 3º, nº 2, al. *b*), da LTS.

Artigo 60º – Dispensa de prestação de trabalho no período noturno

1. A trabalhadora tem direito a ser dispensada de prestar trabalho entre as 20 horas de um dia e as 7 horas do dia seguinte:

a) Durante um período de 112 dias antes e depois do parto, dos quais pelo menos metade antes da data previsível do mesmo;

b) Durante o restante período de gravidez, se for necessário para a sua saúde ou para a do nascituro;

c) Durante todo o tempo que durar a amamentação, se for necessário para a sua saúde ou para a da criança.

2. À trabalhadora dispensada da prestação de trabalho noturno deve ser atribuído, sempre que possível, um horário de trabalho diurno compatível.

3. A trabalhadora é dispensada do trabalho sempre que não seja possível aplicar o disposto no número anterior.

4. A trabalhadora que pretenda ser dispensada de prestar trabalho noturno deve informar o empregador e apresentar atestado médico, no caso da alínea *b*) ou *c*) do nº 1, com a antecedência de 10 dias.

5. Em situação de urgência comprovada pelo médico, a informação referida no número anterior pode ser feita independentemente do prazo.

6. Sem prejuízo do disposto nos números anteriores, a dispensa da prestação de trabalho noturno deve ser determinada por médico do trabalho sempre que este, no âmbito da vigilância da saúde dos trabalhadores, identificar qualquer risco para a trabalhadora grávida, puérpera ou lactante.

7. Constitui contraordenação grave a violação do disposto nos nºs 1, 2 ou 3.

COMENTÁRIOS:

Antecedentes legislativos: Arts. 47º, do CT/2003; 83º, da RCT e 22º, da L nº 4/84, de 05 de abril.

Artigo 61º – Formação para reinserção profissional

O empregador deve facultar ao trabalhador, após a licença para assistência a filho ou para assistência a pessoa com deficiência ou doença crónica, a participação em ações de formação e atualização profissional, de modo a promover a sua plena reinserção profissional.

COMENTÁRIOS:

Antecedentes legislativos: Arts. 48º, do CT/2003 e 20º, da L nº 4/84, de 05 de abril.

Artigo 62º – Proteção da segurança e saúde de trabalhadora grávida, puérpera ou lactante

1. A trabalhadora grávida, puérpera ou lactante tem direito a especiais condições de segurança e saúde nos locais de trabalho, de modo a evitar a

exposição a riscos para a sua segurança e saúde, nos termos dos números seguintes.

2. Sem prejuízo de outras obrigações previstas em legislação especial, em atividade suscetível de apresentar um risco específico de exposição a agentes, processos ou condições de trabalho, o empregador deve proceder à avaliação da natureza, grau e duração da exposição de trabalhadora grávida, puérpera ou lactante, de modo a determinar qualquer risco para a sua segurança e saúde e as repercussões sobre a gravidez ou a amamentação, bem como as medidas a tomar.

3. Nos casos referidos no número anterior, o empregador deve tomar a medida necessária para evitar a exposição da trabalhadora a esses riscos, nomeadamente:

a) Proceder à adaptação das condições de trabalho;

b) Se a adaptação referida na alínea anterior for impossível, excessivamente demorada ou demasiado onerosa, atribuir à trabalhadora outras tarefas compatíveis com o seu estado e categoria profissional;

c) Se as medidas referidas nas alíneas anteriores não forem viáveis, dispensar a trabalhadora de prestar trabalho durante o período necessário.

4. Sem prejuízo dos direitos de informação e consulta previstos em legislação especial, a trabalhadora grávida, puérpera ou lactante tem direito a ser informada, por escrito, dos resultados da avaliação referida no nº 2 e das medidas de proteção adotadas.

5. É vedado o exercício por trabalhadora grávida, puérpera ou lactante de atividades cuja avaliação tenha revelado riscos de exposição a agentes ou condições de trabalho que ponham em perigo a sua segurança ou saúde ou o desenvolvimento do nascituro.

6. As atividades suscetíveis de apresentarem um risco específico de exposição a agentes, processos ou condições de trabalho referidos no nº 2, bem como os agentes e condições de trabalho referidos no número anterior, são determinados em legislação específica.

7. A trabalhadora grávida, puérpera ou lactante, ou os seus representantes, têm direito de requerer ao serviço com competência inspetiva do ministério responsável pela área laboral uma ação de fiscalização, a realizar com prioridade e urgência, se o empregador não cumprir as obrigações decorrentes deste artigo.

8. Constitui contraordenação muito grave a violação do disposto nos nºs 1, 2, 3 ou 5 e constitui contraordenação grave a violação do disposto no nº 4.

COMENTÁRIOS:

1. Antecedentes legislativos: Arts. 49º e 643º, do CT/2003; 84º a 95º, da RCT e 21º, da L nº 4/84, de 05 de abril.

2. Relativamente à legislação específica indicada no nº 6, *vide* a L nº 102/2009, de 10 de setembro, referente ao regime jurídico da promoção da segurança e saúde no trabalho.

3. No Proc. C-41/17, uma trabalhadora, a quem foi recusada a emissão de um atestado médico a comprovar a existência de um risco para a amamentação apresentado pelo seu posto de trabalho, bem como a consequente prestação pecuniária por risco durante a amamentação, impugnou, perante um órgão jurisdicional nacional, a avaliação dos riscos apresentados pelo seu posto de trabalho, apresentando factos suscetíveis de sugerir que essa avaliação não comportou um exame específico que tomasse em consideração a sua situação individual e permitisse, assim, presumir a existência de uma discriminação direta em razão sexo. O TJ concluiu que incumbia à empregadora apresentar a prova de que a referida avaliação de riscos contemplou efetivamente esse exame concreto e que, por conseguinte, não houve violação do princípio da não discriminação. (Ac. de 19.09.18 *in* JOUE, C-408, de 08.11.18).

O TJ não se opôs a uma regulamentação nacional, segundo a qual, no caso de um período de licença de maternidade obrigatória anterior a 1 de janeiro de 2005, uma magistrada de competência genérica é excluída do beneficio de um subsídio respeitante aos encargos que os magistrados de competência genérica suportam no exercício da sua atividade profissional, desde que essa trabalhadora tenha beneficiado durante esse período de um rendimento num montante pelo menos equivalente ao da prestação prevista na legislação nacional em matéria de segurança social que receberia no caso de uma suspensão das suas atividades por razões de saúde. [Ac. de 14.07.16 *in* JOUE, C-335, de 12.09.16 (Proc. C-335/15)].

Por outro lado, opôs-se a uma disposição de direito nacional, por força da qual uma trabalhadora grávida que interrompe uma licença parental não remunerada na aceção Diretiva 96/34/CE do Conselho, de 3 de junho de 1996 para gozar, com efeitos imediatos, uma licença de maternidade na aceção da Diretiva 92/85/CEE do Conselho, de 19 de outubro de 1992, não beneficia da manutenção da remuneração a que teria direito se essa licença de maternidade tivesse sido precedida de um período mínimo de regresso ao trabalho. [Ac. de 13.02.14 *in* JOUE, C-93, de 29.03.14 (Procs. apensos C-512/11 e C-513/11)].

Este tribunal entendeu também que um membro da direção de uma sociedade de capitais, que fornece prestações a esta última e que dela faz parte integrante, deve considerar-se que tem a qualidade de trabalhador para efeitos da Diretiva 92/85/CEE do Conselho, de 19 de outubro de 1992, se a sua atividade for exercida, durante um certo período, sob a direção ou o controlo de outro órgão desta sociedade e se, em contrapartida desta atividade, receber uma remuneração. [Ac. de 01.11.10 *in* JOUE, C-13, de 15.01.11 (Proc. C-232/09)].

Finalmente, no Proc. C-194/08, decidiu que o art. 11º, nº 1, da Diretiva 92/85 deve ser interpretado no sentido de que não se opõe a uma legislação nacional que prevê que uma trabalhadora grávida, provisoriamente dispensada do trabalho devido à gravidez, tem direito a uma remuneração equivalente ao salário médio que recebeu durante um período de referência anterior ao início da gravidez, excetuado o suplemento por serviços prestados em regime de disponibilidade permanente no local de trabalho. (Ac. de 01.07.10 *in* JOUE, C-234, de 28.08.10).

Artigo 63º – Proteção em caso de despedimento

1. O despedimento de trabalhadora grávida, puérpera ou lactante ou de trabalhador no gozo de licença parental carece de parecer prévio da entidade competente na área da igualdade de oportunidades entre homens e mulheres.

2. O despedimento por facto imputável a trabalhador que se encontre em qualquer das situações referidas no número anterior presume-se feito sem justa causa.

3. Para efeitos do nº 1, o empregador deve remeter cópia do processo à entidade competente na área da igualdade de oportunidades entre homens e mulheres:

a) Depois das diligências probatórias referidas no nº 1 do artigo 356º, no despedimento por facto imputável ao trabalhador;

b) Depois da fase de informações e negociação prevista no artigo 361º, no despedimento coletivo;

c) Depois das consultas referidas no nº 1 do artigo 370º, no despedimento por extinção de posto de trabalho;

d) Depois das consultas referidas no artigo 377º, no despedimento por inadaptação.

4. A entidade competente deve comunicar o parecer referido no nº 1 ao empregador e ao trabalhador, nos 30 dias subsequentes à receção do processo, considerando-se em sentido favorável ao despedimento quando não for emitido dentro do referido prazo.

5. Cabe ao empregador provar que solicitou o parecer a que se refere o nº 1.

6. Se o parecer for desfavorável ao despedimento, o empregador só o pode efetuar após decisão judicial que reconheça a existência de motivo justificativo, devendo a ação ser intentada nos 30 dias subsequentes à notificação do parecer.

7. A suspensão judicial do despedimento só não é decretada se o parecer for favorável ao despedimento e o tribunal considerar que existe probabilidade séria de verificação da justa causa.

8. Se o despedimento for declarado ilícito, o empregador não se pode opor à reintegração do trabalhador nos termos do nº 1 do artigo 392º e o trabalha-

dor tem direito, em alternativa à reintegração, a indemnização calculada nos termos do nº 3 do referido artigo.

9. Constitui contraordenação grave a violação do disposto nos nºs 1 ou 6.

COMENTÁRIOS:

1. Antecedentes legislativos: Arts. 51º e 643º, do CT/2003; 98º, da RCT e 24º, da L nº 4/84, de 05 de abril.

2. O presente artigo tem a redação introduzida pela L nº 23/2012, de 25 de junho e pela L nº 93/2019, de 04 de setembro.

A L nº 93/2019 corrigiu um lapso existente no nº 3, substituindo a expressão "para efeitos do número anterior", pela expressão "para efeitos do nº 1". Com efeito, a cópia do processo deve ser remetida à CITE para efeitos de obtenção de parecer prévio a que alude o nº 1, do presente artigo.

3. A entidade com competência na área da igualdade de oportunidades entre homens e mulheres é a Comissão para a Igualdade no Trabalho e no Emprego (CITE).

4. As trabalhadoras grávidas, puérperas, lactantes ou o trabalhador que estejam a gozar licença parental apresentam-se na relação laboral numa posição de alguma fragilidade, exigindo-se, assim, uma especial proteção em caso de despedimento. Neste seguimento, o nº 2 estabelece que o seu despedimento presume-se feito sem justa causa.

Por sua vez, o nº 1 e o art. 381º, al. *d*), determinam que estes despedimentos estão sujeitos a parecer prévio da CITE, sob pena de ilicitude, com as respetivas consequências indemnizatórias. Cfr. os Acs. da RE, de 12.09.19 *in* www.dgsi.pt (Proc. nº 3199/18.6T8PTM.E1) e do STJ, de 24.10.12 *in* www.dgsi.pt (Proc. nº 293/09. 8TTSNT. L1.S1) e CJ, Ano XX, Tomo III, p. 244.

De notar que o empregador tem o ónus de provar que solicitou tal parecer. Cfr. o Ac. da RL, de 13.09.17 *in* www.dgsi.pt (Proc. nº 26175/15.6T8LSB.L1-4) e CJ, Ano XLII, Tomo IV, p. 142.

Este tribunal veio ainda esclarecer que o "facto do trabalhador ter recebido a notificação da deliberação do seu despedimento no primeiro dia que se seguiu ao termo do gozo da licença parental, não tem qualquer relevância para o efeito, não podendo entender-se que o parecer da CITE não teria sido necessário, pois no momento da decisão despedimento e nos momentos antecedentes, o autor encontrava-se em gozo efetivo da licença parental inicial". (Ac. de 13.09.17 *in* www.dgsi.pt (Proc. nº 26175/ /15.6T8LSB.L1-4) e CJ, Ano XLII, Tomo IV, p. 142).

A RG proferiu decisão no sentido de que se "a prova não revela que à data do despedimento a trabalhadora, que durante o processo disciplinar amamentou, ainda era lactante, nenhuma formalidade se exige nesta matéria". [Ac. de 30.04.15 *in* www.dgsi.pt (Proc. nº 854/14.3T8BRG-A.G1)].

O empregador deve remeter à CITE, para que esta emita parecer, cópia do procedimento depois de realizadas as diligências probatórias requeridas na resposta à nota de culpa (cfr., articuladamente, o nº 3, al. *a*) e o art. 356º, nº 1). *Vide* o Ac. do STJ, de 06.06.18 *in* www.dgsi.pt (Proc. nº 26175/15.6T8LSB.L1.S1) e CJ, Ano XXVI, Tomo II, p. 265.

Se o parecer for desfavorável, o empregador, caso pretende despedir, deve, no prazo de 30 dias após a respetiva notificação, interpor ação judicial para reconhecimento da existência de justa causa. Neste caso, o despedimento depende da decisão judicial que confirme tal existência (nº 6). Cfr. o Ac. da RL, de 24.09.08 *in* www.dgsi.pt (Proc. nº 6572/2008-4).

Tal ação reveste a natureza de uma ação declarativa de simples apreciação, devendo aí o empregador alegar e provar os factos que fundam a cessação do contrato. (Ac. do STJ, de 25.06.09 *in* www.dgsi.pt (Proc. nº 09S0090) e CJ, Ano XVII, Tomo II, p. 284).

No Ac. da RC, de 07.04.16 *in* www.dgsi.pt (Proc. nº 737/15.0T8LRA.C1), lê-se que a eventual decisão de despedimento proferida é, nestes casos, provisória, e deixará de ter qualquer efeito se o tribunal reconhecer inexistir motivo justificativo para tanto.

Nas situações de caducidade do contrato de trabalho a termo, mesmo equivalentes a despedimento ilícito, a lei não prevê a obrigatoriedade do pedido de prévio parecer da CITE, por isso "a trabalhadora não tem direito a indemnização majorada por despedimento, mas apenas em singelo", uma vez que é inaplicável o presente artigo. [Ac. da RP, de 20.05.13 *in* www.dgsi.pt (Proc. nº 1073/11.6TTBCL.P1)].

De igual modo, no despedimento ocorrido num contrato de serviço doméstico, a RL sustentou que, ainda que se tenha provado que a trabalhadora estava grávida, não é exigível parecer prévio da CITE. [Ac. de 01.10.08 *in* www.dgsi.pt (Proc. nº 4551/ /2008-4)].

5. A CITE, no Parecer nº 42/CITE/2006, entendeu que, no âmbito do procedimento de despedimento, o parecer prévio não é exigível nos casos em que a cessação contratual ocorre na sequência do encerramento total e definitivo do estabelecimento, subsequente à declaração de insolvência da empresa empregadora, contrariando, ao que entendemos, o Parecer nº 36/CITE/2006. Neste último, a Comissão acolhe os formalismos devidos para o despedimento estabelecidos nos arts. 419º a 421º, do CT/2003, e conclui que a inclusão das trabalhadoras não se afigura indiciadora de que tenha sido a gravidez ou a amamentação o motivo que a determinou. "Com efeito, o despedimento abrange todos os trabalhadores da empresa, uma vez que se prevê o encerramento total e definitivo da fábrica. Em face desta situação fica prejudicada qualquer conclusão no sentido de qualificar como discriminação com base no sexo a

inclusão das trabalhadoras no número de trabalhadoras a despedir". *V.* ainda o Parecer nº 38/CITE/2006 (no âmbito do despedimento por extinção de posto de trabalho).

6. Sobre a demonstração de justa causa para o despedimento, v. Parecer nº 1/CITE/2006. A Comissão considerou que, no caso *sub judice*, o empregador apresentou prova testemunhal que "atesta que foi dada formação e informação sobre as regras de funcionamento do cartão fidelidade a todas as operadoras de caixa, incluindo a trabalhadora arguida, que, apesar de afirmar o contrário, não apresentou qualquer contraprova, no que esta questão se refere, nem relativamente à alegada oferta de pontos por parte dos clientes. (...). Acresce o facto de a trabalhadora arguida ter transferido indevidamente para o seu cartão e para o cartão da sua mãe as quantias em euros que poderiam ser acumuladas pelos clientes que não utilizavam o cartão nas suas compras evitando, assim, que a empresa lucrasse com o efeito multiplicador que esse benefício gera nas decisões de compra dos clientes, impedindo que esse dinheiro se mantivesse nos cofres da empresa."

7. A L nº 133/2015, de 07 de setembro, reforçou os mecanismos para proteção das trabalhadoras grávidas, puérperas e lactantes. Com efeito, nos termos do seu art. 1º, as empresas que, nos dois anos anteriores à candidatura a subsídios ou subvenções públicos, tenham sido condenadas por sentença transitada em julgado por despedimento ilegal destas trabalhadoras não poderão beneficiar dos mesmos.

Aos tribunais é imposta a obrigação de comunicarem diariamente à CITE as sentenças transitadas em julgado que tenham condenado empresas por despedimento ilegal de grávidas, puérperas ou lactantes (art. 2º, da L nº 133/2015).

Para garantir o cumprimento deste mecanismo de proteção, a L nº 133/2015 determina que as entidades nacionais que procedam à análise daquelas candidaturas consultem a CITE sobre a existência de condenação transitada em julgado por despedimento ilegal de grávidas, puérperas ou lactantes relativamente a todas as entidades concorrentes.

A comissão elabora e remete por escrito a informação solicitada, no prazo de 48 horas, a qual, depois de recebida, deve ser junta ao processo de candidatura (art. 3º, nºs 2 e 3, da L nº 133/2015).

8. A necessidade de proteção da família está reconhecida pelo art. 33º, do CDFUE. Com efeito, nos termos do nº 2, deste preceito, todas as pessoas têm direito a proteção contra o despedimento por motivos ligados à maternidade, a fim de poderem conciliar a vida familiar e a vida profissional.

9. No Proc. nº 4188/18.6T8VFR-C.P1, foi decidido que sendo "a trabalhadora à data da instauração do procedimento disciplinar trabalhadora lactante e imputando-lhe a

empregadora factos, constantes da nota da culpa, reportados a esse momento [como trabalhadora/lactante] tanto basta para que a empregadora tenha que remeter o processo disciplinar à CITE para parecer prévio, sob pena de ilicitude do despedimento, mantendo-se tal obrigação "mesmo que no decurso do processo disciplinar a trabalhadora deixe de ser trabalhadora/lactante". (Ac. da RP, de 17.07.19 *in* www.dgsi.pt).

Nesta mesma linha, a RL veio esclarecer que a "circunstância de a trabalhadora deixar de ser lactante durante o procedimento disciplinar, ou deixar de fazer prova desse facto enquanto corre tal procedimento, não iliba a empregadora da obrigação de se munir do parecer". [Ac. de 27.05.20 *in* www.dgsi.pt (Proc. nº 987/18.7T8AGH.L1-4)]. Neste aresto, lê-se ainda que é "ilícito o despedimento de trabalhadora que, à data de instauração do procedimento disciplinar e depois dela, está a amamentar, ainda que quando seja proferia nota de culpa já não haja prova de que o esteja".

Já o trabalhador pai que tenha terminado o gozo de licença parental e tenha regressado ao serviço não goza da especial tutela do presente artigo. Cfr. o Ac. do STJ, de 06.06.18 *in* www.dgsi.pt (Proc. nº 26175/15.6T8LSB.L1.S1) e CJ, Ano XXVI, Tomo II, p. 265.

O TJ não se opôs a uma legislação nacional que permite o despedimento de uma trabalhadora grávida em virtude de um despedimento coletivo, nem a uma legislação nacional que, no quadro desse despedimento coletivo não prevê nem uma prioridade de permanência na empresa, nem uma prioridade de reafetação aplicáveis antes desse despedimento para as trabalhadoras grávidas, puérperas ou lactantes, sem excluir, no entanto, a faculdade de os Estados-Membros garantirem uma proteção de grau mais elevado às trabalhadoras grávidas, puérperas ou lactantes. [Ac. de 21.02.18 *in* JOUE, C-134, de 16.04.18 (Proc. C-103/16)].

Já no Proc. C-63/08, opôs-se "à legislação de um Estado-Membro, como a estabelecida no artigo L. 337-1 do Código do Trabalho luxemburguês, especificamente relacionada com a proteção prevista no artigo 10º da Diretiva 92/85 em caso de despedimento de trabalhadoras grávidas, puérperas ou lactantes, que priva a trabalhadora grávida alvo de uma medida de despedimento durante a sua gravidez do direito de intentar uma ação de indemnização, ao passo que esta ação pode ser intentada por qualquer outro trabalhador despedido, se essa limitação das vias de impugnação judicial constituir um tratamento menos favorável de uma mulher no PT quadro da gravidez". (Ac. de 29.10.09 *in* JOUE, C-312, de 19.12.09).

Artigo 64º – Extensão de direitos atribuídos a progenitores

1. O adotante, o tutor, a pessoa a quem for deferida a confiança judicial ou administrativa do menor, bem como o cônjuge ou a pessoa em união de facto com qualquer daqueles ou com o progenitor, desde que viva em comunhão de mesa e habitação com o menor, beneficia dos seguintes direitos:

_a_) Dispensa para aleitação;

b) Licença parental complementar em qualquer das modalidades, licença para assistência a filho e licença para assistência a filho com deficiência ou doença crónica;

c) Falta para assistência a filho ou a neto;

d) Redução do tempo de trabalho para assistência a filho menor com deficiência ou doença crónica;

e) Trabalho a tempo parcial de trabalhador com responsabilidades familiares;

f) Horário flexível de trabalhador com responsabilidades familiares.

2. Sempre que o exercício dos direitos referidos nos números anteriores dependa de uma relação de tutela ou confiança judicial ou administrativa do menor, o respetivo titular deve, para que o possa exercer, mencionar essa qualidade ao empregador.

COMENTÁRIOS:

1. Antecedentes legislativos: Art. 99º, da RCT.

2. O apadrinhamento civil, aprovado pela L nº 103/2009, de 11 de setembro, também é acolhido no presente artigo.

3. "Nos termos do acordo de promoção e proteção ou da decisão judicial, as famílias de acolhimento exercem, em relação à criança ou jovem, os poderes-deveres inerentes às responsabilidades que decorrem da confiança da criança ou do jovem à família de acolhimento, nomeadamente de guarda, de orientação e de educação, beneficiando dos direitos previstos no artigo 64º do Código do Trabalho" (art. 27º, nº 1, do DL nº 139/2019, de 16 de setembro, que aprovou o regime de execução do acolhimento familiar como medida de promoção dos direitos e de proteção das crianças e jovens em perigo).

Artigo 65º – Regime de licenças, faltas e dispensas

1. Não determinam perda de quaisquer direitos, salvo quanto à retribuição, e são consideradas como prestação efetiva de trabalho as ausências ao trabalho resultantes de:

a) Licença em situação de risco clínico durante a gravidez;

b) Licença para deslocação a unidade hospitalar localizada fora da ilha de residência para realização de parto;

c) Licença por interrupção de gravidez;

d) Licença parental, em qualquer das modalidades;

e) Licença por adoção;

f) Licença parental complementar em qualquer das modalidades;

g) Falta para assistência a filho;

h) Falta para assistência a neto;

i) Dispensa de prestação de trabalho no período noturno;

j) Dispensa da prestação de trabalho por parte de trabalhadora grávida, puérpera ou lactante, por motivo de proteção da sua segurança e saúde;

k) Dispensa para avaliação para adoção;

l) Dispensa do acompanhante da mulher grávida, que se encontre numa das ilhas das regiões autónomas sem unidade hospitalar, nas deslocações desta à unidade hospitalar onde decorrerá o parto.

2. A dispensa para consulta de PMA ou pré-natal, amamentação ou aleitação não determina perda de quaisquer direitos e é considerada como prestação efetiva de trabalho.

3. As licenças por situação de risco clínico durante a gravidez, para deslocação a unidade hospitalar localizada fora da ilha de residência para realização de parto, por interrupção de gravidez, por adoção e licença parental em qualquer modalidade:

a) Suspendem o gozo das férias, devendo os dias remanescentes ser gozados após o seu termo, mesmo que tal se verifique no ano seguinte;

b) Não prejudicam o tempo já decorrido de estágio ou ação ou curso de formação, devendo o trabalhador cumprir apenas o período em falta para o completar;

c) Adiam a prestação de prova para progressão na carreira profissional, a qual deve ter lugar após o termo da licença.

4. A licença parental e a licença parental complementar, em quaisquer das suas modalidades, por adoção, para assistência a filho e para assistência a filho com deficiência, doença crónica ou doença oncológica:

a) Suspendem-se por doença do trabalhador, se este informar o empregador e apresentar atestado médico comprovativo, e prosseguem logo após a cessação desse impedimento;

b) Não podem ser suspensas por conveniência do empregador;

c) Não prejudicam o direito do trabalhador a aceder à informação periódica emitida pelo empregador para o conjunto dos trabalhadores;

d) Terminam com a cessação da situação que originou a respetiva licença que deve ser comunicada ao empregador no prazo de cinco dias.

5. No termo de qualquer situação de licença, faltas, dispensa ou regime de trabalho especial, o trabalhador tem direito a retomar a atividade contratada, devendo, no caso previsto na alínea *d*) do número anterior, retomá-la na primeira vaga que ocorrer na empresa ou, se esta entretanto se não verificar, no termo do período previsto para a licença.

6. A licença para assistência a filho ou para assistência a filho com deficiência, doença crónica ou doença oncológica suspende os direitos, deveres e garantias das partes na medida em que pressuponham a efetiva prestação de trabalho, designadamente a retribuição, mas não prejudica os benefícios complementares de assistência médica e medicamentosa a que o trabalhador tenha direito.

7. Constitui contraordenação grave a violação do disposto nos nºs 1, 2, 3 ou 4.

COMENTÁRIOS:

1. Antecedentes legislativos: Arts. 50º e 643º, do CT/2003; 101º e 475º, da RCT e 23º, da L nº 4/84, de 05 de abril.

2. O presente artigo tem a redação resultante da L nº 90/2019, de 04 de setembro. Note-se que as modificações introduzidas por esta lei entraram em vigor com o Orçamento do Estado posterior à sua publicação.

Com a L nº 90/2019, foram aditadas as als *b*) e *l*), do nº 1, passando a deslocação a unidade hospitalar localizada fora da ilha de residência para realização de parto e a dispensa do acompanhante da mulher grávida (que se encontre numa das ilhas das regiões autónomas sem unidade hospitalar, nas deslocações desta à unidade hospitalar onde decorrerá o parto) a constar do elenco das ausências ao trabalho que são consideradas como prestação efetiva de trabalho e não determinam perda de quaisquer direitos, salvo quanto à retribuição.

No nº 2 foi incluída a dispensa para consulta de PMA, agora regulada no aditado art. 46º-A.

As alterações dos nºs 3 (corpo), 4 (corpo) e 6 prendem-se com as modificações que foram introduzidas, designadamente, no art. 53º (que prevê agora a licença para assistência a filho com doença oncológica) e no nº 1, do presente artigo.

3. Sobre o não pagamento de subsídio de refeição a trabalhadoras durante a licença por maternidade, *v.* Parecer nº 3/CITE/2005. Sobre o pagamento do subsídio de Natal, *v.* Parecer nº 88/CITE/2010.

4. A dispensa para consulta de PMA ou pré-natal, amamentação ou aleitação não determina perda de quaisquer direitos e é considerada como prestação efetiva de trabalho (nº 2).

Ao abrigo desta disposição foi decidido, no Proc. nº 188/14.3TTGRD.C1, que tendo a trabalhadora "direito a seis horas de dispensa para amamentação, essas seis horas de dispensa devem ser gozadas durante o período normal de trabalho a que está obrigada, sem perda de quaisquer direitos e sendo consideradas como prestação efetiva de trabalho", competindo-lhe o exercício de tal direito através da comunicação prevista no art. 48º, nº 1, com indicação dos dois períodos distintos aludidos no nº 3, do art. 47º durante os quais pretende gozar efetivamente a dispensa para amamentação. (Ac. da RC, de 08.07.15 *in* www.dgsi.pt).

No Proc. nº 571/14.4T8MTS.P1, a RP entendeu que, "tendo a trabalhadora estado de licença em situação de risco clínico durante a gravidez entre 10 de outubro de 2012 e 29 de maio de 2013 e de licença parental entre 30 de maio de 2013 e 20 de janeiro de 2014, competia à entidade empregadora proceder ao pagamento do correspondente subsídio de férias em relação às férias que a trabalhadora gozou, de 21 de janeiro de 2014 a 19 de fevereiro de 2014, imediatamente após o período de licença". (Ac. de 11.05.15 *in* www.dgsi.pt e CJ, Ano XL, Tomo III, p. 241).

o TJ não se opôs a uma disposição nacional, "que, para efeitos da determinação dos direitos a férias anuais remuneradas garantidos por este artigo a um trabalhador em relação a um período de referência, não considera a duração de uma licença parental gozada por esse trabalhador durante o referido período como um período de trabalho efetivo". [Ac. de 04.10.18 *in* JOUE, C-436, de 03.12.18 (Proc. C-12/17)].

SUBSECÇÃO V – Trabalho de menores

Artigo 66º – Princípios gerais relativos ao trabalho de menor

1. O empregador deve proporcionar ao menor condições de trabalho adequadas à idade e ao desenvolvimento do mesmo e que protejam a segurança, a saúde, o desenvolvimento físico, psíquico e moral, a educação e a formação, prevenindo em especial qualquer risco resultante da sua falta de experiência ou da inconsciência dos riscos existentes ou potenciais.

2. O empregador deve, em especial, avaliar os riscos relacionados com o trabalho, antes de o menor o iniciar ou antes de qualquer alteração importante das condições de trabalho, incidindo nomeadamente sobre:

a) Equipamento e organização do local e do posto de trabalho;

b) Natureza, grau e duração da exposição a agentes físicos, biológicos e químicos;

c) Escolha, adaptação e utilização de equipamento de trabalho, incluindo agentes, máquinas e aparelhos e a respetiva utilização;

d) Adaptação da organização do trabalho, dos processos de trabalho ou da sua execução;

e) Grau de conhecimento do menor no que se refere à execução do trabalho, aos riscos para a segurança e a saúde e às medidas de prevenção.

3. O empregador deve informar o menor e os seus representantes legais dos riscos identificados e das medidas tomadas para a sua prevenção.

4. A emancipação não prejudica a aplicação das normas relativas à proteção da saúde, educação e formação do trabalhador menor.

5. Constitui contraordenação muito grave a violação do disposto nos nºs 1, 2 ou 3.

COMENTÁRIOS:

1. Antecedentes legislativos: Arts. 53º e 644º, do CT/2003 e 121º, da LCT.

2. Nos termos do nº 1, do art. 3º, da Lei preambular, o menor com idade inferior a 16 anos não pode ser contratado para realizar uma atividade remunerada prestada com autonomia, exceto caso tenha concluído a escolaridade obrigatória ou esteja matriculado e a frequentar o nível secundário de educação e se trate de trabalhos leves.

Artigo 67º – Formação profissional de menor

1. O Estado deve proporcionar a menor que tenha concluído a escolaridade obrigatória a formação profissional adequada à sua preparação para a vida ativa.

2. O empregador deve assegurar a formação profissional de menor ao seu serviço, solicitando a colaboração dos organismos competentes sempre que não disponha de meios para o efeito.

3. É, em especial, assegurado ao menor o direito a licença sem retribuição para a frequência de curso profissional que confira habilitação escolar ou curso de educação e formação para jovens, salvo quando a mesma for suscetível de causar prejuízo grave à empresa, e sem prejuízo dos direitos do trabalhador-estudante.

4. O menor que se encontre na situação do nº 1 do artigo 69º tem direito a passar ao regime de trabalho a tempo parcial, fixando-se, na falta de acordo, a duração semanal do trabalho num número de horas que, somado à duração escolar ou de formação, perfaça quarenta horas semanais.

COMENTÁRIOS:

Antecedentes legislativos: Arts. 54º, do CT/2003 e 121º, da LCT.

Artigo 68º – Admissão de menor ao trabalho

1. Só pode ser admitido a prestar trabalho o menor que tenha completado a idade mínima de admissão, tenha concluído a escolaridade obrigatória ou esteja matriculado e a frequentar o nível secundário de educação e disponha de capacidades físicas e psíquicas adequadas ao posto de trabalho.

2. A idade mínima de admissão para prestar trabalho é de 16 anos.

3. O menor com idade inferior a 16 anos que tenha concluído a escolaridade obrigatória ou esteja matriculado e a frequentar o nível secundário de educação pode prestar trabalhos leves que consistam em tarefas simples e definidas que, pela sua natureza, pelos esforços físicos ou mentais exigidos ou pelas condições específicas em que são realizadas, não sejam suscetíveis de o prejudicar no que respeita à integridade física, segurança e saúde, assiduidade escolar, participação em programas de orientação ou de formação, capacidade para beneficiar da instrução ministrada, ou ainda ao seu desenvolvimento físico, psíquico, moral, inteletual e cultural.

4. Em empresa familiar, o menor com idade inferior a 16 anos deve trabalhar sob a vigilância e direção de um membro do seu agregado familiar, maior de idade.

5. O empregador comunica ao serviço com competência inspetiva do ministério responsável pela área laboral a admissão de menor efetuada ao abrigo do nº 3, nos oito dias subsequentes.

6. Constitui contraordenação grave a violação do disposto nos nºs 3 ou 4 e constitui contraordenação leve a violação do disposto no número anterior.

COMENTÁRIOS:

1. Antecedentes legislativos: Arts. 55º e 644º, do CT/2003; 115º e 476º, da RCT e 122º e 123º, da LCT.

2. O presente artigo tem a redação introduzida pela L nº 47/2012, de 29 de agosto.

3. A L nº 85/2009, de 27 de agosto, estabeleceu o regime da escolaridade obrigatória para as crianças e jovens que se encontram em idade escolar e consagrou, ainda, a universalidade da educação pré-escolar para todas as crianças a partir do ano em que atinjam os 5 anos de idade.

Com a L nº 65/2015, de 03 de julho, que alterou a L nº 85/2009, o limite mínimo da idade pré-escolar foi reduzido dos 5 para os 4 anos.

Nos termos do art. 2º, nº 1, da L nº 85/2009, consideram-se em idade escolar as crianças e jovens com idades compreendidas entre os 6 e os 18 anos.

Por sua vez, de acordo com o nº 4, deste mesmo preceito, a escolaridade obrigatória cessa:

a) Com a obtenção do diploma de curso conferente de nível secundário da educação; ou

b) Independentemente da obtenção do diploma de qualquer ciclo ou nível de ensino, no momento do ano escolar em que o aluno perfaça 18 anos.

A L nº 47/2012 visou, precisamente, adequar o CT/2009 à L nº 85/2009.

4. Com a L nº 47/2012, os nºs 1 e 3 passaram a prever, em alternativa à conclusão da escolaridade obrigatória, a matrícula e frequência do nível secundário.

5. A utilização de trabalho de menor em violação do disposto no nº 1 é punida com pena de prisão até dois anos ou com pena de multa até 240 dias, se pena mais grave não couber por força de outra disposição legal (art. 82º, nº 1).

No caso de o menor não ter completado a idade mínima de admissão, não ter concluído a escolaridade obrigatória ou não estar matriculado e a frequentar o nível secundário de educação, os limites das penas são elevados para o dobro (art. 82º, nº 2).

Em caso de reincidência, os limites mínimos das penas previstas nos números anteriores são elevados para o triplo (art. 82º, nº 3).

6. Sobre a proibição do trabalho infantil e proteção dos jovens no trabalho, *vide* o art. 32º, do CDFUE.

Artigo 69º – Admissão de menor sem escolaridade obrigatória, frequência do nível secundário de educação ou sem qualificação profissional

1. O menor com idade inferior a 16 anos que tenha concluído a escolaridade obrigatória ou esteja matriculado e a frequentar o nível secundário de educação mas não possua qualificação profissional, ou o menor com pelo menos 16 anos de idade mas que não tenha concluído a escolaridade obrigatória, não esteja matriculado e a frequentar o nível secundário de educação ou não possua qualificação profissional só pode ser admitido a prestar trabalho desde que frequente modalidade de educação ou formação que confira, consoante o caso, a escolaridade obrigatória, qualificação profissional, ou ambas.

2. O disposto no número anterior não é aplicável a menor que apenas preste trabalho durante as férias escolares.

3. Na situação a que se refere o nº 1, o menor beneficia do estatuto de trabalhador-estudante, tendo a dispensa de trabalho para frequência de aulas com duração em dobro da prevista no nº 3 do artigo 90º

4. O empregador comunica ao serviço com competência inspetiva do ministério responsável pela área laboral a admissão de menor efetuada nos termos dos nºs 1 e 2, nos oito dias subsequentes.

5. Constitui contraordenação muito grave a violação do disposto no nº 1, contraordenação grave a violação do disposto no nº 3 e contraordenação leve a falta de comunicação prevista no número anterior.

6. Em caso de admissão de menor com idade inferior a 16 anos e sem que tenha concluído a escolaridade obrigatória ou esteja matriculado e a frequentar o nível secundário de educação, é aplicada a sanção acessória de privação

do direito a subsídio ou benefício outorgado por entidade ou serviço público, por período até dois anos.

COMENTÁRIOS:

1. Antecedentes legislativos: Arts. 56º e 644º, do CT/2003 e 122º, da LCT.

2. O presente artigo tem a redação introduzida pela L nº 47/2012, de 29 de agosto.

3. As alterações introduzidas pela L nº 47/2012 nos nºs 1 e 6 prenderam-se, fundamentalmente, com a consagração da matrícula e frequência do nível secundário em alternativa à conclusão da escolaridade obrigatória.

Artigo 70º – Capacidade do menor para celebrar contrato de trabalho e receber a retribuição

1. É válido o contrato de trabalho celebrado por menor que tenha completado 16 anos de idade e tenha concluído a escolaridade obrigatória ou esteja matriculado e a frequentar o nível secundário de educação, salvo oposição escrita dos seus representantes legais.

2. O contrato celebrado por menor que não tenha completado 16 anos de idade, não tenha concluído a escolaridade obrigatória ou não esteja matriculado e a frequentar o nível secundário de educação só é válido mediante autorização escrita dos seus representantes legais.

3. O menor tem capacidade para receber a retribuição, salvo oposição escrita dos seus representantes legais.

4. Os representantes legais podem a todo o tempo declarar a oposição ou revogar a autorização referida no nº 2, sendo o ato eficaz decorridos 30 dias sobre a sua comunicação ao empregador.

5. No caso previsto nos nºs 1 ou 2, os representantes legais podem reduzir até metade o prazo previsto no número anterior, com fundamento em que tal é necessário para a frequência de estabelecimento de ensino ou de ação de formação profissional.

6. Constitui contraordenação grave o pagamento de retribuição ao menor caso haja oposição escrita dos seus representantes legais.

COMENTÁRIOS:

1. Antecedentes legislativos: Arts. 58º e 644º, do CT/2003 e 123º, da LCT.

2. O presente artigo tem a redação introduzida pela L nº 47/2012, de 29 de agosto.

3. As alterações introduzidas pela L nº 47/2012 nos nºs 1 e 2 prenderam-se, fundamentalmente, com a consagração da matrícula e frequência do nível secundário em alternativa à conclusão da escolaridade obrigatória.

Artigo 71º – Denúncia de contrato por menor

1. O menor na situação referida no artigo 69º que denuncie o contrato de trabalho sem termo durante a formação, ou num período imediatamente subsequente de duração igual àquela, deve compensar o empregador do custo direto com a formação que este tenha suportado.

2. O disposto no número anterior é igualmente aplicável caso o menor denuncie o contrato de trabalho a termo depois de o empregador lhe haver proposto por escrito a conversão do mesmo em contrato sem termo.

COMENTÁRIOS:

Antecedentes legislativos: Arts. 59º, do CT/2003 e 122º, da LCT.

Artigo 72º – Proteção da segurança e saúde de menor

1. Sem prejuízo das obrigações estabelecidas em disposições especiais, o empregador deve submeter o menor a exames de saúde, nomeadamente:

***a*) Exame de saúde que certifique a adequação da sua capacidade física e psíquica ao exercício das funções, a realizar antes do início da prestação do trabalho, ou nos 15 dias subsequentes à admissão se esta for urgente e com o consentimento dos representantes legais do menor;**

***b*) Exame de saúde anual, para que do exercício da atividade profissional não resulte prejuízo para a sua saúde e para o seu desenvolvimento físico e psíquico.**

2. Os trabalhos que, pela sua natureza ou pelas condições em que são prestados, sejam prejudiciais ao desenvolvimento físico, psíquico e moral dos menores são proibidos ou condicionados por legislação específica.

3. Constitui contraordenação grave a violação do disposto no nº 1.

COMENTÁRIOS:

1. Antecedentes legislativos: Arts. 60º e 644º, do CT/2003; 126º, da RCT e 124º, da LCT.

2. A utilização de trabalho de menor em violação do disposto no nº 2 é punida com pena de prisão até dois anos ou com pena de multa até 240 dias, se pena mais grave não couber por força de outra disposição legal (art. 82º, nº 1).

No caso de o menor não ter completado a idade mínima de admissão ou não ter concluído a escolaridade obrigatória, os limites das penas são elevados para o dobro (art. 82º, nº 2).

Em caso de reincidência, os limites mínimos das penas previstas nos números anteriores são elevados para o triplo (art. 82º, nº 3).

Artigo 73º – Limites máximos do período normal de trabalho de menor

1. O período normal de trabalho de menor não pode ser superior a oito horas em cada dia e a quarenta horas em cada semana.

2. Os instrumentos de regulamentação coletiva de trabalho devem reduzir, sempre que possível, os limites máximos do período normal de trabalho de menor.

3. No caso de trabalhos leves efetuados por menor com idade inferior a 16 anos, o período normal de trabalho não pode ser superior a sete horas em cada dia e trinta e cinco horas em cada semana.

4. Constitui contraordenação grave a violação do disposto nos nºs 1 ou 3.

COMENTÁRIOS:

Antecedentes legislativos: Arts. 62º e 644º, do CT/2003 e 9º e 9º-A, do DL nº 409/71, de 27 de setembro.

Artigo 74º – Dispensa de algumas formas de organização do tempo de trabalho de menor

1. O menor é dispensado de prestar trabalho em horário organizado de acordo com o regime de adaptabilidade, banco de horas ou horário concentrado quando o mesmo puder prejudicar a sua saúde ou segurança no trabalho.

2. Para efeito do número anterior, o menor deve ser submetido a exame de saúde previamente ao início da aplicação do horário em causa.

3. Constitui contraordenação grave a violação do disposto neste artigo.

COMENTÁRIOS:

Antecedentes legislativos: Arts. 63º e 644º, do CT/2003 e 6º-A, do DL nº 409/71, de 27 de setembro.

Artigo 75º – Trabalho suplementar de menor

1. O trabalhador menor não pode prestar trabalho suplementar.

2. O disposto no número anterior não é aplicável se a prestação de trabalho suplementar por parte de menor com idade igual ou superior a 16 anos for indispensável para prevenir ou reparar prejuízo grave para a empresa, devido a facto anormal e imprevisível ou a circunstância excecional ainda que previsível, cujas consequências não podiam ser evitadas, desde que não haja outro trabalhador disponível e por um período não superior a cinco dias úteis.

3. Na situação referida no número anterior, o menor tem direito a período equivalente de descanso compensatório, a gozar nas três semanas seguintes.

4. Constitui contraordenação grave a violação do disposto neste artigo.

COMENTÁRIOS:

1. Antecedentes legislativos: Arts. 64º e 644º, do CT/2003 e 124º, da LCT.

2. No âmbito do trabalho de menores, vigora o princípio da proibição de prestação de trabalho suplementar. No entanto, o nº 2, prevê um desvio a este princípio, admitindo a prestação de trabalho suplementar quando se verificarem os seguintes pressupostos:

a) O menor tiver idade igual ou superior a 16 anos;

b) O trabalho for indispensável para prevenir ou reparar prejuízo grave para a empresa, devido a facto anormal e imprevisível ou a circunstância excecional ainda que previsível, cujas consequências não podiam ser evitadas;

c) Não haja outro trabalhador disponível;

d) O trabalho não exceda o período de cinco dias úteis.

Artigo 76º – Trabalho de menor no período noturno

1. É proibido o trabalho de menor com idade inferior a 16 anos entre as 20 horas de um dia e as 7 horas do dia seguinte.

2. O menor com idade igual ou superior a 16 anos não pode prestar trabalho entre as 22 horas de um dia e as 7 horas do dia seguinte, sem prejuízo do disposto nos números seguintes.

3. O menor com idade igual ou superior a 16 anos pode prestar trabalho noturno:

***a*) Em atividade prevista em instrumento de regulamentação coletiva de trabalho, exceto no período compreendido entre as 0 e as 5 horas;**

***b*) Que se justifique por motivos objetivos, em atividade de natureza cultural, artística, desportiva ou publicitária, desde que tenha um período equivalente de descanso compensatório no dia seguinte ou no mais próximo possível.**

4. No caso do número anterior, a prestação de trabalho noturno por menor deve ser vigiada por um adulto, se for necessário para proteção da sua segurança ou saúde.

5. O disposto nos nºs 2 e 3 não é aplicável se a prestação de trabalho noturno ocorrer em circunstância referida no nº 2 do artigo anterior, sendo devido o descanso previsto no nº 3 do mesmo artigo.

6. Constitui contraordenação grave a violação do disposto nos nºs 1, 2 ou 4.

COMENTÁRIOS:

Antecedentes legislativos: Arts. 65º e 644º, do CT/2003 e 33º, do DL nº 409/71, de 27 de setembro.

Artigo 77º – Intervalo de descanso de menor

1. O período de trabalho diário de menor deve ser interrompido por intervalo de duração entre uma e duas horas, por forma a não prestar mais de quatro horas de trabalho consecutivo se tiver idade inferior a 16 anos, ou quatro horas e trinta minutos se tiver idade igual ou superior a 16 anos.

2. O instrumento de regulamentação coletiva de trabalho pode estabelecer duração do intervalo de descanso superior a duas horas, bem como a frequência e a duração de outros intervalos de descanso no período de trabalho diário ou, no caso de menor com idade igual ou superior a 16 anos, redução do intervalo até trinta minutos.

3. Constitui contraordenação grave a violação do disposto no nº 1.

COMENTÁRIOS:

Antecedentes legislativos: Arts. 66º e 644º, do CT/2003 e 10º-A, do DL nº 409/71, de 27 de setembro.

Artigo 78º – Descanso diário de menor

1. O menor tem direito a descanso diário, entre os períodos de trabalho de dois dias sucessivos, com a duração mínima de catorze horas consecutivas se tiver idade inferior a 16 anos, ou doze horas consecutivas se tiver idade igual ou superior a 16 anos.

2. Em relação a menor com idade igual ou superior a 16 anos, o descanso diário previsto no número anterior pode ser reduzido por instrumento de regulamentação coletiva de trabalho se for justificado por motivo objetivo, desde que não afete a sua segurança ou saúde e a redução seja compensada nos três dias seguintes, no setor da agricultura, turismo, hotelaria ou restauração, em embarcação da marinha do comércio, hospital ou outro estabelecimento de saúde ou em atividade caracterizada por períodos de trabalho fracionados ao longo do dia.

3. O disposto no nº 1 não se aplica a menor com idade igual ou superior a 16 anos que preste trabalho cuja duração normal não seja superior a vinte horas por semana, ou trabalho ocasional por período não superior a um mês:

a) Em serviço doméstico realizado em agregado familiar;

b) Em empresa familiar, desde que não seja nocivo, prejudicial ou perigoso para o menor.

4. Constitui contraordenação grave a violação do disposto nos nºs 1 ou 2 deste artigo.

COMENTÁRIOS:

Antecedentes legislativos: Arts. 67º e 644º, do CT/2003 e 10º-A, do DL nº 409/71, de 27 de setembro.

Artigo 79º – Descanso semanal de menor

1. O descanso semanal de menor tem a duração de dois dias, se possível, consecutivos, em cada período de sete dias, salvo havendo razões técnicas ou de organização do trabalho, a definir por instrumento de regulamentação coletiva de trabalho, que justifiquem que o descanso semanal de menor com idade igual ou superior a 16 anos tenha a duração de trinta e seis horas consecutivas.

2. O descanso semanal de menor com idade igual ou superior a 16 anos pode ser de um dia em situação a que se referem os nºs 2 ou 3 do artigo anterior, desde que a redução se justifique por motivo objetivo e, no primeiro caso, seja estabelecida em instrumento de regulamentação coletiva de trabalho, devendo em qualquer caso ser assegurado descanso adequado.

3. Constitui contraordenação grave a violação do disposto neste artigo.

COMENTÁRIOS:

Antecedentes legislativos: Arts. 68º e 644º, do CT/2003 e 1º, da L nº 58/99, de 30 de junho.

Artigo 80º – Descanso semanal e períodos de trabalho de menor em caso de pluriemprego

1. Se o menor trabalhar para vários empregadores, os descansos semanais devem ser coincidentes e a soma dos períodos de trabalho não deve exceder os limites máximos do período normal de trabalho.

2. Para efeitos do disposto no número anterior, o menor ou, se este tiver idade inferior a 16 anos, os seus representantes legais devem informar por escrito:

a) Antes da admissão, o novo empregador, sobre a existência de outro emprego e a duração do trabalho e os descansos semanais correspondentes;

b) Aquando de uma admissão ou sempre que haja alteração das condições de trabalho em causa, os outros empregadores, sobre a duração do trabalho e os descansos semanais correspondentes.

3. O empregador que, sendo informado nos termos do número anterior, celebre contrato de trabalho com o menor ou altere a duração do trabalho ou dos descansos semanais é responsável pelo cumprimento do disposto no nº 1.

4. Constitui contraordenação grave a violação do disposto no nº 1, pela qual é responsável o empregador que se encontre na situação referida no número anterior.

COMENTÁRIOS:
Antecedentes legislativos: Arts. 69º e 644º, do CT/2003 e 9º-A, do DL nº 409/71, de 27 de setembro.

Artigo 81º – Participação de menor em espetáculo ou outra atividade

A participação de menor em espetáculo ou outra atividade de natureza cultural, artística ou publicitária é regulada em legislação específica.

COMENTÁRIOS:
1. Antecedentes legislativos: Arts. 70º e 644º, do CT/2003 e 124º, da LCT.
O regime da participação de menores em espetáculos e outras atividades estava regulamentado nos arts. 138º a 146º e 477º, da RCT, os quais tinham transposto a Diretiva nº 94/33/CE, do Conselho de 22 de junho.

2. A participação de menor em atividade de natureza cultural, artística ou publicitária, foi regulamentada pelo art. 2º da L nº 105/2009, de 14 de setembro (a última versão foi aprovada pela L nº 93/2019, de 04 de setembro):

1 – O menor pode participar em espetáculo ou outra atividade de natureza cultural, artística ou publicitária, designadamente como ator, cantor, dançarino, figurante, músico, modelo ou manequim.

2 – A situação prevista no número anterior não pode envolver contacto com animal, substância ou atividade perigosa que possa constituir risco para a segurança ou a saúde do menor.

3 – Sem prejuízo do previsto no número anterior, o menor só pode participar em espetáculos que envolvam animais desde que tenha pelo menos 12 anos e a sua atividade, incluindo os respetivos ensaios, decorra sob a vigilância de um dos progenitores, representante legal ou irmão maior.

4 – Constitui contraordenação muito grave, imputável à entidade promotora da atividade, a violação do disposto nos nºs 2 e 3, podendo ser aplicada a sanção acessória de publicidade da condenação, nos termos gerais, e ainda, tendo em conta os efeitos gravosos para o menor ou o benefício económico retirado pela entidade promotora:

a) Interdição do exercício de profissão ou atividade cujo exercício dependa de título público ou de autorização ou homologação de autoridade pública;

b) Privação do direito a subsídio ou benefício outorgado por entidade ou serviço público;

c) Encerramento de estabelecimento cujo funcionamento dependa de autorização ou licença de autoridade administrativa.

4. *Não julga inconstitucional a norma resultante dos artigos 2º, nº 1, 5º, nºs 1 a 3, e 7º, nº 2, da Lei nº 105/2009, de 14 de setembro, no sentido de que os menores apenas podem participar*

em programas de televisão após pedido e concessão de autorização pela Comissão de Proteção de Crianças e Jovens (CPCJ). [Ac. do TC nº 262/2020, de 13.05.20 *in* www.tribunalconstitucional.pt (Proc. nº 958/2019)

Artigo 82º – Crime por utilização indevida de trabalho de menor

1. A utilização de trabalho de menor em violação do disposto no nº 1 do artigo 68º ou no nº 2 do artigo 72º é punida com pena de prisão até 2 anos ou com pena de multa até 240 dias, se pena mais grave não couber por força de outra disposição legal.

2. No caso de o menor não ter completado a idade mínima de admissão, não ter concluído a escolaridade obrigatória ou não estar matriculado e a frequentar o nível secundário de educação, os limites das penas são elevados para o dobro.

3. Em caso de reincidência, os limites mínimos das penas previstas nos números anteriores são elevados para o triplo.

COMENTÁRIOS:

1. Antecedentes legislativos: Arts. 608º, do CT/2003; 5º, do DL nº 58/99, de 30 de junho e 2º e 5º, do DL nº 107/2001, de 06 de abril.

2. O presente artigo tem a redação introduzida pela L nº 47/2012, de 29 de agosto.

3. A alteração introduzida no nº 2, pela L nº 47/2012, traduziu-se no aditamento da ausência de matrícula e frequência do nível secundário de educação como condição de agravamento dos limites da pena.

Artigo 83º – Crime de desobediência por não cessação da atividade de menor

Quando o serviço com competência inspetiva do ministério responsável pela área laboral verificar a violação do disposto no nº 1 do artigo 68º ou das normas relativas a trabalhos proibidos a que se refere o nº 2 do artigo 72º, notifica por escrito o infrator para que faça cessar de imediato a atividade do menor, com a cominação de que, se o não fizer, incorre em crime de desobediência qualificada.

COMENTÁRIOS:

Antecedentes legislativos: Arts. 609º, do CT/2003 e 128º, da LCT.

SUBSECÇÃO VI – Trabalhador com capacidade de trabalho reduzida

Artigo 84º – Princípios gerais quanto ao emprego de trabalhador com capacidade de trabalho reduzida

1. O empregador deve facilitar o emprego a trabalhador com capacidade de trabalho reduzida, proporcionando-lhe adequadas condições de trabalho, nomeadamente a adaptação do posto de trabalho, retribuição e promovendo ou auxiliando ações de formação e aperfeiçoamento profissional apropriadas.

2. O Estado deve estimular e apoiar, pelos meios convenientes, a ação das empresas na realização dos objetivos definidos no número anterior.

3. Independentemente do disposto nos números anteriores, podem ser estabelecidas, por lei ou instrumento de regulamentação coletiva de trabalho, especiais medidas de proteção de trabalhador com capacidade de trabalho reduzida, particularmente no que respeita à sua admissão e condições de prestação da atividade, tendo sempre em conta os interesses do trabalhador e do empregador.

4. O regime do presente artigo consta de legislação específica.

5. Constitui contraordenação muito grave a violação do disposto no nº 1.

COMENTÁRIOS:

Antecedentes legislativos: Arts. 71º e 645º, do CT/2003 e art. 126º, da LCT.

SUBSECÇÃO VII – Trabalhador com deficiência ou doença crónica

Artigo 85º – Princípios gerais quanto ao emprego de trabalhador com deficiência, doença crónica ou doença oncológica

1. O trabalhador com deficiência, doença crónica ou doença oncológica é titular dos mesmos direitos e está adstrito aos mesmos deveres dos demais trabalhadores no acesso ao emprego, à formação, promoção ou carreira profissionais e às condições de trabalho, sem prejuízo das especificidades inerentes à sua situação.

2. O Estado deve estimular e apoiar a ação do empregador na contratação de trabalhador com deficiência, doença crónica ou doença oncológica e na sua readaptação profissional.

3. Constitui contraordenação muito grave a violação do disposto no nº 1.

COMENTÁRIOS:

1. Antecedentes legislativos: Arts. 73º e 646º, do CT/2003.

2. O presente artigo foi alterado pela L nº 93/2019, de 04 de setembro.

3. A L nº 93/2019 conferiu expressamente aos trabalhadores com doença oncológica a mesma proteção de que gozavam os trabalhadores com deficiência ou doença crónica, quer ao nível da igualdade de tratamento (nº 1), quer ao nível do apoio do Estado na contratação desses trabalhadores (nº 2).

4. Antes da entrada em vigor do CT/2003, o estatuto jurídico-laboral dos trabalhadores deficientes ou com doença crónica encontrava-se difuso e incipientemente consagrado na L nº 38/2004, de 18 de agosto e na L nº 46/2006, de 28 de agosto. Já o DL nº 40/83, de 25 de janeiro, procurava proporcionar a determinados deficientes a sua valorização pessoal e profissional.

A L nº 46/2006, de 28 de agosto, proíbe e pune a discriminação em razão da deficiência e da existência de risco agravado de saúde. Esta lei foi regulamentada pelo DL nº 34/2007, de 15 de fevereiro.

5. No Proc. C-312/11, o TJ entendeu que ao "não impor a todas as entidades patronais a obrigação de prever, em função das necessidades nas situações concretas, adaptações razoáveis para todas as pessoas deficientes, a República Italiana não cumpriu o seu dever de transpor correta e integralmente o artigo 5ºo da Diretiva 2000/78/CE do Conselho, de 27 de novembro de 2000, que estabelece um quadro geral de igualdade de tratamento no emprego e na atividade profissional". (Ac. de 04.07.13 *in* JOUE, C-245, de 24.08.13).

Este mesmo tribunal considerou que tal diretiva "deve ser interpretada no sentido de que o estado de saúde de um trabalhador reconhecido como sendo particularmente sensível aos riscos profissionais, na aceção do direito nacional, que não permite a esse trabalhador ocupar certos postos de trabalho por implicar um risco para a sua saúde ou para outras pessoas, só está abrangido pelo conceito de «deficiência», na aceção desta diretiva, se esse estado gerar uma limitação da capacidade, resultante, nomeadamente, de incapacidades físicas, mentais ou psíquicas duradouras, cuja interação com várias barreiras pode impedir a sua plena e efetiva participação na vida profissional em igualdade com os outros trabalhadores". [Ac. de 11.09.19 *in* JOUE, C-383, de 11.11.19 (Proc. C-397/18)].

Artigo 86º – Medidas de ação positiva em favor de trabalhador com deficiência ou doença crónica

1. O empregador deve adotar medidas adequadas para que a pessoa com deficiência ou doença crónica, nomeadamente doença oncológica ativa em fase de tratamento, tenha acesso a um emprego, o possa exercer e nele progredir, ou para que tenha formação profissional, exceto se tais medidas implicarem encargos desproporcionados.

2. O Estado deve estimular e apoiar, pelos meios convenientes, a ação do empregador na realização dos objetivos referidos no número anterior.

3. Os encargos referidos no nº 1 não são considerados desproporcionados quando forem compensados por apoios do Estado, nos termos previstos em legislação específica.

4. Podem ser estabelecidas por lei ou instrumento de regulamentação coletiva de trabalho medidas de proteção específicas de trabalhador com deficiência ou doença crónica, nomeadamente doença oncológica ativa em fase de tratamento, e incentivos a este ou ao empregador, particularmente no que respeita à admissão, condições de prestação da atividade e adaptação de posto de trabalho, tendo em conta os respetivos interesses.

COMENTÁRIOS:

1. Antecedentes legislativos: Arts. 74º e 646º, do CT/2003.

2. O presente artigo foi alterado pela L nº 93/2019, de 04 de setembro.

3. A L nº 93/2019 vem estender as medidas de ação positiva prevista no presente artigo aos trabalhadores com doença oncológica ativa em fase de tratamento.

V. art. 27º que entende a medida de ação positiva como não discriminatória.

Artigo 87º – Dispensa de algumas formas de organização do tempo de trabalho de trabalhador com deficiência ou doença crónica

1. O trabalhador com deficiência ou doença crónica, nomeadamente doença oncológica ativa em fase de tratamento, é dispensado da prestação de trabalho se esta puder prejudicar a sua saúde ou segurança no trabalho:

***a*) Em horário organizado de acordo com o regime de adaptabilidade, de banco de horas ou horário concentrado;**

***b*) Entre as 20 horas de um dia e as 7 horas do dia seguinte.**

2. Para efeito do disposto no número anterior, o trabalhador deve ser submetido a exame de saúde previamente ao início da aplicação do horário em causa.

3. Constitui contraordenação grave a violação do disposto neste artigo.

COMENTÁRIOS:

1. Antecedentes legislativos: Arts. 75º, 77º e 646º, do CT/2003 e 6º-A, do DL nº 409/71, de 27 de setembro.

2. O presente artigo foi alterado pela L nº 93/2019, de 04 de setembro.

3. A L nº 93/2019 vem estender a dispensa das formas de organização do tempo de trabalho prevista no presente artigo aos trabalhadores com doença oncológica ativa em fase de tratamento.

Artigo 88º – Trabalho suplementar de trabalhador com deficiência ou doença crónica

1. O trabalhador com deficiência ou doença crónica não é obrigado a prestar trabalho suplementar.

2. Constitui contraordenação grave a violação do disposto neste artigo.

COMENTÁRIOS:

Antecedentes legislativos: Arts. 76º e 646º, do CT/2003 e 3º, nº 2, al. *a*), da LTS.

SUBSECÇÃO VIII – Trabalhador-estudante

Artigo 89º – Noção de trabalhador-estudante

1. Considera-se trabalhador-estudante o trabalhador que frequenta qualquer nível de educação escolar, bem como curso de pós-graduação, mestrado ou doutoramento em instituição de ensino, ou ainda curso de formação profissional ou programa de ocupação temporária de jovens com duração igual ou superior a seis meses.

2. A manutenção do estatuto de trabalhador-estudante depende de aproveitamento escolar no ano letivo anterior.

COMENTÁRIOS:

1. Antecedentes legislativos: Arts. 79º, do CT/2003 e 2º, da L nº 116/97, de 04 de novembro.

2. O regime do trabalhador-estudante estava regulamentado nos arts. 147º a 156º, da RCT.

3. Para maiores desenvolvimentos, *vide* FILIPA ISABEL SOARES DA SILVA VIEIRA, *O trabalhador estudante – especificidades no regime da prestação da atividade laboral*, pp. 103 e ss..

Artigo 90º – Organização do tempo de trabalho de trabalhador-estudante

1. O horário de trabalho de trabalhador-estudante deve, sempre que possível, ser ajustado de modo a permitir a frequência das aulas e a deslocação para o estabelecimento de ensino.

2. Quando não seja possível a aplicação do disposto no número anterior, o trabalhador-estudante tem direito a dispensa de trabalho para frequência de aulas, se assim o exigir o horário escolar, sem perda de direitos e que conta como prestação efetiva de trabalho.

3. A dispensa de trabalho para frequência de aulas pode ser utilizada de uma só vez ou fraccionadamente, à escolha do trabalhador-estudante, e tem a seguinte duração máxima, dependendo do período normal de trabalho semanal:

a) Três horas semanais para período igual ou superior a vinte horas e inferior a trinta horas;

b) Quatro horas semanais para período igual ou superior a trinta horas e inferior a trinta e quatro horas;

c) Cinco horas semanais para período igual ou superior a trinta e quatro horas e inferior a trinta e oito horas;

d) Seis horas semanais para período igual ou superior a trinta e oito horas.

4. O trabalhador-estudante cujo período de trabalho seja impossível ajustar, de acordo com os números anteriores, ao regime de turnos a que está afeto tem preferência na ocupação de posto de trabalho compatível com a sua qualificação profissional e com a frequência de aulas.

5. Caso o horário de trabalho ajustado ou a dispensa de trabalho para frequência de aulas comprometa manifestamente o funcionamento da empresa, nomeadamente por causa do número de trabalhadores-estudantes existente, o empregador promove um acordo com o trabalhador interessado e a comissão de trabalhadores ou, na sua falta, a comissão intersindical, comissões sindicais ou delegados sindicais, sobre a medida em que o interesse daquele pode ser satisfeito ou, na falta de acordo, decide fundamentadamente, informando o trabalhador por escrito.

6. O trabalhador-estudante não é obrigado a prestar trabalho suplementar, exceto por motivo de força maior, nem trabalho em regime de adaptabilidade, banco de horas ou horário concentrado quando o mesmo coincida com o horário escolar ou com prova de avaliação.

7. Ao trabalhador-estudante que preste trabalho em regime de adaptabilidade, banco de horas ou horário concentrado é assegurado um dia por mês de dispensa, sem perda de direitos, contando como prestação efetiva de trabalho.

8. O trabalhador estudante que preste trabalho suplementar tem direito a descanso compensatório com duração de metade do número de horas prestadas.

9. Constitui contraordenação grave a violação do disposto nos nºs 1 a 4 e 6 a 8.

COMENTÁRIOS:

1. Antecedentes legislativos: Arts. arts. 80º e 647º, do CT/2003; 149º, 154º e 478º, da RCT e 3º, da L nº 116/97, de 04 de novembro.

2. O presente artigo tem a redação introduzida pela L nº 23/2012, de 25 de junho, a qual alterou o nº 8. Com esta alteração, o trabalhador-estudante que preste trabalho suplementar passou a ter direito a descanso compensatório com duração de metade do número de horas prestadas. No regime anterior, este descanso compensatório era igual ao número de horas prestadas.

3. O trabalhador-estudante possui uma espécie de bolsa de horas a título de dispensa para frequência de aulas, maior ou menor, consoante o período normal de trabalho semanal (nº 3).

Uma das dificuldades que o enquadramento do regime apresenta prende-se com a respetiva conciliação com o regime de turnos, dando-se preferência ao trabalhador que ocupa um posto de trabalho compatível com a sua qualificação profissional e com a frequência de aulas (nº 4). Havendo, na empresa, um número de trabalhadores relevantes que possa comprometer o horário ajustado ou a dispensa de trabalho prevista no nº 2, tenta-se a conciliação de interesses, sendo que, em última instância, decide o empregador sem estar vinculado aos interesses especiais do trabalhador.

A RL decidiu que a empregadora, na organização do tempo de trabalho do trabalhador-estudante, deve, sempre que possível, ajustar o horário de trabalho de modo a permitir àquele a frequência das aulas e a deslocação para o estabelecimento de ensino. Caso tal não seja possível, "assiste ao trabalhador o direito a dispensa de trabalho, que depende do período normal de trabalho semanal e que, in casu, era de cinco horas" (al. *c*), do nº 3). [Ac. de 05.04.17 *in* www.dgsi.pt (Proc. nº 3805/15.4T8BRR.L1-4)].

4. O trabalhador-estudante recebe um regime especial no que concerne à organização dos tempos de trabalho (nº 6).

5. Nos termos do nº 1, do art. 12º, da L nº 105/2009, de 14 de setembro (na última versão dada pela L nº 93/2019, de 04 de setembro), o trabalhador-estudante não está sujeito:

a) A frequência de um número mínimo de disciplinas de determinado curso, em graus de ensino em que isso seja possível, nem a regime de prescrição ou que implique mudança de estabelecimento de ensino;

b) A qualquer disposição legal que faça depender o aproveitamento escolar de frequência de um número mínimo de aulas por disciplina;

c) A limitação do número de exames a realizar em época de recurso.

Caso não haja época de recurso, o trabalhador-estudante tem direito, na medida em que seja legalmente admissível, a uma época especial de exame em todas as disciplinas (art. 12º, nº 2, da L nº 105/2009).

6. O trabalhador-estudante tem direito a aulas de compensação ou de apoio pedagógico que sejam consideradas imprescindíveis pelos órgãos do estabelecimento de ensino (art. 12º, nº 4, da L nº 105/2009).

7. O disposto nos nºs 1, 2 e 4, do art. 12º, da L nº 105/2009, não é cumulável com qualquer outro regime que vise os mesmos fins (art. 12º, nº 5, da citada lei).

O art. 12º, da L nº 105/2009, aplica-se ao trabalhador por conta própria, bem como ao trabalhador que, estando abrangido pelo estatuto do trabalhador-estudante, se encontre, entretanto, em situação de desemprego involuntário, inscrito em centro de emprego (art. 12º, nº 6, da mesma lei).

Artigo 91º – Faltas para prestação de provas de avaliação

1. O trabalhador-estudante pode faltar justificadamente por motivo de prestação de prova de avaliação, nos seguintes termos:

***a*) No dia da prova e no imediatamente anterior;**

***b*) No caso de provas em dias consecutivos ou de mais de uma prova no mesmo dia, os dias imediatamente anteriores são tantos quantas as provas a prestar;**

***c*) Os dias imediatamente anteriores referidos nas alíneas anteriores incluem dias de descanso semanal e feriados;**

***d*) As faltas dadas ao abrigo das alíneas anteriores não podem exceder quatro dias por disciplina em cada ano letivo.**

2. O direito previsto no número anterior só pode ser exercido em dois anos letivos relativamente a cada disciplina.

3. Nos casos em que o curso esteja organizado no regime de sistema europeu de transferência e acumulação de créditos (ECTS), o trabalhador-estudante pode, em alternativa ao disposto no nº 1, optar por cumular os dias anteriores ao da prestação das provas de avaliação, num máximo de três dias, seguidos ou interpolados ou do correspondente em termos de meios-dias, interpolados.

4. A opção pelo regime cumulativo a que refere o número anterior obriga, com as necessárias adaptações, ao cumprimento do prazo de antecedência previsto no disposto nas alíneas *a*) e *b*) do nº 4 do artigo 96º.

5. Só é permitida a cumulação nos casos em que os dias anteriores às provas de avaliação que o trabalhador-estudante tenha deixado de usufruir não tenham sido dias de descanso semanal ou feriados.

6. Consideram-se ainda justificadas as faltas dadas por trabalhador-estudante na estrita medida das deslocações necessárias para prestar provas de avaliação, sendo retribuídas até 10 faltas em cada ano letivo, independentemente do número de disciplinas.

7. Considera-se prova de avaliação o exame ou outra prova, escrita ou oral, ou a apresentação de trabalho, quando este o substitua ou complemente e desde que determine direta ou indiretamente o aproveitamento escolar.

8. Constitui contraordenação grave a violação do disposto nos nºs 1, 3 e 6.

COMENTÁRIOS:

1. Antecedentes legislativos: Arts. 81º e 647º, do CT/2003; 151º e 478º, da RCT e 5º, da L nº 116/97, de 04 de novembro.

2. O presente artigo tem a redação introduzida pela L nº 23/2012, de 25 de junho.

3. Com a redação introduzida pela L nº 23/2012, ao trabalhador-estudante, nas situações em que o curso esteja organizado no regime de sistema europeu de transferência e acumulação de créditos (ECTS – *european credit transfer system*), é conferido o direito de optar pela cumulação de dias anteriores ao da prestação das provas de avaliação, num máximo de três dias, seguidos ou interpolados ou do correspondente em termos de meios-dias, interpolados, em alternativa à possibilidade consagrada no nº 1 (nº 3).

No caso de um dia, o trabalhador deve exercer o direito de opção com a antecedência de 48 horas ou, sendo inviável, logo que possível, por seu turno, no caso de 2 ou 3 dias, tal direito deve ser exercido com a antecedência de 8 dias (cfr., conjugadamente, o nº 4 e as als. *a*) e *b*), do nº 4, do art. 96º).

Por outro lado, a cumulação só é permitida nas hipóteses em que os dias anteriores às provas de avaliação que o trabalhador-estudante tenha deixado de usufruir não tenham sido dias de descanso semanal ou feriados (nº 5).

4. O nº 7 determina que a prova de avaliação não engloba apenas o teste de avaliação global (TAG), o exame final, o exame oral, mas também a apresentação de trabalhos que possuam relevância para o aproveitamento escolar. O recurso à apresentação de trabalhos é usual quando se adota o método de avaliação contínua.

5. A falta para prestação de prova em estabelecimento de ensino, nos termos do presente artigo, considera-se falta justificada (cfr. al. *c*), do nº 1, do art. 249º).

Com esta norma pretendeu-se dar ao trabalhador-estudante tempo para descansar e preparar a prova. Assim, se o mesmo usou os dias concedidos para passear, fazendo uma viagem ao estrangeiro, tais faltas não podem ser consideradas justificadas. Cfr. o Ac. da RP, de 21.09.15 *in* CJ, Ano XL, Tomo IV, p. 236.

6. O estabelecimento de ensino com horário pós-laboral deve assegurar que os exames e as provas de avaliação, bem como um serviço mínimo de apoio ao trabalhador-estudante decorram, na medida do possível, no mesmo horário (art. 12º, nº 3, da L nº 105/2009, de 14 de setembro). Esta norma não é cumulável com qualquer outro regime que vise os mesmos fins (art. 12º, nº 5, da L nº 105/2009).

O art. 12º, da L nº 105/2009, aplica-se ao trabalhador por conta própria, bem como ao trabalhador que, estando abrangido pelo estatuto do trabalhador-estudante, se encontre, entretanto, em situação de desemprego involuntário, inscrito em centro de emprego (art. 12º, nº 6, da mesma lei).

Artigo 92º – Férias e licenças de trabalhador-estudante

1. O trabalhador-estudante tem direito a marcar o período de férias de acordo com as suas necessidades escolares, podendo gozar até 15 dias de férias interpoladas, na medida em que tal seja compatível com as exigências imperiosas do funcionamento da empresa.

2. O trabalhador-estudante tem direito, em cada ano civil, a licença sem retribuição, com a duração de 10 dias úteis seguidos ou interpolados.

3. Constitui contraordenação grave a violação do disposto no nº 1 e constitui contraordenação leve a violação do disposto no número anterior.

COMENTÁRIOS:

1. Antecedentes legislativos: Arts. 83º e 647º, do CT/2003; 152º e 478º, da RCT e 6º, da L nº 116/97, de 04 de novembro.

2. A faculdade conferida ao trabalhador-estudante de marcar o período de férias de acordo com as suas necessidades escolares é confrontada com as "exigências imperiosas do funcionamento da empresa" que não permitam dispensar o trabalhador (nº 1), as quais são sempre avaliadas pelo empregador.

O que parece não estar dependente da apreciação do empregador é o pedido de licença sem retribuição, com a duração de 10 dias úteis seguidos ou interpolados (nº 2).

Artigo 93º – Promoção profissional de trabalhador-estudante

O empregador deve possibilitar a trabalhador-estudante promoção profissional adequada à qualificação obtida, não sendo todavia obrigatória a reclassificação profissional por mero efeito da qualificação.

COMENTÁRIOS:

1. Antecedentes legislativos: Arts. 84º, do CT/2003 e 7º, da L nº 116/97, de 04 de novembro.

2. O empregador deve possibilitar ao trabalhador-estudante promoção profissional adequada à qualificação obtida, sendo certo que a reclassificação não é automática. Note-se, contudo, que a reclassificação profissional por mero efeito da qualificação não é obrigatória. Por isso, o trabalhador deve levar ao conhecimento da empregadora a sua nova qualificação, formalizando o pedido de candidatura, cabendo àquela o dever de analisar se necessita de trabalhador com essa qualificação, "caso em que o convocará para a realização de estágio vindo, posteriormente, a submetê-lo a exame psicotécnico e a elaborar pareceres". [Ac. da RP, de 15.10.12 *in* www.dgsi.pt (Proc. nº 2137/10.9TTPRT.P1)].

Artigo 94º – Concessão do estatuto de trabalhador-estudante

1. O trabalhador-estudante deve comprovar perante o empregador a sua condição de estudante, apresentando igualmente o horário das atividades educativas a frequentar.

2. Para concessão do estatuto junto do estabelecimento de ensino, o trabalhador-estudante deve fazer prova, por qualquer meio legalmente admissível, da sua condição de trabalhador.

3. O trabalhador-estudante deve escolher, entre as possibilidades existentes, o horário mais compatível com o horário de trabalho, sob pena de não beneficiar dos inerentes direitos.

4. Considera-se aproveitamento escolar a transição de ano ou a aprovação ou progressão em, pelo menos, metade das disciplinas em que o trabalhador-estudante esteja matriculado, a aprovação ou validação de metade dos módulos ou unidades equivalentes de cada disciplina, definidos pela instituição de ensino ou entidade formadora para o ano letivo ou para o período anual de frequência, no caso de percursos educativos organizados em regime modular ou equivalente que não definam condições de transição de ano ou progressão em disciplinas.

5. Considera-se ainda que tem aproveitamento escolar o trabalhador que não satisfaça o disposto no nº 4 devido a acidente de trabalho ou doença profissional, doença prolongada, licença em situação de risco clínico durante a gravidez, ou por ter gozado licença para deslocação a unidade hospitalar localizada fora da ilha de residência para realização de parto, licença parental inicial, licença por adoção ou licença parental complementar por período não inferior a um mês.

6. O trabalhador-estudante não pode cumular os direitos previstos neste Código com quaisquer regimes que visem os mesmos fins, nomeadamente no que respeita a dispensa de trabalho para frequência de aulas, licenças por motivos escolares ou faltas para prestação de provas de avaliação.

COMENTÁRIOS:

1. Antecedentes legislativos: Arts. 148º e 156º, da RCT e 9º e 10º, da L nº 116/97, de 04 de novembro.

2. O presente artigo tem a redação resultante da L nº 23/2012, de 25 de junho e da L nº 90/2019, de 04 de setembro. As alterações introduzidas por esta última lei entraram em vigor com o Orçamento do Estado posterior à sua publicação.

3. Com a L nº 90/2019, passou a ser considerado aproveitamento escolar, a situação em que o trabalhador não satisfaz o disposto no nº 4 em virtude do gozo de licença para deslocação a unidade hospitalar localizada fora da ilha de residência para realização de parto (nº 5).

Esta alteração resulta da inclusão desta licença no elenco dos direitos que concretizam a proteção na parentalidade (al. *b*), do art. 35º, aditada pela mesma L nº 90/2019).

4. O nº 1 impõe ao trabalhador-estudante o dever de comprovar perante o empregador a sua condição de estudante. Com a redação introduzida pela L nº 23/2012, tal dever foi transposto para o âmbito da relação trabalhador-estudante/estabelecimento de ensino. Assim, nos termos do nº 2, a concessão do estatuto de trabalhador-estudante junto do estabelecimento de ensino fica dependente da prova, por qualquer meio legalmente admissível, da condição de trabalhador.

Artigo 95º – Cessação e renovação de direitos

1. O direito a horário de trabalho ajustado ou a dispensa de trabalho para frequência de aulas, a marcação do período de férias de acordo com as necessidades escolares ou a licença sem retribuição cessa quando o trabalhador-estudante não tenha aproveitamento no ano em que beneficie desse direito.

2. Os restantes direitos cessam quando o trabalhador-estudante não tenha aproveitamento em dois anos consecutivos ou três interpolados.

3. Os direitos do trabalhador-estudante cessam imediatamente em caso de falsas declarações relativamente aos factos de que depende a concessão do estatuto ou a factos constitutivos de direitos, bem como quando estes sejam utilizados para outros fins.

4. O trabalhador-estudante pode exercer de novo os direitos no ano letivo subsequente àquele em que os mesmos cessaram, não podendo esta situação ocorrer mais de duas vezes.

COMENTÁRIOS:

Antecedentes legislativos: Art. 153º, da RCT.

Artigo 96º – Procedimento para exercício de direitos de trabalhador-estudante

1. O trabalhador-estudante deve comprovar perante o empregador o respetivo aproveitamento, no final de cada ano letivo.

2. O controlo de assiduidade do trabalhador-estudante pode ser feito, por acordo com o trabalhador, diretamente pelo empregador, através dos serviços administrativos do estabelecimento de ensino, por correio eletrónico ou fax, no qual é aposta uma data e hora a partir da qual o trabalhador-estudante termina a sua responsabilidade escolar.

3. Na falta de acordo o empregador pode, nos 15 dias seguintes à utilização da dispensa de trabalho para esse fim, exigir a prova da frequência de aulas, sempre que o estabelecimento de ensino proceder ao controlo da frequência.

4. O trabalhador-estudante deve solicitar a licença sem retribuição com a seguinte antecedência:

a) Quarenta e oito horas ou, sendo inviável, logo que possível, no caso de um dia de licença;

b) Oito dias, no caso de dois a cinco dias de licença;

c) 15 dias, no caso de mais de cinco dias de licença.

COMENTÁRIOS:

1. Antecedentes legislativos: Arts. 148º, da RCT e 9º e 10º, da L nº 116/97, de 04 de novembro.

2. Importa destacar a possibilidade de controlo de assiduidade do trabalhador-estudante poder ser feito diretamente pelo empregador, mediante acordo com o trabalhador, através dos serviços administrativos do estabelecimento de ensino.

Artigo 96º-A – Legislação complementar

O disposto na presente subsecção é objeto de regulamentação em lei especial.

COMENTÁRIOS:

O presente artigo foi aditado pela L nº 23/2012, de 25 de junho.

SUBSECÇÃO IX – O empregador e a empresa

Artigo 97º – Poder de direção

Compete ao empregador estabelecer os termos em que o trabalho deve ser prestado, dentro dos limites decorrentes do contrato e das normas que o regem.

COMENTÁRIOS:

1. Antecedentes legislativos: Arts. 150º, do CT/2003 e 39º, nº 1, da LCT.

2. No domínio da relação jurídico-laboral, o trabalhador coloca ao dispor do empregador todas as suas energias e capacidades, pelo que importa delimitar o campo da sua intervenção através da determinação da atividade laboral (art. 115º).

São variadíssimos os limites que se impõe ao exercício do poder de direção, sendo de realçar a boa-fé, os deveres do empregador, as garantias dos trabalhadores, os direitos de personalidade e o princípio da igualdade e não discriminação. Cfr. o Ac. do STJ, de 12.11.15 *in* www.dgsi.pt (Proc. nº 217/10.0TTMAI.P1.S1).

No Proc. nº 1030/06.4TTPRT.S1, o STJ entendeu que integrava-se no âmbito deste poder a atribuição a um trabalhador – técnico de informação médica – de um novo projeto em substituição de um outro que há anos vinha efetuando, quando era certo que as novas funções se inseriam na categoria profissional daquele trabalhador e a empregadora "já em outras ocasiões havia redistribuído tarefas a outros seus trabalhadores, não se vislumbrando, face a tal enquadramento, indício de infração aos deveres de boa fé e de colaboração na promoção humana, profissional e social do trabalhador". (Ac. de 21.04.10 *in* www.dgsi.pt).

3. A "determinação do horário de trabalho é uma manifestação do poder de direção do empregador – artigos 212º e 97º, ambos do Código do Trabalho". [Ac. da RP, de 18.05.20 *in* www.dgsi.pt (Proc. nº 9430/18.0T8VNG.P1)].

Artigo 98º – Poder disciplinar

O empregador tem poder disciplinar sobre o trabalhador ao seu serviço, enquanto vigorar o contrato de trabalho.

COMENTÁRIOS:

1. Antecedentes legislativos: Arts. 365º, nº 1, do CT/2003 e 26º, nº 1, da LCT.

2. O conteúdo ativo da posição do empregador na relação jurídico-laboral é constituído pelos poderes disciplinar, organizativo, diretivo e regulamentar.

No entendimento de António Monteiro Fernandes, *Direito do Trabalho*, p. 243, o poder disciplinar consiste "na faculdade, atribuída ao empregador, de aplicar, internamente, *sanções* aos trabalhadores cuja conduta conflitue com os padrões de comportamento definidos na empresa ou se mostre inadequada à correta efetivação do contrato".

As características deste poder disciplinar apresentadas por MARIA DO ROSÁRIO PALMA RAMALHO, *Do fundamento do poder disciplinar laboral*, p. 424, são:

a) A natureza laboral que resulta da "sistemática inclusão na temática da subordinação jurídica, que, como vimos, exprime o binómio contratual de supremacia/sujeição, ao lado do binómio patrimonial de escambo entre atividade laborativa e retribuição";

b) A natureza sancionatória punitiva, que decorre do seu conteúdo nuclear sancionatório. Estamos perante um "poder de punir. A sua aplicação (...) faz-se mediante a aplicação de sanções, também elas mais ou menos delimitadas por via legal ou convencional, ou ainda pelo regulamento interno ou pelos usos da empresa", o poder disciplinar tem, para além deste conteúdo sancionatória, "um especial conteúdo ordenador e preventivo atinente à necessidade de organização da unidade produtiva em que o trabalhador se encontra inserido (...)", MARIA DO ROSÁRIO PALMA RAMALHO, *ob. cit.*, p. 220;

c) A natureza autónoma que assenta na "verificação da inoperacionalidade da sua funcionalização ao poder diretivo e da afirmação da sua dupla função: a função de garantia genérica da globalidade da posição de domínio contratual do empregador e a função de elemento delimitador da natureza laboral do próprio contrato de trabalho" e

d) A singularidade do poder disciplinar em relação a outros fenómenos disciplinares do domínio privado, *vide* MARIA DO ROSÁRIO PALMA RAMALHO, *ob. cit.*, p. 425.

3. O poder disciplinar é um poder discricionário e não um poder-dever, por isso o empregador não está "obrigado a punir o trabalhador que infringir os seus deveres laborais, mas apenas quando o julgar conveniente para a tutela dos seus interesses, sendo o mesmo a decidir os critérios de oportunidade para o exercício desse poder/faculdade". (Ac. da RE, de 15.11.18 *in* CJ, Ano XLIII, Tomo V, p. 263). Cfr., ainda, MARIA DO ROSÁRIO PALMA RAMALHO, *ob. cit.*, p. 195 e DOMINGOS JOSÉ DE MORAIS, *O Poder e o Procedimento Disciplinar*, p. 396.

Para além disso, o empregador tem a possibilidade de optar pela sanção que entenda corresponder à infração praticada, devendo, contudo, orientar a sua opção pelo princípio genérico da adequação, segundo o qual a sanção aplicada deverá ser adequada e proporcional ao grau de culpa do infrator e à gravidade da infração, bem como à possibilidade de manutenção da relação laboral.

Como concluem MÁRIO PINTO/PEDRO FURTADO MARTINS/ANTÓNIO NUNES DE CARVALHO, *Comentários às leis do trabalho*, p. 132, "É decerto impensável que um tribunal possa condenar a entidade patronal a punir um trabalhador ou cominar qualquer sanção para o não exercício do poder disciplinar". Cfr., ainda, o Ac. da RP, de 10.07.13 *in* www.dgsi.pt (Proc. nº 412/11.4TTBRG.P1).

É oportuno ter em atenção que a responsabilidade disciplinar pode ser cumulada com a responsabilidade civil ou com outro tipo de consequência jurídica. Destarte, no Proc. nº 412/11.4TTBRG.P1, a RP entendeu que "a recusa de um trabalhador em realizar uma prova que faça parte de uma ação de formação, pode dar azo tanto à penalização no aproveitamento nela obtido, como à responsabilização disciplinar desse mesmo trabalhador". (Ac. de 10.07.13 *in* www.dgsi.pt).

De qualquer forma e à imagem do que se passa no direito penal, o exercício legítimo do poder disciplinar reclama factos, provas e certezas, não sendo suficientes imputações hipotéticas, dúbias e/ou prováveis. Cfr. o Ac. da RL, de 18.04.12 *in* www.dgsi.pt (Proc. nº 4635/11.8TTLSB.L1-4).

Será que o empregador, que puna um determinado trabalhador, tem o dever de punir um outro, que haja cometido a mesma infração? Segundo Mário Pinto/Pedro Furtado Martins/António Nunes de Carvalho, *Comentários às leis do trabalho*, p. 132, "A diferença de tratamento é legítima desde que repouse num critério plausível, num critério aceitável em termos de gestão da organização. Será apenas necessário (...) que não se crie nos trabalhadores a «ideia de que o comportamento em causa é aceite ou permitido»".

Na nossa visão, o empregador pode abster-se de exercer o poder disciplinar, quando tal se imponha como medida de satisfação dos interesses da empresa, não só do ponto de vista organizativo, como do ponto de vista produtivo ou mesmo económico. Este critério de conformação de interesses servirá como suporte normativo do exercício discricionário do poder disciplinar. Assim, por exemplo, não será legítimo que o empregador se abstenha de aplicar uma determinada sanção disciplinar com vista a garantir uma certa fidelização de alguns trabalhadores que se mostrem mais submissos ou deixando-se mover por intuitos persecutórios. A RE considerou que, nesta hipótese, "poder-se-á verificar uma situação sindicável de abuso de direito". (Ac. de 15.11.18 *in* CJ, Ano XLIII, Tomo V, p. 263).

Em todo o caso, recaí "sobre o trabalhador injustamente punido o ónus de alegação e prova de que a sanção aplicada contradiz a uniformidade da prática disciplinar da entidade empregadora e possui natureza discriminatória". (Ac. da RE, de 15.11.18 *in* CJ, Ano XLIII, Tomo V, p. 263).

Segundo a RP, não "viola o princípio da coerência disciplinar a entidade patronal que usa o critério de aplicar a sanção de despedimento às trabalhadoras que, não só intervieram na greve como sequestro, e a medida de suspensão do trabalho às que só participaram na greve". (Ac. de 02.10.00 *in* CJ, Ano XXV, Tomo IV, p. 244).

4. No âmbito da ação disciplinar são ainda de destacar os seguintes princípios:

a) O princípio do respeito pelos direitos e garantias gerais do trabalhador. Uma das expressões deste princípio é a al. *e*), do nº 1, do art. 331º, segundo a qual é considerada abusiva a sanção disciplinar motivada pelo facto de o trabalhador exercer ou invocar os seus direitos ou garantias;

b) O princípio da proporcionalidade entre a infração e a sanção (art. 330º, nº 1);

c) O princípio da processualidade ou da defesa (art. 329º, nº 6, para a generalidade das sanções disciplinares, e o art. 355º, para a sanção de despedimento), em que se destaca a preocupação legal de garantir a defesa do trabalhador, designadamente a sua audição prévia e a realização de todas as diligências por si indicadas, contanto sejam relevantes para o apuramento da verdade material.

Quanto à aplicabilidade do art. 32º, da CRP, no domínio da disciplina laboral, cfr. Nuno Abranches Pinto, *Instituto Disciplinar Laboral*, pp. 42 e ss.;

d) O princípio da boa fé, consubstanciado na dupla perspetiva da tutela da confiança e da primazia da materialidade subjacente. Este princípio ancora-se na ideia de evitar atuações disciplinares contraditórios e contrárias às respetivas finalidades.

Manuela Bento Fialho, *Poder e Procedimento Disciplinar*, p. 410, faz ainda referência à necessidade de serem respeitados os limites decorrentes do abuso de direito;

e) O princípio da celeridade, o qual impõe que as sanções sejam aplicadas dentro de um prazo razoável, olhando a que a pendência dos procedimentos disciplinares é um potencial fator de perturbação da relação laboral;

f) Maria José Costa Pinto, *Poder e Procedimento Disciplinar no Código do Trabalho de 2009*, p. 430, enuncia ainda o princípio da sindicância judicial, ao abrigo do qual o trabalhador pode impugnar em tribunal a sanção disciplinar aplicada, "por a considerar injusta, extemporânea ou, por qualquer outro motivo, ilegal (art. 329º, nº 7)".

5. O poder disciplinar é *conditio sine qua non* do exercício e admissibilidade do poder de direção, "se o empregador pode ordenar, e então também deverá poder punir pelo não cumprimento da ordem que emitiu". De um ponto de vista funcional, o poder disciplinar tem uma missão especial de assegurar a manutenção do grupo, "finalidade que transparece nas próprias referências legais ao elemento disciplinar", Maria do Rosário Palma Ramalho, *Do fundamento do poder disciplinar laboral*, p. 224.

Em nossa opinião, o exercício legítimo do poder disciplinar contribui, em larga medida, para o equilíbrio da relação entre o trabalhador e o empregador e para assegurar a produtividade da empresa, bem como a sua própria estrutura organizacional. No fundo, tem como objetivo principal manter o comportamento do trabalhador em perfeita sintonia com os interesses da empresa.

6. No caso de estarmos perante uma sociedade por quotas com dois sócios com quotas iguais, cujo pacto social prevê que ambos os sócios exercem a gerência dividindo os respetivos serviços, conforme deliberação em assembleia, e não tendo havido deliberação a atribuir a qualquer deles, a RP fez notar que o poder disciplinar em relação aos trabalhadores, pode ser exercido por ambos. Assim, tendo "um dos sócios

determinado instaurar procedimento disciplinar e no seu âmbito dado uma ordem de suspensão a um trabalhador, e tendo no mesmo dia o outro sócio dado uma ordem em sentido contrário, ambas as ordens sendo legítimas, não pode concluir-se pela ilicitude da desobediência à ordem de suspensão". [Ac. de 13.10.14 *in* www.dgsi.pt (Proc. nº 214/09.8TTSTS.P2)].

Artigo 99º – Regulamento interno de empresa

1. O empregador pode elaborar regulamento interno de empresa sobre organização e disciplina do trabalho.

2. Na elaboração do regulamento interno de empresa é ouvida a comissão de trabalhadores ou, na sua falta, as comissões intersindicais, as comissões sindicais ou os delegados sindicais.

3. O regulamento interno produz efeitos após a publicitação do respetivo conteúdo, designadamente através de afixação na sede da empresa e nos locais de trabalho, de modo a possibilitar o seu pleno conhecimento, a todo o tempo, pelos trabalhadores.

4. A elaboração de regulamento interno de empresa sobre determinadas matérias pode ser tornada obrigatória por instrumento de regulamentação coletiva de trabalho negocial.

5. Constitui contraordenação grave a violação do disposto nos nºs 2 e 3.

COMENTÁRIOS:

1. Antecedentes legislativos: Arts. 153º e 657º, do CT/2003 e 39º, da LCT.

2. O presente artigo tem a redação introduzida pela L nº 23/2012, de 25 de junho.

3. O regulamento interno pode assumir-se como uma forma de manifestação do poder de organizar e disciplinar o trabalho, cuja aplicação não está dependente da adesão expressa ou tácita dos trabalhadores (como é o caso do presente artigo) ou como um instrumento de expressão da sua vontade contratual (como se verifica no art. 104º). Cfr. o Ac. da RL, de 15.09.10 *in* www.dgsi.pt (Proc. nº 335/10.4TTFUN.L1-4) e CJ, Ano XXXV, Tomo IV, p. 148.

As circulares e ordens de serviço, quando constituam um instrumento regulador, de aplicabilidade genérica no âmbito da empresa e com reflexos diretos na relação contratual, devem qualificar-se como regulamentos internos, configurando-se como propostas contratuais que, uma vez aceites por adesão expressa ou tácita dos trabalhadores, passam a integrar o conteúdo o contrato e a obrigar as partes. (Ac. do STJ, de 01.06.17 *in* www.dgsi.pt (Proc. nº 585/13.1TTVFR.P1. S1) e CJ, Ano XXV, Tomo II, p. 231). Cfr., ainda, o Ac. da RL, de 20.11.13 *in* www.dgsi.pt (Proc. nº 4761/10.0TTLSB. L1-4).

No Proc. nº 629/10.9TTBRG.P2, estava em causa uma ordem de serviço que definia as condições gerais de progressão na estrutura salarial dos diversos grupos de pessoal, visando "regulamentação de várias carreiras profissionais". Esta ordem foi considerada como integrando o conceito de regulamento interno, pelo que, tendo sido aceite pelos trabalhadores, não poderia ser revogada por determinação unilateral do empregador, "apenas podendo deixar de ser aplicada se a tal conduzir lei imperativa nesse sentido". (Ac. da RP, de 17.06.13 *in* www.dgsi.pt).

Sobre o regulamento interno que regulou a instituição de um complemento de reforma, veja-se o Ac. da RL, de 08.06.11 *in* www.dgsi.pt (Proc. nº 111/07.1TTLSB.L1-4).

A RL reconheceu o direito de o empregador, "dentro dos seus poderes de direção e regulamentação das relações laborais, emanar ordens de serviços e regulamentos que definam internamente regras respeitantes aos aspetos referentes ao regime das faltas que não se acham cobertos pelo disposto no artigo 250º do CT/2009 ou outros dispositivos legais", desde que respeite "o âmbito das normas e as fronteiras definidas pelos demais artigos do Código de Trabalho ou de outra legislação avulsa, complementar e aplicável que regulam tal regime das faltas justificadas ou injustificadas". Este tribunal acabou por concluir que "esses regulamentos ou ordens de serviço não podem arredar, contrariar ou alterar unilateralmente e de acordo com as conveniências de funcionamento, organização e atividade do empregador o conteúdo e os limites traçados por tais dispositivos legais [cf. os artigos 97º, 99º, 126º, 127º e 129º de tal diploma legal]". [Ac. de 23.09.20 *in* www.dgsi.pt (Proc. nº 618/19.8T8BRR.L1-4)].

No que concerne à aplicação no tempo, a RL esclareceu que aos "regulamentos que sejam uma emanação de um instrumento de regulamentação coletiva de trabalho aplicam-se as regras de interpretação e sucessão no tempo também aplicáveis às normas de pendor regulativo destes". Assim, "se, no momento da ocorrência de um facto, o regulamento associa a tal facto um determinado efeito, é o regulamento então vigente que tem aplicação à situação jurídica subsequentemente desencadeada". [Ac. de 08.02.17 *in* www.dgsi.pt (Proc. nº 17355/15.5T8LSB-4)].

A RE veio acrescentar que a "ordem de serviço só se integra nos contratos de trabalho existentes durante a sua vigência se for mais favorável para os trabalhadores, mas não se integra nos contratos de trabalho iniciados após a sua revogação, não podendo os trabalhadores titulares destes contratos de trabalho reclamar a aplicação das propostas mais favoráveis que eventualmente pudesse conter". [Ac. de 27.10.16 *in* www.dgsi.pt (Proc. nº 110/14.7T8STR-A.E1)].

No caso de ser revogada, a ordem de serviço é aplicável aos trabalhadores que até à data da revogação mantinham contrato de trabalho, mas já não aos que vieram a ser admitidos depois. Cfr. o Ac. da RP, de 27.04.15 *in* www.dgsi.pt (Proc. nº 196/12.9TTPRT.P2).

Também as "tabelas remuneratórias divulgadas pelo empregador constituem regulamento interno da empresa, que auto-vinculam o próprio empregador". (Ac. da RE, de 27.06.19 *in* www.dgsi.pt (Proc. nº 7726/17.8T8STB.E1) e CJ, Ano XLIV, Tomo III, p. 324).

4. No âmbito da eficácia dos regulamentos internos, temos assistido a uma clara diminuição dos requisitos exigidos. De facto, no CT/2003, para além da publicitação, a eficácia do regulamento interno dependia do recebimento na IGT. Com o CT/2009, passou a ser exigido apenas o simples envio.

Por sua vez, com a L nº 23/2012, a eficácia do regulamento passou a estar dependente apenas da publicitação do respetivo conteúdo (nº 3), deixando de ser necessário aquele envio.

A RL decidiu que a não comunicação do regulamento interno à ACT não afetava a sua eficácia enquanto proposta contratual. (Ac. de 31.05.17 *in* CJ, Ano XXLII, Tomo III, p. 164).

A RC considerou que a "vigência de um regulamento interno depende da sua publicitação, cabendo ao empregador que quer fazer valer-se daquele o ónus da prova desta". (Ac. de 15.01.15 *in* CJ, Ano XL, Tomo I, p. 56).

5. Nos termos do nº 2, as comissões intersindicais, as comissões sindicais ou os delegados sindicais devem ser ouvidos na elaboração do regulamento, caso não exista comissão de trabalhadores.

6. No âmbito do reforço dos direitos de maternidade e paternidade, a L nº 120//2015 introduziu o nº 4, do art. 127º, o qual impõe ao empregador o dever de afixar nas instalações da empresa toda a informação sobre a legislação referente ao direito de parentalidade. Nesta linha, a parte final deste mesmo preceito, estipula que o regulamento interno deve consagrar toda essa legislação. Uma vez que o legislador empregou a expressão "consagrar" fica a dúvida de saber se o empregador está obrigado a colocar, no regulamento, todas as normas dos diplomas relativas àquela legislação ou apenas a fazer referência a esses diplomas. No nosso entendimento, parece-nos que o legislador quis apenas que o empregador ficasse obrigado a indicar os diplomas e não os respetivos conteúdos normativos. Com efeito, não nos parece razoável impor a obrigação de transcrever todos os artigos que compõem a legislação em causa.

Artigo 100º – Tipos de empresas

1. Considera-se:

_a_) Microempresa a que emprega menos de 10 trabalhadores;

_b_) Pequena empresa a que emprega de 10 a menos de 50 trabalhadores;

_c_) Média empresa a que emprega de 50 a menos de 250 trabalhadores;

d) Grande empresa a que emprega 250 ou mais trabalhadores.

2. Para efeitos do número anterior, o número de trabalhadores corresponde à média do ano civil antecedente.

3. No ano de início da atividade, o número de trabalhadores a ter em conta para aplicação do regime é o existente no dia da ocorrência do facto.

COMENTÁRIOS:

1. Antecedentes legislativos: Art. 91º, do CT/2003.

2. Em relação ao CT/2003, importa referir que o número de trabalhadores para qualificação de média e grande empresa passou de 200 para 250. Conforme consta da exposição de motivos constantes da proposta de Lei nº 216/X, procurou-se adaptar a definição de micro, pequena, média e grande empresa tendo em conta o disposto na Recomendação da Comissão Europeia, de 6 de maio de 2003, quanto ao critério do número de trabalhadores.

3. A L nº 4/2019, de 10 de janeiro, estabeleceu o sistema de quotas de emprego para pessoas com deficiência, com um grau de incapacidade igual ou superior a 60%.

Nos termos do art. 5º, nºs 1 e 2, deste diploma, as médias empresas com um número igual ou superior a 75 trabalhadores e as grandes empresas passaram a ter que admitir trabalhadores com deficiência, em número não inferior a 1% e a 2%, respetivamente, do pessoal ao seu serviço.

Artigo 101º – Pluralidade de empregadores

1. O trabalhador pode obrigar-se a prestar trabalho a vários empregadores entre os quais exista uma relação societária de participações recíprocas, de domínio ou de grupo, ou que tenham estruturas organizativas comuns.

2. O contrato de trabalho com pluralidade de empregadores está sujeito a forma escrita e deve conter:

a) Identificação, assinaturas e domicílio ou sede das partes;

b) Indicação da atividade do trabalhador, do local e do período normal de trabalho;

c) Indicação do empregador que representa os demais no cumprimento dos deveres e no exercício dos direitos emergentes do contrato de trabalho.

3. Os empregadores são solidariamente responsáveis pelo cumprimento das obrigações decorrentes do contrato de trabalho, cujo credor seja o trabalhador ou terceiro.

4. Cessando a situação referida no nº 1, considera-se que o trabalhador fica apenas vinculado ao empregador a que se refere a alínea *c*) do nº 2, salvo acordo em contrário.

5. A violação de requisitos indicados nos nºs 1 ou 2 confere ao trabalhador o direito de optar pelo empregador ao qual fica vinculado.

6. Constitui contraordenação grave a violação do disposto nos nºs 1 ou 2, sendo responsáveis pela mesma todos os empregadores, os quais são representados para este efeito por aquele a que se refere a alínea *c*) do nº 2.

COMENTÁRIOS:

1. Antecedentes legislativos: Arts. 92º e 649º, do CT/2003. Sobre a aplicação no tempo do art. 92º, do CT/2003, *vide* CATARINA CARVALHO, *O equívoco jurisprudencial quanto à (in)admissibilidade do contrato de trabalho com pluralidade de empregadores antes do início de vigência do Código do Trabalho – Comentário ao acórdão do STJ de 18-05-2006*, pp. 222 e ss..

2. O contrato de trabalho celebrado com pluralidade de empregadores foi regulado, pela primeira vez, no art. 92º, do CT/2003.

O presente artigo consagra a possibilidade de o trabalhador se obrigar a prestar trabalho a vários empregadores. Conforme salienta CATARINA CARVALHO, *Algumas questões sobre a empresa e o Direito do trabalho no novo Código do Trabalho*, p. 438, "esta relação jurídica caracteriza-se pela existência de um único vínculo contratual que liga o trabalhador a uma pluralidade de entidades, as quais assumem concomitantemente a posição de entidade empregadora". Cfr., ainda, JÚLIO GOMES, *Direito do Trabalho*, p. 233.

Em relação ao ónus da prova da pluralidade, a RL, no Proc. nº 314/11.4TTFUN.L1-4A, deixou claro que competia ao trabalhador provar a relação de subordinação jurídica com as três entidades envolvidas. (Ac. de 19.06.13 *in* www.dgsi.pt). Cfr., ainda, o Ac. do STJ, de 29.02.12 *in* www.dgsi.pt (Proc. nº 163/09.0TTMTS.P1. S1).

A pluralidade de empregadores pode ser:

a) originária

Neste caso, assume-se no início da relação jurídico-laboral, não se verificando, assim, nenhuma modificação subjetiva;

b) superveniente

Nesta hipótese, o trabalhador inicialmente estabelece a relação jurídico-laboral apenas com um empregador, passando, em momento ulterior, a prestar trabalho para outros empregadores. Esta modalidade consubstancia, naturalmente, uma modificação subjetiva do contrato de trabalho.

CATARINA CARVALHO, *Contrato de trabalho e pluralidade de empregadores*, p. 239, faz notar que estamos, aqui, perante uma adesão ao contrato, figura inominada entre nós, "admitida ao abrigo da liberdade contratual (art. 405º do CC) e passível de desempenhar um papel significativo na qualificação de certas formas de mobilidade interempresarial dos trabalhadores". Sublinhe-se que a adesão não se deve confundir com a cessão da posição contratual, porquanto a entrada de um terceiro (empregador) "no contrato não libera o cedente do complexo de posições ativas e passivas que lhe advêm do referido contrato, limitando-se aquele a assumir a posição jurídica do cedente em termos de contitularidade, pelo que não existe, em rigor, um fenómeno de transmissão", Catarina Carvalho, *Contrato de trabalho e pluralidade de empregadores*, p. 239.

A propósito da antiguidade do trabalhador, esta autora, *loc. cit.*, refere que a mesma "conta-se, nestes casos, desde o início da prestação laboral para a primeira entidade empregadora, visto não se tratar de uma nova relação jurídica, mas sim da adesão de um terceiro ao contrato pré-existente".

3. A regra geral nas relações laborais é a singularidade das respetivas posições jurídicas, ou seja, a relação jurídico-laboral é estabelecida entre um empregador e um trabalhador. No entanto, a dimensão e importância da organização plural e da estruturação conjunta no exercício da atividade económica reclamavam a contratação com pluralidade de empregadores.

A sua admissibilidade ficou, contudo, dependente do preenchimento cumulativo de requisitos de natureza substantiva e formal.

O legislador, ao exigir a verificação destes requisitos, restringiu, naturalmente, o espaço de admissibilidade do contrato de trabalho com pluralidade de empregadores. Para Catarina Carvalho, *Contrato de trabalho e pluralidade de empregadores*, pp. 232 e 233, "o escopo subjacente a esta restrição parece ser, por um lado, o de evitar o recurso fraudulento a fenómenos de interposição na relação laboral em que apenas um dos empregadores reais assume essa condição jurídica, escapando os restantes às obrigações que para eles decorreriam da existência de um contrato de trabalho; e, por outro lado, o de assegurar um melhor esclarecimento da situação jurídica em causa, da extensão dos direitos e obrigações das partes, nomeadamente quanto aos elementos mais suscetíveis de gerarem conflitos nestas configurações contratuais (local, período normal de trabalho e atividade a prestar), cuja menção passa a ser obrigatória".

4. Os requisitos de natureza substancial estão previstos no nº 1. Nos termos deste preceito, o contrato de trabalho entre um trabalhador e uma pluralidade de empregadores só é admissível se:

a) Entre os empregadores existir uma relação societária de participações recíprocas, de domínio ou de grupo. O regime das sociedades coligadas está previsto nos arts. 481º e ss., do CSC.

Estão abrangidas por esta alínea as sociedades coligadas: em relação de participações recíprocas (arts. 482º, al. *b)* e 485º); de domínio (arts. 482º, al. *c)* e 486º) e de grupo (arts. 482º, al. *d)* e 488º e ss.).

Este requisito é igualmente exigido para a cedência de trabalhadores (cfr. o art. 289º);

ou

b) Os empregadores tiverem estruturas organizativas comuns

A referência às estruturas organizativas comuns constava, autonomamente, do nº 2, do art. 92º, do CT/2003. Embora o legislador tenha abandonado a expressão "*independentemente da natureza societária*" (que constava dessa disposição), não restam dúvidas que a estruturação organizativa comum se assume, aqui, com total autonomia face à natureza societária dos empregadores.

Podemos incluir no grupo dos casos de estruturação organizativa comum, as coligações e colaborações empresariais que não sejam subsumíveis nas formas societárias previstas no CSC ou outras, sendo os exemplos mais frequentes os consultórios médicos e os escritórios de advogados.

Conforme refere Júlio Gomes, *Direito do Trabalho*, p. 843, a propósito da cedência, pode "tratar-se, por exemplo, de um mesmo estabelecimento partilhado por duas ou mais empresas, de médicos que tendo cada um o seu consultório, mantêm em comum as estruturas de receção da clientela". Sobre esta condição, cfr., ainda, João Zenha Martins, *Definição e condições gerais da cedência ocasional de trabalhadores no Código do Trabalho*, pp. 100 e ss..

No fundo e nas palavras de Catarina Carvalho, *Contrato de trabalho e pluralidade de empregadores*, p. 225, essencial "é a existência de "estruturas organizativas comuns" à atividade económica desenvolvida, particularmente, instalações, equipamentos ou recursos colocados à disposição das diversas entidades".

Uma nota para sublinhar que a circunstância de existir um contrato formal em que apenas um dos empregadores aparece identificado como tal não é decisiva na sua qualificação jurídica, desde que se determine que o trabalhador, na realidade, está subordinado juridicamente a outra entidade. Como esclarece a RL é "a realidade factual, ou seja, a relação que realmente existiu, a sua vida e a sua dinâmica que determina a forma jurídica e não o inverso". [Ac. de 11.03.15 *in* www.dgsi.pt (Proc. nº 559/12.0TTLSB.L1-4)]. Cfr., ainda, os Acs. do STJ, de 28.01.15 *in* CJ, Ano XXIII, Tomo I, p. 239; da RP, de 12.05.14 *in* www.dgsi.pt (Proc. nº 170/09.2TTOAZ.P1) e de 10.02.14 *in* www.dgsi.pt (Proc. nº 397/11.7TTMTS.P1); do STJ, de 17.12.14 *in* www.dgsi.pt (Proc. nº 397/11.7TTMTS.P1. S1); da RL de 19.06.13 *in* www.dgsi.pt (Proc. nº 314/11.4TTFUN. L1-4) e do STJ, de 01.04.09 *in* www.dgsi.pt (Proc. nº 08S3254).

5. Os aspetos formais do contrato de trabalho com pluralidade de empregadores estão agora autonomamente tratados no nº 2, não se confundindo com os substanciais, como acontecia no art. 92º, nº 1, do CT/2003. De acordo com o nº 2, o contrato de trabalho com pluralidade de empregadores está sujeito a forma escrita e deve conter:

a) Identificação, assinaturas e domicílio ou sede das partes;

b) Indicação da atividade do trabalhador, do local e do período normal de trabalho

Na opinião de Catarina Carvalho, *Contrato de trabalho e pluralidade de empregadores*, p. 225, a "relevância atribuída a estes elementos contratuais resulta da circunstância de a sua determinação poder suscitar dúvidas acrescidas atendendo à configuração plural do credor da prestação".

Por sua vez, LUÍS MIGUEL MONTEIRO *in* PEDRO ROMANO MARTINEZ, AAVV, *Código do Trabalho Anotado*, p. 296, entende que a obrigação de indicar estes elementos explica-se "por razões de tutela do conteúdo funcional da prestação (artigo 118º, nº 1), da inamovibilidade do trabalhador (artigo 193º) e da duração máxima da jornada de trabalho (artigo 203º). De entre os elementos característicos do contrato de trabalho, estes são decerto os mais pressionados pela configuração plural da relação de trabalho";

c) Indicação do empregador que representa os demais no cumprimento dos deveres e no exercício dos direitos emergentes do contrato de trabalho

Esta alínea exige que seja indicado o representante da posição jurídica plúrima dos empregadores.

JÚLIO GOMES, *Direito do Trabalho*, p. 234, alerta para o facto de não resultar claro "se este empregador representará os demais no cumprimento dos deveres e no exercício dos direitos emergentes do contrato de trabalho, apenas nas relações externas com terceiros (por exemplo na responsabilidade do comitente por atos do comissário) ou, também, como julgamos, no exercício face ao trabalhador de todos os poderes que resultam do contrato. Se assim for, só o empregador principal exercerá, por exemplo, o poder de direção ou o poder disciplinar".

Por sua vez, MARIA DO ROSÁRIO PALMA RAMALHO, *Grupos Empresarias e Societários. Incidências Laborais*, pp. 383 e 384, entende que as referências ao empregador representante dos demais, aqui em análise, "devem ser interpretadas para efeitos externos ao vínculo (por exemplo, para efeitos da entidade obrigada a contribuir para a segurança social ou a pagar o prémio do seguro de acidentes de trabalho), mas não devem constituir um obstáculo à flexibilidade interna do vínculo laboral em contexto de grupo, uma vez que o aumento desta flexibilidade, acompanhada embora das necessárias garantias do trabalhador, foi justamente a razão de ser desta figura".

No nosso entendimento, o âmbito da representação aqui prevista não pode colidir com o regime geral das obrigações solidárias, o qual, em relação ao lado ativo, estabelece que cada um dos credores (empregadores) tem a faculdade de exigir, por si só, a prestação integral e esta libera o devedor (trabalhador) para com todos os restantes empregadores. Cfr. o art. 512º, nº 1, 2ª parte, do CC.

Em relação aos requisitos de forma, MARIA DO ROSÁRIO PALMA RAMALHO, *Grupos Empresarias e Societários. Incidências Laborais*, p. 381, sublinha que os mesmos, sendo "habitualmente estabelecidos na lei laboral para favorecimento do trabalhador, obrigando a uma maior ponderação quando esteja em causa a aplicação de regimes menos favoráveis do que o regime comum, acabam, neste caso, por ter, paradoxalmente, o efeito inverso, uma vez que reduzem o leque de situações em que a lei reconhece expressamente a pluralidade, com a consequente restrição do âmbito de incidência do regime de tutela previsto para esta modalidade de contrato de trabalho".

6. O contrato pode ainda estipular qual o empregador a que o trabalhador ficará vinculado no caso de cessação da relação societária de participações recíprocas, de domínio ou de grupo ou da estrutura organizativa comum. Na falta dessa estipulação o mesmo ficará vinculado ao empregador que, nos termos da al. *c*), do nº 2, tiver sido contratualmente indicado como representante. Todavia e conforme resulta da expressão, "*salvo acordo em contrário*", inserida nessa alínea, as partes podem (por acordo) indicar outro empregador.

7. No caso de pluralidade de empregadores superveniente (ou sucessiva) mantém-se a exigência de preenchimento dos pressupostos substanciais e formais previstos no presente artigo. Como salienta Catarina Carvalho, *Contrato de trabalho e pluralidade de empregadores*, p. 239, embora esta situação não se encontre expressamente prevista na lei, "seria contrário à *ratio legis* prescindir das exigências materiais e formais, pois esvaziaria de conteúdo prático o preceito, permitindo contornar a sua aplicação desde que os coempregadores adiassem a sua "entrada" no contrato para momento ulterior ao da respetiva celebração".

8. Se ocorrer a cessação da relação societária de participações recíprocas, de domínio ou de grupo ou da estrutura organizativa comum, o trabalhador fica, supletivamente, vinculado ao empregador indicado como representante, nos termos da al. *c*), do nº 2 (nº 4). Esta vinculação "só se verificará para o futuro, mantendo-se a responsabilidade solidária dos empregadores até esse momento", Júlio Gomes, *Direito do Trabalho*, p. 234.

A conversão do contrato de trabalho plural em contrato de trabalho com um único empregador aqui prevista "revela, no mínimo, o caráter contraproducente do regime legal, do ponto de vista dos objetivos de tutela do trabalhador, que, aparentemente prossegue, uma vez que o critério formal resulta na restrição do âmbito de incidência das próprias normas tutelares", Maria do Rosário Palma Ramalho, *Grupos Empresarias e Societários. Incidências Laborais*, p. 382.

Sublinhe-se ainda que, para esta autora, *ob. cit.*, p. 387, o regime constante do nº 4 corresponde a um caso de novação do contrato, nos termos do art. 858º, do CC.

No Proc. nº 1210/18.0T8LSB.L1-4, a RL decidiu que o "facto de durante algum tempo os trabalhadores fazerem trabalhos simultaneamente para qualquer de uma de um conjunto de empresas e de terem sido, ao longo do tempo, transferidos de uma empresa para outra, não permite reconhecer que tais trabalhadores iniciaram a sua relação laboral em simultâneo com duas ou mais empresas desse conjunto". (Ac. de 23.10.19 *in* www.dgsi.pt).

A propósito da sucessão de contratos de trabalho, celebrados com diferentes empregadores no contexto do mesmo grupo societário ou empresarial, a RP deixou claro que a mesma é fraudulenta ou ilícita caso se conclua que "o trabalhador se manteve exactamente na mesma situação material, que detinha no âmbito do contrato cessado, mas com prejuízo dos seus direitos e diminuição das suas garantias, através do aumento do seu horário de trabalho e exclusão do âmbito de aplicação do AE, de que beneficiava na anterior empregadora", devendo "declarar-se a nulidade do segundo contrato, com base no disposto no art. 294º, do Código Civil". [Ac. de 09.03.20 *in* www.dgsi.pt (Proc. nº 2582/18.1T8AVR.P1)].

9. Foram consideradas como configurando um contrato de trabalho com pluralidade de empregadores as seguintes situações:

– O contrato de trabalho em que a trabalhadora estava vinculada a dois advogados que exerciam essa atividade profissional no mesmo escritório, cujas despesas partilhavam. [Ac. da RP, de 13.05.19 *in* www.dgsi.pt (Proc. nº 7902/15.8T8PRT.P1)]. Neste aresto lê-se ainda que cessada a referida situação de pluralidade de empregadores [com a saída do escritório de um dos advogados, que passou a exercer a sua atividade em outro escritório, ainda que no mesmo edifício, mas em outro andar, e que admitiu ao seu serviço uma outra trabalhadora para o exercício das funções de secretária] não se pode manter, simultaneamente e sem acordo das três partes, o contrato de trabalho entre a trabalhadores e ambos os advogados;

– As sociedades possuíam estruturas organizativas comuns e o trabalhador desenvolvia a sua atividade indistintamente para todas elas. [Ac. da RP, de 05.03.18 *in* www.dgsi.pt (Proc. nº 271/14.5TTMTS.P1)];

– Ancorado no instituto da desconsideração da personalidade jurídica, a situação em que uma empresa tinha a sua sede nas instalações de uma outra empresa "e, para além da partilha dessas instalações e dos equipamentos administrativos, incluindo o programa informático, os representantes de uma e outra eram filho e pai, respetivamente, limitando-se a primeira a contratar e pagar motoristas que eram cedidos à segunda para prossecução do objeto social desta, que, por seu turno, não tinha motoristas próprios, em obediência a uma estratégia empresarial criada e mantida com o fim de proteger o património" da segunda empresa da responsabilidade perante os trabalhadores que lhe prestavam trabalho. (Ac. da RG, de 19.01.17 *in* www.dgsi.pt (Proc. nº 1358/13.7TTBCL.G1) e CJ, Ano XLII, Tomo I, p. 283);

– O "contrato de trabalho celebrado com uma empresa pertencente a um grupo económico multinacional que funciona em diversos países através de sociedades locais subsidiárias, no qual se prevê que o trabalhador, a quem são atribuídas funções de Diretor-Geral, possa ser transferido ao serviço do grupo para outros países, sem que isso constitua rutura do contrato, sendo as funções de supervisão do grupo para a Europa desempenhadas por uma sociedade não operacional, que exerce perante os Diretores Gerais (e outros quadros superiores, ditos seniores, das empresas operacionais) parte substancial dos poderes de direção e autoridade típicos do empregador, é um contrato com uma pluralidade de empregadores". [Ac. do STJ, de 21.01.14 *in* www.dgsi.pt (Proc. nº 3319/07.6TTLSB.L3. S1)].

10. No caso de violação dos requisitos previstos nos nºs 1 (substanciais) e nº 2 (formais), o trabalhador tem direito de optar pelo empregador ao qual fica vinculado (nº 5). O legislador atribui, aqui, um verdadeiro direito de opção, o qual surge como uma sanção para a inobservância dos requisitos legalmente impostos. JÚLIO GOMES, *Direito do Trabalho*, pp. 234 e 235, alerta para o facto de esta consequência poder ser "desfavorável para o trabalhador já que parece desaparecer a responsabilidade solidária dos vários empregadores". No entanto, continua o mesmo autor, *ob. cit.*, p. 235, sempre se poderá "vir a responsabilizar os demais, por exemplo, por responsabilidade pré-contratual".

As condições (*v. g.*, os requisitos formais e limites temporais) e os efeitos do exercício daquele direito não foram regulados na lei.

No que concerne à produção dos seus efeitos, CATARINA CARVALHO, *Algumas questões sobre a empresa e o Direito do trabalho no novo Código do Trabalho*, p. 448, inclina-se para a sua não retroatividade.

LUÍS MIGUEL MONTEIRO *in* PEDRO ROMANO MARTINEZ, AAVV, *Código do Trabalho Anotado*, p. 298, tem muitas dúvidas quanto à aplicação do nº 5, no caso de omissão de referência à atividade a que o trabalhador se obriga, ao local e período norma de trabalho. Na verdade, e conforme salienta este autor, *loc. cit.*, "sempre que norma legal impõe forma obrigatória ao contrato, dele tem de constar referência à atividade a desempenhar, ao local ou ao tempo de trabalho (cfr., *v.g.*, artigos 141º, nº 1, 162º, nº 3 e 181º, nº 1), mas a falta de cumprimento daquelas exigências não é causa de invalidade contratual (artigos 147º, nº 1, *c*), 162º, nº 4 e 181º, nº 2)".

A violação do disposto nos nºs 1 e 2 constitui, ainda, contraordenação grave, sendo responsáveis pela mesma todos os empregadores (nº 6).

A representação dos empregadores será aqui assumida pelo empregador que tiver sido contratualmente indicado como representante dos demais no cumprimento dos deveres e no exercício dos direitos emergentes do contrato de trabalho (cfr., articuladamente, o nº 6 e a al. *c*), do nº 2).

11. Os empregadores são solidariamente responsáveis pelo cumprimento das obrigações decorrentes do contrato de trabalho, cujo credor seja o trabalhador ou terceiro (nº 3). Cfr. o Ac. da RP, de 27.03.06 *in* www.dgsi.pt (Proc. nº 0516603).

Esta norma significa, desde logo, que o trabalhador pode exigir de qualquer um dos empregadores os créditos emergentes do contrato de trabalho, da sua violação ou cessação.

Importa apurar se este regime de responsabilidade é extensível a todos os empregadores ou apenas àqueles que efetivamente beneficiaram da prestação de trabalho. Na opinião de MARIA DO ROSÁRIO PALMA RAMALHO, *Grupos Empresarias e Societários. Incidências Laborais*, pp. 384 e 385, "apesar de a redação da norma parecer apontar no sentido contrário, o regime de responsabilidade constante desta norma é aplicável a todos os empregadores, porque todos eles são contitulares da posição de empregador no contrato de trabalho, independentemente do facto de terem sido, em concreto, os destinatários da prestação laboral". Com efeito, continua a mesma autora, *ob. cit.*, p. 385, parece "ser esta a interpretação que melhor se coaduna com a ratio da própria figura da pluralidade de empregadores, motivo que deve ser valorizado acima de uma leitura exegética do preceito".

O fundamento deste regime de responsabilidade solidária reside na necessidade de ampliar a margem de garantia dos créditos do trabalhador.

A obrigação diz-se solidária, "pelo seu lado passivo, *quando o credor pode exigir a prestação integral de qualquer dos devedores e a prestação efetuada por um destes os libera a todos perante o credor comum*", Antunes Varela, *Das obrigações em geral*, vol. I, p. 719.

O empregador (devedor) que satisfizer o crédito do trabalhador (credor) além da parte que lhe competir tem direito de regresso contra cada um dos restantes empregadores (condevedores), na parte que a estes compete. Cfr. o art. 524º, do CC.

O regime jurídico das obrigações solidárias está consagrado nos arts. 512º e ss., do CC.

Convém ter presente que o nº 3 regula apenas o lado passivo da posição jurídica do empregador. Quanto ao lado ativo, vigora, como já vimos, o regime geral das obrigações solidárias.

Em relação ao CT/2003, é de destacar a eliminação da expressão "*celebrado nos termos dos números anteriores*", cuja interpretação literal podia levar-nos à aplicação do regime da solidariedade somente nos casos em que o contrato tivesse sido validamente celebrado. Cfr. Catarina Carvalho, *Contrato de trabalho e pluralidade de empregadores,* p. 234.

12. No caso de impugnação da licitude do despedimento por extinção do posto de trabalho que provocou a cessação do contrato de trabalho que o trabalhador entende ter sido celebrado com uma pluralidade de empregadores, a ação de impugnação judicial da regularidade licitude do despedimento prevista no art. 387º, nº 2 e regulada nos arts. 98º-B e ss., do CPT, deve ser instaurada contra todas as entidades empregadoras (formais e materiais) da referida pluralidade. Cfr. os Acs. da RL, de 12.06.19 *in* CJ, Ano XLIV, Tomo III, p. 187 e de 01.09.16 *in* www.dgsi.pt (Proc. nº 3584/15.5T8CSC.L1-4).

SECÇÃO III – Formação do contrato

SUBSECÇÃO I – Negociação

Artigo 102º – Culpa na formação do contrato

Quem negoceia com outrem para a conclusão de um contrato de trabalho deve, tanto nos preliminares como na formação dele, proceder segundo

as regras da boa fé, sob pena de responder pelos danos culposamente causados.

COMENTÁRIOS:

1. Antecedentes legislativos: Arts. 93º, do CT/2003.

2. *Vide* o art. 227º, nº 1, do CC.

3. No Proc. nº 6295/15.8T8VNG-A.P1, a RP decidiu que a "concretização e determinação do conteúdo de condição resolutiva, atinente ao desempenho do trabalhador, aposta em contrato de trabalho a termo, decorre das regras da boa fé, expressas no artigo 102º do CT e da própria determinabilidade do negócio jurídico". (Ac. de 07.11.16 *in* www.dgsi.pt).

4. Como esclarece a RC, se "alguém inicia e prossegue negociações, criando na outra parte expectativas de negócio, mas com o propósito de as romper ou de não fechar o contrato, ou formando no decurso dessas negociações tal propósito de forma arbitrária, dessa maneira defraudando a confiança que a outra parte tenha formado na celebração deste, viola aquelas regras, devendo indemnizar os prejuízos que cause". [Ac. de 18.12.20 *in* www.dgsi.pt (Proc. nº 2460/19.7T8VIS.C1)].

5. Para maiores desenvolvimentos sobre as implicações do presente artigo, cfr. Sara Costa Apostolides, *Do Dever Pré-Contratual de Informação e da sua Aplicabilidade na Formação do Contrato de Trabalho*; Hélder Quintas, *A concretização do princípio da boa fé enquanto limite normativo das cláusulas de mobilidade geográfica*, pp. 261 e ss. e Cláudia Vaz Póvoa, *A Boa Fé na Formação do Contrato de Trabalho e o Regime do Período Experimental*, pp. 7 a 88.

SUBSECÇÃO II – Promessa de contrato de trabalho

Artigo 103º – Regime da promessa de contrato de trabalho

1. A promessa de contrato de trabalho está sujeita a forma escrita e deve conter:

a) Identificação, assinaturas e domicílio ou sede das partes;

b) Declaração, em termos inequívocos, da vontade de o promitente ou promitentes se obrigarem a celebrar o referido contrato;

c) Atividade a prestar e correspondente retribuição.

2. O não cumprimento da promessa de contrato de trabalho dá lugar a responsabilidade nos termos gerais.

3. À promessa de contrato de trabalho não é aplicável o disposto no artigo 830º do Código Civil.

COMENTÁRIOS:

1. Antecedentes legislativos: Arts. 94º, do CT/2003 e 8º, da LCT.

2. Em relação ao CT/2003, é de referir a obrigatoriedade de indicação da identificação, assinaturas e domicílio ou sede das partes na promessa de trabalho e a sujeição expressa, da mesma, a forma escrita.

Outra novidade é a substituição da expressão "*espécie de trabalho*" pela expressão "*atividade a prestar*". Terminologia mais conforme com a usada no art. 115º.

3. A promessa de trabalho poderá ser definida como a convenção pela qual ambas as partes, ou apenas uma delas, se obrigam, dentro de certo prazo ou verificados certos pressupostos, a celebrar um contrato de trabalho (cfr. a definição de contrato-promessa proposta por ANTUNES VARELA, *Das Obrigações em geral,* vol. I, p. 301). Como podemos extrair da respetiva definição e do próprio texto legal, a promessa pode ser bilateral (ambos os contraentes se comprometem a celebrar o contrato prometido – *assinado (...) pelos promitentes*) ou unilateral (quando apenas um dos contraentes está disposto a vincular-se – *assinado pelo promitente*).

A promessa de contrato de trabalho está sujeita aos seguintes requisitos:

i) Sujeição a forma escrita

Segundo a RL, não "é legalmente válida a promessa verbal da celebração de contrato e de integração nos quadros do pessoal efetivo da empresa, na medida das necessidades desta". (Ac. de 09.03.94 *in* CJ, Ano XIX, Tomo II, p. 163).

A RC também entendeu que não se configura como uma verdadeira promessa de contrato de trabalho a simples troca epistolar havida entre as partes, na sequência de um anúncio publicado pela empregadora numa revista, procurando um engenheiro têxtil para a concretização de determinado projeto. (Ac. de 05.07.96 *in* BMJ, 459, p. 617);

ii) Indicação da identificação, assinaturas e domicílio ou sede das partes;

iii) Existência de uma declaração, em termos inequívocos, da vontade de o promitente ou promitentes se obrigarem a celebrar o contrato prometido

A declaração de vontade é o meio de "provocar no espírito doutra pessoa certas representações. (...) Se para o atingir, recorre à linguagem, escrita ou falada (caso normal), deverá – uma vez que quer ser compreendido – empregar aquelas expressões que sejam apropriadas a transmitir à pessoa tida em vista o seu pensamento; deverá – isto é – servir-se daquelas expressões que tenham para o destinatário da declaração o significado correspondente ao conteúdo da sua vontade (...) deve colocar-se no ponto de vista da pessoa a quem tenciona dirigir a declaração", FERRER CORREIA, *Erro e interpretação na Teoria do Negócio Jurídico,* pp. 185 e 186;

iv) Referência expressa à atividade a prestar pelo trabalhador, isto é, deve indicar quais as funções que irão ser desempenhadas pelo trabalhador no exercício da atividade laboral

Nalguns casos, o trabalhador não está obrigado a exercer uma determinada atividade, no sentido de conjunto ou série de atos com expressão física, mas sim a estar disponível para o fazer. Como elucida a RL, é "nula a promessa unilateral de contrato de trabalho a que faltam as menções atinentes à atividade a prestar e retribuição". (Ac. de 18.12.19 *in* www.dgsi.pt (Proc. nº 1160/19.2T8LSB-A-4) e CJ, Ano XLIV, Tomo V, p. 174);

v) Indicação da retribuição que o trabalhador irá auferir

A falta de qualquer um destes requisitos determina a nulidade da promessa de trabalho, nos termos conjugados do nº 1 e do art. 220º, do CC.

No regime jurídico dos contratos-promessa vale o princípio da equiparação, segundo o qual as disposições legais relativas ao contrato prometido são-lhe aplicáveis, excetuadas as relativas à forma e as que, por sua razão de ser, não se devam considerar extensivas (art. 410º, do CC). Por conseguinte, a promessa de trabalho está sujeita às normas específicas aplicáveis ao contrato de trabalho, designadamente as referentes à capacidade das partes, à interpretação e integração do negócio, etc.. Este exercício de equiparação deve assentar numa matriz normativa básica, ao abrigo da qual para sabermos se determinada regra do contrato prometido é aplicável ao respetivo contrato-promessa "há que apurar, em obediência à diretriz traçada, a razão de ser dessa regra, a *ratio legis* da norma que a consagra", ANTUNES VARELA, *Das Obrigações em geral*, vol. I, p. 316.

Como podemos ler no nº 1, do art. 412º, do CC, "Os direitos e obrigações resultantes do contrato-promessa que não sejam exclusivamente pessoais transmitem-se aos sucessores das partes". Note-se, no entanto, que a posição contratual do trabalhador na promessa de trabalho não é transmissível, atendendo à natureza pessoal da prestação em causa.

Já no que diz respeito à posição contratual do empregador, esta "será, em regra, transmissível aos respetivos sucessores (lembre-se, relativamente à posição da entidade patronal no contrato definitivo, o artigo 6º, da LCCT)", MÁRIO PINTO/PEDRO FURTADO MARTINS/ANTÓNIO NUNES DE CARVALHO, *Comentários às leis do trabalho*, p. 54.

ANTÓNIO MONTEIRO FERNANDES, *Direito do Trabalho*, p. 272, alerta-nos para o facto de a promessa poder ser, "frequentemente, confundida com o próprio contrato de trabalho, visto que, não raro, fica entendido entre os contraentes que só em momento posterior ao da celebração do contrato começarão a produzir-se os seus efeitos (início do trabalho, crédito retributivo)". A questão é que, por vezes, após o estabelecimento do "consenso acerca da *futura* admissão do trabalhador ao serviço de um empregador, uma das partes aparece a denunciar tal consenso, pretendendo que, assim, se opera a frustração de uma promessa de contrato e não a rescisão de um contrato já celebrado",

António Monteiro Fernandes, *loc. cit.*. Competirá ao juiz, na especial concretude, qualificar a relação em questão, sendo certo que se estiverem preenchidos os requisitos exigidos para a promessa de trabalho, será difícil desconsiderar esse vínculo.

No Proc. nº 593/09.TTLSB.L1-4, foi decidido que verificando-se, "no mesmo suporte contratual, cláusulas respeitantes a um acordo de formação e outras consubstanciadoras de uma promessa unilateral de celebração de contrato de trabalho, estamos perante um clausulado atípico, que faz concluir pela existência de uma coligação de contratos, embora ligados por um nexo funcional, que não afeta a sua individualidade". (Ac. da RL, de 20.11.13 *in* www.dgsi.pt e CJ, Ano XXXVIII, Tomo V, p. 157).

Este mesmo tribunal tinha entendido que o "contrato de formação profissional é um meio não idóneo e ilegal de promessa de contrato de trabalho, sendo *contralegem* a introdução nos contratos de formação profissional de cláusulas contendo promessas unilaterais ou bilaterais de contratos de trabalho". (Ac. de 04.07.01 *in* CJ, Ano XXVI, Tomo IV, p. 156).

4. O nº 2 remete expressamente para o regime geral da responsabilidade contratual.

Convém distinguir a promessa de trabalho constituída com e sem entrega de sinal. No primeiro caso, "Se quem constitui o sinal deixar de cumprir a obrigação por causa que lhe seja imputável, tem o outro contraente a faculdade de fazer sua a coisa entregue; se o não cumprimento do contrato for devido a este último, tem aquele a faculdade de exigir o dobro do que prestou (...)" (nº 1, do art. 442º, do CC). Conforme resulta do nº 4, do art. 442º, do CC, "Na ausência de estipulação em contrário, não há lugar, pelo não cumprimento do contrato, a qualquer outra indemnização, nos casos de perda do sinal ou de pagamento do dobro deste (...)".

No caso de incumprimento, às partes é conferido o direito de serem indemnizadas pelos prejuízos causados, nos termos do art. 798º, do CC, sendo aplicável todas as disposições relativas à obrigação de indemnização previstas nos arts. 562º e ss., do CC. Cfr., ainda, o Ac. da RP, de 28.10.15 *in* www.dgsi.pt (Proc. nº 226/11.1TTMTS.P2).

A entrega de sinal na promessa de trabalho é, naturalmente, pouco frequente.

5. Nos termos do nº 3, a execução específica prevista no art. 830º, do CC (que consiste fundamentalmente na possibilidade do promitente credor da obrigação não cumprida obter sentença que produza os efeitos da declaração negocial do faltoso) não é aplicável à promessa de trabalho, porquanto o negócio prometido "envolve a realização de prestações não fungíveis, relativamente às quais a sentença do juiz não pode substituir a declaração de vontade dos contraentes", Antunes Varela, *Das Obrigações em geral*, vol. I, p. 329. Cfr., ainda, o Ac. da RP, de 28.10.15 *in* www.dgsi.pt (Proc. nº 226/11.1TTMTS.P2).

Mário Pinto/Pedro Furtado Martins/António Nunes de Carvalho, *Comentários às leis do trabalho*, p. 55, entendem que o mecanismo da execução específica poder ser levantado "no decurso da execução do contrato de trabalho, nomeadamente para forçar a adoção de alterações contratuais pré-programadas (v.g. no caso de promoções automáticas), domínio onde nos parece que a intervenção do artigo 830º, nº 1, do CC não estará totalmente afastada".

A propósito da resolução do contrato promessa, o STJ decidiu que a mesma depende da existência de uma declaração expressa nesse sentido. (Ac. de 02.12.98 *in* CJ, Ano VI, Tomo III, p. 281).

SUBSECÇÃO III – Contrato de adesão

Artigo 104º – Contrato de trabalho de adesão

1. A vontade contratual do empregador pode manifestar-se através de regulamento interno de empresa e a do trabalhador pela adesão expressa ou tácita ao mesmo regulamento.

2. Presume-se a adesão do trabalhador quando este não se opuser por escrito no prazo de 21 dias, a contar do início da execução do contrato ou da divulgação do regulamento, se esta for posterior.

COMENTÁRIOS:

1. Antecedentes legislativos: Arts. 95º, do CT/2003 e 7º, da LCT.

2. O regulamento interno pode assumir-se como uma forma de manifestação do poder organizativo e disciplinar do empregador (art. 99º) ou como um instrumento de expressão da sua vontade contratual, contendo, de modo pré-definido, elementos próprios do conteúdo contratual (como se verifica no presente artigo). Neste caso, funciona como uma «proposta-tipo» do empregador, à qual o trabalhador se limita a aderir ou não, sem poder modelar o seu conteúdo. Por conseguinte, a liberdade de estipulação, enquanto corolário da autonomia privada, fica, aqui, fortemente comprimida. Como se lê no Ac. da RP, de 11.09.17 *in* www.dgsi.pt (Proc. nº 413/16.6T8AVR.P1), "traduz-se nestes casos como verdadeiros contrato tipo ou contratos de adesão, visando a uniformização por parte da empresa um dado esquema contratual em vez de discutir individualmente as condições de trabalho", manifestando-se a vontade contratual do trabalhador pela sua adesão a esse regulamento. Cfr., ainda, deste mesmo tribunal, o Ac. de 05.12.16 *in* www.dgsi.pt (Proc. nº 585/13.1TTVFR.P1).

No Ac. de 16.06.04, o STJ debruçou-se sobre uma ordem de serviço que definia, "de forma geral e abstrata, as condições de progressão dos trabalhadores do empregador na respetiva estrutura salarial, dando a estes a garantia de que, satisfeitas as condições nela estabelecidas, a evolução do seu salário será uma realidade". (*In* CJ, Ano XII, Tomo II, p. 275). Este tribunal acabaria por decidir que se tratava de um ato de aplicação geral e abstrata, com reflexos na relação contratual, pelo que, uma vez publicada e aceite pelo trabalhador, não podia ser revogada unilateralmente pelo empregador.

A adesão pode ser expressa (*v.g.*, através de uma declaração inequívoca escrita ou verbal ou, simplesmente, mediante a aposição da respetiva assinatura em documento apresentado pelo empregador) ou tácita (*v.g.*, quando o trabalhador não se opuser ao regulamento no prazo de 21 dias).

No Proc. nº 4877/12.9TTLSB.L1-4, estava em causa uma ordem de serviço que instituiu o prémio de antiguidade, passando este a integrar o conteúdo dos contratos de trabalho. (Ac. da RL, de 05.11.14 *in* www.dgsi.pt).

Por sua vez, não foi reconhecida a natureza de regulamento interno a uma deliberação da antecessora da empregadora, "em Assembleia Extraordinária, de atribuição, aos seus trabalhadores, de uma regalia consistente na concessão de um complemento de reforma, através da constituição de um Fundo de Pensões, deliberação essa que foi meramente comunicada aos trabalhadores, quando aquela apenas se obrigou a alimentar o Fundo, em termos de promessa pública, a qual não exige adesão dos trabalhadores e do regime contratual, sendo, assim, ampla a possibilidade da sua revogação (arts. 459º, 460º e 461º, do Código Civil), mormente por via da dissolução do Fundo, com outorga notarial e prévia autorização do ISP". [Ac. do STJ, de 15.03.12 *in* www.dgsi.pt (Proc. nº 111/07.1TTLSB.L1. S1)].

3. O nº 2 contempla duas situações distintas. Na primeira, o regulamento existe antes da execução do contrato de trabalho, enquanto que na segunda, surge em momento ulterior à constituição da relação laboral. Em ambas, o trabalhador pode sempre opor-se por escrito no prazo de 21 dias, a contar do início da execução do contrato ou da divulgação do regulamento, se esta for posterior (à execução).

Para António Monteiro Fernandes, *Direito do Trabalho*, p. 271, nota de rodapé 1, a recusa da adesão não implica que os trabalhadores fiquem "automaticamente *desvinculados* (do contrato que tinham). A publicação do regulamento pode valer como uma *proposta geral de alteração dos contratos*, mas não como um *meio de cessação dos mesmos*".

Artigo 105º – Cláusulas contratuais gerais

O regime das cláusulas contratuais gerais aplica-se aos aspetos essenciais do contrato de trabalho que não resultem de prévia negociação específica, mesmo na parte em que o seu conteúdo se determine por remissão para instrumento de regulamentação coletiva de trabalho.

COMENTÁRIOS:

1. Antecedentes legislativos: Art. 96º, do CT/2003.

2. De acordo com o art. 1º, do RJCCG, todas e quaisquer cláusulas contratuais gerais elaboradas de antemão, que proponentes ou destinatários indeterminados se limitem, respetivamente, a subscrever ou a aceitar, regem-se pelo regime das cláusulas contratuais gerais.

A nossa doutrina tem vindo a distinguir três aspetos básicos que identificam as cláusulas contratuais gerais e fundamentam a aplicação da respetiva disciplina jurídica autónoma, são eles: a pré-elaboração, a rigidez e a indeterminação. Cfr. Mário Júlio de Almeida Costa/António Menezes Cordeiro, *Cláusulas Contratuais Gerais*, p. 18 e Almeno de Sá, *Cláusulas Contratuais Gerais e Diretiva Sobre Cláusulas Abusivas*, pp. 55 e 56.

O regime das cláusulas contratuais gerais aplica-se, em princípio, a todas as cláusulas contratuais gerais, independentemente da forma da sua comunicação ao público, da extensão que assumam ou que venham a apresentar nos contratos a que se destinem, do conteúdo que as informe ou de terem sido elaboradas pelo proponente, pelo destinatário ou por terceiros (art. 2º, do RJCCG).

3. O regime das cláusulas contratuais gerais é aplicável aos aspetos essenciais do contrato de trabalho que não resultem de prévia negociação específica. No regime anterior ao CT/2003, veja-se o Ac. da RL, de 28.06.95 *in* CJ, Ano XX, Tomo III, p. 192.

Enquanto propostas-tipo, os regulamentos internos são livremente manipulados e moldados pelo empregador, por força da sua posição de domínio, apresentando-se, desse modo, como fonte geradora de uma situação de absoluta inferioridade do trabalhador, enquanto sujeito aderente. Por isso, as disposições regulamentares, quando impostas ao trabalhador em termos rigidamente pré-definidos, traduzem-se em verdadeiras cláusulas contratuais gerais. Cfr., ainda, Joaquim de Sousa Ribeiro, *O problema do contrato*, p. 342 e António Almeida, *Cláusulas Contratuais Gerais e o Postulado da Liberdade Contratual*, p. 34. Este último autor, *loc. cit.*, fala da ordem pública de proteção "conhecida por remediar os abusos dos contratos de adesão, domínio onde se manifesta com maior acuidade o caráter de urgência na proteção dos sujeitos – partes contratuais – económica e socialmente mais débeis. Esta ordem pública de proteção visa os contratos de trabalho, de transporte, de seguros e mais recentemente toda a tipologia dos contratos de consumo".

Como esclarece a RE, "no chamado contrato de trabalho tipo ou de adesão, o empregador elabora previamente um contrato de trabalho, que apresenta ao trabalhador sem que este possa negociar ou influenciar as cláusulas contratuais, limitando-se o seu poder negocial a aceitar ou rejeitar. Este tipo de contratos revela um patente desequilíbrio negocial e ficam por isso sob a alçada do regime jurídico das cláusulas contratuais gerais". [Ac. de 14.07.20 *in* www.dgsi.pt (Proc. nº 343/19.0T8STR.E1)]. Segundo este tribunal "é proibida e por isso nula, a cláusula inserta nos contratos de trabalho dos trabalhadores em que se estipula: *"atenta a natureza da atividade desenvol-*

vida pela primeira contraente, a prestação do trabalho pelo segundo contraente ocorrerá em toda a zona de exploração daquela; para efeitos, meramente administrativos, o segundo contraente ficará afeto, por ora, à zona de tráfego de Ribatejana, podendo, porém, vir a ser afeto a outra, de acordo com o disposto no número anterior", em virtude de ser de tal modo abrangente, vaga e imprevisível, que a qualquer momento a alteração de local pode comprometer a vida pessoal do trabalhador, sem justificação razoável e atendível".

Tenhamos presente, por fim, que as cláusulas contratuais gerais que se apresentem ambíguas devem ser interpretadas com o sentido que lhes daria o contratante indeterminado normal que se limitasse a subscrevê-las ou a aceitá-las, quando colocado na posição do aderente real. Na dúvida prevalecerá o sentido mais favorável ao aderente. *Vide* o art. 11º, do RJCCG e o Ac. da RL, de 28.06.95 *in* CJ, Ano XX, Tomo III, p. 193.

Sobre esta matéria, *vide*, ainda, Ana Prata, *Contratos de Adesão e Cláusulas Contratuais Gerais*.

No Ac. de 17.06.02, a RP fez notar que os "regulamentos internos podem conter cláusulas contratuais gerais, funcionando nessa parte como contrato de adesão, mas a aplicação dessas cláusulas pode ser excluída aquando da celebração do contrato individual de trabalho". Assim, se "o contrato de trabalho foi reduzido a escrito e se nele foi acordada uma retribuição inferior à que resultaria da aplicação do Regulamento Interno, é óbvio que as partes quiseram excluir a aplicação de Regulamento nessa parte". (*In* CJ, Ano XXVII, Tomo III, p. 236).

SUBSECÇÃO IV – Informação sobre aspetos relevantes na prestação de trabalho

Artigo 106º – Dever de informação

1. O empregador deve informar o trabalhador sobre aspetos relevantes do contrato de trabalho.

2. O trabalhador deve informar o empregador sobre aspetos relevantes para a prestação da atividade laboral.

3. O empregador deve prestar ao trabalhador, pelo menos, as seguintes informações:

a) A respetiva identificação, nomeadamente, sendo sociedade, a existência de uma relação de coligação societária, de participações recíprocas, de domínio ou de grupo, bem como a sede ou domicílio;

b) O local de trabalho ou, não havendo um fixo ou predominante, a indicação de que o trabalho é prestado em várias localizações;

c) A categoria do trabalhador ou a descrição sumária das funções correspondentes;

d) A data de celebração do contrato e a do início dos seus efeitos;

e) A duração previsível do contrato, se este for celebrado a termo;
f) A duração das férias ou o critério para a sua determinação;
g) Os prazos de aviso prévio a observar pelo empregador e pelo trabalhador para a cessação do contrato, ou o critério para a sua determinação;
h) O valor e a periodicidade da retribuição;
i) O período normal de trabalho diário e semanal, especificando os casos em que é definido em termos médios;
j) O número da apólice de seguro de acidentes de trabalho e a identificação da entidade seguradora;
l) O instrumento de regulamentação coletiva de trabalho aplicável, se houver;
m) A identificação do fundo de compensação do trabalho ou de mecanismo equivalente, bem como do fundo de garantia de compensação do trabalho, previstos em legislação específica.

4. A informação sobre os elementos referidos nas alíneas *f*) a *i*) do número anterior pode ser substituída pela referência às disposições pertinentes da lei, do instrumento de regulamentação coletiva de trabalho aplicável ou do regulamento interno de empresa.

5. Constitui contraordenação grave a violação do disposto em qualquer alínea do nº 3.

COMENTÁRIOS:

1. Antecedentes legislativos: Arts. 97º, 98º e 650º, do CT/2003 e 3º, do DL nº 5/94, de 11 de janeiro.

2. O presente artigo tem a redação resultante da L nº 69/2013, de 30 de agosto, a qual alterou a al. *m*), do nº 3. Note-se que esta alínea havia sido aditada pela L nº 53/2011, de 14 de outubro e alterada pela L nº 23/2012, de 25 de junho.

3. Em relação ao CT/2003, é de destacar a inclusão do número da apólice de seguro de acidentes de trabalho e a identificação da entidade seguradora no elenco das informações que devem ser comunicadas ao trabalhador (al. *j*), do nº 3).

4. Com a versão introduzida pela L nº 69/2013, a alínea *m*), para além do fundo de compensação do trabalho ou mecanismo equivalente, passou a fazer referência ao fundo de garantia de compensação do trabalho. Os regimes jurídicos do fundo de compensação do trabalho, do mecanismo equivalente e do fundo de garantia de compensação do trabalho foram estabelecidos pela L nº 70/2013, de 30 de agosto. Os procedimentos e os elementos necessários à operacionalização destes fundos foram definidos pela P nº 294-A/2013, de 30 de setembro.

5. De acordo com o art. 110º, o contrato de trabalho não está sujeito a forma especial, salvo quando a lei determinar o contrário. Esta regra pode contribuir para um desconhecimento dos aspetos relevantes do contrato de trabalho. Paralelamente, assistimos a uma crescente complexidade das relações jurídico-laborais tradicionais e ao surgimento de novas realidades socioeconómicas (que originaram uma pluralidade de novos tipos de relações jurídico-laborais). Esta realidade tornou premente a criação de normas destinadas a garantir uma melhor proteção dos trabalhadores contra "um eventual desconhecimento dos seus direitos e oferecer uma maior transparência no mercado de trabalho", cfr. Preâmbulo da Diretiva 91/533/CE.

O trabalhador deve informar o empregador sobre aspetos relevantes para a prestação da atividade laboral (nº 2). Como sublinha a RL este dever tem um conteúdo "essencialmente funcional (porque respeitante a «aspetos relevantes para a prestação da atividade laboral»), referente à sua própria pessoa e situação e não de terceiros e tem de respeitar os direitos de personalidade do mesmo, «salvo quando sejam estritamente necessárias e relevantes para avaliar da respetiva aptidão no que respeita à execução do contrato de trabalho» – artigos 106º, número 2, 109º, números 1 e 3, 16º e 17º do Código do Trabalho de 2009". [Ac. de 18.04.12 *in* www.dgsi.pt (Proc. nº 4635/11.8TTLSB.L1-4)].

6. Uma das informações que o empregador deve prestar ao trabalhador é o instrumento de regulamentação coletiva de trabalho aplicável, se houver (al. *l*), do nº 3). A RL decidiu que para "que a referência feita num contrato de trabalho escrito de que ao mesmo sã aplicáveis as normas de uma CCT se possa enquadrar no cumprimento do dever de informação do empregador, deverá resultar do próprio texto, ainda que de modo imperfeitamente expresso, que é essa a finalidade daquela referência". (Ac. de 24.01.18 *in* CJ, Ano XLIII, Tomo I, p. 137).

O TJ considerou que a Diretiva 91/533/CEE do Conselho, de 14 de outubro de 1991, relativa à obrigação de a entidade patronal informar o trabalhador sobre as condições aplicáveis ao contrato ou à relação de trabalho, "não se opõe a uma legislação nacional que prevê que uma convenção coletiva que assegura a transposição para o direito nacional das disposições dessa diretiva é aplicável a um trabalhador mesmo que este não seja membro de uma organização sindical signatária dessa convenção coletiva". [Ac. de 18.12.08 *in* JOUE C-44, de 21.02.09 (Proc. C-306/07)].

Ainda a propósito desta Diretiva, o Tribunal da EFTA veio esclarecer que a mesma "deve ser interpretada no sentido de que a indemnização concedida a um trabalhador não tem de ser determinada com base num contrato de trabalho escrito se o trabalhador em causa não tiver recebido, nos prazos estabelecidos pelo artigo 5º da diretiva, qualquer documento escrito relativo a alterações, temporárias ou permanentes, efetuadas aos elementos essenciais do contrato de trabalho ou da relação de trabalho existente entre as partes". [Ac. de 25.03.13 *in* JOUE, C-270, de 19.09.13 (Proc. E-10/12)].

Artigo 107º – Meios de informação

1. A informação prevista no artigo anterior deve ser prestada por escrito, podendo constar de um ou de vários documentos, assinados pelo empregador.

2. Quando a informação seja prestada através de mais de um documento, um deles deve conter os elementos referidos nas alíneas *a*) a *d*), *h*) e *i*) do nº 3 do artigo anterior.

3. O dever previsto no nº 1 do artigo anterior considera-se cumprido quando a informação em causa conste de contrato de trabalho reduzido a escrito ou de contrato-promessa de contrato de trabalho.

4. Os documentos referidos nos nºs 1 e 2 devem ser entregues ao trabalhador nos 60 dias subsequentes ao início da execução do contrato ou, se este cessar antes deste prazo, até ao respetivo termo.

5. Constitui contraordenação grave a violação do disposto nos nºs 1, 2 ou 4.

COMENTÁRIOS:

Antecedentes legislativos: Arts. 99º e 650º, do CT/2003 e 4º, do DL nº 5/94, de 11 de janeiro.

Artigo 108º – Informação relativa a prestação de trabalho no estrangeiro

1. Se o trabalhador cujo contrato de trabalho seja regulado pela lei portuguesa exercer a sua atividade no território de outro Estado por período superior a um mês, o empregador deve prestar-lhe, por escrito e até à sua partida, as seguintes informações complementares:

a) Duração previsível do período de trabalho a prestar no estrangeiro;

b) Moeda e lugar do pagamento das prestações pecuniárias;

c) Condições de repatriamento;

d) Acesso a cuidados de saúde.

2. A informação referida na alínea *b*) ou *c*) do número anterior pode ser substituída por referência a disposições de lei, instrumento de regulamentação coletiva de trabalho ou regulamento interno de empresa que regulem a matéria nela referida.

3. Constitui contraordenação grave a violação do disposto neste artigo.

COMENTÁRIOS:

Antecedentes legislativos: Arts. 100º e 650º, do CT/2003 e 5º, do DL nº 5/94, de 11 de janeiro.

Artigo 109º – Atualização da informação

1. O empregador deve informar o trabalhador sobre alteração relativa a qualquer elemento referido no nº 3 do artigo 106º ou no nº 1 do artigo anterior, por escrito e nos 30 dias subsequentes.

2. O disposto no número anterior não é aplicável quando a alteração resulte de lei, de instrumento de regulamentação coletiva de trabalho ou de regulamento interno de empresa.

3. O trabalhador deve prestar ao empregador informação sobre todas as alterações relevantes para a prestação da atividade laboral, no prazo previsto no nº 1.

4. Constitui contraordenação grave a violação do disposto no nº 1.

COMENTÁRIOS:

1. Antecedentes legislativos: Arts. 101º e 650º, do CT/2003 e 6º, do DL nº 5/94, de 11 de janeiro.

2. "O exercício de outra atividade, durante o período de incapacidade temporária, impõe ao trabalhador o dever de informação ao empregador, nos termos do nº 3 do art. 109º do CT". [Ac. da RP, de 01.02.16 *in* www.dgsi.pt (Proc. nº 292/14.8TTGDM.P1)].

3. Segundo o STJ não "existe qualquer lapso ou erro na aplicação do artigo 109º do Código do Trabalho a uma relação contratual laboral que não teve o seu início com o atual empregador, o qual se sub-rogou na posição contratual do anterior". [Ac. de 19.02.20 *in* jurisprudencia.csm.org.pt (Proc. nº 404.17.0T8STB.E1.S1)].

O serviço competente do ministério responsável pela área laboral procede à publicação no Boletim do Trabalho e Emprego de aviso sobre a data da suspensão e da cessação da vigência de convenção coletiva (art. 502º, nº 8). Naquele aresto, lê-se ainda que a "publicação do aviso da caducidade da convenção não tem efeito constitutivo, mas, haja ou não haja aviso, o empregador tem, de acordo com o nº 2 do artigo 109º do Código do Trabalho, a obrigação de informação aos trabalhadores da caducidade da convenção, caducidade que não resultou nem da lei, nem da própria convenção". Enquanto não houver aviso, "o empregador que atue de boa fé não pode invocar a caducidade da convenção em relação a trabalhadores que não informou, como deveria ter feito".

Cfr., também, os Acs. do STJ, de 16.12.20 *in* www.dgsi.pt (Proc. nº 8952/16.2T8STB.E1.S1); da RE, de 16.01.20 *in* www.dgsi.pt (Proc. nº 8952/16.2T8STB.E1) e do STJ, de 11.12.19 *in* www.dgsi.pt (Proc. nº 404/17.0T8STB.E1.S1) e CJ, Ano XXVII, Tomo III, p. 273 e de 11.12.19 *in* www.dgsi.pt (Proc. nº 14752/16.2T8PRT.P1.S1).

SUBSECÇÃO V – Forma de contrato de trabalho

Artigo 110º – Regra geral sobre a forma de contrato de trabalho

O contrato de trabalho não depende da observância de forma especial, salvo quando a lei determina o contrário.

COMENTÁRIOS:

1. Antecedentes legislativos: Arts. 102º, do CT/2003 e 6º, da LCT.

2. Os negócios jurídicos podem ser consensuais (quando não dependem de forma especial, bastando o simples consenso) ou formais (quando para a sua conclusão a lei exija determinado formalismo na exteriorização da vontade).

O contrato de trabalho, em regra, assume natureza consensual, pelo que a sua existência pode ser demonstrada por qualquer meio probatório idóneo (*vide* os arts. 341º e ss., do CC; 410º e ss., do CPC e 63º e ss., do CPT).

3. A circunstância do contrato de trabalho ser um contrato consensual dificulta o apuramento do sentido da vontade das partes, *maxime* nos casos, muito frequentes, em que o contrato assente em manifestações de vontade tácitas. Perante esta opacidade volitiva o julgador deve avaliar a existência e natureza da relação contratual, recorrendo, quando os elementos caracterizadores do contrato de trabalho não sejam apuráveis pela observação dos factos, ao mecanismo da presunção judicial, admitido pelo art. 351º, do CC.

De notar que a proposta contratual não tem que abranger todos os pontos a integrar no futuro contrato de trabalho, bastando que contenha os elementos essenciais do mesmo, designadamente "o trabalho a efetuar (isto é, o objeto do contrato), e a retribuição a auferir (enquanto contrapartida da prestação do trabalho), podendo entender-se ainda como essenciais, a indicação do local da prestação do trabalho, bem como o período durante o qual este será prestado". [Ac. da RL, de 25.03.09 *in* www.dgsi.pt (Proc. nº 3988/05.1TTLSB-4)].

4. Nos termos da parte final, do presente artigo, o contrato de trabalho pode, quando a lei o determine, estar sujeito a forma especial. O art. 103º, do CT/2003, previa um elenco, não taxativo, dos contratos sujeitos a forma escrita. Uma vez que o presente artigo deixou de conter este elenco, vejamos alguns exemplos de contratos sujeitos a forma escrita previstos no presente Código: contrato de trabalho celebrado com trabalhador estrangeiro ou apátrida (art. 5º); contrato de trabalho com pluralidade de empregadores (art. 101º); promessa de contrato de trabalho (art. 103º); contrato de trabalho a termo (art. 141º); contrato de trabalho a tempo parcial (art. 153º); contrato de trabalho intermitente (art. 158º); contrato de trabalho em comissão de serviço (art. 162º); contrato para prestação subordinada de teletrabalho (art. 166º); contrato de utilização de trabalho temporário (art. 177º); contrato de trabalho temporário (art. 181º) e contrato de trabalho por tempo indeterminado para cedência temporária (art. 183º).

A forma escrita exigida para a celebração destes contratos, constitui uma formalidade *ad substantiam*. Como decidiu a RP, se a lei exige "para a declaração negocial documento, não pode este ser substituído por outro meio de prova ou por documento que não seja de força probatória superior". (Ac. de 27.09.93 *in* CJ, Ano XVIII, Tomo IV, p. 274). Cfr., ainda, o Ac. do STJ, de 20.01.93 *in* BMJ, 423, p. 328 e CJ, Ano I, Tomo I, p. 234.

No entanto, convém distinguir as situações em que a forma escrita é exigida apenas para a estipulação de determinadas cláusulas contratuais (*v.g.*, o pacto de não concorrência, art. 136º). Nestes casos, a eventual nulidade destas cláusulas, em regra, não afeta a validade do contrato de trabalho.

5. A cláusula contratual onde o empregador reconhece e aceita a antiguidade de que o trabalhador gozava nos seus anteriores postos de trabalho não está sujeita a qualquer forma, por esse motivo, "e ainda que a lei exija a forma escrita para o contrato de trabalho, aquela cláusula pode ser provada por qualquer meio, nomeadamente por confissão resultante da revelia". (Ac. da RP, de 04.11.13 *in* CJ, Ano XXXVIII, Tomo V, p. 157).

SECÇÃO IV – Período experimental

Artigo 111º – Noção de período experimental

1. O período experimental corresponde ao tempo inicial de execução do contrato de trabalho, durante o qual as partes apreciam o interesse na sua manutenção.

2. No decurso do período experimental, as partes devem agir de modo que possam apreciar o interesse na manutenção do contrato de trabalho.

3. O período experimental pode ser excluído por acordo escrito entre as partes.

COMENTÁRIOS:

1. Antecedentes legislativos: Arts. 104º, nº 1 e 110º, nº 2, do CT/2003 e 44º, nº 4 e 55º, nºs 2 e 3, da LCCT.

2. A definição legal de período experimental, corresponde ao *tempo inicial de execução do contrato de trabalho,* de molde a permitir às partes (empregador e trabalhador, embora, na prática, a figura seja mais invocada pelo empregador) *apreciar o interesse na manutenção contratual* (nº 1).

Findo esse tempo inicial, a relação jurídica-laboral fica consolidada e a cessação contratual cingida ao disposto na lei.

3. Em cumprimento do *princípio da boa fé contratual,* as partes, no decurso do período experimental, devem agir de modo que possam apreciar o interesse na manuten-

ção do contrato de trabalho (nº 2). Ou seja, a atuação de ambas deve ser transparente e coerente, para a boa formação da vontade negocial.

Só após a realização de um mínimo prestacional, que permita às partes avaliar os moldes em que será desenvolvida a convivência contratual, há fundamento e legitimidade para aceitar ou rejeitar a continuação da vigência do contrato.

A promoção da denúncia contratual por qualquer uma das partes, sem prévia execução, configuraria, cremos, comportamento abusivo, logo, ilícito. Entre nós, consagrou-se a conceção objetiva do abuso de direito.

Explicam Pires de Lima/Antunes Varela que não "é necessária a consciência de se excederem, com o seu exercício, os limites impostos pela boa-fé, pelos bons costumes ou pelo fim social ou económico do direito, basta que se excedam esses limites", *Código Civil Anotado*, vol. I, p. 298.

Como se lê no Ac. do STJ, de 25.06.86, "ao rescindir, unilateralmente o contrato de trabalho durante o período de experiência, mas sem que o trabalhador tenha efetivamente exercido funções, a entidade patronal não está a exercer o direito de fazer cessar o contrato, mas a abusar desse direito, pois está a exceder os limites impostos pela boa-fé e pelo fim social e económico do contrato de trabalho". Cfr. Albino Mendes Baptista, *Jurisprudência do Trabalho Anotada*, p. 325.

No mesmo sentido, *v.* os Acs. da RL, de 15.02.12 *in* www.dgsi.pt (Proc. nº 896/03.7TTLSB.L1-4) e da RP, de 05.03.12 *in* www.dgsi.pt (Proc. nº 1114/09.7TTPRT.P1).

4. Questiona-se se os vícios de consentimento podem ainda ser valorados no final do período experimental ou se este esgota tudo.

Durante o período experimental é natural que o trabalhador tenda a ser o mais diligente e capaz possível, superando-se, eventualmente, a si próprio e que depois, com a rotina laboral, o seu desempenho se normalize.

No entanto, casos há em que o trabalhador falseia as suas capacidades ou ilude o empregador, referindo aptidões ou conhecimentos que não possui, neste caso, a censura disciplinar, em nome, nomeadamente, da violação dos deveres de lealdade, não nos parece suficiente. A violação do dever de informação exorbita a finalidade do período probatório, sendo motivo para a resolução do contrato por erro sobre a pessoa, nos termos do art. 251º, do CC.

A vontade do empregador foi viciada e tal irá atingir a validade do contrato estabelecido. Ocorreram "perturbações do processo formativo da vontade, operando de tal modo que esta, embora concorde com a declaração, é determinada por motivos anómalos e valorados, pelo direito, como ilegítimos", Carlos Alberto da Mota Pinto, *Teoria Geral do Direito Civil*, p. 500.

Claro que há que estabelecer os contornos deste dever de informar.

Relativamente à falta de título profissional, o CT apresenta sanção própria, sendo esta a nulidade ou caducidade do contrato (art. 117º).

5. Os contratos possuem, como regra geral, um período experimental, pelo que, a exclusão desse regime regra obriga a um acordo escrito entre as partes (nº 3).

Neste sentido, a RP decidiu que a *exclusão do período experimental no contrato de trabalho – por acordo escrito, nos termos do art. 111º/3 do CT/2009 –, tem sempre de resultar de uma manifestação expressa e inequívoca das partes nesse sentido.* [Ac. de 30.05.11 *in* www.dgsi.pt (Proc. nº 832/10.1TTVNG.P1)].

6. Para alguns Autores não é claro se, ocorrendo uma alteração da atividade do trabalhador, o direito ao período experimental se renova ou já pereceu. Entende-se que é dever do trabalhador acompanhar a dinâmica empresarial, urge, no entanto, estabelecer limites a esse dever de acompanhamento que passa pela intocabilidade de direitos adquiridos pelo trabalhador.

A possibilidade legítima e/ou a legitimidade de exercício de novo período experimental apresenta-se viável, se acautelado o direito à recuperação da primitiva categoria profissional, decorrendo da lei, como sabemos, mecanismos próprios de desvinculação contratual, *v.g*, despedimento por extinção de posto de trabalho ou por inadaptação, que não podem ser agora substituídos por um período experimental *ad hoc*, com a inerente consequência da posição creditória do trabalhador não ser, por lei, acautelada.

Para Júlio Gomes, caso ocorra uma nova contratação com desempenho distinto (novação genuína) será admissível um novo período experimental, *Direito do Trabalho*, p. 488.

Artigo 112º – Duração do período experimental

1. No contrato de trabalho por tempo indeterminado, o período experimental tem a seguinte duração:

***a*) 90 dias para a generalidade dos trabalhadores;**

***b*) 180 dias para trabalhadores que:**

***i*) Exerçam cargos de complexidade técnica, elevado grau de responsabilidade ou que pressuponham uma especial qualificação;**

***ii*) Desempenhem funções de confiança;**

***iii*) Estejam à procura de primeiro emprego e desempregados de longa duração;**

***c*) 240 dias para trabalhador que exerça cargo de direção ou quadro superior.**

2. No contrato de trabalho a termo, o período experimental tem a seguinte duração:

***a*) 30 dias em caso de contrato com duração igual ou superior a seis meses;**

***b*) 15 dias em caso de contrato a termo certo com duração inferior a seis meses ou de contrato a termo incerto cuja duração previsível não ultrapasse aquele limite.**

3. No contrato em comissão de serviço, a existência de período experimental depende de estipulação expressa no acordo, não podendo exceder 180 dias.

4. O período experimental, de acordo com qualquer dos números anteriores, é reduzido ou excluído, consoante a duração de anterior contrato a termo para a mesma atividade, de contrato de trabalho temporário executado no mesmo posto de trabalho, de contrato de prestação de serviços para o mesmo objeto, ou ainda de estágio profissional para a mesma atividade, tenha sido inferior ou igual ou superior à duração daquele, desde que em qualquer dos casos sejam celebrados pelo mesmo empregador.

5. A duração do período experimental pode ser reduzida por instrumento de regulamentação coletiva de trabalho ou por acordo escrito entre partes.

6. A antiguidade do trabalhador conta-se desde o início do período experimental.

COMENTÁRIOS:

1. Antecedentes legislativos: Arts. 104º, nº 3, 107º, 108º, 109º e 110º, nº 1, do CT/2003 e 43º, 44º, nº 4 e 55º, nºs 2 e 3, da LCCT.

2. O presente artigo tem a redação introduzida pela L nº 93/2019, de 4 de setembro, a qual alterou a al. *b*) do nº 1 e o nº 4, alargando-se o período experimental de 180 dias a trabalhadores à procura de primeiro emprego e desempregados de longa duração.

3. No contrato de trabalho por tempo indeterminado (ou contrato sem termo), o período experimental é de 90 dias para a generalidade dos trabalhadores (regime-regra), (al. *a*), do nº 1).

4. Tal período estende-se por 180 dias (período experimental intermédio) para trabalhadores que (al. *b*), do nº 1):

i) Exerçam cargos de complexidade técnica, elevado grau de responsabilidade ou que pressuponham uma especial qualificação;

Aferir o significado de complexidade técnica e de elevado grau de responsabilidade é tarefa casuística. *V.* o Ac. da RE, de 14.05.96 *in* CJ, Ano XXI, Tomo III, p. 297.

II – Não se considera de especial complexidade técnica ou de elevado grau de responsabilidade o exercício de funções de encarregada de loja, mediante a retribuição mensal de € 550,00. [Ac. da RP, de 16.10.06 *in* www.dgsi.pt (Proc. nº 0643994)].

No que concerne à especial qualificação, segundo a Exposição de Motivos da Proposta de Lei nº 136/XIII "basta que a função a exercer implique que o trabalhador seja licenciado ou ainda, por exemplo, manobrador de máquinas agrícolas e florestais".

ii) Desempenhem funções de confiança;

iii) Estejam à procura de primeiro emprego e desempregados de longa duração.

Note-se que este período é concedido atenta a *qualidade do trabalhador* e não equaciona o tipo de desempenho, se qualificado ou não.

A pretensão de aumentar o período experimental da generalidade dos trabalhadores de 90 para 180 dias já se havia manifestado na versão constante da Proposta de L nº 216/X (mantida pelo Decreto nº 255-X), desaparecendo, por conseguinte, a indicação do período experimental relativo a "cargos de complexidade técnica, elevado grau de responsabilidade ou que pressuponham uma especial qualificação, bem como para os que desempenhem funções de confiança", que possuíam 180 dias. Ou seja, nivelar por cima, em violação grosseira do art. 53º, da CRP. A pedido do Presidente da República, o Tribunal Constitucional pronunciou-se pela inconstitucionalidade da norma, no Ac. nº 632/2008, "por violação do disposto nos artigos 53º e 18º, nº 2, da Constituição, da norma contida na alínea a) do nº 1 do artigo 112º do Código do Trabalho, na revisão aprovada pelo Decreto nº 255/X da Assembleia da República, quando aplicada aos trabalhadores que exercem trabalho indiferenciado".

Na Exposição de Motivos da Proposta de Lei nº 136/XIII indica-se ser de «admitir como razoável a incerteza dos empregadores em celebrarem um contrato de trabalho sem termo com um trabalhador que (*i*) nunca teve uma verdadeira experiência real de trabalho, isto é, fator fundamental para garantir a sua capacidade de se integrar numa estrutura organizada, com subordinação ou com um trabalhador (*ii*) que está sem contacto com o mercado de trabalho há mais de 12 meses, fator que pode gerar uma inegável insegurança ao empregador. Assim, tendo em conta que «é legítimo que se entenda que relações como estas [por tempo indeterminado], longas e duradouras, necessitem – e em princípio para benefício de ambas as partes – de uma via de respiração, conferida pela previsão legal de um tempo durante o qual tanto trabalhador quanto empregador se possam livremente desvincular de um compromisso que, no seu entendimento, se não antevê viável" (*vide* Acórdão do Tribunal Constitucional nº 632/2008, Diário da República nº 6/2009, Série I de 9 de janeiro de 2009, *ex vi* Acórdão do Tribunal Constitucional nº 64/91) tem-se que a inclusão desta categoria específica de trabalhadores no elenco da alínea *b*) do nº 1 do artigo 112º do Código do Trabalho concorre para mitigar a referida incerteza por parte dos empregadores no momento da contratação». In https://app.parlamento.pt/, p. 5.

Refere-se na Proposta de Lei, que a contratação sem termo de *trabalhadores à procura do primeiro emprego* e de *desempregados de longa duração* visa "estimular a sua inserção no mercado de trabalho de forma mais estável do que a que resultaria da sua contratação em regime de contrato de trabalho a termo".

A L nº 93/2019 ao vedar os contratos a termo certo aos *trabalhadores à procura de primeiro emprego* e aos *desempregados de longa duração* [art. 140º, nº 4, al. *b*)], em nome da segurança do emprego e combate à precariedade, abre a janela (de oportunidade) de uma livre denúncia por parte do empregador.

De facto, entre um contrato a termo por seis meses, com o inerente pagamento da compensação por antiguidade e um contrato sem termo livremente denunciado ao fim desses mesmos seis meses (mediante um aviso prévio de 15 dias), a escolha poderá ser tendenciosa.

Subscrevemos o entendimento de JOÃO REIS, "Seis meses de duração de período experimental corresponde ao prazo resolutivo aposto frequentemente ao contrato de trabalho. Em vez do recurso ao contrato de trabalho a prazo, agora tornado ilícito, a situação de primeiro emprego ou de desemprego de longa duração, justifica doravante um período experimental de 180 dias. A mudança de regime, objetivamente, precariza o vínculo laboral. Apesar de tudo, um contrato a prazo atenta menos contra a estabilidade no emprego do que o período experimental. Este facilita mais a rutura e é mais barato para o empregador", *Reforma de 2019: algumas observações*, p. 33.

V., ainda, MILENA SILVA ROUXINOL, *A Lei nº 94/2019, de 4/09, e o alargamento da duração do período experimental*, pp. 75 e 76 e PEDRO REIS, *Nada de novo debaixo do Sol: o período experimental e a precariedade das relações laborais*, pp. 94 e 95.

O CT não procede à definição de *trabalhador à procura de primeiro emprego* e de *desempregados de longa duração*. Não se trata de uma lacuna legal, mas de conceitos indeterminados que cabe ao intérprete apurar.

Nesse sentido e quanto ao <u>desempregado de longa duração</u>: *Na verdade, porém, não estamos "perante uma lacuna, mas sim perante um conceito jurídico indeterminado que o intérprete terá de preencher, recorrendo aos critérios legais da de interpretação" – neste sentido, cfr. Ac. do STJ de 24 de outubro de 2006, disponível em www.dgsi.pt. Deste modo, e tendo em conta o conceito de desempregado de longa duração constante, inicialmente, no nº 1, do art. 4º, do decreto-lei nº 64-C/89, de 27 de fevereiro, o qual na sua essência, foi mantido nos diplomas posteriores (no art. 4º, nº 1, do Decreto-Lei nº 89/95, de 6 de maio, no art. 3º, nº 1, do Decreto-Lei nº 34/96, de 18 de abril e no art. 6º, nº 4, da Portaria nº 196-A/2001, de 10 de março), tem-se entendido que desempregado de longa duração, para efeitos da al. b), do nº 3, do art. 129º, do Código do Trabalho, é o trabalhador que se encontra desempregado e à procura de trabalho há mais de doze meses.* [Ac. da RP, de 03.10.11 *in* www.dgsi.pt (Proc. nº 1683/10.9TTPNF.P1)].

No contexto das referidas políticas de fomento ao emprego, veja-se como meramente referenciador (pois, a nosso ver, as políticas de estímulo ao emprego não são sobreponíveis ao CT) o art. 4º, als. *a*), *b*) e *c*), do DL nº 72/2017, de 21 de junho (que estabelece incentivos à contratação de jovens à procura do primeiro emprego e de desempregados de longa duração e de muito longa duração):

– *Jovens* à procura do primeiro emprego, as pessoas com idade até aos 30 anos, inclusive, que nunca tenham prestado a atividade ao abrigo de contrato de trabalho sem termo (art. 4º, al. *a*));

Por mero paralelismo, *trabalhador à procura de primeiro emprego*, poderia ser aquele que nunca tenha prestado a atividade ao abrigo de contrato de trabalho sem termo.

– *Desempregados de longa duração*, as pessoas que se encontrem inscritas no Instituto de Emprego e Formação Profissional, I. P. (IEFP, I. P.), há 12 meses ou mais (al. *b*)).

No entanto, na P nº 112-A/2019, de 12 de abril (Medida Contrato-Geração que concretiza os objetivos da política de emprego, relativos ao apoio à contratação, definidos nos artigos 3º e 9º do DL nº 13/2015, de 26 de janeiro) a qualificação de *desempregados de longa duração* impõe um requisito de idade: 45 anos ou mais (art. 4º, nº 2, al. *b*)). E acrescenta, a definição dos grupos referidos no nº 1 (Jovens à procura do primeiro emprego; Desempregados de longa duração; e Desempregados de muito longa duração) obedece ao disposto no artigo 4º do DL nº 72/2017, de 21 de junho (nº 3).

Ou seja, a própria legislação avulsa não oferece um critério coeso sobre a definição de desempregados de longa duração.

Sobre a não sobreponibilidade do conceito de *jovem à procura de primeiro emprego* ao CT, *v.* Ac. do STJ: *O conceito de à procura de primeiro emprego não é sobreponível ao conceito de jovem à procura de primeiro emprego, que releva apenas para a definição do âmbito pessoal da concessão de a apoios financeiros à criação pelas empresas, de novos postos de trabalho.* (Ac. de 07.12.05 *in* CJ, Ano XIII, T. III, p. 277).

Vide, inda, os Acs. da RP, de 22.10.12 *in* www.dgsi.pt (Proc. nº 173/11.7TTGMR.P1) e do STJ, de 02.07.08 *in* www.dgsi.pt (Proc. 08S603); de 17.01.07 *in* www.dgsi.pt (Proc. nº 06S3750); de 12.01.06 *in* www.dgsi.pt (Proc. nº 05S3138) e de 01.10.03 *in* www.dgsi.pt (Proc. nº 03S1546).

Sobre o conceito trabalhador à procura de primeiro emprego, a jurisprudência não é uniforme, decidindo que reveste tal qualificação quem nunca foi contratado em regime de contrato sem termo **ou** quem nunca foi contratado por mais de seis meses, seguidos e interpolados.

Entendimento jurisprudencial no sentido de que *trabalhador à procura de primeiro emprego* é aquele que nunca foi contratado em regime de contrato sem termo:

I – O conceito de trabalhador à procura de primeiro emprego pressuposto na hipótese legal da LCCT e dos Códigos do Trabalho de 2003 e 2009 traduz a situação de facto de um trabalhador que ainda não tem uma posição definida no mercado de trabalho por nunca ter sido contratado por tempo indeterminado. [Ac. da RP, de 23.03.15 *in* www.dgsi.pt (Proc. nº 1303/13.0 TTVNG.P1)].

No mesmo sentido, *v.* os Acs. da RE, de 18.04.13 *in* www.dgsi.pt (Proc. nº 403/11.5 TTSTR.E1); da RP, de 10.12.12 *in* www.dgsi.pt (Proc. nº 48/10.7TTVRL.P1); do STJ de 07.12.05 *in* CJ, Ano XIII, Tomo III, pág. 277 e da RP, de 03.05.04 *in* www.dgsi.pt (Proc. nº 0411088); de 19.04.04 *in* www.dgsi.pt (Proc. nº 0346945); de 27.10.03 *in* www.dgsi.pt (Proc. nº 0314001); de 18.11.02 *in* www.dgsi.pt (Proc. nº JTRP00034766) e de 21.10.02 *in* www.dgsi.pt (Proc. nº JTRP00034666).

Em crítica, Júlio Gomes apresenta o seguinte caso: "Assim, se o trabalhador tiver sido contratado a termo 70 vezes – por incrível que pareça trata-se de um caso real ocorrido em França e não o fruto da imaginação desenfreada do autor destas linhas

– tratar-se-á, ainda, face à lei portuguesa, de um trabalhador à procura de primeiro emprego (dir-se-á, perdoar-se-nos a ironia, que a procura é muito longa ou que há quem procure e nunca ache", *Direito do Trabalho*, pp. 597 e 598. *V.*, ainda, do mesmo A., *O contrato de trabalho a termo ou a tapeçaria de Penélope?*, p. 61 e António Menezes Cordeiro, *Direito do Trabalho*, p. 630.

"Tal entendimento, contudo, não é unânime e entre a jurisprudência vigora, também, a tese da redução do conceito, cingindo-o aos trabalhadores que não tenham exercido uma atividade profissional subordinada ou autónoma por mais de seis meses, seguidos e interpolados, recorrendo e sobrepondo ao CT (a nosso ver, incorretamente) medidas de fomento de emprego. (...).", Paula Quintas, *O novo regime do contrato a termo após as alterações introduzidas pelas leis nºs 90/2019 e 93/2019, de 04 de setembro*, p. 65.

Entendimento jurisprudencial no sentido de que *trabalhador à procura de primeiro emprego* abarca os trabalhadores que não tenham exercido uma atividade profissional subordinada ou autónoma por mais de seis meses, seguidos e interpolados, recorrendo às medidas de fomento de emprego:

Tendo sido até agora pacífico, ao nível da jurisprudência, o entendimento de que a admissibilidade de contratação a termo de um "trabalhador à procura de primeiro emprego" prevista no art. 41º, nº 1, h) da LCCT se referia a trabalhador que não havia sido contratado sem termo ou por tempo indeterminado, acolhendo-se, desse modo, a noção de "trabalhador à procura de primeiro emprego" dada por diversa legislação até então publicada no âmbito de política de fomento de emprego, com a publicação de recentes diplomas nessa matéria, dos quais se destacam as Portarias nº 196-A/2001 de 10-03 e nº 1191/2003 de 10-10, ocorreu um significativo estreitamento do mencionado conceito em termos de passar a ser considerado como "trabalhador à procura de primeiro emprego" toda a pessoa que nunca tenha exercido uma atividade profissional subordinada ou ainda que autónoma, por um período seguido ou interpolado superior a seis meses.[Ac. da RL, de 19.10.05 *in* www.dgsi.pt (Proc. nº 6086/2005-4)]. No mesmo sentido, veja-se os Acs. da RL, de 12.07.05 *in* www.dgsi.pt (Proc. nº 5029/2005-4) e de 02.03.05 *in* www.dgsi.pt (Proc. nº 10302/2004-4).

Destarte, é de entender, quanto a nós, como trabalhador à procura do primeiro emprego, numa interpretação discutível, quem nunca celebrou contrato de trabalho, a termo, por longo período (no seguimento da Exposição de Motivos da Proposta de Lei nº 136/XIII, ao indicar quem "nunca teve uma verdadeira experiência real de trabalho").

Acerca da necessidade de provar o conceito *trabalhador à procura de primeiro emprego*:

II – As menções insertas no contrato de trabalho de que o motivo da contratação é encontrar-se o trabalhador "à procura de primeiro emprego" e de o mesmo ter declarado "nunca ter trabalhado por conta de outrem através de contrato de trabalho sem prazo", representam a realidade correspondente à situação de primeiro emprego segundo o conceito jurisprudencialmente acolhido e concretizam suficientemente o motivo justificativo do termo aposto ao contrato de trabalho celebrado. [Ac. da RP, de 23.03.15 *in* www.dgsi.pt (Proc. nº 1303/13.0TTVNG.P1)].

IV – Não obstante o referido em II, caberá ao empregador demonstrar factos que justifiquem a celebração de contrato de trabalho a termo – o nº 5 do art. 140º do Código do Trabalho não estabelece qualquer limitação quanto a este aspeto –, muito embora sem a exigência prevista na parte final do nº 3 do art. 141º, já que, a nosso ver, não fará qualquer sentido em tais situações de contratação. [Ac. da RE, de 18.04.13 *in* www.dgsi.pt (Proc. nº 403/11.5TTSTR.E1)].

I – Depois da entrada em vigor do Decreto-Lei nº 34/96, de 18 de Abril, a declaração aposta no contrato de que o mesmo era celebrado ao abrigo da alínea h) do artigo 41 do regime jurídico aprovado pelo Decreto-Lei nº 64-A/89, acrescida da declaração emitida pelo trabalhador de que nunca tinha sido contratado por tempo indeterminado não é suficiente para concluir que o trabalhador era um jovem à procura de primeiro emprego. II – Tal declaração não constitui uma indicação válida do motivo justificativo do termo e implica que o contrato seja considerado sem termo, nos termos do nº 1 do artigo 3 da Lei nº 38/96, de 31 de agosto. [Ac. da RP, de 07.01.04 *in* www.dgsi.pt (Proc. nº JTRP00033779)].

No mesmo sentido, *vide* os Acs. da RP, de 21.10.02 *in* www.dgsi.pt (Proc. nº JTRP00034666) e de 18.11.02 *in* www.dgsi.pt (Proc. nº JTRP00034766).

Acerca da necessidade de provar o conceito *desemprego de longa duração*:

IV – No contrato de trabalho a termo certo em que é contratado um trabalhador em situação de «desemprego de longa duração», as exigências formais do número 3 do artigo 141º e da alínea c) do número 1 do artigo 147º do Código do Trabalho de 2009 não ficam satisfeitas com a mera reprodução/referência à alínea b) do número 4 do artigo 140º e uma simples declaração complementar de que o trabalhador é considerado um «desempregado de longa duração». [Ac. da RL, de 04.05.16 *in* www.dgsi.pt (Proc. nº 1992/15.0T8FNC.L1-4)].

Aponte-se, ainda, "a ausência de coerência sistemática na permissão dos *trabalhadores em situação de muito longa duração* permanecerem na modalidade de contrato a termo certo.

Atendendo a que também para estes se aplicaria a *ratio legis* da Proposta de Lei nº 136/XIII: estimular a sua inserção no mercado de trabalho de forma mais estável.

Refere-se na referida Proposta que a contratação sem termo de trabalhadores à procura do primeiro emprego e de desempregados de longa duração visa "estimular a sua inserção no mercado de trabalho de forma mais estável do que a que resultaria da sua contratação em regime de contrato de trabalho a termo".

No que respeita aos trabalhadores em situação de muita longa duração, o facto de estarem há longo tempo (mais de 25 meses sem contacto com o mercado do trabalho, tendo como referente o art. 4º, nº 1, al. *c*), do DL nº 72/2017, é passível de gerar, igualmente, "uma inegável insegurança ao empregador".

Confessamos que não descortinamos qual o sentido desta discriminação no acesso ao trabalho e às condições contratuais. O facto de os trabalhadores estarem há mais de 25 meses em situação de desemprego (o dobro da dimensão temporal dos trabalhadores em situação de desemprego de longa duração) parece-nos equiparável ao caso do trabalhador à procura de primeiro emprego, mormente, quando este ainda não obteve qualquer vínculo contratual", PAULA QUINTAS, *O novo regime do contrato a termo*, p. 78.

5. Para os trabalhadores que exerçam cargo de direção ou quadro superior, a al. *c*), do nº 1, fixa um período experimental de 240 dias. Entende-se a latitude deste período (período experimental máximo) no que concerne ao exercício de cargo de direção, atenta a especial responsabilidade pedida. O mesmo critério é usado para quadro superior, todavia, não se define em que consistem as funções deste tipo de trabalhador, aparentemente, basta a qualificação *quadro superior*.

Não nos parece um critério feliz nem que apresente justificação bastante para lhe ser inaplicável o período experimental intermédio.

I – Para fixar o período experimental de duzentos e quarenta dias, nos contratos de trabalho por tempo indeterminado, as expressões «pessoal de direção» e «quadros superiores», constantes da alínea c) do art. 107º do Código do Trabalho, não exigem que o trabalhador dirija ou supervisione outros trabalhadores nem que se insira numa organização na qual detenha, em termos hierárquicos, uma posição superior em relação a quaisquer outros elementos da mesma: o que releva é que se averigue, e que se apure, que o trabalhador exerce funções de maior complexidade técnica, ou que pressupõem mais elevada confiança, mais elevado grau de responsabilidade ou mais especial qualificação do que as dos trabalhadores cujo período experimental é de cento e oitenta dias. [Ac. do STJ, de 24.09.18 *in* www.dgsi.pt (Proc. nº 08S1540)].

6. No contrato de trabalho a termo, o período experimental varia consoante a duração do contrato, sendo de:

– 30 dias em caso de contrato com duração igual ou superior a seis meses (nº 2, al. *a*));

I – *O período experimental não pode suspender-se durante o período em que a entidade patronal, por decisão unilateral, esteja ausente da empresa e não disponha de outrem que avalie o desempenho do trabalhador em regime experimental nem providencie por outra forma de avaliação do seu desempenho. II – Tendo a denúncia do contrato de trabalho a termo ocorrido após o período experimental de 30 dias previsto no artigo 112º, nº 2, alínea a) do Código do Trabalho, estamos perante um despedimento ilícito, por que feito sem procedimento disciplinar – artigo 381º, alínea c) do Código de Trabalho.* [Ac. da RP, de 07.11.11 *in* www.dgsi.pt (Proc. nº 242/10.0TTOAZ.P1)];

– 15 dias em caso de contrato a termo certo com duração inferior a seis meses ou de contrato a termo incerto cuja duração previsível não ultrapasse aquele limite (al. *b*)).

7. No contrato em comissão de serviço, atenta a especificidade deste tipo de contrato (destinado a cargo de administração ou equivalente, de direção ou chefia diretamente dependente da administração ou de diretor-geral ou equivalente, funções de

secretariado pessoal de titular de qualquer desses cargos, ou ainda, desde que instrumento de regulamentação coletiva de trabalho o preveja, funções cuja natureza também suponha especial relação de confiança em relação a titular daqueles cargos e funções de chefia, de acordo com art. 161º), a existência de período experimental depende de estipulação expressa no acordo, não podendo exceder 180 dias (nº 3).

No contrato de comissão de serviço, a existência de período experimental depende de estipulação expressa no respetivo acordo, art. 112º/3 do CT/2009. [Ac. da RP, de 30.05.11 *in* www.dgsi.pt (Proc. nº 832/10.1TTVNG.P1)].

8. Sobre a contagem do prazo do período experimental:

O período experimental é uma fase do contrato e não um prazo, não se lhe aplicando as regras de contagem de prazos previstos no art. 279º do Código Civil, pelo que o primeiro dia de trabalho deve ser considerado para cômputo do período experimental. (Ac. da RE, de 04.02.16 *in* CJ, Ano XLI, Tomo I, p. 278).

I – À contagem do tempo referente ao período experimental não é aplicável a norma constante do art. 278º, al. b) do Código Civil. II – Se o trabalhador iniciou a execução do contrato em 21.09.2009, tendo faltado um dia em outubro (falta que não é considerada para efeitos do período experimental), e a ré denunciou o contrato de trabalho no dia 21.12.2009, fê-lo no 91º dia do período experimental (10 dias em setembro + 30 dias em outubro + 30 dias em novembro + 21 dias em dezembro); III – A cessação do contrato de trabalho por denúncia do empregador, após decorrido o período experimental, tem de ser entendida como um despedimento sem justa causa. [Ac. da RL, de 28.09.11 *in* www.dgsi.pt (Proc. nº 269/10.2TTVFX.L1-4)].

9. O período experimental (nunca alargado face ao caráter imperativo relativo da duração do mesmo) pode ser reduzido ou excluído, consoante a duração de anterior *contrato a termo* para a mesma atividade, de *contrato de trabalho temporário* executado no mesmo posto de trabalho, de *contrato de prestação de serviços* para o mesmo objeto, ou ainda de *estágio profissional* para a mesma atividade que tenha sido inferior ou igual ou superior à duração do período experimental, desde que em qualquer dos casos sejam celebrados pelo mesmo empregador (nº 4).

Entendemos que o período experimental deveria ser excluído (sem faculdade de redução) dado que se trata da mesma atividade, do mesmo posto de trabalho ou do mesmo objeto.

No caso em que um contrato a termo com duração de seis meses foi precedido de um contrato de prestação de serviço, para o mesmo objeto e para o mesmo empregador e que durou mais de trinta dias, deve considerar-se excluído o período experimental naquele contrato. [Ac. da RC, de 04.11.11 *in* www.dgsi.pt (Proc. nº 446/10.6T4AGD.C1)].

10. A duração do período experimental pode ser reduzida por instrumento de regulamentação coletiva de trabalho ou por acordo escrito entre partes (nº 5).

11. A antiguidade do trabalhador conta-se desde o início do período experimental (nº 6), momento em que iniciou a execução contratual.

Artigo 113º – Contagem do período experimental

1. O período experimental conta a partir do início da execução da prestação do trabalhador, compreendendo ação de formação determinada pelo empregador, na parte em que não exceda metade da duração daquele período.

2. Não são considerados na contagem os dias de falta, ainda que justificada, de licença, de dispensa ou de suspensão do contrato.

COMENTÁRIOS:

1. Antecedentes legislativos: Art. 106º, do CT/2003.

2. O período experimental começa a contar-se a partir do início da execução da prestação do trabalhador, compreendendo ação de formação determinada pelo empregador, na parte em que não exceda metade da duração daquele período (nº 1).

I. A formação do trabalhador só deve contar para a contagem do período experimental, para além dos casos em que é determinada pelo empregador previamente à celebração do contrato de trabalho, quando se tenha já iniciado a execução do contrato de trabalho. II – Compreende-se que assim seja, porque na formação anterior ao início do contrato o trabalhador/formando não está sob o poder de direção da futura entidade empregadora. [Ac. da RC, de 09.06.16 *in* www.dgsi.pt (Proc. nº 291/15.2T8CBR.C1].

I – O período experimental começa a contar-se a partir do início da execução da prestação do trabalhador e compreende as ações de formação ministradas pelo empregador ou frequentadas por determinação deste, desde que não excedam metade do período experimental. II – Por isso, se a formação tiver uma duração superior ao período experimental, este será constituído, em termos práticos, pelo tempo de tal formação, acrescido de metade da duração do legal período experimental, pelo que cada uma das partes terá sempre um período experimental mínimo – ½ – para aquilatar do seu interesse, ou não, na manutenção do contrato. [Ac. da RP, de 12.12.11 *in* www.dgsi.pt (Proc. nº 661/09.5TTMTS.P1)].

3. Para vincar o caráter manifestamente *probatório* desta figura, a lei explicita que, para efeitos de contagem, o que deve ser valorado é o tempo efetivo de prestação laboral. Assim os dias de faltas, ainda que justificadas, de licenças e de dispensa, bem como os dias de suspensão do contrato não são tidos em conta para a contagem do período experimental (nº 2).

Artigo 114º – Denúncia do contrato durante o período experimental

1. Durante o período experimental, salvo acordo escrito em contrário, qualquer das partes pode denunciar o contrato sem aviso prévio e invocação de justa causa, nem direito a indemnização.

2. Tendo o período experimental durado mais de 60 dias, a denúncia do contrato por parte do empregador depende de aviso prévio de sete dias.

3. Tendo o período experimental durado mais de 120 dias, a denúncia do contrato por parte do empregador depende de aviso prévio de 15 dias.

4. O não cumprimento, total ou parcial, do período de aviso prévio previsto nos nºs 2 e 3 determina o pagamento da retribuição correspondente ao aviso prévio em falta.

5. O empregador deve comunicar, no prazo de cinco dias úteis a contar da data da denúncia, à entidade com competência na área da igualdade de oportunidades entre homens e mulheres a denúncia do contrato de trabalho durante o período experimental sempre que estiver em causa uma trabalhadora grávida, puérpera ou lactante ou um trabalhador no gozo de licença parental.

6. Constitui contraordenação grave a violação do disposto no nº 5.

COMENTÁRIOS:

1. Antecedentes legislativos: Arts. 105º, do CT/2003 e 43º, nº 1 e 55º, nº 1, da LCCT.

2. O presente artigo tem a redação introduzida pela L nº 90/2019, de 4 de setembro, a qual aditou os nºs 5 e 6.

3. Estabelece-se, como regra geral, o *princípio da livre desvinculação na pendência do período experimental*, sem sujeição a aviso prévio, invocação de justa causa e direito a indemnização por prejuízos resultantes da cessação do contrato, salvo havendo acordo escrito em contrário (nº 1).

A declaração é, literalmente, *ad nutum*. Como esclareceu a RL, a "denúncia do contrato de trabalho no período experimental não pode traduzir um abuso de direito; mas não carece de ser motivada, tendo o denunciante "direito ao silêncio" sobre os motivos subjacentes à sua decisão". [Ac. de 24.02.21 *in* www.dgsi.pt (Proc. nº 2157/20.5T8SNT.L1-4)].

O período probatório é uma realidade jurídica criada especialmente a favor do empregador, face ao ilimitado poder de desvinculação do trabalhador no decurso da execução contratual.

O direito à denúncia, durante o período experimental prescinde de qualquer formalidade em especial, salvo no caso do nº 5, sob pena de contraordenação grave (nº 6), assim, o empregador deve comunicar à entidade com competência na área da igualdade de oportunidades entre homens e mulheres (CITE), a denúncia do contrato de trabalho durante o período experimental, no prazo de cinco dias úteis a contar da data da ocorrência do evento extintivo, sempre que estiver em causa uma trabalhadora grávida, puérpera ou lactante ou um trabalhador no gozo de licença parental.

4. Imperativamente, o princípio geral de denúncia a todo o tempo, é afastado quando o sujeito que se quer desvincular é o empregador.

Nos termos legais, impõe-se ao empregador um dever de aviso prévio de sete dias, nos casos em que o período experimental tenha *durado mais de sessenta dias* (nº 2).

Tendo o período experimental *durado mais de 120 dias*, a denúncia do contrato por parte do empregador depende de aviso prévio de 15 dias (nº 3).

Este desvio ao princípio da livre desvinculação na pendência do período experimental visa atenuar os efeitos de uma rutura negocial nos casos em que, fruto do decurso do tempo, se desenvolve alguma expectativa de manutenção da relação laboral.

O dispositivo espelha bem a disparidade negocial das partes envolvidas, atendendo a que situa como expectante, o trabalhador, e daí o cunho impositivo da norma, que obriga a uma declaração antecipatória do fim do contrato, a cargo, e apenas, do empregador. Ao trabalhador continua a assistir o direito a uma desvinculação temporalmente livre.

5. Determina-se que o não cumprimento, total ou parcial, do período de aviso prévio previsto nos nºs 2 e 3, apenas obriga o empregador ao pagamento da retribuição correspondente ao aviso prévio em falta (nº 4). Afasta-se, portanto, a solução da ineficácia do aviso prévio intempestivo e a respetiva configuração como resolução ilícita.

Assim o entende, igualmente, a jurisprudência:

III – No entanto, se o período experimental de 90 dias tiver durado mais de 60, a denúncia está sujeita ao aviso prévio de 7 dias, sob pena de o denunciante ter de pagar ao denunciado a retribuição correspondente ao aviso prévio em falta, isto é, a cessação do contrato opera-se sempre, haja ou não cumprimento do aviso prévio, só que se este não for cumprido parcial ou totalmente, o denunciante fica constituído no obrigação de pagar ao denunciado a retribuição correspondente ao aviso prévio em falta. IV – Por isso, a falta de cumprimento de tal aviso prévio não transforma a denúncia em despedimento ilícito. [Ac. da RP, de 10.01.11 *in* www.dgsi.pt (Proc. nº 1097/093TTMTS.P1)]. No mesmo sentido, *v.* o Ac. da RC, de 10.03.11 *in* CJ, Ano XXXVI, Tomo II, p. 72.

6. Quanto ao direito a férias, no caso de a duração total do período experimental ser inferior a seis meses, tem o trabalhador direito a dois dias úteis de férias por cada mês completo de duração do contrato (art. 239º, nº 4, CT), no caso de o período experimental ser superior a seis meses ou cessando o contrato no ano civil subsequente ao da admissão, há que evidenciar o disposto no nº 3 do art. 245º, que não permite, aquando da cessação do contrato, um período de férias superior ao proporcional à duração do vínculo.

SECÇÃO V – Atividade do trabalhador

Artigo 115º – Determinação da atividade do trabalhador

1. Cabe às partes determinar por acordo a atividade para que o trabalhador é contratado.

2. A determinação a que se refere o número anterior pode ser feita por remissão para categoria de instrumento de regulamentação coletiva de trabalho ou de regulamento interno de empresa.

3. Quando a natureza da atividade envolver a prática de negócios jurídicos, considera-se que o contrato de trabalho concede ao trabalhador os necessários poderes, salvo se a lei exigir instrumento especial.

COMENTÁRIOS:

1. Antecedentes legislativos: Arts. 111º, do CT/2003 e 5º, da LCT.

2. Em relação ao CT/2003, é de destacar a introdução, no nº 1, da expressão "*acordo*". Esta menção, aparentemente desnecessária (uma vez que estamos perante uma atividade contratada, cuja determinação depende de acordo das partes), tem, "em todo o caso, a vantagem de sublinhar a soberania das partes relativamente a dados heterónomos (em particular, os que resulta das convenções coletivas)", António Nunes de Carvalho, *Mobilidade Funcional*, p. 160.

Note-se ainda que a epígrafe deixou de fazer referência ao "*objeto do contrato de trabalho*" e passou a aludir à "*determinação da atividade do trabalhador*".

3. O nº 1 consagra uma regra básica da autonomia da vontade, segundo a qual o objeto contratual (neste caso a atividade que o trabalhador irá realizar) é definido pelas partes, dentro dos limites previstos no art. 124º e no CC.

A atividade é aqui entendida como um conjunto ou série de atos com expressão física, os quais, *per si*, manifestam-se como elementos de desenvolvimento da relação laboral.

4. A determinação da atividade laboral pode ser feita por remissão para categoria de instrumento de regulamentação coletiva de trabalho ou de regulamento interno de empresa (nº 1). O STJ veio, no entanto, dilucidar que "se a atividade efetivamente realizada deixar de corresponder à categoria e às funções afins ou funcionalmente ligadas, sem que o empregador tenha recorrido á mobilidade funcional, haverá uma alteração tácita da atividade contratada", devendo, por exemplo para efeitos salariais, verificar-se "qual a categoria mais próxima da nova atividade contratada, ainda que a correspondência não seja exata". [Ac. de 13.01.21 *in* www.dgsi.pt (Proc. nº 13769/18.7T8PRT.P1.S1)].

No Proc. nº 4282/06.6TTLSB.L1.S1, este mesmo tribunal, tendo presente aquela possibilidade e olhando a que o trabalhador e o empregador celebraram, após vários contratos a termo certo, um contrato de trabalho por tempo indeterminado, onde foi expressamente acordado que aquele iria exercer as funções correspondentes à categoria de documentalista e que as funções exercidas não excederam a atividade contratada, nem o conteúdo funcional dessa categoria, julgou improcedente "a sua pretensão de ser requalificado na categoria de *Quadro* (ou, subsidiariamente, na de *Especialista*)". (Ac. de 11.12.13 *in* www.dgsi.pt).

É ainda oportuno ter em linha de conta o Ac. do STJ, de 01.03.00, onde se pode ler que a atribuição de determinada categoria cai no âmbito do poder discricionário do empregador, o qual pode "sofrer limitações ou indicações de natureza vinculativa em IRC". (*In* CJ, Ano VIII, Tomo I, p. 273).

5. No caso previsto no nº 3, o trabalhador assume-se como representante do empregador, realizando em nome do representado determinados negócios, cujos efeitos se produzem na esfera jurídica deste último (art. 258º, do CC). Para que haja representação, é essencial que o negócio seja realizado em nome do representado e dentro dos limites dos poderes conferidos, com vista ao exercício da atividade objeto do contrato de trabalho. Assim, se o trabalhador (representante) celebrar, em nome do empregador (representado), qualquer negócio jurídico não compreendido no âmbito dos atos necessários à realização da respetiva atividade profissional, estaremos perante um abuso da representação, por força do qual o negócio celebrado seria ineficaz em relação ao empregador, se a outra parte conhecia ou devia conhecer o abuso. Cfr., conjugadamente, os arts. 268º e 269º, ambos do CC.

Ao terceiro resta a possibilidade de reclamar do trabalhador uma indemnização pelos danos sofridos, nos termos gerais da responsabilidade civil. De outra parte, o comportamento do trabalhador descrito poderá consubstanciar justa causa para despedimento, nos termos do art. 351º.

Convém ainda esclarecer que, à semelhança do que tem entendido a nossa doutrina para o contrato de mandato, o trabalhador, que tenha sido encarregado de praticar determinado ato, goza do poder de executar os atos acessórios necessários (como por exemplo, os atos de receber a coisa comprada e assinar a escritura, no mandato para compra) à prossecução do ato principal.

Na parte final do nº 3, procurou-se afastar do âmbito desta representação legal automática os casos em que a lei exige expressamente procuração especial.

Os atos de administração podem ser definidos como "os atos correspondentes a uma atuação prudente, dirigida a manter o património e a aproveitar as suas virtualidades normais de desenvolvimento, mas alheia à tentação dos grandes *voos*, que comportam riscos de *grandes quedas*.

Ao invés *atos de disposição* são os que, dizendo respeito à gestão do património administrado, afetam a sua substância, alteram a forma ou a composição do capital administrado, atingem o fundo, a raiz, o casco dos bens. São atos que ultrapassam aqueles parâmetros de atuação correspondente a uma gestão de prudência e comedimento, sem riscos", Carlos Alberto da Mota Pinto, *Teoria geral do Direito Civil*, p. 408. Pires de Lima/Antunes Varela, *Código Civil Anotado*, vol. II, pp. 711 e 713, entendem que o art. 1159º, do CC, goza de natureza supletiva "nada impedindo, por conseguinte, que num mandato geral se incluam expressamente atos de disposição ao lado dos atos de administração ordinária".

A procuração deve revestir a forma exigida para o negócio que o procurador deva realizar (art. 262º, nº 2, do CC).

Artigo 116º – Autonomia técnica

A sujeição à autoridade e direção do empregador não prejudica a autonomia técnica do trabalhador inerente à atividade prestada, nos termos das regras legais ou deontológicas aplicáveis.

COMENTÁRIOS:

1. Antecedentes legislativos: Arts. 112º, do CT/2003 e 5º, da LCT.

2. A dependência técnica assume-se como uma das manifestações da subordinação jurídica e traduz-se no facto de o trabalhador estar sujeito ao poder do empregador de definir a tecnicidade própria que está inerente à atividade laboral a realizar, sujeitando-se a um conjunto de instruções, ordens e diretivas, que visam, fundamentalmente, a aplicação prática de uma ciência.

O grau de dependência varia consoante a natureza e condições de exercício da própria atividade. Por conseguinte, nalguns casos, o trabalhador goza de uma maior autonomia técnica, mormente por razões deontológicas e de responsabilização da sua conduta profissional. Aliás, importa notar que, no âmbito do presente artigo, estão abrangidas as atividades que compreendam um grau elevado de autonomia técnica, designadamente as prestadas pelos chamados profissionais liberais. Sobre o conceito de profissionais liberais, veja-se Jorge Manuel Coutinho de Abreu, *Curso de Direito Comercial*, p. 95.

Artigo 117º – Efeitos de falta de título profissional

1. Sempre que o exercício de determinada atividade se encontre legalmente condicionado à posse de título profissional, designadamente carteira profissional, a sua falta determina a nulidade do contrato.

2. Quando o título profissional é retirado ao trabalhador, por decisão que já não admite recurso, o contrato caduca logo que as partes sejam notificadas da decisão.

COMENTÁRIOS:

1. Antecedentes legislativos: Arts. 113º, do CT/2003 e 4º, da LCT.

2. O regime de acesso e exercício de profissões e de atividades profissionais e o regime aplicável à avaliação da proporcionalidade prévia à adoção de disposições legislativas que limitem o acesso a profissão regulamentada, ou a regulamentar, ou o seu exercício, foram aprovados pela L nº 2/2021, de 21 de janeiro. Este diploma transpôs a Diretiva (UE) 2018/958 do Parlamento Europeu e do Conselho e revogou o DL nº 37/2015, de 10 de março.

3. Algumas atividades caracterizam-se por um grau específico de tecnicidade e/ou de implicação e relevância sociais, devendo ser exercidas apenas por trabalhadores com qualificação profissional compatível, demonstrada pelo respetivo título que é condição de validade de alguns contratos de trabalho. Tal limitação, numa perspetiva meramente garantística, poderia constituir uma violação do direito ao trabalho previsto no art. 58º, da CRP. No entanto, a necessidade de garantir o exercício de determinadas profissões com respeito pela saúde, integridade física ou moral das pessoas e a segurança dos bens impõem essa exigência.

"Estando o exercício das funções inerentes à categoria profissional de "Oficial de cabeleireira" condicionada à titularidade e posse da respetiva carteira profissional, só a partir de então são devidas as retribuições correspondentes a essa categoria (e não a partir da data do exame, com aprovação, necessário à obtenção daquela carteira)". (Ac. da RC, de 07.04.05 *in* CJ, Ano XXX, Tomo II, p. 57).

4. A consequência para a falta de título profissional é a nulidade do contrato (nº 1).

De notar que, nos termos do art. 122º, nº 1, o contrato de trabalho declarado nulo ou anulado produz efeitos como se fosse válido em relação ao tempo em que foi executado. Cfr., por exemplo, o Ac. da RL, de 03.02.99 *in* CJ, Ano XXIV, Tomo I, p. 162.

A RL entendeu que a prestação de falsas declarações acerca das habilitações literárias implica igualmente a nulidade do contrato. (Ac. de 10.07.97 *in* CJ, Ano XXII, Tomo IV, p. 63).

Sobre o caso específico da contratação de docentes universitários, a RP considerou que o "contrato de trabalho a termo celebrado com "professor auxiliar convidado" não doutorado, é nulo, por falta de habilitações próprias". [Ac. de 11.10.18 *in* www.dgsi.pt (Proc. nº 1545/13.8TTPRT.P1)].

Também a falta "de certificação profissional obrigatória do INAC para as funções de copiloto, relativamente a uma trabalhadora, implica a nulidade do contrato de trabalho". [Ac. da RL, de 29.02.12 *in* www.dgsi.pt (Proc. nº 376/06.6TTCSC.L1-4)].

5. Nos termos do nº 2, o contrato de trabalho caduca logo que ao trabalhador é retirado o título profissional por decisão transitada em julgado. Se o contrato cessar por esta via, entendemos que o trabalhador não tem direito a compensação.

Em relação ao cartão "Aeroporto" emitido pela "ANA – Aeroportos de Portugal SA", que constitui um título com valor equivalente à carteira profissional, a RL entendeu que "o mero indeferimento da atribuição de 2ª via do mencionado cartão não constitui fundamento de caducidade do contrato de trabalho". [Ac. de 19.09.12 *in* www.dgsi.pt (Proc. nº 205/08.6TTLRS.L1-4)].

No Proc. 21636/18.8T8LSB.L1-4, foi considerado que o Diretor de um Aeroporto não tinha de certificar a aptidão do trabalhador para celebrar o contrato de trabalho como Técnico Assistente em Escala, por isso não era uma das entidades que estão pressupostas no presente artigo. Neste processo, A RL declarou ainda que não se podia "equiparar a falta de autorização de acesso a área restrita do aeroporto por parte do respetivo Diretor à falta de título profissional, designadamente para se poder aplicar o regime excecional previsto no art. 117º do CT, em detrimento do regime geral da caducidade". (Ac. de 06.11.19 *in* www.dgsi.pt).

No caso de um nadador-salvador, a RL decidiu que o contrato de trabalho caducou se, após a sua celebração, a "carteira profissional do trabalhador caducou e o trabalhador, submetido ao necessário exame para revalidação dessa carteira profissional, obteve a classificação de "Inapto" no Curso de Formação de Nadadores Salvadores, por ter sido eliminado na prova de natação". [Ac. de 13.10.10 *in* www.dgsi.pt (Proc. nº 581/08.6TTFUN.L1-4)].

"Se, ao tempo da celebração do contrato, a lei não exigia uma licenciatura para o exercício da profissão de psicólogo, não padece de nulidade o contrato de trabalho celebrado entre uma trabalhadora não licenciada em Psicologia e uma instituição para o exercício pela primeira da referida profissão". (Ac. da RC, de 18.09.08 *in* CJ, Ano XXXIII, Tomo IV, p. 60).

Artigo 118º – Funções desempenhadas pelo trabalhador

1. O trabalhador deve, em princípio, exercer funções correspondentes à atividade para que se encontra contratado, devendo o empregador atribuir-lhe, no âmbito da referida atividade, as funções mais adequadas às suas aptidões e qualificação profissional.

2. A atividade contratada, ainda que determinada por remissão para categoria profissional de instrumento de regulamentação coletiva de trabalho ou regulamento interno de empresa, compreende as funções que lhe sejam afins ou funcionalmente ligadas, para as quais o trabalhador tenha qualificação adequada e que não impliquem desvalorização profissional.

3. Para efeitos do número anterior e sem prejuízo do disposto em instrumento de regulamentação coletiva de trabalho, consideram-se afins ou fun-

cionalmente ligadas, designadamente, as funções compreendidas no mesmo grupo ou carreira profissional.

4. Sempre que o exercício de funções acessórias exigir especial qualificação, o trabalhador tem direito a formação profissional não inferior a dez horas anuais.

5. Constitui contraordenação grave a violação do disposto no número anterior.

COMENTÁRIOS:

1. Antecedentes legislativos: Arts. 151º e 656º, do CT/2003 e 22º e 43º, da LCT.

2. Com a entrada em vigor do CT/2003, a categoria profissional deixou de ser encarada como o padrão definidor por excelência da prestação a que está vinculado o trabalhador.

O nº 1 consagra o princípio segundo o qual a determinação do núcleo funcional da atividade a prestar pelo trabalhador passa a ter como referência o conjunto de funções que este aceitou realizar, nos termos do contrato. Com efeito, por força do art. 115º, nº 1, "cabe às partes determinar por acordo a atividade para que o trabalhador é contratado".

No entendimento de Glória Rebelo, *Do conceito de atividade no Código do Trabalho*, p. 508, o "Código do Trabalho configurou uma mudança da "lógica do posto de trabalho" ... para a "lógica da atividade", precisamente aquela que esteve na génese do modelo de Gestão pela Competência". A referida autora considera que "O objeto do contrato de trabalho é agora a atividade contratada, pelo que na relação individual de trabalho o trabalhador obriga-se a prestar toda a atividade para a qual se encontra habilitado, o que na ótica da gestão implica que mobilize não só as suas competências detidas, mas também as competências ainda por explorar, numa perspetiva de desenvolvimento profissional individual e organizacional", *ob. cit.*, p. 513.

Isabel Ribeiro Parreira, *Da polivalência funcional*, p. 133, entende inclusive que "Nem categoria e objeto de trabalho coincidem sempre, nem, sobretudo, o trabalhador tem o direito à sua categoria profissional no sentido de lhe assistir o direito subjetivo de recusa do cumprimento das funções que não constam da sua categoria normativa que lhe sejam conexas. Na realidade, as funções exercidas efetivamente pelo trabalhador é que conformam a sua substancial categoria e objeto contratual devido, não sendo possível afirmar o contrário".

António Nunes de Carvalho, *Mobilidade Funcional*, p. 169, considera mesmo que "mantendo-se a "atividade contratada" como quadro de referência para o desenvolvimento da relação laboral, o conteúdo substancial dessa atividade e as fronteiras de tal quadro evoluem com a própria relação. Normalmente, a evolução projeta-se também nos planos da inserção na organização e da retribuição". Cfr., ainda, Joana Nunes Vicente, *Flexibilidade funcional*, pp. 408 e ss..

A categoria do trabalhador ou a descrição sumária das funções correspondentes faz parte do elenco das informações que o empregador deve prestar ao trabalhador (al. *c*), do nº 2, do art. 106º). ISABEL RIBEIRO PARREIRA, *Da polivalência funcional*, p. 146, pugna por um dever específico de informação sobre o teor do presente artigo, "sendo necessária a referência expressa à legal inclusão no objeto do contrato das funções afins ou funcionalmente ligadas, até porque esse dever potenciaria a delimitação mais cuidada da atividade devida pelas partes".

Nos termos da parte final do nº 1, o empregador deve atribuir ao trabalhador as funções mais adequadas às suas aptidões (físicas e psíquicas) e qualificação profissional. Esta última pode ser definida como o conjunto de conhecimentos de natureza teórica e prática, obtidos por via académica, formativa e empírica, que se mostram essenciais ao exercício da atividade laboral.

3. No nº 2, do art. 151º, do CT/2003 (atual nº 2), o legislador alargou o âmbito funcional da atividade para a qual o trabalhador foi contratado. Este número consagra, de modo mais *cristalizado*, a figura da flexibilidade funcional (terminologia adotada para o nº 2, do art. 22º, da LCT).

De acordo com o nº 2, o objeto do contrato abrange, para além da chamada atividade que o trabalhador se obriga a realizar (atividade principal), todas as funções afins ou funcionalmente a ela ligadas. ISABEL RIBEIRO PARREIRA, *Da polivalência funcional*, p. 27, nota 6, considera mesmo que o poder de direção pode "legitimamente concentrar-se apenas" nas funções afins ou funcionalmente ligadas à atividade contratada, "ainda que estas deixem de ser acessórias e passem a ser principais, sem prejuízo de eventual alteração categorial, se o referido exercício for definitivo e se estas funções afins ou funcionalmente ligadas integrarem uma nova categoria estatuto."

A atividade pode ser entendida como um conjunto ou série de atos com expressão física, que se assumem, *per si*, como elementos de desenvolvimento da relação laboral. De notar que a mesma nem sempre é, naturalisticamente, exercida. De facto, não é difícil imaginar situações em que o trabalhador, por razões, *v.g.*, de natureza conjuntural, permanece num estado de absoluta inatividade, ficando apenas à disposição do trabalhador.

Podemos definir a atividade principal como o núcleo central de atos manuais ou intelectuais a cuja realização o trabalhador se vinculou e que caracterizam uma determinada categoria profissional, definindo, do ponto de vista espaço-temporal e funcional, o desempenho profissional exigível ao trabalhador.

A exigência de realização de funções afins ou funcionalmente ligadas com a atividade contratada, está, em princípio, no âmbito do exercício normal do poder de direção (nº 2), mesmo que as partes, na definição do objeto, tenham remetido expressamente para uma categoria profissional, convencional ou regulamentar, nos termos do art. 115º, nº 2.

Para que as funções afins ou funcionalmente ligadas sejam compreendidas na atividade contratada é necessário:

1º Que as funções sejam afins ou funcionalmente ligadas à atividade contratada

Nos termos do nº 3, consideram-se afins ou funcionalmente ligadas, designadamente, as funções compreendidas no mesmo grupo ou carreira profissional. JORGE LEITE, *Flexibilidade funcional*, p. 33, defendia que "Uma atividade tem ligação com outra quando ambas se inserem no mesmo processo produtivo, ou seja, quando o resultado de uma implica, exige ou postula a outra e que, mantendo como critério orientador o da aproximação aos diplomas sobre formação profissional, duas atividades são afins quando ambas exigem conteúdos formativos e bases científicas idênticas ou próximas". Cfr., ainda, AMADEU DIAS, *Polivalência funcional*, pp. 46 e ss..

Para ISABEL RIBEIRO PARREIRA, *Da polivalência funcional*, p. 142, são nulas as cláusulas contratuais ou disposições de instrumento de regulamentação coletiva de trabalho que estipulem "que a atividade laboral devida não abrange nenhuma outra função quando que afim ou funcionalmente ligada" ou que alarguem "o objeto do contrato a funções para além das afins e das funcionalmente ligadas ao núcleo da atividade devida". Por outro lado, são válidas as cláusulas contratuais ou disposições de instrumento de regulamentação coletiva de trabalho "que prevejam expressamente, de todas as funções afins à atividade contratada, algumas, expressamente determinadas, não integram aquele objeto (desde que, claro, exista algum interesse legítimo nesta estipulação)", *loc. cit.*

ANTÓNIO NUNES DE CARVALHO, *Mobilidade Funcional*, p. 183, entende que "será ilícita a cláusula convencional que dê por existente a afinidade entre tarefas sem qualquer homogeneidade, que envolvam graus de complexidade completamente distintos e que determinem posicionamentos empresariais substancialmente diferentes".

2º Que o trabalhador tenha qualificação adequada para as realizar

Embora a capacidade não conste expressamente das exigências deste número é necessário ter em conta a parte final, do nº 1.

3º Que a sua realização não implique desvalorização profissional

A valorização profissional é entendida como o conjunto de circunstâncias que contribuem para a realização e promoção profissionais do trabalhador, para a melhoria das condições de exercício da atividade e para o seu desenvolvimento cultural, económico e social. Ora, as funções afins ou funcionalmente ligadas exigidas não podem prejudicar esta valorização. Segundo MARIA MANUELA MAIA DA SILVA, *Mobilidade funcional*, p. 77, a desqualificação por virtude de regressão do trabalhador, configura um dano na profissionalidade ressarcível segundo o princípio da responsabilidade contratual. Já no caso de desqualificação devido a esvaziamento de funções, "a natureza contratual do dano na profissionalidade é acolhida pela interpretação que defende a existência de um direito do trabalhador ao efetivo desenvolvimento das funções para as quais foi contratado ou para as que foi transferido".

4. De acordo com o nº 4, o trabalhador tem direito à formação profissional necessário para a realização das funções impostas, a qual deve ser ministrada antes do exercício dessas funções. Ou seja, o empregador deve primeiro conceder ao trabalhador a formação profissional necessária e "só depois, quando essa qualificação for adquirida, exigir-lhe o respetivo cumprimento", ISABEL RIBEIRO PARREIRA, *Da polivalência funcional*, p. 145. Quanto à formação profissional, *vide* os arts. 130º e ss..

JURISPRUDÊNCIA:

I – O reconhecimento do direito de um trabalhador a uma determinada categoria profissional, pressupõe a demonstração, pelo mesmo, do desempenho das tarefas ou funções que preencham o núcleo essencial das que a caracterizam para, desse modo, se determinar o momento a partir do qual a categoria profissional a considerar deva produzir os seus efeitos; II – É pacífico na jurisprudência, designadamente do Supremo Tribunal, não se mostrar necessário que o trabalhador desempenhe todas as tarefas ou funções que tipifiquem determinada categoria profissional institucionalizada para que se lhe deva reconhecer o direito à correspondente classificação. Basta que haja uma correspondência no que respeita ao núcleo essencial das funções ou tarefas predominantemente exercidas pelo trabalhador para que tal suceda. [Ac. do STJ, de 27.01.21 *in* www.dgsi.pt (Proc. nº 1594/19.2T8LSB.L1.S1)]

1. A categoria profissional afere-se em razão das funções efectivamente exercidas pelo trabalhador, em conjugação com a norma ou convenção que, para a respectiva actividade, indique as funções próprias de cada uma, sendo elemento decisivo o núcleo funcional que caracteriza ou determina a categoria em questão. 2. Exercendo o trabalhador diversas actividades subsumíveis a diferentes categorias, a sua categorização deve efectuar-se atendendo ao núcleo essencial das funções por ele desempenhadas ou à actividade predominante ou, no caso de diversidade equilibrada ou indistinta, atender-se à mais favorável ao mesmo. 3. O princípio "trabalho igual, salário igual", pressupõe a mesma retribuição para trabalho prestado em condições de igual natureza, qualidade e quantidade, com proibição da diferenciação arbitrária, materialmente infundada, ou com base em factores materiais de discriminação (identificados no art. 24º, nº 1 do Código do Trabalho). 4. Não sendo invocados quaisquer factores materiais de discriminação, compete ao trabalhador efectuar a prova dos factos constitutivos do direito alegado, nos termos gerais do art. 342º, nº 1 do Código Civil. [Ac. da RE, de 16.01.20 *in* www.dgsi.pt (Proc. nº 1798/18.5T8TMR.E1)]

(...) II – Num serviço vocacionado para a marcação de atos médicos e de exames complementares e que esgota a sua função na realização dessa atividade, incumbindo à categoria dos «auxiliares de ação médica» a «marcação de consultas e atos clínicos», as tarefas de cunho burocrático derivadas da realização daqueles atos e exames e com os mesmos conexas, e prosseguidas por aqueles profissionais, não autonomizam uma diversa categoria profissional, nomeadamente, a categoria de administrativa. [Ac. do STJ, de 26.06.19 *in* www.dgsi.pt (Proc. nº 14595/16.3T8LSB.L1.S1)]

(...) II – Deve ser atribuída a categoria de MOT (motorista) aos trabalhadores que embora categorizados como CRTs, na prática, desempenham o núcleo essencial das funções de motorista as quais se têm mantido ao longo dos sucessivos instrumentos de regulamentação coletiva, e que se encontram sujeitos a um conjunto de procedimentos e exigências próprios do exercício da condução nessa qualidade. [Ac. da RL, de 12.06.19 *in* www.dgsi.pt (Proc. nº 20063/17.9T8LSB.L1-4)]

I – Não constitui infração disciplinar a recusa de um trabalhador, que tem a categoria profissional de serralheiro, em cumprir a ordem transmitida pelo seu superior hierárquico, para que fosse limpar e remo-

ver as ervas daninhas que cresciam no exterior da fábrica, pois a tarefa em causa não pode ser considerada uma função afim ou funcionalmente ligada à atividade contratada, dado que é uma função que nada tem a ver com o grupo ou carreira profissional do apelado, pelo que só poderia ser concretizada com o acordo do trabalhador. (...) II – Constitui infração disciplinar, a recusa do trabalhador em colaborar, durante 1 a 2 horas, com o outro sector da fábrica, alimentando um determinado equipamento/máquina, por exigência do interesse da empresa, sendo que tal função não implicava uma modificação substancial da posição do trabalhador, dado que, no exercício da atividade de serralheiro, o mesmo procedia à instalação, reparação e manutenção de equipamentos mecânicos, e procedia à regulação, afinação e substituição de peças e dispositivos dos equipamentos. [Ac. da RE, de 16.05.19 *in* www.dgsi.pt (Proc. nº 7402/17.1T8STB.E1)]

(...) 2. Se a A. entendeu classificar os RR. como CRT e pagar-lhes a respetiva remuneração base ou outra superior, tal decisão só à mesma é imputável e não pode, por força da ordenada reclassificação em MOT, vir agora peticionar as diferenças das remunerações base alegando ter pago um valor superior quando este foi a contrapartida prevista, escolhida e devida para o trabalho efetivamente prestado. (...) (Ac. da RC, de 15.03.19 *in* www.dgsi.pt (Proc. nº 9789/17.7T8CBR.C1) e CJ, Ano XLIV, Tomo II, p. 73)

(...) II – Para a integração do trabalhador em determinada categoria profissional, é imperioso atender à essencialidade das funções exercidas por aquele, não sendo necessário que o trabalhador exerça todas as funções correspondentes a determinada categoria (tal como ela se encontra descrita na lei ou instrumento de regulamentação coletiva), antes e tão só que nela se enquadre o núcleo essencial das funções efetivamente desempenhadas. III – A categoria do trabalhador deve aferir-se não pela denominação que lhe é dada pelo empregador, mas sim pelas concretas tarefas que exerce, em conjugação com a descrição que na norma ou em ou instrumento de regulamentação coletiva aplicável é feita relativamente às funções próprias de cada categoria. IV – Verificando-se pela evolução histórica da CCT aplicável que tendo surgido a categoria de «Acabador-verificador» *e entretanto a mesma desaparecido, mantendo-se apenas para os trabalhadores que a já detinham e até terminar o seu contrato de trabalho, integrados no mesmo grau ao qual pertence a categoria do* «Controlador de qualidade», *tal solução deve interpretar-se como salvaguarda da situação dos trabalhadores que detinham a categoria de* «Acabador-verificador», *com um registo de equiparação com a categoria de* «Controlador de qualidade». [Ac. da RP, de 08.03.19 *in* www.dgsi.pt (Proc. nº 1971/17.3T8VFR.P1)]

I – A categoria profissional de um determinado trabalhador afere-se não em razão do nomen júris *atribuído pelo empregador, mas sim em razão das funções efetivamente exercidas, em conjugação com a norma ou convenção que, para a respetiva atividade, indique as funções próprias de cada uma, sendo elemento decisivo o núcleo funcional que caracteriza ou determina a categoria em questão. II – A qualificação ou categoria do trabalhador assume a natureza de conceito normativo, no sentido em que, dimensionando direitos e garantias, delimita também, positiva e negativamente, as funções concretas a exercer e quais as excluídas – estabelecendo-se, deste modo, uma relação de necessidade entre o exercício de certa função e a titularidade de certa categoria. III – Constando de CCT, no que se refere à categoria de professor, como sendo quem "exerce atividade pedagógica em estabelecimentos socioeducativos", não é de integrar nessa categoria a trabalhadora que, tendo sido contratada como "professora de lavores" para exercer funções em ATL, não possuía então habilitações para a docência e não desempenha, ainda, ao longo dos anos, atividade que possa ser qualificada como tal, ainda que venha a obter posteriormente, mas mantendo-se a mesma atividade, aquelas habilitações.* [Ac. da RP, de 22.10.18 *in* www.dgsi.pt (Proc. nº 31024/15.2T8PRT.P1)]. Cfr., ainda, deste tribunal, o Ac. de 04.12.17 *in* www.dgsi.pt (Proc. nº 31024/15.2T8PRT.P1).

I – Celebrado contrato de trabalho em que ao trabalhador são atribuídas as funções de empregado de mesa de 1ª, a posterior divisão das tarefas que integram a correspondente categoria profissional pelo emprega-

dor, constituindo um grupo com aquelas que caracterizam a função em termos sociais, e um outro com atividades de apoio, socialmente menos relevantes no âmbito daquela categoria profissional, a atribuição ao trabalhador pelo empregador apenas da parte secundária das funções convencionadas viola o disposto no artigo 118º do Código do Trabalho. (...) [Ac. do STJ, de 20.06.18 *in* www.dgsi.pt (Proc. nº 31947/15.9T8LSB.L2.S1)]

(...) III – São funções afins ou funcionalmente ligadas, para o efeito do art. 118, nº 3, do CT, as correspondentes a carreira que faz parte do mesmo grupo da categoria do trabalhador, definida no instrumento de regulamentação coletiva do trabalho, e aquelas cuja proximidade funcional com a atividade que o trabalhador está obrigado contratualmente a prestar é tão grande que torna inteligível que se lhe possa exigir essa atividade, face às suas capacidades e conhecimentos profissionais, não deixando o trabalhador de prestar o núcleo de catividades próprias da sua carreira ou categoria e não sofrendo por isso desvalorização profissional. IV – Atribuindo a empregadora outras funções à trabalhadora, fora deste quadro e da mobilidade funcional, é obrigada a recolocá-la no âmbito das funções da sua categoria e a compensá-la por danos, ainda que na apreciação da indemnização por danos não patrimoniais haja de se ponderar o papel da própria trabalhadora no espoletar da situação, ao prestar um trabalho de qualidade e em quantidade inferior ao das colegas. [Ac. da RL, de 09.05.18 *in* www.dgsi.pt (Proc. nº 15/15.4T8TVFX.L1-4)]

(...) II. Só são acessórias as funções que ocupem, no horário de trabalho, parte e menos tempo do que a função principal, nunca a podendo substituir integralmente. III. Fora deste quadro, ocorre uma modificação ilícita do contrato, por violação do princípio geral pacta sunt servanda (art. 406º, nº 1 do CC). IV. Se as novas tarefas atribuídas pela empregadora ao trabalhador se compreenderem no objeto do contrato, a licitude da respetiva ordem deve encontrar-se no instituto da polivalência funcional (art. 118º, nºs 1 e 2 do CT); se o excederem, tal terá que ser feito no da mobilidade funcional (art. 120º do CT). [Ac. da RL, de 21.12.17 *in* www.dgsi.pt (Proc. nº 23546/16.4T8LSB.L1-4)]

(...) IV – A flexibilidade funcional constitui uma exceção ao princípio da contratualidade, segundo o qual o contrato é "uma fonte de limitação do âmbito de sujeição do trabalhador, um sinal, em particular, de que este apenas fica sujeito aos poderes do empregador conexos com a atividade prometida e não aos poderes indiferenciados que caracterizavam as situações de escravidão e de servidão". V – A flexibilidade funcional – uma "extensão legal do poder de direção normal do empregador" – tem como parâmetros limitadores centrais as garantias e a dignidade do trabalhador. VI – O incumprimento das catividades contratadas, bem como das diretivas da ré, faladas, discutidas e definidas em "reunião de ciclo", com a presença do trabalhador, sem justificação plausível, manifesta um desinteresse repetido pelo cumprimento, com a diligência devida, das obrigações inerentes à sua função, caindo na previsão das alíneas a) e d) do art. 351º do C.Trab., e constituindo justa causa de despedimento. [Ac. da RP, de 20.11.17 *in* www.dgsi.pt (Proc. nº 2275/15.1T8AVR.P1)]

(...) II. Exercendo um trabalhador, desde o início do contrato de trabalho até à sua cessação, funções efetivas e diversas das que integram a categoria normativa ou categoria-estatuto constante do seu contrato de trabalho [empregado comercial ajudante], celebrado através de documento escrito, impõe-se reclassificá-lo, devendo ser-lhe atribuída a categoria que, entre as definidas na Convenção Coletiva de Trabalho aplicável, corresponda ou mais se aproxime das funções, real e efetivamente, sempre desempenhadas [empregado comercial grau I]. [Ac. do STJ, de 12.10.17 *in* www.dgsi.pt (Proc. nº 267/14.7TTVIS.C1.S1)]

1. Quando o trabalhador exerce diversas catividades subsumíveis a diferentes categorias, na sua categorização deve atender-se à atividade predominante ou, no caso de diversidade equilibrada, atender-se à que lhe é mais favorável. 2. É em função da análise das concretas funções que, ao longo do tempo, têm vindo a ser desenvolvidas pelos trabalhadores, representados pelo sindicato autor, que deverá fazer-se o enquadramento profissional em causa. 3. Resultou apurada uma correspondência entre as funções desempenhadas pelos representados do autor e a categoria profissional que reclamam, uma vez que essas tarefas assumem, na relação laboral em causa, conteúdo dominante e não meramente acessório ou dependente. Daí que se deva concluir pelo reconhecimento da categoria de motorista *reclamada pelo sindicato autor para aos seus representados.* [Ac. da RL, de 03.05.17 *in* www.dgsi.pt (Proc. nº 2058/14.6TTLSB.L1-4)]

(...) III – O conjunto de tarefas desempenhadas pelo A. excedem as que se encontram previstas na definição da categoria de contínuo, mas o seu núcleo essencial reconduz-se ao essencial do descritivo funcional para essa categoria, designadamente à "recolha, distribuição e entrega de correspondência, (...) serviço de estafeta e ou outros análogos, (...)". *IV – É certo que o autor conduz um veículo e carrega-o com o tem que levar para entregar aos clientes, mas nem estas tarefas são o núcleo essencial da atividade que presta, nem as mesmas, pelas razões apontadas, dependem em exclusivo do uso de automóvel para serem executadas, nem tão pouco lhe cabe assegurar o* "bom funcionamento do veículo que lhe está distribuído ou de que se utilize, procedendo à sua limpeza e zelando pela sua manutenção". *Por isso, não pode dizer-se que o núcleo essencial das suas funções se reconduza às previstas para a categoria de motorista. (...)* [Ac. da RP, de 02.03.17 *in* www.dgsi.pt (Proc. nº 2184/15.4T8MAI.P1)]

(...) 3 – É essencial ao reconhecimento da categoria de "técnico de sistemas de computador" que o trabalhador reivindica, que este prove que procede à reparação dos órgãos eletrónicos substituídos, que propõe e realiza modificações nos sistemas operativos, e que procede a microprogramação, funções que constituem o núcleo essencial do descritivo funcional desta categoria. [Ac. do STJ, de 15.09.16 *in* www.dgsi.pt (Proc. nº 3900/15.0T8PRT.P1.S1)]

(...) II – Tendo sido inicialmente atribuída a categoria de Engenheira Geógrafa e assumindo a função de Diretora Técnica na área da cartografia e do cadastro mas com atribuição efetiva e concreta de gestora de processos das compras, gestão ambiental e emergência, gestão de recursos humanos, gestão de projeto, gestão do sistema de qualidade e de Consultoria e Desenvolvimento de Negócio, bem como, posteriormente exercendo no Departamento de Estratégia Comercial, com reporte ao Diretor Comercial, funções de consultora de desenvolvimento de negócio, estando incumbida da realização de pesquisas de mercado e de concursos públicos nacionais e internacionais, planeamento de ações de marketing e prospeção de mercado, divulgação da empresa, elaboração e preparação de propostas a concursos e gestão de contas de clientes, a que acresceram um levantamento das atividades económicas do concelho de Loures e um levantamento de imóveis degradados, em ruínas ou devolutos, as novas tarefas impostas de abertura de tampas (caixas) de saneamento com um técnico auxiliar; medição da caixa desde soleira, e os vários ramais ou condutas; cadastramento em ficha própria da localização espacial relativa dos vários elementos que ali se intersetam; esquematização em plot (cartográfico) do posicionamento relativo dos elementos e das ligações circundantes; e fotografias ao interior da caixa de saneamento não encontram amparo no art. 118º do CT/2009. III – Nem encontram resguardo no art. 120º do CT/2009 por serem requisitos cumulativos a existência de um interesse legítimo do empregador; a transitoriedade da necessidade que determina a modificação; a inexistência de modificação substancial da posição do trabalhador; a indicação dos motivos que o justificam, por reporte ao interesse da empresa; a indicação da sua duração; e a adequação do motivo invocado ao tempo de duração do ius variandi, pois a nova ordem de trabalho não contém qualquer justificação nem indica a duração da mesma. IV – Tal ordem modifica substancialmente a posição da trabalhadora dentro da empresa pois tendo a posição do trabalhador referir-se ao núcleo essencial de funções identificadas pela atividade, as novas funções atribuídas são essencial e relevantemente diversas, modificando, substancialmente, para pior, a posição da trabalhadora, impli-

cando uma degradação profissional e afetando o seu prestígio e dignidade profissionais, rebaixando-a e colocando-a em situação de humilhação profissional. V – O exercício temporário de outras funções não deve ser humilhante ou vexatório. VI – É também humilhante para a trabalhadora, uma Eng. Geógrafa, ser enviada para receber instrução no local, ministrada pelos técnicos de campo "sem tipo de formação ou grau académico específico para este tipo de trabalho, uma vez que não lhes é exigida, possuindo no mínimo, 12º ano de escolaridade", para além de poder "ter de intervir também no alívio da Caixa no momento da abertura com uma marreta...". VII – Sendo injustificada a ordem, a trabalhadora pode recusar-se a cumpri-la e em certas circunstâncias resolver o contrato com justa causa. VIII – Ausência de qualquer dos seis requisitos dos quais depende o exercício do jus variandi *torna a ordem do empregador ilícita, sem que exista o correspondente dever de obediência, por parte do trabalhador. IX – Se um empregador exigir a um trabalhadora funções que não correspondem ao objeto do seu contrato, não cabendo a exigência no âmbito do ius variandi, a trabalhadora deve ter o direito de exigir que o empregador lhe volte a atribuir funções que caibam no objeto do seu contrato de trabalho, sem se ver compelido a resolver o seu contrato de trabalho. X – Exigido o regresso às funções anteriores e havendo recusa por parte do empregador, a resolução contratual pela qual a trabalhadora depois optou é lícita.* [Ac. da RL, de 13.01.16 *in* www.dgsi.pt (Proc. nº 1095/13.2TTLSB.L1-4)]

(...) II – A ordem para desempenho manual de tarefas que atualmente são generalizadamente executadas através de meios informáticos implicam desvalorização funcional e desqualificação funcional de uma trabalhadora Técnica Administrativa que antes as executava informaticamente, pois leva a uma perda de conhecimentos e competências próprias. III – O empregador deve atender às aptidões e qualificação profissional do trabalhador ao concretizar as funções que lhe vai exigindo. IV – A ordem que viole intencionalmente estas garantias laborais do trabalhador é justificativa da recusa do cumprimento da mesma. [Ac. da RL, de 16.12.15 *in* www.dgsi.pt (Proc. nº 39/14.9T8FNC.L1-4)]

(...) II – O legislador acolheu o princípio da correspondência entre a atividade exercida e a categoria do trabalhador (art. 118º do Código do Trabalho), mas o art. 120º do CT, sob a epígrafe mobilidade funcional, dispõe que o empregador pode, quando o interesse da empresa o exija, encarregar temporariamente o trabalhador de funções não compreendidas na atividade contratada, desde que tal não implique modificação substancial da posição do trabalhador (nem podendo implicar diminuição da retribuição mas beneficiando o trabalhador das vantagens decorrentes dessa atividade temporariamente desempenhada, e devendo a ordem de alteração ser justificada, com indicação do tempo previsível). (...) [Ac. da RC, de 16.12.15 *in* www.dgsi.pt (Proc. nº 3501/14.0T8VIS.C1)]

(...) 2 – A categoria quando institucionalizada é vinculativa para a entidade patronal, mas o empregador não fica adstrito a apenas poder encarregar o trabalhador de exercer as funções que constam do conteúdo funcional correspondente à categoria, nem a atividade exercida tem que corresponder a todos os conteúdos funcionais previstos. (...) [Ac. da RG, de 30.04.15 *in* www.dgsi.pt (Proc. nº 293/12.0TTBGC.G1)]

A atribuição de uma categoria profissional pressupõe que o trabalhador pratica atos próprios da categoria no âmbito de competência própria e não apenas no âmbito do dever de colaboração e cumprimento das orientações comunicadas por outrem e atuando como auxiliar deste. (Ac. da RG, de 12.02.15 *in* CJ, Ano XL, Tomo I, p. 289)

(...) 2 – Exercendo o trabalhador diversas atividades enquadráveis em diferentes categorias profissionais, a sua classificação deve fazer-se em função do núcleo essencial das atividades por ele prosseguidas ou da atividade predominante e, sendo tal diversidade indistinta, deve o trabalhador ser classificado na categoria mais elevada; 3 – Do confronto entre o conteúdo funcional das categorias "Eletrotécnico de Telecomunicações» e

«Eletrotécnico de Telecomunicações Principal», constantes do Anexo I do AE entre a Portugal Telecom, S.A. e o Sindetelco, publicada no BTE, 1ª Série, de 22/01/1995 e do AE entre a PT Comunicações SA e o Sindetelco, publicado no BTE, 1. ª Série, de 22 de maio de 2005 resulta que as funções próprias da categoria ELT são funções de cariz técnico, enquanto as funções de ETP se caracterizam pelo apoio técnico à direção e pela elaboração de estudos e pareceres neste domínio; 4 – Não preenche o núcleo fundamental da categoria de Eletrotécnico de Telecomunicações Principal, ETP, a atividade do trabalhador de uma sala de distribuição de serviço, cuja atividade principal se situa na distribuição de serviços técnicos pelas equipas de profissionais da empregadora ou de terceiros a quem esses serviços seja adjudicados e pelo apoio técnico à atividade desses profissionais, bem como no controlo da sua execução desses serviços. [Ac. do STJ, de 25.11.14 *in* www.dgsi.pt (Proc. nº 4248/06.6TTLSB.L1.S1)]

(...) 2. Estando provado que, desde maio de 1998 e durante mais de seis meses, as tarefas executadas por um operador supervisor de tratamento de imagem principal G2 integravam o núcleo essencial das funções cometidas à categoria profissional de responsável operacional, não se limitando a «coordenar a atividade de grupos ou de pequenas equipas de profissionais afins», antes «dirigia técnicos da RTP de várias áreas profissionais», «organizava o trabalho e dirigia equipas de várias áreas profissionais» e «foi responsável da equipa do estúdio da Sportv, na abertura do canal e início das emissões deste», o que se traduz na «chefia de uma equipa alargada», assumindo «a direção da imagem» e dirigindo «áreas de produção, pós-produção e planeamento», assiste ao referido trabalhador o direito à atribuição da categoria profissional de responsável operacional. [Ac. do STJ, de 30.04.14 *in* www.dgsi.pt (Proc. nº 1397/07.7TTLSB.L1.S1)]

A cláusula 26ª do AE/CTT, ao estabelecer que o tempo de assalariamento, "desde que no exercício das mesmas funções e sem interrupção destas", *conta para efeitos de antiguidade na categoria visa situações em que não tenha existido qualquer interregno no exercício das funções, seja decorrente de o trabalhador nesse período ter sido colocado a exercer outras funções, seja de interregno no período de assalariamento e o trabalhador por esse motivo não tenha exercido continuamente as funções ao serviço da empregadora.* [Ac. da RP, de 05.05.14 *in* www.dgsi.pt (Proc. nº 142/13.2TTVLG.P1)]

(...) 2. Na sua essencialidade, o conceito "categoria profissional" compreende tanto a atividade que, em concreto, *o trabalhador desenvolve para a entidade empregadora, como a* posição hierárquica *que ocupa na estrutura da empresa, caracterizando, aquela e esta, o respetivo estatuto profissional. 3. Sob a ideia reitora de que existe uma relação de necessidade jurídica entre o exercício de certa função e a titularidade de certa categoria, valem, na caraterização da categoria profissional, os princípios da* efetividade *e do* reconhecimento. [Ac. do STJ, de 27.03.14 *in* www.dgsi.pt (Proc. nº 184/11.2TTVLG.P1.S1)]

O direito da União, e, em particular, o princípio da efetividade, não se opõe a uma regulamentação nacional, como a que está em causa no processo principal, que sujeita a um prazo de prescrição de trinta anos contados da celebração do contrato com base no qual foi fixada a data relevante para efeitos da classificação ou a partir da classificação num escalão salarial errado o direito de um trabalhador pedir uma reavaliação do tempo de serviço que deve ser tomado em conta na fixação dessa data relevante. [Ac. do TJ, de 16.01.14 *in* JOUE, C-85, de 22.03.14 (Proc. C-429/12)]

(...) 4ª – Não pode ser reconhecida a categoria de Diretor de Serviços, descrita no Anexo I, da «CCT entre a CNIS – Confederação Nacional das Instituições de Solidariedade e a Feder. Nacional dos Sind. da Função Pública», publicada no BTE, nº 17, de 8 de maio de 2006, a um trabalhador que não desempenha o conjunto essencial das tarefas de natureza consultiva, organizativa ou diretiva ali descritas, não integrando a «coordenação da equipa de telemarketing», ou a «supervisão dos estafetas», ou o «controlo dos serviços de

fornecimento de refeições e limpeza da cantina social», ou as tarefas de verificação da «validade de todos os produtos», o conteúdo funcional daquela categoria, não podendo igualmente ser consideradas estas atividades como acessórias, afins ou funcionalmente ligadas às tarefas que integram o conteúdo funcional daquela categoria profissional. [Ac. do STJ, de 09.10.13 *in* www.dgsi.pt (Proc. nº 961/09.4TTVNG.P1.S1)]

(...) III – No âmbito do CCT celebrado entre a Associação de Operadores do Porto de Lisboa e outro e o Sindicato dos Conferentes de Cargas Marítimas de Importação e Exportação dos Distritos de Lisboa e Setúbal – e atentas as funções que passou a desempenhar, a partir de dezembro de 2005 – deve ser atribuída ao trabalhador/A. a reclamada categoria de coordenador. [Ac. do STJ, de 19.06.13 *in* www.dgsi.pt (Proc. nº 4701/10.7TTLSB.L1.S1)]

(...) IV – A trabalhadora com a categoria de "farmacêutica" *que assumiu a Direção Técnica de uma farmácia num período de cerca de 2 anos e 7 meses, na sequência da incapacidade da proprietária da farmácia e de uma notificação do G...... para que no prazo de 10 dias fosse nomeado um* "Diretor Técnico", *fê-lo em exercício de funções afins ou funcionalmente ligadas às de* "farmacêutica", *pelo que à luz do disposto nos artigos 151º e 152º do Código do Trabalho de 2003, não pode reconhecer-se-lhe o direito a ser reclassificada como* "Diretora Técnica", *sem prejuízo do direito à retribuição correspondente às funções temporariamente desenvolvidas, no período em que estas o foram.* [Ac. da RP, de 08.04.13 *in* www.dgsi.pt (Proc. nº 592/11.9TTPRT.P1)]

(...) 2. A atividade contratada de gerente bancário nada tem a ver com a função de «gestor de cliente» ou «gestor de negócios», que a ré atribuiu ao autor, em janeiro de 2007, sendo que as funções confiadas ao autor, a partir de setembro de 2007, as quais a ré qualificou como sendo de «gerente administrativo», não integram a atividade para que foi contratado, nem se configuram como funções afins ou funcionalmente ligadas às próprias da atividade contratada. 3. Configurando-se a violação do dever de cometer funções correspondentes à atividade contratada, justifica-se a atribuição, ao autor, de uma compensação pelos danos não patrimoniais gerados por tal violação. (...) [Ac. do STJ, de 05.03.13 *in* www.dgsi.pt (Proc. nº 1361/09.1TTPRT.P1.S1)]

(...) II – Se o trabalhador sempre foi classificado pela empregadora como "operador", *em sede do CCT aplicável à Indústria Gráfica, publicado no BTE nº 47, de 22.12.1977, com a entrada em vigor da Decisão Arbitral (DA), relativa à Associação Portuguesa das Indústrias Gráficas, de Comunicação Visual e Transformadoras do Papel (APIGRAF), e ao Sindicato dos Trabalhadores das Indústrias de Celulose, Papel, Gráfica e Imprensa, publicada no BTE, nº 40, de 29/10/2009, com a extensão determinada pela Portaria nº 213/2010, de 15 de abril, publicada no DR, I Série, nº 73, de 15/04/2010, por força da cláusula 53ª da DA, a reclassificação da categoria profissional contemplada no anterior contrato coletivo tem por base o efetivo exercício das funções. III – O trabalhador tem direito a ser reclassificado na categoria de* "operador auxiliar de transformação", *se além de provado que a empregadora sempre o classificou como "operador", tiver sido demonstrado que as funções efetivamente exercidas se enquadram melhor naquela categoria.* [Ac. da RP, de 14.01.13 *in* www.dgsi.pt (Proc. nº 512/11.0TTPRT.P1)]

(...) III – Se num instrumento de regulamentação coletiva o cargo de Controlador desenvolvido pelo trabalhador foi expressamente incluído no ANEXO II intitulado "Reclassificação das categorias profissionais", *fazendo-se aí corresponder à categoria atual designada por* Controlador, *a categoria após reclassificação de Técnico de Qualidade a integração deve ser feita nesta categoria que o instrumento de regulamentação coletiva determina, sem necessidade de cotejar as funções que esses trabalhadores vinham exercendo para com base nesse cotejo determinar qual era a categoria correspondente no novo instrumento de*

regulamentação coletiva, sob pena de se postergar o que foi acordado em sede da contratação coletiva. [Ac. da RP, de 19.12.12 *in* www.dgsi.pt (Proc. nº 2062/10.3TTPRT.P1)]

I – A facto de a empregadora pedir ao trabalhador o desempenho das funções de porteiro/contínuo em qualquer uma das entradas para a sala de jogos não desvirtua a sua categoria, uma vez que as funções exigidas se contêm na categoria profissional contratada. II – A recusa do requerente trabalhador é ilegítima, uma vez que não sofreu qualquer alteração nas suas funções, não obstando o facto de não receber gratificações quando se encontra a desempenhar funções na porta principal, uma vez que a decisão da distribuição das comissões não depende da Requerida empregadora, mas sim da Comissão de Distribuição de Gratificações. (...) [Ac. da RP, de 19.12.12 *in* www.dgsi.pt (Proc. nº 123/12.3TTVFR-A.P1)]

I – Exercendo a trabalhadora funções de separação dos órgãos dos animais abatidos e procedendo à respetiva lavagem, devem tais funções ser consideradas como complementares ao abate dos animais, pelo que categoria profissional a atribuir-lhe é a de "Magarefe", de acordo com o CCT da Indústria de Carnes, publicado no BTE, 1ª série, nº 40, de 29/10/2005. (...) [Ac. da RE, de 18.10.12 *in* www.dgsi.pt (Proc. nº 426/11.4TTLRA.E1)]

(...) III – O trabalhador tem direito à reclassificação da sua categoria se por determinação do empregador passar a desempenhar funções afins da sua atividade nuclear, de modo exclusivo ou preponderante, de forma permanente, e no caso de tais funções afins corresponderem a uma categoria superior. (Ac. da RL, de 10.10.12 *in* CJ, Ano XXXVII, Tomo IV, p. 131)

(...) II – O exercício de funções afins ou acessórias das correspondentes à respetiva categoria profissional pressupõe que se mantenha o exercício destas, em simultâneo e, não, a sua substituição. [Ac. da RP, de 08.10.12 *in* www.dgsi.pt (Proc. nº 46/11.3TTOAZ.P1)]

I – Tendo o autor sido contratado para o exercício das funções de coordenador do serviço financeiro, que efetivamente veio a exercer, é inadequada a categoria de Técnico Superior que lhe foi atribuída pelo réu e cujo conteúdo funcional se reporta a funções consultivas, completamente distintas daquelas. (...) [Ac. da RL, de 18.04.12 *in* www.dgsi.pt (Proc. nº 26451/09.7T2SNT.L1-4)]

(...) IV – Tendo ao autor sido atribuída, na sequência da publicação do Acordo de Empresa de 1995 (AE/95), a categoria profissional de Eletrotécnico de Telecomunicações Principal, nível 5, na sequência redefinição de categorias, e não resultando daí a atribuição de tarefas que consubstanciassem uma diminuição do seu estatuto profissional, não pode dizer-se que tenha sido alvo de baixa de categoria. V – Ademais, tratando-se de uma nova regulamentação coletiva que veio substituir a anterior, isso significa que o contrato de trabalho do autor foi por ela alterado, nomeadamente no que diz respeito à categoria profissional e às tarefas que, daí em diante, era obrigado a executar. [Ac. do STJ, de 23.02.12 *in* www.dgsi.pt (Proc. nº 4535/06.3TTLSB.L1.S1)]

(...) V – No ACTV para o Setor Bancário o "Gerente" tem por função a gestão comercial e administrativa de um estabelecimento e o "Subgerente" participa, em plano subordinado, na gestão comercial e/ou administrativa de um estabelecimento, cabendo-lhe substituir o gerente nas suas ausências e impedimentos; o "Chefe/1º responsável" e o "Subchefe" de estabelecimento/sucursal têm um munus diverso: cabe ao primeiro programar, organizar, coordenar e responsabilizar-se pela execução das atividades de um serviço, divisão, secção, setor ou outra unidade de estrutura orgânica equivalente da instituição; é tarefa do segundo colaborar, de forma subordinada ao superior hierárquico, na chefia do respetivo departamento, cabendo-lhe substitui-

-lo nas suas faltas ou impedimentos, prevendo-se, assim, duas categorias profissionais próximas mas diferenciadas. VI – No ACT do grupo BCP, que sucedeu ao referido ACTV para o Setor Bancário a partir de 2002, manteve-se nomenclatura paralela, com conteúdo funcional semelhante: "Gerente" e "Subgerente" de estabelecimento e "Chefe" e "Subchefe" de estabelecimento/operações, pelo que, tendo a R. classificado o A., em março de 1991, como "Subchefe de Sucursal" e, mais tarde como "1º Responsável de Sucursal" e não tendo o A. demonstrado que assumiu funções de gestão comercial e administrativa de um estabelecimento, não se mostra legitimada a reivindicada reclassificação na categoria de "Gerente" ou Subgerente". [Ac. do STJ, de 23.11.11 *in* www.dgsi.pt (Proc. nº 28/06.7TTLSB.L1.S1)]

(...) 3. Provando-se que as funções atribuídas à autora, na categoria interna de «Service Performance & OPS Support», implicavam uma atividade mais técnica do que as anteriormente exercidas de «Express Centre Supervisor», que essas novas funções estavam funcionalmente ligadas às que lhe haviam sido determinadas no contrato e que, tratando-se de funções ainda equiparáveis, do ponto de vista das exigências técnico-profissionais, não determinaram qualquer desvalorização profissional, não se configura a pretendida diminuição da sua categoria profissional. [Ac. do STJ, de 24.02.11 *in* www.dgsi.pt (Proc. nº 740/07.3TTALM.L1.S2)]

Artigo 119º – Mudança para categoria inferior

A mudança do trabalhador para categoria inferior àquela para que se encontra contratado pode ter lugar mediante acordo, com fundamento em necessidade premente da empresa ou do trabalhador, devendo ser autorizada pelo serviço com competência inspetiva do ministério responsável pela área laboral no caso de determinar diminuição da retribuição.

COMENTÁRIOS:

1. Antecedentes legislativos: Arts. 313º, nº 1, do CT/2003 e 23º, nº 1, da LCT.

2. No âmbito da relação laboral, vigora o princípio da irreversibilidade da categoria, segundo o qual o empregador não pode baixar a categoria do trabalhador. Como se lê no Ac. do STJ, de 24.02.15 *in* www.dgsi.pt (Proc. nº 178/12.0TTCLD.L1.S1) "a lei restringir as possibilidades da sua regressão e de alteração *in pejus* do estatuto profissional do trabalhador, constituindo por isso, garantia deste a preservação da categoria para que foi contratado ou a que foi promovido". Cfr., ainda, os Acs. da RG, de 06.02.20 *in* www.dgsi.pt (Proc. nº 660/14.5TTBCL.G1) e do STJ, de 17.01.01 *in* CJ, Ano IX, Tomo I, p. 275.

O presente artigo, conforme resulta da sua epígrafe, define os termos em que, excecionalmente, é admitida a mudança para categoria inferior.

A alteração da categoria consiste na "definição de um novo conjunto de funções, ao qual corresponde um diferente posicionamento na organização laboral. Assim como pode implicar apenas a alteração das funções propriamente ditas ou, por outro lado, unicamente da sua tradução em termos de hierarquia", Mário Pinto/Pedro Furtado Martins/António Nunes de Carvalho, *Comentários às leis do trabalho*, p. 116.

No entendimento da RP baixa "a categoria profissional de uma trabalhadora, a entidade patronal que, a pretexto de uma reestruturação da sua direção técnica, a destitui, contra a sua vontade, das funções de diretora técnica e lhe impõe um diferente enquadramento hierárquico e funcional, passando a ficar subordinada à direção da pessoa que a foi substituir". (Ac. de 26.03.07 *in* CJ, Ano XXXII, Tomo II, p. 231).

O STJ entendeu que esta baixa não se verifica "se uma trabalhadora continuar a exercer tarefas do núcleo essencial da mesma". (Ac. do STJ, de 07.12.05 *in* CJ, Ano XIII, Tomo III, p. 269).

Pode acontecer que haja uma mudança na situação funcional do trabalhador (que origine, apenas, um novo posicionamento do trabalhador na organização da empresa), sem que a atividade exigida e a posição contratual das partes sofram qualquer alteração. Neste caso, tal mudança é perfeitamente lícita, caindo no âmbito do exercício legítimo do poder de direção.

3. A mudança para categoria inferior, na medida em que afeta o estatuto sócio-laboral do trabalhador, depende dos seguintes requisitos:

a) Necessidade premente da empresa

Em princípio, o trabalhador não pode ser sujeito ao exercício de atividades não compreendidas na categoria para que foi contratado (art. 118º). Acontece que, o crescente desenvolvimento tecnológico dos instrumentos de trabalho associado a novas técnicas de produção, que regurgitam a um ritmo desenfreado e tendencialmente competitivo, impõe, no plano funcional, uma conceção mais flexibilizante do trabalho.

No presente artigo, *necessidade premente da empresa* deverá ser entendida como toda e qualquer situação, de natureza, designadamente, tecnológica, conjuntural e económica, que imponha – no interesse sério e real da empresa – a mudança de categoria, *v.g.*, modificação na tecnologia utilizada, alteração na estrutura organizativa, etc..

A necessidade tem ainda de ser premente, ou seja, essencial para o interesse da empresa e para a conservação de postos de trabalho (incluindo o do trabalhador afetado);

b) Necessidade premente do trabalhador

A necessidade premente deve, aqui, ser entendida como o interesse sério, de natureza laboral ou pessoal, do trabalhador no desempenho das funções correspondentes a categoria inferior, *v. g.* quando a manutenção da relação laboral é posta em causa pelo facto de o trabalhador ter sofrido um acidente de trabalho que o tornou incapaz para o exercício das funções inerentes à categoria inicial.

Jorge Leite/Moitinho de Almeida, *Coletânea de Leis do Trabalho*, p. 73, por referência à LCT defendiam que a mudança de categoria devia "entender-se como medida conservatória do emprego e, por isso, legítima apenas nos casos em que se apresenta como a única ou a melhor alternativa à extinção do contrato, quer o motivo se situe na esfera da empresa (necessidades prementes da empresa) ou na esfera do trabalhador (estrita necessidade do trabalhador)".

MÁRIO PINTO/PEDRO FURTADO MARTINS/ANTÓNIO NUNES DE CARVALHO, *Comentários às leis do trabalho*, p. 117, entendiam que *a estrita necessidade do trabalhador* (a expressão estrita foi eliminada da atual redação) não se reduz "àquelas situações em que a diminuição da categoria se apresenta como única alternativa à extinção do contrato, *v.g.*, por caducidade (o caso de escola da telefonista que fica surda, do motorista que perde um braço, etc.)". Para estes autores, *loc. cit.*, "o interesse do trabalhador pode naturalmente estribar-se noutros tipos de fundamento: assistência à família, frequência de curso superior, etc. Ou seja, o trabalhador poderá, muito simplesmente, ter interesse em desempenhar funções menos exigentes, em termos de profissionalidade ou de disponibilidade, muito embora lhe seja possível desempenhar as tarefas que correspondem à categoria contratualmente definida".

Em suma e no nosso entendimento, a necessidade premente do trabalhador para efeitos do presente artigo prende-se com aqueles casos em que as condições sociais, familiares, físicas, psíquicas, temporais e/ou espaciais do trabalhador impedem-no de exercer as funções correspondentes à categoria inicial;

c) Acordo entre o empregador e o trabalhador

A mudança para categoria inferior depende de uma convergência de vontades das partes, ou seja, de um acordo. Este pressuposto resulta do princípio geral de cumprimento pontual dos contratos, previsto no art. 406º, nº 1, do CC. Na verdade e por força deste preceito, a alteração do conteúdo contratual (como é o caso) depende do consentimento mútuo dos contraentes.

Quanto à forma do acordo, é oportuno realçar que, no domínio dos contratos, designadamente do contrato de trabalho, vigora o princípio da liberdade de forma ou da consensualidade, segundo o qual a validade da declaração negocial não depende da observância de forma especial (art. 219º, do CC e art. 110º). Este princípio vale tanto para a celebração do contrato de trabalho, como para a sua modificação. Todavia, quer o art. 219º, do CC, quer o art. 110º, preveem a possibilidade de a lei exigir determinado formalismo. Ora, para o acordo em causa, a lei (mais precisamente o presente artigo) não exigiu forma especial, pelo que nada parece obstar a que este seja verbal. Relembremos que, nalguns casos, o legislador fez depender expressamente a validade da modificação contratual da celebração de acordo escrito entre o empregador e o trabalhador, como por exemplo, na alteração do regime de tempo parcial para um regime de trabalho a tempo completo ou vice-versa, o que não se verifica no caso em análise;

d) Autorização pelo serviço com competência inspetiva do ministério responsável pela área laboral

A mudança de categoria está sujeita a autorização de um serviço público, atualmente a ACT, a qual tem a incumbência de verificar se o trabalhador ao acordar na baixa de categoria emitiu a sua declaração de forma livre e esclarecida, sem estar sujeito a coação, ameaça ou pressão.

No CT/2003, esta intervenção era sempre obrigatória no caso de mudança para categoria inferior. Com o CT/2009, mais precisamente com o presente artigo, a mesma passou a ser exigível apenas nos casos em que a mudança para categoria inferior implique a diminuição da retribuição.

Coloca-se a questão de saber o que deve, para este efeito, ser considerada "diminuição da retribuição"?

Para António Nunes de Carvalho, *Mobilidade Funcional*, p. 212, "a autorização administrativa será indispensável sempre que ocorra uma degradação do padrão retributivo associado à atividade contratada. Releva, pois, fundamentalmente a redução da retribuição base (alínea *a*) do nº 2 do art. 262º)".

4. As situações de exercício temporário de funções correspondentes a outra categoria não cabem no âmbito do presente artigo. De facto, o art. 313º, nº 2, do CT/2003 (preceito que regulava a mudança de categoria) ressalvava que o trabalhador não adquiria a categoria correspondente às funções que exercesse temporariamente. Ora, uma vez que o exercício (lícito) temporário de outras funções é uma consequência da mobilidade funcional, as questões relacionadas com esse exercício estão hoje tratadas no art. 120º, designadamente nos seus nºs 4 e 5.

Artigo 120º – Mobilidade funcional

1. O empregador pode, quando o interesse da empresa o exija, encarregar o trabalhador de exercer temporariamente funções não compreendidas na atividade contratada, desde que tal não implique modificação substancial da posição do trabalhador.

2. As partes podem alargar ou restringir a faculdade conferida no número anterior, mediante acordo que caduca ao fim de dois anos se não tiver sido aplicado.

3. A ordem de alteração deve ser justificada, mencionando se for caso disso o acordo a que se refere o número anterior, e indicar a duração previsível da mesma, que não deve ultrapassar dois anos.

4. O disposto no nº 1 não pode implicar diminuição da retribuição, tendo o trabalhador direito às condições de trabalho mais favoráveis que sejam inerentes às funções exercidas.

5. Salvo disposição em contrário, o trabalhador não adquire a categoria correspondente às funções temporariamente exercidas.

6. O disposto nos números anteriores pode ser afastado por instrumento de regulamentação coletiva de trabalho.

7. Constitui contraordenação grave a violação do disposto nos nºs 1, 3 ou 4.

COMENTÁRIOS:

1. Antecedentes legislativos: Arts. 313º, nº 2, 314º e 673º, do CT/2003 e 22º, da LCT.

2. O presente artigo estabelece o regime jurídico da mobilidade funcional (designada *ius variandi*, no regime anterior ao CT/2003), a qual traduz-se no poder conferido ao empregador de impor ao trabalhador a realização de tarefas que não estejam compreendidas na atividade contratada, constituindo uma derrogação do princípio da contratualidade, segundo o qual os contratos só podem ser alterados por acordo.

O recurso a esta figura, alicerçada no princípio da liberdade de iniciativa e de organização empresarial plasmado na al. *c*), do art. 80º, da CRP, justifica-se pela necessidade séria e ponderosa de ajustar a gestão da força de trabalho à realidade dinâmica da empresa, ficando, no entanto, dependente do preenchimento dos seguintes requisitos:

a) Interesse da empresa o exija

O interesse da empresa apresenta um caráter objetivo, associando-se "a ocorrências ou situações anómalas na vida da empresa, e que, portanto, se não confunde com as conveniências pessoais do empregador", António Monteiro Fernandes, *Direito do Trabalho*, p. 201.

Amadeu Dias, *Polivalência funcional*, p. 51, considera que o "interesse da empresa, para a aplicação do regime da polivalência (...) deve ser entendido como podendo envolver, também, o interesse não-direto e imediato do trabalhador".

De todo o modo, a mobilidade funcional deve sempre partir de uma ponderação global e equilibrada da posição jurídica das partes intervenientes – designadamente os direitos e garantias dos trabalhadores – e da necessidade de garantir a viabilidade da empresa;

b) Natureza temporária

A natureza temporária das funções impostas ao trabalhador deve ser analisada no caso concreto. Nesta medida, importa avaliar se estamos perante atividades excecionais face aos usos da empresa e que, assim, não justificariam uma alteração na estrutura da empresa.

Mário Pinto/Pedro Furtado Martins/António Nunes de Carvalho, *Comentários às leis do trabalho*, p. 112, entendem que não "deve admitir-se que o empregador vá preenchendo um posto de trabalho estável pela rotação sucessiva de trabalhadores afetos a outras funções, através do apelo ao *ius variandi*".

Se o empregador utilizar a mobilidade funcional para substituir um trabalhador cujo contrato está suspenso (por exemplo, por doença), a sua duração está associada ao período de suspensão. O regime da suspensão do contrato está previsto nos arts. 294º e ss..

Podemos concluir que a natureza temporária está correlacionada com a excecionalidade da situação, atendendo ao padrão de funcionamento e estrutura organizativa da empresa. Por conseguinte, se o exercício das funções não compreendidas na atividade contratada se tornar estável, este requisito deixa de estar preenchido.

O legislador, no nº 3, estabeleceu o limite máximo de 2 anos para a duração da mobilidade funcional;

c) Funções não compreendidas na atividade contratada

O traço distintivo da mobilidade funcional reside na imposição de atividades que não estejam compreendidas no objeto do contrato. Como vimos, nos termos do art. 118º, o trabalhador deve, em princípio, exercer funções correspondentes à atividade contratada.

No Proc. nº 3461/16.2T8AVR.P1, a RP entendeu que as "funções correspondentes às categorias profissionais de ajudante de ação educativa e de ajudante de ação direta, estas a desenvolver junto de utentes idosos, têm objeto distinto, não existindo entre ambas relação de afinidade ou ligação funcional, pelo que, detendo a A. a categoria profissional de ajudante de ação educativa, a alteração das suas funções para as correspondentes à categoria de ajudante de ação direta não se enquadra, nos termos do art. 118º do CT/2009 e/ou da clª 15ª do CCT, na atividade contratada". (Ac. de 05.03.18 *in* www.dgsi.pt);

d) Inexistência de modificação substancial da posição do trabalhador

Por força deste requisito, a mobilidade funcional não pode implicar para o trabalhador sacrifícios que se apresentem indignos, humilhantes e desadequados ao seu estatuto profissional.

A posição do trabalhador na empresa não se reflete apenas no plano hierárquico, mas também no domínio das condições objetivas (local de trabalho, instrumentos utilizados, etc.) e subjetivas (capacidade e habilitações do trabalhador) em que se enquadra a realização da atividade laboral.

Para António Monteiro Fernandes, *Direito do Trabalho*, p. 203, existe modificação substancial "... sobretudo quando se não verifique qualquer afinidade entre as tarefas temporariamente cometidas e as que definem a categoria do trabalhador". Como podemos ver no Ac. da RP, de 11.04.18 *in* www.dgsi.pt (Proc. nº 431/17.7T8AGD.P1), não "preenche os requisitos da mobilidade funcional a determinação que implique uma substancial modificação da categoria profissional do trabalhador, sem a indicação da duração previsível que permita entender como "temporária" a ordem de alteração de funções transmitida".

Para o STJ, a posição do trabalhador tutelada no presente artigo "assenta nas funções efetivamente desempenhadas e inerentes à categoria profissional respetiva e na estabilidade da mesma, mas apela também a outros elementos caracterizadores do respetivo estatuto, nomeadamente, à sua inserção nas estruturas da empresa e às interdependências pessoais daí derivadas". [Ac. de 26.05.15 *in* www.dgsi.pt (Proc. nº 2056/12.4TTLSB.L1.S1)].

Na visão da RP, a "mudança de categoria que não corresponda a uma normal progressão ou promoção na carreira equivale a uma modificação substancial do contrato que só pode produzir efeitos se for aceite pelo trabalhador, ainda que as novas funções correspondam a uma categoria do mesmo nível, com identidade de estatutos retributivos". [Ac. de 30.06.14 *in* www.dgsi.pt (Proc. nº 57/13.4TTMAI.P1)];

e) Não diminuição da retribuição

A não diminuição da retribuição decorreria sempre do princípio da irredutibilidade, consagrada na al. *d*), do nº 1, do art. 129º. No entanto, o legislador decidiu prever expressamente este requisito no nº 4. Note-se que a inadmissibilidade da diminuição da retribuição resultaria também do facto de esta constituir uma modificação substancial da posição do trabalhador.

Uma vez que a mobilidade funcional configura um direito do empregador, sobre este impende o ónus da prova dos respetivos factos constitutivos (art. 342º, nº 1, do CC).

Casos estes se considerem verificados, o trabalhador não pode recusar a realização das atividades impostas por esta via, sob pena de sanção disciplinar. Ao invés, se os mesmos não estiverem preenchidos, tal recusa é lícita, sem que isso constitua violação do dever de obediência. Cfr. o Ac. da RP, de 05.11.12 *in* www.dgsi.pt (Proc. nº 369/11.1TTVNF.P1).

A mobilidade funcional pode ser total ou parcial. No primeiro caso, o trabalhador exerce em exclusivo as funções não compreendidas na atividade contratada. No segundo caso, continua a destinar parte do seu tempo de trabalho a desenvolver a atividade contratada.

Na opinião de Pedro Romano Martinez, *Direito do Trabalho*, p. 747, o "caráter parcial da modificação, tanto pode ser de algumas horas por dia, de alguns dias por semana, ou mesmo de determinadas semanas por ano". A propósito dos conceitos indeterminados aqui utilizados, cfr. António Nunes de Carvalho, *Mobilidade Funcional*, pp. 192 e ss. *Vide*, ainda, António Nunes de Carvalho, *Mobilidade funcional e estatuto retributivo*.

O STJ esclareceu que não "tendo existido uma ordem expressa da empregadora no sentido de obrigar o trabalhador, com a categoria de "escriturário", a exercer as funções de "operador de logística", não se está perante uma situação de mobilidade funcional, prevista no artigo 120º, nº 1, do CT, por faltarem os respetivos requisitos materiais e procedimentais". [Ac. de 16.03.17 *in* www.dgsi.pt (Proc. nº 518/14.8TTBRG.G1. S1)].

No Proc. nº 306/10.0TTALM-B.L2-4, a RL defendeu que os requisitos da mobilidade não foram respeitados, "desde logo por que a colocação do Exequente como «*assentador de refratários*» nunca teve cariz temporário e não foi precedida da sua afetação à categoria originária e à sua movimentação posterior para a segunda, assim como dos requisitos formais e materiais constantes da regulamentação coletiva e da lei, ou seja, nada foi alegado e provado quanto ao teor da ordem de mobilidade e sua justificação e prazo, bem como da demonstração pela entidade empregadora de que tal mudança não implicou modificação substancial da posição do trabalhador, como finalmente de que essa alteração foi articulada com a formação e a valorização profissionais". (Ac. de 16.12.15 *in* www.dgsi.pt).

Não reúne os pressupostos da mobilidade "a situação em que o empregador determina ao trabalhador, que detém a categoria profissional de técnico de manutenção, que passe a exercer, com efeitos a partir e 09.08.2010, as funções correspondentes à categoria de operador de produção (esta inferior à de técnico de manutenção) de nova tecnologia cujo início de produção estava previsto para ocorrer, apenas, em janeiro de 2011 e não alegando nem demonstrando o empregador qualquer factualidade de onde decorra o interesse de, nesse período, cometer ao trabalhador o exercício das referidas funções de operador de produção". [Ac. da RP, de 20.12.11 *in* www.dgsi.pt (Proc. nº 913/10.0TTMTS.P1)].

Já no Proc. nº 279/12.5TTPTG.E1.S1, o STJ proferiu decisão no sentido de que tendo a empregadora "exigido da trabalhadora o exercício de funções no seu departamento financeiro, devido à ausência do trabalhador que delas se ocupava por estar de baixa por doença, devia esta obediência a tal ordem de desempenho temporário destas funções, apesar de não se integrarem na sua categoria profissional, em virtude de estarem integrados os requisitos do "ius variandi" previsto no artigo 120º do CT/2009, por existir um interesse da empresa que o exigia, por se tratar duma modificação transitória e não superior a 2 anos que não implicava uma modificação substancial da posição da trabalhadora nem qualquer diminuição da sua retribuição". (Ac. de 01.10.15 *in* www.dgsi.pt).

3. O nº 2 admite a possibilidade de as partes, mediante acordo, alargarem ou restringirem a faculdade do nº 1, o qual caduca ao fim de dois anos se não tiver sido aplicado.

A fixação de um prazo de caducidade para as cláusulas de mobilidade funcional, constitui uma das novidades do presente artigo face ao preceito correspondente do CT/2003, seguindo a sugestão da CLB.

Esta Comissão entendeu que aquelas estipulações, "através das quais se estabelece acordo, com caráter meramente abstrato e virtual, sobre futuras e hipotéticas modificações do objeto" do trabalho devem caducar ao fim de um certo prazo se não forem, entretanto, ativadas pelo empregador.

4. A ordem de alteração deve ser justificada, mencionando se for caso disso, o acordo de alargamento ou restrição da faculdade conferida ao empregador (nº 3). Por outro lado, deve conter o prazo da respetiva duração, o qual não deve ultrapassar dois anos (nº 3). A RL decidiu que, findo este prazo, o trabalhador adquire o direito à nova categoria. [Ac. de 13.02.19 *in* www.dgsi.pt (Proc. nº 26157/17.3T8LSB.L1-4)].

5. De acordo com a segunda parte do nº 4, o trabalhador tem direito às condições de trabalho mais favoráveis que sejam inerentes às funções exercidas.

O exercício da mobilidade funcional não pode acarretar nenhuma consequência desfavorável para o estatuto laboral do trabalhador. Com salienta António Monteiro Fernandes, *Direito do Trabalho*, p. 204, "as prerrogativas correspondentes à categoria mantêm-se íntegras: somente poderão melhorar se a função transitória corresponder a uma qualificação superior ou que, em aspetos isolados, se mostre mais vantajosa".

Com isto não pretendemos afirmar que ao trabalhador não possam ser impostas funções de uma categoria inferior – é claro, sempre que os pressupostos de mobilidade funcional estejam preenchidos –, mantendo, no entanto, a retribuição própria da sua categoria (como vimos, o recurso à mobilidade funcional não pode implicar uma diminuição da retribuição do trabalhador).

Com a expressão *tratamento mais favorável*, o legislador procurou garantir não só melhor retribuição, como também "todas as manifestações de estatuto hierárquico ou funcional que àqueles serviços estejam reconhecidas (viatura, cartões de crédito, despesas de representação, ...)", Amadeu Dias, *Polivalência funcional*, pp. 57 e 58.

No Proc. nº 949/06.7TTVNG.P1, a RP foi da opinião que, embora "sem direito à classificação de técnico superior, tendo o autor desempenhado o essencial das funções dessa categoria, nos termos do art. 9º do referido Regulamento de Carreiras, em sintonia com o art. 314º, nº 3 do Código do Trabalho e 22º, nº 8 do Dec. Lei 49.408, de 29 de novembro, tem o mesmo direito ao tratamento mais favorável, ou seja, à correspondente retribuição". (Ac. da RP, de 22.02.10 *in* www.dgsi.pt).

6. Salvo disposição em contrário, o trabalhador não adquire a categoria correspondente às funções temporariamente exercidas (nº 5). Por outras palavras, a mobilidade funcional não confere ao trabalhador um direito à reclassificação. De facto, a natureza temporária e excecional desta alteração contratual não é compatível com a reclassificação, com efeitos permanentes, do trabalhador. A reclassificação pode ser entendida como a adequação ou ajustamento da categoria-estatuto às funções efetivamente exercidas pelo trabalhador.

António Nunes de Carvalho, *Mobilidade Funcional*, p. 214, faz notar que "a regra do atual nº 5 do art. 120º está sujeita a derrogação por convenção coletiva. As cláusulas convencionais sobre «interinidade» ou «exercício de funções superiores» frequentemente impõem um dever de reclassificação, decorrido certo tempo de permanência nessas tarefas".

7. Uma das novidades do presente artigo face à norma correspondente do CT/2003 é a introdução do nº 6, segundo o qual os instrumentos de regulamentação coletiva de trabalho podem afastar o disposto nos números anteriores. Esta disposição implica o fracionamento do presente artigo em 3 tipos de normas:

a) As absolutamente imperativas (nº 7);

b) As que podem ser afastadas por acordo das partes (nº 1);

c) As que podem ser afastadas por instrumentos de regulamentação coletiva de trabalho (nºs 1, 2, 3, 4 e 5).

O legislador parte do princípio, quanto a nós discutível, que existe uma verdadeira igualdade negocial entre as associações de empregadores e as associações sindicais. Conforme se lê no RCLB, o "argumento da igualdade de poderes negociais é, em larga medida, válido, até porque as associações de empregadores enfermam de fraquezas semelhantes às das associações sindicais. Sendo assim, o alargamento do campo de negociabilidade mostrar-se-ia vantajoso para a dinâmica da contratação coletiva sem representar, necessariamente, risco para as garantias dos trabalhadores".

SECÇÃO VI – Invalidade do contrato de trabalho

Artigo 121º – Invalidade parcial de contrato de trabalho

1. A nulidade ou a anulação parcial não determina a invalidade de todo o contrato de trabalho, salvo quando se mostre que este não teria sido celebrado sem a parte viciada.

2. A cláusula de contrato de trabalho que viole norma imperativa considera-se substituída por esta.

COMENTÁRIOS:

1. Antecedentes legislativos: Arts. 114º, do CT/2003 e 14º, da LCT.

2. O nº 1 define o regime da redução do contrato de trabalho, traduzindo-se numa quase literal, transcrição do art. 292º, do CC.

A redução pressupõe a nulidade parcial do negócio jurídico, a qual se pode verificar em relação a cláusulas essenciais e/ou acessórias. Por outro lado, a mesma só opera quando seja demonstrado que o negócio não teria sido concluído sem a parte viciada (trata-se do critério da vontade hipotética ou conjetural das partes). Convém, desde já, esclarecer que impende sob o interessado, na salvaguarda do negócio, o ónus da prova dos factos donde decorra a natureza meramente parcial da invalidade, cabendo ao seu opositor "invocar e provar os factos donde se infira que, sem a parte viciada, não teria havido negócio", ANTÓNIO MENEZES CORDEIRO, *Tratado de Direito Civil Português*, I Parte Geral, Tomo I, p. 586.

Trata-se de uma redução teleológica imposta pelo objetivo de alcançar e tutelar as finalidades visadas pela norma imperativa infringida. Não será difícil imaginar contratos de trabalho constituídos por cláusulas que ofendam normas imperativas, por exemplo, cláusulas em que o trabalhador renuncia ao direito a férias.

Exige-se ainda o respeito pela boa fé e pelas regras formais. Assim "não há redução quando ela atente contra a confiança legítima das partes ou contra a materialidade subjacente. Esta última é claramente percetível quando o negócio reduzido não permita prosseguir os fins ou as funções vertidos, pelas partes, no negócio inválido", António Menezes Cordeiro, *Tratado de Direito Civil Português*, I Parte Geral, Tomo I, p. 587. Por outro lado, não é possível adotar-se um tipo negocial com exigências de forma não observadas no negócio a reduzir.

A RC veio esclarecer que em "direito laboral a redução do contrato, sendo o negócio divisível (no sentido de que seja possível dividi-lo numa parte que é inválida e noutra que se mantém válida) apenas deve operar nos termos dos arts. 292º do CC e 121º, nº 1 do CT se não for de aplicar o regime de substituição previsto no nº 2 do art. 121º do CT, o qual prevalece sobre o nº 1 do mesmo preceito." [Ac. de 27.09.19 *in* www.dgsi.pt (Proc. nº 1006/18.9T8LMG.C1)].

Cfr., quanto à redução no âmbito dos contratos de adesão, Carlos Alberto da Mota Pinto, *Teoria Geral do Direito Civil*, pp. 629 e 630 e *Contratos de adesão*, p. 143.

3. No nº 2 deparamos com uma conversão legal.

A conversão consiste na possibilidade de os materiais de um negócio declarado, totalmente, nulo ou anulado, servirem à reconstituição de um outro negócio, "cujo resultado final económico-jurídico, embora mais precário, se aproxime do tido em vista pelas partes com a celebração do contrato totalmente inválido", Carlos Alberto da Mota Pinto, *Teoria Geral do Direito Civil*, p. 630.

Os requisitos da conversão são:

i) que o negócio inválido contenha os requisitos de forma e substância necessários para a validade do negócio sucedâneo;

ii) que a vontade hipotética ou conjetural das partes seja no sentido da conversão

A conversão só se realiza "quando seja de admitir que as partes teriam querido o negócio sucedâneo caso se tivessem apercebido da deficiência do negócio principal e não o pudessem ter realizado com a observância do requisito infringido", Manuel de Andrade, *Teoria Geral da Relação Jurídica*, vol. II, p. 434. Na conversão, a vontade hipotética ou conjetural das partes deve ser provada. Diga-se, ainda, que a conversão poderá ter lugar, independentemente da vontade hipotética das partes, se a boa fé assim o exigir;

iii) a manutenção do domínio negocial traçado pelas partes e da própria finalidade jurídico-económica tida em vista.

Outro dos mecanismos de sanação dos negócios (anuláveis) é a confirmação, a qual consubstancia um "ato unilateral, a praticar pelo beneficiário da anulabilidade e que põe mesmo termo à invalidade", António Menezes Cordeiro, *Tratado de Direito Civil Português*, I Parte Geral, Tomo I, p. 593. Cfr. o art. 288º, do CC.

Artigo 122º – Efeitos da invalidade de contrato de trabalho

1. O contrato de trabalho declarado nulo ou anulado produz efeitos como válido em relação ao tempo em que seja executado.

2. A ato modificativo de contrato de trabalho que seja inválido aplica-se o disposto no número anterior, desde que não afete as garantias do trabalhador.

COMENTÁRIOS:

1. Antecedentes legislativos: Arts. 115º, do CT/2003 e 15º, da LCT.

2. A invalidade (cujas formas são a nulidade – arts. 286º e ss. – e a anulabilidade – arts. 287º e ss., ambos do CC) "é uma espécie do género ineficácia: enquanto a ineficácia «lato sensu» compreende todas as hipóteses em que, por causas intrínsecas ou extrínsecas, o negócio não deve produzir os efeitos a que tendia, a invalidade é apenas a ineficácia que provém de uma falta ou irregularidade dos elementos internos (essenciais, formativos) do negócio", Carlos Alberto da Mota Pinto, *Teoria Geral do Direito Civil*, p. 605.

Por sua vez, a ineficácia em sentido estrito caracteriza-se por depender, não de uma falta ou irregularidade dos elementos internos do negócio, mas sim de alguma circunstância extrínseca que, conjuntamente com o negócio, integra a situação complexa geradora de efeitos jurídicos, *v.g.*, o negócio que uma pessoa, sem poderes de representação, celebre em nome de outrem (art. 268º, nº 1, do CC). Esta ineficácia não está abrangida pelo texto do presente artigo, mas está contida no seu espírito. Conforme se lê no Ac. da RC, de 15.06.94, após um enquadramento fundamentador, "...impõe-se, portanto, a aplicação do especial regime da invalidade à ineficácia relativa, numa interpretação extensiva do citado art. 15º". (*In* CJ, Ano XIX, Tomo III, p. 68 e BMJ, 438, p. 560). Se assim não se entender, estamos perante uma lacuna da lei integrável pelo recurso à analogia, atendendo ao caráter geral da disposição em questão (cfr. arts. 10º e 11º, do CC).

Júlio Gomes/Catarina Carvalho, *Sobre o regime da invalidade do Contrato de Trabalho*, p. 164, entendem que a norma não deve "aplicar-se face a situações de inexistência do contrato de trabalho. Efetivamente, se o que está em jogo são casos em que existe facticamente subordinação e que suscitam a mesma necessidade de tutela que ocorre face a contratos válidos, então, parece poder afirmar-se que a prestação de trabalho subordinado e a inexistência de um contrato são hipóteses entre si incompatíveis".

Vejamos algumas das causas de invalidade do contrato de trabalho: a falta de título profissional, quando este seja exigido (art. 117º, nº 1); a fixação de um objeto contratual contrário à lei, à ordem pública ou ofensivo dos bons costumes (art. 280º, nº 1, do CC); a não observância da forma exigida; a falta de capacidade de algumas das partes; a verificação de qualquer uma das causas de falta ou vício da vontade previstas nos arts. 240º e ss., do CC (*vide*, quanto à coação moral, o Ac. do STJ, de 16.04.97 *in* BMJ, 466, p. 344).

A invalidade tem efeitos retroativos, devendo ser restituído tudo o que tiver sido prestado ou, se a restituição em espécie não for possível, o valor correspondente (art. 289º, nº 1, do CC).

No caso do contrato de trabalho, a aplicação desta regra obrigaria o trabalhador a devolver a retribuição e o empregador a restituir o valor correspondente à prestação de trabalho, ou seja, o montante da retribuição. Perante este paradoxo, o legislador determinou que a eficácia do contrato de trabalho declarado nulo ou anulado não será afetada durante a execução do contrato (nº 1), afastando assim o regime contido no art. 289º, nº 1, do CC. Cfr. os Acs. da RE, de 27.02.20 *in* www.dgsi.pt (Proc. nº 669/19.2T8FAR.E1); da RG, de 07.11.19 *in* www.dgsi.pt (Proc. nº 3551/18.7T8VCT.G1); do STJ, de 22.02.18 *in* www.dgsi.pt (Proc. nº 3526/15.8T8OAZ.P2.S1); da RC, de 13.12.12 *in* www.dgsi.pt (Proc. nº 763/11.8TTCBR.C1) e da RL, de 29.02.12 *in* CJ, Ano XXXVII, Tomo I, p. 154.

Assim, a nulidade do contrato não impede a produção dos seus efeitos quanto aos créditos laborais relativos ao período de execução do contrato de trabalho. Cfr. os Acs. da RP, de 07.10.19 *in* www.dgsi.pt (Proc. nº 3633/17.2T8VFR.P1) e de 10.07.19 *in* www.dgsi.pt (Proc. nº 3880/17.7T8VFR.P1). Veja-se, ainda, o Ac. do STJ, de 08.10.14 *in* www.dgsi.pt (Proc. nº 1111/13.8T4AVR.S1), onde é dada nota da prescrição dos créditos "decorrido um ano a partir do dia seguinte àquele em que cessou o contrato de trabalho".

A aplicação do nº 1 depende do preenchimento dos seguintes requisitos:

i) A existência de um contrato

É crucial que existam duas declarações de vontade convergentes manifestadas de modo concludente. Caso contrário "não se deve aplicar, nem sequer por analogia, o artigo 15 da LCT a estas hipóteses", Júlio Gomes/Catarina Carvalho, *Sobre o regime da invalidade do Contrato de Trabalho*, p. 166. Segundo estes autores, *ob. cit.*, p. 168, "a aplicação das regras protectivas do direito do trabalho depende da identificação de uma relação de trabalho subordinado o que não nos parece viável na completa ausência de um contrato";

ii) A existência de um contrato de trabalho nulo ou anulado

iii) O contrato tenha sido executado

Este requisito parece chamar à colação as diferentes dimensões do contrato de trabalho, a jurídica e a factual. A este propósito coloca-se a questão de saber qual o nexo causal existente entre o contrato de trabalho (acordo entre os sujeitos) e a relação de trabalho (constituída pelo conjunto dos direitos e deveres das partes). De acordo com a teoria do contrato, a sua celebração é suficiente para investir os contraentes nos direitos e deveres que constituem o conteúdo da relação jurídica. Por seu turno, a teoria da incorporação considera que a relação jurídica de trabalho só se constitui quando opere o elemento factual da ocupação – entendida como a integração do trabalhador na organização de meios estabelecida e pertencente ao empregador, ou seja, o início da execução do contrato de trabalho é determinado pela entrada ao trabalho. O legislador ao admitir que a celebração e o início da execução do contrato de trabalho ocorram em momentos diferentes, adotou a teoria da incorporação, quanto a nós bem, atendendo à materialidade e à componente humana que caracteriza a prestação de trabalho.

Aos contratos de trabalho que não tenham sido executados aplica-se "integralmente o regime da invalidade do direito comum – artigos 285º e seguintes do Código Civil", Mário Pinto/Pedro Furtado Martins/António Nunes de Carvalho, *Comentários às leis do trabalho*, p. 71.

Segundo a RP, constitui "abuso de direito, consubstanciado no "venire contra factum proprium", a invocação, por parte da empregadora, da nulidade do contrato de trabalho decorrente da falta de observância da forma legalmente prescrita quando, admitiu e manteve o trabalhador ao seu serviço, durante mais de um ano e meio sem que, nesse período, tenha diligenciado pela formalização daquele, com a redução a escrito exigida na lei". Este tribunal acabou mesmo por concluir que o "exercício abusivo daquele direito, nos termos do art. 334º, do CC, importa a sua paralisação e, em situações como é o caso, é ilegítimo a cessação do contrato operada pela empregadora". [Ac. de 22.06.20 *in* www.dgsi.pt (Proc. nº 14805/18.2T8PRT.P1)].

3. Nos termos do nº 2, também os atos modificativos do contrato, praticados durante o período de execução referido no nº 1, gozam de eficácia. Alguns exemplos desses atos são as promoções dos trabalhadores; os aumentos salariais; a transferência do trabalhador para outro local de trabalho, etc.. Ao invés, se o ato modificativo estiver ele próprio ferido de qualquer invalidade, o efeito retroativo da mesma não deixa de operar (por exemplo, a despromoção do trabalhador e as reduções salariais ilícitas).

Para Pedro Romano Martinez, *Direito do Trabalho*, p. 489, se "o contrato for válido e a modificação inválida (nula ou anulável), ao ato modificativo aplica-se o art. 122º, nº 2, do CT, que remete para o nº 1 do mesmo preceito. Tratando-se de uma situação constitutiva de direitos inválida vale a regra geral da ficção de validade. Se o trabalhador, com um contrato válido, for promovido para uma categoria para a qual não possui carteira profissional, o ato modificativo é inválido, e, nos termos do nº 2 do art. 122º do CT (por remissão para o nº 1 do mesmo preceito), há que salvaguardar os direitos constituídos ao seu abrigo; ficcionando-se a validade da promoção enquanto tiver sido executada".

4. Constitui causa de nulidade contratual, a celebração de contrato de trabalho entre um serviço do Estado ou entidades públicas empresariais e um trabalhador, no desrespeito pelas respetivas exigências legais de seleção, recrutamento e ingresso.

Cfr., entre outros, os Acs. da RC, de 19.01.18 *in* www.dgsi.pt (Proc. nº 2651/17.5T8CBR.C1); do STJ, de 07.09.17 *in* www.dgsi.pt (Proc. nº 329/06.4TTALM.L1.S1); do STJ de 13.07.17 *in* CJ, Ano XXV, Tomo II, p. 246; da RE, de 28.06.17 *in* www.dgsi.pt (Proc. nº 3133/15.5T8PTM.S1.E1); da RP, de 19.05.14 *in* www.dgsi.pt (Proc. nº 372/09.1TTVRL.P1); da RC, de 03.04.14 *in* www.dgsi.pt (Proc. nº 5/13.1T4AGD.C1); da RL, de 30.05.12 *in* www.dgsi.pt (Proc. nº 1696/07.8TTLSB.L1-4) e da RC, de 15.07.09 *in* CJ, Ano XXXIV, Tomo III, p. 64 e de 08.02.07 *in* CJ, Ano XXXII, Tomo I, p. 60.

Artigo 123º – Invalidade e cessação de contrato de trabalho

1. A facto extintivo ocorrido antes da declaração de nulidade ou anulação de contrato de trabalho aplicam-se as normas sobre cessação do contrato.

2. Se for declarado nulo ou anulado o contrato a termo que já tenha cessado, a indemnização tem por limite o valor estabelecido no artigo 393º ou 401º, respetivamente para despedimento ilícito ou denúncia sem aviso prévio.

3. À invocação de invalidade pela parte de má fé, estando a outra de boa fé, seguida de imediata cessação da prestação de trabalho, aplica-se o regime da indemnização prevista no nº 3 do artigo 392º ou no artigo 401º para o despedimento ilícito ou para a denúncia sem aviso prévio, conforme o caso.

4. A má fé consiste na celebração do contrato ou na manutenção deste com o conhecimento da causa de invalidade.

COMENTÁRIOS:

1. Antecedentes legislativos: Arts. 116º, do CT/2003 e 15º, da LCT.

2. A extinção do contrato de trabalho inválido, que assente noutra causa que não seja a invalidade, segue o regime da cessação do contrato trabalho. Assim, se um contrato de trabalho, cuja invalidade ainda não tiver sido declarada, se extinguir em virtude de despedimento ilícito (*v.g.*, despedimento verbal), sobre o empregador impende o dever de indemnizar o trabalhador, nos termos gerais dos arts. 389º, nº 1, al. *a*) e 391º. Cfr. os Acs. da RG, de 07.11.19 *in* www.dgsi.pt (Proc. nº 3551/18.7T8VCT.G1); do STJ, de 23.10.19 *in* www.dgsi.pt (Proc. nº 3291/16.1T8PRT.P1.S1); da RP, de 07.11.16 *in* www.dgsi.pt (Proc. nº 89/14.5TTMAI.P1); da RC, de 04.02.16 *in* www.dgsi.pt (Proc. nº 308/15.0T8CVL.C1); do STJ, de 04.07.13 *in* www.dgsi.pt (Proc. nº 2079/09.0TTPNF.P1.S1); de 10.04.13 *in* www.dgsi.pt (Proc. nº 2006/09.5TTPNF.P1.S1) e de 02.02.05 *in* CJ, Ano XIII, Tomo I, p. 241.

Por sua vez, se a extinção ocorrer por denúncia do trabalhador sem aviso prévio, fica este obrigado a indemnizar o empregador, nos termos do art. 401º.

A aplicação do regime da cessação do contrato de trabalho, nos termos referidos, pode sofrer algumas limitações. Como foi admitido no Ac. do STJ, de 29.04.98 *in* CJ, Ano VI, Tomo II, p. 272, se o contrato vier a ser declarado inválido depois de efetuado o despedimento ilícito, não será possível ao trabalhador optar pela reintegração, porquanto esta pressupõe sempre a existência de um contrato de trabalho válido e eficaz.

3. Inspirado nos princípios da justiça e da equidade, o nº 2 consagra a regra segundo a qual o montante indemnizatório, decorrente de despedimento ilícito ou de denúncia sem aviso prévio, que extinga contrato a termo que venha a ser declarado nulo ou anulado, não deve ultrapassar o valor da indemnização, calculada nos termos do art. 393º ou 401º.

4. A parte que invoque a invalidade e que tenha celebrado e/ou mantido o contrato de trabalho com pleno conhecimento da causa da invalidade, ou seja, com má fé, deverá sujeitar-se aos efeitos do despedimento sem justa causa ou denúncia sem aviso prévio (nº 3).

Assim, se o empregador, de má fé, invocar a invalidade deverá indemnizar o trabalhador, nos termos do art. 392º, nº 3. Cfr., neste sentido, os Acs. do STJ, de 08.06.11 *in* www.dgsi.pt (Proc. nº 118/09.4TTMAI.P1.S1) e de 01.06.11 *in* www.dgsi.pt (Proc. nº 156/09.7TTVNG.P1.S1); da RC, de 05.11.09 *in* www.dgsi.pt (Proc. nº 129/08.7TTAGD.C1) e da RE, de 13.12.01 *in* CJ, Ano XXVI, Tomo V, p. 293.

Por sua vez, se a invocação for feita pelo trabalhador, este deverá indemnizar o empregador nos termos do art. 401º.

A invocação, com má fé, da invalidade poderá constituir um abuso de direito (art. 334º, do CC), perspetivado aqui como uma violação da relação objetiva de confiança, cuja frustração se apresente como ilegítima e digna da tutela da ordem jurídica. Cfr. o Ac. do STJ, de 29.04.98 *in* CJ, Ano VI, Tomo II, p. 270. Este mesmo tribunal entendeu que não "se verifica abuso de direito quando o empregador invoca a nulidade do contrato derivada do facto de o trabalhador não possuir as habilitações académicas exigidas para a celebração do contrato". (Ac. de 29.04.98 *in* CJ, Ano VI, Tomo II, p. 270).

No nosso entendimento, para que o nº 3 opere é necessário que a parte invoque a invalidade com abuso de uma posição dominante, escolhendo, para o efeito, o momento que lhe seja mais favorável e/ou, por outro lado, omitindo intencionalmente a causa da invalidade. Neste contexto, o nº 3 não será, em princípio, aplicável naqueles casos em que ambas as partes conhecem, quer no momento da celebração do contrato, quer durante a sua manutenção, a causa da invalidade. De notar que o ónus da prova da má fé cabe à parte que a invoca.

Na ótica da RP, a "má-fé daquele que invoca a nulidade, consiste no seu conhecimento prévio da ilegalidade da celebração ou manutenção do contrato". [Ac. de 23.05.16 *in* www.dgsi.pt (Proc. nº 739/15.6T8AVR.P1)].

5. No nº 4, o legislador limitou-se a fornecer um padrão de integração do conteúdo da boa fé que sirva ao intérprete-aplicador. Não devemos esquecer, contudo, que todas

"as situações que, por ferirem as aspirações de previsibilidade e de equilíbrio, levem o intérprete-aplicador a lançar mão da boa fé, implicam, da parte deste, um aferir do ocorrido e das suas circunstâncias, pela correspondente situação típica normal. Tal paradigma pode funcionar como simples detonador que leve, depois, à busca de outras saídas, ou ir mais longe: confluindo com as indicações materiais de que a boa fé seja portadora, ele pode, por esta, ser arvorado em bitola juspositiva, constituindo, então um padrão jurídico verdadeiro", António Menezes Cordeiro, *Da boa fé no direito civil*, p. 1195.

Artigo 124º – Contrato com objeto ou fim contrário à lei ou à ordem pública

1. Se o contrato de trabalho tiver por objeto ou fim uma atividade contrária à lei ou à ordem pública, a parte que conhecia a ilicitude perde a favor do serviço responsável pela gestão financeira do orçamento da segurança social as vantagens auferidas decorrentes do contrato.

2. A parte que conhecia a ilicitude não pode eximir-se ao cumprimento de qualquer obrigação contratual ou legal, nem reaver aquilo que prestou ou o seu valor, quando a outra parte ignorar essa ilicitude.

3. Constitui contraordenação grave a violação do disposto no nº 1.

COMENTÁRIOS:

1. Antecedentes legislativos: Arts. 117º e 651º, do CT/2003 e 16º, da LCT.

2. O conteúdo contratual é formado pelo "conjunto de regras que, por ter sido celebrado um negócio, tenha aplicação ao espaço sobre o qual as partes entenderam dispor", António Menezes Cordeiro, *Tratado de Direito Civil Português*, I Parte Geral, Tomo I, p. 413. Por sua vez, o objeto contratual, traduz-se no *quid* sobre o qual irá incidir a relação negocial. No que tange ao contrato de trabalho, o objeto é a atividade contratada (arts. 115º e 118º).

Finalmente, o fim do negócio jurídico consiste no escopo ou resultado a atingir, por força do cumprimento das partes.

O negócio jurídico cujo objeto seja física ou legalmente impossível, contrário à lei ou indeterminável está ferido de nulidade (art. 280º, nº 1, do CC). A RP considerou que se "o trabalhador admitido para exercer as funções de "vigilante" não possuir a escolaridade mínima obrigatória a que se refere o citado Decreto-Lei nem tiver realizado as provas de conhecimentos e de capacidade físicas exigidas pelas Portarias nº 970/98, de 16/11, e nº 64/01, de 31/01, o seu contrato de trabalho é nulo, por ser contra legem (art. 280º, nº 1, do CC)". (Ac. de 10.02.03 *in* CJ, Ano XXVII, Tomo I, p. 234).

A RC declarou "nula, por indeterminabilidade do objeto, a cláusula de contrato de trabalho na qual se estipulou que o trabalhador era contratado para lecionar nas "*horas disponíveis*" de outros colegas". [Ac. de 27.09.19 *in* www.dgsi.pt (Proc. nº 1006/18.9T8LMG.C1)].

Coloca-se a questão de saber se a fraude à lei cabe nesta causa de nulidade. São negócios em fraude à lei "aqueles que procuram contornar ou circunvir uma proibição legal, tentando chegar ao mesmo resultado por caminhos diversos dos que a lei designadamente previu e proibiu – aqueles que por essa forma pretendem burlar a lei", Manuel de Andrade, *Teoria Geral da Relação Jurídica*, vol. II, p. 337. Quanto a nós, o conteúdo proibitivo do art. 280º, do CC, reporta-se a todas as formas que oblíqua – como a fraude à lei – ou diretamente violem a lei.

A ilicitude pode reportar-se aos meios ou ao resultado, "isto é: o negócio ilícito pode alcançar algo que o Direito proíba ou, simplesmente, pode prosseguir uma finalidade em si admissível, mas por meios que o Direito vede", António Menezes Cordeiro, *Tratado de Direito Civil Português*, I Parte Geral, Tomo I, p. 423.

Pode acontecer que a atividade do trabalhador seja lícita em si mesmo, mas constitua uma condição necessária e direta para a prossecução de um fim ilícito. Uma vez que o fim contratual pode ser próprio de cada uma das partes, o art. 281º, do CC, estabelece que, quando apenas esse fim for contrário à lei ou à ordem pública ou ofensiva dos bons costumes, o negócio jurídico só é nulo se o mesmo for comum às partes.

O contrato de trabalho cujo objeto ou fim (sendo comum às partes) viole a lei, os bons costumes ou ofenda a ordem pública é nulo, nos termos do art. 280º, do CC, mantendo, contudo, a produção dos seus efeitos como se fosse válido em relação ao período durante o qual esteve em execução, nos termos do art. 122º.

O presente artigo estabelece ainda que a parte que conhecia a ilicitude deverá entregar ao serviço responsável pela gestão financeira do orçamento da Segurança Social todas as vantagens auferidas decorrentes do contrato.

Se a outra parte tomar conhecimento da ilicitude em momento ulterior, mantém o direito às vantagens auferidas até ao momento do conhecimento. Pedro Romano Martinez, *Direito do Trabalho*, pp. 494 e 495, dá como exemplo, alguém que trabalhava numa garagem e não sabia que estava a adaptar automóveis roubados. Neste caso, "a sua retribuição não reverte a favor do Instituto de Gestão Financeira da Segurança Social, até ao momento em que teve conhecimento de qual a finalidade da atividade desenvolvida".

Tenhamos em consideração que apenas as vantagens que, pela sua natureza, sejam restituíveis ficam sujeitas ao regime previsto no presente artigo. Quanto ao apuramento da natureza restituível da prestação, podemos recorrer às referências interpretativas do art. 289º, do CC. Com efeito, este preceito diz-nos que deve ser restituído tudo o que tiver sido prestado ou, se a restituição em espécie não for possível, o valor correspondente. Exemplo de coisas não restituíveis são as coisas consumidas, desaparecidas ou que não se encontrem na esfera jurídica do beneficiário da prestação. Cfr. Pires de Lima/Antunes Varela, *Código Civil Anotado*, vol. I, p. 265.

No domínio específico da relação laboral, é restituível a prestação realizada pelo empregador (o pagamento da retribuição). Ao invés, a prestação realizada pelo trabalhador (a atividade laboral), enquanto realidade não física, apresenta-se, naturalmente, insuscetível de restituição. Neste caso, deverá ser entregue o valor correspondente ao trabalho prestado, o qual, em princípio, coincide com o valor da retribuição.

Tratando-se de objeto contratual ilícito, a nulidade não depende do conhecimento da ilicitude por ambas as partes. Já tratando-se de fim contratual ilícito, tal conhecimento é *conditio sine qua non* para que opere a nulidade, ou seja, se a ilicitude é conhecida apenas por uma das partes, os efeitos do contrato mantêm-se. Cfr. a perspetiva de Mário Pinto/Pedro Furtado Martins/António Nunes de Carvalho, *Comentários às leis do trabalho*, p. 78.

3. O negócio contrário à ordem pública, ou ofensivo dos bons costumes também é nulo (art. 280º, nº 2, do CC). Em relação ao regime do CT/2003, é de destacar a exclusão, no presente artigo, da referência aos bons costumes como limite da licitude do objeto contratual.

Vejamos o que significam os conceitos ordem pública e bons costumes:

i) Ordem pública

Para Carlos Alberto da Mota Pinto, *Teoria Geral do Direito Civil*, p. 551, a ordem pública pode ser entendida como "o conjunto dos princípios fundamentais, subjacentes ao sistema jurídico, que o Estado e a sociedade estão substancialmente interessados em que prevaleçam e que têm uma acuidade tão forte que devem prevalecer sobre as convenções privadas".

António Menezes Cordeiro, *Tratado de Direito Civil Português*, I Parte Geral, Tomo I, pp. 440 e ss., considera que "a ordem pública constitui um fator sistemático de limitação da autonomia privada". Sendo tal objetivo atingido mediante normas jurídicas imperativas e princípios, a construir pela Ciência Jurídica, e que se perfilam como mecanismos de tutela de bens e valores considerados essenciais para a ordem jurídica.

"São, assim, contrários à ordem pública, contratos que exijam esforços desmesurados ao devedor ou que restrinjam demasiado a sua liberdade pessoal ou económica. Também são contrários à ordem pública negócios que atinjam valores constitucionais importantes – por exemplo: uma obrigação de não trabalhar – ou dados estruturantes do sistema", António Menezes Cordeiro, *Tratado de Direito Civil Português*, I Parte Geral, Tomo I, p. 441;

ii) Bons costumes

No entendimento de Carlos Alberto da Mota Pinto, *Teoria Geral do Direito Civil*, p. 552, estamos perante uma "noção variável, com os tempos e os lugares, abrangendo o conjunto de regras éticas aceites pelas pessoas honestas, corretas, de boa fé, num dado ambiente e num certo momento".

António Menezes Cordeiro, *Tratado De Direito Civil Português*, I Parte Geral, Tomo I, P. 440, perspetiva os bons costumes como um espaço envolvente de duas áreas: "códigos de conduta sexual e familiar e códigos deontológicos, que a lei não explicita mas que são de fácil reconhecimento objetivo, em cada momento social". Assim, como refere este autor, são contrários aos bons costumes os negócios jurídicos que tenham por objeto prestações que envolvam relações familiares ou condutas sexuais.

Como já referimos, os bons costumes foram excluídos do presente artigo. No entanto, como alerta Pedro Romano Martinez, *Direito do Trabalho*, p. 494, "a ofensa aos bons costumes pode gerar nulidade do contrato de trabalho, nos termos gerais".

4. O nº 2 estabelece que a parte que conhecia a ilicitude (e que, assim, agiu de má fé) não pode invocar a nulidade do contrato para se eximir ao cumprimento de qualquer obrigação contratual ou legal, nem reaver aquilo que prestou ou o respetivo valor. Neste caso, o contrato, embora inválido, mantém os seus efeitos de modo legalmente ficcionado, em relação à parte que agiu com má fé.

Para António Menezes Cordeiro, *Da boa fé no direito civil*, p. 516, a "boa fé traduz um estado de ignorância desculpável, no sentido de que, o sujeito, tendo cumprido com os deveres de cuidado impostos pelo caso, ignora determinadas eventualidades".

Artigo 125º – Convalidação de contrato de trabalho

1. Cessando a causa da invalidade durante a execução de contrato de trabalho, este considera-se convalidado desde o início da execução.

2. No caso de contrato a que se refere o artigo anterior, a convalidação só produz efeitos a partir do momento em que cessa a causa da invalidade.

COMENTÁRIOS:

1. Antecedentes legislativos: Arts. 118º, do CT/2003 e 17º, da LCT.

2. A convalidação assume contornos diferentes consoante o tipo de invalidade. Assim, as modalidades de convalidação do negócio jurídico anulável são a convalescença por decurso do prazo de arguição (art. 287º, nº 1, do CC) e a confirmação pela parte que encabeça o direito de anulação (art. 288º, do CC). Por sua vez, a admissibilidade da convalidação de negócios jurídicos nulos tem origem em preceitos legais de natureza excecional, como por exemplo, o art. 895º, do CC (referente à convalidação do contrato de compra e venda de bens alheios).

Tenhamos presente que os contratos de trabalho anuláveis apenas são suscetíveis de convalidação decorrido que esteja o prazo de impugnação do negócio jurídico. Com efeito, não faria sentido que o contrato de trabalho fosse convalidado durante o período de invocação da invalidade. Note-se que a parte com direito de impugnar o negócio jurídico inválido poderá sempre confirmá-lo, nos termos previstos no art. 288º, do CC.

Coloca-se a questão de saber se ao contrato celebrado, mas não executado, pode ser aplicado o regime em análise. No nosso entendimento não, uma vez que o legislador pretendeu atribuir à relação jurídica de facto o papel de mecanismo de acionamento da convalidação, atendendo aos inerentes envolvimentos físico, psicológico e económica das partes.

De acordo com a parte final do nº 1, o contrato cuja causa de invalidade tenha cessado é considerado plenamente válido e eficaz desde o início da execução. Este efeito retroativo já decorria dos arts. 288º, nº 4 (contratos anuláveis) e 895º (contratos nulos), ambos do CC.

3. Nos termos conjugados do nº 2 e do art. 124º, o efeito retroativo da convalidação não se produz em relação aos contratos com objeto ou fim contrário à lei ou à ordem pública. Nestes casos, o contrato só é considerado válido (por convalidação) a partir do momento em que cessar a causa da invalidade. Cfr. o Ac. do STJ, de 14.11.18 *in* www.dgsi.pt (Proc. nº 28602/15.3T8LSB.L1.S1).

Por conseguinte, todos os efeitos produzidos desde a celebração do contrato até ao momento da cessação da causa de invalidade ficam sujeitos ao regime das invalidades (*maxime* o previsto no art. 289º, do CC, segundo o qual "deve ser restituído tudo o que tiver sido prestado ou, se a restituição em espécie não for possível, o valor correspondente").

4. A RL entendeu que o "contrato de trabalho originariamente nulo entre um membro do órgão de administração de uma IPSS e esta convalidou-se se os trabalhadores subordinados da IPSS estiveram em minoria naquele órgão". (Ac. de 20.04.18 *in* CJ, Ano XLIII, Tomo II, p. 159).

SECÇÃO VII – Direitos, deveres e garantias das partes

SUBSECÇÃO I – Disposições gerais

Artigo 126º – Deveres gerais das partes

1. O empregador e o trabalhador devem proceder de boa fé no exercício dos seus direitos e no cumprimento das respetivas obrigações.

2. Na execução do contrato de trabalho, as partes devem colaborar na obtenção da maior produtividade, bem como na promoção humana, profissional e social do trabalhador.

COMENTÁRIOS:

1. Antecedentes legislativos: Arts. 119º, do CT/2003 e 18º, da LCT.

2. Cfr. o art. 762º, nº 2, do CC.

3. O nº 1 impõe expressamente aos sujeitos da relação laboral individual o dever de exercerem os seus direitos e cumprirem as respetivas obrigações de boa fé. O princípio da boa fé pode servir, por exemplo, como critério para "apreciar se o trabalhador comunicou e justificou atempadamente as faltas, bem se desobedeceu". [Ac. da RL, de 17.06.15 *in* www.dgsi.pt (Proc. nº 129/12.2TTCSC.L1-4)].

A RE decidiu que configura "abuso de direito, na vertente do *venire contra factum proprium e na locução de supressio* (supressão), no sentido de que a posição jurídica assumida pelo empregador – a impugnação de documento subscrito por trabalhador e empregador-, quando não tendo expressa durante 24 anos, não mais a pode fazer, por contrariar o principio da boa fé". [Ac. de 03.02.20 *in* www.dgsi.pt (Proc. nº 107/19.0T8OAZ.P1)].

4. O nº 2 consagra o princípio da mútua colaboração, o qual assenta na ideia que as situações laborais pressupõem uma comunidade cooperante entre os respetivos sujeitos, impondo-se ao empregador e ao trabalhador o dever de propiciarem todas as condições necessárias para a realização das obrigações a que se encontram adstritos.

Para Nuno Abranches Pinto, *Instituto Disciplinar Laboral,* p. 57, a colaboração imposta pelo nº 2 "constitui decorrência do princípio da boa fé (e, em particular, do caráter duradouro que exacerba a importância desse princípio no âmbito laboral) e não de um princípio político historicamente ultrapassado. O que significa que a mútua colaboração decorre da natureza do contrato e de uma particular exigência do respetivo cumprimento".

Se o empregador não facultar as condições necessárias exigíveis (ou fornece condições desadequadas) para a prestação de trabalho, o trabalhador tem a faculdade de resolver o contrato com justa causa, nos termos do art. 394º. De igual forma, se o trabalhador não se colocar à disposição do empregador ou se não realizar a prestação de trabalho de modo diligente, pode ser objeto de procedimento disciplinar.

Artigo 127º – Deveres do empregador

1. O empregador deve, nomeadamente:

***a*) Respeitar e tratar o trabalhador com urbanidade e probidade, afastando quaisquer atos que possam afetar a dignidade do trabalhador, que sejam discriminatórios, lesivos, intimidatórios, hostis ou humilhantes para o trabalhador, nomeadamente assédio;**

b) Pagar pontualmente a retribuição, que deve ser justa e adequada ao trabalho;

c) Proporcionar boas condições de trabalho, do ponto de vista físico e moral;

d) Contribuir para a elevação da produtividade e empregabilidade do trabalhador, nomeadamente proporcionando-lhe formação profissional adequada a desenvolver a sua qualificação;

e) Respeitar a autonomia técnica do trabalhador que exerça atividade cuja regulamentação ou deontologia profissional a exija;

f) Possibilitar o exercício de cargos em estruturas representativas dos trabalhadores;

g) Prevenir riscos e doenças profissionais, tendo em conta a proteção da segurança e saúde do trabalhador, devendo indemnizá-lo dos prejuízos resultantes de acidentes de trabalho;

h) Adotar, no que se refere a segurança e saúde no trabalho, as medidas que decorram de lei ou instrumento de regulamentação coletiva de trabalho;

i) Fornecer ao trabalhador a informação e a formação adequadas à prevenção de riscos de acidente ou doença;

j) Manter atualizado, em cada estabelecimento, o registo dos trabalhadores com indicação de nome, datas de nascimento e admissão, modalidade de contrato, categoria, promoções, retribuições, datas de início e termo das férias e faltas que impliquem perda da retribuição ou diminuição de dias de férias;

k) Adotar códigos de boa conduta para a prevenção e combate ao assédio no trabalho, sempre que a empresa tenha sete ou mais trabalhadores;

l) Instaurar procedimento disciplinar sempre que tiver conhecimento de alegadas situações de assédio no trabalho.

2. Na organização da atividade, o empregador deve observar o princípio geral da adaptação do trabalho à pessoa, com vista nomeadamente a atenuar o trabalho monótono ou cadenciado em função do tipo de atividade, e as exigências em matéria de segurança e saúde, designadamente no que se refere a pausas durante o tempo de trabalho.

3. O empregador deve proporcionar ao trabalhador condições de trabalho que favoreçam a conciliação da atividade profissional com a vida familiar e pessoal.

4. O empregador deve afixar nas instalações da empresa toda a informação sobre a legislação referente ao direito de parentalidade ou, se for elaborado regulamento interno a que alude o artigo 99º, consagrar no mesmo toda essa legislação.

5. O empregador deve comunicar ao serviço com competência inspetiva do ministério responsável pela área laboral a adesão ao fundo de compensação do trabalho ou a mecanismo equivalente, previstos em legislação específica.

6. A alteração do elemento referido no número anterior deve ser comunicada no prazo de 30 dias.

7. Constitui contraordenação grave a violação do disposto nas alíneas *k*) e *l*) do nº 1 e contraordenação leve a violação do disposto na alínea *j*) do nº 1 e nos nºs 5 e 6.

COMENTÁRIOS:

1. Antecedentes legislativos: Arts. 120º, 123º, nº 1 e 653º, do CT/2003 e 19º e 42º, nº 1, da LCT.

2. O presente artigo tem a redação introduzida pela L nº 53/2011, de 14 de outubro, pela L nº 23/2012, de 25 de junho, pela L nº 69/2013, de 30 de agosto, pela L nº 120/2015, de 01 de setembro, pela L nº 73/2017, de 16 de agosto e pela L nº 93//2019, de 04 de setembro.

3. No âmbito do reforço do quadro legislativo para a prevenção da prática de assédio, a L nº 73/2017 aditou as als. *k*) e *l*), do nº 1 e alterou o nº 7, consignando que a violação do disposto nestas alíneas constitui contraordenação grave.

4. Quanto à al. *a*), do nº 1, refira-se que ao empregador cabe "assegurar que no cumprimento do débito laboral o trabalhador não seja forçado a desumanizar-se, a abdicar daquilo que, como homem, lhe é devido", Mário Pinto/Pedro Furtado Martins/António Nunes de Carvalho, *Comentários às leis do trabalho*, p. 87.

O dever de urbanidade transpõe uma norma de conduta social para o universo jurídico-laboral, representando um pilar essencial para o estabelecimento de um bom ambiente de trabalho reivindicado pela comunidade empresarial. Por conseguinte, "assiste ao empregador o direito/dever de preservar esse imprescindível ambiente de boa harmonia nas relações entre todos os seus trabalhadores". (Ac. da RC, de 02.12.99 *in* CJ, Ano XXIV, Tomo V, p. 70).

Essencial é que o trabalhador não seja encarado como um mero instrumento de trabalho, sem respeito pela sua condição humana.

A L nº 93/2019, alterando esta alínea, veio impor expressamente no âmbito do dever de respeito, urbanidade e probidade, a obrigação de o empregador afastar "quaisquer atos que possam afetar a dignidade do trabalhador, que sejam discriminatórios, lesivos, intimidatórios, hostis ou humilhantes para o trabalhador, nomeadamente assédio".

É oportuno sublinhar que a ofensa à integridade física ou moral, liberdade, honra ou dignidade do trabalhador, punível por lei, incluindo a prática de assédio denunciada ao serviço com competência inspetiva na área laboral, praticada pelo empregador ou seu representante, constitui justa causa de resolução do contrato de trabalho, nos termos do art. 394º, nº 2, al. *f*).

5. Quanto à al. *b*), do nº 1, *vide* as anotações ao art. 258º. A falta de pagamento pontual da retribuição constitui justa causa para resolução do contrato de trabalho (als. *a*), do nº 2 e *c*), do nº 3, do art. 394º).

6. A al. *c*), do nº 1, trata do designado dever de assistência ou proteção, segundo o qual cabe ao empregador assegurar as condições mínimas de modo a garantir que o trabalhador exerça a sua atividade profissional com dignidade e profissionalismo.

Quanto a nós, as condições de ponto de vista moral prendem-se, não só com comandos impostos pela ordem pública e pela moral, como também com a abstenção de comportamentos que, de certo modo, coajam ou pressionem o trabalhador, potenciando a deterioração do seu estatuto jurídico-laboral.

Relembramos que a ofensa à integridade física ou moral, liberdade, honra ou dignidade do trabalhador, punível por lei, incluindo a prática de assédio denunciada ao serviço com competência inspetiva na área laboral, praticada pelo empregador ou seu representante, constitui justa causa de resolução do contrato de trabalho, nos termos do art. 394º, nº 2, al. *f*).

O STJ decidiu que o empregador "ao não devolver ao trabalhador o computador portátil – recolhido pelo seu superior hierárquico, à semelhança do sucedido com outros trabalhadores, em ordem à instalação de uma nova aplicação informática" – infringiu a al. *c*), do nº 1. [Ac. de 21.04.10 *in* www.dgsi.pt (Proc. nº 1030/06.4TTPRT.S1)].

No âmbito ainda das condições de trabalho merece destaque o Ac. da RC, de 06.05.10, onde se poder ler que nos "estabelecimentos em que os trabalhadores devem usar traje profissional, o empregador é obrigado a disponibilizar tantos armários quantos se processe em regime de turnos e independentemente da área disponível para o efeito no estabelecimento". (*In* CJ, Ano XXXV, Tomo III, p. 63).

7. O dever elencado na al. *d*), do nº 1, alicerça-se numa perspetiva tendencialmente empresarialista do empregador. Não restam dúvidas que as situações laborais se enquadram, cada vez mais, num esquema empresarial. Jorge Manuel Coutinho de Abreu, *Da empresarialidade – As empresas no direito*, p. 299, define «empresa laboral» como uma "organização de meios que constitui um instrumento de exercício relativamente continuado de uma atividade de produção, cujos trabalhadores estão sujeitos, individual e coletivamente, ao regime do direito do trabalho".

Os trabalhadores colocam à disposição do empregador a sua força de trabalho, passando a integrar o conjunto da organização. Em resultado disso, impõe-se ao empregador o dever de contribuir para a elevação do nível de produtividade do trabalhador. A formação profissional é indicada na alínea como exemplo de cumprimento deste dever. O regime da formação profissional está previsto nos arts. 130º e ss..

8. Na al. *e*), do nº 1, o legislador procurou incluir, expressamente, no elenco dos deveres do empregador, o respeito pela autonomia técnica do trabalhador, quando as regras profissionais o exijam. Princípio já consagrado no artigo 116º.

9. Na al. *f*), do nº 1, é imposto ao empregador o dever de possibilitar o exercício de cargos em estruturas representativas dos trabalhadores, mais precisamente, associações sindicais, comissões de trabalhadores e subcomissões de trabalhadores, representantes dos trabalhadores para a segurança e saúde no trabalho e outras estruturas previstas em lei específica, designadamente conselhos de empresa europeus. Cfr. o art. 404º.

10. As als. *g*), *h*) e *i*), estão relacionadas com os deveres que se impõem ao empregador em matéria de segurança e saúde no trabalho e de prevenção de riscos e doenças profissionais.

Os termos de cumprimento destes deveres estão concretizados nos arts. 281º a 284º, bem como nos seguintes diplomas regulamentadores:

– L nº 98/2009, de 04 de setembro (que regulamentou o regime de reparação de acidentes de trabalho e de doenças profissionais, incluindo a reabilitação e reintegração profissionais) e

– L nº 102/2009, de 10 de setembro (que aprovou o regime jurídico da promoção da segurança e saúde no trabalho), na versão dada pela L nº 79/2019, de 02 de setembro. Para maiores desenvolvimentos sobre segurança e saúde no trabalho, *vide* CÉLINE ROSA PIMPÃO, *A Tutela do Trabalhador em Matéria de Segurança, (Higiene) e Saúde* e PAULA QUINTAS, *Manual de Direito da Segurança e Saúde no Trabalho*.

Segundo a RC, é "na violação destas obrigações por parte do empregador, no incumprimento por parte deste na observância dos preceitos legais sobre higiene e saúde no trabalho que se pode alicerçar um pedido de indemnização por danos de saúde causados no trabalhador e resultantes dessa violação", valendo o prazo prescricional de 20 anos. (Ac. de 15.06.18 *in* www.dgsi.pt (Proc. nº 835/15.0T8LRA.C3) e CJ, Ano XLIII, Tomo III, p. 74).

11. A al. *j*), do nº 1, tem como propósito principal assegurar a transparência dos termos de contratação individual de trabalho e das condições de cumprimento. O registo atualizado do pessoal deve ser mantido em cada um dos estabelecimentos do empregador e não apenas na sede da empresa. A violação desta alínea constitui contraordenação leve (nº 6).

A RG decidiu que a alteração ao presente artigo "trazida pela Lei 120/2015 não despenalizou a infração resultante da violação pelo empregador de manter atualizado, em cada estabelecimento, este registo". (Ac. de 20.09.18 *in* CJ, Ano XLIII, Tomo IV, p. 337).

Em relação à expressão "manter atualizado, em cada estabelecimento", a RL defendeu que a mesma "tem, forçosamente, de ser entendida, sob pena do seu esvaziamento, com o significado de que o registo dos trabalhadores tem de estar no estabelecimento, mas também tem de ser disponibilizado, para consulta, em tempo razoável, às autoridades investidas de poder para tal". [Ac. de 22.02.17 *in* www.dgsi.pt (Proc. nº 4437/15.2T8BRR.L1-4)].

12. As als. *k*) e *l*), do nº 1, foram, como já referimos, aditadas pela L nº 73/2017 no âmbito do reforço do quadro legislativo para a prevenção da prática de assédio. A violação do disposto nestas alíneas constitui contraordenação grave (nº 7).

Ao abrigo destas alíneas, o empregador esta agora obrigado a adotar códigos de boa conduta para a prevenção e combate ao assédio no trabalho, sempre que a empresa tenha sete ou mais trabalhadores, bem como, a instaurar procedimento disciplinar sempre que tiver conhecimento de alegadas situações em que ocorra tal assédio.

13. Os nºs 2 e 3 resultam da ideia que o trabalhador não é um mero instrumento de trabalho, devendo ser respeitada a sua condição humana nas mais diversas vertentes. O nº 3 constitui uma mera transposição da al. *b*), do nº 1, do art. 59º, da CRP. A RL, embora reconhecendo que "uma instrução que, por questões operacionais, proíbe a coabitação no cockpit, em funções técnicas, de membros da mesma família (cônjuges, pais, filhos e irmãos), prejudica a vida familiar dos trabalhadores "daí não decorre que a mesma deva ser considerada ilícita, sendo aceitável que na procura da compatibilização desse interesse dos trabalhadores com o interesse da comunidade na segurança de voo, se dê prevalência a este último, por superior, tanto mais quanto se verifica que a R. tem procurado cumprir o dever que lhe é imposto pelo art. 127º, nº 3 do CT, dando instruções ao Departamento de Escalas para que os AA., sempre que possível, gozem dias de folga e férias coincidentes". [Ac. de 14.09.16 *in* www.dgsi.pt (Proc. nº 13665/14.T8LSB.L1-4)].

14. A redação atual do nº 4 foi introduzida pela L nº 120/2015, no âmbito de algumas medidas de reforço de maternidade e paternidade. Assim, por força deste preceito, é assegurado ao trabalhador o direito à informação sobre esta matéria. De facto, a primeira parte do nº 4 consagra o dever de o empregador afixar nas instalações da empresa toda a informação sobre a legislação referente ao direito de parentalidade. Por outro lado, se o empregador elaborar regulamento interno, nos termos do art. 99º, o mesmo deve consagrar toda essa legislação.

No âmbito da parentalidade, veja-se as anotações aos arts. 33º a 65º.

15. O nº 5 impõe ao empregador o dever de, sempre que celebre contratos de trabalho, comunicar ao serviço com competência inspetiva do ministério responsável pela

área laboral a adesão ao fundo de compensação do trabalho ou a mecanismo equivalente, previstos na L nº 70/2013, de 30 de agosto.

Nos termos do art. 366º, nº 3, o empregador é responsável pelo pagamento da totalidade da compensação, sem prejuízo do direito ao reembolso por aquele junto do fundo de compensação do trabalho ou de mecanismo equivalente e do direito do trabalhador a acionar o fundo de garantia de compensação do trabalho, nos termos previstos na L nº 70/2013, de 30 de agosto.

Artigo 128º – Deveres do trabalhador

1. Sem prejuízo de outras obrigações, o trabalhador deve:

a) Respeitar e tratar o empregador, os superiores hierárquicos, os companheiros de trabalho e as pessoas que se relacionem com a empresa, com urbanidade e probidade;

b) Comparecer ao serviço com assiduidade e pontualidade;

c) Realizar o trabalho com zelo e diligência;

d) Participar de modo diligente em ações de formação profissional que lhe sejam proporcionadas pelo empregador;

e) Cumprir as ordens e instruções do empregador respeitantes a execução ou disciplina do trabalho, bem como a segurança e saúde no trabalho, que não sejam contrárias aos seus direitos ou garantias;

f) Guardar lealdade ao empregador, nomeadamente não negociando por conta própria ou alheia em concorrência com ele, nem divulgando informações referentes à sua organização, métodos de produção ou negócios;

g) Velar pela conservação e boa utilização de bens relacionados com o trabalho que lhe forem confiados pelo empregador;

h) Promover ou executar os atos tendentes à melhoria da produtividade da empresa;

i) Cooperar para a melhoria da segurança e saúde no trabalho, nomeadamente por intermédio dos representantes dos trabalhadores eleitos para esse fim;

j) Cumprir as prescrições sobre segurança e saúde no trabalho que decorram de lei ou instrumento de regulamentação coletiva de trabalho.

2. O dever de obediência respeita tanto a ordens ou instruções do empregador como de superior hierárquico do trabalhador, dentro dos poderes que por aquele lhe forem atribuídos.

COMENTÁRIOS:

1. Antecedentes legislativos: Arts. 121º e 123º, nº 2, do CT/2003 e 20º, da LCT.

2. A posição passiva do trabalhador emergente da relação jurídica laboral é constituída por um dever principal (o de prestar a atividade laboral ou, pelo menos, o de

estar à disposição do empregador para o fazer) e um núcleo plurifacetado de deveres secundários e acessórios, que emergem do princípio geral da boa fé previsto no nº 1, do art. 126º e, ainda, do princípio da mútua cooperação consagrado no nº 2, desse preceito.

Os deveres acessórios, considerando a sua fonte jurídica, podem classificar-se em:

i) Deveres legais específicos, ou seja, deveres especificamente cominados por norma legal específica e

ii) Deveres acessórios derivados de conceitos indeterminados, os quais regulam-se pelos arts. 334º e 762º, nº 2, do CC.

3. Da expressão do corpo do nº 1, "Sem prejuízo de outras obrigações", resulta que o elenco dos deveres previsto no presente artigo não é taxativo.

4. Os deveres de respeito, urbanidade e probidade, previstos na al. *a*), do nº 1, manifestam-se nas relações dos trabalhadores com outros companheiros de trabalho, com o empregador e com pessoas que estabeleçam quaisquer contactos com a empresa (*v.g.*, os clientes, os fornecedores, os representantes, prestadores de serviços da empresa). Acerca do elemento probidade, a RP sustentou que o mesmo "apela à verticalidade de caráter e honradez". [Ac. de 20.10.14 *in* www.dgsi.pt (Proc. nº 707/12.0TTVNF.P1)].

O trabalhador viola estes deveres quando ofende a honra, a reputação e o bom nome, através de injúrias, ameaças, agressões físicas, assédio sexual, difamação, etc.. No Proc. nº 8781/14.8T8PRT.P1, foi decidido que a "ofensa à integridade física de um aluno, perpetrada por um professor, no decorrer de uma aula, tem de se qualificar como um ato grave, antipedagógico, que é repudiado pela comunidade", integrando justa causa para despedimento. (Ac. do STJ, de 27.04.17 *in* www.dgsi.pt).

No seio da atividade escolar, destacamos, ainda, o Ac. do STJ, de 12.01.00, no qual podemos ler que viola "o dever de urbanidade o trabalhador, professor de ensino particular, que escreve aos pais dos alunos comunicando-lhes que a entidade patronal afirma mentirosamente que ele não tem as habilitações adequadas". (*In* CJ, Ano VIII, Tomo I, p. 249).

A RL considerou que se "o trabalhador, no seu local de trabalho, referindo-se a outro trabalhador, ambos professores na entidade patronal, o apelida de "estúpido", "parvo e ignorante", "não aprendeu nada no colégio e nem sabia falar" e "que não tinha qualidades para obter o mestrado"; e, referindo-se ao presidente do Conselho de Administração da entidade patronal – uma Fundação – o apelida de "o nosso diretor fundido" e apelida a Fundação de "Fundição" viola o dever de respeito". (Ac. de 09.10.02 *in* CJ, Ano XXVII, Tomo IV, p. 146).

O STJ decidiu que violava os deveres de respeito e de urbanidade para com os colegas de trabalho, "o trabalhador que exercendo funções de chefia determina, pontualmente, aos seus subordinados a realização de atos de serviço fora do horário de trabalho, em prejuízo do respetivo direito ao descanso e toma no trato com esses subordinados atitudes violadoras da respetiva integridade moral". [Ac. de 28.01.16 *in* www.dgsi.pt (Proc. nº 1715/12.6TTPRT.P1.S1)].

Na fronteira entra a liberdade de expressão e de imprensa e os deveres previsto na al. *a*), do nº 1, o STJ sustentou que o "trabalhador que publica e afixa na empresa um artigo injurioso para superiores hierárquicos viola o dever de respeito e urbanidade" (Ac. de 14.03.00 *in* CJ, Ano VIII, Tomo I, p. 280), bem como o "trabalhador delegado sindical, que, na sequência de punição em processo disciplinar, presta declarações à Comunicação Social, nas quais imputa, falsamente, à empregadora represálias e perseguição sindical no seio da empresa, bem como pressão sobre os trabalhadores para que assinassem um documento em que estes declaravam não se reverem na atuação do trabalhador". [Ac. de 19.11.14 *in* www.dgsi.pt (Proc. nº 525/07.7TTFUN.L2.S1)].

Já a RP pronunciou-se no sentido de que não violava tais deveres a "mensagem de correio eletrónico remetida por um trabalhador – que é dirigente sindical e membro da Comissão Central de Trabalhadores e Subcomissão de Higiene e Segurança e Saúde no Trabalho da empresa onde exerce funções – a dois trabalhadores dessa empresa, com conhecimento para a Comissão de Trabalhadores da mesma empresa e para 47 outros trabalhadores, e com o seguinte teor: (...) "Conhecimento Registado.... Já agora e também para vosso conhecimento: o Tribunal da Relação" (...) "confirmou a decisão do tribunal de" (...) "(1ª instância), significando isso a obrigatoriedade da Administração devolver o dinheiro roubado aos trabalhadores na última greve". [Ac. de 01.02.16 *in* www.dgsi.pt (Proc. nº 68/14.2TTMTS.P1)].

Também no Proc. nº 10546/18.9T8PRT.P1, este mesmo tribunal decidiu que o "teor das notas informativas enviadas pelos Autores/delegados sindicais, aos trabalhadores da empresa, contendo "erro de informação", não consubstancia, objectivamente, qualquer violação dos deveres de respeito, de urbanidade para com a entidade empregadora e superiores hierárquicos e do dever de lealdade previstos nas alíneas a) e f) do nº 1 do artigo 128º do CT, na medida em que traduz, tão só, o exercício do direito de liberdade de expressão e do direito de liberdade sindical, previstos nos artigos 37º e 55º da CRP, respectivamente, e 14º do CT". (Ac. de 17.02.20 *in* www.dgsi.pt).

Nos casos em que a vítima do insulto ou da ofensa não se sinta ofendida na sua honra e dignidade, tal comportamento apenas poderá constituir uma violação do dever de urbanidade se provocar uma perturbação do ambiente de trabalho e/ou se denegrir o bom nome da empresa, pondo, designadamente, em crise a relação de confiança que se estabelece entre o empregador e o trabalhador ou entre este e os restantes trabalhadores. Cfr., quanto aos comportamentos que possam violar a moral e a ordem pública, João Leal Amado, *Pornografia, informática e despedimento (a propósito de um acórdão da Relação de Lisboa)*, p. 109.

O grau de gravidade da violação destes deveres depende das condições objetivas (*v.g.*, o contexto geográfico e social) que envolvem a prestação de trabalho. Assim, o trabalhador de um hotel de luxo ou de um casino vê acrescida a responsabilidade decorrente da violação do dever de respeito e urbanidade. Ao invés, a referida violação pode sofrer uma forte atenuação se praticada, *v.g.*, num ambiente de trabalho "onde os estereótipos da linguagem corrente estão pejados de expressões banalizadas, sem valor semântico e sem carga injuriosa ou ofensiva". (Ac. da RC, de 02.12.99 *in* CJ, Ano XXIV, Tomo V, p. 71, reportando-se ao ambiente de trabalho na construção civil). Nesta linha, o STJ deu nota da importância do contexto geográfico e social em que as mesmas são proferidas. (Ac. de 16.02.00 *in* CJ, Ano VIII, Tomo I, p. 263).

Já as condições subjetivas estão associadas, por exemplo, ao cargo desempenhado pelo autor da violação, bem como à respetiva responsabilidade assumida. Cfr. Ac. da RL, de 08.01.97 *in* CJ, Ano XXII, Tomo I, p. 173, onde se lê "que o A tinha funções de supremacia sobre os demais trabalhadores e por isso cabia-lhe, mais do que os outros, zelar pelo respeito recíproco".

A intensidade da relação de confiança e de proximidade estabelecida entre o empregador e o trabalhador assume-se, para os efeitos analisados, como uma condição subjetiva. Por exemplo, se uma empregada doméstica atua de modo completamente estranho à família para a qual trabalha, subvertendo a tranquilidade e a paz em que normalmente se desenvolvem as relações familiares, atinge a relação de confiança existente. Cfr. o Ac. da RC, de 02.12.99 *in* CJ, Ano XXIV, Tomo V, p. 68.

Será que um trabalhador que insulta o empregador num domingo, ou que agride um colega de trabalho fora do local de trabalho, viola o dever de urbanidade?

O dever em análise procura, no fundo, garantir um bom ambiente de trabalho e proteger o bom nome e imagem da empresa. Ora, sendo o trabalhador um ser humano e, enquanto tal, dotado de memória e de uma carga emocional vivida dentro e fora do local e horário de trabalho, facilmente se compreende que qualquer rutura do equilíbrio e harmonia (ainda que se produza fora do âmbito de execução do contrato de trabalho), que deve existir na relação entre os diferentes protagonistas do vínculo laboral, será passível de afetar o ambiente de trabalho na empresa.

A RC considerou que um empregado bancário que solicitou empréstimos a clientes não violou o dever de urbanidade. (Ac. de 01.06.95 *in* CJ, Ano XX, Tomo III, p. 85). Este mesmo tribunal viu numa agressão de um colega de trabalho fora do local e do horário de trabalho uma violação do dever de respeito e urbanidade. (Ac. de 28.01.93 *in* CJ, Ano XVIII, Tomo I, p. 85).

5. O dever de assiduidade (previsto na al. *b*), do nº 1) integra-se no conteúdo da própria prestação de trabalho, podendo ser entendido como um reflexo "da observância, por parte do trabalhador, do "programa" da prestação de trabalho, no tempo e no espaço. Significa, em suma, que ele deve estar *disponível* nas horas e locais previamente definidos", António Monteiro Fernandes, *Direito do Trabalho*, pp. 221. Os parâmetros da assiduidade são o horário de trabalho (212º) e o local de trabalho (art. 193º).

A relevância jurídica deste dever afere-se pela exigibilidade do seu cumprimento. Assim, se a ausência do trabalhador for provocada por circunstâncias justificativas, não há violação do dever de assiduidade. Esta compreensão consubstancia-se no efeito atribuído às faltas justificadas previsto no art. 255º.

Já a ausência injustificada do trabalhador é apta a perturbar a relação de confiança que deve vigorar entre as partes, de tal forma que poderá constituir justa causa de despedimento, cfr. al. *g*), do nº 2, do art. 351º.

Pedro Romano Martinez, *Direito do Trabalho*, p. 506, alega que "a falta de assiduidade pode conduzir ao despedimento, não porque seja um incumprimento definitivo parcial, que, em princípio, só implicaria uma redução do salário em função das faltas, mas porque toda a relação laboral não está a ser devidamente cumprida, havendo um cumprimento defeituoso". A RP considerou que as "faltas injustificadas constituem justa causa de despedimento distinta das falsas declarações relativas à justificação de faltas: aquelas importam a violação do dever de assiduidade, e estas já pressupõem que a falta haja sido – ainda que com um pressuposto falso – justificadas, justificação que implica a neutralização do dever de assiduidade". [Ac. de 01.02.16 *in* www.dgsi.pt (Proc. nº 292/14.8TTGDM.P1)].

A assiduidade pode ainda ser perspetivada como um valor a promover pelo empregador, designadamente através da prática conhecida dos «prémios de assiduidade».

Numa primeira análise, nada obsta ao controlo da assiduidade pelo empregador, recorrendo para o efeito a mecanismos "tendentes a permitir a verificação das horas de entrada e saída de cada trabalhador em cada dia". Tal faculdade legitima-se, aprioristicamente, no poder de direção atribuído ao empregador e não pode ser encarada como alteração das condições contratuais, "visto que não passa, justamente, de um instrumento de verificação formal do cumprimento do contrato. A oposição ou desobediência do trabalhador não será, pois juridicamente fundada", António Monteiro Fernandes, *Direito do Trabalho*, p. 249. *Vide*, quanto à desobediência legítima, as anotações à al. *e*), do nº 1.

O dever de pontualidade é o dever de cumprir, com precisão, o horário de entrada e de saída em cada período de trabalho. Note-se que também o usual incumprimento do horário de trabalho é suscetível de afetar a relação laboral. A RP fez notar que o "dever de assiduidade – por ter como parâmetros o local de trabalho e o horário de trabalho – já engloba o dever de pontualidade". [Ac. de 01.02.16 *in* www.dgsi.pt (Proc. nº 292/14.8TTGDM.P1)].

6. O trabalhador está obrigado a realizar o trabalho com zelo e diligência (al. *c*), do nº 1).

O trabalhador está adstrito a executar a prestação de trabalho com diligência, mais precisamente, realizando "a prestação com a atenção, o cuidado, o esforço e as cautelas razoavelmente exigíveis", Jorge Leite, *Direito do Trabalho*, vol. II, p. 96.

O grau de diligência afere-se pelo critério do trabalhador normal colocado na situação concreta. Não obstante, entendemos, juntamente com JORGE LEITE, *Direito do Trabalho*, vol. II, p. 96, "que este critério objetivo de normalidade se deve temperar com elementos subjetivos, já que o grau de diligência exigível pode variar em função de fatores individuais, como a idade, a experiência, a fadiga, etc.". MÁRIO PINTO/PEDRO FURTADO MARTINS/ANTÓNIO NUNES DE CARVALHO, *Comentários às leis do trabalho*, p. 87, destacam dois padrões de referência do dever de diligência (a finalidade da prestação e a disponibilidade do trabalhador) analisados "dentro dos limites do contrato e ponderando o esforço exigível, de acordo com estes parâmetros, a um trabalhador daquela categoria, naquela posição e naquele ambiente produtivo". O STJ decidiu que o "dever de zelo impõe ao trabalhador a observância do princípio geral do cumprimento das obrigações, pelo que o trabalhador deve exercer as suas tarefas com os ditames da boa fé e usando a diligência de um bom pai de família". (Ac. de 17.01.01 *in* CJ, Ano IX, Tomo I, p. 273).

No âmbito jurídico-normativo da responsabilidade civil, a diligência representa um critério supletivo de apreciação da culpa (art. 487º, nº 2, do CC). Tal protagonismo não deve ser marginalizado no território juslaboral, *maxime* no que diz respeito ao apuramento da culpabilidade da conduta do trabalhador, enquanto requisito subjetivo de justa causa de despedimento.

A violação do dever de diligência constitui justa causa de despedimento [art. 351º, nº 2, al. *d*)]. Ainda a propósito, é de ponderar os casos em que o trabalhador viola o dever de diligência, através de uma conduta já assumida, por vezes de modo habitual, por outros trabalhadores, sem que estes tenham sofrido qualquer sanção disciplinar. Cfr. o Ac. da RE, de 25.06.96 *in* CJ, Ano XXI, Tomo III, p. 300.

Para JORGE LEITE, *Direito do Trabalho*, vol. II, p. 97, "O grau de diligência circunscreve-se à execução da prestação, não abrangendo quaisquer atos ou comportamentos extraempresariais", continua o autor "(...) não se pode sancionar o trabalhador pelo facto de se ter abstido de determinada atividade que aumentaria a sua capacidade de trabalho ou de se não ter abstido de uma outra suscetível de a reduzir". A questão não é simples. De facto, em relação ao exercício de algumas profissões, o quotidiano extralaboral pode assumir-se profundamente influente no desempenho do trabalhador. Por exemplo, se analisarmos o caso de um atleta profissional que não tem cuidados mínimos com a saúde, designadamente má alimentação, vida noturna intensa, consumo excessivo de álcool, etc., não é difícil aceitarmos que o seu desempenho será prejudicado, com afetação da sua produtividade e/ou da equipa (tratando-se de um desporto coletivo). Aliás, a al *c*), do art. 13º, da L nº 54/2017, de 14 de julho (*Regime jurídico do contrato de trabalho do praticante desportivo, do contrato de formação desportiva e do contrato de representação ou intermediação*) impõe ao trabalhador o dever de preservar as condições físicas que lhe permitam participar na competição desportiva objeto do contrato.

Em suma, no nosso entendimento, o comportamento extralaboral do trabalhador é suscetível de sanção disciplinar, caso afete a capacidade de trabalho do trabalhador e a consequente produtividade empresarial ou acarrete prejuízos para o empregador. Convém lembrar que o trabalhador tem o dever de melhorar a produtividade da empresa, al. *h*), do nº 1. Cfr. as als. *e*) e *m*), do nº 2, do art. 351º.

Será que o trabalhador pode recusar-se a realizar atividades laborais, alegando que tal sobrecarga de trabalho irá prejudicar o grau de diligência exigível para a execução da prestação de trabalho?

Entendemos que sim. Na verdade, o trabalhador não está vinculado a realizar a prestação de trabalho em moldes que ultrapassem o humanamente exigível. Por outro lado, como já vimos nas anotações à al. *c*), do nº 1, do art. 127º, o empregador tem o dever de fornecer "boas condições de trabalho, tanto do ponto de vista físico como moral", mormente abstendo-se de sobrecarregar o trabalhador com um número excessivo de tarefas.

Vejamos alguns casos tratados na nossa jurisprudência, começando pelo proc. nº 595/09.3TTMTS.P1, onde foi decidido que consubstanciava "violação do dever de realizar o seu trabalho com zelo e diligência – previsto na alínea c) do nº 1 do art. 121º do CT –, o comportamento do trabalhador, responsável máximo de uma oficina mecânica da empregadora, traduzido na sua opção durante um período de cerca de um ano, por um fornecedor, daí resultando para a empregadora um sobrecusto médio superior a 40%, relativamente aos preços alternativos no mercado". (Ac. da RP, de 13.06.11 *in* www.dgsi.pt). Já no Proc. nº 243/07.6TTBJA.S1, o STJ entendeu que exercendo "o trabalhador as funções de encarregado de obras da empregadora, sendo ele quem controlava o andamento dos trabalhos e quem estava incumbido de solicitar a comparência do engenheiro da obra e do gerente da empregadora, quando fosse necessário, não tendo adotado os procedimentos necessários a evitar os graves defeitos de construção assinalados, violou culposamente e de forma grosseira o dever de realizar com zelo e diligência as funções que lhe estavam cometidas". (Ac. de 25.03.10 *in* www.dgsi.pt).

Foi igualmente considerado como violador deste dever o comportamento de um "trabalhador que, exercendo funções de Controlador de Tráfego de transporte público coletivo de passageiros, incumprindo instruções da empregadora, segundo as quais deveria entregar o dinheiro das multas cobradas e, bem assim, os respetivos autos de notícia e os documentos anexos aos recibos de multa, devidamente preenchidos, no prazo de três dias após a autuação ao passageiro encontrado sem título de transporte, excede, largamente, por três vezes, esse prazo, retendo as importâncias cobradas, e, por duas vezes, omite o preenchimento dos documentos anexos aos recibos de multa, para recolha de informação necessária à elaboração dos autos de notícia, e onde são mencionados, designadamente, os dados relativos à carreira, autocarro, e hora a que são passadas as multas, o que impossibilitou que tais elementos constassem dos respetivos autos de notícia". [Ac. do STJ, de 17.06.09 *in* www.dgsi.pt (Proc. nº 08S3698)].

7. De acordo com a al. *d*), o trabalhador tem o dever de participar nas ações de formação profissional. Não podemos esquecer que esta, contribuindo para o enriquecimento técnico e melhoramento do desempenho do trabalhador, é apta a melhorar a produtividade da empresa. Quanto à formação profissional, cfr. os arts. 130º e ss..

8. O dever de obediência (al. *e*), do nº 1) representa o corolário mais significativo da subordinação jurídica, assumindo-se como posição passiva do poder de direção atribuído ao empregador.

O poder de direção é suscetível de desdobramento num poder determinativo da função, poder confirmativo da prestação, poder regulamentar e poder disciplinar.

O STJ dilucidou que em consequência "da celebração do contrato de trabalho, o empregador fica investido numa posição de autoridade e constituído no direito de orientar, programa, dirigir e fiscalizar a prestação do trabalho, ficando o trabalhador, naturalmente sujeito às ordens, diretivas e disciplina por aquele estabelecidas. As necessidades de organização do trabalho e o normal funcionamento da empresa postulam e justificam um poder diretivo que se pretende eficaz de modo a impedir que o trabalhador, com a sua conduta desviante e censurável, no âmbito da empresa e na vigência do contrato, possa por em risco anormal execução do contrato e, assim, prejudicar seriamente os objetivos visados pela organização empresarial". (Ac. de 24.02.99 *in* BMJ, 484, p. 258).

O poder de direção atribuído ao empregador, enquanto força hegemónica dominante, sofre contornos limitativos cuja violação pode legitimar a desobediência do trabalhador. Neste seguimento, os trabalhadores não estão vinculados a cumprir ordens que emanem de quem não tem competência para tal e/ou constituam uma ofensa aos seus direitos e garantias. Deste modo, podem ser consideradas ilegítimas as ordens emitidas pelo empregador que afetem a categoria profissional do trabalhador (salvo o regime excecional previsto no art. 119º), que impliquem uma transferência do local de trabalho (exceto o disposto no art. 194º), que pressionem o trabalhador no sentido de prejudicar as condições gerais de trabalho, etc.. No entanto, tal delimitação revela-se, quanto a nós, manifestamente insuficiente para abarcar todas as situações legitimadoras da desobediência. Com efeito, coloca-se a questão de saber se os trabalhadores gozam do direito de se oporem às ordens, diretivas e instruções do empregador que violem a boa fé e os bons costumes.

O perímetro estruturante da questão gira em torno da possibilidade de os trabalhadores se oporem àquelas ordens e, em caso afirmativo, quais os meios jurídicos recorríveis.

As partes no cumprimento da obrigação, assim como no exercício do direito correspondente, devem atuar de boa fé (art. 126º, nº 1). Na nossa visão, o empregador, impondo aos trabalhadores a execução de uma ordem ilícita nos termos já indicados, ainda que conveniente aos interesses da empresa, assume uma conduta desleal e desonesta e, consequentemente, exerce, de modo abusivo, um direito que lhe é legalmente conferido. Comportamento esse que chama, inapelavelmente, à colação a figura do abuso de direito. Nos termos do art. 334º, do CC, "É ilegítimo o exercício de um direito, quando o titular exceda manifestamente os limites impostos pela boa fé, pelos bons costumes ou pelo fim social ou económico desse direito". No fundo e em resumo, o instituto do abuso de direito perfila-se como garante do equilíbrio entre as partes, inerente a toda e qualquer relação jurídica, batendo-se contra o exercício de direitos que constitua uma intolerável ofensa do sentido ético-jurídico da comunidade.

Os meios concedidos aos trabalhadores de se oporem a tais ordens podem ser:

i) O direito de resistência

De acordo com o disposto no art. 21º, da CRP, todos "têm o direito de resistir a qualquer ordem que ofenda os seus direitos, liberdades e garantias e de repelir pela força qualquer agressão, quando não seja possível recorrer à autoridade pública". Como tem entendido a nossa doutrina este direito vale, não só perante os poderes públicos, como também nas relações particulares.

O legislador ao fazer referência a condutas violadoras de direitos, liberdades e garantias dos cidadãos não pretendeu, de modo algum, excluir os comportamentos que, embora não violadores desses privilégios constitucionalmente garantidos, encarnassem uma forte ofensa da consciência ético-jurídica da comunidade e que, por isso, apresentassem uma sustentada afinidade axiológica com aqueles.

A nossa Constituição não tipifica quais as formas admitidas para o exercício do direito de resistência, o que, dado o seu caráter extraordinário, é perfeitamente compreensível. Jorge Leite, *Direito do Trabalho*, p. 95, entende que, nos casos em que "o trabalhador tenha fundadas dúvidas sobre a legitimidade da ordem ou sobre a licitude do ato que a cumpre, deve apresentá-las à entidade competente e, no caso de as dúvidas subsistirem, executará a ordem sob reserva o afim de se exonerar de eventuais responsabilidades a que dê origem o facto ou de evitar que a sua conduta seja interpretada como significativa do seu acordo a uma alteração contratual".

Segundo cremos, o exercício do direito de resistência perante ordens, diretivas ou instruções ilícitas poderá assumir-se como uma abstenção de executar tais ordens (resistência passiva);

ii) A inexigibilidade

A inexigibilidade tem as suas raízes na formulação obrigacional preconizada por Hartmann, e assenta, basicamente, numa nova concetualização, segundo a qual o cumprimento não poderia ser exigido ao devedor, verificadas determinadas razões preponderantes. Cfr. António Menezes Cordeiro, *Da boa fé no direito civil*, p. 1015. No grupo dessas situações encontra-se o conflito de deveres (outras duas situações indicadas pela doutrina são a "objeção de consciência" e a existência de perigo para a vida ou saúde do devedor ou de terceiro). Não vislumbramos qualquer motivo ponderoso para não incluir nesse grupo os casos em que o credor reivindica do devedor um comportamento, cuja prática, embora satisfazendo os seus interesses, implica uma forte violação da boa fé, bons costumes e/ou lei. Nesta hipótese e no que diz respeito à relação laboral, os trabalhadores são confrontados com dois deveres, naturalisticamente opostos. O nº 2, do art. 335º, do CC, preceitua que na eventualidade de haver colisão de direitos desiguais ou de diferente espécie (à qual corresponde, naturalmente, uma colisão de deveres) deve prevalecer o direito/dever considerado superior. No presente caso, pensamos que o direito/dever prevalecente é aquele que impõe ao trabalhador uma atuação conforme com o Direito. Isto porque o que está em causa são regras basilares que pautam as relações humanas, impondo aos seus sujeitos um comportamento ético-jurídico, medianamente padronizado, em absoluta harmonia com as regras e princípios de Direito adotados e enraizados na consciência comunitária.

No nosso entendimento e independentemente do meio de oposição utilizado, aos trabalhadores não pode ser imposto um comportamento desviante, sob pena de violação dos princípios elementares de Direito em que assenta a nossa Ordem Jurídica.

O trabalhador perante uma ordem ilegítima deve expor os motivos que suportam tal ilegitimidade. De seguida, caso o empregador persista na mesma ordem, deve, de modo adequado, recusar o seu cumprimento. *Vide* o Ac. do STJ, de 08.10.97, no qual a ocupação, espalhafatosa e despropositada de local de trabalho pelo trabalhador foi considerada como um meio errado de reação. (*In* CJ, Ano V, Tomo III, p. 265).

Nalguns casos, o empregador impõe ordens, diretivas ou instruções necessárias à garantia de melhores condições de trabalho, as quais, embora podendo afetar alguns trabalhadores, são perfeitamente legítimas, atendendo aos valores em causa. *Vide* o Ac. da RP, de 25.03.96, onde foi considerada ilegítima a desobediência a uma ordem que proibia o consumo de tabaco nas áreas cobertas da empresa, não obstante tal comportamento tivesse sido anteriormente autorizado. (*In* CJ, Ano XXI, Tomo II, p. 259).

Conforme salienta Jorge Leite, *Direito do Trabalho*, p. 95 "a prestação de trabalho constitui um quadro de referência da esfera de obediência na medida em que esta só é devida em situações que ocorram por causa ou por ocasião daquela dentro dos locais de trabalho e durante o tempo de trabalho (ou nos períodos que precedem o início deste e se sucedem ao seu termo)".

O trabalhador não está obrigado a obedecer a ordens do empregador que invadam a sua esfera pessoal, a menos que se verifique um efetivo ou, pelo menos potencial, reflexo negativo na normal prestação a que se obrigou. No Ac. de 09.06.99, o STJ julgou um caso em que um clube desportivo proibiu o consumo de álcool fora do local e horário de trabalho. (*In* ADSTA, Ano XXXIX, 459, p. 455).

Sobre o dever de obediência no contrato de trabalho vigente numa empresa de um grupo, cfr. Maria do Rosário Palma Ramalho, *Grupos Empresarias e Societários. Incidências Laborais*, pp. 440 e ss..

No Proc. nº 256/19.5T8VFR.P1, a RP entendeu que "a ilegitimidade da ordem da ré, entendida no sentido do incumprimento de legislação expressa sobre regras relativas ao equipamento de protecção que fosse adequado utilizar, tornou inexigível a obediência do autor, ou seja, tornou legítima a recusa do autor relativa ao uso do calçado de segurança imposto pela ré, o qual obrigava a um maior esforço físico dos trabalhadores, incluindo o autor". (Ac. de 27.04.20 *in* www.dgsi.pt).

No Proc. nº 2845/13.2TTLSB.L1.S1, o STJ considerou que o "trabalhador, que exerce funções de vendedor de equipamentos, que não cumpre uma ordem dada pelo empregador, sem qualquer justificação, apesar de lhe terem sido feitas várias insistências, para proceder à elaboração diária de um relatório das atividades por si desenvolvidas, nomeadamente, contendo a informação de visitas a clientes, estado dos processos pendentes, novos clientes e prospeção de mercado que andasse a fazer, viola o dever de obediência". (Ac. de 27.04.17 *in* www.dgsi.pt).

No Ac. do STJ, de 30.04.14 *in* www.dgsi.pt (Proc. nº 2016/09.2TTPRT.P1.S1), foi decidido que a "conduta de docente do ensino superior que não cumpre as instruções internas relativamente à avaliação dos alunos" viola de forma grave e culposa o dever de obediência.

9. No contexto jurídico-laboral, o dever de lealdade (al. *f*), do nº 1) assume-se como uma manifestação acentuada do princípio da boa fé, que impõe às partes o dever de "guardar "fidelidade" à palavra dada e não frustrar ou abusar daquela confiança que constitui a base imprescindível das relações humanas", Karl Larenz, citado por Rui de Alarcão, *Direito das Obrigações*, p. 110. Cfr. o Ac. do STJ, de 14.03.00 *in* CJ, Ano VIII, Tomo I, p. 283, que estabeleceu uma marcada cumplicidade entre o elemento fiduciário do contrato de trabalho e a relação de confiança.

O seu alcance normativo ultrapassa os limites dos deveres de sigilo e da não concorrência. Na verdade, os valores em causa são de tal forma essenciais à manutenção harmoniosa da relação jurídico-laboral, que dificilmente se compreenderia que o núcleo normativo estruturante da lealdade se esgotasse naqueles dois específicos deveres, cerceando, de modo assinalável, a sua dimensão prática.

O sentido do dever de lealdade extrai-se de um conteúdo binário composto por:

– Um plano negativo que veda comportamentos que apontem para a neutralização da utilidade visada "ou que, autonomamente, determinem situações de «perigo» para o interesse do empregador ou para a organização técnico-laboral da empresa", António Monteiro Fernandes, *Direito do Trabalho*, p. 216. O trabalhador deve abster-se de realizar quaisquer ações que violem os interesses da empresa entendida como organização de meios (por exemplo "o dever de o trabalhador não se apropriar de bens do empregador", Pedro Romano Martinez, *Direito do Trabalho*, p. 509) e

– Um plano positivo, segundo o qual "deve o trabalhador tomar todas as disposições necessárias (por exemplo, informar um superior hierárquico, alertar os bombeiros, a polícia, etc.) quando constata uma ameaça de prejuízo ou qualquer perturbação da exploração, ou quando vê terceiros, em particular outros trabalhadores, ocasionar danos»", Boldt, citado por António Monteiro Fernandes, *Direito do Trabalho*, p. 216. No fundo e neste plano, o trabalhador é encarado como um guardião dos interesses da empresa (tenhamos consciência que tal missão é imposta dentro de um critério de razoabilidade que não pode reclamar comportamentos que ultrapassem os limites do mínimo exigível).

A RG entendeu que violou este dever "a trabalhadora que na sequência de ameaça realizada junto das colegas de trabalho, de que iria colocar sapatos da empresa dentro dos sacos destas, denúncia falsamente uma colega junto do segurança da empresa informando-o que esta levava sapatos escondidos num saco, impondo a sua revista, manifestando a visada a sua indignação e presenciando a arguida os factos numa pose de gozo com a situação". [Ac. de 04.05.17 *in* www.dgsi.pt (Proc. nº 3396/16.9T8 VNF.G1)].

No Proc. nº 483/15.4T8BRR.L1-4, a RL decidiu no sentido de que a "não comunicação à ré de que o filho do autor era o único sócio e gerente de uma das principais fornecedoras da ré, acrescido do facto de o réu dizer mesmo que tal empresa pertencia a um terceiro, integra flagrante e gravíssima violação do dever de lealdade" (Ac. de 14.09.16 *in* www.dgsi.pt).

Foi também julgada violadora deste dever:

– A violação de cláusula de confidencialidade. [Ac. da RL, de 13.07.20 *in* www.dgsi.pt (Proc. nº 13058/19.0T8SNT.L1-4)];

– A conduta de uma "trabalhadora de uma unidade residencial para idosos que na presença de colegas de trabalho e de um terceiro, sem aparente justificação factual para o efeito, profere a expressão "Não recomendo o C... a ninguém", pretendendo com isso reportar-se ao estabelecimento onde trabalhava, não podendo essa conduta da trabalhadora encontrar legitimação no seu direito à liberdade de expressão". [Ac. da RP, de 15.02.16 *in* www.dgsi.pt (Proc. nº 276/13.3TTSTS.P1)];

– A "apropriação de valores entregues pelos clientes da ré para depósito nas respetivas contas bancárias para afetar ao seu proveito pessoal e a execução de operações de liquidação, anulação e/ou lançamento de montantes nas aludidas contas bancárias em desconformidade com as determinações dos respetivos titulares, de forma a obter para si os montantes nessas operações reportados e manipular registos informáticos correspondentes a esses movimentos". [Ac. do STJ, de 23.11.11 *in* www.dgsi.pt (Proc. nº 318/07.1TTFAR.E1.S1)].

É de salientar ainda que o trabalhador tem o dever de informar o empregador sobre aspetos relevantes para a prestação da catividade laboral (art. 106º, nº 2). O STJ considerou que o trabalhador que não forneça ao empregador os documentos solicitados, nomeadamente os referentes às suas habilitações, viola o dever de lealdade. (Ac. de 12.01.00 *in* CJ, Ano VIII, Tomo I, p. 251).

Numa outra dimensão, podemos distinguir, ainda, um lado subjetivo "que decorre da sua estreita relação com a permanência de confiança entre as partes" e um lado objetivo associado ao "ajustamento do trabalhador ao princípio da boa fé no cumprimento das suas obrigações". (Ac. do STJ, de 05.02.97 *in* CJ, Ano V, Tomo I, p. 276).

A violação do dever de lealdade apresenta um grau de gravidade que varia consoante as circunstâncias de cada caso. Por conseguinte, essa violação "pode ou não levar ao despedimento com justa causa, tudo dependendo do circunstancialismo que o rodeou". (Ac. do STJ, de 05.02.97 *in* CJ, Ano V, Tomo I, p. 276). Alguns aspetos que podem influir são o cargo ocupado, a responsabilidade que lhe está inerente e o montante dos valores em causa. Cfr o Ac. do STJ, de 20.01.99 *in* CJ, Ano VII, Tomo I, p. 268.

Por outro lado, o percurso e o desempenho, do trabalhador, associados à ausência de antecedentes disciplinares, são elementos a ponderar na determinação da sanção disciplinar aplicável. Sendo certo que se a violação do dever assumir um grau elevado de gravidade a manutenção da relação laboral pode tornar-se impossível.

A censura exercida sobre o trabalhador não depende da verificação efetiva do evento danoso, basta que o valor protegido seja ameaçado. Com se lê no Ac. do STJ, de 16.10.96, a "criação de um perigo específico de perda da clientela mesmo sem a realização efetiva de negócios é suficiente para o preenchimento da ampla noção de concorrência que é necessariamente suposta pelo conteúdo do dever de lealdade". (*In* CJ, Ano IV, Tomo III, p. 244).

Como não poderia deixar de ser e tendo em consideração os valores tutelados, para que haja violação do dever de lealdade, disciplinarmente relevante, basta que o trabalhador atue de modo negligente. Cfr. o Ac. da RL, de 15.12.99 *in* CJ, Ano XXIV, Tomo V, p. 244.

A vinculação ao dever de lealdade mantém-se durante a vigência do contrato de trabalho, ainda que o trabalhador se encontre, por exemplo, na situação de licença sem retribuição. *Vide* o Ac. da RL, de 15.12.99 *in* CJ, Ano XXIV, Tomo V, p. 244.

Sobre o dever de lealdade no contrato de trabalho vigente numa empresa de um grupo, cfr. Maria do Rosário Palma Ramalho, *Grupos Empresarias e Societários. Incidências Laborais*, pp. 446 e ss..

Para outros desenvolvimentos, cfr., ainda, Maria Clara Sottomayor, *Dever de lealdade dos trabalhadores e tutela do fim das pessoas coletivas* pp. 977 e ss..

As manifestações concretas do dever de lealdade envolvem-se numa conjuntura variável e insuscetível de captação estanque, que torna inútil qualquer tentativa de estabelecimento de um elenco taxativo. No entanto, existem manifestações próprias deste dever contempladas na al. *f*), mais precisamente a não concorrência e a obrigação de sigilo.

i) O dever de não concorrência

A concorrência depende da existência de "atos integrativos dum processo de disputa de mercado, e essa menção não é, apenas, a dos produtos finais; há concorrência para a obtenção de matéria-prima, de fornecedores, de trabalhadores, de técnicos de produção e assim por diante". (Ac. da RL, de 09.03.94 *in* CJ, Ano XIX, Tomo II, p. 155).

Convém esclarecer que o dever de não concorrência e a exclusividade são realidades distintas. Deste modo, o trabalhador pode prestar trabalho para mais do que um empregador, contanto as atividades exercidas não sejam concorrentes. De facto, ainda que se trate do mesmo ramo de trabalho, a prestação laboral para outro empregador, fora do local e do horário de trabalho, não constitui *per si* uma violação deste dever. Para PEDRO ROMANO MARTINEZ, *Direito do Trabalho*, p. 514, a violação só se verifica se existir "um desvio de clientela, ainda que potencial, visto ser este o facto que pode causar prejuízos ao empregador". Importa ter presente que a concorrência não se esgota no desvio de clientela, podendo manifestar-se, *v.g.*, na negociação com fornecedores e na contratação de trabalhadores. No fundo, em tudo o que possa afetar a produtividade e a posição do empregador no giro comercial. No Proc. nº 3199/17.3T8MTS.P1, foi decidido que "este dever verifica-se "tanto nos casos em que o trabalhador desenvolve por si uma atividade concorrente com a atividade desenvolvida pelo seu empregador, como nos casos em que o trabalhador se organiza numa empresa que concorra com aquele". (Ac. da RP, de 11.04.19 *in* www.dgsi.pt).

No Proc. nº 2419/18.1T8BRR-4, a RL veio esclarecer que não violava o dever de lealdade para com a sua empregadora, empresa de transporte e tratamento de valores, o trabalhador, vigilante de transporte de valores, que trabalhava também para outra empresa, a qual se dedica ao transporte e tratamento de valores e à vigilância estática, exercendo para esta funções, como vigilante, na área da vigilância estática. Com efeito, como se pode ler neste aresto, o "dever de lealdade a que está sujeito o traba lhador não obsta a que o mesmo exerça cumulativamente a sua actividade profissional ao serviço de dois empregadores, tão pouco necessitando de autorização dos mesmos para tal, desde que não esteja vinculado por uma cláusula de exclusividade, a vigorar durante a execução do contrato, ou mesmo posteriormente, e/ou não concorra com a empresa, nem divulgue informações referentes à sua organização, métodos de produção ou negócio, ou por qualquer forma lese interesses patrimoniais sérios da empresa". (Ac. de 13.07.20 *in* www.dgsi.pt).

Ao invés, foi perspetivada como uma violação deste dever:

– A constituição de uma sociedade comercial concorrente da empregadora, ficando, no entanto a obrigação de indemnizar dependente da demonstração de diminuição da faturação, resultante do desvio de clientes promovido pelo trabalhador. [Ac. da RE, de 28.04.17 *in* www.dgsi.pt (Proc. nº 2164/15.0T8STR.E1)];

– A conduta de uma "trabalhadora que, graças às funções (de supervisora) que exerce na empresa e ao conhecimento de uma proposta que esta fez a um cliente para a prestação de um serviço, propõe a este um valor inferior ao que consta naquela proposta e procede, por conta própria, à realização desse serviço, viola o dever de guardar lealdade à sua entidade empregadora, nomeadamente, o de não negociar por conta própria em concorrência com ela". [Ac. da RL, de 15.06.11 *in* www.dgsi.pt (Proc. nº 644/09.5TTFUN.L1-4)].

Será que a prática isolada de um determinado ato pode constituir uma violação do dever de não concorrência?

Entendemos que sim. Com efeito, o que está em causa é a preservação da relação de confiança e o afastamento da possibilidade de o trabalhador, em virtude da posição que ocupa, prejudicar os interesses da empresa, independentemente da quantidade de atos praticados, prevalecendo, assim, uma valoração qualitativa do incumprimento.

O trabalhador pode exercer atividade concorrente, caso comunique aos empregadores tal exercício. Se estes não se opuserem a situação torna-se tacitamente lícita. Para Mário Pinto/Pedro Furtado Martins/António Nunes de Carvalho, *Comentários às leis do trabalho*, p. 95, nas situações em que se regista a mera tolerância de certas práticas mais ou menos generalizadas que, objetivamente, podem ser qualificadas como atos de concorrência "a atitude passiva da entidade patronal poderá ter importância para efeito de qualificação da violação do dever de lealdade como justa causa de despedimento, o que, evidentemente, não é o mesmo que dizer que ela implica uma autorização geral e irrevogável para o exercício de atividades concorrenciais".

Para que a conduta concorrencial seja juridicamente censurável deve atentar contra a lealdade e a boa fé subjacentes à relação laboral.

O dever de não concorrência encarna uma forte limitação legal à liberdade de trabalho, afigurando-se "necessário acautelar os riscos da *formulação abstrata* e da mera *subsunção* no despiste das violações à abstenção de concorrência: esta determinação há de permanecer no domínio da casuística, por força da exigência, que lhe é imanente, de uma adequada ponderação das circunstâncias concretas de cada caso: de outro modo, isto é, pela via da configuração abstrata de hipóteses de violação, estar-se-á a incorrer na possibilidade de artificial e ilegítima amplificação da área operatória em que o dever em causa de destina a atuar", António Monteiro Fernandes, *Direito do Trabalho*, p. 221.

A proibição de concorrência mantém-se apenas durante a vigência da relação laboral, salvo se for estabelecida uma cláusula de não concorrência, nos termos do art. 136º, nº 2.

O alargamento da atividade comercial do empregador, extravasando o seu objeto social, pode pôr em causa a existência de uma infração disciplinar por violação do dever de não concorrência. Ac. da RP, de 08.09.14 *in* www.dgsi.pt (Proc. nº 2/12.4TTMAI.P1).

No direito societário, o dever de não concorrência imposto aos gerentes ou administradores (arts. 254º e 398º, do CSC) esgota-se nas atividades que estejam abrangidas pelo objeto da sociedade. Cfr. Alexandre Soveral Martins, *O Exercício de Atividades Concorrentes pelos Gerentes de Sociedades por Quotas*, pp. 324 e ss.;

ii) O dever de sigilo

O dever de sigilo apresenta uma profunda conexão jurídico-normativa com o dever de não concorrência, podendo ser encarado como uma concretização passiva deste. Este dever é, aqui, um meio de proteção contra a divulgação de informações reservadas ou confidenciais (isto é, que não sejam do domínio público) por parte do trabalhador, a qual pode abrir caminho para uma concorrência privilegiada causadora de prejuízos. Estas informações podem resultar, *v.g.*, de atividade investigatória, prospeção de mercados, angariação de clientes e negociações de condições de fornecimento e de prestação de serviços.

O dever de sigilo apresenta um conteúdo de intensidade variável. Assim, se o trabalhador detiver, em virtude da confiança nele depositada, o domínio exclusivo das informações desviadas ou divulgadas nos termos analisados, o juízo de censura será naturalmente maior.

Sobre os deveres de sigilo e de não concorrência no contrato de trabalho vigente numa empresa de um grupo, cfr. MARIA DO ROSÁRIO PALMA RAMALHO, *Grupos Empresarias e Societários. Incidências Laborais*, pp. 444 e ss..

10. O dever de custódia (al. *g*), do nº 1) poderá ser encarado em dois planos: um referente à conservação e manutenção dos instrumentos e bens usados no exercício da prestação laboral de acordo com o fim a que se destinam e um outro, de conteúdo negativo, relativo à omissão de atos que danifiquem ou inutilizem esses mesmos instrumentos e bens.

À semelhança dos outros deveres, também este apresenta uma intensidade normativa variável de acordo com diversas circunstâncias, como por exemplo, a natureza do trabalho, a exclusividade e domínio da utilização do bem e os usos profissionais.

Para que haja violação do dever de custódia, suscetível de constituir justa causa de despedimento, é necessário que o comportamento do trabalhador apresente um elevado grau de culpa. Assim, se o trabalhador danificar um determinado bem da empresa, disponibilizando-se de imediato a cobrir os prejuízos causados, parece excessivo o despedimento. Cfr. os Acs. da RC, de 13.10.94 *in* CJ, Ano XIX, Tomo IV, p. 70 e de 07.07.94 *in* CJ, Ano XIX, Tomo IV, p. 68.

A RP decidiu que o "dever de velar pela conservação da viatura do empregador, entregue para uso profissional e pessoal do trabalhador, não implica o parqueamento em garagem de recolha". [Ac. de 20.12.11 *in* www.dgsi.pt (Proc. nº 992/09.4TTBCL.P1)].

11. No que diz respeito à al. *h*), do nº 1, refira-se que a produtividade é um objetivo fundamental a atingir pela comunidade laboral. Sendo assim e aliás como já decorre das regras da boa fé, o trabalhador deve, no âmbito da relação laboral, atuar de modo a melhorar a produtividade da empresa, bem como a abster-se de comportamentos que prejudiquem tal objetivo.

12. Sobre o empregador recai os deveres de prevenir riscos e doenças profissionais e de adotar as medidas legalmente exigidas ao nível da segurança e saúde no emprego (als. *g*) e *h*), do art. 127º). Assim, podemos considerar que ao empregador é exigido um conjunto de diligências, disponibilizando meios e equipamentos e criando mecanismos de prevenção de riscos na empresa. No entanto, para que este sistema funcione, é imperioso que o trabalhador, na execução da prestação de trabalho, observe os "modelos de conduta e procedimentos que permitam tornar eficientes esses meios", ANTÓNIO MONTEIRO FERNANDES, *Direito do Trabalho*, p. 224.

13. As als. *i*) e *j*), do nº 1, preveem o dever de prevenção dos trabalhadores, o qual "tem uma dimensão *coletiva*, referente à conceção e controlo do sistema de prevenção (a cargo dos "representantes dos trabalhadores eleitos para esse fim"), e uma dimensão *individual*, inerente à execução do contrato de trabalho", ANTÓNIO MONTEIRO FERNANDES, *Direito do Trabalho*, p. 224.

14. No âmbito do poder de direção (ao qual corresponde o dever de obediência), o nº 2 acolhe as normas e instruções emanadas dos superiores hierárquicos. Tal extensão impõe uma perceção relativamente exata da ocupação e estatuto do trabalhador na organização produtiva, "só assim se poderá saber a quem, e em que momento, e a propósito de que matérias, deve o trabalhador obediência", MÁRIO PINTO/PEDRO FURTADO MARTINS/ANTÓNIO NUNES DE CARVALHO, *Comentários às leis do trabalho*, p. 92. O trabalhador apenas deve obediência às ordens dos superiores hierárquicos que sejam emanadas dentro da competência atribuída pelo empregador. Assim, se houver desvio de poder (ainda que a norma seja materialmente legítima) ou usurpação de funções, o trabalhador tem o direito legítimo de desobedecer à ordem emitida.

Artigo 129º – Garantias do trabalhador

1. É proibido ao empregador:

a) Opor-se, por qualquer forma, a que o trabalhador exerça os seus direitos, bem como despedi-lo, aplicar-lhe outra sanção, ou tratá-lo desfavoravelmente por causa desse exercício;

b) Obstar injustificadamente à prestação efetiva de trabalho;

c) Exercer pressão sobre o trabalhador para que atue no sentido de influir desfavoravelmente nas condições de trabalho dele ou dos companheiros;

d) Diminuir a retribuição, salvo nos casos previstos neste Código ou em instrumento de regulamentação coletiva de trabalho;

e) Mudar o trabalhador para categoria inferior, salvo nos casos previstos neste Código;

f) Transferir o trabalhador para outro local de trabalho, salvo nos casos previstos neste Código ou em instrumento de regulamentação coletiva de trabalho, ou ainda quando haja acordo;

g) Ceder trabalhador para utilização de terceiro, salvo nos casos previstos neste Código ou em instrumento de regulamentação coletiva de trabalho;

h) Obrigar o trabalhador a adquirir bens ou serviços a ele próprio ou a pessoa por ele indicada;

i) Explorar, com fim lucrativo, cantina, refeitório, economato ou outro estabelecimento diretamente relacionado com o trabalho, para fornecimento de bens ou prestação de serviços aos seus trabalhadores;

j) Fazer cessar o contrato e readmitir o trabalhador, mesmo com o seu acordo, com o propósito de o prejudicar em direito ou garantia decorrente da antiguidade.

2. Constitui contraordenação muito grave a violação do disposto neste artigo.

COMENTÁRIOS:

1. Antecedentes legislativos: Arts. 122º e 653º, do CT/2003 e 21º, da LCT.

2. O regime garantístico aqui consagrado visa, fundamentalmente, assegurar um certo equilíbrio no domínio da relação laboral (em que o empregador, enquanto detentor do poder de direção, representa a parte mais forte). Com efeito, as garantias elencadas assumem-se como posições ativas vinculístico-contratuais impostas ao empregador e cujas violações (encarnando uma situação de incumprimento contratual) conferem ao trabalhador o direito de resolver o contrato com justa causa, nos termos da al. *b*), do nº 2, do art. 394º.

3. A 1ª parte da al. *a*), do nº 1 (referente à garantia de não oposição ao exercício de direitos do trabalhador) já advém das regras gerais de direito. Por outro lado, esta oposição ofende o princípio da boa fé, previsto no nº 1, do art. 126º.

O empregador está igualmente impedido de aplicar sanções disciplinares ao trabalhador em virtude do exercício dos direitos de que este é titular. De facto, a ação disciplinar apenas deve ser promovida quando o trabalhador pratique um ato ilegítimo que abale a confiança e a subsistência da relação laboral estabelecida. Como se lê no art. 331º, nº 1, al. *e*), considera-se abusiva a sanção disciplinar motivada pelo facto de o trabalhador, em geral, exercer, ter exercido, pretender exercer ou invocar os seus direitos ou garantias. A consequência para a aplicação de sanções abusivas consubstancia-se no dever de o empregador indemnizar o trabalhador nos termos gerais de direito. Cfr. art. 331º, nº 3.

4. A al. *b*), do nº 1, havia sido aditada no CT/2003. O dever de ocupação efetiva apresenta-se como uma figura jurídica de criação doutrinal e jurisprudencial que, até 2003, não gozando de consagração legal expressa, emanava dos arts. 58º, nº 1 e 59º,

nº 1, al. *b*), da CRP. Cfr. o Ac. do STJ, de 07.09.17 *in* www.dgsi.pt (Proc. nº 412/2000. L1.S1).

O seu reconhecimento parte da ideia que a prestação efetiva de trabalho, não depende apenas da disponibilidade do trabalhador, mas também da cooperação do empregador, mediante o fornecimento das condições materiais e organizativas necessárias ao exercício da atividade laboral. Cfr. os Acs. da RC, de 15.03.19 *in* www.dgsi.pt (Proc. nº 1873/18.6T8VIS.C1) e de 10.07.18 *in* www.dgsi.pt (Proc. nº 8300/17.4T8 CBR.C1).

Em regra, a relação jurídico-laboral pressupõe a ocupação efetiva do trabalhador, "não merecendo proteção as motivações (como a de combater a concorrência ou, até, obstar diretamente ao desenvolvimento profissional do trabalhador) que levem o empregador a manter o trabalhador inativo podendo objetivamente ocupá-lo". António Monteiro Fernandes, *Direito do Trabalho*, pp. 262 e 263. Para este autor, *loc. cit.*, a questão coloca-se "no plano da *exigibilidade*: não se pode deixar de reconhecer como atendíveis as situações em que o empregador esteja *objetivamente* impedido de oferecer ocupação ao trabalhador, assim como aquelas em que se esteja em presença de *interesses legítimos* do mesmo empregador na colocação do trabalhador em estado de inatividade (por razões económicas, disciplinares ou outras)". Como se lê no Ac. da RP, de 07.01.19 *in* www.dgsi.pt (Proc. nº 4855/17.1T8OAZ.P1), não "se trata, pois, de um direito absoluto do trabalhador, podendo existir situações de desocupação do trabalhador que sejam justificadas, caso em que recai sobre o empregador o ónus da prova do circunstancialismo em que se fundamenta". Cfr., ainda, os Acs. da RG, de 30.04.15 *in* www.dgsi.pt (Proc. nº 770/13.6TTBRG.G1) e do STJ, de 13.07.11 *in* www.dgsi.pt (Proc. nº 105/08.0TTSNT.L1.S1).

O cumprimento deste dever está intimamente ligado ao princípio da boa fé, por conseguinte, se o empregador, injustificadamente, impõe ao trabalhador um estado de inatividade tal configura uma situação de abuso de direito. Cfr. o Ac. da RG, de 05.03.19 *in* www.dgsi.pt (Proc. nº 834/19.2T9VRL.G1).

Convém ter em atenção que a "suspensão ilegal de funções ou a violação injustificada deste dever "não podem ser confundidas com o despedimento tácito". [Ac. da RP, de 04.07.11 *in* www.dgsi.pt (Proc. nº 355/10.9TTGDM.P1)].

Bernardo Xavier, *Recusa da prestação do trabalho por não uso de fato apropriado. Suspensão. Despedimento disciplinar*, p. 355, em nota crítica à construção dogmática deste direito, entende que a "execução da prestação do trabalho é basicamente um dever e não um direito do trabalhador, a não ser em casos excecionais muito contados. Para além desses casos, só se poderá falar de ilícito patronal a este propósito, quando a conduta do empresário que não permita a execução corresponda a uma quebra de boa fé ou constitua abuso de direito".

Numa outra perspetiva, António Menezes Cordeiro, *Da cessação do contrato de trabalho por inadaptação do trabalhador perante a Constituição da República (Parecer)*, p.

393, fundamenta o dever na figura civil da remissão de dívidas, cuja natureza contratual, obriga sempre à aceitação da contraparte, adiantando que no "caso laboral: conservar um trabalhador remunerado inativo equivaleria a perdoar-lhe o seu débito de trabalho; ora isso requereria o seu acordo. Por isso, também, no Direito do trabalho qualquer «perdão» teria de ser contratual". Em sentido contrário, *vide* Pedro Romano Martinez, *Direito do Trabalho*, pp. 521 a 523. Este autor, *ob. cit.*, p. 524, perspetiva este direito como uma "concretização da boa fé (art. 126º do CT e art. 762º, nº 2, do CC)".

Em caso de violação deste dever, "o trabalhador pode exigir que lhe seja atribuída uma determinada tarefa recorrendo à figura da sanção pecuniária compulsória (art. 829º-A, do CC)", Pedro Romano Martinez, *Direito do Trabalho*, p. 525.

Segundo a RL, a sua violação "tem natureza continuada, progressiva, cuja gravidade não se atenua com o passar do tempo, mas antes pelo contrário se acentua e qualifica". [Ac. de 15.09.16 *in* www.dgsi.pt (Proc. nº 5/16.0T8BRR.L1-4)].

Vale ainda referir que a obrigação do seu cumprimento "pressupõe que se mantenha em vigor o contrato de trabalho pois que, cessado este [ainda que, por hipótese, por despedimento ilícito], cessa o poder diretivo do empregador". [Ac. da RP, de 13.05.19 *in* www.dgsi.pt (Proc. nº 7902/15.8T8PRT.P1)].

Vejamos agora alguns casos de violação do dever de ocupação efetiva:

– A empregadora comunicou ao trabalhador a dispensa das respetivas funções numa determinada data, sem justificação, tendo este comparecido, entre essa data e o termo do contrato, nas instalações daquela "a fim de exercer as respetivas funções, o que nunca lhe foi autorizado". [Ac. da RL, de 24.06.20 *in* www.dgsi.pt (Proc. nº 1606/16.1T8BRR-4)]. Neste processo, foi fixado o valor de 10.000,00 €, a título de danos não patrimoniais;

– A "inatividade de trabalhador, sem qualquer tarefa atribuída, durante dois anos e seis meses". [Ac. da RP, de 03.02.20 *in* www.dgsi.pt (Proc. nº 14236/18.4T8PRT.P1)]. Neste aresto, foi fixado o "valor de €35.000,00 a título de danos não patrimoniais";

– A "marginalização de trabalhadores na organização da empresa, sem outras razões que não apenas a de uma reestruturação voluntária (não imprescindível) para maior rentabilidade, prolongada no tempo e sem um plano de reocupação e/ou reconversão daqueles". (Ac. da RP, de 15.03.19 *in* www.dgsi.pt (Proc. nº 158/18.2T8AVR.P1) e CJ, Ano XLIV, Tomo II, p. 244);

– Na audiência final de procedimento cautelar, o empregador, ao reconhecer a inexistência de procedimento disciplinar, assumiu reintegrar o trabalhador, e, saindo do tribunal, comunicou-lhe para não comparecer no local de trabalho. [Ac. da RP, de 21.01.19 *in* www.dgsi.pt (Proc. nº 706/10.6TTVFR.P1)];

– A empregadora suspendeu o trabalhador nos 49 dias anteriores à data da notificação da nota de culpa e, além disso, não fundamentou por escrito que a presença deste na empresa seria inconveniente, nomeadamente para a averiguação dos factos, e que ainda não foi possível elaborar a nota de culpa aquando da notificação da suspensão. [Ac. da RE, de 02.10.18 *in* www.dgsi.pt (Proc. nº 461/18.1T8STR.E1)];

– O empregador manteve o trabalhador, "que tinha cargo diretivo, durante mais de 16 anos sem lhe atribuir quaisquer funções". [Ac. do STJ, de 07.09.17 *in* www.dgsi.pt (Proc. nº 412/2000.L1.S1)];

– O empregador manteve o trabalhador "em situação de absoluta inatividade, transferindo-o sucessivamente de gabinete, sendo que apenas em outubro de 2012 lhe atribuiu a realização de uma tarefa, durante dois meses, para depois o fazer regressar à situação de inatividade em que previamente se encontrava". [Ac. do STJ, de 25.11.14 *in* www.dgsi.pt (Proc. nº 284/11.9TTTVD.L1.S1)];

– O empregador, apesar das naturais dificuldades decorrentes da nacionalização do trabalhador, "está três anos sem lhe atribuir qualquer atividade, apesar da insistência do trabalhador em ver resolvida essa situação". [Ac. do STJ, de 25.11.14 *in* www.dgsi.pt (Proc. nº 284/11.9TTTVD.L1.S1)];

– A empregadora "durante um período de tempo superior a seis anos, deixou de distribuir à trabalhadora quaisquer tarefas para executar". [Ac. da RP, de 04.07.11 *in* www.dgsi.pt (Proc. nº 342/09.0TTBCL.P1)].

Ao invés, foi decidido que o dever de ocupação efetiva não foi violado quando o trabalhador esteve de baixa por doença prolongada e considerou "que não estava em condições de prestar serviço contínuo e útil, nunca tendo requerido à empregadora o regresso ao trabalho, tendo sido em tais circunstâncias que a Ré libertou o seu posto de trabalho e não lhe atribuiu um outro ao longo de 14 anos de ausência". Ac. do STJ, de 31.05.16 *in* CJ, Ano XXIV, Tomo II, p. 235.

A propósito do valor da causa, a RP esclareceu que, não estando em causa o valor da retribuição mensal devida ao autor, mas a alegada violação do dever de ocupação efetiva, "o que é peticionado a título de "danos patrimoniais e não patrimoniais", não se reporta a cada mês mas sim a cada dia em que tal violação alegadamente ocorreu, impondo-se que se considerem tais dias até à data da propositura da acção-atento o disposto no artigo 299º do Código de Processo Civil". Por conseguinte, para a determinação do valor da causa é aplicável o previsto no art. 297º, nºs 1 e 2, do CPC, impõe-se "atender somente aos «interesses já vencidos», não tendo as prestações vincendas qualquer relevância na fixação do valor da causa". [Ac. de 03.02.20 *in* www.dgsi.pt (Proc. nº 14236/18.4T8PRT-A.P1)].

Num caso em que o empregador obstou injustificadamente à prestação efetiva de trabalho por parte de três trabalhadores, a RE entendeu que o mesmo cometeu "três contraordenações muito graves p. e p. pelos artigos 129º, nºs 1, al. b) e 2 e 554º, nºs 1 e 4 do CT". (Ac. de 24.10.19 *in* CJ, Ano XLIV, Tomo IV, p. 285).

Quanto ao dever em análise, veja-se António Nunes de Carvalho, *Sobre o Dever de Ocupação Efetiva do Trabalhador*, pp. 263 e ss.. Para maiores desenvolvimentos sobre a ocupação efetiva no domínio do contrato de trabalho desportivo, cfr. José Luís

Pereira Seixas, *Ocupação Efetiva e Trabalhador Desportivo*, pp. 157 e ss. e João Leal Amado, *Vinculação versus Liberdade*, pp. 265 e ss.

5. A al. *c*), do nº 1, visa impedir o empregador de pressionar o trabalhador no sentido de prejudicar as condições gerais de trabalho.

No nosso entendimento, tal forma de pressão não tem que ser exercida em tom de ameaça, basta que o trabalhador seja colocado num estado psicológico de subserviência, de tal modo condicionante, que o faça atuar em conformidade com o comando ilegítimo (tal estado pode derivar de vários fatores, como o ambiente de trabalho ou o temor reverencial provocado pelo empregador). Cfr. quanto ao dever de o empregador proporcionar boas condições de trabalho, as anotações à alínea *c*), do nº 1, do art. 127º.

No Proc. nº 545/18.6T8BJA.E1, a RE considerou que houve violação deste dever numa situação em que "o trabalhador a quem foi dada a ordem de datar uma declaração de recebimento da comunicação interna, que até já tinha assinado, onde constava, designadamente, que apenas poderia se deslocar do posto de trabalho, designadamente para ir à casa de banho, entre as 10h00 e as 10h30, e que nunca poderia usar o telemóvel, sob pena de despedimento com justa causa, quando o mesmo, ao denotar um comportamento apreensivo e cauteloso, por não saber como dever atuar em situações de emergência, recebeu por parte do representante da entidade empregadora, em vez da adequada informação, gritos e ameaças de que se não datasse tal declaração seria sujeito a processo disciplinar". (Ac. de 11.04.19 *in* www.dgsi.pt).

6. A alínea *d*), do nº 1, consagra o princípio da irredutibilidade da retribuição, de acordo com o qual a retribuição não pode ser reduzida pelo empregador, nem mesmo com o consentimento do trabalhador. Cfr. os Acs. da RE, de 10.10.19 *in* www.dgsi.pt (Proc. nº 1841/18.8T8EVR.E1) e do STJ, de 24.01.18 *in* www.dgsi.pt (Proc. nº 2137/15.2T8TMR.E1.S1).

Quanto à retribuição, cfr. os arts. 258º e ss..

No caso dos contratos de trabalho a tempo inteiro, pressupondo o regime de exclusividade, a RG deixou claro que a retribuição inicialmente acordada não pode "ser mais tarde diminuída, com invocação da cessação, por iniciativa unilateral da empregadora, da alegada exclusividade, por força do princípio da irredutibilidade da prestação". Com efeito, tendo "sido acordado no contrato de trabalho a prestação a tempo inteiro, sem outras cláusulas, que permitam por exemplo a variação dos números de horas letivas a prestar em cada ano, não pode a empregadora unilateralmente alterar o tempo de trabalho acordado". [Ac. de 21.05.20 *in* www.dgsi.pt (Proc. nº 3539/18.8T8GMR.G1)].

A garantia da irredutibilidade acolhe apenas a retribuição (cujos parâmetros de fixação estão consagrados no art. 258º) e não outras prestações não retributivas. No Ac. da RP, de 04.11.19, podemos ler que este princípio "não significa que não possam diminuir-se ou extinguir-se certas prestações retributivas complementares auferidas em função da natureza das funções ou da especificidade do desempenho, as quais podem ser suprimidas logo que cesse a situação específica que esteve na base da sua atribuição". [*In* www.dgsi.pt (Proc. nº 9109/16.8T8PRT.P2)]. Cfr., ainda, os Acs. da RC, de 06.12.19 *in* www.dgsi.pt (Proc. nº 1558/18.3T8CVL.C1) e da RP de 02.03.17 *in* www.dgsi.pt (Proc. nº 2325/15.1T8MTS.P1).

Quanto ao subsídio de refeição, a RG dilucidou que, sendo este "pago no mês de férias durante uma relação laboral de 14 anos tem caracter retributivo, quer porque não compensa despesas de refeição que nesse mês inexistem, quer porque extravasa o normal a pagar em férias. Tal prática, consubstanciando uso laboral, criou legitimas expectativas no trabalhador, pela sua reiteração, constância e antiguidade, a proteger de acordo com a boa fé. A sua supressão é ilícita por violar a irredutibilidade da retribuição – 129º, 1, d), CT/09". [Ac. de 18.02.21 *in* www.dgsi.pt (Proc. nº 586/19.6T8VRL.G1)].

Ainda sobre este subsídio a RP, julgando lícita a substituição de um "subsídio de 16% previsto e pago pelo trabalho aos domingos por um subsídio de alimentação que passou a estar previsto e a ser pago em montante mais elevado para os trabalhadores que trabalham nesse dia – tal como operado pelo CCT publicado no BTE nº 34 de 15 de Setembro de 2015, com portaria de extensão publicada no BTE nº 14 de 15 de Abril de 2016" e considerando que o subsídio de alimentação não integra a retribuição em sentido estrito (art. 260º, nº 2, do CT), acabou por concluir que aquela substituição não violava o princípio da irredutibilidade. [Ac. de 07.01.19 *in* www.dgsi.pt (Proc. nº 1176/18.6T8OAZ.P1)].

No caso específico das prestações em espécie, o STJ entendeu que goza da garantia da irredutibilidade o uso de veículo automóvel, destinado para fins profissionais e particulares "incluindo fins de semana, férias e feriados", tendo o trabalhador ficado a "suportar todos os encargos com a sua manutenção, seguro, portagens e combustível". [Ac. de 13.02.19 *in* www.dgsi.pt (Proc. nº 7847/17.7T8LSB.L1.S1)]. Cfr., ainda, os Acs. da RP, de 04.12.17 *in* www.dgsi.pt (Proc. nº 14383/16.7T8PRT.P1) e do STJ, de 30.04.14 *in* www.dgsi.pt (Proc. nº 714/11.0OTTPRT.P1.S1).

O princípio da irredutibilidade da retribuição é um princípio estruturante da tutela da posição jurídica do trabalhador que admite exceções. Com efeito, a retribuição pode ser diminuída:

a) Nos casos expressamente previstos na lei

b) Nos casos expressamente previstos nos instrumentos de regulamentação coletiva

A alteração da estrutura da retribuição poderá traduzir-se num acréscimo do valor pecuniário fixo e na consequente eliminação de outras prestações laterais de caráter variável (como, por exemplo, prémios de assiduidade, ajudas de custo). A RE decidiu que nada impedia a empregadora de "extinguir o prémio de assiduidade/desempenho a pagar ao Autor, clausulado no contrato de trabalho – prestação condicionada e de natureza eventual –, pelo aumento da retribuição base". [Ac. de 08.03.18 *in* www.dgsi.pt (Proc. nº 1888/16.9T8FAR.E1)]. Cfr., ainda, os Acs. da RC, de 06.12.19 *in* www.dgsi.pt (Proc. nº 1558/18.3T8CVL.C1) e da RP, de 12.05.14 *in* www.dgsi.pt (Proc. nº 424/10.5TTMAI.P1).

A RG preconizou que "o princípio da irredutibilidade da retribuição não incide sobre a globalidade da retribuição, mas apenas sobre a retribuição estrita, não abrangendo as parcelas correspondentes a maior penosidade do trabalho, a situações de desempenho em condições específicas ou a situações de trabalho prestado fora do período normal de trabalho, podendo o empregador suprimi-las quando cesse a situação específica que esteve na base da sua atribuição". Assim, tendo "um motorista de veículos de mercadorias deixado de prestar trabalho no serviço de transporte internacional e voltado a exercer funções no serviço de transporte nacional, sem que se tenha demonstrado a ilicitude da alteração, o empregador não está obrigado a continuar a pagar-lhe os complementos denominados «cláusula 74ª» e «subsídio TIR»". [Ac. de 14.06.18 *in* www.dgsi.pt (Proc. nº 2899/14.4T8GMR-A.G1)]. No Proc. nº 5227/19.9T8CBR.C1, a RC esclareceu que a "partir da entrada em vigor do CT de 2003, os trabalhadores motoristas têm direito a um subsídio de natal composto pela retribuição base e diuturnidades, não consubstanciando uma violação do princípio da irredutibilidade da retribuição a não integração da anterior cláusula 74ª e do prémio TIR no seu cômputo, logo a partir de dezembro de 2003, uma vez que a garantia de retribuição a que alude o artigo 11º da Lei nº 99/2003 apenas se aplica à denominada "retribuição modular"". (Ac. de 10.07.20 *in* www.dgsi.pt).

O mesmo se passa em relação ao acréscimo remuneratório por trabalho em regime de isenção de horário de trabalho, quando cessa esta isenção [Ac. da RP, de 10.10.16 *in* www.dgsi.pt (Proc. nº 25236/15.6T8PRT.P1)], bem como, quanto à retribuição por trabalho suplementar que o trabalhador, entretanto, deixou de prestar [Ac. da RP, de 16.11.15 *in* www.dgsi.pt (Proc. nº 1308/14.3T8PRT.P1)].

No Ac. da RC, de 15.03.19, foi decidido que se "a A. entendeu classificar os RR. como CRT e pagar-lhes a respetiva remuneração base ou outra superior, tal decisão só à mesma é imputável e não pode, por força da ordenada reclassificação em MOT, vir agora peticionar as diferenças das remunerações base alegando ter pago um valor superior quando este foi a contrapartida prevista, escolhida e devida para o trabalho efetivamente prestado". [*In* www.dgsi.pt (Proc. nº 9789/17.7T8CBR.C1)].

O STJ entendeu não estar coberto pela irredutibilidade o "complemento de mérito previsto no art. 44º, do Estatuto dos Trabalhadores da Caixa Económica BB, acresce à retribuição fixada no respetivo ACTV e é atribuído, de forma precária, a título de mérito, ou seja, corresponde a um prémio atribuído pelo empregador que vai para além do que é devido ao trabalhador como contraprestação pelo trabalho por ele desenvolvido". [Ac. de 01.06.17 *in* www.dgsi.pt (Proc. nº 585/13.1TTVFR.P1.S1)]. Cfr., ainda, o Ac. da RP, de 05.12.16 *in* www.dgsi.pt (Proc. nº 585/13.1TTVFR.P1).

Sobre a licitude da redução da retribuição na proporção da redução do tempo de trabalho, *vide* o Ac. da RE, de 07.01.16 *in* www.dgsi.pt (Proc. nº 535/15.0T8EVR.E1).

No que tange à licitude da alteração do modo de cálculo da retribuição, sem que isso implique a diminuição da retribuição, a RE sustentou que o "que a lei ressalva é a impossibilidade de redução do valor global da retribuição, nada impedindo que, sendo esta constituída por diversas parcelas ou elementos, o empregador altere o quantitativo de algumas delas ou até os suprima". (Ac. de 10.10.19 *in* www.dgsi.pt (Proc. nº 1841/18.8T8EVR.E1) e CJ, Ano XLIV, Tomo IV, p. 232).

7. No que diz respeito à al. *e*), do nº 1, cfr. anotações ao art. 119º.

8. No que diz respeito à al. *f*), do nº 1, cfr. anotações ao art. 194º.

9. A aquisição de bens ou a utilização de serviços fornecidos pelo empregador ou por pessoa por ela indicada não pode ser imposta ao trabalhador (al. *h*), do nº 1). Tal prática é conhecida pela expressão anglo-saxónica *truck system*.

"O "truck system" traduz-se numa forma de pagamento do salário mediante o qual o empregador como que forçava os trabalhadores a adquirir determinados géneros por si fornecidos, com o que, fixando preços muito altos, obtinha um lucro considerável (tão considerável quanto o prejuízo sofrido por aqueles)", João Leal Amado, *A proteção do salário*, p. 65, nota 18.

O legislador procurou, aqui, evitar que o empregador, abusando da sua posição de domínio, forçasse o trabalhador a praticar certos comportamentos, potencialmente, indesejados e/ou prejudiciais. Tal preocupação foi despertada de igual modo, no seio da OIT, veja-se o art. 4º, da Convenção 95.

Para Jorge Leite/Coutinho de Almeida, *Coletânea de Leis do Trabalho*, p. 70 "As alíneas f) e g) ao proibirem o «truck system» (a troca de salário por serviços, géneros, bebidas alcoólicas, etc.) estão, de certo modo, relacionadas com a garantia de irredutibilidade da retribuição".

10. Não é permitido ao empregador explorar, com fins lucrativos, quaisquer cantinas ou estabelecimentos diretamente relacionados com o trabalho (al. *i*), do nº 1). *Vide* o disposto no art. 7º, da convenção 95, da OIT.

11. Na al. *j*), do nº 1, é proibida a cessação do contrato de trabalho e consequente admissão do trabalhador, com vista à *neutralização* da antiguidade.

A antiguidade produz efeitos na esfera jurídica do trabalhador, sendo configuráveis situações em que o empregador, de modo ardiloso, adote esquemas que afetem o seu decurso. Por conseguinte, a alínea em anotação assegura uma específica proteção da antiguidade enquanto expressão da continuidade real da integração do trabalhador na empresa, proibindo a promoção da cessação do vínculo laboral e consequente readmissão, com o propósito de prejudicar os direitos ou garantias daí decorrentes.

Na nossa opinião, será difícil imaginar que o empregador promova a cessação do contrato de trabalho e, de seguida, readmita o trabalhador, sem o intuito de cercear os efeitos da antiguidade. Contudo, podemos admitir situações em que o empregador, decorrido um certo lapso de tempo, readmita o trabalhador, única e exclusivamente, no interesse da empresa.

SUBSECÇÃO II – Formação profissional

Artigo 130º – Objetivos da formação profissional

São objetivos da formação profissional:

***a*) Proporcionar qualificação inicial a jovem que ingresse no mercado de trabalho sem essa qualificação;**

***b*) Assegurar a formação contínua dos trabalhadores da empresa;**

***c*) Promover a qualificação ou reconversão profissional de trabalhador em risco de desemprego;**

***d*) Promover a reabilitação profissional de trabalhador com deficiência, em particular daquele cuja incapacidade resulta de acidente de trabalho;**

***e*) Promover a integração sócio-profissional de trabalhador pertencente a grupo com particulares dificuldades de inserção.**

COMENTÁRIOS:

1. Antecedentes legislativos: Art. 124º, do CT/2003.

A regulamentação da formação profissional estava prevista nos arts. 160º a 170º, da RCT.

2. No Proc. nº 2924/06.2TTLSB.L1-4, a RL quis deixar claro que os contratos de formação profissional ou de estágio nunca geram relações de trabalho subordinado. (Ac. de 08.06.11 *in* www.dgsi.pt).

Sobre a obrigação de indemnizar que pode impender sobre o trabalhador caso deixe de frequentar, por sua iniciativa, as ações de formação sem justificação, destacamos o Ac. do STJ, de 04.05.11 *in* www.dgsi.pt (Proc. nº 455/08.5TTLSB.L1.S1).

3. Para maiores desenvolvimentos, cfr. LÚCIA GUERREIRO, *A formação profissional e o pagamento de horas extraordinárias/suplementares – Análise dos seus critérios/requisitos – Semelhanças e diferenças entre o regime público e privado*, pp. 411 e ss..

Artigo 131º – Formação contínua

1. No âmbito da formação contínua, o empregador deve:

a) Promover o desenvolvimento e a adequação da qualificação do trabalhador, tendo em vista melhorar a sua empregabilidade e aumentar a produtividade e a competitividade da empresa;

b) Assegurar a cada trabalhador o direito individual à formação, através de um número mínimo anual de horas de formação, mediante ações desenvolvidas na empresa ou a concessão de tempo para frequência de formação por iniciativa do trabalhador;

c) Organizar a formação na empresa, estruturando planos de formação anuais ou plurianuais e, relativamente a estes, assegurar o direito a informação e consulta dos trabalhadores e dos seus representantes;

d) Reconhecer e valorizar a qualificação adquirida pelo trabalhador.

2. O trabalhador tem direito, em cada ano, a um número mínimo de quarenta horas de formação contínua ou, sendo contratado a termo por período igual ou superior a três meses, a um número mínimo de horas proporcional à duração do contrato nesse ano.

3. A formação referida no número anterior pode ser desenvolvida pelo empregador, por entidade formadora certificada para o efeito ou por estabelecimento de ensino reconhecido pelo ministério competente e dá lugar à emissão de certificado e a registo na Caderneta Individual de Competências nos termos do regime jurídico do Sistema Nacional de Qualificações.

4. Para efeito de cumprimento do disposto no nº 2, são consideradas as horas de dispensa de trabalho para frequência de aulas e de faltas para prestação de provas de avaliação, ao abrigo do regime de trabalhador-estudante, bem como as ausências a que haja lugar no âmbito de processo de reconhecimento, validação e certificação de competências.

5. O empregador deve assegurar, em cada ano, formação contínua a pelo menos 10% dos trabalhadores da empresa.

6. O empregador pode antecipar até dois anos ou, desde que o plano de formação o preveja, diferir por igual período, a efetivação da formação anual a que se refere o nº 2, imputando-se a formação realizada ao cumprimento da obrigação mais antiga.

7. O período de antecipação a que se refere o número anterior é de cinco anos no caso de frequência de processo de reconhecimento, validação e certificação de competências, ou de formação que confira dupla certificação.

8. A formação contínua que seja assegurada pelo utilizador ou pelo cessionário, no caso de, respetivamente, trabalho temporário ou cedência ocasional de trabalhador, exonera o empregador, podendo haver lugar a compensação por parte deste em termos a acordar.

9. O disposto na lei em matéria de formação contínua pode ser adaptado por convenção coletiva que tenha em conta as características do setor de atividade, a qualificação dos trabalhadores e a dimensão da empresa.

10. Constitui contraordenação grave a violação do disposto nos nºs 1, 2 ou 5.

COMENTÁRIOS:

1. Antecedentes legislativos: Arts. 125º e 654º, do CT/2003.

2. O presente artigo tem a redação introduzida pela L nº 93/2019, de 04 de setembro.

Com esta lei, o número mínimo anual de formação contínua previsto na primeira parte do nº 2, passou de 35 para 40 horas. Já, no caso de trabalhador contratado a termo por período igual ou superior a três meses, mantém-se um número mínimo de horas proporcional à duração do contrato nesse ano (nº 2, segunda parte).

3. No nº 2, uniformizam-se as exigências em matéria de formação nos domínios dos contratos a termo e dos contratos sem termo, tendo o trabalhador direito, em cada ano, a um número mínimo de agora 40 horas de formação certificada ou, sendo contratado a termo por período igual ou superior a três meses, um número mínimo de horas proporcional à duração do contrato nesse ano (cfr. a exposição de motivos da proposta de lei nº 216/X).

"As horas de formação não podem considerar-se como tempo de trabalho e abrangidas, consequentemente, pelas regras legais sobre a elaboração do horário de trabalho (art. 212º do CT)". (Ac. da RC, de 20.02.19 *in* www.dgsi.pt (Proc. nº 2372/17.9T8 LRA.C1) e CJ, Ano XLIV, Tomo I, p. 79).

Segundo a RL, uma coisa é o dever que o empregador tem de proporcionar ao trabalhador uma formação contínua anual e "outra, que não se confunde com aquela, é a de se achar juridicamente vinculado a custear as despesas respeitantes a tal formação, mesmo quando ela não foi por si organizada, realizada ou promovida, dentro ou fora das instalações da empresa, mas partir antes da mera e exclusiva iniciativa do trabalhador ou até imposições legais ou de entidades externas às partes do vínculo laboral em causa". [Ac. de 13.07.16 *in* www.dgsi.pt (Proc. nº 4152/15.7T8SNT.L1-4)].

4. Nos nºs 6 e 7, prevê-se que o empregador possa antecipar a realização da formação anual até dois anos, ou diferi-la por igual período, desde que o plano de formação o preveja. Este período de antecipação é de cinco anos, no caso de frequência de processo de reconhecimento, validação e certificação de competências ou de formação que confira dupla certificação (cfr. a exposição de motivos da proposta de lei nº 216/X).

5. Nos termos do art. 13º, nº 1, da L nº 105/2009, de 14 de setembro (na última versão dada pela L nº 93/2019, de 04 de setembro), o empregador deve elaborar o plano de formação, anual ou plurianual, com base no diagnóstico das necessidades de qualificação dos trabalhadores. Este plano deve especificar, nomeadamente, os objetivos, as entidades formadoras, as ações de formação, o local e o horário de realização destas (art. 13º, nº 2, da L nº 105/2009).

Os elementos que o plano de formação não possa especificar devem ser comunicados logo que possível aos trabalhadores interessados, à comissão de trabalhadores ou, na sua falta, à comissão intersindical, à comissão sindical ou aos delegados sindicais (art. 13º, nº 3, da L nº 105/2009).

O disposto nos nºs 1, 2 e 3, do citado art. 13º, da L nº 105/2009, não se aplica às microempresas (art. 13º, nº 4, da citada lei).

A violação do referido art. 13º, constitui contraordenação grave (art. 13º, nº 5, da mesma lei).

O empregador deve dar conhecimento do diagnóstico das necessidades de qualificação e do projeto de plano de formação a cada trabalhador, na parte que lhe respeita, bem como à comissão de trabalhadores ou, na sua falta, à comissão inter-sindical, à comissão sindical ou aos delegados sindicais (art. 14º, nº 1, da L nº 105/2009).

Os trabalhadores, na parte que a cada um respeita, bem como os representantes dos trabalhadores, podem emitir parecer sobre o diagnóstico de necessidades de qualificação e o projeto de plano de formação, no prazo de 15 dias (art. 14º, nº 2, da L nº 105/2009).

A violação do disposto no nº 1, do art. 14º, constitui contraordenação grave (art. 14º, nº 3, da mesma lei).

O empregador deve incluir os elementos sobre a formação contínua assegurada em cada ano no quadro da informação sobre a atividade social da empresa (art. 15º, da L nº 105/2009).

Artigo 132º – Crédito de horas e subsídio para formação contínua

1. As horas de formação previstas no nº 2 do artigo anterior, que não sejam asseguradas pelo empregador até ao termo dos dois anos posteriores ao seu vencimento, transformam-se em crédito de horas em igual número para formação por iniciativa do trabalhador.

2. O crédito de horas para formação é referido ao período normal de trabalho, confere direito a retribuição e conta como tempo de serviço efetivo.

3. O trabalhador pode utilizar o crédito de horas para a frequência de ações de formação, mediante comunicação ao empregador com a antecedência mínima de 10 dias.

4. Por instrumento de regulamentação coletiva de trabalho ou acordo individual, pode ser estabelecido um subsídio para pagamento do custo da

formação, até ao valor da retribuição do período de crédito de horas utilizado.

5. Em caso de cumulação de créditos de horas, a formação realizada é imputada ao crédito vencido há mais tempo.

6. O crédito de horas para formação que não seja utilizado cessa passados três anos sobre a sua constituição.

COMENTÁRIOS:

1. Antecedentes legislativos: Art. 168º, da RCT.

2. Em relação ao presente artigo, a exposição de motivos da Proposta de Lei nº 216/X refere que "... as horas de formação anual que não sejam asseguradas pelo empregador até ao termo dos dois anos posteriores ao seu vencimento, transformam-se em crédito de horas em igual número para formação por iniciativa do trabalhador; o crédito de horas para formação é referido ao período normal de trabalho, confere direito a retribuição e conta como tempo de serviço efetivo; o trabalhador pode utilizar o crédito de horas para a frequência de ações de formação certificada, mediante comunicação ao empregador com a antecedência mínima de 10 dias; por instrumento de regulamentação coletiva de trabalho ou acordo individual, pode ser estabelecido um subsídio para pagamento do custo da formação, até ao valor da retribuição do período de crédito de horas utilizado; em caso de cumulação de créditos, a formação realizada é imputada ao crédito vencido há mais tempo; o crédito de horas que não seja utilizado cessa passados três anos sobre a sua constituição".

3. No que tange à caducidade do crédito de horas para formação previsto no nº 6, a RE declarou que o mesmo não é de conhecimento oficioso, "por isso, incorre em nulidade, por excesso de pronúncia, a sentença que declara tal caducidade, sem que esta tenha sido suscitada pelas partes". [Ac. de 27.10.16 *in* www.dgsi.pt (Proc. nº 939/15.9T8TMR.E1)].

Refira-se ainda que o "direito à retribuição correspondente ao crédito de horas devidas a um trabalhador para formação profissional só pode ser reconhecido quando o titular do direito prove que não lhe foi prestada a formação pelo empregador". (Ac. da RE, de 16.12.10 *in* CJ, Ano XXXV, Tomo V, p. 278). Cfr., ainda, o Ac. da RL, de 30.11.16 *in* www.dgsi.pt (Proc. nº 2304/13.3TTLSB.L1-4).

Artigo 133º – Conteúdo da formação contínua

1. A área da formação contínua é determinada por acordo ou, na falta deste, pelo empregador, caso em que deve coincidir ou ser afim com a atividade prestada pelo trabalhador.

2. A área da formação a que se refere o artigo anterior é escolhida pelo trabalhador, devendo ter correspondência com a atividade prestada ou respeitar a tecnologias de informação e comunicação, segurança e saúde no trabalho ou língua estrangeira.

3. Constitui contraordenação grave a violação do disposto no nº 1.

COMENTÁRIOS:

1. Antecedentes legislativos: Arts. 164º e 480º, da RCT.

2. A RL considerou que o "ónus da prova de que o empregador lhe não assegurou as horas mínimas anuais de formação profissional cabe ao trabalhador; e ao empregador que o fez e que a formação foi determinada por acordo ou por apenas si, mas neste caso deve coincidir ou ser afim com a atividade prestada (arts 342º, nºs 1 e 2 do CC e 133º, nº 1 do CT)". [Ac. de 30.11.16 *in* www.dgsi.pt (Proc. nº 2304/13.3TTLSB.L1-4)].

Artigo 134º – Efeito da cessação do contrato de trabalho no direito a formação

Cessando o contrato de trabalho, o trabalhador tem direito a receber a retribuição correspondente ao número mínimo anual de horas de formação que não lhe tenha sido proporcionado, ou ao crédito de horas para formação de que seja titular à data da cessação.

COMENTÁRIOS:

1. Antecedentes legislativos: Art. 169º, da RCT.

2. A RP dilucidou que o ""crédito de horas em igual número", conferido ao trabalhador quando o empregador não assegure as horas de formação que são devidas, a que se refere o nº 1, do art. 132º do CT, tem uma finalidade que resulta bem clara da norma: "*para formação por iniciativa do trabalhador*"", acrescentando que tal "é coisa bem diferente, do direito conferido ao trabalhador, no art. 134º do CT, "*(..) a receber a retribuição correspondente ao número mínimo anual de horas de formação que não lhe tenha sido proporcionado*", ou "*ao crédito de horas para formação de que seja titular à data da cessação*", que apenas se constitui quando ocorre a cessação do contrato de trabalho". [Ac. de 18.01.21 *in* www.dgsi.pt (Proc. nº 1372/19.9T8VFR.P1)].

3. No Proc. nº 586/19.6T8VRL.G1, a RG fez notar que os "créditos de horas para formação profissional referente a situações ocorridas na vigência do CT/03 só podem ser utilizados até ao limite máximo de três anos após o seu vencimento ou, em alternativa, poderá ser recebida a correspondente retribuição em caso de cessação con-

trato de trabalho, desde que não excedido o referido limite". (Ac. de 18.02.21 *in* www.dgsi.pt).

4. O direito previsto no presente artigo "vence-se no dia da cessação do vínculo laboral, estando a empregadora obrigada, não apenas a dar a formação, como também "tinha o dever legal de liquidar a dita remuneração a partir do fim da relação de trabalho, por se tratar de uma obrigação com prazo certo". [Ac. da RL, de 24.01.18 *in* www.dgsi.pt (Proc. nº 5383/15.5T8LSB.L1-4)].

De notar que a RE veio esclarecer que, tendo "o trabalhador sido reintegrado na empresa em consequência do despedimento que foi declarado ilícito, não tem direito à retribuição" prevista no presente artigo "uma vez que mantendo-se o contrato de trabalho essa formação deve ser assegurada ao trabalhador" nos termos do art. 132º. [Ac. de 13.07.17 *in* www.dgsi.pt (Proc. nº 947/16.2T8EVR.E1)]. Cfr., ainda, deste mesmo tribunal, o Ac. de 02.02.17 *in* www.dgsi.pt (Proc. nº 114/16.5T8EVR.E1).

SECÇÃO VIII – Cláusulas acessórias

SUBSECÇÃO I – Condição e termo

Artigo 135º – Condição ou termo suspensivo

Ao contrato de trabalho pode ser aposta, por escrito, condição ou termo suspensivo, nos termos gerais.

COMENTÁRIOS:

1. Antecedentes legislativos: Arts. 127º, do CT/2003 e 9º, da LCT.

2. A presente secção transpôs a Diretiva 1999/70/CE, do Conselho, de 28.06.99, respeitante ao acordo-quadro CES, UNICE e CEEP sobre contrato de trabalho a termo. Nos termos do art. 1º, da referida Diretiva, são estabelecidos os seguintes objetivos:

– Melhorar a qualidade do trabalho sujeito a contrato a termo garantindo a aplicação do princípio da não discriminação [al. *a*)];

– Estabelecer um quadro para evitar os abusos decorrentes da utilização de sucessivos contratos de trabalho ou relações laborais a termo [al. *b*)].

3. Explica Maria do Rosário Palma Ramalho, *Da autonomia dogmática do Direito do Trabalho*, p. 591, "A primeira grande área de incidência do processo de flexibilização do direito do trabalho atual é a dos denominados «contratos de trabalho atípicos»: a maioria dos sistemas jurídicos europeus (embora com diferenças temporais e subs-

tanciais relevantes entre eles) tem vindo, nos últimos anos, a facilitar a celebração de contratos de trabalho a termo e a tempo parcial, bem como a admitir ou a contemporizar com o contrato de trabalho temporário, o *job sharing* e o trabalho intermitente ou sob chamada (*Arbeit auf Abruf*). Essa contemporização foi também alargada ao ordenamento jurídico nacional, através dos chamados contratos (sem termo) intermitentes, previstos nos art. 157º a 160º.

No *job sharing* os trabalhadores dividem um posto de trabalho e, na impossibilidade de prestação da atividade por um deles, uma «cláusula negocial de substituição» permitirá ao empregador recorrer ao outro, ficando assim sempre assegurada a não interrupção da atividade produtiva; no trabalho sob chamada, o trabalhador mantém-se disponível para prestar a sua atividade quando o empregador lho solicitar, de acordo com as necessidades de gestão".

4. O STJ entendeu que o art. 127º, do CT/2003, quando comandava que ao contrato de trabalho podia ser aposta, por escrito, condição suspensiva nos termos gerais, não exigia que esse escrito fosse firmado pelo trabalhador. [Ac. de 21.04.10 *in* www.dgsi.pt (Proc. nº 3988/05.1TTLSB.S1)].

SUBSECÇÃO II – Cláusulas de limitação da liberdade de trabalho

Artigo 136º – Pacto de não concorrência

1. É nula a cláusula de contrato de trabalho ou de instrumento de regulamentação coletiva de trabalho que, por qualquer forma, possa prejudicar o exercício da liberdade de trabalho após a cessação do contrato.

2. É lícita a limitação da atividade do trabalhador durante o período máximo de dois anos subsequente à cessação do contrato de trabalho, nas seguintes condições:

a) Constar de acordo escrito, nomeadamente de contrato de trabalho ou de revogação deste;

b) Tratar-se de atividade cujo exercício possa causar prejuízo ao empregador;

c) Atribuir ao trabalhador, durante o período de limitação da atividade, uma compensação que pode ser reduzida equitativamente quando o empregador tiver realizado despesas avultadas com a sua formação profissional.

3. Em caso de despedimento declarado ilícito ou de resolução com justa causa pelo trabalhador com fundamento em ato ilícito do empregador, a compensação a que se refere a alínea c) do número anterior é elevada até ao valor da retribuição base à data da cessação do contrato, sob pena de não poder ser invocada a limitação da atividade prevista na cláusula de não concorrência.

4. São deduzidas do montante da compensação referida no número anterior as importâncias auferidas pelo trabalhador no exercício de outra atividade profissional, iniciada após a cessação do contrato de trabalho, até ao valor decorrente da aplicação da alínea *c*) do nº 2.

5. Tratando-se de trabalhador afeto ao exercício de atividade cuja natureza suponha especial relação de confiança ou que tenha acesso a informação particularmente sensível no plano da concorrência, a limitação a que se refere o nº 2 pode durar até três anos.

COMENTÁRIOS:

1. Antecedentes legislativos: Arts. 146º, do CT/2003 e 36º, nºs 1 e 2, da LCT.

2. O nº 1 prevê o princípio da liberdade de trabalho, o qual está associado ao direito ao trabalho consagrado no art. 58º, da CRP e apresenta como corolários o direito de escolher livremente a profissão ou o género de trabalho (art. 47º, nº 1, da CRP) e o direito de fazer cessar o vínculo laboral.

3. O nº 2 admite a celebração de acordos com vista a atenuar os riscos da concorrência (pactos de não concorrência). Na verdade, se não tiver sido outorgado pacto de não concorrência, "o trabalhador readquire a plena liberdade de trabalho constitucionalmente garantida, ficando apenas sujeito a restrições comuns a qualquer outro cidadão, designadamente as inerentes à proibição de concorrência desleal, tutelada criminal e civilmente e não já no plano do direito laboral". [Ac. da RG, de 11.07.17 *in* www.dgsi.pt (Proc. nº 2555-15.6T8VCT.G1)].

Como se lê no Ac. da RE, de 14.07.20, após "a cessação do contrato de trabalho, e não tendo sido celebrado pacto de não concorrência, o trabalhador não fica impedido de negociar com os clientes do antigo empregador, estando apenas sujeito aos parâmetros a que devem obedecer os demais operadores do mercado". (*In* www.dgsi.pt (Proc. nº 757/19.5T8PTG-A.E1) e CJ, Ano XLV, Tomo III, p. 279). Neste caso, "a pós-eficácia do dever de lealdade apenas se justifica quanto à proibição de não utilizar ou divulgar segredos comerciais, consagrado no art. 314º, nºs 2 e 3 do Código da Propriedade Industrial, ou ao dever de não concorrência desleal, definido no art. 311º, nº 1 do mesmo diploma". Assim, decidiu-se que soçobra "a causa em que a empregadora peticiona uma indemnização a um ex-trabalhador, se apenas alega que este negociou com um seu cliente e convidou outros funcionários para trabalhar com ele na nova empresa, mas não especifica qualquer comportamento desonesto susceptível de ser enquadrado no conceito de concorrência desleal, ou de aproveitamento de informação reservada".

O trabalhador, à medida que exerce a atividade laboral a que se obriga, angaria um conjunto de conhecimentos e informações (que podem, inclusive, referir-se à estratégia e organização da empresa) que enriquecem o seu património profissional. Acontece que, ocorrendo a cessação do contrato, a utilização desse acervo pode prejudicar o anterior empregador. Deparamo-nos com um fenómeno concorrencial cujos riscos os pactos de não concorrência procuram evitar ou, pelo menos, atenuar. "A doutrina fala, a este propósito de uma concorrência diferencial, pretendendo sublinhar com esta expressão a especificidade da concorrência que um ex-trabalhador está em condições de realizar relativamente ao seu anterior empregador.

A diferença residiria na circunstância de o trabalhador conhecer a empresa, por assim dizer, «por dentro»", JÚLIO GOMES, *As cláusulas de não concorrência no Direito do Trabalho*, p. 13.

O mesmo se diga em relação à clientela. Como salienta JÚLIO GOMES, *loc. cit.*, p. 12, "Cremos, inclusive, que o trabalhador pode, findo o seu contrato de trabalho, visitar ou contactar a mesma clientela sem que tal representem, só por si, um ato de concorrência desleal; tal é o caso, pelo menos, quando o conhecimento da existência dos clientes não resulta de informações confidenciais que lhe foram fornecidas pelo seu empregador e desde que não se trate de clientes pelos quais recebeu uma indemnização de clientela". A RL entendeu que, tendo o trabalhador contactado e feito propostas comerciais a clientes da empregadora, como esses clientes já o eram da nova empresa para onde foi trabalhar, não houve "desvio" da clientela, não ocorrendo violação do pacto de não concorrência. [Ac. de 06.06.18 *in* www.dgsi.pt (Proc. nº 14663/16.1T8SNT.L1-4)].

Pelo exposto, a cláusula para ser legítima deve proteger o empregador de um risco específico resultante da posição que o trabalhador ocupou na empresa, quer porque tinha acesso a informação confidencial, quer porque intervinha de modo ativo na definição da estratégia e organização da empresa.

A cláusula de não concorrência pode ser incluída no momento da celebração, durante a execução ou aquando da cessação do contrato de trabalho. Cfr. o Ac. da RC, de 17.11.17 *in* www.dgsi.pt (Proc. nº 1019/09.1TTLRA.C1). A RL esclareceu ainda que "nada impede que seja celebrado após a cessação do contrato de trabalho e para vigorar no momento pós contrato". [Ac. de 13.03.19 *in* www.dgsi.pt (Proc. nº 1403/18.0T8CSC.L1-4)].

A RE entendeu que, tendo as partes acordado, por escrito e no contrato de trabalho, uma cláusula de não concorrência, não pode posteriormente a empregadora, "na vigência do contrato, denunciar unilateralmente tal cláusula e, assim, eximir-se ao pagamento da compensação prevista no nº 2 do artigo 136º do Código do Trabalho". [Ac. de 12.10.17 *in* www.dgsi.pt (Proc. nº 82/14.8TTSTR.E3)]. Cfr., ainda, o Ac. da RL, de 18.12.13 *in* www.dgsi.pt (Proc. nº 2525/11.3TTLSB.L1-4).

Note-se, contudo, que se a cláusula for aposta aquando da celebração do contrato e posteriormente ocorrerem quaisquer eventos que afetem o equilíbrio harmónico que existia entre as partes e que pautou aquela estipulação, não devemos excluir a possibilidade de aplicar o art. 437º, do CC. Cfr. Júlio Gomes, *As cláusulas de não concorrência no Direito do Trabalho*, p. 17. Por outro lado, quando o contrato de trabalho cesse por razões objetivas atinentes à esfera de risco do empregador, "ou em todo o caso, alheias ao trabalhador", poderá o "trabalhador invocar a alteração da base negocial para obter a resolução do pacto de não concorrência", Júlio Gomes, *loc. cit.*, p. 33.

O pacto de não concorrência é admitido, contanto a sua duração não ultrapasse dois anos (ou 3 anos, cfr. nº 5) e se verifiquem as seguintes condições:

a) Observância de forma escrita

O acordo de não concorrência deve obedecer à forma escrita (trata-se de uma formalidade *ad substantiam*). Assim, a cláusula de não concorrência deve ser corporizada através de um documento, particular ou público, assinado pelas partes.

Para Júlio Gomes, *As cláusulas de não concorrência no Direito do Trabalho*, p. 15, entre nós está afastada "a possibilidade de uma convenção coletiva introduzir um pacto de não concorrência";

b) Tratar-se de atividade cujo exercício possa causar prejuízo ao empregador

O prejuízo que a lei exige não consiste no prejuízo natural decorrente da existência de mais um concorrente. A avaliação do prejuízo concreto em causa deve ter como parâmetros de orientação os objetivos económicos do ex-empregador, a sua clientela, o seu volume de negócios a dimensão da empresa e o tipo de atividade. O prejuízo relevante para os efeitos deste artigo traduz-se no conjunto ou unidade de lesões ou danos na empresa que tenham como causa o exercício concorrencial do trabalhador e cuja verificação depende das capacidades e conhecimentos específicos desenvolvidos e por si obtidos durante a execução do contrato.

"O interesse sério da entidade patronal desempenha aqui o papel de limitar o âmbito possível da cláusula, ao mesmo tempo que possibilita ao trabalhador libertar-se desta quando o referido interesse venha a desaparecer", Júlio Gomes, *As cláusulas de não concorrência no Direito do Trabalho*, p. 15;

c) O pagamento de uma compensação

O pacto de não concorrência tem obrigatoriamente carácter oneroso e sinalagmático, gerando "uma obrigação de *non facere* para o trabalhador e uma obrigação compensatória para o empregador". (Ac. da RP, de 08.06.17 *in* www.dgsi.pt (Proc. nº 3526/15.8T8OAZ.P2) e CJ, Ano XXLII, Tomo III, p. 259). Cfr., ainda, o Ac. do STJ, de 30.04.14 *in* www.dgsi.pt (Proc. nº 2525/11.3TTLSB.L1.S1).

A compensação é uma prestação de natureza mista «por um lado, tem um caráter claramente indemnizatório e por outro é a consequência lógica de uma convenção bilateral e onerosa», Pilar Charro Baena citado por Júlio Gomes, *As cláusulas de não concorrência no Direito do Trabalho*, p. 18.

Para Pilar Charro Baena a compensação, aqui prevista, na medida em que não se trata de uma retribuição, parece compatível com o subsídio de desemprego.

A fixação quantitativa da compensação deve assentar num perfeito equilíbrio entre as partes e não numa posição dominante de uma delas. Como é sabido, nalguns casos, o trabalhador encontra-se numa posição de absoluta sujeição, quer porque está sujeito a uma forte tensão psicológica, quer porque está economicamente dependente da retribuição. Deste modo, os tribunais devem fiscalizar o "conteúdo das cláusulas, nomeadamente do valor e da adequação da contrapartida, porquanto o perigo de usura, coação ou dolo do empregador é um perigo real", Júlio Gomes, *As cláusulas de não concorrência no Direito do Trabalho*, p. 19.

A compensação pode ser inferior à retribuição que o trabalhador vinha auferindo (não devemos esquecer que o pacto de não concorrência não proíbe que o trabalhador exerça outras atividades remuneradas não concorrenciais, nem impede o recebimento do subsídio de desemprego). Todavia, o seu valor não pode ser irrisório face "à intensidade da limitação da concorrência que é escopo da cláusula", Júlio Gomes, *As cláusulas de não concorrência no Direito do Trabalho*, p. 20. Concretizando esta ideia a RL veio clarificar que à "luz dos princípio da proporcionalidade, adequação e necessidade, é de considerar nulo o pacto de não concorrência, em que o montante da compensação fixada ao trabalhador não salvaguarda verdadeiramente os seus interesses no período em que se encontra claramente limitado no acesso ao mercado de trabalho, com a consequente perda de rendimentos, numa área em que a sua experiência e saber lhe poderiam proporcionar consideráveis proventos, e em que a dita compensação seria apenas recebível após o decurso do prazo de um ano, ficando o mesmo desprovido de qualquer rendimento àquele título (na vigência do referido pacto), numa altura em mais precisaria dele". [Ac. de 16.03.11 *in* www.dgsi.pt (Proc. nº 5227/07.1TTLSB.L1-4)].

Embora a compensação em causa não se identifique com a figura da retribuição, "pensamos que lhe é aplicável, na generalidade, e por manifesta analogia, o regime protetivo que a lei desenha para a retribuição do trabalho (...). Trata-se, com efeito, e apesar de tudo, do contravalor de um trabalho que o trabalhador fica privado de prestar. Os fundamentos da proteção jurídica do salário estão inteiramente presentes", António Monteiro Fernandes, *Direito do Trabalho*, p. 585. Cfr., ainda, o Ac. do STJ, de 30.04.14 *in* www.dgsi.pt (Proc. nº 2525/11.3TTLSB.L1.S1).

Em princípio e em concordância com os interesses que se visam tutelar, a compensação, em regra, deverá ser paga periódica e regularmente durante o período de inatividade (semanalmente, quinzenalmente, mensalmente, trimestralmente, semestralmente ou anualmente). No entanto nada obsta a que se pague de uma só vez "e, até, em momento anterior àquele em que a cláusula deve ser observada", Júlio Gomes, *As cláusulas de não concorrência no Direito do Trabalho*, p. 21.

Como se lê na parte final da al. *c*), a contrapartida pode ser reduzida equitativamente quando o empregador tiver despendido somas avultadas com a formação profissional do trabalhador, ou seja, tiver efetuado:

– Investimentos significativos na sua formação. De facto, a redução não é admissível se o montante investido não se manifestar significativo, atendendo às regras e usos, à importância da formação profissional, à capacidade económica e à dimensão da empresa;

– Investimentos com capital próprio e não com subsídios estaduais ou de outra natureza.

Júlio Gomes, *As cláusulas de não concorrência no Direito do Trabalho*, p. 20, sublinha que a redução equitativa apenas é possível quando o empregador ainda não beneficiou das vantagens inerentes ao investimento na formação profissional do trabalhador. Nesta medida, devem ser considerados os benefícios fiscais ou quaisquer regalias financeiras por si obtidos.

No Proc. nº 3889/16.8T8BRR.L1-4, estava em causa a quantia líquida mensal de €150,00, fixada como contrapartida do cumprimento do pacto de não concorrência, justificada com a realização de despesas avultadas feitas com a formação do trabalhador. A RL entendeu que impendia sobre o trabalhador o ónus de provar que a empregadora não efetuou tais despesas. (Ac. de 04.12.19 *in* www.dgsi.pt).

Por outro lado, a obrigatoriedade de não denúncia do contrato por um período não superior a 3 anos, para compensar despesas extraordinárias na preparação profissional do trabalhador (nº 1, do art. 137º), faz-nos presumir que se o trabalhador continuar ao serviço durante pelo menos dois anos após o dispêndio das somas importantes com a sua formação profissional, o empregador já obteve (ou devia ter obtido) o retorno do seu investimento. Cfr. Júlio Gomes, *As cláusulas de não concorrência no Direito do Trabalho*, p. 20.

A equidade pode ser considerada como a Justiça do caso concreto. Numa das possíveis linhas de atuação, pode surgir como complemento de uma precisa regra, como é o caso do número em anotação. No seguimento desta construção orientadora, entendemos que a procura de uma redução equitativa deverá alicerçar-se num conjunto de fatores do caso concreto, designadamente o montante de investimento na formação do trabalhador, a rentabilização desse investimento, as condições económicas, regras e usos da empresa, a prática habitual na atividade em causa, etc.. A não observância de qualquer um dos requisitos suprarreferidos, determinará a nulidade do pacto de não concorrência.

Ainda a propósito, é de mencionar que a RL declarou inválida e ineficaz uma cláusula contratual estabelecida num pacto de não concorrência e de sigilo fiscal celebrado aquando da cessação da relação laboral existente entre ambas, impondo a restituição da mencionada compensação, "quando interpretada no sentido de se reportar a todas as obrigações consagradas nesse contrato, ainda que alguma delas não vise propriamente afastar o trabalhador da prática de concorrência em relação ao seu ex-empregador ou evitar, de algum modo, que qualquer concorrente deste possa beneficiar dos conhecimentos, do "*Know-how*", adquiridos pelo trabalhador enquanto ao serviço do seu ex-empregador" [Ac. de 28.06.17 *in* www.dgsi.pt (Proc. nº 5738/16.8T8SNT.L1-4)].

Quanto à sua determinabilidade, a RP decidiu que os arts. 280º e 400º, do CC, "devem ser interpretados no sentido de que quando não conste logo determinada a compensação no pacto de não concorrência, a validade do mesmo está dependente de terem sido fixados critérios objetivos e operacionais que permitam proceder à sua determinação imediata ou no futuro. Inexistindo critérios que possibilitem esse processo operatório e, logo, a quantificação da compensação, a prestação não pode considerar-se determinável e, logo, o pacto de não concorrência é nulo". Este tribunal esclareceu ainda que a "retroatividade da declaração de nulidade obriga à restituição das prestações efetuadas, como se o negócio não tivesse sido realizado (artigo 289º/1, do CC)". (Ac. de 08.06.17 *in* www.dgsi.pt (Proc. nº 3526/15.8T8OAZ.P2) e CJ, Ano XXLII, Tomo III, p. 259). Cfr., ainda, o Ac. da RL, de 14.01.09 *in* www.dgsi.pt (Proc. nº 9374/2008-4) e CJ, Ano XXXIV, Tomo I, p. 166.

No que tange às situações de violação do pacto de não concorrência, o STJ dilucidou que se neste "a obrigação assumida foi a de, no período de 12 meses subsequentes à cessação do contrato de trabalho, não prestar serviços profissionais de delegada de informação médica, definidos como envolvendo o permanente contacto com médicos, colaboração com médicos em sessões de informação e formação e utilização de um formulário de prescrição, não pode afirmar-se o incumprimento do pacto quando apenas se prova que a trabalhadora constituiu uma sociedade concorrente da qual foi designada cogerente e, após a cessação do contrato, trabalhou como vendedora de fundos de investimentos para uma sociedade do mesmo grupo da última". [Ac. de 10.12.09 *in* www.dgsi.pt (Proc. nº 09S0625)].

Em relação às cláusulas penais fixadas no pacto de não concorrência, o nosso tribunal superior entendeu que "para o seu funcionamento basta o incumprimento objetivo por parte do trabalhador, mesmo que não materializado (ainda) num dano efetivo ou, pelo menos aferível, no imediato, pelo empregador". (Ac. de 02.05.18 *in* www.dgsi.pt (Proc. nº 1019/09.1TTLRA.C1.S1) e CJ, Ano XXVI, Tomo II, p. 252).

Quanto à distinção entre pacto de não concorrência e cláusulas de confidencialidade, veja-se o Ac. da RC, de 05.11.09 *in* www.dgsi.pt (Proc. nº 129/08.7TTAGD.C1) e CJ, Ano XXXIV, Tomo V, p. 54.

4. De acordo com o nº 3, se a cessação do contrato de trabalho tiver por base despedimento ilícito ou resolução com justa causa fundada em ato ilícito do empregador, a eficácia do pacto de não concorrência depende da atribuição ao trabalhador de uma compensação de montante equivalente à retribuição base à data da cessação do contrato. Ou seja, naqueles casos, o trabalhador, durante o período de limitação da sua atividade, deve receber a mesma quantia que receberia se estivesse a trabalhar.

5. O nº 5 prevê um alargamento do período de vigência do pacto de não concorrência para 3 anos, tratando-se de trabalhador afeto ao exercício de atividade cuja natu-

reza suponha especial relação de confiança ou que tenha acesso a informação particularmente sensível no plano da concorrência. Com efeito, nestes casos, as necessidades de proteção concorrencial são maiores.

Artigo 137º – Pacto de permanência

1. As partes podem convencionar que o trabalhador se obriga a não denunciar o contrato de trabalho, por um período não superior a três anos, como compensação ao empregador por despesas avultadas feitas com a sua formação profissional.

2. O trabalhador pode desobrigar-se do cumprimento do acordo previsto no número anterior mediante pagamento do montante correspondente às despesas nele referidas.

COMENTÁRIOS:

1. Antecedentes legislativos: Arts. 147º, nº 1, do CT/2003 e 36º, nº 3, da LCT.

2. O nº 1 confere a possibilidade de as partes convencionarem a obrigatoriedade de o trabalhador não denunciar o contrato de trabalho, como compensação das despesas avultadas pelo empregador com a sua formação profissional. Jorge Leite/Moitinho de Almeida, *Coletânea de Leis do Trabalho*, p. 79, acabavam por admitir que, tratando-se, "de despesas excecionais a suportar pela entidade patronal, por certo no seu interesse, mas também no interesse do trabalhador na sua valorização profissional, razoável parece a proteção do empregador".

Por conseguinte, se o empregador tiver assumido as despesas inerentes à formação profissional do trabalhador é admissível a celebração de pactos de permanência como modo de compensação do investimento realizado. Tais pactos podem ser corporizados numa cláusula aposta no contrato de trabalho ou durante a sua execução, através de documento autónomo.

Os requisitos dos pactos de permanência são:

a) Período de duração nunca superior a 3 anos;

b) Destinados à compensação de despesas avultadas (o art. 147º, do CT/2003 referia-se a despesas extraordinárias).

A RL veio esclarecer que, para "que possa convencionar-se um pacto de permanência, importa que o empregador faça despesas avultadas com a formação e consequente valorização do trabalhador, que ultrapassem as despesas de formação ordinária (art. 127/1/d, do Código do Trabalho), das quais é razoável que seja compensado através do acesso à atividade do próprio empregador durante um determinado período que não ultrapassará 3 anos". [Ac. da RL, de 12.02.20 *in* www.dgsi.pt (Proc. nº 162/19.3T8LSB.L1-4)]. *Vide,* também, deste tribunal, o Ac. de 26.06.19 *in* www.dgsi.pt (Proc. nº 2051/18.0T8VFX.L1-4).

Segundo ainda a RL não "repugna considerar que apenas uma formação que exceda a formação genérica ou essencial dada pelo empregador ao trabalhador para que exerça cabalmente as suas funções, pode justificar a assunção por parte deste de uma obrigação de permanência de prestação de trabalho durante aquele período de tempo, como forma de retorno ou compensação pelo investimento económico em formação feito pelo empregador". [Ac. de 15.02.20 *in* www.dgsi.pt (Proc. nº 2046/18.3T8VFX.L1-4)]. Com efeito, lê-se neste aresto, trata-se "de uma formação profissional que assuma relevo em termos do enriquecimento curricular do trabalhador mediante a aquisição de novas capacidades técnicas ou teórico-práticas no âmbito das funções para que foi contratado ou quando a formação profissional esteja relacionada com necessidades de atualização dessas capacidades, sobretudo, quando o trabalhador desempenhe funções que impliquem o manuseamento de equipamentos de forte pendor tecnológico, que, como é notório, estão sujeitos a frequentes evoluções, com a consequente necessidade de atualização por parte dos seus operadores ao longo do tempo".

Por outro lado, "o conceito indeterminado de "despesas avultadas" pode e deve ser definido atendendo à consciência jurídica da comunidade, variando de caso para caso, nomeadamente em função do custo efetivo da formação para o empregador, do valor da retribuição recebida pelo trabalhador, do volume de negócios da empresa, do valor da retribuição mínima garantida e dos usos e costumes do empregador e do sector à data da formação", por isso, o "recurso a critérios numéricos (quase matemáticos) na concretização deste tipo de conceito indeterminado é perigoso e suscetível de criar injustiças relativas". [Ac. da RL, de 26.06.19 *in* www.dgsi.pt (Proc. nº 2051/18.0T8VFX. L1-4)].

De acordo ainda com a RL, a "formação profissional ministrada a um trabalhador, que o habilitou a operar os aviões AIRBUS A310-300 e A300-600, deve ter-se por despesa extraordinária comprovadamente feita pelo empregador na formação profissional". [Ac. de 27.10.10 *in* www.dgsi.pt (Proc. nº 2779/07.0TTLSB.L1-4)]. Cfr., ainda, o Ac. do STJ, de 13.10.10 *in* www.dgsi.pt (Proc. nº 185/08.8TTSTR.E1.S1) e CJ, Ano XVIII, Tomo III, p. 260.

Já no Proc. nº 185/08.8TTSTR.E1, a RE decidiu não serem "despesas extraordinárias as efetuadas por uma empresa de aviação na formação dum piloto ao seu serviço há algum tempo para que possa pilotar um avião até então não operado na empresa". (Ac. de 09.02.10 *in* CJ, Ano XXXV, Tomo I, p. 258 e www.dgsi.pt).

Na visão da RL, o "pacto de permanência não caduca pela circunstância de a formação pressuposta pelo mesmo se realizar num ou noutro momento ou ser de um ou outro tipo". (Ac. de 18.12.19 *in* www.dgsi.pt (Proc. nº 1160/19.2T8LSB-A-4) e CJ, Ano XLIV, Tomo V, p. 174).

Do texto do art. 147º, do CT/2003 (através da expressão "comprovadamente") resultava claramente que impendia sobre o empregador o ónus de provar as despesas extraordinárias realizadas com o trabalhador. Não obstante a eliminação desta expressão, entendemos que continua a caber ao empregador a demonstração das referidas despesas, nos termos do art. 342º, nº 1, do CC. Cfr. os Acs. da RL, de 28.04.10 *in* www.dgsi.pt (Proc. nº 812/07.4TTALM.L1-4) e do STJ, de 24.02.10 *in* www.dgsi.pt (Proc. nº 556/07.7TTALM.S1).

No Proc. nº 162/19.3T8LSB.L1-4, foi decidido que não "é um pacto de permanência e nem é válida, por falta de fundamento legal, a cláusula aposta num contrato de formação quando:

a) não é garantido ao trabalhador contrato de trabalho;

b) o valor da formação é liquidado em 35.000,00 €, independentemente dos encargos reais;

c) é fixado tal valor como o devido pelo trabalhador caso a atividade não seja prestada – se a credora a quiser receber – até ao fim dos ditos 3 anos, independentemente do tempo maior ou menor em que preste a atividade;

d) o trabalhador é sempre declarado responsável caso esteja impossibilitado de cumprir o acordado". (Ac. da RL, de 12.02.20 *in* www.dgsi.pt).

Quanto ao pacto de permanência inserido em contrato-promessa, o STJ declarou que entre este contrato e "o contrato definitivo verifica-se não só uma sequência temporal como também uma interligação, o que significa que o contrato definitivo está condicionado pelo que foi estabelecido no contrato-promessa, mormente quanto ao pacto de permanência, que vincula o trabalhador na vigência do contrato de trabalho". [Ac. de 30.06.11 *in* www.dgsi.pt (Proc. nº 2779/07.0TTLSB.L1.S1)]. Cfr., ainda, o Ac. da RL, de 27.10.10 *in* www.dgsi.pt (Proc. nº 2779/07.0TTLSB.L1-4).

No que concerne à nulidade da promessa de contrato de trabalho integrada em contrato misto onde fora acordado também um contrato de formação profissional e um pacto de permanência, a RL veio esclarecer que aquela nulidade não afeta a validade deste pacto. (Ac. de 18.12.19 *in* www.dgsi.pt (Proc. nº 1160/19.2T8LSB-A-4) e CJ, Ano XLIV, Tomo V, p. 174).

3. Ao abrigo do nº 2, o trabalhador, em qualquer momento, pode desobrigar-se do pacto de permanência mediante o pagamento das despesas feitas com a sua formação profissional.

A RL elucidou que não "vincula o trabalhador um pacto por 3 anos aposto no contrato a termo certo de 6 meses, após o decurso dos aludidos 6 meses, o qual finda por caducidade (art. 344)". [Ac. de 12.02.20 *in* www.dgsi.pt (Proc. nº 162/19.3T8LSB.L1-4)].

4. Sobre esta matéria, *vide*, ainda, JOANA VASCONCELOS, *Pacto de Permanência, Liberdade de Trabalho e Desvinculação do Trabalhador* e JOÃO ZENHA MARTINS, *Em Torno da (In) Admissibilidade de Pactos de Permanência Anteriores ao Contrato de Trabalho.*

Artigo 138º – Limitação da liberdade de trabalho

É nulo o acordo entre empregadores, nomeadamente em cláusula de contrato de utilização de trabalho temporário, que proíba a admissão de trabalhador que a eles preste ou tenha prestado trabalho, bem como obrigue, em caso de admissão, ao pagamento de uma indemnização.

COMENTÁRIOS:

1. Antecedentes legislativos: Arts. 148º, do CT/2003 e 36º, nº 4, da LCT.

2. Nos termos do presente artigo é expressamente proibida a celebração de acordos entre empregadores que limitem a admissão de trabalhadores que para eles tenham prestado trabalho.

Em relação ao CT/2003, é de salientar, desde logo, a referência exemplificativa ao acordo constante de cláusula de contrato de utilização de trabalho temporário. Na verdade, as situações que o legislador procurou proteger, com o presente artigo, são aí frequentes. Por outro lado, destaca-se também o aditamento da 2ª parte, do presente artigo, nos termos do qual é, igualmente, proibida a cláusula que obrigue, em caso de admissão, ao pagamento de uma indemnização.

3. O presente artigo assume-se como uma manifestação positiva do direito ao trabalho (art. 58º, da CRP), o qual assenta no princípio da liberdade de escolha de profissão (consagrado no art. 47º, nº 1, da CRP) e no princípio da liberdade de desvinculação do trabalhador.

SECÇÃO IX – Modalidades de contrato de trabalho

SUBSECÇÃO I – Contrato a termo resolutivo

Artigo 139º – Regime do termo resolutivo

O regime do contrato de trabalho a termo resolutivo, constante da presente subsecção, não pode ser afastado por instrumento de regulamentação coletiva de trabalho, com exceção do nº 2 do artigo seguinte e do artigo 145º.

COMENTÁRIOS:

1. Antecedentes legislativos: Arts. 128º, do CT/2003 e 12º, nº 1, da LCT.

2. O presente artigo tem a redação introduzida pela L nº 93/2019, de 4 de setembro.

3. A nível de sistematização, a presente Subsecção, sob o título *Contrato a termo resolutivo*, reúne os contratos a termo certo e a termo incerto, constituindo uma das modalidades contratuais.

4. O regime do termo resolutivo não pode ser afastado por instrumento de regulamentação coletiva de trabalho, exceto no que respeita às necessidades temporárias indicadas como motivo justificativo da contratação a termo (artigo 140º, nº 2) e às regras de preferência na admissão do trabalhador a termo na celebração de contrato de trabalho por tempo indeterminado (artigo 145º).

Como bem enuncia Joana Nunes Vicente, "se a mensagem normativa enunciada no vetusto art. 139º consistia numa inequívoca aposta no papel da autonomia coletiva na regulação da contratação a termo, no atual preceito, o legislador laboral recua e enuncia o princípio oposto: em regra está vedada às convenções coletivas de trabalho a possibilidade de afastarem o regime legal da contratação a termo, pelo que a regra passou a ser a da absoluta imperatividade das normas legais sobre a contratação a termo. Precludida fica, pois, a possibilidade de as convenções coletivas, por exemplo, prescindirem da existência de um motivo justificativo para a contratação a termo, afastarem a exigência de requisitos formais, alterarem ou suprimirem a norma que proíbe a sucessão de contratos, modificarem (alargando ou diminuindo) os prazos de duração máxima e número de renovações, etc.", *A Lei nº 93/2019, de 4/9 e a revisão do regime jurídico do contrato de trabalho a termo*", p. 110.

Artigo 140º – Admissibilidade de contrato de trabalho a termo resolutivo

1. O contrato de trabalho a termo resolutivo só pode ser celebrado para a satisfação de necessidades temporárias, objetivamente definidas pela entidade empregadora e apenas pelo período estritamente necessário à satisfação dessas necessidades.

2. Considera-se, nomeadamente, necessidade temporária da empresa:

***a*) Substituição direta ou indireta de trabalhador ausente ou que, por qualquer motivo, se encontre temporariamente impedido de trabalhar;**

***b*) Substituição direta ou indireta de trabalhador em relação ao qual esteja pendente em juízo ação de apreciação da licitude de despedimento;**

***c*) Substituição direta ou indireta de trabalhador em situação de licença sem retribuição;**

***d*) Substituição de trabalhador a tempo completo que passe a prestar trabalho a tempo parcial por período determinado;**

***e*) Atividade sazonal ou outra cujo ciclo anual de produção apresente irregularidades decorrentes da natureza estrutural do respetivo mercado, incluindo o abastecimento de matéria-prima;**

***f*) Acréscimo excecional de atividade da empresa;**

g) Execução de tarefa ocasional ou serviço determinado precisamente definido e não duradouro;

h) Execução de obra, projeto ou outra atividade definida e temporária, incluindo a execução, direção ou fiscalização de trabalhos de construção civil, obras públicas, montagens e reparações industriais, em regime de empreitada ou em administração direta, bem como os respetivos projetos ou outra atividade complementar de controlo e acompanhamento.

3. Sem prejuízo do disposto no nº 1, só pode ser celebrado contrato de trabalho a termo incerto em situação referida em qualquer das alíneas *a*) a *c*) ou *e*) a *h*) do número anterior.

4. Além das situações previstas no nº 1, pode ser celebrado contrato de trabalho a termo certo para:

a) Lançamento de nova atividade de duração incerta, bem como início do funcionamento de empresa ou de estabelecimento pertencente a empresa com menos de 250 trabalhadores, nos dois anos posteriores a qualquer um desses factos;

b) Contratação de trabalhador em situação de desemprego de muito longa duração.

5. Cabe ao empregador a prova dos factos que justificam a celebração de contrato de trabalho a termo.

6. Constitui contraordenação muito grave a violação do disposto em qualquer dos nºs 1 a 4.

COMENTÁRIOS:

1. Antecedentes legislativos: Arts. 129º, 130º, nº 1, 143º e 655º, nº 1, do CT/2003 e 41º, nºs 1 a 4 e 48º, da LCCT.

O TC no Ac. nº 338/2010, de 22.09.10, entendeu declarar a constitucionalidade das als. *a*) e *b*) do nº 4, atendendo a que "não cabe ao Tribunal Constitucional sindicar a opção feita pelo legislador das medidas legislativas criadas para fomentar o emprego e a atividade empresarial, mas tão-somente pronunciar-se sobre se as apresentadas ao seu exame revestem a devida «ponderação justificada». (DR, I Série, de 08.11.10).

2. O presente artigo tem a redação introduzida pela L nº 93/2019, de 4 de setembro, a qual alterou os nºs 1 e 4.

3. Por oposição aos contratos de duração indeterminada ou vigência ilimitada (também denominados *contratos sem termo*), os contratos que contêm já uma predeterminação da sua duração, dizem-se *a termo*.

Pela aposição do termo (resolutivo), a eficácia do contrato cessa com a ocorrência do termo, ou seja, a cessação dos efeitos contratuais encontra-se na dependência de um acontecimento futuro e certo (art. 278º, CC).

Nos contratos a termo certo, a cessação do contrato encontra-se dependente da verificação de um determinado momento, rigorosamente fixado no tempo, *v.g.*, duração contratual de 6 meses. O contrato é assim *certus an certus quando.*

Nos contratos a termo incerto, a cessação do contrato encontra-se dependente de um determinado acontecimento cuja data de verificação é incerta (*v.g.*, o contrato vigora para o contratado a termo até à recuperação do trabalhador em convalescença, que este se encontra a substituir). Neste caso, o contrato é *certus an incertus quando.*

A diferença entre termo certo e termo incerto, não resulta, conforme ressalta, da ocorrência do facto (necessariamente certa), mas do momento da respetiva verificação.

O regime geral, estipulado no nº 1, obriga a que os contratos de trabalho a termo só possam ser celebrados, caso visem satisfazer *necessidades temporárias da empresa, objetivamente definidas pela entidade empregadora* (menção *ex novo*) e pelo *período estritamente necessário à satisfação dessas necessidades.* A norma possui natureza taxativa (eloquentemente estabelecida no **só**), sob pena de convertibilidade do contrato em regime de contrato sem termo [art. 147º, nº 1, al. *b*)].

"O trabalho a termo é, por natureza, precário; o que é contrário de segurança. Por isso, é necessário também um motivo justificativo para a contratação a termo", consideram José Joaquim Gomes Canotilho/Vital Moreira, *Constituição da República Portuguesa Anotada*, p. 711.

De relevar que a contratação a termo, obriga à observância de um período estritamente necessário, *esse arco temporal tem que ser condizente e (até) condutor da satisfação da necessidade, devendo estabelecer-se a relação entre a justificação invocada e o termo estipulado.* [Ac. da RP, de 11.06.12 *in* www.dgsi.pt (Proc. nº 154/11.0TTVNG.P1)].

IV – Não resultando dos termos da cláusula onde se pretendeu indicar o motivo justificativo, nem de qualquer outra, a relação entre o prazo de um ano, estipulado no contrato, e a satisfação das «encomendas do cliente...», e face à vacuidade de tal expressão, sem concretização quantitativa temporalmente referenciada, vacuidade também patente na alusão genérica ao «trabalho dos seus atuais trabalhadores permanentes», é de concluir que o contrato não obedece ao prescrito no citado normativo legal, o que determina a sua conversão em contrato sem termo (artigo 131º, nº 4, CT/2003). [Ac. do STJ, de 28.04.10 *in* www.dgsi.pt (Proc. nº 182/07.0TTMAI.S1)].

O regime especial, previsto no nº 4, permite a contratação a termo certo: "Além das situações previstas no nº 1".

Refere Bernardo Xavier, "As situações referidas no art. 140º podem ser reconduzidas a dois grandes grupos de casos. Um de caráter objetivo que tem a ver com a precariedade dos próprios postos de trabalho, excecional ou temporariamente abertos, ou não firmes por falta de consolidação de um conjunto de atividades do empregador, e outro de caráter mais subjetivo e que, de certo modo, resulta de situações específicas dos trabalhadores", *Manual de Direito do Trabalho*, p. 751.

As cautelas a que o legislador tem recorrido para legitimar este tipo contratual, advêm de, amiúde, o mesmo ser utilizado no interesse da iniciativa económica das empresas que possuindo necessidades permanentes contratam como se de necessidades temporárias se tratasse, face à relativa facilidade de desvinculação contratual. *V.* nesse sentido, ANTÓNIO MENEZES CORDEIRO, *Direito do Trabalho*, II, p. 610; JOÃO LEAL AMADO, *Contrato de trabalho. Noções básicas*, p. 79; JOANA NUNES VICENTE, *O fenómeno da sucessão de contratos (a termo): breves considerações à luz do Código do Trabalho revisto*, p. 7 e BERNARDO XAVIER, *A crise e alguns institutos de Direito do Trabalho*, p. 531.

4. O nº 2 assume, por consequência, no que concerne ao termo certo, caráter exemplificativo (*nomeadamente*). O legislador atendeu essencialmente à génese do contrato a termo e não propriamente às respetivas manifestações, admitindo, portanto, um *regime geral de admissibilidade*, previsto no nº 1.

Para além da contratação a termo por um ato de vontade, casos há de contratação a termo *ope legis,* refira-se a situação dos trabalhadores reformados por velhice ou com 70 anos de idade (art. 348º).

Ainda, e para além da previsão do CT, o art. 55º, nº 4, CIRE, indica que o administrador da insolvência pode contratar a termo certo ou incerto os trabalhadores necessários à liquidação da massa insolvente ou à continuação da exploração da empresa, mas os novos contratos caducam no momento do encerramento definitivo do estabelecimento onde os trabalhadores prestam serviço, ou, salvo convenção em contrário, no da sua transmissão.

5. O nº 2, als. *a*) a *c*), ao indicar *substituição indireta* visa permitir que o trabalhador contratado a termo (trabalhador A) venha substituir um trabalhador (trabalhador B), que apesar de permanecer na empresa, está incumbido de ocupar o posto de trabalho de um trabalhador ausente (trabalhador C).

Acerca do sentido da substituição indireta de um trabalhador contratado pela empresa por tempo indeterminado, explana ANTÓNIO DAMASCENO CORREIA, "Há quem entenda que a noção de ausência e de impedimento previsto nesta fonte jurídica, reporta-se à impossibilidade de prestar trabalho e acarreta um afastamento relativamente a toda a empresa em geral. (...). Mas há quem entenda que esta ausência se pode reportar exclusivamente à impossibilidade de um trabalhador prestar a sua atividade funcional num específico local de trabalho", *Anotações ao regime jurídico do contrato a termo*, p. 74.

Outra questão prende-se com a possibilidade de num único contrato se substituírem vários trabalhadores ausentes. A título de exemplo, veja-se o caso de substituição de trabalhadores em gozo de férias, durante o período de junho a setembro. Cuida-se aqui de colmatar através de um único contrato várias necessidades temporárias. Em sentido negativo, SUSANA SOUSA MACHADO, *Contrato de trabalho a termo*, p. 169. Em sentido positivo, MARIA IRENE GOMES, *Considerações sobre o regime jurídico do contrato de trabalho a termo certo no CT*, p. 59.

A nosso ver, um contrato a termo permite acolher necessidades temporárias, desde que concretas, conforme o caso exposto (período de junho a setembro), em cumprimento da admissibilidade geral prevista no nº 1.

6. O nº 2, al. *d*), cuida da *transição de trabalhador a tempo completo para tempo parcial por tempo determinado* (art. 150º) e foi pensado, principalmente, para a conciliação da vida profissional com a familiar.

7. O nº 2, al. *e*), 1ª parte, reporta-se à *atividade sazonal*, ligada intrinsecamente às variações das estações do ano, como a época das colheitas ou balnear.

Não exerce uma atividade sazonal a empresa que explora umas termas cujos balneários estão abertos durante todo o ano. (Ac. da RC, de 12.06.07 *in* CJ, Ano XXXII, Tomo IV, p. 67).

No mesmo sentido: *Celebrado na hotelaria do Algarve um contrato a termo por quatro meses, tendo como justificação "a natureza sazonal da atividade turística", tal justificação aparece desmentida se se verifica a renovação desse contrato e se o mesmo perdura ao longo de todo um ano.* (Ac. da RE, de 29.05.07 *in* CJ, Ano XXXII, Tomo III, p. 269).

O nº 2, al. *e*), 2ª parte, abrange outras atividades cujo *ciclo anual de produção, apresenta irregularidades* ("picos" de trabalho) *decorrentes da natureza estrutural* (não conjuntural) *do respetivo mercado, incluindo o abastecimento de matéria-prima.*

8. O nº 2, al. *f*), acolhe o *acréscimo excecional de atividade da empresa*, ou seja, um acréscimo que por ser transitório e excecional não justifica o recrutamento de trabalhadores em regime de contrato sem termo (como o que ocorre, *v.g.*, em certas atividades económicas por altura de determinadas festividades).

III – Os factos integradores do acréscimo excecional da atividade da empresa têm de resultar do próprio contrato não sendo bastante, para cumprir tal exigência, a cláusula em que se refere que "As descritas funções serão exercidas indistintamente na Obra da Total – Luanda – Angola". (Ac. da RL, de 20.11.19 *in* CJ, Ano XLIV, Tomo V, p. 341).

A justificação, formal e material, da contratação a termo não se basta com a prova das tarefas que o trabalhador irá prestar e/ou prestou, sendo também necessário a indicação, no contrato a termo, e a subsequente prova, dos factos que permitam perceber e concluir que essas tarefas, à data da contratação, têm natureza excecional e que correspondem a uma atividade que é previsivelmente temporária. [Ac. da RP, de 14.05.12 *in* www.dgsi.pt (Proc. nº 1254/10.0TTPRT.P1)].

II – Sendo o motivo indicado apenas a afirmação segundo a qual a estipulação do prazo "justifica-se pelo facto de o primeiro se encontrar numa fase de profunda reestruturação, com consequente aumento temporário de atividade", forçoso é concluir que o contrato não respeita as formalidades exigidas pela lei. [Ac. da RP, de 14.07.10 *in* www.dgsi.pt (Proc. nº 289/ /09.0TTGDM.P1)].

Não satisfaz a exigência de fundamentação o contrato a termo em que, em suma, se fez constar que a contratação se deveu a acréscimo temporário e excecional da atividade da empresa, resultante da introdução de novos horários, nomeadamente à sexta-feira, e consequentemente aumento do número de circulação de comboios. (Ac. da RP, de 16.05.09 *in* CJ, Ano XXXIV, Tomo II, p. 255).

No mesmo sentido, *v.* os Acs. da RL, de 08.02.12 *in* www.dgsi.pt (Proc. nº 597/10.7TTLSB.L1-4); da RP, de 14.11.11 *in* www.dgsi.pt (Proc. nº 398/10.2TTVNF.P1) e do STJ, de 18.06.08 *in* CJ Ano XVI, Tomo II, p. 281.

9. O nº 2, al. *g*), 1ª parte, inclui a *execução de tarefa ocasional* (*ex.* atualização do sistema informático operativo).

A 2ª parte, reporta-se a *serviço determinado precisamente definido* **e** *não duradouro* (como a prestação de assistência a clientes aquando do lançamento de um novo produto).

IV – Não constituem tarefas ocasionais ou serviço determinado, preciso e não duradouro as funções – de assistência a clientes utilizadores dos troços da autoestrada concessionados –, desempenhadas pelo Autor, na sua qualidade de oficial de mecânica contratado por uma empresa prestadora de serviços de assistência rodoviária à concessionária daqueles troços, pois tal atividade de assistência é obrigatória para esta última e possui caráter permanente e coincidente com a duração da concessão. (Ac. do STJ, de 21.03.13 *in* CJ, Ano XXI, Tomo I, p. 244).

10. O nº 2, al. *h*), abrange as *atividades definidas e temporárias,* como execução de obra ou projeto prestadas na construção civil e outras, bem como os respetivos projetos ou outra atividade complementar de controle e acompanhamento.

11. O nº 3 cuida das motivações do contrato a termo incerto, admitindo taxativamente as alíneas *a*) a *c*) ou *e*) a *h*), do nº 2, ou seja, apenas exclui a *Substituição de trabalhador a tempo completo que passe a prestar trabalho a tempo parcial por período determinado* (al. *d*)), por força do caráter certo da necessidade temporária.

II – Nos termos dos arts. 140º, 141º e 147º, todos do Código do Trabalho, a entidade empregadora apenas pode recorrer à celebração de um contrato de trabalho a termo resolutivo (certo ou incerto) para satisfação de necessidades temporárias, já não para satisfação de necessidades habituais, e apenas pelo período estritamente necessário à satisfação dessas necessidades, sendo que tal contrato de trabalho tem de observar obrigatoriamente a forma escrita, e nele tem de constar, entre outros elementos, a indicação do termo estipulado e do respetivo motivo justificativo, devendo a indicação do motivo justificativo do termo ser feita com menção expressa dos factos que o integram, estabelecendo-se a relação entre a justificação invocada e o termo estipulado, sob pena de, em caso de omissão ou insuficiência das referências ao termo e ao motivo justificativo, se considerar o contrato de trabalho sem termo. III – Não cumpre as exigências previstas no nº 3 do art. 141º do Código do Trabalho o contrato onde a justificação do termo incerto consta nos seguintes termos: "o (...) contrato está sujeito a termo incerto e vigorará durante o tempo de manutenção de níveis elevados de procura, cuja duração é difícil por estar diretamente relacionada com imponderáveis de natureza climatérica, económica e perceção de segurança", justificando-se "(...) pela sazonalidade decorrente da natureza estrutural do mercado onde o empregador opera, que determinam o aumento temporário da necessidade de trabalhadores ao serviço, nos termos das alíneas e) e f) do Art. 140º do Código de Trabalho". [Ac. da RE, de 25.02.21 *in* www.dgsi.pt (Proc. nº 3986/19.8T8FAR.E1)].

A expressão "ao abrigo do disposto na al. g) do artigo 140º CT, o presente contrato a termo é motivado pela necessidade de execução de tarefa ocasional ou serviço determinado precisamente definido e não duradouro, em concreto o início de um novo projeto", aposta em contrato de trabalho a termo incerto, é insuficiente para que a trabalhadora possa compreender e verificar a veracidade do motivo invocado, pelo que o contrato de trabalho passa a considerar-se sem termo. [Ac. da RE, de 11.02.16 *in* www.dgsi.pt (Proc. nº 607/14.9TTSTB.E1)].

No contrato de trabalho a termo incerto que tenha como fundamento a necessidade temporária de mão de obra para duas obras devidamente identificadas, o termo é válido, não violando qualquer normativo legal. [Ac. da RL, de 04.05.11 *in* www.dgsi.pt (Proc. nº 337/ /09.3TTFUN.L1-4)].

Não constitui violação ao disposto no art. 143º, al. a) do Código do Trabalho de 2003 (atual art. 140º, nº 2, al. a) do Código do Trabalho) a contratação com recurso a contrato a termo incerto para substituição de trabalhadora ausente em licença por maternidade (atual licença parental inicial). Subscrevemos integralmente o acórdão referido, por, de facto, serem plausíveis as vicissitudes equacionadas no Aresto: "*o período de licença por maternidade pode ser acrescido em caso de nascimentos múltiplos (...); podem também surgir situações de internamento hospitalar, da mãe ou da criança, durante o período da licença, o que pode determinar a suspensão desta pelo tempo do internamento*". [Ac. da RE, de 25.05.10 *in* PDT, nº 86, maio-ag. 2010, p. 63 (Proc. nº 14308.2.2 TTFAR.E1)].

12. O nº 4 acolhe o *regime especial* de contratação. Destarte, "Além das situações previstas no nº 1", ou seja, nomeadamente, para além da necessidade temporária empresarial, as situações taxativamente previstas neste número, admitem a contratação a termo certo. E essa contratação pode ter em vista necessidades permanentes, em desvio da razão de ser do contrato a termo. Trata-se, portanto, de um regime autossuficiente de motivação contratual.

Para António Monteiro Fernandes, "Para além das situações em que ocorrem necessidades temporárias de trabalho, a lei admite o uso do contrato de trabalho a termo por razões muito diferentes dessas. O contrato a termo surge aí como instrumento ao serviço de finalidades que pouco ou nada têm que ver com a transitoriedade do trabalho. Referimo-nos às hipóteses contempladas no art. 140º/4 CT", *Direito do Trabalho*, p. 288.

No nº 4, al. *a*), cuida-se do inerente risco de (in)sucesso da atividade, risco esse atenuado após dois anos de atividade ou laboração.

A 1ª parte, da al. *a*), contempla a *natureza nova da atividade cuja duração é incerta*, agora com a novidade da contratação a termo se cingir aos dois anos posteriores.

Questão já analisada por Jorge Leite, ao tempo da LCCT. Considerava o A. que: "Entre a causa, contemplada no art. 41º, nº 1, al. *e*) e as demais «causas» de precarização do emprego há uma diferença que, para o efeito, não pode deixar de se ter em conta: o contrato não pode manter-se, como contrato a termo, para além do período de lançamento, ainda que, como será normal, subsista a respetiva atividade", *Contratos a termo por lançamento de nova atividade*, p. 87, nota 14.

O legislador indica a característica de incerteza à duração da natureza nova da atividade, é, no entanto, entendimento plausível a incerteza da novidade. Pelo que, parece querer vincar que *esta* atividade possui, em concreto, um grau de incerteza; omite, contudo, qualquer exemplificação. No entanto, não é tal interpretação que colhe, não se trata de uma específica atividade, mas de uma qualquer atividade que o empregador inicia.

A 2ª parte, da al. *a*), acolhe o *início de laboração de empresa com menos de 250 trabalhadores* ou de *estabelecimento pertencente a empresa com menos de 250 trabalhadores*, agora com a novidade da contratação a termo se cingir aos dois anos posteriores.

O TC, em apreciação do *artigo 41º, nº 1, alínea e), do revogado Decreto-Lei nº 64-A/89, de 27 de fevereiro, que determina que o contrato de trabalho a termo é admitido nos casos de «lançamento de uma nova atividade de duração incerta bem como o início de laboração de uma empresa ou estabelecimento»*, refere: "*Na norma da alínea e), o legislador atendeu a que as situações de «lançamento de uma nova atividade de duração incerta» e «início de laboração de uma empresa ou estabelecimento» justificavam a admissibilidade do contrato a termo. Essas situações são, como diz Bernardo Xavier, relativas a «segmentos da atividade do empregador não consolidados» (Curso de Direito do Trabalho, Lisboa, 1992, p. 468). Ora, não pode afirmar-se a ilegitimidade de uma norma como aquela. O legislador teve ali em conta a «natureza das coisas» e adequou a essa natureza o sentido da lei: a entidade empregadora que se propõe uma atividade por tempo incerto ou que abre a empresa, pela primeira vez, aos riscos do mercado, não tem base segura de calculabilidade quanto aos recursos humanos. Por isso que lhe não é exigível – e não é assim exigível ao legislador que determine – a adoção da modalidade-regra do contrato de trabalho por tempo indeterminado*". (Ac. nº 581/95, de 31.10.95, pub. no DR, Série I-A, de 22.01.1996).

O preceito não explica, porém, como proceder à contagem desse período de 2 anos, ou seja, quando se entende que ocorre o início da natureza nova da atividade ou de laboração. Desde a constituição da empresa à abertura efetiva de um estabelecimento pode mediar um tempo considerável. Entendemos que é de acolher, não os atos preparatórios empresariais, mas o exercício efetivo da atividade, por ex., no caso de início de laboração de estabelecimento, o que releva, quanto a nós, é a abertura ao público do mesmo.

Ilustra JOANA NUNES VICENTE, "Imagine-se que invocando o lançamento de uma nova atividade que teve início em janeiro de 2020, em janeiro de 2021 o empregador admite ao seu serviço um trabalhador por um ano, invocando para o efeito o lançamento de uma nova atividade. Poderá o empregador celebrar contratos a termo com aquele fundamento, tendo a atividade sido lançada há mais de um ano?

Ora, quanto a nós, embora a lei, em 2009, não o dissesse expressamente, já estávamos convictos de que a resposta era afirmativa. De facto, a aludida justificação do recurso aos empregos precários não se poderá esgotar no dia em que a nova atividade é lançada ou em que a empresa inicia a sua laboração; mantém-se durante um determinado período", *A Lei nº 93/2019, de 4/9 e a revisão jurídica do contrato*, p. 113.

V., também, SARA LEITÃO, *Duração, renovação e sucessão de contratos a temo: alterações introduzidas pela Lei nº 93/2019, de 4 de setembro*, p. 208.

A L nº 93/2019, veio responder às críticas relativas ao número de trabalhadores que o regime anterior acolheu (*750 trabalhadores*), considerando-se que numa grande empresa, com investimento financeiro considerável não fazia sentido a contratação a termo, daí a redução para 250 trabalhadores.

II – Constando do contrato de trabalho a termo que ele se justificava nos termos da alínea a) do nº 4, do art. 140º, do CT e era motivado pela necessidade de aumentar o volume de vendas para o período inicial do ano comercial de determinada empresa, tal motivação não é lícita porquanto não se encontra no âmbito de previsão dessa norma. (Ac. da RP, de 08.03.19 *in* CJ, nº 293, Ano XLIV, Tomo II/2019, p. 345).

A omissão do número de trabalhadores da empresa na cláusula justificativa da aposição do termo, quando celebra o contrato ao abrigo da al. a) do nº 4 do art. 140º do C. Trabalho, leva a que o contrato de trabalho se considere sem termo, de harmonia com o disposto no art. 147º, nº 1, al. c) do referido código, pelo que a comunicação da não renovação do contrato apresentada pela empregadora consubstancia um despedimento ilícito. [Ac. da RC, de 04.02.16 *in* www.dgsi.pt (Proc. nº 2/15.2TBFIG.C1)].

13. No caso da al. *b*), é a *mera qualidade do trabalhador* que motiva a contratação (trabalhador em situação de desemprego de muito longa duração).

A L nº 93/2019 eliminou a contratação a termo de trabalhador à procura de primeiro emprego, em situação de desemprego de longa duração e a menção ou "outra prevista em legislação especial de política de emprego".

Desta forma, o contrato de trabalho celebrado com trabalhador à procura de primeiro emprego e em situação de desemprego de longa duração é agora apenas admissível como contrato sem termo. A solução legal de dotar o contrato de alguma segurança fica, quanto a nós, precludida com o alargamento do período experimental para

180 dias [art. 112º, nº 1, al. *b*), subal. *iii*)] e respetivos efeitos da denúncia contratual (art. 114º).

O legislador continua a não apresentar definição legal, de *trabalhadores em situação de desemprego de muito longa duração*, tratando-se de um conceito indeterminado. *V.* Ac. da RP, de 03.10.11 *in* www.dgsi.pt (Proc. nº 1683/10.9TTPNF.P1), pese embora sobre o conceito de desempregado de longa duração.

Sem embargo de, em vários arestos, se apelar às definições vertidas nas políticas de estímulo ao emprego.

Veja-se como meramente referenciador o art. 4º, al. *c*), do DL nº 72/2017, de 21 de junho, o qual considera como: – *Desempregados de muito longa duração*, "as pessoas com 45 anos de idade ou mais e que se encontrem inscritas no IEFP, I. P., há 25 meses ou mais".

A P nº 112-A/2019, de 12 de abril (Medida Contrato-Geração), subscreve tal definição [art. 4º, nº 2, al. *c*)].

No entanto, na nossa apreciação, as políticas de estímulo ao emprego não são sobreponíveis ao CT.

A jurisprudência nacional não alcançou ainda a devida uniformidade, posto que, ora acolhe a sobreponibilidade, ora a rejeita, Paula Quintas, *O novo regime do contrato a termo*, p. 64.

Por outro lado, a Diretiva 1999/70/CE do Conselho, de 28 de junho, entende o contrato a termo como um contrato "cuja finalidade seja determinada por condições objetivas, tais como a definição de uma data concreta, de uma tarefa específica ou de um certo acontecimento". Tal definição, como ressalta, não prevê a hipótese que o CT acolhe na al. *b*), do nº 4, em que é o próprio desempenho do trabalhador eventualmente de menor valor (atendendo a que se encontra inativo há muito tempo) que motiva o contrato precário, o que nos coloca perante uma transposição deficiente (por excessividade) da lei comunitária.

A contratação de trabalhador em situação de desemprego não pode fundar-se numa simples menção nesse sentido, exige-se, portanto, uma declaração oficiosa emitida pelos serviços responsáveis.

14. É prática usual a execução do contrato de trabalho a termo antes da redução do mesmo a escrito, sendo a forma e o formalismo legal obrigatório para validar a qualificação como contrato a termo (art. 147º, nº 1, al. *c*), 1ª parte). Pelo que, quanto a nós, a celebração por escrito de contrato, posterior à produção dos efeitos do mesmo, não pode configurar este como a termo.

Em posição contrária, *v.* o Ac. da RP, de 02.07.12, no sentido de que *a redução a escrito posterior à execução do contrato, não converte o contrato como contrato verbal e por tempo indeterminado.* [*In* www.dgsi.pt (Proc. nº 222/11.9TTGMR.P1)].

15. O contrato a termo exige motivação, mas não uma motivação aleatória, pois há que demonstrar o caráter temporário da necessidade objetivamente definida pela entidade empregadora e a relação entre a justificação invocada e o termo estipulado, cabendo ao empregador a prova da sua veracidade e adequabilidade para a atendibilidade da motivação, sob pena de invalidade do termo (Cfr. o nº 5, conjugado com o art. 147º, nº 1, al. *b*)).

O factualismo invocado no contrato tem que corresponder ao real desempenho do trabalhador.

Entendimento jurisprudencial sobre o ónus da prova e sindicabilidade da contratação a termo:

Impende sobre a entidade patronal a prova dos factos integradores do motivo justificativo da celebração do contrato a termo e respetiva transitoriedade, incluindo a necessidade do concreto prazo acordado. [Ac. do STJ, de 16.06.16 *in* www.dgsi.pt (Proc. nº 968/12.4TTLSB.L1.S1)].

II – O motivo justificativo da aposição do termo neste tipo negocial não se pode limitar a transcrever secamente uma das alíneas dos números 2 ou 4 do artigo 140º do atual Código do Trabalho, sob pena de o mesmo se converter em contrato por tempo indeterminado (artigo 147º, número 1, alínea c)). III – Tal motivo, não pode ser tão vago e indefinido que impeça o trabalhador e, depois, a ACT e o tribunal de trabalho, de compreender e fiscalizar, devida e efetivamente, as razões em que se radica a necessidade de firmar um tal contrato, também não reclama que o empregador escreva e descreva o motivo explicativo com o máximo de detalhe ou pormenor que, materialmente, lhe for possível, bastando-lhe fazê-lo de maneira a que se ache suficientemente definida e percetível a situação de facto real e concreta que reclama a celebração do contrato de trabalho a termo certo em questão, possibilitando, dessa forma, a um qualquer declaratário colocado na mesma posição do trabalhador, a exata e objetiva compreensão do motivo invocado pela entidade patronal. [Ac. da RL, de 04.05.16 *in* www.dgsi.pt (Proc. nº 1992/15.0T8FNC.L1-4)].

IV – São vagas, genéricas e sem qualquer conteúdo específico as expressões "acréscimo temporário e excecional de atividade"; "fase de reestruturação, da qual resultará a redução de cargas de trabalho e consequente libertação dos efetivos" ou ainda "alteração de procedimentos ao nível da formalização dos contratos". V – É contraditória e injustificada a contratação, a termo, de um trabalhador invocando "redução de cargas de trabalho e consequente libertação dos efetivos". VI – É ao empregador que cumpre alegar e provar os fundamentos do termo constantes do contrato de trabalho. [Ac. da RP, de 16.11.15 *in* www.dgsi.pt (Proc. nº 1508/12.0TTVNG.P1)].

Sendo o motivo para a contratação a termo a substituição de trabalhadores em férias (identificados no contrato), compete ao empregador provar que tal motivo corresponde à verdade, isto é, que os trabalhadores identificados no contrato estiveram efetivamente de férias no período correspondente à contratação do trabalhador substituto. [Ac. da RP, de 07.05.12 *in* www.dgsi.pt (Proc. nº 376/10.1TTVLG.P1)].

Verifica-se a nulidade da estipulação do termo, por no contrato e suas renovações não se terem devidamente especificado, de forma a permitir a sua sindicabilidade, as circunstâncias concretas que determinaram a contratação a termo, se nos mesmos, se indica, como motivo daquela estipulação, a necessidade de colmatar as ausências decorrentes de um plano sistemático de recuperação de folgas, sem que, no texto do contrato, se especifique, minimamente que seja, as circunstâncias concretas desse plano, designadamente qual a sua duração previsível, qual o número de trabalhadores envolvidos, um cálculo, ainda que aproximado e não necessariamente rigoroso, do número de folgas em questão, e qual a relação da contratação com esse plano de recuperação e a razão pela qual essa necessidade e recurso ao trabalho do Autor era previsível que se prolongasse por tal período de 6 meses, ou pelo período fixado (um ano) nas renovações. [Ac. da RL, de 28.09.11 *in* www.dgsi.pt (Proc. nº 3716/08.0TTLSB.L1-4)].

16. Sobre a admissibilidade da celebração do contrato a termo quando o trabalhador já se encontra ligado à empresa, através de um contrato sem termo e face ao não acolhimento no CT/2009 de norma semelhante ao nº 3, do art. 41º-A, da LCCT (que invalidava a conversão de contratos sem termo em contratos a termo), questiona-se agora o valor da celebração na pendência da execução do contrato sem termo de um contrato a termo. O segundo invalida-se por nulidade da conversão? Ou é validado pela aplicação do princípio da livre estipulação negocial?

A vontade das partes de reformularem o conteúdo do contrato parece só receber acolhimento nos casos de celebração de contratos a termo e não na hipótese inversa, onerosa e quiçá injusta para o trabalhador.

Esgrimindo o argumento da (justa) composição das partes, relembre-se a ausência de paridade negocial, para a legitimação do exercício da livre autonomia da vontade.

Resta-nos apelar ao art. 129º, nº 1, al. *j*), que proíbe a cessação do contrato e posterior readmissão havendo o propósito de prejudicar o trabalhador nos direitos e garantias decorrentes da antiguidade.

Artigo 141º – Forma e conteúdo de contrato de trabalho a termo

1. O contrato de trabalho a termo está sujeito a forma escrita e deve conter:

a) Identificação, assinaturas e domicílio ou sede das partes;

b) Atividade do trabalhador e correspondente retribuição;

c) Local e período normal de trabalho;

d) Data de início do trabalho;

e) Indicação do termo estipulado e do respetivo motivo justificativo;

f) Datas de celebração do contrato e, sendo a termo certo, da respetiva cessação.

2. Na falta da referência exigida pela alínea *d*) do número anterior, considera-se que o contrato tem início na data da sua celebração.

3. Para efeitos da alínea *e*) do nº 1, a indicação do motivo justificativo do termo deve ser feita com menção expressa dos factos que o integram, devendo estabelecer-se a relação entre a justificação invocada e o termo estipulado.

4. Constitui contraordenação grave a violação do disposto na alínea *e*) do nº 1 ou no nº 3.

COMENTÁRIOS:

1. Antecedentes legislativos: Arts. 131º e 655º, do CT/2003; 42º, da LCCT e 3º, nº 1, da L nº 38/96, de 31 de agosto.

2. O contrato de trabalho a termo é um contrato formal (nº 1, conjugado com o art. 110º, 2ª parte), sob pena de conversão em contrato sem termo (art. 147º, nº 1, al. *c*)). Além de formal, o contrato a termo exige o preenchimento de certas formalidades (indicadas no corpo do nº 1).

Alude-se apenas à *atividade do trabalhador* (nº 1, al. *b*), 1ª parte), e não à categoria profissional, o que reflete o espírito de flexibilidade funcional dos tempos atuais.

Quanto ao tempo de trabalho, somente se refere *período normal de trabalho* (nº 1, al. *c*), 2ª parte), no seguimento do previsto no art. 106º, nº 3, al. *i*), que obriga apenas à informação do período normal de trabalho diário e semanal. Ou seja, a forma de distribuição do período normal de trabalho ancora-se exclusivamente na esfera jurídica do empregador, e o trabalhador só aquando da execução do contrato de trabalho será informado do horário atribuído. Questiona-se se o trabalhador, conhecendo previamente o horário de trabalho, aceitaria a proposta contratual. Parece-nos uma violação grosseira do dever de informação, numa questão nuclear do objeto contratual.

A referência expressa da *data da cessação do contrato*, sendo este a termo certo (nº 1, al. *f*), 2ª parte), visa clarificar a contagem do prazo e demarcar com exatidão o fim do contrato.

Não se exige uma exata e estrita correspondência temporal entre o termo indicado e a necessidade temporária apresentada. A lei ao indicar pelo período estritamente necessário, visa apenas impedir situações de duração *além termo certo*.

Na eventualidade de a necessidade se esgotar antes do termo certo, o contrato apenas caducará quando este ocorrer, cabendo ao empregador proceder ao pagamento da retribuição, mesmo não havendo prestação de trabalho.

3. A omissão de algumas das formalidades indicadas no preceito não implica a conversão do contrato a termo em contrato sem termo, salvo enquadrando um dos casos expressamente mencionados do art. 147º, nº 1, al. *c*).

A lei estipula regime distinto para as formalidades *ad substantiam* e para as formalidades *ad probationem*.

A formalidade diz-se *ad substantiam* quando constitui um requisito de validade do ato jurídico, insubstituível por outro meio de prova, assim, a inobservância da mesma dita a invalidade do termo (art. 220º, do CC). No regime dos contratos a termo, a respetiva inobservância implica a conversão do contrato.

Por sua vez, a formalidade *ad probationem* prende-se com a exigência de determinada forma para prova de certo ato.

No que concerne às formalidades *ad probationem*:

A falta da indicação do *domicílio ou sede das partes, atividade do trabalhador e correspondente retribuição, local e período normal de trabalho* (als. *a*), *b*) e *c*)), não afeta a validade do contrato nos termos configurados, admitindo prova por outro meio.

A omissão da *data de início do trabalho* reveste a natureza de mera irregularidade, presumindo-se que o contrato teve início na data da respetiva celebração (art. 141º, nº 1, al. *d*) e nº 2).

A omissão da *data de celebração e da respetiva cessação* nos casos dos contratos a termo certo (al. *j*)), enquadra, igualmente, mera irregularidade.

No que concerne às formalidades *ad substantiam*:

O contrato deve indicar o *termo estipulado* e o *respetivo motivo justificativo* (al. *e*)) e a indicação do motivo justificativo do termo deve ser feita com menção expressa dos factos que o integram, devendo estabelecer-se a relação entre a justificação invocada e o termo estipulado (nº 3). Perante a ausência de tal menção, considera-se o contrato sem termo (art. 147º, nº 1, al. *c*)).

Igualmente, ocorre conversão, na ausência da *identificação* ou da *assinatura das partes* e se, *simultaneamente, se omitiram as datas de celebração do contrato e de início do trabalho* (art. 147º, nº 1, al. *c*)).

Para nós, a presunção do nº 1, do art. 147º, tem necessariamente que assumir a natureza inilidível, de outra forma, aquilo que o legislador quis assegurar, poderia com maior ou menor facilidade ser contornado pelo empregador.

4. O nº 3 exige a menção expressa dos factos que integram o motivo justificativo, cabendo ao empregador a prova da sua veracidade e adequabilidade (art. 140º, nº 5), sob pena de conversão, conforme referido (art. 147º, nº 1, al. *c*), *in fine*).

I – O contrato de trabalho a termo certo para além de estar sujeito à forma escrita, tem de conter a indicação do termo estipulado e do respetivo motivo justificativo do qual conste os factos que o integram, devendo estabelecer-se a relação entre o motivo invocado e o termo estipulado (cfr. art. 141º, nºs 1, al. e) e 3). E por outro lado, as razões que justificam a aposição do termo têm de ser verdadeiras, competindo ao empregador a respetiva prova (cfr. art. 140º, nº 5 do CT). II – Considera-se celebrado por tempo indeterminado, nos termos do art. 147º, nº 1, al. c) do CT., o contrato de trabalho a termo do qual não conste de modo suficientemente preciso a relação entre o motivo invocado e o termo estipulado. III – Quer a indicação do motivo justificativo do termo, quer a relação entre o motivo invocado e o termo estipulado constituem uma formalidade "ad substantiam" pelo que a sua insuficiência não pode ser suprida por outros meios de prova. [Ac. da RG, de 26.09.19 *in* www.dgsi.pt (Proc. nº 6419/18.3T8VNF.G1)].

I – Não satisfaz a exigência da al. e) do nº 1 do art. 141º do CT o seguinte motivo, aposto pela Ré no contrato de trabalho a termo certo que celebrou, em 21/7/2014, com o Autor: o presente contrato de trabalho é celebrado a termo certo, nos termos da alínea e), do nº 2 do art. 140º do Código do Trabalho – aprovado pela Lei 7/2009, de 12 de fevereiro e destina-se a satisfazer necessidades temporárias da primeira outorgante decorrentes do ciclo anual de produção irregular decorrente da natureza estrutural do mercado de tintas e vernizes. Assim e para efeito do suprarreferido termo, o trabalhador ora contratado vai complementar e ajudar na venda de tintas e vernizes, que se encontra com um previsível aumento de procura, ocasionado pelo esperado acréscimo do número de clientes durante a época da primavera-verão. II – A indicação concreta e suficiente dos factos justificativos da celebração do contrato a termo traduz-se numa formalidade essencial «ad substantiam», que não pode ser suprida pela entidade empregadora através da sua alegação e prova em ação proposta no tribunal do trabalho. (Ac. da RE, de 08.06.17 *in* CJ, Ano XLII, Tomo III, p. 381).

Não constitui abuso de direito o facto de o trabalhador vir pedir a declaração de nulidade da cláusula que justificou o termo no contrato que assinou se não se provou, sequer, que o autor conhecia, na altura da assinatura do contrato, a nulidade do termo aposto no contrato e que pretendesse, mais tarde, reverter essa nulidade em seu benefício. [Ac. da RL, de 28.09.11 *in* www.dgsi.pt (Proc. nº 2881/09.3TTLSB.L1-4)].

II – A falta de indicação do motivo justificativo no contrato de trabalho a termo, tem como consequência considerar-se o contrato sem termo e não a sanção de nulidade do mesmo, pelo que, assim, não tem cabimento a invocação do art. 286º do C. Civil. (Ac. da RP, de 19.02.04 *in* CJ, Ano XXIX, Tomo I, p. 223).

5. A errónea qualificação do termo (certo ou incerto) não prejudica como tal o trabalhador, o contrato pretensamente a termo certo converter-se-á em contrato a termo incerto (e vice-versa), face ao disposto no art. 236º e ss., do CC.

Artigo 142º – Casos especiais de contrato de trabalho de muito curta duração

1. O contrato de trabalho para fazer face a acréscimo excecional e substancial da atividade de empresa cujo ciclo anual apresente irregularidades decorrentes do respetivo mercado ou de natureza estrutural que não seja passível de assegurar pela sua estrutura permanente, nomeadamente em atividade sazonal no setor agrícola ou do turismo, de duração não superior a 35 dias, não está sujeito a forma escrita, devendo o empregador comunicar a sua celebração e o local de trabalho ao serviço competente da segurança social, mediante formu-

lário eletrónico que contém os elementos referidos nas alíneas *a*), *b*) e *d*) do nº 1 do artigo anterior.

2. Nos casos previstos no número anterior, a duração total de contratos de trabalho a termo celebrados entre o mesmo trabalhador e empregador não pode exceder 70 dias de trabalho no ano civil.

3. Em caso de violação do disposto em qualquer dos números anteriores, o contrato considera-se celebrado pelo prazo de seis meses, contando-se neste prazo a duração de contratos anteriores celebrados ao abrigo dos mesmos preceitos.

COMENTÁRIOS:

1. O presente artigo tem a redação introduzida pela L nº 23/2012, de 25 de junho e pela L 93/2019, de 4 de setembro, as quais alteraram os nºs 1 e 2.

2. O regime em apreço agiliza formalmente os contratos de muito curta duração.

No regime revogado pela L nº 93/2019, este tipo de contratos era reservado exclusivamente para atividade sazonal agrícola (*v.g.*, colheitas) ou realização de evento turístico (*v.g.*, festivais de música).

Na versão atual, qualquer *empresa cujo ciclo anual apresente irregularidades decorrentes do respetivo mercado* ou *de natureza estrutural que não seja passível de assegurar pela sua estrutura permanente* pode celebrar contrato de muito curta duração e a atividade sazonal no setor agrícola ou do turismo são meramente exemplificativas.

De acordo com Proposta de Lei nº 136/XIII: "Importa notar que a figura do contrato de trabalho de muito curta duração não cria um novo conjunto de motivos para contratação a termo certo, permitindo antes que, em situações pontuais e definidas, a forma do contrato seja simplificada." Esta preocupação não nos parece pertinente, dado que o nº 2 do art. 140º, é meramente exemplificativo.

Aumentou-se, ainda, a duração contratual de *não superior a 15 dias* para duração não superior a 35 dias.

O contrato não está sujeito a forma escrita (violando o princípio do formalismo que caracteriza o contrato a termo, art. 141º), devendo o empregador comunicar a sua celebração e o local de trabalho ao serviço competente da segurança social, mediante formulário eletrónico que contenha a identificação, assinaturas e domicílio ou sede das partes [art. 140º, nº 1, al. *a*)]; a atividade do trabalhador e correspondente retribuição [art. 140º, nº 1, al. *b*)] e a data de início do trabalho [art. 140º, nº 1, al. *d*)].

Nada é dito quanto à al. *e*), referente à indicação do respetivo motivo justificativo, menção o que entendemos pertinente, face à difusidade do regime em vigor.

3. A duração total dos contratos de trabalho a termo entre o mesmo trabalhador e mesmo empregador não pode exceder 70 dias de trabalho no ano civil (nº 2).

4. Em caso de violação do disposto em qualquer dos números anteriores, o contrato não se converte em contrato sem termo, considerando-se celebrado pelo prazo de seis meses, contando-se neste prazo a duração de contratos anteriores celebrados ao abrigo dos mesmos preceitos (nº 3).

Artigo 143º – Sucessão de contrato de trabalho a termo

1. A cessação de contrato de trabalho a termo, por motivo não imputável ao trabalhador, impede nova admissão ou afetação de trabalhador através de contrato de trabalho a termo ou de trabalho temporário cuja execução se concretize no mesmo posto de trabalho, ou ainda de contrato de prestação de serviços para o mesmo objeto, celebrado com o mesmo empregador ou sociedade que com este se encontre em grupo, ou mantenha estruturas organizativas comuns, antes de decorrido um período de tempo equivalente a um terço da duração do contrato, incluindo renovações.

2. O disposto no número anterior não é aplicável nos seguintes casos:

***a*) Nova ausência do trabalhador substituído, quando o contrato de trabalho a termo tenha sido celebrado para a sua substituição;**

***b*) Acréscimo excecional da atividade da empresa, após a cessação do contrato;**

***c*) Atividade sazonal;**

***d*) (*Revogada*).**

3. Constitui contraordenação grave a violação do disposto no nº 1.

COMENTÁRIOS:

1. Antecedentes legislativos: Arts. 132º e 641º, do CT/2003 e 41º-A, nºs 1 e 2 e 46º, nº 4, da LCCT.

2. A L nº 93/2019, de 4 de setembro revogou a al. *d*), do nº 2, a qual indicava: *Trabalhador anteriormente contratado ao abrigo do regime aplicável à contratação de trabalhadores à procura de primeiro emprego.*

3. A sucessão contratual impeditiva de nova contratação, quanto ao mesmo trabalhador, só opera por cessação de contrato de trabalho a termo, por *motivo não imputável ao trabalhador*, ou seja, nos casos de despedimento objetivo (despedimento coletivo; despedimento por extinção de posto de trabalho e despedimento por inadaptação/inaptidão), de caducidade do contrato a pedido do empregador, de revogação e de resolução contratual por justa causa por parte do trabalhador.

A proibição de contratos sucessivos (com a mesma ou diferente motivação), antes de decorrido um período de tempo equivalente a um terço da duração do contrato, incluindo as respetivas renovações, joga com o *período de espera* e a necessidade, mais ou menos, premente de proceder a nova contratação.

A lei inclui a imediata contratação a termo, de trabalho temporário ou de prestação de serviços, após a cessação de um contrato de trabalho (a termo) a pedido do empregador. A presente redação alarga a proibição de contratação sucessiva a meios alternativos de contratação (de manifesta ilegalidade), como sendo o uso indevido da fórmula de contrato de prestação de serviços "para o mesmo objeto", ou a celebração (*oportunística*) de contrato de trabalho temporário "cuja execução se concretize no mesmo posto de trabalho".

Independentemente do motivo justificativo do contrato, havendo as partes celebrado sucessivos contratos a termo, em que a celebração do seguinte ocorre imediatamente a seguir ao termo do anterior devem ser considerados como um único contrato, sem termo. (Ac. da RP, de 14.07.20 *in* www.dgsi.pt (Proc. nº 8534/18.4T8PRT) e CJ, Ano XLV, Tomo III, p. 244).

A proibição incide sobre o "mesmo empregador", e "sociedade que com este se encontre em relação, de domínio ou de grupo" ou "mantenha estruturas organizativas comuns", na linha da figura da pluralidade de empregadores (nº 1).

"Com esta alteração, estende-se a proibição legal a uma realidade, a das coligações societárias, até ao momento não diretamente abrangida pela sua letra, mas abrangida pelo seu espírito, pela sua intencionalidade normativa, adaptando-se, por isso, à evolução das práticas patronais registadas na tentativa de contornar a proibição contida no Código anterior (art. 132º). Muito sinteticamente, do que se tratava era de situações em que o mesmo trabalhador era sucessivamente contratado a termo para ocupar o mesmo posto de trabalho, mas a entidade outorgante, do lado patronal, ia mudando ... (sociedade A, sociedade B, etc.)", Joana Nunes Vicente, *O fenómeno da sucessão de contratos (a termo) – breves considerações à luz do Código do Trabalho revisto*, p. 27.

I – Constitui abuso da personalidade coletiva, na categoria de atentado a direitos de terceiro, o "aproveitamento" da autonomia jurídica de cada uma das Rés/Sociedades para celebrar com o autor uma sucessão de contratos de trabalho a termo certo (no início com a 1ª Ré e depois com a 2ª Ré), evitando, deste modo, a conversão do contrato de trabalho a termo certo em contrato de trabalho sem termo. II – O levantamento da personalidade coletiva das rés determina que o contrato de trabalho do autor seja considerado um contrato de trabalho por tempo indeterminado, com início na data do primeiro contrato celebrado com a 1ª ré. [Ac. da RP, de 16.04.12 *in* www.dgsi.pt (Proc. nº 229/08.3TTBGC.P1)].

No entanto, o presente artigo impede apenas a admissão para o *mesmo posto de trabalho*, ou *para o mesmo objeto*, deixando intocável a admissão para posto de trabalho ou objeto contratual distinto. Certo é que a intenção de defraudar a lei sempre permitirá o *encapotamento* da motivação real e efetiva, dando-lhe um novo rosto jurídico, sob a forma de um posto de trabalho ou objeto contratual diversos. Entendendo-se como posto de trabalho o conjunto de funções designadas no contrato individual de trabalho aquando da admissão, nos termos da atividade contratada (art. 115º), independentemente de variáveis de desempenho.

4. O nº 2 estabelece uma derrogação a esta política, atentos os casos previstos na lei:

a) Nova ausência do trabalhador substituído, quando o contrato de trabalho a termo tenha sido celebrado para a sua substituição

V.g., A. encontra-se em licença de parentalidade, contratando o empregador para a sua substituição B. Findo o período de licença, A. retoma a prestação laboral, caducando, por consequência, o contrato de B.. No entanto, A., logo depois, adoece por um longo período, o empregador, que havia ficado agradado com a prestação de B. volta a contratá-lo, a termo, pelo período necessário à substituição de A.;

b) Acréscimos excecionais da atividade da empresa, após a cessação do contrato

V.g., a caducidade do contrato de A. coincidiu com o recebimento de uma nova encomenda que urge satisfazer, o empregador pode contratar o mesmo trabalhador para aceder a esse acréscimo excecional de atividade;

c) Atividade sazonal

Aparentemente, basta a indicação sazonalidade, permitindo a norma que a origem da necessidade de receber trabalho divirja (por ex., colheita de frutos e, posteriormente, colheita de cereais).

[Atendendo à atual impossibilidade de contratação a termo relativa a *trabalhador à procura de primeiro emprego*, naturalmente que al *d*) já não faz sentido].

5. A posterior contratação deve observar não só a motivação essencial do contrato a termo (art. 140º), como o respetivo formalismo (art. 141º) e os limites legais de duração e renovação expressamente consagrados (arts. 148º e 149º).

6. A violação do acolhido no nº 1, do preceito em anotação, converte o contrato em contrato sem termo (art. 147º, nº 1, al. *d*)), contando para a antiguidade do trabalhador "o tempo de trabalho prestado em cumprimento dos contratos sucessivos" (art. 147º, nº 3, *in fine*).

7. Relativamente ao período experimental, o art. 112º, nº 4, prevê a possibilidade de o mesmo ser reduzido ou excluído, consoante a duração de anterior contrato a termo para a mesma atividade, desde que celebrado pelo mesmo empregador.

Artigo 144º – Informações relativas a contrato de trabalho a termo

1. O empregador deve comunicar a celebração de contrato de trabalho a termo, com indicação do respetivo motivo justificativo, bem como a cessação

do mesmo à comissão de trabalhadores e à associação sindical em que o trabalhador esteja filiado, no prazo de cinco dias úteis.

2. O empregador deve comunicar, nos termos previstos em portaria do ministro responsável pela área laboral, ao serviço com competência inspetiva do ministério responsável pela área laboral os elementos a que se refere o número anterior.

3. O empregador deve comunicar à entidade com competência na área da igualdade de oportunidades entre homens e mulheres, com a antecedência mínima de cinco dias úteis à data do aviso prévio, o motivo da não renovação de contrato de trabalho a termo sempre que estiver em causa uma trabalhadora grávida, puérpera ou lactante ou um trabalhador no gozo de licença parental.

4. O empregador deve afixar informação relativa à existência de postos de trabalho permanentes que estejam disponíveis na empresa ou estabelecimento.

5. Constitui contraordenação leve a violação do disposto nos nºs 1, 2 e 4 e contraordenação grave a violação do disposto no nº 3.

COMENTÁRIOS:

1. Antecedentes legislativos: Arts. 133º e 655º, nº 3, do CT/2003 e 53º, nº 1, da LCCT.

2. O presente artigo tem a redação introduzida pela L nº 120/2015, de 01 de setembro, a qual alterou o nº 5 e pela L nº 90/2019, de 4 de setembro, a qual alterou o nº 3, acrescentando *trabalhador no gozo de licença parental.*

3. O nº 1 obriga à comunicação da celebração de contrato de trabalho a termo, com indicação do respetivo motivo justificativo e da cessação contratual do mesmo, à comissão de trabalhadores e à associação sindical, em que o trabalhador esteja filiado, no prazo de cinco dias úteis.

4. O dever de comunicação do empregador previsto no nº 2, foi regulado pela P nº 55/2010, de 21 de janeiro.

5. O empregador deve comunicar à entidade com competência na área da igualdade de oportunidades entre homens e mulheres (CITE), com a antecedência mínima de cinco dias úteis à data do aviso prévio, o motivo da não renovação de contrato de trabalho a termo sempre que estiver em causa uma trabalhadora grávida, puérpera ou lactante ou um trabalhador no gozo de licença parental (nº 3) sob pena de contraordenação grave (nº 5).

6. O nº 4 estabelece o dever geral de informação, no contexto de uma política de recrutamento interno, relativamente a postos de trabalho de caráter permanente disponíveis na empresa ou estabelecimento.

Artigo 145º – Preferência na admissão

1. Até 30 dias após a cessação do contrato, o trabalhador tem, em igualdade de condições, preferência na celebração de contrato sem termo, sempre que o empregador proceda a recrutamento externo para o exercício de funções idênticas àquelas para que foi contratado.

2. A violação do disposto no número anterior obriga o empregador a indemnizar o trabalhador no valor correspondente a três meses de retribuição base.

3. Cabe ao trabalhador alegar a violação da preferência prevista no nº 1 e ao empregador a prova do cumprimento do disposto nesse preceito.

4. Constitui contraordenação grave a violação do disposto no nº 1.

COMENTÁRIOS:

1. Antecedentes legislativos: Arts.135º e 655º, nº 2, do CT/2003 e 54º, da LCCT.

2. Com o presente artigo, o legislador pretendeu satisfazer as legítimas expetativas criadas ao contratado a termo que está já, de alguma forma, ligado à empresa, atribuindo-lhe preferência "na passagem ao quadro permanente", havendo recrutamento externo para o exercício de funções idênticas, até 30 dias após a cessação do contrato (nº 1), sob pena de indemnização ao trabalhador no valor correspondente a três meses de retribuição base (nº 2).

3. Quanto à distribuição do ónus da prova, cabe ao trabalhador alegar a violação da preferência prevista no nº 1 e ao empregador a prova do cumprimento do disposto nesse preceito (nº 3).

Artigo 146º – Igualdade de tratamento no âmbito de contrato a termo

1. O trabalhador contratado a termo tem os mesmos direitos e está adstrito aos mesmos deveres de trabalhador permanente em situação comparável, salvo se razões objetivas justificarem tratamento diferenciado.

2. Os trabalhadores contratados a termo são considerados, para efeitos da determinação das obrigações sociais relacionadas com o número de trabalhadores, com base na média dos existentes na empresa no final de cada mês do ano civil anterior.

COMENTÁRIOS:

1. Antecedentes legislativos: Arts. 134º, nº 2 e 136º, do CT/2003.

2. A plena igualdade de tratamento está consignada no nº 1, pese embora, com a ressalva de *razões objetivas justificarem tratamento diferenciado*, nas quais são de enquadrar benefícios e cortesias especiais em função da antiguidade na empresa, *v.g.*, Fundo de Pensões, Seguros de Vida.

3. O nº 2 inclui os trabalhadores contratados a termo na determinação das obrigações sociais, nomeadamente, direito a formação contínua (art. 131º, nº 2).

Artigo 147º – Contrato de trabalho sem termo

1. Considera-se sem termo o contrato de trabalho:

***a*) Em que a estipulação de termo tenha por fim iludir as disposições que regulam o contrato sem termo;**

***b*) Celebrado fora dos casos previstos nos nºs 1, 3 ou 4 do artigo 140º;**

***c*) Em que falte a redução a escrito, a identificação ou a assinatura das partes, ou, simultaneamente, as datas de celebração do contrato e de início do trabalho, bem como aquele em que se omitam ou sejam insuficientes as referências ao termo e ao motivo justificativo;**

***d*) Celebrado em violação do disposto no nº 1 do artigo 143º.**

2. Converte-se em contrato de trabalho sem termo:

***a*) Aquele cuja renovação tenha sido feita em violação do disposto no artigo 149º;**

***b*) Aquele em que seja excedido o prazo de duração ou o número de renovações a que se refere o artigo seguinte;**

***c*) O celebrado a termo incerto, quando o trabalhador permaneça em atividade após a data de caducidade indicada na comunicação do empregador ou, na falta desta, decorridos 15 dias após a verificação do termo.**

3. Em situação referida no nº 1 ou 2, a antiguidade do trabalhador conta-se desde o início da prestação de trabalho, exceto em situação a que se refere a alínea *d*) do nº 1, em que compreende o tempo de trabalho prestado em cumprimento dos contratos sucessivos.

COMENTÁRIOS:

1. Antecedentes legislativos: Arts. 103º, 131º, 132º, nº 3, 145º e 655º, nº 2, do CT/2003; 41º-A, 42º, 46º, e 51º, da LCCT e 3º, nº 1, da L nº 38/96, de 31 de agosto.

2. Os casos de conversão contratual encontram-se previstos em norma única, o que facilita a respetiva análise e aplicação da lei.

Considera-se sem termo o contrato de trabalho em que a estipulação de termo tenha por fim iludir as disposições que regulam o contrato sem termo (nº 1, al. *a*)), imputando-se ao empregador o ónus probatório quanto aos factos e circunstâncias que fundamentam a celebração de um contrato a termo (art. 140º, nº 5).

I – A falta de prova por parte de uma entidade patronal dos factos que justificaram a celebração de um contrato a termo é coisa diversa da prova de que a estipulação do termo teve por fim iludir as disposições que regulam o contrato sem termo. II – Porém, pode suceder que os factos invocados para justificar a celebração do contrato se provem, mas que, em rigor, não sejam suscetí-

veis de consubstanciar qualquer necessidade temporária da empresa. III – Nesse caso, a nosso ver, fica provado, por natureza (ou no mínimo tem que se inferir, mais que não seja através de presunção judicial – vide artigo 350º do CC) que a estipulação do termo se destinou a iludir as disposições que regulam o contrato a termo. IV – Este será, aliás, o meio por excelência de o trabalhador lograr tal prova. V – É que a mesma quando encarada em moldes distintos é extremamente difícil para o trabalhador. VI – A menos que tenha sido o próprio trabalhador a pretender iludir as disposições que regulam o contrato sem termo e consequentemente o tenha solicitado à entidade empregadora, conduta que – cumpre enfatizá-lo – se afigura contrária a todas as regras da experiência comum. VII – Na realidade, atualmente os empregos (sobretudo os respeitantes a contratos de trabalho sem termo ...) configuram um bem cada vez mais escasso, apetecível e procurado pela relativa estabilidade que proporcionam aos seus detentores. [Ac. da RL, de 23.01.13 *in* www.dgsi.pt (Proc. nº 2194/11.0TTLSB.L1-4)].

Celebrado um contrato de trabalho a termo incerto motivado na celebração, em regime de subempreitada de um contrato de consultoria de segurança e qualidade relativa a uma determinada obra pública, se, sem que esta estivesse concluída, a empreiteira, com o conhecimento da subempreiteira e empregadora, para atender a um pico de trabalho noutra obra pública, relativamente à qual não celebrou qualquer contrato com a subempreiteira, e face a uma diminuição do trabalho na obra motivadora do contrato a termo, afeta temporariamente o trabalhador àquela outra obra, isso não tem a virtualidade de converter o contrato de trabalho a termo incerto em contrato sem termo, não configurando de forma alguma a hipótese de o contrato a termo ter sido celebrado para iludir as disposições que regulam o contrato sem termo. [Ac. da RL, de 08.09.10 *in* www.dgsi.pt (Proc. nº 506/08.3TTVFX.L1-4)].

II – Por conseguinte, é inválido o motivo aposto num contrato de trabalho a termo incerto com a invocação de que o trabalhador iria desempenhar funções pelo tempo necessário à substituição de outro trabalhador deslocado para outro local de trabalho, em funções de chefia por interinidade, já que essa situação foi criada pelo próprio empregador e apenas resultou da sua mera vontade ou conveniência. (Ac. do STJ, de 05.02.09 *in* CJ, Ano XVII, Tomo I, p. 271).

3. Considera-se sem termo o contrato de trabalho celebrado fora dos casos previstos nos nºs 1 (contratação em desvio da satisfação de necessidades temporárias, objetivamente definidas pela entidade empregadora e apenas pelo período estritamente necessário à satisfação dessas necessidades), 3 (regime do termo incerto) ou 4 (regime do termo certo) do art. 140º [nº 1, al. *b*)].

4. Considera-se sem termo a falta de redução a escrito, vincando o formalismo do contrato. Igual consequência advirá, atenta a natureza de formalidades *ad substantiam*, na omissão: da identificação ou a assinatura das partes, ou, simultaneamente, das datas de celebração do contrato e de início do trabalho e a omissão ou insuficiência das referências ao termo e ao motivo justificativo [nº 1, al. *c*)].

III – A inobservância da formalidade ad substantiam afeta a validade da declaração, atento o disposto no Art. 220º do Cód. Civil, a qual dita a invalidade do termo, sem que a prova possa ser efetuada por outro meio e/ou em outro lugar, no processo e em julgamento. [Ac. da RP, de 14.07.10 *in* www.dgsi.pt (Proc. nº 289/09.0TTGDM.P1)].

Entendimento jurisprudencial sobre o motivo justificativo:

I – No contrato de trabalho a termo têm de constar os factos que justificam a aposição do termo, o que não acontece quando o documento escrito é absolutamente omisso sobre as respetivas razões. II – Esta formalidade tem natureza ad substantiam, o que significa que a sua preterição não pode ser suprida, em tribunal e em julgamento, por qualquer outra prova. [Ac. da RG, de 04.02.21 *in* www.dgsi.pt (Proc. nº 944/20.3T8BCL-A.G1)].

IV – A invocação no contrato de um "aumento de encomendas do mercado escocês", na sua vacuidade, será suscetível de justificar a existência de um "acréscimo" da atividade de produção, mas não denota que esse aumento seja "temporário" e, muito menos, "excecional", não permitindo ao tribunal efetuar um juízo de adequação da justificação invocada face à hipótese legal e à duração estipulada para o contrato. [Ac. da RP, de 18.04.16 *in* www.dgsi.pt (Proc. nº 2236/15.0T8AVR.P1)]. No mesmo sentido, *v.* o Ac. do STJ, de 17.03.16 *in* www.dgsi.pt (Proc. nº 2695/13.6TTLSB.L1.S1).

I – A menção escrita do motivo, no contrato de trabalho a termo, configura uma formalidade ad substantiam e não uma mera formalidade ad probationem, sendo a observância da forma essencial à validade da declaração negocial e não se destinando apenas a facilitar a prova. II – Se não for observada a forma escrita ou se do contrato escrito não constarem os elementos mencionados na lei, é o próprio termo que é nulo, sem que haja possibilidade de provar os elementos em falta por qualquer outro meio de prova, fora do documento e/ou em momento posterior, nomeadamente, na contestação ou em audiência de julgamento. [Ac. da RE, de 31.05.12 *in* www.dgsi.pt (Proc. nº 142/11.7TTPTG.E1)].

5. No nº 1, al. *d*), sanciona-se a violação das normas de contratação sucessiva (art. 143º, nº 1).

6. O nº 2 consagra a sanção da conversão contratual, para os casos de violação das regras de duração e renovação, o que ocorre quando:

– A renovação foi realizada em violação do art. 149º, nomeadamente, e quanto à renovação negocial, o incumprimento dos requisitos de admissibilidade e de forma; o desrespeito pelo número de renovações e do limite da duração renovada, a qual não pode exceder a duração inicial [al. *a*)];

– Seja excedido o prazo de duração do contrato a termo ou *o número de renovações a que se refere o artigo seguinte* [al. *b*)]. [Por lapso, indica-se "Aquele em que seja excedido o número de renovações a que se refere o artigo seguinte", o que remeteria para o art. 148º. Ora, a renovação de contrato de trabalho a termo certo encontra-se plasmada no art. 149º].

Assim, a al. *b*) deve ser interpretada restritivamente, pois só cuida agora do prazo de duração do contrato a termo.

– O trabalhador contratado a termo incerto permanece em atividade, após a data de caducidade indicada na comunicação do empregador, ou, na falta desta, decorridos 15 dias após a verificação do termo [al. *c*)].

Nos termos do art. 345º, nº 1, cabe ao empregador comunicar previamente ao trabalhador, com uma antecedência mínima de 7, 30 ou 60 dias, conforme o contrato tenha durado até seis meses, de seis meses até dois anos ou por um período superior, a caducidade do contrato a termo incerto. No entanto, continuando o trabalhador no desempenho da respetiva atividade, após tal aviso prévio, o contrato converte-se. Igualmente, haverá conversão, na ausência de aviso prévio, mas aí exigindo a lei uma continuidade de desempenho laboral de quinze dias após a conclusão da atividade, serviço, obra ou projeto.

7. Ocorrendo a conversão contratual, a antiguidade do trabalhador conta-se desde o início da prestação de trabalho.

No caso de violação da norma que regula a sucessão de contratos de trabalho a termo (art. 143º), a antiguidade compreende o tempo de trabalho prestado em cumprimento dos contratos sucessivos (nº 3).

Artigo 148º – Duração de contrato de trabalho a termo

1. A duração do contrato de trabalho a termo certo não pode ser superior a dois anos.

2. O contrato de trabalho a termo certo só pode ser celebrado por prazo inferior a seis meses em situação prevista em qualquer das alíneas *a*) a *g*) do nº 2 do artigo 140º, não podendo a duração ser inferior à prevista para a tarefa ou serviço a realizar.

3. Em caso de violação do disposto na primeira parte do número anterior, o contrato considera-se celebrado pelo prazo de seis meses desde que corresponda à satisfação de necessidades temporárias da empresa.

4. Na situação prevista na alínea *a*) do nº 4 do artigo 140º, a duração do contrato de trabalho a termo certo não pode exceder os dois anos posteriores ao início do motivo justificativo.

5. A duração do contrato de trabalho a termo incerto não pode ser superior a quatro anos.

6. É incluída no cômputo do limite referido no nº 1 a duração de contratos de trabalho a termo ou de trabalho temporário cuja execução se concretiza no mesmo posto de trabalho, bem como de contrato de prestação de serviço para o mesmo objeto, entre o trabalhador e o mesmo empregador ou sociedades

que com este se encontrem em relação de domínio ou de grupo ou mantenham estruturas organizativas comuns.

COMENTÁRIOS:

1. Antecedentes legislativos: Arts. 139º e 142º, do CT/2003.

2. O presente artigo tem a redação introduzida pela L nº 93/2019, de 4 de setembro, a qual alterou os nºs 1, 4 e 5 e aditou o nº 6.

3. Neste dispositivo, concentra-se a duração dos contratos a termo certo e a termo incerto, que não admite modificação por instrumento de regulamentação coletiva de trabalho (art. 139º).

4. A duração do <u>contrato a termo certo</u> possui agora prazo único, o qual não pode ser superior a dois anos (nº 1).

No regime revogado e atenta a motivação, o prazo variava entre 3 anos (prazo geral, art. 148º, nº 1, al. c)) e para os casos previstos do nº 4 do art. 140º: 2 anos, exceto no caso de pessoa à procura do primeiro emprego, cujo contrato detinha a duração de 18 meses [art. 148º, nº 1, als. a) e b)].

Quanto aos trabalhadores à procura de primeiro emprego, havia a possibilidade de pela contratação sucessiva (de mais 18 meses), o contrato atingir 3 anos [art. 143º, nº 2, al. d)].

Para combate de atuação fraudulenta, este limite vale, também, para os contratos de trabalho a termo certo ou de trabalho temporário cuja execução se concretiza no mesmo posto de trabalho, bem como de contrato de prestação de serviço para o mesmo objeto, entre o trabalhador e o mesmo empregador ou sociedades que com este se encontrem em relação de domínio ou de grupo ou mantenham estruturas organizativas comuns (nº 6).

A violação dos prazos de duração converte o contrato em sem termo (art. 147º, nº 2, al. *b*), 1ª parte).

Entendimento jurisprudencial no regime revogado:

3. *O autor e a 1ª ré não podiam, assim, estabelecer um período de vigência de 4 anos no contrato de trabalho celebrado, pelo que a aposição desse termo é nula, e o contrato a termo celebrado deve ter-se como um contrato sem termo, ou seja, um contrato de trabalho celebrado por tempo indeterminado.* [Ac. da RL, de 17.02.16 *in* www.dgsi.pt (Proc. nº 3679/13.0TTLSB.L1-4)].

5. O contrato de trabalho a termo certo pode ser celebrado por prazo inferior a seis meses em situação prevista nas als. *a*) a *g*), do nº 2, do art. 140º (em caso de violação deste regime, aplica-se o prazo supletivo de seis meses desde que corresponda à satisfação de necessidades temporárias da empresa, nº 3); não podendo a duração ser inferior à prevista para a tarefa ou serviço a realizar (nº 2).

Excluiu-se a al. *h*) por esta acolher necessidades temporais dificilmente coadunáveis com um prazo contratual inferior a seis meses.

Todavia, se a motivação, à luz do art. 140º, nº 1, é inadmissível, o prazo supletivo não será aplicável e a conversão contratual decorrerá do disposto no art. 147º, nº 1, al. *b*).

6. Nos casos de lançamento de nova atividade de duração incerta e de início do funcionamento de empresa ou de estabelecimento pertencente a empresa com menos de 250 trabalhadores; a duração do contrato de trabalho a termo certo não pode exceder os dois anos posteriores ao início do motivo justificativo (nº 4). A partir de tal período, a contratação será sem termo.

7. A duração do contrato a termo incerto não pode ser superior a quatro anos (nº 5), sob pena de conversão contratual (art. 147º, nº 2, al. *b*), 1ª parte).

No regime revogado, a duração não podia exceder seis anos.

8. O cômputo do prazo segue as regras do art. 279º, do CC.

Artigo 149º – Renovação de contrato de trabalho a termo certo

1. As partes podem acordar que o contrato de trabalho a termo certo não fica sujeito a renovação.

2. Na ausência de estipulação a que se refere o número anterior e de declaração de qualquer das partes que o faça cessar, o contrato renova-se no final do termo, por igual período se outro não for acordado pelas partes.

3. A renovação do contrato está sujeita à verificação da sua admissibilidade, nos termos previstos para a sua celebração, bem como a iguais requisitos de forma no caso de se estipular período diferente.

4. O contrato de trabalho a termo certo pode ser renovado até três vezes e a duração total das renovações não pode exceder a do período inicial daquele.

5. Considera-se como único contrato aquele que seja objeto de renovação.

COMENTÁRIOS:

1. Antecedentes legislativos: Arts. 140º, do CT/2003; 44º, nº 4 e 46º da LCCT e 3º, nº 2, da L nº 18/2001, de 03 de julho.

2. O presente artigo tem a redação introduzida pela L nº 93/2019, de 4 de setembro, a qual aditou um segmento (nº 4) e renumerou o nº 4 para nº 5.

3. Admite-se a possibilidade de o contrato de trabalho já nascer para caducar, assim acordem as partes, ocorrendo, desta forma, uma espécie de aviso prévio alargado (nº 1).

O preceito acolhe a prática consolidada de, logo aquando da celebração do contrato de trabalho a termo certo, ser indicada a sua não renovabilidade, numa perspetiva de conveniência na gestão da duração deste tipo de contrato (evitando-se, por ex., a conversão por esquecimento de declaração de aviso prévio para efeito de caducidade do mesmo).

A declaração de não renovação do contrato é uma declaração unilateral recetícia, regulada no art. 224º, CC.

4. A renovação (ou a conversão) do contrato a termo é realizada de *forma automática*, caso o empregador ou o trabalhador não promovam o aviso prévio para cessação do contrato de trabalho (nº 2). E o regime-regra dita que a renovação implicará uma prorrogação do contrato pelo período igual ao inicial (*i.e.*, tendo o contrato duração inicial de 6 meses, a prorrogação será igualmente de 6 meses).

Sobre o momento em que ocorre a modificação do termo, entendeu o STJ que *só se tem por adquirida a vontade tacitamente manifestada de não pôr fim ao contrato – coincidente com o termo do prazo estabelecido na lei para a comunicação de sentido oposto* [Ac. de 16.12.10 *in* www.dgsi.pt (Proc. nº 3/07.5TTBRR.L1.S1)].

5. Admite-se, ainda, a *renovação negocial* (nº 2, *in fine*), que consagra a possibilidade de uma renovação por período diferente do inicialmente estipulado, exigindo-se, no entanto, a observância dos requisitos materiais (admissibilidade) e formais da celebração do contrato, sob pena da inerente conversão do contrato em contrato sem termo (art. 147º, nº 2, al. *a*)).

Assim o entende a RP: *I – A renovação do contrato de trabalho a termo por período diferente do celebrado inicialmente está sujeita à verificação, não apenas das exigências materiais para a sua celebração, mas também às de forma, devendo a motivação constante da renovação permitir estabelecer o nexo de causalidade entre a justificação e o concreto prazo estipulado para essa renovação.* [Ac. de 09.05.16 *in* www.dgsi.pt (Proc. nº 294/14.4TTPRT.P1)]. No mesmo sentido, *v.* o Ac. da RP, de 21.02.11 *in* www.dgsi.pt (Proc. nº 16/10.9TTBRG.P1).

Certo que a renovação negocial se subordinará, igualmente, aos limites do nº 3, sob pena de conversão contratual (art. 147º, nº 2, al. *b*), 1ª parte).

No Proc. nº 251/20.1T8PTM.E1, a ré, na contestação, alegou a celebração de um aditamento ao contrato de trabalho a termo certo que alterou a data do termo do contrato, obstando à sua conversão em contrato sem termo. A RE dilucidou que, nesta circunstância, *sobre a mesma recai o ónus de provar o invocado facto impeditivo do direito alegado pelo Autor.* (Ac. de 25.02.21 *in* www.dgsi.pt). Neste aresto, lê-se ainda que, apresentado, *com a contestação, o documento escrito que, alegadamente, consubstancia o aditamento ao contrato a termo certo, com a assinatura das duas partes, e não tendo o Autor, devidamente notificado da contestação e da prova documental junta, impugnado o documento ou a sua assinatura, nos termos das disposições conjugadas dos artigos 373º, nº 1, 374º e 376º, nºs 1 e 2, todos do Código*

Civil, a assinatura do Autor que consta do documento considera-se verdadeira e os factos compreendidos nas declarações negociais expressas no documento consideram-se provados.

6. É parecer de SARA LEITÃO que "Nada parece (...), obstar à renovação do contrato com fundamento diverso do inicialmente invocado", *Duração, renovação e sucessão de contratos a termo: alterações introduzidas pela Lei nº 93/2019, de 4 de setembro*, p. 218.

Cremos, contudo, que é a renovação do contrato se apresenta como um mero prolongamento temporal (da duração inicial) e não permite nova e diferente motivação. E que o legislador ao indicar "verificação da sua admissibilidade" não previu outra admissibilidade, mas apenas a articulação da admissibilidade previamente indicada com um período de duração distinto.

A única admissibilidade de contratação por diferente motivação assenta na contratação sucessiva, contanto que esteja salvaguardado o *período de espera*.

O Ac. da RP, de 24.10.16, indicou quanto à renovação por motivo diferente, na impossibilidade de renovação pelo mesmo motivo, que: *II – Na renovação do contrato a termo certo, se houve alteração das razões que justificaram a celebração do primeiro contrato a termo, a renovação terá que colher justificação noutro fundamento, ainda que se prenda com o primitivo. E, nesse caso, necessariamente haverá que dar cumprimento à obrigação de indicação do motivo justificativo, não bastando a mera remissão para o contrato anterior.* [*In* www.dgsi.pt (Proc. nº 3128/15.9T8MTS.P1)].

7. A L nº 93/2019 impõe, agora, que o contrato a termo certo pode ser renovado até *três vezes* e a *duração total das renovações não pode exceder a do período inicial* daquele (nº 4), por forma a fazer "coincidir, o mais possível, o período inicial do contrato com o período estritamente necessário à satisfação de necessidade temporária da empresa", Exposição de Motivos da Proposta de Lei nº 136/XIII, p. 2.

Destarte, se o contrato possui a duração inicial de seis meses, as renovações seguintes não podem exceder seis meses. Pretende-se que da soma das renovações não resulte um prazo mais longo do que o previsto na duração inicial do contrato.

No seio das *renovações automáticas* (por igual período), pode ocorrer apenas uma renovação. Ex.: Duração inicial de 12 meses. Duração renovada: 12 meses.

É indiferente, contudo, as combinações (temporais) que se faça da duração renovada, esta, em todas as variáveis, nunca pode exceder a duração inicial.

Igualmente nas *renovações negociais* (por período diferente), podem ocorrer até três vezes, desde que estas não excedam a duração inicial do contrato. Ex: duração inicial: 12 meses. Primeira duração renovada: 6 meses. Segunda duração renovada: 3 meses.

De facto e à luz, do regime pretérito, elucida JOANA NUNES VICENTE, "é assaz comum no panorama empresarial, o empregador optar pela celebração de contratos a termo com duração (bastante) inferior à da necessidade que determina a celebração, que depois são alvo de sucessivas renovações". *A Lei nº 93/2019, de 4/9 e a revisão do regime do contrato de trabalho*, p. 121.

8. Considera-se como único contrato aquele que seja objeto de renovação (nº 5).

SUBSECÇÃO II – Trabalho a tempo parcial

Artigo 150º – Noção de trabalho a tempo parcial

1. Considera-se trabalho a tempo parcial o que corresponda a um período normal de trabalho semanal inferior ao praticado a tempo completo em situação comparável.

2. Para efeitos do número anterior, se o período normal de trabalho não for igual em cada semana, é considerada a respetiva média no período de referência aplicável.

3. O trabalho a tempo parcial pode ser prestado apenas em alguns dias por semana, por mês ou por ano, devendo o número de dias de trabalho ser estabelecido por acordo.

4. As situações de trabalhador a tempo parcial e de trabalhador a tempo completo são comparáveis quando estes prestem idêntico trabalho no mesmo estabelecimento ou, não havendo neste trabalhador em situação comparável, noutro estabelecimento da mesma empresa com idêntica atividade, devendo ser levadas em conta a antiguidade e a qualificação.

5. Se não existir trabalhador em situação comparável nos termos do número anterior, atende-se ao disposto em instrumento de regulamentação coletiva de trabalho ou na lei para trabalhador a tempo completo e com as mesmas antiguidade e qualificação.

6. O instrumento de regulamentação coletiva de trabalho pode estabelecer o limite máximo de percentagem do tempo completo que determina a qualificação do tempo parcial, ou critérios de comparação além dos previstos na parte final do nº 4.

COMENTÁRIOS:

1. Antecedentes legislativos: Arts. 180º e 182º, do CT/2003 e 1º e 4º, da L nº 103/99, de 26 de julho.

2. O trabalho a tempo parcial é uma das modalidades de contrato de trabalho consagradas no nosso ordenamento jurídico. Esta modalidade apresenta-se como um instrumento privilegiado de criação de emprego e de flexibilização da mão de obra e, por outro lado, como um modelo adequado à conciliação da vida profissional do tra-

balhador com a sua vida familiar e pessoal. A propósito das vantagens do trabalho a tempo parcial, veja-se ainda Júlio Gomes, *Direito do Trabalho*, p. 677. Ao nível da União Europeia, a "comparação entre as várias legislações nacionais revela a existência de três motivos principais para o recurso ao tempo parcial: facilitar a conciliação da vida profissional com vida privada, flexibilizar o emprego e partilhar o emprego", Alain Supiot e outros, *Transformações do trabalho e futuro do Direito do Trabalho na Europa*, p. 118.

3. O trabalho a tempo parcial assume-se como um fenómeno transversal no seio da União Europeia, sendo de destacar o encorajamento desta modalidade de contratação levado a cabo pelos parceiros sociais traduzido no acordo-quadro celebrado, em 6 de junho de 1997, pela UNICE, pelo CEEP e pela CES. Com vista à aplicação do acordo-quadro, viria a ser adotada a Diretiva 97/81/CE, do Conselho, 15 de dezembro de 1997, no JOUE L 014 de 20.01.98.

4. Considera-se tempo de trabalho qualquer período durante o qual o trabalhador exerce a atividade ou permanece adstrito à realização da prestação, bem como, em princípio, as respetivas interrupções e intervalos (art. 197º).

O período normal de trabalho constitui um elemento essencial do objeto do contrato de trabalho, não podendo por isso ser alterado unilateralmente pelas partes.

Em princípio, o trabalhador, durante o tempo de trabalho, exerce uma determinada atividade, que implica um desgaste físico e/ou psíquico. Desta forma, impunha-se a fixação de limites máximos do período normal de trabalho, os quais estão fixados em 8 horas diárias e 40 horas semanais (art. 203º, nº 1). No entanto, e por força da autonomia da vontade, as partes podem celebrar um contrato de trabalho no qual seja estipulado um período inferior aos limites máximos suprarreferidos. Conforme salienta Pedro Romano Martinez, *Direito do Trabalho*, p. 550, nada "obsta a que se estabeleça no contrato de trabalho um período normal de trabalho de quatro horas por dia ou de vinte horas por semana; é inclusive lícito o acordo mediante o qual o trabalhador se obrigue a prestar a sua atividade uma ou duas horas por dia ou que fique vinculado a trabalhar três dias por semana".

Neste caso, estaremos perante um contrato de trabalho a termo parcial.

De acordo com a noção contida no nº 1, o trabalho a tempo parcial é o trabalho que corresponde a um período normal de trabalho semanal inferior ao praticado a tempo completo em situação comparável. No CT/2003 considerava-se trabalho a tempo parcial o trabalho que correspondesse a um período normal de trabalho semanal igual ou inferior a 75% do praticado a tempo completo numa situação comparável (art. 180º, nº 1). Cfr. os Acs. da RP, de 16.01.17 *in* www.dgsi.pt (Proc. nº 146/14.8TTVLG.P1); de 18.01.16 *in* www.dgsi.pt (Proc. nº 226/14.0TTGDM.P1) e de 19.10.15 *in* www.dgsi.pt (Proc. nº 485/14.8TTVNG.P1).

Na atual redação, foi eliminado o valor percentual de referência, bastando que o período normal de trabalho seja inferior ao praticado a tempo completo em situação comparável, para que se considere trabalho a tempo parcial.

Importa referir que o limite máximo de percentagem do tempo completo que determina a qualificação do tempo parcial pode ser estabelecido por instrumento de regulamentação coletiva de trabalho (nº 6).

Nos termos do nº 1, a qualificação como trabalho a tempo parcial depende apenas da prestação de trabalho por período inferior ao praticado a tempo completo em situação comparável. Esta definição está em conformidade com a noção adotada na cláusula 3, nº 1, do acordo-quadro, em anexo à Diretiva 97/81/CE.

O trabalho a tempo parcial pode enquadrar-se num contrato de trabalho sem termo ou num contrato de trabalho a termo.

Quanto à conversão do contrato de trabalho a tempo parcial num contrato de trabalho a tempo inteiro, o TJ considerou que a cláusula 5, ponto 2, do acordo-quadro relativo ao trabalho a tempo parcial, não se opõe a uma regulamentação nacional em virtude da qual o empregador pode ordenar tal sem o acordo do trabalhador em causa. [Ac. de 15.10.14 *in* JOUE, C-462, de 22.12.14 (Proc. C-221/13)].

5. A referência temporal empregue pelo legislador na noção de trabalho a tempo parcial é o período normal de trabalho semanal. Todavia, pode suceder que esse período não seja igual em cada semana [*v. g.*, no caso de adaptabilidade (arts. 204º e ss.) ou de instituição do banco de horas (arts. 208º e ss.)]. Nesta hipótese, é considerada a respetiva média no período de referência aplicável (nº 2).

6. O trabalho a tempo parcial pode ser prestado apenas em alguns dias por semana, por mês ou por ano, devendo o número de dias de trabalho ser estabelecido por acordo (nº 3). Esta norma significa que o mesmo não tem que ser obrigatoriamente prestado todas as semanas, podendo ser distribuído "irregularmente ao longo do mês ou ano", Luís Miguel Monteiro *in* Pedro Romano Martinez, AAVV, *Código do Trabalho Anotado*, p. 423.

7. Na noção compreendida no nº 1, o legislador empregou um conceito indeterminado ("situação comparável"), cuja concretização é operada pelos nºs 4 e 5. Assim, consideram-se comparáveis as situações de trabalhador a tempo parcial e de trabalhador a tempo completo quando estes prestem idêntico trabalho no mesmo estabelecimento ou, não havendo trabalhador em situação comparável, noutro estabelecimento da mesma empresa com idêntica atividade, devendo ser levadas em conta a antiguidade e a qualificação (nº 4).

Se não existir trabalhador em situação comparável nos termos do nº 4, atende-se ao disposto em instrumento de regulamentação coletiva de trabalho ou na lei para trabalhador a tempo completo e com as mesmas antiguidade e qualificação (nº 5).

Note-se que os nºs 4 e 5 resultam da transposição da cláusula 3, nº 2, do acordo-quadro. A propósito destes preceitos, Luís Miguel Monteiro *in* Pedro Romano Martinez, AAVV, *Código do Trabalho Anotado*, p. 423, alerta para o facto de os mesmos não exprimirem "um princípio de igualdade de tratamento entre tratamento entre trabalhadores a tempo parcial e a tempo completo, nem delas resulta qualquer preceito regulador da situação material do trabalhador a tempo parcial, para o que existe o artigo 154º. Trata-se, tão-só, de fornecer o critério a partir do qual se define a realidade do trabalho em *part-time*".

8. Como vimos, não havendo no mesmo estabelecimento trabalhador em situação comparável, o nº 4, na sua parte final, estabelece que o juízo de comparação deve ser feito por referência a trabalhador de outro estabelecimento da mesma empresa com idêntica atividade, atendendo-se à antiguidade e à qualificação. Neste caso, o instrumento de regulamentação coletiva de trabalho pode estabelecer outros critérios de comparação (nº 6).

9. Nos termos do art. 41º, al. *a*), da L nº 112/2009, de 16 de setembro, o trabalhador a tempo completo que seja vítima de violência doméstica passou a poder pedir a mudança para um trabalho a tempo parcial que se torne disponível no órgão ou serviço, contanto seja possível e a dimensão e a natureza da entidade empregadora o permitam. De igual forma, também o trabalhador a tempo parcial que seja vítima de violência doméstica pode pedir a mudança para um trabalho a tempo completo ou de aumento do seu tempo de trabalho (art. 41º, al. *b*), da L nº 112/2009).

Em qualquer um dos casos, a entidade empregadora deve tomar em consideração, de forma prioritária, os referidos pedidos (corpo do art. 41º, da L nº 112/2009).

10. Sobre trabalho a tempo parcial, *vide* a Convenção 175, da OIT (adotada em Genebra em 24 de junho de 1994) aprovada, para ratificação, pela Resolução da Assembleia da República nº 37/2006, publicada no DR, I Série-A, de 28 de abril. O respetivo instrumento de ratificação foi depositado em 02 de junho de 2006, junto da Organização Internacional do Trabalho (Aviso nº 603/2006, de 21 de julho). Nos termos do art. 13º, § 3, deste Aviso, a referida Convenção entrou em vigor, em relação a Portugal, em 02 de junho de 2007.

Em relação às prestações de desemprego, no caso de trabalho a tempo parcial, veja-se os Acs. do TJ, de 13.06.16 *in* JOUE, C-211, de 22.12.14 (Proc. C-284/15); de 09.11.17 *in* JOUE, C-5, de 08.01.18 (Proc. C-98/15) e de 17.11.15 *in* JOUE, C-38, de 01.02.16 (Proc. C-137/15).

Artigo 151º – Liberdade de celebração de contrato de trabalho a tempo parcial

A liberdade de celebração de contrato de trabalho a tempo parcial não pode ser excluída por instrumento de regulamentação coletiva de trabalho.

COMENTÁRIOS:

1. Antecedentes legislativos: Arts. 181º, do CT/2003 e 16º, da L nº 103/99, de 26 de julho.

2. No seguimento da política de promoção e incentivo que o caracteriza, o acordo-quadro referido na anotação ao artigo anterior, impunha, na sua al. *a*), do nº 1, da sua cláusula 5, que os Estados-membros, após consulta aos parceiros sociais de acordo com a legislação ou as práticas nacionais, identificassem e analisassem quaisquer obstáculos de natureza jurídica ou administrativa suscetíveis de limitar as possibilidades de trabalho a tempo parcial e, eventualmente, eliminá-los. Em cumprimento desta imposição, o presente artigo determina que a liberdade de celebração de contrato de trabalho a tempo parcial não pode ser excluída por instrumento de regulamentação coletiva de trabalho.

Tenhamos em linha de conta que a autonomia da vontade (da qual a liberdade de celebração de contratos é corolário) constitui a fonte legitimadora primária da contratação a tempo parcial.

3. Uma vez que o presente artigo fala de exclusão da liberdade de celebração de contrato de trabalho a termo parcial, importa saber se tal liberdade pode sofrer limitações, *v.g.*, cláusula que restrinjam a contratação a tempo parcial a determinadas áreas ou setores de atividade. Para JÚLIO GOMES, *Direito do Trabalho*, pp. 689 e 690, esta cláusula afigura-se "ilícita, proibindo o acesso de trabalhadores a tempo parcial a determinados postos de trabalho".

A limitação à liberdade de celebração de contrato de trabalho a termo parcial poderá colidir fortemente com o espírito que está subjacente ao acordo-quadro, no qual assenta o nosso regime. Não devemos esquecer que aquele acordo se perfila, assumidamente, como um instrumento privilegiado de promoção e incentivo à contratação a tempo parcial.

Artigo 152º – Preferência na admissão para trabalho a tempo parcial

1. Os instrumentos de regulamentação coletiva de trabalho devem estabelecer, para a admissão em regime de tempo parcial, preferências em favor de pessoa com responsabilidades familiares, com capacidade de trabalho reduzida, com deficiência ou doença crónica ou que frequente estabelecimento de ensino.

2. Constitui contraordenação grave o desrespeito de preferência estabelecida nos termos do nº 1.

COMENTÁRIOS:

1. Antecedentes legislativos: Arts. 183º e 660º, do CT/2003 e 43º, nº 2, da LDT.

2. Os instrumentos de regulamentação coletiva de trabalho devem estabelecer, para a admissão em regime de tempo parcial, preferências em favor de:

a) Pessoa com responsabilidades familiares (nº 1)

O direito do trabalhador com responsabilidades familiares prestar trabalho a tempo parcial assume-se como uma das concretizações da proteção na parentalidade [art. 35º, nº 1, al. *p*)]. Com efeito, o trabalhador com filho menor de 12 anos ou, independentemente da idade, filho com deficiência ou doença crónica que com ele viva em comunhão de mesa e habitação tem direito a prestar trabalho em regime de tempo parcial (art. 55º, nº 1).

O direito pode ser exercido por qualquer dos progenitores ou por ambos em períodos sucessivos, depois da licença parental complementar, em qualquer das suas modalidades (art. 55º, nº 2).

O regime da solicitação e autorização de trabalho a tempo parcial está previsto no art. 57º;

b) Pessoa com capacidade de trabalho reduzida (nº 1)

O empregador deve facilitar o emprego a trabalhador com capacidade de trabalho reduzida, proporcionando-lhe adequadas condições de trabalho, nomeadamente a adaptação do posto de trabalho, retribuição e promovendo ou auxiliando ações de formação e aperfeiçoamento profissional apropriadas (art. 84º, nº 1). Por outro lado, a lei ou os instrumentos de regulamentação coletiva de trabalho podem estabelecer especiais medidas de proteção de trabalhador com capacidade de trabalho reduzida, particularmente no que respeita à sua admissão e condições de prestação da atividade, tendo sempre em conta os interesses do trabalhador e do empregador (art. 84º, nº 3);

c) Pessoa com deficiência ou doença crónica (nº 1)

Como medida de ação positiva em favor do trabalhador com deficiência ou doença crónica, nomeadamente doença oncológica ativa em fase de tratamento, ao empregador é imposto o dever de adotar medidas adequadas para que aquele tenha acesso a um emprego, o possa exercer e nele progredir, ou para que tenha formação profissional, exceto se tais medidas implicarem encargos desproporcionados (art. 86º, nº 1).

À semelhança do que se verifica em relação ao trabalhador com capacidade de trabalho reduzida, também aqui a lei ou os instrumentos de regulamentação coletiva de trabalho pode estabelecer medidas de proteção específicas e incentivos ao trabalhador ou ao empregador, particularmente no que respeita à admissão, condições de prestação da atividade e adaptação de posto de trabalho, tendo em conta os respetivos interesses (art. 86º, nº 4).

Segundo Júlio Gomes, *Direito do Trabalho*, p. 697, o art. 183º, do CT/2003, representava "também um primeiro e muito tímido afloramento do chamado trabalho a tempo parcial "terapêutico", existente, por exemplo, em França e que pode ser útil para preparar o regresso à vida ativa de uma pessoa cujo contrato de trabalho esteve suspenso por motivo de doença por um longo período";

d) Pessoa que frequente estabelecimento de ensino (nº 1)

Neste grupo incluem-se os trabalhadores que frequentem qualquer estabelecimento de ensino, os quais, para efeitos do presente artigo, não têm necessariamente que gozar do estatuto de trabalhador-estudante. O regime do trabalhador-estudante está compreendido nos arts. 89º e ss.;

e) Pessoa que beneficie do estatuto de vítima (art. 44º, da L nº 112/2009, de 16 de setembro)

A al. *a*), do nº 2, da L nº 112/2009, define vítima como a pessoa singular que sofreu um dano, nomeadamente um atentado à sua integridade física ou psíquica, um dano emocional ou moral, ou uma perda material, diretamente causada por ação ou omissão, no âmbito do crime de violência doméstica previsto no art. 152º, do CP.

3. Luís Miguel Monteiro *in* Pedro Romano Martinez, AAVV, *Código do Trabalho Anotado*, p. 424, considera que "nada impede que por instrumento de regulamentação coletiva, sejam criadas preferências para além das enunciadas no nº 1".

Artigo 153º – Forma e conteúdo de contrato de trabalho a tempo parcial

1. O contrato de trabalho a tempo parcial está sujeito a forma escrita e deve conter:

a) Identificação, assinaturas e domicílio ou sede das partes;

b) Indicação do período normal de trabalho diário e semanal, com referência comparativa a trabalho a tempo completo.

2. Na falta da indicação referida na alínea b) do número anterior, presume-se que o contrato é celebrado a tempo completo.

3. Quando não tenha sido observada a forma escrita, considera-se o contrato celebrado a tempo completo.

COMENTÁRIOS:

1. Antecedentes legislativos: Arts. 103º, nº 1, al. *g*), do CT/2003 e 1º, nº 5, da L nº 103/99, de 26 de julho.

2. O contrato de trabalho a tempo parcial deve observar a forma escrita, sob pena de se considerar celebrado a tempo completo (nº 3). Cfr. o Ac. da RP, de 06.06.16 *in* www.dgsi.pt (Proc. nº 424/13.3TTVFR.P).

A propósito da conversão de um contrato de trabalho a tempo completo celebrado entre um estabelecimento de ensino e uma docente num contrato de trabalho a tempo parcial, a RC proclamou que a mesma não se verifica se, apesar de efetiva redução do tempo de trabalho, por acordo, "não for observada a forma escrita". (Ac. de 17.01.20 *in* CJ, Ano XLV, Tomo I, p. 52).

Para maiores desenvolvimentos sobre a forma de contrato de trabalho, cfr. anotações ao art. 110º.

3. Para além da observância da forma escrita, o contrato de trabalho a tempo parcial deve conter:

a) Identificação, assinatura e domicílio ou sede das partes

O legislador não fixou os efeitos da falta de identificação, assinaturas e domicílio ou sede das partes.

A propósito do contrato de trabalho em comissão de serviço, IRENE GOMES, *Principais aspetos do regime jurídico do trabalho exercido em comissão de serviço*, p. 259, entende que a falta de identificação das partes equivale à falta de redução a escrito;

b) Indicação do período normal de trabalho diário e semanal, com referência comparativa a trabalho a tempo completo

Se o contrato não contiver a indicação do período normal de trabalho diário e semanal, com referência comparativa a trabalho a tempo completo, presume-se que o contrato é celebrado a tempo completo (cfr., conjugadamente, a al. *b*), do nº 1 e o nº 2). Pronunciando-se sobre a finalidade deste requisito, a RL declarou que o mesmo "visa obstar a inaceitáveis abusos por parte da entidade empregadora, colocando no seu livre arbítrio a atribuição, ou não, de um número mínimo de horas de trabalho diário ou semanal, procurando também impedir situações de não atribuição de qualquer trabalho por largos períodos de tempo ou a atribuição de meras "migalhas" retributivas", decidindo que não "preenche este requisito legal a mera indicação de trabalho com "*duração máxima de 132 horas mensais*"". [Ac. de 13.01.16 *in* www.dgsi.pt (Proc. nº 12514/13.8T2SNT.L1-4)]. Cfr., ainda, o Ac. da RC, de 27.05.15 *in* CJ, Ano XL, Tomo III, p. 63.

A RP considerou que constando "do contrato celebrado que o trabalhador ficaria sujeito a um horário "em tempo parcial, até doze horas diárias e até trinta e duas horas semanais, nos termos do Contrato Coletivo de Trabalho aplicável", tal indicação, não sendo infirmada por outra prova, sendo superior em termos comparativos o horário de trabalho a tempo completo, permite ter por ilidida a presunção estabelecida no nº 2 do artigo 153º no que se refere em particular ao número de horas semanal contratado, que deverá ser tido como sendo o de 32 horas, daí decorrendo, por consequência, que se esteja nesse caso perante um contrato de trabalho a tempo parcial, com esse horário". [Ac. de 06.11.17 *in* www.dgsi.pt (Proc. nº 5730/16.2T8PRT.P1)].

4. Em relação à obrigação de conservação e de divulgação dos contratos e dos horários de trabalho a tempo parcial, veja-se, do TJ, o Despacho de 09.12.11 *in* JOUE, C-109, de 14.04.12 (Proc. C-349/11) e o Ac. de 07.04.11 *in* JOUE, C-211, de 16.07.11 (Proc. C-151/10). Este mesmo tribunal entendeu ainda que a cláusula 5, nº 1, alínea *a*), do acordo-quadro "deve ser interpretada no sentido de que se opõe a uma legislação nacional como a que está em causa nos processos principais, que exige a notificação à Administração de uma cópia dos contratos de trabalho a tempo parcial no prazo de 30 dias a contar da sua celebração". [Ac. de 24.04.08 *in* JOUE, C-142, de 07.06.08 (Procs. C-55/07 e C-56/07)].

5. Quanto à prova da existência de contrato de trabalho a tempo parcial, o STJ decidiu que, em regra, "o contrato de trabalho é celebrado por prazo indeterminado e a tempo inteiro, pelo que a sua celebração a tempo parcial é excecional, cabendo a sua prova à entidade patronal". [Ac. de 17.01.01 *in* www.dgsi.pt (Proc. nº 00S2278)]. Noutro sentido, *vide* o Ac. da RP, de 02.12.02 *in* www.dgsi.pt (Proc. nº 0211519).

Artigo 154º – Condições de trabalho a tempo parcial

1. A trabalhador a tempo parcial é aplicável o regime previsto na lei e em instrumento de regulamentação coletiva de trabalho que, pela sua natureza, não implique a prestação de trabalho a tempo completo.

2. O trabalhador a tempo parcial não pode ter tratamento menos favorável do que o trabalhador a tempo completo em situação comparável, a menos que um tratamento diferente seja justificado por razões objetivas, que podem ser definidas por instrumento de regulamentação coletiva de trabalho.

3. O trabalhador a tempo parcial tem direito:

***a*) À retribuição base e outras prestações, com ou sem caráter retributivo, previstas na lei ou em instrumento de regulamentação coletiva de trabalho ou, caso sejam mais favoráveis, às auferidas por trabalhador a tempo completo em situação comparável, na proporção do respetivo período normal de trabalho semanal;**

***b*) Ao subsídio de refeição, no montante previsto em instrumento de regulamentação coletiva de trabalho ou, caso seja mais favorável, ao praticado na empresa, exceto quando o período normal de trabalho diário seja inferior a cinco horas, caso em que é calculado em proporção do respetivo período normal de trabalho semanal.**

4. Constitui contraordenação grave a violação do disposto neste artigo.

COMENTÁRIOS:

1. Antecedentes legislativos: Arts. 185º e 660º, do CT/2003 e 2º e 5º, da L nº 103/99, de 26 de julho.

2. A trabalhador a tempo parcial é aplicável o regime previsto na lei e em instrumento de regulamentação coletiva de trabalho que, pela sua natureza, não implique a prestação de trabalho a tempo completo (nº 1).

3. O trabalhador a tempo parcial não pode ter tratamento menos favorável do que o trabalhador a tempo completo em situação comparável (1ª parte, do nº 2). Neste preceito, que resulta da transposição da cláusula 4, do acordo-quadro, referido na anotação ao art. 150º, está plasmado o princípio da não discriminação do trabalho a tempo parcial, estabelecendo-se uma equiparação entre este e o trabalho a tempo com-

pleto. Conforme salienta Pedro Romano Martinez, *Direito do Trabalho*, p. 551, o trabalho a tempo parcial "constitui um regime laboral comum, sem uma natureza jurídica diversa do contrato em que o trabalhador se obriga a prestar a atividade a tempo inteiro".

Note-se, por exemplo, que a prestação de trabalho a tempo parcial não pode servir como critério de despedimento por extinção do posto de trabalho, "sob pena de conduta discriminatória, tornando ilícito o despedimento efetuado". (Ac. da RP, de 13.02.17 *in* CJ, Ano XLII, Tomo I, p. 219).

Júlio Gomes, *Direito do Trabalho*, p. 693, faz, desde logo, lembrar que existem "direitos indivisíveis relativamente aos quais o trabalhador a tempo parcial se encontra na mesma situação que qualquer outro: pense-se nas condições de segurança no trabalho, nos direitos de personalidade, na participação ativa e passiva nos órgãos de representação dos trabalhadores".

O princípio da não discriminação sofre uma limitação no caso de existirem razões objetivas que justifiquem um tratamento diferente (2ª parte, do nº 2). Deste modo, ficam, naturalmente, excluídas razões subjetivas, *v.g.*, a raça, o género, a língua, a idade, etc..

Júlio Gomes, *Direito do Trabalho*, p. 693, nota 1750, destaca a decisão do TJ, de 17.10.89, na qual foi considerado que "poderia invocar-se como justificação de um diferente tratamento, a antiguidade, já que esta permite, em regra, ao trabalhador um trabalho de melhor qualidade".

Ainda a este propósito, Júlio Gomes, *ob. cit.*, pp. 693 e 694, não admite qualquer disparidade de tratamento, "no que respeita à duração das férias anuais, das licenças de maternidade ou de paternidade ou às condições de um despedimento".

O TJ entendeu que uma regulamentação nacional que fixe, para os trabalhadores a termo, uma duração máxima das relações laborais para os trabalhadores a tempo parcial mais longa do que para os trabalhadores comparáveis a tempo inteiro, não é admissível "se for demonstrado que essa regulamentação afeta negativamente uma percentagem consideravelmente mais elevada de trabalhadores femininos do que de trabalhadores masculinos e se a referida regulamentação não for objetivamente justificada por um objetivo legítimo ou se os meios para o alcançar não forem adequados e necessários". [Ac. de 03.10.19 *in* JOUE, C-413, de 09.12.19 (Proc. C-274/18)].

Este mesmo tribunal julgou ilícita uma regulamentação e uma prática empresarial, "nos termos das quais, no caso de trabalhadores a tempo parcial com distribuição vertical do tempo de trabalho, apenas são tidos em consideração os períodos efetivamente trabalhados e estão, assim, excluídos os períodos não trabalhados do cálculo da antiguidade exigida para se poder auferir complementos trienais a título de complementos remuneratórios, ao passo que os trabalhadores a tempo inteiro não estão sujeitos a uma regulamentação ou a uma prática desta natureza". [Ac. de 15.10.19 *in* JOUE, C-45, de 10.02.20 (Procs. apensos C-439/18 e C-472/18)].

4. A retribuição é a prestação a que, nos termos do contrato, das normas que o regem ou dos usos, o trabalhador tem direito em contrapartida do seu trabalho. Nesta incluem-se a retribuição base e outras prestações regulares e periódicas feitas, direta ou indiretamente, em dinheiro ou em espécie (art. 258º, nºs 1 e 2), presumindo-se constituir retribuição qualquer prestação do empregador ao trabalhador (art. 258º, nº 3).

O trabalhador a tempo parcial tem direito à retribuição base e outras prestações, com ou sem caráter retributivo, previstas na lei ou em instrumento de regulamentação coletiva de trabalho (1ª parte, da al. *a*), do nº 3). No entanto, se os trabalhadores a tempo completo em situação comparável auferirem retribuição base e outras prestações mais favoráveis do que as previstas na lei ou em instrumento de regulamentação coletiva de trabalho, as mesmas serão devidas aos trabalhadores a tempo parcial, naturalmente, na proporção do respetivo período normal de trabalho semanal (2ª parte, da al. *a*), do nº 3).

Em qualquer dos casos e tendo em consideração a natureza da retribuição, predomina o princípio da proporcionalidade, a qual é determinada por referência ao período normal de trabalho. JÚLIO GOMES, *Direito do Trabalho*, pp. 694, salienta que a "proporcionalidade é aqui fixada como padrão mínimo, já que nada parece impedir, por exemplo, uma retribuição mais que proporcional em atenção, por hipótese, à maior produtividade por unidade de tempo".

Como dilucidou a RG, no "CCT entre a Confederação Nacional da Educação e Formação (CNEF) e a FNE – Federação Nacional da Educação e outros, a determinação da retribuição mensal dos docentes a tempo parcial é feita por referência ao número de horas lectivas, acarretando uma redução em função das horas lectivas e não lectivas, dada a proporcionalidade entre as mesmas". [Ac. de 04.02.21 *in* www.dgsi.pt (Proc. nº 1519/19.5T8BCL.G1)].

No Proc. nº 381/14.9TTSTB.L1-4, foi decidido que a "seguradora para quem o empregador transferiu a sua responsabilidade civil emergente de acidente de trabalho deverá responder pela totalidade da retribuição correspondente ao salário real que a vítima, vigilante de uma discoteca, deveria auferir caso trabalhasse a tempo inteiro, se o empregador comunicou à primeira, mensalmente, a retribuição real que efectivamente foi pagando ao trabalhador, sempre em valor inferior ao trabalho de um vigilante prestado a tempo inteiro, aceitando a seguradora as folhas de vencimentos remetidas e aceitando também, em conformidade, a transferência de responsabilidade nos termos da LAT pela reparação de acidente que ele viesse a sofrer, calculando e cobrando o prémio que entendeu ser devido em face dos valores mensais comunicados". (Ac. da RL, de 15.01.20 *in* www.dgsi.pt).

Nesta linha, a RG esclareceu que o "cálculo das prestações do trabalhador a tempo parcial que sofra acidente de trabalho tem por base a retribuição que auferiria a tempo inteiro, pois só assim se recompensa toda a diminuição da capacidade de trabalho e de ganho de que ficou afectado para a actividade que desempenhava quando se acidentou e, bem assim, para todas as demais". [Ac. de 10.09.20 *in* www.dgsi.pt (Proc. nº 93/17.1T8VRL.G1)].

5. O trabalhador a tempo parcial tem ainda direito ao subsídio de refeição, no montante previsto em instrumento de regulamentação coletiva de trabalho ou, caso seja mais favorável, ao praticado na empresa (1ª parte, da al. *b*), do nº 3). Daqui podemos concluir que, normalmente, os trabalhadores a tempo parcial terão direito a um subsídio de refeição de valor igual ao dos trabalhadores a tempo completo. Esta regra não se aplica quando o período normal de trabalho diário seja inferior a cinco horas. Neste caso, torna a prevalecer o princípio da proporcionalidade, devendo o subsídio de refeição ser calculado de acordo com o respetivo período normal de trabalho semanal (al. *b*), do nº 3). Segundo Luís Miguel Monteiro *in* Pedro Romano Martinez, AAVV, *Código do Trabalho Anotado*, pp. 427 e 428, "trabalhador que preste quatro horas diárias de trabalho em empresa em que é de oito horas o tempo completo, deve receber diariamente quatro quintos do valor do subsídio de refeição (...)". Já Júlio Gomes, *Direito do Trabalho*, pp. 694, considera que a lei determina que o subsídio deve ser calculado em proporção do respetivo período normal de trabalho semanal "e não do número de horas necessário para obter por inteiro o referido subsídio".

Importa tem presente que o subsídio de refeição só se considera retribuição quando, sendo uma despesa frequente, o respetivo valor, na parte que exceda o montante normal, tenha sido previsto no contrato ou se deva considerar pelos usos como elemento integrante da retribuição (cfr., conjugadamente, a al. *a*), do nº 1 e o nº 2, do art. 260º).

Quanto a outros subsídios, foi decidido, pela RP, que os "trabalhadores a tempo parcial que trabalham apenas nos dias de sábado e de domingo têm direito ao designado "subsídio de domingo", previsto na cláusula 18ª do CCT celebrado entre a APED e a FEPCES, tal como os trabalhadores sujeitos a horário completo, por ser igualmente penoso para eles a prestação de trabalho nesses dias". [Ac. de 17.10.11 *in* www.dgsi.pt (Proc. nº 530/10.6TTMAI.P1)].

Sobre as pensões, veja-se os Acs. do TJ, de 13.07.17 *in* JOUE, C-293, de 04.09.17 (Proc. C-354/16) e de 22.11.12 *in* JOUE, C-26, de 26.01.13 (Proc. C-385/11).

No que tange ao direito a férias, o TJ decidiu que o art. 7º, nº 1, da Diretiva 2003/88/CE do Parlamento Europeu e do Conselho, de 4 de novembro de 2003 e a cláusula 4, ponto 2, do Acordo-Quadro relativo ao trabalho a tempo parcial, opõe-se a disposições ou práticas nacionais, "nos termos das quais o número de dias de férias anuais pagas que um trabalhador que trabalhou a tempo completo esteve impossibilitado de beneficiar durante o período de referência, é objeto, por esse trabalhador ter passado para um regime de trabalho a tempo parcial, de uma redução proporcional à diferença existente entre o número de dias de trabalho semanal trabalhados por esse trabalhador antes e depois dessa passagem para tempo parcial". [Despacho de 13.06.13 *in* JOUE, C-225, de 03.08.13 (Proc. C-415/12)].

6. Constitui contraordenação grave a violação do disposto no presente artigo (nº 4).

Artigo 155º – Alteração da duração do trabalho a tempo parcial

1. O trabalhador a tempo parcial pode passar a trabalhar a tempo completo, ou o inverso, a título definitivo ou por período determinado, mediante acordo escrito com o empregador.

2. O trabalhador pode fazer cessar o acordo referido no número anterior por meio de comunicação escrita enviada ao empregador até ao sétimo dia seguinte à celebração.

3. Excetua-se do disposto no número anterior o acordo de modificação do período de trabalho devidamente datado e cujas assinaturas sejam objeto de reconhecimento notarial presencial.

4. Quando a passagem de trabalho a tempo completo para trabalho a tempo parcial, nos termos do nº 1, se verifique por período determinado, decorrido este, o trabalhador tem direito a retomar a prestação de trabalho a tempo completo.

5. Constitui contraordenação grave a violação do disposto no nº 4.

COMENTÁRIOS:

1. Antecedentes legislativos: Arts. 186º e 660º, do CT/2003 e 3º, da L nº 103/99, de 26 de julho.

2. O trabalhador a tempo parcial pode passar a trabalhar a tempo completo, ou o inverso, a título definitivo ou por período determinado, mediante acordo escrito com o empregador (nº 1).

Estamos perante mais uma manifestação da autonomia da vontade (claramente condensada na expressão "acordo"). O nº 1 prevê 4 situações possíveis:

– Passagem de trabalho a tempo parcial para trabalho a tempo completo, a título definitivo;

– Passagem de trabalho a tempo parcial para trabalho a tempo completo, por período determinado;

– Passagem de trabalho a tempo completo para trabalho a tempo parcial, a título definitivo;

– Passagem de trabalho a tempo completo para trabalho a tempo parcial, por período determinado.

Em qualquer um dos casos verifica-se uma alteração significativa das condições temporais de execução da prestação de trabalho, daí a exigência de acordo (escrito) entre o trabalhador e o empregador.

Na opinião de Júlio Gomes, *Direito do Trabalho*, p. 695, nota 1752, "não será válida a cláusula do contrato individual de trabalho em que o trabalhador se obrigue a aceitar ou aceite antecipadamente uma passagem posterior de tempo completo para tempo parcial ou vice-versa, até em atenção à reduzida margem de liberdade real de que goza o trabalhador no momento da celebração do contrato e durante o período experimental".

O acordo a que se refere o nº 1 deve verificar-se entre o empregador e o trabalhador, "não sendo suficiente uma cláusula da convenção coletiva", Júlio Gomes, *Direito do Trabalho*, p. 695, nota 1753.

3. A substituição de trabalhador a tempo completo que passe a prestar trabalho a tempo parcial por período determinado constitui motivo para a contratação a termo [art. 140º, nº 2, al. *d*)].

4. À semelhança do que se verifica na revogação de contrato de trabalho e na denúncia por parte do trabalhador (arts. 350º, nº 1 e 402º, nº 1), o legislador consagrou também aqui o direito ao arrependimento do trabalhador. Para maiores desenvolvimentos, cfr. anotações aos arts. 350º e 402º. Na verdade, o trabalhador pode fazer cessar o acordo de substituição do regime temporal de trabalho, por meio de comunicação escrita enviada ao empregador até ao sétimo dia seguinte à celebração (nº 2).

A forma exigida para o arrependimento justifica-se "por aquilo que está em jogo e pela sua relevância, desempenhando aqui a forma não apenas a sua função de facilitar a prova, mas apresentando-se como uma solenidade que alerta as partes para a relevância do objeto do acordo", Júlio Gomes, *Direito do Trabalho*, p. 695.

Ao contrário do que se verifica na revogação por mútuo acordo (art. 350º, nº 2), o presente artigo não prevê a hipótese de o trabalhador não poder assegurar a receção da comunicação até ao sétimo dia seguinte à celebração do acordo. Neste caso, Luís Miguel Monteiro *in* Pedro Romano Martinez, AAVV, *Código do Trabalho Anotado*, p. 429, entende que será de aplicar o disposto no art. 350º, nº 2, devendo, assim, o trabalhador remeter a comunicação por carta registada com aviso de receção, no dia útil subsequente ao fim do prazo.

O direito ao arrependimento não é admissível se o acordo de alteração do período de trabalho estiver devidamente datado e as respetivas assinaturas tiverem sido objeto de reconhecimento notarial presencial (nº 3).

5. Quando a passagem de trabalho a tempo completo para trabalho a tempo parcial se verifique por período determinado, o trabalhador, decorrido este período, tem direito a retomar a prestação de trabalho a tempo completo (nº 4). Segundo Júlio Gomes, *Direito do Trabalho*, p. 695, estamos perante um direito potestativo do trabalhador.

O nº 4 pressupõe que o trabalhador e o empregador tenham acordado na passagem, por tempo determinado, de trabalho a tempo completo para trabalho a tempo parcial.

Para efeitos da regra em análise, o nº 4, do art. 186º, do CT/2003, estipulava o prazo de 3 anos, como duração máxima. Tal limite foi abandonado na atual redação.

A violação do disposto no nº 4 constitui contraordenação grave (nº 5).

Artigo 156º – Deveres do empregador em caso de trabalho a tempo parcial

1. Sempre que possível, o empregador deve:

***a*) Tomar em consideração o pedido de mudança do trabalhador a tempo completo para trabalho a tempo parcial disponível no estabelecimento;**

***b*) Tomar em consideração o pedido de mudança do trabalhador a tempo parcial para trabalho disponível a tempo completo, ou de aumento do seu tempo de trabalho;**

***c*) Facilitar o acesso a trabalho a tempo parcial a todos os níveis da empresa, incluindo os cargos de direção.**

2. O empregador deve, ainda:

***a*) Fornecer aos trabalhadores, em tempo oportuno, informação sobre os postos de trabalho a tempo parcial e a tempo completo disponíveis no estabelecimento, de modo a facilitar as mudanças a que se referem as alíneas *a*) e *b*) do número anterior;**

***b*) Fornecer às estruturas de representação coletiva dos trabalhadores da empresa informações adequadas sobre o trabalho a tempo parcial praticado na empresa.**

3. Constitui contraordenação leve a violação do disposto no número anterior.

COMENTÁRIOS:

1. Antecedentes legislativos: Arts. 187º e 660º, do CT/2003 e 6º, da L nº 103/99, de 26 de julho.

2. Nos termos do nº 1, o empregador, sempre que possível, deve:

a) Tomar em consideração o pedido de mudança do trabalhador a tempo completo para trabalho a tempo parcial disponível no estabelecimento

Para facilitar a mudança prevista nesta alínea, o trabalhador tem direito a ser informado pelo empregador, em tempo oportuno, sobre os postos de trabalho a tempo parcial disponíveis no estabelecimento (al. *a*), do nº 2);

b) Tomar em consideração o pedido de mudança do trabalhador a tempo parcial para trabalho disponível a tempo completo, ou de aumento do seu tempo de trabalho

Para facilitar a mudança prevista nesta alínea, o trabalhador tem direito a ser informado pelo empregador, em tempo oportuno, sobre os postos de trabalho a tempo completo disponíveis no estabelecimento (al. *a*), do nº 2);

c) Facilitar o acesso a trabalho a tempo parcial a todos os níveis da empresa, incluindo os cargos de direção.

A natureza imperativa dos deveres supra enunciados é "significativamente mitigada pelo inciso inicial do nº 1: «sempre que possível»", Júlio Gomes, *Direito do Trabalho*, p. 696. Assim, para este autor, *loc. cit.*, o "único sentido prático que poderemos atribuir a esta norma é o de que uma eventual recusa do empregador a atender a um destes pedidos deverá ser motivada de modo a demonstrar que uma resposta positiva não era possível".

Refira-se, no entanto, que a expressão "sempre que possível" já constava do nº 3, da cláusula 5, do acordo-quadro.

3. De acordo com o nº 2, o empregador deve ainda:

a) Fornecer aos trabalhadores, em tempo oportuno, informação sobre os postos de trabalho a tempo parcial e a tempo completo disponíveis no estabelecimento, de modo a facilitar as mudanças a que se referem as alíneas a) e b), do nº 1;

b) Fornecer às estruturas de representação coletiva dos trabalhadores da empresa informações adequadas sobre o trabalho a tempo parcial praticado na empresa.

Para Júlio Gomes, *Direito do Trabalho*, p. 696, estas obrigações de informação "não terão muita consistência prática, porquanto, para além da violação deste preceito constituir uma contraordenação leve (art. 660º, nº 2, *atual nº 4, do presente artigo*, itálico nosso) será difícil extrair-se qualquer consequência prática em sede de responsabilidade civil face às previsíveis dificuldades de demonstração do dano e do nexo de causalidade".

No que concerne ao meio de informação, o presente artigo não impõe a prestação por escrito, a qual é expressamente exigida para a informação geral sobre aspetos relevantes do contrato de trabalho (art. 107º, nº 1). O dever de informação está genericamente previsto nos arts. 106º e ss..

A violação do disposto no nº 2 constitui contraordenação leve (nº 3).

SUBSECÇÃO III – Trabalho intermitente

Artigo 157º – Admissibilidade de trabalho intermitente

1. Em empresa que exerça atividade com descontinuidade ou intensidade variável, as partes podem acordar que a prestação de trabalho seja intercalada por um ou mais períodos de inatividade.

2. O contrato de trabalho intermitente não pode ser celebrado a termo resolutivo ou em regime de trabalho temporário.

COMENTÁRIOS:

1. Só empresa que exerça atividade com descontinuidade **ou** intensidade variável, pode recorrer à figura prevista no presente artigo.

O conceito *descontinuidade* apela aos casos em que a empresa intercala períodos de atividade com períodos de inatividade (*v.g.*, nos casos dos empreendimentos turísticos, dispensados agora de funcionar durante todo o ano, nos termos do art. 49º, do DL nº 39/2008, de 07 de março).

O conceito *intensidade variável* cinge-se às situações em que a empresa se encontra sempre em atividade, mas a intensidade de trabalho não é constante.

Como bem diz JOÃO LEAL AMADO, "Há, pois, que densificar este conceito, sendo certo que, ao utilizar a disjuntiva descontinuidade (interrupções) ou intensidade variável (flutuações), a lei oferece um terreno bastante vasto para o recurso ao trabalho intermitente (pense-se, p. ex., em certas atividades sazonais no âmbito da agricultura ou do turismo). Aliás, e em bom rigor, se a descontinuidade poderá não ser frequente, já a «intensidade variável» será, quiçá, um traço característico da atividade da grande maioria das empresas ...", *A Lei nº 93/2019 e o trabalho intermitente: uma lei gorada?*, p. 128.

Neste quadro jurídico, o trabalhador, apesar de deter a qualidade de contratado sem termo, intercala a sua prestação com tempos de inatividade, retribuídos segundo o disposto no art. 160º, nºs 1 e 2 (nº 1).

2. A presente modalidade contratual teve em mira uma alternativa ao contrato a termo resolutivo ou em regime de trabalho temporário, daí a proibição de contratação fora do regime sem termo. Num contrato temporalmente tão fragmentado, fica a ideia ou a ilusão de alguma segurança (nº 2).

Artigo 158º – Forma e conteúdo de contrato de trabalho intermitente

1. O contrato de trabalho intermitente está sujeito a forma escrita e deve conter:

***a*) Identificação, assinaturas e domicílio ou sede das partes;**

***b*) Indicação do número anual de horas de trabalho, ou do número anual de dias de trabalho a tempo completo.**

2. Quando não tenha sido observada a forma escrita, ou na falta da indicação referida na alínea *b*) do número anterior, considera-se o contrato celebrado sem período de inatividade.

3. O contrato considera-se celebrado pelo número anual de horas resultante do disposto no nº 2 do artigo seguinte, caso o número anual de horas de trabalho ou o número anual de dias de trabalho a tempo completo seja inferior a esse limite.

COMENTÁRIOS:

Em *desvio ao princípio da consensualidade* que caracteriza os contratos sem termo (art. 110º, 1ª parte), o contrato de trabalho intermitente obriga à redução a escrito e ao cumprimento das formalidades previstas no nº 1.

No caso de não redução a escrito ou na falta de indicação do número anual de horas de trabalho, ou do número anual de dias de trabalho a tempo completo (al. *b*)), considera-se o contrato celebrado sem período de inatividade (nº 2).

O legislador expressamente sancionou a falta de redução a escrito, atendendo ao princípio do formalismo aqui presente. Todavia, além de formal, o contrato exige o preenchimento de certas formalidades.

O preceito omite a consequência da ausência da identificação, assinaturas e domicílio ou sede das partes (al. *a*)).

Ora, e em particular, a identificação e a assinatura das partes não podem ser desconsideradas, por se tratarem de formalidades *ad substantiam*, pelo que, é plausível a censura do nº 2, ou seja, considerar-se o contrato celebrado sem período de inatividade.

Na eventualidade de o contrato prever uma prestação inferior a cinco meses a tempo completo, considera-se celebrado por esse limite temporal (nº 3).

Artigo 159º – Período de prestação de trabalho

1. As partes estabelecem a duração da prestação de trabalho, de modo consecutivo ou interpolado, bem como o início e termo de cada período de trabalho, ou a antecedência com que o empregador deve informar o trabalhador do início daquele.

2. A prestação de trabalho referida no número anterior não pode ser inferior a cinco meses a tempo completo, por ano, dos quais pelo menos três meses devem ser consecutivos.

3. A antecedência a que se refere o nº 1 não pode ser inferior a 30 dias na situação do nº 1 do artigo seguinte e a 20 dias nos restantes casos.

4. Constitui contraordenação grave a violação do disposto no número anterior.

COMENTÁRIOS:

1. O presente artigo tem a redação introduzida pela L nº 93/2019, de 4 de setembro, a qual alterou os nºs 2 e 3.

2. O presente artigo permite às partes acordar quanto à duração da prestação de trabalho (consecutivo ou interpolado), início e termo de cada período de trabalho ou a antecedência com que o empregador deve informar do início da duração da prestação de trabalho (nº 1), de 30, no caso de trabalhador em período de inatividade ou 20 dias, nos restantes casos (nº 3).

A prestação de trabalho não pode, agora, ser inferior a cinco meses a tempo completo, por ano, dos quais pelo menos três meses devem ser consecutivos (nº 2).

No regime revogado, a prestação de trabalho não podia ser inferior a seis meses a tempo completo, dos quais quatro meses deviam ser consecutivos.

Artigo 160º – Direitos do trabalhador

1. Durante o período de inatividade, o trabalhador pode exercer outra atividade, devendo informar o empregador desse facto.

2. Durante o período de inatividade, o trabalhador tem direito a compensação retributiva, a pagar pelo empregador com periodicidade igual à da retribuição, em valor estabelecido em instrumento de regulamentação coletiva de trabalho ou, na sua falta, de 20% da retribuição base.

3. Se o trabalhador exercer outra atividade durante o período de inatividade, o montante da correspondente retribuição é deduzido à compensação retributiva calculada de acordo com o número anterior.

4. Os subsídios de férias e de Natal são calculados com base na média dos valores de retribuições e compensações retributivas auferidas nos últimos 12 meses, ou no período de duração do contrato se esta for inferior

5. Durante o período de inatividade, mantêm-se os direitos, deveres e garantias das partes que não pressuponham a efetiva prestação de trabalho.

6. Constitui contraordenação grave a violação do disposto nos nºs 2 ou 4.

COMENTÁRIOS:

1. O presente artigo tem a redação introduzida pela L nº 93/2019, de 4 de setembro.

2. Durante o período de atividade, o trabalhador recebe a retribuição ajustada.

Durante o período de inatividade, o trabalhador pode exercer outra atividade (conforme decorria do regime anterior), devendo, agora, informar o empregador desse facto (nº 1); neste caso, tem direito a compensação retributiva, a pagar pelo empregador com periodicidade igual à da retribuição, em valor estabelecido em instrumento de regulamentação coletiva de trabalho ou, na sua falta, de 20% da retribuição base (nº 2).

Sobre a dificuldade de articulação do pluriemprego do trabalhador intermitente (*trabalhador à chamada*), *v.* João Leal Amado, *A Lei nº 93/2019 e o trabalho intermitente*, p. 130.

O nº 3 acolhe uma norma de restrição do rendimento do trabalhador (inexistente no anterior regime), assim, se o trabalhador exercer outra atividade durante o período de inatividade, o montante da correspondente retribuição é deduzido à compensação retributiva.

Atendendo à disparidade de valores, os subsídios de férias e de natal são calculados com base na média dos valores de retribuições e compensações retributivas auferidas nos últimos 12 meses ou no período de duração do contrato se esta for inferior (nº 4).

Durante o período de inatividade, o contrato fica suspenso, mantendo-se os direitos, deveres e garantias das partes que não pressuponham a efetiva prestação de trabalho (nº 5).

SUBSECÇÃO IV – Comissão de serviço

Artigo 161º – Objeto da comissão de serviço

Pode ser exercido, em comissão de serviço, cargo de administração ou equivalente, de direção ou chefia diretamente dependente da administração ou de diretor-geral ou equivalente, funções de secretariado pessoal de titular de qualquer desses cargos, ou ainda, desde que instrumento de regulamentação coletiva de trabalho o preveja, funções cuja natureza também suponha especial relação de confiança em relação a titular daqueles cargos e funções de chefia.

COMENTÁRIOS:

1. Antecedentes legislativos: Arts. 244º, do CT/2003 e 1º, nº 1, do DL nº 404/91, de 16 de outubro.

2. O presente artigo tem a redação introduzida pela L nº 23/2012, de 25 de junho.

3. A figura da comissão de serviço foi inicialmente utilizada no Direito Público e visava cobrir aquelas situações em que havia necessidade de colocar um determinado funcionário a exercer funções transitórias fora do seu local de trabalho habitual. No âmbito do Direito privado laboral, surgiu através dos instrumentos de convenção coletiva. No seguimento dessa política de recurso efetivo à figura e de molde a prevenir consequências negativas para o trabalhador e para o empregador, o seu regime jurídico viria a ser aprovado pelo DL nº 404/91, de 16 de outubro, materializando compromissos assumidos no Acordo Económico e Social celebrado a 19 de outubro de 1990. Para uma melhor e mais detalhada análise do percurso histórico da comissão de serviço no nosso ordenamento, *vide* António Menezes Cordeiro, *Da constitucionalidade das comissões de serviço laborais*, pp. 135 e ss..

4. Para Irene Gomes, *Principais aspetos do regime jurídico do trabalho exercido em comissão de serviço*, p. 244, a comissão de serviço, de acordo com os traços estabelecidos no DL nº 404/91, pode ser definida como "a cláusula acessória aposta a um contrato de trabalho pela qual o exercício de um tipo específico de funções pode cessar; a todo o tempo, por manifestação da vontade de qualquer uma das partes".

JORGE LEITE, *Comissão de serviço*, p. 153, caracteriza a comissão de serviço como uma situação transitória, provisória, que está associada à "ideia de deslocação funcional do respetivo agente, isto é, a ideia de que esta figura – dado precisamente o seu caráter precário – se analisa na passagem *transitória* de um lugar para outro, com a consequente reserva daquela". Este autor, *ob. cit.*, pp. 156 e ss., distingue a comissão de serviço de trabalhadores internos (com vínculo-laboral à empresa) da comissão de serviço de trabalhadores externos (sem vínculo-laboral à empresa).

A modalidade de comissão de serviço de trabalhadores internos consiste num "facto (um negócio jurídico bilateral) modificativo do contrato de trabalho pelo período por que durar a situação a que aquele dá origem". Neste caso, um dos efeitos da respetiva cessação é o regresso do trabalhador à situação laboral em que se encontrava antes do facto modificativo (comissão de serviço).

Já quanto à modalidade de comissão de serviço de trabalhador externo, JORGE LEITE distingue ainda duas sub-modalidades: "a da comissão de serviço com garantia de emprego e o da comissão de serviço sem garantia de emprego". Em qualquer um dos casos, aquele autor, *ob. cit.*, p. 157, defendia que o facto que dá origem à relação é um contrato de trabalho "já que dele constam todos os seus elementos característicos – a prestação de trabalho, a retribuição e a subordinação".

A principal pedra de toque da comissão de serviço é a especial relação de confiança que lhe está inerente. Por outras palavras, a relação de confiança (associada à pessoalidade dos lugares ou cargos a preencher) é a matriz em torno da qual gravita toda a construção dogmática da figura, de tal forma que a mesma só se mantém enquanto perdurar esta relação.

A relação de confiança pode assentar, designadamente, no desempenho, na antiguidade, na disponibilidade, no contributo e/ou nos índices de produtividade do trabalhador na empresa, etc..

5. Vejamos alguns princípios e garantias laborais que podem ser aqui afetados:

a) O princípio da segurança no emprego

Segundo este princípio é "garantida aos trabalhadores a segurança no emprego, sendo proibidos os despedimentos sem justa causa ou por motivos políticos ou religiosos" (art. 53.º, da CRP). Na opinião de ANTÓNIO MENEZES CORDEIRO, *Da constitucionalidade das comissões de serviço laborais*, pp. 147, o regime jurídico da comissão de serviço (que viria a ser aprovado pelo DL n.º 404/91) não atingia a "segurança no emprego: ele não torna precário qualquer emprego pré-existente e que o não fosse; pelo contrário: as pessoas que já tivessem um lugar, conservam-no; as que o não tivessem podem adquiri-lo". *Vide*, ainda, o Ac. do TC n.º 64/91, de 04.04.91, pub. no DR, I Série–A, de 11.04.1991.

JORGE LEITE, *Comissão de serviço*, p. 157, nota 9, admite que a sub-modalidade comissão de serviço sem garantia de emprego suscita fortes dúvidas de constitucionalidade.

b) O princípio da irreversibilidade da categoria do trabalhador

De acordo com este princípio, é proibido ao empregador baixar a categoria do trabalhador, salvo nos casos previstos neste Código (al. *e*), do nº 1, do art. 129º). Conforme refere António Menezes Cordeiro, *Da constitucionalidade das comissões de serviço laborais*, pp. 139 e 140, "Tomado à letra este princípio levaria a que o trabalhador, uma vez promovido a funções de chefia, nunca mais as poderia abandonar salvo o previsto no artigo 23º da LCT (atual 119º, parêntesis nosso)". Desta forma, o recurso à comissão de serviço "visa, no Direito do Trabalho, compatibilizar o exercício de funções diretivas com o princípio da irreversibilidade da categoria".

6. No que concerne à expressão "direção", usada no presente artigo, convém ter presente que a mesma (bem como a de chefia), embora empregue na contratação coletiva, não tinha associado um conceito jurídico-dogmático que definisse o seu conteúdo. Conforme salienta Irene Gomes, *Principais aspetos do regime jurídico do trabalho exercido em comissão de serviço*, p. 249 "Para efeitos da generalidade das convenções coletivas de trabalho tanto era trabalhador de chefia aquele que exercia poderes delegados pelo próprio titular jurídico da empresa, isto é, pelo próprio empregador sem qualquer outra limitação, como aquele que os exercia sob orientação de outros superiores hierárquicos, isto é, de outros trabalhadores do empregador". Por outro lado, "...tanto era trabalhador de chefia aquele que exercia funções atinentes à totalidade do projeto empresarial, como aquele que as confinava a setores produtivos chave ou zonas geograficamente circunscritas".

De igual forma, o conceito de trabalhador dirigente utilizado no presente artigo é um conceito indeterminado que carece de materialização. Irene Gomes, *ob. cit.*, p. 252, entendia que este conceito devia ser apurado mediante um critério operacional (aplicável ao presente artigo, não obstante as alterações introduzidas, *ob. cit.*, p. 253, nota 9) que consiste na determinação casuística das "...funções efetivamente exercidas pelo trabalhador e a posição por ele ocupada na organização empresarial, verificando se essa situação de facto se reconduz à valoração das funções que o legislador elegeu como as suscetíveis de serem exercidas em comissão de serviço. O aplicador de Direito tem, assim, de procurar a intenção da juridicidade para poder determinar se as funções ou cargos em causa revestem a natureza prevista pelo legislador, sendo que o nome atribuído ao cargo (*administrador, diretor, gerente, diretor-geral, etc.*) é, naturalmente, pouco relevante".

Também "a estrutura e o montante da retribuição, a exigência de título académico, a presença de qualificações técnicas elevadas, a isenção de horário de trabalho" são pouco relevantes "para a qualificação do cargo enquanto cargo de "administração" ou de "direção", consistindo, "...quanto muito, de meros indícios com importância diferente consoante o caso concreto", *ob. cit.*, p. 253, nota 9.

Aliás, segundo entende Irene Gomes, *ob. cit.*, p. 253, nota 9, a introdução da expressão "cargos equivalentes" tem "... a vantagem de reforçar a ideia de que, não obstante a enumeração taxativa dos cargos suscetíveis de serem exercidos em comissão de serviço ao abrigo da 1ª parte do art. 244º, a sua concretização é feita casuisticamente, verificando-se se o cargo em causa comunga da valoração efetuada pelo legislador, ou seja, se o cargo exige uma especial relação de confiança e se o seu conteúdo funcional implica um elevado grau de autonomia e responsabilidade".

Conforme havia referido anteriormente esta autora, *ob. cit.*, p. 252, a direção pressupõe, em princípio, para além da especial relação de confiança, o exercício de poderes de direção e de "...autoridade delegados pelo empregador (por exemplo, o poder de contratar e de despedir trabalhadores da empresa, o poder de determinar as funções e as remunerações dos trabalhadores, dentro, evidentemente, dos limites legais e convencionais) e o desempenho, em regra, de funções dirigidas ao complexo organizativo-geográfico da empresa".

Uma nota para referir que a RP fez notar que a violação da norma imperativa constante do art. 244º, do CT de 2003 (a que corresponde o presente artigo) implicava "a nulidade do regime de comissão de serviço acordado pelas partes". [Ac. de 21.05.14 *in* www.dgsi.pt (Proc. nº 3226/12.6TTLSB.L1-4)].

7. No exercício de funções em comissão de serviço continuam a verificar-se os elementos nucleares essenciais e caraterizadores do contrato de trabalho, mais precisamente: a atividade laboral, a retribuição (que se traduz na subordinação económica) e a subordinação jurídica.

Nos termos do presente artigo podem ser exercidos em comissão de serviço os cargos de administração ou equivalentes.

O regime da administração nas sociedades anónimas está previsto nos arts. 390º e ss., do CSC. Nos termos do art. 398º, nº 1, do CSC, durante "*o período para o qual foram designados, os administradores não podem exercer, na sociedade ou em sociedades que com esta estejam em relação de domínio ou de grupo, quaisquer funções temporárias ou permanentes ao abrigo de contrato de trabalho, subordinado ou autónomo, nem podem celebrar quaisquer desses contratos que visem uma prestação de serviços quando cessarem as funções de administrador*". Cfr. o Ac. do TC nº 539/2007, de 30.10.07, pub. no DR, 2ª Série, de 18.12.2007.

Podemos colocar a seguinte questão: O cargo de administrador de sociedade anónima, na medida em que pode ser exercido em comissão de serviço, apresenta natureza laboral?

Luís Miguel Monteiro *in* Pedro Romano Martinez, AAVV, *Código do Trabalho Anotado*, p. 438, entende que a administração tem natureza laboral quando "é oferecida em termos laboralmente relevantes, isto é, que é executada de modo juridicamente subordinado e autónomo".

Ilídio Duarte Rodrigues, *A Administração das Sociedades por Quotas e Anónimas – Organização e Estatuto dos Administradores*, p. 295, depois de uma análise exaustiva sobre a natureza do contrato de administração, acaba por concluir o seguinte: "O contrato de administração constituirá um contrato de trabalho sempre que, tendo o administrador direito a retribuição, tenha sido atribuído à sociedade o poder de organizar a execução do seu trabalho, particularmente pela fixação do tempo de trabalho a prestar e do modo de o executar; constituirá um contrato de prestação de serviço sempre que não seja remunerado ou, sendo-o, caiba ao próprio administrador organizar a execução do seu trabalho". Em sentido contrário, veja-se António Menezes Cordeiro, *Da Responsabilidade Civil dos Administradores nas Sociedades Comerciais*, p. 393 e António Pereira de Almeida, *Sociedades Comerciais e Valores Mobiliários*, pp. 231 e 232.

No Proc. nº 4117/06.0TTLSB.L1-4, a RL acabou por decidir que, tendo o trabalhador sido nomeado vogal do Conselho de Gestão da empregadora, com funções delegadas pelo Conselho de Administração desta, sem que transparecesse dos factos a existência do vínculo de subordinação jurídica, estávamos em presença de um contrato de mandato e não de um contrato de trabalho em comissão de serviço. (Ac. de 25.03.15 *in* www.dgsi.pt).

8. O presente artigo consagra expressamente a possibilidade de os instrumentos de regulamentação coletiva de trabalho estipularem o recurso à figura da comissão de serviço para outras funções que se caracterizam, em relação aos cargos de administração e de direção dependentes da administração, por uma especial relação de confiança.

A L nº 23/2012 alargou o âmbito de intervenção da contratação coletiva, consagrando a possibilidade de os instrumentos de regulamentação coletiva preverem o recurso à comissão de serviço também para funções de chefia.

Sobre o cargo de chefe de uma estação de correio e de chefia direta aos trabalhadores do estabelecimento, a RL entendeu que este não integra as hipóteses em que a lei permite o recurso à comissão de serviço. [Ac. de 04.12.13 *in* www.dgsi.pt (Proc. nº 305/11.5TTLSB.L1-4)]. Cfr., ainda, deste mesmo tribunal, o Ac. de 11.01.12 *in* www.dgsi.pt (Proc. nº 1041/07.2TTLSB.L1-4).

No Proc. nº 293/09.8TTSNT.L1-4, foi decidido que, tendo deixado de se verificar os pressupostos legais justificativos da contratação da trabalhadora, em regime de comissão de serviço e tendo esta, ainda assim, continuado a trabalhar ao serviço da empregador "no desempenho de funções que passaram a estar incluídas na esfera profissional da Secretária de Administração, o seu regime de trabalho passou a estar integrado no âmbito de um contrato de trabalho normal, ou seja, de um contrato de trabalho por tempo indeterminado, com todas as consequências jurídicas daí resultantes". (Ac. da RL, de 09.11.11 *in* www.dgsi.pt). Cfr., ainda, o Ac. da RP, de 30.05.11 *in* www.dgsi.pt (Proc. nº 832/10.1TTVNG.P1).

Artigo 162º – Regime de contrato de trabalho em comissão de serviço

1. Pode exercer cargo ou funções em comissão de serviço um trabalhador da empresa ou outro admitido para o efeito.

2. No caso de admissão de trabalhador para exercer cargo ou funções em comissão de serviço, pode ser acordada a sua permanência após o termo da comissão.

3. O contrato para exercício de cargo ou funções em comissão de serviço está sujeito a forma escrita e deve conter:

a) Identificação, assinaturas e domicílio ou sede das partes;

b) Indicação do cargo ou funções a desempenhar, com menção expressa do regime de comissão de serviço;

c) No caso de trabalhador da empresa, a atividade que exerce, bem como, sendo diversa, a que vai exercer após cessar a comissão;

d) No caso de trabalhador admitido em regime de comissão de serviço que se preveja permanecer na empresa, a atividade que vai exercer após cessar a comissão.

4. Não se considera em regime de comissão de serviço o contrato que não tenha a forma escrita ou a que falte a menção referida na alínea *b*) do número anterior.

5. O tempo de serviço prestado em regime de comissão de serviço conta para efeitos de antiguidade do trabalhador como se tivesse sido prestado na categoria de que este é titular.

6. Constitui contraordenação grave a falta da menção referida na alínea *b*) do nº 3, salvo se o empregador reconhecer expressamente e por escrito que o cargo ou funções são exercidos com caráter permanente, e constitui contraordenação leve a falta de redução a escrito do contrato ou a violação da alínea *c*) do referido número.

COMENTÁRIOS:

1. Antecedentes legislativos: Arts. 245º, 248º e 668º, do CT/2003 e 3º e 5º, do DL nº 404/91, de 16 de outubro.

2. O contrato de trabalho em comissão de serviço está sujeito a forma escrita (corpo do nº 3).

A forma exigida constitui uma formalidade *ad substantiam*. *Vide,* neste sentido, o Ac. da RP, de 29.11.99 *in* CJ, Ano XXIV, Tomo V, p. 248. Destarte, a sua inobservância não pode ser substituída, "nos termos do 364º, nº 1, do Código Civil, por outro meio de prova ou por outro documento que não seja de força probatória superior", Irene Gomes, *Principais aspetos do regime jurídico do trabalho exercido em comissão de serviço*, p. 255. Aliás, e conforme salienta esta autora, a forma escrita, aqui em causa, "...

tem em vista possibilitar uma maior reflexão das partes, uma formulação mais precisa e completa das declarações negociais e um maior elevado grau de certeza sobre os termos contratuais, afastando, consequentemente, o regime do nº 2 do art. 364º do Código Civil".

A inobservância da forma escrita e a ausência de indicação dos cargos ou funções a desempenhar implicam que o contrato não fique sujeito ao regime de comissão de serviço (nº 4).

A RE, confirmando a natureza *ad substantiam* desta formalidade, concluiu que "não tendo entre as partes sido celebrado por escrito qualquer acordo de comissão de serviço é de concluir que a trabalhadora adquiriu o direito à categoria correspondente às funções que vinha exercendo alegadamente sob aquela característica". [Ac. de 30.03.17 *in* www.dgsi.pt (Proc. nº 2137/15.2T8TMR.E1)]. Cfr., ainda, o Ac. da RP, de 13.04.11 *in* www.dgsi.pt (Proc. nº 665/09.8TTFUN.L1-4).

Nesta mesma linha, o STJ entendeu que, não tendo sido reduzido a escrito o contrato relativo ao desempenho de funções de natureza diretiva, em comissão de serviço, nos termos do presente artigo, não é aplicável à cessação do exercício dessas funções o disposto no art. 163º. [Ac. de 24.01.18 *in* www.dgsi.pt (Proc. nº 2137/15.2T8TMR.E1.S1)].

Para além da redução a escrito, o contrato de trabalho em comissão de serviço deve conter ainda:

a) A Identificação, assinaturas e domicílio ou sede das partes

Segundo o entendimento de Irene Gomes, *ob. cit.*, p. 259, a falta de identificação das partes equivale "...à falta de redução a escrito do acordo de exercício de funções em regime de comissão de serviço";

b) A Indicação do cargo ou funções a desempenhar, com menção expressa do regime de comissão de serviço

O contrato em que falte a indicação do cargo ou funções a desempenhar, com menção do regime de comissão de serviço não se considera sujeito ao este regime (nº 4);

c) No caso de trabalhador da empresa, a atividade que exerce, bem como, sendo diversa, a que vai exercer após cessar a comissão

A falta de menção da atividade exercida antes pelo trabalhador reveste a "...natureza de uma mera irregularidade não essencial à forma do acordo de comissão de serviço" (Irene Gomes, *ob. cit.*, p. 259), pelo que, pode ser suprida através da interpretação negocial ou de qualquer outro meio de prova.

No que concerne à responsabilidade contraordenacional, convém referir que, a falta desta menção constitui contraordenação leve (nº 6);

d) No caso de trabalhador admitido em regime de comissão de serviço que se preveja permanecer na empresa, a atividade que vai exercer após cessar a comissão

Esta alínea, que não constava do art. 245º, do CT/2003, é aplicável nos casos em que tiver sido acordada a permanência do trabalhador após o termo da comissão (nº 2).

3. Nos termos do nº 5, o tempo de serviço prestado em regime de comissão de serviço conta para efeitos de antiguidade do trabalhador como se tivesse sido prestado na categoria de que este é titular.

A comissão de serviço surge como uma relação conexa ou acessória de uma relação jurídica de trabalho. Ora, a antiguidade do trabalhador contratado *ab initio* no regime de comissão de serviço sem perda de emprego será reconhecida desde o início do vínculo contratual.

Cfr., ainda, Irene Gomes, *Os cargos de direção no Direito do Trabalho Português*, pp. 37 a 48.

4. Sobre a comissão de serviço no âmbito dos CTT, *vide* os Acs. do STJ, de 20.11.13 *in* www.dgsi.pt (Proc. nº 14/11.5TTCVL.C1.S1); de 19.02.13 *in* www.dgsi.pt (Proc. nº 5/11.6TTGRD.C1.S1) e de 22.05.13 *in* www.dgsi.pt (Proc. nº 1138/09.4TTVNG.P1.S1) e CJ, Ano XXI, Tomo II, p. 244 e da RP, de 18.12.13 *in* www.dgsi.pt (Proc. nº 617/11.8TTVNG.P2).

Artigo 163º – Cessação de comissão de serviço

1. Qualquer das partes pode pôr termo à comissão de serviço, mediante aviso prévio por escrito, com a antecedência mínima de 30 ou 60 dias, consoante aquela tenha durado, respetivamente, até dois anos ou período superior.

2. A falta de aviso prévio não obsta à cessação da comissão de serviço, constituindo a parte faltosa na obrigação de indemnizar a contraparte nos termos do artigo 401º.

COMENTÁRIOS:

1. Antecedentes legislativos: Arts. 246º, do CT/2003 e 4º, do DL nº 404/91, de 16 de outubro.

2. A modalidade de cessação da comissão de serviço prevista no presente artigo é a denúncia.

Para efeitos deste artigo, a denúncia pode ser definida como a declaração recetícia *ad nutum* (isto é, sem exigência de motivação), através da qual o empregador ou o trabalhador faz cessar, a qualquer momento, a comissão de serviço. Assim, a motivação "... não é exigida como requisito de validade da cessação da comissão de serviço, nem é, consequentemente, em princípio, objeto de qualquer controle judicial a posterior (sob pena, aliás, de incoerência da figura)", Irene Gomes, *Principais aspetos do regime jurídico do trabalho exercido em comissão de serviço*, p. 263. Não obstante, esta mesma autora, *loc. cit.*, admite a possibilidade de a denúncia por iniciativa do empregador ser declarada inválida por violação de preceitos constitucionais (*v.g.*, art. 13º da CRP), caso assente em razões discriminatórias, por exemplo, por motivos de sexo, raça, religião. Cfr. o Ac. do STJ, de 22.11.01 *in* www.dgsi.pt (Proc. nº 7347/01).

No Proc. nº 4761/10.0TTLSB.L1-4, a RL considerou que não "obstante qualquer das partes possa pôr termo à comissão de serviço, mediante aviso prévio por escrito, sem necessidade de invocação de motivo, é abusivo o exercício de tal direito quando o titular exceda manifestamente os limites impostos pela boa-fé, pelos bons costumes ou pelo fim social ou económico do mesmo, o que se verifica se o empregador o faz em virtude da instauração de ação pelo trabalhador visando a obtenção de tutela jurisdicional para o pretenso direito a determinada componente da retribuição do exercício de funções no regime de comissão de serviço, que há vários anos vinha reclamando extrajudicialmente". (Ac. de 20.11.13 *in* www.dgsi.pt).

3. A denúncia da comissão de serviço está sujeita a dois requisitos:

a) A observância de forma escrita

No nosso entendimento, são de destacar os seguintes interesses subjacentes à exigência de forma escrita:

– A segurança na qualificação da modalidade de cessação adotada. De facto, se a forma exigida não for observada pode tornar-se mais difícil apurar se a comissão de serviço cessou por denúncia ou por abandono do exercício das respetivas funções por parte do trabalhador;

– A necessidade de proteger o trabalhador contra os efeitos de uma declaração de denúncia tomada repentinamente (por exemplo, no decurso de uma discussão com o empregador) e que por isso, não seria séria e muito menos ponderada e

– A constituição de um elemento probatório que comprove o cumprimento do prazo de aviso prévio.

4. Nos termos do nº 1, a denúncia deve ser comunicada com a antecedência mínima de:

– 30 dias, se a prestação de trabalho em regime de comissão de serviço durou até 2 anos ou

– 60 dias, se a prestação de trabalho em regime de comissão de serviço durou mais de 2 anos.

No CT/2003, que não determinava qual o efeito da não observância do aviso prévio, considerávamos aceitável aplicar o art. 448º (atual art. 401º). De acordo com este preceito, essa inobservância fazia incorrer o trabalhador na obrigação de pagar ao empregador uma indemnização de valor igual à retribuição base e diuturnidades correspondentes ao período de antecedência em falta, sem prejuízo da responsabilidade civil pelos danos eventualmente causados em virtude daquela inobservância.

O nº 2 veio acolher esta solução. Com efeito, nos termos desta disposição, a falta de aviso prévio não obsta à cessação da comissão de serviço, constituindo, outrossim, a parte faltosa na obrigação de indemnizar a contraparte em valor igual à retribuição base e diuturnidades correspondentes ao período em falta, sem prejuízo de indemnização por danos causados pela inobservância do prazo de aviso prévio ou de obrigação assumida em pacto de permanência (art. 401º *ex vi* do nº 2).

A RL esclareceu que "a indemnização pela cessação da comissão de serviço só abrange as retribuições mencionadas no art. 401, ex vi art. 161 e Clª 35ª do AE/CTT 2015, que o trabalhador deixou de auferir com essa cessação, e não aquelas que auferiu ao abrigo da novel situação entretanto constituída no âmbito do contrato de trabalho". [Ac. de 22.03.17 *in* www.dgsi.pt (Proc. nº 1597/16.9T8PDL.L1-4)].

Uma nota para frisar que a "comissão de serviço é uma modalidade de contrato de trabalho ao qual se aplicam subsidiariamente as normas gerais que não sejam incompatíveis com a especificidade do seu regime", por isso, a sua cessação é "regulada pelas regras gerais nos casos em que não há regulamentação própria da figura, como sucede com o despedimento com justa causa e com a resolução do contrato". [Ac. da RP, de 19.03.12 *in* www.dgsi.pt (Proc. nº 134/09.6TTGDM.P1)].

5. Conforme dispõe o nº 2, do art. 164º, os prazos previstos no presente artigo podem ser aumentados por instrumento de regulamentação coletiva de trabalho ou contrato de trabalho.

6. Chamado a pronunciar-se sobre a constitucionalidade do presente artigo, o TC, no Ac. nº 338/2010, de 22.09.10, considerou que: "(...) havendo comissão de serviço, a tutela do trabalhador é apenas de caráter indemnizatório. Nos termos do atual Código, o mesmo trabalhador terá direito a uma indemnização [artigo 164º, nº 1, alínea *c*)] cujo regime se equipara ao da indemnização por despedimento coletivo com justa causa objetiva (por motivos de mercado, estruturais ou tecnológicos), que está previsto no artigo 366º do Código do Trabalho.

O artigo 163º, nº 1, do Código do Trabalho não viola, portanto, o direito à segurança no emprego consagrado no artigo 53º da Constituição". (DR, I Série, de 08.11.2010).

Artigo 164º – Efeitos da cessação da comissão de serviço

1. Cessando a comissão de serviço, o trabalhador tem direito:

a) Caso se mantenha ao serviço da empresa, a exercer a atividade desempenhada antes da comissão de serviço, ou a correspondente à categoria a que tenha sido promovido ou, ainda, a atividade prevista no acordo a que se refere a alínea *c*) ou *d*) do nº 3 do artigo 162º;

b) A resolver o contrato de trabalho nos 30 dias seguintes à decisão do empregador que ponha termo à comissão de serviço, com direito a indemnização calculada nos termos do artigo 366º;

c) Tendo sido admitido para trabalhar em comissão de serviço e esta cesse por iniciativa do empregador que não corresponda a despedimento por facto imputável ao trabalhador, a indemnização calculada nos termos do artigo 366º.

2. Os prazos previstos no artigo anterior e o valor da indemnização a que se referem as alíneas *b*) e *c*) do nº 1 podem ser aumentados por instrumento de regulamentação coletiva de trabalho ou contrato de trabalho.

3. Constitui contraordenação grave a violação do disposto no nº 1.

COMENTÁRIOS:

1. Antecedentes legislativos: Arts. 247º e 668º, do CT/2003 e 4º, do DL nº 404/91, de 16 de outubro.

2. O presente artigo tem a redação introduzida pela L nº 23/2012, de 25 de junho, a qual alterou as als. *b*) e *c*). Note-se que estas alíneas já tinham sido alteradas pela L nº 53/2011, de 14 de outubro.

3. Conforme resulta da sua epígrafe, o presente artigo estabelece, expressamente, os efeitos que decorrem da cessação da comissão de serviço e que se refletem, essencialmente, na esfera jurídica do trabalhador. Na verdade, podemos constatar que, aqui, são indicados os direitos conferidos ao trabalhador, em virtude daquela cessação.

Quanto ao direito previsto na al. *a*), do nº 1, há que distinguir a comissão de serviço interno (em que o trabalhador já se encontrava vinculado à empresa) e a comissão de serviço externo (em que o trabalhador é admitido em regime de comissão de serviço).

No caso da comissão de serviço interno, o trabalhador tem direito a exercer:

– Caso se mantenha ao serviço da empresa, a atividade que desempenhava antes do início da comissão de serviço ou as funções correspondentes à categoria a que, entretanto, tenha sido promovido (estamos aqui perante um regresso à atividade e categoria anteriores);

– A atividade prevista no acordo (al. *c*), do nº 3, do art. 162º).

Luís Miguel Monteiro *in* Pedro Romano Martinez, AAVV, *Código do Trabalho Anotado*, p. 447, entende que o trabalhador "Mantém igualmente direito a todas vantagens que teria adquirido se se tivesse mantido na categoria inicial (promoções automáticas, aumentos salariais), até porque o tempo de serviço prestado em regime de comissão de serviço conta, para todos efeitos, como se tivesse sido prestado na categoria de que o trabalhador é titular (nº 5, do artigo 162º)".

No caso de comissão de serviço externo (trabalhador admitido em regime de comissão de serviço), o trabalhador tem direito a exercer a atividade que consta do acordo (al. *d*), do nº 3, do art. 162º).

A al. *b*), do nº 1, confere ao trabalhador o direito de resolver o contrato de trabalho no prazo de 30 dias seguintes à decisão tomada pelo empregador de fazer cessar a comissão de serviço. Este direito traduz-se numa reação à decisão do empregador de fazer cessar a comissão de serviço e apresenta-se como um caso especial de resolução com justa causa por iniciativa do trabalhador. Segundo Irene Gomes, *Principais aspetos do regime jurídico do trabalho exercido em comissão de serviço*, p. 264 "... também nesta hipótese parece-nos ser de exigir a forma escrita da rescisão, à semelhança do preceituado no art. 34º, nº 2, 1º parte, da Ldesp. (atual art. 395º, nº 1, do presente Código, parêntesis nosso). A norma aplica-se por remissão legal do art. 6º, do Decreto-Lei nº 404/91".

Somos da opinião de Irene Gomes, *loc. cit.*, quando defende que "... não é necessário descrever os factos motivadores da rescisão do trabalhador, salvo a referência que a cessação do contrato de trabalho ocorre por consequência da extinção da comissão de serviço por iniciativa do empregador".

O trabalhador tem direito à indemnização prevista no art. 366º *ex vi* das als. *b*) e *c*), do nº 1, se:

– Resolver o contrato de trabalho no prazo de 30 dias seguintes à decisão do empregador de fazer cessar a comissão de serviço. Cfr. o Ac. da RL, de 27.06.07 *in* CJ, Ano XXXII, Tomo III, p. 160;

– Tendo sido admitido para trabalhar em comissão de serviço, esta cesse por iniciativa do empregador que não corresponda a despedimento por facto imputável ao trabalhador.

Sobre a indemnização prevista no art. 366º, cfr. as respetivas anotações.

Segundo a RL esta "indemnização, à qual tem direito não só o trabalhador em comissão de serviço interna, mas também o trabalhador externo sem convénio de garantia de emprego [nº 1, al. c), do art. 164º], destina-se a compensá-lo pela perda de emprego em decorrência da cessação da comissão de serviço", por isso, o valor da retribuição a considerar no seu cálculo é a que era auferida no desempenho da comissão de serviço. [Ac. de 26.06.13 *in* www.dgsi.pt (Proc. nº 391/12.0TTCSC.L1-4)].

De acordo com o nº 2, o valor da indemnização prevista nas als. *b*) e *c*), do nº 1, pode ser aumentada por instrumento de regulamentação coletiva de trabalho ou contrato de trabalho.

4. Convém ter em linha de conta que, com a cessação da comissão de serviço, extingue-se também o estatuto, designadamente remuneratório, que a mesma traduzia, retornando o trabalhador "à categoria e estatuto anteriores, o que poderá implicar uma diminuição na remuneração auferida". (Ac. da RL, de 20.03.13 *in* CJ, Ano XXXVIII, Tomo II, p. 159). Neste caso, estava em causa o subsídio de isenção de horário.

No Proc. nº 166/14.2TTTMR.E1, a RE decidiu que "cessada a comissão de serviço era lícito à empregadora retirar ao trabalhador o pagamento do subsídio de chefia e subsídio de telefone residencial, sem que tal envolva violação do princípio da irredutibilidade da retribuição". [Ac. de 09.03.16 *in* www.dgsi.pt]. Cfr., ainda, os Acs. da RG, de 22.10.15 *in* www.dgsi.pt (Proc. nº 443/11.4TTBGC.G1) e da RP, de 08.04.13 *in* www.dgsi.pt (Proc. nº 248/10.0TTBRG.P1).

Em relação à aposição de um termo certo ao contrato de comissão de serviço, a RL esclareceu que tal hipótese é duvidosa "por conflituar com a própria razão da sua existência social e jurídica, pois torna-se difícil conceber uma relação de confiança a prazo e o mesmo é suscetível de denúncia, sem necessidade de justificação, a todo o momento e independentemente de tal termo, sem mais consequências do que a eventual indemnização por violação do prazo legal da dita comunicação extintiva". Em todo o caso, "o prazo em questão não é, de qualquer maneira, juridicamente vinculativo, de forma a consentir a caducidade do contrato de comissão de serviço, nos termos do artigo 343º, alínea a) do Código do Trabalho de 2009, sendo sempre necessária a realização da referida denúncia prévia para provocar a cessação desse negócio jurídico". [Ac. de 07.03.12 *in* www.dgsi.pt (Proc. nº 171/11.0TTPDL.L1-4)].

SUBSECÇÃO V - Teletrabalho

Artigo 165º – Noção de teletrabalho

Considera-se teletrabalho a prestação laboral realizada com subordinação jurídica, habitualmente fora da empresa e através do recurso a tecnologias de informação e de comunicação.

COMENTÁRIOS:

1. Antecedentes legislativos: Art. 233º, do CT/2003.

2. A criação da expressão e do conceito de teletrabalho são atribuídos ao norte-americano Jack M. Nilles, cientista aeroespacial, que, na década de 70, para combate do excesso de trânsito rodoviário, propôs a deslocação do trabalho até às pessoas ao invés de serem estas a dirigirem-se ao local de trabalho, via *telecommuting*. Pouco depois, "criou o termo *teleworking*, ao qual corresponde, em português, a palavra teletrabalhar (...), o termo *teleworking* é mais abrangente que a expressão *telecommuting* e designa «qualquer forma de substituição de deslocações relacionadas com o trabalho por tecnologias da informação (tais como telecomunicações e computadores); levar o trabalho para os trabalhadores em vez de levar os trabalhadores para o trabalho»", Maria Eunice Lopes de Almeida, *O teletrabalho e o direito a trabalhar*, p. 83.

O teletrabalho está inevitavelmente associado a um fenómeno de desvirtuação da empresa, provocado pela crescente utilização de sistemas tecnológicos (*maxime*, informáticos) na atividade económica.

Conforme destaca Maria Regina Gomes Redinha, "é um dado que a tecnologia, sobretudo na área informática e robótica, constitui um dos fatores do declínio da empresa como centro jurídico, físico e social de produção que agrega um coletivo de trabalhadores sujeito a um estatuto único e homogéneo", *O teletrabalho*, p. 88.

Neste seguimento, parece evidente que a figura do teletrabalho encontra um eco muito maior no setor dos serviços, cuja natureza da atividade empreendida propicia a utilização de instrumentos de trabalho digitais.

O teletrabalho configura também um instrumento privilegiado de flexibilização laboral, encontrando-se expressamente referido no ponto 4.4, da Resolução do Conselho de Ministros nº 96/99, de 26 de agosto (que criou a iniciativa nacional para os cidadãos com necessidades especiais a sociedade da informação); na Resolução do Conselho de Ministros nº 81/00, de 10 de julho (aprova a revisão anual para 2000 do Plano Nacional de Emprego) e no ponto 6.9, da Resolução do Conselho de Ministros nº 110/00, de 22 de agosto (aprova a iniciativa internet e adota o respetivo plano de ação). Podemos ainda destacar o Acordo-Quadro Sobre Teletrabalho aprovado, em julho de 2002, pelos parceiros sociais europeus (CES, UNICE e CEEP). Cfr. GLÓRIA REBELO, *Teletrabalho e privacidade*, pp. 9 e 10. Veja-se, ainda, PEDRO ORTINS BETTENCOURT, *Os regimes do Teletrabalho*, pp. 259 e ss..

Com o CT/2003 (mais precisamente com os arts. 233º a 243º), o teletrabalho passou a ter um regime jurídico próprio.

3. Numa perspetiva mais ampla, o teletrabalho poderá ser definido como "uma forma de organização do trabalho, executado por uma pessoa (trabalhador subordinado ou trabalhador independente) cuja atividade é exercida mediante o recurso à utilização das TIC e à distância, ou seja, a partir de um lugar que não o local tradicional (a empresa) para um empregador ou um cliente", GLÓRIA REBELO, *Teletrabalho e privacidade*, p. 4.

Ao teletrabalho são reconhecidos dois elementos essenciais e caracterizadores:

a) Um instrumental (o teletrabalho "envolve uma prestação laborativa executada através de meios informáticos e/ou telemáticos, senão de forma exclusiva, pelo menos de forma predominante", MARIA DO ROSÁRIO PALMA RAMALHO, *Novas formas de realidade laboral: o teletrabalho*, p. 196);

b) Um geográfico (o prestador do trabalho executa a sua atividade "não nas instalações da entidade credora do trabalho, mas à distância, mantendo, todavia, uma comunicação, mais ou menos intensa, com o centro produtivo, no desenvolvimento dessa atividade", MARIA DO ROSÁRIO PALMA RAMALHO, *loc. cit.*).

4. Quanto à relação jurídica entre o teletrabalhador e o recebedor de trabalho:

O teletrabalho pode reconduzir-se a um vínculo de trabalho subordinado, a um vínculo de prestação de serviço puro ou a um vínculo de prestação de serviço, envolvendo a dependência económica do teletrabalhador.

Para determinarmos qual a natureza do vínculo que está subjacente ao teletrabalho teremos que recorrer, embora adaptadamente, à presunção do art. 12º.

De qualquer forma, verificada a existência de subordinação jurídica do trabalhador, o vínculo de teletrabalho deverá ser reconduzido a um vínculo laboral. Não esquecer que o Código do Trabalho trata apenas do teletrabalho em que haja subordinação jurídica.

Para maiores desenvolvimentos sobre os critérios de determinação da natureza do vínculo, veja-se, ainda, Maria do Rosário Palma Ramalho, *Novas formas de realidade laboral: o teletrabalho*, pp. 205 e ss.; Maria Regina Gomes Redinha, *O teletrabalho*, pp. 100 e ss. e Patrícia Pinto Rodrigues, *O Teletrabalho: enquadramento Jus-Laboral*, pp. 106 e 107.

5. Modalidades de teletrabalho, atento o local da prestação da atividade:

a) O teletrabalho *offshore*, "ou seja, a subcontratação de tarefas para países com mão de obra barata e especializada ou com fusos horários diferentes", Maria Regina Gomes Redinha, *O teletrabalho*, p. 95;

b) O *telecottage* ou centro de trabalho comunitário, trata-se de uma "estrutura comum a várias organizações ou profissionais, dotada das comunicações e instrumentos necessários para o teletrabalho. Geralmente situam-se em zonas de difícil acessibilidade ou na periferia dos grandes centros urbanos", *op. cit.*, p. 97;

c) O teletrabalho em escritório satélite, o qual é prestado em local que é externo quer ao domicílio do trabalhador, quer às instalações principais da empresa, partilhando os teletrabalhadores o espaço e equipamento necessário para a sua atividade.

O que distingue os centros comunitários dos centros satélites é o facto de nos primeiros coexistirem teletrabalhadores vinculados a vários empregadores e até profissionais independentes, enquanto que os segundos são exclusivamente ocupados por teletrabalhadores da mesma empresa. Maria Regina Gomes Redinha, *O teletrabalho*, pp. 97 e 98;

d) Teletrabalho móvel nómada ou itinerante, que se caracteriza pela ausência de determinação quanto ao local de onde o teletrabalhador está a trabalhar, assim, "o teletrabalhador presta a atividade num qualquer local externo às instalações principais do beneficiário da atividade que não está previamente designado nem é fixo, *v.g*, num hotel, num comboio, num aeroporto ou numa cabana na praia", Maria Eunice Lopes De Almeida, *O teletrabalho e o direito a trabalhar*, p. 85.

De uma atualidade premente, há ainda a enunciar:

e) O teletrabalho no domicílio, de acordo com o qual "o trabalhador executa a prestação ou no seu domicílio ou no domicílio do cliente, utilizando meios informáticos (esta forma, embora distinta, aproxima-se do trabalho no domicílio tradicional)", Glória Rebelo, *Teletrabalho e privacidade*, p. 6.

A este propósito é de salientar que o teletrabalho não se confunde com o trabalho no domicílio. Cfr. os elementos distinguidores apresentados por Guilherme Dray, *Teletrabalho, Sociedade de Informação e Direito*, p. 270.

6. Quanto à comunicação via TIC (Tecnologia da Informação e Comunicação) entre o teletrabalhador e o empregador:

a) Teletrabalho *off line* (desconectado ou *unplugged*), o teletrabalhador presta a atividade com base nas orientações ou ordens do empregador e disponibiliza o resultado, em desconexão digital ou em conexão digital esporádica;

b) Teletrabalho *on line*, existe uma conexão digital contínua, síncrona e bidirecional entre as partes;

c) Teletrabalho *one way line*, trata-se de uma variante do modelo *online*. A comunicação ocorra de forma unidirecional e síncrona, através de software de suporte empresarial e o resultado do trabalho é enviado de uma vez.

7. Sobre as inúmeras vantagens e desvantagens apontadas ao teletrabalho, *v.* Maria Regina Gomes Redinha, *O teletrabalho*, p. 94; Luís Nandin de Carvalho, *Conflitualidade no teletrabalho*, pp. 227 e ss.; Guilherme Dray, *Teletrabalho, Sociedade de Informação e Direito*, pp. 270 e ss; Patrícia Pinto Rodrigues, O *Teletrabalho: enquadramento Jus-Laboral*, pp. 112 e ss. e Susana Ferreira dos Santos Gil, *Algumas notas sobre o eterno mundo novo: o teletrabalho*, p. 664.

8. Para maiores desenvolvimentos sobre a celebração, modificação, suspensão, extinção e outras vicissitudes do contrato de teletrabalho, vide Patrícia Pinto Rodrigues, O *Teletrabalho: enquadramento Jus-Laboral*, pp. 140 e ss..

Artigo 166º – Regime de contrato para prestação subordinada de teletrabalho

1. Pode exercer a atividade em regime de teletrabalho um trabalhador da empresa ou outro admitido para o efeito, mediante a celebração de contrato para prestação subordinada de teletrabalho.

2. Verificadas as condições previstas no nº 1 do artigo 195º, o trabalhador tem direito a passar a exercer a atividade em regime de teletrabalho, quando este seja compatível com a atividade desempenhada.

3. Além das situações referidas no número anterior, o trabalhador com filho com idade até 3 anos tem direito a exercer a atividade em regime de teletrabalho, quando este seja compatível com a atividade desempenhada e a entidade patronal disponha de recursos e meios para o efeito.

4. O empregador não pode opor-se ao pedido do trabalhador nos termos dos números anteriores.

5. O contrato está sujeito a forma escrita e deve conter:

_a_) Identificação, assinaturas e domicílio ou sede das partes;

_b_) Indicação da atividade a prestar pelo trabalhador, com menção expressa do regime de teletrabalho, e correspondente retribuição;

_c_) Indicação do período normal de trabalho;

_d_) Se o período previsto para a prestação de trabalho em regime de teletrabalho for inferior à duração previsível do contrato de trabalho, a atividade a exercer após o termo daquele período;

_e_) Propriedade dos instrumentos de trabalho bem como o responsável pela respetiva instalação e manutenção e pelo pagamento das inerentes despesas de consumo e de utilização;

_f_) Identificação do estabelecimento ou departamento da empresa em cuja dependência fica o trabalhador, bem como quem este deve contactar no âmbito da prestação de trabalho.

6. O trabalhador em regime de teletrabalho pode passar a trabalhar no regime dos demais trabalhadores da empresa, a título definitivo ou por período determinado, mediante acordo escrito com o empregador.

7. A forma escrita é exigida apenas para prova da estipulação do regime de teletrabalho.

8. Constitui contraordenação grave a violação do disposto no nº 3 e constitui contraordenação leve a violação do disposto no nº 4.

COMENTÁRIOS:

1. Antecedentes legislativos: Arts. 234º e 667º, do CT/2003.

2. O presente artigo tem a redação introduzida pela L nº 120/2015, de 01 de setembro.

3. O nº 1 estabelece uma distinção clara entre teletrabalho interno (em que a atividade é prestada por um trabalhador da empresa) e teletrabalho externo (neste caso, uma determinada pessoa é contratada *ab initio* para desenvolver uma atividade em regime de teletrabalho). Nas duas hipóteses, por acordo, estabelece-se uma prestação subordinada de teletrabalho.

No caso de teletrabalhador interno, "pode colocar-se a seguinte questão para a qual nenhum dos arts. 165º a 171º dá resposta: o que acontece ao contrato de trabalho já existente quando o trabalhador celebra um novo contrato para passar a ser teletrabalhador? Ora, uma vez que defendemos que o que está em causa é um acordo modificativo do contrato de trabalho já existente, somos do entendimento que, para a situação relativa a um trabalhador que no decurso do seu contrato de trabalho passa a ser teletrabalhador, a lei deveria falar não na celebração de um contrato, mas antes na celebração de um acordo escrito", Maria Eunice Lopes de Almeida, *O teletrabalho e o direito a trabalhar*, p. 101.

Para António Monteiro Fernandes, "A relação de teletrabalho subordinado pode estabelecer-se por contrato – envolvendo a admissão do trabalhador ao serviço da empresa – ou por acordo novatório relativamente a um contrato de trabalho pré-existente (art. 166º/1), caso em que a duração desse acordo não pode exceder três anos (art. 167º)", *Direito do Trabalho*, p. 403.

Pedro Ortins Bettencourt faz notar que, "na ótica do legislador, o teletrabalho subordinado tanto poderá resultar da modificação de uma relação regular de trabalho subordinado pré-existente, como da celebração de um novo contrato", *Os regimes do Teletrabalho*, p. 263.

Entendemos que no caso de trabalhador presencial que transite para o regime de teletrabalhador ocorre somente um acordo modificativo, do contrato de trabalho inicial.

Se o teletrabalho não faz parte da descrição inicial da prestação de trabalho, a recusa de celebração, por parte do trabalhador, do contrato para prestação subordinada de teletrabalho, não constitui, nem pode constituir qualquer violação dos seus deveres legais, atendendo a que se trata de uma mera faculdade de celebração, ou seja, sem caráter impositivo.

Assim, se "o empregador faz uma oferta de teletrabalho, o trabalhador pode aceitar ou recusar esta oferta. Se um trabalhador expressa o desejo de optar pelo teletrabalho, o empregador pode aceitar ou recusar este pedido", Guilherme Dray, *O acordo-quadro sobre o teletrabalho*, p. 365.

4. Nos termos conjugados do nº 2 e do art. 195º, nº 1, o trabalhador vítima de violência doméstica tem direito a passar a exercer a atividade em regime de teletrabalho, quando este seja compatível com a atividade desempenhada e estejam verificadas as seguintes condições:

a) Apresentação de queixa-crime;

b) Saída da casa de morada de família no momento em que se efetive a transferência.

Esta norma traduz-se numa das medidas de proteção das vítimas de violência doméstica. Note-se que, no caso de passagem ao regime de teletrabalho, "não se encontra prevista a possibilidade do trabalhador suspender o contrato de trabalho, pelo que o exercício desse direito, a ser negado pelo empregador, terá de ser efetivado através de uma ação a instaurar em Tribunal, precedida, se for esse o caso, de uma providência cautelar, cabendo naturalmente ao trabalhador a prova de que o tipo de trabalho por ele desenvolvido pode ser efetuado através do teletrabalho", Pedro Freitas Pinto, *A proteção da vítima do crime de violência doméstica no foro laboral*, p. 140.

Cfr. a L nº 112/2009, de 16 de setembro, a qual estabeleceu o regime jurídico aplicável à prevenção da violência doméstica.

5. A L nº 120/2015 procurou reforçar os direitos de maternidade e paternidade.

Nesta linha, aditou o nº 3, o qual confere ao trabalhador com filho com idade até 3 anos o direito a exercer a atividade em regime de teletrabalho. Naturalmente, este direito depende da compatibilidade do regime de teletrabalho com a atividade desempenhada e da circunstância de o empregador dispor de recursos e meios para o efeito.

Se estes requisitos se verificarem, o empregador não pode opor-se ao pedido do trabalhador (cfr. nº 4).

6. O contrato para prestação subordinada de teletrabalho é um contrato formal, na medida em que está sujeito a forma escrita (corpo do nº 5).

Para além disso, deve conter um conjunto de indicações relativas aos sujeitos e à execução da atividade:

a) Identificação, assinaturas e domicílio ou sede das partes;

b) Atividade a prestar pelo trabalhador, com menção expressa do regime de teletrabalho, e correspondente retribuição;

c) Indicação do período normal de trabalho;

O período normal de trabalho consta do art. 198º, com o limite das oito horas por dia e quarenta horas por semana (art. 203º).

Sem prejuízo do regime de isenção de horário de trabalho, acolhido para o teletrabalho [art. 218º, nº 1, al. *c*)].

Nada é indicado quanto ao direito à desconexão digital, questão de máxima pertinência, mormente no trabalho ao domicílio.

d) Se o período previsto para a prestação de trabalho em regime de teletrabalho for inferior à duração previsível do contrato de trabalho, a atividade a exercer após o termo daquele período:

A presente alínea cuida da hipótese de, no decurso do contrato para prestação subordinada de teletrabalho, o teletrabalhador passar a ser um trabalhador não teletrabalhador e prevê a possibilidade da atividade a exercer após o período de duração da prestação subordinada de teletrabalho ser diferente daquela que foi exercida no contexto de tal prestação.

"Isto posto, cumpre realçar que o contrato para prestação subordinada de teletrabalho pode ser celebrado a termo resolutivo, mas apenas desde que verificadas as condições de admissibilidade do contrato de trabalho a termo resolutivo. Assim, o que resulta da al. sob apreciação é a faculdade de, num contrato para prestação subordinada de teletrabalho, as partes fixarem a duração inicial da prestação subordinada de teletrabalho. Sendo que, na situação relativa a um trabalhador contratado *ab initio* como teletrabalhador, tal duração não tem um limite máximo, mas, na situação relativa a um trabalhador que no decurso do seu contrato de trabalho passa a ser teletrabalhador, a referida duração não pode ultrapassar o limite máximo previsto no nº 1 do art. 167º. A este passo, importa suscitar a seguinte questão para a qual não encontramos resposta nos arts. 165º a 171º: o que acontece ao contrato para prestação subordinada de teletrabalho quando o trabalhador contratado *ab initio* como teletrabalhador celebra um acordo escrito com o empregador, ao abrigo do nº 6 do art. 166º, para, a título definitivo, passar a ser um trabalhador não teletrabalhador? Será que tal acordo escrito implica a conversão de tal contrato num contrato de trabalho comum?", Maria Eunice Lopes de Almeida, *O teletrabalho e o direito a trabalhar*, p. 104;

e) Propriedade dos instrumentos de trabalho bem como o responsável pela respetiva instalação e manutenção e pelo pagamento das inerentes despesas de consumo e de utilização;

Esta alínea tem como objetivo definir claramente a titularidade dos instrumentos de trabalho a utilizar pelo teletrabalhador. Urge frisar que a propriedade dos instrumentos de trabalho pode servir como indício para qualificar o contrato de trabalho (al. *b*), do nº 1, do art. 12º).

«Acontece que, diferentemente do nº 1 do art. 168º, tal al. refere-se apenas a "instrumentos de trabalho" e não a "instrumentos de trabalho respeitantes a tecnologias de informação e de comunicação utilizados pelo trabalhador". Sucede que consideramos que a referida al. diz respeito a todos e quaisquer instrumentos de trabalho. Na realidade, tal como decorre do já referido a propósito da definição de teletrabalho, no âmbito da prestação subordinada de teletrabalho, a utilização de instrumentos de trabalho respeitantes a tecnologias de informação e de comunicação não tem que ser exclusiva. Na mencionada al., é usada a palavra "Propriedade" e, no nº 1 do art. 168º, é utilizada a palavra "pertencem". Ora, tais palavras remetem para o direito de propriedade. Acontece que nada na lei impõe que, no contrato para prestação subordinada de teletrabalho, os instrumentos de trabalho utilizados pelo trabalhador, sejam ou não respeitantes a tecnologias de informação e de comunicação, tenham que ser objeto de um direito de propriedade, quer por parte do empregador quer por parte do trabalhador. Na verdade, poderá acontecer que tais instrumentos sejam objeto, v.g., de um contrato de locação financeira. Assim, defendemos que, à semelhança do que fez nos nºs 2 e 3 do art. 168º (onde usou, respetivamente, a expressão "instrumentos de trabalho que lhe forem disponibilizados" e a expressão "instrumentos de trabalho disponibilizados"), o legislador deveria, na al. e) do nº 5 do art. 166º, ao invés de usar a expressão "Propriedade dos instrumentos de trabalho", utilizar a expressão "Indicação de qual das partes é que disponibiliza os instrumentos de trabalho" e, no nº 1 do art. 168º, no lugar de empregar a expressão "pertencem ao empregador", adotar a expressão "foram disponibilizados pelo empregador"», MARIA EUNICE LOPES DE ALMEIDA, *O teletrabalho e o direito a trabalhar*, p. 105.

Na ausência de estipulação contratual, os instrumentos de trabalho respeitantes a tecnologias de informação e de comunicação utilizados pelo trabalhador presumem-se pertencer ao empregador (nº 1, do art. 168º);

f) Identificação do estabelecimento ou departamento da empresa em cuja dependência fica o trabalhador, bem como quem este deve contactar no âmbito da prestação de trabalho.

Esta alínea manifesta o caráter subordinado da prestação de teletrabalho e visa evitar o isolamento do trabalhador. A este propósito, importa referir que o empregador, nos termos do nº 3, do art. 169º, tem, precisamente, o dever de evitar esse isolamento.

Artigo 167º – Regime no caso de trabalhador anteriormente vinculado ao empregador

1. No caso de trabalhador anteriormente vinculado ao empregador, a duração inicial do contrato para prestação subordinada de teletrabalho não pode exceder três anos, ou o prazo estabelecido em instrumento de regulamentação coletiva de trabalho.

2. Qualquer das partes pode denunciar o contrato referido no número anterior durante os primeiros 30 dias da sua execução.

3. Cessando o contrato para prestação subordinada de teletrabalho, o trabalhador retoma a prestação de trabalho, nos termos acordados ou nos previstos em instrumento de regulamentação coletiva de trabalho.

4. Constitui contraordenação grave a violação do disposto no número anterior.

COMENTÁRIOS:

1. Antecedentes legislativos: Arts. 235º e 667º, do CT/2003.

2. O presente artigo reporta-se à transição da qualidade de trabalhador para teletrabalhador interno (atendendo a que já possui vínculo com o empregador). Neste caso, o acordo de teletrabalho surge como um ato modificativo da relação laboral já existente. A exigência do limite de 3 anos, quanto à duração da prestação laboral em regime de teletrabalho, visa atenuar eventuais efeitos advenientes do isolamento e impedir um agravamento na progressão na carreira.

V. Guilherme Dray *in* Pedro Romano Martinez, AAVV, *Código do Trabalho Anotado*, p. 459. Este mesmo prazo pode ser estabelecido por instrumento de regulamentação coletiva de trabalho (nº 1, parte final). Da leitura deste número podemos concluir que o mesmo tanto pode ser reduzido como alargado.

3. O nº 2 prevê uma espécie de período experimental de 30 dias, dentro do qual qualquer uma das partes pode denunciar, livremente (isto é, sem invocar motivo justificativo), o contrato, ou melhor, o acordo, para prestação subordinada de teletrabalho.

4. Uma vez que o presente artigo se refere ao teletrabalho interno, o trabalhador, logo que cesse o acordo para prestação subordinada de teletrabalho, tem direito a retomar a prestação de trabalho, nos termos acordados ou nos previstos em instrumento de regulamentação coletiva de trabalho (nº 3). O que, aliás, seria sempre imposto pelo princípio da segurança no emprego, consagrado no art. 53º, da CRP.

5. Pedro Freitas Pinto, advoga uma interpretação restritiva do presente artigo nos casos de violência doméstica, considerando que este não é aplicável ao trabalhador vítima, "quer o limite temporal previsto no nº 1, quer, obviamente, a possibilidade do empregador poder denunciar o contrato nos termos do nº 2". *A proteção da vítima do crime de violência doméstica no foro laboral*, p. 141.

Para este autor, *loc. cit.*, trata-se "de uma situação de discriminação legal positiva que tem precisamente como fundamento a especial vulnerabilidade deste tipo de trabalhador merecedor de um tratamento diferenciado".

Artigo 168º – Instrumentos de trabalho em prestação subordinada de teletrabalho

1. Na falta de estipulação no contrato, presume-se que os instrumentos de trabalho respeitantes a tecnologias de informação e de comunicação utilizados pelo trabalhador pertencem ao empregador, que deve assegurar as respetivas instalação e manutenção e o pagamento das inerentes despesas.

2. O trabalhador deve observar as regras de utilização e funcionamento dos instrumentos de trabalho que lhe forem disponibilizados.

3. Salvo acordo em contrário, o trabalhador não pode dar aos instrumentos de trabalho disponibilizados pelo empregador uso diverso do inerente ao cumprimento da sua prestação de trabalho.

COMENTÁRIOS:

1. Antecedentes legislativos: Art. 238º, do CT/2003.

2. Nos termos do art. 166º, nº 5, al. *e*), a propriedade dos instrumentos de trabalho (ou a disponibilização de tais instrumentos), bem como a entidade responsável pela respetiva instalação e manutenção e pelo pagamento das inerentes despesas de consumo e de utilização, devem constar do contrato/acordo para prestação subordinada de teletrabalho.

3. O nº 1 prevê os casos em que tal estipulação contratual não existe, fixando uma presunção, segundo a qual, o empregador é proprietário dos instrumentos de teletrabalho respeitantes a tecnologias da informação e comunicação, sendo responsável pela instalação, manutenção e pagamento das inerentes despesas. Trata-se de uma presunção, ilidível ou *iuris tantum*. As presunções legais podem ser ilididas mediante prova em contrário (art. 350º, nº 2, do CC).

4. Para o exercício da sua atividade, o teletrabalhador tem ao seu dispor um conjunto de instrumentos de trabalho, cuja guarda, conservação e boa utilização deve garantir.

O dever de custódia, reforçado no nº 2, está genericamente previsto na al. *g*), do nº 1, do art. 128º. Este reforço justifica-se pelo facto de no teletrabalho (*maxime*, no teletrabalho no domicílio do trabalhador) os instrumentos de trabalho não estarem ao alcance permanente do empregador.

5. O nº 3 impõe-se face à potencial promiscuidade entre vida profissional e vida privada. Assim, o teletrabalhador deve utilizar os instrumentos de trabalho, apenas, para o exercício da atividade laboral, salvo convenção em contrário.

O legislador adotou, a nosso ver, corretamente, a expressão disponibilização dos instrumentos de trabalho.

Artigo 169º – Igualdade de tratamento de trabalhador em regime de teletrabalho

1. O trabalhador em regime de teletrabalho tem os mesmos direitos e deveres dos demais trabalhadores, nomeadamente no que se refere a formação e promoção ou carreira profissionais, limites do período normal de trabalho e outras condições de trabalho, segurança e saúde no trabalho e reparação de danos emergentes de acidente de trabalho ou doença profissional.

2. No âmbito da formação profissional, o empregador deve proporcionar ao trabalhador, em caso de necessidade, formação adequada sobre a utilização de tecnologias de informação e de comunicação inerentes ao exercício da respetiva atividade.

3. O empregador deve evitar o isolamento do trabalhador, nomeadamente através de contactos regulares com a empresa e os demais trabalhadores.

COMENTÁRIOS:

1. Antecedentes legislativos: Arts. 236º, 239º, 240º e 242º, nºs 1 e 2, do CT/2003.

2. O princípio da igualdade de oportunidade e de tratamento está genericamente previsto no art. 24º. O presente artigo mais não fez do que transpor expressamente este princípio para o domínio do teletrabalho, estabelecendo uma equiparação entre trabalhadores e teletrabalhadores.

Para maiores desenvolvimentos, v. GLÓRIA REBELO, *Teletrabalho e privacidade*, pp. 32 e ss. e 63 e ss.

Artigo 170º – Privacidade de trabalhador em regime de teletrabalho

1. O empregador deve respeitar a privacidade do trabalhador e os tempos de descanso e de repouso da família deste, bem como proporcionar-lhe boas condições de trabalho, tanto do ponto de vista físico como psíquico.

2. Sempre que o teletrabalho seja realizado no domicílio do trabalhador, a visita ao local de trabalho só deve ter por objeto o controlo da atividade laboral, bem como dos instrumentos de trabalho e apenas pode ser efetuada entre as 9 e as 19 horas, com a assistência do trabalhador ou de pessoa por ele designada.

3. Constitui contraordenação grave a violação do disposto neste artigo.

COMENTÁRIOS:

1. Antecedentes legislativos: Arts. 237º e 667º, do CT/2003.

2. Umas das principais características do teletrabalho é a dificuldade acrescida em separar a vida profissional da vida familiar. Ciente deste facto, o legislador reforçou alguns deveres do empregador.

Em primeiro lugar, o dever de respeitar a privacidade do teletrabalhador e os tempos de descanso e de repouso da família. A reserva da intimidade da vida privada, no âmbito da relação laboral, está prevista genericamente no art. 16º (*v.* notas aí inseridas). Já o princípio da inviolabilidade do domicílio está previsto no art. 34º, da CRP.

Em segundo lugar, o dever de proporcionar boas condições de trabalho, tanto do ponto de vista físico, como do ponto de vista psíquico. Este dever está previsto, genericamente, no art. 127º, nº 1, al. *c*).

3. O nº 2 aplica-se apenas aos casos de teletrabalho no domicílio do trabalhador.

O direito à inviolabilidade do domicílio e à garantia de proteção da intimidade da vida privada podem sofrer limitações que não afetem a extensão e o alcance dos conteúdos essenciais e se justifiquem por critérios de necessidade e proporcionalidade. Este número consagra uma dessas limitações que se impõe por força do princípio da colaboração entre as partes previsto no nº 2, do art. 126º. De facto, uma das manifestações deste princípio é o dever do trabalhador propiciar ao empregador as condições adequadas para que este possa exercer o poder de fiscalização e, por outro lado, o dever do empregador de exercer esse poder, respeitando os direitos e garantias do trabalhador, bem como a sua própria dignidade enquanto ser humano. Tendo em consideração esta realidade, impõe-se os seguintes três requisitos para o exercício do poder de fiscalização do empregador:

a) As visitas ao local de trabalho (domicílio do trabalhador) devem ter por base apenas o controlo da atividade (laboral) do trabalhador, bem como dos instrumentos de trabalho (disponibilizados pelo empregador) (*requisito objetivo*);

Omite-se, contudo, como é realizado esse controlo e respetiva articulação com o art. 20º.

b) As visitas devem ser efetuadas entre as 9 e as 19 horas (*requisito temporal*);

Seria acertado prever um aviso prévio mínimo.

c) As visitas devem ser assistidas pelo trabalhador ou pessoa por ele designada (*requisito pessoal*).

Na visão de MARIA EUNICE LOPES DE ALMEIDA, "a lei devia consagrar a obrigação do empregador de comunicar a visita ao trabalhador por forma a que o mesmo tivesse conhecimento da mesma pelo menos com uma antecedência de 24 horas, devendo constar da comunicação a identificação da pessoa que irá efetuar a visita quando tal pessoa não for o próprio trabalhador, *O teletrabalho e o direito a trabalhar*, p. 108.

Para maiores desenvolvimentos, cfr. PATRÍCIA PINTO RODRIGUES, *O Teletrabalho: enquadramento Jus-Laboral*, pp. 117 e ss..

Artigo 171º – Participação e representação coletivas de trabalhador em regime de teletrabalho

1. O trabalhador em regime de teletrabalho integra o número de trabalhadores da empresa para todos os efeitos relativos a estruturas de representação coletiva, podendo candidatar-se a essas estruturas.

2. O trabalhador pode utilizar as tecnologias de informação e de comunicação afetas à prestação de trabalho para participar em reunião promovida no local de trabalho por estrutura de representação coletiva dos trabalhadores.

3. Qualquer estrutura de representação coletiva dos trabalhadores pode utilizar as tecnologias referidas no número anterior para, no exercício da sua atividade, comunicar com o trabalhador em regime de teletrabalho, nomeadamente divulgando informações a que se refere o nº 1 do artigo 465º

4. Constitui contraordenação grave a violação do disposto nos nºs 2 ou 3.

COMENTÁRIOS:

1. Antecedentes legislativos: Arts. 243º e 667º, do CT/2003.

2. As estruturas de representação coletiva dos trabalhadores estão reguladas nos arts. 404º e ss..

SUBSECÇÃO VI – Trabalho temporário

DIVISÃO I – Disposições gerais relativas a trabalho temporário

Artigo 172º – Conceitos específicos do regime de trabalho temporário

Considera-se:

a) Contrato de trabalho temporário o contrato de trabalho a termo celebrado entre uma empresa de trabalho temporário e um trabalhador, pelo qual este se obriga, mediante retribuição daquela, a prestar a sua atividade a utilizadores, mantendo-se vinculado à empresa de trabalho temporário;

b) Contrato de trabalho por tempo indeterminado para cedência temporária o contrato de trabalho por tempo indeterminado celebrado entre uma empresa de trabalho temporário e um trabalhador, pelo qual este se obriga, mediante retribuição daquela, a prestar temporariamente a sua atividade a utilizadores, mantendo-se vinculado à empresa de trabalho temporário;

c) Contrato de utilização de trabalho temporário o contrato de prestação de serviço a termo resolutivo entre um utilizador e uma empresa de trabalho temporário, pelo qual esta se obriga, mediante retribuição, a ceder àquele um ou mais trabalhadores temporários.

COMENTÁRIOS:

1. Antecedentes legislativos: Art. 2º, als. *d*), *e*) e *f*), da L nº 19/2007, de 22 de maio.

2. O regime do trabalho temporário estava regulado no DL nº 358/89, de 17 de outubro, o qual foi retificado pela Declaração de Retificação de 30.11.89 e alterado pelas L nºs 39/96, de 31 de agosto, 146/99, de 01 de setembro e 99/2003, de 27 de agosto (que aprovou o CT/2003), esta última revogando os arts. 26º a 30º. O DL nº 358/89 seria, finalmente, revogado, na sua totalidade, pela L nº 19/2007, de 22 de maio.

O regime do exercício e licenciamento da atividade da empresa de trabalho temporário foi estabelecido pelo DL nº 260/2009, de 25 de setembro, o qual regulou, ainda, o exercício e licenciamento da atividade da agência privada de colocação de candidatos a emprego.

3. Sobre a obrigatoriedade de implementação de serviço interno de segurança e saúde no trabalho, numa empresa de trabalho temporário, a RE decidiu que não se verificava tal obrigatoriedade se a empregadora, "empresa de trabalho temporário, tinha 2.466 trabalhadores, todos alocados nos estabelecimentos das respetivas empresas utilizadoras", sem ter qualquer estabelecimento/instalação ou espaço geográfico com pelo menos 400 trabalhadores. [Ac. de 29.11.18 *in* www.dgsi.pt (Proc. nº 1057/18.3T8PTM.E1)].

4. Em relação à qualidade da empresa utilizadora de trabalho temporário, a RG veio esclarecer que esta "não é um terceiro na relação de trabalho estabelecida entre o trabalhador e a empresa de trabalho temporário que o cede ao utilizador, porquanto, como destinatário do trabalho prestado, tem o direito de enquadrar e de orientar a prestação, definindo os termos e as condições em que esse trabalho é prestado". [Ac. de 15.03.18 *in* www.dgsi.pt (Proc. nº 2311/16.4T8VNF.G1)].

5. O TJ decidiu que estava abrangida pela Diretiva 2008/104/CE "a cedência por uma associação sem fins lucrativos, em contrapartida de uma compensação financeira, de um dos seus membros a uma empresa utilizadora para aí prestar, a título principal e sob a direção desta última, uma prestação de trabalho mediante retribuição". [Ac. de 17.11.16 *in* JOUE, C-14, de 16.01.17 (Proc. C-216/15)].

No Ac. de 17.03.15 *in* JOUE, C-155, de 11.05.15 (Proc. C-533/13), este mesmo tribunal pronunciou-se sobre a validade das proibições ou restrições ao recurso ao trabalho temporário.

Artigo 173º – Cedência ilícita de trabalhador

1. É nulo o contrato de utilização, o contrato de trabalho temporário ou o contrato de trabalho por tempo indeterminado para cedência temporária

celebrado por empresa de trabalho temporário não titular de licença para o exercício da respetiva atividade.

2. É nulo o contrato celebrado entre empresas de trabalho temporário pelo qual uma cede à outra um trabalhador para que este seja posteriormente cedido a terceiro.

3. No caso previsto no nº 1, considera-se que o trabalho é prestado à empresa de trabalho temporário em regime de contrato de trabalho sem termo.

4. No caso previsto no nº 2, considera-se que o trabalho é prestado à empresa que contrate o trabalhador em regime de contrato de trabalho sem termo.

5. No caso de o trabalhador ser cedido a utilizador por empresa de trabalho temporário licenciada sem que tenha celebrado contrato de trabalho temporário ou contrato de trabalho por tempo indeterminado para cedência temporária, considera-se que o trabalho é prestado à empresa utilizadora em regime de contrato de trabalho sem termo.

6. Em substituição do disposto no nºs 3, 4 ou 5, o trabalhador pode optar, nos 30 dias seguintes ao início da prestação de atividade, por uma indemnização nos termos do artigo 396º.

7. Constitui contraordenação muito grave, imputável à empresa de trabalho temporário e ao utilizador, a celebração de contrato de utilização de trabalho temporário por parte de empresa não titular de licença.

COMENTÁRIOS:

1. Antecedentes legislativos: Arts. 16º e 44º, da L nº 19/2007, de 22 de maio.

2. O presente artigo tem a redação introduzida pela L nº 93/2019, de 04 de setembro.

3. De acordo com a alteração resultante da L nº 93/2019, no caso de o trabalhador ser cedido a utilizador por empresa de trabalho temporário licenciada sem que tenha celebrado contrato de trabalho temporário ou contrato de trabalho por tempo indeterminado para cedência temporária, passou a considerar-se que o trabalho é prestado à empresa utilizadora em regime de contrato de trabalho sem termo. No regime anterior, considerava-se que o trabalho era prestado à empresa de trabalho temporário. Cfr., ainda, Paulo Duarte Santos e Outros, *Brevíssimas notas sobre as alterações ao Código do Trabalho (a Lei nº 90/2019, de 4 de setembro e a Lei nº 93/2019, de 4 de setembro)*, p. 65.

Artigo 174º – Casos especiais de responsabilidade da empresa de trabalho temporário ou do utilizador

1. A celebração de contrato de utilização de trabalho temporário por empresa de trabalho temporário não licenciada responsabiliza solidariamente esta e o utilizador pelos créditos do trabalhador emergentes do contrato de tra-

balho, da sua violação ou cessação, relativos aos últimos três anos, bem como pelos encargos sociais correspondentes.

2. A empresa de trabalho temporário e o utilizador de trabalho temporário, bem como os respetivos gerentes, administradores ou diretores, assim como as sociedades que com a empresa de trabalho temporário ou com o utilizador se encontrem em relação de participações recíprocas, de domínio ou de grupo, são subsidiariamente responsáveis pelos créditos do trabalhador e pelos encargos sociais correspondentes, assim como pelo pagamento das respetivas coimas.

COMENTÁRIOS:

1. Antecedentes legislativos: Art. 17º, da L nº 19/2007, de 22 de maio.

2. O presente artigo tem a redação introduzida pela L nº 28/2016, de 23 de agosto.

Com esta lei, procurou-se tomar "medidas efetivas para prevenir o trabalho forçado e proteger e compensar as vítimas desta prática de escravatura moderna", em respeito pelo "Protocolo da OIT sobre trabalho forçado, que foi adotado por uma maioria esmagadora em junho de 2014 na Conferência anual da OIT". Cfr. a exposição de motivos constante do Projeto de Lei nº 146/XIII/1ª.

3. No nº 2 (que na versão anterior estabelecia a responsabilidade subsidiária do utilizador "pelos créditos do trabalhador relativos aos primeiros 12 meses de trabalho e pelos encargos sociais correspondentes"), assistimos a um alargamento a diversos níveis.

Em primeiro lugar, a responsabilidade passa a impender não apenas sobre o utilizador de trabalho temporário, mas também sobre a empresa de trabalho temporário.

Em segundo lugar, o legislador incluiu no universo subjetivo da responsabilidade os gerentes, administradores ou diretores, assim como as sociedades que com a empresa de trabalho temporário ou com o utilizador se encontrem em relação de participações recíprocas, de domínio ou de grupo.

Ao nível objetivo, é de destacar a inclusão do pagamento das coimas relativas aos encargos sociais. Relembramos que, no regime anterior, o nº 2 só fazia referência aos créditos do trabalhador e aos encargos sociais correspondentes.

DIVISÃO II – Contrato de utilização de trabalho temporário

Artigo 175º – Admissibilidade de contrato de utilização de trabalho temporário

1. O contrato de utilização de trabalho temporário só pode ser celebrado nas situações referidas nas alíneas *a*) a *g*) do nº 2 do artigo 140º e ainda nos seguintes casos:

a) Vacatura de posto de trabalho quando decorra processo de recrutamento para o seu preenchimento;

b) Necessidade intermitente de mão de obra, determinada por flutuação da atividade durante dias ou partes de dia, desde que a utilização não ultrapasse semanalmente metade do período normal de trabalho maioritariamente praticado no utilizador;

c) Necessidade intermitente de prestação de apoio familiar direto, de natureza social, durante dias ou partes de dia;

d) Realização de projeto temporário, designadamente instalação ou reestruturação de empresa ou estabelecimento, montagem ou reparação industrial.

2. Para efeito do disposto no número anterior, no que se refere à alínea *f*) do nº 2 do artigo 140º, considera-se acréscimo excecional de atividade da empresa o que tenha duração até 12 meses.

3. A duração do contrato de utilização não pode exceder o período estritamente necessário à satisfação da necessidade do utilizador a que se refere o nº 1.

4. Não é permitida a utilização de trabalhador temporário em posto de trabalho particularmente perigoso para a sua segurança ou saúde, salvo se for essa a sua qualificação profissional.

5. Não é permitido celebrar contrato de utilização de trabalho temporário para satisfação de necessidades que foram asseguradas por trabalhador cujo contrato tenha cessado nos 12 meses anteriores por despedimento coletivo ou despedimento por extinção de posto de trabalho.

6. Constitui contraordenação muito grave imputável ao utilizador a violação do disposto no nº 4.

COMENTÁRIOS:

1. Antecedentes legislativos: Arts. 16º e 44º, da L nº 19/2007, de 22 de maio.

2. O contrato de utilização de trabalho temporário só pode ser celebrado nas situações previstas no nº 1 do artigo 175º do CT, sendo sempre necessário, nos termos do nº 1, do art. 140º, que esteja em causa uma necessidade temporária da empresa e o contrato seja celebrado pelo período estritamente necessário à satisfação dessa necessidade. Neste seguimento, a RE entendeu que "tal não se verifica se a recorrente/ empresa utilizadora justificou a celebração dos contratos com o facto de ter apenas um cliente, cujo ciclo de produção de veículos por parte deste apresenta irregularidades, o que se reflete diretamente na atividade da recorrente e a impossibilita de ter a manutenção e planeamento dos postos de trabalho do seu quadro de efetivos estável". [Ac. de 07.09.16 *in* www.dgsi.pt (Proc. nº 3775/15.9T8STB.E1)].

No Ac. da RC, de 21.03.13, podemos ler que, nos termos do presente artigo, "o contrato de trabalho temporário só pode ser celebrado a termo resolutivo, certo ou incerto, nas situações previstas para a celebração de contrato de utilização". [*In* www.dgsi.pt (Proc. nº 114/11.1TTGRD.C1)].

A RL deixou claro que os "contratos de prestação de serviços referem-se, em regra, a serviços que têm duração limitada, pelo que, fundamentar o termo do contrato apenas na existência de um contrato de prestação de serviços que vincula a entidade utilizadora, e subjaz à celebração do contrato de trabalho temporário, é insuficiente para se concluir que a tarefa ou conjunto de tarefas que o trabalhador é contratado para desempenhar têm carácter temporário". [Ac. de 08.02.17 *in* www.dgsi.pt (Proc. nº 2961/12.8TTLSB.L2-4)].

3. Sobre a proibição de utilização do trabalhador temporário em posto de trabalho particularmente perigoso para a sua segurança ou saúde, salvo se for essa a sua qualificação profissional prevista no nº 4, *vide* o Ac. da RC, de 17.11.16 *in* www.dgsi.pt (Proc. nº 11/16.4T8FIG.C1).

Artigo 176º – Justificação de contrato de utilização de trabalho temporário

1. Cabe ao utilizador a prova dos factos que justificam a celebração de contrato de utilização de trabalho temporário.

2. É nulo o contrato de utilização celebrado fora das situações a que se refere o nº 1 do artigo anterior.

3. No caso previsto no número anterior, considera-se que o trabalho é prestado pelo trabalhador ao utilizador em regime de contrato de trabalho sem termo, sendo aplicável o disposto no nº 6 do artigo 173º.

COMENTÁRIOS:

1. Antecedentes legislativos: Art. 19º, da L nº 19/2007, de 22 de maio.

2. Nos termos do nº 1, o ónus da prova dos factos que justificam a celebração de contrato de utilização de trabalho temporário recai sobre a empresa utilizadora. Cfr. o Ac. da RL, de 13.01.16 *in* www.dgsi.pt (Proc. nº 2094/12.7TTLSB.L1-4).

3. A RE considerou que é "nulo o contrato de utilização de trabalho temporário que motive de forma insuficiente a justificação do recurso ao trabalho temporário, devendo o trabalhador considerar-se vinculado à empresa utilizadora, em regime de contrato de trabalho sem termo". [Ac. de 30.03.17 *in* www.dgsi.pt (Proc. nº 692/14.3T8EVR.E1)].

Por sua vez, a RP decidiu que nada "obsta à validade da indicação do motivo aposto num contrato de trabalho temporário a termo através de uma remissão para a justificação constante do contrato de utilização de trabalho temporário que lhe subjaz, contanto que a justificação deste constante já contenha os factos e as circunstâncias que permitam uma cabal justificação do próprio contrato de trabalho temporário a celebrar subsequentemente". [Ac. de 02.05.16 *in* www.dgsi.pt (Proc. nº 1675/13.6TTPRT.P1)].

Artigo 177º – Forma e conteúdo de contrato de utilização de trabalho temporário

1. O contrato de utilização de trabalho temporário está sujeito a forma escrita, é celebrado em dois exemplares e deve conter:

a) Identificação, assinaturas, domicílio ou sede das partes, os respetivos números de contribuintes e do regime geral da segurança social, bem como, quanto à empresa de trabalho temporário, o número e a data do alvará da respetiva licença;

b) Motivo justificativo do recurso ao trabalho temporário por parte do utilizador;

c) Caracterização do posto de trabalho a preencher, dos respetivos riscos profissionais e, sendo caso disso, dos riscos elevados ou relativos a posto de trabalho particularmente perigoso, a qualificação profissional requerida, bem como a modalidade adotada pelo utilizador para os serviços de segurança e saúde no trabalho e o respetivo contacto;

d) Local e período normal de trabalho;

e) Retribuição de trabalhador do utilizador que exerça as mesmas funções;

f) Pagamento devido pelo utilizador à empresa de trabalho temporário;

g) Início e duração, certa ou incerta, do contrato;

h) Data da celebração do contrato.

2. Para efeitos da alínea *b*) do número anterior, a indicação do motivo justificativo deve ser feita pela menção expressa dos factos que o integram, devendo estabelecer-se a relação entre a justificação invocada e o termo estipulado.

3. O contrato de utilização de trabalho temporário deve ter em anexo cópia da apólice de seguro de acidentes de trabalho que englobe o trabalhador temporário e a atividade a exercer por este, sem o que o utilizador é solidariamente responsável pela reparação dos danos emergentes de acidente de trabalho.

4. (*Revogado*).

5. O contrato é nulo se não for celebrado por escrito ou não contiver qualquer uma das menções referidas nas alíneas do nº 1.

6. No caso previsto no número anterior, considera-se que o trabalho é prestado pelo trabalhador ao utilizador em regime de contrato de trabalho sem termo, sendo aplicável o disposto no nº 6 do artigo 173º.

7. Constitui contraordenação leve imputável à empresa de trabalho temporário e ao utilizador a violação do disposto nas alíneas *a*), *c*) ou *f*) do nº 1.

COMENTÁRIOS:

1. Antecedentes legislativos: Arts. 20º e 44º, da L nº 19/2007, de 22 de maio.

2. O presente artigo já foi alterado pela L nº 53/2011, de 14 de outubro, pela L nº 23/2012, de 25 de junho, pela L nº 69/2013, de 30 de agosto e pela L nº 93/2019, de 04 de setembro.

3. Antes da alteração resultante da L nº 93/2019, o nº 5 determinava que o contrato de utilização de trabalho temporário era nulo se não fosse celebrado por escrito ou não contivesse o motivo justificativo do recurso ao trabalho temporário por parte do utilizador previsto na al. *b*), do nº 1. Com esta lei, as causas de nulidade passaram a ser, para além da inobservância de forma escrita, a ausência de qualquer uma das menções tipificadas nas alíneas, do nº 1 e não apenas da contida na citada al. *b*).

4. Conforme sustentou a RL, "os contratos de utilização da força de trabalho temporário e o seu recrutamento para esse expresso efeito devem ser firmados por escrito, dentro de determinadas condições formais e materiais e com prazos limite de duração, em função do tipo negocial acordado e dos fundamentos invocados para o recurso ao dito trabalho temporário". [Ac. de 13.01.16 *in* www.dgsi.pt (Proc. nº 2094/12.7TTLSB.L1-4)].

O contrato de utilização de trabalho temporário deve, entre outros, indicar o motivo justificativo do recurso ao trabalho temporário por parte do utilizador, mencionando expressamente os factos que o integram e estabelecendo-se a relação entre a justificação invocada e o termo estipulado, sob pena de nulidade (cfr., conjugadamente, os nºs 1, al. *b*), 2 e 5). Assim, se a justificação for insuficiente o contrato é nulo, considerando-se que o trabalho é prestado ao utilizador em regime de contrato de trabalho sem termo (nº 6). Cfr. os Acs. da RP, de 09.03.15 *in* CJ, Ano XL, Tomo II, p. 228; do STJ, de 19.11.14 *in* www.dgsi.pt (Proc. nº 4154/11.2TTLSB.L1.S1) e da RP, de 15.12.10 *in* www.dgsi.pt (Proc. nº 395/09.0TTSTS.P1).

O STJ julgou não satisfazer estas exigências "a indicação no contrato, como motivo justificativo, do conteúdo de uma norma legal acrescido de referências a acumulações temporárias de atividade que não permitam estabelecer qualquer relação entre essas acumulações e a sujeição do contrato a termo indeterminado". [Ac. de 19.11.14 *in* www.dgsi.pt (Proc. nº 4154/11.2TTLSB.L1.S1)]. Foi igualmente considerado como não cumprindo aquelas exigências, o contrato onde se apõe como motivo justificativo da sua celebração "Acréscimo excecional da atividade da empresa motivado pelo aumento de volume de produção devido ao aumento de encomendas para o período do verão". [Ac. da RP, de 15.12.10 *in* www.dgsi.pt (Proc. nº 395/09.0TTSTS.P1)].

5. No plano da relação jurídica estabelecida entre a empresa de utilização e a empresa de trabalho temporário, a RL veio esclarecer que os efeitos da nulidade se restringem às relações da primeira com o trabalhador. Destarte, a relação subjacente decorrente do contrato de prestação de serviços celebrado entre as duas empresas saí incólume, devendo a empresa de trabalho temporário "ser remunerada pelo serviço correspondente ao da cedência temporária da atividade de trabalhadores". [Ac. de 27.03.14 *in* www.dgsi.pt (Proc. nº 187008/11.9YIPRT.L2.2)].

6. É ainda oportuno trazer à colação o Ac. da RE, de 28.03.19, onde foi decidido que provada "a cedência de trabalhadores ao abrigo de um contrato de utilização de trabalho temporário, cabe à utilizadora provar que pagou ou que houve cumprimento defeituoso, cabendo nesta hipótese à cedente a prova de que este não se deve a culpa sua". [*In* www.dgsi.pt (Proc. nº 1956/17.0T8FAR.E1)].

7. O contrato de utilização de trabalho temporário deve mencionar também a retribuição de trabalhador do utilizador que exerça as mesmas funções (al. *e*), do nº 1). Daqui podemos aferir que o trabalhador temporário tem direito à mesma retribuição do trabalhador do utilizador que exerça, em paralelo, as mesmas funções, estando essa retribuição sujeita às incidências da regulamentação coletiva de trabalho aplicável aos trabalhadores daquele. Cfr. o Ac. da RC, de 02.07.13 *in* www.dgsi.pt (Proc. nº 253033/11.8YIPRT.C1). Neste aresto, a RC fez, contudo, notar que num "contrato de utilização de trabalho a obrigação de pagamento da retribuição ao trabalhador cedido incumbe à empresa de trabalho temporário (cedente) e não ao utilizador (cessionário)".

Artigo 178º – Duração de contrato de utilização de trabalho temporário

1. O contrato de utilização de trabalho temporário é celebrado a termo resolutivo, certo ou incerto.

2. A duração do contrato de utilização de trabalho temporário, incluindo renovações, não pode exceder a duração da causa justificativa nem o limite de dois anos, ou de seis ou 12 meses em caso de, respetivamente, vacatura de posto de trabalho quando já decorra processo de recrutamento para o seu preenchimento ou acréscimo excecional da atividade da empresa.

3. Considera-se como um único contrato o que seja objeto de renovação.

4. No caso de o trabalhador temporário continuar ao serviço do utilizador decorridos 10 dias após a cessação do contrato de utilização sem a celebração de contrato que o fundamente, considera-se que o trabalho passa a ser prestado ao utilizador com base em contrato de trabalho sem termo.

COMENTÁRIOS:

1. Antecedentes legislativos: Arts. 13º, nº 2, 21º e 23º, da L nº 19/2007, de 22 de maio.

2. A propósito do nº 4, o STJ decidiu que, tendo o trabalhador temporário continuado ao serviço do utilizador por mais de 10 dias após o regresso do trabalhador substituído, portanto após a cessação do contrato de utilização sem a celebração de contrato que o fundamente, verifica-se a situação prevista neste preceito, nos termos do qual considera-se que o trabalho passa a ser prestado ao utilizador com base em contrato de trabalho sem termo, sendo aplicável o regime do período experimental previsto nos arts. 111º a 114º. (Ac. de 22.06.17 *in* www.dgsi.pt (Proc. nº 5571/13.9T2SNT.L1.S1) e CJ, Ano XXV, Tomo II, p. 237).

Nestes casos, se o utilizador, "agora empregador, fizer cessar o contrato, tal configura um despedimento ilícito". [Ac. da RC, de 21.03.13 *in* www.dgsi.pt (Proc. nº 114/11.1TTGRD.C1)]. Cfr., ainda, o Ac. do STJ, de 04.05.11 *in* www.dgsi.pt (Proc. nº 2773/06.8TTLSB.L1.S1).

Artigo 179º – Proibição de contratos sucessivos

1. No caso de se ter completado a duração máxima de contrato de utilização de trabalho temporário, é proibida a sucessão no mesmo posto de trabalho de trabalhador temporário ou de trabalhador contratado a termo, antes de decorrer um período de tempo igual a um terço da duração do referido contrato, incluindo renovações.

2. O disposto no número anterior não é aplicável nos seguintes casos:

***a*) Nova ausência do trabalhador substituído, quando o contrato de utilização tenha sido celebrado para sua substituição;**

***b*) Acréscimo excecional de necessidade de mão de obra em atividade sazonal.**

3. Constitui contraordenação grave a violação do disposto no nº 1.

COMENTÁRIOS:

1. Antecedentes legislativos: Arts. 24º e 44º, da L nº 19/2007, de 22 de maio.

2. A propósito de contratos sucessivos, a RE dilucidou que se os serviços a prestar são essencialmente semelhantes durante esses contratos, "o mesmo acontecendo com as tarefas concretas a desempenhar e desempenhadas pelo trabalhador, constatamos que eles se repetem, constituindo os contratos de prestação de serviços que são invocados para a celebração dos contratos de utilização de trabalho temporário e estes, como que um ritual de formalidades, mas que a realidade dos factos mostra que não passam de tentativas de dar a aparência de situações excecionais tipificadas na lei, com o único fim de tornear as normas jurídicas laborais que proíbem a precariedade no trabalho". Neste quadro, "os contratos de utilização de trabalho temporário celebrados entre a empresa de trabalho temporário e a empresa utilizadora são nulos e considera-

-se que o trabalho é prestado pelo trabalhador à utilizadora em regime de contrato de trabalho sem termo". [Ac. de 15.12.16 *in* www.dgsi.pt (Proc. nº 99/13.0TTBJA.E1)].

DIVISÃO III - Contrato de trabalho temporário

Artigo 180º - Admissibilidade de contrato de trabalho temporário

1. O contrato de trabalho temporário só pode ser celebrado a termo resolutivo, certo ou incerto, nas situações previstas para a celebração de contrato de utilização.

2. É nulo o termo estipulado em violação do disposto no número anterior, considerando-se o trabalho efetuado em execução do contrato como prestado à empresa de trabalho temporário em regime de contrato de trabalho sem termo, e sendo aplicável o disposto no nº 6 do artigo 173º.

3. Caso a nulidade prevista no número anterior concorra com a nulidade do contrato de utilização de trabalho temporário, prevista no nº 2 do artigo 176º ou no nº 5 do artigo 177º, considera-se que o trabalho é prestado ao utilizador em regime de contrato de trabalho sem termo, sendo aplicável o disposto no nº 6 do artigo 173º.

COMENTÁRIOS:

1. Antecedentes legislativos: Art. 25º, da L nº 19/2007, de 22 de maio.

2. O presente artigo tem a redação introduzida pela L nº 53/2011, de 14 de outubro.

3. Por força da remissão prevista no nº 1, podemos concluir que o contrato de trabalho temporário só pode ser celebrado a termo resolutivo, certo ou incerto, nas situações referidas nas als. *a*) a *g*), do nº 2, do art. 140º e em qualquer uma das alíneas do nº 1, do art. 175º (nº 1).

O não cumprimento desta exigência gera a nulidade do termo, considerando-se o trabalho efetuado em execução do contrato como prestado à empresa de trabalho temporário em regime de contrato de trabalho sem termo, sendo conferida ao trabalhador a possibilidade de optar, nos 30 dias seguintes ao início dessa prestação, por uma indemnização a determinar entre 15 e 45 dias de retribuição base e diuturnidades por cada ano completo de antiguidade, atendendo ao valor da retribuição e ao grau da ilicitude do comportamento do empregador, não podendo ser inferior a três meses de retribuição base e diuturnidades (cfr. articuladamente o nº 2, do presente artigo e os arts. 173º, nº 6 e 396º, nº 1).

O STJ concluiu que embora "sejam nulos os termos apostos nos contratos de trabalho temporário celebrados pelo trabalhador, tal nulidade não gera a respetiva vinculação laboral ao utilizador, antes determina que os contratos de trabalho temporário firmados se considerem sem termo, entre o trabalhador e a empresa de trabalho temporário". [Ac. de 28.05.14 *in* www.dgsi.pt (Proc. nº 234/09.2TTVNG.P1.S1)].

A RP entendeu que a "insuficiência na descrição dos factos motivadores nos contratos de trabalho temporário inquina a validade jurídica das motivações neles apresentadas, que, assim, são nulas, considerando-se aqueles contratos celebrados por tempo indeterminado, entre o trabalhador e a empresa de trabalho temporária, e não com o utilizador". [Ac. de 09.09.13 *in* www.dgsi.pt (Proc. nº 234/09.2TTVNG.P1)].

No que tange ainda ao motivo justificativo dos contratos de trabalho temporário, a RL alertou para o facto de as empresas de trabalho temporário, "não se podem bastar com uma mera reprodução do motivo mais ou menos vago que possa ter sido utilizado entre ela e o utilizador como justificativo da celebração do contrato de utilização de trabalho temporário – a menos que a justificação constante deste contrato já contenha os factos e as circunstâncias que permitam uma cabal justificação do próprio contrato de trabalho temporário a celebrar –, antes deve preocupar-se em obter do utilizador os elementos necessários à efetiva concretização dos factos e circunstâncias que integram o motivo justificativo da celebração do contrato de trabalho temporário nos termos exigidos pela lei, elementos que este lhe deve fornecer". [Ac. de 26.05.10 *in* www.dgsi.pt (Proc. nº 240/08.4TTCLD.L1-4)].

4. Na visão da RL, as normas contidas nos nºs 2 e 3 têm natureza de imperativo mínimo, sendo "pela comparação das soluções resultantes de cada uma das normas concorrentes que se afere qual delas confere mais proteção ao trabalhador, isto é, qual lhe é mais favorável". [Ac. de 13.09.17 *in* www.dgsi.pt (Proc. nº 62/17.1T8TVD.L1-4)]. Neste processo, foi decidido que apesar "de o trabalhador não ter reclamado a manutenção do contrato de trabalho com a empresa utilizadora por contrato sem termo, como a lei lho permitia (art. 180º, nº 3 do CT), não perdeu o direito de reclamar idêntico direito da ETT, que lhe advinha não apenas do disposto no art. 180º, nº 2 mas também do disposto no art. 181º, nº 2, uma vez que a recorrida, embora só possa legalmente celebrar contratos a termo resolutivo nas situações previstas para a celebração de contratos de utilização e tivesse reproduzido ipsis verbis no contrato de trabalho temporário celebrado com o A. o motivo indicado no CUTT, deveria ainda ter-se preocupado em obter junto da utilizadora os elementos factuais indispensáveis à concretização do motivo para ali os consignar, conforme exigido pelo art. 181º, nº 1, al. b), não se devendo bastar com a mera reprodução dos termos vagos em que o motivo é indicado no CUTT".

A RE veio frisar que, concorrendo "causas de nulidade de ambos os contratos, a consequência é a do art. 180º, nº 3, do mesmo código: o trabalho considera-se prestado ao utilizador, em regime de contrato de trabalho sem termo". [Ac. de 25.05.16 *in* www.dgsi.pt (Proc. nº 184/11.2TTBJA.E1)].

5. O TJ decidiu que a "Diretiva 1999/70/CE do Conselho, de 28 de junho de 1999, respeitante ao acordo quadro CES, UNICE e CEEP relativo a contratos de trabalho a termo, e o acordo quadro relativo a contratos de trabalho a termo, celebrado em 18 de março de 1999, que figura em anexo a essa diretiva, devem ser interpretados no sentido de que não se aplicam à relação de trabalho a termo entre um trabalhador temporário e uma empresa de trabalho temporário nem à relação de trabalho a termo entre esse trabalhador e uma empresa utilizadora". [Ac. de 11.04.13 *in* JOUE, C-156, de 01.06.13 (Proc. C-290/11)].

Artigo 181º – Forma e conteúdo de contrato de trabalho temporário

1. O contrato de trabalho temporário está sujeito a forma escrita, é celebrado em dois exemplares e deve conter:

***a*) Identificação, assinaturas, domicílio ou sede das partes e número e data do alvará da licença da empresa de trabalho temporário;**

***b*) Motivo que justifica a celebração do contrato, com menção concreta dos factos que o integram, tendo por base o motivo justificativo do recurso ao trabalho temporário por parte do utilizador indicado no contrato de utilização de trabalho temporário, sem prejuízo do disposto nos artigos 412º e 413º, com as necessárias adaptações;**

***c*) Atividade contratada;**

***d*) Local e período normal de trabalho;**

***e*) Retribuição;**

***f*) Data de início do trabalho;**

***g*) Termo do contrato;**

***h*) Data da celebração.**

2. Na falta de documento escrito ou em caso de omissão ou insuficiência da indicação do motivo justificativo da celebração do contrato, considera-se que o trabalho é prestado à empresa de trabalho temporário em regime do contrato de trabalho sem termo, sendo aplicável o disposto no nº 6 do artigo 173º.

3. O contrato que não contenha a menção do seu termo considera-se celebrado pelo prazo de um mês, não sendo permitida a sua renovação.

4. Um exemplar do contrato fica com o trabalhador.

5. Constitui contraordenação grave, imputável à empresa de trabalho temporário, a violação do disposto nas alíneas *a*) a *f*) do nº 1 ou no nº 4.

COMENTÁRIOS:

1. Antecedentes legislativos: Arts. 26º e 44º, da L nº 19/2007, de 22 de maio.

2. O presente artigo tem a redação introduzida pela L nº 93/2019, de 04 de setembro.

São fundamentalmente duas as alterações resultantes desta lei. A primeira reside no aditamento na al. *b*), do nº 1, da expressão, "tendo por base o motivo justificativo do recurso ao trabalho temporário por parte do utilizador indicado no contrato de utilização de trabalho temporário, sem prejuízo do disposto nos artigos 412º e 413º, com as necessárias adaptações".

Daqui resulta que é agora expressamente exigido que a menção concreta da motivação seja feita tendo por base o motivo justificativo do recurso ao trabalho temporário por parte do utilizador indicado no contrato de utilização de trabalho temporário. Esta menção não pode atentar contra o disposto no arts. 412º e 413º, em matéria de confidencialidade de informação.

A segunda alteração centrou-se no escalão de gravidade das contraordenações. Com efeito, a violação do disposto nas als. *a*) a *f*), do nº 1 e no nº 4, passou a constituir contraordenação grave.

A este propósito, é curioso notar que à falta de menção dos motivos justificativos tipificada na al. *b*), do nº 1, não correspondia nenhuma contraordenação. Tal devia-se, provavelmente, ao facto de a consequência para essa falta estar já estipulada no nº 2, embora apenas no âmbito da relação entre as partes. Com o L nº 93/2019, tal incumprimento constitui agora também uma contraordenação grave.

3. O contrato de trabalho temporário está sujeito a forma escrita, deve ser celebrado em dois exemplares e conter as menções previstas nas alíneas do nº 1. Importa frisar que estamos perante uma formalidade *ad substantiam*. Cfr. os Acs. da RP, de 04.11.19 *in* www.dgsi.pt (Proc. nº 4700/18.0T8VNG.P1) e do STJ, de 12.01.12 *in* www.dgsi.pt (Proc. nº 747/08.3TTVIS.C1.S1).

No entanto, como realça o STJ, a "sanção para a inobservância daquela formalidade não é a nulidade do contrato, mas a sua conversão em contrato de trabalho sem termo com a empresa de trabalho temporário". [Ac. de 17.03.10 *in* www.dgsi.pt (Proc. nº 514/05.6TTCBR.C1.S1)].

4. Na falta de documento escrito ou em caso de omissão ou insuficiência da indicação do motivo justificativo da celebração do contrato, considera-se que o trabalho é prestado à empresa de trabalho temporário em regime do contrato de trabalho sem termo, sendo conferida ao trabalhador a possibilidade de optar, nos 30 dias seguintes ao início dessa prestação, por uma indemnização a determinar entre 15 e 45 dias de retribuição base e diuturnidades por cada ano completo de antiguidade, atendendo ao valor da retribuição e ao grau da ilicitude do comportamento do empregador, não podendo ser inferior a três meses de retribuição base e diuturnidades (cfr. articuladamente o nº 2, do presente artigo e os arts. 173º, nº 6 e 396º, nº 1).

Como concluiu o STJ, a nulidade dos termos apostos nos contratos de trabalho temporário celebrados pelo trabalhador, "não gera a respetiva vinculação laboral ao utilizador, antes determina que os contratos de trabalho temporário firmados se considerem sem termo, entre o trabalhador e a empresa de trabalho temporário". [Ac. de 25.09.14 *in* www.dgsi.pt (Proc. nº 235/09.0TTVNG.P1.S1)].

No Proc. nº 747/08.3TTVIS.C1.S1, este mesmo tribunal superior fez notar que não "resultando da factualidade provada que a não redução a escrito do contrato de trabalho temporário possa ser imputável a conduta culposa da trabalhadora, a qual iniciou a prestação do trabalho sem antes ter assinado o respetivo contrato, sendo que não se provou que tivesse garantido que assinaria o contrato e que a recusa em assinar o contrato fizesse parte de um plano para obter benefícios ilegítimos, não se vislumbra o abuso do direito invocado", acrescendo que "a invocação da proibição do *venire contra factum proprium*, para obstar à invalidade da declaração negocial por inobservância da forma legalmente prescrita, quando esta constitua uma formalidade ad substantiam, como sucede no contrato de trabalho temporário, deve ser feita com mais parcimónia, por razões de segurança jurídica" (Ac. de 12.01.12 *in* www.dgsi.pt).

5. Se não forem concretizados os motivos da contratação temporária do trabalhador, com circunstâncias relativas a este, "ocorre uma insuficiência da indicação do motivo justificativo da celebração do contrato de trabalho temporário e do contrato de utilização do trabalho temporário", a qual é subsumível ao nº 2, "considerando-se como tal que o trabalho foi prestado à empresa de trabalho temporário, em regime do contrato de trabalho sem termo". [Ac. da RP, de 04.11.19 *in* www.dgsi.pt (Proc. nº 4700/18.0T8VNG.P1)]. Neste aresto, podemos ler ainda "que no contrato de trabalho temporário que subscreveu e do qual consta que «reconhece e aceita, expressa e formalmente, que a tipificação do trabalho a prestar no âmbito do presente contrato, bem como a sua caracterização jurídica, se enquadram na previsão da alínea g) do nº 2 do art. 140º da Lei nº 7/2009 de 12 de Fevereiro», inexiste, por parte da autora, abuso de direito", ao instaurar a "ação tendo em vista o reconhecimento de um vínculo de trabalho por tempo indeterminado, na medida em que não lhe era lícito renunciar, através do referido contrato, ao regime legalmente previsto para o contrato de trabalho temporário".

Artigo 182º – Duração de contrato de trabalho temporário

1. A duração do contrato de trabalho temporário não pode exceder a do contrato de utilização.

2. O contrato de trabalho temporário a termo certo não está sujeito ao limite de duração do nº 2 do artigo 148º e, enquanto se mantiver o motivo justificativo, pode ser renovado até seis vezes.

3. Não está sujeito ao limite de renovações referido no número anterior o contrato de trabalho temporário a termo certo celebrado para substituição de trabalhador ausente, sem que a sua ausência seja imputável ao empregador,

nomeadamente nos casos de doença, acidente, licenças parentais e outras situações análogas.

4. A duração do contrato de trabalho temporário a termo certo, incluindo renovações, não pode exceder dois anos, ou seis ou 12 meses quando aquele seja celebrado, respetivamente, em caso de vacatura de posto de trabalho quando decorra processo de recrutamento para o seu preenchimento ou de acréscimo excecional de atividade da empresa.

5. O contrato de trabalho temporário a termo incerto dura pelo tempo necessário à satisfação de necessidade temporária do utilizador, não podendo exceder os limites de duração referidos no número anterior.

6. É aplicável ao cômputo dos limites referidos nos números anteriores o disposto no nº 6 do artigo 148º

7. À caducidade do contrato de trabalho temporário é aplicável o disposto no artigo 344º ou 345º, consoante seja a termo certo ou incerto.

COMENTÁRIOS:

1. Antecedentes legislativos: Arts. 27º e 28º, da L nº 19/2007, de 22 de maio.

2. O presente artigo tem a redação introduzida pela L nº 93/2019, de 04 de setembro.

3. O contrato de trabalho a termo certo deve ser celebrado por prazo inferior a seis meses em situação prevista em qualquer das als. *a)* a *g)*, do nº 2, do art. 140º, não podendo a duração ser inferior à prevista para a tarefa ou serviço a realizar (art. 148º, nº 2). Nos termos do nº 2, o contrato de trabalho temporário a termo certo não está sujeito a este limite de duração. Antes da L nº 93/2019, o mesmo podia ser renovado enquanto se mantivesse o motivo justificativo, sem limite de renovações. Com este diploma foi implementado o limite de seis renovações.

4. O nº 3 (aditado pela mesma L nº 93/2019) determina que não está sujeito ao limite de renovações referido no nº 2 o contrato de trabalho temporário a termo certo celebrado para substituição de trabalhador ausente, sem que a sua ausência seja imputável ao empregador, nomeadamente nos casos de doença, acidente, licenças parentais e outras situações análogas. Paulo Duarte Santos e Outros, *Brevíssimas notas sobre as alterações ao Código do Trabalho (a Lei nº 90/2019, de 4 de setembro e a Lei nº 93/2019, de 4 de setembro)*, p. 71, fazem notar que apesar "de ser uma exceção, o que é certo é que a contratação com recurso a este fundamento não será rara, restando apenas a natureza do motivo que lhe subjaz para justificar o sacrifício do direito à estabilidade no emprego".

5. No cômputo dos limites temporais previstos no presente artigo é incluída a duração de contratos de trabalho a termo ou de trabalho temporário cuja execução se concretiza no mesmo posto de trabalho, bem como de contrato de prestação de serviço para o mesmo objeto, entre o trabalhador e o mesmo empregador ou sociedades que com este se encontrem em relação de domínio ou de grupo ou mantenham estruturas organizativas comuns (Cfr., articuladamente, o nº 6, do presente artigo e o nº 6, do art. 148º).

6. O contrato de trabalho temporário a termo certo caduca no final do prazo estipulado, ou da sua renovação, desde que a empresa de trabalho temporário ou o trabalhador comunique à outra parte a vontade de o fazer cessar, por escrito, respetivamente, 15 ou oito dias antes de o prazo expirar (cfr., articuladamente o nº 1, do art. 344º e o nº 7, do presente artigo).

Se a caducidade decorrer de declaração da empresa de trabalho temporário, o trabalhador tem direito a compensação correspondente a 18 dias de retribuição base e diuturnidades por cada ano completo de antiguidade, calculada nos termos do artigo 366º (cfr., articuladamente o nº 2, do art. 344º e o nº 7, do presente artigo).

Por seu turno, tratando-se de contrato de trabalho temporário a termo incerto, o mesmo caduca quando, prevendo-se a ocorrência do termo, a empresa de trabalho temporário, comunique a cessação do mesmo ao trabalhador, com a antecedência mínima de sete, 30 ou 60 dias conforme o contrato tenha durado até seis meses, de seis meses a dois anos ou por período superior, sob pena de ter que pagar o valor da retribuição correspondente ao período de aviso prévio em falta (cfr., articuladamente os nºs 1 e 3, do art. 345º e o nº 7, do presente artigo).

De notar que, havendo contratação de vários trabalhadores, esta comunicação deve ser feita, sucessivamente, a partir da verificação da diminuição gradual da respetiva ocupação, em consequência da normal redução da atividade, tarefa ou obra para que foram contratados, mas apenas se essa contratação assentar numa das seguintes situações:

– Atividade sazonal ou outra cujo ciclo anual de produção apresente irregularidades decorrentes da natureza estrutural do respetivo mercado, incluindo o abastecimento de matéria-prima;

– Execução de obra, projeto ou outra atividade definida e temporária, incluindo a execução, direção ou fiscalização de trabalhos de construção civil, obras públicas, montagens e reparações industriais, em regime de empreitada ou em administração direta, bem como os respetivos projetos ou outra atividade complementar de controlo e acompanhamento (cfr., articuladamente o nº 2, do art. 345º, as als. *e*) e *h*) do nº 2, do art. 140º e o nº 7, do presente artigo).

Em caso de caducidade, o trabalhador tem direito a compensação, calculada nos termos do art. 366º, que corresponde à soma dos seguintes montantes:

– A 18 dias de retribuição base e diuturnidades por cada ano completo de antiguidade, no que respeita aos três primeiros anos de duração do contrato;

– A 12 dias de retribuição base e diuturnidades por cada ano completo de antiguidade, nos anos subsequentes. (cfr., articuladamente os nºs 4 e 5, do art. 345º e o nº 7, do presente artigo).

A RE entendeu que a "situação de incapacidade temporária absoluta, resultante de acidente de trabalho, em que se encontra um trabalhador outorgante de um contrato de trabalho temporário, a termo incerto, não é impeditiva da caducidade desse vínculo laboral, pela verificação do evento caducante". [Ac. de 09.02.10 *in* www.dgsi.pt (Proc. nº 129/09.0TTSTR.E1)].

DIVISÃO IV – Contrato de trabalho por tempo indeterminado para cedência temporária

Artigo 183º – Forma e conteúdo de contrato de trabalho por tempo indeterminado para cedência temporária

1. O contrato de trabalho por tempo indeterminado para cedência temporária está sujeito a forma escrita, é celebrado em dois exemplares e deve conter:

a) Identificação, assinaturas, domicílio ou sede das partes e número e data do alvará da licença da empresa de trabalho temporário;

b) Menção expressa de que o trabalhador aceita que a empresa de trabalho temporário o ceda temporariamente a utilizadores;

c) Atividade contratada ou descrição genérica das funções a exercer e da qualificação profissional adequada, bem como a área geográfica na qual o trabalhador está adstrito a exercer funções;

d) Retribuição mínima durante as cedências que ocorram, nos termos do artigo 185º.

2. Um exemplar do contrato fica com o trabalhador.

3. Na falta de documento escrito ou no caso de omissão ou insuficiência das menções referidas na alínea *b*) ou *c*) do nº 1, considera-se que o trabalho é prestado à empresa de trabalho temporário em regime de contrato de trabalho sem termo, sendo aplicável o disposto no nº 6 do artigo 173º.

4. Constitui contraordenação grave a violação do disposto na alínea *b*) do nº 1.

COMENTÁRIOS:

Antecedentes legislativos: Arts. 31º e 44º, da L nº 19/2007, de 22 de maio.

Artigo 184º – Período sem cedência temporária

1. No período em que não se encontre em situação de cedência, o trabalhador contratado por tempo indeterminado pode prestar atividade à empresa de trabalho temporário.

2. Durante o período referido no número anterior, o trabalhador tem direito:

a) Caso não exerça atividade, a compensação prevista em instrumento de regulamentação coletiva de trabalho, ou no valor de dois terços da última retribuição ou da retribuição mínima mensal garantida, consoante o que for mais favorável;

b) Caso exerça atividade à empresa de trabalho temporário, a retribuição correspondente à atividade desempenhada, sem prejuízo do valor referido no contrato de trabalho a que se refere o artigo anterior.

3. Constitui contraordenação grave imputável à empresa de trabalho temporário a violação do disposto neste artigo.

COMENTÁRIOS:

Antecedentes legislativos: Arts. 32º e 44º, da L nº 19/2007, de 22 de maio.

DIVISÃO V – Regime de prestação de trabalho de trabalhador temporário

Artigo 185º – Condições de trabalho de trabalhador temporário

1. O trabalhador temporário pode ser cedido a mais de um utilizador, ainda que não seja titular de contrato de trabalho por tempo indeterminado para cedência temporária, se o contrário não for estabelecido no respetivo contrato.

2. Durante a cedência, o trabalhador está sujeito ao regime aplicável ao utilizador no que respeita ao modo, lugar, duração do trabalho e suspensão do contrato de trabalho, segurança e saúde no trabalho e acesso a equipamentos sociais

3. O utilizador deve elaborar o horário de trabalho do trabalhador e marcar o período das férias que sejam gozadas ao seu serviço.

4. Durante a execução do contrato, o exercício do poder disciplinar cabe à empresa de trabalho temporário.

5. O trabalhador tem direito à retribuição mínima de instrumento de regulamentação coletiva de trabalho aplicável à empresa de trabalho temporário ou ao utilizador que corresponda às suas funções, ou à praticada por este para trabalho igual ou de valor igual, consoante a que for mais favorável.

6. O trabalhador tem direito, em proporção da duração do respetivo contrato, a férias, subsídios de férias e de Natal, bem como a outras prestações

regulares e periódicas a que os trabalhadores do utilizador tenham direito por trabalho igual ou de valor igual.

7. A retribuição do período de férias e os subsídios de férias e de Natal de trabalhador contratado por tempo indeterminado para cedência temporária são calculados com base na média das retribuições auferidas nos últimos 12 meses, ou no período de execução do contrato se este for inferior, excluindo as compensações referidas no artigo 184º e os períodos correspondentes.

8. O trabalhador temporário cedido a utilizador no estrangeiro por período inferior a oito meses tem direito ao pagamento de um abono mensal a título de ajudas de custo até ao limite de 25% do valor da retribuição base.

9. O disposto no número anterior não se aplica a trabalhador titular de contrato de trabalho por tempo indeterminado para cedência temporária, ao qual são aplicáveis as regras de abono de ajudas de custo por deslocação em serviço previstas na lei geral.

10. Sem prejuízo do disposto nos números anteriores, é aplicável ao trabalhador temporário o instrumento de regulamentação coletiva de trabalho aplicável a trabalhadores do utilizador que exerçam as mesmas funções.

11. O utilizador deve informar o trabalhador temporário dos postos de trabalho disponíveis na empresa ou estabelecimento para funções idênticas às exercidas por este, com vista à sua candidatura.

12. Constitui contraordenação grave a violação do disposto no nº 3 e o exercício de poder disciplinar por parte do utilizador ou a violação do disposto no número anterior.

COMENTÁRIOS:

1. Antecedentes legislativos: Arts. 35º, 37º, 38º, 40º e 44º, da L nº 19/2007, de 22 de maio.

2. O presente artigo tem a redação introduzida pela L nº 93/2019, de 04 de setembro.

Com a L nº 93/2019, o trabalhador temporário passa a estar logo abrangido pelo instrumento de regulamentação coletiva de trabalho aplicável a trabalhadores do utilizador que exerçam as mesmas funções, deixando de ser exigidos os 60 dias de prestação de trabalho. Segundo Paulo Duarte Santos e Outros, *Brevíssimas notas sobre as alterações ao Código do Trabalho (a Lei nº 90/2019, de 4 de setembro e a Lei nº 93/2019, de 4 de setembro)*, p. 73, este prazo, "em bom rigor, não assentava em fundamento plausível".

3. No Proc. nº 817/16.4T8STB.E1, a RE, detetando que os trabalhadores tinham "sido contratados especificamente para exercerem subordinadamente e em exclusivo a sua atividade profissional para uma empresa com quem a empregadora celebrou um

"formal" contrato de prestação de serviços" e que isso indiciava que se estava *"perante «uma relação encapotada de trabalho temporário ou de cedência ilícita de trabalhadores»"*, reconheceu-lhes o direito à equiparação remuneratória consagrada nos nºs 5 e 6. (Ac. de 26.10.17 *in* www.dgsi.pt).

A propósito da obrigação de satisfazer os créditos salariais emergentes do contrato de trabalho temporário, a RP decidiu que esta impende sobre a empresa de trabalho temporário. [Ac. de 02.05.16 *in* www.dgsi.pt (Proc. nº 1675/13.6TTPRT.P1)].

No Proc. nº 1956/17.0T8FAR.E1.S1, o STJ esclareceu que, tendo "ficado provado que ocorreu cedência de trabalhadores ao abrigo de um contrato de utilização de trabalho temporário, e que foi prestado algum trabalho por esses trabalhadores, cabe à empresa utilizadora pagar o trabalho recebido a liquidar". (Ac. de 02.05.16 *in* www.dgsi.pt).

Este mesmo tribunal declarou que a "cláusula de assunção de responsabilidade por parte da sociedade de trabalho temporário relativamente aos factos ilícitos e culposos eventualmente cometidos pelos seus trabalhadores, cedidos à empresa utilizadora, referentemente aos danos resultantes do incumprimento dos respetivos deveres funcionais, provocados nos próprios equipamentos de que se serve o trabalhador para exercer as tarefas laborais que lhe competem, não extravasa o âmbito possível da liberdade de estipulação das partes na relação triangular em litígio, não padecendo, consequentemente, de nulidade por violação de disposição legal imperativa". [Ac. de 09.02.12 *in* www.dgsi.pt (Proc. nº 147/08.5TCLRS.L1.S1)].

4. Nos termos do nº 3, o utilizador deve elaborar o horário de trabalho do trabalhador e marcar o período das férias que sejam gozadas ao seu serviço, sob pena de incorrer na prática de contraordenação grave (nºs 3 e 12). Cfr. o Ac. da RL, de 10.02.10 *in* www.dgsi.pt (Proc. nº 901/08.8TTVFX.L1-4).

Artigo 186º – Segurança e saúde no trabalho temporário

1. O trabalhador temporário beneficia do mesmo nível de proteção em matéria de segurança e saúde no trabalho que os restantes trabalhadores do utilizador.

2. Antes da cedência do trabalhador temporário, o utilizador deve informar, por escrito, a empresa de trabalho temporário sobre:

***a*) Os resultados da avaliação dos riscos para a segurança e saúde do trabalhador temporário inerentes ao posto de trabalho a que vai ser afeto e, em caso de riscos elevados relativos a posto de trabalho particularmente perigoso, a necessidade de qualificação profissional adequada e de vigilância médica especial;**

***b*) As instruções sobre as medidas a adotar em caso de perigo grave e iminente;**

c) As medidas de primeiros socorros, de combate a incêndios e de evacuação dos trabalhadores em caso de sinistro, assim como os trabalhadores ou serviços encarregados de as pôr em prática;

d) O modo de o médico do trabalho ou o técnico de higiene e segurança da empresa de trabalho temporário aceder a posto de trabalho a ocupar.

3. A empresa de trabalho temporário deve comunicar ao trabalhador temporário a informação prevista no número anterior, por escrito e antes da sua cedência ao utilizador.

4. Os exames de saúde de admissão, periódicos e ocasionais são da responsabilidade da empresa de trabalho temporário, incumbindo ao respetivo médico do trabalho a conservação das fichas clínicas.

5. A empresa de trabalho temporário deve informar o utilizador de que o trabalhador está considerado apto em resultado do exame de saúde, dispõe das qualificações profissionais adequadas e tem a informação referida no nº 2.

6. O utilizador deve assegurar ao trabalhador temporário formação suficiente e adequada ao posto de trabalho, tendo em conta a sua qualificação profissional e experiência.

7. O trabalhador exposto a riscos elevados relativos a posto de trabalho particularmente perigoso deve ter vigilância médica especial, a cargo do utilizador, cujo médico do trabalho deve informar o médico do trabalho da empresa de trabalho temporário sobre eventual contraindicação.

8. O utilizador deve comunicar o início da atividade de trabalhador temporário, nos cinco dias úteis subsequentes, aos serviços de segurança e saúde no trabalho, aos representantes dos trabalhadores para a segurança e saúde no trabalho, aos trabalhadores com funções específicas neste domínio e à comissão de trabalhadores.

9. Constitui contraordenação muito grave a violação do disposto no nº 7, constitui contraordenação grave a violação do disposto nos nºs 4, 5 ou 6 e constitui contraordenação leve a violação do disposto nos nºs 3 ou 8.

COMENTÁRIOS:

1. Antecedentes legislativos: Arts. 36º e 44º, da L nº 19/2007, de 22 de maio.

2. A responsabilidade pela reparação de acidente de trabalho, "resultante da violação de normas relativas à segurança, higiene e saúde no trabalho, por parte de empresa utilizadora, e de que seja vítima trabalhador contratado em regime de trabalho temporário, recai sobre a empresa de trabalho temporário, na qualidade de entidade empregadora, sem prejuízo do direito de regresso, nos termos gerais". (Ac. do STJ nº 6/2013 (Uniformização de Jurisprudência), de 06.02.13 *in* DR, 1ª série, de 05.03.2013). Cfr., ainda, os Acs. da RC, de 14.03.13 *in* www.dgsi.pt (Proc. nº

439/09.6T4AGD.C1) e do STJ, de 20.06.12 *in* www.dgsi.pt (Proc. nº 279/07.7TTBJA.E1.S1).

3. No Proc. nº 396/11.9TTPDL.L1-4, foi decidido que, possuindo "a 2ª arguida a qualidade de utilizadora da mão de obra temporária em que se traduzia a atividade desenvolvida pelos referidos dois trabalhadores, a mesma pratica uma contraordenação com a sua conduta negligente, não só face à alínea a) do número 2 do artigo 16º da Lei nº da Lei nº 102/2009, de 10/09 mas também perante o artigo 186º do CT de 2009, com especial relevância para a alínea a) do seu número 2". (Ac. da RL, de 18.04.12 *in* www.dgsi.pt).

Artigo 187º – Formação profissional de trabalhador temporário

1. A empresa de trabalho temporário deve assegurar a formação profissional de trabalhador temporário contratado a termo sempre que a duração do contrato, incluindo renovações, ou a soma de contratos de trabalho temporário sucessivos num ano civil seja superior a três meses.

2. A formação profissional prevista no número anterior deve ter a duração mínima de oito horas, ou duração mais elevada de acordo com o nº 2 do artigo 131º.

3. A empresa de trabalho temporário deve afetar à formação profissional dos trabalhadores temporários, pelo menos, 1% do seu volume anual de negócios nesta atividade.

4. A empresa de trabalho temporário não pode exigir ao trabalhador temporário qualquer quantia, seja a que título for, nomeadamente por serviços de orientação ou formação profissional.

5. Constitui contraordenação grave a violação do disposto neste artigo.

6. Em caso de violação do nº 4, pode ser aplicada a sanção acessória de suspensão temporária do exercício da atividade até dois anos, a qual é averbada no registo nacional das empresas de trabalho temporário.

COMENTÁRIOS:

Antecedentes legislativos: Arts. 39º, 44º e 45º, da L nº 19/2007, de 22 de maio.

Artigo 188º – Substituição de trabalhador temporário

1. Salvo acordo em contrário, em caso de cessação do contrato de trabalhador temporário ou ausência deste, a empresa de trabalho temporário deve ceder outro trabalhador ao utilizador, no prazo de quarenta e oito horas.

2. O utilizador pode recusar a prestação do trabalhador temporário, nos primeiros 15 ou 30 dias de permanência deste ao seu serviço, consoante o contrato de utilização tenha ou não duração inferior a seis meses, caso em

que a empresa de trabalho temporário deve proceder nos termos do número anterior.

COMENTÁRIOS:
Antecedentes legislativos: Art. 34º, da L nº 19/2007, de 22 de maio.

Artigo 189º – Enquadramento de trabalhador temporário

1. O trabalhador temporário é considerado, no que diz respeito à empresa de trabalho temporário e ao utilizador, para efeitos de aplicação do regime relativo a estruturas de representação coletiva dos trabalhadores, consoante estejam em causa matérias referentes à empresa de trabalho temporário ou ao utilizador, nomeadamente a constituição das mesmas estruturas.

2. O trabalhador temporário não é incluído no número de trabalhadores do utilizador para determinação das obrigações em função do número de trabalhadores, exceto no que respeita à organização de serviços de segurança e saúde no trabalho e à classificação de acordo com o tipo de empresa.

3. O utilizador deve incluir a informação relativa a trabalhador temporário no balanço social e no relatório anual da atividade dos serviços de segurança e saúde no trabalho.

4. A empresa de trabalho temporário deve incluir a informação relativa a trabalhador temporário no mapa do quadro de pessoal e nos relatórios anuais da formação profissional e da atividade dos serviços de segurança e saúde no trabalho.

5. Constitui contraordenação leve a violação do disposto no nº 3.

COMENTÁRIOS:
Antecedentes legislativos: Arts. 33º, 42º e 44º, da L nº 19/2007, de 22 de maio.

Artigo 190º – Prestações garantidas pela caução para exercício da atividade de trabalho temporário

1. A caução constituída pela empresa de trabalho temporário para o exercício da atividade garante, nos termos de legislação específica, o pagamento de:

a) Crédito do trabalhador temporário relativo a retribuição, indemnização ou compensação devida pelo empregador pela cessação do contrato de trabalho e outras prestações pecuniárias, em mora por período superior a 15 dias;

b) Contribuições para a segurança social, em mora por período superior a 30 dias.

2. Os créditos referidos na alínea *a*) do número anterior não incluem os valores devidos a título de compensação por cessação do contrato de trabalho, calculada nos termos do artigo 366º, para os novos contratos de trabalho.

3. A existência de crédito do trabalhador em mora pode ser verificada mediante decisão definitiva de aplicação de coima por falta do respetivo pagamento, ou decisão condenatória transitada em julgado.

COMENTÁRIOS:

1. Antecedentes legislativos: Art. 6º, da L nº 19/2007, de 22 de maio.

2. O presente artigo tem a redação introduzida pela L nº 53/2011, de 14 de outubro e pela L nº 69/2013, de 30 de agosto.

3. A alteração à al. *a*), do nº 1, introduzida pela L nº 53/2011, consistiu apenas no aditamento da expressão "*devida pelo empregador*".

A L nº 69/2013 aditou o nº 2, o qual estabelece que nos créditos do trabalhador temporário relativo a retribuição, indemnização ou compensação devida pelo empregador pela cessação do contrato de trabalho e outras prestações pecuniárias (referidos na al. *a*), do nº 1), não estão incluídos os valores devidos a título de compensação por cessação do contrato de trabalho, calculada nos termos do art. 366º, para os novos contratos de trabalho.

Artigo 191º – Execução da caução

1. O trabalhador deve reclamar os respetivos créditos no prazo de 30 dias a contar do termo do contrato de trabalho, bem como comunicar tal facto ao serviço público de emprego, para efeitos de pagamento através da caução.

2. A falta de pagamento pontual de crédito do trabalhador que se prolongue por período superior a 15 dias deve ser declarada, a pedido deste, pelo empregador, no prazo de cinco dias ou, em caso de recusa, pelo serviço com competência inspetiva do ministério responsável pela área laboral, no prazo de 10 dias.

3. A declaração referida no número anterior deve especificar a natureza, o montante e o período a que o crédito respeita.

4. O trabalhador ou o credor dos demais encargos previstos no artigo anterior pode solicitar ao serviço público de emprego o pagamento do respetivo crédito através da caução, nos 30 dias seguintes à data do seu vencimento, apresentando a declaração referida no nº 2.

5. No caso de ser apresentada a declaração emitida pelo serviço com competência inspetiva do ministério responsável pela área laboral, o serviço público de emprego notifica a empresa de trabalho temporário de que o trabalhador requereu o pagamento de crédito por conta da caução e de que este é efetuado se a mesma não provar o pagamento no prazo de oito dias.

6. No caso de a caução ser insuficiente face aos créditos cujo pagamento é solicitado, este é feito de acordo com os seguintes critérios de precedência:

a) Créditos retributivos dos trabalhadores relativos aos últimos 30 dias da atividade, com o limite correspondente ao montante de três vezes a retribuição mínima mensal garantida;

b) Outros créditos retributivos por ordem de pedido;

c) Indemnizações e compensações pela cessação do contrato de trabalho temporário;

d) Demais encargos com os trabalhadores.

7. Relativamente aos trabalhadores com novos contratos de trabalho estão excluídas dos critérios de precedência as compensações por cessação de contrato de trabalho previstas na alínea *c*) do número anterior.

COMENTÁRIOS:

1. Antecedentes legislativos: Art. 7º, da L nº 19/2007, de 22 de maio.

2. O presente artigo tem a redação introduzida pela L nº 69/2013, de 30 de agosto.

3. O nº 7, aditado pela L nº 69/2013, estabelece que, no caso de a caução ser insuficiente face aos créditos cujo pagamento é solicitado, as compensações por cessação de contrato de trabalho dos trabalhadores com novos contratos de trabalho não gozam dos critérios de precedência previstos no nº 6 [mais precisamente na al. *c*)].

Artigo 192º – Sanções acessórias no âmbito de trabalho temporário

1. Juntamente com a coima, pode ser punida com a sanção acessória de interdição do exercício da atividade até dois anos a empresa de trabalho temporário que admita trabalhador em violação das normas sobre a idade mínima ou a escolaridade obrigatória.

2. A empresa de trabalho temporário pode ainda ser punida com a sanção acessória de interdição do exercício da atividade até dois anos em caso de reincidência na prática das seguintes infrações:

a) Não constituição de seguro de acidentes de trabalho de trabalhador temporário;

b) Atraso por período superior a 30 dias no pagamento da retribuição devida a trabalhadores temporários;

c) Não adesão a fundo de compensação do trabalho ou a mecanismo equivalente, bem como não cumprimento da obrigação de contribuição para os mesmos e para o fundo de garantia de compensação do trabalho, previstos em legislação específica.

3. A empresa de trabalho temporário, juntamente com a coima aplicável à contraordenação por celebração de contrato de utilização de trabalho temporário não sendo titular de licença, é ainda punível com ordem de encerramento do estabelecimento onde a atividade é exercida, até à regularização da situação.

4. A sanção acessória referida nos números anteriores é averbada no registo nacional das empresas de trabalho temporário, previsto em legislação específica.

COMENTÁRIOS:

1. Antecedentes legislativos: Art. 45º, da L nº 19/2007, de 22 de maio.

2. O presente artigo tem a redação introduzida pela L nº 69/2013, de 30 de agosto, a qual alterou a al. *c*), do nº 2, que havia sido aditada pela L nº 53/2011, de 14 de outubro e modificada pela L nº 23/2012, de 25 de junho.

3. Os regimes jurídicos do fundo de compensação do trabalho, do mecanismo equivalente e do fundo de garantia de compensação do trabalho foram estabelecidos pela L nº 70/2013, de 30 de agosto.

4. O art. 177º, nº 4, alargou o conteúdo obrigatório do contrato de utilização de trabalho temporário, impondo a anexação de documento comprovativo de vinculação ao fundo de compensação ou a mecanismo equivalente, sob pena de o utilizador ser solidariamente responsável pelo pagamento do montante da compensação que caberia àquele fundo. No entanto, temos que distinguir a anexação do documento comprovativo (prevista no art. 177º) da adesão em si. Com efeito, pode suceder que o empregador, tendo aderido ao fundo, não tenha anexado o respetivo comprovativo no contrato de utilização de trabalho temporário.

5. Coisa bem diferente é a empresa de trabalho temporário, pura e simplesmente, não aderir ao fundo de compensação do trabalho ou a mecanismo equivalente ou não cumprir a respetiva obrigação de contribuição para os mesmos e para o fundo de garantia de compensação do trabalho, previstos em legislação específica. Nesta hipótese, havendo reincidência no comportamento omissivo, a mesma pode ser punida com a sanção acessória de interdição do exercício da atividade até dois anos (al. *c*), do nº 2).

CAPÍTULO II – Prestação do trabalho

SECÇÃO I – Local de trabalho

Artigo 193º – Noção de local de trabalho

1. O trabalhador deve, em princípio, exercer a atividade no local contratualmente definido, sem prejuízo do disposto no artigo seguinte.

2. O trabalhador encontra-se adstrito a deslocações inerentes às suas funções ou indispensáveis à sua formação profissional.

COMENTÁRIOS:

1. Antecedentes legislativos: Art. 154º, do CT/2003.

2. O trabalhador deve, em princípio, exercer a atividade no local contratualmente definido (nº 1). Esta definição comporta "alguma amplitude, podendo, em regra, efetuar-se de modo expresso ou tácito". [Ac. da RG, de 21.04.16 *in* www.dgsi.pt (Proc. nº 418/14.1TTVNF.G1)]. Neste mesmo acórdão, foi decidido que não era "determinado nem determinável o local traduzido nas instalações das várias escolas públicas do primeiro ciclo do ensino básico que vierem a ser indicadas ao trabalhador".

Como fez notar a RE, "o local de trabalho delimita o espaço geográfico onde o trabalhador está adstrito ao cumprimento da obrigação de prestar a sua atividade e o empregador de a exigir, por um lado, e pelo outro, o espaço onde o empregador está adstrito à obrigação de receber a prestação, sem alteração unilateral, fora dos casos previstos na lei e ao trabalhador organizar a sua vida pessoal e familiar". [Ac. de 14.07.19 *in* www.dgsi.pt (Proc. nº 343/19.0T8STR.E1)]. Neste aresto, foi ainda expedido que "o legislador, ao prescrever que o trabalhador deve, em princípio, exercer a atividade no local contratualmente definido, sem prejuízo do disposto no artigo seguinte, está a dizer claramente que se for acordado um local de trabalho especificamente delimitado, o trabalhador deve exercer a sua atividade nesse espaço, podendo, excecionalmente, prestar a sua atividade fora do local acordado em casos devidamente justificados", procurando "evitar a arbitrariedade ou unilateralidade impositiva do empregador, pelo que a partir do momento que é acordado o local de trabalho, a sua alteração definitiva só pode ser efetuada por acordo".

Para efeitos do presente artigo, a RP, no Proc. nº 18604/18.3T8PRT.P1, veio esclarecer que o local de trabalho eram "as instalações do empregador, sitas em determinada morada, e não cada uma das suas divisões, como a Sala Jardim ou a Sala E...". (Ac. da RP, de 31.03.20 *in* www.dgsi.pt).

A propósito das cláusulas que definam o local ou que consagrem a mobilidade geográfica, este mesmo tribunal veio afirmar que as mesmas devem ser determinadas ou determináveis, "seja através do seu teor, seja considerando o comportamento das partes na sua celebração e/ou execução, designadamente a própria natureza da atividade que aquele se obrigou a prestar" o trabalhador. [Ac. de 20.11.17 *in* www.dgsi.pt (Proc. nº 563/14.3TTPNF.P1)].

No Proc. nº 22065/17.6T8LSB.L1-4, a RL concluiu que, atendendo a que todos os contratos individuais de trabalho continham uma cláusula onde constava como local de trabalho toda a "zona de exploração" da empregadora, obrigando-se os trabalhadores a prestar a sua atividade nos locais que fossem determinados por aquela, não existia ausência de delimitação do que pudesse ser o local de trabalho, sendo que a definição de zona de exploração, contratualmente acordada com cada um dos trabalhadores era lícita e estava delimitada em termos geográficos. (Ac. de 12.06.19 *in* www.dgsi.pt).

No âmbito da atividade de segurança, a RC preconizou que o presente artigo "e as cláusulas 14ª e 17ª do CCTV aplicável à relação de trabalho entre o autor e a ré (contrato colectivo celebrado entre a AES- Associação de Empresa de Segurança e outra e o Sindicato dos Trabalhadores de Serviços de Portaria, Vigilância, Limpeza, Domésticas e Actividades Diversas (STAD), publicado no BTE nº 6, 1ª série, de 15/2/2008, com as alterações constantes do BTE, nº 10, 1ª série, de 15/3/2009, BTE nº 17, 1ª série, de 8/5/2011, e BTE nº 38, 1ª série, de 15/10/2017) não obstam à fixação contratual de um local de trabalho correspondente a uma determinada extensão geográfica, mais ou menos alargada, por contraposição à fixação de um local de trabalho correspondente ao local certo e determinado". [Ac. de 27.11.20 *in* www.dgsi.pt (Proc. nº 4087/19.4T8CBR.C1)].

A RP decidiu que não "contendo a cláusula do contrato de trabalho a mínima referência que permita concluir pela determinabilidade dos locais de trabalho, já que se limita a estabelecer a "(...) faculdade (da entidade empregadora) transferir, temporária ou definitivamente, o Segundo Contraente para outro local de trabalho", nem tão pouco existindo quaisquer factos que permitam concluir que, pese embora a expressão genérica utilizada (outro local de trabalho), o autor sabia, ou era-lhe possível e exigível que tivesse previsto, que estava a aceitar a possibilidade de ser transferido *"para locais nos quais existem aeroportos: em Lisboa, Porto, Faro, Madeira e Açores"*, a mesma é nula". [Ac. de 11.04.19 *in* www.dgsi.pt (Proc. nº 5280/17.0T8MAI.P1)].

Segundo a RL se "a cláusula contratual relativa à definição do local de trabalho composta por pontos donde resulte uma total indeterminação ou indeterminabilidade, quer em relação ao local da prestação do trabalho, quer à mobilidade geográfica ou transferência do trabalhador, a par de pontos donde resulte uma determinação mais ou menos ampla daquele local e da mobilidade geográfica ou transferência do trabalhador, deve a validade dessa cláusula reduzir-se a estes pontos nos termos das disposições conjugadas dos artigos 280º, nº 1 e 292º do Código Civil". [Ac. de 07.03.12 *in* www.dgsi.pt (Proc. nº 4397/07.3TTLSB.L1-4)].

Numa "empreitada de prestação de serviços de limpeza, o local de trabalho é aquele em que geograficamente se situam as instalações onde o empreiteiro os deva prestar". [Ac. da RL, de 13.01.16 *in* www.dgsi.pt (Proc. nº 856/12.4TTALM.L1-4)].

No Proc. nº 1324/04.3TTVNG.S13, o STJ entendeu que "qualquer declaratário normal colocado na posição do autor compreenderia que a ré só aceitava promovê-lo a comandante de Airbus 320 se passasse a trabalhar na base de Lisboa, tendo-lhe sido dada a opção, no caso de não aceitar o local de trabalho proposto, de «não ser largado como comandante», pelo que, tendo aceite a sua investidura nessas funções de comando, por força da própria proposta contratual dirigida pela ré ao autor, a aceitação da investidura nas ditas funções, por parte do autor, vale como declaração de aceitação da proposta, nos precisos termos em que foi formulada". Por isso, "o estabelecimento do local de trabalho do autor como comandante de Airbus 320, na base de Lisboa, foi definido no contexto da autonomia das partes, ao abrigo do nº 1 do artigo 154º do Código do Trabalho de 2003, não tendo aplicação o regime jurídico previsto nos artigos 315º a 317º do mesmo Código". (Ac. de 12.11.09 *in* www.dgsi.pt).

Artigo 194º – Transferência de local de trabalho

1. O empregador pode transferir o trabalhador para outro local de trabalho, temporária ou definitivamente, nas seguintes situações:

***a*) Em caso de mudança ou extinção, total ou parcial, do estabelecimento onde aquele presta serviço;**

***b*) Quando outro motivo do interesse da empresa o exija e a transferência não implique prejuízo sério para o trabalhador.**

2. As partes podem alargar ou restringir o disposto no número anterior, mediante acordo que caduca ao fim de dois anos se não tiver sido aplicado.

3. A transferência temporária não pode exceder seis meses, salvo por exigências imperiosas do funcionamento da empresa.

4. O empregador deve custear as despesas do trabalhador decorrentes do acréscimo dos custos de deslocação e da mudança de residência ou, em caso de transferência temporária, de alojamento.

5. No caso de transferência definitiva, o trabalhador pode resolver o contrato se tiver prejuízo sério, tendo direito à compensação prevista no artigo 366º.

6. O disposto nos números anteriores pode ser afastado por instrumento de regulamentação coletiva de trabalho.

7. Constitui contraordenação grave a violação do disposto nos nºs 1 ou 4, no caso de transferência definitiva, e constitui contraordenação leve a violação do disposto no nº 3.

COMENTÁRIOS:

1. Antecedentes legislativos: Arts. 315º, 316º e 674º, do CT/2003 e 24º da LCT.

2. O presente artigo tem a redação introduzida pela L nº 23/2012, de 25 de junho, a qual alterou o nº 5, que havia sido alterado pela L nº 53/2011, de 14 de outubro.

3. Um dos princípios que norteia a relação jurídico-laboral é o da inamovibilidade, segundo o qual o trabalhador não pode, em princípio, ser transferido para outro local de trabalho (art. 129º, nº 1, al. *f*)), consolidado no art. 53º, da CRP). Tal princípio assenta na ideia de que o local de trabalho deverá gozar de uma certa estabilidade espacial, porquanto constitui um "*centro estável (ou permanente) de atividade de certo trabalhador*" e um elemento determinador das condições concretas da organização da vida do trabalhador, fazendo parte do próprio conteúdo da prestação contratual devida. Como sublinhou o STJ, é "em harmonia com o seu local de trabalho que o trabalhador organiza o plano de vida, no que respeita à sua residência e do seu agregado familiar, à educação dos filhos e até à ocupação dos tempos livres (...)". (Ac. de 24.03.99 *in* BMJ, 485, p. 243).

A garantia da inamovibilidade não goza, contudo, de uma proteção absoluta. Com efeito, os interesses do trabalhador aí tutelados devem ser articulados (nalguns casos, podendo mesmo ceder) com as necessidades organizativas da empresa. O legislador, tendo presente os diversos interesses em causa, definiu os termos em que a garantia da inamovibilidade pode ser atingida.

4. A al. *a*), do nº 1 consagra a transferência coletiva (encarada como uma das situações que afeta o princípio da inamovibilidade), a qual pode ser entendida como a mudança de local de trabalho, motivada pela necessidade de introduzir alterações no plano espacial da empresa, por razões de ordem conjuntural, económica e de melhoria da produtividade ou ainda em virtude da imposição de regras de saúde, de segurança e/ou ambientais. Com o CT/2009, a extinção do estabelecimento passou também a constituir fundamento para a transferência.

5. A al. *b*), do nº 1 prevê a outra situação em que o princípio da inamovibilidade é atingido, qual seja a transferência individual. Esta pode ser definida como a alteração do local de trabalho que implica uma "modificação do enquadramento orgânico (mudança de *posto de trabalho*) do trabalhador", António Monteiro Fernandes, *Direito do Trabalho*, p. 392. A RP distinguiu os "conceitos de "*transferência de local de trabalho*" e de "*deslocação*" do trabalhador que se encontra adstrito às deslocações inerentes às suas funções ou indispensáveis à sua formação profissional". [Ac. de 09.07.14 *in* www.dgsi.pt (Proc. nº 2126/10.3TTPRT.P1)].

Esta alínea, na medida em que confere ao empregador a faculdade de, por ato unilateral, modificar o cumprimento da prestação, estabelece um "direito potestativo modificativo", Júlio Gomes/Agostinho Guedes, *Algumas considerações sobre a transferência do trabalhador, nomeadamente no que concerne à repartição do ónus da prova*, p. 105.

Convém salientar que o exercício deste direito deve pautar-se pelos critérios da boa fé, numa linha equilibrada de ponderação de interesses da empresa, que se apresentem de tal forma ponderosos que permitam uma afetação da posição contratual do trabalhador. Assim, será ilícita a ordem de transferência que tenha como objetivo forçar o trabalhador a resolver ou a aceitar a revogação do contrato de trabalho. Cfr. o Ac. do STJ, de 08.03.95 *in* BMJ, 445, p. 221, no qual foi considerada ilícita "a ordem de mudança de local de trabalho dada pela entidade patronal a trabalhadora, contra os seus interesses pessoais, exclusivamente porque esta aderira a uma greve (...)" – imposição negativa do princípio da boa fé.

Num outro plano, o princípio da boa fé "impõe a comunicação ao trabalhador por parte da entidade patronal, com uma antecedência razoável, da mudança do local de trabalho, (bem como das causas que a motivaram, parêntesis nosso), inclusive nas situações de mudança de estabelecimento". Trata-se de um dever acessório de esclarecimento – imposição positiva do princípio da boa fé.

De realçar que os instrumentos de regulamentação coletiva de trabalho, sempre que possível, devem estabelecer, para a mobilidade geográfica, preferências em favor dos trabalhadores que beneficiem do estatuto de vítima (art. 44º, da L nº 112/2009, de 16 de setembro).

6. Requisitos da transferência de local de trabalho:

a) Interesse da empresa

Cfr. as anotações ao nº 1, do art. 120º.

b) Prejuízo sério

Vejamos qual o significado da expressão "prejuízo sério" empregue nos nºs 1 e 5.

O prejuízo como pressuposto da responsabilidade civil traduz-se no dano real. No entanto e como salienta Albino Mendes Baptista, *O Conceito de "Prejuízo Sério" e a Transferência de Local de Trabalho nas Grandes Aglomerações Urbanas*, p. 29, "enquanto no dano a indemnização se refere a um prejuízo concreto, no conceito de prejuízo sério tem-se em vista uma situação hipotética: aquela em que o trabalhador se encontraria se tivesse sido transferido".

Não esquecer que o prejuízo sério deve ser avaliado tendo em consideração as circunstâncias concretas de cada caso, designadamente as características da transferência do local de trabalho e as condições de vida do trabalhador.

Não nos parece acertado o sentido da decisão do STJ, quando considerou, de acordo com a matéria carreada para os autos, que "Os factos apurados acusam uma mudança da qualidade de vida que se tem por negativa, mas que, presente o teor de vida urbana da generalidade dos trabalhadores das grandes cidades, não assume outro relevo que não seja o de um transtorno sério, mas suportável, escapando ao interesse tutelado pela norma jurídica a que se acolhe". (Ac. de 26.05.93 *in* CJ, Ano I, Tomo II, p. 291). Em nossa opinião, avaliar o prejuízo sério com base no "quadro da vida urbana atual" apresenta graves riscos. De facto, tal avaliação não deve assentar num cenário de vivência indigno e fortemente pernicioso para os seus protagonistas, sob pena de caminharmos, inevitavelmente, para um crescente processo de desumanização e de dependência dos trabalhadores em relação ao ritmo de vida urbano. Cfr., ainda, Albino Mendes Baptista, *O Conceito de "Prejuízo Sério" e a Transferência de Local de Trabalho nas Grandes Aglomerações Urbanas*, p. 27.

Aliás, esperamos que "o sinal (incipiente) que o Código do Trabalho dá em matéria de relevância da vida familiar (art. 149º), bem como a regulação ex novo dos Direitos de Personalidade (arts. 15º e ss.) possam contribuir para que a jurisprudência passe a considerar que duas horas a mais por dia em transportes, em regra prejudicam gravemente o trabalhador em termos de disponibilidade pessoal, de tempo de dedicação à família e de convívio com os amigos", Albino Mendes Baptista, *Notas sobre a mobilidade geográfica dos trabalhadores*, p. 28.

Esse prejuízo deve consubstanciar um dano relevante, que não se reconduza a simples transtornos ou incómodos. Cfr. os Acs. da RP, de 31.03.20 *in* www.dgsi.pt (Proc. nº 19035/17.8T8PRT.P1) e da RC, de 07.04.16 *in* www.dgsi.pt (Proc. nº 446/14.7TTLRA.C1). Na sua avaliação, não devemos apenas olhar ao impacto patrimonial, há que considerar aspetos tão diversificados como "os incidentes sobre a escolha da residência, o custo de vida, a duração e horário dos transportes, mas também os relacionados com a vida familiar do trabalhador, com as suas relações sociais e os seus centros de interesses extralaborais, assim como as expectativas respeitantes à carreira profissional", Albino Mendes Baptista, *ob. cit.*, p. 28. Cfr. os Acs. da RC, de 30.04.19 *in* www.dgsi.pt (Proc. nº 1326/18.2T8CTB.C1) e da RG, de 21.01.16 *in* www.dgsi.pt (Proc. nº 445/14.9TTVCT.G1).

Na falta de melhor critério, sentimo-nos inclinados a recorrer ao contributo dado pela figura da inexigibilidade que domina, "na atualidade, o seu uso no exprimir de situações em que por razões diversas, o incumprimento não possa ser imputado ao devedor ou, se quiser, em que a prestação não lhe possa ser exigida. Entre tais situações contam-se a existência de perigo para a vida ou saúde do devedor ou de terceiro (e, ainda, acrescentamos nós, aquelas situações em que a qualidade de vida do trabalhador sofre uma forte perturbação)", António Menezes Cordeiro, *Da boa fé no direito civil*, p. 1021. Assim, não parece haver prejuízo sério quando, numa avaliação casuística, se deteta que os sacrifícios invocados pelo trabalhador não constituem uma perturbação significativa da sua qualidade de vida.

Pode, também, suceder que a mudança do trabalhador não provoque transtornos "de tal modo significativos que se sobreponham às vantagens funcionais porventura visadas pela empresa", António Monteiro Fernandes, *Direito do Trabalho*, p. 394. Neste caso, conclui este autor, *loc. cit.*, "não vale a proibição de transferência: inverte-se a hierarquia de interesses que se encontra subjacente ao princípio da inamovibilidade".

Aliás, tal entendimento teria sempre apoio no princípio da mútua colaboração, consagrado no art. 126º, nº 2.

No entendimento da RE, não "configura uma transferência de local de trabalho a determinação da empregadora para o trabalhador prestar serviço num outro estabelecimento a ela pertencente, sem que deixe de pertencer aos quadros do seu estabelecimento de origem e quando tal ordem se traduz antes na concretização de uma medida de gestão pontual, de carácter transitório, que pode estar inclusive inserida num plano de conservação dos postos de trabalho, sendo para o efeito contabilizadas como tempo de trabalho as horas de deslocação assim como assegurado transporte ao Autor, por conta da Ré". (Ac. de 07.07.16 *in* CJ, Ano XLI, Tomo III, p. 240).

Na perspetiva do STJ, tendo "as partes acordado que o trabalhador iniciaria o seu desempenho de funções no cliente da empregadora, C. M. A. – Biblioteca, e prevenido a possibilidade da sua alteração, de acordo com as conveniências de serviço, a alteração do correspetivo local de trabalho para Lisboa, distando mais 6 Km da sua residência, não consubstancia uma transferência de local de trabalho". [Ac. de 25.09.2019 *in* www.dgsi.pt (Proc. nº 17989/17.3T8SNT.L1.S2)].

No Proc. nº 973/20.7T8CTB.C1, a empregadora pretendia transferir o trabalhador, operador de circulação, de uma estação ferroviária para outra. A RC, considerando que ficou apenas provado que o trabalhador "padece de Colite Ulcerosa universal (afectando todo o cólon), com sintomatologia severa, conforme relatório médico que constitui o documento nº 12 junto aos autos, e que a sogra do requerente é dependente de forma parcial (mRS3), a residir com a filha e com o requerente (facto 16), e considerando o horário da mulher do requerente (facto 17)", entendeu não se poder falar de prejuízo sério. (Ac. de 27.11.20 *in* www.dgsi.pt).

Ónus da prova do prejuízo sério

No caso de transferência individual (al. *b*), do nº 1), o ónus de alegar e provar a existência de prejuízo sério impende, em nossa opinião, sobre o trabalhador.

Em primeiro lugar, por força da regra geral de distribuição de ónus da prova que consta do art. 342º, nº 1, do CC, a qual determina que "àquele que invocar um direito cabe fazer a prova dos factos constitutivos do direito alegado»". Em segundo lugar, porque o trabalhador conhece a realidade factual inerente à sua esfera de vida e à execução do contrato de trabalho (realidade essa que, caso a caso, irá determinar a existência ou não desse mesmo prejuízo), encontrando-se em melhores condições para demonstrar e provar as consequências pessoais da transferência. Não parece excessivo impor ao trabalhador que apresente a prova, *v.g.*, da matrícula dos filhos, do pagamento dos transportes públicos, da circulação em autoestrada, do pagamento de parques automóveis, etc.. Cfr. a perspetiva de Júlio Gomes/Agostinho Guedes, *Algumas considerações sobre a transferência do trabalhador, nomeadamente no que concerne à repartição do ónus da prova*, p. 118.

Como esclareceu a RP, incumbe "ao empregador fazer a prova dos factos constitutivos do direito de alterar o local de trabalho do trabalhador (artigo 342º/1 CC), incumbindo por sua vez a este fazer a contraprova de que, no caso, existe um prejuízo sério, assim como provar os factos que integram este conceito, isto é, o trabalhador tem de fazer a prova dos factos impeditivos (artigo 342º, nº 2 do CC)". [Ac. de 07.01.19

in www.dgsi.pt (Proc. nº 23987/16.7T8PRT.P1)]. Cfr., ainda, deste mesmo tribunal, o Ac. de 31.03.20 *in* www.dgsi.pt (Proc. nº 19035/17.8T8PRT.P1).

O conceito de local de trabalho goza de uma operatividade elástica e, nalguns casos, de uma certa imprecisão, porquanto a sua dimensão varia de acordo com a natureza da própria atividade, podendo estender-se a uma região, distrito, concelho, freguesia, bairro, rua, etc.. Daí que a mudança do local de trabalho nem sempre configure uma verdadeira transferência para efeitos do presente artigo.

Como exemplifica António Monteiro Fernandes, *Direito do Trabalho*, p. 394, não faria sentido "invocar o princípio da inamovibilidade para impedir uma transferência do 2º para o 3º andar do prédio, ou de um para outro edifício da mesma rua?".

c) Comunicação escrita e fundamentada nos termos do art. 196º

Cfr. anotações ao art. 196º.

7. O nº 2 admite a possibilidade de as partes, mediante acordo, alargarem ou restringirem a faculdade do nº 1. Tal acordo caduca ao fim de dois anos se não tiver sido aplicado.

A fixação de um prazo de caducidade para as cláusulas de mobilidade funcional constituiu uma das novidades do CT/2009, seguindo-se aqui a sugestão da CLB. Esta Comissão entendeu que aquelas estipulações, "através das quais se estabelece acordo, com caráter meramente abstrato e virtual, sobre futuras e hipotéticas modificações do objeto" do trabalho devem caducar ao fim de um certo prazo se não forem, entretanto, ativadas pelo empregador. Note-se, todavia, que a CLB propunha um prazo de caducidade de 5 anos. Sobre a bondade deste prazo de caducidade, *vide* João Leal Amado, *Modificação substancial das condições de trabalho: o caso da mobilidade geográfica*, pp. 176 e 177.

Na opinião de António Monteiro Fernandes, *Direito do Trabalho*, p. 398, o nº 2 admite "desvios contratuais *em qualquer dos sentidos possíveis* (exclusão total da faculdade de transferência, com fixidez absoluta do local de trabalho; liberdade plena de afetação geográfica do trabalhador, ou seja, mobilidade ilimitada)". Para este autor, *loc. cit.*, ficou afastado o entendimento segundo o qual a possibilidade de "estipulação em contrário" prevista no art. 24º, nº 1, da LCT jogaria no sentido "de poder apenas eliminar-se, ou limitar-se mais, contratualmente, a própria faculdade condicionada que a lei admitia".

Albino Mendes Baptista, *Notas sobre a mobilidade geográfica dos trabalhadores*, pp. 33 e 34, entendia que a faculdade de o empregador alargar os pressupostos da transferência deve observar, desde logo, o princípio da proporcionalidade e corresponder "a um exercício funcional. Na sua base tem de estar também a existência de necessidade organizativas da empresa (o setor da construção continua a ser um bom exemplo)". Tudo isto porque, como defendia o referido autor, *ob. cit.*, p. 33, "Não nos restam dúvidas de que o Direito do Trabalho deve continuar a ser pensado sobretudo por referência a trabalhadores que se encontram em situação negocial débil ou mesmo muito débil. A relação de trabalho é, e não deixará de o ser com o Código do Trabalho, uma relação de poder". Cfr., ainda, João Leal Amado, *Modificação substancial das condições de trabalho: o caso da mobilidade geográfica*, p. 175.

Na visão de José João Abrantes, *Cláusulas de mobilidade geográfica do trabalhador. Algumas questões*, p. 34, "não é admissível uma cláusula de mobilidade que coloque a transferência individual do trabalhador à mercê do puro arbítrio do empregador, como igualmente o não é uma cláusula de inamovibilidade total, mesmo em caso de mudança do estabelecimento onde o trabalhador presta serviço". Neste alinhamento, António Sarmento de Oliveira, *Mobilidade de trabalhadores intraempresas e interempresas*, p. 957, sustenta que "será nula, por indeterminação, a cláusula que conceda ao empregador o poder de colocar o trabalhador em qualquer local indicado por ele sem definição de qualquer parâmetro geográfico da prestação do trabalho. Falha, neste ripo de situações, qualquer possibilidade de previsibilidade quanto ao âmbito geográfico da prestação do trabalho". Este autor, *ob. cit.*, p. 957, nota de rodapé nº 10, dá como exemplo "a cláusula contratual que permita transferir o local de trabalho do trabalhador, por decisão unilateral do empregador, para qualquer estabelecimento do empregador já aberto ou que este venha a abrir".

Catarina Carvalho, *A mobilidade geográfica dos trabalhadores*, p. 52, tem algumas dúvidas em admitir a faculdade conferida às partes de convencionar a transferência do trabalhador, uma vez que a mesma hipoteca "a liberdade de iniciativa económica do empregador".

Entendemos que o alargamento ou restrição em causa só deve ser permitido se não violar o princípio da boa fé previsto no nº 1, do art. 126º. Sendo determinante apurar, por exemplo, os interesses em jogo, a utilidade e o objetivo do alargamento ou da restrição, o grau de perturbação inerente, etc.. Para maiores desenvolvimentos, veja-se Hélder Quintas, *A concretização do princípio da boa fé enquanto limite normativo das cláusulas de mobilidade geográfica*, pp. 261 e ss..

No Proc. nº 3882/17.3T8BRR.L1-4 foi considerado que tinha sido inserida no contrato "uma cláusula de mobilidade geográfica visto nele, designadamente, constar que o autor desempenhará as suas funções "em qualquer um dos estabelecimentos da ré, na área metropolitana de Lisboa e concelhos limites"". No entanto, embora fosse determinável, por via dessa cláusula, o local de trabalho "o modo como a ré a "exercitou" – comunicando ao autor com cerca de 4 dias que o mesmo passaria a trabalhar num outro Club, ignorando a situação pessoal e familiar invocada por este para não se apresentar no novo Club – para além de tornar questionável à luz das regras da boa-fé a atitude da ré, não permitem concluir pela existência de faltas injustificadas do trabalhador, nem pela justa causa de despedimento". (Ac. da RL, de 05.12.18 *in* www.dgsi.pt e CJ, Ano XLIII, Tomo V, p. 133).

Acerca do significado da expressão "se não tiver sido aplicado", a RL pronunciou-se no sentido de que a mesma "não exige que a transferência se concretize, pelo menos desde que não sejam imputáveis ao empregador as razões que levaram à impossibilidade de concretização. Necessário é que haja um propósito sério de proceder à transferência, assente numa realidade concreta e definida quanto ao tempo, local e funções a desempenhar, de modo a resultar inequívoco que a entidade empregadora quer efetivamente fazer uso da cláusula de mobilidade, bem assim que comunique tal inequivocamente ao trabalhador, com a concretização dos moldes em que tudo se passará". [Ac. de 23.10.13 *in* www.dgsi.pt (Proc. nº 1596/12.0TTLSB.L1-4)].

8. A transferência temporária não pode exceder seis meses, salvo por exigências imperiosas do funcionamento da empresa (nº 3).

No Proc. nº 1596/12.0TTLSB.L1-4IX, a RL considerou que, resultando do elenco factual "que a apelada tem procurado oportunidades de negócio no estrangeiro, para compensar a redução de atividade no mercado nacional e equilibrar os seus resultados, bem assim que não tinha nenhum outro consultor que possuísse as competências, experiência e perfil do A. para ser ao projeto, é de concluir a ordem de missão que lhe foi dada, implicando a transferência temporária por seis meses para executar um projeto em instalações do cliente em Paris, colhe justificação, em termos de razoabilidade, nas necessidades organizativas da apelada, não tendo o seu exercício, nesta situação em concreto, excedido o estritamente necessário para a realização desse interesse". (Ac. de 23.10.13 *in* www.dgsi.pt).

No Proc. nº 317/11.9TTCLD.L1-4, foi decidido que, tendo "ficado provado que o local de trabalho de dois trabalhadores da construção civil variava consoante a localização das obras a realizar e resultando tal da execução do contrato, a ordem dada pelo empregador para que eles se apresentassem numa obra sita na zona de Portalegre não configura o exercício do poder unilateral do empregador de modificar o local de trabalho, mas antes o de exigir que os trabalhadores se apresentem noutro local que cabe ainda dentro do seu local de trabalho", não ocorrendo, "nestas circunstâncias, transferência temporária". (Ac. da RL, de 31.10.12 *in* www.dgsi.pt).

9. Nos termos do nº 4, o empregador tem o dever de assumir as despesas impostas pela transferência, quer esta seja definitiva, quer seja temporária. Estamos perante uma compensação que nada tem que ver com a prevista no nº 5, não sendo exigida a existência de prejuízo sério, bastando apenas que as despesas (que pressupõe, desde logo, um caráter patrimonial) derivem diretamente da mudança imposta.

O porquê da expressão "impostas"?

Segundo Júlio Gomes/Agostinho Guedes, *Algumas considerações sobre a transferência do trabalhador, nomeadamente no que concerne à repartição do ónus da prova*, p. 122, a equiparação entre despesas e danos é sempre muito delicada "porque enquanto estes últimos são sofridos voluntariamente pelo lesado, aqueles supõe uma manifestação da sua vontade o que dificulta a apreciação do nexo de adequação entre o facto gerador de responsabilidade e as suas consequências. Esta especial exigência quanto ao que vulgarmente se designa por «nexo de causalidade» é o que parece justificar a referência da lei às despesas «diretamente impostas» pela transferência, como tal, na nossa opinião, deverão considerar-se apenas aquelas que um bom pai de família razoavelmente faria nas circunstâncias e, existindo várias alternativas, todas elas compatíveis com a inexistência de prejuízo sério, a mais económica de entre elas (exemplifiquemos: perante uma mudança do seu local de trabalho, o trabalhador poderá ter de optar entre mudar de residência ou, fazer um percurso mais longo e economicamente mais oneroso; desde que qualquer uma destas alternativas não implique um prejuízo sério, afigura-se-nos que a entidade patronal terá tão-só de custear a mais barata)".

Albino Mendes Baptista, *Notas sobre a mobilidade geográfica dos trabalhadores*, p. 34, salienta que o atual nº 4 torna inequívoco que a transferência "não tem de estar ligada necessariamente a uma mudança de residência, ao contrário do que foi sustentado na vigência da LCT. Estão assim incluídas, agora mais claramente, nos casos em que não há mudança de residência, as despesas decorrentes do agravamento do custo de transportes quando o trabalhador prefira manter a sua antiga residência ou não consiga habitação tão próxima do local de trabalho como a anterior".

De qualquer forma, nada impede que a alteração do local de trabalho implique que o trabalhador seja forçado a mudar de residência e, cumulativamente, veja aumentado o montante das despesas de deslocação.

Em suma, incluem-se no conceito de "despesa", todo e qualquer encargo económico-patrimonial que se mostre necessário (tendo em conta um critério de razoabilidade e exigibilidade) para atenuar as perturbações produzidas na esfera de vida do trabalhador, em virtude da mudança do local de trabalho.

A RG declarou que, por força da decisão determinada pelo empregador de deslocalização do trabalhador, "aquele fica obrigado a suportar todas as despesas de deslocação realizadas pelo trabalhador e que antes não existiam, entre a sua residência e ou seu novo local de trabalho". [Ac. de 17.12.20 *in* www.dgsi.pt (Proc. nº 1257/19.9T8BCL.G1)].

No Proc. nº 2750/14.5T8MAI.P1, a RP concluiu que o que releva para efeitos da quantificação da compensação a suportar pelo empregador, "não é a distância percorrida entre a residência do trabalhador e o seu novo posto de trabalho e o custo a suportar por essa deslocação, mas sim a diferença entre aquela distância (e respetivo custo de deslocação) e a outra que o trabalhador já percorria para o seu originário posto de trabalho (e correspondente custo)". (Ac. de 07.04.16 *in* www.dgsi.pt).

O STJ veio clarificar que "o empregador só deve custear as despesas do trabalhador impostas pela transferência decorrentes do acréscimo dos custos de deslocação e resultantes da mudança de residência, prevendo-se assim, apenas o pagamento dos custos da deslocação contabilizados em função dos quilómetros percorridos a mais pelo trabalhador que foi transferido do seu local de trabalho". Assim, inexistindo "esse acréscimo não pode o trabalhador ser reembolsado pelo empregador por custos acrescidos de deslocação, que não teve". [Ac. de 16.09.15 *in* www.dgsi.pt (Proc. nº 34/13.5TTCLD.C1.S1)].

10. De acordo com o nº 5, o trabalhador tem direito a resolver o contrato se a transferência definitiva (coletiva ou individual) causar prejuízo sério. Note-se que, neste caso, não tem direito à indemnização prevista no art. 396º, para a resolução com justa causa, mas sim à consagrada no art. 366º. Cfr. o Ac. da RC, de 30.04.19 *in* www.dgsi.pt (Proc. nº 1326/18.2T8CTB.C1).

A RG considerou que integrava justa causa objetiva a mudança de local de trabalho para sítio que se situava a 43km do local de residência da autora e que implicava "o uso de 4 transportes (2 autocarros, 2 comboios) ou, em alternativa o uso de automóvel privado, quando os custos dessas deslocações não foram previamente garantidos à trabalhadora" e podiam atingir cerca de 100€, o que representava "uma diminuição incomportável num vencimento de cerca de 800€, totalmente gastos em despesas familiares essenciais". Sendo que, além do mais, impedia "a autora de exercer as responsabilidades parentais de levar e trazer da escola um filho menor de 7 anos, que necessitava, "ainda, duas vezes por semana, de ser levado a cuidados de saúde especiais". [Ac. de 20.02.20 *in* www.dgsi.pt (Proc. nº 6982/18.9T8VNF.G1)].

Foi igualmente encarada como justa causa de resolução "a transferência definitiva de trabalhadora para outro local de trabalho sem acordo prévio e sem prévia justificação do motivo pela empregadora", sendo o "acréscimo de tempo na viagem e sobretudo o acréscimo de despesa decorrente de ter que percorrer mais 440 quilómetros por mês, sem que a empregadora o pagasse, auferindo a trabalhadora a quantia líquida mensal de € 588". [Ac. da RE, de 16.01.20 *in* www.dgsi.pt (Proc. nº 94/19.5T8TMR.E1)].

No Proc. nº 839/17.8T8PTM.E1, foi julgada lícita a resolução quando o trabalhador "recebeu uma ordem ilícita de transferência do local de trabalho, por a mesma não cumprir o prazo de antecedência, não apresentar fundamentação suficientemente concretizada e não indicar o prazo previsível da sua duração, não se tendo sequer provado a existência de qualquer interesse da empregadora para essa transferência, a qual, porém, implicaria para o trabalhador um dispêndio a mais de tempo para a deslocação de cerca de 4h34 minutos por dia". (Ac. da RE, de 11.04.19 *in* www.dgsi.pt).

O art. 24º, da LCT, estipulava a presunção de existência de prejuízo sério, contudo o empregador tinha a faculdade de se eximir ao pagamento da respetiva indemnização, mediante a demonstração da inexistência do referido prejuízo.

No regime compreendido no nº 5 tal presunção deixou de vigorar, por isso o "prejuízo sério surge agora como pressuposto do direito de rescisão, como verdadeiro facto constitutivo do direito alegado (art. 342º, nº 1, do CC), pelo que passa a caber ao trabalhador o respetivo ónus da prova", ALBINO MENDES BAPTISTA, *Notas sobre a mobilidade geográfica dos trabalhadores*, p. 29. Neste mesmo sentido, *vide* CATARINA CARVA-

LHO, *A mobilidade geográfica dos trabalhadores*, p. 59 e os Acs. da RL, de 11.09.13 *in* www.dgsi.pt (Proc. nº 5473/11.3T2SNT.L1-4) e da RP, de 26.11.12 *in* www.dgsi.pt (Proc. nº 155/09.9TTVRL.P1).

Foi decidido como constituindo um prejuízo sério para o trabalhador:

– A "transferência do local de trabalho, de Almeirim para Carnaxide, que afeta significativamente o cumprimento das suas obrigações familiares". [Ac. da RE, de 07.12.16 *in* www.dgsi.pt (Proc. nº 315/14.0TTSTR.E1)];

– A transferência que implique "um acréscimo de 5 horas diárias em deslocações, ficando ainda comprometida a possibilidade da trabalhadora tomar a medicação (a mesma sofre de depressão e agorafobia) e de manter a regularidade do ritmo de sono e de vigília". [Ac. da RL, de 20.04.16 *in* www.dgsi.pt (Proc. nº 107/13.4TTBRR.L1-4)];

– A transferência do local de trabalho determinada pela Ré mediante o pagamento de um acréscimo de €230,00 mensais "pois, para além das alterações do seu quotidiano, decorrentes do excessivo tempo em deslocações, passaria a ter um novo encargo mensal para fazer face às despesas, com a sua viatura, em deslocações para o local de trabalho, mas ainda porque teria de adquirir um novo veículo automóvel em virtude do seu (datado de 1999) já não lhe permitir um número tão assíduo de deslocações". [Ac. da RL, de 11.09.13 *in* www.dgsi.pt (Proc. nº 5473/11.3T2SNT.L1-4)];

– A transferência definitiva do "trabalhador da Trofa para Alenquer quando este prestava o seu trabalho, há cerca de 15 anos, naquele local, perto de casa própria onde residia com sua mulher face à distância entre as duas localidades e acarretando-lhe tal transferência um acréscimo de custos, não apenas nas viagens que viesse a efetuar entre as duas localidades, mas também na manutenção de duas residências, tanto mais não tendo a empregadora dito-lhe (ou, pelo menos, disso não ter feito prova), que lhe asseguraria o pagamento do acréscimo de custos, e quais, da mudança de residência". [Ac. da RP, de 26.03.12 *in* www.dgsi.pt (Proc. nº 15/10.0TTSTS.P1)].

Já para a RG, não existe prejuízo sério "se o novo local de trabalho dista cerca de 4/5 quilómetros do anterior, existem transportes públicos a ligar as respetivas localidades e que levariam a trabalhadora a despender, de sua casa ao novo local de trabalho e vice-versa, cerca de 15/20 minutos por dia, não obstante a mesma tivesse que deixar de prestar apoio familiar à filha menor no horário pós-escolar, a qual se deslocava para o consultório em que antes prestava serviço, o agregado familiar da trabalhadora dispusesse de um veículo automóvel, deslocando-se aquela, em regra, a pé para o consultório referido, e a mesma também prestasse apoio à mãe idosa, o que seria dificultado se fosse para o novo local de trabalho". [Ac. de 19.05.16 *in* www.dgsi.pt (Proc. nº 443/14.2TTVCT.G1)].

Outras formas de reação do trabalhador em caso de transferência individual:

i) Aceitação

A aceitação é expressa quando a declaração negocial é traduzida por palavras, por documento escrito ou qualquer outro meio que consubstancie uma manifestação inequívoca da vontade. Por sua vez, é tácita quando "se deduz de factos que, com toda a probabilidade, a revelem". Assim, a não oposição do trabalhador e a duração da atividade laboral no novo local podem constituir elementos relevantes para deduzir a aceitação tácita.

Qual o período exigível para que se considere eficaz a aceitação tácita?

A vontade negocial do trabalhador deve ser apurada em concreto, tendo em consideração os elementos objetivos e subjetivos (designadamente o grau de conhecimento do trabalhador e a sua experiência), de tal modo que seja possível determinar, com o máximo de segurança, quando é que o novo local de trabalho passou a integrar, por vontade do trabalhador, a relação jurídico-laboral;

ii) Desobediência

O trabalhador deve obedecer ao empregador em tudo o que respeite a execução e disciplina do trabalho, nos termos da al. *e*), do nº 1, do art. 128º. Porém, se a ordem de transferência causar prejuízo sério ao trabalhador ou for imposta em violação do princípio da boa fé, a recusa da mudança é legítima, traduzindo-se no direito de resistência. A legitimidade da desobediência advém, desde logo, da necessidade de tutela das garantias previstas no art. 129º – mais precisamente a elencada na al. *f*).

11. Outra das novidades do CT de 2009 foi a introdução do nº 6, segundo o qual os instrumentos de regulamentação coletiva de trabalho podem afastar o disposto nos números anteriores.

Esta disposição implica o fracionamento do presente artigo em 3 tipos de normas:

a) As absolutamente imperativas (nº 7);

b) As que podem ser afastadas por acordo das partes (nº 1);

c) As que podem ser afastadas por instrumentos de regulamentação coletiva de trabalho (nºs 1, 2, 3, 4 e 5).

É curioso o poder atribuído à contratação coletiva numa matéria tão sensível como a da transferência de local de trabalho. Mais uma vez, o legislador partiu do princípio de que existe uma verdadeira igualdade negocial entre as associações de empregadores e sindicais. Conforme se lê no RCLB o "argumento da igualdade de poderes negociais é, em larga medida, válido, até porque as associações de empregadores enfermam de fraquezas semelhantes às das associações sindicais. Sendo assim, o alargamento do campo de negociabilidade mostrar-se-ia vantajoso para a dinâmica da contratação coletiva sem representar, necessariamente, risco para as garantias dos trabalhadores".

Na visão da RP, admitindo o nº 6 que o regime previsto no presente artigo possa ser afastado por instrumento de regulamentação coletiva de trabalho, "constando de cláusula expressa, para além do mais, que "no caso de transferências definitivas, a entidade empregadora terá em atenção a expectativa geográfica que, à data da criação da D..., cada trabalhador tinha em relação à sua mobilidade geográfica e que "poderá, ainda, proceder a transferência que não se enquadre naquela expectativa, desde que desta não resulte uma deslocação entre a residência e o novo local de trabalho superior a 2 horas, em transporte público", considerando o carácter normativo da analisada cláusula, na sua interpretação teremos de aplicar os critérios estabelecidos nos artigos 9º e 10º do CC, sem todavia perdermos de vista as circunstâncias em que as partes fundamentaram a decisão de contratar, como estipulado no artigo 520º, nº 2 do CT e, bem assim, que se trata de um instrumento que é decorrente de negociações entre as partes e, nessa medida, se distingue da lei, fornecendo aquelas negociações elementos relevantes para a interpretação nas respetivas cláusulas". [Ac. de 07.01.19 *in* www.dgsi.pt (Proc. nº 23987/16.7T8PRT.P1)].

Artigo 195º – Transferência a pedido do trabalhador

1. O trabalhador vítima de violência doméstica tem direito a ser transferido, temporária ou definitivamente, a seu pedido, para outro estabelecimento da empresa, verificadas as seguintes condições:

***a*) Apresentação de queixa-crime;**

***b*) Saída da casa de morada de família no momento em que se efetive a transferência.**

2. Em situação prevista no número anterior, o empregador apenas pode adiar a transferência com fundamento em exigências imperiosas ligadas ao funcionamento da empresa ou serviço, ou até que exista posto de trabalho compatível disponível.

3. No caso previsto do número anterior, o trabalhador tem direito a suspender o contrato de imediato até que ocorra a transferência.

4. É garantida a confidencialidade da situação que motiva as alterações contratuais do número anterior, se solicitado pelo interessado.

5. Constitui contraordenação grave a violação do disposto no nº 2.

COMENTÁRIOS:

1. O presente artigo constitui uma novidade do CT/2009.

2. O crime de violência está previsto no 152º, do CP. O regime jurídico aplicável à prevenção deste tipo legal de crime foi estabelecido pela L nº 112/2009, de 16 de setembro, a qual implementou inúmeras medidas preventivas e de proteção e assistência das respetivas vítimas, com destaque para o apoio ao arrendamento (art. 45º) e a atribuição do rendimento social de inserção (art. 46º).

Os nºs 1, 2, 3 e 4 correspondem aos mesmos números do art. 42º, da L nº 112/2009.

3. O presente artigo confere ao trabalhador vítima de violência doméstica o direito de ser transferido para outro estabelecimento da empresa. Nos termos do nº 1, o exercício deste direito depende da verificação das seguintes condições:

a) Apresentação de queixa-crime

A queixa pode ser definida como "a expressão de vontade do titular do respetivo direito, manifestando por requerimento, na forma e prazo previstos na lei para que se proceda criminalmente contra alguém pela prática de um crime", PAULA MARQUES CARVALHO, *Manual Prático de Processo Penal*, p. 53.

O regime da queixa está previsto nos arts. 113º, do CP.

A L nº 112/2009, na al. *a*), do nº 1, do art. 42º, faz referência à "denúncia" e não à "queixa-crime", terminologia que se revela mais consentânea com a natureza pública do crime de violência doméstica. Cfr., ainda, PEDRO FREITAS PINTO, *A proteção da vítima do crime de violência doméstica no foro laboral*, p. 132.

PAULA MARQUES CARVALHO, *Manual Prático de Processo Penal*, p. 77, define a denúncia como "a comunicação da prática de um crime ao MP (ou a outra autoridade com obrigação de a transmitir àquele), na forma estabelecida por lei, para efeitos de procedimento criminal".

A necessidade de apresentação da denúncia, como condição do exercício do direito, constitui uma circunstância privilegiada para a prática do crime de denúncia caluniosa (art. 365º, do CP). Sendo certo que a existência de fortes indícios de denúncia infundada faz cessar o estatuto de vítima (art. 24º, nº 1, da L nº 112/2009).

Note-se ainda que a prestação de falsas declarações no âmbito do estatuto de vítima determina a cessação das prestações económicas e sociais previstas na lei (art. 52º, da L nº 112/2009).

O legislador não previu as consequências jurídico-laborais da cessação do estatuto de vítima e da prestação de falsas declarações. JÚLIO GOMES, *Nótula sobre a proteção da vítima de violência doméstica na nova legislação laboral*, p. 35, questiona "se nesses casos o exercício de um direito sem genuíno fundamento não deverá acarretar responsabilidade disciplinar ou, até, civil";

b) Saída da casa de morada de família no momento em que se efetive a transferência

Para JÚLIO GOMES, *Nótula sobre a proteção da vítima de violência doméstica na nova legislação laboral*, p. 34, esta exigência parece excessiva, "bem podendo suceder ou que a trabalhadora vítima já tenha saído da referida casa de morada de família ou, inclusive, que tenha sido o agressor a abandoná-la, podendo ter, mesmo assim, todo o sentido um pedido de mudança do local de trabalho (imagine-se que o agressor é colega de trabalho da própria vítima de violência doméstica!)".

4. Ao empregador é reconhecido o direito de adiar a transferência com fundamento em exigências imperiosas ligadas ao funcionamento da empresa ou serviço, ou até que exista posto de trabalho compatível disponível (nº 2).

Na opinião de JOÃO LEAL AMADO, *Modificação substancial das condições de trabalho: o caso da mobilidade geográfica*, pp. 178 e 179, para que o trabalhador "alvo de violência doméstica possa requerer ao empregador a transferência, importa, acima de tudo, que a empresa possua mais do que um estabelecimento e que aquela tenha apresentado queixa-crime. Quando assim seja, o empregador não poderá recusar a transferência, conquanto possa adiá-la, nos termos do nº 2".

Segundo este mesmo autor, *ob. cit.*, p. 179, a *ratio* da norma parece consistir na criação de condições para que o trabalhador vítima de violência doméstica "possa sair de casa – indo, porventura, para longe, tão longe quanto possível, quiçá para uma «casa de abrigo» ...". Com esta visão crítica, *vide*, ainda, PEDRO FREITAS PINTO, *A proteção da vítima do crime de violência doméstica no foro laboral*, pp. 132 e ss. e JOANA VASCONCELOS, *Proteção do trabalhador vítima de violência doméstica*, pp. 338 e ss..

Se não existir outro estabelecimento da empresa para o qual possa ser transferido, o trabalhador tem a faculdade de suspender de imediato o contrato de trabalho [art. 296º, nº 2, al. *a*)].

PEDRO FREITAS PINTO, *A proteção da vítima do crime de violência doméstica no foro laboral*, p. 135, entende que, embora o CT/2009 não o diga expressamente, "se a entidade empregadora for uma sociedade integrada numa Relação de Grupo, tal como se encontra previsto nos artigos 488º e ss. do Código das Sociedades Comerciais, a transferência do trabalhador também poderá ser perspetivada para qualquer uma dessas empresas integrantes do Grupo".

5. De acordo com o nº 3, se o trabalhador pedir a transferência, ao empregador resta apenas a possibilidade de adiá-la com fundamento em exigências imperiosas ligadas ao funcionamento da empresa ou serviço ou até que exista posto de trabalho compatível.

A consagração do direito de transferência, previsto no presente artigo, tem, fundamentalmente, na sua base, a necessidade de salvaguarda da liberdade, integridade física e/ou moral e autodeterminação sexual do trabalhador. Este interesse (*individual*), que em abstrato assume uma dimensão quase absolutizada, pode, no entanto, ceder, ainda que temporariamente, perante o interesse *coletivo* da empresa. Com efeito, o empregador pode adiar a transferência com fundamento em "exigências imperiosas" ligadas ao funcionamento da empresa ou serviço. Não basta, assim, o mero interesse da empresa na não transferência, a lei impõe que as exigências, pela sua relevância, sejam *aptas* a legitimar a suspensão do pedido do trabalhador. Por outro lado, o empregador poderá sempre adiar a transferência, invocando a inexistência de posto de trabalho compatível. Sendo que, neste caso, "acresce o facto notório da esmagadora maioria das empresas portuguesas terem, apenas, um único estabelecimento, o que limitará a eficácia desta modalidade de transferência", FAUSTO LEITE, *Mobilidade*, p. 233.

Sobre o empregador impende o ónus de invocar e provar as exigências imperiosas ou a indisponibilidade de posto de trabalho compatível, na medida em que estes são os factos constitutivos do direito de adiar a transferência (art. 342º, nº 1, do CC).

Em virtude da natureza dos interesses em causa, o legislador não poderia deixar o trabalhador *na mão*, por isso conferiu-lhe o direito de suspender o contrato de imediato até que ocorra a transferência (nº 3). Este direito está igualmente previsto no art. 296º, nº 2, al. *a*). Para maiores desenvolvimentos sobre a suspensão do contrato de trabalho, *vide* JOANA VASCONCELOS, *Proteção do trabalhador vítima de violência doméstica*, pp. 340 e ss..

6. Da análise conjugada do presente artigo, do art. 296º, nº 2 e da L nº 112/2009, de 16 de setembro, podemos concluir que o legislador teve a especial preocupação de proteger a posição jurídica do trabalhador vítima de violência, no seio da relação laboral, conferindo-lhe os mecanismos legais de tutela previstos naqueles preceitos. Para maiores desenvolvimentos, cfr. CATARINA DE OLIVEIRA CARVALHO, *Reflexões sobre a proteção laboral das vítimas de violência doméstica – Breve análise comparativa entres os regimes português e espanhol*, pp. 143 e ss. e ANTÓNIO SARMENTO DE OLIVEIRA, *Mobilidade de trabalhadores intraempresas e interempresas*, p. 967 e ss..

Artigo 196º – Procedimento em caso de transferência do local de trabalho

1. O empregador deve comunicar a transferência ao trabalhador, por escrito, com oito ou 30 dias de antecedência, consoante esta seja temporária ou definitiva.

2. A comunicação deve ser fundamentada e indicar a duração previsível da transferência, mencionando, sendo caso disso, o acordo a que se refere o nº 2 do artigo 194º.

COMENTÁRIOS:

1. Antecedentes legislativos: Art. 317º, do CT/2003.

2. Antes da entrada em vigor do CT/2003, a jurisprudência vinha defendendo que a ordem de transferência do local de trabalho devia ser emitida de modo claro e inequívoco, para que o trabalhador tomasse consciência da situação concreta e, assim, pudesse exercer os meios de reação que a lei lhe conferia. Cfr. os Acs. do STJ, de 28.03.95 *in* CJ, Ano III, Tomo I, p. 286 e de 05.01.93 *in* CJ, Ano XVIII, Tomo I, p. 288.

3. Nos termos do nº 1, a decisão de transferência de local de trabalho deve:

a) Ser comunicada por escrito

A decisão do empregador de transferência de local de trabalho é uma declaração negocial sujeita ao regime dos arts. 217º e ss., do CC. A exigência de forma escrita constitui uma exceção ao princípio da liberdade de forma previsto no art. 219º, do CC. A inobservância deste requisito determina a nulidade da declaração (art. 220º, do

CC). *Vide*, neste sentido, Catarina Carvalho, *A mobilidade geográfica dos trabalhadores*, p. 59.

É importante ter em consideração que a declaração de transferência de local de trabalho é uma declaração negocial recetícia, tornando-se eficaz logo que chegue ao poder do destinatário ou é dele conhecida (art. 224º, nº 1, 1ª parte, do CC);

b) Ser comunicada com a antecedência de:

– 30 dias, nos casos de transferência definitiva ou

– 8 dias, nos casos de transferência temporária.

A consagração de prazos diferentes "prende-se com o sacrifício que é imposto ao trabalhador, num caso e noutro, em termos de organização da sua vida pessoal. Em princípio, a transferência temporária não implicará para o trabalhador a mudança definitiva de residência, nem alterações estruturais na organização da vida familiar. Pelo contrário, uma alteração definitiva exige, num juízo de normalidade, mais tempo para o trabalhador preparar a alteração que pode envolver a própria mudança de residência", Pedro Madeira de Brito *in* Pedro Romano Martinez, AAVV, *Código do Trabalho Anotado*, p. 516.

O prazo de antecedência "não pode ser reduzido por acordo prévio das partes", na medida em que a norma flexibilizante prevista no nº 3, do art. 315º (atual art. 194º, nº 2) "refere-se somente aos requisitos de admissibilidade da mobilidade geográfica", Catarina Carvalho, *A mobilidade geográfica dos trabalhadores*, p. 60;

c) Ser fundamentada

A exigência de fundamentação tem por base garantir que o trabalhador tome conhecimento dos motivos invocados, de forma a poder valorar e apreciar a bondade da decisão, designadamente saber se o interesse da empresa assume relevância suficiente para determinar a transferência.

A inobservância do dever de fundamentação legitima a desobediência do trabalhador. Cfr. Catarina Carvalho, *A mobilidade geográfica dos trabalhadores*, p. 59. No entendimento de Pedro Madeira de Brito *in* Pedro Romano Martinez, AAVV, *Código do Trabalho Anotado*, p. 517, a falta de indicação dos fundamentos determina "a ineficácia da declaração de alteração do local de trabalho";

d) Ser comunicada com indicação da duração previsível da transferência;

e) Ser comunicada com indicação do acordo previsto no nº 2, do art. 194º

Nos termos do nº 2, do art. 194º, as partes podem, por acordo, alargar ou restringir o disposto no nº 1, desse mesmo artigo. Esta alínea vem impor a obrigatoriedade de indicação desse acordo na comunicação de transferência.

4. A ordem de transferência do local de trabalho que não seja comunicada por escrito é nula. Por conseguinte, o trabalhador não está obrigado a cumprir tal ordem uma vez que o seu contrato não sofreu nenhuma alteração quanto aos termos espaciais da sua execução. Cfr. o Ac. da RL, de 27.01.21 *in* www.dgsi.pt (Proc. nº 3147/18.3T8BRR.L1-4).

A RP fez questão de deixar claro que a exigência de comunicação "radica nos princípios da boa fé e da mútua colaboração, possibilitando ao trabalhador pronunciar-se, previamente, e informar o empregador do que tiver por pertinente, designadamente, das suas circunstâncias pessoais, mormente, se for mãe solteira de filho menor de 4 anos de idade". Acabando por concluir que a "comunicação de deslocação/transferência de local de trabalho, violando os princípios da boa fé e da mútua colaboração e da garantia convencional da categoria profissional, constitui comportamento culposo e grave do empregador, o qual consubstancia a justa causa de resolução do contrato de trabalho, nos termos do artigo 394º, nº 2, do CT". [Ac. de 08.01.18 *in* www.dgsi.pt (Proc. nº 1454/16.9T8AVR.P1)].

No Proc. nº 3147/18.3T8BRR.L1-4, a RL concluiu que configurava "aceitação tácita da ordem de transferência do local de trabalho a actuação do trabalhador que, em obediência a uma ordem verbal de transferência do local de trabalho, durante mais de 8 anos, sem qualquer reclamação, sempre se apresentou e exerceu a sua actividade no novo local de trabalho". (Ac. de 27.01.21 *in* www.dgsi.pt). Sobre a sanabilidade dos vícios decorrentes da inobservância do presente artigo, *vide,* ainda, o Ac. da RL, de 22.03.17 *in* www.dgsi.pt (Proc. nº 1597/16.9T8PDL.L1-4) e CJ, Ano XLII, Tomo II, p. 136.

5. O presente artigo não é aplicável às situações de rotatividade nos postos de trabalho, a qual não está sujeita a qualquer procedimento. Cfr. o Ac. da RL, de 23.05.18 *in* www.dgsi.pt (Proc. nº 17931/17.1T8SNT-4) e CJ, Ano XLIII, Tomo III, p. 164.

SECÇÃO II – Duração e organização do tempo de trabalho

SUBSECÇÃO I – Noções e princípios gerais sobre duração e organização do tempo de trabalho

Artigo 197º – Tempo de trabalho

1. Considera-se tempo de trabalho qualquer período durante o qual o trabalhador exerce a atividade ou permanece adstrito à realização da prestação, bem como as interrupções e os intervalos previstos no número seguinte.

2. Consideram-se compreendidos no tempo de trabalho:

_a_) A interrupção de trabalho como tal considerada em instrumento de regulamentação coletiva de trabalho, em regulamento interno de empresa ou resultante de uso da empresa;

_b_) A interrupção ocasional do período de trabalho diário inerente à satisfação de necessidades pessoais inadiáveis do trabalhador ou resultante de consentimento do empregador;

_c_) A interrupção de trabalho por motivos técnicos, nomeadamente limpeza, manutenção ou afinação de equipamento, mudança de programa de produção, carga ou descarga de mercadorias, falta de matéria-prima ou energia, ou por fator climatérico que afete a atividade da empresa, ou por motivos económicos, designadamente quebra de encomendas;

_d_) O intervalo para refeição em que o trabalhador tenha de permanecer no espaço habitual de trabalho ou próximo dele, para poder ser chamado a prestar trabalho normal em caso de necessidade;

_e_) A interrupção ou pausa no período de trabalho imposta por normas de segurança e saúde no trabalho.

3. Constitui contraordenação grave a violação do disposto no número anterior.

COMENTÁRIOS:

1. Antecedentes legislativos: Arts. 155º, 156º e 658º, do CT/2003 e 2º, nºs 1, al. *a*) e 2, da L nº 73/98, de 10 de novembro.

O presente artigo vem dar acolhimento à Diretiva 2003/88/CE, do Parlamento Europeu e do Conselho, de 04 de novembro, que revogou a Diretiva 93/104/CEE.

2. O tempo de trabalho compreende:

– o *período de trabalho efetivo* de exercício laboral (durante o qual o trabalhador está a prestar efetivamente o seu desempenho, no local de trabalho), nº 1, 1ª parte.

– aquele em que o trabalhador permanece adstrito à realização da prestação (*período de disponibilidade*), pois, apesar de inativo, continua sujeito ao poder diretivo do empregador (nº 1, 2ª parte).

"Para os trabalhadores a duração do trabalho é, normalmente, associada ao tempo de permanência na empresa, em função da qual distinguem o tempo de trabalho, o tempo de não trabalho e que é condicionante da sua vida pessoal, designadamente no que respeita à determinação do tempo de repouso e de autodisponibilidade. Por outro lado, para os empregadores, o tempo de trabalho traduz-se na medida da prestação de uma certa atividade assumida com a celebração do contrato de trabalho e que é condicionante do Processo produtivo", expõe Joaquim Damas, *A redução da duração do trabalho e a adaptação dos horários na Lei nº 21/96*, p. 97.

Para Carmo Sousa Machado/João Galamba de Oliveira, "A disponibilidade do trabalhador poderá assumir diferentes formas, que deverão ser tratadas de modo diferente. A disponibilidade do trabalhador que se encontra fisicamente no local de trabalho e que, momentaneamente, não está ocupado porque aguarda novas instruções do empregador não é idêntica à disponibilidade do trabalhador que está de escala, em casa, a aguardar ser eventualmente chamado para trabalhar.

Será ainda mais distinta da situação do trabalhador que tem um *smartphone*, propriedade do empregador com ligação ao e-mail profissional, a quem foi solicitado – explícita ou implicitamente – que responda num determinado prazo a qualquer e-mail que lhe seja enviado". *Direito à desconexão-como evitar a intrusão e a exaustão?*, p. 751.

Também Francisco Liberal Fernandes, "Se a determinação do tempo de trabalho efetivo não apresenta dificuldades do ponto de vista jurídico, o critério da disponibilidade para trabalhar nem sempre se afigura inequívoco. De um modo geral, o trabalhador permanece adstrito ao exercício da sua atividade quando subsiste na íntegra o dever de trabalhar, ou seja, quando, durante o período de trabalho (normal ou suplementar), está juridicamente obrigado a obedecer às instruções do empregador, não beneficiando por esse motivo de autonomia (ou de um grau de autonomia relevante) para gerir o seu próprio tempo". *O Tempo de trabalho num mundo em transformação*, pp. 104 e 105.

Propondo o autor uma terceira via: "Não obstante as noções tempo de trabalho e tempo de descanso se apresentarem dicotómicas, importa realçar que a segunda há-de pressupor a capacidade ou disponibilidade atuais do trabalhador para o trabalho. Com efeito, o tempo de descanso não se caracteriza apenas pela ausência de trabalho, mas deve igualmente possibilitar um tempo de lazer. Ora, este segundo conteúdo não é possível tornar-se efetivo sempre que o trabalhador não está em condições pessoais (físicas ou psíquicas) de gozar de um período de lazer. Parece-nos, por isso, que a referida alternativa conceitual ou definitória não poderá ser entendida em termos absolutos, mas apenas em moldes tendenciais, não se afigurando adequada a sua aplicação nas situações de incapacidade ou indisponibilidade para o trabalho, as quais se afiguram como *um tercium genus*, passíveis de ser designadas por tempo de recuperação.

Aliás, em determinadas situações – por exemplo, nas licenças previstas no âmbito da proteção da parentalidade (art. 35º e s. do CT) –, o legislador ultrapassa aquela dificuldade de classificação ao determinar (ficcionar) que as mesmas constituem tempo de trabalho efetivo (art. 65º, nº 1, do CT). Já relativamente às faltas justificadas, estipula que não afetam qualquer direito do trabalhador, salvo em matéria em retribuição (art. 255º, nº 1, do CT), muito embora se abstenha de qualificar o tempo de ausência ao trabalho que as mesmas implicam", pp. 106 e 107.

3. A jurisprudência entende que para a qualificação do *período de disponibilidade* como tempo de trabalho, o trabalhador tem que permanecer no local de trabalho, permanentemente acessível, por forma a ser localizado pelo empregador:

2 – Os tempos, fora dos períodos em que, de acordo com as escalas de serviço previamente divulgadas, têm serviço atribuído, os condutores não são obrigados a permanecer no seu posto de trabalho, nem sequer nas instalações da empresa, mas sabem que podem ser chamados para acorrer à realização de qualquer serviço, não revestem a natureza de tempo de trabalho, quer na qualificação do Decreto-Lei 237/2007 de 19/06, quer dos arts. 197º e 199º do Código de Trabalho. [Ac. do STJ, de 30.04.19 *in* www.dgsi.pt (Proc. nº 6590/15.6T8LSB.L1.S1)].

II – A obrigatoriedade de permanência nas instalações da empregadora nos períodos em que o trabalhador não está a desempenhar a atividade, mas à disposição daquela, é o fator determinante para se considerarem aqueles períodos como tempo de trabalho. (Ac. do STJ, de 09.01.19 *in* CJ, Ano XXVII, Tomo I, p. 209).

O tempo de disponibilidade não é tempo de trabalho pelo que a sua remuneração não é retribuição, porque não remunera nem trabalho nem tempo de trabalho. [Ac. da RL, de 17.12.14 *in* www.dgsi.pt (Proc. nº 449/10.0TTLRS.L1-4)].

VI. Para efeitos de qualificação de tempo de trabalho a disponibilidade que releva do trabalhador pressupõe que ele permaneça no seu local de trabalho. VII. Em conformidade com a proposição anterior, não é de qualificar como tempo de trabalho e, por consequência, como trabalho suplementar e/ou noturno se se prova que a trabalhadora efetuava "noite de prevenção" em que não era obrigada a permanecer nas instalações da empregadora, sendo apenas contactada por telemóvel em caso de necessidade. [Ac. da RE, de 30.08.12 *in* www.dgsi.pt (Proc. nº 155/11.9T2SNS.E1)].

O tempo de disponibilidade e de localização do trabalhador só releva para efeitos da sua qualificação como tempo de trabalho se o trabalhador permanecer no seu local de trabalho. (Ac. da RC, de 08.09.11 *in* CJ, Ano XXXVI, Tomo IV, p. 63).

Se o trabalhador permanece fora do seu local de trabalho, por exemplo em casa, onde pode, ainda que de uma forma limitada, gerir os seus próprios interesses e desenvolver até atividades à margem da relação laboral que mantém com a entidade empregadora apesar de se encontrar disponível para trabalhar para esta, como regra esse período de tempo não pode considerar-se "tempo de trabalho". IV – A disponibilidade para o trabalho que releva para o efeito de ser considerada como tempo de efetivo trabalho é a disponibilidade física do trabalhador nas próprias instalações da empresa e no exercício da sua atividade ou função. [Ac. da RC, de 08.11.07 *in* www.dgsi.pt (Proc. nº 482/05.4TTVIS.C1)].

O entendimento do Tribunal de Justiça sobre o período de prevenção em regime de disponibilidade contínua, obriga a uma *apreciação global de todas as circunstâncias do caso*:

Assim, se o período de prevenção durante o qual um trabalhador apenas *deve estar contactável por telefone e poder chegar ao seu local de trabalho, se necessário, no prazo de uma hora, podendo, ao mesmo tempo, permanecer num alojamento de serviço colocado à sua disposição pela sua entidade patronal nesse local de trabalho, sem estar obrigado a aí permanecer, só constitui, na sua totalidade, tempo de trabalho se decorrer de uma apreciação global de todas as circunstâncias do caso em apreço, nomeadamente das consequências desse prazo e, sendo caso disso, da frequência média das intervenções durante esse período, que as limitações impostas a esse trabalhador durante o referido período são de uma natureza tal que afetam objetiva e muito significativamente a capacidade do trabalhador de gerir livremente, durante o mesmo período, o tempo durante o qual os seus serviços profissionais não são solicitados e dedicar esse tempo aos seus próprios interesses. O caráter pouco propício às atividades de lazer das imediações do local em causa não é pertinente para efeitos desta apreciação.* [Ac. do TJ, de 09.03.21 *in* JOUE, C-182, de 10.05.21 (Proc. C-344/19)]

Um período de prevenção em regime de disponibilidade contínua, *durante o qual um trabalhador deve poder chegar à área urbana da cidade do seu local de trabalho no prazo de 20 minutos, com o seu uniforme de intervenção e o veículo de serviço disponibilizado pela sua entidade patro-*

nal, exercendo os direitos derrogatórios do Código da Estrada e os direitos de prioridade associados a esse veículo, só constitui, na sua totalidade, «tempo de trabalho» se decorrer de uma apreciação global de todas as circunstâncias do caso em apreço, nomeadamente das consequências desse prazo e, sendo caso disso, da frequência média das intervenções durante esse período, que as limitações impostas a esse trabalhador durante o referido período são de uma natureza tal que afetam objetiva e muito significativamente a capacidade do trabalhador de gerir livremente, durante o mesmo período, o tempo durante o qual os seus serviços profissionais não são solicitados e dedicar esse tempo aos seus próprios interesses. [Ac. do TJ, de 09.03.21 *in* JOUE, C-182/11, de 10.05.21 (Proc. C-580/19)].

Sobre os tempos de deslocação de um trabalhador deslocalizado no estrangeiro, *para e da sua residência em Portugal, para gozar descansos compensatórios e retomar o seu trabalho no estrangeiro, não podem ser contabilizados como tempo de trabalho salvo acordo em sentido contrário.* [Ac. da RC, de 06.12.19 *in* www.dgsi.pt (Proc. nº 1313/18.0T8FIG.C1)].

4. São considerados, igualmente, tempo de trabalho as interrupções e os intervalos elencados no nº 2:

– As interrupções de trabalho se equiparadas a tempo de trabalho, nos termos previstos em instrumento de regulamentação coletiva de trabalho, em regulamento interno ou nos usos empresariais (al. *a*));

– A interrupção ocasional do período de trabalho diário, inerente à satisfação de necessidades pessoais inadiáveis do trabalhador (*v.g.*, necessidades de ordem fisiológica), ou consentida pelo empregador (*v.g.*, pausas para café, aviamento de uma receita médica), conforme a al. *b*);

– A impossibilidade temporária do empregador receber trabalho, por motivos de todo alheios ao trabalhador, exemplificando a al. *c*), várias situações possíveis;

– O intervalo para refeição, em que o trabalhador tenha de permanecer no espaço habitual de trabalho ou próximo dele, podendo ser convocado para prestar trabalho normal em caso de necessidade (al. *d*));

São considerados tempo de trabalho, os intervalos para refeição desde que se verifiquem os seguintes elementos: a) em que o trabalhador tenha de permanecer no espaço habitual de trabalho ou próximo dele; b) e esteja adstrito à realização da prestação, para poder ser chamado a prestar trabalho normal em caso de necessidade. [Ac. da RP, de 22.10.12 *in* www.dgsi.pt (Proc. nº 487/09.6TTBCL.P1)].

II – A meia hora que, diariamente, era destinada ao jantar do Autor (chefe de cozinha), por se inserir no período normal de trabalho do mesmo, é considerado tempo de trabalho e não tempo de descanso, face às cláusulas aplicáveis do CCT para o setor da restauração (cf. ainda, artigos 2º, número 2, alínea d) da Lei nº 73/98, de 10/11 e 156º, alínea d) do Código do Trabalho de 2003). [Ac. da RL, de 10.10.12 *in* www.dgsi.pt (Proc. nº 241/08.2TTLSB.L1-4)].

– As interrupções necessárias em virtude de concretização de medidas de segurança e saúde no trabalho, *v.g.*, práticas ergonómicas dentro da empresa (al. *e*)).

5. Poderá, ainda, ser considerado tempo de trabalho o tempo de deslocação para o trabalho.

O artigo 2º, ponto 1, da Diretiva 2003/88 do Parlamento Europeu e do Conselho, de 4 de novembro de 2003, relativa a determinados aspetos da organização do tempo de trabalho, deve ser interpretado no sentido de que, em circunstâncias como as que estão em causa no Processo principal, em que os trabalhadores não têm local de trabalho fixo ou habitual, constitui «tempo de trabalho», na aceção desta disposição, o tempo de deslocação que esses trabalhadores despendem diariamente entre a sua residência e os domicílios do primeiro e do último clientes designados pela entidade patronal. [Ac. do TJ, de 10.09.15 *in* JOUE, C-363, de 03.11.15 (Proc. C-266/14)].

I – À face do artigo 197º do Código do Trabalho, é de considerar que o tempo despendido pelo motorista que, finda a sua primeira etapa diária de trabalho, necessita de se deslocar para empreender o início da segunda etapa de trabalho, se qualifica como tempo de trabalho, ainda que a interrupção do período de trabalho diário possa alcançar as 7 horas. II – Nesse período de dispêndio necessário de tempo para retomar e realizar o trabalho já nesse dia iniciado, é patente a adstrição que aí se verifica do trabalhador à realização da prestação que interrompeu e que, por ordem do empregador, deve nesse dia retomar num outro local e umas horas mais tarde, necessitando, para o efeito, de para ali se deslocar. [Ac. da RP, de 21.10.13 *in* www.dgsi.pt (Proc. nº 105/12.5TTPRT.P1)].

Artigo 198º – Período normal de trabalho

O tempo de trabalho que o trabalhador se obriga a prestar, medido em número de horas por dia e por semana, denomina-se período normal de trabalho.

COMENTÁRIOS:

1. Antecedentes legislativos: Arts. 158º, do CT/2003 e 45º, nº 1, da LCT.

2. O período normal de trabalho é delimitado pelo horário de trabalho, correspondendo, em princípio, a oito horas de trabalho diárias e quarenta horas semanais (art. 203º, nº 1).

Artigo 199º – Período de descanso

Entende-se por período de descanso o que não seja tempo de trabalho.

COMENTÁRIOS:

1. Antecedentes legislativos: Arts. 157º, do CT/2003 e 2º, nº 1, al. *b*), da L nº 73/98, de 10 de novembro.

2. O presente artigo deve ser articulado com o conceito de período normal de trabalho, o qual não pode exceder oito horas por dia e quarenta horas por semana (art. 203º, nº 1), bem como com os intervalos de descanso, de duração não inferior a uma hora nem superior a duas, de modo a que o trabalhador não preste mais de cinco horas de trabalho consecutivo, ou seis horas de trabalho consecutivo caso aquele período seja superior a 10 horas (art. 213º, nº 1).

Com grande atualidade, explanam Carmo Sousa Machado/João Galamba de Oliveira "A delimitação do que se entende por tempo de trabalho e tempo de descanso tem dado azo a várias – por vezes opostas – interpretações doutrinais e jurisprudenciais. As Novas Tecnologias de Informação e Comunicação (doravante "NTIC") vieram contribuir para a intensificação da discussão, ao permitir e incentivar que o trabalhador permaneça, ainda que em diferentes níveis de disponibilidade, "adstrito à realização da prestação", nomeadamente através de uma conectividade digital total e permanente aos instrumentos de trabalho, ao empregador, aos fornecedores e aos clientes", *Direito à desconexão-como evitar a intrusão e a exaustão?*, p. 745.

I – Segundo o CT/09, o tempo de trabalho corresponde ao período em que o trabalhador está a trabalhar ou se encontra à disposição da entidade empregadora e no exercício da sua atividade ou das suas funções, bem como determinadas interrupções ou intervalos como tal taxativamente enunciados e dos quais não importa aqui cuidar por nenhum deles estar em equação – art. 197º/1/2 do CT/09. II – O tempo de descanso obtém-se por exclusão, no sentido de que deve ser considerado como tal todo o tempo que não possa qualificar-se como de trabalho – art. 199º do CT/09. III – À luz do CT/09 e por exclusão, esse tempo de permanência do autor no estrangeiro em descanso ou sem exercer a condução profissional não pode deixar de ser considerado como tempo de descanso. IV – Considerando o mesmo problema à luz da Diretiva 2002/15/CE do Parlamento Europeu e do Conselho, de 11 de março de 2002, relativa à organização do tempo de trabalho das pessoas que exercem atividades móveis de transporte rodoviário, não vemos como a solução correspondente possa deixar de ser a mesma. [Ac. da RC, de 27.11.20 *in* www.dgsi.pt (Proc. nº 2356/19.2T8LRA.C1)].

I – O momento limite entre o 'tempo de trabalho' e o 'tempo de descanso' é aquele em que o trabalhador adquire o domínio absoluto e livre da gestão da sua vida privada. II – A disponibilidade do trabalhador ao serviço do empregador, 24 horas por dia, 6 dias por semana, viola o direito do trabalhador "ao repouso e aos lazeres", pessoais e familiares, previsto no artigo 59º, nº 1, alínea d), da Constituição da República Portuguesa (CRP). [Ac. da RP, de 24.01.18 *in* www.dgsi.pt (Proc. nº 2066/15.0T8PNF.P1)].

Artigo 200º – Horário de trabalho

1. Entende-se por horário de trabalho a determinação das horas de início e termo do período normal de trabalho diário e do intervalo de descanso, bem como do descanso semanal.

2. O horário de trabalho delimita o período normal de trabalho diário e semanal.

3. O início e o termo do período normal de trabalho diário podem ocorrer em dias consecutivos.

COMENTÁRIOS:

1. Antecedentes legislativos: Arts. 159º, do CT/2003 e 11º, nº 2, da L nº 409/71, de 27 de setembro.

2. O nº 1 entende que o horário de trabalho corresponde à determinação das horas de início e termo do período normal de trabalho diário, tendo em conta o intervalo de descanso diário (art. 213º) e o descanso semanal (art. 232º).

Não contraria a lei o horário de trabalho praticado pelo autor, resultante do acordo entre este e a empresa, por via do qual o trabalhador presta 40 horas de trabalho por semana, entre a segunda-feira e o sábado, sendo o dia de descanso obrigatório o domingo e em que na prática, com a anuência da ré, o autor, habitualmente, não trabalha mais do que 30/32 horas por semana. [Ac. da RL, de 23.10.19 *in* www.dgsi.pt (Proc. nº 7677/18.9T8SNT.L1-4)].

3. De acordo com o nº 2, o horário de trabalho delimita o período de trabalho diário e semanal, moldando, assim, temporalmente a prestação de trabalho.

4. O nº 3 esclarece que o início e o termo do trabalho diário podem ocorrer em dias consecutivos.

Artigo 201º – Período de funcionamento

1. Entende-se por período de funcionamento o período de tempo diário durante o qual o estabelecimento pode exercer a sua atividade.

2. O período de funcionamento de estabelecimento de venda ao público denomina-se período de abertura.

3. O período de funcionamento de estabelecimento industrial denomina-se período de laboração.

4. O regime dos períodos de funcionamento consta de legislação específica.

COMENTÁRIOS:

1. Antecedentes legislativos: Arts. 160º, do CT/2003 e 23º, nº 2 e 24º, nº 1, da L nº 409/71, de 27 de setembro.

2. O período de funcionamento corresponde ao período de tempo durante o qual podem os estabelecimentos exercer a sua atividade (nº 1).

3. O nº 2 alude ao período de funcionamento de estabelecimento de venda ao público designado *período de abertura.*

Relativamente ao período de funcionamento de estabelecimento de venda ao público, dispõe o art. 31º, do DL nº 10/2015, de 16 de janeiro (que aprovou o regime jurídico de acesso e exercício de atividades de comércio, serviços e restauração, na redação dada pela L nº 15/2018, de 27.03.): Sem prejuízo do disposto em regime especial, os estabelecimentos de venda ao público, devem observar o disposto no DL nº 48/96, de 15 de maio (aprova o regime dos horários de funcionamento dos estabelecimentos comerciais), quanto ao respetivo horário de funcionamento.

4. O nº 3 aborda o *período de laboração,* assim denominado o período de funcionamento de estabelecimento industrial.

O art. 16º, da L nº 105/2009, de 14 de setembro, que regulamenta certos aspetos do CT/2009, define o período de laboração, conforme a seguir se transcreve:

1. O período de laboração é o compreendido entre as 7 e as 20 horas, sem prejuízo do disposto no número seguinte.

2. O membro do Governo responsável pela área laboral, ouvidas as entidades públicas competentes, pode autorizar períodos de laboração do estabelecimento com amplitude superior à definida no número anterior, por motivos económicos e tecnológicos.

3. Os membros do Governo responsáveis pela área laboral e pelo setor de atividade em causa podem, mediante despacho conjunto, autorizar a laboração contínua do estabelecimento por motivos económicos ou tecnológicos.

4. Para efeitos dos nºs 2 e 3, o empregador deve apresentar ao serviço com competência inspetiva do ministério responsável pela área laboral, a quem compete a direção da instrução do processo, requerimento devidamente fundamentado, acompanhado de:

a) Parecer da comissão de trabalhadores ou, na sua falta, da comissão sindical ou intersindical ou dos delegados sindicais ou, 10 dias após a consulta, comprovativo do pedido de parecer;

b) Projeto de horário de trabalho a aplicar;

c) Comprovativo do licenciamento da atividade da empresa;

d) Declarações emitidas pelas autoridades competentes comprovativas de que tem a situação contributiva regularizada perante a administração tributária e segurança social.

5. Constitui contraordenação grave a violação do disposto nos nºs 1, 2 e 3.

Artigo 202º – Registo de tempos de trabalho

1. O empregador deve manter o registo dos tempos de trabalho, incluindo dos trabalhadores que estão isentos de horário de trabalho, em local acessível e por forma que permita a sua consulta imediata.

2. O registo deve conter a indicação das horas de início e de termo do tempo de trabalho, bem como das interrupções ou intervalos que nele não se compreendam, por forma a permitir apurar o número de horas de trabalho prestadas por trabalhador, por dia e por semana, bem como as prestadas em situação referida na alínea *b*) do nº 1 do artigo 257º.

3. O empregador deve assegurar que o trabalhador que preste trabalho no exterior da empresa vise o registo imediatamente após o seu regresso à empresa, ou envie o mesmo devidamente visado, de modo que a empresa disponha do registo devidamente visado no prazo de 15 dias a contar da prestação.

4. O empregador deve manter o registo dos tempos de trabalho, bem como a declaração a que se refere o artigo 257º e o acordo a que se refere a alínea *f*) do nº 3 do artigo 226º, durante cinco anos.

5. Constitui contraordenação grave a violação do disposto neste artigo.

COMENTÁRIOS:

1. Antecedentes legislativos: Arts. 162º, do CT/2003 e Despacho Normativo nº 36/ /87, de 04 de abril.

2. O empregador deve manter o registo dos tempos de trabalho, para controle do cumprimento do desempenho laboral (incluindo o dos trabalhadores que estão isen-

tos de horário de trabalho), em local acessível e por forma que permita a sua consulta imediata (nº 1). A prática habitual é proceder à afixação dos mesmos.

3. Por forma a permitir o apuramento do número de horas de trabalho prestadas por trabalhador, por dia e por semana, o registo deve conter, dispõe o nº 2:

– A indicação das horas de início e de termo do tempo de trabalho;

– As interrupções ou intervalos que nele não se compreendam e

– No caso de substituição da perda de retribuição por motivo de falta, a prestação de trabalho em acréscimo ao período normal, dentro dos limites previstos no art. 204º quando o instrumento de regulamentação coletiva de trabalho o permita (por remissão para o art. 257º, nº 1, al. *b*)).

4. O empregador deve assegurar que o trabalhador que preste trabalho no exterior da empresa vise o registo imediatamente após o seu regresso, ou envie o mesmo devidamente visado, de modo que a empresa disponha desse registo visado no prazo de 15 dias a contar da prestação (nº 3).

I – A segunda parte do número 3 do artigo 202º do Código do Trabalho refere-se a trabalhadores que possuem uma ligação residual, ténue ou meramente formal à sede ou outras instalações do empregador, por o seu normal e genuíno local de trabalho não se reconduzir às mesmas, mas a lugar diverso destas últimas (v. g., instalações de terceiros, clientes da entidade patronal), onde nunca regressam ou fazem-no de forma pontual e/ou irregular. II – O registo dos tempos de trabalho, nessas situações, tem de ser efetuado e mantido acessível, para consulta imediata, nos termos exigidos pelo número 1 do artigo 202º do citado diploma legal e por um período mínimo de 30 dias, nas instalações ou estabelecimentos onde esses trabalhadores (que prestam trabalho no exterior da empresa empregadora, de acordo com o número 3 desse mesmo artigo) desempenham efetiva e habitualmente funções. [Ac. da RL, de 05.12.12 *in* www.dgsi.pt (Proc. nº 403/11.5TTCLD.L1-4)].

I – O registo que permite apurar o número de horas de trabalho prestadas pelo trabalhador destina-se, em suma, a apurar a conformidade da organização da atividade da empresa com a disciplina do tempo de trabalho. II – A entidade patronal não está dispensada do registo supra aludido mesmo em relação aos trabalhadores que exerçam atividade regular fora do estabelecimento da empresa sem controlo imediato da hierarquia. (Ac. da RP, de 02.06.08 *in* CJ, Ano XXXIII, Tomo III, p. 231).

5. O empregador deve manter o registo dos tempos de trabalho, bem como a declaração a que se refere o art. 257º (Substituição da perda de retribuição por motivo de falta) e o acordo a que se refere a alínea *f*), do nº 3, do art. 226º (trabalho prestado para compensação de períodos de ausência ao trabalho, efetuada por iniciativa do trabalhador, desde que com o acordo do empregador), durante cinco anos (nº 4).

6. O registo do tempo de trabalho vale como documento particular (art. 376º, CC).

SUBSECÇÃO II – Limites da duração do trabalho

Artigo 203º – Limites máximos do período normal de trabalho

1. O período normal de trabalho não pode exceder oito horas por dia e quarenta horas por semana.

2. O período normal de trabalho diário de trabalhador que preste trabalho exclusivamente em dias de descanso semanal da generalidade dos trabalhadores da empresa ou estabelecimento pode ser aumentado até quatro horas diárias, sem prejuízo do disposto em instrumento de regulamentação coletiva de trabalho.

3. Há tolerância de quinze minutos para transações, operações ou outras tarefas começadas e não acabadas na hora estabelecida para o termo do período normal de trabalho diário, tendo tal tolerância caráter excecional e devendo o acréscimo de trabalho ser pago ao perfazer quatro horas ou no termo do ano civil.

4. Os limites máximos do período normal de trabalho podem ser reduzidos por instrumento de regulamentação coletiva de trabalho, não podendo daí resultar diminuição da retribuição dos trabalhadores.

5. Constitui contraordenação grave a violação do disposto neste artigo.

COMENTÁRIOS:

1. Antecedentes legislativos: Arts. 163º e 658º, do CT/2003; 5º, nºs 1, 3 e 9, do DL nº 409/71, de 27 de setembro e 1º, nºs 1 e 2, da L nº 21/96, de 23 de julho.

2. Parece que se deve a *Robert Owen* a divisão do dia no paradigma-regra: *Eight hours labor, eight hours recreation, eight hours rest.*

Os chamados *novos tempos de trabalho* (adaptabilidade, banco de horas e horário concentrado), constituem um desvio, fruto da necessidade de flexibilização do tempo de trabalho, permitindo que a jornada diária possa ser aumentada por instrumento coletivo de trabalho ou por contrato individual de trabalho.

3. O regime geral do período normal de trabalho dita que este não pode exceder oito horas por dia e quarenta horas por semana (nº 1).

O artigo 6º da Diretiva 2003/88 deve ser interpretado no sentido de que, em princípio, não permite uma situação na qual, mesmo que o contrato individual de trabalho do guarda florestal preveja um tempo de trabalho máximo de 8 horas por dia e de 40 horas por semana, na realidade, por obrigação legal, o referido guarda deve assegurar a vigilância da parcela florestal sob a sua gestão, ou permanentemente, ou de tal modo que ultrapassa o tempo máximo de trabalho semanal previsto neste artigo. [Ac. do TJ, de 04.03.11 *in* JOUE, C-186, de 25.06.11 (Proc. C-258/-10)].

I – O art. 203º, nº 1, do CT/2009, estabelece os limites máximos dos períodos normais de trabalho, referindo que o período normal de trabalho não pode exceder oito horas por dia nem quarenta horas por semana. II – De acordo com o art. 210º, nº 1, os limites dos períodos normais de trabalho estabelecidos no art. 203º, só podem ser alterados nos termos expressamente previstos neste Código, salvo os casos especiais previstos no mesmo preceito, relativamente aos quais o acréscimo dos limites do período normal de trabalho pode ser determinado em instrumento de regulamentação coletiva de trabalho. III – Assim, o Código do Trabalho não permite o acréscimo dos períodos normais de trabalho estabelecidos no art. 203º, salvo nos regimes de adaptabilidade, previstos nos arts. 204º a 206º, mas que ao caso não interessam, por não vir invocado nenhum regime de prestação de trabalho em termos médios, também não se integrando o caso em nenhum dos regimes previstos no nº 1 do citado art. 210º. IV – Verificando-se que o período normal de trabalho fixado pela empregadora excede em muito o período legalmente estipulado, deve reputar-se tal estipulação de nula, e o trabalho prestado que excede o período normal de trabalho legalmente estipulado ser considerado de suplementar. [Ac. da RP, de 16.05.11 *in* www.dgsi.pt (Proc. nº 649/09.6TTOAZ.P1)].

Pode, no entanto, ser estabelecido um período normal de trabalho inferior. *V.*, nesse sentido, o Ac. da RE, de 23.02.16: *i) a imperatividade da lei, quanto ao limite máximo de oito horas por dia e de quarenta horas por semana, previsto nos arts. 203º, nº 1 do CT atual e 163º, nº 1 do CT anterior, impede apenas a estipulação de um horário de trabalho superior, mas não a de um horário inferior, como decorre claramente do art. 203º, nº 4 do CT atual e 168º do CT anterior.* [*In* www.dgsi.pt (Proc. nº 384/13.0TTPTM.E1)].

4. O nº 2 cuida do regime especial de tempo de trabalho do *trabalhador de substituição*, ou seja, daquele que preste trabalho exclusivamente em dias de descanso semanal da generalidade dos trabalhadores da empresa ou estabelecimento.

Sobre o limite do período normal de trabalho destes trabalhadores esclarece Francisco Liberal Fernandes, "Se a empresa laborar em regime contínuo, a duração normal do trabalho diário poderá ser de doze horas; já se o período de funcionamento for de oito horas, a duração normal de trabalho daquela categoria de trabalhadores não poderá ser fixada nos termos do art. 203º, nº 2, sob pena de se defraudar a disciplina (imperativa) respeitante ao trabalho suplementar e ao período normal do trabalho", *O tempo de trabalho*, p. 65.

5. Há tolerância de quinze minutos para transações, operações ou outras tarefas começadas e não acabadas na hora estabelecida para o termo do período normal de trabalho diário, tendo tal tolerância caráter excecional e devendo o acréscimo de trabalho, ser pago ao perfazer quatro horas ou no termo do ano civil (nº 3).

É a característica de excecionalidade do período de tolerância que o subtrai à qualificação como trabalho suplementar (art. 226º). Diluindo-se a excecionalidade em habitualidade nada impede tal qualificação.

6. Os limites máximos do período normal de trabalho podem ser reduzidos por instrumento de regulamentação coletiva de trabalho, desde que não haja diminuição da retribuição dos trabalhadores (nº 4).

7. Nos casos de pluriemprego, não existem limites ao período normal de trabalho.

I – Se a trabalhadora está vinculada a duas empresas distintas com que outorgou contrato de trabalho para execução de serviços de limpeza, a circunstância de uma das empresas ter passado a assegurar os serviços de limpeza nos dois locais não converte os dois contratos num único, antes mantendo cada um a sua autonomia. II – Sendo autónomos os contratos, o limite de 40 horas semanais para o período de trabalho aplica-se apenas em relação a cada um dos contratos, nada obstando a que a trabalhadora, no conjunto dos dois locais, preste mais de 40 horas de trabalho por semana. (Ac. da RL, de 28.09.11 *in* CJ, Ano XXXVI, Tomo IV, p. 159).

Artigo 204º – Adaptabilidade por regulamentação coletiva

1. Por instrumento de regulamentação coletiva de trabalho, o período normal de trabalho pode ser definido em termos médios, caso em que o limite diário estabelecido no nº 1 do artigo anterior pode ser aumentado até quatro horas e a duração do trabalho semanal pode atingir sessenta horas, só não se contando nestas o trabalho suplementar prestado por motivo de força maior.

2. O período normal de trabalho definido nos termos previstos no número anterior não pode exceder cinquenta horas em média num período de dois meses.

3. Constitui contraordenação grave a violação do disposto neste artigo.

COMENTÁRIOS:

1. Antecedentes legislativos: Arts. 164º e 658º, do CT/2003 e 5º, nº 7, do DL nº 409/71, de 27 de setembro.

2. O regime da adaptabilidade dos horários de trabalho, como uma das forma de flexibilização da organização do tempo de trabalho (além do banco de horas e do horário concentrado), procede à redistribuição do período normal de trabalho, dentro de certos limites, com variação da duração diária e semanal, compreendida no período de referência, mantendo intocável a retribuição auferida (o que evita o pagamento de trabalho suplementar, havendo acréscimo de atividade), nos termos dos juízos de produtividade e de competitividade do empregador.

A adaptabilidade pode ser fixada por instrumento de regulamentação coletiva (*adaptabilidade por regulamentação coletiva*) ou por acordo entre o empregador e os trabalhadores (*adaptabilidade individual*).

O regime não derroga o direito ao descanso diário (art. 214º) e ao descanso semanal, obrigatório ou complementar (art. 232º).

Sobre a compatibilidade dos institutos da adaptabilidade, banco de horas e horário concentrado com a Convenção nº 1 OIT, *v.* Tiago Pimenta Fernandes, *As recentes alterações legislativas, em matéria de tempo de trabalho à luz das regras da OIT.*

3. Por instrumento de regulamentação coletiva de trabalho, o período normal de trabalho pode ser definido em termos médios, caso em que o limite diário de oito horas diárias e quarenta horas semanais pode ser aumentado até quatro horas e a

duração do trabalho semanal pode atingir sessenta horas, só não se contando nestas o trabalho suplementar prestado por motivo de força maior (nº 1).

Subscrevemos Francisco Liberal Fernandes, que entende que o aumento do tempo de trabalho em quatro horas diárias "constitui o prolongamento máximo possível da jornada de trabalho, qualquer que seja o período normal de trabalho diário. Se, por exemplo, este último for de seis horas, da aplicação daquela norma decorre que a duração do trabalho diário quando definida em regime de adaptabilidade não pode ultrapassar dez horas, exceto no caso de trabalho suplementar por motivo de força maior", *O tempo de trabalho*, p. 75.

4. O período normal de trabalho (de mais quatro horas diárias e a duração do trabalho semanal de até sessenta horas) não pode exceder cinquenta horas em média num período de dois meses (nº 2).

Ou seja, o aumento do tempo de trabalho até às sessentas horas por semana prestadas no primeiro mês (no qual não se inclui o trabalho suplementar por motivo de força maior) não pode ser usado ao longo de todo o período de referência, devendo seguir-se a prestação de apenas quarenta horas no mês seguinte, para cumprimento da média de cinquenta horas num período de dois meses.

Artigo 205º – Adaptabilidade individual

1. O empregador e o trabalhador podem, por acordo, definir o período normal de trabalho em termos médios.

2. O acordo pode prever o aumento do período normal de trabalho diário até duas horas e que o trabalho semanal possa atingir cinquenta horas, só não se contando nestas o trabalho suplementar prestado por motivo de força maior.

3. Em semana cuja duração do trabalho seja inferior a quarenta horas, a redução pode ser até duas horas diárias ou, sendo acordada, em dias ou meios dias, sem prejuízo do direito a subsídio de refeição.

4. O acordo pode ser celebrado mediante proposta, por escrito, do empregador, presumindo-se a aceitação por parte de trabalhador que a ela não se oponha, por escrito, nos 14 dias seguintes ao conhecimento da mesma, aí incluídos os períodos a que se refere o nº 2 do artigo 217º.

5. O regime jurídico previsto nos números anteriores mantém-se até ao termo do período de referência em execução à data da entrada em vigor de instrumento de regulamentação coletiva de trabalho que incida sobre a matéria.

6. Constitui contraordenação grave a violação do disposto neste artigo.

COMENTÁRIOS:

1. Antecedentes legislativos: Arts. 165º e 658º, do CT/2003 e 3º, nºs 2 e 4, da L nº 21/96, de 23 de julho.

2. O TC, no Ac. nº 338/2010, de 22.09.10, decidiu declarar a constitucionalidade do presente artigo. Entende o TC que: "Deve, porém, começar por se dizer que se o empregador recorre a este mecanismo há-de ter uma razão justificativa para o fazer, no contexto da laboração da empresa, e é certamente ponderando, também, a posição dos outros trabalhadores em situação análoga seja em termos de categoria, retribuição ou quaisquer outras condições. Depois, o facto de o silêncio não ter em geral valor declarativo (artigo 217º do Código Civil), não significa que a lei não lhe possa conferir esse valor, quando se entenda que é razoável supor a diligência correspondente a um dever de resposta. Além disso, o trabalhador tem a possibilidade de se opor ao regime da adaptabilidade. E o argumento de que essa possibilidade será meramente teórica dado que não se trata de uma relação entre iguais não procede. Na verdade, tal como o empregador deve ter razões justificativas para aplicar o regime da adaptabilidade, também, correlativamente, o trabalhador deverá ter razões que justifiquem a sua recusa. Se essas razões forem devidamente justificadas não se vê como possa o empregador razoavelmente recusá-las. O trabalhador pode opor-se por escrito (artigo 205º, nº 4, do Código do Trabalho). E, se o fizer, o empregador não lhe pode impor a adaptabilidade do período de trabalho". (DR, I Série, de 08.11.2010).

3. O empregador e o trabalhador podem, por acordo, definir o período normal de trabalho em termos médios (nº 1).

4. O acordo pode prever o aumento do período normal de trabalho diário até duas horas e que o trabalho semanal possa atingir cinquenta horas, só não se contando nestas o trabalho suplementar prestado por motivo de força maior (nº 2).

5. Em semana cuja duração do trabalho seja inferior a quarenta horas, para acatar os termos médios, a redução pode ser até duas horas diárias (ou, sendo acordada, em dias ou meios dias), salvaguardando a lei o direito a subsídio de refeição (nº 3).

6. O acordo, ou melhor, a proposta de acordo (constante do próprio contrato de trabalho, de contrato de adesão ou de aditamento ao contrato celebrado) reveste a forma escrita, sendo esta uma exigência *ad substantiam*, presumindo-se a aceitação por parte de trabalhador que a ela não se oponha, por escrito, nos 14 dias seguintes ao conhecimento da mesma, aí incluídos os períodos a que se refere o nº 2 do art. 217º, relativo às regras de alteração do horário de trabalho (nº 4).

Segundo a RE, o acordo (proposta) pode constar do regulamento interno da empresa, pelo que, *ii) o trabalhador que aceita o regime de adaptabilidade previsto no referido regulamento interno por escrito no contrato de trabalho celebrado com a empresa, fica válida e legalmente vinculado à observância do respetivo regime jurídico durante a sua prestação de trabalho.* [Ac. de 23.06.16 *in* www.dgsi.pt (Proc. nº 860/14.8T8STB.E1)].

Artigo 206º – Adaptabilidade grupal

1. O instrumento de regulamentação coletiva de trabalho que institua o regime de adaptabilidade previsto no artigo 204º pode prever que:

a) O empregador possa aplicar o regime ao conjunto dos trabalhadores de uma equipa, secção ou unidade económica caso, pelo menos, 60%. dos trabalhadores dessa estrutura sejam por ele abrangidos, mediante filiação em associação sindical celebrante da convenção e por escolha dessa convenção como aplicável;

b) O disposto na alínea anterior se aplique enquanto os trabalhadores da equipa, secção ou unidade económica em causa abrangidos pelo regime de acordo com a parte final da alínea anterior forem em número igual ou superior ao correspondente à percentagem nele indicada.

2. Caso a proposta a que se refere o nº 4 do artigo anterior seja aceite por, pelo menos, 75% dos trabalhadores da equipa, secção ou unidade económica a quem for dirigida, o empregador pode aplicar o mesmo regime ao conjunto dos trabalhadores dessa estrutura.

3. Ocorrendo alteração por entrada ou saída de trabalhadores na composição da equipa, secção ou unidade económica, o disposto no número anterior aplica-se enquanto dessa alteração não resultar percentagem inferior à nele indicada.

4. Excetua-se a aplicação do regime de adaptabilidade instituído nos termos dos nºs 1 ou 2 nas seguintes situações:

a) Trabalhador abrangido por convenção coletiva que disponha de modo contrário a esse regime ou, relativamente a regime referido no nº 1, a trabalhador representado por associação sindical que tenha deduzido oposição a portaria de extensão da convenção coletiva em causa; ou

b) Trabalhador com filho menor de 3 anos de idade que não manifeste, por escrito, a sua concordância.

5. Constitui contraordenação grave a prática de horário de trabalho em violação do disposto neste artigo.

COMENTÁRIOS:

1. Consagração *ex novo.*

2. O nº 4 foi alterado pela L nº 120/2015, de 01 de setembro.

3. O TC, no Ac. nº 338/2010, de 22.09.10, decidiu declarar a constitucionalidade do presente artigo. Apresenta-se um excerto da argumentação jurídica: "Os trabalhadores, ao decidirem filiar-se numa associação sindical, conferem a essa associação a faculdade de os representar perante as entidades patronais e ficam vinculados

pelos acordos por estas celebrados durante a sua vigência (artigo 496º, nº 1), mesmo que posteriormente se desfiliem do sindicato (artigo 496º, nº 1). O fundamento para essa vinculação é a relação de representação que se estabelece entre o trabalhador e a entidade sindical em quem confia para coletivamente representar os seus interesses. A possibilidade de extensão do regime das CCT em vigor a trabalhadores sindicalmente não filiados, por sua vez, funda-se no princípio da igualdade. Os trabalhadores que operam no quadro de uma mesma empresa ou de um mesmo setor devem estar sujeitos a um mesmo conjunto de condições de trabalho, a menos que haja uma razão válida para assim não suceder. É constitucionalmente indiscutível que um trabalhador individual pode ficar vinculado por um instrumento coletivo de trabalho, fundado numa autonomia coletiva (artigo 56º, nº 3, da Constituição), sem necessidade da sua aceitação específica de tal instrumento. A questão está no facto de tais instrumentos de regulamentação coletiva poderem colocar concretamente em causa direitos individuais dos trabalhadores". Para concluir que "deve, no entanto, considerar-se que, se uma convenção coletiva (eventualmente objeto de uma portaria de extensão) opta por tal solução é certamente por razões que reconhece como sendo do interesse global dos trabalhadores. Há, com efeito, uma renúncia coletiva que a própria lei contém dentro de limites de proporcionalidade (ao estabelecer máximos) e que visa a realização de interesses que se consideram, num determinado momento devidamente delimitado, concretamente prevalecentes sobre o repouso e a vida familiar. Esses interesses poderão passar, nomeadamente, pela viabilidade económica da empresa e pela consequente manutenção dos postos e das condições de trabalho dos trabalhadores". (DR, I Série, de 08.11.2010).

4. A adaptabilidade grupal criada pelo CT/09 pode ser ocorrer por *instrumento de regulamentação coletiva de trabalho* (nº 1) ou por *acordo* (nº 2).

A adaptabilidade grupal visa "ultrapassar alguns dos limites inerentes aos outros tipos de adaptabilidade – derivados, designadamente, da filiação sindical ou patronal no caso da adaptabilidade coletiva (art. 496º), ou da recusa dos trabalhadores em aceitar o acordo proposto pelo empregador, em relação à adaptabilidade individual (art. 205º, nº 4) – e, desse modo, assegurar uma maior efetividade ao regime de adaptabilidade", FRANCISCO LIBERAL FERNANDES, *O tempo de trabalho*, pp. 87 e 88.

5. A sua adoção não é consensual, dado que permite ao empregador estender o regime instituído por instrumento de regulamentação coletiva de trabalho (ou seja, aquele que vincula o empregador e os trabalhadores filiados no sindicato que outorgou o instrumento de regulamento coletiva que acolheu o regime de adaptabilidade previsto no art. 204º).

Assim, o empregador pode aplicar o regime ao conjunto dos trabalhadores de uma estrutura (equipa, secção ou unidade económica), no caso, de, pelo menos, 60% dos trabalhadores dessa estrutura serem filiados em associação sindical celebrante da convenção e por escolha dessa convenção como aplicável (nº 1, al. *a*)) e enquanto os trabalhadores filiados forem em número igual ou superior a 60% dos trabalhadores (al. *b*)).

Atente-se que o legislador não previu qualquer critério delimitador do conceito "grupo de trabalhadores de uma equipa, secção ou unidade económica", fator vital para a correta aplicação do regime legal, permitindo desta forma que seja o empregador a realizar o enquadramento estrutural. Conforme elucida JÚLIO GOMES, o regime da adaptabilidade grupal constitui uma grave violação à *liberdade sindical negativa*, dado que um trabalhador "que, porventura não se filiou num sindicato, porque, por hipótese, não confia na sua direção e a considera demasiado próxima do patronato, fique vinculado ao regime de adaptabilidade acordado por esse sindicato, porque 60% dos trabalhadores da equipa, secção ou unidade económica nele estão filiados ou escolheram – esperemos que sem pressões ou sugestões do empregador... – essa convenção coletiva. Além de que equipa, secção ou unidade económica não são obviamente conceitos coincidentes e a sua composição acaba por depender da determinação unilateral do empregador que assim conseguirá distribuir os recalcitrantes de maneira a que a sua oposição seja ineficaz", *Novos Estudos de Direito do Trabalho*, pp. 176-178.

6. Na linha da adaptabilidade individual, caso a proposta de acordo que defina o período normal de trabalho em termos médios, celebrado entre o trabalhador e o empregador seja aceite por, pelo menos, 75% dos trabalhadores da estrutura (equipa, secção ou unidade económica) a quem for dirigida, o empregador pode aplicar o mesmo regime ao conjunto dos trabalhadores dessa estrutura (nº 2). E ocorrendo alteração por entrada ou saída de trabalhadores na composição da estrutura, o disposto no nº 2 aplica-se enquanto dessa alteração não resultar percentagem inferior à nele indicada (nº 3).

IV – Aplica-se ao regime de adaptabilidade grupal, previsto nos arts. 205º e 206, nºs. 2 e 3, do Código do Trabalho, os prazos de duração do período de referência constantes do nº 1 do art. 207º do mesmo diploma legal. V –O regime de adaptabilidade grupal, previsto nos arts. 205º e 206, nºs. 2 e 3, do Código do Trabalho, pressupõe a existência prévia de um período normal de trabalho diário e semanal, o qual pode ser alterado apenas e somente nos termos constantes nesses artigos, sendo que a alteração do horário de trabalho implica sempre o respeito pelo disposto no art. 217º, nº 2, do Código do Trabalho. [Ac. da RE, de 16.01.20 *in* www.dgsi.pt (Proc. nº 1835/18.3T8TMR.E1)].

7. O nº 4 excetua a aplicação do regime da adaptabilidade grupal (por instrumento de regulamentação coletiva de trabalho ou por acordo) às situações de trabalhador abrangido por convenção coletiva que disponha em sentido contrário (al. *a*), 1ª parte) e de trabalhador com filho menor de 3 anos de idade que não manifeste, por escrito, a sua concordância, para melhor proteção do regime de parentalidade [al. *b*)].

A adaptabilidade grupal instituída por instrumento de regulamentação coletiva de trabalho não é aplicável a trabalhador representado por associação sindical que tenha deduzido oposição a portaria de extensão da convenção coletiva (al. *a*), 2ª parte).

Artigo 207º – Período de referência

1. Em regime de adaptabilidade, a duração média do trabalho é apurada por referência a período estabelecido em instrumento de regulamentação coletiva de trabalho que não seja superior a 12 meses ou, na sua falta, a um período de quatro meses.

2. Na situação a que se refere a parte final do número anterior, o período de referência pode ser aumentado para seis meses quando esteja em causa:

_a_) Trabalhador familiar do empregador;

_b_) Trabalhador que ocupe cargo de administração ou de direção, ou que tenha poder de decisão autónomo;

_c_) Atividade caracterizada por implicar afastamento entre o local de trabalho e a residência do trabalhador ou entre diversos locais de trabalho do trabalhador;

_d_) Atividade de segurança e vigilância de pessoas ou bens com caráter de permanência, designadamente de guarda, porteiro ou trabalhador de empresa de segurança ou vigilância;

_e_) Atividade caracterizada pela necessidade de assegurar a continuidade do serviço ou da produção, nomeadamente:

_i_) Receção, tratamento ou cuidados providenciados por hospital ou estabelecimento semelhante, incluindo a atividade de médico em formação, ou por instituição residencial ou prisão;

_ii_) Porto ou aeroporto;

iii) Imprensa, rádio, televisão, produção cinematográfica, correios, telecomunicações, serviço de ambulâncias, sapadores bombeiros ou proteção civil;

_iv_) Produção, transporte ou distribuição de gás, água, eletricidade, recolha de lixo ou instalações de incineração;

_v_) Indústria cujo processo de trabalho não possa ser interrompido por motivos técnicos;

_vi_) Investigação e desenvolvimento;

vii) Agricultura;

viii) Transporte de passageiros em serviço regular de transporte urbano;

_f_) Acréscimo previsível de atividade, nomeadamente na agricultura, no turismo e nos serviços postais;

_g_) Trabalhador de transporte ferroviário que preste trabalho intermitente a bordo de comboios ou tendo por fim assegurar a continuidade e regularidade do tráfego ferroviário;

h) Caso fortuito ou de força maior;
i) Acidente ou risco de acidente iminente.

3. Sem prejuízo do disposto em instrumento de regulamentação coletiva de trabalho, o período de referência apenas pode ser alterado durante o seu decurso quando circunstâncias objetivas o justifiquem e o total de horas de trabalho prestadas não seja superior às que teriam sido realizadas caso não vigorasse o regime de adaptabilidade, aplicando-se com as necessárias adaptações o disposto no nº 3 do artigo 205º.

4. Constitui contraordenação grave a violação do disposto no número anterior.

COMENTÁRIOS:

1. Antecedentes legislativos: Arts. 166º e 658º, do CT/2003; 5º, nº 8, do DL nº 409/ /71, de 27 de setembro e 3º, nº 1, da L nº 21/96, de 23 de julho.

2. Questiona-se se o presente artigo terá acolhido corretamente o art. 16º, al. *b*), da Diretiva nº 2003/88, de 04 de novembro, ao permitir que os instrumentos de regulamentação coletiva de trabalho admitam períodos de referência até 12 meses, bem como na ausência de instrumento de regulamentação coletiva de trabalho (no caso de adaptabilidade individual), o período de referência seja aumentado para quatro meses (nº 1).

3. Em regime de adaptabilidade, a duração média do trabalho é apurada por referência a período estabelecido em instrumento de regulamentação coletiva de trabalho que não seja superior a 12 meses ou, na sua falta, a um período de quatro meses ou seis meses (nºs 1 e 2).

O *período de referência* engloba o regime de adaptabilidade e o regime normal (40h).

Para Francisco Liberal Fernandes o *período de referência* é o "intervalo temporal convencionado durante o qual vigora o regime de adaptabilidade, sendo igualmente o tempo em função do qual é determinada a duração média semanal do trabalho realizado; esta, não pode ser superior ao período normal de trabalho nem, verificando-se cumulativamente prestação de trabalho suplementar ou outra medida de flexibilidade, ultrapassar quarenta e oito horas (art. 211º, nº 1)", esclarece, *O tempo de trabalho*, p. 98.

4. O período de referência apenas pode ser alterado durante o seu decurso quando circunstâncias (supervenientes) objetivas o justifiquem e o total de horas de trabalho prestadas não seja superior às que teriam sido realizadas caso não vigorasse o regime de adaptabilidade, aplicando-se com as necessárias adaptações o disposto no nº 3, do art. 205º (o qual dispõe que: *Em semana cuja duração do trabalho seja inferior a quarenta horas, a redução pode ser até duas horas diárias ou, sendo acordada, em dias ou meios dias, sem*

prejuízo do direito a subsídio de refeição), sem prejuízo do disposto em instrumento de regulamentação coletiva de trabalho (nº 3).

Artigo 208º – Banco de horas por regulamentação coletiva

1. Por instrumento de regulamentação coletiva de trabalho, pode ser instituído um regime de banco de horas, em que a organização do tempo de trabalho obedeça ao disposto nos números seguintes.

2. O período normal de trabalho pode ser aumentado até quatro horas diárias e pode atingir sessenta horas semanais, tendo o acréscimo por limite duzentas horas por ano.

3. O limite anual referido no número anterior pode ser afastado por instrumento de regulamentação coletiva de trabalho caso a utilização do regime tenha por objetivo evitar a redução do número de trabalhadores, só podendo esse limite ser aplicado durante um período até 12 meses.

4. O instrumento de regulamentação coletiva de trabalho deve regular:

_a_) A compensação do trabalho prestado em acréscimo, que pode ser feita mediante, pelo menos, uma das seguintes modalidades:

_i_) Redução equivalente do tempo de trabalho;

_ii_) Aumento do período de férias;

iii) Pagamento em dinheiro;

_b_) A antecedência com que o empregador deve comunicar ao trabalhador a necessidade de prestação de trabalho;

_c_) O período em que a redução do tempo de trabalho para compensar trabalho prestado em acréscimo deve ter lugar, por iniciativa do trabalhador ou, na sua falta, do empregador, bem como a antecedência com que qualquer deles deve informar o outro da utilização dessa redução.

5. Constitui contraordenação grave a prática de horário de trabalho em violação do disposto neste artigo.

COMENTÁRIOS:

1. O regime de banco de horas foi introduzido na presente codificação.

2. O TC, no Ac. nº 338/2010, de 22.09.10, decidiu declarar a constitucionalidade do presente artigo. Pois, "Em abstrato, não há dúvida de que um instrumento de regulamentação coletiva que preveja uma forma variável de organização do tempo de trabalho diminui os períodos de descanso diários e semanais do trabalhador e, nessa medida, afeta o seu direito ao repouso [artigos 59º, alínea *d*), e 17º da Constituição]. Dado que existem ciclos biológicos no que respeita ao cansaço físico e intelectual, a concentração de trabalho num determinado período de tempo não é aritmeticamente compensada, em termos de repouso, através de uma correlativa redução de tempo

num momento posterior mais ou menos distante. O direito ao repouso tem, portanto, de se relacionar com os ciclos naturais de resistência física e intelectual. E, nessa medida, todas as formas de flexibilização do período normal de trabalho representam uma restrição do direito ao repouso". (DR, I Série, de 08.11.2010).

3. O presente artigo tem a redação introduzida pela L nº 23/2012, de 25 de junho, a qual alterou o nº 4, al. *a*).

4. Como bem explica Francisco Liberal Fernandes: "o banco de horas parecia sugerir um mecanismo de flexibilização do tempo de trabalho em que, dentro da duração anual, mensal ou semanal convencionada, trabalhador e empregador ocupariam reciprocamente a posição de credor e de devedor de uma determinada percentagem desse tempo (...). Porém, de acordo com o regime legal, o banco de horas tem exclusivamente uma vertente empresarialista, na medida em que está previsto apenas para possibilitar ao empregador aumentar o tempo de trabalho para além do período normal de trabalho, não passando, por isso, de uma modalidade anómala de trabalho suplementar", *O tempo de trabalho*, p. 106.

Ou, nas palavras de Luís Miguel Monteiro, "O artigo 208º do Código prevê que o empregador organize a prestação de trabalho mantendo com o trabalhador uma relação de crédito e débito de tempo, reciprocamente compensáveis por via do respetivo exercício. O trabalhador pode prestar quantidade superior de trabalho – no máximo, mais quatro horas diárias e duzentas horas", *Referendo para a instituição do banco de horas*, p. 1016.

5. O período normal de trabalho instituído no regime de banco de horas por regulamentação coletiva pode ser aumentado até quatro horas diárias, podendo atingir 60 horas semanais, tendo o acréscimo por limite 200 horas por ano (nº 2), este limite anual pode ser afastado por instrumento de regulamentação coletiva de trabalho, caso a utilização do regime tenha por objetivo evitar a redução do número de trabalhadores, só podendo esse limite ser aplicado durante um período até 12 meses (nº 3).

6. O instrumento de regulamentação coletiva de trabalho deve regular (nº 4):

– A compensação do trabalho prestado em acréscimo [al. *a*)]; a qual pode ser realizada por redução equivalente do tempo de trabalho (subal. *i*)); por aumento do período de férias (subal. *ii*)); ou por pagamento em dinheiro (subal. *iii*));

– A antecedência com que o empregador deve comunicar ao trabalhador a necessidade de prestação de trabalho [al. *b*)];

– O período em que a redução do tempo de trabalho para compensar trabalho prestado em acréscimo deve ter lugar, por iniciativa do trabalhador ou, na sua falta, do empregador, bem como a antecedência com que qualquer deles deve informar o outro da utilização dessa redução [al. *c*)].

Artigo 208º-A – Banco de horas individual

(*Revogado.*)

COMENTÁRIOS:

1. O presente artigo foi revogado pelo art. 10º, al. *a*) da L nº 93/2019, de 04 de setembro.

2. O regime de banco de horas individual em aplicação na data de entrada em vigor da L nº 93/2019 cessa no prazo de um ano a contar da entrada em vigor desta lei (art. 10º, nº 5, da L nº 93/2019).

Artigo 208º-B – Banco de horas grupal

1. O instrumento de regulamentação coletiva de trabalho que institua o regime de banco de horas previsto no artigo 208º pode prever que o empregador o possa aplicar ao conjunto dos trabalhadores de uma equipa, secção ou unidade económica quando se verifiquem as condições referidas no nº 1 do art. 206º.

2. O regime de banco de horas pode ainda ser instituído e aplicado ao conjunto dos trabalhadores de uma equipa, secção ou unidade económica, desde que aprovado em referendo pelos trabalhadores a abranger, nos termos dos números seguintes.

3. No caso previsto no número anterior, o período normal de trabalho pode ser aumentado até duas horas diárias e pode atingir 50 horas semanais, tendo o acréscimo o limite de 150 horas por ano.

4. Para efeitos do nº 2, o empregador elabora o projeto de regime de banco de horas, o qual deve regular:

a) O âmbito de aplicação, indicando a equipa, secção ou unidade económica a abranger e, nestas, os grupos profissionais excluídos, se os houver;

b) O período, não superior a quatro anos, durante o qual o regime é aplicável;

c) Os aspetos referidos no nº 4 do artigo 208º

5. Para efeitos do nº 2, o empregador publicita o projeto de regime de banco de horas nos locais de afixação dos mapas de horário de trabalho e comunica-o aos representantes dos trabalhadores e ao serviço com competência inspetiva do ministério responsável pela área laboral, com a antecedência mínima de 20 dias em relação à data do referendo.

6. Caso o projeto de regime de banco de horas seja aprovado em referendo por, pelo menos, 65% dos trabalhadores abrangidos, de acordo com a alínea *a*) do nº 4, o empregador pode aplicar o referido regime ao conjunto desses trabalhadores.

7. Havendo alteração na composição da equipa, secção ou unidade económica, o disposto no número anterior aplica-se enquanto os trabalhadores que permanecem forem pelo menos 65% do número total dos trabalhadores abrangidos pela proposta de referendo.

8. A realização do referendo é regulada em legislação específica.

9. Caso o número de trabalhadores abrangidos pelo projeto de regime de banco de horas seja inferior a 10, o referendo é realizado sob a supervisão do serviço com competência inspetiva do ministério responsável pela área laboral.

10. A aplicação do regime do banco de horas cessa se, decorrido metade do período de aplicação, um terço dos trabalhadores abrangidos solicitar ao empregador novo referendo e o mesmo não for aprovado nos termos do nº 6, ou não for realizado no prazo de 60 dias.

11. No caso referido no número anterior, a aplicação do regime do banco de horas cessa 60 dias após a realização do referendo, devendo a compensação do trabalho prestado em acréscimo efetuar-se neste prazo.

12. Caso o projeto de regime de banco de horas não seja aprovado em referendo, o empregador só pode realizar novo referendo um ano após o anterior.

13. Excetua-se a aplicação do regime de banco de horas instituído nos termos dos números anteriores nas seguintes situações:

a) Trabalhador abrangido por convenção coletiva que disponha de modo contrário a esse regime ou, relativamente ao regime referido no nº 1, a trabalhador representado por associação sindical que tenha deduzido oposição a portaria de extensão da convenção coletiva em causa; ou

b) Trabalhador com filho menor de 3 anos de idade que não manifeste, por escrito, a sua concordância.

14. Constitui contraordenação grave a prática de horário de trabalho em violação do disposto neste artigo.

COMENTÁRIOS:

1. O presente artigo foi aditado pela L nº 23/2012, de 25 de junho, alterado pela L nº 120/2015, de 01 de setembro (nº 3) e pela L nº 93/2019, de 4 de setembro, que alterou o nº 2, aditou os nºs 3 a 12 e renumerou os nºs 3 e 4 (agora 13 e 14).

2. O TC, no Ac. nº 602/2013, de 20.09.13, na redação dada pela Lei nº 23/2012, de 25 de junho, decidiu declarar a constitucionalidade do presente artigo, pois, "ainda que se entendesse que a aplicação dos regimes de adaptabilidade ou de banco de horas a trabalhadores sindicalmente não filiados, nos termos previstos nos artigos 206º, nº 1, alínea *a*), e 208.-B, nº 1, do Código do Trabalho, implicasse diretamente a eficácia *erga omnes* de convenções coletivas – o que, como referido, não é o caso –, a verdade é que a Constituição admite que a lei possa permitir, com base em razões materialmente fundadas, o alarga-

mento do âmbito de aplicação pessoal de convenções coletivas a trabalhadores não filiados em associações sindicais que tenham assinado as convenções em causa" (...). "Pode, assim, concluir-se que as limitações de direitos individuais dos trabalhadores que não tenham consentido direta ou indiretamente na instituição do regime de banco de horas grupal são apenas as necessárias a assegurar o exercício do poder de direção do empregador – que é também ele expressão de uma liberdade fundamental, a de iniciativa económica (cfr. o artigo 61º, nº 1, da Constituição) – em ordem a assegurar a viabilidade desse regime no interesse da gestão da empresa e, em última análise, também no interesse comum dos próprios trabalhadores abrangidos e que aquelas limitações, em si mesmas, e por não representarem um sacrifício mais oneroso do que aquele que poderia resultar da desconsideração dos interesses protegidos por via desse mesmo regime, não são excessivas; ao invés, as mesmas encontram-se numa justa medida com os fins constitucionalmente relevantes e que são visados pelo regime em apreço". (DR, I Série, de 24.11.13).

3. O instrumento de regulamentação coletiva de trabalho que institua o regime de banco de horas pode prever que o empregador o possa aplicar ao conjunto dos trabalhadores de uma equipa, secção ou unidade económica quando se verifiquem as condições de instituição da adaptabilidade grupal, art. 206º, nº 1 (nº 1).

Conforme bem indicam Francisco Liberal Fernandes/Bárbara de Sousa Basto, a "convenção coletiva que institui o banco de horas pode prever que o empregador o aplique a trabalhador não abrangidos pelo âmbito do IRC – seja porque não possuem qualquer filiação sindical, seja porque estão inscritos em sindicato diverso –, bastando para tal que integrem o grupo em causa (equipa, secção ou unidade económica) e que 60% dos trabalhadores desse grupo estejam filiados na associação sindical outorgante ou tenham aderido ao instrumento de regulamentação coletiva", *O banco de horas grupal na Lei 93/2019*, p. 166, o que traduz a preterição do princípio da filiação.

Por todos, *v.* Júlio Gomes, *Da liberdade sindical negativa (e da importância de se chamar sindicato)*, pp. 879-939.

4. Ainda, o regime de banco de horas grupal pode ser instituído e aplicado desde que aprovado em referendo pelos trabalhadores a abranger (nº 2), em tal caso, o período normal de trabalho pode ser aumentado até duas horas diárias e atingir 50 horas semanais, tendo o acréscimo o limite de 150 horas por ano (valores significativamente mais reduzidos do que os previstos no banco de horas por regulamentação coletiva e que correspondem ao revogado banco de horas individual), nº 3.

Sobre o incumprimento da Diretiva 2003/88/CE, *v.* Francisco Liberal Fernandes/Bárbara de Sousa Basto, *O banco de horas grupal na Lei 93/2019*, p. 155.

5. O empregador elabora o projeto de regime de banco de horas, o qual deve regular (nº 4):

a) O âmbito subjetivo de aplicação, indicando a equipa, secção ou unidade económica a abranger e, nestas, os grupos profissionais excluídos, se os houver;

b) O período de vigência, não superior a quatro anos;

c) A compensação do trabalho prestado em acréscimo via (*ex vi* art. 208º, nº 4):

i) Redução equivalente do tempo de trabalho;

ii) Aumento do período de férias;

iii) Pagamento em dinheiro.

O empregador publicita o projeto de regime de banco de horas nos locais de afixação dos mapas de horário de trabalho e comunica-o aos representantes dos trabalhadores e ao serviço com competência inspetiva do ministério responsável pela área laboral, com a antecedência mínima de 20 dias em relação à data do referendo (nº 5).

6. Caso o projeto de regime de banco de horas seja aprovado em referendo por, pelo menos, 65% dos trabalhadores abrangidos, o empregador pode aplicar o referido regime ao conjunto desses trabalhadores (nº 6).

7. Havendo alteração na composição da equipa, secção ou unidade económica, o disposto no número anterior aplica-se enquanto os trabalhadores que permanecem forem pelo menos 65% do número total dos trabalhadores abrangidos pela proposta de referendo (nº 7).

8. Conclui Luís Miguel Monteiro, "Numa leitura contratual, o resultado da consulta referendária prevista no artigo 208º-B do Código do Trabalho é *sui generis*, contrastando visivelmente com o regime do banco de horas individual que materialmente veio substituir: tratando-se de disciplina de génese voluntária, os trabalhadores dispõem quanto a ela da faculdade de celebração, mas não de estipulação, conferida em exclusivo à proposta do empregador. E a vontade individual apenas tem relevância enquanto meio de formação da vontade plural, pois ainda que determinado trabalhador esteja de acordo em oferecer a sua prestação nos termos de concreto modelo de banco de horas, não lhe ficará sujeito se o número de aderentes for insuficiente para aprovar em referendo a proposta do empregador", *Referendo para instituição de banco de horas*, p. 1023.

9. A legislação específica a que alude o nº 8, corresponde à L nº 105/2009, de 14 de setembro.

Para tal, a L nº 93/2019, de 4 de setembro aditou à referida L o capítulo IX (Referendo para a instituição de regime de banco de horas grupal), composto pelos artigos 32º-A e 32º-B.

Artigo 32º-A (Lei nº 105/2009, de 14 de setembro) – Convocação, informações e questão a referendar

1. O referendo para a instituição ou cessação de um regime de banco de horas grupal, a que se referem os nºs 2 e seguintes do artigo 208º-B do Código do Trabalho, é convocado pelo empre-

gador com a antecedência mínima de 20 dias, com ampla publicidade, o qual deve informar os representantes dos trabalhadores e os próprios trabalhadores a abranger sobre o projeto do regime de banco de horas, e a data, hora e local do referendo, devendo simultaneamente remeter cópia da convocatória ao serviço com competência inspetiva do ministério responsável pela área laboral.

2. Para efeitos do número anterior, consideram-se representantes dos trabalhadores a comissão de trabalhadores, as comissões intersindicais, as comissões sindicais e os delegados sindicais existentes na empresa, pela ordem de precedência indicada.

3. Na falta de representantes dos trabalhadores abrangidos pelo regime de banco de horas grupal, estes podem designar, de entre eles, no prazo de cinco dias úteis a contar da receção da informação referida no nº 1, uma comissão representativa com o máximo de três ou cinco membros, consoante o regime abranja até cinco ou mais trabalhadores.

Artigo 32º-B (Lei nº 105/2009, de 14 de setembro) – Procedimento em caso de microempresa

1. Tratando-se de microempresa, ou se o número de trabalhadores abrangidos pelo projeto de regime de banco de horas for inferior a 10, o empregador, caso não existam representantes dos trabalhadores, deve, juntamente com a comunicação a que se refere o nº 1 do artigo anterior, requerer ao serviço com competência inspetiva do ministério responsável pela área laboral territorialmente competente a designação de uma data para a realização do referendo.

2. O serviço a que se refere o número anterior notifica o empregador, nos 10 dias úteis a contar da receção do requerimento, da data e do horário para a realização do referendo.

3. Se no prazo de 90 dias o serviço com competência inspetiva do ministério responsável pela área laboral não marcar data para o referendo, a entidade patronal pode proceder à sua marcação, comunicando-a ao serviço inspetivo para o mesmo proceder à competente supervisão.

4. O empregador comunica aos trabalhadores a abranger, por escrito, a data, horário e local do referendo, com a antecedência de 20 dias.

5. A votação decorre sob supervisão de um representante do serviço com competência inspetiva do ministério responsável pela área laboral, e pode ser acompanhada por dois representantes dos trabalhadores.

6. Terminada a votação, o representante do serviço com competência inspetiva do ministério responsável pela área laboral procede ao apuramento do resultado do referendo e comunica-o imediatamente ao empregador, por escrito.

7. O empregador publicita o resultado do referendo nos locais de afixação dos mapas de horário de trabalho, comunica-o aos representantes dos trabalhadores, e, caso o regime de banco de horas tenha sido aprovado, designa o dia em que se inicia a sua aplicação, com a antecedência mínima de cinco dias úteis.

10. Esclarecem Francisco Liberal Fernandes/Bárbara de Sousa Basto, "Muito embora haja uma alusão expressa ao voto secreto na exposição de motivos da proposta de lei que precedeu a Lei 93/2019 (§6), o texto do art. 208º-B não contém qualquer indicação quanto ao caráter secreto da votação relativa ao referendo que decide do banco de horas grupal, muito embora não restem grandes dúvidas de que é a via que melhor assegura a liberdade de decisão do trabalhador", *O banco de horas grupal na Lei 93/2019*, p. 154. Os AA. entendem tratar-se de uma lacuna e por aplicação analógica, recorrem ao art. 113º da Lei nº 15-A/98, de 3 de abril (Lei Orgânica do

Regime do Referendo), o qual dispõe: Ninguém pode, sob qualquer pretexto, ser obrigado a revelar o seu sentido de voto".

11. Caso o número de trabalhadores abrangidos pelo projeto de regime de banco de horas seja inferior a 10, o referendo é realizado sob a supervisão do serviço com competência inspetiva do ministério responsável pela área laboral, ou seja, ACT (nº 9).

12. A aplicação do regime do banco de horas cessa se, decorrido metade do período de aplicação, um terço dos trabalhadores abrangidos solicitar ao empregador novo referendo e o mesmo não for aprovado nos termos do nº 6, ou não for realizado no prazo de 60 dias (nº 10).

Ocorre, então, a cessação do regime do banco de horas nos 60 dias após a realização do referendo (tempestivo ou intempestivo), devendo a compensação do trabalho prestado em acréscimo efetuar-se neste prazo (nº 11).

Caso o projeto de regime de banco de horas não seja aprovado em referendo, o empregador só pode realizar novo referendo um ano após o anterior (nº 12).

13. O regime do banco de horas grupal (instituído por instrumento de regulamentação coletiva *ou* referendo) não se aplica (nº 13), a trabalhador abrangido por convenção coletiva que disponha de modo contrário a esse regime (al. *a*), 1ª parte); e a trabalhador com filho menor de 3 anos de idade que não manifeste, por escrito, a sua concordância [al. *b*)].

O regime de banco de horas grupal instituído por instrumento de regulamentação coletiva de trabalho não se aplica a trabalhador representado por associação sindical que tenha deduzido oposição a portaria de extensão da convenção coletiva (al. *a*), 2ª parte).

Artigo 209º – Horário concentrado

1. O período normal de trabalho diário pode ter aumento até quatro horas diárias:

***a*) Por acordo entre empregador e trabalhador ou por instrumento de regulamentação coletiva, para concentrar o período normal de trabalho semanal no máximo de quatro dias de trabalho;**

***b*) Por instrumento de regulamentação coletiva para estabelecer um horário de trabalho que contenha, no máximo, três dias de trabalho consecutivos, seguidos no mínimo de dois dias de descanso, devendo a duração do período normal de trabalho semanal ser respeitado, em média, num período de referência de 45 dias.**

2. Aos trabalhadores abrangidos por regime de horário de trabalho concentrado não pode ser simultaneamente aplicável o regime de adaptabilidade.

3. O instrumento de regulamentação coletiva de trabalho que institua o horário concentrado regula a retribuição e outras condições da sua aplicação.

COMENTÁRIOS:

1. O regime de horário concentrado constitui matéria introduzida pelo CT/2009.

As Confederações Patronais entendiam que o regime do CT/2003 era bastante rígido no que se referia ao "tempo de trabalho, quer no que concerne à sua duração quer no que respeita ao horário de trabalho, o que, conjugado com o regime de trabalho suplementar, cria bastantes constrangimentos ao normal exercício das atividades das empresas", *Posição comum das Confederações Patronais sobre o quadro de revisão do Código do Trabalho e respetiva regulamentação*, p. 67.

2. O TC, no Ac. nº 338/2010, de 22.09.10, decidiu declarar a constitucionalidade do artigo 209º, quanto ao nº 1, al. *a*), atendendo a que "não pode ser unilateralmente imposto e tem, neste caso, de resultar de um acordo de vontades entre o empregador e o trabalhador". (...). "Deve, no entanto, considerar-se que, se uma convenção coletiva (eventualmente objeto de uma portaria de extensão) opta por tal solução é certamente por razões que reconhece como sendo do interesse global dos trabalhadores. Há, com efeito, uma renúncia coletiva que a própria lei contém dentro de limites de proporcionalidade (ao estabelecer máximos) e que visa a realização de interesses que se consideram, num determinado momento devidamente delimitado, concretamente prevalecentes sobre o repouso e a vida familiar. Esses interesses poderão passar, nomeadamente, pela viabilidade económica da empresa e pela consequente manutenção dos postos e das condições de trabalho dos trabalhadores". (DR, I Série, de 08.11.2010).

3. O regime do horário concentrado permite que o período normal de trabalho diário possa ter aumentado até quatro horas diárias (nº 1):

a) Por acordo entre empregador e trabalhador ou por instrumento de regulamentação coletiva, para concentrar o período normal de trabalho semanal no máximo de quatro dias de trabalho;

b) Por instrumento de regulamentação coletiva para estabelecer um horário de trabalho que contenha, no máximo, três dias de trabalho consecutivos, seguidos no mínimo de dois dias de descanso, devendo a duração do período normal de trabalho semanal ser respeitado, em média, num período de referência de 45 dias.

Atenta a penosidade do desempenho, aos trabalhadores em regime de horário concentrado não pode ser aplicado o regime de adaptabilidade (nº 2).

4. O instrumento de regulamentação coletiva de trabalho que institua o horário concentrado regula a retribuição e outras condições da sua aplicação (nº 3).

Artigo 210º – Exceções aos limites máximos do período normal de trabalho

1. Os limites do período normal de trabalho constantes do artigo 203º só podem ser ultrapassados nos casos expressamente previstos neste Código, ou quando instrumento de regulamentação coletiva de trabalho o permita nas seguintes situações:

a) Em relação a trabalhador de entidade sem fim lucrativo ou estreitamente ligada ao interesse público, desde que a sujeição do período normal de trabalho a esses limites seja incomportável;

b) Em relação a trabalhador cujo trabalho seja acentuadamente intermitente ou de simples presença.

2. Sempre que entidade referida na alínea *a*) do número anterior prossiga atividade industrial, o período normal de trabalho não deve ultrapassar quarenta horas por semana, na média do período de referência aplicável.

COMENTÁRIOS:

1. Antecedentes legislativos: Arts. 167º, do CT/2003 e 6º, do DL nº 409/71, de 27 de setembro.

2. Os limites do período normal de trabalho de oito horas diárias e quarenta horas semanais (art. 203º), além dos casos expressamente previstos no Código, só podem ser ultrapassados por instrumento de regulamentação coletiva de trabalho nas situações previstas no nº 1.

No primeiro caso, a lei apela ao caráter incomportável do respeito pelo período normal de trabalho, vincando a natureza sem fim lucrativo da entidade ou a sua ligação ao interesse público [al. *a*)]. Todavia, sempre que a entidade prossiga atividade industrial, o período normal de trabalho não deve ultrapassar quarenta horas por semana, na média do período de referência aplicável (nº 2).

No segundo caso, reporta-se a trabalhador cujo trabalho seja acentuadamente intermitente ou de simples presença [al. *b*)].

Artigo 211º – Limite máximo da duração média do trabalho semanal

1. Sem prejuízo do disposto nos artigos 203º a 210º, a duração média do trabalho semanal, incluindo trabalho suplementar, não pode ser superior a quarenta e oito horas, num período de referência estabelecido em instrumento de regulamentação coletiva de trabalho que não ultrapasse 12 meses ou, na falta deste, num período de referência de quatro meses, ou de seis meses nos casos previstos no nº 2 do artigo 207º.

2. No cálculo da média referida no número anterior, os dias de férias são subtraídos ao período de referência em que são gozados.

3. Os dias de ausência por doença, bem como os dias de licença parental, inicial ou complementar, e de licença para assistência a filho com deficiência ou doença crónica são considerados com base no correspondente período normal de trabalho.

4. O disposto nos números anteriores não se aplica a trabalhador que ocupe cargo de administração ou de direção ou com poder de decisão autónomo, que esteja isento de horário de trabalho, ao abrigo das alíneas *a*) ou *b*) do nº 1 do artigo 219º.

COMENTÁRIOS:

1. Antecedentes legislativos: Arts. 169º, do CT/2003 e 3º, da L nº 73/98, de 10 de novembro.

2. O presente artigo vem completar o instituído nos arts. 203º a 210º, estabelecendo a *duração média do trabalho semanal*, fixada no regime-regra das quarenta e oito horas semanais, incluindo o trabalho suplementar, num período de referência estabelecido por instrumento de regulamentação coletiva de trabalho que não ultrapasse os 12 meses. Na ausência de instrumento de regulamentação coletiva de trabalho, num período de referência de 4 meses ou de 6 meses, nos casos previstos no nº 2, do art. 207º (nº 1).

3. Na contagem da duração média do trabalho semanal são excluídos os dias de férias gozados no período de referência (nº 2) e considerados os dias de ausência (por doença) e de licença (parental, inicial ou complementar) e de licença para assistência a filho com deficiência ou doença crónica, nos termos do nº 3.

4. O regime de duração média do trabalho semanal não é aplicável a trabalhador que ocupe cargo de administração ou de direção ou com poder de decisão autónomo, que esteja isento de horário de trabalho nas modalidades de não sujeição aos limites máximos do período normal de trabalho [al. *a*)] ou possibilidade de determinado aumento do período normal de trabalho, por dia ou por semana [al. *b*)], dispõe o nº 4.

5. O direito a uma limitação da duração máxima do trabalho está consagrado no art. 31º, nº 2, do CDFUE.

6. A violação destes limites, na falta de contraordenação própria, tem que ser encontrada analisando cada preceito individualmente.

SUBSECÇÃO III – Horário de trabalho

Artigo 212º – Elaboração de horário de trabalho

1. Compete ao empregador determinar o horário de trabalho do trabalhador, dentro dos limites da lei, designadamente do regime de período de funcionamento aplicável.

2. Na elaboração do horário de trabalho, o empregador deve:

a) Ter em consideração prioritariamente as exigências de proteção da segurança e saúde do trabalhador;

b) Facilitar ao trabalhador a conciliação da atividade profissional com a vida familiar;

c) Facilitar ao trabalhador a frequência de curso escolar, bem como de formação técnica ou profissional.

3. A comissão de trabalhadores ou, na sua falta, as comissões intersindicais, as comissões sindicais ou os delegados sindicais devem ser consultados previamente sobre a definição e a organização dos horários de trabalho.

4. Constitui contraordenação grave a violação do disposto nos nºs 2 ou 3.

COMENTÁRIOS:

1. Antecedentes legislativos: Arts. 170º, 171º, 172º e 659º, nºs 1 e 2, do CT/2003; 49º, da LCT e 11º, nºs 1 e 3, 12º, nºs 1 e 3, als. a) e *f*) e 23º, nº 1, do DL nº 409/71, de 27 de setembro.

2. Entende-se por horário de trabalho a "determinação das horas de início e termo do período normal de trabalho diário e do intervalo de descanso, bem como do descanso semanal" (art. 200º, nº 1).

3. Compete ao empregador fixar o horário de trabalho, designadamente, mas não exclusivamente, nos termos do regime do período de funcionamento aplicável (nº 1).

A fixação de horário de trabalho extravasando o período de funcionamento pode ocorrer pela necessidade de prestação por parte do trabalhador de atos preparatórios ou conclusivos da atividade laboral.

4. Na elaboração do horário de trabalho, o empregador deve ter em conta os interesses do trabalhador acolhidos no nº 2: exigências de proteção da segurança e saúde [al. *a*)]; conciliação da atividade profissional com a vida familiar [al. *b*)]; e frequência de curso escolar, bem como de formação técnica ou profissional [al. *c*)].

Pretende-se acolher o disposto no art. 59º, nº 1, al. *b*), da CRP, o qual dispõe que: "Todos os trabalhadores, sem distinção de idade, sexo, raça, cidadania, território de origem, religião, convicções políticas ou ideológicas, têm direito: A organização do trabalho em condições socialmente dignificantes, de forma a facultar a realização pessoal e a permitir a conciliação da atividade profissional com a vida familiar".

5. O trabalhador não é investido de qualquer poder negocial, dada a proteção legal ao princípio de livre gestão empresarial, pelo que, devem apenas ser consultadas previamente a comissão de trabalhadores ou, na sua falta, as comissões intersindicais, as comissões sindicais ou os delegados sindicais, sobre a definição e organização dos horários de trabalho (nº 3).

O desrespeito do preceituado no nº 3 constitui apenas contraordenação (grave), demonstrando-se, também por tal via, que a própria consulta é meramente informativa (nº 4).

6. *V.*, ainda os arts. 106º, nº 3, al. *i*) e 141º, nº 1, al. *c*), 2ª parte (este último preceito, quanto aos contratos a termo).

Artigo 213º – Intervalo de descanso

1. O período de trabalho diário deve ser interrompido por um intervalo de descanso, de duração não inferior a uma hora nem superior a duas, de modo a que o trabalhador não preste mais de cinco horas de trabalho consecutivo, ou seis horas de trabalho consecutivo caso aquele período seja superior a 10 horas.

2. Por instrumento de regulamentação coletiva de trabalho, pode ser permitida a prestação de trabalho até seis horas consecutivas e o intervalo de descanso pode ser reduzido, excluído ou ter duração superior à prevista no número anterior, bem como pode ser determinada a existência de outros intervalos de descanso.

3. Compete ao serviço com competência inspetiva do ministério responsável pela área laboral, mediante requerimento do empregador, instruído com declaração escrita de concordância do trabalhador abrangido e informação à comissão de trabalhadores da empresa e ao sindicato representativo do trabalhador em causa, autorizar a redução ou exclusão de intervalo de descanso, quando tal se mostre favorável ao interesse do trabalhador ou se justifique pelas condições particulares de trabalho de certas atividades.

4. Considera-se tacitamente deferido o requerimento a que se refere o número anterior que não seja decidido no prazo de 30 dias.

5. Não é permitida a alteração de intervalo de descanso prevista nos números anteriores que implicar mais de seis horas de trabalho consecutivo, exceto quanto a atividades de pessoal operacional de vigilância, transporte e tratamento de sistemas eletrónicos de segurança e indústrias em que o processo de laboração não possa ser interrompido por motivos técnicos e, bem assim, quanto a trabalhadores que ocupem cargos de administração e de direção e

outras pessoas com poder de decisão autónomo que estejam isentos de horário de trabalho.

6. Constitui contraordenação grave a violação do disposto nos nºs 1 e 5.

COMENTÁRIOS:

1. Antecedentes legislativos: Arts. 174º, 175º e 659º, nº 1, do CT/2003; 10º, do DL nº 409/71, de 27 de setembro e 12º, nºs 1 e 2, da L nº 73/98, de 10 de novembro.

2. O presente artigo tem a redação introduzida pela L nº 23/2012, de 25 de junho, a qual alterou o nº 1 e aditou o nº 4.

3. O período normal de trabalho diário deve ser interrompido por um intervalo de descanso (entre uma a duas horas), evitando a jornada contínua, por forma a que o trabalhador não preste mais de cinco horas de trabalho consecutivo ou seis horas de trabalho consecutivo, no caso do período exceder as 10 horas (o que ocorre nos regimes de flexibilidade previstos na adaptabilidade do tempo de trabalho, no banco de horas e no horário concentrado), segundo o nº 1.

A interrupção visa proteger a segurança e a saúde do trabalhador, concedendo-lhe ainda algum tempo de autodisponibilidade.

4. A regra do nº 1 permite duas derrogações:

– Por *instrumento de regulamentação coletiva de trabalho*, pode ser permitida a prestação de trabalho até seis horas consecutivas e o intervalo de descanso ser reduzido, excluído ou alargado, bem como podem ser criados outros intervalos de descanso (nº 2);

– Por *acordo com o trabalhador* e no caso de tal se mostrar favorável a este ou se justifique pelas condições particulares de trabalho de certas atividades, pode o intervalo de descanso ser reduzido ou excluído, mediante requerimento do empregador e autorização da ACT, com informação à comissão de trabalhadores da empresa e ao sindicato representativo do trabalhador (nº 3).

5. O nº 4 adota o deferimento tácito quando o requerimento apresentado à ACT não seja decidido no prazo de 30 dias, nos termos do art 130º, nº 1, do CPA (aprovado pelo DL nº 4/2015, de 07 de janeiro), o qual dispõe: *Existe deferimento tácito quando a lei ou regulamento determine que a ausência de notificação da decisão final sobre pretensão dirigida a órgão competente dentro do prazo legal tem o valor de deferimento.*

6. A prestação de mais de seis horas consecutivas é admitida nos casos previstos no nº 5 (atividades de pessoal operacional de vigilância, transporte e tratamento de sistemas eletrónicos de segurança e indústrias em que o processo de laboração não possa ser interrompido por motivos técnicos e, bem assim, quanto a trabalhadores que

ocupem cargos de administração e de direção e outras pessoas com poder de decisão autónomo que estejam isentos de horário de trabalho).

7. Entendemos que o incumprimento, por parte do empregador, das obrigações atinentes ao intervalo de descanso, não possui apenas consequências contraordenacionais (nº 6), devendo a prestação de trabalho ser considerada trabalho suplementar (art. 226º), face ao disposto no art. 197º.

Em sentido oposto: *VIII – O incumprimento, por parte do empregador, das obrigações atinentes ao intervalo de descanso, quer no regime do Código do Trabalho, quer no que o antecedeu, apenas tem consequências no âmbito do direito sancionatório. IX – Não decorre, porém, da conjugação dos textos legais que versam, por um lado, a duração do trabalho e, por outro, o regime do trabalho suplementar que a mera supressão do intervalo de descanso – no quadro de fixação de um horário de trabalho cuja execução não implique a prestação de trabalho diário e/ou semanal em número de horas superior ao convencionado, sem exceder o limite máximo legal estabelecido para o período normal de trabalho diário e/ou semanal – tenha a consequência de o trabalho prestado no tempo que deveria ser de intervalo de descanso haver de ser tido como trabalho suplementar e como tal remunerado. X – A caracterização do trabalho suplementar pressupõe sempre um desempenho fora do horário em dia normal de trabalho, ou em dias de descanso semanal, obrigatório ou complementar, e em dias feriado, situações que não são equiparáveis à mera inobservância das normas que regem as interrupções de trabalho dentro do horário de trabalho.* [Ac. do STJ, de 02.12.10 *in* www.dgsi.pt (Proc. nº 108/07.1TTBGC.P1.S1)].

Artigo 214º – Descanso diário

1. O trabalhador tem direito a um período de descanso de, pelo menos, onze horas seguidas entre dois períodos diários de trabalho consecutivos.

2. O disposto no número anterior não é aplicável:

a) A trabalhador que ocupe cargo de administração ou de direção ou com poder de decisão autónomo, que esteja isento de horário de trabalho;

b) Quando seja necessária a prestação de trabalho suplementar, por motivo de força maior, ou por ser indispensável para reparar ou prevenir prejuízo grave para a empresa ou para a sua viabilidade devido a acidente ou a risco de acidente iminente;

c) Quando o período normal de trabalho seja fracionado ao longo do dia com fundamento em característica da atividade, nomeadamente em serviços de limpeza;

d) Em atividade caracterizada pela necessidade de assegurar a continuidade do serviço ou da produção, nomeadamente a referida em qualquer das alíneas *d*) e *e*) do nº 2 do artigo 207º, com exceção da subalínea *viii*) da alínea *e*), e em caso de acréscimo previsível de atividade no turismo, desde que instrumento de regulamentação coletiva de trabalho assegure ao trabalhador um período equivalente de descanso compensatório e regule o período em que o mesmo deve ser gozado.

3. Em caso previsto na alínea *a*) ou *b*) do número anterior, entre dois períodos diários de trabalho consecutivos deve ser observado um período de descanso que permita a recuperação do trabalhador.

4. Constitui contraordenação grave a violação do disposto nos nºs 1 ou 3.

COMENTÁRIOS:

1. Antecedentes legislativos: Arts. 176º e 659º, nº 1, do CT/2003; 3º, nº 5, da L nº 21/96, de 23 de julho e 5º e 12º, nºs 2 a 6, da L nº 73/98, de 10 de novembro.

2. Seja qual for o modelo de organização do tempo de trabalho, o regime-regra concede ao trabalhador um período de descanso de, pelo menos, onze horas seguidas entre dois períodos diários de trabalho consecutivos (nº 1). Assim, se o trabalhador termina a prestação laboral às 24h, só a pode retomar às 11h.

O artigo 2º, ponto 1, e o artigo 3º da Diretiva 2003/88/CE do Parlamento Europeu e do Conselho, de 4 de novembro de 2003, relativa a determinados aspetos da organização do tempo de trabalho, devem ser interpretados no sentido de que, quando um trabalhador celebrou vários contratos de trabalho com uma mesma entidade patronal, o período mínimo de descanso diário previsto deste artigo 3º se aplica a esses contratos considerados em conjunto e não a cada um dos referidos contratos considerado separadamente. [Ac. do TJUE, de 17.03.21 *in* EU:C:2021:210 (Proc. nº C-585/2019)].

3. O nº 2 consagra as exceções:

– A trabalhador que ocupe cargo de administração ou de direção ou com poder de decisão autónomo, que esteja isento de horário de trabalho (al. *a*)); devendo, no entanto, ser observado um período de descanso entre dois períodos diários de trabalho consecutivos (nº 3);

– Quando seja necessária a prestação de trabalho suplementar, por motivo de força maior, ou por ser indispensável para reparar ou prevenir prejuízo grave para a empresa ou para a sua viabilidade (de acordo com o disposto no art. 227º, nº 2) devido a acidente ou a risco de acidente iminente (al. *b*)); devendo, no entanto, ser observado um período de descanso entre dois períodos diários de trabalho consecutivos (nº 3);

– Quando o período normal de trabalho seja fracionado ao longo do dia com fundamento em característica da atividade, nomeadamente em serviços de limpeza (al. *c*));

– Em atividade caracterizada pela necessidade de assegurar a continuidade do serviço ou da produção, nomeadamente atividade de segurança e vigilância de pessoas ou bens com caráter de permanência, designadamente de guarda, porteiro ou trabalhador de empresa de segurança ou vigilância e atividade caracterizada pela necessidade de assegurar a continuidade do serviço ou da produção (com exceção do transporte de passageiros em serviço regular de transporte urbano) e em caso de acréscimo previsível de atividade no turismo, desde que instrumento de regulamentação coletiva de trabalho assegure ao trabalhador um período equivalente de descanso compensatório e regule o período em que o mesmo deve ser gozado (al. *d*), que remete para as als *d*) e *e*), com exceção da subal. *viii*) da al. *e*), do nº 2 do artigo 207º).

4. O direito a descanso diário e semanal está consagrado no art. 31º, nº 2, do CDFUE.

Artigo 215º – Mapa de horário de trabalho

1. O empregador elabora o mapa de horário de trabalho tendo em conta as disposições legais e o instrumento de regulamentação coletiva de trabalho aplicável, do qual devem constar:

***a*) Firma ou denominação do empregador;**

***b*) Atividade exercida;**

***c*) Sede e local de trabalho dos trabalhadores a que o horário respeita;**

***d*) Início e termo do período de funcionamento e, se houver, dia de encerramento ou suspensão de funcionamento da empresa ou estabelecimento;**

***e*) Horas de início e termo dos períodos normais de trabalho, com indicação de intervalos de descanso;**

***f*) Dia de descanso semanal obrigatório e descanso semanal complementar, se este existir;**

***g*) Instrumento de regulamentação coletiva de trabalho aplicável, se houver;**

***h*) Regime resultante de acordo que institua horário de trabalho em regime de adaptabilidade, se houver.**

2. Quando as indicações referidas no número anterior não sejam comuns a todos os trabalhadores, o mapa de horário de trabalho deve conter a identificação dos trabalhadores cujo regime seja diferente do estabelecido para os restantes, sem prejuízo do disposto no nº 4.

3. Sempre que o horário de trabalho inclua turnos, o mapa deve ainda indicar o número de turnos e aqueles em que haja menores, bem como a escala de rotação, se existir.

4. A composição dos turnos, de harmonia com a respetiva escala, se existir, é registada em livro próprio ou em suporte informático e faz parte integrante do mapa de horário de trabalho.

5. Constitui contraordenação grave a violação do disposto neste artigo.

COMENTÁRIOS:

Antecedentes legislativos: Arts.179º, do CT/2003 e 180º, da RCT/2004.

Artigo 216º – Afixação do mapa de horário de trabalho

1. O empregador afixa o mapa de horário de trabalho no local de trabalho a que respeita, em lugar bem visível.

2. Quando várias empresas, estabelecimentos ou serviços desenvolvam, simultaneamente, atividades no mesmo local de trabalho, o titular das instalações deve consentir a afixação dos diferentes mapas de horário de trabalho.

3. (*Revogado*).

4. As condições de publicidade de horário de trabalho de trabalhador afeto à exploração de veículo automóvel são estabelecidas em portaria dos ministros responsáveis pela área laboral e pelo setor dos transportes.

5. Constitui contraordenação leve a violação do disposto nos nºs 1 e 2.

COMENTÁRIOS:

1. Antecedentes legislativos: Arts. 179º, nº 3 do CT/2003; 181º, da RCT e 44º e 46º, nº 1, do DL nº 409/71, de 27 de setembro.

2. O presente artigo tem a redação introduzida pela L nº 23/2012, de 25 de junho, que revogou o nº 3.

3. O nº 4 remete para a P nº 983/2007, de 27 de agosto, relativa às condições de publicidade de horário de trabalho de trabalhador afeto à exploração de veículo automóvel.

I. O Decreto-Lei nº 237/2007, de 19 de junho, veio regular determinados aspetos da organização do tempo de trabalho dos trabalhadores móveis em atividade de transporte rodoviário efetuadas em território nacional e abrangidas pelo Regulamento. II. Trata-se de legislação específica, que prevê, além do mais, a obrigatoriedade do trabalhador móvel em atividade de transporte rodoviário não sujeito a aparelho de controlo (tacógrafo) proceder ao registo dos números de horas de trabalho prestados, intervalos de descanso, etc., nos termos a definir por portaria. III. A portaria nº 983/2007, de 27 de agosto, veio precisamente a estabelecer-se a forma desse registo. IV. Em conformidade com as proposições anteriores, é de concluir que quer na vigência do Código do Trabalho de 2003 (aprovado pela Lei nº 99/2003, de 27 de agosto) quer na vigência do Código do Trabalho de 2009 (aprovado pela Lei nº 7/2009, de 12 de fevereiro) se mantém em vigor o estabelecido nos referidos Decreto-Lei e portaria. [Ac. da RE, de 06.09.16 *in* www.dgsi.pt (Proc. nº 1370/15.1T8BJA.E1)].

Artigo 217º – Alteração de horário de trabalho

1. À alteração de horário de trabalho é aplicável o disposto sobre a sua elaboração, com as especificidades constantes dos números seguintes.

2. A alteração de horário de trabalho deve ser precedida de consulta aos trabalhadores envolvidos e à comissão de trabalhadores ou, na sua falta, à comissão sindical ou intersindical ou aos delegados sindicais, bem como, ainda que vigore o regime de adaptabilidade, ser afixada na empresa com antecedência de sete dias relativamente ao início da sua aplicação, ou três dias em caso de microempresa.

3. Excetua-se do disposto no número anterior a alteração de horário de trabalho cuja duração não seja superior a uma semana, desde que seja registada

em livro próprio, com a menção de que foi consultada a estrutura de representação coletiva dos trabalhadores referida no número anterior, e o empregador não recorra a este regime mais de três vezes por ano.

4. Não pode ser unilateralmente alterado o horário individualmente acordado.

5. A alteração que implique acréscimo de despesas para o trabalhador confere direito a compensação económica.

6. Constitui contraordenação grave a violação do disposto neste artigo.

COMENTÁRIOS:

1. Antecedentes legislativos: Arts. 173º, 659º, nº 1, do CT/2003 e 178º; 182º, da RCT e 12º, nº 3, als. *b*), *c*) e *d*) do DL nº 409/71, de 27 de setembro.

2. A alteração de horário de trabalho traduz o poder de direção do empregador (art. 97º), sendo aplicável o disposto sobre a sua elaboração (art. 212º), dispõe o nº 1.

Sobre a violação da al. *b*), no nº 2, do art. 212º: *IV – Não resultando da matéria de facto apurada qualquer razão objetiva que tenha fundamentado a alteração do horário de trabalho, sendo certo que a mesma impossibilitava a A. de ir buscar os filhos à escola, tendo que se socorrer da ajuda de terceiros, tal alteração do horário de trabalho da A. levada a cabo pela Ré sem qualquer justificação e que prejudicou a conciliação da atividade profissional da A. com a sua vida familiar é ilegal.* [Ac. da RL, de 08.07.15 *in* www.dgsi.pt (Proc. nº 410/13.3TTVFR.P1)].

3. Entende-se que há alteração do horário de trabalho, no caso de *determinação por parte do empregador para que o trabalhador passe designadamente a prestar trabalho em dia em que antes era apenas gozado como de descanso.* [Ac. da RL, de 17.02.16 *in* www.dgsi.pt (Proc. nº 2325/14.9TTLSB.L1-4)].

III. O Acordo de Empresa entre a CP – Caminhos de Ferro Portugueses, E. P., e o SMAQ – Sind. Nacional dos Maquinistas dos Caminhos de Ferro Portugueses, publicado no BTE de 22-09-2003, na parte respeitante à regulamentação da organização do tempo de trabalho, contém um conjunto de cláusulas dirigidas a regular o caso particular e específico do "pessoal da carreira de condução-ferrovia/tração". IV. Delas resulta que os seus horários de trabalho serão «(...) em princípio, os que lhes correspondem nas respetivas sedes, mas com a particularidade de serem individualmente» «(...) organizado(s) pela empresa em regime de escalas de serviço (...)», de modo a assegurarem «(...) a prestação de trabalho por períodos não regulares no que respeita à duração diária e semanal e às horas de início e termo do período normal de trabalho». V. Tal significa que a colocação de um trabalhador dessa carreira numa determinada escala, diferente da que vinha praticando, embora se traduza na prática de um horário de trabalho diferente, não consubstancia uma verdadeira alteração ao horário de trabalho, nos termos previstos no art. 217º do CT. Na verdade, como decorre do nº 1 da Cláusula 20º, é inerente à carreira de condução ferrovia/tração, estarem os trabalhadores nela integrados sujeitos a variações no seu horário, decorrendo as mesmas das escalas de serviço em que forem inseridos». [Ac. da RL, de 04.12.13 *in* www.dgsi.pt (Proc. nº 1037/12.2TTLSB.L1-4)].

4. A alteração de horário de trabalho definitiva, deve ser precedida de consulta aos trabalhadores envolvidos e à comissão de trabalhadores ou, na sua falta, à comissão sindical ou intersindical ou aos delegados sindicais, bem como, ainda que vigore o regime de adaptabilidade, ser afixada na empresa com antecedência de sete dias relativamente ao início da sua aplicação, ou três dias em caso de microempresa (nº 2). Sobre os tipos de empresa, *v.* art. 100º.

Na decisão de alteração de horário de trabalho a entidade empregadora tem de respeitar o prazo de afixação prévia na empresa, sob pena de invalidade dessa decisão. (Ac. da RP, de 18.01.16 *in* CJ, Ano XLI, Tomo I, p. 205).

II – Como decorre do nº 1, o empregador pode alterar unilateralmente o horário de trabalho, salvo se este tiver resultado de acordo expresso em sede do contrato individual de trabalho (nº 4), mas para proceder à alteração "deve", na expressão do nº 2, respeitar os procedimentos aí estabelecidos. III – O uso da expressão "deve" tem necessariamente um sentido imperativo. Esses procedimentos apenas são afastados se a alteração não for superior a uma semana, nas condições específicas estabelecidas no nº 3. IV – A falta de afixação do novo mapa de horário de trabalho com a antecedência devida não constitui uma mera irregularidade, mas antes a preterição de uma formalidade indispensável, essencial, no processo de decisão, que afeta a perfeição e validade desta, tornando-a inválida. [Ac. da RP, de 16.12.15 *in* www.dgsi.pt (Proc. nº 907/14.8T8AVR.P1)].

No mesmo sentido, *v.* os Acs. do STJ, de 30.04.14 *in* www.dgsi.pt (Proc. nº 363/05.1TTVSC.L1.S1) e CJ, Ano XXII, Tomo II, p. 237 e da RP, de 16.11.15 *in* www.dgsi.pt (Proc. nº 904/14.3T8AVR.P1).

5. A alteração de horário de trabalho temporária, prescinde de consulta aos trabalhadores, dentro dos seguintes limites: a referida alteração não pode exceder uma semana, obriga a registo em livro próprio, com a menção de que foi consultada a estrutura de representação coletiva dos trabalhadores referida no nº 2, e não pode ser utilizada mais de 3 vezes por ano (nº 3).

6. A *inamovibilidade do horário de trabalho*, prevista no nº 4, apenas se aplica ao horário individualmente acordado, aquele que é negociado entre as partes, pelo que, a mera indicação deste no contrato não preenche tal requisito.

Não é, ainda, relevante a permanência do trabalhador durante certo horário de trabalho para se assumir como estando garantida a inamovibilidade. Exige-se, portanto, *cláusula própria* que a contemple.

I – Tendo o horário de trabalho e inerentes dias de descanso semanal, sido acordados com o trabalhador aquando da contratação individual, não pode a entidade patronal alterá-los unilateralmente. II – Se o fizer, o trabalhador não está obrigado a cumprir o novo horário, ou dias de descanso, impostos pelo empregador, não lhe devendo, por isso, obediência. III – Instaurado processo disciplinar e despedida a trabalhadora, com fundamento em faltas injustificadas, por não se ter apresentado ao serviço ao Domingo, quando esse era o dia de descanso semanal estipulado contratualmente, inexiste justa causa de despedimento. [Ac. da RL, de 30.06.10 *in* www.dgsi.pt (Proc. nº 352/09.7TTVFX.L1-4)]. No mesmo sentido, *v.* o Ac. do STJ, de 16.06.15 *in* www.dgsi.pt (Proc. nº 363/05.1TTCSC.L1.S2).

II – Como decorre do art. 173º do Código do Trabalho, não pode ser unilateralmente alterado pelo empregador o horário de trabalho contratualizado com o trabalhador. III – Tal norma poderá, no entanto, ser afastada em caso de colisão de direitos, art. 335º do Código Civil, quando duas trabalhadoras apresentarem necessidades idênticas de horários decorrentes da sua condição de mães. [Ac. da RP, de 26.04.10 *in* www.dgsi.pt (Proc. nº 123/09.0TTVNG.P2)].

XIII – A entidade empregadora tem o direito de organizar os tempos de trabalho de acordo com as necessidades e o interesse da empresa, podendo alterar unilateralmente os horários de trabalho, nos termos do disposto no artigo 173º do Código do Trabalho de 2003. XIV – Não tendo o horário do Autor sido individualmente acordado, podia a entidade empregadora ordenar ao mesmo uma mudança de horário de trabalho, em conformidade com os seus interesses e necessidades, independentemente da duração temporal do anterior horário praticado pelo Autor. XV – Sendo essa alteração do horário do trabalho lícita, a recusa de cumprimento do novo horário por parte do Autor é ilegítima e viola o disposto na alínea d) do nº 1 do artigo 121º do Código do Trabalho. [Ac. do STJ, de 02.12.10 *in* www.dgsi.pt (Proc. nº 108/07.1TTBGC.P1.S1)].

6. Na falta de disposição legal ou convencional em contrário, o direito que ao empregador assiste de fixar o horário de trabalho dos seus trabalhadores não se restringe à sua fixação inicial, mas abrange as posteriores alterações do mesmo, salvo se o trabalhador tiver sido contratado especificamente para trabalhar mediante determinado horário. 7. O facto de se ter provado que os dias de descanso semanal dos autores sempre tinham sido, desde há muitos anos, aos sábados e domingos não prova que isso tenha resultado de um acordo expresso nesse sentido. 8. E tal facto também não é suficiente, só por si, para concluir que a alteração dos horários levada a cabo unilateralmente pelo empregador fora abusiva. [Ac. do STJ, de 17.09.09 *in* www.dgsi.pt (Proc. nº 08S3844)].

7. A alteração que implique acréscimo de despesas para o trabalhador confere direito a compensação económica (nº 5).

IV – A alteração do horário de trabalho é suscetível de forçar o trabalhador a reorganizar a sua vida, pelo que a lei rodeia essa possibilidade de cautelas significativas, estabelecendo o artigo 217º um conjunto de exigências, entre as quais se conta o dever de ressarcimento económico dos trabalhadores que, por força da alteração do horário, tenham que suportar um aumento de despesas. [Ac. do STJ, de 15.10.14 *in* www.dgsi.pt (Proc. nº 1037/12.2TTLSB.L1.S1)].

SUBSECÇÃO IV – Isenção de horário de trabalho

Artigo 218º – Condições de isenção de horário de trabalho

1. Por acordo escrito, pode ser isento de horário de trabalho o trabalhador que se encontre numa das seguintes situações:

a) Exercício de cargo de administração ou direção, ou de funções de confiança, fiscalização ou apoio a titular desses cargos;

b) Execução de trabalhos preparatórios ou complementares que, pela sua natureza, só possam ser efetuados fora dos limites do horário de trabalho;

c) Teletrabalho e outros casos de exercício regular de atividade fora do estabelecimento, sem controlo imediato por superior hierárquico.

2. O instrumento de regulamentação coletiva de trabalho pode prever outras situações de admissibilidade de isenção de horário de trabalho.

3. (*Revogado*).

4. (*Revogado*).

COMENTÁRIOS:

1. Antecedentes legislativos: Arts. 177º e 659º, nº 1, do CT/2003 e 13º, nºs 1 e 2, do DL nº 409/71, de 27 de setembro.

2. O presente artigo tem a redação introduzida pela L nº 23/2012, de 25 de junho, a qual revogou os nºs 3 e 4.

3. A isenção de horário de trabalho, obriga a acordo, reduzido a escrito (formalidade *ad substantiam*), dispõe o nº 1.

Tendo os AA. e Ré acordado, no contrato de trabalho escrito que celebraram, que àqueles seria paga determinada quantia mensal, durante 12 meses, de "Isenção de horário de trabalho", da interpretação de tal declaração negocial, nos termos do disposto no art. 236º, nº 1, do Cód. Civil e de acordo com a teoria da impressão do destinatário, decorre que as partes acordaram em que a prestação da atividade laboral seria prestada em regime de isenção de horário de trabalho. [Ac. da RP, de 02.12.13 *in* www.dgsi.pt (Proc. nº 396/12.1TTPRT.P1)].

XI – As condições necessárias à validade e eficácia do regime de isenção de horário de trabalho foram estabelecidas também – se não primordialmente – em benefício do trabalhador, daí que, opondo-se este à sua sujeição a tal regime ou recusando-se o empregador a reduzir por escrito o regime de isenção ou a efetuar as comunicações legalmente previstas (ou a obter a autorização), possa sempre o trabalhador recusar-se a continuar a desempenhar trabalho nessas condições, sendo certo que o texto da sobredita norma convencional em nada colide com este regime. [Ac. do STJ, de 14.07.10 *in* www.dgsi.pt (Proc. nº 08S3846)].

4. O regime de isenção é permitido nas seguintes situações:

– Exercício de cargo de administração ou direção, ou de funções de confiança, fiscalização ou apoio a titular desses cargos [al. *a*)].

I – O traço comum a todas as situações previstas no artigo 218º, nº 1, al. a), do CT/2009 que permitem a instituição de um regime de isenção de horário de trabalho é o da verificação de uma confiança do nomeante naquele que é nomeado para um dos diferentes desempenhos funcionais ali previstos. (Ac. da RC, de 30.11.17 *in* CJ, Ano XLII, Tomo V, p. 63).

1 – Pela entidade empregadora foi mantido o regulamento que estabelecia que os cargos de chefia eram exercidos em regime de isenção de horário de trabalho. 2 – O trabalhador, ao celebrar os acordos relativos ao exercício de cargo de chefia em regime de comissão de serviço, sabia que os mesmos tinham como pressuposto o regime de isenção de horário, pelo que a celebração dos referidos acordos implicou a aceitação da isenção de horário de trabalho que passou, desta forma, a integrar o contrato de trabalho. [Ac. da RL, de 25.03.15 *in* www.dgsi.pt (Proc. nº 5169/12.9TTLSB.L1-4)];

– Execução de trabalhos preparatórios ou complementares que, pela sua natureza, só possam ser efetuados fora dos limites do horário de trabalho [al. *b*)];

– Teletrabalho e outros casos de exercício regular de atividade fora do estabelecimento, sem controlo imediato por superior hierárquico [al. *c*)].

5. O instrumento de regulamentação coletiva de trabalho pode prever outras situações de admissibilidade de isenção de horário de trabalho (nº 2).

6. Sobre o levantamento do regime de isenção:

II – Cessando as causas que determinaram, após a celebração do contrato de trabalho, a implementação da isenção de horário de trabalho, a entidade empregadora pode fazer cessar unilateralmente tal isenção e o pagamento do correspondente subsídio. [Ac. da RP, de 13.09.19 *in* www.dgsi.pt (Proc. nº 1099/16.3T8GRD.C1)].

II – À luz do disposto no art. 236º, nº 1, do Código Civil, e do princípio da geral da boa-fé na execução dos contratos, não pode deixar de entender-se como cessação do regime de isenção horário de trabalho o comportamento da entidade empregadora traduzido na extinção, por um período que se prolongou por mais de sete anos, do pagamento ao trabalhador do subsídio de isenção de horário de trabalho, pagando-lhe apenas a remuneração de base correspondente ao seu nível salarial, prevista nas tabelas salariais do ACT aplicável à relação laboral mantida entre as partes. [Ac. do STJ, de 25.06.15 *in* www.dgsi.pt (Proc. nº 1109/11.0TTPRT.P1.S1)].

VI – Quando a isenção de horário de trabalho é estabelecida no contrato de trabalho, a sua retirada apenas pode ter lugar com o acordo das partes, se a sua atribuição foi determinante da vontade de contratar do trabalhador, sob pena de violação do regime constante do artigo 406º do Código Civil. [Ac. do STJ, de 25.11.14 *in* www.dgsi.pt (Proc. nº 284/11.9TTTVD.L1.S1)].

I – Não sendo a atribuição do regime de isenção de horário de trabalho acordada no início do contrato de trabalho, não está a entidade empregadora, em princípio, impedida de a retirar unilateralmente, uma vez que se trata de uma matéria que cabe no âmbito das suas competências, integrando o poder de direção que lhe é próprio. II – Todavia, se após a mudança das funções do trabalhador ao abrigo das quais foi atribuída tal isenção, a entidade empregadora se compromete, perante aquele, a manter inalteradas as condições remuneratórias que detinha, o subsídio por essa isenção passou a fazer parte integrante do contrato individual de trabalho, não podendo ser retirado unilateralmente. [Ac. da RL, de 21.09.11 *in* www.dgsi.pt (Proc. nº 3125/08.0TTLSB.L1-4)].

Artigo 219º – Modalidades e efeitos de isenção de horário de trabalho

1. As partes podem acordar numa das seguintes modalidades de isenção de horário de trabalho:

***a*) Não sujeição aos limites máximos do período normal de trabalho;**

***b*) Possibilidade de determinado aumento do período normal de trabalho, por dia ou por semana;**

***c*) Observância do período normal de trabalho acordado.**

2. Na falta de estipulação das partes, aplica-se o disposto na alínea *a*) do número anterior.

3. A isenção não prejudica o direito a dia de descanso semanal, obrigatório ou complementar, a feriado ou a descanso diário.

4. Constitui contraordenação grave a violação do disposto no número anterior.

COMENTÁRIOS:

1. Antecedentes legislativos: Arts. 178º e 659º, nº 1, do CT/2003 e 15º, do DL nº 409/71, de 27 de setembro.

2. As partes podem acordar numa das seguintes modalidades de isenção de horário de trabalho, nos termos do nº 1:

– Não sujeição aos limites máximos do período normal de trabalho (al. *a*)), salvo a limitação do art. 214º, nº 1, não aplicável a trabalhador que ocupe cargo de administração ou de direção ou com poder de decisão autónomo (art. 214º, nº 2, al. *a*));

Bem diz Júlio Gomes: a expressão isenção de horário de trabalho é enganadora, quanto à hipótese prevista no nº 1, al. *a*), porquanto "o que existe, pelo menos para os trabalhadores isentos do horário de trabalho que ocupam cargos de administração, de direção, ou com poderes de decisão autónomo, é uma genuína eliminação de todos os limites aos períodos normais de trabalho", *Direito do Trabalho*, p. 675.

– Possibilidade de determinado aumento do período normal de trabalho, por dia ou por semana (al. *b*));

– Observância do período normal de trabalho acordado (al. *c*)), designado por *horário flexível*, dado que permite ao trabalhador gerir o início e o termo do período normal de trabalho.

3. O nº 2 estabelece como regime supletivo, na falta de estipulação das partes do regime de isenção do horário, a não sujeição aos limites máximos dos períodos normais de trabalho (nº 1, al. *a*)).

Conforme concluía João Soares Ribeiro, ao tempo do CT/2003, a solução acolhida pelo CT "vai permitir um expediente de fuga fácil ao genérico controlo do período normal de trabalho e ao específico trabalho suplementar que sendo, como é sabido, um direito das empresas, é muitas vezes por elas usado abusivamente. Tanto mais que na falta de estipulação das partes no sobredito acordo, o regime que se aplicará subsidiariamente é precisamente o mais gravoso, ou seja, a não sujeição da duração do contrato aos limites próximos dos períodos normais de trabalho", *A «civilização» do Código do Trabalho*, p. 105.

4. O nº 3, algo redundantemente, dispõe que a isenção de horário de trabalho não prejudica o direito aos dias de descanso semanal, obrigatório ou complementar (art. 232º), a feriado (art. 234º) ou a descanso diário (art. 214º), salvo o disposto no nº 2, al. *a*), do referido art. 214º.

SUBSECÇÃO V – Trabalho por turnos

Artigo 220º – Noção de trabalho por turnos

Considera-se trabalho por turnos qualquer organização do trabalho em equipa em que os trabalhadores ocupam sucessivamente os mesmos postos de trabalho, a um determinado ritmo, incluindo o rotativo, contínuo ou descontínuo, podendo executar o trabalho a horas diferentes num dado período de dias ou semanas.

COMENTÁRIOS:

1. Antecedentes legislativos: Arts. 188º, do CT/2003 e 2º, nº 1, al. *e*), da L nº 73/98, de 10 de novembro.

2. O trabalho por turnos pressupõe uma ocupação sucessiva dos mesmos postos de trabalho, pretendendo a maximização da rentabilidade produtiva. O turno pode ser *fixo* (com cumprimento do mesmo horário de trabalho) ou *variável* (com cumprimento de diferentes horários de trabalho, em sistema rotativo).

Conforme explica a RC: *II – Trata-se de uma prática de emprego destinada a fazer uso das 24 horas diárias com vista à disponibilização de serviços durante todo aquele período, procedendo-se, por regra, à divisão do dia em diferentes intervalos de tempo correspondentes a outros tantos turnos diferentes durante os quais diferentes grupos de trabalhadores realizam o seu trabalho. III – O facto de um trabalhador iniciar a sua jornada de trabalho em tempo diferente do que correspondente aos turnos padronizados, e de a terminar em tempo diferente do que corresponde aos mesmos turnos, não significa necessariamente que existam outros turnos para lá dos padronizados, podendo estar em causa, por exemplo, simples situação de faltas ao trabalho ou de prestação de trabalho suplementar.* [Ac. de 15.01.21 *in* www.dgsi.pt (Proc. nº 836/18.6T8GRD.C1)].

Entendimento jurisprudencial sobre o regime de turnos e a flexibilidade de horário:

I – Não é inconstitucional o art. 14º da Lei da Liberdade Religiosa, a Lei nº 16/2001, de 22/6, quando limita o direito à suspensão do trabalho, nos períodos prescritos por confissão religiosa professada pelo trabalhador, à situação de trabalho em regime de flexibilidade de horário. II – Não se pode considerar o trabalho em regime de dois turnos rotativos como integrando o conceito de trabalho em regime de flexibilidade de horário. III – Nessas circunstâncias, constitui justa causa de despedimento a conduta de trabalhador, membro de confissão que prescreve como dia de guarda o período entre o pôr do sol de sábado, que persiste em se recusar a trabalhar nesse período, quando o seu turno de trabalho se incluía no mesmo, causando, assim, prejuízos consideráveis ao empregador. (Ac. da RL, de 15.12.11 *in* CJ, Ano XXXVI, Tomo V, p. 330).

Artigo 221º – Organização de turnos

1. Devem ser organizados turnos de pessoal diferente sempre que o período de funcionamento ultrapasse os limites máximos do período normal de trabalho.

2. Os turnos devem, na medida do possível, ser organizados de acordo com os interesses e as preferências manifestados pelos trabalhadores.

3. A duração de trabalho de cada turno não pode ultrapassar os limites máximos dos períodos normais de trabalho.

4. O trabalhador só pode mudar de turno após o dia de descanso semanal.

5. Os turnos no regime de laboração contínua e os de trabalhadores que asseguram serviços que não podem ser interrompidos, nomeadamente nas situações a que se referem as alíneas *d*) e *e*) do nº 2 do artigo 207º, devem ser organizados de modo que os trabalhadores de cada turno gozem, pelo menos, um dia de descanso em cada período de sete dias, sem prejuízo do período excedente de descanso a que tenham direito.

6. O empregador deve ter registo separado dos trabalhadores incluídos em cada turno.

7. Constitui contraordenação grave a violação do disposto nos nºs 3, 4, 5 ou 6.

COMENTÁRIOS:

1. Antecedentes legislativos: Arts. 189º e 661º, do CT/2003 e 27º, do DL nº 409/71, de 27 de setembro.

2. Devem ser organizados turnos de pessoal diferente sempre que o período de funcionamento ultrapasse os limites máximos do período normal de trabalho, ou seja, as 40h semanais (nº 1).

3. Os turnos devem, na medida do possível, ser organizados de acordo com os interesses e as preferências manifestados pelos trabalhadores (nº 2). Note-se, que o pre-

ceito apenas indica "na medida do possível", ou seja, na medida em que menos transtorne o normal funcionamento da empresa, pelo que, o poder decisório recaí, sempre, no empregador, atento o respetivo poder diretivo (art. 97º).

4. A duração de trabalho de cada turno acompanha o regime geral, pelo que, não pode ultrapassar os limites máximos dos períodos normais de trabalho (nº 3), e o trabalhador só pode mudar de turno após o dia de descanso semanal previsto no art. 232º (nº 4). Tal é crucial para o reposicionamento do ciclo circadiano.

5. Os turnos no regime de laboração contínua e os de trabalhadores que asseguram serviços que não podem ser interrompidos, nomeadamente na atividade de segurança e vigilância de pessoas ou bens com caráter de permanência, designadamente de guarda, porteiro ou trabalhador de empresa de segurança ou vigilância; e atividade caracterizada pela necessidade de assegurar a continuidade do serviço ou da produção (als. *d*) e *e*), do nº 2, do art. 207º), devem ser organizados de modo que os trabalhadores de cada turno gozem, pelo menos, um dia de descanso em cada período de sete dias, sem prejuízo do período excedente de descanso a que tenham direito (nº 5).

A determinação do dia de descanso dos trabalhadores em turnos rotativos, suscitou dúvidas na aplicação do CT/2003. Explica Catarina de Oliveira Carvalho que "Podemos encontrar na doutrina e jurisprudência portuguesas duas interpretações diversas. Uma delas defende que, em cada período de sete dias, o trabalhador deveria descansar no sétimo dia e não ulteriormente, no oitavo ou no nono por exemplo. A segunda, hoje maioritária, entende que o dia de descanso semanal pode coincidir com o oitavo ou nono dia, o que implica a admissibilidade de uma semana de trabalho superior a seis dias consecutivos, desde que seja garantido ao trabalhador um dia de descanso por «semana de calendário», ou seja, em certas semanas ele irá trabalhar necessariamente menos de seis dias", *A regulamentação nacional do tempo de trabalho e o direito comunitário: omissões e incompatibilidades*, p. 51.

Com o CT/2009 colhe a primeira interpretação, como refere a Autora, a "*ratio legis* da Diretiva aponta inequivocamente neste sentido, pois visa em primeira linha proteger a saúde e a segurança dos trabalhadores, valores não passíveis de subordinação a «considerações de ordem puramente económica" *loc. cit.*.

6. O empregador deve ter registo separado dos trabalhadores incluídos em cada turno (nº 6).

Artigo 222º – Proteção em matéria de segurança e saúde no trabalho

1. O empregador deve organizar as atividades de segurança e saúde no trabalho de forma que os trabalhadores por turnos beneficiem de um nível de

proteção em matéria de segurança e saúde adequado à natureza do trabalho que exercem.

2. O empregador deve assegurar que os meios de proteção e prevenção em matéria de segurança e saúde dos trabalhadores por turnos sejam equivalentes aos aplicáveis aos restantes trabalhadores e se encontrem disponíveis a qualquer momento.

3. Constitui contraordenação grave a violação do disposto neste artigo.

COMENTÁRIOS:

1. Antecedentes legislativos: Arts. 190º e 661º, do CT/2003 e 10º, da L nº 73/98, de 10 de novembro.

2. Constituindo o trabalho por turnos uma das modalidades laborais mais penosas, urgia conceder-lhe um regime de proteção adequado.

O regime jurídico de promoção da segurança e saúde no trabalho foi aprovado pela L nº 102/2009, de 10 de setembro (na versão dada pela Lei nº 79/2019, de 02 de setembro).

SUBSECÇÃO VI – Trabalho noturno

Artigo 223º – Noção de trabalho noturno

1. Considera-se trabalho noturno o prestado num período que tenha a duração mínima de sete horas e máxima de onze horas, compreendendo o intervalo entre as 0 e as 5 horas.

2. O período de trabalho noturno pode ser determinado por instrumento de regulamentação coletiva de trabalho, com observância do disposto no número anterior, considerando-se como tal, na falta daquela determinação, o compreendido entre as 22 horas de um dia e as 7 horas do dia seguinte.

COMENTÁRIOS:

1. Antecedentes legislativos: Arts. 192º, do CT/2003 e 29º, do DL nº 409/71, de 27 de setembro.

2. Os instrumentos de regulamentação coletiva de trabalho possuem competência para fixar o período de trabalho noturno observando um período que tenha a duração mínima de sete horas e máxima de onze horas, compreendendo o intervalo entre as 0 e as 5 horas.

Na ausência de tal fixação, considera-se, supletivamente, como período de trabalho noturno o compreendido entre as 22 horas de um dia e as 7 horas do dia seguinte (nºs 1 e 2).

Para PEDRO ROMANO MARTINEZ, "não poderá qualificar-se como período noturno, por exemplo, das 20h às 8h, porque excede o período de onze horas, nem será possível considerar que o período noturno se circunscreve ao intervalo das zero às cinco, porque é inferior às sete horas mínimas", *Direito do Trabalho*, p. 554.

Artigo 224º – Duração do trabalho de trabalhador noturno

1. Considera-se trabalhador noturno o que presta, pelo menos, três horas de trabalho normal noturno em cada dia ou que efetua durante o período noturno parte do seu tempo de trabalho anual correspondente a três horas por dia, ou outra definida por instrumento de regulamentação coletiva de trabalho.

2. O período normal de trabalho diário de trabalhador noturno, quando vigora regime de adaptabilidade, não deve ser superior a oito horas diárias, em média semanal, sem prejuízo do disposto em instrumento de regulamentação coletiva de trabalho.

3. Para apuramento da média referida no número anterior não se contam os dias de descanso semanal obrigatório ou complementar e os dias feriados.

4. O trabalhador noturno não deve prestar mais de oito horas de trabalho num período de vinte e quatro horas em que efetua trabalho noturno, em qualquer das seguintes atividades, que implicam riscos especiais ou tensão física ou mental significativa:

***a*) Monótonas, repetitivas, cadenciadas ou isoladas;**

***b*) Em obra de construção, demolição, escavação, movimentação de terras, ou intervenção em túnel, ferrovia ou rodovia sem interrupção de tráfego, ou com risco de queda de altura ou de soterramento;**

***c*) Da indústria extrativa;**

***d*) De fabrico, transporte ou utilização de explosivos e pirotecnia;**

***e*) Que envolvam contacto com corrente elétrica de média ou alta tensão;**

***f*) De produção ou transporte de gases comprimidos, liquefeitos ou dissolvidos ou com utilização significativa dos mesmos;**

***g*) Que, em função da avaliação dos riscos a ser efetuada pelo empregador, assumam particular penosidade, perigosidade, insalubridade ou toxicidade.**

5. O disposto nos números anteriores não é aplicável a trabalhador que ocupa cargo de administração ou de direção ou com poder de decisão autónomo que esteja isento de horário de trabalho.

6. O disposto no nº 4 não é igualmente aplicável:

***a*) Quando a prestação de trabalho suplementar seja necessária por motivo de força maior ou para prevenir ou reparar prejuízo grave para a empresa ou para a sua viabilidade devido a acidente ou a risco de acidente iminente;**

***b*) A atividade caracterizada pela necessidade de assegurar a continuidade do serviço ou da produção, nomeadamente a referida em qualquer das alíneas**

_d_) a _f_) do nº 2 do artigo 207º, desde que por convenção coletiva seja concedido ao trabalhador período equivalente de descanso compensatório.

7. Constitui contraordenação grave a violação do disposto nos nºs 2 ou 4.

COMENTÁRIOS:

1. Antecedentes legislativos: Arts. 193º, 194º e 662º, do CT/2003 e 2º, nº 1, al. *d*), 7º e 12º, nºs 2, 3, 5 e 6, da L nº 73/98, de 10 de novembro.

2. Considera-se *trabalhador noturno* o que presta, pelo menos, três horas de trabalho normal noturno em cada dia (nº 1, 1ª parte) ou que efetua durante o período noturno parte do seu tempo de trabalho anual correspondente a três horas por dia, ou outra definida por instrumento de regulamentação coletiva de trabalho (2ª parte).

3. O período normal de trabalho diário de trabalhador noturno, quando vigora o regime de adaptabilidade, não deve ser superior a oito horas diárias, em média semanal, sem prejuízo do disposto em instrumento de regulamentação coletiva de trabalho (nº 2).

Para apuramento da média referida no número anterior não se contam os dias de descanso semanal obrigatório ou complementar (art. 232º) e os dias feriados (art. 234º), dispõe o nº 3.

4. O nº 4, salvo a exceção do nº 6, indica que no caso das atividades que implicam riscos especiais ou tensão física ou mental significativa, que a lei elenca, o trabalhador noturno não deve prestar mais de oito horas de trabalho num período de vinte e quatro horas em que efetua trabalho noturno.

Esta inibição não é aplicável a trabalhador que ocupa cargo de administração ou de direção ou com poder de decisão autónomo que esteja isento de horário de trabalho (nº 5).

Artigo 225º – Proteção de trabalhador noturno

1. O empregador deve assegurar exames de saúde gratuitos e sigilosos ao trabalhador noturno destinados a avaliar o seu estado de saúde, antes da sua colocação e posteriormente a intervalos regulares e no mínimo anualmente.

2. O empregador deve avaliar os riscos inerentes à atividade do trabalhador, tendo presente, nomeadamente, a sua condição física e psíquica, antes do início da atividade e posteriormente, de seis em seis meses, bem como antes de alteração das condições de trabalho.

3. O empregador deve conservar o registo da avaliação efetuada de acordo com o número anterior.

4. Aplica-se ao trabalhador noturno o disposto no artigo 222º.

5. Sempre que possível, o empregador deve assegurar a trabalhador que sofra de problema de saúde relacionado com a prestação de trabalho noturno a afetação a trabalho diurno que esteja apto a desempenhar.

6. O empregador deve consultar os representantes dos trabalhadores para a segurança e saúde no trabalho ou, na falta destes, o próprio trabalhador, sobre a afetação a trabalho noturno, a organização deste que melhor se adapte ao trabalhador, bem como sobre as medidas de segurança e saúde a adotar.

7. Constitui contraordenação grave a violação do disposto neste artigo.

COMENTÁRIOS:

1. Antecedentes legislativos: Arts. 195º, 196º e 662º, do CT/2003; 183º a 186º, da RCT e 8º, 9º e 10º, da L nº 73/98, de 10 de novembro.

2. Além do regime jurídico de promoção da segurança e saúde no trabalho aprovado pela L nº 102/2009, de 10 de setembro, a presente norma estabelece um regime especial de proteção, com remissão, ainda, para o disposto no art. 222º (nº 4).

SUBSECÇÃO VII – Trabalho suplementar

Artigo 226º – Noção de trabalho suplementar

1. Considera-se trabalho suplementar o prestado fora do horário de trabalho.

2. No caso em que o acordo sobre isenção de horário de trabalho tenha limitado a prestação deste a um determinado período de trabalho, diário ou semanal, considera-se trabalho suplementar o que exceda esse período.

3. Não se compreende na noção de trabalho suplementar:

a) O prestado por trabalhador isento de horário de trabalho em dia normal de trabalho, sem prejuízo do disposto no número anterior;

b) O prestado para compensar suspensão de atividade, independentemente da sua causa, de duração não superior a quarenta e oito horas, seguidas ou interpoladas por um dia de descanso ou feriado, mediante acordo entre o empregador e o trabalhador;

c) A tolerância de quinze minutos prevista no nº 3 do artigo 203º;

d) A formação profissional realizada fora do horário de trabalho que não exceda duas horas diárias;

e) O trabalho prestado nas condições previstas na alínea *b*) do nº 1 do artigo 257º;

f) O trabalho prestado para compensação de períodos de ausência ao trabalho, efetuada por iniciativa do trabalhador, desde que uma e outra tenham o acordo do empregador;

_g_) O trabalho prestado para compensar encerramento para férias previsto na alínea _b_) do nº 2 do artigo 242º, por decisão do empregador.

4. Na situação referida na alínea _f_) do nº 3, o trabalho prestado para compensação não pode exceder os limites diários do nº 1 do artigo 228º.

COMENTÁRIOS:

1. Antecedentes legislativos: Arts. 197º, do CT/2003 e 2º, do DL nº 421/83, de 02 de dezembro.

2. O presente artigo tem a redação introduzida pela L nº 23/2012, de 25 de junho, a qual aditou a al. *g*) ao nº 3. Assim, não se considera, também, trabalho suplementar o "*prestado para compensar encerramento para férias previsto na alínea b), do nº 2, do art. 242º, por decisão do empregador*".

3. As condições para a admissibilidade do trabalho suplementar encontram-se previstas no art. 227º: acréscimo eventual e transitório de trabalho que não justifiquem a contratação de novos trabalhadores (nº 1); casos de força maior (nº 2, 1ª parte) ou prevenção ou recuperação de prejuízo grave para a empresa ou para a sua viabilidade (nº 2, 2ª parte).

Verificando-se uma das condições referidas, a prestação do trabalho suplementar constitui uma das obrigações legais do trabalhador, cujo não acatamento pode fazê-lo incorrer na violação do dever de obediência, caso os motivos de escusa de o prestar não se apresentem relevantes (art. 128º, nº 1, al. *e*)), pese embora, com os limites do art. 228º e de acordo com a exceção aplicada a certos trabalhadores.

4. Entende-se por trabalho suplementar todo aquele que é prestado fora do horário de trabalho, dentro do seguinte âmbito: trabalho diurno ou noturno para além dos limites resultantes do horário de trabalho; e trabalho em dia de descanso semanal ou feriado (nº 1).

I – A linha de fronteira entre o 'tempo de trabalho' e o 'tempo de descanso' situa-se naquele momento em que o trabalhador adquire o domínio absoluto e livre da gestão da sua vida privada. II – É trabalho suplementar o tempo despendido em viagens entre Portugal e Espanha e vice-versa durante os dias de descanso do trabalhador, em carrinha da empregadora, nas condições de tempo e lugar por esta determinadas e com ligação à prestação do trabalho. [Ac. da RC, de 10.03.16 *in* www.dgsi.pt (Proc. nº 250/13.0TTCTB.C1)]. No mesmo sentido, *v.* o Ac. da RP, de 16.06.14 *in* www.dgsi.pt (Proc. nº 165/12.9TTSTS.P1).

II – É possível afirmar que as horas prestada em excesso, relativamente ao período normal de trabalho – o qual é necessariamente delimitado pelo horário de trabalho – foram prestadas para além do horário de trabalho e constituem, assim trabalho suplementar, mesmo que se desconheça o concreto horário de trabalho. (Ac. da RC, de 10.09.15 *in* CJ, Ano XL, Tomo IV, p. 609).

VI – Para efeitos de qualificação de tempo de trabalho a disponibilidade que releva do trabalhador pressupõe que ele permaneça no seu local de trabalho. VII – Em conformidade com a proposição anterior, não é de qualificar como tempo de trabalho e, por consequência, como trabalho suplementar e/ou noturno se se prova que a trabalhadora efetuava "noite de prevenção" em que não era obrigada a permanecer nas instalações da empregadora, sendo apenas contactada por telemóvel em caso de necessidade. VIII – O facto de a trabalhadora ser, simultaneamente, trabalhadora subordinada de uma Associação de bombeiros voluntários e bombeira voluntária nessa Associação não afasta a eventual prestação de trabalho suplementar. [Ac. da RE, de 30.08.12 *in* www.dgsi.pt (Proc. nº 155/11.9T2SNS.E1)].

I – O horário de trabalho reconduz-se à determinação, para além do mais, das horas do início e do termo do período normal de trabalho diário e semanal (cfr. art. 159º do Código do Trabalho 2003 e art. 200º do Código do Trabalho 2009). II – Considera-se como trabalho suplementar aquele que é prestado fora do horário de trabalho. III – Estando o "período de permanência" de 45 minutos incluído no horário de trabalho do autor, inexiste a prestação de trabalho suplementar. [Ac. da RP, de 14.03.11 *in* www.dgsi.pt (Proc. nº 635/09.6TTPRT.P1)].

I – O trabalho suplementar corresponde ao trabalho prestado fora do horário de trabalho: cabem aqui todas as situações de desvio ao programa normal de atividade do trabalhador, como seja o trabalho fora do horário em dia útil e o trabalho em dias de descanso semanal e feriados. (Ac. do STJ, de 18.02.11 *in* www.dgsi.pt (Proc. nº 25/07.5TTFAR.E1.S1) e CJ, Ano XIX, Tomo I, p. 257).

5. Não se considera trabalho suplementar (nº 3):

– O que é prestado por trabalhador isento de horário de trabalho em dia normal de trabalho [al. *a*)], com a seguinte ressalva, prevista no nº 2: nos casos em que tenha sido limitada a isenção de horário de trabalho a um determinado número de horas, diárias ou semanais, considera-se trabalho suplementar o prestado fora desse período;

– O prestado para compensar suspensões de atividade, independentemente da causa, de duração não superior a quarenta e oito horas seguidas ou interpoladas por um dia de descanso ou feriado, mediante acordo entre o empregador e o trabalhador [al. *b*)];

– A tolerância de quinze minutos para transações, operações ou outras tarefas começadas e não acabadas na hora estabelecida para o termo do período normal de trabalho diário (al. *c*), que remete para o art. 203º, nº 3);

– A formação profissional, ainda que, prestada fora do horário de trabalho, que não exceda duas horas diárias [al. *d*)];

– O prestado em acréscimo ao período normal, para substituição da perda de retribuição por motivo de falta, dentro dos limites previstos no art. 204º quando o instrumento de regulamentação coletiva de trabalho o permita [al. *e*), que remete para o art. 257º, nº 1, al. *b*)];

– O prestado para compensação de períodos de ausência ao trabalho, efetuada por iniciativa do trabalhador, desde que uma e outra tenham o acordo do empregador [al. *f*)], não podendo o trabalho prestado exceder os limites diários do nº 1, do art. 228º (nº 4);

– O prestado para compensar encerramento para férias num dia que esteja entre um feriado que ocorra à terça-feira ou quinta-feira e um dia de descanso semanal [al. *g*), que remete para o art. 242º, nº 2, al. *b*)].

6. Nos termos do disposto no art. 342º, nºs 1 e 2, do Código Civil, impende sobre o trabalhador que invoca a prestação do trabalho suplementar o ónus de prova da efetiva prestação do mesmo e sobre o empregador o ónus de prova do seu pagamento.

V. os Acs. da RP, de 15.06.15 *in* www.dgsi.pt (Proc. nº 465/11.5TTVFR.P1)]; do STJ, de 03.04.13 *in* www.dgsi.pt (Proc. nº 241/08.2TTLSB.L1. S1) e da RP, de 10.03.14 *in* www.dgsi.pt (Proc. nº 1105/11.8TTBRG.P1) e de 30.01.12 *in* www.dgsi.pt (Proc. nº 21/11.8TTVNF.P1).

Sobre abuso de direito na reclamação do pagamento de trabalho suplementar após 10 anos de prestação, *v.* o Ac. da RP, de 10.03.14 *in* www.dgsi.pt (Proc. nº 1105/11.8TTBRG.P1).

7. A prestação de trabalho suplementar é retribuída (após a alteração efetuada pela L nº 23/2012, de 25 de junho) de acordo com os seguintes acréscimos: 25% pela primeira hora ou fração desta e 37,5% por hora ou fração subsequente, em dia útil (art. 268º, nº 1, al. *a*)), 50%, por cada hora ou fração, em dia de descanso semanal, obrigatório ou complementar, ou em dia feriado (al. *b*)).

No caso de prestação em dia de descanso semanal obrigatório, o trabalhador tem ainda direito a um dia de descanso compensatório remunerado, a gozar num dos três dias úteis seguintes (art. 229º, nº 4).

De salientar que a retribuição por prestação de trabalho suplementar, só é exigível se o empregador, prévia e expressamente, tiver determinado tal prestação ou se tiver sido realizada de modo a não ser previsível a oposição do empregador (art. 268º, nº 2).

IV – O trabalhador tem direito à retribuição pelo trabalho prestado fora do seu horário de trabalho sempre que alegue e prove os seguintes factos: a prestação efetiva de trabalho fora do seu horário de trabalho; a determinação prévia e expressa de tal trabalho pelo empregador ou, pelo menos, a sua realização com o conhecimento (implícito ou tácito) e sem oposição daquele. [Ac. da RG, de 06.02.20 *in* www.dgsi.pt (Proc. nº 2614/18.3T8VRL.G1)].

(iii) O reconhecimento do direito à retribuição por trabalho suplementar pressupõe a alegação e prova de dois factos que dele são constitutivos: a prestação efetiva de trabalho suplementar (o que pressupõe a quantificação do aludido trabalho), e o conhecimento dessa prestação por parte do empregador; (iv) Não se mostra efetuada tal prova se da matéria de facto apenas resulta, a tal respeito, que a trabalhadora prestava a atividade ao serviço da empregadora, de 2ª feira a domingo, incluindo feriados, auferindo mensalmente €464,00, mas se desconhece qual o horário de trabalho da mesma. [Ac. da RE, de 12.04.11 *in* www.dgsi.pt (Proc. nº 17/10.7TTEVR.E1)].

Artigo 227º – Condições de prestação de trabalho suplementar

1. O trabalho suplementar só pode ser prestado quando a empresa tenha de fazer face a acréscimo eventual e transitório de trabalho e não se justifique para tal a admissão de trabalhador.

2. O trabalho suplementar pode ainda ser prestado em caso de força maior ou quando seja indispensável para prevenir ou reparar prejuízo grave para a empresa ou para a sua viabilidade.

3. O trabalhador é obrigado a realizar a prestação de trabalho suplementar, salvo quando, havendo motivos atendíveis, expressamente solicite a sua dispensa.

4. Constitui contraordenação muito grave a violação do disposto nos nºs 1 ou 2.

COMENTÁRIOS:

1. Antecedentes legislativos: Arts. 198º, 199º e 663º, nº 1, do CT/2003 e 3º e 4º, do DL nº 421/83, de 02 de dezembro.

2. A lei contempla, perentoriamente, dois tipos de exigibilidade para prestação de trabalho suplementar:

– *Acréscimo eventual e transitório de trabalho, que não justifique para tal a admissão de trabalhador* (nº 1). Neste caso, a prestação possui os limites prestacionais previstos no art. 228º, nºs 1 a 3.

– *Caso de força maior* (nº 2, 1ª parte) ou *quando seja indispensável para prevenir ou reparar prejuízo grave para a empresa ou para a sua viabilidade* (nº 2, 2ª parte). Os limites prestacionais são apenas os conferidos pelo art. 228º, nº 4, atento o dever de colaboração que cabe ao trabalhador, neste caso, em nome do princípio da sobrevivência empresarial.

3. O trabalhador é obrigado a realizar a prestação de trabalho suplementar, salvo quando, havendo motivos atendíveis, expressamente solicite a sua dispensa (nº 3).

O conceito *motivo atendível*, como conceito indeterminado é valorado pelo empregador, cabendo a prova ao trabalhador. Em caso de ordem legítima, a recusa do trabalhador em prestar trabalho suplementar, coloca-o em situação de violação do dever de obediência [art. 128º, nº 1, al. *e*)].

Artigo 228º – Limites de duração do trabalho suplementar

1. O trabalho suplementar previsto no nº 1 do artigo anterior está sujeito, por trabalhador, aos seguintes limites:

***a*) No caso de microempresa ou pequena empresa, cento e setenta e cinco horas por ano;**

***b*) No caso de média ou grande empresa, cento e cinquenta horas por ano;**

c) No caso de trabalhador a tempo parcial, oitenta horas por ano ou o número de horas correspondente à proporção entre o respetivo período normal de trabalho e o de trabalhador a tempo completo em situação comparável, quando superior;

d) Em dia normal de trabalho, duas horas;

e) Em dia de descanso semanal, obrigatório ou complementar, ou feriado, um número de horas igual ao período normal de trabalho diário;

f) Em meio dia de descanso complementar, um número de horas igual a meio período normal de trabalho diário.

2. O limite a que se refere a alínea *a*) ou *b*) do número anterior pode ser aumentado até duzentas horas por ano, por instrumento de regulamentação coletiva de trabalho.

3. O limite a que se refere a alínea *c*) do nº 1 pode ser aumentado, mediante acordo escrito entre o trabalhador e o empregador, até cento e trinta horas por ano ou, por instrumento de regulamentação coletiva de trabalho, até duzentas horas por ano.

4. O trabalho suplementar previsto no nº 2 do artigo anterior apenas está sujeito ao limite do período de trabalho semanal constante do nº 1 do artigo 211º

5. Constitui contraordenação muito grave a violação do disposto no nº 1 e constitui contraordenação grave a violação do disposto no nº 2.

COMENTÁRIOS:

1. Antecedentes legislativos: Arts. 200º e 663º, do CT/2003 e 5º, nº 1, do DL nº 421/83, de 02 de dezembro.

2. Nos termos do nº 1, als. *a*) e *b*), os limites de duração do trabalho suplementar estão sujeitos à dimensão da empresa (*v*. art. 100º sobre tipo de empresas).

3. Os limites fixados no caso de microempresa ou pequena empresa [cento e setenta e cinco horas por ano, nº 1, al. *a*)] e no caso de média ou grande empresa [cento e cinquenta horas por ano, nº 1, al. *b*)]; podem ser aumentados até duzentas horas por ano, por instrumento de regulamentação coletiva de trabalho (nº 2).

4. Os limites fixados no caso de trabalhador a tempo parcial [oitenta horas por ano ou o número de horas correspondente à proporção entre o respetivo período normal de trabalho e o de trabalhador a tempo completo em situação comparável, quando superior, nº 1, al. *c*)], podem ser aumentados, mediante acordo escrito entre o trabalhador e o empregador, até cento e trinta horas por ano ou, por instrumento de regulamentação coletiva de trabalho, até duzentas horas por ano (nº 3).

Consideram-se comparáveis as situações de trabalhador a tempo parcial e de trabalhador a tempo completo quando estes prestem *idêntico trabalho no mesmo estabelecimento* ou, não havendo trabalhador em situação comparável, noutro estabelecimento da mesma empresa com *idêntica atividade, devendo ser levadas em conta a antiguidade e a qualificação* (art. 150º, nº 4).

Se não existir trabalhador em situação comparável nos termos do nº 4, atende-se ao disposto em instrumento de regulamentação coletiva de trabalho ou na lei para trabalhador a tempo completo e com as mesmas antiguidade e qualificação (art. 150º, nº 5).

5. O trabalho suplementar prestado por motivo de força maior **ou** quando seja indispensável para prevenir ou reparar prejuízo grave para a empresa ou para a sua viabilidade (art. 227º, nº 2), não pode ser superior a quarenta e oito horas (nº 4, o qual remete para o art. 211º, nº 1).

Artigo 229º – Descanso compensatório de trabalho suplementar

1. (*Revogado*).

2. (*Revogado*).

3. O trabalhador que presta trabalho suplementar impeditivo do gozo do descanso diário tem direito a descanso compensatório remunerado equivalente às horas de descanso em falta, a gozar num dos três dias úteis seguintes.

4. O trabalhador que presta trabalho em dia de descanso semanal obrigatório tem direito a um dia de descanso compensatório remunerado, a gozar num dos três dias úteis seguintes.

5. O descanso compensatório é marcado por acordo entre trabalhador e empregador ou, na sua falta, pelo empregador.

6. (*Revogado*).

7. Constitui contraordenação muito grave a violação do disposto nos nºs 3 e 4.

COMENTÁRIOS:

1. Antecedentes legislativos: Arts. 202º e 663º, nºs 1 e 2, do CT/2003 e 9º, nºs 1 a 4, do DL nº 421/83, de 02 de dezembro.

2. O presente artigo tem a redação introduzida pela L nº 23/2012, de 25 de junho, a qual revogou os nºs 1, 2 e 6.

3. O TC, no Ac. nº 602/2013, de 20.09.13, decidiu declarar a constitucionalidade da revogação dos nºs 1 e 2 do presente artigo, com a seguinte motivação: "É certo que, de forma vaga, os requerentes alegam que as alterações legislativas questionadas dimi-

nuem o salário e o valor do trabalho, o que poderia ter implícita uma eventual alegação da violação do direito à retribuição do trabalho, segundo a quantidade, natureza e qualidade [cfr. a alínea *a*) do nº 1 do artigo 59º da Constituição]. Contudo, a redução, para metade, dos acréscimos remuneratórios devidos pela prestação de trabalho suplementar não é, só por si, suscetível de atentar contra aquele direito, uma vez que, apesar da forte redução, se mantém um tratamento diferenciado (mais favorável do ponto de vista remuneratório) do trabalho prestado a título suplementar. E a definição dessa diferenciação remuneratória é matéria que a Constituição não pode deixar de atribuir ao legislador ordinário. (...). Por um lado, mantém-se o descanso compensatório remunerado naquelas situações que mais diretamente põem em causa o direito ao repouso (casos em que o trabalhador presta trabalho suplementar impeditivo do gozo do descanso diário e quando presta trabalho suplementar em dia de descanso semanal obrigatório). Por outro lado, a eliminação, nas demais situações, do descanso compensatório não pode ser encarada isoladamente, sem atentar nos demais elementos do regime do trabalho suplementar". (DR, I Série, de 24.11.2013).

4. O trabalhador que presta trabalho suplementar impeditivo do gozo do descanso diário (previsto no art. 214º, nº 1) tem direito a descanso compensatório remunerado equivalente às horas de descanso em falta, a gozar num dos três dias úteis seguintes (nº 3).

A aplicação da norma "pressupõe que entre duas jornadas de trabalho não se verifique um intervalo de descanso de onze horas consecutivas em consequência da prestação de trabalho suplementar, qualquer que seja o respetivo motivo (art. 214º, nº 1). Ora, atendendo ao disposto no nº 2, alínea *b*), deste último artigo (que exclui o direito ao descanso diário de onze horas em caso de prestação de trabalho suplementar por motivo de força maior ou equiparado), aquele nº 3, garante ao trabalhador um período de descanso compensatório equivalente às horas de descanso diário em falta, a ser-lhe proporcionado num dos três dias seguintes.

Se o período normal de trabalho for seguido do dia de descanso semanal obrigatório aplica-se igualmente o art. 229º, nº 3, no caso de o trabalhador não gozar um período de descanso de 35 horas ininterruptas (art. 233º, nº 1)", Francisco Liberal Fernandes, *O Tempo de Trabalho*, pp. 258 e 259.

5. O trabalhador que presta trabalho em dia de descanso semanal obrigatório (por regra, o domingo, segundo o art. 232º, nº 2) tem direito a um dia de descanso compensatório remunerado, a gozar num dos três dias úteis seguintes (nº 4).

O descanso compensatório é devido em qualquer caso, independentemente da dimensão da empresa.

Questiona-se, perante a omissão legal, se o trabalho parcialmente prestado permite um dia de descanso por inteiro. Para nós, o dia de descanso compensatório não é proporcional ao tempo de trabalho prestado. Seja qual for a duração da prestação em dia de descanso semanal obrigatório, o trabalhador adquire o direito a um dia de descanso compensatório integral. O dia de repouso é sagrado.

6. O descanso compensatório é marcado por acordo entre trabalhador e empregador ou, na sua falta, pelo empregador, como emanação do poder diretivo deste (nº 5).

7. Sobre o não gozo do descanso compensatório: *Tendo o Autor alegado a prestação de trabalho em dias de folga e de descanso compensatório, ao abrigo do disposto no artigo 342º, nº 1 do CC, cabia-lhe fazer a prova dos dias e horas trabalhados. A inversão do ónus da prova prevista nos artigos 417º, nº 2 do CPC e 344º, nº 2 do CC depende da verificação cumulativa dos seguintes requisitos: impossibilidade de provar os factos através de outros meios de prova e culpa da parte não cooperante.*[Ac. da RL, de 28.10.20 *in* www.dgsi.pt (Proc. nº 491/19.6T8BRR.L1-4)].

IV – Para que se verifique o direito à retribuição pelo não gozo do descanso compensatório é necessário não só que o trabalhador prove que esteve ao serviço da empregadora, no estrangeiro, em dia de descanso semanal ou feriado, como também que prove que trabalhou nos dias em que deveria descansar. [Ac. da RP, de 10.02.14 *in* www.dgsi.pt (Proc. nº 397/11.7TTMTS.P1)].

I – O pagamento de descansos compensatórios não gozados é feito pelo valor da retribuição vigente nas datas do não gozo desses descansos. [Ac. da RP, de 02.07.12 *in* www.dgsi.pt (Proc. nº 192/09.3TTVFR.P1)].

Artigo 230º – Regimes especiais de trabalho suplementar

1. A prestação de trabalho suplementar, em dia de descanso semanal obrigatório, que não exceda duas horas por motivo de falta imprevista de trabalhador que devia ocupar o posto de trabalho no turno seguinte confere direito a descanso compensatório nos termos do nº 3 do artigo anterior.

2. (*Revogado*).

3. (*Revogado*).

4. Os limites de duração e o descanso compensatório de trabalho suplementar prestado para assegurar os turnos de serviço de farmácias de venda ao público constam de legislação específica.

5. Constitui contraordenação grave a violação do disposto no nº 1.

COMENTÁRIOS:

1. Antecedentes legislativos: Arts. 203º e 663º, nº 2, do CT/2003 e 9º, nºs 5 e 6, do DL nº 421/83, de 02 de dezembro.

2. O presente artigo tem a redação introduzida pela L nº 23/2012, de 25 de junho, a qual revogou os nºs 2 e 3.

3. A prestação de trabalho suplementar, em dia de descanso semanal obrigatório (em regra, o domingo, art. 232º, nº 2), que não exceda duas horas por motivo de falta imprevista de trabalhador que devia ocupar o posto de trabalho no turno seguinte confere direito a descanso compensatório remunerado equivalente às horas de descanso em falta, a gozar num dos três dias úteis seguintes (nº 1).

4. Os limites de duração e o descanso compensatório de trabalho suplementar prestado para assegurar os turnos de serviço de farmácias de venda ao público constam do DL nº 53/2007, de 08 de março, na versão dada pelo DL nº 172/2012, de 01 de agosto (nº 4).

Artigo 231º – Registo de trabalho suplementar

1. O empregador deve ter um registo de trabalho suplementar em que, antes do início da prestação de trabalho suplementar e logo após o seu termo, são anotadas as horas em que cada uma das situações ocorre.
2. O trabalhador deve visar o registo a que se refere o número anterior, quando não seja por si efetuado, imediatamente a seguir à prestação de trabalho suplementar.
3. O trabalhador que realize trabalho suplementar no exterior da empresa deve visar o registo, imediatamente após o seu regresso à empresa ou mediante envio do mesmo devidamente visado, devendo em qualquer caso a empresa dispor do registo visado no prazo de 15 dias a contar da prestação.
4. Do registo devem constar a indicação expressa do fundamento da prestação de trabalho suplementar e os períodos de descanso compensatório gozados pelo trabalhador, além de outros elementos indicados no respetivo modelo, aprovado por portaria do ministro responsável pela área laboral.
5. A violação do disposto nos números anteriores confere ao trabalhador, por cada dia em que tenha prestado atividade fora do horário de trabalho, o direito a retribuição correspondente a duas horas de trabalho suplementar.
6. O registo de trabalho suplementar é efetuado em suporte documental adequado, nomeadamente impressos adaptados ao sistema de controlo de assiduidade existente na empresa, que permita a sua consulta e impressão imediatas, devendo estar permanentemente atualizado, sem emendas ou rasuras não ressalvadas.
7. O empregador deve comunicar, nos termos previstos em portaria do ministro responsável pela área laboral, ao serviço com competência inspetiva do ministério responsável pela área laboral a relação nominal dos trabalhadores que prestaram trabalho suplementar durante o ano civil anterior, com discriminação do número de horas prestadas ao abrigo dos nºs 1 ou 2 do artigo

227º, visada pela comissão de trabalhadores ou, na sua falta, em caso de trabalhador filiado, pelo respetivo sindicato.

8. O empregador deve manter durante cinco anos relação nominal dos trabalhadores que efetuaram trabalho suplementar, com discriminação do número de horas prestadas ao abrigo dos nºs 1 e 2 do artigo 228º e indicação dos dias de gozo dos correspondentes descansos compensatórios.

9. Constitui contraordenação grave a violação do disposto nos nºs 1, 2, 4 ou 7 e constitui contraordenação leve a violação do disposto no nº 8.

COMENTÁRIOS:

1. Antecedentes legislativos: Arts. 204º e 663º, nºs 2 e 3, do CT/2003; 188º e 189º, da RCT e 10º, nºs 1, 2, 3 e 6 e 11º, nº 3, do DL nº 421/83, de 02 de dezembro.

2. O empregador deve ter um registo das horas de trabalho suplementar, antes do início da prestação e logo após o respetivo termo (nº 1).

Do registo devem constar a indicação expressa do fundamento da prestação de trabalho suplementar e os períodos de descanso compensatório gozados pelo trabalhador, além de outros elementos indicados na P nº 712/2006, de 13 de julho, que ainda rege esta matéria (nº 4).

O registo do trabalho suplementar resulta de obrigação legal. *Se o empregador não cumprir esta prescrição legal, não pode prevalecer-se desse seu incumprimento para não pagar o trabalho suplementar. iii) O registo tem em vista controlar os tempos de trabalho e de repouso do trabalhador. Tem ainda como finalidade servir como prova da sua prestação, mas não para não o pagar.* [Ac. da RE, de 23.02.16 *in* www.dgsi.pt (Proc. nº 384/13.0TTPTM.E1)].

3. O trabalhador que exerce trabalho suplementar no interior da empresa deve visar o registo, quando não seja por si efetuado, imediatamente a seguir à prestação de trabalho suplementar (nº 2). Dizemos no interior da empresa, dado que o nº 3 cuida do trabalho suplementar prestado no exterior da empresa.

I – A hora do termo do período do trabalho suplementar só pode ser anotada no respetivo registo após o final da sua prestação. II – Assim, comete uma infração, passível de coima, um banco que apõe a hora do termo do trabalho suplementar de trabalhadores seus antes de estes terem terminado a prestação desse trabalho. (Ac. da RC, de 22.11.06 *in* CJ, Ano XXXI, Tomo V, p. 65).

4. O trabalhador que realize trabalho suplementar no exterior da empresa deve visar o registo, imediatamente após o seu regresso à empresa ou mediante envio do mesmo devidamente visado, devendo em qualquer caso a empresa dispor do registo visado no prazo de 15 dias a contar da prestação (nº 3).

5. A violação do disposto nos nºs 1 a 4 confere ao trabalhador, por cada dia em que tenha prestado atividade fora do horário de trabalho, o direito a retribuição correspondente a duas horas de trabalho suplementar (nº 5). Acerca da importância do visto, é de atender ao disposto no art. 337º, nº 2, que obriga à prova por documento idóneo da violação do pagamento de trabalho suplementar, vencido há mais de cinco anos.

6. O registo de trabalho suplementar é efetuado em suporte documental adequado, nomeadamente impressos adaptados ao sistema de controlo de assiduidade existente na empresa, que permita a sua consulta e impressão imediatas, devendo estar permanentemente atualizado, sem emendas ou rasuras não ressalvadas (nº 6).

7. O dever de comunicação do empregador, ao serviço com competência inspetiva do ministério responsável pela área laboral (ACT), da relação nominal dos trabalhadores que prestaram trabalho suplementar durante o ano civil anterior, com discriminação do número de horas prestadas ao abrigo dos nºs 1 ou 2 do artigo 227º, visada pela comissão de trabalhadores ou, na sua falta, em caso de trabalhador filiado, pelo respetivo sindicato previsto no nº 7, é regulado pela P nº 55/2010, de 21 de janeiro, alterada pela P nº 108-A/2011 de 14 de março.

8. O empregador deve manter durante cinco anos a relação nominal dos trabalhadores que efetuaram trabalho suplementar, com discriminação do número de horas prestadas ao abrigo dos nºs 1 e 2, do art. 228º e indicação dos dias de gozo dos correspondentes descansos compensatórios (nº 8). A norma encontra-se conforme com o art. 21º, nº 1, da L nº 58/2019, de 08 de agosto (NLPDP).

SUBSECÇÃO VIII – Descanso semanal

Artigo 232º – Descanso semanal

1. O trabalhador tem direito a, pelo menos, um dia de descanso por semana.

2. O dia de descanso semanal obrigatório pode deixar de ser o domingo, além de noutros casos previstos em legislação especial, quando o trabalhador presta atividade:

a) Em empresa ou setor de empresa dispensado de encerrar ou suspender o funcionamento um dia completo por semana, ou que seja obrigado a encerrar ou a suspender o funcionamento em dia diverso do domingo;

b) Em empresa ou setor de empresa cujo funcionamento não possa ser interrompido;

c) Em atividade que deva ter lugar em dia de descanso dos restantes trabalhadores;

_d_) Em atividade de vigilância ou limpeza;

_e_) Em exposição ou feira.

3. Por instrumento de regulamentação coletiva de trabalho ou contrato de trabalho, pode ser instituído um período de descanso semanal complementar, contínuo ou descontínuo, em todas ou algumas semanas do ano.

4. O empregador deve, sempre que possível, proporcionar o descanso semanal no mesmo dia a trabalhadores do mesmo agregado familiar que o solicitem.

5. Constitui contraordenação grave a violação do disposto no nº 1.

COMENTÁRIOS:

1. Antecedentes legislativos: Arts. 205º e 664º, do CT/2003; 51º, nºs 1 e 4, da LCT e 37º, do DL nº 409/71, de 27 de setembro.

2. "O princípio geral da atribuição de um dia de descanso semanal a todos os trabalhadores e o da sua coincidência com o domingo constava já do artigo 26º do Estatuto do Trabalho Nacional, na linha da tradição legislativa nacional e internacional. Quanto ao direito interno, refira-se que em 1907 foi estabelecida a obrigatoriedade do descanso semanal de vinte e quatro horas, reafirmando-se uma regra que já se encontrava na disciplina das antigas corporações – Parecer da Câmara Corporativa nº 26/X, nº 29. No plano internacional, o descanso semanal consta das Convenções da OIT nºs 14 e 106, ambas ratificadas por Portugal. O mesmo Princípio surgia no art. 35º do projeto Galvão Telles e no art. 50º do projeto PESSOA JORGE, apresentando este último uma regulamentação mais desenvolvida que acabou por ser adotada na LCT", explicam Mário Pinto/Pedro Furtado Martins/António Nunes de Carvalho, *Comentários às leis do trabalho*, p. 218.

3. O domingo como dia de descanso obrigatório advém da tradição judaico-cristã. O dia de descanso semanal obrigatório pode deixar de ser o domingo, além de noutros casos previstos em legislação especial, nos casos especialmente indicados na lei (nº 2).

4. Para além do dia de descanso semanal obrigatório, pode por instrumento de regulamentação coletiva de trabalho ou contrato de trabalho, ser instituído um período de descanso semanal complementar (em princípio, o sábado), contínuo (a seguir ao dia de descanso obrigatório) ou descontínuo, em todas ou algumas semanas do ano (nº 3).

5. O empregador deve, sempre que possível, proporcionar o descanso semanal no mesmo dia a trabalhadores do mesmo agregado familiar que o solicitem (nº 4).

Artigo 233º – Cumulação de descanso semanal e de descanso diário

1. Devem ser gozados em continuidade o descanso semanal obrigatório e um período de onze horas correspondente ao descanso diário estabelecido no artigo 214º.

2. O período de onze horas referido no número anterior considera-se cumprido, no todo ou em parte, pelo descanso semanal complementar gozado em continuidade ao descanso semanal obrigatório.

3. O disposto no nº 1 não é aplicável:

a) A trabalhador que ocupe cargo de administração ou de direção ou com poder de decisão autónomo que esteja isento de horário de trabalho;

b) Quando o período normal de trabalho é fracionado ao longo do dia com fundamento em características da atividade, nomeadamente serviços de limpeza;

c) Em situação prevista na alínea *d*), *e*), *h*) ou *i*) do nº 2 do artigo 207º, com exceção da subalínea *viii*) da alínea *e*);

d) Em situação de acréscimo previsível de atividade no turismo.

4. Constitui contraordenação grave a violação do disposto no nº 1.

COMENTÁRIOS:

1. Antecedentes legislativos: Arts. 207º e 664º, nº 1, do CT/2003 e 6º e 12º, nºs 2 a 6, ambos da L nº 73/98, de 10 de novembro.

2. Devem ser gozados em continuidade o descanso semanal obrigatório (previsto no art. 232º) e um período de onze horas correspondente ao descanso diário (previsto no art. 214º). Um regime não absorve o outro, antes pelo contrário, completa-o (nº 1).

No entanto, o período de onze horas considera-se cumprido, no todo ou em parte, pelo descanso semanal complementar gozado em continuidade ao descanso semanal obrigatório (nº 2).

O nº 3 apresenta as derrogações ao previsto no nº 1.

SUBSECÇÃO IX – Feriados

Artigo 234º – Feriados obrigatórios

1. São feriados obrigatórios os dias 1 de janeiro, de Sexta-Feira Santa, de Domingo de Páscoa, 25 de abril, 1 de maio, de Corpo de Deus, 10 de junho, 15 de agosto, 5 de outubro, 1 de novembro, 1, 8 e 25 de dezembro.

2. O feriado de Sexta-Feira Santa pode ser observado em outro dia com significado local no período da Páscoa.

3. Mediante legislação específica, determinados feriados obrigatórios podem ser observados na segunda-feira da semana subsequente.

COMENTÁRIOS:

1. Antecedentes legislativos: Arts. 208º, do CT/2003 e 18º, da LFFF.

2. O presente artigo tem a redação introduzida pela L nº 8/2016, de 01 de abril, a qual procedeu à reposição dos feriados do Corpo de Deus, da Implantação da República (5 de outubro), do Dia de Todos-os-Santos (1 de novembro) e da Restauração da Independência (1 de dezembro), revogando a redação dada pela L nº 23/2012, de 25 de junho, que havia reduzido o catálogo legal. O TC, no Ac. nº 602/2013, de 20.09.13, entendeu considerar constitucional a redução promovida pela L nº 23/2012: "Deste modo, a supressão de feriados obrigatórios não tem a virtualidade de constituir uma ofensa a direitos dos trabalhadores, pois a consagração do dia feriado não se destina diretamente a tutelar direitos destes, mas antes a prosseguir interesses públicos no plano social, político, religioso ou cultural. É, precisamente, no prosseguimento destes interesses – e com vista a possibilitar a sua celebração coletiva – que se consagra, no Código de Trabalho, a obrigatoriedade de encerramento ou suspensão da laboração e a consequente paragem da prestação de trabalho". (DR, I Série, de 08.11.2013).

3. Os feriados não visam reparar o esforço e o desgaste do trabalho, mas permitir a todos os cidadãos a celebração oficial de um determinado facto ou a homenagem do dia assinalado, consolidando a identidade do País. Não se trata, portanto, de mais uma das manifestações do direito ao repouso, outrossim de uma imposição legal do Estado ao empregador, a quem cabe suportar creditoriamente a prestação não recebida.

O direito à retribuição mantém-se, portanto, nos feriados, quer sejam obrigatórios, quer facultativos, os quais são incompensáveis com trabalho suplementar (art. 269º, nº 1).

4. O nº 1 estabelece o corpo dos feriados obrigatórios, de natureza religiosa ou política.

– 1 de janeiro: assinala o primeiro dia do novo ano civil;

– Sexta-feira santa (anterior à Páscoa): celebra, para os cristãos, o julgamento, paixão, crucificação, morte e sepultura de Jesus Cristo;

– Domingo de Páscoa: assinala, para os cristãos, a Ressurreição de Jesus Cristo depois da morte por crucificação. Ocorre no primeiro Domingo após a primeira lua cheia que se verifica depois do dia 21 de março (início da Primavera do Hemisfério Norte). Esta data situa-se sempre entre 22 de março e 25 de abril;

– 25 de abril: celebra a Revolução dos Cravos em 25 de abril de 1974 e o fim do Estado Novo;

– 1 de maio (Dia do Trabalhador): assinala a grande greve de 1 de maio de 1886, realizada em Chicago (EUA), com a finalidade de promover melhores condições de trabalho, principalmente a redução da jornada de trabalho diária, de 17 horas, para 8 horas;

– Corpo de Deus (*Corpus Christi*): comemoração litúrgica católica que ocorre na quinta-feira seguinte ao domingo da Santíssima Trindade. É celebrado 60 dias após a Páscoa, entre as datas de 21 de maio e 24 de junho. Coincide com a Quinta-feira da 2ª semana após o Pentecostes (50 dia equivalem ao Pentecostes, mais 10 dias, perfaz 60 dias após a Páscoa);

– 10 de junho (Dia de Portugal, de Camões e das Comunidades Portuguesas): assinala a morte de Luís Vaz de Camões, em 10 de junho de 1580 e homenageia os portugueses em diáspora. Possui, ainda, um significado religioso: assinala o dia do Santo Anjo da Guarda de Portugal, um arcanjo que protege a nação portuguesa.

– 15 de agosto (Assunção de Nossa Senhora): possui um significado católico, assinala a elevação de Maria em corpo e alma à eternidade, para junto de Deus, de forma definitiva;

– 5 de outubro (Implantação da República): assinala o fim da monarquia (em 5 de outubro de 1910) e relembra a assinatura do Tratado de Zamora mediante o qual Afonso VII de Leão e Castela reconhecia Portugal como reino independente em 1143;

– 1 de novembro (Dia de Todos os Santos ou dos Fiéis Defuntos): homenageia os mortos, os santos e os mártires católicos cristãos;

– 1 de dezembro (Restauração da Independência): assinala a restauração da independência de Portugal face a Espanha em 1 de dezembro de 1640 e o fim de 60 anos de domínio espanhol;

– 8 de dezembro (Dia da Imaculada Conceição): invoca a vida e virtude da Virgem Maria, mãe de Jesus;

– 25 de dezembro: feriado de cariz cristão, simboliza o Nascimento de Jesus.

O nº 2 permite que o feriado de Sexta-feira Santa possa ser observado em outro dia com significado local no período da Páscoa.

No nº 3, prevê-se a possibilidade de determinados feriados obrigatórios poderem ser observados na segunda-feira da semana subsequente, mediante legislação específica.

Esta hipótese, não concretizada ainda, de diferimento do dia feriado para a segunda-feira subsequente, apresenta-se polémica, pelo desvirtuamento do espírito que rege o dia feriado. De facto, o feriado assinala, uma data, um evento, que ocorreu em certo momento político ou religioso, sendo essa a sua razão de ser e não deve sucumbir perante necessidades mais convenientes de gestão empresarial no combate ao absentismo laboral.

No entanto, a falta de legislação a que alude o nº 3 foi suprida pela possibilidade conferida ao empregador de encerrar para férias um dia que esteja entre um feriado que ocorra à terça-feira ou quinta-feira e um dia de descanso semanal [art. 242º, nº 2, al. *b*)].

A prestação de trabalho em dia feriado em empresa não obrigada a suspender o funcionamento nesse dia confere ao trabalhador o direito a um acréscimo de 50% da retribuição, por cada hora de trabalho prestado ou a direito a descanso compensatório com duração de metade do número de horas prestadas, cabendo a escolha ao empregador (art. 269º, nº 2).

Artigo 235º – Feriados facultativos

1. Além dos feriados obrigatórios, podem ser observados a título de feriado, mediante instrumento de regulamentação coletiva de trabalho ou contrato de trabalho, a terça-feira de Carnaval e o feriado municipal da localidade.

2. Em substituição de qualquer feriado referido no número anterior, pode ser observado outro dia em que acordem empregador e trabalhador.

COMENTÁRIOS:

1. Antecedentes legislativos: Arts. 209º, do CT/2003 e 21º, da LFFF.

2. Constituem feriados facultativos os seguintes:

– Terça-feira de Carnaval: primeiramente, de origem pagã para celebrar o final do inverno, foi posteriormente adaptada pela Igreja Católica para marcar o período de 40 dias antes da Semana Santa (Quaresma), ou 47 dias antes da Páscoa (Carnaval);

– Feriado municipal da localidade.

A distinção entre feriado obrigatório e feriado facultativo assenta na necessidade de suporte, para o exercício do direito deste último, de um instrumento de regulamentação coletiva de trabalho ou contrato individual de trabalho (nº 1). Na ausência de regulamentação coletiva ou estipulação contratual, o trabalhador não possui o direito ao gozo do feriado.

3. Por acordo entre empregador e trabalhador, pode a terça-feira de Carnaval e o feriado municipal da localidade ser observado noutro dia (nº 2).

Artigo 236º – Regime dos feriados

1. Nos dias considerados como feriado obrigatório, têm de encerrar ou suspender a laboração todas as atividades que não sejam permitidas aos domingos.

2. O instrumento de regulamentação coletiva de trabalho ou o contrato de trabalho não pode estabelecer feriados diferentes dos indicados nos artigos anteriores.

COMENTÁRIOS:

1. Antecedentes legislativos: Arts. 210º, do CT/2003 e 21º, da LFFF.

2. O regime regra, obriga ao encerramento ou suspensão da laboração; o regime especial, não obriga ao encerramento ou suspensão da laboração relativamente às empresas legalmente dispensadas de suspender o trabalho em dia feriado obrigatório (nº 1). Assim, se a empresa exerce atividades que sejam permitidas ao domingo, o encerramento dos estabelecimentos ou a suspensão da laboração não ocorre no feriado obrigatório, e o trabalhador terá, neste caso, que cumprir o horário de trabalho.

3. Continua a vigorar a regra da imperatividade do elenco dos feriados, pelo que, não pode o instrumento de regulamentação coletiva de trabalho ou o contrato de trabalho estabelecer feriados diferentes (nº 2).

SUBSECÇÃO X – Férias

Artigo 237º – Direito a férias

1. O trabalhador tem direito, em cada ano civil, a um período de férias retribuídas, que se vence em 1 de janeiro.

2. O direito a férias, em regra, reporta-se ao trabalho prestado no ano civil anterior, mas não está condicionado à assiduidade ou efetividade de serviço.

3. O direito a férias é irrenunciável e o seu gozo não pode ser substituído, ainda que com o acordo do trabalhador, por qualquer compensação, económica ou outra, sem prejuízo do disposto no nº 5 do artigo seguinte.

4. O direito a férias deve ser exercido de modo a proporcionar ao trabalhador a recuperação física e psíquica, condições de disponibilidade pessoal, integração na vida familiar e participação social e cultural.

COMENTÁRIOS:

1. Antecedentes legislativos: Arts. 211º, 212º, nº 1, 2ª parte e 665º, nºs 1 e 2, do CT/2003 e 2º e 3º, da LFFF.

2. O direito a férias garantido constitucionalmente (art. 59º, nº 1, *d*), *in fine*, CRP), destina-se a permitir ao trabalhador uma recuperação mais profunda do desgaste provocado por um longo período de trabalho, concedendo-lhe, por outro lado, libertação laboral por algum tempo. Para além do descanso, que constitui a essência das férias, mantém-se o intuito de permitir condições de disponibilidade pessoal, participação social e cultural e integração na vida familiar por parte do trabalhador (nº 4, do preceito em anotação).

O direito a um período anual de férias pagas está consagrado no art. 31º, nº 2, do CDFUE.

3. Os trabalhadores têm direito a um período de férias retribuído em cada ano civil, que se vence em 1 de janeiro, dispõe o nº 1.

De acordo com o art. 264º, nº 1, essa retribuição corresponde à que o trabalhador receberia se estivesse em serviço efetivo.

Para além da retribuição de férias, é concedido ao trabalhador o subsídio de férias, que compreende a retribuição base, e outras "prestações retributivas que sejam contrapartida do modo específico da execução do trabalho correspondentes à duração mínima das férias" (art. 264º, nº 2), afastando-se, por conseguinte, a regra do art. 262º.

4. O nº 2 dispõe que, em regra, o direito a férias se reporta ao trabalho prestado no ano civil anterior e que não está condicionado à assiduidade ou efetividade de serviço. No entanto, como sanção disciplinar, nomeadamente, pelo absentismo do trabalhador, permite-se a perda de dias de férias [art. 328º, nº 1, al. *d*)], desde que salvaguardado o gozo de 20 dias úteis [nº 3, al. *b*)].

5. O direito a férias é irrenunciável e o seu gozo efetivo não pode ser substituído, ainda que com acordo do trabalhador, por qualquer compensação económica ou outra, sem prejuízo do disposto no art. 238º, nº 5, o qual cuida da renúncia ao gozo de dias de férias que excedam 20 dias úteis, ou a correspondente proporção no caso de férias no ano de admissão (nº 3).

6. Nos termos do art. 247º e para que o efeito regenerativo da prestação laboral se cumpra, encontra-se vedado ao trabalhador o exercício durante as férias de qualquer outra atividade, salvo se a já viesse exercendo em cumulação ou o empregador tal autorizar (ou seja, poderá nunca haver férias em pleno, no fenómeno do pluriemprego).

A violação desta proibição obriga o trabalhador a repor as quantias recebidas, sendo 50% para o serviço responsável pela gestão financeira do orçamento da segurança social (nº 2), através, nomeadamente, de descontos na retribuição efetuados pelo empregador, até ao limite de um sexto (nº 3); havendo lugar, eventualmente, a responsabilidade disciplinar do trabalhador (nº 2, 1ª parte).

Artigo 238º – Duração do período de férias

1. O período anual de férias tem a duração mínima de 22 dias úteis.

2. Para efeitos de férias, são úteis os dias da semana de segunda-feira a sexta-feira, com exceção de feriados.

3. Caso os dias de descanso do trabalhador coincidam com dias úteis, são considerados para efeitos do cálculo dos dias de férias, em substituição daqueles, os sábados e os domingos que não sejam feriados.

4. (*Revogado*).

5. O trabalhador pode renunciar ao gozo de dias de férias que excedam 20 dias úteis, ou a correspondente proporção no caso de férias no ano de admissão, sem redução da retribuição e do subsídio relativos ao período de férias vencido, que cumulam com a retribuição do trabalho prestado nesses dias.

6. Constitui contraordenação grave a violação do disposto nos nºs 1 e 5.

COMENTÁRIOS:

1. Antecedentes legislativos: Arts. 213º e 655º, nº 1, do CT/2003 e 4º, nºs 1 e 5 da LFFF.

2.O presente artigo tem a redação introduzida pela L nº 23/2012, de 25 de junho, a qual alterou os nºs 3 e 6 e revogou o nº 4 (*que aumentava o período anual de férias por efeito da assiduidade do trabalhador: ao período de férias acresciam três dias, quando o trabalhador tivesse apenas uma falta ou dois meios-dias; dois dias, quando se verificassem duas faltas ou quatro meios-dias; e um dia de férias, até três faltas ou seis meios-dias*).

O TC, no Ac. nº 602/2013, 20.09.13, decidiu não declarar inconstitucional tal alteração, com o fundamento de que "não estando em causa uma alteração à duração mínima do período anual de férias, mas antes a eliminação de um regime de majoração do período de férias em função da assiduidade, a questionada alteração ao nº 3 do artigo 238º do Código do Trabalho e, bem assim, a revogação do nº 4 do mesmo preceito não se inserem no âmbito de proteção do direito a férias nem do direito ao repouso, mostrando-se insuscetível de afrontar tais direitos, consagrados no nº 1 do artigo 59º da Constituição". (DR, I Série, de 24.11.2013).

3. O nº 1 dispõe, como regra, que a duração mínima do período anual de férias é de 22 dias úteis, a partir desse referencial o trabalhador tem a faculdade de dispor de 2 dias, assegurando o período (*mínimo*) de 20 dias úteis [nº 5, *v.*, também, o disposto nos arts. 257º, nº 1, al. *a*) 328º, nº 3, al. *b*)].

4. Para efeitos de férias, são úteis os dias da semana de segunda-feira a sexta-feira, com exceção de feriados (nº 2).

5. O atual nº 3 vem resolver a questão da contagem dos dias de férias, quando o trabalhador labora no sábado e no domingo e os dias de descanso ocorrem em dias úteis. Neste caso, são considerados para efeitos do cálculo dos dias de férias, os sábados e os domingos que não sejam feriados.

6. Em desvio do princípio da irrenunciabilidade do direito a férias (art. 237º, nº 3, 1ª parte), o trabalhador pode renunciar parcialmente ao período de férias que exceda os 20 dias úteis (sem redução da retribuição de férias e do subsídio de férias relativos

ao período de férias vencido que se cumulam com a retribuição do trabalho prestado nesses dias). Tal renúncia é igualmente possível no ano de admissão, na correspondente proporção (nº 5).

Esta renúncia representa, de alguma forma, uma certa monetarização de um direito.

7. Há que atender à seguinte sistematização, as férias são adquiridas, vencidas e (só) depois gozadas.

O direito a férias é inerente à qualidade de trabalhador, adquirindo-se automaticamente com a celebração do contrato de trabalho, apesar da omissão atual da lei.

"Trata-se, porém, de um direito ainda sem conteúdo, de um direito vazio, o que, tendo em conta que todo o direito se analisa num ou vários poderes de exigir ou de pretender, não deixa de ser um tanto contraditório", JORGE LEITE, *Direito do Trabalho*, p. 154.

O direito a férias é, portanto, um direito contratualmente adquirido de exigir de outrem um comportamento conforme a esse gozo futuro, articulado com a efetivação da prestação laboral.

Artigo 239º – Casos especiais de duração do período de férias

1. No ano da admissão, o trabalhador tem direito a dois dias úteis de férias por cada mês de duração do contrato, até 20 dias, cujo gozo pode ter lugar após seis meses completos de execução do contrato.

2. No caso de o ano civil terminar antes de decorrido o prazo referido no número anterior, as férias são gozadas até 30 de junho do ano subsequente.

3. Da aplicação do disposto nos números anteriores não pode resultar o gozo, no mesmo ano civil, de mais de 30 dias úteis de férias, sem prejuízo do disposto em instrumento de regulamentação coletiva de trabalho.

4. No caso de a duração do contrato de trabalho ser inferior a seis meses, o trabalhador tem direito a dois dias úteis de férias por cada mês completo de duração do contrato, contando-se para o efeito todos os dias seguidos ou interpolados de prestação de trabalho.

5. As férias referidas no número anterior são gozadas imediatamente antes da cessação do contrato, salvo acordo das partes.

6. No ano de cessação de impedimento prolongado iniciado em ano anterior, o trabalhador tem direito a férias nos termos dos nºs 1 e 2.

7. Constitui contraordenação grave a violação do disposto nos nºs 1, 4, 5 ou 6.

COMENTÁRIOS:

1. Antecedentes legislativos: Arts. 212º, 214º, 220º, nº 2 e 665º, nº 1, do CT/2003 e 3º, 5º e 11º, da LFFF.

2. O presente preceito apresenta o *regime especial* de duração do período de férias no ano de admissão.

O regime previsto no nº 1 visa impedir a consagração automática do vencimento do direito a férias por mero efeito do contrato, impondo a lei que o trabalhador preste algum desempenho laboral, evitando-se, *v.g.*, que a um trabalhador admitido em dezembro fosse concedido em 1 de janeiro do ano seguinte, 22 dias úteis de férias.

Prestados "seis meses completos de execução do contrato" (*período de garantia*), vence-se um tempo de férias (direito esse adquirido com a celebração do contrato de trabalho), correspondente a dois dias úteis por cada mês de execução do contrato (ou seja, 12 dias úteis).

Assim, por ex., uma contratação em 2 de janeiro permite ao trabalhador atingir nesse exato ano o pleno: *aquisição* de férias (com a celebração do contrato de trabalho), *vencimento* das férias (após seis meses prestacionais) e *gozo* das mesmas.

Se o gozo das férias ocorrer atingido o referido período (mínimo) prestacional de seis meses, a duração das mesmas será de 12 dias úteis. Ainda, por cada mês de trabalho prestado, após tal gozo, são vencidos mais dois dias úteis de férias, até ao máximo de 20 dias úteis, as quais, no caso apresentado, serão gozadas no ano do vencimento.

O regime aplicável obriga o empregador a conceder, no ano da contratação, o gozo do direito a férias vencido, dado que as férias assumem a natureza e o sentido plasmados no art. 237º, nº 4. Perante a impossibilidade de o trabalhador gozar o remanescente de férias no mesmo ano, pensamos ser de aplicar o disposto no art. 240º, nº 2, sem descurar a responsabilidade por violação do direito a férias ínsita no art. 246º.

O trabalhador pode, contudo, renunciar ao gozo de dias de férias na correspondente proporção dos 22 úteis (do regime geral) para 20 dias úteis (do regime especial), sem redução da retribuição e do subsídio relativos ao período de férias vencido, que cumulam com a retribuição do trabalho prestado nesses dias (art. 238º, nº 5). Naturalmente, que resguardado o mínimo de 12 dias úteis. A tese contrária poria em causa o gozo relativo ao período de vencimento.

3. No caso de o ano civil terminar antes de decorrido o prazo prestacional de seis meses (*período de garantia*), as férias são gozadas até 30 de junho do ano civil subsequente (nº 2). O tempo de férias a gozar no ano civil seguinte corresponde ao tempo de trabalho efetivamente prestado no ano de admissão. Acolhe-se apenas a transferência para o ano civil seguinte da necessária prestação laboral a fim de perfazer os seis meses prestacionais (*período de garantia*), para efeito de vencimento do direito.

Assim, no caso de, no ano da contratação, o trabalhador não ter prestado seis meses efetivos de trabalho, não se vence qualquer direito a férias nesse ano. Logo que a execução contratual perfaça seis meses, vence-se o direito reportado aos meses de trabalho prestado no ano da contratação, que será gozado até 30 de junho do ano subsequente, com a restrição de máximo, 30 dias úteis de férias, dado que se trata de transferência para o ano seguinte (nº 3).

A *ratio legis* deste regime de restrição (*maximum*, 30 dias úteis de férias), nas situações em que ocorre transferência do gozo das férias para o ano civil seguinte, devido ao facto do ano civil ter terminado antes de decorrido o *período de garantia*, é impedir a "duplicação" do direito a férias.

Assim, e num mesmo ano, o trabalhador não pode gozar um período de férias superior a 30 dias úteis, sem prejuízo do disposto em instrumento de regulamentação coletiva de trabalho.

Ou seja, se o trabalhador ingressou na empresa em 1 de agosto de determinado ano e prestou 5 meses completos de execução do contrato, goza do direito a 10 dias úteis de férias (5x2=10), a vencer em 2 de fevereiro do ano civil seguinte (quando se consuma o *período de garantia*). Logo que atingido o referido período (e não em 1 de janeiro), vencem-se igualmente as férias do regime geral, de 22 dias úteis.

Somando as férias relativas ao ano de admissão (10 dias úteis) com os 22 dias úteis vencidos no ano civil subsequente, o cômputo total seria de 32 dias úteis, período esse que por força da lei, é reduzido a 30 dias úteis.

Perdendo o trabalhador os dias de férias (que justamente angariou) que excedem os 30 dias úteis concedidos por lei. Júlio Gomes possui entendimento oposto e alega que "o remanescente ou parte dele não se perde definitivamente, podendo vir a ser gozado no ano civil subsequente", *Direito do Trabalho*, p. 712.

Naturalmente que, no caso de o ano civil terminar depois de decorrido o período de garantia, as férias são gozadas no ano em que se vencem. É dever do empregador proceder à marcação das mesmas e não beneficia da faculdade de as transferir para o ano civil seguinte.

4. No caso de a duração do contrato de trabalho ser inferior a seis meses, o trabalhador tem direito a dois dias úteis de férias por cada mês completo de duração do contrato, contando-se para o efeito todos os dias seguidos ou interpolados de prestação de trabalho (nº 4). Portanto, para aferir da contagem do mês completo de duração do contrato, não revela o mês calendarizado, mas a prestação de 22 dias úteis de trabalho seguidos ou interpolados. É indiferente que o contrato se inicie no início do mês ou em data posterior do mesmo mês, certo que haja uma prestação em dias seguidos ou interpolados que perfaça um mês. Por ex., iniciando-se o contrato em 15 de abril, em 16 de maio perfaz um mês de duração.

Devendo aplicar-se a regra da proporcionalidade no caso em que a prestação não complete um mês de duração.

5. O nº 5 permite que o gozo das férias tenha lugar no momento imediatamente anterior ao da cessação do contrato de trabalho, salvo acordo das partes. O preceito é aplicável a qualquer forma de cessação contratual.

Este regime especial afasta a aplicação do regime geral do art. 245º.

6. O regime do direito a férias no ano de contratação é recuperado, segundo o nº 6, na situação de trabalhador que retome o seu desempenho após impedimento prolongado iniciado em ano anterior. Ponderamos se não seria de situar a norma no regime da suspensão do contrato de trabalho.

Artigo 240º – Ano do gozo das férias

1. As férias são gozadas no ano civil em que se vencem, sem prejuízo do disposto nos números seguintes.

2. As férias podem ser gozadas até 30 de abril do ano civil seguinte, em cumulação ou não com férias vencidas no início deste, por acordo entre empregador e trabalhador ou sempre que este as pretenda gozar com familiar residente no estrangeiro.

3. Pode ainda ser cumulado o gozo de metade do período de férias vencido no ano anterior com o vencido no ano em causa, mediante acordo entre empregador e trabalhador.

4. Constitui contraordenação grave a violação do disposto neste artigo.

COMENTÁRIOS:

1. Antecedentes legislativos: Arts. 215º e 665º, do CT/2003 e 7º, da LFFF.

2. Dispõe o nº 1 que as férias devem ser gozadas no decurso do ano civil em que se vencem, continuamente ou de forma interpolada (neste último caso, "por acordo entre empregador e trabalhador, desde que sejam gozados, no mínimo, 10 dias úteis consecutivos", segundo o nº 8, do art. 241º).

Ressalva feita ao estatuído no nº 2 quanto à possibilidade de gozo das férias até 30 de abril do ano civil imediato, em cumulação ou não com as férias vencidas no início deste, por acordo entre as partes ou sempre que o trabalhador pretenda gozar as férias com familiar residente no estrangeiro.

Pode ainda ser cumulado o gozo de metade do período de férias vencido no ano anterior com o vencido no ano em causa, mediante acordo entre empregador e trabalhador (nº 3).

Artigo 241º – Marcação do período de férias

1. O período de férias é marcado por acordo entre empregador e trabalhador.

2. Na falta de acordo, o empregador marca as férias, que não podem ter início em dia de descanso semanal do trabalhador, ouvindo para o efeito a comissão de trabalhadores ou, na sua falta, a comissão intersindical ou a comissão sindical representativa do trabalhador interessado.

3. Em pequena, média ou grande empresa, o empregador só pode marcar o período de férias entre 1 de maio e 31 de outubro, a menos que o instrumento de regulamentação coletiva de trabalho ou o parecer dos representantes dos trabalhadores admita época diferente.

4. Na falta de acordo, o empregador que exerça atividade ligada ao turismo está obrigado a marcar 25% do período de férias a que os trabalhadores têm direito, ou percentagem superior que resulte de instrumento de regulamentação coletiva de trabalho, entre 1 de maio e 31 de outubro, que é gozado de forma consecutiva.

5. Em caso de cessação do contrato de trabalho sujeita a aviso prévio, o empregador pode determinar que o gozo das férias tenha lugar imediatamente antes da cessação.

6. Na marcação das férias, os períodos mais pretendidos devem ser rateados, sempre que possível, beneficiando alternadamente os trabalhadores em função dos períodos gozados nos dois anos anteriores.

7. Os cônjuges, bem como as pessoas que vivam em união de facto ou economia comum nos termos previstos em legislação específica, que trabalham na mesma empresa ou estabelecimento têm direito a gozar férias em idêntico período, salvo se houver prejuízo grave para a empresa.

8. O gozo do período de férias pode ser interpolado, por acordo entre empregador e trabalhador, desde que sejam gozados, no mínimo, 10 dias úteis consecutivos.

9. O empregador elabora o mapa de férias, com indicação do início e do termo dos períodos de férias de cada trabalhador, até 15 de abril de cada ano e mantém-no afixado nos locais de trabalho entre esta data e 31 de outubro.

10. Constitui contraordenação grave a violação do disposto nos nºs 2, 3 ou 4 e constitui contraordenação leve a violação do disposto em qualquer dos restantes números deste artigo.

COMENTÁRIOS:

1. Antecedentes legislativos: Arts. 213º, nº 2, *in fine*, 217º, 218º, nº 5 e 665º, nº 3, do CT/2003 e 4º, 8º e 9º, da LFFF.

2. O presente artigo concentra vários aspetos e soluções.

A marcação das férias ocorre por mútuo acordo entre o empregador e o trabalhador (nº 1).

Na falta de acordo:

– A marcação é feita pelo empregador, não podendo as férias ter início em dia de descanso semanal do trabalhador (art. 232º), ouvida a comissão de trabalhadores ou, na sua falta, a comissão intersindical ou a comissão sindical representativa do trabalhador interessado (nº 2). Em pequena, média ou grande empresa (conceito definido no art. 100º, mantendo-se o regime excecional de isenção das microempresas) as férias só podem ser marcadas entre 1 de maio e 31 de outubro, a menos que que o instrumento de regulamentação coletiva de trabalho ou o parecer dos representantes dos trabalhadores admita época diferente (nº 3);

– O empregador que exerça atividade ligada ao turismo está obrigado a marcar 25% do período de férias a que os trabalhadores têm direito ou percentagem superior que resulte de instrumento de regulamentação coletiva de trabalho, entre 1 de maio e 31 de outubro, que é gozado de forma consecutiva (nº 4).

3. "Em caso de cessação do contrato de trabalho sujeita a aviso prévio" (ou seja, nos casos de caducidade do contrato a termo certo e incerto; de morte de empregador, extinção de pessoa coletiva ou encerramento de estabelecimento; de insolvência; de despedimento coletivo, por extinção de posto de trabalho e por inadaptação; de denúncia do contrato por parte do trabalhador e de denúncia contratual promovida pelo empregador na pendência do período experimental quando a duração deste exceda os 60 dias), o empregador pode determinar que o gozo das férias tenha lugar imediatamente antes da cessação (nº 5).

Sobre se o dispositivo viola o direito constitucional a férias periódicas pagas (art. 59º, nº 1, al. *d*), *in fine*) e o princípio constitucional da organização do trabalho que visa articular a atividade profissional com a vida familiar, *v.* ao tempo do CT/2003, Jorge Leite, *Código do trabalho – algumas questões de (in)constitucionalidade*, p. 275.

Entendemos que o presente número deveria ter sido integrado no art. 245º.

4. O nº 6 consagra o regime da rotatividade no gozo das férias. Não vigora a regra da antiguidade, mas a de alternância em função dos períodos gozados nos dois anos anteriores.

5. O nº 7 equipara ao casamento, para efeito do gozo de férias, o regime da união de facto (L nº 7/2001, de 11 de maio, na versão dada pela L nº 71/2018, de 31 de dezembro) e da economia comum (L nº 6/2001, de 11 de maio, alterada pela L nº 82-E/2014, de 31 de dezembro). Destarte, os trabalhadores em tal contexto possuem o direito a gozar férias em idêntico período, salvo se houver prejuízo grave para a empresa (conceito indeterminado que cabe ao empregador concretizar).

6. O gozo das férias não tem necessariamente que ser contínuo, podendo, por acordo entre as partes, ser interpolado, desde que seja concedido ao trabalhador, pelo menos, 10 dias úteis consecutivos (nº 8).

7. A elaboração do mapa de férias decorre obrigatoriamente até ao dia 15 de abril de cada ano, sendo afixado entre esta data e 31 de outubro (nº 9).

8. No caso de trabalhador-estudante, o regime das férias altera-se a favor do trabalhador. De acordo com o art. 92º, nº 1, "O trabalhador-estudante tem direito a marcar o período de férias de acordo com as suas necessidades escolares, podendo gozar até 15 dias de férias interpoladas, na medida em que tal seja compatível com as exigências imperiosas do funcionamento da empresa". Ainda, nos termos do nº 2, "O trabalhador-estudante tem direito, em cada ano civil, a licença sem retribuição, com a duração de 10 dias úteis seguidos ou interpolados".

Artigo 242º – Encerramento para férias

1. Sempre que seja compatível com a natureza da atividade, o empregador pode encerrar a empresa ou o estabelecimento, total ou parcialmente, para férias dos trabalhadores:

***a*) Até quinze dias consecutivos entre 1 de maio e 31 de outubro;**

***b*) Por período superior a quinze dias consecutivos ou fora do período enunciado na alínea anterior, quando assim estiver fixado em instrumento de regulamentação coletiva ou mediante parecer favorável da comissão de trabalhadores;**

***c*) Por período superior a quinze dias consecutivos, entre 1 de maio e 31 de outubro, quando a natureza da atividade assim o exigir.**

2. O empregador pode encerrar a empresa ou o estabelecimento, total ou parcialmente, para férias dos trabalhadores:

***a*) Durante cinco dias úteis consecutivos na época de férias escolares do Natal;**

***b*) Um dia que esteja entre um feriado que ocorra à terça-feira ou quinta-feira e um dia de descanso semanal, sem prejuízo da faculdade prevista na alínea *g*) do nº 3 do artigo 226º.**

3. Até ao dia 15 de dezembro do ano anterior, o empregador deve informar os trabalhadores abrangidos do encerramento a efetuar no ano seguinte ao abrigo da alínea *b*) do número anterior.

COMENTÁRIOS:

1. Antecedentes legislativos: Arts. 216º, do CT/2003 e 4º, nº 2, da LFFF.

2. O presente artigo tem a redação introduzida pela L nº 23/2012, de 25 de junho, que alterou o nº 2 e aditou o nº 3.

3. Sempre que seja compatível com a natureza da atividade, o empregador pode encerrar a empresa ou o estabelecimento, total ou parcialmente, para férias dos trabalhadores (nº 1):

a) Até quinze dias consecutivos entre 1 de maio e 31 de outubro;

b) Por período superior a quinze dias consecutivos ou fora do período entre 1 de maio e 31 de outubro, quando assim estiver fixado em instrumento de regulamentação coletiva ou mediante parecer favorável da comissão de trabalhadores;

c) Por período superior a quinze dias consecutivos, entre 1 de maio e 31 de outubro, quando a natureza da atividade assim o exigir.

4. Nos termos do nº 2, o empregador pode encerrar a empresa ou o estabelecimento, total ou parcialmente:

a) Durante cinco dias úteis consecutivos na época de férias escolares do Natal;

b)Um dia que esteja entre um feriado que ocorra à terça-feira ou quinta-feira e um dia de descanso semanal, para, desta forma, obstar ao fenómeno das *pontes* e ao alongamento dos dias de descanso, sem prejuízo da faculdade de solicitar trabalho para compensar encerramento para férias [art. 226º, nº 3, al. *g*)], devendo o empregador informar os trabalhadores abrangidos até 15 de dezembro do ano anterior do encerramento a levar a cabo (nº 3).

Artigo 243º – Alteração do período de férias por motivo relativo à empresa

1. O empregador pode alterar o período de férias já marcado ou interromper as já iniciadas por exigências imperiosas do funcionamento da empresa, tendo o trabalhador direito a indemnização pelos prejuízos sofridos por deixar de gozar as férias no período marcado.

2. A interrupção das férias deve permitir o gozo seguido de metade do período a que o trabalhador tem direito.

3. Em caso de cessação do contrato de trabalho sujeita a aviso prévio, o empregador pode alterar a marcação das férias, mediante aplicação do disposto no nº 5 do artigo 241º.

4. Constitui contraordenação leve a violação do disposto nos nºs 1 ou 2.

COMENTÁRIOS:

1. Antecedentes legislativos: Arts. 218º, nºs 1, 2 e 5 e 665º, nº 3, do CT/2003 e 9º, da LFFF.

2. A alteração do período de férias já marcado ou a interrupção das férias já iniciadas só se legitima quando movida por exigências imperiosas do funcionamento da empresa (nº 1). Nesse caso, assiste ao trabalhador o direito a ser indemnizado pelos prejuízos que comprovadamente haja sofrido na pressuposição de que gozaria as férias na época fixada (*in fine*). Eventuais danos morais não são considerados.

3. O nº 2 cuida da interrupção das férias, permitindo-se o gozo seguido de metade do período a que o trabalhador tem direito.

O preceito omite qual o momento de gozo desse período, caberá, assim, às partes estabelecerem um acordo temporal, sendo, de afastar, julgamos, a marcação unilateral por parte do empregador, atendendo a que as férias foram alteradas "por motivo relativo à empresa".

4. Em caso de cessação do contrato de trabalho sujeita a aviso prévio, o empregador pode alterar a marcação das férias, determinando que o gozo das mesmas tenha lugar imediatamente antes da cessação (por remissão para o nº 5, do art. 241º), nº 3.

Artigo 244º – Alteração do período de férias por motivo relativo ao trabalhador

1. O gozo das férias não se inicia ou suspende-se quando o trabalhador esteja temporariamente impedido por doença ou outro facto que não lhe seja imputável, desde que haja comunicação do mesmo ao empregador.

2. Em caso referido no número anterior, o gozo das férias tem lugar após o termo do impedimento na medida do remanescente do período marcado, devendo o período correspondente aos dias não gozados ser marcado por acordo ou, na falta deste, pelo empregador, sem sujeição ao disposto no nº 3 do artigo 241º.

3. Em caso de impossibilidade total ou parcial do gozo de férias por motivo de impedimento do trabalhador, este tem direito à retribuição correspondente ao período de férias não gozado ou ao gozo do mesmo até 30 de abril do ano seguinte e, em qualquer caso, ao respetivo subsídio.

4. À doença do trabalhador no período de férias é aplicável o disposto nos nºs 2 e 3 do artigo 254º.

5. O disposto no nº 1 não se aplica caso o trabalhador se oponha à verificação da situação de doença nos termos do artigo 254º.

6. Constitui contraordenação grave a violação do disposto nos nºs 1, 2 ou 3.

COMENTÁRIOS:

1. Antecedentes legislativos: Arts. 218º, nºs 3 e 4, 219º e 665º, do CT/2003 e 9º e 12º, da LFFF.

2. Concentrou-se em norma única a situação de impedimento temporário do respetivo gozo de férias por parte do trabalhador, por facto que não lhe é imputável.

Dispõe o nº 1 que o gozo das férias não se inicia ou suspende-se (pelo que, o período de férias recomeça a partir do levantamento do facto impeditivo) quando o trabalhador esteja temporariamente impedido por doença (contanto que o trabalhador não se oponha à verificação da situação de doença nos termos do art. 254º, por remissão do nº 5, do preceito em anotação) ou outro facto que não lhe seja imputável, desde que haja comunicação do mesmo ao empregador.

A prova da situação de doença do trabalhador é feita por declaração de estabelecimento hospitalar, ou centro de saúde ou, ainda, por atestado médico (nº 4, o qual remete para o art 254º, nº 2). A situação de doença pode ser verificada por médico (nº 4, o qual remete para o art. 254º, nº 3), nos termos dos arts. 17º a 24º, da L nº 105/ /2009, de 14 de setembro (Verificação da situação de doença).

3. O gozo das férias tem lugar após o termo do impedimento na medida do remanescente do período marcado, devendo o período correspondente aos dias não gozados ser marcado por acordo ou, na falta deste, pelo empregador, sem sujeição ao arco temporal 1 de maio-31 de outubro (nº 2, o qual remete para o art. 241º, nº 3).

4. Em caso de impossibilidade total ou parcial do gozo de férias por motivo de impedimento do trabalhador, este tem direito à retribuição correspondente ao período de férias não gozado ou ao gozo do mesmo até 30 de abril do ano seguinte e, em qualquer caso, ao respetivo subsídio (nº 3).

No ano de cessação do impedimento prolongado iniciado em ano anterior, o regime de férias aplicável corresponde ao do ano da contratação (art. 239º, nº 6, o qual remete para os nºs 1 e 2).

Artigo 245º – Efeitos da cessação do contrato de trabalho no direito a férias

1. Cessando o contrato de trabalho, o trabalhador tem direito a receber a retribuição de férias e respetivo subsídio:

***a*) Correspondentes a férias vencidas e não gozadas;**

***b*) Proporcionais ao tempo de serviço prestado no ano da cessação.**

2. No caso referido na alínea *a*) do número anterior, o período de férias é considerado para efeitos de antiguidade.

3. Em caso de cessação de contrato no ano civil subsequente ao da admissão ou cuja duração não seja superior a 12 meses, o cômputo total das férias ou da correspondente retribuição a que o trabalhador tenha direito não pode exceder o proporcional ao período anual de férias tendo em conta a duração do contrato.

4. Cessando o contrato após impedimento prolongado do trabalhador, este tem direito à retribuição e ao subsídio de férias correspondentes ao tempo de serviço prestado no ano de início da suspensão.

5. Constitui contraordenação grave a violação do disposto no nº 1.

COMENTÁRIOS:

1. Antecedentes legislativos: Arts. 220º, nº 4, 221º e 665º, do CT/2003 e 10º e 11º, da LFFF.

2. Cessando o contrato de trabalho (art. 340º), o trabalhador terá direito a receber a retribuição de férias e o respetivo subsídio correspondente a férias vencidas e não gozadas (nº 1, al. *a*), do presente artigo), contando o período de férias para efeitos de antiguidade (nº 2).

Bem como, o direito aos proporcionais de férias correspondentes ao tempo de serviço prestado no ano da cessação [nº 1, al. *b*)].

3. O nº 3, norma corretiva do regime geral, aplicável aos contratos a termo ou sem termo, determina que cessando o contrato no ano civil subsequente ao da admissão **ou** cuja duração, não seja superior a 12 meses, o cômputo total das férias ou da correspondente retribuição, não possa exceder o proporcional ao período anual de férias (22 dias úteis) tendo em conta a duração do contrato.

IV. O nº 3 do art. 245 do CT contém uma norma corretiva do nº 1 do art. 239 que visa evitar resultados desproporcionados e desiguais do período de férias relativamente ao trabalho prestado, recentrado a duração do período de férias na duração do contrato nos casos em que o contrato de trabalho ou não atinge doze meses até o ultrapassa, mas o contrato cessa no ano civil subsequente ao da admissão, reduzindo o direito a férias a pouco mais de 31 dias úteis. [Ac. da RL, de 17.06.15 *in* www.dgsi.pt (Proc. nº 129/12.2TTCSC.L1-4)].

4. O nº 4 indica que em caso de cessação do contrato após impedimento prolongado respeitante ao trabalhador, este tem direito apenas à retribuição e ao subsídio de férias correspondentes ao tempo de serviço prestado no ano de início da suspensão.

5. É aplicável no regime da cessação, o disposto no art. 241º, nº 5, o qual permite que havendo aviso prévio, o empregador possa determinar que o gozo das férias tenha lugar imediatamente antes da cessação contratual.

Artigo 246º – Violação do direito a férias

1. Caso o empregador obste culposamente ao gozo das férias nos termos previstos nos artigos anteriores, o trabalhador tem direito a compensação no valor do triplo da retribuição correspondente ao período em falta, que deve ser gozado até 30 de abril do ano civil subsequente.

2. Constitui contraordenação grave a violação do disposto no número anterior.

COMENTÁRIOS:

1. Antecedentes legislativos: Arts. 222º e 665º, nº 1, do CT/2003 e 13º, da LFFF.

2. A responsabilidade do empregador possui natureza subjetiva, pelo que, só a atuação culposa merece censura. A lei indica expressamente "obste culposamente". O con-

ceito *obstar* enquadra diferentes formas de violação do direito a férias concedido ao empregador, desde a não marcação e elaboração do respetivo mapa, a solicitação de prestação de trabalho no período correspondente às férias, a não gozo de férias suspensas ou interrompidas, a não pagamento do inerente subsídio de férias.

Para Milena Rouxinol, e suportando a sua tese no Ac. do TJ, *Max Planck*, de 06.11.2018 (Proc. nº C-648/16), que afirmou que se impõe aos Estados-membros evitar uma situação em que o ónus de assegurar o exercício efetivo do direito a férias recaia inteiramente sobre o trabalhador, a "norma assenta na ideia de que a conduta exigível ao empregador é o cumprimento de todos os deveres de *non facere* e de *facere* patentes nas normas antecedentes", *A violação do direito a férias – contributo para a leitura do art. 246º do Código do Trabalho*, p. 256.

Entendimento jurisprudencial sobre o termo" obstar":

II – São dois os requisitos do direito à indemnização por violação do direito a férias: que o trabalhador não as tenha gozado e que tal tenha acontecido por a isso ter obstado, sem fundamento válido, a entidade empregadora. [Ac. da RG, de 06.02.20 *in* www.dgsi.pt Proc. nº 2614/18.3T8VRL.G1].

III – A violação do direito a férias, que tem de ser provada pelo trabalhador, por constitutiva do seu direito, pressupõe que o empregador obste a tal gozo e que o faça culposamente. (Ac. da RL, de 06.11.19 *in* CJ, Ano XLIV, Tomo V, p. 341).

II – A simples não marcação das férias não é suficiente para concluir que o empregador obstou ao seu gozo. III – O termo obstar exige mais do que a simples inércia do empregador na concessão do gozo de férias; pressupõe uma atitude voluntária e consciente nesse sentido. IV – Compete ao autor alegar e provar aqueles dois factos, por serem factos constitutivos do direito àquela indemnização. V – O facto das escalas de organização dos turnos não conterem os períodos de férias dos respetivos trabalhadores não permite concluir que eles não gozaram férias e muito menos que tenham sido impedidos de o fazer pela entidade empregadora. E a propósito do termo obstar: *Para alguns, a conduta meramente omissiva da entidade empregadora seria suficiente para que o mesmo fosse dado por preenchido. Bastaria provar, por exemplo, que não tinha procedido à marcação do período de férias a que o trabalhador tinha direito ou que não lhe tinha ordens para ir gozar essas férias. Para outros, é preciso provar algo mais. É necessário provar que houve uma conduta ativa da parte do empregador no sentido de obstar a que o trabalhador gozasse as férias. Não bastaria provar o não gozo das férias, era preciso provar que o trabalhador pretendeu exercer o seu direito e que este lhe tenha sido negado, sem fundamento válido, pelo empregador.* (Ac. do STJ, de 19.10.05 *in* CJ, Ano XIII, Tomo III, p. 253).

Para que se verifique a condenação do pagamento de férias em triplo é necessário que o seu não gozo tenha sido impedido pela entidade patronal, sendo o pagamento em singelo no caso de ter havido concordância do trabalhador. (Ac. da RE, de 05.01.93 *in* CJ, Ano XVIII, Tomo I, p. 289).

Discute-se a quem cabe o ónus da prova, se ao trabalhador, nos termos do art. 342º, nº 1, do CC ou ao empregador, no contexto na culpa presumida da responsabilidade contratual (art. 799º, CC).

No sentido do ónus da prova pertencer ao trabalhador:

III – Cabe ao trabalhador o ónus da prova de que não gozou férias como facto constitutivo do seu direito à correspondente retribuição em contrapartida da ausência do seu gozo, incluindo no início do ano subsequente. Acrescida da prova de que foi o empregador que obstou culposamente ao seu gozo enquanto facto constitutivo do seu direito de compensação por violação do direito a férias. [Ac. da RG, de 04.02.21 in www.dgsi.pt (Proc. nº 786/19.9T8VRL.G1)].

III – Incumbe ao Autor alegar e provar a verificação de tais requisitos, já que os mesmos constituem os factos constitutivos do direito àquela indemnização. Cfr. nº 1 do art. 342º do Código Civil. [Ac. da RG, de 06.02.20 *in* www.dgsi.pt Proc. nº 2614/18.3T8VRL.G1]. No mesmo sentido, *v.* o Ac. da RL, de 24.03.10 *in* www.dgsi.pt (Proc. nº 4438/04.6TTLSB.L1-4).

3. Em caso de violação do direito a férias, assiste ao trabalhador o direito a compensação no valor do triplo da retribuição correspondente ao período em falta, que deve ser gozado até 30 de abril do ano civil subsequente (nº 1).

Artigo 247º – Exercício de outra atividade durante as férias

1. O trabalhador não pode exercer durante as férias qualquer outra atividade remunerada, salvo quando já a exerça cumulativamente ou o empregador o autorize.

2. Em caso de violação do disposto no número anterior, sem prejuízo da eventual responsabilidade disciplinar do trabalhador, o empregador tem direito a reaver a retribuição correspondente às férias e o respetivo subsídio, metade dos quais reverte para o serviço responsável pela gestão financeira do orçamento da segurança social.

3. Para os efeitos previstos no número anterior, o empregador pode proceder a descontos na retribuição, até ao limite de um sexto, em relação a cada um dos períodos de vencimento posteriores.

COMENTÁRIOS:

1. Antecedentes legislativos: Arts. 223º, do CT/2003 e 14º, da LFFF.

2. O trabalhador não pode exercer durante as férias qualquer outra atividade remunerada, salvo quando já a exerça cumulativamente ou o empregador o autorize (nº 1), sob pena de eventual responsabilidade disciplinar do trabalhador, e direito do empregador a reaver a retribuição correspondente às férias e ao respetivo subsídio, metade dos quais reverte para o serviço responsável pela gestão financeira do orçamento da segurança social (nº 2).

I – A relação laboral não termina, de forma imediata e automática, pelo simples facto do trabalhador prestar trabalho remunerado e não autorizado, para entidade diversa do seu empregador, durante o seu período de férias (art. 233º do Código do Trabalho/2003), não estando o gozo das mesmas na livre disponibilidade do empregador nem do trabalhador, com referência a um mínimo de 20 dias úteis de férias, impondo o legislador laboral que este último faça uma pausa, descanse efetivamente, recarregue energias, restaure a sua força anímica, conviva com a família, amigos e consigo próprio, num ambiente alheio e distanciado da sua atividade profissional, do seu local de trabalho e do seu empregador. II – Os nºs 1 e 2 do art. 223º do Código do Trabalho/2003 conhecem essencialmente fundamento e justificação num cenário de continuidade ou manutenção da relação laboral, pois visa-se com as mesmas não só satisfazer interesses e necessidades de índole pessoal e familiar do próprio trabalhador como da sua entidade patronal, pois esta pretende ver regressado ao serviço um empregado repousado e retemperado, física, psicológica e emocionalmente, pronto para enfrentar mais um ano de trabalho. III – Na colisão de direitos de espécie diferente – o direito ao trabalho, por um lado, e o direito à inatividade do trabalhador durante o gozo de férias, por outro – tem de prevalecer o primeiro, nos termos do nº 1 do art. 58º e 59º da Constituição da República Portuguesa e nº 2 do art. 335º do Código Civil. [Ac. da RL, de 18.12.13 *in* www.dgsi.pt (Proc. nº 3695/08.3TTLSB.L1-4)].

Para efeito de reaver a retribuição correspondente às férias e ao respetivo subsídio, o empregador pode proceder a descontos na retribuição, até ao limite de um sexto, em relação a cada um dos períodos de vencimento posteriores (nº 3).

3. Continua por resolver, no contexto das férias, o fenómeno do pluriemprego.

A coincidência dos tempos de férias (pelo menos, de 20 dias úteis de férias, de forma contínua ou interpolada) dos diferentes contratos de trabalho, poderia ser solução plausível, por forma a permitir alguma libertação laboral.

SUBSECÇÃO XI – Faltas

Artigo 248º – Noção de falta

1. Considera-se falta a ausência de trabalhador do local em que devia desempenhar a atividade durante o período normal de trabalho diário.

2. Em caso de ausência do trabalhador por períodos inferiores ao período normal de trabalho diário, os respetivos tempos são adicionados para determinação da falta.

3. Caso a duração do período normal de trabalho diário não seja uniforme, considera-se a duração média para efeito do disposto no número anterior.

COMENTÁRIOS:

1. Antecedentes legislativos: Arts. 224º, do CT/2003 e 22º, da LFFF.

2. O nº 1 dispõe que se considera falta a ausência de trabalhador do local em que devia desempenhar a atividade durante o período normal de trabalho diário (art. 198º).

3. A ausência do trabalhador por períodos de tempo inferiores ao período normal de trabalho diário (estando em causa, nomeadamente, o dever de pontualidade, previsto no art. 128º, nº 1, al. *b*), 2ª parte), é adicionada para determinação dos períodos normais de trabalho diário em falta (nº 2). Este preceito deve ser interpretado em conjugação com o art. 256º, nº 4.

4. Caso a duração do período normal de trabalho diário não seja uniforme, considera-se a duração média para efeito de adicionar os tempos de ausências para determinação da falta (nº 3).

Artigo 249º – Tipos de falta

1. A falta pode ser justificada ou injustificada.

2. São consideradas faltas justificadas:

a) As dadas, durante 15 dias seguidos, por altura do casamento;

b) A motivada por falecimento de cônjuge, parente ou afim, nos termos do artigo 251º;

c) A motivada pela prestação de prova em estabelecimento de ensino, nos termos do artigo 91º;

d) A motivada por impossibilidade de prestar trabalho devido a facto não imputável ao trabalhador, nomeadamente observância de prescrição médica no seguimento de recurso a técnica de procriação medicamente assistida, doença, acidente ou cumprimento de obrigação legal;

e) A motivada pela prestação de assistência inadiável e imprescindível a filho, a neto ou a membro do agregado familiar de trabalhador, nos termos dos artigos 49º, 50º ou 252º, respetivamente;

f) A motivada pelo acompanhamento de grávida que se desloque a unidade hospitalar localizada fora da ilha de residência para realização de parto;

g) A motivada por deslocação a estabelecimento de ensino de responsável pela educação de menor por motivo da situação educativa deste, pelo tempo estritamente necessário, até quatro horas por trimestre, por cada um;

h) A de trabalhador eleito para estrutura de representação coletiva dos trabalhadores, nos termos do artigo 409º;

i) A de candidato a cargo público, nos termos da correspondente lei eleitoral;

j) A autorizada ou aprovada pelo empregador;

k) A que por lei seja como tal considerada.

3. É considerada injustificada qualquer falta não prevista no número anterior.

COMENTÁRIOS:

1. Antecedentes legislativos: Arts. 225º, do CT/2003 e 23º, da LFFF.

2. O presente artigo tem a redação introduzida pela L nº 90/2019, de 04 de setembro, a qual aditou a al. *f*) e renumerou as seguintes.

3. O nosso sistema consagra um regime híbrido. Por um lado, o presente preceito apresenta uma enumeração imperativa (nº 2), por outro, a al. *j*), admite que o empregador, dentro do respetivo poder diretivo, autorize ou aprove a falta, sem aparentemente qualquer motivo justificativo especial. Esta faculdade de índole discricionária, projeção do poder diretivo, não é impugnável, o empregador premeia quem entende que merece ser premiado, com violação, se necessário, do princípio da coerência decisória.

4. As faltas dividem-se em injustificadas (nº 3) e em justificadas (nº 2), ou melhor, justificáveis, para melhor precisar o alcance do ónus do dever de informação e probatório que impende sobre o trabalhador, este último, quando e se exigida a respetiva justificação (arts. 253º, nºs 1 e 5 e 254º, nºs 1 e 3).

5. São consideradas justificadas as faltas por:
– casamento durante 15 dias seguidos [al. *a*)], presumimos que englobando dias de trabalho e dias de não trabalho.

Todavia, o conceito *falta* parte do enquadramento do período normal de trabalho diário.

A explicação para tal incongruência, remonta, quanto a nós, ao Decreto-Lei nº 874/76, de 28.12, que indicava até onze dias seguidos, excluindo os dias de descanso intercorrentes (art. 23º).

A indicação por *altura do casamento*, permite equacionar que as mesmas possam ocorrer antes ou depois deste evento.

– falecimento de cônjuge, parente ou afim [al. *b*)], tratadas no art. 251º.

– prestação de provas em estabelecimento de ensino [al. *c*)] nos termos do art. 91º.

– impossibilidade de prestar trabalho devido a facto não imputável ao trabalhador, exemplificado com os casos de doença, acidente ou cumprimento de obrigações legais, e observância de prescrição médica no seguimento de recurso a técnica de procriação medicamente assistida [al. *d*)].

A procriação medicamente assistida foi aprovada pela L nº 32/2006, de 26 de julho (sendo a última versão a dada pela L nº 48/2019, de 08 de junho)

Para efeito de proteção social, entende-se por doença "toda a situação mórbida, evolutiva, não decorrente de causa profissional ou de ato da responsabilidade de terceiro pelo qual seja devida indemnização, que determine incapacidade temporária para o trabalho" (art. 2º, do DL nº 28/2004, de 04 de fevereiro, na versão do DL nº 53/2018, de 2 de julho).

O juízo de imputabilidade tem vindo a ser debatido pela doutrina, como um (preciso) desvio específico da exigibilidade laboral.

Jorge Leite apresenta alguns exemplos: o do trabalhador que falte por ter sido informado do nascimento do seu primogénito; o caso de falta para acudir a um incêndio ou tromba de água que afeta a casa onde vive, concluindo que "implicam a perda do direito à retribuição e o desconto na antiguidade", *As faltas ao Trabalho no Direito do Trabalho Português*, p. 437.

Albino Mendes Baptista, considera, por sua vez, que o juízo de imputabilidade "envolve aqui a inobservância de deveres particularmente virados para a tutela da situação jurídica laboral e não de deveres absolutos ou globais". Por isso, não são imputáveis ao trabalhador faltas por doença, "se, por inobservância culposa do Código da Estrada, o trabalhador sofre um acidente; se, por inadvertência, o trabalhador é vítima de insolação numa ida à praia ou cai fazendo ski; ou se contrai uma grave doença em consequência do abuso do tabaco ou do consumo de bebidas alcoólicas; ou se distraidamente vai contra um poste enquanto caminha; ou, ainda, se resolve fazer habilidades de bicicleta e sofre uma queda grave", *As faltas ao trabalho por motivo de doença (não profissional) do trabalhado*r, pp. 51 e ss.

Situando as faltas injustificadas como casos de inexigibilidade, Victor Hugo de Jesus Ventura explica que, "Existem certos acontecimentos sociais e pessoais com um significado social e emocional tão forte que seria contrário à boa fé exigir a prestação ao trabalhador. Pense-se no caso (...), do trabalhador que recebe a notícia do rapto do seu filho ou que é vítima de um assalto altamente traumático e que, momentaneamente, fica em pânico ou em estado de choque embora sem qualquer tipo de sequela psicológica ou lesão física", *A inexigibilidade como motivo de justificação de faltas no direito do trabalho*, p. 151.

Júlio Gomes questiona se a al. *d*) "não poderá e não deverá mesmo ser considerada uma «válvula de escape» que permite o apelo a considerações de adequação social", *Direito do Trabalho*, p. 724.

Concordamos, em absoluto, com os defensores da teoria da inexigibilidade, pois a condição humana não pode perecer em função da dinâmica empresarial.

– prestação de assistência inadiável e imprescindível a filho (art. 49º), a neto (art. 50º), ou a membro do agregado familiar de trabalhador, constituído por cônjuge, parente ou afim na linha reta ascendente ou no nº 2 grau da linha colateral e as relações constituídas por união de facto ou economia comum (art. 252º), de acordo com a al. *e*):

Tratando-se de falta para prestar assistência inadiável e imprescindível, em caso de doença ou acidente a filho menor de 12 anos ou, independentemente da idade, a filho com deficiência ou doença crónica, aplica-se o disposto no art. 49º, nº 1, que concede 30 dias de falta por ano ou durante todo o período de hospitalização.

Tendo o filho 12 ou mais anos, e no caso de filho maior, que faça parte do agregado familiar, aplica-se o disposto no art. 49º, nº 2, que concede até 15 dias de falta por ano.

No caso de nascimento de neto que viva com o trabalhador em comunhão de mesa e habitação e que seja filho de adolescente com idade inferior a 16 anos, rege o art. 50º, nº 1, que concede até 30 dias consecutivos.

De relevar ainda os seguintes regimes não indicados no CT:

i) As medidas de apoio social às mães e pais estudantes (aprovadas pela L nº 90/ /2001, de 20 de agosto) indicam que as mães e pais cujos filhos tenham até 5 anos de idade gozam de um regime especial de faltas, consideradas justificadas, sempre que devidamente comprovadas, para consultas pré-natais, para período de parto, amamentação, doença e assistência a filhos (art. 3º, nº 1, al. *a*));

ii) O regime do apadrinhamento civil (aprovado pela L nº 103/2009, de 11 de setembro, alterada pela L nº 141/2015, de 08 de setembro) confere aos padrinhos e ao afilhado o direito ao benefício do regime jurídico de faltas e licenças equiparado ao dos pais e dos filhos (art. 23º, nº 1, al. *a*)). Assim, os padrinhos consideram-se ascendentes em 1º grau do afilhado, e este considera-se descendente em 1º grau dos padrinhos.

O regime jurídico do apadrinhamento civil constitui "uma relação jurídica, tendencialmente de caráter permanente, entre uma criança ou jovem e uma pessoa singular ou uma família que exerça os poderes e deveres próprios dos pais e que com ele estabeleçam vínculos afetivos que permitam o seu bem-estar e desenvolvimento, constituída por homologação ou decisão judicial e sujeita a registo civil" (art. 2º).

iii) O regime de execução do acolhimento familiar como medida de promoção dos direitos e de proteção das crianças e jovens em perigo (aprovado pelo DL nº 139/2019, de 16 de setembro) indica que "nos termos do acordo de promoção e proteção ou da decisão judicial, as famílias de acolhimento exercem, em relação à criança ou jovem, os poderes-deveres inerentes às responsabilidades que decorrem da confiança da criança ou do jovem à família de acolhimento, nomeadamente de guarda, de orientação e de educação, beneficiando dos direitos previstos no artigo 64º do Código do Trabalho" (art. 27º, nº 1).

O DL nº 139/2019, de 16 de setembro, não revogou o art. 44º-B, nºs 1 e 3, do DL 11/2008, de 17 de janeiro. Nestes termos, "durante a vigência do contrato de acolhimento, a pessoa singular ou um elemento da família de acolhimento dispõem do direito a faltas para assistência à criança ou jovem, sendo aplicável, com as devidas adaptações, o regime previsto no artigo 49º e na alínea *e*) do nº 2 do artigo 249º, incluindo a falta ocorrida na data de início do acolhimento" (nº 1).

"A mãe e o pai trabalhadores envolvidos no processo de acolhimento familiar de crianças até 1 ano de idade têm direito a licença parental, sendo aplicável, com as devidas adaptações, o regime previsto nos artigos 40º a 44º do Código do Trabalho" (nº 3).

– acompanhamento de grávida que se desloque a unidade hospitalar localizada fora da ilha de residência para realização de parto [al. *f*)], aditada pela L nº 90/2019, de 4 de setembro.

– deslocação a estabelecimento de ensino de responsável pela educação de menor por motivo da situação educativa deste, pelo tempo estritamente necessário, até quatro horas por trimestre, por cada um [al. *g*)].

– desempenho de funções em estrutura de representação coletiva dos trabalhadores de que o trabalhador seja membro, que exceda o crédito de horas [al. *h*)], nos termos do art. 409º.

De acordo com o art. 404º, nº 1, fazem parte das estruturas de representação coletiva dos trabalhadores, as associações sindicais [al. *a*)], as comissões de trabalhadores e subcomissões de trabalhadores [al. *b*)], os representantes dos trabalhadores para a segurança e saúde no trabalho [al. *c*)] e outras estruturas previstas em lei específica [al. *d*)].

A presença do trabalhador em plenário de trabalhadores, realizado dentro do horário de trabalho, não constitui falta ao trabalho nem determina o não pagamento do prémio de assiduidade. [Ac. da RP, de 11.04.11 *in* www.dgsi.pt (Proc. nº 703/09.4TTGMR.P1)].

I – As faltas dadas por membros da direção das associações sindicais para o desempenho das suas funções consideram-se justificadas, mas se se prolongarem por mais de 30 dias, é aplicável o regime da suspensão do contrato de trabalho por facto não imputável ao trabalhador. (Ac. do STJ, de 20.05.09 *in* CJ, Ano XVII, Tomo II, p. 258).

– candidatura a cargo público [al. *i*)]. Parece ter sido a política de combate ao chamado *turismo eleitoral* que ditou a consagração no quadro do regime geral, das faltas dadas por candidatos a cargos públicos. A LOrg nº 2/2017, de 02 de maio (que regula a eleição dos titulares dos órgãos das autarquias locais), indica expressamente que: "Durante o período da campanha eleitoral, os candidatos efetivos e os candidatos suplentes, no mínimo legal exigível, têm direito a dispensa do exercício das respetivas funções, sejam públicas ou privadas, contando esse tempo para todos os efeitos, incluindo o direito à retribuição, como tempo de serviço efetivo" (art. 8º).

6. O legislador mantém um dualismo de critérios quanto à falta autorizada ou aprovada pelo empregador [al. *j*)], que pese embora, justificada, implica perda retributiva [art. 255º, nº 2, al. *e*)].

7. A al. *k*) remete para as disposições especiais, que, concretamente, qualificarão as faltas. *V.g.*, titulares dos *órgãos sociais das associações de pais* (art. 15º do DL nº 372/90, de 27 de novembro, alterado pela L nº 29/2006, de 4 de julho); *colheita e transplante de órgãos e tecidos de origem humana* (art. 9º-A, da L nº 12/93, de 22 de abril, na versão dada pela L nº 75-B/2020, de 31 de dezembro); *dadores de sangue* (art. 6º, nº 1, al. *g*), da L nº 37/2012, de 27 de agosto); *bombeiros* (art. 26º, do DL nº 241/2007, de 21 de junho, alte-

rado pelo DL nº 249/2012, de 21 de novembro); *voluntariado* (art. 7º, da L nº 71/98, de 03 de novembro, regulamentada pelo DL nº 389/99, de 30 de setembro – alterado pelo DL nº 176/2005, de 25 de outubro – repristinado pelo artigo 181º, do DL nº 33/2018, de 15 de maio); *jurados* (art. 15º, nº 3, do DL nº 387-A/87, de 29 de dezembro), *praticantes de alta competição* (arts. 19º e 20º, do DL nº 125/95, de 31 de maio, alterado pelo DL nº 123/96, de 10 de agosto) e *estudante atleta do ensino superior* (art. 7º, al. *b*), do DL nº 55/2019, de 24 de abril).

8. Relativamente à ocorrência de falta por motivo relativo ao trabalhador durante o período de férias, naturalmente que os regimes não são cumuláveis, atento o propósito que os distingue, apesar de associados, ambos, a tempo de não trabalho. Assim, o gozo das férias não se inicia ou suspende-se, quando o trabalhador esteja temporariamente impedido por motivo a ele respeitante, desde que haja comunicação do motivo ao empregador (art. 244º, nº 1).

9. Questão sempre polémica é a da justificabilidade das faltas dadas por motivo de prisão.

As soluções doutrinárias a favor ou contra a sua relevância contratual diferem consoante se tratem de faltas dadas em situação de prisão preventiva ou em cumprimento da pena de prisão.

Associada a esta questão coloca-se uma outra, atinente ao alcance repercutório na relação laboral estabelecida do comportamento criminoso do trabalhador.

Artigo 250º – Imperatividade do regime de faltas

As disposições relativas aos motivos justificativos de faltas e à sua duração não podem ser afastadas por instrumento de regulamentação coletiva de trabalho, salvo em relação a situação prevista na alínea g) do nº 2 do artigo anterior e desde que em sentido mais favorável ao trabalhador, ou por contrato de trabalho.

COMENTÁRIOS:

1. Antecedentes legislativos: Arts. 226º, do CT/2003 e 24º, nº 3, da LFFF.

2. Por lapso, indica-se a al. *g*), quando na verdade, se trata da al. *h*), face à alteração do art. 249º, nº 2, realizada pela L nº 90/2019, de 04 de setembro.

3. Atento o regime imperativo das faltas, as disposições relativas aos motivos justificativos de faltas e à sua duração não podem ser afastadas por instrumento de regulamentação coletiva de trabalho, salvo em relação ao disposto na al. *h)* do nº 2 do art. 249º (faltas de trabalhador eleito por estrutura de representação coletiva dos trabalha-

dores) e desde que em sentido mais favorável ao trabalhador. De igual modo, o regime não pode ser afastado por contrato individual de trabalho.

O número 3 da cláusula 33ª-A dos Acordos de Empresa firmados entre a CARRIS e o SITRA (...), ao prever uma falta justificada, ainda que denominada de "dispensa de serviço", com a duração máxima de um dia por mês e com vista a tratar de assuntos de caráter pessoal, é nula por violar o regime absolutamente imperativo contido no art. 250º do C.T./2009. [Ac. da RL, de 01.07.15 *in* www.dgsi.pt (Proc. nº 2992/12.8TTLSB.L2-4)].

Artigo 251º – Faltas por motivo de falecimento de cônjuge, parente ou afim

1. O trabalhador pode faltar justificadamente:

***a*) Até cinco dias consecutivos, por falecimento de cônjuge não separado de pessoas e bens ou de parente ou afim no 1º grau na linha reta;**

***b*) Até dois dias consecutivos, por falecimento de outro parente ou afim na linha reta ou no 2º grau da linha colateral.**

2. Aplica-se o disposto na alínea *a*) do número anterior em caso de falecimento de pessoa que viva em união de facto ou economia comum com o trabalhador, nos termos previstos em legislação específica.

3. Constitui contraordenação grave a violação do disposto neste artigo.

COMENTÁRIOS:

1. Antecedentes legislativos: Arts. 227º e 666º, do CT/2003 e 24º, da LFFF.

2. O tempo de falta em virtude de luto é variável conforme o grau de parentesco ou de afinidade que unia o trabalhador ao falecido.

A lei atribui cinco dias consecutivos, por falecimento do cônjuge não separado judicialmente de pessoas e bens (os efeitos da separação judicial de pessoas e bens encontram-se previstos no art. 1795º-A, do CC) ou de parente ou afim no 1º grau da linha reta [nº 1, al. *a*)], e dois dias consecutivos por falecimento de outro parente ou afim na linha reta ou no 2º grau da linha colateral [nº 1, al. *b*)].

Entendemos que os dias indicados são dias de trabalho, atendendo estarem em causa *faltas* ao trabalho (de acordo com a noção apresentada no art. 248º, CT).

A contagem dos dias de falta deve iniciar-se com o conhecimento por parte do trabalhador da vicissitude.

Sobre a distinção entre parentesco e afinidade, diga-se sumariamente, que o parentesco é o "vínculo que une duas pessoas, em consequência de uma delas descender da outra (pais e filhos), ou de ambas procederem de um progenitor comum (irmãos)", estabelece o art. 1578º, do CC.

A afinidade, por sua vez, é o "vínculo que liga cada um dos cônjuges aos parentes do outro" (art. 1584º, do CC).

O parentesco, bem como, a afinidade, admitem duas espécies:

O parentesco em linha reta, "quando um dos parentes descende do outro" (art. 1580º, nº 1, 1ª parte, do CC) e o parentesco em linha colateral, "quando nenhum dos parentes descende do outro, mas ambos procedem de um progenitor comum" (art. 1580º, nº 1, 2ª parte, do CC), *v.g.*, os irmãos são parentes colaterais [São chamados irmãos bilaterais (ou germanos), os irmãos que provêm do mesmo pai e da mesma mãe; e unilaterais, os que provêm apenas da mesma mãe (uterinos) ou apenas do mesmo pai (consanguíneos)].

O CC procede à contagem do parentesco, medindo por graus a proximidade entre os parentes, correspondendo cada grau a um nascimento.

Na linha reta, "há tantos graus quantas as pessoas que formam a linha de parentesco, excluindo o progenitor" (art. 1581º, nº 1, do CC).

Na linha colateral, "os graus contam-se da mesma forma, subindo por um dos ramos e descendo pelo outro, mas sem contar o progenitor comum" (art. 1581º, nº 2, do CC).

V.g. avó e neto – parentes em 2º grau da linha reta; pai e filho – parentes em 1º grau da linha reta; primos – parentes em 4º grau da linha colateral.

A afinidade conta-se da mesma forma que o parentesco. *V.g.*, afins na linha reta – padrasto e enteados, nora e sogra; afins na linha colateral – cunhados.

A língua e a terminologia inglesas explicam este fenómeno bastante melhor, os afins são parentes aos olhos da lei, *v.g.*, a nora, é filha perante a lei (*daugther in law*), a sogra, é mãe perante a lei (*mother in law*).

3. O nº 2 refere que se aplica o disposto na al. *a*), do nº 1, em caso de falecimento de pessoa que viva em união de facto ou economia comum com o trabalhador.

Entende-se por união de facto, "a situação jurídica de duas pessoas que, independentemente do sexo, vivam em condições análogas às dos cônjuges há mais de dois anos" (art. 1º, nº 2, da L nº 7/2001, de 11 de maio, que adotou medidas de proteção da união de facto, na redação dada pela Lei nº 71/2018, de 31 de dezembro).

Por sua vez, a L nº 6/2001, de 11 de maio (alterada pela L nº 82-E/2014, de 31 de dezembro), que cuida da economia comum, confere o benefício do regime jurídico das férias, feriados e faltas às "pessoas que vivam em comunhão de mesa e habitação há mais de dois anos e tenham estabelecido uma vivência em comum de entreajuda ou partilha de recursos".

Consagrou-se a equiparação dos unidos de facto e das pessoas que vivem em economia comum, aos cônjuges, sendo o tempo de ausência de cinco dias consecutivos.

Atente-se, no entanto, que o nº 2, quando refere "Aplica-se o disposto na alínea *a*) do número anterior", pretende que essa aplicação se estenda apenas à primeira parte do preceito.

Ou seja, admite-se a falta apenas em caso de morte da pessoa com quem o trabalhador vivia em união de facto ou economia comum (desconsiderando a equiparação entre os regimes quanto à afinidade, ou seja, a morte da mãe ou do pai da pessoa com quem o trabalhador vivia em união de facto não confere, naturalmente, qualquer enquadramento como falta justificada).

I – O trabalhador pode faltar justificadamente até cinco dias consecutivos por falecimento de parente ou afim no 1º grau da linha reta, situação extensiva aos casos de falecimento de pessoa com quem viva em união de facto ou em economia comum, nos termos previstos em legislação específica [artigo 251º, nº 1, alínea a) e nº 2 do artigo 251º do Código do Trabalho]; II – Estando em causa o falecimento do pai da pessoa com quem o trabalhador vivia em comum, a situação não tem enquadramento no disposto no artigo 251º, pelo que as faltas não podem considerar-se justificadas ao abrigo de tal normativo. [Ac. da RP, de 06.10.14 *in* www.dgsi.pt (Proc. nº 433/13.2TTGDM.P1)].

3. De acordo com o regime jurídico do apadrinhamento civil, é conferido aos padrinhos e ao afilhado o direito a beneficiar do regime jurídico de faltas equiparado ao dos pais e dos filhos (art. 23º, nº 1, al. *a*), da L nº 103/2009, de 11 de setembro). Assim, os padrinhos consideram-se ascendentes em 1º grau do afilhado, e este considera-se descendente em 1º grau dos padrinhos.

FALTAS JUSTIFICADAS POR MORTE DE PARENTE OU AFIM

Morte do cônjuge não separado de pessoas e bens do trabalhador – 5 dias de falta

Morte da pessoa com que o trabalhador vivia em união de facto ou em economia comum – 5 dias de falta

Linha reta ascendente:
3º grau (bisavô/bisavó do trabalhador ou do cônjuge) – 2 dias de falta
2º grau (avô/avó do trabalhador ou do cônjuge) – 2 dias de falta
1º grau (pai/mãe/padrasto/madrasta/sogro/sogra/padrinho/madrinha do trabalhador) – 5 dias de falta

Linha reta descendente:
1º grau [filho(a) biológico(a) ou adotado(a); enteado(a); afilhado(a); genro/nora] – 5 dias de falta
2º grau [neto(a) do trabalhador ou do cônjuge] – 2 dias de falta
3º grau [bisneto(a) do trabalhador ou do cônjuge] – 2 dias de falta

Linha colateral:
2º grau [irmão(ã); cunhado(a)] – 2 dias de falta

Artigo 252º – Falta para assistência a membro do agregado familiar

1. O trabalhador tem direito a faltar ao trabalho até 15 dias por ano para prestar assistência inadiável e imprescindível, em caso de doença ou acidente, a cônjuge ou pessoa que viva em união de facto ou economia comum com o trabalhador, parente ou afim na linha reta ascendente ou no 2º grau da linha colateral.

2. Ao período de ausência previsto no número anterior acrescem 15 dias por ano, no caso de prestação de assistência inadiável e imprescindível a pessoa com deficiência ou doença crónica, que seja cônjuge ou viva em união de facto com o trabalhador.

3. No caso de assistência a parente ou afim na linha reta ascendente, não é exigível a pertença ao mesmo agregado familiar.

4. Para justificação da falta, o empregador pode exigir ao trabalhador:

***a*) Prova do caráter inadiável e imprescindível da assistência;**

***b*) Declaração de que os outros membros do agregado familiar, caso exerçam atividade profissional, não faltaram pelo mesmo motivo ou estão impossibilitados de prestar a assistência;**

***c*) No caso do número anterior, declaração de que outros familiares, caso exerçam atividade profissional, não faltaram pelo mesmo motivo ou estão impossibilitados de prestar a assistência.**

COMENTÁRIOS:

1. Antecedentes legislativos: Art. 203º, nºs 1 e 4, da RCT.

2. O trabalhador tem direito a faltar ao trabalho até 15 dias por ano para prestar assistência inadiável e imprescindível, em caso de doença ou acidente, a cônjuge ou pessoa que viva em união de facto ou economia comum com o trabalhador, parente ou afim na linha reta ascendente ou no 2º grau da linha colateral (nº 1).

Numa solução humanista, não se impõe a pertença ao mesmo agregado familiar para a prestação de assistência a parente ou afim na linha reta ascendente (nº 3).

3. Acolhe-se que ao período de ausência de 15 dias por ano se acresça mais 15 dias por ano, no caso de prestação de assistência inadiável e imprescindível a pessoa com deficiência ou doença crónica, que seja cônjuge ou viva em união de facto com o trabalhador (nº 2).

4. O empregador pode exigir a prova da inadiabilidade, imprescindibilidade (nº 4, als. *a*) e *b*)) e singularidade da assistência que consiste na declaração de que outros familiares, caso exerçam atividade profissional, não faltaram pelo mesmo motivo ou estão impossibilitados de prestar a assistência (al. *c*)). Os conceitos (indeterminados) de inadiabilidade e imprescindibilidade terão que ser aferido casuisticamente.

5. A assistência a parente na linha reta descendente (filho) foi enquadrada no regime da parentalidade. Assim, o art. 49º, dedicado a falta para assistência a filho, dispõe que:

"1 – O trabalhador pode faltar ao trabalho para prestar assistência inadiável e imprescindível, em caso de doença ou acidente, a filho menor de 12 anos ou, independentemente da idade, a filho com deficiência ou doença crónica, até 30 dias por ano ou durante todo o período de eventual hospitalização.

2 – O trabalhador pode faltar ao trabalho até 15 dias por ano para prestar assistência inadiável e imprescindível em caso de doença ou acidente a filho com 12 ou mais anos de idade que, no caso de ser maior, faça parte do seu agregado familiar".

O art. 50º, dedicado a falta para assistência a neto, preceitua que:

"1. O trabalhador pode faltar até 30 dias consecutivos, a seguir ao nascimento de neto que consigo viva em comunhão de mesa e habitação e que seja filho de adolescente com idade inferior a 16 anos".

6. A lei confere aos padrinhos e ao afilhado o direito a beneficiar do regime jurídico de faltas e licenças equiparado ao dos pais e dos filhos (art. 23º, nº 1, al. *a*), da L nº 103/2009, de 11 de setembro).

7. O regime de execução do acolhimento familiar (aprovado pelo DL nº 139/2019, de 16 de setembro) permite que a pessoa singular ou um elemento da família de acolhimento falte para prestação de assistência inadiável e imprescindível à criança ou jovem (art. 44º-B, nº 1, do DL nº 11/2008, de 17 de janeiro).

Artigo 252º-A – Falta para acompanhamento de grávida que se desloque a unidade hospitalar localizada fora da ilha de residência para realização de parto

1. O trabalhador cônjuge, que viva em união de facto ou economia comum, parente ou afim na linha reta ou no 2º grau da linha colateral, pode faltar ao trabalho para acompanhamento de grávida que se desloque a unidade hospitalar localizada fora da ilha de residência para realização de parto, quando o acompanhamento se mostre imprescindível e pelo período de tempo adequado àquele fim.

2. A possibilidade de faltar prevista no nº 1 não pode ser exercida por mais do que uma pessoa em simultâneo.

3. Para justificação da falta, o empregador pode exigir ao trabalhador:

***a*) Prova do carácter imprescindível e da duração da deslocação para o parto;**

***b*) Declaração comprovativa passada pelo estabelecimento hospitalar onde se realize o parto.**

COMENTÁRIOS:

O presente artigo foi aditado pela L nº 90/2019, de 4 de setembro.

Artigo 253º – Comunicação de ausência

1. A ausência, quando previsível, é comunicada ao empregador, acompanhada da indicação do motivo justificativo, com a antecedência mínima de cinco dias.

2. Caso a antecedência prevista no número anterior não possa ser respeitada, nomeadamente por a ausência ser imprevisível com a antecedência de cinco dias, a comunicação ao empregador é feita logo que possível.

3. A falta de candidato a cargo público durante o período legal da campanha eleitoral é comunicada ao empregador com a antecedência mínima de quarenta e oito horas.

4. A comunicação é reiterada em caso de ausência imediatamente subsequente à prevista em comunicação referida num dos números anteriores, mesmo quando a ausência determine a suspensão do contrato de trabalho por impedimento prolongado.

5. O incumprimento do disposto neste artigo determina que a ausência seja injustificada.

COMENTÁRIOS:

1. Antecedentes legislativos: Arts. 228º, 229º, nº 6 e 230º, nº 4, *in fine*, do CT/2003 e 25º, nºs 1, 2 e 4, da LFFF.

2. A ausência, quando previsível, é comunicada ao empregador, acompanhada da indicação do motivo justificativo, com a antecedência mínima de cinco dias (nº 1), pois *não basta verificar-se um dos motivos previstos no nº 2 do artigo 249º do CT para que o trabalhador possa ver a sua falta justificada pela entidade patronal. É que sobre si impende ainda a obrigação de comunicar a ausência ao empregador, acompanhada da indicação do motivo justificativo.* [Ac. da RP, de 21.01.11 *in* www.dgsi.pt (Proc. nº 167/10.0TTBRG.P1)].

A comunicação pode ser verbal ou escrita, dado que a lei concede liberdade de forma à declaração, contudo, o mais avisado será a redução a escrito. Entendeu a Relação do Porto: *I – A exigência, em vigor na empresa e imposta unilateralmente por esta (constante, designadamente, de regulamento interno), de que a entrega do boletim de baixa médica ou atestado médico deva ser feito à respetiva chefia até ao dia seguinte ao dia da respetiva emissão, e com isso se visando a definição da forma de comunicação da(s) falta(s), contraria o disposto no art. 253º do CT/2009, de acordo com o qual impera a regra da liberdade de forma quanto a essa comunicação, estipulando aquela uma forma mais exigente e agravada para essa comunicação. II – O incumprimento do nº 2 do art. 253º do CT/2009, em caso de baixa médica, determina a injustificação das faltas compreendidas entre o dia em que essa comunicação deveria e poderia ter sido feita e aquele em que a comunicação foi rececionada pelo empregador, mas não já a injustificação das faltas, compreendidas nessa baixa médica, correspondentes ao dia da receção dessa comunicação e aos posteriores a esta data.* [Ac. de 23.03.15 *in* www.dgsi.pt (Proc. nº 645/11.3TTBCL.P1)].

No caso de não ser possível acatar o prazo mínimo de cinco dias (por impossibilidade legítima do trabalhador), a comunicação será feita logo que possível (nº 2).

3. No caso de candidato a cargo público durante o período legal da campanha eleitoral, a falta é comunicada ao empregador com a antecedência mínima de 48 horas (nº 3).

4. A comunicação é reiterada, nos casos em que o período de ausência suceda a um outro já comunicado, mesmo quando esta determine a suspensão do contrato de trabalho por impedimento prolongado (nº 4). Assim, no regime de suspensão do contrato de trabalho por impedimento prolongado, incumbe ao trabalhador renovar a comunicação de ausência.

Resulta claro que o legislador estabeleceu expressamente o dever do trabalhador ausente ao serviço reiterar a comunicação da mesma e do motivo justificativo, mesmo nos casos em que o período de ausência suceda a um outro já comunicado e "(...) determine a suspensão do contrato de trabalho por impedimento prolongado". [Ac. da RL, de 10.10.13 *in* www.dgsi.pt (Proc. nº 927/11.4TTLSB.L1-4)].

5. O incumprimento do dever de comunicação determina que a ausência seja considerada injustificada (nº 5), constitui violação do dever de assiduidade e implica perda de retribuição correspondente ao período de ausência e desconto na antiguidade (art. 256º).

Artigo 254º – Prova de motivo justificativo de falta

1. O empregador pode, nos 15 dias seguintes à comunicação da ausência, exigir ao trabalhador prova de facto invocado para a justificação, a prestar em prazo razoável.

2. A prova da situação de doença do trabalhador é feita por declaração de estabelecimento hospitalar, ou centro de saúde ou ainda por atestado médico.

3. A situação de doença referida no número anterior pode ser verificada por médico, nos termos previstos em legislação específica.

4. A apresentação ao empregador de declaração médica com intuito fraudulento constitui falsa declaração para efeitos de justa causa de despedimento.

5. O incumprimento de obrigação prevista nos nºs 1 ou 2, ou a oposição, sem motivo atendível, à verificação da doença a que se refere o nº 3 determina que a ausência seja considerada injustificada.

COMENTÁRIOS:

1. Antecedentes legislativos: Arts. 229º, nºs 1, 2, 3, 6 e 7, do CT/2003 e 25º, nº 4, da LFFF.

2. O empregador possui a faculdade de exigir comprovativo do facto invocado para a justificação da ausência, nos 15 dias seguintes à comunicação da mesma, a prestar em prazo razoável (nº 1). Esta faculdade, se exercida, coloca o trabalhador na obrigação do cumprimento, sob pena da ausência se considerar injustificada (nº 5).

Sobre a impossibilidade de prova formal:

VI – As faltas dos dias 23/4/2018 e 24/4/2018, muito embora dadas efetivamente por motivos académicos e reconhecidas como legítimas pelo artigo 91º, número 1, alínea a) do C/2009, foram consideradas injustificadas apenas porque o Autor não as comunicou com antecedência nem as justificou atempadamente, conforme determinado pelos números 1 e 2 do artigo 253º do Código do Trabalho de 2009, o que implicou o funcionamento do seu número 5. VII – Não é correta a interpretação do regime legal regulador das faltas dos trabalhadores que só consinta a sua justificação através de um comprovativo escrito, de um documento descritivo do fundamento para a ausência, de uma prova concreta, elaborada com essa finalidade ou de que a mesma possa derivar, dado haver justificações de faltas que só podem ser meramente comunicadas ao empregador, por a sua demonstração formal não ser materialmente possível ou ser de muita difícil obtenção e, nessa medida, inexigível ao trabalhador. [Ac. da RL, de 13.07.20 *in* www.dgsi.pt (Proc. nº 514/19.9T8BRR.L1-4)]

A norma, quanto ao prazo de apresentação, não é clara e permite duas interpretações: o empregador exige o comprovativo da falta nos 15 dias seguintes à comunicação e o trabalhador apresenta-a em prazo razoável ou o empregador exige a prova da falta nos próprios 15 dias seguintes à comunicação. Parece ser a primeira interpretação a que colhe.

II – Mesmo comunicada atempadamente a ausência, o trabalhador, para ver a falta como justificada, pode ter, caso a entidade empregadora o exija nos 15 dias à respetiva comunicação por si feita, que fazer prova do facto invocado para a justificação, a prestar em prazo razoável [artigo 254º, nº 1 do CT]. III – Não tendo o trabalhador feito oportunamente a prova das exigências justificativas exigidas pela entidade empregadora, a sua prova mais tarde não convalida as faltas injustificadas em justificadas. [Ac. da RP, de 24.01.11 *in* www.dgsi.pt (Proc. nº 167/10.0TTBRG.P1)].

3. A prova da situação de doença do trabalhador é feita por declaração de estabelecimento hospitalar, ou centro de saúde ou ainda por atestado médico (nº 2), sob pena da ausência se considerar justificada (nº 5).

A legislação específica para a qual remete o nº 3, *in fine*, do preceito em anotação, consta da L nº 105/2009, de 14 de setembro, que corresponde à verificação da situação de doença do trabalhador.

III – No caso de faltas fundadas em motivo de doença, as mesmas só podem ser provadas por declaração de estabelecimento hospitalar, ou centro de saúde ou ainda por atestado médico; IV - A entidade patronal pode requerer a verificação por médico da doença invocada pelo trabalhador para fundar as suas faltas ao trabalho, sendo tal verificação efetuada pelos clínicos da Segurança Social ou por médico designado pela empregadora e estando a sua decisão de «APTO» ou «NÃO APTO» sujeita a reavaliação por junta médica a funcionar junto daquela entidade. V - A decisão de tal comissão de verificação produz efeitos jurídicos simultaneamente em dois planos distintos, a saber, na relação laboral estabelecida entre a entidade empregadora e o trabalhador ausente por motivo de doença e na relação jurídica prestacional do sistema de segurança social.VI - A ser assim, há que encarar aquela declaração de «APTO» da Comissão de Verificação de 28/9/2018 como produzindo efeitos ao nível do CITT que justifica as faltas dadas pelo Autor até ao dia 1/10/2018. [Ac. da RL, de 23.09.20 *in* www.dgsi.pt (Proc. nº 618/19.8T8BRR.L1-4)].

Os nºs 2 e 3 aplicam-se apenas ao caso de doença do trabalhador. Se este falta, *v.g.*, por motivo de acompanhamento de familiar doente ao estabelecimento hospitalar, somente é exigível atestado de acompanhamento (referente ao trabalhador).

4. A apresentação ao empregador de declaração médica com intuito fraudulento constitui falsa declaração para efeitos de justa causa de despedimento (nº 4), numa medida de combate os chamados atestados de complacência. *V.*, ainda, art. 351º, nº 2, al. *f*).

I – A falsa declaração relativa a justificação de falta abrange, por maioria de razão, a adulteração/falsificação de declaração médica emitida como comprovativo de justificação de falta, equiparação essa aliás prevista no art. 254º, nº 4, do CT/2009. II – Constitui justa causa de despedimento o comportamento do A. que, tendo apresentado uma declaração médica justificativa, apenas, de uma falta dada num determinado dia, a adulterou acrescentando-lhe um outro dia para justificação da falta que deu. [Ac. da RP, de 28.05.12 *in* www.dgsi.pt (Proc. nº 1462/10.3TTMTS.P1)].

5. O incumprimento do ónus probatório que cabe ao trabalhador, a apresentação de prova inidónea, de falsa declaração médica, e a oposição, sem motivo atendível, à verificação da doença, determina que as ausências sejam consideradas injustificadas (nº 5). Mantém-se o conceito indeterminado "motivo atendível", com a inerente dificuldade de concretização e de controlo da sua oportunidade.

6. Cfr. os arts. 17º a 24º, da L nº 105/2009, de 14 de setembro (Verificação da situação de doença do trabalhador), a que alude o nº 3.

I – Em sede de justificação de faltas ao trabalho, não pode a entidade empregadora, sem mais, pôr em causa o valor probatório de certificados de incapacidade temporária para o trabalho por estado de doença apresentados pelo trabalhador como justificação de faltas ou ausências ao trabalho, ainda que anteriormente a Comissão de Verificação de Incapacidade Temporária (CVIT), por iniciativa da Segurança Social e tendo em vista a continuação, ou não, da atribuição de subsídio por doença, e a Comissão de Reavaliação, chamada a intervir a pedido do trabalhador, se tenham pronunciado no sentido de, nas datas de realização dos exames médicos por elas efetuados, anteriores às dos referidos certificados, o trabalhador não se encontrar incapacitado para o trabalho. II – Em tais circunstâncias e perante a apresentação, pelo trabalhador, de certificados de incapacidade temporária para o trabalho por situação de doença como justificativos de faltas dadas ao trabalho, caso a empregadora tenha dúvidas em relação à capacidade do trabalhador para o trabalho, apenas lhe resta a possibilidade legal de usar o mecanismo previsto no nº 3 do art. 254º do Código do Trabalho, submetendo, por sua iniciativa, o trabalhador a exame médico pela Comissão de Verificação de Incapacidade Temporária (CVIT) da Segurança Social nos termos previstos na Lei nº 105/2009 de 14.09, de forma que esta se pronuncie, em concreto e na sequência da apresentação de tais das justificações médicas, se o trabalhador está, ou não, afetado da incapacidade para o trabalho neles atestada, extraindo, a partir daí, as correspondentes consequências. [Ac. da RL, de 20.11.19 *in* www.dgsi.pt (Proc. nº 19103/18.9T8LSB.L1-4)].

II – A apresentação de justificação por parte do trabalhador para a não comparência ao exame é suscetível de afastar a afirmação de que aquele se opôs ao exame e, consequentemente, a aplica-

ção do disposto no nº 5 do artigo 254º do Código do Trabalho, devendo o tribunal apreciar as razões por que o mesmo deixou de comparecer ao exame designado e verificar se é, ou não, atendível a justificação apresentada pelo trabalhador para a ele não se ter submetido. III – A decisão da Segurança Social quanto à inatendibilidade da justificação apresentada pelo trabalhador para a não comparência ao exame de verificação da doença invocada em fundamento da justificação de faltas ao serviço, não determina, por si só, que as ausências ao trabalho por alegada doença se considerem como faltas injustificadas. [Ac. da RP, de 15.09.14 *in* www.dgsi.pt (Proc. nº 500/13.2TTVNG.P1)].

Artigo 255º – Efeitos de falta justificada

1. A falta justificada não afeta qualquer direito do trabalhador, salvo o disposto no número seguinte.

2. Sem prejuízo de outras disposições legais, determinam a perda de retribuição as seguintes faltas justificadas:

***a*) Por motivo de doença, desde que o trabalhador beneficie de um regime de segurança social de proteção na doença;**

***b*) Por motivo de acidente no trabalho, desde que o trabalhador tenha direito a qualquer subsídio ou seguro;**

***c*) A prevista no artigo 252º;**

***d*) As previstas nas alíneas *f*) e *k*) do nº 2 do artigo 249º quando excedam 30 dias por ano;**

***e*) A autorizada ou aprovada pelo empregador.**

3. A falta prevista no artigo 252º é considerada como prestação efetiva de trabalho.

COMENTÁRIOS:

1. Antecedentes legislativos: Arts. 230º e 665º, nº 1, do CT/2003; 204º, da RCT e 26º, nºs 1, 2, als. *b*) e *c*) e 3, da LFFF.

2. O presente artigo tem a redação introduzida pela L nº 90/2019, de 4 de setembro que atualizou a al. *d*), face à alteração do art. 249º.

3. O nº 1 estipula, como regra, que as faltas justificadas não afetam qualquer direito do trabalhador.

Esta regra, admite a exceção prevista no nº 2, que estabelece os casos de perda retributiva e desconto na antiguidade (nº 3, *a contrario*). Parece-nos discutível esta sistematização. A questão estaria clarificada se o nº 2 indicasse com rigor, qual o efeito pretendido.

De acordo com o segmento, determinam perda retributiva as seguintes faltas justificadas:

– A motivada por doença ou acidente, contanto o trabalhador beneficie do respetivo regime protetivo [als. *a*) e *b*)]. O regime protetivo se entendido como subsídio de doença só é concedido a partir do 4º dia de incapacidade temporária para o trabalho.

Até lá entendemos que incumbe ao empregador suportar o incómodo financeiro.

1. Não emerge do regime convencional aplicável nos autos a obrigação da entidade empregadora pagar às trabalhadoras os três primeiros dias de baixa. [Ac. da RL, de 24.02.21 *in* www.dgsi.pt (Proc. nº 1517/19.9T8TVD.L1-4)];

I – É considerada falta justificada a motivada por doença. II – A certificação das incapacidades temporárias para o trabalho, pelo Serviço Nacional de Saúde (SNS), é válida quando não impugnada pelo empregador. III – O principio da boa fé impõe ao empregador que informe o trabalhador do motivo do não pagamento de retribuição na data do seu vencimento, mormente, quando intimado a fazê-lo. IV – A falta justificada por motivo de doença determina a perda de retribuição, desde que o trabalhador beneficie de um regime de segurança social de proteção na doença. V – Não beneficiando, o empregador está obrigado ao seu pagamento. VI – Em particular, tal obrigação de pagamento decorre ainda da cláusula 62º, nº 1, alínea a), do Sindicato dos Trabalhadores dos Transportes Rodoviários e Afins –, publicado no BTE nº 43, de 22.11.1984, e subsequentes alterações – BTE nº 33 de 08.09.1997 e nº 36 de 29.09.1998. [Ac. da RP, de 21.10.20 *in* www.dgsi.pt (Proc. nº 25006/18.0T8PRT.P1)];

– A relacionada com a assistência a membro do agregado familiar [al. *c*)], a qual, todavia, é considerada como efetiva prestação de trabalho (nº 3).

V – A falta se for justificada não afeta qualquer direito do trabalhador com algumas exceções, designadamente no que respeita à perda de retribuição nas situações expressamente previstas no nº 2 do art. 255º do CT., em que a falta confere ao trabalhador o direito a uma compensação monetária assegurada por outra via. VI – Se a falta for injustificada tal significa que o trabalhador violou o seu dever de assiduidade e determina a perda de retribuição correspondente ao período de ausência, que não é contado na antiguidade do trabalhador – cfr. artigo 256º, nº 1 do CT. VII – Resulta ainda da al. e) do nº 1 do artigo 65º do CT, que as ausências ao trabalho resultantes de licença parental complementar em qualquer das modalidades, não determinam perda de quaisquer direitos, salvo quanto à retribuição.[Ac. da RG, de 06.02.20 *in* www.dgsi.pt (Proc. nº 2614/18.3T8VRL.G1)];

– A motivada pelo acompanhamento de grávida que se desloque a unidade hospitalar localizada fora da ilha de residência para realização de parto (art. 249º, nº 2, al. *f*)), quando excedam 30 dias por ano [al. *d*)];

– As qualificadas legalmente [art. 249º, nº 2, al. *k*)], quando excedam 30 dias por ano [al. *d*)];

– As autorizadas ou aprovadas pelo empregador [al. *e*)].

Quanto às faltas dos trabalhadores eleitos para as estruturas de representação coletiva, *v.* art. 409º.

Artigo 256º – Efeitos de falta injustificada

1. A falta injustificada constitui violação do dever de assiduidade e determina perda da retribuição correspondente ao período de ausência, que não é contado na antiguidade do trabalhador.

2. A falta injustificada a um ou meio período normal de trabalho diário, imediatamente anterior ou posterior a dia ou meio dia de descanso ou a feriado, constitui infração grave.

3. Na situação referida no número anterior, o período de ausência a considerar para efeitos da perda de retribuição prevista no nº 1 abrange os dias ou meios-dias de descanso ou feriados imediatamente anteriores ou posteriores ao dia de falta.

4. No caso de apresentação de trabalhador com atraso injustificado:

***a*) Sendo superior a sessenta minutos e para início do trabalho diário, o empregador pode não aceitar a prestação de trabalho durante todo o período normal de trabalho;**

***b*) Sendo superior a trinta minutos, o empregador pode não aceitar a prestação de trabalho durante essa parte do período normal de trabalho.**

COMENTÁRIOS:

1. Antecedentes legislativos: Arts. 231º, do CT/2003 e 27º, nºs 1, 2 e 4, da LFFF.

2. O presente artigo tem a redação introduzida pela L nº 23/2012, de 25 de junho, a qual acrescentou o nº 3.

A propósito do presente artigo, lê-se na exposição de motivos da proposta de L nº 46/XII (que esteve na base da L nº 23/2012) o seguinte: *Pretende-se, com esta medida, contribuir para a redução do número de faltas injustificadas em dias próximos de períodos de descanso, as quais se mostram suscetíveis de prejudicar em grande medida o empregador, dada a imprevisibilidade da sua ocorrência e a dificuldade em suprir a ausência do trabalhador num reduzido espaço de tempo.*

3. Decorre do nº 1 que as faltas injustificadas implicam três níveis de consequência: ilícito disciplinar [violação do dever de assiduidade, previsto no art. 128º, nº 1, al. *b*)], perda retributiva e desconto na antiguidade do trabalhador.

A falta injustificada a um ou meio período normal de trabalho diário, imediatamente anterior ou posterior a dia ou meio dia de descanso ou a feriado (neste último caso, alude-se às chamadas *pontes*) constitui infração grave (nº 2).

O período de ausência, para efeito de aplicação do regime de perda retributiva, abrange os dias ou meios-dias de descanso ou feriados imediatamente anteriores ou posteriores ao dia de falta (nº 3).

A este respeito, JÚLIO GOMES comentou que "Relativamente ao regime das faltas, sublinhe-se o regresso, no art. 256º, nº 3, à velha solução de, faltando o trabalhador injustificadamente a um ou meio período normal de trabalho diário, imediatamente anterior ou posterior a dia ou meio dia de descanso ou a feriado, «o período de ausência a considerar para efeitos da perda de retribuição (...) abrange os dias ou meios-dias de descanso ou feriados imediatamente anteriores ou posteriores ao dia de falta». (...) a contagem dos dias e meios-dias imediatamente posteriores ou anteriores ao dia ou meio dia de falta se faz exclusivamente para efeitos de perda de retribuição e já não para cálculo do número de faltas injustificadas em cada ano civil relevante para feitos de despedimento", *Algumas reflexões sobre as alterações introduzidas no código do trabalho pela lei nº 23/2012 de 25 de junho.*

Destarte, sendo dia feriado uma quinta feira, o trabalhador que falte na sexta subsequente, verá considerado, no quadro de perda retributiva, o dia feriado (quinta) e a sexta (dia útil), incorrendo, em infração grave.

I – Ao prever que no caso de o trabalhador faltar injustificadamente a um ou meio período normal de trabalho diário, esse «período de ausência», para efeitos de perda de retribuição, «abrange os dias ou meios-dias de descanso ou feriados imediatamente anteriores ou posteriores ao dia de falta», a redação do artigo 256º, nº 3 do Código do Trabalho, resultante da Lei nº 23/2012 de 25.06., reporta-se tão só ao período abrangido pelos efeitos da perda de retribuição. II – A norma do artigo 256º, nº 3 do Código do Trabalho não se encontra contemplada pela imperatividade do regime de faltas previsto no Código do Trabalho, antes tem natureza meramente dispositiva, sendo suscetível de ser afastada por instrumento de regulamentação coletiva, nos termos previstos no artigo 3º, nº 1 do Código do Trabalho. [Ac. da RP, de 18.05.20 *in* www.dgsi.pt (Proc. nº 1083/18.2T8PNF.P1)].

4. Para além do dever de assiduidade, a lei regula, ainda, o dever de pontualidade [art. 128º, nº 1, al. *b*)]. Todo o atraso injustificado ao trabalho determina falta pelo período correspondente.

Se o trabalhador se apresentar com atraso injustificado não superior a 30 minutos, o empregador é obrigado a aceitar a prestação de trabalho e o tempo de falta vai sendo somado, para efeito de determinação de dias de faltas injustificadas (art. 248º, nº 2).

Se o atraso na apresentação ultrapassar 30 minutos, mas não exceder os 60 minutos, o empregador pode recusar o trabalho durante essa parte do período normal de trabalho, seja da parte da manhã ou da tarde, e o meio dia de falta, é considerado injustificado [art. 256º, nº 4, al. *b*)].

Se o atraso for superior a 60 minutos, e para início do trabalho diário, o empregador pode recusar o trabalho durante todo o período normal de trabalho, assumindo-se esse período como falta injustificada [art. 256º, nº 4, al. *a*)]. A solução legal manifesta a perda do interesse do credor devido à mora do devedor, considerando não cumprida a obrigação (art. 808º, do CC).

Artigo 257º – Substituição da perda de retribuição por motivo de falta

1. A perda de retribuição por motivo de faltas pode ser substituída:

***a*) Por renúncia a dias de férias em igual número, até ao permitido pelo nº 5 do artigo 238º, mediante declaração expressa do trabalhador comunicada ao empregador;**

***b*) Por prestação de trabalho em acréscimo ao período normal, dentro dos limites previstos no artigo 204º quando o instrumento de regulamentação coletiva de trabalho o permita.**

2. O disposto no número anterior não implica redução do subsídio de férias correspondente ao período de férias vencido.

COMENTÁRIOS:

1. Antecedentes legislativos: Arts. 232º e 666º, nº 1, do CT/2003 e 28º, da LFFF.

2. A perda de retribuição por motivo de faltas pode ser substituída:

– Por renúncia a dias de férias em igual número, mantendo o gozo mínimo de 20 dias úteis de férias (art. 238º, nº 5), mediante declaração expressa do trabalhador comunicada ao empregador [al. *a*)]. Clarifica-se que a renúncia não pode ser imposta pelo empregador.

– Por prestação de trabalho em acréscimo ao período normal, dentro dos limites previstos no art. 204º (aumento até quatro horas diárias) quando o instrumento de regulamentação coletiva de trabalho o permita [al. *b*)].

A renúncia a dias de férias ou prestação de trabalho em acréscimo ao período normal não implica redução do subsídio de férias correspondente ao período de férias vencido (nº 2).

CAPÍTULO III – Retribuição e outras prestações patrimoniais

SECÇÃO I – Disposições gerais sobre retribuição

Artigo 258º – Princípios gerais sobre a retribuição

1. Considera-se retribuição a prestação a que, nos termos do contrato, das normas que o regem ou dos usos, o trabalhador tem direito em contrapartida do seu trabalho.

2. A retribuição compreende a retribuição base e outras prestações regulares e periódicas feitas, direta ou indiretamente, em dinheiro ou em espécie.

3. Presume-se constituir retribuição qualquer prestação do empregador ao trabalhador.

4. À prestação qualificada como retribuição é aplicável o correspondente regime de garantias previsto neste Código.

COMENTÁRIOS:

1. Antecedentes legislativos: Arts. 249º, do CT/2003 e 82º, da LCT.

2. Ensina Pedro Romano Martinez, *Direito do Trabalho*, p. 578, que os "elementos constitutivos da definição legal de retribuição são três: em primeiro lugar, a retribuição corresponde à contrapartida da atividade do trabalhador (nº 1, parte final); segundo, a retribuição pressupõe o pagamento de prestações de forma regular e periódica (nº 2); por último, o terceiro elemento identificador respeita ao facto de a pres-

tação ter de ser feita em dinheiro ou em espécie (nº 2, parte final), ou seja tem de ser uma prestação com valor patrimonial". Para maiores desenvolvimentos sobre a estrutura da retribuição, veja-se Júlio Gomes, *Algumas observações críticas sobre a jurisprudência recente em matéria de retribuição e afins*, pp. 57 e 58.

A determinação qualitativa da retribuição assenta em duas características:

i) certeza e regularidade no pagamento

Esta característica tem um duplo sentido indiciário "por um lado, sugere a existência de uma vinculação prévia (quando se não ache expressamente consignada) e, por conseguinte, de uma *prática vinculativa*; por outro lado, assinala a medida das expectativas de ganho do trabalhador e, por essa via, confere relevância ao nexo existente entre a retribuição e as necessidades pessoais e familiares daquele", António Monteiro Fernandes, *Direito do Trabalho*, p. 424. No que concerne ao pressuposto da regularidade do pagamento, a RP veio declarar que o mesmo só se verifica em relação a uma dada prestação pecuniária se esta for "paga em onze de cada doze meses que se tiverem por referência temporal". [Ac. de 15.02.16 *in* www.dgsi.pt (Proc. nº 295/14.2TTMAI.P1)];

ii) obrigatoriedade

A obrigatoriedade de entrega da retribuição pode decorrer, não só da lei, de instrumento de regulamentação coletiva de trabalho e das estipulações expressas nos contratos individuais, como também, dos usos da profissão e da empresa.

As prestações pagas pelo empregador ao trabalhador que reúnam estas características (certeza, periodicidade e obrigatoriedade) devem ser integradas no conceito de retribuição. Não podemos esquecer que o trabalhador criou legítimas expetativas de recebimento dessa contrapartida, a qual assume-se como um suporte financeiro relevante da sua economia familiar e pessoal (realçando-se, aqui, o caráter alimentício da retribuição).

3. A relevância do papel social e familiar da retribuição esteve na base dos princípios fundamentais que a enformam, entre eles:

a) O princípio da irredutibilidade da retribuição

Decorre do art. 129º, nº 1, al. *d*), que a retribuição não pode ser reduzida pelo empregador;

b) O princípio da inadmissibilidade da compensação integral

O empregador não pode compensar a retribuição em dívida com créditos que tenha sobre o trabalhador (art. 279º, nº 1);

c) O princípio da impenhorabilidade parcial

A lei considera impenhoráveis 2/3 da parte líquida dos vencimentos e salários (art. 738º, nº 1, do CPC).

Note-se que a RL veio esclarecer que a "indemnização por extinção do posto de trabalho não se encontra abrangida no teor do nº 1 do art. 738º do CPC, não sendo considerada parcialmente penhorável". (Ac. de 09.04.19 *in* CJ, Ano XLIV, Tomo II, p. 111).

Vale ainda referir que os subsídios de Natal e de férias (de trabalhadores no ativo ou de pensionistas) que sejam inferiores ao montante legalmente fixado para o salário mínimo nacional são impenhoráveis, nos termos do artigo 738º, nºs 1 e 3, do CPC. A RP acrescenta que mesmo "que assim não se entenda, há que considerar o seguinte: se o montante das pensões auferidas for inferior ao salário mínimo nacional e a essas pensões acrescem subsídios de Natal e de férias, há que considerar o montante global desses rendimentos e dividi-lo por doze; e se o montante apurado com tal divisão for inferior ao montante legalmente fixado para o salário mínimo os referidos subsídios também serão impenhoráveis". [Ac. de 28.06.17 *in* www.dgsi.pt (Proc. nº 114/96.0TAVLG-A.P1)]. Cfr., ainda, deste mesmo tribunal, o Ac. de 28.10.20 *in* CJ, Ano XLV, Tomo IV, p. 155.

Finalmente no que tange à indemnização por despedimento ilícito, a RG veio esclarecer que a mesma "é passível de integrar a terceira categoria de rendimentos indicada no regime de impenhorabilidades parciais do art.738º/1 do CPC – "*prestações de qualquer outra natureza que assegurem a subsistência do executado*", em face: do regime geral reparatório de danos a que se destinam as indemnizações (arts.562º e 566º/1 do CC) e da previsão especial da indemnização por despedimento ilícito (art.439º CT)". [Ac. de 05.12.19 *in* www.dgsi.pt (Proc. nº 777/07.2TBBCL-F. G1)];

d) O princípio da irrenunciabilidade da retribuição

O trabalhador não pode renunciar previamente à retribuição ou a parte dela. De notar que "o direito à retribuição é irrenunciável, mas apenas na vigência do contrato de trabalho, dada a situação de subordinação jurídica em que se encontra o trabalhador relativamente ao seu empregador". [Ac. do STJ, de 20.12.17 *in* www.dgsi.pt (Proc. nº 399/13.9TTLSB.L1.S1)];

e) O princípio da imprescritibilidade dos créditos salariais na vigência do contrato de trabalho

Na vigência da relação laboral, os créditos devidos pela execução do contrato ou decorrentes da sua violação não prescrevem. O prazo prescricional de um ano para reclamar créditos laborais começa a contar a partir da cessação do contrato (art. 337º, nº 1);

f) O princípio da continuidade

A retribuição é sempre devida, independentemente das vicissitudes que possam atingir a efetiva prestação de trabalho (nomeadamente, as flutuações na produção que atingem o empregador). Com efeito, a retribuição corresponde à mera disponibilidade do trabalhador para o trabalho, sendo exigível mesmo quando, por causas que não lhe sejam imputáveis, não esteja a trabalhar.

4. O nº 2 distingue a remuneração-base das chamadas prestações complementares (subsídios de penosidade, perigosidade, diuturnidades, alimentação, turno, férias, Natal).

Por força do já referido caráter alimentício, no conceito de retribuição enquadram-se também todas as prestações com que legitimamente pode contar o trabalhador.

António Monteiro Fernandes, *Direito do Trabalho*, p. 431, esclarece que "Ao lado da retribuição-base, generalizaram-se *gratificações* de diversa natureza, conhecidas pelas mais variadas designações: subsídio de férias, gratificação de Natal (ou também "décimo-terceiro mês"), gratificação de balanço, subsídio de Páscoa, prémio ou gratificação de assiduidade, etc. Sob a aparência de liberalidades recompensatórias que o próprio termo "gratificação" sugere, trata-se realmente, na maioria dos casos, de prestações salariais suplementares, caracterizadas por uma periodicidade distinta da do salário-base". Conforme explica João Loff Barreto, *Indemnização por despedimento – art. 13º, nº 3 do DL 64-A/89*, p. 787, "o "vencimento base" já deixou em muitos casos de constituir o "sol" do sistema" face aos satélites constituídos pelas remunerações "corretivas" ou "acessórias" e pelas remunerações "variáveis".

Os prémios e gratificações são "prestações relativas à qualidade do trabalho prestado ou às especiais qualidades de trabalho do trabalhador, com caráter de recompensa voluntária pelos bons serviços prestados, na maioria das vezes sem vontade da entidade patronal em vincular-se a elas, mas que poderão perder o caráter de liberalidade quando adquirem ritmo da regularidade e periodicidade, criando a convicção, no trabalhador, que constituem complemento do seu trabalho", define Maria Manuela Maia da Silva, *O conceito de retribuição e a garantia retributiva*, p. 269. Estas prestações incluem-se no conceito de retribuição quando são regulares e periódicas, ficando excluídas quando forem extraordinários.

No que concerne aos complementos ou compensações por risco (abono para falhas, turno, isolamento, perigosidade, penosidade), estes servem apenas para compensar o trabalhador pelo especial risco inerente à atividade exercida, não possuindo verdadeiramente um caráter retributivo da disponibilidade para o trabalho.

No Proc. nº 21725/18.9T8PRT.P1, a RP dilucidou que o pagamento do subsídio de função de operado de central/centralista, previsto nos CCT's celebrados pela AES – Associação de Empresas de Segurança, é determinado pelo "exercício da função, não estando pressuposto que a mesma seja exercida em exclusivo, pelo que o subsídio é devido ao trabalhador que exerce essa função (em exclusivo ou não) pela simples, mas determinante, razão de que exercem aquela função". (Ac. de 17.12.20 *in* www.dgsi.pt).

Em relação às *stock options*, prática que se caracteriza em atribuir a certos trabalhadores, detentores de cargos superiores, a possibilidade de adquirir, em condições financeiras propícias, ações da própria empresa ou de empresas do mesmo grupo, tem-se entendido que estas não integram o conceito de retribuição, uma vez que visam apenas estimular o trabalhador.

Assim, "(o) corolário óbvio é que indemnizações destinadas a reembolsar despesas realizadas no interesse do trabalhador têm caráter retributivo".

Algumas prestações, como o direito a gabinete e a lugar de estacionamento, não podem ser consideradas retribuição porque não chegam a integram o núcleo creditório do trabalhador. Com efeito, as mesmas podem ser retiradas sem que se tenham constituído como um direito.

Como concluiu a RL só "se considera retribuição aquilo a que nos termos do contrato, das normas que o regem ou dos usos, o trabalhador tem direito como contrapartida do seu trabalho, pelo que outras atribuições patrimoniais/ remunerações complementares se tiveram uma causa específica e individualizável, diversa da remuneração do trabalho ou da disponibilidade para este, não assumem carácter retributivo". [Ac. de 21.06.18 *in* www.dgsi.pt (Proc. nº 12770/16.0T8LSB.L1-6)].

A RP decidiu que, quando "empregador e trabalhador acordam num determinado salário mensal, composto por retribuição base e retribuição especial, esta equivalente a 2 horas de isenção de horário de trabalho, paga mensalmente, em 14 meses/ano, passa a constituir, no âmbito do contrato individual de trabalho, uma prestação complementar de natureza retributiva". Assim, dado "que a retribuição especial, referida no ponto anterior, não visou retribuir o modo de prestação de trabalho no regime de isenção do horário de trabalho, mas sim "compor" a retribuição global mensal do autor, está sujeita ao princípio da irredutibilidade da retribuição – cf. artigo 129º, nº 1, alínea d) do CT/2009". [Ac. de 22.06.20 *in* www.dgsi.pt (Proc. nº 19858/17.8T8PRT.P1)].

5. O nº 3 preceitua que qualquer prestação do empregador ao trabalhador presume-se constituir retribuição. Assim, se ao trabalhador compete alegar e provar a satisfação de determinada atribuição patrimonial, ao empregador, para afastar a natureza retributiva dessa atribuição, cabe a demonstração de que a mesma não constitui contrapartida da atividade do trabalhador ou não tem natureza periódica e regular. Cfr. os arts. 344º, nº 1 e 350º, nº 1, do CC. Ao nível jurisprudencial, destacamos os Acs. da RE, de 07.05.20 *in* www.dgsi.pt (Proc. nº 1392/19.3T8PTM.E1); da RP, de 04.11.19 *in* www.dgsi.pt (Proc. nº 9109/16.8T8PRT.P2); de 29.04.19 *in* www.dgsi.pt (Proc. nº 3644/17.8T8AVR.P1) e de 05.03.18 *in* www.dgsi.pt (Proc. nº 271/14.5TTMTS.P1); da RE, de 09.03.16 *in* www.dgsi.pt (Proc. nº 166/14.2TTTMR.E1); da RP de 01.02.16 *in* www.dgsi.pt (Proc. nº 124/14.7T8VNG.P1); de 16.12.15 *in* www.dgsi.pt (Proc. nº 364/14.9TTOAZ.P1) e de 15.04.13 *in* www.dgsi.pt (Proc. nº 135/11.4TTSTS.P1).

No Proc. nº 7847/17.7T8LSB.L1.S, o STJ concluiu que competia ao empregador alegar e provar que a atribuição do veículo automóvel e que o seu uso particular pelo trabalhador não passava de uma mera liberalidade ou de uma mera tolerância por parte daquele. (Ac. de 13.02.19 *in* www.dgsi.pt).

Importa ainda ter em consideração que esta presunção, embora atribua cariz retributivo a uma dada prestação paga pelo empregador ao trabalhador, "não lhe confere a categoria de retribuição-base". [Ac. da RL, de 08.10.14 *in* www.dgsi.pt (Proc. nº 228/12.0TTLSB.L1-4)].

Já no caso de o trabalhador se arrogar de determinados direitos de crédito salariais referentes a diferenças entre o que lhe foi pagou e o que lhe deveria ter sido pago segundo o instrumento de regulamentação coletiva de trabalho aplicável, a RC postulou que sob ele impende a alegação e prova dos "factos necessários ao reconhecimento desses créditos (art. 342º/1 do CC)". (Ac. de 23.10.20 *in* www.dgsi.pt (Proc. nº 217/19.4T8GRD.C1) e CJ, Ano XLV, Tomo IV, p. 66). Como se lê nesse acórdão, em especial, compete-lhe "alegar e provar os montantes que lhe foram pagos e os elementos de facto necessários ao seu enquadramento nos diferentes níveis da tabela salarial segundo o IRC aplicável, por forma a que o tribunal possa concluir, se for o caso, que os montantes pagos são inferiores aos devidos".

6. Sobre a retribuição durante as férias, veja-se Sónia Preto, *Alguns aspectos da retribuição: I – A remuneração durante as férias.*

Para um elenco das prestações retributivas e não retributivas, *vide* as anotações ao art. 260º.

Artigo 259º – Retribuição em espécie

1. A prestação retributiva não pecuniária deve destinar-se à satisfação de necessidades pessoais do trabalhador ou da sua família e não lhe pode ser atribuído valor superior ao corrente na região.

2. O valor das prestações retributivas não pecuniárias não pode exceder o da parte em dinheiro, salvo o disposto em instrumento de regulamentação coletiva de trabalho.

COMENTÁRIOS:

1. Antecedentes legislativos: Arts. 267º, nºs 2 e 3, do CT/2003 e 91º, nºs 2 e 3, da LCT.

2. O pagamento da retribuição em espécie tem-se generalizado principalmente em relação aos altos cargos das empresas, funcionando como um bónus de fidelidade e integração. É o que acontece com o fornecimento de automóvel, o pagamento de certas despesas, como casa, água e luz ou o uso de casa de férias de que é proprietário o empregador ou de cartão de crédito da empresa.

Todavia, importa ter presente que essas prestações nem sempre têm natureza retributiva. Com efeito, se as mesmas são instrumentos ou meios necessários para a execução da atividade laboral não podem ser assumidas, em regra, como retribuição. Destarte, as retribuições em espécie têm natureza salarial quando, para além de certas e regulares, se destinam, com o conhecimento do empregador e sem a sua oposição, à satisfação dos interesses pessoais e/ou familiares do trabalhador.

3. No Proc. nº 6775/18.3T8LSB.L1-7, a RL dilucidou que no "contexto da relação laboral, e salvo acordo em contrário, a utilização da casa pela porteira não tem como base uma relação de arrendamento, constituindo antes uma parte da remuneração do trabalho". (Ac. de 19.01.21 *in* www.dgsi.pt).

4. A propósito do uso de veículo automóvel, o STJ considerou que, provando-se "que o empregador atribuiu ao trabalhador um veículo automóvel para seu uso exclusivo, uso profissional e uso particular, incluindo fins de semana, férias e feriados, e que aquele ficou a suportar todos os encargos com a sua manutenção, seguro, portagens e combustível, assume tal prestação natureza retributiva e fica o empregador vinculado a efetuar, com caracter de obrigatoriedade, essa prestação". (Ac. de 13.02.19 *in* www.dgsi.pt (Proc. nº 7847/17.7T8LSB.L1.S1) e *in* CJ, Ano XXVII, Tomo I, p. 220). Cfr., ainda, os Acs. da RL, de 29.05.19 *in* www.dgsi.pt (Proc. nº 603/17.4T8LSB.L1-4); do STJ, de 26.05.15 *in* www.dgsi.pt (Proc. nº 373/10.7TTPRT.P1.S1); da RL, de 29.02.12 *in* www.dgsi.pt (Proc. nº 3716/10.0TTLSB.L1-4) e da RP, de 26.09.11 *in* www.dgsi.pt (Proc. nº 540/09.6TTMTS.P1); de 17.09.12 *in* www.dgsi.pt (Proc. nº 749/10.0TTPRT.P1) e de 14.05.12 *in* www.dgsi.pt (Proc. nº 243/10.9TTPRT.P1).

Como sublinha a RP, a "atribuição de veículo automóvel, com despesas de manutenção a cargo do empregador, para o serviço e uso particular do trabalhador, constitui ou não retribuição, conforme se prove que o empregador ficou vinculado a efetuar essa prestação ou a referida atribuição configure apenas um ato de mera tolerância". [Ac. de 14.12.17 *in* www.dgsi.pt (Proc. nº 8761/15.6T8VNG.P1)]. Cfr., ainda, o Ac. da RE, de 12.10.17 *in* www.dgsi.pt (Proc. nº 82/14.8TTSTR.E3).

No que concerne ao valor decorrente da utilização da viatura a considerar para efeitos de retribuição, o STJ decidiu que, destinando-se a viatura fornecida pela empregadora ao uso profissional e pessoal do trabalhador, esse "é o correspondente ao efetivo benefício patrimonial obtido pelo trabalhador com o uso pessoal e não o correspondente ao custo mensal suportado pelo empregador com o uso profissional e pessoal". [Ac. de 17.11.16 *in* www.dgsi.pt (Proc. nº 4622/09.6TTLSB.L1.S1)]. Cfr., ainda, o Ac. da RP, de 08.04.13 *in* www.dgsi.pt (Proc. nº 248/10.0TTBRG.P1).

A atribuição ao trabalhador, "em conjunto com a viatura, de um cartão de combustível, com determinado plafond", foi também encarada como retribuição no Ac. da RL, de 29.05.19 *in* www.dgsi.pt (Proc. nº 603/17.4T8LSB.L1-4). Sobre esta questão, o STJ veio esclarecer que, sendo "a fruição ilimitada, na vida privada e familiar do trabalhador, do veículo, do plafond de combustível e do telemóvel de serviço, associada ao exercício de cargo de chefia, a manutenção dessa fruição num período intermédio em que não exerceu funções de chefia constitui um ato de mera tolerância da entidade empregadora, não tem natureza retributiva e pode cessar quando o trabalhador deixar de desempenhar essas funções". [Ac. de 31.05.16 *in* www.dgsi.pt (Proc. nº 7976/14.9T8SNT.L1.S1)]. Cfr., ainda, o Ac. da RP, de 10.07.00 *in* BMJ, 499, p. 382.

No proc. nº 11947/17.5T8LSB.L1.S1, foi dado como não provado "que a viatura automóvel atribuída ao Autor tivesse sido por ele utilizada para deslocações profissionais e para deslocações pessoais, em dias normais de trabalho, fora do horário de trabalho, férias, fins-de semana e feriados, suportando a Ré todas as despesas, em particular com o combustível através do cartão Galp Frota". Nesses autos, o STJ concluiu não ser "possível presumir-se a natureza retributiva desta prestação pois competia ao Autor provar que beneficiava da atribuição da viatura também para uso pessoal, sem restrições, e que o empregador pagava todas as despesas com ela relacionadas, designadamente o *cartão Galp Frota*". (Ac. de 27.01.21 *in* www.dgsi.pt).

Já no Proc. 92/19.9T8CSC.L1-4, a RL deixou claro que a "atribuição de uma viatura automóvel, de um computador, telemóvel (com INTERNET e dados móveis) para uso profissional, permitindo a empregadora também o uso pessoal, não constitui retribuição se se prova que aqueles instrumentos eram indispensáveis ao exercício da atividade profissional, tolerando a empregadora o seu uso pessoal com limitações". (Ac. de 13.07.20 *in* www.dgsi.pt).

Para maiores desenvolvimentos sobre a natureza do uso pessoal de viatura, cfr. Filipe Fraústo da Silva, *Reflexões em torno do valor do uso pessoal de viatura da empresa que integre a retribuição do trabalhador,* pp. 947 e ss. e Maria Manuela Maia da Silva, *O conceito de retribuição e a garantia retributiva*, p. 266.

Artigo 260º – Prestações incluídas ou excluídas da retribuição

1. Não se consideram retribuição:

a) As importâncias recebidas a título de ajudas de custo, abonos de viagem, despesas de transporte, abonos de instalação e outras equivalentes, devidas ao trabalhador por deslocações, novas instalações ou despesas feitas em serviço do empregador, salvo quando, sendo tais deslocações ou despesas frequentes, essas importâncias, na parte que exceda os respetivos montantes normais, tenham sido previstas no contrato ou se devam considerar pelos usos como elemento integrante da retribuição do trabalhador;

b) As gratificações ou prestações extraordinárias concedidas pelo empregador como recompensa ou prémio dos bons resultados obtidos pela empresa;

c) As prestações decorrentes de factos relacionados com o desempenho ou mérito profissionais, bem como a assiduidade do trabalhador, cujo pagamento, nos períodos de referência respetivos, não esteja antecipadamente garantido;

d) A participação nos lucros da empresa, desde que ao trabalhador esteja assegurada pelo contrato uma retribuição certa, variável ou mista, adequada ao seu trabalho.

2. O disposto na alínea *a*) do número anterior aplica-se, com as necessárias adaptações, ao abono para falhas e ao subsídio de refeição.

3. O disposto nas alíneas *b*) e *c*) do nº 1 não se aplica:

a) Às gratificações que sejam devidas por força do contrato ou das normas que o regem, ainda que a sua atribuição esteja condicionada aos bons serviços do trabalhador, nem àquelas que, pela sua importância e caráter regular e permanente, devam, segundo os usos, considerar-se como elemento integrante da retribuição daquele;

b) Às prestações relacionadas com os resultados obtidos pela empresa quando, quer no respetivo título atributivo quer pela sua atribuição regular e permanente, revistam caráter estável, independentemente da variabilidade do seu montante.

COMENTÁRIOS:

1. Antecedentes legislativos: Arts. 260º, 261º e 262º, do CT/2003 e 87º, 88º e 89º, da LCT.

2. As gratificações podem ser extraordinárias e ordinárias.

As gratificações extraordinárias são as prestações que não são atribuídas de modo regular, nem obrigatório, não se integrando, por isso, no conceito de retribuição (al. *b*), do nº 1). Pelo contrário, as gratificações ordinárias são atribuições patrimoniais que o trabalhador, em virtude do contrato ou dos usos (regularidade e obrigatoriedade), espera legitimamente receber, assumindo, por conseguinte, natureza retributiva. Note-se que a gratificação ordinária pode ser variável, sem que isso prejudique esta natureza. Os critérios aqui determinantes são a regularidade, a permanência e a obrigatoriedade associados à consequente expetativa de recebimento criada no trabalhador.

3. As participações nos lucros (al. *d*), do nº 1) consistem numa retribuição variável que muitas das vezes assenta em atribuições patrimoniais certas e regulares, transformando-se numa espécie de gratificação. "No fundo tal "descaracterização" aparente não exprime mais do que a realidade (até contabilística) dessas prestações como verdadeiros *custos de trabalho*, que incidem sobre o rendimento bruto das empresas *antes* da determinação dos lucros líquidos – ou seja, dos verdadeiros lucros", António Monteiro Fernandes, *Direito do Trabalho*, p. 431.

4. Ana Pascoal Curado, *Alteração do Pagamento do Subsídio de Refeição – Os* Tickets *de Refeição*, p. 167, levanta a questão de o subsídio de refeição ser considerado "como um verdadeiro e puro reembolso de despesas".

A RP esclareceu que o "subsídio de alimentação, não tendo natureza retributiva, não é devido durante o período da suspensão de facto do contrato de trabalho, entre a data do despedimento e o trânsito da sentença que o declarou ilícito". [Ac. de 04.11.19 *in* www.dgsi.pt (Proc. nº 2398/18.5T8VFR.P1)].

5. Prestações retributivas à luz dos nossos tribunais:

i) O "prémio anual de montante variável que pode ascender até €5.000,00, dependente do cumprimento de objetivos individuais pelo trabalhador e dos resultados da empresa e previsto numa comunicação do empregador ao trabalhador no início do ano a que se reporta, subscrita por ambas as partes", em que preveem as condições salariais do trabalhador para esse ano. (Ac. da RL, de 28.10.20 *in* CJ, Ano XLV, Tomo IV, p. 141). Neste aresto, foi decidido que o "facto de no ano a que se reporta o prémio a trabalhadora ter estado durante quatro meses em situação de baixa médica devida a gravidez de risco e após, na situação de licença de maternidade, tendo cumprido nos demais oito meses os objetivos para si designados, não há que fazer qualquer redução proporcional do prémio restringindo-o a este período, sendo o mesmo devido em relação a todo o ano, incluindo aquele período de quatro meses que a lei ficciona como sendo de prestação de trabalho";

ii) A "atribuição patrimonial designada por *Variable & Performance – Related Reward* (VPR), prevista no regulamento da ré, paga por esta com regularidade e permanência ao trabalhador enquanto perdurou o contrato de trabalho, e cujos elementos (desempenho individual – 30%; ii) desempenho da área de negócio do trabalhador – 40%; iii) desempenho global da empresa – 30%) se reportam a um ano civil, apenas ocorrendo o seu conhecimento no ano civil seguinte, após o encerramento das contas da área de negócio e da empresa e da avaliação do ano a que se reportam". [Ac. da RL, de 25.09.19 *in* www.dgsi.pt (Proc. nº 14746/18.3T8LSB.L1-4)]. Esta decisão viria a ser confirmada pelo STJ, no Ac. de 06.05.20 *in* CJ, Ano XXVIII, Tomo II, p. 237;

iii) "O subsídio de catamarã pago em função do número de dias trabalhados em cada mês assume o carácter de prestação retributiva". (Ac. do STJ, de 03.07.19 *in* www.dgsi.pt (Proc. nº 6122/17.1T8LSB.L1.S1) e CJ, Ano XXVII, Tomo II, p. 216);

iv) Uma parcela retributiva paga "durante cerca de quinze anos, muito embora com denominações diversas – primeiro sob a designação de "senhas de combustível", depois como "prémio de função" e por último sob a designação de "complemento de desempenho" –, não cumprido pela entidade empregadora o ónus referido supra em II, aquela parcela". [Ac. da RP, de 29.04.19 *in* www.dgsi.pt (Proc. nº 3644/17.8T8AVR.P1)];

v) A retribuição especial prevista no nº 7, da cláusula 74ª do CCT aplicável aos motoristas de transportes internacionais rodoviários. Cfr. os Acs. da RE, de 14.03.19 *in* www.dgsi.pt (Proc. nº 1612/17.9T8TMR.E1); da RP, de 17.03.14 *in* www.dgsi.pt (Proc. nº 365/13.4TTVNG.P1) e da RC, de 23.01.14 *in* www.dgsi.pt (Proc. nº 117/13.1T4 AVR.C2).

A RG concluiu que não podia ser "classificado de motorista TIR o trabalhador que, além de não provar o acordo de TIR aquando da admissão ou durante a relação laboral, se limitou a fazer 9 deslocações isoladas a Espanha durante todo um período de cerca de 12 anos e sem que alguma vez ali tenha pernoitado". [Ac. de 25.06.20 *in* www.dgsi.pt (Proc. nº 1561/18.3T8VNF.G1)];

vi) O "valor pago pelo empregador aos seus trabalhadores com a retribuição de férias, a título formal do subsídio de refeição, num montante fixo correspondente a 21 dias por mês, há cerca de 40 anos, de um modo constante, uniforme, universal e pacífico". (Ac. da RL, de 21.04.18 *in* CJ, Ano XLIII, Tomo II, p. 165);

vii) As comissões. [Ac. da RP, de 05.03.18 *in* www.dgsi.pt (Proc. nº 271/14.5TTMTS.P1)]. Cfr., ainda, os Acs. da RP, de 08.07.15 *in* www.dgsi.pt (Proc. nº 410/13.3TTVFR.P1) e de 14.10.13 *in* www.dgsi.pt (Proc. nº 516/11.3TTVNG.P1). Sobre as comissões de vendas a bordo, veja-se os Acs. do STJ, de 17.11.16 *in* www.dgsi.pt (Proc. nº 4109/06.9TTLSB.L2.S1) e de 05.06.12 *in* www.dgsi.pt (Proc. nº 2131/08.0TTLSB.L1.S1);

viii) O subsídio ou prémio de conhecimento de línguas. [Ac. da RL, de 22.11.17 *in* www.dgsi.pt (Proc. nº 25539/16.2T8LSB.L1-4)];

ix) "A utilização de habitação a que o empregador se vinculou a proporcionar ao trabalhador, "cuja renda e demais encargos com a sua manutenção era suportada pelo primeiro". [Ac. da RG, de 01.06.17 *in* www.dgsi.pt (Proc. nº 973/13.3TTGMR.G1)];

x) O subsídio de exclusividade. [Acs. da RG, de 25.06.20 *in* www.dgsi.pt (Proc. nº 3646/17.4T8GMR.G1) e da RL, de 15.09.16 *in* www.dgsi.pt (Proc. nº 5/16.0T8BRR.L1-4)];

xi) A compensação especial que constitui pagamento da linha telefónica residencial e é paga ao trabalhador 12 vezes ao ano. [Ac. da RP, de 06.06.16 *in* www.dgsi.pt (Proc. nº 3200/15.5T8AVR.P1)]. Já no Proc. nº 166/14.2TTTMR.E1, a RE pronunciou-se no sentido de que não integrava a retribuição a atribuição "de "telefone residencial subsidiado" ou de telemóvel com o *plafond* se de acordo com o Regulamento da empregadora tal atribuição era para o «serviço da empresa» e o Autor nem sequer alegou que podia utilizar os mesmos para uso pessoal". (Ac. de 09.03.16 *in* www.dgsi.pt). Finalmente, no Proc. nº 373/10.7TTPRT.P1.S1, estava em causa um limite mensal estabelecido pelo empregador para a utilização do telemóvel e da internet, para cobrir, em regra, as necessidades atinentes ao exercício da atividade profissional, suportando o trabalhador o respetivo pagamento se excedido o plafond pré-determinado. Na perspetiva do STJ, essas prestações não têm caráter retributivo. (Ac. de 26.05.15 *in* www.dgsi.pt);

xii) Os subsídios de trabalho suplementar, trabalho noturno, compensação de horário incómodo, compensação especial distribuição e subsídio de condução, quando prestados ao longo de todo o ano e por vários anos. [Ac. da RP, de 01.02.16 *in* www.dgsi.pt (Proc. nº 124/14.7T8VNG.P1)];

xiii) O abono de prevenção, recebido que seja em onze meses de cada ano. [Ac. da RP, de 16.12.15 *in* www.dgsi.pt (Proc. nº 364/14.9TT0AZ.P1)];

xiv) O subsídio de agente único, desde que pago "regular e periodicamente (pelo menos durante 6 meses por ano) e se destine a compensar o trabalhador por uma dada atividade desenvolvida fora ou dentro do seu período normal de trabalho, por uma determinada operação funcional, claramente inserida na sua normal e habitual laboração profissional ou pelas condições particulares em que a execução das tarefas daquele se desenvolve (maior desgaste psicológico e emocional e onerosidade em termos da sua disponibilidade pessoal e familiar), numa conexão direta com o serviço por ele desempenhado e a forma particular do seu desempenho". [Ac. da RL, de 01.07.15 *in* www.dgsi.pt (Proc. nº 1890/13.2TTLSB.L1-4)];

xv) A prestação por trabalho suplementar e trabalho noturno, desde que paga "regular e periodicamente (pelo menos durante 6 meses por ano) e se destine a compensar o trabalhador por uma dada atividade desenvolvida fora ou dentro do seu período normal de trabalho, por uma determinada operação funcional, claramente inserida na sua normal e habitual laboração profissional ou pelas condições particulares em que a execução das tarefas daquele se desenvolve (maior desgaste psicológico e emocional e onerosidade em termos da sua disponibilidade pessoal e familiar), numa conexão direta com o serviço por ele desempenhado e a forma particular do seu desempenho". [Ac. da RL, de 01.07.15 *in* www.dgsi.pt (Proc. nº 1890/13.2TTLSB.L1-4)];

xvi) O prémio de desempenho pago pelo empregador, com caráter de regularidade e permanência. [Ac. da RP, de 11.05.15 *in* www.dgsi.pt (Proc. nº 883/08.6TTMTS.P1)]. Sobre o prémio de mérito, veja-se o Ac. da RC, de 10.05.12 *in* www.dgsi.pt (Proc. nº 518/11.0T4AVR.C1);

xvii) O prémio de condutor sem acompanhante. [Ac. da RC, de 30.05.13 *in* www.dgsi.pt (Proc. nº 129/11.0T4AVR.C1)];

xviii) "Um prémio de antiguidade, dependente desta, pago mensal e regularmente em valor fixo e proporcional ao tempo de trabalho efetivamente prestado". [Ac. da RP, de 09.01.12 *in* www.dgsi.pt (Proc. nº 201/10.3TTVCT.P1)];

xix) O "prémio noturno rotativo" pago aos trabalhadores que prestam a sua atividade em regime de turnos rotativos. [Ac. do STJ, de 23.06.10 *in* www.dgsi.pt (Proc. nº 303/07.3TTVFX.L1.S1)];

xx) A retribuição especial PNC. [Ac. da RL, de 16.12.20 *in* www.dgsi.pt (Proc. nº 11124/20.8T8LSB.L1-4)]. Acerca destas prestações o STJ decidiu que, por "não se tratar de contrapartida da execução da prestação laboral, as quantias auferidas por tripulante de cabina, a título de ajudas de custo PN, ajudas de custo PNC, ajudas de custo complementares PNC, vencimento de horário PNC e subsídio de assiduidade". [Ac. do STJ, de 05.06.12 *in* www.dgsi.pt (Proc. nº 2131/08.0TTLSB.L1.S1)]. *Vide*, ainda, o Ac. do STJ, de 18.01.12 *in* www.dgsi.pt (Proc. nº 1947/08.1TTLSB.L1.S1).

Sobre o uso de viatura e plafond de combustível, veja-se a anotação ao art. 259º.

6. Prestações não retributivas à luz dos nossos tribunais:

i) Ajudas de custo, de subsídio de deslocação e de subsídio refeição destinadas ao suporte dos encargos com o alojamento, as deslocações e a alimentação, e cujo valor não exceda os seus montantes normais, apesar de pagas regular e periodicamente. [Ac. do STJ, de 21.03.19 *in* www.dgsi.pt (Proc. nº 721/17.9T8PNF.P1.S1)].

Afirmando a natureza não retributiva do subsídio de refeição, apontamos o Ac. da RP, de 07.01.19 *in* www.dgsi.pt (Proc. nº 1176/18.6T8OAZ.P1).

Ainda quanto a este subsídio, a RG dilucidou, sendo este "pago no mês de férias durante uma relação laboral de 14 anos tem caracter retributivo, quer porque não compensa despesas de refeição que nesse mês inexistem, quer porque extravasa o normal a pagar em férias. Tal prática, consubstanciando uso laboral, criou legitimas expectativas no trabalhador, pela sua reiteração, constância e antiguidade, a proteger de acordo com a boa fé". [Ac. de 18.02.21 *in* www.dgsi.pt (Proc. nº 586/19.6T8VRL.G1)]. Nesta mesma linha, A RL ressalvou que o subsídio de refeição tem natureza retributiva, se, na parte em que exceda os respetivos montantes normais, tiver sido previsto no contrato ou se deva considerar pelos usos como elemento integrante da retribuição. [Ac. de 09.09.19 *in* www.dgsi.pt (Proc. nº 610/16.4T8SNT.L1-4)]. Cfr., ainda, os Acs. da RG, de 29.06.17 *in* www.dgsi.pt (Proc. nº 4318/16.2T8VCT.G1); da RC, de 27.10.16 *in* www.dgsi.pt (Proc. nº 3336/15.2T8CBR.C1); da RG, de 15.03.16 *in* www.dgsi.pt (Proc. nº 470/15.2T8VNF.G1) e CJ, Ano XLI, Tomo II, p. 302; do STJ, de 26.05.15 *in* www.dgsi.pt (Proc. nº 373/10.7TTPRT.P1.S1); da RP, de 05.05.14 *in* www.dgsi.pt (Proc. nº 227/13.5TTOAZ.P1) e da RC, de 03.04.14 *in* www.dgsi.pt (Proc. nº 601/13.7TTVIS.C1).

É ainda oportuno sublinhar que o carácter não retributivo do subsídio de refeição ou de alimentação previsto nos nºs 1, al. *a*) e 2 é uma presunção ilidível. [Ac. da RG, de 01.03.18 *in* www.dgsi.pt (Proc. nº 5989/16.5T8VNF.G1)]. Cfr., ainda, o Ac. da RL, de 21.05.14 *in* www.dgsi.pt (Proc. nº 665/12.0TTBRR.L1-4).

No que respeita às ajudas de custo, a RP fez notar que as mesmas só assumem natureza retributiva quando não se destinam a reembolsar o trabalhador de despesas concretas que suportou por causa ou por força do exercício da sua atividade profissional. No Proc. 1447/11.2TBPNF.P1, este tribunal realçou que "a circunstância de valores denominados de ajudas de custo terem sido pagos ao longo dos doze meses do ano de 2016, com referência a todos os dias de trabalho de cada um desses meses, com um valor uniforme, aponta, com segurança, no sentido de não terem essa natureza compensatória", sendo, por isso, retribuição. (Ac. de 30.05.18 *in* www.dgsi.pt). Cfr., ainda, o Ac. da RE, de 10.01.13 *in* www.dgsi.pt (Proc. nº 460/11.4TTSTB.E1).

Também sobre estas ajudas, a RG deixou claro que integravam a retribuição as quantias de valor variável, mas aproximado sob a designação "ajudas de custo", pagas "em todos os meses de trabalho, nada tendo sido alegado e provado sobre a sua finalidade, designadamente que se destinassem a compensar despesas ocasionais, esporádicas e acidentais do sinistrado". [Ac. de 18.02.21 *in* www.dgsi.pt (Proc. nº 1568/18.0T8BCL.G1)].

Relativamente ao subsídio de condução, a RP considerou que este, "ao contrário do abono de viagem, tem causa específica, a da condução de veículo disponibilizado pela empregadora ao trabalhador que não foi contratado para exercer tais funções, mas a de carteiro". Assim, "se o trabalhador aceita conduzir viatura propriedade da Ré tem direito a receber o subsídio de condução. Conduzindo o carteiro viatura própria tem direito a receber o subsídio de transporte próprio (abono de viagem)". [Ac. de 13.03.17 *in* www.dgsi.pt (Proc. nº 415/16.2T8PNF.P1)]. Para este mesmo tribunal, o abono de condução, recebido que seja em onze meses de cada ano, tem natureza retributiva. [Ac. de 16.12.15 *in* www.dgsi.pt (Proc. nº 364/14.9TT0AZ.P1)];

ii) O prémio de assiduidade, porque não constitui uma contrapartida específica do modo de execução do trabalho, sendo independente das funções desempenhadas. [Ac. da RP, de 18.02.19 *in* www.dgsi.pt (Proc. nº 641/16.4T8MTS.P2)]. Cfr., ainda, da RP, o Ac. de 05.10.15 *in* www.dgsi.pt (Proc. nº 1983/12.3TTPNF.P1);

iii) Prestação mensal para compensar a trabalhador pelo exercício de funções no continente e uma prestação de €30 por dia pela presença constante no local das obras cuja execução acompanhava, dado que tinham uma causa específica e individualizável diversa da prestação de trabalho e não excediam as despesas que visam compensar. [Ac. da RL, de 13.02.19 *in* www.dgsi.pt (Proc. nº 3112/17.8T8PDL.L1-4)];

iv) Os suplementos remuneratórios recebidos pelo trabalhador a título de "Subsídio de Prevenção" pois, este, é pago para estar disponível para uma eventual chamada, fora das horas normais de serviço. [Ac. da RP, de 10.09.18 *in* www.dgsi.pt (Proc. nº 3126/16.5T8PNF.P1)]. Cfr., ainda, os Acs. do STJ, de 12.10.17 *in* www.dgsi.pt (Proc. nº 84/16.0T8PNF.P1.S2); de 21.09.17 *in* www.dgsi.pt (Proc. nº 393/16.8T8VIS.C1.S1) e de 14.05.15 *in* www.dgsi.pt (Proc. nº 2428/09.1TTLSB.L1.S1);

v) O "Subsídio de Condução" pago ao trabalhador, que não sendo motorista, tem que conduzir em exercício de funções e por causa destas, pois visa compensar a especial penosidade e o risco decorrente da condução de veículos, tendo assim uma justificação individualizável, diversa da contrapartida pelo trabalho prestado. [Ac. da RP, de 10.09.18 *in* www.dgsi.pt (Proc. nº 3126/16.5T8PNF.P1)]. Cfr., ainda, o Ac. do STJ, de 12.10.17 *in* www.dgsi.pt (Proc. nº 84/16.0T8PNF.P1.S2);

vi) As "prestações pagas pelos CTT a título de compensação especial e abono de viagem/marcha, uma vez que não são contrapartida da prestação do trabalho, antes se apresentam como compensação de despesas do trabalhador". [Ac. da RE, de 28.06.17 *in* www.dgsi.pt (Proc. nº 1907/16.9T8PTM.E1)];

vii) Os abonos para falhas. A RL clarificou que o "valor de abono para falhas previsto em IRC para os trabalhadores com funções de recebimento ou pagamento só é devido desde que estes desempenhem tais funções, se não de modo exclusivo, pelo menos a título principal ou em parte substancial do tempo laboral, porque lhe subjaz o risco de erro advindo da rotina da actividade". [Ac. de 18.02.21 *in* www.dgsi.pt (Proc. nº 586/19.6T8VRL.G1)]. *V.*, ainda, os Acs. da RP, de 06.06.16 *in* www.dgsi.pt (Proc. nº 3200/15.5T8AVR.P1) e da RE, de 09.03.16 *in* www.dgsi.pt (Proc. nº 166/14.2 TTTMR.E1);

viii) O abono de viagem, "salvo quando, sendo tais deslocações ou despesas frequentes, essas importâncias, na parte que exceda os respetivos montantes normais, tenham sido previstas no contrato ou se devam considerar pelos usos como elemento integrante da retribuição do trabalhador". [Ac. da RP, de 01.02.16 *in* www.dgsi.pt (Proc. nº 124/14.7T8VNG.P1)]. *Vide*, ainda, os Acs. da RC, de 10.11.17 *in* www.dgsi.pt (Proc. nº 231/16.1T8LMG.C1); da RG, de 21.09.17 *in* www.dgsi.pt (Proc. nº 4522/16.3T8GMR.G1) e da RP, de 09.05.16 *in* www.dgsi.pt (Proc. nº 10/14.0TTMTS.

P1); de 15.04.13 *in* www.dgsi.pt (Proc. nº 286/10.2TTSTS.P1) e de 18.02.13 *in* www.dgsi.pt (Proc. nº 573/10.0TTSTS.P1);

ix) O "prémio de produtividade cuja atribuição estava dependente da avaliação da produtividade e do desempenho profissional dos trabalhadores, num ciclo temporal anual, excluída estando, em função desses fatores, a antecipada garantia do direito ao seu pagamento". [Ac. do STJ, de 26.05.15 *in* www.dgsi.pt (Proc. nº 373/10.7TTPRT.P1.S1)].

Artigo 261º – Modalidades de retribuição

1. A retribuição pode ser certa, variável ou mista, sendo esta constituída por uma parte certa e outra variável.

2. É certa a retribuição calculada em função de tempo de trabalho.

3. Para determinar o valor da retribuição variável, quando não seja aplicável o respetivo critério, considera-se a média dos montantes das prestações correspondentes aos últimos 12 meses, ou ao tempo de execução de contrato que tenha durado menos tempo.

4. Caso o processo estabelecido no número anterior não seja praticável, o cálculo da retribuição variável faz-se segundo o disposto em instrumento de regulamentação coletiva de trabalho ou, na sua falta, segundo o prudente arbítrio do julgador.

COMENTÁRIOS:

1. Antecedentes legislativos: Arts. 251º e 252º, do CT/2003 e 83º e 84º, da LCT.

2. A retribuição certa calcula-se apenas em função do tempo de trabalho, "ou seja, corresponde à multiplicação do número de horas de trabalho por um valor previamente fixado. Neste caso, a retribuição certa corresponde à retribuição base", Pedro Romano Martinez, *Direito do Trabalho*, p. 595.

A retribuição variável baseia-se "no *resultado* ou rendimento do trabalho, com maior ou menor independência da sua duração: é o que ocorre no chamado trabalho à *peça* (em que o salário decorre do número de *unidades* produzidas) e à *tarefa* (em que a base de cálculo é ainda, afinal, o tempo de trabalho consumido na realização de *certo objetivo*, mas valorizado em função do rendimento *normal* de cada unidade cronológica)", António Monteiro Fernandes, *Direito do Trabalho*, pp. 430 e 431.

A retribuição mista rege-se pelas regras aplicáveis à prestação certa e à prestação variável.

3. No entendimento do STJ, impende sobre o trabalhador o ónus da prova de uma retribuição mista. [Ac. de 14.01.16 *in* www.dgsi.pt (Proc. nº 672/13.6TTPRT.P1.S1)].

4. Este mesmo tribunal veio também clarificar que a determinação da retribuição variável deve ser determinada atendendo "à média dos valores que o trabalhador recebeu nos últimos doze meses ou no tempo da execução do contrato". [Ac. de 25.03.10 *in* www.dgsi.pt (Proc. nº 1052/05.2TTMTS.S1)].

Quando não for possível praticar nenhum dos meios de cálculo da retribuição variável, o apuramento do quantitativo da retribuição, consubstanciada na parte da ajuda de custo fixa paga ao trabalhador que mensalmente excedia as despesas que aquela visava custear, deve ser feito mediante recurso ao prudente arbítrio do julgador, nos termos do nº 4. [Ac. do STJ, de 19.02.13 *in* www.dgsi.pt (Proc. nº 79-B/1994.L1.S1)].

Segundo a RL, deve "ser qualificada como parte variável de uma retribuição mista, a perceção de uma quantia mensal de montante variável, que a entidade patronal denomina de "prémio de produtividade", cuja atribuição depende da circunstância de o trabalhador no mês em causa conseguir preencher as suas oito horas de trabalho diárias com aulas, sendo que com a atribuição desse prémio a entidade patronal visou incentivar o A. e demais colegas a cativar e fidelizar os alunos." [Ac. de 18.06.08 *in* www.dgsi.pt (Proc. nº 3374/2008-4)].

Artigo 262º – Cálculo de prestação complementar ou acessória

1. Quando disposição legal, convencional ou contratual não disponha em contrário, a base de cálculo de prestação complementar ou acessória é constituída pela retribuição base e diuturnidades.

2. Para efeito do disposto no número anterior, entende-se por:

***a*) Retribuição base, a prestação correspondente à atividade do trabalhador no período normal de trabalho;**

***b*) Diuturnidade, a prestação de natureza retributiva a que o trabalhador tenha direito com fundamento na antiguidade.**

COMENTÁRIOS:

1. Antecedentes legislativos: Art. 250º, do CT/2003.

2. Em regra, a base de cálculo de prestação complementar ou acessória é constituída pela retribuição base e diuturnidades (nº 1).

Esta regra serve, desde logo, para efeitos de cálculo das férias e subsídios de férias e de Natal. Cfr. o Ac. da RL, de 07.10.15 *in* www.dgsi.pt (Proc. nº 539/13.8TTCSC.L1-4).

3. Na contrapartida do trabalho, incluem-se a retribuição base e todas as prestações regulares e periódicas feitas.

A "atribuição ao trabalhador de uma remuneração complementar paga todos os meses, desde que assumiu as funções de Diretor Regional em 2006, e inclusive no subsídio de Férias e de Natal", foi encarada como integrando o conceito de retribuição base, independentemente da designação atribuída pelo empregador. [Ac. do STJ, de 04.07.18 *in* www.dgsi.pt (Proc. nº 4981/16.4T8VIS.C1.S1)].

No Proc. nº 532/12.8TTVNG.P1.S1, este mesmo tribunal decidiu que "as prestações retributivas referentes à cláusula 74ª/7 e ao prémio TIR não devem ser consideradas no subsídio de Natal, cujo valor, sendo de um mês de retribuição, se reconduz ao somatório da retribuição base e diuturnidades". (Ac. de 03.07.14 *in* www.dgsi.pt e *in* CJ, Ano XXII, Tomo II, p. 257).

A propósito ainda desta cláusula e deste prémio, a RG proclamou que estes integram o conceito de retribuição em sentido amplo, consagrado no art. 258º, do CT, mas, por força do disposto no nº 1, do art. 262º, do CT, "estão excluídos da base de cálculo das prestações complementares e acessórias, nelas se incluindo o trabalho suplementar". Assim, na "base de cálculo da retribuição do trabalho prestado em dia de descanso/feriado deve atender-se apenas à retribuição base e às diuturnidades, quando devidas". [Ac. de 17.12.20 *in* www.dgsi.pt (Proc. nº 5416/18.3T8VNF.G1)]. *Vide*, ainda, o Ac. da RC, de 02.03.11 *in* www.dgsi.pt (Proc. nº 242/08.0TTCBR.C1).

No que tange ao subsidio de férias, a RG dilucidou que este "inclui na sua base de cálculo as diuturnidades, o que resulta da interpretação sistemática das demais normas, mormente do critério residual mínimo em que a "retribuição base/diuturnidade" serve de base para todos os demais cálculos estabelecido no artigo 262, 1, CT/09". [Ac. de 18.02.21 *in* www.dgsi.pt (Proc. nº 586/19.6T8VRL.G1)].

4. A diuturnidade é a prestação de natureza retributiva a que o trabalhador tem direito com base na antiguidade (al. *b*), do nº 2). Este complemento pecuniário assume-se como uma forma de compensação pela permanência na mesma empresa ou categoria profissional e pressupõe a inexistência ou dificuldade de acesso a escalões superiores. Cfr. o Ac. do STJ, de 29.09.10 *in* www.dgsi.pt (Proc. nº 466/05.2TTCBR.C1.S1).

A RP entende que, prevendo "a convenção coletiva que, decorridos 3 anos de permanência na empresa, o trabalhador que exerça categoria profissional sem progressão, tem direito a um prémio de antiguidade de certo montante, tal integra o conceito de diuturnidade, pelo que deve ser incluída no cálculo da indemnização de antiguidade". [Ac. de 20.12.11 *in* www.dgsi.pt (Proc. nº 520/08.9TTMTS.P2)].

Depois de vencidas as diuturnidades, o seu montante, que tem caráter regular e certo, integra-se no vencimento como parcela a somar ao salário base, gozando, por isso, da proteção própria inerente à retribuição. Cfr. os Acs. da RP, de 24.01.11 *in* www.dgsi.pt (Proc. nº 2/08.9TTLMG.P1) e do STJ, de 09.12.10 *in* www.dgsi.pt (Proc. nº 285/07.1TTBRGC.P1.S1).

Artigo 263º – Subsídio de Natal

1. O trabalhador tem direito a subsídio de Natal de valor igual a um mês de retribuição, que deve ser pago até 15 de dezembro de cada ano.

2. O valor do subsídio de Natal é proporcional ao tempo de serviço prestado no ano civil, nas seguintes situações:

***a*) No ano de admissão do trabalhador;**

***b*) No ano de cessação do contrato de trabalho;**

***c*) Em caso de suspensão de contrato de trabalho por facto respeitante ao trabalhador.**

3. Constitui contraordenação muito grave a violação do disposto neste artigo.

COMENTÁRIOS:

1. Antecedentes legislativos: Arts. 254º e 669º, do CT/2003 e 2º, do DL nº 88/96, de 03 de julho.

2. No domínio dos Códigos do Trabalho de 2003 e 2009 e rompendo com o regime anterior, a base de cálculo do subsídio de Natal, salvo disposição legal, convencional ou contratual em contrário, reconduz-se ao somatório da retribuição base e das diuturnidades, não relevando para esse efeito as retribuições complementares auferidas pelo trabalhador em função das circunstâncias específicas do trabalho prestado. Cfr. os Acs. da RP, de 17.03.14 *in* www.dgsi.pt (Proc. nº 400/12.3TTMTS.P1) e de 08.04.13 *in* www.dgsi.pt (Proc. nº 335/10.4TTVLG.P1) e do STJ, de 15.02.12 *in* www.dgsi.pt (Proc. nº 4517/04.0TTLSB.L1.S1).

Para uma análise da casuística inerente ao regime do subsídio de Natal anterior ao CT/2003, *vide* os Acs. do STJ, de 14.01.15 *in* www.dgsi.pt (Proc. nº 2330/11.7TTLSB.L1.S1); da RP, de 17.11.14 *in* www.dgsi.pt (Proc. nº 293/13.3TTVNF.P1); de 03.11.14 *in* www.dgsi.pt (Proc. nº 678/13.5TTVNG.P1) e de 07.04.14 *in* www.dgsi.pt (Proc. nº 408/12.9TTVLG.P1); da RC, de 30.05.13 *in* www.dgsi.pt (Proc. nº 129/11.0T4AVR.C1) e do STJ, de 13.07.11 *in* www.dgsi.pt (Proc. nº 5477/07.0TTLSB.L1.S1).

3. No Ac. nº 14/2015, de 01.10.15, o STJ fixou à cláusula 12ª, do Regulamento de Remunerações, Reformas e Garantias Sociais, integrado no AE entre a TAP – Air Portugal, S. A. e o SNPVAC – Sindicato Nacional do Pessoal de Voo da Aviação Civil, publicado no BTE 1ª série nº 8, de 28.02.06, a seguinte interpretação: "No cálculo das retribuições de férias e de subsídio de férias do tripulante de cabina deve atender-se à média das quantias auferidas pelo mesmo, a título de prestação retributiva especial a que alude a cláusula 5ª do Regulamento de Remunerações, Reformas e Garantias Sociais, nos doze meses que antecedem aquele em que é devido o seu pagamento, desde que, nesse período, o tripulante tenha auferido tal prestação em, pelo menos,

onze meses". (DR, 1ª série, de 29.10.2015). Cfr. os Acs. da RG, de 07.11.19 *in* www.dgsi.pt (Proc. nº 3335/18.2T8BRG.G1); da RC, de 10.11.17 *in* www.dgsi.pt (Proc. nº 231/16.1T8LMG.C1); do STJ, de 21.09.17 *in* www.dgsi.pt (Proc. nº 393/16.8T8VIS.C1.S1) e de 30.03.17 *in* www.dgsi.pt (Proc. nº 2978/14.8TTLSB.L1.S1) e *in* CJ, Ano XXV, Tomo I, p. 214; da RG, de 30.03.17 *in* www.dgsi.pt (Proc. nº 35/16.1T8VCT.G1); do STJ, de 03.11.16 *in* www.dgsi.pt (Proc. nº 3921/13.7TTKSB.L1.S1) e da RP, de 01.02.16 *in* www.dgsi.pt (Proc. nº 124/14.7T8VNG.P1) e de 30.11.15 *in* www.dgsi.pt (Proc. nº 341/14.0TTVNG.P1).

Seguindo esta linha decisória, a RP decidiu que "a média das prestações complementares pagas a título de trabalho suplementar, trabalho noturno, compensação especial, compensação especial distribuição e compensação por horário incómodo, durante o período de, pelo menos, 11 meses do ano, devia computar-se no cálculo da retribuição de férias, no subsídio de férias e no subsídio de Natal". [Ac. de 30.11.15 *in* www.dgsi.pt (Proc. nº 341/14.0TTVNG.P1)]. Cfr., ainda, deste mesmo tribunal, o Ac. de 15.02.16 *in* www.dgsi.pt (Proc. nº 295/14.2TTMAI.P1).

No que toca às ajudas de custo, diga-se que se o pagamento destas não tiver causa específica, elas constituem correspetivo da prestação laboral, pelo que integram a retribuição base, devendo ser consideradas no subsídio de Natal. Cfr. o Ac. da RP, de 02.07.12 *in* www.dgsi.pt (Proc. nº 872/09.3TTMTS.P1).

Relativamente ao trabalho noturno, a RL frisou que o mesmo deve ser considerada para efeitos de cálculo da remuneração correspondente ao subsídio de Natal, se "não surge no quadro da atividade profissional desenvolvida pelo trabalhador como uma realidade adicional, acessória, conjuntural daquela, um «mais» que por vezes lhe é aditado, mas antes como algo que lhe é essencial e estrutural, ou seja, intrínseco à mesma, achando-se, nessa medida, o período normal de trabalho de 40 horas vertido num horário de trabalho fundamental, senão totalmente, noturno, a saber, organizado entre as 22 horas de um dia e as 7 horas do dia seguinte". [Ac. de 24.04.13 *in* www.dgsi.pt (Proc. nº 191/12.8TTTVD.L1-4)].

Segundo a RG, a "compensação especial de dedicação que constitui o pagamento da linha telefónica residencial, paga ao trabalhador 12 vezes ao ano, tem natureza retributiva, devendo por isso repercutir-se no subsídio de férias e de natal". [Ac. de 07.11.19 *in* www.dgsi.pt (Proc. nº 3335/18.2T8BRG.G1)].

Na hipótese de, em determinado ano civil, o trabalhador passar a auferir retribuição inferior a partir de dado momento, não prevendo a lei a forma de cálculo do subsídio de Natal devido, a RG considerou que ocorre lacuna que, nos termos do art. 10º, nºs 1 e 2, do CC, deve ser integrada segundo a norma aplicável aos casos análogos regulados no nº 2. [Ac. de 07.02.19 *in* www.dgsi.pt (Proc. nº 4183/16.0T8VCT.G1)].

No caso de insolvência, o subsídio Natal deve ser adstrito ao pagamento dos credores, através da sua entrega ao fiduciário. [Ac. da RP, de 07.05.18 *in* www.dgsi.pt (Proc. nº 3728/13.1TBGDM.P1)].

Sobre a invocação de faltas como justificação para a exoneração do pagamento do subsídio de Natal, veja-se o Ac. da RL, de 17.02.16 *in* www.dgsi.pt (Proc. nº 8303/ /14.0T8LSB.L1-4).

Indiquemos algumas prestações que os nossos tribunais entenderam não relevarem para efeitos de cálculo do subsídio de Natal:

i) A compensação paga aos trabalhadores rodoviários pela sujeição às obrigações inerentes ao tempo de disponibilidade. Cfr. os Acs. do STJ, de 02.05.18 *in* www.dgsi.pt (Proc. nº 157/14.3TTSTR.E1.S1) e da RE, de 28.09.17 *in* CJ, Ano XLII, Tomo IV, p. 252 e de 16.02.17 *in* CJ, Ano XLII, Tomo I, p. 248;

ii) O subsídio de prevenção destinado a compensar o trabalhador pela sua disponibilidade, no seu domicílio, para eventual execução de serviços exclusivamente no âmbito da reparação inadiável de avarias, não o recebendo se tiver que prestar atividade. Cfr. os Acs. do STJ, de 30.03.17 *in* www.dgsi.pt (Proc. nº 2978/14.8TTLSB.L1.S1) e *in* CJ, Ano XXV, Tomo I, p. 214 e de 03.11.16 *in* www.dgsi.pt (Proc. nº 3921/13.7TTKSB. L1.S1) e da RE, de 07.09.16 *in* www.dgsi.pt (Proc. nº 652/13.1TTFAR.E1);

iii) O subsídio de condução que se destina a compensar. Cfr. os Acs. do STJ, de 30.03.17 *in* www.dgsi.pt (Proc. nº 2978/14.8TTLSB.L1.S1) e CJ, Ano XXV, Tomo I, p. 214 e de 03.11.16 *in* www.dgsi.pt (Proc. nº 1521/13.0TTLSB.L1.S1);

iv) As comissões, na ausência de disposição legal, convencional ou contratual contrária. (Ac. da RP, de 12.09.16 *in* CJ, Ano XLI, Tomo IV, p. 203). De frisar, todavia, que, no Proc. nº 410/13.3TTVFR.P1, este mesmo tribunal veio defender que "se o CCT aplicável estabelece que o subsídio de Natal corresponde a dois dias e meio da retribuição mensal composta pela parte fixa acrescida da variável; que os trabalhadores têm direito a um mês de férias sem prejuízo da respetiva remuneração normal e a um subsídio igual à remuneração do período de férias (parte fixa acrescida da parte variável), as comissões auferidas pelo trabalhador devem ser incluídas na retribuição de férias e nos subsídios de férias e de Natal". (Ac. de 08.07.15 *in* www.dgsi.pt);

v) O prémio TIR, previsto no CCTV celebrado entre a ANTRAM (Associação Nacional de Transportes Rodoviários de Mercadorias) e a FESTRU (Federação dos Sindicatos de Transportes Rodoviários Urbanos e outros), salvo se houver disposição legal, convencional ou contratual em contrário. Cfr. os Acs. da RG, de 10.10.19 *in* www.dgsi.pt (Proc. nº 6745/17.9T8VNF.G1); da RL, de 24.04.13 *in* www.dgsi.pt (Proc. nº 465/10.2TTTVD. L1-4) e do STJ, de 11.05.11 *in* www.dgsi.pt (Proc. nº 273/06.5TTABT.S1);

vi) A prestação correspondente à renda de casa. (Ac. do STJ, de 12.01.11 *in* www. dgsi.pt (Proc. nº 1104/08.7TTSTB.E1.S1) e CJ, Ano XIX, Tomo I, p. 239).

4. Constitui contraordenação muito grave a violação do disposto no presente artigo (nº 3).

No Proc. nº 3438/16.8T8FAR.E1, a RE absolveu a empregadora da prática desta contraordenação, atendendo a que a mesma apresentou significativos resultados líquidos negativos, que os capitais próprios vieram anualmente a decrescer e, inversamente, o passivo a aumentar, "constatando-se ainda que no ano de 2012 (ano do pagamento do subsídio de Natal em falta) tinha um capital próprio (de € 23.011,41) inferior ao devido por subsídio de Natal (€ 32.897,00) – que em 2013 correu em relação a si um processo especial de revitalização (PER) e no ano de 2014 veio a ser declarada a insolvência da mesma". (Ac. de 06.12.17 *in* www.dgsi.pt).

5. Para maiores desenvolvimentos, cfr. LUÍSA ANDIAS GONÇALVES, *Prestações compensatórias de subsídio de férias e de subsídio de Natal*, pp. 391 e ss. e SÓNIA PRETO, *Alguns aspetos da retribuição: II – Os subsídios anuais (subsídio de férias, de natal e de balanço).*

Artigo 264º – Retribuição do período de férias e subsídio

1. A retribuição do período de férias corresponde à que o trabalhador receberia se estivesse em serviço efetivo.

2. Além da retribuição mencionada no número anterior, o trabalhador tem direito a subsídio de férias, compreendendo a retribuição base e outras prestações retributivas que sejam contrapartida do modo específico da execução do trabalho, correspondentes à duração mínima das férias.

3. Salvo acordo escrito em contrário, o subsídio de férias deve ser pago antes do início do período de férias e proporcionalmente em caso de gozo interpolado de férias.

4. Constitui contraordenação muito grave a violação do disposto neste artigo.

COMENTÁRIOS:

1. Antecedentes legislativos: Arts. 255º e 669º, do CT/2003; 493º, da RCT e 6º, do DL nº 874/76, de 28 de dezembro.

2. O presente artigo tem a redação introduzida pela L nº 23/2012, de 25 de junho.

O nº 3, do art. 213º, do CT/2003 (correspondente ao art. 238º, nº 3, do CT/2009), instituiu a majoração do direito a férias assente na assiduidade do trabalhador. A L nº 23/2012 veio, pura e simplesmente, eliminar essa majoração. Nesta medida, a referência que o nº 2 fazia ao disposto no nº 3, daquele preceito, tinha, necessariamente, que ser retirada.

3. Quanto aos efeitos do Ac. do TC nº 353/2012, de 05.07.12, pub. no DR, 1ª série, de 20.07.2012, (que decidiu declarar a inconstitucionalidade, com força obrigatória geral, dos artigos 21º e 25º da Lei nº 64-B/2011, de 30 de dezembro (Orçamento do Estado para 2012), bem como, ao abrigo do disposto no artigo 282º, nº 4, da CRP, não aplicar os efeitos dessa declaração de inconstitucionalidade à suspensão do pagamento dos sub-

sídios de férias e de Natal, ou quaisquer prestações correspondentes aos 13º e, ou, 14º meses, relativos ao ano de 2012), *vide* os Acs. da RP, de 04.01.16 *in* www.dgsi.pt (Proc. nº 460/12.7TTPRT.P1) e de 16.12.15 *in* www.dgsi.pt (Proc. nº 822/12.0TTPRT.P1).

4. A retribuição do período de férias corresponde à que o trabalhador receberia se estivesse em serviço efetivo (nº 1). Cfr. o Ac. da RP, de 07.07.2016 *in* www.dgsi.pt (Proc. nº 2201/15.8T8VNG.P1).

De modo abrangente, a RP vincou que só "relevam para efeitos de quantificação do subsídio de férias as prestações retributivas que se referem ao condicionalismo externo que rodeia a prestação de trabalho (penosidade, isolamento, toxicidade, trabalho suplementar, trabalho noturno, turnos rotativos...), com exclusão daquelas que pressuponham a efetiva prestação da atividade, quer respeitem ao próprio trabalhador e ao seu desempenho (prémios, gratificações, comissões...), quer consistam na assunção pelo empregador de despesas em que incorreria o trabalhador por causa da prestação do trabalho (subsídios de refeição e de transporte...)". [Ac. de 14.03.16 *in* www.dgsi.pt (Proc. nº 574/13.6TTMAI.P1)]. Cfr., ainda, os Acs. da RG, de 05.04.18 *in* www.dgsi.pt (Proc. nº 340/16.7T8VRL.G1) e da RP, de 24.03.14 *in* www.dgsi.pt (Proc. nº 597/13.5TTVNG.P1).

5. Prestações que, à luz dos nossos tribunais, devem ser computadas na retribuição de férias e respetivo subsídio:

i) Valor de uso da viatura e cartão de combustível fornecidos, visto que o seu valor de uso integra o conceito de retribuição. [Ac. da RL, de 29.05.19 *in* www.dgsi.pt (Proc. nº 603/17.4T8LSB.L1-4)];

ii) Comissões, caso integrem a retribuição. [Ac. do STJ, de 23.01.19 *in* www.dgsi.pt (Proc. nº 4568/13.3TTLSB.L2.S1)]. Chamamos a atenção para o Ac. do TJ, de 22.05.14 *in* JOUE, C-253, de 04.08.14 (Proc. C-539/12), onde foi decidido que as comissões cujo montante seja fixado com base nos contratos celebrados pela empregadora com origem nas vendas efetuadas pelo trabalhador devem ser computadas na retribuição de férias. Cfr., ainda, o Ac. da RP, de 07.07.2016 *in* www.dgsi.pt (Proc. nº 2201/15.8T8VNG.P1);

iii) A prestação por trabalho suplementar que seja auferida em todos os meses de atividade do período anual. [Ac. da RG, de 18.01.18 *in* www.dgsi.pt (Proc. nº 2528/16.1T8GMR.G1)]. Neste mesmo aresto, foi decidido que na retribuição de férias e respetivo subsídio deve incluir-se o valor médio por trabalho suplementar. Cfr., ainda, os Acs. da RG, de 25.06.20 *in* www.dgsi.pt (Proc. nº 1630/18.0T8VCT.G1) e do STJ, de 14.01.15 *in* www.dgsi.pt (Proc. nº 2330/11.7TTLSB.L1.S1);

iv) O subsídio de risco que seja auferido em todos os meses de atividade do período anual. [Ac. da RG, de 18.01.18 *in* www.dgsi.pt (Proc. nº 2528/16.1T8GMR.G1)];

v) As remunerações do trabalho noturno, a compensação de horário incómodo e o subsídio de divisão do correio pagos pelos CTT aos seus trabalhadores, em onze de cada doze meses. [Ac. da RP, de 18.01.16 *in* www.dgsi.pt (Proc. nº 224/14.3TTPRT.P1)].

Sobre a remuneração por trabalho noturno, *vide* a perspetiva inversa do STJ manifestada no Ac. de 24.10.12 *in* www.dgsi.pt (Proc. nº 73/08.8TTLSB.S1);

vi) Prestação retributiva especial a que alude a cláusula 5ª do Regulamento de Remunerações, Reformas e Garantias Sociais, nos doze meses que antecedem aquele em que é devido o seu pagamento, desde que, nesse período, o tripulante tenha auferido tal prestação em, pelo menos, onze meses. [Ac. do STJ, de 01.10.15 *in* www.dgsi.pt (Proc. nº 4156/10.6TTLSB.L1.S1)];

vii) A média dos valores pagos pelo empregador aos trabalhadores a título de remuneração de trabalho noturno e prémio de condução, nos anos em que aquelas atribuições patrimoniais ocorreram em todos os onze meses de atividade. [Ac. do STJ, de 14.01.15 *in* www.dgsi.pt (Proc. nº 2330/11.7TTLSB.L1.S1)]. Cfr., ainda, o Ac. da RL, de 24.04.13 *in* www.dgsi.pt (Proc. nº 191/12.8TTTVD.L1-4);

viii) A média dos valores pagos a tripulante de cabina, a título de Comissões de Vendas a Bordo, quando tais atribuições patrimoniais ocorram em todos os onze meses de atividade. [Ac. do STJ, de 02.04.14 *in* www.dgsi.pt (Proc. nº 2911/08.6TTLSB.L1.S1)];

ix) O "prémio TIR", previsto no CCTV celebrado entre a ANTRAM (Associação Nacional de Transportes Rodoviários de Mercadorias) e a FESTRU (Federação dos Sindicatos de Transportes Rodoviários Urbanos e outros). [Ac. da RP, de 10.02.14 *in* www.dgsi.pt (Proc. nº 397/11.7TTMTS.P1)]. Cfr., ainda, os Acs. da RC, de 17.01.20 *in* www.dgsi.pt (Proc. nº 46/19.5T8CTB.C1) e da RG, de 10.10.19 *in* www.dgsi.pt (Proc. nº 6745/17.9T8VNF.G1).

Em sentido contrário, veja-se o Ac. da RL, de 31.10.12 *in* www.dgsi.pt (Proc. nº 446/06.0TTSNT.L2-4);

x) O Subsídio de escala, abono por itinerância previsto na cláusula 67ª nº 1 do AE publicado no BTE nº 29/1999 e prémio de produtividade. [Ac. da RP, de 14.10.13 *in* www.dgsi.pt (Proc. nº 1839/10.4TTPRT.P1)];

xi) O subsídio de disponibilidade previsto para o pessoal navegante. [Ac. da RL, de 15.06.11 *in* www.dgsi.pt (Proc. nº 1947/08.1TTLSB.L1-4)].

6. Prestações que, à luz dos nossos tribunais, não devem ser computadas na retribuição de férias e respetivo subsídio:

i) O subsídio de transporte de pessoal pago pelos CTT aos seus trabalhadores. [Ac. da RP, de 18.01.16 *in* www.dgsi.pt (Proc. nº 224/14.3TTPRT.P1)];

ii) O abono ou subsídio de prevenção destinado apenas a compensar o trabalhador pelo constrangimento decorrente de ter que estar disponível no seu domicílio para eventual execução de serviços exclusivamente no âmbito da reparação inadiável de avarias. [Ac. da RL, de 13.01.16 *in* www.dgsi.pt (Proc. nº 7421/14.0T8LSB.L1-4)];

iii) O abono de viagem, que visa compensar o trabalhador pelo gasto ou encargo decorrente da utilização, ao serviço do empregador, de meio de transporte próprio (nessa compensação se enquadrando também a deslocação a pé ou em velocípede a pedal), tendo em conta, designadamente, a natureza específica e própria das funções exercidas. [Ac. da RP, de 26.01.15 *in* www.dgsi.pt (Proc. nº 848/13.6TTPRT.P1)]. Cfr., ainda, deste tribunal, o Ac. de 24.03.14 *in* www.dgsi.pt (Proc. nº 597/13.5TTVNG.P1);

iv) Na medida em que pressupõem a efetiva prestação da atividade contratada, as comissões encaradas como um "acréscimo remuneratório auferido pelo autor que se traduz numa determinada percentagem sobre o valor de vendas efectuadas". [Ac. da RP, de 11.10.18 *in* www.dgsi.pt (Proc. nº 6141/16.5T8MTS.P1)].

7. O ónus da prova do pagamento da retribuição de férias e respetivo subsídio recaí sobre o empregador. Cfr. os Acs. da RP, de 15.04.13 *in* www.dgsi.pt (Proc. nº 335/10.4TTLMG.P1) e da RE, de 27.09.11 *in* www.dgsi.pt (Proc. nº 223/09.7TTEVR.E1).

No caso de insolvência do trabalhador, a RG decidiu que os subsídios de férias e de Natal não são imprescindíveis para o sustento minimamente condigno, pelo que têm que ser incluídos no rendimento a disponibilizar ao fiduciário para os fins da insolvência. Cfr. os Acs. de 26.03.15 *in* www.dgsi.pt (Proc. nº 952/14.3TBGMR.G1) e de 14.02.13 *in* www.dgsi.pt (Proc. nº 3267/12.8TBGMR-C.G1).

8. Para maiores desenvolvimentos, cfr Luísa Andias Gonçalves, *Prestações compensatórias de subsídio de férias e de subsídio de Natal*, pp. 391 e ss.. e Sónia Preto, *Alguns aspetos da retribuição: II – Os subsídios anuais (subsídio de férias, de natal e de balanço).*

Artigo 265º – Retribuição por isenção de horário de trabalho

1. O trabalhador isento de horário de trabalho tem direito a retribuição específica, estabelecida por instrumento de regulamentação coletiva de trabalho ou, na falta deste, não inferior a:

***a*) Uma hora de trabalho suplementar por dia;**

***b*) Duas horas de trabalho suplementar por semana, quando se trate de regime de isenção de horário com observância do período normal de trabalho.**

2. O trabalhador que exerça cargo de administração ou de direção pode renunciar à retribuição referida no número anterior.

3. Constitui contraordenação grave a violação do disposto no nº 1.

COMENTÁRIOS:

1. Antecedentes legislativos: Arts. 256º e 669º, do CT/2003 e 14º, do LDT.

2. A isenção de horário de trabalho é uma das modalidades temporais de prestação laboral, podendo traduzir-se na não sujeição aos limites máximos do período normal de trabalho, na possibilidade de determinado aumento desse período, por dia ou por semana ou na observância do período acordado (art. 219º, nº 1).

Nos termos do nº 1, o trabalhador isento de horário de trabalho tem direito a retribuição específica, estabelecida por instrumento de regulamentação coletiva de trabalho ou, na falta deste, não inferior a:

a) Uma hora de trabalho suplementar por dia;

b) Duas horas de trabalho suplementar por semana, quando se trate de regime de isenção de horário com observância do período normal de trabalho.

Esta retribuição visa compensar a não sujeição aos limites máximos do período normal de trabalho. Cfr. o Ac. da RC, de 15.01.15 *in* CJ, Ano XL, Tomo I, p. 56.

Segundo a RC, no "cálculo da retribuição por isenção de horário de trabalho, correspondente a duas horas de trabalho normal por dia, devem considerar-se os 30 dias do mês (e não apenas os seus 22 dias úteis)". (Ac. de 05.04.00 *in* CJ, Ano XXV, Tomo II, p. 68).

Já no que concerne ao seu enquadramento, este mesmo tribunal fez notar que se o contrato de prestação de trabalho em isenção de horário nada disser, a referida prestação não se pode integrar na retribuição base. (Ac. de 15.01.15 *in* CJ, Ano XL, Tomo I, p. 56).

No Proc. nº 429/07.3TTPRT.P1.S1, o STJ não imputou no cálculo da retribuição por isenção de horário de trabalho os valores auferidos pelo trabalhador a título de suplementos diversos quando era certo que o CCT aplicável à relação laboral apenas mandava atender, para aquele efeito, ao ordenado base – entendido como a remuneração mínima estabelecida na respetiva tabela salarial para cada categoria – e o trabalhador não questionou que o ordenado base de que se serviu a empregadora para o cálculo daquela retribuição especial não correspondia ao que lhe era devido enquanto remuneração mínima prevista no CCT para a sua categoria. (Ac. de 22.09.11 *in* www.dgsi.pt).

3. O acordo de isenção de horário de trabalho está sujeito a forma escrita (art. 218º, nº 1), sob pena de nulidade. No entanto, essa nulidade não impede o pagamento da respetiva retribuição enquanto estiver em vigor a isenção. Cfr. o Ac. da RE, de 11.04.19 *in* www.dgsi.pt (Proc. nº 360/17.4T8FAR.E1).

De outra parte, é de realçar que a retribuição por isenção do horário de trabalho, embora assumindo natureza retributiva, só pode ser exigida enquanto se mantiverem os pressupostos em que assentou a sua atribuição, não valendo aqui o princípio da irredutibilidade da retribuição consagrado na al. *d*), do nº 1, do art. 129º. Assim, se aqueles pressupostos deixarem de se verificar, por exemplo, se o acordo de isenção de horário de trabalho for revogado e o trabalhador deixar de prestar funções na situação de isento, cessa a obrigatoriedade do seu pagamento. Cfr. os Acs. do STJ, de 27.01.21 *in* www.dgsi.pt (Proc. nº 11947/17.5T8LSB.L1.S1); de 01.03.18 *in* www.dgsi.pt (Proc. nº 606/13.8TTMTS.P1.S2); de 24.02.15 *in* www.dgsi.pt (Proc. nº 178/12.0TTCLD.L1.S1) e de 19.01.11 *in* www.dgsi.pt (Proc. nº 557/06.2TTPRT.P1.S1).

A RC veio esclarecer que não "é admitida prova testemunhal sobre a celebração do acordo de IHT (artigos 393º, nº 1, do CC e 218º do CT), no entanto, esta proibição não engloba os factos respeitantes à forma de pagamento da retribuição específica prevista no artigo 265º do CT". [Ac. de 06.12.19 *in* www.dgsi.pt (Proc. nº 1558/18.3T8CVL.C1)].

4. O trabalhador que exerça cargo de administração ou de direção pode renunciar à retribuição por isenção de horário de trabalho (nº 2).

A RL entendeu que renunciou tacitamente a esta retribuição "o trabalhador que, sendo o responsável pelas instruções sobre o processamento, liquidação e pagamento de todos os salários", nunca recebeu qualquer valor a esse título. [Ac. de 14.09.16 *in* www.dgsi.pt (Proc. nº 483/15.4T8BRR.L1-4)]. Sobre a renúncia tácita, veja-se, ainda, o Ac. do STJ, de 20.03.14 *in* www.dgsi.pt (Proc. nº 1188/11.0TTVNG.P1.S1).

Artigo 266º – Pagamento de trabalho noturno

1. O trabalho noturno é pago com acréscimo de 25% relativamente ao pagamento de trabalho equivalente prestado durante o dia.

2. O acréscimo previsto no número anterior pode ser substituído, mediante instrumento de regulamentação coletiva de trabalho, por:

***a*) Redução equivalente do período normal de trabalho;**

***b*) Aumento fixo da retribuição base, desde que não importe tratamento menos favorável para o trabalhador.**

3. O disposto no nº 1 não se aplica, salvo se previsto em instrumento de regulamentação coletiva de trabalho:

***a*) Em atividade exercida exclusiva ou predominantemente durante o período noturno, designadamente espetáculo ou diversão pública;**

***b*) Em atividade que, pela sua natureza ou por força da lei, deva funcionar à disposição do público durante o período noturno, designadamente empreendimento turístico, estabelecimento de restauração ou de bebidas, ou farmácia, em período de abertura;**

***c*) Quando a retribuição seja estabelecida atendendo à circunstância de o trabalho dever ser prestado em período noturno.**

4. Constitui contraordenação muito grave a violação do disposto no nº 1.

COMENTÁRIOS:

1. Antecedentes legislativos: Arts. 257º e 669º, do CT/2003; 30º, do LDT e 1º e 2º, do DL nº 348/73, de 11 de julho.

2. O trabalho noturno é o trabalho prestado num período que tenha a duração mínima de sete horas e máxima de onze horas, compreendendo o intervalo entre as 0 e as 5 horas (art. 223º, nº 1). Na falta de determinação por instrumento de regulamentação coletiva de trabalho, considera-se como período de trabalho noturno o compreendido entre as 22 horas de um dia e as 7 horas do dia seguinte (art. 223º, nº 2).

A prestação de trabalho noturno confere ao trabalhador um acréscimo de 25% relativamente ao pagamento de trabalho equivalente prestado durante o dia (nº 1). Na visão da RC, um trabalhador não pode ver reconhecido judicialmente o seu direito a retribuição especial por trabalho noturno, se não alega, nem prova, qual é a retribuição do trabalho diurno equivalente ao seu. Cfr. o Ac. de 17.05.01 *in* CJ, Ano XXVI, Tomo III, p. 63.

Este acréscimo tem na sua génese a necessidade de compensar e minimizar o impacto da penosidade que está associada ao trabalho exercido em período de trabalho noturno. Cfr. o Ac. da RE, de 15.02.18 *in* www.dgsi.pt (Proc. nº 1897/16.8T8TMR.E1).

Neste mesmo processo, a RE decidiu que não havia lugar ao pagamento desta retribuição, "quando a trabalhadora foi contratada para fazer a distribuição do pão produzido pela empregadora, em período de trabalho noturno, para que o pão possa estar ao dispor do público consumidor, logo pela manhã, nas aldeias onde é distribuído, porta a porta, como é uso e tradição nos meios rurais".

Por seu turno, a RL reconheceu que a trabalhadora tinha direito ao acréscimo de 25% sobre as horas de trabalho noturno que concretizou, "sendo que o mesmo, na situação concreta dos autos e atendendo aos 4 horários distintos da trabalhadora demandante, não faz parte integrante da remuneração horária média normal a que a mesma tem direito, dado apenas um dos horários se realizar em horário noturno (o das 20,00-8,00 horas), o que já não acontece com os demais (8,00-20,00, 11,00-20,00 e 8,00-17,00) e não obstante ter sido no quadro daquele primeiro horário que a Autora desenvolveu a maior parte da sua prestação funcional". [Ac. de 24.01.18 *in* www.dgsi.pt (Proc. nº 5383/15.5T8LSB.L1-4)].

A remuneração por trabalho noturno, "desde que paga em pelo menos 6 dos 12 meses que antecederam a retribuição de férias e do subsídio de férias e de Natal integram a retribuição, devendo a respetiva média mensal integrar o pagamento da retribuição de férias, do subsídio de férias e do subsídio de Natal". [Ac. da RP, de 21.02.11 *in* www.dgsi.pt (Proc. nº 547/09.3TTGDM.P1)].

A "prestação que passou a ser paga a título de compensação aos trabalhadores que prestavam trabalho em período diário que deixou ser considerado por lei ou por IRC de trabalho noturno não tem natureza remuneratória". [Ac. da RG, de 15.03.18 *in* www.dgsi.pt (Proc. nº 4930/16.0T8BRG.G1)].

3. O acréscimo por trabalho noturno (também designada por subsídio de trabalho noturno), embora assumindo natureza retributiva, só pode ser exigido enquanto se mantiver a situação jurídica em que assentou a sua atribuição, não valendo aqui o princípio da irredutibilidade da retribuição consagrado na al *d*), do nº 1, do art. 129º. Assim, se aquela situação deixar de se verificar, por exemplo, se o trabalhador deixar de prestar trabalho noturno, cessa a obrigatoriedade do seu pagamento. Cfr. os Acs. da RG, de 11.07.17 *in* www.dgsi.pt (Proc. nº 246/14.4TTBRG.G1) e da RC, de 27.01.05 *in* CJ, Ano XXX, Tomo I, p. 58.

Pode ainda suceder que, com a entrada em vigor das tabelas salariais de um instrumento de convenção coletiva de trabalho, deixe de estar previsto o pagamento de trabalho noturno (que estava a ser pago), passando as retribuições mínimas constantes de tais tabelas a compensar já "o maior sacrifício que o trabalho noturno exige, ou, dito de outra forma, qualquer acréscimo por trabalho noturno já se considera incluído nas retribuições previstas nas citadas tabelas". [Ac. da RP, de 23.02.15 *in* www.dgsi.pt (Proc. nº 486/13.3TTVNG.P1)].

A RP esclareceu que o nº 3, como regra, considera "que nas situações nele previstas não seria aplicável o pagamento do acréscimo remuneratório pelo trabalho prestado em período noturno previsto no nº 1 do citado preceito, mas admitiu que por instrumento de regulamentação colectiva de trabalho pudesse ser estabelecido o contrário, pelo que, contendo o CCT clª similar ao nº 1 do citado art. 266º, mas nada dizendo sobre as situações referidas no nº 3 do mesmo, é este o regime aplicável a tais situações". (Ac. de 17.02.20 *in* www.dgsi.pt (Proc nº 6247/18.6T8MTS.P1) e CJ, Ano XLV, Tomo I, p. 214).

Nesse aresto, é ainda mencionado que da expressão "*designadamente*" constante da al. *b*), do nº 3, "decorre que o elenco daí contante tem natureza exemplificativa, sem prejuízo, porém de que qualquer outra eventual situação sempre se deva subsumir à primeira parte da previsão da norma, ou seja, sempre se deverá tratar de atividade em que, atenta a sua *natureza* ou *por força da lei*, deva funcionar à disposição do público durante o período nocturno". Por isso, a "atividade de comércio a retalho levada a cabo, em período nocturno, em estabelecimento situado em centro comercial que encerra às 23h00, na medida em que deve funcionar à disposição do público em período considerado nocturno, enquadra-se, dada a natureza do seu modo de funcionamento, na situação revista na al. *b*), do nº 3 do citado art. 266º".

Artigo 267º – Retribuição por exercício de funções afins ou funcionalmente ligadas

1. O trabalhador que exerça funções a que se refere o nº 2 do artigo 118º, ainda que a título acessório, tem direito à retribuição mais elevada que lhes corresponda, enquanto tal exercício se mantiver.

2. Constitui contraordenação grave a violação do disposto no número anterior.

COMENTÁRIOS:

1. Antecedentes legislativos: Arts. 152º e 656º, do CT/2003 e 22º, nº 5, da LCT.

2. O trabalhador deve exercer as funções correspondentes à atividade para que se encontra contratado, a qual compreende as que lhe sejam afins ou funcionalmente ligadas (art. 118º, nºs 1 e 2).

Caso ao exercício destas atividades corresponda uma retribuição mais elevada, o presente artigo consagra o direito do trabalhador ao recebimento dessa retribuição. Tal consequência tem origem no princípio constitucional plasmado na al. *a*), do nº 1, do art. 59º, da CRP (e no art. 270º), segundo a qual todos os trabalhadores têm direito à "retribuição do trabalho, segundo a quantidade, natureza e qualidade, observando-

-se o princípio de que para trabalho igual salário igual, de forma a garantir uma existência condigna".

Isabel Ribeiro Parreira, *Da polivalência funcional*, p. 143, entendia que "o trabalhador tem sempre direito a receber globalmente a retribuição mais elevada correspondente à exercida função afim ou ligada funcionalmente, independentemente de esta ser exercida em termos principais ou acessórios e, por conseguinte, à revelia do tempo utilizado neste exercício".

Artigo 268º – Pagamento de trabalho suplementar

1. O trabalho suplementar é pago pelo valor da retribuição horária com os seguintes acréscimos:

***a*) 25% pela primeira hora ou fração desta e 37,5% por hora ou fração subsequente, em dia útil;**

***b*) 50% por cada hora ou fração, em dia de descanso semanal, obrigatório ou complementar, ou em feriado.**

2. É exigível o pagamento de trabalho suplementar cuja prestação tenha sido prévia e expressamente determinada, ou realizada de modo a não ser previsível a oposição do empregador.

3. (*Revogado*).

4. Constitui contraordenação grave a violação do disposto no nº 1.

COMENTÁRIOS:

1. Antecedentes legislativos: Arts. 258º e 669º, do CT/2003 e 7º, do DL nº 421/83, de 02 de dezembro.

2. O presente artigo tem a redação introduzida pela L nº 23/2012, de 25 de junho e pela L nº 93/2019, de 04 de setembro.

A L nº 93/2019 revogou o nº 3, que tinha a seguinte redação: *"O disposto nos números anteriores pode ser afastado por instrumento de regulamentação coletiva de trabalho"*.

3. A L nº 23/2012 veio introduzir as seguintes reduções no pagamento do trabalho suplementar:

a) Pela primeira hora ou fração desta em dia útil, redução de 50% para 25%;

b) Por hora ou fração subsequente em dia útil, redução de 75% para 37,5%;

c) Por cada hora ou fração, em dia de descanso semanal, obrigatório ou complementar, ou em feriado, redução de 100% para 50%.

Assistimos, assim, a uma redução correspondente a metade dos valores retributivos.

A propósito das alterações introduzidas pela L nº 23/2012, António Monteiro Fernandes, *A "Reforma Laboral" de 2012 – Observações em torno da Lei 23/2012*, p. 557, asseverou que, com "o novo regime legal, tudo parece apontar para um considerável aumento do recurso a trabalho fora do horário, seja por objetiva necessidade das empresas, seja no interesse económico dos trabalhadores. Estes deverão prestar mais horas para sofrerem menor redução do rendimento. As empresas verão nisto um incentivo para se dispensarem de ensaiar outras formas de adaptabilidade temporal, mantendo o apego ao trabalho suplementar como meio de ajustamento. E, se assim for, as novas normas jogarão, inevitavelmente, em sentido oposto ao da abertura de novos postos de trabalho".

O TC, no Ac. nº 602/2013, de 20.09.13, não declarou inconstitucional os nºs 1 e 3, do presente artigo, na redação que lhe foi dada pela Lei nº 23/2012. (DR, I Série, de 24.10.2013). Mais recentemente, o STJ, no Ac. 10/2016, de 12.05.16, considerou que: "As alterações introduzidas pela Lei nº 23/2012 de 25 de junho ao Código do Trabalho, que determinaram a redução do valor do trabalho suplementar e suspenderam pelo período de 2 anos a vigência da cláusula 40ª do CCTV do setor dos transportes rodoviários de mercadorias, publicado no Boletim do Trabalho e Emprego, nº 9 de 8/03/1980, com as sucessivas alterações, não se repercutem no valor mensal atribuído à retribuição prevista na Cláusula 74ª nº 7 do mesmo CCTV, não determinando a sua redução em função do valor atribuído ao trabalho suplementar". (DR, I Série, de 14.06.2016 disponível, ainda, em www.dgsi.pt e CJ, Ano XXIV, Tomo III, p. 33).

No Proc. nº 322/19.7T8CVL.C1, a RC esclareceu que o "direito ao pagamento do trabalho prestado em dias de descanso e feriados não tem, na economia do CCTV aplicável e considerando as particularidades ou características muito próprias do transporte internacional de mercadorias, de ser expressamente determinado pelo empregador ou realizado de forma a não ser previsível a oposição daquele (nº 2 do art. 268º do CT)". Acrescentando ainda que no "CTTV o trabalho suplementar é previsto na cláusula 18ª na qual se prevêem as condições e limites em que esse trabalho pode ser prestado, sendo tal trabalho remunerado de acordo com a Clª 40ª". (Ac. de 22.05.20 *in* www.dgsi.pt).

4. A propósito do prémio TIR que acresce à retribuição normal devida aos trabalhadores, previsto no nº 7, da cláusula 74ª, do CCTV, celebrado entre a CC e a DD, publicado no BTE nº 9, 1ª série, de 08.03.1980, o STJ fez notar que a mesma "embora seja calculada com referência a duas horas de "trabalho extraordinário" por dia, não pressupõe nem exige a efetiva prestação de qualquer trabalho suplementar, respeitando tal referência apenas ao seu modo de cálculo". [Ac. do STJ, de 03.05.16 *in* www.dgsi.pt (Proc. nº 729/13.3TTVNG.P1.S2)]. Cfr., também, os Acs. da RP, de 07.04.16 *in* www.dgsi.pt (Proc. nº 226/14.0TTVNG.P1) e do STJ, de 24.02.15 *in* www.dgsi.pt (Proc. nº 365/13.4TTVNG.P1.S1) e CJ, Ano XXIII, Tomo I, p. 250. Veja-se, ainda, a posição adotada no Ac. da RG, de 24.09.15 *in* www.dgsi.pt (Proc. nº 636/12.7TTBRG.P1.G1).

5. A retribuição por trabalho suplementar destina-se a compensar o trabalhador por uma dada atividade desenvolvida fora do seu período normal de trabalho. [Ac. da RG, de 03.12.15 *in* www.dgsi.pt (Proc. nº 116/14.6T8VRL.G1)].

A retribuição mensal atendível para o seu cálculo é a retribuição base mensal e diuturnidades delineada no critério supletivo constante do art. 262º, nº 1, não havendo que atender, para o efeito, às prestações acessórias ou variáveis.

A retribuição horária que serve de base a este cálculo, apurada segundo a fórmula constante do art. 271º, em que *Rm*, é precisamente o valor da retribuição base mensal mais diuturnidades. Cfr. os Acs. do STJ, de 12.03.14 *in* www.dgsi.pt (Proc. nº 294/11.6TTFIG.C1.S1) e CJ, Ano XXII, Tomo I, p. 260; da RL, de 24.04.13 *in* www.dgsi.pt (Proc. nº 465/10.2TTTVD.L1-4) e de 31.10.12 *in* www.dgsi.pt (Proc. nº 446/ /06.0TTSNT.L2-4) e do STJ, de 11.05.11 *in* www.dgsi.pt (Proc. nº 273/06.5TTABT.S1) e de 16.03.11 *in* www.dgsi.pt (Proc. nº 439/08.3TTMAI.P1.S1).

6. O trabalhador tem direito ao pagamento de trabalho suplementar, se a prestação deste tiver sido prévia e expressamente determinada, ou realizada de modo a não ser previsível a oposição do empregador (nº 2).

Para obter a procedência do pedido de pagamento do trabalho suplementar, o trabalhador deve alegar e provar em juízo o horário de trabalho, a prestação de trabalho para além dele e que tal prestação foi expressa e previamente determinada pelo empregador, ou que, sendo do seu conhecimento, foi realizada de modo a não ser previsível a sua oposição.

Com efeito, estamos perante factos constitutivos do direito reclamado, cujo ónus da prova impende sobre quem o invoca (art. 342º, nº 1, do CC). Cfr. os Acs. da RG, de 25.06.20 *in* www.dgsi.pt (Proc. nº 1630/18.0T8VCT.G1); da RE, de 28.04.16 *in* www.dgsi.pt (Proc. nº 741/11.7TTFAR.E1); do STJ, de 02.12.13 *in* www.dgsi.pt (Proc. nº 265/06.4TTVNG.L1.S1); de 03.04.13 *in* www.dgsi.pt (Proc. nº 241/08.2TTLSB.L1.S1) e de 07.03.12 *in* www.dgsi.pt (Proc. nº 17/10.7TTEVR.E1.S1); da RP, de 04.07.11 *in* www.dgsi.pt (Proc. nº 621/09.6TTMAI.P1); da RL, de 13.04.11 *in* www.dgsi.pt (Proc. nº 71/09.4TTVFX.L1-4) e do STJ, de 07.10.10 *in* www.dgsi.pt (Proc. nº 459/05.0TTFAR.S1).

No caso de reclamar o pagamento do descanso compensatório não gozado, o trabalhador tem ainda que demonstrar que não lhe foi dado a gozar aquele descanso. (Ac. do STJ, de 03.07.14 *in* www.dgsi.pt (532/12.8TTVNG.P1.S1) e CJ, Ano XXII, Tomo II, p. 257).

Sobre a impossibilidade de o Tribunal da Relação apreciar o direito ao pagamento de trabalho suplementar não pedido na petição inicial, *vide* o Ac. da RL, de 22.11.17 *in* www.dgsi.pt (Proc. nº 10457/16.2T8LSB.L1-4).

No Proc. nº 37/13.0TTSTS.P1, o trabalhador invocou que, desde o início, o período normal de trabalho imposto foi de 44 horas semanais, pedindo o pagamento das horas excedentes ao máximo legal de 40 horas. A RP clarificou que não estávamos em presença de trabalho suplementar, pelo que sobre o trabalhador não recaia o ónus de provar que o prestou, cabendo-lhe apenas demonstrar a existência de contrato de trabalho e do período de trabalho semanal efetivamente imposto, incumbindo à empregadora provar que em determinados horas, dias ou períodos não foi prestado o trabalho. (Ac. da RP, de 24.03.14 *in* www.dgsi.pt).

A RC ditou que, tendo "a trabalhadora prestado trabalho para além das 35 horas do seu horário semanal, no âmbito de reuniões do Conselho Pedagógico que eram presididas por um dos legais representantes da empregadora, é manifesto que tal trabalho foi prestado com o conhecimento e sem oposição da empregadora". [Ac. de 15.12.16 *in* www.dgsi.pt (Proc. nº 7112/15.4T8CBR.C1)].

No que tange à previsibilidade da oposição do empregador, o STJ considerou que era suscetível de ser considerada como não previsível a oposição, "relativamente a uma trabalhadora que desempenhou as funções de porteira e posteriormente de caixeira, num estabelecimento de restauração, com um horário de trabalho diário situado entre as 12h00 e as 16h00 e entre as 20h00 e as 02h00, relativamente a uma relação de trabalho que se manteve entre 28 de julho de 2003 e 20 de agosto de 2007". [Ac. de 02.12.13 *in* www.dgsi.pt (Proc. nº 2375/08.4TTLSB.L1.S1)].

Sobre a exigência ilícita desta retribuição, a RP determinou que constitui "abuso de direito o comportamento do trabalhador, que recebendo pela prestação de trabalho suplementar um determinado prémio mensal, e que numa altura em que a entidade empregadora tentou suprimir tal prestação e pagamento, se insurgiu contra essa tentativa, continuando a prestar trabalho suplementar e receber o aludido prémio, vem, ao fim de alguns anos nessa situação, e após a entidade empregadora ter suprimido tal prestação e pagamento, reclamar em juízo o pagamento do trabalho suplementar de acordo com o CTT aplicável". (Ac. de 26.01.15 *in* www.dgsi.pt (Proc. nº 858/13.3TTPRT.P1) e CJ, Ano XL, Tomo I, p. 219).

No Proc. 764/11.6T4AVR.C2.S1, o STJ decidiu que, tendo-se "provado que o trabalhador, nos últimos cinco anos antes da cessação do contrato de trabalho, trabalhou para além do respetivo horário de trabalho, com o conhecimento e sem oposição do empregador, que teve interesse e tirou proveito do trabalho assim prestado pelo trabalhador, embora não se tenha demonstrado a prévia autorização do empregador quanto à prestação de trabalho suplementar, o mesmo não pode deixar de ser remunerado". (Ac. de 25.06.14 *in* www.dgsi.pt).

Nas situações de trabalho temporário, "em que é o utilizador do trabalho temporário quem exerce por delegação da empresa de trabalho temporário poder de direção e autoridade sobre o trabalhador, é por referência ao primeiro que devem aferir-se os requisitos de exigibilidade do pagamento do trabalho suplementar enunciados no art. 268º/2 do CT/2009: prévia e expressa determinação da sua prestação ou a mesma prestação realizada de modo a não ser previsível a oposição do empregador". [Ac. da RP, de 02.05.16 *in* www.dgsi.pt (Proc. nº 1675/13.6TTPRT.P1)].

7. Antes da L nº 23/2012, o nº 3 remetia para o nº 6, do art. 229º. Este preceito permitia que as normas relativas ao montante e vencimento do descanso compensatório de trabalho suplementar (nºs 1 e 2, do art. 229º) fossem afastadas por instrumento de regulamentação coletiva de trabalho que estabelecesse a compensação de trabalho suplementar mediante redução equivalente do tempo de trabalho, pagamento em dinheiro ou ambas as modalidades. Assim, ao revogar o nº 6, do art. 229º, a L nº 23/2012 tinha, necessariamente, de eliminar no nº 3, do presente artigo, a referência àquele preceito.

A L nº 93/2019 revogou precisamente o nº 3, eliminando a possibilidade dos nºs 1 e 2 serem afastados por instrumento de regulamentação coletiva de trabalho.

8. Em relação à retribuição do trabalho por turnos, a RC elucidou que não existe "consagração legal ou convencional paralela à que existe relativamente à remuneração do trabalho suplementar no sentido de que só é exigível o pagamento de trabalho suplementar cuja prestação tenha sido prévia e expressamente determinada, ou realizada de modo a não ser previsível a oposição do empregador – art. 268º/2 do CT/09". [Ac. de 15.01.21 *in* www.dgsi.pt (Proc. nº 836/18.6T8GRD.C1)].

9. No Proc. nº 6799/18.0T8PRT.P1, a RP veio esclarecer que o "nº 2, da Cláusula 16ª do CCT entre a APED – Associação Portuguesa de Empresas de Distribuição e a FEPCES – Federação Portuguesa dos Sindicatos do Comércio, Escritórios e Serviços e outros – Revisão global [BTE nº 22, 15/6/2008], ao dispor que "*O trabalho prestado em dias de descanso semanal, obrigatório ou complementar, e em feriado será pago com acréscimo de 100% sobre a remuneração base do trabalhador*", atende ao facto do trabalhador ter trabalhado num daqueles dias conferindo-lhe o direito a retribuição especial correspondente a um "*acréscimo de 100% sobre a (sua) remuneração base*". Assim, continua, "nos dias em que os trabalhadores prestem trabalho em dia feriado a entidade empregadora cumpre a obrigação a que está vinculada mediante o pagamento, em acréscimo ao que normalmente aufere o trabalhador, do valor correspondente à remuneração diária base. Dito de outro modo, nesses dias o trabalhador é pago a 200%." (Ac. de 18.02.19 *in* www.dgsi.pt).

As prestações pagas pelo empregador aos seus motoristas, a título de compensação por "*tempo de disponibilidade*", não podem ser consideradas para efeitos de remuneração a título de trabalho suplementar. [Ac. da RL, de 26.04.18 *in* www.dgsi.pt (Proc. nº 716/13.1TTVFX.L1-4)].

Artigo 269º – Prestações relativas a dia feriado

1. O trabalhador tem direito à retribuição correspondente a feriado, sem que o empregador a possa compensar com trabalho suplementar.

2. O trabalhador que presta trabalho normal em dia feriado em empresa não obrigada a suspender o funcionamento nesse dia tem direito a descanso

compensatório com duração de metade do número de horas prestadas ou a acréscimo de 50% da retribuição correspondente, cabendo a escolha ao empregador.

COMENTÁRIOS:

1. Antecedentes legislativos: Arts. 259º, do CT/2003 e 20º, do DL nº 874/76, de 28 de dezembro.

2. O presente artigo tem a redação resultante da L nº 23/2012, de 25 de junho, a qual alterou o nº 2.

No seguimento das reduções ao nível da remuneração do trabalho suplementar introduzidas pela L nº 23/2012 no art. 268º, assistimos, também aqui, a uma redução do descanso compensatório e da retribuição correspondente. Destarte, o trabalhador que presta trabalho normal em dia feriado em empresa não obrigada a suspender o funcionamento nesse dia deixou de ter direito a um descanso compensatório de igual duração, passando o mesmo a corresponder a metade do número de horas prestadas. De igual forma, o alternativo acréscimo de 100% da retribuição correspondente foi reduzido para 50%.

3. O TC, no Ac. nº 602/2013, de 20.09.13, não declarou inconstitucional o nº 2, na redação que lhe foi dada pela Lei nº 23/2012. (DR, I Série, de 24.10.2013).

No Proc. nº 735/17.9T8CBR.C1.S1, o STJ esclareceu que a norma do presente artigo não é imperativa, nem afasta a aplicação de IRCT's, dada a declaração de inconstitucionalidade com força obrigatória geral da norma do artigo 7º, nº 5, da Lei nº 23/2012, pelo mencionado acórdão do TC, e sua posterior revogação pela L nº 48-A/2014, de 31 de julho. Nesses autos, estava em causa a cláusula 37ª, do CCT celebrado entre a "Associação da Restauração e Similares de Portugal" – e a "FESAHT – Federação dos Sindicatos da Hotelaria e Turismo de Portugal e outros (cantinas, refeitórios e fábricas de refeições), publicado no BTE nº 36 de 29.09.1998, a qual consagra "um regime único e uniforme para o trabalho normal prestado nos dias feriados, sem distinguir os que coincidem e os que não coincidem com o dia de descanso do trabalhador, e nem entre as empresas, se dispensadas ou se obrigadas a suspender o seu funcionamento nesses dias". O STJ acabaria por decidir que o "trabalho assim prestado é sempre havido como trabalho suplementar e deve ser remunerado com um acréscimo de 200%, pois ao montante que resultar da fórmula de cálculo estabelecida no nº 2, da cláusula 36ª, para o qual remete a cláusula 37ª, acresce, ainda, *"a retribuição mensal do trabalhador"*". (Ac. de 12.07.18 *in* www.dgsi.pt).

No Proc. nº 1837/16.4T8FAR.E1, estava em apreciação uma situação jurídica em que a empregadora só escalava para trabalhar em dia feriado os trabalhadores que não estavam no gozo do descanso semanal e que os feriados trabalhados pelo trabalhador não coincidiram com dias de descanso semanal do mesmo, o que significa que os feriados trabalhados inseriam-se no horário normal de trabalho, razão pela qual não se podiam considerar trabalho suplementar (Cfr. cláusula 23º, nº 1, do CCT/STAD e art. 226º, nº 1 do CT/2009). A RE acabou por decidir que pelo trabalho prestado em dias feriados, o trabalhador apenas teria direito ou ao descanso compensatório ou à majoração da sua retribuição em 100%, competindo à empregadora a escolha da prestação a efetuar – cláusula 26º, nº 4 do CCT/STAD e presente artigo. (Ac. de 08.03.18 *in* www.dgsi.pt). Cfr., ainda, deste mesmo tribunal, o Ac. de 08.03.18 *in* www.dgsi.pt (Proc. nº 1888/16.9T8FAR.E1).

SECÇÃO II – Determinação do valor da retribuição

Artigo 270º – Critérios de determinação da retribuição

Na determinação do valor da retribuição deve ter-se em conta a quantidade, natureza e qualidade do trabalho, observando-se o princípio de que, para trabalho igual ou de valor igual, salário igual.

COMENTÁRIOS:

1. Antecedentes legislativos: Art. 263º, do CT/2003.

2. A igualdade de tratamento em matéria salarial é um direito constitucionalmente consagrado no art. 59º, nº 1, al. *a*), da CRP.

No que concerne à definição de discriminação direta e indireta e de trabalho igual ou de valor igual, *v.* o art. 23º, nº 1, als. *a*) a *d*).

Em relação à prevalência do princípio "trabalho igual, salário igual" sobre um instrumento de regulamentação coletiva de trabalho, veja-se o Ac. da RP, de 08.06.09 *in* CJ, Ano XXXIV, Tomo III, p. 240.

Ao abrigo deste princípio a retribuição deve corresponder à quantidade de trabalho prestado (isto é, à sua duração e intensidade), à natureza do trabalho (tendo em conta a dificuldade, penosidade ou perigosidade da execução laboral), à qualidade do trabalho (de acordo com o perfil de exigência traçado pelo empregador quanto aos conhecimentos, prática e capacidade requeridas), possuindo como corolário que a trabalho igual em quantidade, natureza e qualidade deve corresponder salário igual. Acs. da RP, de 08.11.18 *in* www.dgsi.pt (Proc. nº 3697/17.9T8PRT.P1) e da RG, de 16.04.15 *in* www.dgsi.pt (Proc. nº 103/14.4TTVCT.G1) e CJ, Ano XL, Tomo II, p. 295.

Importar frisar que a verificação da violação deste princípio reclama uma apreciação casuística e não genérica, que passa pela comparação da situação laboral do trabalhador alegadamente discriminado com a dos outros trabalhadores que se encontrem na mesma posição. Cfr. o Ac. da RL, de 06.06.18 *in* www.dgsi.pt (Proc. nº 18327/ /17.0T8LSB.L1-4).

Ao nível da categorização das funções exercidas, a RE veio esclarecer que se o trabalhador desempenhar diversas atividades subsumíveis a diferentes categorias, deve atender-se "ao núcleo essencial das funções por ele desempenhadas ou à actividade predominante ou, no caso de diversidade equilibrada ou indistinta, atender-se à mais favorável ao mesmo". [Ac. de 16.01.20 *in* www.dgsi.pt (Proc. nº 1798/18.5T8TMR.E1)].

O princípio da igualdade postula que situações de facto essencialmente iguais tenham tratamento igual e que situações de facto desiguais tenham tratamento desigual, permitindo, por uma parte, as discriminações que se fundem em critérios objetivas e que se concretizam num tratamento retributivo mais favorável para os trabalhadores, por exemplo, com mais habilitações e antiguidade em relações aos outros da mesma categoria e, por outra parte, proibindo as discriminações assentes em critério meramente subjetivas, *v.g.*, o sexo, a religião, a raça ou etnia e a idade (a também designada diferenciação arbitrária), identificadas no art. 24º, nº 1. Cfr. os Acs. da RE, de 16.01.20 *in* www.dgsi.pt (Proc. nº 1798/18.5T8TMR.E1); da RP, de 08.01.18 *in* www.dgsi.pt (Proc. nº 3639/15.6T8VFR.P1) e de 08.06.17 *in* www.dgsi.pt (Proc. nº 531/12.0TTPRT.P1); do STJ, de 14.12.16 *in* www.dgsi.pt (Proc. nº 4521/13.7TTLSB. L1.S1); da RL, de 16.11.16 *in* www.dgsi.pt (Proc. nº 12007/15.9T8LSB.L1-4) e de 23.01.13 *in* www.dgsi.pt (Proc. nº 1442/11.1TTLSB.L1-4) e do STJ, de 12.10.11 *in* www. dgsi.pt (Proc. nº 343/04.4TTBCL.P1.S1).

Tudo isto vale por dizer que o facto de dois ou mais trabalhadores da mesma empresa e com a mesma categoria, auferirem retribuições diferentes não permite concluir, sem mais, que ocorre violação do referido princípio. Cfr. o Ac. da RE, de 06.03.12 *in* www.dgsi.pt (Proc. nº 207/09.5TTSTB.E1).

Convém ressalvar que num "acordo de pré-reforma as partes têm a liberdade de acordar no nível salarial a ter em conta nesse acordo, podendo esse nível ser diferente de trabalhador para trabalhador". (Ac. do STJ, de 21.03.01 *in* CJ, Ano IX, Tomo I, p. 299).

Sobre o princípio da igualdade remuneratória entre os trabalhadores das várias empresas de um mesmo grupo, cfr. Maria do Rosário Palma Ramalho, *Grupos Empresarias e Societários. Incidências Laborais*, pp. 450 e ss..

3. Ao nível do ónus da prova, ao trabalhador cabe alegar e demonstrar, nos termos do art. 342º, nº 1, do CT, que produziu trabalho igual em quantidade, natureza e qualidade ao trabalho prestado pelo(s) colega(s) que identifica como referência. Como concretizou a RE, o trabalhador tem que alegar e provar "que a diferença salarial se revela injustificada, uma vez que o trabalho por si prestado é igual ao dos demais trabalhadores identificados, quer quanto á natureza, ou seja, pela mesma perigosidade, penosidade ou dificuldade, quer quanto à quantidade, ou seja, pelo

mesmo volume, intensidade e duração, quer quanto à qualidade, ou seja, pela mesma responsabilização, exigência técnica, conhecimento, capacidade prática, experiência, zelo e eficiência". (Ac. da RE, de 23.04.20 *in* CJ, Ano XLV, Tomo II, p. 218). Por seu turno, ao empregador compete alegar e demonstrar que a diferença de tratamento salarial não é discriminatória. *Vide*, ainda, os Acs. da RE, de 16.01.20 *in* www.dgsi.pt (Proc nº 1798/18.5T8TMR.E1) e de 16.05.19 *in* www.dgsi.pt (Proc. nº 732/18.7T8TMR.E1); da RP, de 08.11.18 *in* www.dgsi.pt (Proc. nº 3697/17.9T8PRT.P1) e de 08.01.18 *in* www.dgsi.pt (Proc. nº 3639/15.6T8VFR.P1); do STJ, de 01.06.17 *in* www.dgsi.pt (Proc. nº 816/14.0T8LSB.L1.S1) e CJ, Ano XXV, Tomo II, p. 226; da RP, de 08.06.17 *in* www.dgsi.pt (Proc. nº 1302/16.0T8OAZ.P1) e de 13.02.17 *in* www.dgsi.pt (Proc. nº 10879/15.6T8VNG.P1); da RE, de 22.05.14 *in* www.dgsi.pt (Proc. nº 122/13.8TTSTB.E1); da RL, de 23.01.13 *in* www.dgsi.pt (Proc. nº 1442/11.1TTLSB.L1-4); do STJ, de 12.10.11 *in* www.dgsi.pt (Proc. nº 343/04.4TTBCL.P1.S1); da RP, de 04.10.10 *in* CJ, Ano XXXV, Tomo IV, p. 230 e da RC, de 12.02.09 *in* www.dgsi.pt (Proc. nº 638/06.2TTCBR.C1) e CJ, Ano XXXIV, Tomo II, p. 49.

Sobre esta questão, o STJ adiantou ainda que até "ao CT/2003, em caso de violação do princípio de para trabalho igual, salário igual, cabia ao trabalhador o ónus da alegação e prova da igualdade do trabalho (em natureza, quantidade e qualidade); Porém, o art. 23º, nº 3, do referido Código veio, no caso de existência de algum fator discriminatório, inverter o mencionado ónus da prova, atribuindo ao empregador o encargo de provar que a diferença salarial não assenta em algum desses fatores, ou seja, que essa diferença é justificada". [Ac. de 15.03.12 *in* www.dgsi.pt (Proc. nº 554/07.0TTMTS.P1.S1)].

A RC, reconhecendo que a junção dos recibos de vencimento dos outros trabalhadores é necessária e adequada para demonstrar a violação do princípio da igualdade salarial, alertou para o facto de essa junção poder acarretar "uma intromissão na vida privada desses trabalhadores na medida em que dos recibos podem constar outras informações (*v.g.*, a quotização sindical, pagamentos de seguros e de pensão de alimentos e faltas ao serviço), cujo conhecimento não é essencial ou indispensável para se poder decidir sobre a alegada violação do referido princípio constitucional". Por isso, acabou por decidir que, considerando "os direitos em confronto que urge salvaguardar, os recibos de vencimento devem ser juntos aos autos num caso com estes contornos, desde que deles apenas conste o montante da retribuição dos trabalhadores em causa, com inclusão de todos os seus componentes retributivos, omitindo-se a referência a quaisquer outros elementos". (Ac. de 26.06.20 *in* CJ, Ano XLV, Tomo III, p. 64).

4. Situações em que o tratamento remuneratório diferenciado foi considerado justificado:

– "Ao contratar com remunerações diversas, trabalhadores com o regime de Contrato individual de trabalho, para a categoria de Técnico Superior – considerando o artigo 38º da Lei nº 64-A/2008, de 31.12. (2ª posição remuneratória corresponde ao nível remuneratório 15 da Tabela remuneratória única anexa à Portaria nº 1553-C//2008, de 31.12.) para duas trabalhadoras mas assim não procedendo com o Autor – inexistindo um critério diferenciador objetivo e atendível, a Ré violou o princípio da igualdade no trabalho, assumindo uma prática discriminatória, com um tratamento distinto e desvantajoso para com o Autor relativamente aquelas trabalhadoras, todos vinculados por contrato de trabalho de direito privado". [Ac. da RP, de 24.09.20 *in* www.dgsi.pt (Proc. nº 3556/17.5T8PNF.P1)];

– "Entre duas trabalhadoras do mesmo estabelecimento de Farmácia, que têm a mesma categoria profissional, exercem as mesmas funções, mas uma delas é licenciada em Farmácia, domina as línguas francesa e inglesa, o que lhe permite atender clientes estrangeiros e emigrantes, sabe trabalhar com Excel e consegue exercer tarefas relacionadas com o Valormed, enquanto que a outra trabalhadora, a Autora, tem o 9º ano de escolaridade e não consegue trabalhar com Excel, nem realizar as tarefas relacionadas com o Valormed, não tendo resultado provado que dominasse línguas estrangeiras, justifica-se o diferente tratamento remuneratório entre as duas trabalhadoras, que assenta num critério objetivo – habilitações literárias e competências curriculares – materialmente fundado, e não discriminatória à luz da Constituição e da lei laboral". [Ac. da RE, de 16.05.19 *in* www.dgsi.pt (Proc. nº 732/18.7T8TMR.E1)];

– "Estando provado que a diferenciação salarial do autor/trabalhador assentava em critérios objetivos – falta de motivação e alheamento dos colegas e da empresa e a falta de adesão aos meios informáticos – não se verifica a violação do princípio «a trabalho igual salário igual»". [Ac. da RP, de 08.11.18 *in* www.dgsi.pt (Proc. nº 3697/17.9T8PRT.P1)];

– Quando "a diferença se funda em razões objetivas, a saber, o facto de a trabalhadora prestar trabalho de diferente natureza, quantidade e qualidade do que as colegas com a mesma categoria". [Ac. da RL, de 09.05.18 *in* www.dgsi.pt (Proc. nº 15/15.4T8TVFX.L1-4)];

– A diferenciação salarial assente no princípio da filiação, "ainda que a razão da diferenciação resida apenas no facto de o trabalhador não ter beneficiado dos aumentos salariais em condições idênticas às desfrutadas por aqueles a quem é aplicável o instrumento de regulamentação coletiva que os prevê, não ser associado das organizações sindicais que outorgaram o instrumento de regulamentação coletiva que, por essa razão, lhe não é aplicável". [Ac. da RL, de 10.01.18 *in* www.dgsi.pt (Proc. nº 32158/16.1TTLSB.L1-4)];

– Para além de não se ter provado que as tarefas desempenhadas correspondam a trabalho igual, sob o ponto de vista da qualidade, natureza e quantidade, o trabalhador "tem antiguidade diferente dos trabalhadores referidos como fundamento da discriminação retributiva e que esse trabalhador se encontra abrangido por instrumento de regulamentação coletiva diverso". [Ac. do STJ, de 14.12.16 *in* www.dgsi.pt (Proc. nº 4521/13.7TTLSB.L1.S1)];

– Apesar de o trabalhador auferir vencimento diferente de outros trabalhadores que exercem as mesmas funções, "as diferenças retributivas relativamente aos trabalhadores com quem se compara assentam em fatores objetivos de diferenciação, nomeadamente a maior antiguidade na empresa e no exercício das funções de "animador de equipa de máquinas", e na repercussão de distintos IRCT's vigentes no momento do início das funções de chefia". [Ac. da RL, de 16.11.16 *in* www.dgsi.pt (Proc. nº 12007/ /15.9T8LSB.L1-4)];

– "Se um trabalhador passa a exercer apenas uma parte das funções do diretor comercial, em acumulação com as funções de chefe de vendas que anteriormente exercia, não se verifica uma situação de trabalho igual em quantidade, natureza e qualidade, em relação às funções exercidas pelo anterior diretor comercial que justifique a atribuição da remuneração que este auferia". [Ac. da RE, de 22.05.14 *in* www.dgsi.pt (Proc. nº 122/13.8TTSTB.E1)];

– "O facto de um trabalhador estar mal qualificado, extravasando as funções que exerce as previstas para a categoria de chefe de serviço, não constitui fundamento para que os demais trabalhadores que têm atribuída essa mesma categoria" passem a auferir a retribuição atribuída àquele. [Ac. da RL, de 11.07.13 *in* www.dgsi.pt (Proc. nº 697/12.9TTLSB.L1-4)];

– "O facto de, a partir de determinada data, a entidade empregadora ter começado a pagar a todas as trabalhadoras/costureiras a mesma retribuição não é suficiente para concluir, como fizeram as instâncias, que o trabalho por elas realizado era igual em termos de natureza, quantidade e qualidade e que, por via disso, todas tinham direito à categoria de costureira de 1ª, que era a categoria que algumas delas detinham, e à retribuição correspondente àquela categoria, mormente se a retribuição paga pela entidade empregadora às autoras que estavam qualificadas como costureiras de 1ª era inferior à que se encontrava prevista no CCT aplicável". [Ac. do STJ, de 30.06.10 *in* www.dgsi.pt (Proc. nº 284/07.3TTFIG.C1.S1)];

5. Situações em que o tratamento remuneratório diferenciado não foi considerado justificado:

– "A diferenciação de salários relativamente a trabalhadores que detêm a mesma categoria profissional poderá resultar da diversa espécie ou natureza das tarefas desempenhadas, e porventura da qualidade ou valor útil da prestação, mas não já da filiação num sindicato". [Ac. da RL, de 08.05.13 *in* www.dgsi.pt (Proc. nº 479/09.4TTLSB. L1-4)];

– O tratamento diferenciado ao nível das retribuições pagas a pessoas que, exercendo funções no âmbito da organização do empregador, contratadas sob o mesmo regime legal, desempenham exatamente as mesmas funções do ponto de vista da qualidade e quantidade. [Ac. da RC, de 14.06.12 *in* www.dgsi.pt (Proc. nº 222/11.9TTVIS.C1)].

6. O TJ decidiu que o "artigo 45º, nº 1, TFUE deve ser interpretado no sentido de que se opõe a uma regulamentação nacional que, para efeitos da determinação do montante da remuneração de um trabalhador na qualidade de professor junto de uma coletividade territorial, apenas tem em conta até ao máximo de três anos os períodos anteriores de atividade cumpridos pelo referido trabalhador junto de um empregador diferente dessa coletividade situado noutro Estado-Membro, quando essa atividade seja equivalente àquela que o trabalhador tem de exercer no âmbito da referida função de professor". [Ac. de 23.04.20 *in* JOUE, C-230, de 13.07.20 (Proc. C-710/18)].

7. No que respeita ao trabalho prestado em regime de emprego público e em regime de contrato individual de trabalho, a RL fez notar que a CRP e "as normas legais em matéria de igualdade e não discriminação no trabalho exigem do empregador que adote as medidas necessárias à efetiva igualdade de tratamento e se iniba das práticas que importem diferenciação injustificada, pelo que, se o mesmo tiver ao seu serviço trabalhadores em regime de emprego público e em regime de contrato de trabalho, não tendo tal fator qualquer influência na quantidade, natureza e qualidade do trabalho, o princípio a trabalho igual, salário igual, numa vertente positiva, exige daquele uma atitude ativa de equiparação substantiva em matéria retributiva, e, por inerência, em matéria de promoção profissional". [Ac. de 04.06.14 *in* www.dgsi.pt (Proc. nº 3424/11.4TTLSB.L1-4)]. Cfr., ainda, deste mesmo tribunal, os Acs. de 22.11.17 *in* www.dgsi.pt (Proc. nº 11509/16.4T8LSB.L1-4)] e de 17.05.17 *in* www.dgsi.pt (Proc. nº 10032/16.1T8LSB.L1-4).

Artigo 271º – Cálculo do valor da retribuição horária

1. O valor da retribuição horária é calculado segundo a seguinte fórmula:

$$(Rm \times 12) : (52 \times n)$$

2. Para efeito do número anterior, *Rm* é o valor da retribuição mensal e *n* o período normal de trabalho semanal, definido em termos médios em caso de adaptabilidade.

COMENTÁRIOS:

Antecedentes legislativos: Arts. 264º, do CT/2003 e 29º, do DL nº 874/76, de 28 de dezembro.

Artigo 272º – Determinação judicial do valor da retribuição

1. Compete ao tribunal, tendo em conta a prática da empresa e os usos do setor ou locais, determinar o valor da retribuição quando as partes o não fizeram e ela não resulte de instrumento de regulamentação coletiva de trabalho aplicável.

2. Compete ainda ao tribunal resolver dúvida suscitada sobre a qualificação como retribuição de prestação paga pelo empregador.

COMENTÁRIOS:

1. Antecedentes legislativos: Arts. 265º, do CT/2003 e 90º, da LCT.

2. O contrato de trabalho está sujeito aos usos laborais que não contrariem o princípio da boa fé (art. 1º).

Compete ao tribunal, tendo precisamente em conta a prática da empresa e os usos do setor ou locais, determinar o valor da retribuição quando as partes o não fizeram e ela não resulte de instrumento de regulamentação coletiva de trabalho aplicável (nº 1).

Daqui podemos, naturalmente, extrair que o valor da retribuição que esteja fixado por esse instrumento prevalece sobre o valor usualmente praticado na empresa, no sector ou no local.

A RL deixou claro que apesar do nº 1 "não remeter para a equidade mas sim para a prática da empresa e os usos do setor ou locais, não sendo possível liquidar de outro modo a prestação, pode recorrer-se à equidade, nos termos do art. 566/3, do Código Civil". Devendo, para tal, "lançar mão dos elementos mais objetivos possíveis, nomeadamente a ponderação da situação de outros trabalhadores igualmente credores do subsídio de polivalência". (Ac. da RL, de 13.07.20 *in* www.dgsi.pt (Proc. nº 271/11.7TTPDL.1.L1-4) e CJ, Ano XLV, Tomo III, p. 184). Em sede de liquidação, foi declarado que aquele subsídio, nas circunstâncias em que a atividade era prestada – continuamente desde 2006 – era devido 13 vezes por ano, incluindo férias e subsidio de férias.

Nos casos em que não é possível apurar, em sede da matéria de facto, a retribuição que era auferida pelo sinistrado, a RP veio esclarecer que "cabe ao julgador fixá-la, segundo o seu prudente arbítrio, tendo em atenção a natureza dos serviços prestados, a categoria profissional da vítima e os usos". (Ac. de 15.03.99 *in* CJ, Ano XXIV, Tomo II, p. 245).

SECÇÃO III – Retribuição mínima mensal garantida

Artigo 273º – Determinação da retribuição mínima mensal garantida

1. É garantida aos trabalhadores uma retribuição mínima mensal, seja qual for a modalidade praticada, cujo valor é determinado anualmente por legislação específica, ouvida a Comissão Permanente de Concertação Social.

2. Na determinação da retribuição mínima mensal garantida são ponderados, entre outros fatores, as necessidades dos trabalhadores, o aumento de

custo de vida e a evolução da produtividade, tendo em vista a sua adequação aos critérios da política de rendimentos e preços.

3. Constitui contraordenação muito grave a violação do disposto no nº 1.

4. A decisão que aplicar a coima deve conter a ordem de pagamento do quantitativo da retribuição em dívida ao trabalhador, a efetuar dentro do prazo estabelecido para pagamento da coima.

COMENTÁRIOS:

1. Antecedentes legislativos: Arts. 266º e 669º, do CT/2003 e 210º, da RCT.

A retribuição mínima mensal estava regulada nos arts. 207º a 210º, da RCT.

2. O dever do Estado de atualizar o salário mínimo nacional está previsto no art. 59º, nº 2, al. *a*), da CRP.

Ao nível dos efeitos dos diplomas que fixam novos salários, o RC considerou que estes aplicam-se retroativamente, "abrangendo as relações laborais em vigor na data da sua entrada em vigor e as que existiam na data do início da sua eficácia, mesmo que, entretanto, tenham cessado". (Ac. de 27.05.93 *in* CJ, Ano XVIII, Tomo III, p. 92).

A RL esclareceu que a "entidade que paga a um trabalhador remuneração superior ao salário mínimo nacional não é obrigada a aumentar proporcionalmente aquela remuneração sempre que o s.m.n. aumente, uma vez que com tal aumento não se atinge a retribuição efetivamente recebida". (Ac. de 25.05.94 *in* CJ, Ano XIX, Tomo III, p. 169).

Já a RC fez notar que as "razões subjacentes à fixação de um salário mínimo nacional e à sua atualização não impõem que idêntica atualização seja operada relativamente às retribuições mínimas fixadas convencionalmente em montantes superiores aos do salário mínimo nacional". Assim, se "um dado CCT prevê para uma dada categoria profissional uma remuneração mínima convencional que excede a remuneração mínima mensal garantida e em relação à qual não se registam os fundamentos subjacentes à fixação do referido salário mínimo, não se vislumbra qualquer fundamento legal ou de natureza argumentativa que imponha atualizações daquela remuneração convencional igual à que legalmente se consagre relativamente à remuneração mínima legalmente garantida". [Ac. de 09.10.14 *in* www.dgsi.pt (Proc. nº 174/13.0TT CBR.C1)].

A RE decidiu que não tinha "direito a diferenças salariais a empregada do serviço doméstico, que, habitando em casa fornecida pelos empregadores e pagando estes as despesas da habitação, incluindo água, luz, telefone, e ainda as despesas com produtos para a horta e com a criação de animais, auferia uma remuneração mensal compreendida dentro dos 50% da retribuição mínima mensal garantida nos vários diplomas legais do salário mínimo nacional". (Ac. de 05.02.02 *in* CJ, Ano XXVII, Tomo I, p. 289).

Artigo 274º – Prestações incluídas na retribuição mínima mensal garantida

1. O montante da retribuição mínima mensal garantida inclui:

a) O valor de prestação em espécie, nomeadamente alimentação ou alojamento, devida ao trabalhador em contrapartida do seu trabalho normal;

b) Comissão sobre vendas ou prémio de produção;

c) Gratificação que constitua retribuição, nos termos da alínea *a*) do nº 3 do artigo 260º

2. O valor de prestação em espécie é calculado segundo os preços correntes na região e não pode ser superior aos seguintes montantes ou percentagens do valor da retribuição mínima mensal garantida, total ou do determinado por aplicação de percentagem de redução a que se refere o artigo seguinte:

a) 35% para a alimentação completa;

b) 15% para a alimentação constituída por uma refeição principal;

c) 12% para o alojamento do trabalhador;

d) 27,36€ por divisão assoalhada para a habitação do trabalhador e seu agregado familiar;

e) 50% para o total das prestações em espécie.

3. O valor mencionado na alínea *d*) do número anterior é atualizado por aplicação do coeficiente de atualização das rendas de habitação, sempre que seja aumentado o valor da retribuição mínima mensal garantida.

4. O montante da retribuição mínima mensal garantida não inclui subsídio, prémio, gratificação ou outra prestação de atribuição acidental ou por período superior a um mês.

COMENTÁRIOS:

Antecedentes legislativos: Art. 207º, da RCT.

Artigo 275º – Redução da retribuição mínima mensal garantida relacionada com o trabalhador

1. A retribuição mínima mensal garantida tem a seguinte redução relativamente a:

a) Praticante, aprendiz, estagiário ou formando em situação de formação certificada, 20%;

b) Trabalhador com capacidade de trabalho reduzida, a redução correspondente à diferença entre a capacidade plena para o trabalho e o coeficiente de capacidade efetiva para a atividade contratada, se a diferença for superior a 10%, com o limite de 50%.

2. A redução prevista na alínea *a*) do número anterior não é aplicável por período superior a um ano, incluindo o tempo de formação ao serviço de outro empregador, desde que documentado e visando a mesma qualificação.

3. O período estabelecido no número anterior é reduzido a seis meses no caso de trabalhador habilitado com curso técnico-profissional ou curso obtido no sistema de formação profissional qualificante para a respetiva profissão.

4. A certificação do coeficiente de capacidade efetiva é feita, a pedido do trabalhador, do candidato a emprego ou do empregador, pelo serviço público de emprego ou pelos serviços de saúde.

COMENTÁRIOS:

Antecedentes legislativos: Art. 209º, da RCT.

SECÇÃO IV – Cumprimento de obrigação de retribuição

Artigo 276º – Forma de cumprimento

1. A retribuição é satisfeita em dinheiro ou, estando acordado, em prestações não pecuniárias, nos termos do artigo 259º

2. A parte pecuniária da retribuição pode ser paga por meio de cheque, vale postal ou depósito à ordem do trabalhador, devendo ser suportada pelo empregador a despesa feita com a conversão do título de crédito em dinheiro ou o levantamento, por uma só vez, da retribuição.

3. Até ao pagamento da retribuição, o empregador deve entregar ao trabalhador documento do qual constem a identificação daquele, o nome completo, o número de inscrição na instituição de segurança social e a categoria profissional do trabalhador, a retribuição base e as demais prestações, bem como o período a que respeitam, os descontos ou deduções e o montante líquido a receber.

4. Constitui contraordenação muito grave a violação do disposto no nº 1, contraordenação grave a violação do disposto no nº 2 e contraordenação leve a violação do disposto no nº 3.

COMENTÁRIOS:

1. Antecedentes legislativos: Arts. 267º, nºs 1, 4 e 5 e 669º, do CT/2003 e 91º, da LCT.

2. A prestação retributiva pode ser pecuniária ou não pecuniária.

A prestação pecuniária é satisfeita em dinheiro, por meio de cheque, vale postal ou depósito à ordem do trabalhador, devendo ser suportada pelo empregador a despesa feita com a conversão do título de crédito em dinheiro ou o levantamento, por uma só vez, da retribuição (nºs 1 e 2).

Em conformidade com o princípio nominalista plasmado no art. 550º, do CC, o cumprimento das obrigações pecuniárias faz-se em moeda que tenha curso legal no

País à data em que for efetuado e pelo valor nominal que a moeda nesse momento tiver, salvo estipulação em contrário.

Por sua vez, as prestações retributivas não pecuniárias, são pagas em espécie, destinando-se à satisfação de necessidades pessoais do trabalhador ou da sua família, não lhe podendo ser atribuído valor superior ao corrente na região (art. 259º, nºs 1 e 2 e nº 1, parte final, do presente artigo).

Quando ao caso específico do subsídio de refeição, a RC clarificou que não sendo esta retribuição em sentido técnico, é inaplicável o nº 1, podendo a empregadora pagar tal subsídio através de cartões de refeição. [Ac. de 03.04.14 *in* www.dgsi.pt (Proc. nº 601/13.7TTVIS.C1)].

3. Ao trabalhador apenas cabe alegar a falta de pagamento dos créditos salariais, recaindo sobre o empregador o ónus de alegar e provar o respetivo pagamento, nos termos do art. 342º, nº 2, do CC. Cfr. os Acs. da RP, de 21.10.20 *in* www.dgsi.pt (Proc. nº 4925/17.6T8OAZ.P1); da RE, de 02.05.19 *in* www.dgsi.pt (Proc. nº 2887/16.6T8FAR.E1); da RP, de 24.01.18 *in* www.dgsi.pt (Proc. nº 495/17.3T8PNF.P1) e de 17.11.14 *in* www.dgsi.pt (Proc. nº 575/12.1TTVRL.P1) e da RE, de 08.05.12 *in* www.dgsi.pt (Proc. nº 657/10.4TTPTM.E1).

A RP chama, contudo, a atenção para a existência de "regras especiais de distribuição do ónus da prova para dirimir o *non liquet* probatório, por via da inversão desse ónus, como preceitua o art. 344º do CC; um desses casos ocorre quando a parte contrária impossibilitou culposamente a prova de determinado facto ao sujeito processual onerado com o ónus da prova nos termos gerais". [Ac. de 21.10.20 *in* www.dgsi.pt (Proc. nº 4925/17.6T8OAZ.P1)].

4. Antes de proceder ao pagamento da retribuição, o empregador deve entregar ao trabalhador documento do qual constem a sua identificação, o nome completo, o número de inscrição na instituição de segurança social, a categoria profissional, a retribuição base e as demais prestações, bem como o período a que respeitam, os descontos ou deduções e o montante líquido a receber (nº 3). O comummente chamado recibo de vencimento.

O não cumprimento desta obrigação constitui contraordenação leve (nº 4).

A RL deixou claro que, nos termos do nº 3, empregador é obrigado a emitir documento comprovativo do pagamento da retribuição ao trabalhador, podendo exigir-lhe documento de quitação de acordo com o art. 787º, do CC. [Ac. de 19.06.13 *in* www.dgsi.pt (Proc. nº 265/11.2TTFUN.L1-4)]. Neste aresto, podemos ler o seguinte: "Numa ação emergente de contrato de trabalho em que o A. invoca falta de pagamento de salários e a R. alega ter procedido ao pagamento através de depósitos bancários na conta da A. e, outras vezes, em numerário, não faz sentido que esta procure inverter o ónus de prova do pagamento, que sobre ela recai, requerendo, ao abrigo do art. 528º do CPC, que a trabalhadora junte comprovativos dos depósitos efetuados na respetiva conta".

Em todo o caso, é de realçar que o nº 3 não corresponde a uma regra de direito probatório que imponha a prova do pagamento da retribuição mediante a apresentação de documento com as referidas características, nem tal disposição legal existe. Por conseguinte, não ficam afastados outros meios de prova, nem o princípio da livre convicção do julgador, previsto no nº 5, do art. 607º, do CPC, podendo o empregador demonstrar aquele pagamento, através de outros meios de prova, incluindo o testemunhal. Cfr. os Acs. da RE, de 22.10.20 *in* www.dgsi.pt (Proc. nº 2341/19.4T8FAR-E1); da RL, de 19.04.17 *in* www.dgsi.pt (Proc. nº 2879/15.2T8LSB.L1-4); da RP, de 10.02.14 *in* www.dgsi.pt (Proc. nº 535/12.1TTGDM.P1) e da RC, de 05.03.09 *in* www.dgsi.pt (Proc. nº 78/05.0TAAGD.C1).

No Proc. nº 134/09.6TTTVD.L1-4, a RL tomou o seguinte sentido decisório: "Se o empregador, em vez de emitir recibos nos termos do art. 267º, nº 3 do CT de 2003, se limita a emitir cheques que provam apenas o pagamento de determinadas quantias à ordem do trabalhador, durante um determinado período de tempo, esse empregador, se for confrontado com uma ação em que aquele reclama o pagamento de prestações retributivas respeitantes a esse período, e quiser evitar a sua condenação, terá de provar, por quaisquer meios de prova, que na quantia que depositou mensalmente à ordem do trabalhador, durante o período em causa, estavam incluídas as prestações retributivas que reclama nessa ação". (Ac. de 19.05.10 *in* www.dgsi.pt).

É ainda oportuno dar nota da posição da RG, quando esclareceu que "os "recibos de vencimento" e "mapas de ajudas de custo", exarados pelo empregado, ainda que não impugnados pelo trabalhador, não gozam de força probatória plena relativamente aos factos contrários aos interesses do trabalhador que tenham sido inseridos pelo empregador em tais documentos". Ademais, o "facto de o documento ter sido assinado pelo trabalhador não lhe confere a sua autoria, razão pela qual os referidos documentos são de livre apreciação quanto aos factos neles inseridos, que sejam contrários aos interesses do trabalhador". [Ac. de 17.05.18 *in* www.dgsi.pt (Proc. nº 4260/15.4T8VCT.G1)].

No Proc. nº 2879/15.2T8LSB.L1-4, a RL decidiu que, se na altura em que os recibos foram emitidos e assinados pelo trabalhador, e em que, portanto, se constituiu o meio de prova, aquele estava ao serviço da empregadora, a declaração que lhes subjaz de que aquele "recebeu as quantias ali referidas, que incluiriam a retribuição de férias e o subsídio de Natal, não faz prova plena desse facto, não tendo valor confessório, face à indisponibilidade destes direitos durante a vigência do contrato de trabalho, havendo que analisar a demais prova produzida, a testemunhal, para aquilatar se a retribuição de férias e o subsídio de Natal já estavam incluídos nas quantias que a empregadora pagou ao trabalhador". (Ac. de 19.04.17 *in* www.dgsi.pt).

Por outro lado, o recibo de vencimento "não é apto a provar que a trabalhadora "aceitou" a cessação do contrato de trabalho por caducidade só porque dele consta uma verba denominada "Cessação Cont. Termo"". [Ac. da RP, de 07.05.12 *in* www.dgsi.pt (Proc. nº 141/10.6TTVFR.P1)].

Chamamos a atenção para o Ac. da RP, de 30.04.12, onde foi decidido que, tendo "sido arguida a exceção de pagamento mediante apresentação de recibo de vencimento e de declaração autónoma de quitação, assinados pela trabalhadora, cujas assinaturas a mesma não impugnou, era à trabalhadora que incumbia provar o alegado erro na formação da vontade de assinar". [*In* www.dgsi.pt (Proc. nº 75/11.7TTGDM.P1)].

Uma nota final para sublinhar que o STJ reconheceu a validade do pagamento da retribuição a terceiro, desde que autorizado pelo trabalhador. (Ac. de 20.05.98 *in* CJ, Ano VI, Tomo II, p. 282).

5. Para maiores desenvolvimentos, cfr. António Luís M. C. Bentes de Oliveira, *Algumas notas sobre o boletim de pagamento de retribuição*, pp. 647 e ss..

Artigo 277º – Lugar do cumprimento

1. A retribuição deve ser paga no local de trabalho ou noutro lugar que seja acordado, sem prejuízo do disposto no nº 2 do artigo anterior.

2. Caso a retribuição deva ser paga em lugar diverso do local de trabalho, o tempo que o trabalhador gastar para receber a retribuição considera-se tempo de trabalho.

COMENTÁRIOS:

1. Antecedentes legislativos: Arts. 268º, do CT/2003 e 92º, da LCT.

2. Em regra, a retribuição deve ser paga no local de trabalho ou noutro lugar que seja acordado (nº 1). Sendo certo que no caso da retribuição pecuniária, a mesmo pode ser paga por meio de cheque, vale postal ou depósito à ordem do trabalhador (nº 2, do art. 276º, para o qual remete o nº 1, do presente artigo).

3. Na hipótese de cessação do contrato de trabalho, o pagamento de quaisquer quantias emergentes desse contrato deve ser feito no domicílio do trabalhador, nos termos do art. 774º, do CC. Cfr. o Ac. da RL, de 02.02.00 *in* CJ, Ano XXV, Tomo I, p. 168. Neste aresto, podemos ler ainda que, mesmo que se entendesse que o lugar de pagamento das quantias devidas ao trabalhador era o local onde este prestou a sua atividade, a empregadora devia ter demonstrado que tinha colocado tais prestações à sua disposição naquele local, as quais só não foram recebidas por este porque não se deslocou aí para proceder ao seu levantamento.

Artigo 278º – Tempo do cumprimento

1. O crédito retributivo vence-se por períodos certos e iguais, que, salvo estipulação ou uso diverso, são a semana, a quinzena e o mês do calendário.

2. A retribuição deve ser paga em dia útil, durante o período de trabalho ou imediatamente a seguir a este.

3. Em caso de retribuição variável com período de cálculo superior a 15 dias, o trabalhador pode exigir o pagamento em prestações quinzenais.

4. O montante da retribuição deve estar à disposição do trabalhador na data do vencimento ou em dia útil anterior.

5. O empregador fica constituído em mora se o trabalhador, por facto que não lhe seja imputável, não puder dispor do montante da retribuição na data do vencimento.

6. Constitui contraordenação grave a violação do disposto no nº 4.

COMENTÁRIOS:

1. Antecedentes legislativos: Arts. 269º, do CT/2003 e 93º, da LCT.

2. O valor e a periodicidade da retribuição são informações que devem ser prestadas ao trabalhador, por força da al. *h*), do nº 3, do art. 106º.

3. A RE entendeu que não foi "culposo o comportamento da empregadora consistente em não pagar atempadamente a retribuição aos trabalhadores, desde que tal seja devido à sua situação económica e financeira difícil e o seu comportamento, em concreto, seja transparente, de boa-fé, e não um mero pretexto para protelar o pagamento". [Ac. de 28.04.17 *in* www.dgsi.pt (Proc. nº 10154/15.6T8STB.E1)].

Por seu turno, a RP decidiu que "o facto de ter havido atraso, por quinze dias, no pagamento do salário a outro trabalhador, não é só por si relevante para se concluir que a conduta da Ré tivesse colocado o trabalhador em sérias dificuldades económicas de forma a justificar a rutura do contrato de trabalho, por sua iniciativa, dado não se verificar justa causa para o rescindir". (Ac. de 12.05.03 *in* CJ, Ano XXVIII, Tomo III, p. 227).

Artigo 279º – Compensações e descontos

1. Na pendência de contrato de trabalho, o empregador não pode compensar a retribuição em dívida com crédito que tenha sobre o trabalhador, nem fazer desconto ou dedução no montante daquela.

2. O disposto no número anterior não se aplica:

_a_) A desconto a favor do Estado, da segurança social ou outra entidade, ordenado por lei, decisão judicial transitada em julgado ou auto de conciliação, quando o empregador tenha sido notificado da decisão ou do auto;

_b_) A indemnização devida pelo trabalhador ao empregador, liquidada por decisão judicial transitada em julgado ou auto de conciliação;

_c_) À sanção pecuniária a que se refere a alínea _c_) do nº 1 do artigo 328º;

***d*) A amortização de capital ou pagamento de juros de empréstimo concedido pelo empregador ao trabalhador;**

***e*) A preço de refeições no local de trabalho, de utilização de telefone, de fornecimento de géneros, de combustíveis ou materiais, quando solicitados pelo trabalhador, ou outra despesa efetuada pelo empregador por conta do trabalhador com o acordo deste;**

***f*) A abono ou adiantamento por conta da retribuição.**

3. Os descontos a que se refere o número anterior, com exceção do mencionado na alínea *a*), não podem exceder, no seu conjunto, um sexto da retribuição.

4. Os preços de refeições ou outros bens fornecidos ao trabalhador por cooperativa de consumo, mediante acordo entre esta e o trabalhador, não estão sujeitos ao limite mencionado no número anterior.

5. Constitui contraordenação muito grave a violação do disposto no nº 1.

COMENTÁRIOS:

1. Antecedentes legislativos: Arts. 270º e 669º, do CT/2003 e 5º, da LCT.

2. Nos termos do nº 1, o empregador, durante a vigência do contrato, não pode, unilateralmente, compensar a retribuição em dívida com crédito que tenha sobre o trabalhador. Na ótica da RC, estamos perante "uma norma imperativa apenas e só quando estabelece que ao empregador está vedado, de forma unilateral, durante a vigência do contrato, compensar a retribuição em dívida com crédito que tenha sobre o trabalhador, o que já não ocorre se tal compensação for acordada entre as partes". Por isso, se "o A. assumiu a prática de uma contraordenação, confessou-se devedor da respetiva coima de €2.600,00 aplicada à Ré e autorizou o desconto mensal para liquidação daquele valor, tal comportamento gerou o crédito da empregadora e a compensação invocada, porque acordada entre o A. e a Ré, não é proibida" pelo presente artigo. (Ac. de 26.06.20 *in* www.dgsi.pt (Proc. nº 1582/18.6T8LRA.C1) e CJ, Ano XLV, Tomo III, p. 61).

3. Com exceção dos descontos a favor do Estado, da segurança social ou outra entidade, ordenado por lei, decisão judicial transitada em julgado ou auto de conciliação, quando o empregador tenha sido notificado da decisão ou do auto, os descontos previstos no nº 2, não podem exceder, no seu conjunto, um sexto da retribuição (nº 3).

Segundo a RL, à compensação convencional de créditos salariais não se aplica o limite do nº 3, "estando sujeita, no entanto, ao limite decorrente da impenhorabilidade de 2/3 dos salários líquidos consagrado no art. 738º, nº 1, do CPC", sendo que a violação deste limite pode justificar a resolução do contrato de trabalho com justa causa. (Ac. de 09.09.15 *in* CJ, Ano XL, Tomo IV, p. 149).

4. A RP entendeu que o trabalhador, ao subscrever sem opor qualquer ressalva e três meses depois de ter enviado um email (com o seguinte teor: "De acordo com o e-mail enviado anteriormente, analisada a proposta apresentada para efeitos do cálculo da compensação (ata nº 4), aceito a mesma sem prejuízo de vir a reclamar outros créditos salariais decorrentes da relação de trabalho e não contemplados na referida compensação"), tinha consciência do que estava em causa ao aceitar e subscrever os termos da declaração (onde se lê: "nada, mais tem a receber – (..)., ou da empresa que integre o grupo económico F..., em virtude da execução e cessação do contrato de trabalho que os vinculou"), significando isso que renunciou a reclamar quaisquer eventuais crédito que detivesse sobre a empregadora, decorrentes da execução do contrato de trabalho. (Ac. de 23.09.19 *in* www.dgsi.pt (Proc. nº 1561/17.0T8VLG.P1) e CJ, Ano XLIV, Tomo IV, p. 232).

A vontade de remitir por parte do trabalhador não fica demonstrada, quando não só não se provou a existência de qualquer negociação prévia, como o teor do texto que este assinou não sugere, nem alerta, para qualquer remissão abdicativa. (Ac. do STJ, de 13.02.19 *in* www.dgsi.pt (Proc. nº 1059/16.4T8PNF.P1.S1) e CJ, Ano XXVII, Tomo I, p. 229).

5. Na vigência do contrato de trabalho, os créditos laborais emergentes da relação laboral são indisponíveis, sendo, por essa razão, ilegítimo compensar créditos do empregador com créditos salariais do trabalhador, bem como inválida uma declaração de remissão abdicativa por este emitida. Todavia, tais créditos tornam-se disponíveis com a cessação do contrato. Cfr. os Acs. da RL, de 13.07.16 *in* www.dgsi.pt (Proc. nº 23758/15.8T8LSB.L1-4); da RP, de 26.05.15 *in* www.dgsi.pt (Proc. nº 679/13.3TTOAZ.P1); da RL, de 08.02.12 *in* www.dgsi.pt (Proc. nº 1037/11.0TTLSB.L1-4) e da RP, de 05.12.11 *in* www.dgsi.pt (Proc. nº 845/09.6TTGMR.P1) e de 05.12.11 *in* www.dgsi.pt (Proc. nº 1472/09.3TTBRG.P1).

Neste contexto, a RP considerou que se "a renúncia ocorre durante a vigência do contrato, mesmo que apenas falte um dia para o seu termo, e que esse termo ocorra através de decisão unilateral da entidade patronal, portanto sem qualquer negociação, deve-se ter como inválida tal renúncia". [Ac. de 04.07.11 *in* www.dgsi.pt (Proc. nº 1151/10.9TTVNG.P1)].

A RL entendeu que "da declaração emitida pelo trabalhador de que recebeu determinada quantia referente a acerto de contas, não tendo nada mais a receber da empregadora, não se pode extrair que evidencia a vontade de não impugnar a validade dos contratos a termo que celebrou com aquela, nem que renuncia aos direitos que eventualmente lhe advenham do vencimento da respetiva causa". [Ac. de 13.07.16 *in* www.dgsi.pt (Proc. nº 23758/15.8T8LSB.L1-4)].

Mais recentemente, a RP considerou que tinha "a natureza jurídica de remissão de dívida, a que alude o art. 863º do C. Civil, configurando um contrato de remissão abdicativa, os documentos escritos, intitulados "Recibo de Quitação", subscritos pelo trabalhador, na data da cessação do contrato de trabalho, referindo "Eu, abaixo assinado, declaro que recebi as importâncias acima referidas, nada mais tendo a haver seja a que título for, ficando assim liberto de quaisquer encargos, mesmo de natureza social, assim como a Empresa, pelo que dou total quitação"". [Ac. de 18.01.21 *in* www.dgsi.pt (Proc. nº 1957/19.3T8VFR.P1)].

Para a RE, configura "uma situação de remissão abdicativa, uma declaração, num documento escrito com o título de "recibo de quitação", de um trabalhador na qual, para além de declarar ter recebido do empregador todas as retribuições e direitos vencidos até ao termo do contrato de trabalho, condigna mais declarar nada ter a receber, a qualquer título do mesmo empregador". (Ac. de 24.03.11 *in* CJ, Ano XXXVI, Tomo II, p. 280).

A quantia acordada entre trabalhador e empregador para a revogação do contrato de trabalho por mútuo acordo, nos termos do art. 349º, nº 5, do CT, não está abrangida pela proibição da compensação prevista no nº 1. Cfr. o Ac. da RP, de 02.06.14 *in* CJ, Ano XXXIX, Tomo III, p. 268.

6. O "empregador pode compensar nas quantias variáveis devidas a título de subsídio de refeição as quantias fixas que mensalmente adiantou ao trabalhador para despender com as mesmas". [Ac. da RL, de 27.02.19 *in* www.dgsi.pt (Proc. nº 749/18.1T8TVD.L1-4)]. Ver, ainda, deste tribunal, o Ac. de 08.03.17 *in* www.dgsi.pt (Proc. nº 695/16.3T8VFX-4). De igual modo, é lícito ao empregador compensar "na quantia devida a título de subsídio de refeição o preço de custo das refeições que fornece no seu local de trabalho e o trabalhador ali efetivamente toma, desde que não exceda um sexto da respetiva retribuição". [Ac. da RL, de 25.11.10 *in* www.dgsi.pt (Proc. nº 835/07.3TTSNT.L1-4)].

A RC reconheceu a validade de um acordo pelo que o trabalhador se obriga a constituir uma caução para garantir o cumprimento da sua obrigação de devolução do fardamento fornecido pelo empregador ou a indemnização devida pelo incumprimento dessa obrigação. (Ac. de 14.07.10 *in* CJ, Ano XXXV, Tomo III, p. 69). Afastada ficou, todavia, a possibilidade da constituição dessa caução resultar de um desconto, ainda que faseado, na retribuição do trabalhador feito unilateralmente pelo empregador. Cfr. os Acs. da RP, de 14.01.13 *in* www.dgsi.pt (Proc. nº 251/12.5TTVCT.P1) e da RC, de 14.07.10 *in* CJ, Ano XXXV, Tomo III, p. 69.

Foi igualmente considerada ilícita a conduta de "uma empresa exploradora de grandes superfícies que procede a descontos na retribuição duma sua trabalhadora, caixa de supermercado, a título de quebras de caixa, por quantia decorrente do desaparecimento de valores apurados colocados num saco furtado por terceiro". (Ac. da RE, de 15.09.09 *in* CJ, Ano XXXIV, Tomo IV, p. 269).

A compensação de créditos foi também recusada num caso em que não ficou provado que o ex-trabalhador tivesse autorizado essa compensação, nem que as anomalias detetadas no stock do estabelecimento comercial tivessem resultado "da violação dos deveres laborais por parte daquele". [Ac. da RL, de 25.11.20 *in* www.dgsi.pt (Proc. nº 936/19.5Y4FNC.L1-4)].

Artigo 280º – Cessão de crédito retributivo

O trabalhador só pode ceder crédito a retribuição, a título gratuito ou oneroso, na medida em que o mesmo seja penhorável.

COMENTÁRIOS:

1. Antecedentes legislativos: Arts. 271º, do CT/2003 e 97º, da LCT.

2. A RG decidiu que na "cessão de créditos salariais futuros, no âmbito de um contrato de trabalho preexistente, o crédito cedido nasce diretamente na titularidade do cessionário". [Ac. de 05.12.13 *in* www.dgsi.pt (Proc. nº 285/12.0TBCBT-B.G1)]. Neste aresto, lê-se ainda que se "o cedente de créditos salariais for executado por dívida diversa da que foi objeto da dita cessão, o montante anteriormente cedido do seu salário mensal, não deve ser relevado para aferir da penhorabilidade desse salário".

3. Sobre o presente artigo, *vide* MIGUEL LUCAS PIRES, *Garantia dos Créditos Laborais*, pp. 382 e ss..

CAPÍTULO IV – Prevenção e reparação de acidentes de trabalho e doenças profissionais

Artigo 281º – Princípios gerais em matéria de segurança e saúde no trabalho

1. O trabalhador tem direito a prestar trabalho em condições de segurança e saúde.

2. O empregador deve assegurar aos trabalhadores condições de segurança e saúde em todos os aspetos relacionados com o trabalho, aplicando as medidas necessárias tendo em conta princípios gerais de prevenção.

3. Na aplicação das medidas de prevenção, o empregador deve mobilizar os meios necessários, nomeadamente nos domínios da prevenção técnica, da formação, informação e consulta dos trabalhadores e de serviços adequados, internos ou externos à empresa.

4. Os empregadores que desenvolvam simultaneamente atividades no mesmo local de trabalho devem cooperar na proteção da segurança e da saúde dos respetivos trabalhadores, tendo em conta a natureza das atividades de cada um.

5. A lei regula os modos de organização e funcionamento dos serviços de segurança e saúde no trabalho, que o empregador deve assegurar.

6. São proibidos ou condicionados os trabalhos que sejam considerados, por regulamentação em legislação especial, suscetíveis de implicar riscos para o património genético do trabalhador ou dos seus descendentes.

7. Os trabalhadores devem cumprir as prescrições de segurança e saúde no trabalho estabelecidas na lei ou em instrumentos de regulamentação coletiva de trabalho, ou determinadas pelo empregador.

COMENTÁRIOS:

1. Antecedentes legislativos: Arts. 272º a 274º e 671º, nº 1, do CT/2003.

2. O regime jurídico da promoção da segurança e saúde no trabalho foi aprovado pela L nº 102/2009, de 10 de setembro (sendo a última alteração produzida pela L nº 79/2019, de 02 de setembro).

Artigo 282º – Informação, consulta e formação dos trabalhadores

1. O empregador deve informar os trabalhadores sobre os aspetos relevantes para a proteção da sua segurança e saúde e a de terceiros.

2. O empregador deve consultar em tempo útil os representantes dos trabalhadores, ou os próprios trabalhadores, sobre a preparação e aplicação das medidas de prevenção.

3. O empregador deve assegurar formação adequada, que habilite os trabalhadores a prevenir os riscos associados à respetiva atividade e os representantes dos trabalhadores a exercer de modo competente as respetivas funções.

4. Em cada empresa, os trabalhadores são representados na promoção da segurança e saúde no trabalho por representantes eleitos com essa finalidade ou, na sua falta, pela comissão de trabalhadores.

COMENTÁRIOS:

Antecedentes legislativos: Arts. 275º e 671º, nº 1, do CT/2003.

Artigo 283º – Acidentes de trabalho e doenças profissionais

1. O trabalhador e os seus familiares têm direito à reparação de danos emergentes de acidente de trabalho ou doença profissional.

2. As doenças profissionais constam da lista organizada e publicada no Diário da República.

3. A lesão corporal, perturbação funcional ou a doença não incluídas na lista a que se refere o número anterior são indemnizáveis desde que se prove serem consequência, necessária e direta, da atividade exercida e não representem normal desgaste do organismo.

4. A lei estabelece as situações que excluem o dever de reparação ou que agravam a responsabilidade.

5. O empregador é obrigado a transferir a responsabilidade pela reparação prevista neste capítulo para entidades legalmente autorizadas a realizar este seguro.

6. A garantia do pagamento das prestações que forem devidas por acidentes de trabalho que não possam ser pagas pela entidade responsável, nomeadamente por motivo de incapacidade económica, é assumida pelo Fundo de Acidentes de Trabalho, nos termos da lei.

7. A responsabilidade pela reparação dos danos emergentes de doenças profissionais é assumida pela segurança social, nos termos da lei.

8. A responsabilidade pela reparação dos danos emergentes de doenças profissionais resultantes da prática de assédio é do empregador.

9. A responsabilidade pelo pagamento da reparação dos danos emergentes de doença profissional prevista no número anterior é da segurança social, nos termos legalmente previstos, ficando esta sub-rogada nos direitos do trabalhador, na medida dos pagamentos efetuados, acrescidos de juros de mora vincendos.

10. O empregador deve assegurar a trabalhador afetado de lesão provocada por acidente de trabalho ou doença profissional que reduza a sua capacidade de trabalho ou de ganho a ocupação em funções compatíveis.

COMENTÁRIOS:

1. O presente artigo foi alterado pela L nº 73/2017, de 16 de agosto.

2. Esta matéria encontra-se regulada na L nº 98/2009, de 04 de setembro (que aprovou o regime jurídico de reparação de acidentes de trabalho e de doenças profissionais).

O quadro jurídico nacional preocupa-se com duas vertentes do problema; a prevenção de acidentes de trabalho (preocupação *a montante*) e a reparação dos danos sofridos (preocupação *a jusante*). No primeiro, destaca-se o regime da segurança e saúde no trabalho; no segundo, o regime dos acidentes de trabalho e doenças profissionais. "A responsabilidade pelos acidentes de trabalho caracteriza-se maioritariamente, entre nós, como de natureza extracontratual e objetiva, assente na teoria do risco e com limites indemnizatórios determinados pela tipificação de danos de acordo com a TNI", PAULA QUINTAS, *Manual de Direito da Segurança e Saúde no Trabalho*, p. 145.

3. O nº 1 só protege o trabalhador (e seus familiares) vinculado por um contrato de trabalho. Os restantes casos igualmente reparáveis são agora acolhidos através de uma norma de extensão, conforme indicado no art. 4º, da Lei Preambular. A L nº 98/2009, de 04 de setembro, que regulamenta o regime de reparação de acidentes de trabalho

e de doenças profissionais, concede direito à reparação dos danos emergentes dos acidentes de trabalho e doenças profissionais ao trabalhador e os seus familiares (art. 2º) bem como ao "praticante, aprendiz e estagiário" (art. 3º, nº 3). O regime abrange o trabalhador por conta de outrem de qualquer atividade (âmbito horizontal), seja ou não explorada com fins lucrativos (art. 3º, nº 1).

4. As doenças profissionais constam do DReg nº 76/2007, de 17 de julho (nº 2). A lesão corporal, perturbação funcional ou a doença não incluídas na lista a que se refere o número anterior são indemnizáveis desde que se prove serem consequência, necessária e direta, da atividade exercida e não representem normal desgaste do organismo (nº 3).

5. O nº 4 remete para os arts. 12º a 17º (Exclusão e redução da responsabilidade) e 18º (Agravamento da responsabilidade) da L nº 98/2009, de 04 de setembro.

6. O nº 5 preceitua que o empregador é obrigado a transferir a responsabilidade pela reparação prevista neste capítulo para entidades legalmente autorizadas a realizar este seguro, em conformidade com o art. 79º, nº 1, da L nº 98/2009, de 04 de setembro.

7. O nº 6 indica que a garantia do pagamento das prestações que forem devidas por acidentes de trabalho que não possam ser pagas pela entidade responsável, nomeadamente por motivo de incapacidade económica, é assumida pelo Fundo de Acidentes de Trabalho, aprovado pelo DL nº 142/99, de 30 de abril (na redação dada pelo DL nº 18/2016, de 13 de abril), conforme decorre do seu art. 1º, nº 1, al. *a*), o qual indica que compete ao Fundo: "Garantir o pagamento das prestações que forem devidas por acidentes de trabalho sempre que, por motivo de incapacidade económica objetivamente caracterizada em processo judicial de falência ou processo equivalente, ou processo de recuperação de empresa, ou por motivo de ausência, desaparecimento ou impossibilidade de identificação, não possam ser pagas pela entidade responsável".

8. A responsabilidade pela reparação dos danos emergentes de doenças profissionais é assumida pela segurança social, nos termos da lei (nº 7).

9. O empregador deve assegurar a trabalhador afetado de lesão provocada por acidente de trabalho ou doença profissional que reduza a sua capacidade de trabalho ou de ganho a ocupação em funções compatíveis (nº 8), de acordo com o disposto no art. 84º.

10. O regime relativo à reparação dos danos emergentes de acidentes de trabalho dos praticantes desportivos profissionais foi aprovado pela L nº 27/2011, de 16 de julho.

Artigo 284º – Regulamentação da prevenção e reparação

O disposto neste capítulo é regulado em legislação específica.

COMENTÁRIOS:

Os diplomas reguladores são:

- A L nº 98/2009, de 04 de setembro (que aprovou o regime jurídico de reparação de acidentes de trabalho e de doenças profissionais) e

- A L nº 102/2009, de 10 de setembro (que aprovou o regime jurídico de promoção da segurança e saúde no trabalho), sendo a última alteração dada pela L nº 79/2019, de 02 de setembro.

CAPÍTULO V – Vicissitudes contratuais

SECÇÃO I – Transmissão de empresa ou estabelecimento

Artigo 285º – Efeitos de transmissão de empresa ou estabelecimento

1. Em caso de transmissão, por qualquer título, da titularidade de empresa, ou estabelecimento ou ainda de parte de empresa ou estabelecimento que constitua uma unidade económica, transmitem-se para o adquirente a posição do empregador nos contratos de trabalho dos respetivos trabalhadores, bem como a responsabilidade pelo pagamento de coima aplicada pela prática de contraordenação laboral.

2. O disposto no número anterior é igualmente aplicável à transmissão, cessão ou reversão da exploração de empresa, estabelecimento ou unidade económica, sendo solidariamente responsável, em caso de cessão ou reversão, quem imediatamente antes tenha exercido a exploração.

3. Com a transmissão constante dos nºs 1 ou 2, os trabalhadores transmitidos ao adquirente mantêm todos os direitos contratuais e adquiridos, nomeadamente retribuição, antiguidade, categoria profissional e conteúdo funcional e benefícios sociais adquiridos.

4. O disposto nos números anteriores não é aplicável em caso de trabalhador que o transmitente, antes da transmissão, transfira para outro estabelecimento ou unidade económica, nos termos do disposto no artigo 194º, mantendo-o ao seu serviço, exceto no que respeita à responsabilidade do adquirente pelo pagamento de coima aplicada pela prática de contraordenação laboral.

5. Considera-se unidade económica o conjunto de meios organizados que constitua uma unidade produtiva dotada de autonomia técnico-organizativa e que mantenha identidade própria, com o objetivo de exercer uma atividade económica, principal ou acessória.

6. O transmitente responde solidariamente pelos créditos do trabalhador emergentes do contrato de trabalho, da sua violação ou cessação, bem como pelos encargos sociais correspondentes, vencidos até à data da transmissão, cessão ou reversão, durante os dois anos subsequentes a esta.

7. A transmissão só pode ter lugar decorridos sete dias úteis após o termo do prazo para a designação da comissão representativa, referido no nº 6 do artigo seguinte, se esta não tiver sido constituída, ou após o acordo ou o termo da consulta a que se refere o nº 4 do mesmo artigo.

8. O transmitente deve informar o serviço com competência inspetiva do ministério responsável pela área laboral:

a) Do conteúdo do contrato entre transmitente e adquirente, sem prejuízo do disposto nos artigos 412º e 413º, com as necessárias adaptações;

b) Havendo transmissão de uma unidade económica, de todos os elementos que a constituam, nos termos do nº 5.

9. O disposto no número anterior aplica-se no caso de média ou grande empresa e, a pedido do serviço com competência inspetiva do ministério responsável pela área laboral, no caso de micro ou pequena empresa.

10. O disposto no presente artigo é aplicável a todas as situações de transmissão de empresa ou estabelecimento por adjudicação de contratação de serviços que se concretize por concurso público ou por outro meio de seleção, no setor público e privado, nomeadamente à adjudicação de fornecimento de serviços de vigilância, alimentação, limpeza ou transportes, produzindo efeitos no momento da adjudicação.

11. Constitui contraordenação muito grave:

a) A conduta do empregador com base em alegada transmissão da sua posição nos contratos de trabalho com fundamento em transmissão da titularidade de empresa, ou estabelecimento ou de parte de empresa ou estabelecimento que constitua uma unidade económica, ou em transmissão, cessão ou reversão da sua exploração, quando a mesma não tenha ocorrido;

b) A conduta do transmitente ou do adquirente que não reconheça ter havido transmissão da posição daquele nos contratos de trabalho dos respetivos trabalhadores quando se verifique a transmissão da titularidade de empresa, ou estabelecimento ou de parte de empresa ou estabelecimento que constitua uma unidade económica, ou a transmissão, cessão ou reversão da sua exploração.

12. A decisão condenatória pela prática de contraordenação referida na alínea *a*) ou na alínea *b*) do número anterior deve declarar, respetivamente, que a posição do empregador nos contratos de trabalho dos trabalhadores não se transmitiu, ou que a mesma se transmitiu.

13. Constitui contraordenação grave a violação do disposto nos nºs 7, 8 ou 9.

14. Aos trabalhadores das empresas ou estabelecimentos transmitidos ao abrigo do presente artigo aplica-se o disposto na alínea *m*) do nº 1 do artigo 3º e no artigo 498º.

COMENTÁRIOS:

1. Antecedentes legislativos: Arts. 318º, 319º e 675º, do CT/2003 e 37º, da LCT.

2. O presente artigo tem a redação introduzida pela L nº 14/2018, de 19 de março e pela L nº 18/2021, de 08 de abril.

As alterações introduzidas pela L nº 18/2021, aplicam-se, igualmente, aos concursos públicos ou outros meios de seleção, no setor público e privado, em curso durante o ano de 2021, incluindo aqueles cujo ato de adjudicação se encontre concretizado (art. 3º, da L nº 18/2021).

3. Com a L nº 18/2021, de 08 de abril, foram aditados os nºs 10 e 14.

O nº 10 vem estender, expressamente, o regime do presente artigo a todas as situações de transmissão de empresa ou estabelecimento por adjudicação de contratação de serviços que se concretize por concurso público ou por outro meio de seleção, no setor público e privado, nomeadamente à adjudicação de fornecimento de serviços de vigilância, alimentação, limpeza ou transportes, produzindo efeitos no momento da adjudicação.

Com esta previsão legal, ficou esmorecido o debate que se travava em torno da questão de saber se as adjudicações (principalmente ao nível do fornecimento de serviços de vigilância, alimentação, limpeza ou transportes, os quais constituíam o objeto de uma franja significativa de ações judiciais) estavam ou não sujeitas ao regime da transmissão de empresa ou estabelecimento.

Por seu turno, o nº 14 determina que aos trabalhadores das empresas ou estabelecimentos transmitidos ao abrigo do presente artigo aplica-se o disposto na al. *m*), do nº 1, do art. 3º e no art. 498º. Temos algumas dúvidas quanto à utilidade desta remissão, porquanto as normas referidas, como se infere do seu conteúdo, já eram aqui aplicáveis.

Nos termos do al. *m*), do nº 1, do art. 3º, as normas legais reguladoras de contrato de trabalho só podem ser afastadas por instrumento de regulamentação coletiva de trabalho que, sem oposição daquelas normas, disponha em sentido mais favorável aos trabalhadores quando respeitem, designadamente, à transmissão de empresa ou estabelecimento.

Como resulta do art. 498º, nº 1, havendo transmissão, o adquirente passa a estar subordinado aos instrumentos de regulamentação coletiva de trabalho que se aplicavam ao transmitente até ao termo do prazo de vigência do instrumento ou no mínimo durante 12 meses a contar da transmissão.

Na eventualidade de, após a transmissão, o adquirente ficar abrangido por outro instrumento de regulamentação coletiva de trabalho negocial, torna-se este aplicável em detrimento do instrumento que vinculava o transmitente (art. 498º, nº 1).

Se, depois de decorridos 12 meses a contar da transmissão, não for aplicável ao adquirente nenhum instrumento de regulamentação coletiva de trabalho, mantêm-se os efeitos já produzidos pelo instrumento que vinculava o transmitente, relativamente à retribuição do trabalhador, categoria e respetiva definição, duração do tempo de trabalho e regimes de proteção social cujos benefícios sejam substitutivos dos assegurados pelo regime geral de segurança social ou com protocolo de substituição do Serviço Nacional de Saúde, de parentalidade e de segurança e saúde no trabalho (arts. 498º, nº 2 e 501º, nº 8).

4. O regime da transmissão de empresa ou estabelecimento previsto no CT/2003, resultava da transposição da Diretiva 2001/23/CE, de 12 de março de 2001, pub. no JOC L 82/16, de 22 de março de 2001, a qual havia revogado a Diretiva 77/187/CEE, com as alterações introduzidas pela Diretiva 98/50/CE, publicada no JOC, de 17.07.1998.

5. Um dos princípios norteadores do Direito do Trabalho é o da segurança no emprego, consagrado no artigo 53º, da CRP, o qual manifesta-se no presente artigo. Cfr. os Acs. da RP, de 26.06.17 *in* www.dgsi.pt (Proc. nº 2351/15.0T8AVR-C.P1) e da RG, de 05.11.15 *in* www.dgsi.pt (Proc. nº 1706/14.2T8VCT.G1).

6. O nº 1 visa proteger, em primeiro lugar, os interesses das empresas e da atividade económica, garantindo uma certa continuidade na prossecução dos objetivos empresarias ou comerciais em causa e, em segundo lugar, "proteger os trabalhadores em caso de mudança de empresário especialmente para assegurar a manutenção dos seus direitos", ponto 3, do Preâmbulo, da Diretiva 2001/23/CE.

Segundo Carlos Alberto da Mota Pinto, *Cessão da posição contratual*, p. 84, estamos perante uma sub-rogação legal no contrato, em que "«a posição contratual (neste caso do empregador) se transfere, entre vivos, por inerência da perda e da aquisição duma certa qualidade jurídica (na presente situação, está em causa a qualidade de titular do estabelecimento ou, em virtude do nº 4 do art. 37º, da sua exploração), dum contraente para terceiro, por força da lei". Conforme salienta João Reis, *O regime da transmissão da empresa no Código do Trabalho*, p. 312, neste caso, "o adquirente da unidade empresarial subingressa automaticamente, ex lege, na posição contratual de empregador, assumindo naturalmente todos os direitos e obrigações inerentes".

Ao contrário da cessão da posição contratual, prevista no art. 424º, nº 1, do CC, aqui o adquirente "subingressa obrigatoriamente no estatuto jurídico-laboral do alienante, sem que tal efeito esteja dependente do consentimento das partes intervenientes, bem como dos trabalhadores transferidos", Francisco Liberal Fernandes, *Transmissão do estabelecimento e oposição do trabalhador*, p. 217.

A cessão da posição do empregador no contrato de trabalho, ao abrigo dos arts. 424º e ss., do CC, "pressupõe três declarações de vontade: a proposta e a aceitação do cedente e do cessionário – suficientes para que se considere concluído o contrato – e o assentimento do trabalhador, que pode ser anterior ou posterior à cessão e é indispensável para que o contrato produza efeitos, sendo certo que referindo-se a um contrato de trabalho por tempo indeterminado podem se manifestar por qualquer forma". [Ac. da RG, de 29.06.17 *in* www.dgsi.pt (Proc. nº 644/13.0TTGMR.G1)].

7. *Conceitos empregues*

i) A transmissão

A al. *b*), do nº 1, do art. 1º, da Diretiva 2001/23/CE define transmissão como "a transferência de uma entidade económica que mantém a sua identidade, entendida como um conjunto de meios organizados, com o objetivo de prosseguir uma atividade económica, seja ela essencial ou acessória".

Segundo a RP, o conceito de transmissão aqui subjacente "é amplo, incluindo todas as mudanças estáveis, ainda que não definitivas, na gestão do estabelecimento ou da empresa". [Ac. de 24.09.20 *in* www.dgsi.pt (Proc. nº 12806/19.2T8PRT.P1)].

Na ótica da RE, a noção de transmissão de empresa ou estabelecimento, prevista no presente artigo, "não deve limitar-se à ideia de titularidade de um conjunto de bens corpóreos, mas abranger também uma atividade de serviços, desde que prestada organizadamente por forma a constituir uma unidade económica individualizada e autonomizada". [Ac. de 16.03.17 *in* www.dgsi.pt (Proc. nº 480/14.7T8STB.E1)].

Por sua vez, a RC vem acrescentar que a expressão "por qualquer título" adotada no nº 1, "evidencia que se pretendeu consagrar um conceito amplo de transmissão do estabelecimento, nele se englobando todas as situações em que se verifique a passagem do complexo jurídico-económico em que o trabalhador está empregado para outrem, seja a que título for". Assim, o "conceito de transmissão para este efeito é especialmente amplo, podendo corresponder a um negócio relativo à transmissão do direito de propriedade sobre o bem, mas também à transmissão (formal ou de facto) dos direitos de exploração desse bem, abrangendo todas as alterações estáveis (mas não necessariamente definitivas) na gestão do estabelecimento ou da empresa, mesmo que inexista um vínculo obrigacional directo entre transmitente e transmissário". [Ac. de 10.07.20 *in* www.dgsi.pt (Proc. nº 3071/18.0T8CBR.C1)]. Cfr., ainda, deste tribunal, o Ac. de 23.02.17 *in* www.dgsi.pt (Proc. nº 1335/13.8TTCBR.C1).

Só opera a transmissão do estabelecimento ou de uma unidade económica dele autonomizável, como por exemplo um refeitório, se o adquirente aí continuar a exercer, ainda que o título não exclusivo, a atividade económica que o transmitente anteriormente exercia. Cfr. o Ac. da RL, de 16.12.15 *in* www.dgsi.pt (Proc. nº 133/13.3TTBRR.L1-4). A sucessão na concessão de exploração de refeitório em Centro Educativo foi enquadrada no conceito de transmissão de empresa ou estabelecimento. (Ac. do STJ, de 28.09.17 *in* www.dgsi.pt (Proc. nº 1335/13.8TTCBR.C1.S1) e CJ, Ano XXV, Tomo III, p. 221).

Já no que concerne à mera sucessão na atividade, ainda que nas instalações do cliente, a mesma "não deve equivaler a uma transmissão de estabelecimento", Júlio Gomes, *Comentário de Urgência ao Acórdão do TJCE, de 20 de novembro de 2003*, p. 219.

Também a transmissão de estabelecimento *mortis causa* deve ser considerada para efeitos do presente artigo. Com efeito, o art. 346º, nº 1, refere que "a morte do empregador em nome individual faz caducar o contrato de trabalho na data de encerramento da empresa, salvo se o sucessor do falecido continuar a atividade para que o trabalhador se encontra contratado, ou se se verificar a transmissão da empresa ou estabelecimento". A este propósito, a RL considerou que, para que se verificasse a transmissão do estabelecimento, era necessário que este conservasse a sua identidade e que houvesse prossecução ininterrupta da sua atividade, não bastando o mero levantamento do estado em que ele se encontrava. Cfr. o Ac. de 19.01.05 *in* CJ, Ano XXX, Tomo I, p. 149.

Numa situação de adjudicação em processo de execução, a RP considerou que, "estando o adquirente privado sem culpa sua do livre acesso ao estabelecimento, que aliás continuou a ser explorado por outrem, não se pode considerar que aquele tenha já assumido a posição jurídica de empregador, para efeitos do disposto no artigo 285º do CT, em relação aos trabalhadores, pois que, também por aquela razão, não pôde exercer os seus poderes enquanto tal". [Ac. de 26.06.17 *in* www.dgsi.pt (Proc. nº 2351/15.0T8AVR-C.P1)].

O TJ opôs-se a uma legislação nacional "que, em caso de transferência de uma empresa efetuada no âmbito de um processo de reorganização judicial por transferência sob autoridade judicial aplicado com vista à manutenção da totalidade ou de uma parte do cedente ou das atividades deste, prevê, para o cessionário, o direito de escolher os trabalhadores que pretende retomar". [Ac. de 16.05.19 *in* JOUE, C-255, de 29.07.19 (Proc. C-509/17)].

Cfr., quanto à sucessão *mortis causa* e quanto à venda judicial, Costa Abrantes, *A transmissão do Estabelecimento Comercial e a Responsabilidade pelas Dívidas Laborais*, pp. 30 e ss..

Em sede de processo de insolvência, a transmissão poderá perfilar-se como meio de satisfação dos credores (parte final, da al. *b*), do nº 2, do art. 195º, do CIRE). Conforme salienta Luís Carvalho Fernandes, *Efeitos da Declaração de Insolvência no Contrato de Trabalho segundo o Código da Insolvência e da Recuperação de Empresas*, p. 18, "Em termos de liquidação da massa insolvente, a transmissão da empresa opera pela venda dos bens que a integram (art. 158º)".

No Proc. 269/07.0TYVNG-E.P1, a RP entendeu que, tendo "sido alienado o estabelecimento do insolvente no qual o adquirente, além do mais, assumiu todas as dívidas que aquele tinha para com os seus trabalhadores, não podem, no processo de verificação e graduação no âmbito da insolvência, os créditos dos referidos trabalhadores ser reconhecidos e graduados, quando a transmissão daquele estabelecimento se operou há mais de oito anos e os mesmos não informaram o Sr. Administrador de qualquer incumprimento no seu pagamento (cfr. artigos 285º e 286º do Código do Trabalho aprovado pela Lei nº 7/09 de 12/02 na sua redação originária)". (Ac. de 08.11.18 *in* www.dgsi.pt).

Nos processos apensos C-674/18 e C-675/18, o TJ não se opôs, "em caso de transferência de uma empresa sujeita a um processo de insolvência, realizada pelo seu administrador da insolvência, a uma regulamentação nacional, conforme interpretada pela jurisprudência nacional, segundo a qual, quando ocorre, posteriormente ao início do processo de insolvência, a situação que confere o direito a uma pensão de reforma a título de um regime complementar de previdência profissional, o cessionário não responde pelos direitos em vias de aquisição do trabalhador a essa pensão de reforma acumulados a título dos períodos de emprego anteriores ao início do processo de insolvência, desde que, no que diz respeito à parte do montante pela qual o cessionário não responde, as medidas adotadas para proteger os interesses dos trabalhadores sejam de um nível pelo menos equivalente ao nível de proteção exigido por força do artigo 8º da Diretiva 2008/94/CE do Parlamento Europeu e do Conselho, de 22 de outubro de 2008, relativa à proteção dos trabalhadores assalariados em caso de insolvência do empregador". (Ac. de 09.09.20 *in* JOUE, C-378, de 09.11.20).

Para maiores desenvolvimentos, *vide* COSTA ABRANTES, *A transmissão do Estabelecimento Comercial e a Responsabilidade pelas Dívidas Laborais*, pp. 29 e ss.; JOANA VASCONCELOS, *A transmissão da Empresa ou Estabelecimento no Código do Trabalho*, pp. 73 e ss. e LUÍS CARVALHO FERNANDES, *Efeitos da Declaração de Insolvência no Contrato de Trabalho segundo o Código da Insolvência e da Recuperação de Empresas*, pp. 32 e 33;

ii) A empresa

A empresa pode ser definida como a "unidade jurídica fundada em organização de meios que constitui um instrumento de exercício relativamente estável e autónomo de atividade de produção para a troca". JORGE MANUEL COUTINHO DE ABREU, *Da empresarialidade – As empresas no direito*, p. 304.

Para a RE, uma "embarcação constitui uma empresa ou estabelecimento e a sua transmissão implica a transmissão do contrato de trabalho". [Ac. de 02.02.17 *in* www.dgsi.pt (Proc. nº 114/15.2T8BRR.E1)];

iii) O estabelecimento

O estabelecimento pode ser definido como «"um complexo de elementos em interação", uma unidade complexa (*unitas complexa*), isto é, global, não elementar (constituída por partes diversas inter-relacionadas), e original (com qualidades próprias), um "todo [que] é mais que a soma das suas partes", com propriedades "novas" ou "emergentes"». JORGE MANUEL COUTINHO DE ABREU, *Da empresarialidade – As empresas no direito*, p. 44.

Para efeitos do presente artigo, o objeto da transmissão já havia sofrido uma nova conceção. Conforme sublinha JÚLIO GOMES, *A jurisprudência recente do tribunal de justiça das comunidades europeias em matéria de transmissão de empresa, estabelecimento ou parte de estabelecimento – inflexão ou continuidade?*, p. 514, podemos depreender da jurisprudência do Tribunal que, no caso concreto, os meios organizados podem não incluir sequer bens corpóreos ou materiais, mas uma mera organização de meios humanos.

A alínea *c*), do nº 1, do art. 1º, da Diretiva 2001/23/CE, estipulava que a qualificação de uma entidade, como sendo económica, não dependia do seu intuito lucrativo;

iv) Unidade económica

O nº 5 prevê a definição de unidade económica, transpondo o conceito constante da al. *b*), do nº 1, do art. 1º, da Diretiva 2001/23/CE (segundo a qual a esta deve ser "entendida como um conjunto de meios organizados, com o objetivo de prosseguir uma atividade económica, seja ela essencial ou acessória"). Como alertou a RP, os "conceitos de unidade económica e de transmissão da mesma não se reconduzem apenas ao exercício da atividade, nem à continuação dessa atividade, antes exigindo também a existência de um conjunto de meios organizados, ainda que apenas humanos, para tal". [Ac. de 06.11.17 *in* www.dgsi.pt (Proc. nº 3294/16.6T8PRT.P1)]. *Vide*, ainda, o Ac. da RE, de 16.03.17 *in* www.dgsi.pt (Proc. nº 480/14.7T8STB.E1).

Existe transmissão se "a empresa antecessora exercer a atividade ao abrigo dum contrato de prestação de serviços que cessou, quando, na situação concreta, por um lado, tal contrato tinha por objeto a gestão duma unidade dotada de autonomia técnica, organizativa e económica, e, por outro lado, tal atividade foi levada a cabo com meios humanos e meios materiais que transitaram todos da antecessora para a sucessora, sendo que os primeiros eram todos seus trabalhadores e os meios materiais lhe pertenciam em parte". [Ac. da RG, de 29.06.17 *in* www.dgsi.pt (Proc. nº 644/13.0TTGMR.G1)].

Segundo a RP, englobam-se no conceito de transmissão hipóteses como "o trespasse do estabelecimento, a transmissão decorrente da venda judicial, a mudança de titularidade do estabelecimento por força da fusão ou cisão de sociedades, a aquisição de uma empresa privada por uma pessoa coletiva de direito público e até situações de transmissão inválida, neste caso por a destruição do negócio não obstar à eficácia dos contratos de trabalho com o transmissário relativamente ao tempo em que os mesmos forem executados". [Ac. de 26.06.17 *in* www.dgsi.pt (Proc. nº 2351/15.0T8AVR-C.P1)].

A RC configurou como sendo uma unidade económica um "conjunto de meios humanos organizado com o objetivo de realizar os serviços necessários à manutenção da limpeza de um hipermercado, consubstanciado num grupo de trabalhadores do quadro da empresa que gere o hipermercado, exclusivamente afetos àquele serviço e destacado dos demais serviços e funcionalidades existentes na loja". (Ac. de 26.01.17 *in* CJ, Ano XLII, Tomo I, p. 56).

No caso de uma orquestra de musica clássica, embora não vise primariamente fins económicos e menos ainda o lucro, a mesma pode "ser uma unidade económica, tanto mais que a sua atividade tem apetência para criar riqueza e um valor de mercado, expresso em bilhetes de entrada para espetáculos, nomeadamente direitos de autor de peças originais e de interpretação de peças de outros autores". [Ac. da RL, de 01.07.15 *in* www.dgsi.pt (Proc. nº 49/14.6TTFUN.L1-4)].

No proc. nº 100/20.0T8SNS.E1, a RE dilucidou que a "utilização de folhas de registo, relatórios e uniformes com modelos e imagens identificativos da empresa de segurança permitam a identificação da empresa responsável pela vigilância e segurança, mas não integram a unidade económica, no seu núcleo essencial identificativo". (Ac. de 11.02.21 *in* www.dgsi.pt).

Foi igualmente qualificada como unidade económica, "o serviço de transporte de mercadorias adjudicado por uma empresa de produção não dedicada a esta atividade, no quadro de um modelo de organização próprio, regras próprias de funcionamento". [Ac. da RE, de 11.02.21 *in* www.dgsi.pt (Proc. nº 2369/20.1T8STB.E1)].

Perante as dificuldades em classificar uma parte de empresa ou de estabelecimento enquanto unidade económica, "a autonomia para poder funcionar no mercado" passou a ser apontada como um critério a ser ponderado, numa tentativa de evitar transmissões para um empregador (sem património) de uma parte da empresa pouco ou nada rentável, "as quais se traduziam em verdadeiras extinções *premeditadas* dos contratos de trabalho". HÉLDER QUINTAS, *Breves notas sobre o passado, o presente e o futuro do regime da transmissão de empresa ou estabelecimento*, p. 201. Sobre a essencialidade da autonomia da unidade económica, veja-se o Ac. do STJ, de 21.03.18 *in* www.dgsi.pt (Proc. nº 471/10.7TTCSC.L1.S2).

"Com a L nº 14/2018, para que um conjunto de meios (humanos e materiais) organizados se considere, agora, uma unidade económica deve ter como objetivo o exercício de uma atividade económica (principal ou acessória) e constituir também uma unidade produtiva dotada de autonomia técnico-organizativa, mantendo a identidade própria". HÉLDER QUINTAS, *ob. cit.*, p. 201.

JÚLIO GOMES, *Algumas reflexões críticas sobre a lei nº 14/2018 de 19 de março*, p. 90, esclarece que "o que se exige para que se possa falar em transmissão é que a unidade económica mantenha a sua identidade, podendo conservar, ou não, a sua autonomia". Cfr. os Acs. da RP, de 14.12.17 *in* www.dgsi.pt (Proc. nº 8761/15.6T8VNG.P1) e de 06.12.17 *in* www.dgsi.pt (Proc. nº 357/13.3TTPDL.L1.S1) e CJ, Ano XXV, Tomo III, p. 234.

A RG fez notar que para "que se apure aquela identidade, devemos socorrer-nos de elementos como a transmissão de bens do ativo (bens imóveis ou equipamentos mas também bens incorpóreos como a transmissão de know-how), a manutenção da maioria ou do essencial dos efetivos, a duração de uma eventual interrupção da atividade, a eventual manutenção da clientela e o grau de semelhança entre a atividade desenvolvida antes e depois da transferência". [Ac. de 05.11.15 *in* www.dgsi.pt (Proc. nº 1706/14.2T8VCT.G1)].

A manutenção da identidade da entidade económica era aferida pelo TJ através de método indiciário, ancorado na ponderação de um conjunto de fatores, designadamente "a manutenção de elementos do ativo corpóreo (equipamento, edifícios), incorpóreo (*Know-how*, segredos de fabrico), a manutenção da clientela, se chegou a haver um encerramento do estabelecimento e qual o hiato temporal entre esse encerramento e a reabertura, a proximidade da atividade desenvolvida, a manutenção da maioria ou o essencial dos efetivos e, mesmo, a existência de uma relação contratual entre os sucessivos responsáveis pela exploração". JÚLIO GOMES, *Comentário de Urgência ao Acórdão do TJCE, de 20 de novembro de 2003*, p. 214.

8. Situações que foram enquadradas no presente artigo:

– A trabalhadora "trabalhava e continuou a trabalhar, sem interrupção, como docente de violino num estabelecimento de ensino de música, cuja actividade se manteve com os mesmos recursos humanos e materiais, designadamente professores, funcionários, quadros directivos, alunos, instrumentos musicais e outros equipamentos e instalações". [Ac. da RG, de 04.02.21 *in* www.dgsi.pt (Proc. nº 1519/19.5T8BCL.G1)];

– A "retoma, por uma entidade económica, de uma atividade cujo exercício exige meios de exploração importantes, de acordo com um procedimento de contratação pública, a não retoma, por esta, desses meios, de que era proprietária a entidade económica que exercia anteriormente essa atividade, em razão de exigências jurídicas, ambientais e técnicas impostas pela autoridade adjudicante, não pode necessariamente obstar à qualificação dessa retoma de atividade de transferência de empresa, a partir do momento em que outras circunstâncias de facto, como a retoma do essencial dos efetivos e a prossecução sem interrupção da referida atividade, permitem caracterizar a manutenção da identidade da entidade económica em causa, o que cabe ao órgão jurisdicional de reenvio apreciar". [Ac. do TJ, de 27.02.20 *in* JOUE, C-137, de 27.04.20 (Proc. C-298/18)];

– A reversão da concessão de exploração de uma cantina universitária enquadra-se no conceito amplo de transmissão de empresa ou estabelecimento. [Ac. do STJ, de 11.09.19 *in* www.dgsi.pt (Proc. nº 2743/15.5T8LSB.L1.S1)];

– Nos termos da cláusula 15ª do CCT outorgado entre a APFS e a FETESE, publicado no BTE, nº 15, de 22 de abril de 2008, objeto de portaria de extensão (PE) nº 1519/2008, publicada no DR 248, 1ª Série de 24-12-2008, para que ocorra a transferência dos contratos de trabalho para a nova concessionária, basta que ocorra a perda de local de trabalho, não se exigindo que este constitua uma unidade económica autónoma. [Ac. do STJ, de 26.06.19 *in* www.dgsi.pt (Proc. nº 9438/14.5T2SNT.L2.S1)];

– Não obsta à aplicação do regime de transmissão do estabelecimento previsto no presente artigo, a circunstância do empreendimento hoteleiro em questão ter passado a ser gerido e explorado pela ré, nomeada fiel depositária do mesmo no âmbito de um processo judicial, a qual havia celebrado com a anterior detentora do estabelecimento um contrato de cessão da posição contratual relativamente aos trabalhadores deste estabelecimento, ainda que por um curto período. [Ac. da RL, de 07.11.18 *in* www.dgsi.pt (Proc. nº 223/14.5TTFUNC.L1-4)];

– A Ré, "a quem foi concessionada a exploração do Bingo "A" [ainda que com a possibilidade dessa exploração ter lugar noutro local], continuou "a exploração do jogo do Bingo, porém não nesse local, mas em outro onde, até então, havia sido explorado, por outro concessionário, o Bingo "B" [mas cuja concessão cessou], exploração essa [jogo do bingo] que continuou, com base no mesmo contrato de arrendamento do local, sem qualquer hiato temporal, utilizando também, para além de outro, equipamento que tinha pertencido ao Bingo "B", e, bem assim, parte dos trabalhadores deste, usufruindo do respetivo know-how, sendo a gerência de facto de ambos os estabelecimentos [Bingos "A" e "B"] exercida pela mesma pessoa e tendo-se mantido pelo menos parte da clientela". [Ac. da RP, de 05.03.18 *in* www.dgsi.pt (Proc. nº 430/13.8TTPRT.P1) e *in* CJ, Ano XLIII, Tomo II, p. 239];

– "Há transmissão de estabelecimento, tal como previsto no art. 285º do CT e no art. 1º, nº 1, al. *b*) da Diretiva 2011/23/CE e clª 112ª do CCT vertical para o sector dos similares da hotelaria da RAM, publicado no JORAM III Série de 3/3/2006 ex vi da PE publicada no mesmo jornal oficial de 17/3/2006, na situação em que, apesar de não ter havido relações contratuais diretas entre elas, duas empresas se sucedem na exploração dos bares e restaurantes localizados num aeroporto, na sequência de concurso promovido pela entidade responsável pela gestão dos aeroportos para atribuição de licença de ocupação e utilização de um espaço nesse aeroporto destinado à atividade de restauração e instalações de apoio". [Ac. da RL, de 14.09.16 *in* www.dgsi.pt (Proc. nº 545/13.2TTFUN.L1-4)];

– "Estamos perante a transmissão da titularidade de um estabelecimento e da transmissão da posição de empregador, se a Ré entrou na posse do edifício que integra um hospital, com todo o ativo corpóreo mobiliário, designadamente os bens móveis, máquinas, equipamentos, utensílios e ferramentas que se destinam a assegurar a execução do seu fim, bem como todo o recheio composto por materiais, peças e acessórios, medicamentos e outros produtos aí utilizados, que durante alguns dias o mantiveram em funcionamento". [Ac. da RP, de 18.11.13 *in* www.dgsi.pt (Proc. nº 176/11.1TTVRL.P1)].

9. Situações que não foram enquadradas como transmissão de empresa ou estabelecimento:

– "Ainda que os trabalhadores exercessem funções no hotel quando a Arguida – titular de licença para o explorar mas nunca tendo explorado nenhum estabelecimento de hotelaria –, moveu a ação onde foi proferida a decisão que ordenou a desocupação imediata do imóvel em questão e foi consumada a entrega, não tendo aquela ficado a explorar o hotel (nem se demonstrando que outrem tivesse ficado), tendo a clientela sido reencaminhada para hotéis da mesma cadeia que iniciou a exploração do hotel até então e ficando demonstrado que o recebido pela Arguida na procedência da ação declarativa de condenação não foi um estabelecimento coincidente com o que era explorado no imóvel, é de se considerar afastada a transferência da Unidade hoteleira para a Arguida". [Ac. da RP, de 24.09.20 *in* www.dgsi.pt (Proc. nº 12806/19.2T8PRT.P1)];

– Durante algum tempo os trabalhadores fizeram trabalhos simultaneamente para qualquer de uma de um conjunto de empresas e foram, ao longo do tempo, transferidos de uma empresa para outra. [Ac. da RL, de 23.10.19 *in* www.dgsi.pt (Proc. nº 1210//18.0T8LSB.L1-4)];

– "Cessando, por iniciativa do cessionário, a exploração de estabelecimento, e permanecendo este encerrado a partir de então, de modo definitivo, não pode considerar-se que existiu uma unidade económica revertida aos proprietários do estabelecimento, e como tal, não pode considerar-se que houve transmissão para estes da posição de empregador no contrato de trabalho celebrado com uma trabalhadora antes de cederem a exploração". [Ac. da RP, de 19.05.14 *in* www.dgsi.pt (Proc. nº 418/09.3TTBGC.P1)].

10. No âmbito da interpretação e aplicação do presente artigo, tem assumido especial destaque as situações referentes a empresas de prestação de serviços de limpeza e de segurança. Convém ter agora em consideração que o nº 10, aditado pela L nº 18/2021, vem estender, expressamente, o regime do presente artigo a todas as situações de transmissão de empresa ou estabelecimento por adjudicação de contratação de serviços que se concretize por concurso público ou por outro meio de seleção, no setor público e privado, nomeadamente à adjudicação de fornecimento de serviços de vigilância, alimentação, limpeza ou transportes, produzindo efeitos no momento da adjudicação.

No caso das empresas de prestação de serviços de limpeza, cuja atividade assenta essencialmente na mão-de-obra, "o fator determinante para se considerar a existência da mesma unidade económica é saber se houve manutenção do pessoal ou do essencial deste, na medida em que é esse complexo humano organizado que confere individualidade à empresa, e não tanto se se transmitiram, ou não, ativos corpóreos". [Ac. da RP, de 11.09.17 *in* www.dgsi.pt (Proc. nº 6427/16.9T8PRT.P1)]. Assim, provando-se apenas que, cessada a adjudicação, "os serviços de limpeza continuaram a ser prestados, mas não já que tivesse havido transmissão quer de qualquer ativo, quer de qualquer trabalhador da Ré, não se poderá considerar ter havido transmissão/reversão de estabelecimento para a Universidade E...".

Este mesmo tribunal decidiu ainda que a "transmissão da posição contratual do trabalhador, nos termos dos nº 2 e 4 da cláusula 17ª do CCT relativo aos Trabalhadores de Serviços de Portaria, Vigilância, Limpeza, Domésticas e Profissões Similares e Atividades Diversas (publicado no BTE nº 8, de 28 de fevereiro de 1993, com alterações posteriores), depende dos quatro seguintes requisitos: (a) a perda do local de trabalho, por parte da empresa a que o trabalhador se encontrava vinculado; (b) a afetação do trabalhador a esse local de trabalho; (c) a transmissão desse mesmo local de trabalho para uma outra empresa prestadora de serviços; (d) que o trabalhador afetado preste serviço no local de trabalho há 120 ou menos dias". [Ac. de 22.09.14 *in* www.dgsi.pt (Proc. nº 52/12.0TTVNG.P1)]. Cfr., ainda, os Acs. da RL, de 02.07.14 *in* www.dgsi.pt (Proc. nº 130/11.3TTLSB.L1-4) e de 18.06.14 *in* www.dgsi.pt (Proc. nº 831/12.9TTALM.L1-4); da RP, de 17.02.14 *in* www.dgsi.pt (Proc. nº 501/11.5TTVRL.P1) e do STJ, de 19.06.13 *in* CJ, Ano XXI, Tomo II, p. 250.

No Proc. nº 655/10.8TTFAR.E1, a RE considerou que nos "termos da Cláusula 15ª do CCT celebrado entre a Associação Portuguesa de Facility Services e a FETESE, devem considerar-se transmitidos para a empresa de limpezas, a quem foi adjudicada uma nova empreitada, os contratos de trabalho das trabalhadoras que já antes prestavam serviço no mesmo estabelecimento, ainda que o fizessem maioritariamente numa secção que, entretanto, foi extinta". [Ac. de 19.01.17 *in* www.dgsi.pt e *in* CJ, Ano XLII, Tomo I, p. 245].

Na ótica, ainda, da RE, considera-se igualmente verificada "a transmissão do contrato da Autora, da 2. Ré para a 1ª Ré, no circunstancialismo em que se apura que aquela se encontrava afeta ao serviço de limpeza do aeroporto de Faro, que prestava atividade à 2ª Ré, que a concessão desta relativa à limpeza do referido aeroporto cessou em 01-02-2011, tendo nesta data sido adjudicada a prestação desses serviços à 1ª Ré". [Ac. de 30.03.16 *in* www.dgsi.pt (Proc. nº 306/11.3TTFAR.E1)].

Já num caso em que terminou "o contrato de cessão de serviços de limpeza em execução do qual a Ré tinha funcionárias adstritas a diversas residências universitárias, e não se tendo provado que a Ré negociou com a nova empresa adjudicatária de tais serviços a integração, nos quadros da nova empresa, das suas trabalhadoras", a RP entendeu que não estávamos "perante uma transmissão de estabelecimento ou de parte de estabelecimento". (Ac. de 06.11.17 *in* CJ, Ano XLII, Tomo V, p. 234).

No proc. nº 3614/19.1T8SNT.L1-4, a RL reconheceu que a transmissão de empresa ou estabelecimento contemplada no presente artigo "não se confunde com a perda de um local ou cliente contemplada na clª 17ª do CCT entre a Assoc. das Empresas de Prestação de Serviços de Limpeza e Actividades Similares e o STAD – Sind. dos Trabalhadores de Serviços de Portaria, Vigilância, Limpeza, Domésticas e Actividades Diversas e outros – Alteração salarial e outras e texto consolidado, publicado no Boletim de Trabalho e Emprego, 1ª série, nº 12, 29/3/2004, paginas 471 e seguintes". (Ac. de 27.05.20 *in* www.dgsi.pt).

No proc. C-344/18, o TJ deixou claro que perante uma transferência de empresa que implique vários cessionários, o artigo 3º, nº 1, da Diretiva 2001/23/CE, "deve ser interpretado no sentido de que os direitos e as obrigações emergentes de um contrato de trabalho são transferidos para cada um dos cessionários, na proporção das funções exercidas pelo trabalhador em causa, desde que a cisão do contrato de trabalho daí resultante seja possível e não implique uma deterioração das condições de trabalho nem afete a manutenção dos direitos dos trabalhadores garantida por esta diretiva, o que incumbe ao órgão jurisdicional de reenvio verificar. Na hipótese de essa cisão se revelar impossível de realizar ou afetar os direitos do referido trabalhador, a eventual rescisão da relação de trabalho daí resultante seria considerada, por força do artigo 4º da referida diretiva, como ocorrida devido ao ou aos cessionários, ainda que essa rescisão tivesse ocorrido por iniciativa do trabalhador". (Ac. de 19.10.17 *in* JOUE, C-215, de 29.06.20).

No que tange às empresas de prestação de serviços de vigilância, foi decidido pelo TJ que está abrangida pelo conceito de transferência uma situação em que um "contratante resolveu o contrato de prestação de serviços de vigilância e de segurança das suas instalações celebrado com uma empresa e, em seguida, para a execução dessa prestação, celebrou um novo contrato com outra empresa, que recusa integrar os trabalhadores da primeira, quando os equipamentos indispensáveis ao exercício da referida prestação foram retomados pela segunda empresa". [Ac. de 19.10.17 *in* JOUE, C-424, de 11.12.17 (Proc. C-200/16)].

A RE decidiu existir transmissão de unidade económica, para efeitos do presente artigo, num situação em que "uma empresa de prestação de serviços de vigilância e segurança sucede, sem interrupções, a outra empresa de prestação de serviços de vigilância e segurança, por ter ganhado o concurso público e lhe ter sido adjudicado tal serviço, realizando-se a prestação com o mesmo cliente, no mesmo local, com os mesmos trabalhadores, a utilização dos mesmos indispensáveis meios de vigilância e segurança, pertencentes ao cliente, e tendo por objetivo a execução do serviço nas mesmas condições essenciais". [Ac. de 11.02.21 *in* www.dgsi.pt (Proc. nº 100/20.0T8SNS.E1)].

Num processo em que uma empresa deixou de "prestar serviços de vigilância e segurança junto de determinado cliente, na sequência de adjudicação, por este, de tais serviços de vigilância a outra empresa, sem que se tivesse verificado a assunção de qualquer trabalhador da anterior empresa e tão pouco qualquer transferência de bens ou equipamentos de prossecução da atividade suscetível de consubstanciar uma "unidade económica" do estabelecimento", a RP entendeu que não ocorreu uma situação de transmissão de estabelecimento. [Ac. de 21.10.20 *in* www.dgsi.pt (Proc. nº 4094/19.7T8PRT.P1)].

No Proc. nº 357/13.3TTPDL.L1.S1, o STJ veio esclarecer que não "ocorre uma situação de transmissão de estabelecimento quando uma empresa deixa de prestar serviços de vigilância e segurança junto de determinado cliente, na sequência de adjudicação, por este, de tais serviços de vigilância a outra empresa, sem que se tivesse verificado a assunção de qualquer trabalhador da anterior empresa e tão pouco qualquer transferência de bens ou equipamentos de prossecução da actividade susceptível de consubstanciar uma "unidade económica" do estabelecimento". (Ac. de 06.12.17 *in* www.dgsi.pt e *in* CJ, Ano XXV, Tomo III, p. 234).

A RG decidiu que, sendo "aplicável aos autos o CCT celebrado entre a AES – Associação de Empresas de Segurança e a FETESE – Federação dos Sindicatos da Indústria e Serviços (publicado no Boletim do Trabalho e do Emprego nº 38, de 15/10/2017, em situações de sucessão de empregadores na execução de contratos de prestação de serviços de segurança privada, a transmissão do contrato de trabalho é automática e não depende de qualquer outra formalidade ou requisito (cláusula 14ª)". [Ac. de 06.02.20 *in* www.dgsi.pt (Proc. nº 1245/19.5T8BCL.G1)]. Com efeito, lê-se neste aresto, nos termos desta "cláusula 14ª, somente em duas situações não ocorrerá transmissão do contrato de trabalho: 1 – existindo acordo entre o trabalhador e a prestadora de serviços cessante, estando esta obrigada a comunicar, expressamente e por escrito, ao novo prestador de serviços, os trabalhadores que por acordo se manterão ao seu serviço; 2 – por oposição do trabalhador, tendo este de alegar que a mudança lhe causa prejuízo sério, por razões ligadas à sustentabilidade da nova prestadora de serviços, o que tem de comunicar por escrito à prestadora de serviços cessante, no prazo de 10 (dez) dias desde o conhecimento da comunicação da sucessão".

Sobre os serviços de segurança prestados a uma unidade de saúde, no quadro de um modelo de organização próprio, com regras próprias de funcionamento, a RE declarou que os mesmos constituíam uma unidade económica, para efeitos da sua transmissão nos termos do presente artigo. [Ac. de 28.01.21 *in* www.dgsi.pt (Proc. nº 959/18.1T8BJA.E1)]. Nesse aresto, lê-se ainda que a sucessão de empresas de segurança na prestação de serviços de segurança, nesse contexto, "acompanhada de equipamento essencial e alguns trabalhadores da empresa anterior, constitui transferência de estabelecimento para efeitos do disposto no art. 285º do CT".

Quanto aos créditos laborais, a RL concluiu que, por força do nº 4, da cláusula 14ª do CCT APFS/FETESE, não se transmitem para o novo empregador aqueles "que nos termos do CCT e das leis em geral já deveriam ter sido pagos, ou seja, os créditos que já se mostravam vencidos no momento em que se operou a mudança de empregador". [Ac. de 29.01.20 *in* www.dgsi.pt (Proc. nº 3323/19.1T8LSB.L1-4)].

11. No caso de o empregador ser uma empresa municipal (cujo único acionista é o Município) e esta for dissolvida, passando as atividades pela mesma desempenhadas a caber parcialmente ao Município e parcialmente a outra empresa municipal (também integralmente detida pelo Município) verifica-se uma situação de transmissão abrangida pelo presente artigo. Cfr. o Ac. da RE, de 14.02.19 *in* www.dgsi.pt (Proc. nº 1198/17.4T8PTM.E1). Ao nível comunitário, o TJ, no proc. C-317/18, opôs-se a uma

"legislação nacional que prevê que, em caso de transferência, na aceção desta diretiva, e por o cessionário ser um município, os trabalhadores em causa devem, por um lado, submeter-se a um processo de concurso público e, por outro, sujeitar-se a um novo vínculo com o cessionário". (Ac. de 13.06.19 *in* JOUE, C-263, de 05.08.19). Cfr., ainda, o Ac. do TJ, de 20.07.17 *in* JOUE, C-300, de 11.09.17 (Proc. C-416/16).

No Proc. C-472/16, este mesmo tribunal considerou também abrangida pela Diretiva 2001/23/CE uma situação "em que o adjudicatário de um contrato público de serviços relativos à gestão de uma escola municipal de música, a quem o município tinha fornecido todos os meios materiais necessários ao exercício desta atividade, põe termo à mesma dois meses antes do final do ano letivo em curso, procedendo ao despedimento do pessoal e devolvendo esses meio materiais ao município, que procede a uma nova adjudicação apenas para o ano letivo seguinte e fornece ao novo adjudicatário os mesmos meios materiais". (Ac. de 07.08.18 *in* JOUE, C-352, de 01.10.18).

A este propósito cumpre, mais uma vez, trazer à colação o nº 10, aditado pela L nº 18/2021.

12. Nos termos do nº 2, a transmissão, cessão ou reversão da exploração da empresa, do estabelecimento ou da unidade económica fica igualmente sujeita ao regime do presente artigo.

Com exceção da sua renumeração, este preceito não foi alterado pela L nº 14/2018.

A figura frequente de transmissão temporária de estabelecimento é a locação ou cessão de exploração de estabelecimento.

A locação de estabelecimento pode ser definida como "a transferência temporária e onerosa do gozo de um prédio ou de parte dele, em conjunto com a exploração de um estabelecimento comercial ou industrial nele instalado" (art. 1109º, nº 1, do CC).

Três pontos são, aqui, destacáveis:

– Os estabelecimentos podem ser locados;

– A locação é um contrato inominado;

– A locação é um contrato típico – sendo-lhe aplicável, inclusive, vários preceitos do CC disciplinadores da locação em geral. Cfr. Jorge Manuel Coutinho de Abreu, *Da empresarialidade – As empresas no direito*, pp. 309 e ss.

Um dos efeitos da locação é a devolução do bem locado nos termos do contrato, pelo que o locador suspende a sua qualidade de empresário e empregador, que, durante a vigência da locação, passam a ser assumidas pelo locatário. "Portanto, à partida, sabe-se que o cedente voltará a encabeçar os contratos de trabalho e, nesses termos, mais tarde ou mais cedo recuperará o respetivo poder de direção sobre os trabalhadores", Costa Abrantes, *A transmissão do Estabelecimento Comercial e a Responsabilidade pelas Dívidas Laborais*, p. 25.

No caso de reversão, o presente artigo aplica-se "a entidades com a natureza de Câmara Municipal, na esteira do Ac. do Tribunal de Justiça da União Europeia (3ª Secção) de 20 de janeiro de 2011 (Proc. C-463/09) por referência ao objetivo da diretiva de proteger os trabalhadores em caso de mudança de empresário". Se houver "conflito de normas de igual valia hierárquica uma vez que o art. 285º do CT confere aos requerentes a transmissão da posição da entidade empregadora e a Lei nº 12-A/2008 de 27/2 não prevê qualquer modo de constituição de relação contratual para exercício de funções públicas, por meio de contrato, sem ser por concurso público, ter-se-á, de sopesar os valores e interesses em conflito para que se possa chegar a uma conclusão sobre a norma que deve prevalecer no caso concreto". [Ac. da RL, de 30.04.14 *in* www.dgsi.pt (Proc. nº 306/13.9TTFUN.L1-4)].

13. Da leitura do nº 1, já podíamos extrair que, em caso de transmissão de estabelecimento, transmite-se para o adquirente a posição do empregador transmitente relativamente aos contratos de trabalho, mantendo o trabalhador a sua posição jurídica na relação laboral, onde se incluíam todos os direitos previstos na lei, no contrato ou adquiridos pelos usos laborais. Cfr. os Acs. da RE, de 16.03.17 *in* www.dgsi.pt (Proc. nº 2843/15.1T8FAR.E1) e do STJ, de 30.04.13 *in* www.dgsi.pt (Proc. nº 382/09.9TTALM.L1.S1). No caso do trabalhador se encontrar de baixa médica, *vide* o Ac. da RE, de 16.03.17 *in* www.dgsi.pt (Proc. nº 6939/15.1T8STB.E1) e CJ, Ano XLII, Tomo II, p. 244.

Para clarificar o âmbito objetivo da transmissão, a L nº 14/2018 introduziu o nº 3, o qual prevê expressamente a manutenção de todos os direitos dos trabalhadores contratuais e adquiridos (através dos usos laborais), nomeadamente retribuição, antiguidade, categoria profissional e conteúdo funcional e benefícios sociais adquiridos. Para uma visão crítica, *vide* David Carvalho Martins, *Novo regime da transmissão de unidade económica: algumas notas*, p. 157.

É de realçar que os contratos de trabalho que se transmitem para o adquirente da empresa ou estabelecimento são unicamente os existentes à data da transmissão. Por isso, o STJ proferiu decisão no sentido de que o "contrato de trabalho de trabalhador que foi ilicitamente despedido pela anterior concessionária de estabelecimento tem de se considerar existente à data da transmissão para a nova concessionária, pelo que se transmitiu para esta". (Ac. de 28.09.17 *in* www.dgsi.pt (Proc. nº 1335/13.8TTCBR.C1.S1) e CJ, Ano XXV, Tomo III, p. 221).

O TJ preconizou que "a manutenção dos direitos e obrigações que resultam, para o cedente, de um contrato de trabalho é extensiva à cláusula estipulada entre o cedente e o trabalhador em virtude do princípio da autonomia da vontade, por força da qual a sua relação de trabalho é regida não só pela convenção coletiva em vigor à data da transferência mas também por convenções posteriores a essa transferência e que a completam, modificam ou substituem, quando o direito nacional preveja, em benefício do cessionário, possibilidades de adaptação quer consensual quer unilateral". [Ac. de 27.04.17 *in* JOUE, C-202, de 26.06.17 (Procs. apensos C-680/15 e C-681/15)].

Este mesmo tribunal decidiu que "o cessionário deve, em caso de despedimento de um trabalhador mais de um ano depois da transferência da empresa, incluir no cálculo da antiguidade desse trabalhador, pertinente para a determinação do pré-aviso a que este terá direito, a antiguidade que o mesmo adquiriu ao serviço do cedente". [Ac. de 06.04.17 *in* JOUE, C-168, de 29.05.17 (Proc. C-336/15)].

14. O nº 6 estabelece a responsabilidade solidária do transmitente pelos créditos laborais.

A obrigação diz-se solidária, "pelo seu lado passivo, *quando o credor pode exigir a prestação integral de qualquer dos devedores e a prestação efetuada por um destes os libera a todos perante o credor comum*", ANTUNES VARELA, *Das obrigações em geral*, vol. I, p. 719.

O regime jurídico das obrigações solidárias, que está consagrado nos arts. 512º a 517º, do CC, prende-se com a necessidade de ampliar a margem de satisfação dos créditos do trabalhador.

Em relação à responsabilidade das obrigações do transmitente, convém ter em linha de conta que, em regra, os créditos e débitos não cabem no âmbito natural de entrega, valendo as regras gerais dos arts. 424º e ss., do CC, segundo as quais é necessário não apenas o acordo entre o transmitente e o transmissário, mas também o consentimento do contraente cedido (neste caso, o trabalhador). Acontece que, nalgumas hipóteses legais, a posição contratual do transmitente transfere-se, automática e imperativamente, para o transmissário, como é o caso do nº 1.

O nº 6 fixa um regime excecional de proteção do trabalhador que passou pela inclusão do transmitente no lado passivo das obrigações laborais, tornando-o solidariamente responsável pelos créditos daí emergentes que se tenham vencido até à data da transmissão.

Antes da L n º 14/2018, o nº 2 (que regulava esta matéria) abrangia, em termos genéricos, as obrigações vencidas apenas até à transmissão. Com essa lei, o agora nº 6 veio incluir expressamente os créditos do trabalhador emergentes do contrato de trabalho, da sua violação ou cessação, bem como os encargos sociais correspondentes vencidos até àquela data. Convém lembrar que os créditos emergentes de contrato de trabalho que tenha cessado antes da transmissão (e que não foram, naturalmente, abrangidos por esta) não caiem na alçada desta norma, pelo que a responsabilidade pelos mesmos continua a ser, única e exclusivamente, do transmitente. Já no caso de a cessação do vínculo laboral ser judicialmente declarada ilícita, as obrigações daí resultantes transmitem-se ao adquirente, sendo solidariamente responsável o transmitente. Sendo certo que com a transmissão "cessa a condição de empregador do transmitente, aplicando-se-lhe a partir dessa data o prazo de prescrição previsto na lei para os créditos emergentes da celebração, violação e cessação do contrato de trabalho". [Ac. do STJ, de 30.04.19 *in* www.dgsi.pt (Proc. nº 701/09.8TTLRS.L2.S1)].

A L nº 14/2018 alterou ainda o prazo de duração da obrigação solidária, o qual passou de 1 para 2 anos. Esta novidade criou uma desarmonia nos prazos legais de reclamação de créditos laborais. Com efeito, de acordo com o art. 337º, nº 1, o trabalhador tem o prazo de 1 ano após a cessação do contrato para reivindicar os seus créditos.

Perante isto, suponhamos "que a transmissão ocorreu no dia 01.04.2019 e o contrato de trabalho vem a cessar em 30.09.2019. Nesta hipótese, o trabalhador terá o prazo de 1 ano após esta cessação (ou seja, até 01.10.2020), para reclamar os créditos laborais nos termos do art. 337º ou pode fazê-lo dentro do prazo de 2 anos após a transmissão (ou seja, até 02.04.2021), previsto no art. 285º, nº 6?

Sentimo-nos inclinados a considerar que vale aqui o prazo prescricional de 1 ano do art. 337º. Na realidade, ao contrário do que se verifica na maioria dos casos de solidariedade passiva legal, o legislador estabeleceu uma baliza temporal (2 anos) para a responsabilidade solidária do transmitente (art. 285º, nº 6), impedindo que este permanecesse ligado a uma relação jurídica em que deixou de ser sujeito. De facto, na falta deste prazo, a solidariedade estender-se-ia durante a vigência do contrato (que poderia, obviamente, ir para além dos 2 anos) e 1 ano após a sua cessação.

Já o art. 337º contém um regime especial que se funda essencialmente na ideia de que o trabalhador só estará em condições de independência para exercer os seus direitos, após a cessação do contrato. Com a completação do prazo de 1 ano, aí previsto, o devedor tem a faculdade de recusar o cumprimento da prestação ou de se opor ao exercício do direito prescrito (art. 304º, nº 1, do CC).

Em suma, entendemos que a prescrição de 1 ano estabelecida no art. 337º não pode ser prejudicada pelo prazo de duração da responsabilidade solidária fixado no art. 285º, nº 6. Aliás, resulta do próprio art. 521º, do CC, que a prescrição faz precludir o direito do credor independentemente da natureza e das características da obrigação". Helder Quintas, *ob. cit.*, p. 204.

Em relação às obrigações não abrangidas pelo nº 6, entendemos que é de aplicar o regime do nº 1, ou seja o adquirente, enquanto sujeito que assume a posição contratual do transmitente, deverá ser o único responsável por essas obrigações.

15. Nos termos do nº 7, a transmissão só pode ter lugar decorridos sete dias úteis após o termo do prazo para a designação da comissão representativa, referido no nº 7, do art. 286º, se esta não tiver sido constituída, ou após o acordo ou o termo da consulta a que se refere o nº 4, desse mesmo art. 286º. Cfr. as anotações ao art. 286º.

16. A al. *a*), do nº 8 (introduzido pela L nº 14/2018), consagra o dever de informar a ACT do conteúdo do contrato celebrado entre transmitente e adquirente. Ficam excluídas do âmbito deste dever, as informações confidenciais previstas nos arts. 412º e 413º (nº 8, al. *a*), *in fine*).

Esta informação deve ser prestada, também, aos trabalhadores e aos representantes destes, servindo, no caso daqueles, como um elemento fundamental na formação da sua vontade resolutiva ou opoente. Cfr. o art. 286º, nºs 1 e 2.

O conteúdo do contrato pode ser definido como o *campo normativo* onde se irão mover os interesses resultantes do acordo obtido pelas partes, estando delimitado, não apenas pelas cláusulas contratuais apostas, mas também, pelas regras de interpretação, de integração ou de convalidação que lhe sejam aplicáveis. *Vide* Inocêncio Galvão Telles, *Manual do Contratos em Geral*, p. 253 e Carlos Ferreira de Almeida, *Contratos*, II, p. 14.

"No caso específico do contrato de transmissão, consideramos que, no seu conteúdo, dependendo naturalmente das cláusulas acordadas, podem incluir-se:

– O objeto da transmissão (*v.g.*, o estabelecimento com todos os elementos que o compõem);

– O preço estipulado e respetivos momento e forma de pagamento;

– Deveres secundários com prestação autónoma (*v.g.*, indemnização por danos sofridos com o incumprimento contratual);

– Deveres secundários, acessórios da prestação principal, como o dever de proteger e conservar os elementos que compõem o estabelecimento e/ou de entregar determinados objetos, como chaves ou códigos de acesso;

– Cláusulas condicionais (arts. 270º e ss., do CC);

– Cláusulas penais (art. 810º, do CC)". Helder Quintas, *ob. cit.*, p. 207.

Recomendamos que o dever de informação do conteúdo do contrato seja cumprido, pelo menos, mediante transcrição do texto do contrato, ficando ressalvadas todas as cláusulas que contenham informações suscetíveis de prejudicar gravemente o funcionamento da empresa ou do estabelecimento (art. 412º). Neste caso, a não prestação destas informações devem ser fundamentadas por escrito, tendo por base critérios objetivos, assentes em exigências de gestão. Cfr. articuladamente, os arts. 413º, nº 1, 285º, nº 8, al. *a*) e 286º, nº 1.

Caso a transmissão tenha por objeto uma unidade económica, o dever de informação compreende o conjunto de meios organizados que a constituem, enquanto unidade produtiva dotada de autonomia técnico-organizativa com identidade própria, bem com a atividade económica (principal ou acessória) que irá ser exercida. Cfr., conjugadamente, os nºs 5 e 8, al. *b*), do art. 285º.

Se estiverem em causa médias ou grandes empresas, o dever de informação não depende de pedido da ACT (nº 9). Já no caso das microempresas e das pequenas empresas o seu cumprimento só é exigível com o mencionado pedido (nº 9).

Artigo 286º – Informação e consulta dos trabalhadores e de representantes dos trabalhadores

1. O transmitente e o adquirente devem informar os representantes dos respetivos trabalhadores ou, caso não existam, os próprios trabalhadores, sobre a data e motivos da transmissão, suas consequências jurídicas, económicas e sociais para os trabalhadores e medidas projetadas em relação a estes, bem como sobre o conteúdo do contrato entre transmitente e adquirente, sem prejuízo do disposto nos artigos 412º e 413º, com as necessárias adaptações se a informação for prestada aos trabalhadores.

2. O transmitente deve, ainda, se o mesmo não resultar do disposto no número anterior, prestar aos trabalhadores abrangidos pela transmissão a informação referida no número anterior, sem prejuízo do disposto nos artigos 412º e 413º, com as necessárias adaptações.

3. A informação referida nos números anteriores deve ser prestada por escrito, antes da transmissão, em tempo útil, pelo menos 10 dias úteis antes da consulta referida no número seguinte.

4. O transmitente e o adquirente devem consultar os representantes dos respetivos trabalhadores, antes da transmissão, com vista à obtenção de um acordo sobre as medidas que pretendam aplicar aos trabalhadores na sequência da transmissão, sem prejuízo das disposições legais e convencionais aplicáveis a tais medidas.

5. A pedido de qualquer das partes, o serviço competente do ministério responsável pela área laboral participa na negociação a que se refere o número anterior, com vista a promover a regularidade da sua instrução substantiva e procedimental, a conciliação dos interesses das partes, bem como o respeito dos direitos dos trabalhadores, sendo aplicável o disposto no artigo 362º

6. O pedido a que se refere o número anterior deve ser acompanhado dos elementos de informação referidos no nº 1.

7. Na falta de representantes dos trabalhadores abrangidos pela transmissão, estes podem designar, de entre eles, no prazo de cinco dias úteis a contar da receção da informação referida nos nºs 1 ou 2, uma comissão representativa com o máximo de três ou cinco membros consoante a transmissão abranja até cinco ou mais trabalhadores.

8. Para efeitos dos números anteriores, consideram-se representantes dos trabalhadores as comissões de trabalhadores, as associações sindicais, as comissões intersindicais, as comissões sindicais, os delegados sindicais existentes nas respetivas empresas ou a comissão representativa, pela indicada ordem de precedência.

9. O transmitente deve informar imediatamente os trabalhadores abrangidos pela transmissão do conteúdo do acordo ou do termo da consulta a que se refere o nº 4, caso não tenha havido intervenção da comissão representativa.

10. Constitui contraordenação grave a violação do disposto nos nºs 1, 2, 3, 4 ou 9.

COMENTÁRIOS:

1. Antecedentes legislativos: Arts. 320º e 675º, do CT/2003.

2. O presente artigo tem a redação introduzida pela L nº 14/2018, de 19 de março e pela L nº 18/2021, de 08 de abril.

As alterações introduzidas pela L nº 18/2021, aplicam-se, igualmente, aos concursos públicos ou outros meios de seleção, no setor público e privado, em curso durante o ano de 2021, incluindo aqueles cujo ato de adjudicação se encontre concretizado (art. 3º, da L nº 18/2021).

3. No essencial, a L nº 18/2021 aditou o nº 6 e alterou a redação do nº 10 (anterior nº 9).

Na leitura conjugada dos nºs 1 e 6 (agora aditado), podemos inferir que as partes, no pedido de participação da DGERT nas negociações, devem indicar a data e motivos da transmissão, suas consequências jurídicas, económicas e sociais para os trabalhadores e medidas projetadas em relação a estes, bem como o conteúdo do contrato entre transmitente e adquirente.

A alteração ao nº 10 traduziu-se, apenas, na substituição do nº 8, aí mencionado, pela nº 9, respeitando a renumeração que sofreram os anteriores nºs 6, 7 e 8.

4. A transmissão acarreta a substituição de um dos sujeitos da relação jurídica, por isso, os representantes dos respetivos trabalhadores ou, caso não existam, os próprios trabalhadores, devem ser informados pelo transmitente e pelo adquirente dos respetivos motivos, data, consequências jurídicas, económicas e sociais e medidas projetadas em relação aos trabalhadores (nº 1). Com a L nº 14/2018, para além das comissões de trabalhadores, comissões intersindicais, comissões sindicais e delegados sindicais existentes nas respetivas empresas, são agora considerados também representantes dos trabalhadores, para efeitos de informação e consulta, as associações sindicais e a comissão representativa (nº 8).

Por força ainda desta lei, o conteúdo do contrato entre transmitente e adquirente passou a estar incluído no âmbito do dever de informação (nº 1).

O regime de confidencialidade consagrado nos arts. 412º e 413º é aqui aplicável (nº 1).

O STJ decidiu que constitui "despedimento a comunicação endereçada pela empregadora a cada um dos seus trabalhadores, que, na sequência da adjudicação da prestação de serviços de vigilância privada a outra empresa, os informa que o respetivo contrato de trabalho é automaticamente transmitido para a entidade que lhe irá suceder na referida prestação de serviços". [Ac. de 19.12.18 *in* www.dgsi.pt (Proc. nº 357/13.3TTPDL.L1.S2)].

5. O nº 2, introduzido pela L nº 14/2018, diz-nos que o transmitente deve ainda, se o mesmo não resultar do disposto no nº 1, prestar aos respetivos trabalhadores a informação aí referida. "A expressão "se o mesmo não resultar do disposto no número anterior" parece abarcar as situações em que o transmitente e o adquirente estão obrigados a informar os próprios trabalhadores, em virtude da inexistência dos respetivos representantes. De forma a assegurar que os trabalhadores do transmitente tenham sempre (ou seja, quer haja, quer não haja, representantes dos trabalhadores) os elementos necessários para, por exemplo, tomarem, esclarecidamente, a decisão de se oporem à transmissão ou de resolverem o contrato", o nº 2 faz impender sobre o transmitente o dever de informar os trabalhadores abrangidos, mesmo quando existam os referidos representantes. HELDER QUINTAS, *Breves notas sobre o passado, o presente e o futuro do regime da transmissão de empresa ou estabelecimento*, p. 209.

Na visão da RG, a informação ao(s) trabalhador quanto às consequências jurídicas, económicas e sociais para os trabalhadores e medidas projetadas em relação a estes, nos termos do nº 2 do presente artigo, "não se perspetivando qualquer alteração relevante ao nível da estrutura e gestão do estabelecimento nem se projetando qualquer medida, basta-se com a indicação de que manterão as condições laborais em vigor, antiguidade, categoria profissional, montantes e condições remuneratórias e eventuais outros benefícios" [Ac. de 07.05.20 *in* www.dgsi.pt (Proc. nº 5670/18.0T8BRG-A.G1)].

Enquanto que, no nº 1, os obrigados são o transmitente e o adquirente e os destinatários todos os trabalhadores de cada um deles, no nº 2, o transmitente é o único obrigado, sendo os destinatários apenas os respetivos trabalhadores abrangidos pela transmissão.

No caso de não ser cumprido o dever de informação, a RP veio esclarecer que a prescrição de créditos laborais devidos pelo transmitente ou revertente de estabelecimento comercial, "conta-se da data em que cessou o contrato de trabalho e não da data em que ocorreu a transmissão ou reversão do estabelecimento". [Ac. de 05.03.12 *in* www.dgsi.pt (Proc. nº 775/08.9TTPRT.P1)].

No proc. nº 1669/19.8T8EVR.E1, os factos assentes mostraram que nem a empregadora/transmitente, nem a sociedade adquirente cumpriram o dever jurídico de informar o autor/trabalhador, sobre a data e motivos da transmissão, suas consequências jurídicas, económicas e sociais para os trabalhadores e medidas projetadas em relação a estes, bem como sobre o conteúdo do contrato celebrado entre aqueles. A RE cuidou de sublinhar que esse incumprimento, deixou o trabalhador "numa situação de total incerteza sobre a relação jurídico-laboral, o que o levou a pedir à ré apelante que o esclarecesse". Mais acrescentou que a ordem de serviço da ré dirigida ao autor era ilegal, na medida em que contrariava o disposto na lei, "ao determinar que o trabalhador continua a ser seu trabalhador, apesar da transmissão". Segundo este tribunal, a conduta da ré e da adquirente do estabelecimento é ilícita e repercutiu-se "de forma negativa e inexoravelmente sobre a esfera jurídica do trabalhador, o qual ficou totalmente à mercê do negócio efetuado entre a ré e adquirente, sem qualquer informação". A empregadora viria a ser condenada, designadamente, a título de danos não patrimoniais. (Ac. de 25.06.20 *in* www.dgsi.pt e CJ, Ano XLV, Tomo III, p. 277).

Sobre as consequências civis do não cumprimento deste dever, *vide* Helder Quintas, *ob. cit.*, pp. 209 e 210.

6. A informação deve ser prestada por escrito, antes da transmissão, em tempo útil, pelo menos nos 10 dias úteis antes da consulta aos representantes dos respetivos trabalhadores com vista à obtenção de um acordo sobre as medidas que pretendam aplicar a estes (nºs 3 e 4).

Para além do dever de informação, o transmitente e o adquirente estão obrigados a consultar os representantes dos respetivos trabalhadores, antes da transmissão, com vista à obtenção de um acordo sobre as medidas que pretendam aplicar aos trabalhadores na sequência da transmissão, sem prejuízo das disposições legais e convencionais aplicáveis a tais medidas (nº 4). Este preceito não foi alterado pela L nº 14/2018, sendo apenas de destacar que a sua violação passou a constituir contraordenação grave (nº 10).

Novidade introduzida pela L nº 14/2018 foi a possibilidade de as partes pedirem a participação na negociação da DGERT, de modo a promover a regularidade da instrução substantiva e procedimental, a conciliação dos interesses das partes e o respeito dos direitos dos trabalhadores (nº 5). O impedimento a esta participação constitui contraordenação leve (art. 362º, nº 4 *ex vi* do nº 5, do presente artigo).

Neste pedido, as partes devem indicar a data e motivos da transmissão, suas consequências jurídicas, económicas e sociais para os trabalhadores e medidas projetadas em relação a estes, bem como o conteúdo do contrato entre transmitente e adquirente [nºs 1 e 6 (este último aditado pela L nº 18/2021)].

Se existir irregularidade da instrução, aquele serviço deve advertir o empregador e, se a mesma persistir, fazer constar essa menção da ata das reuniões de negociação (art. 362º, nº 2 *ex vi* do nº 5, do presente artigo).

Caso não haja intervenção da comissão representativa prevista no nº 7, o transmitente deve informar imediatamente os trabalhadores abrangidos pela transmissão do conteúdo daquele acordo ou do termo da consulta (nº 9).

7. Ao abrigo do nº 7, aditado pela L nº 14/2018, os trabalhadores, na falta dos respetivos representantes, podem agora designar, de entre eles, no prazo de cinco dias úteis a contar da receção da informação referida nos nºs 1 ou 2, uma comissão representativa com o máximo de 3 (se a transmissão abranger 5 ou menos trabalhadores) ou cinco membros (se a transmissão abranger mais de 5 trabalhadores).

A transmissão fica dependente deste prazo, só podendo ter lugar sete dias úteis após o seu termo (se a comissão não tiver sido constituída) ou sete dias úteis após o acordo ou o termo da consulta aos representantes dos respetivos trabalhadores. Cfr., conjugadamente, o nº 7, do art. 285º e o nº 4, do presente artigo.

8. Sobre a aplicação do presente artigo no caso de transmissão da empresa em processo de insolvência, veja-se Luís Carvalho Fernandes, *Efeitos da Declaração de Insolvência no Contrato de Trabalho segundo o Código da Insolvência e da Recuperação de Empresas*, pp. 31 e 32.

Artigo 286º-A – Direito de oposição do trabalhador

1. O trabalhador pode exercer o direito de oposição à transmissão da posição do empregador no seu contrato de trabalho em caso de transmissão, cessão ou reversão de empresa ou estabelecimento, ou de parte de empresa ou estabelecimento que constitua uma unidade económica, nos termos dos nºs 1, 2 ou 10 do artigo 285º, quando aquela possa causar-lhe prejuízo sério, nomeadamente por manifesta falta de solvabilidade ou situação financeira difícil do adquirente ou, ainda, se a política de organização do trabalho deste não lhe merecer confiança.

2. A oposição do trabalhador prevista no número anterior obsta à transmissão da posição do empregador no seu contrato de trabalho, nos termos dos nºs 1, 2 ou 10 do artigo 285º, mantendo-se o vínculo ao transmitente.

3. O trabalhador que exerça o direito de oposição deve informar o respetivo empregador, por escrito, no prazo de cinco dias úteis após o termo do prazo para a designação da comissão representativa, se esta não tiver sido constituída, ou após o acordo ou o termo da consulta a que se refere o nº 4 do artigo 286º, mencionando a sua identificação, a atividade contratada e o fundamento da oposição, de acordo com o nº 1.

4. Constitui contraordenação grave a violação do disposto no nº 2.

COMENTÁRIOS:

1. O presente artigo, aditado pela L nº 14/2018, de 19 de março, tem a redação introduzida pela L nº 18/2021, de 08 de abril.

As alterações introduzidas pela L nº 18/2021, aplicam-se, igualmente, aos concursos públicos ou outros meios de seleção, no setor público e privado, em curso durante o ano de 2021, incluindo aqueles cujo ato de adjudicação se encontre concretizado (art. 3º, da L nº 18/2021).

2. Uma das alterações que resultaram da L nº 18/2021 foi o aditamento, ao art. 285º, do nº 10, o qual vem estender, expressamente, o regime estabelecido nesse preceito a todas as situações de transmissão de empresa ou estabelecimento por adjudicação de contratação de serviços que se concretize por concurso público ou por outro meio de seleção, no setor público e privado, nomeadamente à adjudicação de fornecimento de serviços de vigilância, alimentação, limpeza ou transportes, produzindo efeitos no momento da adjudicação.

As mexidas que essa lei fez no presente artigo, consistiram, somente, na introdução, nos nºs 1 e 2, da referência a esse nº 10. Deste modo, fica agora explicitamente prevista na lei, que o trabalhador, contanto verificados os correspetivos fundamentos, pode exercer o direito de oposição também naquelas situações.

3. Antes da L nº 14/2018, a faculdade de o trabalhador se opor à transmissão era objeto de discussão na doutrina e na jurisprudência. Por exemplo, a RP deixou claro que, até às alterações introduzidas por essa lei, "a única forma de os trabalhadores se oporem à transmissão dos seus contratos de trabalho era através do instituto da resolução do seu contrato de trabalho com a cedente invocando justa causa". [Ac. de 18.01.21 *in* www.dgsi.pt (Proc. nº 16209/18.8T8PRT.P1)]. Para maiores desenvolvimentos, veja-se HELDER QUINTAS, *Breves notas sobre o passado, o presente e o futuro do regime da transmissão de empresa ou estabelecimento*, pp. 211 e ss..

Para pôr fim à polémica, o legislador aditou o presente artigo, consagrando expressamente o direito de oposição do trabalhador nos casos de transmissão.

"A transmissão, no fundo, traduz-se num *novo contrato* que o trabalhador celebra, *involuntariamente*, com outro empregador, embora mantendo, é certo, todos os "direitos contratuais e adquiridos" da relação jurídica estabelecida com o transmitente. Por conseguinte, com a consagração do direito de oposição, é dada expressão, desde logo, ao princípio da autonomia da vontade, plasmada no art. 405º, do CC (*liberdade contratual*), o qual é aqui perspetivado como um elemento de proteção e não de fragilização do trabalhador.

De natureza especificamente laboral, vemos também refletido o direito de o trabalhador escolher livremente a profissão ou o género de trabalho (art. 47º, nº 1, da CRP) e o direito ao trabalho (art. 58º, nº 1, da CRP)". HELDER QUINTAS, *ob. cit.*, p. 213.

4. Os fundamentos do direito de oposição são: o "prejuízo sério" e a "falta de confiança na política de organização do trabalho do adquirente" (nº 1).

i) O prejuízo sério

O "prejuízo sério" constitui uma consequência hipotético-virtual que deve ser avaliada casuisticamente, isto significa que o trabalhador só se pode opor à transmissão quando esta, face às circunstâncias concretas, se revele, de acordo com um juízo antecipado de probabilidade, geradora de tal prejuízo. Sobre este pressuposto, JOÃO LEAL AMADO, *Transmissão da empresa e contrato de trabalho: algumas notas sobre o regime jurídico do direito de oposição*, p. 294, considera que "trata-se de um fundamento racional, demonstrável e externamente sindicável, suscetível de prova e de contraprova, que poderá ser apreciado pelo tribunal, em função de dados objetivos que lhe permitam formular um juízo de prognose sobre se a transmissão poderia ou não causar ao trabalhador o aludido "prejuízo sério"".

O nº 1 aponta, como situações típicas de prejuízo sério, a manifesta falta de solvabilidade ou a situação financeira difícil do adquirente. A RG fez notar que o trabalhador deve "demonstrar quanto ao prejuízo sério, a possibilidade da real ocorrência deste, não bastando um mero receio. Tal possibilidade séria pode resultar, entre outras circunstâncias que possam ocorrer em concreto, da manifesta falta de solvabilidade ou situação financeira difícil da adquirente". [Ac. de 07.05.20 *in* www.dgsi.pt (Proc. nº 5670/18.0T8BRG-A.G1)].

"Se atendermos à expressão "nomeadamente", mostra-se aceitável considerar que estamos perante *exemplos-padrão* que indiciam uma especial probabilidade de verificação de um prejuízo sério para o trabalhador, os quais contêm conceitos indeterminados.

Em situação de "manifesta falta de solvabilidade" talvez possamos incluir os adquirentes em situação de insolvência, definidos legalmente como os devedores que se encontrem impossibilitados de cumprir as suas obrigações vencidas (art. 3º, nº 1, do CIRE).

Por sua vez, a expressão "situação financeira difícil" está muito próxima da expressão "situação económica difícil" utilizada no art. 1º, nº 2, do CIRE, a qual constitui um dos pressupostos objetivos do PER. Tendo por bitola o art. 17º-B, do CIRE, podemos definir "situação económica difícil" como a situação em que se encontra o devedor que enfrenta dificuldade séria para cumprir pontualmente as suas obrigações, designadamente por ter falta de liquidez ou por não conseguir obter crédito.

Com esta solução, procurou-se evitar aqueles casos, muito frequentes, em que o adquirente é uma empresa sem património ou sem património suficiente para, no caso de cessação dos contratos de trabalho (por exemplo, através de despedimento coletivo), satisfazer os créditos dos trabalhadores". Cfr. Helder Quintas, *ob. cit.*, pp. 214 e 215.

Sobre a possibilidade de outras situações serem encaradas como potencialmente causadoras de prejuízo sério, *vide* Helder Quintas, *ob. cit.*, pp. 215 e 216.

O "prejuízo sério" constitui um facto constitutivo do direito de oposição, por isso, a sua prova impende sobre o trabalhador (art. 342º, nº 1, do CC), o qual terá que demonstrar que as situações mencionadas no nº 1 são, em concreto, suscetíveis de lhe causar prejuízo sério. Como se pode ler no Ac. da RG, de 07.05.20, o trabalhador deve "demonstrar quanto ao prejuízo sério, a possibilidade da real ocorrência deste, não bastando um mero receio. Tal possibilidade séria pode resultar, entre outras circunstâncias que possam ocorrer em concreto, da manifesta falta de solvabilidade ou situação financeira difícil da adquirente". [*In* www.dgsi.pt Proc. nº 5670/18.0T8BRG-A.G1)];

ii) A falta de confiança na política de organização do trabalho do adquirente

Comecemos por esclarecer que, ao contrário do que acontece no primeiro fundamento, a verificação deste segundo não depende do prejuízo sério do trabalhador. Para João Leal Amado, *Transmissão da empresa e contrato de trabalho: algumas notas sobre o regime jurídico do direito de oposição*, p. 294, trata-se "de um sentimento, de uma crença, de algo emocional e do foro puramente interno do trabalho, algo insuscetível, enquanto tal, de ser demonstrado ou desmentido em tribunal, de ser comprovado pelo trabalhador ou de ser contestado pelo empregador".

"Se encararmos assim este fundamento, estamos, na prática, a admitir que o direito de oposição pode ser exercido sem que ao trabalhador caiba fazer prova dos respetivos factos constitutivos, conforme imporia o art. 342º, nº 1, do CC. Isto porque, tendo o trabalhador ao seu dispor um fundamento que carece de alegação e prova e outro onde tal não é exigido, certamente irá optar por este último. Por outras palavras, se o trabalhador pode opor-se à transmissão com base na falta de confiança cujos factos não precisa de alegar e muito menos de provar, não vemos qual a vantagem em recorrer ao primeiro fundamento (prejuízo sério), atravessando o calvário que, muitas vezes, é a tarefa probatória". Helder Quintas, *ob. cit.*, pp. 217 e 218.

Júlio Gomes, *Algumas reflexões críticas sobre a lei nº 14/2018 de 19 de março*, p. 78, questiona se "a falta de confiança não terá que assentar em alguns indícios concretos que devam ser referidos, mencionados, tanto no caso de oposição, como no caso de resolução".

Assim, temos algumas dificuldades em aceitar que o trabalhador possa opor-se à transmissão com base neste fundamento sem alegar e demonstrar nenhum facto constitutivo.

Na perspetiva da RG, a "confiabilidade da política de organização de trabalho da adquirente deve ser apreciada não de um ponto de vista subjectivo, mas de um ponto de vista objetivo, com base em factos concretos que a demonstrem, tendo em conta a perspectiva de um trabalhador médio, possuidor dos conhecimentos e na concreta situação do trabalhador em causa". [Ac. de 07.05.20 *in* www.dgsi.pt (Proc. nº 5670/18.0T8BRG-A.G1)].

Em relação à expressão "política de organização do trabalho", importa ter presente "que a esfera jurídica do empregador é encabeçada, entre outros, pelo poder de direção, entendido como o poder de definir, dentro dos limites decorrentes do contrato e das normas que o regem, os termos em que o trabalho deve ser prestado (art. 97º). Um dos seus campos privilegiados de manifestação é precisamente a organização do trabalho, a qual pode ser vista como a concretização do conteúdo e dos métodos da atividade produtiva e da coordenação inter-relacional dos trabalhadores apoiada na estrutura hierárquica da empresa, tendo por objetivo a rentabilização da produção e a maximização do lucro". HELDER QUINTAS, *ob. cit.*, p. 218.

5. O transmitente e o adquirente devem informar os representantes dos trabalhadores ou, caso não existam, os próprios trabalhadores nos termos do art. 286º, nº 1. Na falta de representantes, os trabalhadores abrangidos pela transmissão podem designar uma comissão representativa, no prazo de cinco dias úteis a contar da receção daquela informação (art. 286º, nº 7). Após o termo deste prazo, se a comissão não for constituída, ou após o acordo ou o termo da consulta a que se refere o nº 4, do art. 286º, o trabalhador tem cinco dias úteis para exercer o direito de oposição (nº 3).

A declaração de oposição é unilateral e recetícia, ou seja, produz os seus efeitos a partir do momento em que é recebida ou chega ao conhecimento do destinatário (art. 224º, nº 1, do CC).

O direito de oposição deve ser exercido mediante informação escrita, de onde conste a identificação do trabalhador/opoente, a atividade contratada e o fundamento da oposição (cfr., conjugadamente, os nºs 1 e 2).

"Se olharmos para o regime da resolução com justa causa, verificamos que a forma escrita (com indicação dos respetivos motivos), exigida no art. 395º, tem sido vista como uma condição de validade e, para alguns, até mesmo de licitude. O que vale por dizer que estamos perante uma formalidade *ad substantiam* e não *ad probationem*.

Por debaixo do *escudo* da justa causa, a resolução extingue imediatamente o contrato de trabalho. Assim, quando a forma escrita não for respeitada, considera-se que o trabalhador fez cessar o contrato sem justa causa e, em consequência, sem direito à indemnização prevista no art. 396º, podendo incorrer em responsabilidade civil nos termos do art. 399º.

Daqui extraímos que a resolução com justa causa, tem dois efeitos autónomos: o extintivo (art. 394º, nº 1) e o indemnizatório (art. 396º, nº 1). Se este último não se verificar, o primeiro não deixa de se produzir (isto é, o contrato extingue-se na mesma).

Também o exercício do direito de oposição está sujeito ao cumprimento de requisitos substanciais (nº 1, parte final) e formais (nº 3). Entre estes últimos, está a observância da forma escrita, com menção da identificação, atividade contratada e fundamento invocado. O legislador procurou aqui assegurar que o empregador tome conhecimento inequívoco das razões aduzidas pelo trabalhador, de molde a decidir, de forma séria, esclarecida e ponderada, qual o comportamento que irá adotar. Nesta linha, somos levados a concluir que, sendo a forma escrita um requisito de validade do exercício do direito de oposição, a sua natureza é *ad substantiam*.

Uma vez que a oposição tem o efeito impeditivo da transmissão da posição do empregador, conduzindo à manutenção do contrato de trabalho celebrado com o transmitente (nº 2), se admitirmos que a declaração de oposição que não seja emitida por escrito é nula (art. 220º, do CC), tal efeito não se produz. Por outras palavras, se o direito de oposição não for exercido por escrito, verifica-se a transmissão, passando o trabalhador/opoente a integrar o quadro de pessoal do adquirente". Cfr. HELDER QUINTAS, *ob. cit.*, pp. 220 e 221.

No Proc. nº 5819/18.3T8BRG-A.G1, a RG decidiu que incumbe ao trabalhador "especificar, por escrito, de forma objectiva e detalhada os factos e circunstâncias subsumíveis no conceito de prejuízo sério ou seja que a transmissão da empresa ou estabelecimento, tem a virtualidade de poder vir a causar-lhe um prejuízo que não é insignificante, nem de pequena monta, designadamente por virtude da falta de solvabilidade da adquirente, ou se o nível de organização do trabalho deste, não lhe merecer confiança, de forma tornar inexigível a manutenção da relação laboral". Assim, conclui-se nesse aresto, não "se encontrando a causa justificativa da resolução do contrato suficientemente alegada, não pode considerar-se de lícita a desvinculação que se invoca que ocorreu com justa causa". (Ac. de 17.12.19 *in* www.dgsi.pt).

6. Do lado dos requisitos substanciais, importa procurar uma solução para os casos em que o trabalhador/opoente cumpre as regras formais exigidas (forma escrita e prazo legal), mas vê declarada a ilicitude da oposição por inexistência ou improcedência dos fundamentos invocados.

"Uma abordagem perfuntória da questão, tenderia a encarar o exercício do direito de oposição, que viesse a ser considerado ilícito apenas em virtude da improcedência dos motivos justificativos, como uma fonte de responsabilidade civil. Ou seja, bastava que os pressupostos substanciais não se considerassem verificados para que o trabalhador pudesse ser responsabilizado pelos danos eventualmente causados.

Não nos parece que esta perspetiva se coadune com as finalidades do direito de oposição, promova o equilíbrio entre as partes e garanta a formação livre, esclarecida e consciente da vontade opoente". Cfr. HELDER QUINTAS, *ob. cit.*, p. 222.

Razão pela qual exige-se que o trabalhador tenha agido em desconformidade com o conteúdo normativo do direito, excedendo os limites impostos pela boa fé, pelos bons costumes ou pelo respetivo fim social ou económico (art. 334º, do CC).

7. "A transmissão implica a substituição de um empregador (transmitente) por outro (adquirente), sendo assim, ao manifestar a sua oposição, o trabalhador/opoente está a recusar a sua *passagem para essa nova linha relacional*, optando por manter o vínculo laboral com o transmitente (nº 2). Todavia, a manutenção do vínculo pode revelar-se impossível, *v.g.*, se empregador transmite o único estabelecimento comercial que explora e de seguida encerra a sua atividade económica.

A situação pode enquadrar-se no art. 346º, tendo o trabalhador direito à compensação prevista no art. 366º?

Para JOÃO LEAL AMADO, *Transmissão da empresa e contrato de trabalho: algumas notas sobre o regime jurídico do direito de oposição*, p. 296, a aplicabilidade do art. 346º depende de remissão legal que o art. 286º-A não previu. Para este autor, "a norma aplicável ao caso será, em princípio, a constante da al. *b*) do art. 343º, pelo que o contrato caducará, sem direito a compensação".

O art. 346º, nº 2, estabelece que a extinção de pessoa coletiva empregadora determina a caducidade do contrato, salvo havendo transmissão. Sucede que, com a oposição, a transmissão é inexistente em relação ao trabalhador, ou seja, o seu vínculo laboral com o transmitente é conservado. Desta forma, na nossa opinião, "se a extinção do empregador/transmitente (que seja uma pessoa coletiva) ocorrer após a transmissão verifica-se a caducidade do contrato de trabalho celebrado com o trabalhador/oponente, nos termos da citada norma (apesar da ausência de remissão legal). Por sua vez, o nº 3, do art. 346º, determina que o contrato de trabalho caduca havendo encerramento total e definitivo da empresa, o qual verifica-se, por exemplo, quando o único estabelecimento que o empregador explorava foi objeto da transmissão. Ora, como a oposição do trabalhador implica a manutenção do vínculo laboral com o empregador/transmitente, aquele encerramento pode fazer caducar o contrato de trabalho, nos termos da mencionada disposição legal. Em boa verdade, o estabelecimento onde o trabalhador desempenhava funções e que consistia no único objeto de exploração da atividade do empregador/transmitente deixou de existir na esfera jurídica deste, isto é, o trabalhador, embora mantenha o vínculo laboral, não tem local de trabalho, nem funções para exercer.

Em suma, não nos choca subsumir as duas situações que apontamos aos citados nºs 2 e 3, do art. 346º, mais ainda porque ambas resultam de atos de vontade do empregador, que não são imputáveis ao trabalhador". HELDER QUINTAS, *ob. cit.*, p. 224.

8. O direito de oposição não pode ser confundido com o direito de resolução com justa causa.

O trabalhador, servindo-se dos mesmos fundamentos da oposição, pode optar por resolver o contrato de trabalho com justa causa (cfr., conjugadamente, a al. *d*), do nº 3, do art. 394º e o nº 1, do presente artigo).

Assim, no caso de possível verificação de prejuízo sério ou de perda de confiança na política de organização do trabalho do adquirente, o trabalhador tem duas alternativas: opor-se à transmissão, mantendo o vínculo laboral com o transmitente ou extinguir esse vínculo, através da resolução com justa causa.

Artigo 287º – Representação dos trabalhadores após a transmissão

1. Caso a empresa ou estabelecimento mantenha a autonomia após a transmissão, o estatuto e a função dos representantes dos trabalhadores afetados

por esta não se alteram, desde que se mantenham os requisitos necessários para a instituição da estrutura de representação coletiva em causa.

2. Caso a empresa, estabelecimento ou unidade económica transmitida seja incorporada na empresa do adquirente e nesta não exista a correspondente estrutura de representação coletiva dos trabalhadores prevista na lei, a existente na entidade incorporada continua em funções por um período de dois meses a contar da transmissão ou até que nova estrutura entretanto eleita inicie as respetivas funções ou, ainda, por mais dois meses, se a eleição for anulada.

3. No caso de incorporação de estabelecimento ou parte de empresa ou estabelecimento prevista no número anterior:

***a*) A subcomissão exerce os direitos próprios de comissão de trabalhadores durante o período em que continuar em funções, em representação dos trabalhadores do estabelecimento transmitido;**

***b*) Os representantes dos trabalhadores para a segurança e saúde no trabalho afetos à entidade incorporada exercem os direitos próprios desta estrutura, nos termos da alínea anterior.**

4. Os membros de estrutura de representação coletiva dos trabalhadores cujo mandato cesse, nos termos do nº 2, continuam a beneficiar da proteção estabelecida nos nºs 3 a 6 do artigo 410º ou em instrumento de regulamentação coletiva de trabalho, até à data em que o respetivo mandato terminaria.

COMENTÁRIOS:

1. Antecedentes legislativos: Art. 321º, do CT/2003.

2. Em relação ao art. 321º, do CT/2003, são de assinalar duas diferenças.

A primeira prende-se com a inclusão de uma condição para a manutenção do estatuto e função dos representantes dos trabalhadores, mais precisamente a conservação "dos requisitos necessários para a instituição da estrutura de representação coletiva em causa" (parte final, do nº 1). O legislador procurou aqui assegurar que a estrutura de representação coletiva, na qual estão enquadrados os representantes dos trabalhadores afetados pela transmissão, cumpra os requisitos necessários para a sua instituição.

A segunda resulta da substituição da expressão "comissão e subcomissão de trabalhadores" pela expressão mais abrangente "estrutura de representação coletiva dos trabalhadores", na qual se incluem os representantes dos trabalhadores para a segurança e saúde no trabalho. Cfr. o art. 404º, al. *c*).

3. A transmissão de empresa ou estabelecimento implica, *ope legis*, a transmissão da posição do empregador nos contratos de trabalho dos respetivos trabalhadores para o adquirente (art. 285º). Por conseguinte, o trabalhador mantém a globalidade da sua posição jurídica, nos seus lados ativo (direitos e garantias) e passivo (deveres). No entanto, o legislador comunitário, nesta matéria (manutenção dos direitos dos tra-

balhadores), entendeu prever expressamente a manutenção do estatuto e a função dos representantes dos trabalhadores afetados pela transmissão. O legislador nacional viria a consagrar este regime, pela primeira vez, no art. 321º, do CT/2003.

No Ac. da RP, de 28.05.07, foi decidido que o termo autonomia "reporta-se à transferência de uma entidade económica que mantém a sua identidade, apesar da mudança da sua titularidade, não se diluindo na organização do adquirente, mantendo-se, na totalidade ou em parte, como conjunto de meios organizados prosseguindo a mesma atividade económica". Assim, lê-se ainda nesse aresto, "não tendo havido com a transferência de [Y] para [X] nenhuma alteração, conservando aquela a sua organização produtiva, tal significa que manteve a sua autonomia, a despeito da fusão, logo, o Estatuto e a função da Comissão de Trabalhadores mantém-se, embora limitada aos trabalhadores afetados pela transferência, isto é aos trabalhadores da fábrica de Braga da [Y]". (*In* CJ, Ano XXXII, Tomo III, p. 230).

4. Para efeitos de aplicação do regime contido no presente artigo, importa integrar o conceito de autonomia. A propósito do art. 321º, do CT/2003, PEDRO FURTADO MARTINS, *Duas questões a propósito dos efeitos da transferência do estabelecimento nas relações de trabalho: Artigo 321º do Código do Trabalho e oposição do trabalhador à transmissão do contrato de trabalho*, pp. 323 e 324, concluía que este conceito "tem de ser apurado em função do fim que se lhe pretende associar. Este, por sua vez, depende da disciplina jurídica a que tem de obedecer o órgão representativo dos trabalhadores cuja conservação em funções se questiona. Se esse órgão é uma comissão de trabalhadores, só se podem ter como preenchidas as condições indispensáveis à sua manutenção em funções se o estabelecimento transmitido puder ser considerado como uma empresa, no sentido que o termo tem nas normas que se referem à comissão de trabalhadores. O que, tendo presente o princípio da unicidade e da representação de todos os trabalhadores da mesma empresa vigente no nosso Direito, equivale a dizer que a comissão de trabalhadores da unidade transmitida só se poderá manter no caso de essa unidade configurar uma empresa (autónoma), isto é, uma entidade empregador em si mesma".

5. Na hipótese de não manutenção da autonomia do estabelecimento, ou de parte de empresa ou de estabelecimento, o último parágrafo, do nº 1, do art. 6º, da Diretiva 2001/23/CE, impunha aos Estados-Membros a obrigação de adotarem as medidas necessárias para que os trabalhadores transferidos, que estivessem representados antes da transferência, fossem convenientemente representados durante o período necessário à constituição ou designação de uma nova representação dos trabalhadores de acordo com as legislações ou práticas nacionais. Em cumprimento desta obrigação, o legislador nacional, no nº 2, estabeleceu que, havendo incorporação da empresa, estabelecimento ou unidade económica transmitida na empresa do adquirente e nesta não exista a correspondente estrutura de representação coletiva dos trabalhadores prevista na lei, a estrutura de representação coletiva dos trabalhadores existente na

entidade incorporada continua em funções por um período de dois meses a contar da transmissão ou até que nova estrutura entretanto eleita inicie as respetivas funções ou, ainda, por mais dois meses, se a eleição for anulada. No que diz respeito ao prazo de 2 meses aqui estabelecido, PEDRO FURTADO MARTINS, *Duas questões a propósito dos efeitos da transferência do estabelecimento nas relações de trabalho: Artigo 321º do Código do Trabalho e oposição do trabalhador à transmissão do contrato de trabalho*, p. 328, faz notar que "a lei não concede – nem podia conceder, sob pena de violação das normas constitucionais que se referem à comissão de trabalhadores e de contradição insanável com as regras legais que regem a mesma matéria – é que a comissão de trabalhadores que existia na empresa transmitida continue a representar a coletividade dos trabalhadores da empresa adquirente, sem qualquer limite de tempo".

A incorporação tem ainda como consequência a atribuição à subcomissão de trabalhadores dos direitos próprios de comissão de trabalhadores durante o período em que continuar em funções, em representação dos trabalhadores do estabelecimento transmitido (al. *a*), do nº 3). Na opinião de PEDRO FURTADO MARTINS, *ob. cit.*, p. 325, esta "solução compreende-se, na medida em que na empresa adquirente não há comissão de trabalhadores e assim se evita que os trabalhadores que já tinham um órgão representativo fiquem sem qualquer representação".

Por força ainda da incorporação, aos representantes dos trabalhadores para a segurança e saúde no trabalho, afetos à entidade incorporada, são atribuídos os direitos próprios desta estrutura (al. *b*), do nº 3).

SECÇÃO II – Cedência ocasional de trabalhador

Artigo 288º – Noção de cedência ocasional de trabalhador

A cedência ocasional consiste na disponibilização temporária de trabalhador, pelo empregador, para prestar trabalho a outra entidade, a cujo poder de direção aquele fica sujeito, mantendo-se o vínculo contratual inicial.

COMENTÁRIOS:

1. Antecedentes legislativos: Arts. 322º, do CT/2003 e 26º, do DL nº 358/89, de 17 de outubro.

2. A disponibilização temporária do trabalhador assumiu-se, principalmente a partir do início dos anos 80, como um instrumento de desenvolvimento da relação laboral propício à satisfação de necessidades de mão de obra pontuais, imprevisíveis e de curta duração. No entanto, só em 1989, muito por força do forte empurrão dado pela adesão de Portugal à CEE, foi regulamentado, através do DL nº 358/89, de 17 de outubro, o trabalho temporário e a cedência ocasional de trabalhadores.

Para maiores desenvolvimentos sobre os fundamentos sociais económicos da cedência de trabalhadores, cfr. João Zenha Martins, *Cedência de Trabalhadores e Grupos de Empresas*, pp. 17 e ss..

3. A cedência ocasional de trabalhadores foi, como já referimos, regulamentada pela primeira vez pelo DL nº 358/89, mais precisamente pelos arts. 26º a 30º.

O nº 1, art. 26º, do DL nº 358/89, proibia "*a cedência de trabalhadores do quadro de pessoal próprio para utilização de terceiros que sobre esses trabalhadores exercessem os poderes de autoridade e direção próprios da entidade empregadora*". Este preceito encarnava o princípio geral da proibição da cedência, ou seja, apesar da regulamentação da figura, mantinham-se as reservas quanto ao seu acolhimento no domínio da relação laboral.

Com o CT/2003, a cedência ocasional de trabalhadores ganhou autonomia sistemática em relação ao trabalho temporário, passando a integrar a secção III, do Capítulo VII, dedicado às vicissitudes contratuais (arts. 322º a 329º). Os arts. 26º a 30º, do DL nº 358/89, foram expressamente revogados pela al. *n*), do nº 1, do art. 21º, da lei preambular do CT/2003.

O CT/2003 (mais precisamente, no art. 322º), renegando de certa forma ao princípio geral da proibição de cedência, viria ainda a adotar uma noção de cedência ocasional de trabalhador. Assim, de acordo com este preceito, "a cedência ocasional de trabalhadores consiste na disponibilização temporária e eventual do trabalhador do quadro de pessoal próprio de um empregador para outra entidade, a cujo poder de direção o trabalhador fica sujeito, sem prejuízo da manutenção do vínculo contratual inicial". Esta noção corresponde à apresentada por Célia Afonso Reis, *Cedência de Trabalhadores*, p. 15. Todavia, importa salientar que a proibição da cedência de trabalhador para utilização de terceiro, salvo nos casos previstos neste Código ou em instrumento de regulamentação coletiva de trabalho, continua a ser uma das garantias do trabalhador [art. 129º, nº 1, al. *g*)].

Entre a noção do art. 322º, do CT/2003 e a do presente artigo, existem duas diferenças. A primeira reside no facto do presente artigo deixar de exigir que o trabalhador cedido pertença ao quadro de pessoal próprio do empregador. Guilherme Dray *in* Pedro Romano Martinez, AAVV, *Código do Trabalho Anotado*, p. 696, admite, todavia, que esta exigência continua a resultar do art. 289º, nº 1, al. *a*).

A segunda diferença prende-se com a eliminação da expressão "eventual", passando a disponibilização a ter que ser apenas "temporária". Esta alteração não poderá afetar a natureza excecional que caracteriza a cedência. Cfr. Guilherme Dray *in* Pedro Romano Martinez, AAVV, *Código do Trabalho Anotado*, p. 697.

Para maiores desenvolvimentos sobre a natureza jurídica da cedência, *vide* Célia Afonso Reis, *Cedência de Trabalhadores*, pp. 105 e ss.; João Zenha Martins, *Cedência de Trabalhadores e Grupos de Empresas*, pp. 253 e ss. e Catarina Carvalho, *Da mobilidade dos trabalhadores no âmbito dos grupos de empresas nacionais*, pp. 318 e ss..

4. De acordo com o presente artigo, a cedência ocasional de trabalhadores depende da verificação dos seguintes requisitos:

a) disponibilização de trabalhador, pelo empregador, para prestar trabalho a outra entidade, que passa a ser titular do poder de direção

O STJ veio afirmar que a cedência, para além da natureza temporária, pressupõe que durante o prazo da sua duração, "o trabalhador exerça funções exclusivamente ao serviço da empresa cessionária". [Ac. de 28.01.15 *in* www.dgsi.pt (Proc. nº 170/09.2TTOAZ.P1.S1)].

A RE esclareceu que se o trabalhador exerce "a sua atividade numa loja de outrem que não do seu empregador, existe cedência ocasional de trabalhador, mesmo que seja o empregador que continua a pagar a retribuição". (Ac. de 08.11.11 *in* CJ, Ano XXXVI, Tomo V, p. 276).

No caso de reestruturação de empresas dum determinado grupo económico, o STJ entendeu que não se verificava "uma cedência de trabalhadora, se esta, continuando a prestar serviço no âmbito da relação laboral mantida com a sua entidade patronal, passar a efetuar alguns trabalhos para uma outra empresa do grupo". (Ac. de 07.12.05 *in* CJ, Ano XIII, Tomo III, p. 269);

b) natureza temporária da disponibilização;

c) manutenção do vínculo laboral existente entre o trabalhador e o empregador cedente

Daqui resulta, desde logo, que o empregador cedente, através da cedência, não transfere toda a sua posição jurídica ativa, mas apenas o poder de direção, na parte referente à determinação da prestação de trabalho e respetivas condições, o qual passa a ser exercido pelo cessionário. Cfr. os Acs. do STJ, de 06.12.17 *in* www.dgsi.pt (Proc. nº 1519/14.1TTLSB.L1.S1); de 14.05.09 *in* www.dgsi.pt (Proc. nº 08S2315) e de 02.05.07 *in* www.dgsi.pt (Proc. nº 07S361).

No entendimento da RP, "não se verifica cedência de trabalhadores à 2ª Ré, mas sim subordinação dos mesmos à 1ª Ré, no circunstancialismo em que se apura que tendo esta celebrado com aquela (a quem foi subconcessionado um serviço de operação e manutenção de um determinado meio de transporte) um contrato de prestação serviços para apoio operacional aos clientes e instalações de uma rede de transportes, não obstante ter sido a 2ª Ré a dar formação aos Autores e a fornecer à 1ª Ré o fardamento que aqueles deviam utilizar (devido à necessidade de uniformidade de imagem junto dos utentes e do público em geral), era a 1ª Ré que elaborava e enviava aos Autores a escala com o horário de trabalho, o descritivo do serviço a realizar e o local onde deveriam apresentar-se, caso a 2ª Ré pretendesse denunciar irregularidades ou apresentar alguma reclamação relativamente aos serviços a cargo da 1ª Ré fazia-o ao gestor desta, nunca a 2ª Ré controlou a assiduidade dos Autores, sendo certo, ainda, que a necessidade dos Autores comunicaram à 2ª Ré quando iniciavam as funções e quando terminavam insere-se tão só no objetivo de articulação entre o cumprimento do contrato de prestação de serviços estabelecido entre as Rés e o cumprimento das obrigações a que a 2ª Ré se obrigou quando lhe foi subconcessionado o serviço". [Ac. de 02.12.13 *in* www.dgsi.pt (Proc. nº 3/11.0TTPRT.P1)].

Também não foram configuradas como cedência ocasional as seguintes situações:

– O trabalhador, a partir de 15 de janeiro de 1990, "passou a trabalhar para duas empregadoras distintas, mediante contratos de trabalho autónomos e no cumprimento de tarefas diversas em horários de trabalho a tempo parcial diferentes, sendo remunerado por ambas em função do trabalho que para cada uma efetuava, circunstância que se manteve até 3 de janeiro de 2002, altura em que uma delas decidiu prescindir do trabalho que vinha recebendo do trabalhador, celebrando com este um acordo de cessação do contrato de trabalho que ambos haviam outorgado". [Ac. da RL, de 08.06.11 *in* www.dgsi.pt (Proc. nº 2649/08.4TTLSB.L1-4)];

– O "trabalhador exercia a sua atividade, por conta da empresa à qual estava vinculado por contrato laboral, nas instalações de uma outra empresa que negociou com aquela um contrato de prestação de serviços por via do qual a empresa empregadora se vinculou à execução de serviços especializados, recebendo indicações da empresa cliente, mas mantendo o poder diretivo sobre o trabalhador e os demais poderes típicos do empregador relativamente aos seus trabalhadores". [Ac. do STJ, de 02.05.07 *in* www.dgsi.pt (Proc. nº 07S361)].

Por outro lado, importa ter presente que, durante a vigência do período de cedência, o vínculo contratual existente entre o trabalhador e o empregador cedente mantém-se, continuando este a ser o detentor do poder disciplinar. CÉLIA AFONSO REIS, *Cedência de Trabalhadores*, p. 17, faz ainda notar que o empregador cedente mantém "o poder de direção quanto à determinação do cessionário e da duração da cedência". Quanto ao poder disciplinar, *vide* anotação ao art. 291º.

Depois de terminar a cedência, o poder de direção regressa à posição jurídica do empregador cedente, "voltando a prestação laboral a ser desenvolvida perante o empregador e em subordinação jurídica a ele", CÉLIA AFONSO REIS, *Cedência de Trabalhadores*, p. 18.

JOÃO ZENHA MARTINS, *Definição e condições gerais da cedência ocasional de trabalhadores no Código do Trabalho*, p. 93, faz referência à gratuitidade da cedência. Para este autor, *loc. cit.*, "à luz do argumentário que impõe a associação da ocasionalidade à cedência de trabalhadores, a cedência não pode desembocar numa operação comercial ou, em traços mais carregados, numa atuação destinada à mercantilização dos trabalhadores".

O preenchimento dos requisitos da cedência ocasional, não invalida que a mesma apresente um suporte substancial. Assim, não tendo o trabalhador exercido na ré "alguma atividade, nem estado disponível para o fazer, não ocorreu em termos fácticos qualquer "*vicissitude contratual modificativa do contrato de trabalho*", nem qualquer ato relativo a "*fluxo*" ou "*mobilidade*" de trabalhadores no âmbito da "flexibilização *da política de recursos humanos das empresas*", como é pressuposto do regime de cedência ocasional". [Ac. da RL, de 03.05.17 *in* www.dgsi.pt (Proc. nº 1519/14.1TTLSB.L1-4)].

Sobre o ónus da prova, cumpre referir que "a demonstração da cedência ocasional passa, essencialmente, pela alegação e prova de que o trabalhador prestava a sua atividade sob as ordens e direção da entidade a quem alegadamente foi cedido". [Ac. da RL, de 19.10.11 *in* www.dgsi.pt (Proc. nº 2847/08.0TTLSB.L1-4)].

5. O nosso sistema jurídico admite apenas a cedência *ocasional* e *temporária* (duração inferior a 1 ano, renovável por iguais períodos até ao máximo de 5 anos – al. *d*), do nº 1, do art. 289º), não sendo permitida a cedência definitiva. Quanto às transferências definitivas, veja-se IRENE GOMES, *Grupos de sociedades e algumas questões laborais*, pp. 186 e ss.. Esta regra não significa que as partes não possam recorrer à cessão da posição contratual, regulada nos arts. 424º e ss., do CC. Para maiores desenvolvimentos sobre esta figura no seio da relação laboral, cfr. CATARINA CARVALHO, *A mobilidade geográfica dos trabalhadores no Código do Trabalho*, pp. 212 e ss..

Segundo a RP, a cessão da posição contratual e a cedência ocasional de trabalhador são figuras jurídicas distintas: "na primeira, a transmissão tem por conteúdo a totalidade da posição contratual, no seu conjunto de direitos e obrigações, sendo que a relação contratual que tinha com um dos titulares, o cedente, é a mesma de que passa a ser sujeito, após o novo negócio, o cessionário; a segunda, consiste, essencialmente, na disponibilização temporária do trabalhador, pelo empregador, a um terceiro, a cujo poder de direção aquele fica sujeito, mantendo-se porém o vínculo contratual inicial entre o cedente e o trabalhador, àquele retornando finda a cedência". [Ac. de 12.05.14 *in* www.dgsi.pt (Proc. nº 339/12.2TTVNG.P1)].

Neste aresto, foi considerado que, havendo a trabalhadora celebrado com a 1ª Ré um contrato de trabalho em 2002 e, no período de 2007 a 2011, ter passado a exercer as suas funções na 2ª Ré e na 3ª Ré, "por ordem do Presidente da 1ª Ré e que era, simultaneamente, o Administrador da 2ª Ré e Diretor da 3ª Ré, continuando a sua remuneração a ser-lhe paga pela 1ª Ré e em nome de quem eram assumidos os respetivos encargos fiscais e sem que nunca lhe haja sido comunicada qualquer cessão da posição contratual e/ou que a sua entidade empregadora passaria a ser a 2ª ou 3ª RR e sem que haja, a trabalhadora, dado qualquer autorização para tal cessão ou manifestado a sua intenção e/ou aceitação em celebrar com alguma destas novo contrato de trabalho" estávamos perante uma cedência ocasional, ainda que ilícita.

A ocasionalidade da figura significa que a cedência, "para ser lícita, há de ser elemento não habitual, acidental, eventual, excecional no quadro do desenvolvimento normal da relação individual de trabalho em cumprimento do programa contratual inicial.

Assim, a transferência do poder de direção para um terceiro é algo que transcende o programa contratual acordado entre trabalhador e empregador, e que só excecionalmente correrá", CÉLIA AFONSO REIS, *Cedência de Trabalhadores*, p. 57.

O STJ fez notar que a "violação do princípio da não cedência de trabalhador a terceiro determina a formação de uma verdadeira relação de trabalho entre o primeiro e a entidade a quem foi cedido, na justa medida em que se provou a inserção do trabalhador na estrutura organizativa desta última, aliada a um efetivo poder de direção no que respeita à prestação da atividade desenvolvida". (Ac. de 20.06.18 *in* www.dgsi.pt (Proc. nº 18067/15.5T8LSB.P1.S1) e CJ, Ano XXVI, Tomo II, p. 269).

Artigo 289º – Admissibilidade de cedência ocasional

1. A cedência ocasional de trabalhador é lícita quando se verifiquem cumulativamente as seguintes condições:

a) O trabalhador esteja vinculado ao empregador cedente por contrato de trabalho sem termo;

b) A cedência ocorra entre sociedades coligadas, em relação societária de participações recíprocas, de domínio ou de grupo, ou entre empregadores que tenham estruturas organizativas comuns;

c) O trabalhador concorde com a cedência;

d) A duração da cedência não exceda um ano, renovável por iguais períodos até ao máximo de cinco anos.

2. As condições da cedência ocasional de trabalhador podem ser reguladas por instrumento de regulamentação coletiva de trabalho, com exceção da referida na alínea *c*) do número anterior.

3. Constitui contraordenação grave a violação do disposto no nº 1.

COMENTÁRIOS:

1. Antecedentes legislativos: Arts. 323º, 324º e 676º, do CT/2003 e 26º, nº 2, al. *c*) e 27º, do DL nº 358/89, de 17 de outubro.

2. O nº 1, do art. 26º, do DL nº 358/89, proibia "a cedência de trabalhadores do quadro de pessoal próprio para utilização de terceiros que sobre esses trabalhadores exercessem os poderes de autoridade e direção próprios da entidade empregadora" (princípio geral da proibição da cedência).

Nos termos do nº 2, do citado art. 26º, a proibição da cedência não abrangia:

"a) Ações de formação, treino e aperfeiçoamento profissional e de aprendizagem;

b) Exercício de funções profissionais em instalações de terceiros, em execução de um contrato de prestação de serviços, em qualquer das suas modalidades;

c) Exercício de funções de enquadramento ou técnicas, de elevado grau, em empresas entre si associadas ou pertencentes a um mesmo agrupamento de empresas, por parte dos quadros técnicos de qualquer destas ou da sociedade de controlo;

d) Cedência ocasional de trabalhadores regulada em instrumentos de regulamentação coletiva de trabalho".

Com a alteração introduzida pelo L nº 146/99, de 01 de setembro, a alínea *b*) viria a ser eliminada. Conforme salientou ANTÓNIO JOSÉ MOREIRA, *Trabalho Temporário*, p. 76, nesta situação rigorosamente "não havia cedência ocasional já que esta figura pressupõe que o cessionário possa exercer sobre o trabalhador cedido os poderes de direção que incumbiam ao cedente, o que não era o caso". Para maiores desenvolvimentos sobre esta alínea, *vide* CÉLIA AFONSO REIS, *Cedência de Trabalhadores*, pp. 21 e ss..

Os arts. 323º e 324º, do CT/2003, compunham o regime substantivo de admissibilidade da cedência, o qual passou a estar contido no presente artigo.

A técnica legislativa utilizada no CT/2003 é diferente da adotada no CT/2009. De facto, no CT/2003, o art. 323º enunciava um princípio geral, de acordo com o qual a cedência ocasional de trabalhadores só era admitida se regulada em instrumento de regulamentação coletiva de trabalho ou nos termos dos arts. 324º e ss..

No CT/2009, mais precisamente no presente artigo, o legislador optou por reunir num único preceito as situações em que é admitida a cedência (cedência regulada em instrumento coletiva de trabalho e cedência legal).

3. Nos termos do nº 1, a cedência ocasional de trabalhador é lícita quando se verifiquem cumulativamente as seguintes condições:

a) O trabalhador esteja vinculado ao empregador cedente por contrato de trabalho sem termo

De acordo com esta alínea, a cedência só é admissível se entre o cedente e o trabalhador cedido existir um vínculo contratual sem termo. Assim, ficam, desde logo, excluídos os contratos de trabalho a termo resolutivo (arts. 139º e ss.). No nosso entendimento, visou-se aqui assegurar que a cedência seja desenvolvida no quadro de uma relação jurídico-contratual estável (no sentido de não precária).

Na opinião de Célia Afonso Reis, *Cedência de Trabalhadores,* p. 69, o "legislador entendeu que permitir a cedência de um trabalhador contratado a termo seria abrir portas à fraude ao regime jurídico do contrato a termo, na medida em que se admitiria que do contrato de trabalho com esse trabalhador constasse uma determinada motivação do termo que, na realidade não se verificava".

Na sequência da apreciação critica da norma, esta autora, *ob. cit.*, p. 72, propõe a sua interpretação restritiva, "em atenção aos interesses que o legislador pretendeu acautelar, na previsão da vinculação do trabalhador ao cedente por contrato sem termo como requisito de licitude da cedência ocasional. A alínea a) do nº 1 do artigo 27º só deve ser obstáculo à cedência ocasional de um trabalhador que mantenha com o cedente vínculo laboral diverso do contrato de trabalho sem termo quando ela contenda com o regime injuntivo aplicável".

Catarina Carvalho, *A mobilidade geográfica dos trabalhadores no Código do Trabalho,* p. 286, entende que o legislador procurou aqui "garantir a segurança do posto de trabalho e evitar situações fraudulentas de contratação de trabalhadores com o intuito de os ceder a terceiros";

b) A cedência ocorra entre sociedades coligadas, em relação societária de participações recíprocas, de domínio ou de grupo, ou entre empregadores que tenham estruturas organizativas comuns

A al. *b*), do nº 1, do art. 27º, do DL nº 358/89, impunha que a cedência se verificasse "no quadro da colaboração entre empresas jurídica e financeiramente associadas ou economicamente interdependentes". Por sua vez, a al. *b*), do art. 324º, do CT/2003, exigia que a cedência ocorresse "no quadro de colaboração entre sociedades coligadas, em relação societária de participações recíprocas, de domínio ou de grupo, ou entre empregadores, independentemente da natureza societária, que mantenham estruturas organizativas comuns".

Na atual redação foram eliminadas as expressões "no quadro de colaboração" e "independentemente da natureza societária". Tenhamos em linha de conta que a primeira expressão continha um conceito indeterminado que alargava o âmbito subjetivo da cedência, realidade que não se ajustava com a sua natureza excecional.

O regime das sociedades coligadas está previsto nos arts. 481 e ss., do CSC. Estão abrangidas por esta alínea as sociedades coligadas em relação de participações recíprocas (arts. 482º, al. *b*) e 485º); de domínio (arts. 482º, al. *c*) e 486º) e de grupo (arts. 482º, al. *d*) e 488º e ss.).

A cedência é ainda admissível entre empregadores que tenham estruturas organizativas comuns, independentemente de entre eles existir uma relação societária (note-se, no entanto, que a expressão "*independentemente da natureza societária*" não consta da atual redação). Os exemplos mais frequentes são os consultórios médicos e os escritórios de advogados.

Conforme refere Júlio Gomes, *Direito do Trabalho*, p. 843, pode "tratar-se, por exemplo, de um mesmo estabelecimento partilhado por duas ou mais empresas, de médicos que tendo cada um o seu consultório, mantêm em comum as estruturas de receção da clientela". Sobre esta condição, cfr., ainda, João Zenha Martins, *Definição e condições gerais da cedência ocasional de trabalhadores no Código do Trabalho*, pp. 100 e ss..

Numa ação emergente de acidente de trabalho interposta pela beneficiária do sinistrado contra várias rés, a RL entendeu que sempre seria ilícita a cedência do sinistrado à 3ª ré, já que se não demonstrou que as rés se encontrassem coligadas, em relação societária de participações recíprocas, de domínio ou de grupo ou que fossem detentoras de organizativas comuns, para além de que se mostrou excedido o prazo de um ano para a cedência e se não se revelou que o trabalhador tenha dado o seu acordo por escrito. Nesse aresto, diz-se ainda que pese "embora as 2ª e 3ª rés tenham celebrado, entre si, contratos de prestação de serviço, por via dos quais (segundo elas), o trabalhador sinistrado desempenhou funções (de limpeza e de manutenção) na unidade fabril da 3ª ré, tendo o mesmo ao longo de vários anos desempenhado tais funções, sempre nas instalações da 3ª ré, com os instrumentos de trabalho fornecidos por esta, em articulação com os seus trabalhadores, segundo as instruções e determinações da mesma ré (não dependentes, na generalidade, de condicionantes técnicas da actividade industrial em questão), e sem qualquer intervenção da 2ª ré na concreta modelação contratual, à luz do que o legislador define como poder de direcção (art. 97º do Código do Trabalho), conclui-se que era a 3ª ré que exercia o núcleo essencial do poder de direcção relativamente ao sinistrado (*"faculdade de determinar as regras, de carácter prevalentemente técnico-organizativo, que o trabalhador deve observar no cumprimento da prestação ou, mais precisamente, o meio pelo qual o empresário dá uma destinação concreta à energia do trabalho (física e intelectual) que o trabalhador se obrigou a pôr e manter à disposição da entidade patronal (...)*", não se enquadrando, assim, a presente situação, no âmbito dos referidos contratos de prestação de serviços, mas sim, na figura da cedência ocasional de trabalhadores, que, no caso, como se viu, é ilícita". [Ac. de 16.12.20 *in* www.dgsi.pt (Proc. nº 904/16.9T8BRR.L1-4)];

c) O trabalhador concorde com a cedência

Uma vez que na cedência estão envolvidos o cedente, o cessionário e o trabalhador cedido, a mesma deve assentar numa convergência tripartida das respetivas vontades. Aliás, esta exigência impõe-se, desde logo, por força do princípio *pacta sunt servanda*, plasmado no art. 406º, do CC. Cfr. António José Moreira, *Trabalho Temporário*, p. 78. Assim, para além da declaração negocial do cedente e do cessionário, a lei exige a declaração expressa de concordância do trabalhador, a qual deve constar do documento que titula a própria cedência. Na opinião de Júlio Gomes, *Direito do Trabalho*, p. 844, "um contrato de cedência ocasional é validamente celebrado entre cedente e cessionário, antes ainda e independentemente da declaração de concordância do trabalhador, embora só possa ser executado licitamente, em relação a um determinado trabalhador em concreto com a declaração expressa de concordância deste".

O consentimento do trabalhador deve ser expresso, livre e consciente. Expresso porque a lei [mais precisamente, o art. 290º, nº 1, al. *e*)] exige que o acordo de cedência contenha a declaração de concordância do trabalhador. Cfr. João Zenha Martins, *Cedência de Trabalhadores e Grupos de Empresas*, p. 113. "Livre, na medida em que a proposta de cedência dirigida pelo empregador ao trabalhador não seja entendida como uma ordem; consciente, no sentido de o trabalhador conhecer as implicações de regime aplicável quanto à integração no efetivo do cessionário, à retribuição e às condições de prestação de trabalho...", Célia Afonso Reis, *Cedência de Trabalhadores*, p. 84.

Podemos concluir que o consentimento pressupõe uma proposta concreta de cedência. Concordamos, assim, com Júlio Gomes, *Direito do Trabalho*, p. 845, quando refere que parece "inadmissível e ineficaz a cláusula inserida num contrato individual de trabalho pela qual o trabalhador aceita antecipadamente vir a ser cedido na pendência do seu contrato de trabalho, a quem o empregador desejar e nas condições que este vier a acordar com um eventual cessionário". Segundo Pedro Romano Martinez, *Direito do Trabalho*, pp. 785 e 786, "o acordo do trabalhador pode ser dado antes da cedência, designadamente no próprio contrato de trabalho, caso em que se terá de juntar cópia do contrato para dar cumprimento ao disposto no art. 290º, nº 1, do CT". Júlio Gomes, *Direito do Trabalho*, p. 845, nota 2071, só admite esta possibilidade "se a cláusula contratual contiver todos os elementos de identificação a que se refere o nº 1 do art. 325º (a aceitação "antecipada" não poderá, pois, ser um "cheque em branco")".

Pela nossa parte, sentimo-nos inclinados a considerar que a concordância do trabalhador deve ser manifestada no próprio acordo de cedência e não em momento anterior. Esta posição sai claramente reforçada pela inclusão da declaração de concordância no elenco do conteúdo obrigatório do acordo de cedência (al. *e*), do nº 1, do art. 290º). Até porque, só assim será assegurado que o trabalhador formará a sua convicção de modo livre e esclarecido, mormente conhecendo as condições da cedência e a identidade do cessionário;

d) A duração da cedência não exceda um ano, renovável por iguais períodos até ao máximo de cinco anos

Com esta delimitação temporal, o legislador procurou fixar o período de duração da cedência, concretizando, assim, a sua natureza temporária. Em abono desta delimitação, Célia Afonso Reis, *Cedência de Trabalhadores*, p. 62, referia que "o valor da segurança jurídica deveria, segundo cremos, impor nesta sede a indicação de um limite temporário máximo, que evitaria que o intérprete-aplicador do Direito fosse remetido, na apreciação desse caráter temporário, para um processo de análise meramente casuístico". Por seu turno, João Zenha Martins, *Cedência de Trabalhadores e Grupos de Empresas*, p. 123, fazia notar que "a delimitação temporal da permanência da cedência é justificada na medida em que se torna necessário evitar que as tarefas temporárias desempenhadas pelo trabalhador na cessionária não se transformem em tarefas permanentes e a respetiva relação não seja assimilada a uma relação normal de trabalho".

Na opinião de Júlio Gomes, *Direito do Trabalho*, p. 848, fica "em aberto, por exemplo, saber o que sucederá se terminado o período de cedência "atingido, por exemplo, o limite máximo dos 5 anos" o trabalhador cedido não regressar e continuar a sua prestação sobre direção do cessionário e sem a oposição deste – poderá considerar-se que a opção foi aqui exercida por um comportamento concludente e que, obviamente, não se poderia respeitar a exigência de que fosse feita até ao termo da cedência?".

No Proc. nº 2895/09.3TTLSB.L1, a RL concluiu que apesar "da existência de um contrato de trabalho por tempo indeterminado, certo é que as referidas empresas foram convocadas pela RTP para desempenhar, em permanência e de forma reiterada e constante, o papel de cedentes, ao abrigo de uma relação comercial que se presume lucrativa, sem que tivesse sido obtida a prévia concordância do Autor mediante a celebração do correspondente documento escrito (achando-se quase esgotado o prazo máximo de 5 anos fixado pelo legislador, à data da instauração destes autos) e não possuindo o contrato firmado entre a recorrente e a CC, com produção de efeitos a 1/1/2009 (o único que veio a público) a virtualidade de poder ser qualificado como um negócio jurídico dessa precisa natureza". O mesmo tribunal reconheceu, neste cenário, que o trabalhador tinha direito de optar pela integração na empresa cessionária, em regime de contrato de trabalho sem termo resolutivo, nos termos do art. 292º. (Ac. de 18.06.14 *in* www.dgsi.pt).

Sobre os efeitos de uma cedência que perdurou por mais de 16 anos sem a concordância do trabalhador, *vide* o Ac. do STJ, de 30.06.11 *in* www.dgsi.pt (Proc. nº 69/07.7TTCBR.C1.S1).

4. As condições da cedência ocasional de trabalhador podem ser reguladas por instrumento de regulamentação coletiva de trabalho (nº 2).

Na versão inicial do DL nº 358/89, a cedência ocasional de trabalhadores regulada em instrumento de regulamentação coletiva de trabalho constava do elenco das situações de cedência admitidas [al. *d*), do nº 1, do art. 26º, a qual, com a L nº 146/99, passaria, sem alterações de conteúdo, a ser a al. *c*)].

Com o CT/2003, passou a constar do enunciado do princípio geral da cedência, figurando como uma das situações em que a cedência era admitida (a outra era a cedência legal).

No CT/2009, a mesma está prevista no nº 2. Em relação ao CT/2003, é de destacar a determinação do âmbito do instrumento coletivo de trabalho (regulação das condições da cedência consagradas no nº 1). Com exceção da al. *c*), do nº 1 (concordância do trabalhador), a qual assume-se, assim, como uma norma legal imperativa. No restante, é permitido ao instrumento de regulamentação coletiva afastar o regime subsidiário previsto no nº 1, "nomeadamente quanto ao respetivo âmbito de aplicação – alargando-o ou restringindo-o – e quanto à duração da cedência ocasional – através da sua redução ou, dentro de certos limites de razoabilidade, do seu alargamento", Guilherme Dray *in* Pedro Romano Martinez, AAVV, *Código do Trabalho – Anotado*, p. 701.

Os instrumentos de regulamentação coletiva de trabalho podem ser negociais [convenção coletiva, acordo de adesão e decisão arbitral em processo de arbitragem voluntária (art. 2º, nº 2)] ou não negociais [portaria de extensão, portaria de condições de trabalho e decisão arbitral em processo de arbitragem obrigatória ou necessária (art. 2º, nº 4)].

Na anotação ao art. 26º, do DL nº 358/89, António José Moreira, *Trabalho Temporário*, p. 76, entendia que não obstante a lei não proceder a qualquer limitação, apenas as convenções coletivas de trabalho podiam regular a cedência. De igual forma, Célia Afonso Reis, *Cedência de Trabalhadores*, p. 63, considerava que a al. *c*), do nº 2, do art. 26º, do DL nº 358/89, visava os instrumentos em que houvesse uma verdadeira manifestação de vontade dos respetivos destinatários, ou seja, as situações em que a regulamentação coletiva se fizesse pela via negocial, e não pela via administrativa. Esta autora, *ob. cit.*, p. 64, perante a omissão legal, acabava, todavia, por concluir que "a permissão de cedência regulada em instrumento de regulamentação coletiva deverá operar sempre, qualquer que seja o tipo de instrumento em causa. Os trabalhadores a quem o instrumento de regulamentação coletiva em causa seja aplicável ficam sujeitos à cedência regulada em tais termos."

5. A cedência ocasional de trabalhador, fora das condições em que é admissível, confere ao trabalhador cedido o direito de optar pela permanência ao serviço do cessionário em regime de contrato de trabalho sem termo (art. 292º, nº 1).

Artigo 290º – Acordo de cedência ocasional de trabalhador

1. A cedência ocasional de trabalhador depende de acordo entre cedente e cessionário, sujeito a forma escrita, que deve conter:

_a_) Identificação, assinaturas e domicílio ou sede das partes;

_b_) Identificação do trabalhador cedido;

_c_) Indicação da atividade a prestar pelo trabalhador;

_d_) Indicação da data de início e da duração da cedência;

_e_) Declaração de concordância do trabalhador.

2. Em caso de cessação do acordo de cedência ocasional, de extinção da entidade cessionária ou de cessação da atividade para que foi cedido, o trabalhador regressa ao serviço do cedente, mantendo os direitos que tinha antes da cedência, cuja duração conta para efeitos de antiguidade.

3. Constitui contraordenação grave a violação do disposto na alínea *e*) do nº 1 ou no nº 2 e constitui contraordenação leve a violação de qualquer dos demais preceitos do nº 1.

COMENTÁRIOS:

1. Antecedentes legislativos: Arts. 325º e 676º, do CT/2003 e 28º, do DL nº 358/89, de 17 de outubro.

2. O acordo de cedência ocasional de trabalhador está sujeito a forma escrita (corpo do nº 1).

Na anotação ao art. 28º, do DL nº 358/89, António José Moreira, *Trabalho Temporário*", p. 78, entendia que o documento que titulava o acordo de cedência revestia natureza *ad substantiam.*

A imposição de forma especial para o contrato de cedência "terá sido ditada, essencialmente, por preocupações de certeza jurídica sobre a situação do trabalhador", Célia Afonso Reis, *Cedência de Trabalhadores*, p. 92. Com efeito, a redução a escrito "permite ao trabalhador defender-se contra o exercício pelo cessionário do poder de direção num sentido diverso do que foi acordado no momento da celebração do contrato de cedência", Célia Afonso Reis, *ob. cit.*, p. 93.

3. Nos termos do nº 1, o acordo de cedência deve conter:

a) Identificação, assinaturas e domicílio ou sede das partes

O art. 325º, nº 1, do CT/2003, exigia apenas a assinatura do cedente e cessionário.

A violação do disposto nesta alínea constitui contraordenação leve (nº 3);

b) Identificação do trabalhador cedido

A identificação do trabalhador cedido já constava do nº 1, do art. 325º, do CT/2003. Esta exigência impõe-se por força da natureza excecional da cedência. Na verdade, procurou-se aqui assegurar que a mesma seja acordada em relação a um determinado trabalhador em concreto, evitando-se assim a sua configuração abstrata.

A violação do disposto nesta alínea constitui contraordenação leve (nº 3);

c) Indicação da atividade a prestar pelo trabalhador

O art. 28º, nº 1, do DL nº 358/89 fazia referência à "função a executar". Numa tentativa de adaptação e harmonização terminológicas, o legislador no art. 325º, nº 1, do CT/2003, substituiu a expressão "função" pela expressão "atividade". Por sua vez, nesta alínea, a expressão "executar" foi substituída pela expressão "prestar".

A violação do disposto nesta alínea constitui contraordenação leve (nº 3);

d) Indicação da data de início e da duração da cedência

Esta alínea corresponde à exigência prevista no nº 1, do art. 325º, do CT/2003.

A violação do disposto nesta alínea constitui contraordenação leve (nº 3);

e) Declaração de concordância do trabalhador

A manifestação de vontade do trabalhador incorpora-se, simultaneamente, no núcleo dos requisitos substanciais e formais da cedência. Na verdade, a sua concordância constitui uma condição de licitude da cedência [art. 289º, nº 1, al. *c*)], enquanto que a respetiva declaração integra o conteúdo obrigatório do respetivo acordo. No Ac. da RL, de 27.06.07 *in* www.dgsi.pt (Proc. nº 5822/2006-4) é mencionado que faltando "a anuência da trabalhadora, a forma escrita, a indicação da transitoriedade da cedência e da duração da mesma, a cedência é ilegítima".

Segundo a RP, esta concordância no que se refere à renovação do contrato de cedência ocasional "por um novo período de um ano, assume a natureza de declaração negocial recetícia, sujeita à disciplina que resulta do nº 1 do artigo 224º do CC". [Ac. de 02.03.17 *in* www.dgsi.pt (Proc. nº 2325/15.1T8MTS.P1)].

A RL considerou que para "se verificar uma cedência ocasional de trabalhador cumpre provar a existência de acordo de cedência entre cedente e cessionário, bem como a declaração de concordância do trabalhador que deve constar do documento que titula o acordo". [Ac. de 25.01.12 *in* www.dgsi.pt (Proc. nº 177/09.0TTBRR.L1-4)].

No Proc. nº 322/09.5TTALM.L1-42, este mesmo tribunal decidiu que a demonstração da cedência ocasional passa "pela alegação e prova de que o trabalhador prestava a sua atividade sob as ordens e direção da entidade a quem alegadamente foi cedido. E o ónus de alegação e prova desses factos recairá naturalmente sobre o trabalhador que judicialmente vem reclamar direitos que decorrem da ilicitude de uma alegada cedência da sua força de trabalho". (Ac. de 04.05.11 *in* www.dgsi.pt).

A violação do disposto nesta alínea constitui contraordenação grave (nº 3).

A RE veio esclarecer que se só faltar a declaração escrita de concordância do trabalhador, a contraordenação é a grave, nos termos do nº 3 e não a muito grave prevista no art. 129º, nº 2, "pois não se trata de violação da proibição aqui contida, mas apenas da violação da obrigação de juntar ao contrato de cedência a declaração de concordância do trabalhador, a qual é punida de modo autónomo". (Ac. de 25.05.17 *in* www.dgsi.pt (Proc. nº 736/16.4T8STC.E1) e CJ, Ano XXLII, Tomo III, p. 304).

4. De acordo com o princípio da autonomia da vontade, as partes podem fazer constar do acordo quaisquer cláusulas reguladoras do regime da cedência, contanto as mesmas não violem normas legais imperativas.

5. A falta de acordo entre o cedente e o cessionário, nos termos do nº 1, implica a atribuição ao trabalhador cedido do direito de optar pela permanência ao serviço do cessionário em regime de contrato de trabalho sem termo (art. 292º, nº 1).

6. Em caso de cessação do acordo de cedência ocasional, de extinção da entidade cessionária ou de cessação da atividade para que foi cedido, o trabalhador regressa ao serviço do cedente, mantendo os direitos que tinha antes da cedência, cuja duração conta para efeitos de antiguidade (nº 2).

Na sua versão inicial, o DL nº 359/89 não previa esta norma, a qual viria a constar do nº 3, do art. 28º, aditado pela L nº 146/99, de 01 de setembro. A norma correspondente do CT/2003 seria integrada no nº 3, do art. 325º. São, aqui, de destacar duas diferenças. A primeira resulta da introdução da cessão do acordo de cedência como causa de regresso do trabalhador ao cedente. A segunda prende-se com a referência expressa à contagem do período de cedência para efeitos de antiguidade.

Júlio Gomes, *Direito do Trabalho*, p. 845, coloca a questão de saber se no grupo das causas de regresso do trabalhador não se deveria incluir o "incumprimento das suas obrigações pela empresa cessionária que, por exemplo, não dá ocupação efetiva ao trabalhador cedido, viola outros direitos deste ou até não lhe paga a retribuição".

Na parte final, o nº 2 prevê que o trabalhador, em caso de regresso, mantém "os direitos que tinha antes da cedência". Júlio Gomes, *ob. cit.*, p. 846, dando nota da insuficiência da solução legal adotada, considera que se "o posto de trabalho ocupado originariamente pelo trabalhador cedido já não existir, o cedente terá a obrigação, imposta pela boa fé de o requalificar ou de procurar um outro posto de trabalho compatível e adequado com a experiência e a formação entretanto adquiridas pelo trabalhador cedido – o qual, no fim de contas, não deixou de estar sempre a executar o seu contrato, ainda que sob a direção de terceiro".

A violação do disposto no nº 2 constitui contraordenação grave (nº 3).

Artigo 291º – Regime de prestação de trabalho de trabalhador cedido

1. Durante a cedência ocasional, o trabalhador está sujeito ao regime de trabalho aplicável ao cessionário no que respeita ao modo, local, duração de trabalho, suspensão do contrato de trabalho, segurança e saúde no trabalho e acesso a equipamentos sociais.

2. O cessionário deve informar o cedente e o trabalhador cedido sobre os riscos para a segurança e saúde inerentes ao posto de trabalho a que este é afeto.

3. Não é permitida a afetação de trabalhador cedido a posto de trabalho particularmente perigoso para a sua segurança ou saúde, salvo quando corresponda à sua qualificação profissional específica.

4. O cessionário deve elaborar o horário de trabalho de trabalhador cedido e marcar o período das férias que sejam gozadas ao seu serviço.

5. O trabalhador cedido tem direito:

a) À retribuição mínima que, em instrumento de regulamentação coletiva de trabalho aplicável ao cedente ou ao cessionário, corresponda às suas funções, ou à praticada por este para as mesmas funções, ou à retribuição auferida no momento da cedência, consoante a que for mais elevada;

b) A férias, subsídios de férias e de Natal e outras prestações regulares e periódicas a que os trabalhadores do cessionário tenham direito por idêntica prestação de trabalho, em proporção da duração da cedência.

6. A cedência de trabalhador a uma ou mais entidades deve observar as condições constantes do contrato de trabalho.

7. Constitui contraordenação grave a violação do disposto nos nºs 2, 3, 4 ou 5.

COMENTÁRIOS:

1. Antecedentes legislativos: Arts. 327º, 328º e 676º, do CT/2003 e 20º e 21º, do DL nº 358/89, de 17 de outubro.

2. Conforme resulta da noção legal do art. 288º, a "cedência ocasional consiste na disponibilização temporária de trabalhador, pelo empregador, para prestar trabalho a outra entidade, a cujo poder de direção aquele fica sujeito, mantendo-se o vínculo contratual inicial". No fundo, com a cedência, uma parte da relação jurídico-laboral passa a ser *vivida* entre o trabalhador cedido e o cessionário. Assim, impunha-se fixar o âmbito da subordinação daquele. Neste contexto, o nº 1 estipula que, durante a cedência ocasional, o trabalhador está sujeito ao regime de trabalho aplicável ao cessionário no que respeita ao modo, local, duração de trabalho, suspensão do contrato de trabalho, segurança e saúde no trabalho e acesso a equipamentos sociais. Esta norma traduz-se numa concretização da regra geral, segundo a qual o poder de direção é transferido para a esfera jurídica do cessionário. De facto, o modo, o local, a duração do trabalho, a suspensão do contrato de trabalho, a segurança e saúde no trabalho e o acesso a equipamentos sociais, são elementos que integram o conteúdo do poder de direção. Segundo Júlio Gomes, *Direito do Trabalho*, p. 847, o "trabalhador cedido deverá, pois, ter, por exemplo, em igualdade de condições com os trabalhadores do cessionário acesso, por exemplo, à cantina".

A formação contínua, que seja assegurada pelo cessionário, exonera o empregador, podendo haver lugar a compensação por parte deste em termos a acordar (art. 131º, nº 8).

3. Sobre o empregador impende o dever de informar o trabalhador sobre aspetos relevantes do contrato (art. 106º, nº 1). No nº 3, do art. 106º, estão previstas as informações que compõem o núcleo obrigatório daquele dever.

O trabalhador tem direito a prestar trabalho em condições de segurança e saúde (art. 281º, nº 1). A informação relacionada com esta matéria não está contida no art. 106º, nº 3, mas sim no art. 282º, nº 1. No caso de cedência, o nº 2 impõe ao cessionário o dever de informar o cedente e o trabalhador cedido sobre os riscos para a segurança e saúde inerentes ao posto de trabalho a que este é afeto. O legislador revelou, aqui, uma especial preocupação em garantir que o trabalhador exerça a sua atividade laboral com pleno conhecimento dos riscos que a mesma comporta, por forma a prevenir a ocorrência de acidentes de trabalho e a verificação de doenças profissionais. Aliás, esta mesma preocupação está patente no nº 3, o qual proíbe a afetação de trabalhador cedido a posto de trabalho particularmente perigoso para a sua segurança ou saúde, salvo quando o mesmo corresponda à sua qualificação profissional específica.

A propósito dos acidentes de trabalho, a RP fez notar que, nos termos do nº 1, do art. 18º, da LAT, "mesmo nos casos em que o trabalhador sofre um acidente de trabalho durante a prestação da sua atividade à empresa cessionária e por atuação culposa desta, a entidade cedente, na medida em que continua a ser a empregadora, continua a ser responsável pela reparação dos danos emergentes, ainda que o possa ser solidariamente e não apenas a título individual". [Ac. de 21.02.18 *in* www.dgsi.pt (Proc. nº 295/14.2TTVRL.P1)].

Segundo a RL, as obrigações previstas nos nºs 1 e 2, "compreendem-se à luz do preceituado no art. 59º da Constituição da República Portuguesa, por via do qual "*Todos os trabalhadores, sem distinção de idade, sexo, raça, cidadania, território de origem, religião, convicções políticas ou ideológicas, têm direito (...), c) À prestação do trabalho em condições de higiene, segurança e saúde*", e traduzem-se no direito fundamental do trabalhador à disponibilização de condições de segurança e saúde no trabalho". [Ac. de 16.12.20 *in* www.dgsi.pt (Proc. nº 904/16.9T8BRR.L1-4)]. Neste aresto, considera-se, "face ao modo como o acidente se verificou, aos procedimentos de segurança a que a 3ª Ré estava vinculada, devia ter observado, se encontrava em condições de observar e que não observou, que o acidente que vitimou o sinistrado se não ficou a dever "a circunstâncias estranhas ao modelo de perigo não conhecidas do agente ou para ele imprevisíveis, não tendo a realização do modelo de perigo sido precipitadas por circunstâncias que o não integrava", nada resultando também da factualidade apurada ou das regas da experiência comum, que nos permita afirmar que o acidente em causa, ainda que observadas tivessem sido as sobreditas regras da de segurança, mesmo assim se teria verificado". Concluindo-se, "ter sido a concreta violação das apontadas regras de segurança por parte da 3ª ré, que constituiu causa adequada do acidente em questão, verificando-se o nexo de causalidade entra violação das ditas regras e o acidente de trabalho que vitimou o sinistrado".

A informação deve ser prestada não só ao trabalhador, mas também ao cedente.

Na perspetiva de MILENA SILVA ROUXINOL, *Cedência de trabalhadores e partilha de responsabilidades no domínio da segurança e saúde – reflexão*, p. 210, o direito à informação aqui conferido ao cedente, só faz sentido se considerarmos que sobre este impende o dever de diligência *in eligendo*, "no concernente ao sujeito cessionário e, bem assim, como a incumbência de controlar a adequação das condições de segurança e saúde por ele adotadas – cumprindo, pois, um dever de diligência *in vigilando* –, com a tripla finalidade de, não se encontrando verificadas, procurar levá-lo a adotá-las, não logrando a finalidade pretendida, dirigir ao trabalhador as ordens e instruções necessárias para garantir a respetiva incolumidade e, eventualmente, reverter a decisão de cedência". Salienta ainda esta autora, *loc. cit.*, que relativamente "aos comandos que o empregador dirija ao trabalhador, no sentido de garantir a respetiva incolumidade, observe-se, aliás, que prevalecem, naturalmente, sobre os emitidos pelo cessionário".

A violação do disposto nos nºs 2 e 3 constitui contraordenação grave (nº 7). A RP decidiu que não "há nulidade por violação do princípio "ne bis in idem" numa decisão que sanciona a arguida pela violação da obrigação de informar o trabalhador sobre os riscos profissionais e as medidas de prevenção e proteção, quando a mesma já foi sancionada noutro processo pela violação de prever os riscos inerentes ao posto de trabalho". (Ac. de 15.11.18 *in* www.dgsi.pt (Proc. nº 4859/17.4T8OAZ.P1) e CJ, Ano XLIII, Tomo V, p. 197). Neste aresto, é ainda referido que a "cedência do trabalhador a terceiros não exonera o empregador de averiguar as condições concretas em que aquele vai exercer funções para prever os riscos envolvidos e o informar das medidas de prevenção e proteção adequadas, sob pena de incorrer na contraordenação prevista e punida no art. artigo 19º, nº 1, 2 e 7 da Lei nº 102/2009, de 10 de setembro".

4. O horário de trabalho consiste na determinação das horas de início e termo do período normal de trabalho diário e do intervalo de descanso, bem como do descanso semanal (art. 200º, nº 1). A sua determinação, enquanto elemento que integra o exercício do poder de direção, compete ao empregador (art. 212º, nº 1).

O direito a férias está regulado nos arts. 237º e ss..

Em princípio, o período de férias deve ser marcado por acordo entre empregador e trabalhador (art. 241º, nº 1). Na falta de acordo, o empregador marca as férias, que não podem ter início em dia de descanso semanal do trabalhador, ouvindo para o efeito a comissão de trabalhadores ou, na sua falta, a comissão intersindical ou a comissão sindical representativa do trabalhador interessado (art. 241º, nº 2). Em pequena, média ou grande empresa, o empregador só pode marcar o período de férias entre 1 de maio e 31 de outubro, a menos que o instrumento de regulamentação coletiva de trabalho ou o parecer dos representantes dos trabalhadores admita época diferente (art. 241º, nº 3).

Ora, uma vez que na cedência o poder de direção transfere-se para a esfera jurídica do cessionário, a determinação e elaboração do horário de trabalho e a marcação do período de férias cabem a este (nº 4).

A violação do disposto no nº 4 constitui contraordenação grave (nº 7).

5. Considera-se retribuição a prestação a que, nos termos do contrato, das normas que o regem ou dos usos, o trabalhador tem direito em contrapartida do seu trabalho, compreendendo-se na mesma a retribuição base e outras prestações regulares e periódicas feitas, direta ou indiretamente, em dinheiro ou em espécie (art. 258º, nºs 1 e 2). Presume-se constituir retribuição qualquer prestação do empregador ao trabalhador (art. 258º, nº 3).

Uma vez que a retribuição se afirma como a contrapartida, por excelência, da força de trabalho, impunha-se a sua regulação no caso de cedência. Assim, nos termos da al. *a*), do nº 5, o trabalhador cedido tem direito à retribuição mínima que, em instrumento de regulamentação coletiva de trabalho aplicável ao cedente ou ao cessionário, corresponda às suas funções, ou à praticada por este para as mesmas funções, ou à retribuição auferida no momento da cedência, consoante a que for mais elevada. Nesta norma está contido o princípio do "*trabalho igual, salário igual*" (plasmado nos arts. 59º, nº 1, al. *a*), da CRP e 270º) conjugado com o princípio do tratamento mais favorável ao trabalhador.

No Proc. nº 7726/17.8T8STB.E1, discutia-se a "circunstância do empregador integrar nos seus quadros trabalhadores que há vários anos – em alguns casos, há mais de seis anos – prestavam a sua atividade nas suas instalações industriais ao abrigo de um contrato celebrado com uma empresa de prestação de serviços, mas reconhecendo a tais trabalhadores a antiguidade desde o momento da admissão naquela empresa de prestação de serviços e dispensando o período experimental". A RE entendeu que estávamos perante uma "situação de recurso a cedência ilícita de trabalhadores, que se pretendeu colmatar através do referido processo de integração nos quadros da empresa", tendo os trabalhadores em situação de cedência ocasional "direito à equiparação remuneratória com os demais trabalhadores da empresa cessionária, em manifestação do princípio da igualdade salarial". (Ac. de 27.06.19 *in* www.dgsi.pt e CJ, Ano XLIV, Tomo III, p. 324).

A determinação da retribuição do trabalhador cedido faz-se por referência:

– A instrumento de regulamentação coletiva de trabalho;

– À retribuição praticada pelo cessionário para as mesmas funções ou

– À retribuição auferida (pelo trabalhador) no momento da cedência.

No fundo e dando voz ao princípio do tratamento mais favorável, o trabalhador tem direito a que lhe seja atribuída a retribuição mais elevada. Aliás, dado que uma das garantias do trabalhador é a de não ver diminuída a sua retribuição (al. *d*), do nº 1, do art. 129º), o trabalhador cedido nunca poderia receber menos durante o período da cedência. Note-se, todavia, que se a retribuição da empresa cessionária "for superior à praticada na empresa cedente, o acréscimo remuneratório só é devido enquanto durar a cedência", Pedro Romano Martinez, *Direito do Trabalho*, p. 787.

Se o trabalhador peticionar diferenças salariais com base no nº 5, "impende sobre si o ónus de alegação e prova dos factos demonstrativos da cedência ocasional, nomeadamente, os factos que permitam concluir que o poder de direção e organização da prestação de trabalho, era exercido pela empresa em cujas instalações prestava a sua atividade laboral". [Ac. da RL, de 12.01.11 *in* www.dgsi.pt (Proc. nº 520/08.9TTLRS.L1-4)].

Quanto à questão de saber sobre quem impendem o dever de liquidar a retribuição, as opiniões dividem-se. Pedro Romano Martinez, *Direito do Trabalho*, p. 786, entende que o trabalhador cedido continua "a ser credor da retribuição relativamente à empresa cedente". Por seu turno, Maria Regina gomes Redinha, *A Relação Laboral Fragmentada*, p. 153, sustenta que "o salário é, geralmente, devido pela empresa cessionária".

Maria do Rosário Palma Ramalho, *Tratado de Direito do Trabalho*, Parte II, p. 667, nota 48, considera que estamos perante "matéria sobre a qual as partes podem livremente acordar, desde que respeitem os critérios de fixação da retribuição impostos por esta norma". PEDRO ROMANO MARTINEZ, *Direito do Trabalho*, p. 787, remetendo para o art. 767º, do CC, admite, igualmente, está possibilidade. *Vide*, ainda, CATARINA CARVALHO, *A mobilidade geográfica dos trabalhadores no Código do Trabalho*, pp. 312 e ss..

A violação do disposto no nº 5 constitui contraordenação grave (nº 7).

6. Por força ainda do princípio do "*trabalho igual, salário igual*", o trabalhador cedido tem direito a férias, subsídios de férias e de Natal e outras prestações regulares e periódicas a que os trabalhadores do cessionário tenham direito por idêntica prestação de trabalho, em proporção da duração da cedência (al. *b*), do nº 5).

A expressão "*em proporção da duração da cedência*" visa garantir que a "equiparação não seja cega ou absoluta, mas sim dimensionada em função da duração da cedência efetiva já executada", GUILHERME DRAY *in* PEDRO ROMANO MARTINEZ, AAVV, *Código do Trabalho Anotado*, p. 705.

A violação do disposto no nº 5 constitui contraordenação grave (nº 7).

7. A cedência de trabalhador a uma ou mais entidades deve observar as condições constantes do contrato de trabalho (nº 6). Esta norma pressupõe a cedência a uma ou mais entidades, a qual fica, assim, dependente da observância das condições do contrato de trabalho. GUILHERME DRAY *in* PEDRO ROMANO MARTINEZ, AAVV, *Código do Trabalho Anotado*, p. 705, alerta para o facto de o legislador não indicar a que contrato de trabalho se esta a referir. Para este autor, presume-se "que seja o contrato de trabalho sem termo celebrado entre o cedente e o trabalhador a que se refere o artigo 289º, nº 1, alínea a)".

À luz do nº 6, não parece excluída a possibilidade de o trabalhador ser cedido ao mesmo cessionário mais do que uma vez. Neste caso, convém determinar qual o período que deve mediar entre as duas cedências.

JOÃO ZENHA MARTINS, *Definição e condições gerais da cedência ocasional de trabalhadores no Código do Trabalho*, p. 109, salienta que, "sendo certo que o Código não fornece qualquer ponto de arrimo quanto ao período que, em obediência à preservação da ocasionalidade, terá de mediar entre duas cedências sucessivas, um bom critério será considerar que este interim terá de ser igual ao período que marcou a duração da primeira cedência".

8. O art. 20º, nº 6, do DL nº 358/89, estabelecia que o "exercício do poder disciplinar cabe, durante a execução do contrato, à empresa de trabalho temporário (leia-se cedente, parêntesis nosso)". Esta norma não foi transposta nem para o art. 327º, do CT/2003, nem para o presente artigo.

Será que podemos daqui extrair que o poder disciplinar pode ser exercido pelo cessionário?

Não devemos esquecer que, de acordo com a regra geral enunciada no art. 288º, a cedência implica apenas a transferência do poder de direção. GUILHERME DRAY *in* PEDRO ROMANO MARTINEZ, AAVV, *Código do Trabalho Anotado*, p. 704, entende que o não acolhimento da norma contida no nº 6, do citado art. 20º, significa que "na medida em que o contrato de cedência ocasional assim o estabeleça, admite-se que o poder disciplinar possa ser exercido pelo *cessionário*". Para este autor, *loc. cit.*, trata-se, "de resto, de uma solução compreensível: sendo o trabalho prestado sob a autoridade e direção do cessionário, justifica-se a inscrição na esfera jurídica deste beneficiário do poder de aplicar sanções disciplinares ao trabalhador". Maria do Rosário Palma Ramalho, *Tratado de Direito do Trabalho,* Parte II, p. 659, começando por salientar que o poder disciplinar se mantém na titularidade do cedente, uma vez que é este o empregador, admite a possibilidade de delegação do exercício deste poder ao cessionário, dado que a lei não o proíbe. Contudo, continua esta autora, *loc. cit.*, "para este efeito, será necessário subscrever a aplicação analógica do art. 329º, nº 4 a esta situação, uma vez que o cessionário não é um superior hierárquico do trabalhador". Cfr., ainda, Nuno Abranches Pinto, *Instituto Disciplinar Laboral,* pp. 28 e 29.

Em sentido contrário, João Zenha Martins, *Definição e condições gerais da cedência ocasional de trabalhadores no Código do Trabalho,* pp. 97 e 98, defende que "a reserva da qualidade de sujeito laboral do cedente traz consigo a noção de indelegabilidade do poder disciplinar, devendo, por conseguinte, face ao congraçamento do princípio da igualdade com os princípios da autonomia e da liberdade de gestão da organização produtiva, considerar-se que o cessionário não pode *impor* à entidade cedente a aplicação de uma sanção – *Eius est nolle, Qui potest velle*".

Júlio Gomes, *Direito do Trabalho,* p. 849, alerta que "a prática disciplinar das duas entidades pode ser diferente e a coerência na aplicação de sanções por uma e por outra poderia conduzir a resultados distintos".

Artigo 292º – Consequência de recurso ilícito a cedência ou de irregularidade do acordo

1. A cedência ocasional de trabalhador fora das condições em que é admissível, ou a falta do acordo nos termos do nº 1 do artigo 290º confere ao trabalhador cedido o direito de optar pela permanência ao serviço do cessionário em regime de contrato de trabalho sem termo.

2. O direito previsto no número anterior pode ser exercido até ao termo da cedência, mediante comunicação ao cedente e ao cessionário por carta registada com aviso de receção.

COMENTÁRIOS:

1. Antecedentes legislativos: Arts. 329º, do CT/2003 e 30º, do DL nº 358/89, de 17 de outubro.

2. A cedência ocasional de trabalhador, fora das condições em que é admissível ou a falta do acordo nos termos do nº 1, do art. 290º, confere ao trabalhador cedido

o direito de optar pela permanência ao serviço do cessionário em regime de contrato de trabalho sem termo e não apenas o de manter as condições salariais que tinha ao serviço da mesma. Cfr. os Acs. da RL, de 12.09.12 *in* www.dgsi.pt (Proc. nº 3574/08.4TTLSB.L1-4) e do STJ, de 14.05.09 *in* www.dgsi.pt (Proc. nº 08S2315).

As condições a que alude o nº 1 são as condições previstas na lei (art. 289º, nº 1) e as reguladas por instrumento de regulamentação coletiva de trabalho.

O acordo aqui referenciado é o acordo entre cedente e cessionário, o qual deve observar os termos previstos no art. 290º, nº 1.

O direito conferido ao trabalhador é, naturalmente, um direito de opção entre o regresso ao cedente e a integração no cessionário, podendo escolher a relação jurídico-contratual que mais lhe convém. João Zenha Martins, *Cedência de Trabalhadores e Grupos de Empresas*, p. 137, fala de um direito potestativo de opção.

Por outro lado, Célia Afonso Reis, *Cedência de Trabalhadores*, p. 97, entende que a concessão do direito de opção impede que o trabalhador seja duplamente prejudicado pela ordem ilícita de cedência: "no momento que teve de sair da empresa do seu empregador, para passar a desenvolver a sua prestação laboral em subordinação ao cessionário, e quando regressa à primeira empresa, abandonando a empresa do cessionário, na qual já se encontrava plenamente integrado. Concede-se, portanto, ao trabalhador esta forma de reação contra os casos em que, sob a aparência de uma cedência, se mantiver entre trabalhador e cessionário uma relação que configuraria o normal desenvolvimento do vínculo laboral". Este direito tem subjacente o princípio do tratamento mais favorável do trabalhador.

Cumpre ter presente que compete "ao autor/trabalhador que vem reclamar judicialmente direitos decorrentes da ilicitude de uma cedência ocasional de trabalhadores, a alegação e prova de que prestou a sua actividade sob as ordens, direcção e fiscalização da entidade a quem alegadamente foi cedido". [Ac. da RL, de 24.02.21 *in* www.dgsi.pt (Proc. nº 6364/19.5T8SNT.L1-4)].

Uma nota para referir que a cedência ilícita não confere, por si, o direito à resolução do contrato de trabalho com justa causa. (Ac. da RE, de 08.11.11 *in* CJ, Ano XXXVI, Tomo V, p. 276).

3. De acordo com o nº 2, o direito de opção pode ser exercido até ao termo da cedência ilícita, mediante comunicação ao cedente e ao cessionário, por carta registada com aviso de receção, sob pena de caducidade. Cfr. o Ac. da RL, de 26.09.18 *in* www.dgsi.pt (Proc. nº 266/17.7T8LSB.L1-4) e CJ, Ano XLIII, Tomo IV, p. 174.

Esta norma impõe duas condições para o respetivo exercício: uma de natureza temporal e a outra de natureza formal.

No que diz respeito à limitação temporal, António José Moreira, *Trabalho Temporário*, p. 79, faz notar que a mesma é compreensível, uma vez que só enquanto subsiste a relação laboral de cedência é que o direito de opção pode ser exercido.

Por força da condição formal, o trabalhador deve comunicar ao cedente e ao cessionário, por carta registada com aviso de receção, a opção tomada (nº 2). No nosso entendimento, esta exigência formal visa, fundamentalmente, garantir a demonstração, por meio idóneo, do exercício do direito em causa.

Sobre a possibilidade de esta comunicação ser substituída pela citação do cessionário no quadro da ação judicial proposta pelo trabalhador contra a mesma, veja-se o Ac. da RL, de 18.06.14 *in* www.dgsi.pt (Proc. nº 2895/09.3TTLSB.L1).

Em relação à impossibilidade de exercício deste direito de opção no caso de cedência ocasional ilícita em que a entidade cessionária é um instituto público, v. o Ac. do STJ, de 24.02.10 *in* www.dgsi.pt (Proc. nº 945/06.4TTVIS.C2.S1).

4. Se o trabalhador invocar direitos que decorrem da cedência ilícita, nomeadamente, o direito de opção previsto no presente artigo, deve alegar e provar factos que demonstrem a existência daquela cedência. Cfr. o Ac. da RL, de 12.09.12 *in* www.dgsi.pt (Proc. nº 127/08.0TTLRS.L1-4).

5. No Proc. nº 6364/19.5T8SNT.L1-4, foi decidido que "inexiste cedência ocasional de trabalhadores se o trabalhador exercia a sua actividade, por conta da empresa à qual estava vinculado por contrato laboral, nas instalações de uma outra empresa que negociou com aquela um contrato de prestação de serviços por via do qual a empresa empregadora se vinculou à execução de serviços especializados, recebendo indicações da empresa cliente, mas mantendo o poder directivo sobre o trabalhador e os demais poderes típicos do empregador relativamente aos seus trabalhadores". (Ac. da RL, de 24.02.21 *in* www.dgsi.pt).

Artigo 293º – Enquadramento de trabalhador cedido

1. O trabalhador cedido não é considerado para efeito da determinação das obrigações do cessionário que tenham em conta o número de trabalhadores empregados, exceto no que respeita à organização dos serviços de segurança e saúde no trabalho.

2. O cessionário deve comunicar à comissão de trabalhadores o início da utilização de trabalhador em regime de cedência ocasional, no prazo de cinco dias úteis.

3. Constitui contraordenação leve a violação do disposto no número anterior.

COMENTÁRIOS:

1. Antecedentes legislativos: Arts. 326º e 676º, do CT/2003 e 13º, do DL nº 358/89, de 17 de outubro.

2. O trabalhador cedido não é considerado para efeito da determinação das obrigações do cessionário que tenham em conta o número de trabalhadores empregados (nº 1, 1ª parte).

Mais uma vez estamos perante uma manifestação expressa da regra geral que norteia a cedência, qual seja a de que o trabalhador cedido mantém o vinculo contratual inicial, isto é, continua a ser um trabalhador do cedente. Por conseguinte, não faria sentido que o trabalhador cedido fosse numericamente considerado para efeitos de determinação das obrigações do cessionário.

Nos termos do nº 1, do art. 100º, considera-se:

a) Microempresa a que emprega menos de 10 trabalhadores;

b) Pequena empresa a que emprega de 10 a menos de 50 trabalhadores;

c) Média empresa a que emprega de 50 a menos de 250 trabalhadores;

d) Grande empresa a que emprega 250 ou mais trabalhadores.

O número de trabalhadores a ter em conta corresponde à média do ano civil antecedente, sendo que, no ano de início da atividade, tal número é o existente no dia da ocorrência do facto (art. 100º, nº 2).

Podemos assim constatar que o número de trabalhadores é fundamental para a qualificação da empresa e, consequentemente, para a determinação das obrigações impostas ao empregador.

Vejamos alguns exemplos de obrigações que têm em conta o número de trabalhadores:

– Art. 241º, nº 3 (obrigação das pequenas, médias ou grandes empresas marcar o período de férias entre 1 de maio e 31 de outubro);

– Art. 358º, nº 1 (obrigatoriedade de as pequenas, médias e grandes empresas, no procedimento de despedimento, respeitarem as formalidades previstas no nº 2, do art. 353º, no nº 5, do art. 356º e nos nºs 1, 2, 3 e 6, do art. 357º).

3. O trabalhador cedido é considerado para efeito da determinação das obrigações do cessionário que tenham em conta o número de trabalhadores empregados, no que respeita à organização dos serviços de segurança e saúde no trabalho (nº 1, 2ª parte).

Esta norma reforça a ideia de que, em matéria de segurança e saúde no trabalho, o trabalhador é integrado sem restrições no cessionário.

Vejamos alguns exemplos de obrigações previstas na L nº 102/2009, de 10 de setembro, que respeitam à organização dos serviços de segurança e saúde no trabalho e que têm em conta o número de trabalhadores:

– Art. 77º (representante do empregador no caso de adoção de serviço comum ou serviço externo);

– Art. 78º (obrigatoriedade de serviço interno);

– Art. 101º (garantia mínima de funcionamento dos serviços de segurança no trabalho);

– Art. 104º (Enfermeiro do trabalho).

4. O nº 2 impõe ao cessionário o dever de comunicar à comissão de trabalhadores o início da utilização de trabalhador em regime de cedência ocasional, no prazo de cinco dias úteis.

O direito de informação das comissões de trabalhadores está constitucionalmente consagrado no art. 54º, nº 5, al. *a*), da CRP e genericamente nos arts. 423º e ss.. Esta direito visa assegurar que as comissões de trabalhadores tenham conhecimento das situações jurídico-laborais de especial relevo, de modo a poderem desempenhar o seu papel na defesa dos interesses dos trabalhadores e, por outro lado, garantirem a intervenção democrática na vida da empresa (arts. 54º, nº 1, da CRP e 415º).

O legislador, nalguns casos, optou por estabelecer direitos especiais de informação como o previsto no nº 2. A título de exemplo, veja-se, entre muitos outros, os arts. 144º, 286º, nº 1, 299º, nº 1, 357º, nº 6, 360º, nº 1, 363º, nº 1, 369º, nº 1, 371º, nº 3, 376º, nº 2, 378º, nº 2, etc..

A violação do disposto no nº 2 constitui contraordenação leve (nº 3).

SECÇÃO III – Redução da atividade e suspensão de contrato de trabalho

SUBSECÇÃO I – Disposições gerais sobre a redução e suspensão

Artigo 294º – Factos determinantes de redução ou suspensão

1. A redução temporária de período normal de trabalho ou a suspensão de contrato de trabalho pode fundamentar-se na impossibilidade temporária, respetivamente parcial ou total, de prestação de trabalho por facto relativo ao trabalhador ou ao empregador.

2. Permitem também a redução do período normal de trabalho ou a suspensão do contrato de trabalho, designadamente:

***a*) A necessidade de assegurar a viabilidade da empresa e a manutenção de postos de trabalho, em situação de crise empresarial;**

***b*) O acordo entre trabalhador e empregador, nomeadamente acordo de pré-reforma.**

3. Pode ainda ocorrer a suspensão de contrato de trabalho por iniciativa de trabalhador, fundada em falta de pagamento pontual da retribuição.

COMENTÁRIOS:

1. Antecedentes legislativos: Arts. 330º, do CT/2003 e 303º da RCT e 1º, da LSCT.

2. A secção III, do presente Código, dedicada à *redução da atividade e suspensão do contrato de trabalho,* admite: as disposições gerais sobre a redução e suspensão (arts. 294º e 295º), a suspensão do contrato de trabalho por facto respeitante ao trabalhador

(arts. 296º e 297º), a redução temporária do período normal de trabalho ou suspensão do contrato de trabalho por facto respeitante ao empregador (arts. 298º a 316º), a licença sem retribuição (art. 317º) e a pré-reforma (arts. 318º a 322º).

3. A redução de período normal de trabalho ou a suspensão de contrato de trabalho pode fundamentar-se na impossibilidade temporária, respetivamente, parcial ou total, de prestação de trabalho por facto relativo ao trabalhador ou ao empregador (nº 1).

Explica António Monteiro Fernandes: a "*impossibilidade superveniente temporária da prestação de trabalho*, quando *não seja imputável* (*a título de culpa*) *ao trabalhador* (...) tanto pode resultar de um obstáculo que surja na esfera pessoal do trabalhador (uma doença, por exemplo) como do facto de a empresa não querer ou não poder receber a prestação de trabalho. Tendo, essencialmente, em vista a defesa da *estabilidade do emprego*, o regime jurídico da suspensão reduz as consequências jurídicas da impossibilidade da prestação de trabalho à dimensão dos efeitos *práticos* que ela comporta", *Direito do Trabalho*, p. 449.

A *redução temporária de período normal de trabalho*, considera-se medida a tomar enquanto a empresa não se revitaliza, afetando somente o tempo de trabalho.

A *suspensão do contrato de trabalho* consubstancia uma situação de paralisação ou cessação temporária dos principais efeitos do contrato: a prestação da atividade e, nalguns casos, o dever de retribuir.

4. Permitem também a *redução do período normal de trabalho* ou a *suspensão do contrato de trabalho*, nos termos do nº 2, designadamente:

– A necessidade de assegurar a viabilidade da empresa e a manutenção de postos de trabalho, em situação de crise empresarial (al. *a*));

IV – Para que possa ser aplicada uma medida de redução do período normal de trabalho é necessário que se verifique: uma situação de crise da empresa (...) que tenha afetado de forma grave a sua atividade normal e que seja suscetível de pôr em causa a viabilidade da empresa; que a redução seja temporária, posto que com a mesma se pretende a recuperação da empresa e que tal medida seja indispensável para assegurar a viabilidade da empresa e a manutenção dos postos de trabalho. [Ac. da RC, de 27.09.19 *in* www.dgsi.pt (Proc. nº 8142/18.0T8CBR.C1)].

– O acordo entre trabalhador e empregador, nomeadamente acordo de pré-reforma (al. *b*)).

5. Pode ainda ocorrer a suspensão de contrato de trabalho por iniciativa de trabalhador, fundada em falta de pagamento pontual da retribuição (nº 3), remetendo para o disposto nos arts. 325º a 327º, do CT e arts. 25º a 31º, da L nº 105/2009, de 14 de setembro.

Sobre a qualidade do trabalhador-gerente ou administrador, *v.* o seguinte entendimento jurisprudencial: *I – A nomeação de um trabalhador como gerente da sociedade por quotas, sua empregadora, seja ou não sócio da mesma, não implica a suspensão do contrato de traba-*

lho, nem a sua caducidade. II – É admissível a possibilidade de um gerente de uma sociedade por quotas ser simultaneamente seu trabalhador, caso se verifique uma situação de subordinação jurídica. (Ac. da RG, de 05.11.15 *in* CJ, Ano XL, Tomo IV, p. 276).

III – Com a suspensão do contrato de trabalho – decorrente de o autor estar investido nas funções de vogal da Direção da ré – cessou o dever de trabalhar, mas não o de colaborar lealmente com o empregador, pelo que, praticados factos que contendam com este dever, eles são passíveis de Procedimento e sanção disciplinar. [Ac. do STJ, de 30.04.14 *in* www.dgsi.pt (Proc. nº 319/10.2TTGDM.P1.S1)].

1 – O trabalhador nomeado administrador, por deliberação da entidade empregadora, fica com o seu contrato de trabalho suspenso, nos termos o nº 2 do artigo 398º do Código das Sociedades Comerciais, ainda que tenha mantido as funções que anteriormente desempenhava; 2 – A suspensão do contrato de trabalho referida no número anterior cessa no termo do desempenho das funções de administrador, readquirindo o trabalhador, a partir daí, o direito à situação que tinha antes da suspensão, sem prejuízo do cômputo do tempo da suspensão para efeitos de antiguidade. [Ac. do STJ, de 23.10.13 *in* www.dgsi.pt (Proc. nº 70/11.6TTLSB.L1.S1)].

Artigo 295º – Efeitos da redução ou da suspensão

1. Durante a redução ou suspensão, mantêm-se os direitos, deveres e garantias das partes que não pressuponham a efetiva prestação de trabalho.

2. O tempo de redução ou suspensão conta-se para efeitos de antiguidade.

3. A redução ou suspensão não tem efeitos no decurso de prazo de caducidade, nem obsta a que qualquer das partes faça cessar o contrato nos termos gerais.

4. Terminado o período de redução ou suspensão, são restabelecidos os direitos, deveres e garantias das partes decorrentes da efetiva prestação de trabalho.

5. Constitui contraordenação grave o impedimento por parte do empregador a que o trabalhador retome a atividade normal após o termo do período de redução ou suspensão.

COMENTÁRIOS:

1. Antecedentes legislativos: Arts. 331º e 677º, nº 1, do CT/2003 e 2º, da LSCT.

2. Para António Monteiro Fernandes, os efeitos gerais da suspensão são: *a*) Conservação do vínculo (art. 295º/1); *b*) Conservação da antiguidade (art. 295º/2); *c*) Permanência de deveres acessórios (art. 295º/1); *d*) Paralisação dos efeitos do contrato condicionados pela possibilidade da prestação de trabalho efetivo (art. 295º/1), *Direito do Trabalho*, pp. 453-457.

Durante o período redução ou suspensão "mantêm-se os direitos, deveres e garantias das partes que não pressuponham a efetiva prestação de trabalho" (nº 1). Os direitos que não pressuponham efetiva prestação de trabalho, são, desde logo, todos aqueles que possuem expressão económica, *v.g.*, direito à retribuição; embora os direitos ligados à subsistência do vínculo não sejam atingidos, como o caso da antiguidade (nº 2).

Quanto aos deveres funcionais do trabalhador previstos no art. 128º, mantêm-se, evidentemente, apenas aqueles que são exigíveis haja ou não suspensão do contrato de trabalho, *v.g.*, dever de respeito, de urbanidade, de lealdade. Assim: *Suspendendo-se o contrato de trabalho de trabalhador por virtude da sua nomeação como administrador de sociedade comercial anónima, e invocando-se no articulado da ação para declaração de regularidade e licitude do despedimento factos que revelam condutas infracionais durante o período de suspensão do contrato de trabalho, são de levar à base instrutória os factos que constituem essas infrações, nos termos do art. 511º, nº 1 do CPC por poderem violar deveres laborais que se não encontram abrangidos pela suspensão do contrato de trabalho.* [Ac. da RL, de 02.11.11 *in* www.dgsi.pt (Proc. nº 26/10.6TTBRR-A.L1-4)].

3. A redução ou suspensão não tem efeitos no decurso de prazo de caducidade (matéria importante, nomeadamente, nos contratos a termo), nem obsta a que qualquer das partes faça cessar o contrato nos termos gerais (nº 3).

Assim o entendeu a RP: *A suspensão do contrato de trabalho por facto imputável ao trabalhador apenas suspende os direitos, deveres e garantias das partes na medida em que pressuponham a efetiva prestação de trabalho, não suspendendo o prazo de caducidade para invocação, pelo trabalhador, de justa causa para resolução do contrato de trabalho.* [Ac. de 04.03.13 *in* www.dgsi.pt (Proc. nº 259/11.8TTOAZ.P1)].

4. Terminado o período de redução ou suspensão, são restabelecidos os direitos, deveres e garantias das partes decorrentes da efetiva prestação de trabalho (nº 4).

SUBSECÇÃO II – Suspensão de contrato de trabalho por facto respeitante a trabalhador

Artigo 296º – Facto determinante da suspensão respeitante a trabalhador

1. Determina a suspensão do contrato de trabalho o impedimento temporário por facto respeitante ao trabalhador que não lhe seja imputável e se prolongue por mais de um mês, nomeadamente doença, acidente ou facto decorrente da aplicação da lei do serviço militar.

2. O trabalhador pode suspender de imediato o contrato de trabalho:

a) Na situação referida no nº 1 do artigo 195º, quando não exista outro estabelecimento da empresa para o qual possa pedir transferência;

b) Nos casos previstos no nº 2 do artigo 195º, até que ocorra a transferência.

3. O contrato de trabalho suspende-se antes do prazo referido no nº 1, no momento em que seja previsível que o impedimento vai ter duração superior àquele prazo.

4. O contrato de trabalho suspenso caduca no momento em que seja certo que o impedimento se torna definitivo.

5. O impedimento temporário por facto imputável ao trabalhador determina a suspensão do contrato de trabalho nos casos previstos na lei.

COMENTÁRIOS:

1. Antecedentes legislativos: Arts. 333º, do CT/2003 e 3º, da LSCT.

2. A primeira modalidade da suspensão contratual (*suspensão de contrato de trabalho por facto respeitante a trabalhador*), exige o preenchimento cumulativo de três requisitos:

– Impedimento temporário (e não definitivo, sob pena de caducidade do contrato);

– Ligado à pessoa do trabalhador, por facto não imputável;

– Que se prolongue por mais de um mês, nomeadamente doença, acidente ou facto decorrente da aplicação da lei do serviço militar (nº 1). O contrato de trabalho, igualmente se suspende, no momento em que seja previsível que o impedimento vai ter duração superior ao prazo de um mês (nº 3).

Sobre os casos de suspensão ou não suspensão do contrato de trabalho, *v.* a seguinte jurisprudência:

1.– Não se considera suspenso o contrato de trabalho por impedimento temporário respeitante ao trabalhador que lhe não seja imputável e se prolongue por mais de um mês, nos termos do art. 296º, nº 1 do Código do Trabalho, num caso, como o presente, em que a trabalhadora devido a acidente de trabalho, subsequentes intervenções cirúrgicas a que se submeteu e outras vicissitudes que sofreu, tendo ficado impedida por algum tempo de prestar as funções de assistente de bordo, recusou a sua colocação em terra, nos termos propostos pela ré, uma vez que essa colocação se traduzia numa diminuição da sua retribuição e no incumprimento pela empresa do estipulado no AE aplicável à relação laboral em causa. [Ac. da RL, de 27.05.20 *in* www.dgsi.pt (Proc. nº 766/19.4T8LSB.L1-4)]

I – Verifica-se a suspensão do contrato de trabalho por facto ligado ao trabalhador quando existe um impedimento temporário, superior a um mês (mas que pode ser inferior a esse período desde que seja previsível que o impedimento vai perdurar por mais de um mês), ligado ao trabalhador (no sentido de derivar de qualquer ato do mesmo) e que não lhe é imputável (no sentido de voluntariamente provocado por ele); II – Ocorre tal suspensão (por facto ligado ao trabalhador) no circunstancialismo em que se apura que este foi constituído arguido no âmbito de um Processo-crime, tendo-lhe sido aplicada a medida de coação de suspensão do exercício da profissão ao serviço da empregadora. (Ac. da RE, de 07.06.11 *in* www.dgsi.pt (Proc. nº 168/10.8TTPTG.E1) e CJ, Ano XXXVI, Tomo III, p. 273).

3. O nº 2 acolhe a *suspensão imediata* do contrato de trabalho:

– Na situação de transferência a pedido do trabalhador (art. 195º, nº 1), quando não exista outro estabelecimento da empresa para o qual possa pedir transferência (al. *a*));

– Na situação de adiamento da transferência por parte do empregador (art. 195º, nº 2), até que esta ocorra (al. *b*)).

4. A suspensão poderá converter-se, a todo o tempo, em cessação por caducidade "no momento em que se torne certo que o impedimento é definitivo", segundo um juízo casuístico (nº 4).

5. O nº 5 indica que o impedimento temporário por facto imputável ao trabalhador determina a suspensão do contrato de trabalho nos casos previstos na lei (por ex., arts. 468º, do CT e 398º, nº 2, do CSC). Para António Monteiro Fernandes, há que atender à culpa grave do trabalhador e não à mera causalidade; e à intencionalidade, ou seja, voluntariamente provocada pelo trabalhador. "A lei parece admitir, no entanto, hipóteses em que o impedimento imputável ao trabalhador determina a suspensão do contrato (art. 296º/5): trata-se, contudo, de uma imputabilidade em sentido impróprio, a qual se traduz no mero concurso da vontade do trabalhador para a criação de situações legalmente tipificadas como causas de suspensão, isto é, de situações determinantes da lícita inexecução do trabalho", *Direito do Trabalho,* pp. 459-460.

Artigo 297º – Regresso do trabalhador

No dia imediato à cessação do impedimento, o trabalhador deve apresentar-se ao empregador para retomar a atividade.

COMENTÁRIOS:

1. Antecedentes legislativos: Arts. 334º, do CT/2003 e 4º, da LSCT.

2. Ocorrendo a cessação do impedimento (facto determinante da suspensão respeitante ao trabalhador), a relação laboral é reativada, nomeadamente, a prestação de trabalho.

O trabalhador que não proceda ao cumprimento do contrato viola os deveres inerentes, dos quais se destaca a assiduidade.

SUBSECÇÃO III – Redução temporária do período normal de trabalho ou suspensão do contrato de trabalho por facto respeitante ao empregador

DIVISÃO I – Situação de crise empresarial

Artigo 298º – Redução ou suspensão em situação de crise empresarial

1. O empregador pode reduzir temporariamente os períodos normais de trabalho ou suspender os contratos de trabalho, por motivos de mercado, estruturais ou tecnológicos, catástrofes ou outras ocorrências que tenham afetado gravemente a atividade normal da empresa, desde que tal medida seja indispensável para assegurar a viabilidade da empresa e a manutenção dos postos de trabalho.

2. A redução a que se refere o número anterior pode abranger:

a) Um ou mais períodos normais de trabalho, diários ou semanais, podendo dizer respeito a diferentes grupos de trabalhadores, rotativamente;

b) Diminuição do número de horas correspondente ao período normal de trabalho, diário ou semanal.

3. O regime de redução ou suspensão aplica-se aos casos em que essa medida seja determinada no âmbito de declaração de empresa em situação económica difícil ou, com as necessárias adaptações, em processo de recuperação de empresa.

4. A empresa que recorra ao regime de redução ou suspensão deve ter a sua situação contributiva regularizada perante a administração fiscal e a segurança social, nos termos da legislação aplicável, salvo quando se encontre numa das situações previstas no número anterior.

COMENTÁRIOS:

1. Antecedentes legislativos: Arts. 335º e 349º, nº 3, do CT/2003 e 5º e 18º da LSCT.

2. O presente artigo tem a redação introduzida pela L nº 23/2012, de 25 de junho, a qual aditou o nº 4.

3. A redução temporária do período normal de trabalho ou suspensão do contrato de trabalho por facto respeitante ao empregador pode ocorrer em *situação de crise empresarial* (Divisão I) ou por *encerramento e diminuição temporários de atividade* (Divisão II).

4. O empregador pode reduzir temporariamente os períodos normais de trabalho ou suspender os contratos de trabalho, por motivos de mercado, estruturais ou tecnológicos, catástrofes ou outras ocorrências que tenham afetado gravemente a atividade normal da empresa, desde que tal medida seja indispensável para assegurar a viabilidade da empresa e a manutenção dos postos de trabalho (nº 1).

A título meramente exemplificativo, pense-se na falta de matéria-prima e/ou de encomendas; avarias na maquinaria ou nos sistemas operacionais; inundação; incêndio; suspensão de fornecimento de eletricidade e de água; exercício de direito à greve; contanto que tal se mostre indispensável para a viabilidade da empresa e manutenção dos postos de trabalho. Tal juízo de prognose é realizado pelo empregador, no âmbito do seu poder diretivo e organizatório.

O caráter atípico desta modalidade resulta: 1) de não pressupor a impossibilidade material de prestação de trabalho (pois a empresa pode continuar em funcionamento); 2) conexamente, a suspensão adquire uma feição individualizada e seletiva (cfr. 299º/1); 3) não obstante a iniciativa do empregador e o caráter gestionário da medida, a lei acolher, como ponto de partida, a solução adotada para os casos de impedimento do trabalhador: cessação do crédito remuneratório deste, substituindo-se uma prestação de caráter misto, a chamada compensação retributiva (art. 305º/3), explica António Monteiro Fernandes, *Direito do Trabalho*, p. 469.

5. A redução temporária do período normal de trabalho pode abranger, nos termos do nº 2:

– Um ou mais períodos normais de trabalho, diários ou semanais, podendo dizer respeito a diferentes grupos de trabalhadores, rotativamente (al. *a*));

– Diminuição do número de horas correspondente ao período normal de trabalho, diário ou semanal (al. *b*)).

6. O regime de redução ou suspensão aplica-se, também, aos casos em que essa medida seja determinada no âmbito de declaração de empresa em situação económica difícil ou, com as necessárias adaptações, em processo de recuperação de empresa (nº 3), remetendo, respetivamente, para o DL nº 353-H/77, de 29 de agosto e para o Código da Insolvência e da Recuperação de Empresas aprovado pelo DL nº 53/2004, de 18 de março (na redação dada pelo DL nº 84/2019, de 28 de junho).

7. Exige-se que a empresa que recorre ao regime de redução ou suspensão possua a sua situação contributiva regularizada, perante a administração fiscal e a segurança social, salvo quando se encontre em situação económica difícil ou em processo de recuperação (nº 4), salvo os casos previstos no nº 3.

Considera-se que a situação contributiva se encontra regularizada perante a administração fiscal quando se verifique um dos seguintes requisitos:

a) Não seja devedor de quaisquer impostos ou outras prestações tributárias e respetivos juros;

b) Esteja autorizado ao pagamento da dívida em prestações, desde que exista garantia constituída, nos termos legais;

c) Tenha pendente meio de contencioso adequado à discussão da legalidade ou exigibilidade da dívida exequenda e o processo de execução fiscal tenha garantia constituída, nos termos legais;

d) Tenha a execução fiscal suspensa, nos termos do nº 2, do art. 169º, havendo garantia constituída, nos termos legais (art. 177º-A, nº 1, do Código de Procedimento e de Processo Tributário).

Considera-se que a situação contributiva se encontra regularizada perante a segurança social quando inexistem dívidas de contribuições, quotizações, juros de mora e de outros valores do contribuinte (art. 208º, nº 1, do Código dos Regimes Contributivos do Sistema Previdencial de Segurança Social). E ainda, nas situações de dívida, cujo pagamento em prestações tenha sido autorizado e enquanto estiverem a ser cumpridas as condições desta autorização, designadamente o pagamento da primeira prestação e a constituição de garantias, quando aplicável, ainda que o pagamento prestacional tenha sido autorizado a terceiro ou a responsável subsidiário [art. 208º, nº 2, al. *a*)]; bem como, quando o contribuinte tenha reclamado, recorrido, deduzido oposição ou impugnado judicialmente a dívida, desde que seja prestada garantia idónea ou dispensada a sua prestação, nos termos legalmente previstos [art. 208º, nº 2, al. *b*)].

O beneficiário readquire o direito ao pagamento das prestações suspensas desde que regularize a sua situação contributiva nos três meses civis subsequentes ao mês em que tenha ocorrido a suspensão (art. 219º, nº 1).

Artigo 298º-A – Impedimento de redução ou suspensão

O empregador só pode recorrer novamente à aplicação das medidas de redução ou suspensão depois de decorrido um período de tempo equivalente a metade do período anteriormente utilizado, podendo ser reduzido por acordo entre o empregador e os trabalhadores abrangidos ou as suas estruturas representativas.

COMENTÁRIOS:

1. O presente artigo foi aditado pela L nº 23/2012, de 25 de junho.

2. O *período de espera* consagrado na lei, além de protetivo para com os trabalhadores, pretende evitar abusos na aplicação das medidas de redução ou suspensão. A respetiva redução obriga, por isso, ao acordo entre o empregador e os trabalhadores abrangidos ou as suas estruturas representativas.

Artigo 299º – Comunicações em caso de redução ou suspensão

1. O empregador comunica, por escrito, à comissão de trabalhadores ou, na sua falta, à comissão intersindical ou comissões sindicais da empresa repre-

sentativas dos trabalhadores a abranger, a intenção de reduzir ou suspender a prestação do trabalho, informando-as simultaneamente sobre:

a) Fundamentos económicos, financeiros ou técnicos da medida;

b) Quadro de pessoal, discriminado por secções;

c) Critérios para seleção dos trabalhadores a abranger;

d) Número e categorias profissionais dos trabalhadores a abranger;

e) Prazo de aplicação da medida;

f) Áreas de formação a frequentar pelos trabalhadores durante o período de redução ou suspensão, sendo caso disso.

2. O empregador disponibiliza, para consulta, os documentos em que suporta a alegação de situação de crise empresarial, designadamente de natureza contabilística e financeira.

3. Na falta das entidades referidas no nº 1, o empregador comunica, por escrito, a cada trabalhador a abranger, a intenção de reduzir ou suspender a prestação de trabalho, podendo estes, nos cinco dias posteriores à receção da comunicação, designar de entre eles uma comissão representativa com o máximo de três ou cinco elementos, consoante a medida abranja até 20 ou mais trabalhadores.

4. No caso previsto no número anterior, o empregador disponibiliza, ao mesmo tempo, para consulta dos trabalhadores, a informação referida no nº 1 e envia a mesma à comissão representativa que seja designada.

5. Constitui contraordenação grave a violação do disposto neste artigo.

COMENTÁRIOS:

1. Antecedentes legislativos: Arts. 336º e 677º, nº 1, do CT/2003 e 14º, da LSCT.

2. O presente artigo tem a redação introduzida pela L nº 23/2012, de 25 de junho, a qual aditou o nº 2 e alterou o nº 3 (atual nº 4).

3. O empregador comunica, por escrito, à comissão de trabalhadores ou, na sua falta, à comissão intersindical ou comissões sindicais da empresa representativas dos trabalhadores a abranger, a intenção de reduzir ou suspender a prestação do trabalho, informando-as simultaneamente sobre os elementos constantes das als. *a*) a *f*), do nº 1. Pretendendo-se dotar de maior transparência o processo de redução ou suspensão, o empregador disponibiliza, para consulta, os documentos em que suporta a alegação de situação de crise empresarial, designadamente de natureza contabilística e financeira (nº 2).

4. Na falta de comissão de trabalhadores ou de comissão intersindical ou comissões sindicais da empresa representativas dos trabalhadores a abranger, o emprega-

dor comunica, por escrito, a cada trabalhador a abranger, a intenção de reduzir ou suspender a prestação de trabalho, podendo estes, nos cinco dias posteriores à receção da comunicação, designar de entre eles uma comissão representativa com o máximo de três ou cinco elementos (comissão *ad hoc*), consoante a medida abranja até 20 ou mais trabalhadores (nº 3). Neste caso, o empregador disponibiliza, ao mesmo tempo, para consulta dos trabalhadores, a informação referida no nº 1 e envia a informação referida para a comissão *ad hoc* (nº 4).

Artigo 300º – Informações e negociação em caso de redução ou suspensão

1. Nos cinco dias posteriores ao facto previsto nos nºs 1 ou 4 do artigo anterior, o empregador promove uma fase de informações e negociação com a estrutura representativa dos trabalhadores, com vista a um acordo sobre a modalidade, âmbito e duração das medidas a adotar.

2. A ata das reuniões de negociação deve conter a matéria acordada e, bem assim, as posições divergentes das partes, com as opiniões, sugestões e propostas de cada uma.

3. Celebrado o acordo ou, na falta deste, após terem decorrido cinco dias sobre o envio da informação prevista nos nºs 1 ou 4 do artigo anterior ou, na falta desta, da comunicação referida no nº 3 do mesmo artigo, o empregador comunica por escrito, a cada trabalhador, a medida que decidiu aplicar, com menção expressa do fundamento e das datas de início e termo da medida.

4. Na data das comunicações referidas no número anterior, o empregador remete à estrutura representativa dos trabalhadores e ao serviço competente do ministério responsável pela área da segurança social a ata a que se refere o nº 2, bem como relação de que conste o nome dos trabalhadores, morada, datas de nascimento e de admissão na empresa, situação perante a segurança social, profissão, categoria e retribuição e, ainda, a medida individualmente adotada, com indicação das datas de início e termo da aplicação.

5. Na falta de ata da negociação, o empregador envia às entidades referidas no número anterior um documento em que o justifique e descreva o acordo, ou as razões que obstaram ao mesmo e as posições finais das partes.

6. O procedimento previsto nos nºs 4 e 5 é regulado por portaria dos membros do Governo responsáveis pelas áreas laboral e da segurança social.

7. Constitui contraordenação leve a violação do disposto nos nºs 1 a 5.

COMENTÁRIOS:

1. Antecedentes legislativos: Arts. 337º e 677º, nº 2, do CT/2003 e 15º, da LSCT.

2. O presente artigo tem a redação introduzida pela L nº 23/2012, de 25 de junho, a qual alterou os nºs 1, 3, aditou o nº 6 e renumerou o nº 6 (agora nº 7).

3. Nos cinco dias posteriores à comunicação da intenção de reduzir ou suspender a prestação do trabalho, o empregador promove uma fase de informações e negociação com a estrutura representativa dos trabalhadores, com vista a um acordo sobre a modalidade, âmbito e duração das medidas a adotar (nº 1). A ata das reuniões de negociação deve conter a matéria acordada e, bem assim, as posições divergentes das partes, com as opiniões, sugestões e propostas de cada uma (nº 2).

4. Celebrado o acordo ou, na falta deste, após terem decorrido cinco dias sobre o envio da comunicação da intenção de reduzir ou suspender a prestação do trabalho, o empregador comunica por escrito, a cada trabalhador, a medida que decidiu aplicar, com menção expressa do fundamento e das datas de início e termo da medida (nº 3).

5. Na data das comunicações referidas no nº 3, o empregador remete à estrutura representativa dos trabalhadores e ao serviço competente do ministério responsável pela área da segurança social a ata das reuniões de negociação, bem como relação de que conste o nome dos trabalhadores, morada, datas de nascimento e de admissão na empresa, situação perante a segurança social, profissão, categoria e retribuição e, ainda, a medida individualmente adotada, com indicação das datas de início e termo da aplicação (nº 4).

6. Na falta de ata da negociação, o empregador envia à estrutura representativa dos trabalhadores e ao serviço competente do ministério responsável pela área da segurança social um documento em que o justifique e descreva o acordo, ou as razões que obstaram ao mesmo e as posições finais das partes (nº 5).

7. O procedimento previsto nos nºs 4 e 5 é regulado por portaria dos membros do Governo responsáveis pelas áreas laboral e da segurança social (nº 6), a qual, ao que sabemos, nunca foi publicada.

Artigo 301º – Duração de medida de redução ou suspensão

1. A redução ou suspensão deve ter uma duração previamente definida, não superior a seis meses ou, em caso de catástrofe ou outra ocorrência que tenha afetado gravemente a atividade normal da empresa, um ano.

2. A redução ou suspensão pode iniciar-se decorridos cinco dias sobre a data da comunicação a que se refere o nº 3 do artigo anterior, ou imediatamente em caso de acordo entre o empregador e a estrutura representativa dos trabalhadores, a comissão representativa referida no nº 3 do artigo 299º ou a maioria dos trabalhadores abrangidos ou, ainda, no caso de impedimento imediato à prestação normal de trabalho que os trabalhadores abrangidos conheçam ou lhes seja comunicado.

3. Qualquer dos prazos referidos no nº 1 pode ser prorrogado por um período máximo de seis meses, desde que o empregador comunique tal intenção e a duração prevista, por escrito e de forma fundamentada, a estrutura representativa dos trabalhadores ou à comissão representativa referida no nº 3 do artigo 299º

4. Na falta de estrutura representativa dos trabalhadores ou da comissão representativa referida no nº 3 do artigo 299º, a comunicação prevista no número anterior é feita a cada trabalhador abrangido pela prorrogação.

5. Constitui contraordenação leve a violação do disposto neste artigo.

COMENTÁRIOS:

1. Antecedentes legislativos: Arts. 339º e 677º, nº 2, do CT/2003 e 16º, da LSCT.

2. O presente artigo tem a redação introduzida pela L nº 23/2012, de 25 de junho, a qual alterou os nºs 2 a 5.

3. A redução ou suspensão deve ter uma duração previamente definida, não superior a seis meses ou, em caso de catástrofe ou outra ocorrência que tenha afetado gravemente a atividade normal da empresa, um ano (nº 1).

4. A redução ou suspensão pode iniciar-se decorridos cinco dias sobre a data da comunicação da medida que o empregador decidiu aplicar (com menção expressa do fundamento e das datas de início e termo), nos termos do art. 300º, nº 3, ou imediatamente em caso de acordo entre o empregador e a estrutura representativa dos trabalhadores, a comissão *ad hoc* (nº 3, do art. 299º) ou a maioria dos trabalhadores abrangidos ou, ainda, no caso de impedimento imediato à prestação normal de trabalho que os trabalhadores abrangidos conheçam ou lhes seja comunicado (nº 2).

5. Os prazos de seis meses ou um ano podem ser prorrogados por um período máximo de seis meses, desde que o empregador comunique tal intenção e a duração prevista, por escrito e de forma fundamentada, à estrutura representativa dos trabalhadores ou à comissão representativa referida no nº 3, do art. 299º (nº 3). Na falta de estrutura representativa dos trabalhadores ou da comissão *ad hoc* (nº 3, do art. 299º), a comunicação é feita a cada trabalhador abrangido pela prorrogação (nº 4).

Artigo 302º – Formação profissional durante a redução ou suspensão

1. A formação profissional a frequentar pelos trabalhadores durante o período de redução ou suspensão deve orientar-se para a viabilização da empresa e a manutenção dos postos de trabalho, ou o desenvolvimento da qualificação profissional dos trabalhadores que aumente a sua empregabilidade.

2. O empregador elabora o plano da formação, precedido de consulta aos trabalhadores abrangidos e de parecer da estrutura representativa dos trabalhadores.

3. A resposta dos trabalhadores e o parecer referido no número anterior devem ser emitidos em prazo indicado pelo empregador, não inferior a cinco dias.

4. Constitui contraordenação leve a violação do disposto nos nºs 2 e 3.

COMENTÁRIOS:

1. Antecedentes legislativos: Arts. 338º, nºs 1 a 3, 344º, nºs 2 e 3 e 677º, nº 4, do CT/2003.

2. A formação profissional a frequentar pelos trabalhadores durante o período de redução ou suspensão deve orientar-se para a viabilização da empresa e a manutenção dos postos de trabalho, ou o desenvolvimento da qualificação profissional dos trabalhadores que aumente a sua empregabilidade (nº 1).

3. O empregador elabora o plano da formação, precedido de consulta aos trabalhadores abrangidos e de parecer da estrutura representativa dos trabalhadores (nº 2).

4. A resposta dos trabalhadores e o parecer referido no número anterior devem ser emitidos em prazo indicado pelo empregador, não inferior a cinco dias (nº 3).

Artigo 303º – Deveres do empregador no período de redução ou suspensão

1. Durante o período de redução ou suspensão, o empregador deve:

a) Efetuar pontualmente o pagamento da compensação retributiva, bem como o acréscimo a que haja lugar em caso de formação profissional;

b) Pagar pontualmente as contribuições para a segurança social sobre a retribuição auferida pelos trabalhadores;

c) Não distribuir lucros, sob qualquer forma, nomeadamente a título de levantamento por conta;

d) Não aumentar a retribuição ou outra prestação patrimonial atribuída a membro de corpos sociais, enquanto a segurança social comparticipar na compensação retributiva atribuída aos trabalhadores;

e) Não proceder a admissão ou renovação de contrato de trabalho para preenchimento de posto de trabalho suscetível de ser assegurado por trabalhador em situação de redução ou suspensão.

2. Durante o período de redução ou suspensão, bem como nos 30 ou 60 dias seguintes à aplicação das medidas, consoante a duração da respetiva aplicação não exceda ou seja superior a seis meses, o empregador não pode fazer cessar o

contrato de trabalho de trabalhador abrangido por aquelas medidas, exceto se se tratar de cessação da comissão de serviço, cessação de contrato de trabalho a termo ou despedimento por facto imputável ao trabalhador.

3. Em caso de violação do disposto no número anterior, o empregador procede à devolução dos apoios recebidos, previstos nos nºs 4 e 5 do artigo 305º, em relação ao trabalhador cujo contrato tenha cessado.

4. Constitui contraordenação grave a violação do disposto neste artigo.

COMENTÁRIOS:

1. Antecedentes legislativos: Arts. 342º, nº 2 e 677º, nº 1, do CT/2003.

2. O presente artigo tem a redação introduzida pela L nº 23/2012, de 25 de junho, a qual alterou a al. *a*), do nº 1 e o nº 2 e aditou os nºs 3 e 4. 3.

3. Dispõe o nº 1 que durante o período de redução ou suspensão, o empregador deve:

a) Efetuar pontualmente o pagamento da compensação retributiva, bem como o acréscimo a que haja lugar em caso de formação profissional;

b) Pagar pontualmente as contribuições para a segurança social sobre a retribuição auferida pelos trabalhadores;

c) Não distribuir lucros, sob qualquer forma, nomeadamente a título de levantamento por conta;

d) Não aumentar a retribuição ou outra prestação patrimonial atribuída a membro de corpos sociais, enquanto a segurança social comparticipar na compensação retributiva atribuída aos trabalhadores;

e) Não proceder a admissão ou renovação de contrato de trabalho para preenchimento de posto de trabalho suscetível de ser assegurado por trabalhador em situação de redução ou suspensão.

4. Clarificando os poderes do empregador quanto à cessação contratual, o nº 2, proíbe este de, durante o período de redução ou suspensão, bem como nos 30 ou 60 dias seguintes à aplicação das medidas, consoante a duração da respetiva aplicação não exceda ou seja superior a seis meses, fazer cessar o contrato de trabalho de trabalhador abrangido por aquelas medidas, exceto se se tratar de denúncia da comissão de serviço, caducidade do contrato a termo ou despedimento por facto imputável ao trabalhador (nº 2), sob pena de devolução dos apoios recebidos previstos nos nºs 4 e 5, do art. 305º (nº 3).

Artigo 304º – Deveres do trabalhador no período de redução ou suspensão

1. Durante o período de redução ou suspensão, o trabalhador deve:

***a*) Pagar contribuições para a segurança social com base na retribuição auferida e na compensação retributiva;**

_b_) Caso exerça atividade remunerada fora da empresa, comunicar o facto ao empregador, no prazo de cinco dias a contar do início da mesma, para efeitos de eventual redução na compensação retributiva;

_c_) Frequentar ações de formação profissional previstas no plano referido no artigo 302º.

2. O trabalhador que não cumpra injustificadamente o dever a que se refere a alínea _b_) ou _c_) do número anterior perde o direito a compensação retributiva e, no caso da alínea _b_), deve restituir o que tiver recebido a este título, constituindo ainda a omissão uma infração disciplinar grave.

COMENTÁRIOS:

1. Antecedentes legislativos: Art. 345º, do CT/2003.

2. Dispõe o nº 1 que, durante o período de redução ou suspensão, o trabalhador deve:

a) Pagar contribuições para a segurança social com base na retribuição auferida e na compensação retributiva;

b) Caso exerça atividade remunerada fora da empresa, comunicar o facto ao empregador, no prazo de cinco dias a contar do início da mesma, para efeitos de eventual redução na compensação retributiva;

c) Frequentar ações de formação profissional previstas no plano referido no artigo 302º, as quais devem orientar-se para a viabilização da empresa e a manutenção dos postos de trabalho, ou o desenvolvimento da qualificação profissional dos trabalhadores que aumente a sua empregabilidade.

O trabalhador que não cumpra injustificadamente o dever de comunicar ao empregador, o exercício de atividade remunerada fora da empresa, no prazo de cinco dias a contar do início da mesma ou o dever de frequência de ações de formação profissional previstas no plano referido no art. 302º, deve restituir o que tiver recebido a este título, constituindo ainda a omissão uma infração disciplinar grave (nº 2).

Artigo 305º – Direitos do trabalhador no período de redução ou suspensão

1. Durante o período de redução ou suspensão, o trabalhador tem direito:

_a_) A auferir mensalmente um montante mínimo igual a dois terços da sua retribuição normal ilíquida, ou o valor da retribuição mínima mensal garantida correspondente ao seu período normal de trabalho, consoante o que for mais elevado;

_b_) Manter as regalias sociais ou prestações da segurança social a que tenha direito e que a que a respetiva base de cálculo não seja alterada por efeito da redução ou suspensão;

_c_) A exercer outra atividade remunerada.

2. Durante o período de redução, a retribuição do trabalhador é calculada em proporção das horas de trabalho.

3. Durante o período de redução ou suspensão, o trabalhador tem direito a compensação retributiva na medida do necessário para, conjuntamente com a retribuição de trabalho prestado na empresa ou fora dela, assegurar o montante mensal referido na alínea *a*) do nº 1, até ao triplo da retribuição mínima mensal garantida, sem prejuízo do disposto no nº 5.

4. A compensação retributiva é paga em 30% do seu montante pelo empregador e em 70% pelo serviço público competente da área da segurança social.

5. Quando, durante o período de redução ou suspensão, os trabalhadores frequentem cursos de formação profissional adequados ao desenvolvimento da qualificação profissional que aumente a sua empregabilidade ou à viabilização da empresa e manutenção dos postos de trabalho, em conformidade com um plano de formação aprovado pelo serviço público competente na área do emprego e formação profissional, este paga o valor correspondente a 30% do indexante dos apoios sociais destinado, em partes iguais, ao empregador e ao trabalhador, acrescendo, relativamente a este, à compensação retributiva prevista nos nºs 3 e 4.

6. Os serviços públicos competentes nas áreas da segurança social e do emprego e formação profissional devem entregar a parte que lhes compete ao empregador, de modo que este possa pagar pontualmente ao trabalhador a compensação retributiva, bem como o acréscimo a que haja lugar.

7. O subsídio de doença da segurança social não é atribuído relativamente a período de doença que ocorra durante a suspensão do contrato, mantendo o trabalhador direito à compensação retributiva.

8. Em caso de não pagamento pontual do montante previsto na alínea *a*) do nº 1 durante o período de redução, o trabalhador tem direito a suspender o contrato nos termos do artigo 325º.

9. Constitui contraordenação grave a violação do disposto na alínea *b*) do nº 1.

COMENTÁRIOS:

1. Antecedentes legislativos: Arts. 341º, nº 1 e 343º, nº 1 e 677º, nº 1, do CT/2003.

2. O presente artigo tem a redação introduzida pela L nº 23/2012, de 25 de junho, a qual alterou o nº 3, aditou os nºs 5 e 6 e renumerou os nºs 4 (agora nº 7), 5 (agora nº 8) e 6 (agora nº 9).

3. Durante o período de redução ou suspensão, dispõe o nº 1 que o trabalhador tem direito a:

a) A auferir mensalmente um montante mínimo igual a dois terços da sua retribuição normal ilíquida, ou o valor da retribuição mínima mensal garantida correspondente ao seu período normal de trabalho, consoante o que for mais elevado;

Devendo considerar-se retribuição normal, a retribuição base, diuturnidades (se atribuídas) e todas as prestações retributivas que sejam contrapartida do modo específico da execução do trabalho.

Em caso de não pagamento pontual deste montante, durante o período de redução, o trabalhador tem direito a suspender o contrato nos termos do artigo 325º (nº 8);

b) Manter as regalias sociais ou prestações da segurança social a que tenha direito e que a que a respetiva base de cálculo não seja alterada por efeito da redução ou suspensão;

c) A exercer outra atividade remunerada.

Durante o período de redução, a retribuição do trabalhador é calculada em proporção das horas de trabalho (nº 2).

Durante o período de redução ou suspensão, o trabalhador tem direito a compensação retributiva na medida do necessário para, conjuntamente com a retribuição de trabalho prestado na empresa ou fora dela, assegurar o montante mensal referido na al. *a*), do nº 1, até ao triplo da retribuição mínima mensal garantida, sem prejuízo do disposto no nº 5 (nº 3). A compensação retributiva é paga em 30% do seu montante pelo empregador e em 70% pelo serviço público competente da área da segurança social (nº 4).

4. Quando, durante o período de redução ou suspensão, os trabalhadores frequentem cursos de formação profissional adequados ao desenvolvimento da qualificação profissional que aumente a sua empregabilidade ou à viabilização da empresa e manutenção dos postos de trabalho, em conformidade com um plano de formação aprovado pelo serviço público competente na área do emprego e formação profissional, este paga o valor correspondente a 30% do indexante dos apoios sociais destinado, em partes iguais, ao empregador e ao trabalhador, acrescendo, relativamente a este, à compensação retributiva prevista nos nºs 3 e 4 (nº 5).

O IAS consiste no Indexante dos Apoios Sociais, instituído pela L nº 53-B/2006, de 29 de dezembro (na versão dada pela L nº 42/2016, de 28 de dezembro), que veio substituir a retribuição mínima mensal garantida (RMMG) enquanto referencial determinante da fixação, cálculo e atualização das contribuições, das pensões e outras prestações sociais.

A Portaria nº 27/2020, de 31 de janeiro, procedeu à atualização do indexante dos apoios sociais para 2020 (IAS).

Cabe ao serviço público competente da área do emprego e formação profissional a entrega da parte que lhe compete ao empregador para que este possa pagar pontualmente ao trabalhador a compensação retributiva, bem como o acréscimo a que haja lugar (nº 6).

5. O subsídio de doença da segurança social não é atribuído relativamente a período de doença que ocorra durante a suspensão do contrato, mantendo o trabalhador direito à compensação retributiva (nº 7).

6. O art. 25º, da L nº 105/2009, de 14 de setembro (que regulamentou certas matérias do CT/2009), refere que confere igualmente direito a prestações de desemprego o não pagamento da compensação retributiva em situações de crise empresarial [nº 3, al. *b*)].

A atribuição das prestações de desemprego está sujeita ao cumprimento dos prazos de garantia, às demais condições exigidas e aos limites previstos no regime de proteção no desemprego (nº 4).

Artigo 306º – Efeitos da redução ou suspensão em férias, subsídio de férias ou de Natal

1. O tempo de redução ou suspensão não afeta o vencimento e a duração do período de férias.

2. A redução ou suspensão não prejudica a marcação e o gozo de férias, nos termos gerais, tendo o trabalhador direito ao pagamento pelo empregador do subsídio de férias devido em condições normais de trabalho.

3. O trabalhador tem direito a subsídio de Natal por inteiro, que é pago pela segurança social em montante correspondente a metade da compensação retributiva e pelo empregador no restante.

4. Constitui contraordenação grave a violação do disposto nos nºs 1, 2 ou 3, este na parte respeitante ao empregador.

COMENTÁRIOS:

1. Antecedentes legislativos: Arts. arts. 346º, 347º e 677º, nº 1, do CT/2003 e 294º e 295º, ambos da RCT.

2. O presente artigo estabelece uma equiparação entre o período de *inatividade* (suspensão) ou *atividade parcial* (redução) e o *tempo efetivo de trabalho.*

No que concerne ao regime de férias, o preceito remete para as disposições gerais.

Assim, o tempo de redução ou suspensão não afeta o vencimento (art. 237º, nº 1) e a duração do período de férias, de 22 dias úteis (art. 238º, nº 1), de acordo com o disposto no nº 1.

E não prejudica a marcação (art. 241º) e o gozo (retribuído, entenda-se) de férias (art. 240º), tendo o trabalhador direito ao subsídio de férias devido em condições normais de trabalho, ou seja, como se tivesse prestado efetivamente trabalho (art. 264º, nºs 1 e 2), de acordo com o nº 2. Estes valores são pagos pelo empregador.

3. Diferente foi a solução acolhida para o direito a subsídio de natal. O trabalhador tem direito a subsídio de natal por inteiro (e não na proporção do trabalhado), calcu-

lado, em princípio, nos termos do art. 262º, nº 1, mas que, neste caso, é pago por duas entidades: pela segurança social, e apenas em montante correspondente a metade da compensação retributiva e pelo empregador no restante (nº 3).

Artigo 307º – Acompanhamento da medida

1. O empregador informa trimestralmente as estruturas representativas dos trabalhadores ou a comissão representativa referida no nº 3 do artigo 299º ou, na sua falta, os trabalhadores abrangidos da evolução das razões que justificam o recurso à redução ou suspensão da prestação de trabalho.

2. Durante a redução ou suspensão, o serviço com competência inspetiva do ministério responsável pela área laboral, por iniciativa própria ou a requerimento de qualquer interessado, deve pôr termo à aplicação do regime relativamente a todos ou a alguns trabalhadores, nos seguintes casos:

***a*) Não verificação ou cessação da existência do fundamento invocado;**

***b*) Falta das comunicações ou recusa de participação no procedimento de informações e negociação por parte do empregador;**

***c*) Incumprimento de qualquer dos deveres a que se referem os nºs 1 e 2 do artigo 303º.**

3. A decisão que ponha termo à aplicação da medida deve indicar os trabalhadores a quem se aplica e produz efeitos a partir do momento em que o empregador seja notificado.

4. Constitui contraordenação grave a violação do disposto no nº 1.

COMENTÁRIOS:

1. Antecedentes legislativos: Arts. 338º e 340º, do CT/2003 e 17º, da LSCT.

2. O presente artigo tem a redação introduzida pela L nº 23/2012, de 25 de junho, a qual alterou o nº 1 e aditou o nº 4.

3. O empregador informa trimestralmente as estruturas representativas dos trabalhadores ou a comissão *ad hoc* (nº 3, do art. 299º) ou, na sua falta, os trabalhadores abrangidos da evolução das razões que justificam o recurso à redução ou suspensão da prestação de trabalho (nº 1).

Nos termos do nº 2, durante a redução ou suspensão, o serviço com competência inspetiva do ministério responsável pela área laboral (ACT), como órgão de controlo da atuação do empregador (dado que a medida foi tomada por este de forma unilateral), por iniciativa própria ou a requerimento de qualquer interessado, deve pôr termo à aplicação do regime relativamente a todos ou a alguns trabalhadores, nos seguintes casos:

a) Não verificação ou cessação da existência do fundamento invocado;

b) Falta das comunicações ou recusa de participação no procedimento de informações e negociação por parte do empregador;

c) Incumprimento de qualquer dos deveres a que se referem os nºs 1 e 2, do art. 303º.

A decisão que ponha termo à aplicação da medida deve indicar os trabalhadores a quem se aplica e produz efeitos a partir do momento em que o empregador seja notificado (nº 3).

4. A ACT prossegue as atribuições definidas pelo art. 2º, nº 1, do DReg nº 47/2012, de 31 de julho, cabendo-lhe a "promoção da melhoria das condições de trabalho, através da fiscalização do cumprimento das normas em matéria laboral e o controlo do cumprimento da legislação relativa à segurança e saúde no trabalho, bem como a promoção de políticas de prevenção dos riscos profissionais, quer no âmbito das relações laborais privadas, quer no âmbito da Administração Pública".

Artigo 308º – Direitos dos representantes dos trabalhadores durante a redução ou suspensão

1. A medida de redução ou suspensão relativa a trabalhador que seja delegado sindical ou membro de estrutura de representação coletiva dos trabalhadores não prejudica o direito ao exercício das correspondentes funções na empresa.

2. Constitui contraordenação grave a violação do disposto no número anterior.

COMENTÁRIOS:

1. Antecedentes legislativos: Arts. 348º e 677º, nº 1, do CT/2003 e 11º, nº 2, da LSCT.

2. O regime das estruturas de representação coletiva dos trabalhadores consta dos arts. 404º e ss..

DIVISÃO II – Encerramento e diminuição temporários de atividade

Artigo 309º – Retribuição durante o encerramento ou a diminuição de atividade

1. Em caso de encerramento temporário ou diminuição temporária de atividade de empresa ou estabelecimento que não respeite a situação de crise empresarial, o trabalhador tem direito a:

***a*) Sendo devido a caso fortuito ou de força maior, 75% da retribuição;**

_b_) Sendo devido a facto imputável ao empregador ou por motivo de interesse deste, a totalidade da retribuição.

2. Ao valor da retribuição deduz-se o que o trabalhador receba no período em causa por outra atividade que tenha passado a exercer por efeito do encerramento ou diminuição de atividade.

3. Constitui contraordenação grave a violação do disposto no nº 1.

COMENTÁRIOS:

1. Antecedentes legislativos: Arts. 350º, 351º, 352º e 677º, do CT/2003 e 78º, nº 1 e 79º, da LCT.

2. Dispõe o nº 1 que, em caso de encerramento temporário ou diminuição temporária de atividade de empresa ou estabelecimento que não respeite a situação de crise empresarial, o trabalhador tem direito a:

a) Sendo devido a caso fortuito ou de força maior (*v.g.*, cataclismo, inundação do estabelecimento comercial; incêndio que destruiu as matérias-primas), 75% da retribuição.

Neste caso, exige-se algo mais do que a mera ausência de culpa do empregador: "é necessário que o evento impeditivo da laboração da empresa seja *imprevisível* (caso fortuito) ou *inevitável* (força maior), mas, além disso, que exista um nexo de causalidade imediata entre tal evento e o encerramento da empresa" António Monteiro Fernandes, *Direito do Trabalho*, p. 467.

b) Sendo devido a facto imputável ao empregador ou por motivo de interesse deste, a totalidade da retribuição.

"São de incluir nesta modalidade situações muito diversas, desde as resultantes de decisão unilateral do empresário – que pode ser motivada por diminuição de encomendas, reestruturação da empresa, ampliação das instalações, substituição do equipamento e da tecnologia, etc. – até às que são determinadas por decisão da autoridade pública, em resultado da prática de delitos antieconómicos ou contra a saúde pública", António Monteiro Fernandes, *Direito do Trabalho*, p. 463.

Ao valor da retribuição deduz-se o que o trabalhador receba no período em causa por outra atividade que tenha passado a exercer por efeito da sua libertação laboral, em virtude do encerramento ou diminuição de atividade (nº 2). No entanto, se o novo emprego não se justapor ao horário de trabalho do estabelecimento encerrado ou da diminuição da atividade, esta medida não será aplicável.

3. O art. 25º, da L nº 105/2009, de 14 de setembro (que regulamentou certas matérias do CT/2009), refere que confere igualmente direito a prestações de desemprego o não pagamento pontual da retribuição devida em caso de suspensão do contrato de trabalho por facto respeitante ao empregador ou encerramento da empresa ou estabelecimento por período igual ou superior a 15 dias (nº 3, al. *a*)).

A atribuição das prestações de desemprego está sujeita ao cumprimento dos prazos de garantia, às demais condições exigidas e aos limites previstos no regime de proteção no desemprego (nº 4).

Artigo 310º – Cessação de encerramento ou de diminuição de atividade

O empregador deve informar os trabalhadores cuja atividade está suspensa da cessação do encerramento ou da diminuição de atividade, devendo estes retomar a prestação de trabalho.

COMENTÁRIOS:

1. Antecedentes legislativos: Arts. 353º, do CT/2003 e 79º, nº 3, da LCT.

2. O presente artigo impõe um dever de informação a cargo do empregador para a retoma da prestação laboral.

3. Na eventualidade do trabalhador desrespeitar a ordem de retoma da prestação laboral, viola o dever de assiduidade (art. 128º, nº 1, al. *b*)), incorrendo em falta injustificada (art. 256º).

Artigo 311º – Procedimento em caso de encerramento temporário por facto imputável ao empregador

1. O encerramento temporário de empresa ou estabelecimento por facto imputável ao empregador, sem que este tenha iniciado procedimento com vista a despedimento coletivo, a despedimento por extinção de posto de trabalho, a redução temporária do período normal de trabalho ou a suspensão do contrato de trabalho em situação de crise empresarial, ou que não consista em encerramento para férias, rege-se pelo disposto nos números seguintes.

2. Para efeito do número anterior, considera-se que há encerramento temporário de empresa ou estabelecimento por facto imputável ao empregador sempre que, por decisão deste, a atividade deixe de ser exercida, ou haja interdição de acesso a locais de trabalho ou recusa de fornecimento de trabalho, condições e instrumentos de trabalho, que determine ou possa determinar a paralisação de empresa ou estabelecimento.

3. O empregador informa os trabalhadores e a comissão de trabalhadores ou, na sua falta, a comissão intersindical ou as comissões sindicais da empresa, sobre fundamento, duração previsível e consequências de encerramento, com antecedência não inferior a 15 dias ou, sendo esta inviável, logo que possível.

4. A comissão de trabalhadores pode emitir parecer sobre o encerramento no prazo de 10 dias.

5. Constitui contraordenação muito grave a violação não dolosa do disposto no nº 3.

COMENTÁRIOS:

1. Antecedentes legislativos: Art. 296º, nºs 1 a 4, da RCT.

2. O procedimento de encerramento temporário de empresa ou estabelecimento por facto imputável ao empregador, sem que este tenha iniciado procedimento com vista a despedimento coletivo, a despedimento por extinção de posto de trabalho, a redução temporária do período normal de trabalho ou a suspensão do contrato de trabalho em situação de crise empresarial, ou que não consista em encerramento para férias, possui tratamento próprio (nº 1).

Trata-se de uma norma supletiva que visa resguardar a posição do trabalhador.

3. Considera-se que há encerramento temporário de empresa ou estabelecimento por facto imputável ao empregador sempre que, por decisão deste, a atividade deixe de ser exercida, ou haja interdição de acesso a locais de trabalho ou recusa de fornecimento de trabalho, condições e instrumentos de trabalho, que determine ou possa determinar a paralisação de empresa ou estabelecimento (nº 2).

II – O facto de a empresa ter encerrado o estabelecimento e se ter apresentado à insolvência (não necessariamente por esta ordem) não traduz um encerramento "definitivo", mas antes um encerramento "provisório" que para ser "convertido" em definitivo necessita de uma declaração do empregador que se torne conhecida dos trabalhadores ou do administrador da insolvência. [Ac. da RP, de 08.10.12 *in* www.dgsi.pt (Proc. nº 196/11.6TTBCL.P1)].

4. O empregador informa os trabalhadores e a comissão de trabalhadores ou, na sua falta, a comissão intersindical ou as comissões sindicais da empresa, sobre o fundamento, duração previsível e consequências de encerramento, com antecedência não inferior a 15 dias ou, sendo esta inviável, logo que possível (nº 3), podendo a comissão de trabalhadores emitir parecer sobre o encerramento no prazo de 10 dias (nº 4).

O empregador que encerre, temporária ou definitivamente, empresa ou estabelecimento, sem ter dado cumprimento ao disposto nos arts. 311º e 312º, é punido com pena de prisão até 2 anos ou de multa até 240 dias (art. 316º). Mantém-se a finalidade de combate aos *encerramentos selvagens*, aqueles que ocorrem sem qualquer procedimento e à revelia do direito ao trabalho.

Artigo 312º – Caução em caso de encerramento temporário por facto imputável ao empregador

1. Em situação prevista no artigo anterior, o empregador constitui a caução que garanta o pagamento de retribuições em mora, se existirem, de retribui-

ções referentes ao período de encerramento e de compensações por despedimento, relativamente aos trabalhadores abrangidos.

2. O empregador é dispensado de prestar caução relativa a compensações por despedimento coletivo em caso de declaração expressa neste sentido, por escrito, de dois terços dos trabalhadores abrangidos.

3. A caução deve ser utilizada decorridos 15 dias após o não pagamento de qualquer prestação garantida ou, no caso de retribuição em mora, após a sua constituição.

4. A caução deve ser reforçada proporcionalmente em caso de aumento de retribuições, da duração do encerramento ou da sua extensão a outro estabelecimento da empresa.

5. É aplicável o regime da caução para o exercício da atividade de empresa de trabalho temporário no que respeita aos seguintes aspetos:

***a*) Entidade a favor da qual é constituída;**

***b*) Forma por que é prestada;**

***c*) Prova do não pagamento de prestações garantidas;**

***d*) Cessação e devolução.**

6. Constitui contraordenação muito grave a violação não dolosa do disposto nos nºs 1 ou 4.

COMENTÁRIOS:

1. Antecedentes legislativos: Arts. 296º, nºs 4 a 8 e 486º, nº 6, da RCT.

2. O presente artigo condensou, em norma única, a tutela concedida às prestações retributivas do empregador, denominada *Caução em caso de encerramento temporário por facto imputável ao empregador*, atribuindo-lhe ainda um regime de constituição.

A caução visa garantir o pagamento de retribuições em mora, se existirem, de retribuições referentes ao período de encerramento e de compensações por despedimento, relativamente aos trabalhadores abrangidos (nº 1).

Esta garantia deve ser utilizada decorridos 15 dias após o não pagamento de qualquer prestação garantida ou, no caso de retribuição em mora, após a sua constituição (nº 3), sendo dispensada relativamente a compensações por despedimento coletivo, havendo declaração expressa neste sentido, por escrito, de dois terços dos trabalhadores abrangidos (nº 2).

Em caso de aumento de retribuições, da duração do encerramento ou da sua extensão a outro estabelecimento da empresa, a mesma deve ser reforçada proporcionalmente (nº 4).

Segundo o nº 5, é aplicável o regime da caução para o exercício da atividade de empresa de trabalho temporário no que respeita aos seguintes aspetos:

a) Entidade a favor da qual é constituída;

b) Forma por que é prestada;

c) Prova do não pagamento de prestações garantidas;

d) Cessação e devolução.

Artigo 313º – Atos proibidos em caso de encerramento temporário

1. Em caso de encerramento temporário de empresa ou estabelecimento a que se refere o nº 1 do artigo 311º, o empregador não pode:

***a*) Distribuir lucros ou dividendos, pagar suprimentos e respetivos juros ou amortizar quotas sob qualquer forma;**

***b*) Remunerar membros dos corpos sociais por qualquer meio, em percentagem superior à paga aos respetivos trabalhadores;**

***c*) Comprar ou vender ações ou quotas próprias a membros dos corpos sociais;**

***d*) Efetuar pagamentos a credores não titulares de garantia ou privilégio com preferência em relação aos créditos dos trabalhadores, salvo se tais pagamentos se destinarem a permitir a atividade da empresa;**

***e*) Efetuar pagamentos a trabalhadores que não correspondam ao rateio do montante disponível, na proporção das respetivas retribuições;**

***f*) Efetuar liberalidades, qualquer que seja o título;**

***g*) Renunciar a direitos com valor patrimonial;**

***h*) Celebrar contratos de mútuo na qualidade de mutuante;**

***i*) Proceder a levantamentos de tesouraria para fim alheio à atividade da empresa.**

2. A proibição a que se refere qualquer das alíneas *d*) a *g*) do número anterior cessa em caso de declaração expressa neste sentido, por escrito, de dois terços dos trabalhadores abrangidos.

COMENTÁRIOS:

1. Antecedentes legislativos: Art. 297º, da RCT.

2. O preceito mantém a inibição de prática de certos atos em caso de encerramento temporário (nº 1), que pode ser derrogada, nos casos das als. *d*) a *g*) por declaração expressa neste sentido, por escrito, de dois terços dos trabalhadores abrangidos (nº 2).

3. Dispõe o nº 1 que, em caso de encerramento temporário de empresa ou estabelecimento a que se refere o nº 1, do art. 311º, o empregador não pode:

a) Distribuir lucros ou dividendos, pagar suprimentos e respetivos juros ou amortizar quotas sob qualquer forma, atendendo a que havendo-os, este devem servir o propósito de recuperação da empresa;

b) Remunerar membros dos corpos sociais por qualquer meio, em percentagem superior à paga aos respetivos trabalhadores, em nome da solidariedade e da justiça, em contexto de crise, pois seria considerado abusivo e desleal privilegiar os gestores em detrimento dos trabalhadores;

c) Comprar ou vender ações ou quotas próprias a membros dos corpos sociais; proíbe-se que a empresa realize qualquer tipo de negócio, tendo como contraparte os próprios membros dos corpos sociais, pois tal poderia ser desvantajoso para a empresa ou estabelecimento, nomeadamente, por aproveitamento da sua situação vulnerável. A empresa, neste contexto, está em *hibernação*;

d) Efetuar pagamentos a credores não titulares de garantia ou privilégio com preferência em relação aos créditos dos trabalhadores, salvo se tais pagamentos se destinarem a permitir a atividade da empresa; o trabalhador como credor privilegiado (art. 333º, nº 1) recebe a máxima tutela, salvo se os credores em causa possuírem a característica de, sem os bens que fornecem, a empresa ficar impossibilitada de laborar;

e) Efetuar pagamentos a trabalhadores que não correspondam ao rateio do montante disponível, na proporção das respetivas retribuições; trata-se aqui do mesmo princípio subjacente à al. *b*);

f) Efetuar liberalidades, qualquer que seja o título; pois os recursos financeiros da empresa devem ser todos canalizados para a sua recuperação, sob pena de gestão danosa;

g) Renunciar a direitos com valor patrimonial; a renúncia pode inclusive ser entendida como gestão danosa;

h) Celebrar contratos de mútuo na qualidade de mutuante; nada impede, naturalmente, que a empresa recorra ao crédito, bancário ou outro, na qualidade de mutuária;

i) Proceder a levantamentos de tesouraria para fim alheio à atividade da empresa; este desvio de fundos essenciais à atividade da empresa, pode também ser entendido como possível gestão danosa.

Artigo 314º – Anulabilidade de ato de disposição

1. O ato de disposição de património da empresa a título gratuito, praticado durante o encerramento temporário abrangido pelo nº 1 do artigo 311º, é anulável por iniciativa de qualquer interessado ou de estrutura de representação coletiva dos trabalhadores.

2. O disposto no número anterior aplica-se a ato de disposição de património da empresa a título oneroso, praticado durante o mesmo período, se dele resultar diminuição da garantia patrimonial de créditos dos trabalhadores.

COMENTÁRIOS:

1. Antecedentes legislativos: Art. 298º, da RCT.

2. Sobre o regime da anulabilidade, *v.* art. 285º e ss., do CC.

Artigo 315º – Extensão do regime a caso de encerramento definitivo

O regime previsto nos artigos 311º a 314º aplica-se, com as devidas adaptações, a encerramento definitivo de empresa ou estabelecimento que ocorra sem ser iniciado procedimento para despedimento coletivo ou sem ser cumprido o disposto no nº 4 do artigo 346º.

COMENTÁRIOS:

1. Antecedentes legislativos: Art. 299º, da RCT.

2. No caso de encerramento definitivo de empresa ou estabelecimento que ocorra sem ser iniciado procedimento para despedimento coletivo (arts. 360º e ss.), ou sem a antecedência prevista no art. 363º (por remissão do art. 346º, nº 4), aplica-se, com as devidas adaptações, o regime indicado nos arts. 311º a 314º.

O encerramento temporário encontra-se definido no art. 311º, nº 2.

Para apuramento da noção de encerramento definitivo, deve apelar-se ao vertido no art. 346º.

Artigo 316º – Responsabilidade penal em caso de encerramento de empresa ou estabelecimento

1. O empregador que encerre, temporária ou definitivamente, empresa ou estabelecimento, em caso previsto no artigo 311º ou no artigo anterior, sem ter dado cumprimento ao disposto nos artigos 311º e 312º, é punido com pena de prisão até 2 anos ou de multa até 240 dias.

2. A violação do disposto no artigo 313º é punida com pena de prisão até 3 anos, sem prejuízo de pena mais grave aplicável ao caso.

COMENTÁRIOS:

1. Antecedentes legislativos: Arts. 465º a 466º, da RCT.

2. A responsabilidade penal do empregador *exige a verificação cumulativa dos seguintes elementos objetivos: (i) encerramento definitivo de uma empresa ou estabelecimento; (ii) omissão do dever de o empregador iniciar os legais procedimentos com vista à cessação do contrato de trabalho através do despedimento coletivo (tratando-se de microempresa, comunicação do encerramento a cada trabalhador, nos termos do disposto nos arts. 346º, nº 4, e 363º, nºs 1 e 2, do referido compêndio legislativo), ou, na falta dele, das comunicações previstas no nº 3 do artigo 311º, ainda do mesmo Código); (iii) falta de constituição da garantida de caução, conforme previsão do art. 312º do CT. III – Não descrevendo a matéria de facto provada na sentença do tribunal da 1ª instância factos donde decorra que o encerramento das lojas abertas ao público configurou um encerramento definitivo de determinada sociedade comercial, e ainda o número de trabalhadores que aquela empregou em certo ano, não é possível concluir se a empresa representada pelos argui-*

dos é, ou não, uma microempresa e, assim, se aqueles estavam obrigados a proceder ao despedimento coletivo ou apenas à comunicação enunciada no nº 4 do art. 346º do CT. IV – Consequentemente, tais factos não têm aptidão para integrar o tipo objetivo do ilícito configurado no artigo 316º do CT. [Ac. da RC, de 25.02.15 *in* www.dgsi.pt (Proc. nº 1524/12.2T3AVR.C1)].

A punição de pena de prisão até 3 anos, sem prejuízo de pena mais grave, é aplicável no caso de prática de atos proibidos em caso de encerramento (art. 313º).

SUBSECÇÃO IV – Licença sem retribuição

Artigo 317º – Concessão e efeitos da licença sem retribuição

1. O empregador pode conceder ao trabalhador, a pedido deste, licença sem retribuição.

2. O trabalhador tem direito a licença sem retribuição de duração superior a 60 dias para frequência de curso de formação ministrado sob responsabilidade de instituição de ensino ou de formação profissional, ou no âmbito de programa específico aprovado por autoridade competente e executado sob o seu controlo pedagógico, ou para frequência de curso ministrado em estabelecimento de ensino.

3. Em situação prevista no número anterior, o empregador pode recusar a concessão de licença:

a) Quando, nos 24 meses anteriores, tenha sido proporcionada ao trabalhador formação profissional adequada ou licença para o mesmo fim;

b) Em caso de trabalhador com antiguidade inferior a três anos;

c) Quando o trabalhador não tenha requerido a licença com a antecedência mínima de 90 dias em relação à data do seu início;

d) Quando se trate de microempresa ou de pequena empresa e não seja possível a substituição adequada do trabalhador, caso necessário;

e) Em caso de trabalhador incluído em nível de qualificação de direção, chefia, quadro ou pessoal qualificado, quando não seja possível a sua substituição durante o período da licença, sem prejuízo sério para o funcionamento da empresa.

4. A licença determina a suspensão do contrato de trabalho, com os efeitos previstos no artigo 295º

5. Constitui contraordenação grave a violação do disposto no nº 2.

COMENTÁRIOS:

1. Antecedentes legislativos: Arts. 354º, 355º, nº 1 e 678º, nº 1, do CT/2003 e 16º, nºs 1 a 6 e 17º, da LFFF.

2. O empregador possui a faculdade de conceder ao trabalhador, a pedido deste, licença sem retribuição (nº 1).

3. O trabalhador tem direito a licença sem retribuição de duração superior a 60 dias para fins de formação ou académicos (nº 2), todavia, esta pode ser recusada pelo empregador nos casos indicados no nº 3.

O regime da licença sem retribuição determina a suspensão do contrato, com os efeitos previstos no art. 295º (nº 4).

SUBSECÇÃO V – Pré-reforma

Artigo 318º – Noção de pré-reforma

Considera-se pré-reforma a situação de redução ou suspensão da prestação de trabalho, constituída por acordo entre empregador e trabalhador com idade igual ou superior a 55 anos, durante a qual este tem direito a receber do empregador uma prestação pecuniária mensal, denominada de pré-reforma.

COMENTÁRIOS:

1. Antecedentes legislativos: Arts. 356º e 357º, nº 1, do CT/2003 e 3º e 4º, nºs 1 e 2, do DL nº 261/91, de 25 de julho.

2. O acordo de pré-reforma integra uma das possibilidades de redução do período normal de trabalho ou da suspensão do contrato (art. 294º, nº 2, al. *b*)), aplicável apenas a trabalhador com idade igual ou superior a 55 anos, durante a qual tem direito a receber do empregador uma prestação pecuniária mensal.

Sobre a prestação pecuniária mensal:

I – O art. 236º do Cód. Civ. acolheu a doutrina da impressão do destinatário, de harmonia com a qual a determinação do sentido juridicamente relevante da declaração negocial será aquela que um declaratário razoável – medianamente instruído, diligente e sagaz – colocado na posição do real declaratário, deduziria, considerando todas as circunstâncias atendíveis do caso concreto. II – Do referido em I, excetuam-se as situações em que: i) não puder ser imputado ao declarante, razoavelmente, aquele sentido (nº 1); ii) o declaratário conheça a vontade real do declarante (nº 2). III – No caso, provou-se que: o trabalhador e a empregadora acordaram a suspensão do contrato de trabalho e, em simultâneo, a pré-reforma daquele, e, bem assim, que as prestações devidas nos termos de tal acordo seriam atualizadas anualmente e "simultaneamente com a atualização salarial dos trabalhadores do ativo e com base na aplicação do valor percentual idêntico ao que vier a ser fixado, em termos médios, para a tabela salarial dos mesmos."; o A. estava convencido de que teria a sua prestação de pré-reforma anualmente atualizada, em termos médios do valor percentual de todos os trabalhadores da R. (nº 12 dos factos provados); a R. pretendeu aplicar aos tra-

balhadores em pré-reforma um regime de atualização salarial idêntico ao aplicado aos trabalhadores no ativo (nº 16 dos factos provados). IV – No circunstancialismo referido em II e tendo em conta o referido em I, a vontade real da Ré apenas poderia ser atendida: i) se o A. soubesse que essa era a vontade real da Ré, o que não é o caso tendo em conta o referido no nº 12 dos factos provados; ii) se a Ré não pudesse, razoavelmente, contar com o sentido da declaração retirado pelo A., o que também não é o caso dado que a redação da clª aponta no sentido do por ele extraído ou, pelo menos, atuando com a diligência devida, deveria a Ré ter ponderado que a interpretação do A. seria, ou poderia ser, uma interpretação possível e viável por parte de um homem médio, medianamente instruído e diligente, colocado na posição do A.. [Ac. da RP, de 09.03.20 *in* www.dgsi.pt (Proc. nº 15947/18.0T8PRT.P1)].

I – Tendo as partes celebrado um acordo, que designaram de "Acordo de Suspensão do Contrato de Trabalho/Pré-Reforma", nos termos do qual, entre o demais, clausuraram: "11ª Sob pena de caducidade do presente Acordo, a trabalhadora obriga-se a requerer a pensão de reforma por velhice logo que complete a idade mínima legal de reforma, data em que cessará o seu vínculo à primeira outorgante, garantindo-lhe, então, a Empresa, condições idênticas às que usufruiria se se mantivesse no ativo até essa altura no que respeita ao "prémio de aposentação" e ao complemento de pensão de reforma, que serão atribuídos nos termos regulamentares...», tal deve ser interpretado no sentido de que os trabalhadores estão obrigados a requerer a pensão de reforma por velhice, sob pena de, não o fazendo, caducar o respetivo acordo, logo (imediatamente) que, em face do regime legal vigente, possam obter a pensão de reforma estatutária por velhice sem qualquer penalização. II – No presente caso, ambas as Autoras reuniam, à data da notificação da Ré para que requeressem a passagem à reforma, os respetivos requisitos para obterem uma pensão de reforma estatutária por velhice sem qualquer penalização, por ambas contarem com idade superior a 60 anos, e uma delas ter 50 anos de contribuições e a outra 48 anos de contribuições (cfr. art. 35º, nº 6, a) do Dec.-Lei 187/2007 de 10-05, na redação que lhe foi dada pelo Dec.-Lei 126-B/2017 de 06/10), pelo que nenhuma responsabilidade deve ser assacada à Ré quanto ao pagamento das prestações de pré-reforma até aos 65 anos de idade de cada Autora. [Ac. da RL, de 12.02.20 *in* www.dgsi.pt (Proc. nº 28049/18.0T8LSB.L1-4)].

I – Existindo num acordo de pré-reforma uma cláusula que determina que o valor da prestação de pré-reforma é atualizável em "percentagem e momento iguais aos do aumento de retribuições que se venham a verificar, no âmbito da primeira outorgante, para a generalidade dos seus trabalhadores" e desconhecendo-se a vontade real dos declarantes, há que recorrer ao critério interpretativo consagrado no artigo 236º, nº 1 do Código Civil, sendo que qualquer declaratário normal, colocado na posição do real declaratário intuía que, tal cláusula não comporta qualquer sentido restritivo, aliás sem apoio textual, de confinar o incremento pecuniário a um subuniverso de trabalhadores da empresa em que o trabalhador se integraria, se estivesse no ativo. II – E mesmo que se entendesse que se trata de um caso duvidoso, o critério interpretativo previsto no artigo 237º do Código Civil, não levaria a solução diferente, considerando que a prestação de pré--reforma se torna autónoma da retribuição que esteve na génese do seu cálculo, pelo que, sendo o acordo de pré-reforma um negócio oneroso que representa a defesa possível dos interesses dos outor-

gantes, a sua atualização em percentagem e momento iguais aos da generalidade dos trabalhadores da empregadora, não gera qualquer desigualdade ou desequilíbrio de prestações. [Ac. da RC, de 24.09.15 *in* www.dgsi.pt (Proc. nº 208/14.1TTFIG.C1)]. *V.*, ainda, o Ac. do STJ, de 05.06.12 *in* www.dgsi.pt (Proc. nº 2083/06.0TTLSB.L1.S1).

Artigo 319º – Acordo de pré-reforma

O acordo de pré-reforma está sujeito a forma escrita e deve conter:

_a_) Identificação, assinaturas e domicílio ou sede das partes;

_b_) Data de início da pré-reforma;

_c_) Montante da prestação de pré-reforma;

_d_) Organização do tempo de trabalho, no caso de redução da prestação de trabalho.

COMENTÁRIOS:

Antecedentes legislativos: Arts. 357º, nº 2, do CT/2003 e 4º, nºs 1 a 3, do DL nº 261/91, de 25 de julho.

II – A suspensão do contrato de trabalho pode fundar-se em acordo das partes, mediante a celebração de um acordo de pré-reforma. III – Não ocorrendo qualquer falta ou vício de vontade, a declaração negocial há de valer com o sentido que um declaratário normal, colocado na posição do real declaratário, possa deduzir do comportamento do declarante, salvo se este não puder razoavelmente contar com ele. IV – Nos negócios formais não pode a declaração valer com um sentido que não tenha um mínimo de correspondência no texto do respetivo documento, ainda que imperfeitamente expresso, salvo se corresponder à vontade real das partes e as razões determinantes da forma do negócio se não opuserem a essa validade. V – Não constitui estipulação verbal acessória essencial, ou cláusula adicional do conteúdo do documento, nos termos e para os efeitos do art. 221º, do Código Civil, uma declaração do trabalhador outorgante num acordo de pré-reforma, emitida concomitantemente à assinatura do mesmo, em que se limita a exprimir a sua vontade relativamente à aceitação condicional da retribuição de referência usada no cálculo da respetiva prestação. VI – Uma tal declaração negocial, do imediato conhecimento da parte contrária, sem refutação, deve haver-se como válida, enquanto meramente interpretativa da vontade real do declarante. [Ac. do STJ, de 11.05.11 *in* www.dgsi.pt (Proc. nº 2766/07.8TTLSB.L1.S1)].

I – O acordo de pré-reforma tem de ser reduzido a escrito, dele devendo constar necessariamente a data do início da situação e o montante da prestação de pré-reforma. II – Se o trabalhador, por ocasião da assinatura do acordo de pré-reforma, manifestou a vontade, por declaração escrita entregue ao empregador e sem resposta deste, de que a prestação de pré-reforma fosse alterada em conformidade com a decisão que viesse a ser proferida noutra ação em que reclamava reclassificação profissional, tal declaração deve ser tida como elemento interpretativo da cláusula do acordo que estabelece a forma de cálculo da prestação, devendo esta ser interpretada como admitindo a possibilidade de correção em função da decisão judicial em causa. (Ac. da RL, de 14.04.10 *in* CJ, Ano XXXV, Tomo II, p. 162).

Artigo 320º – Prestação de pré-reforma

1. O montante inicial da prestação de pré-reforma não pode ser superior à retribuição do trabalhador na data do acordo, nem inferior a 25% desta ou à retribuição do trabalho, caso a pré-reforma consista na redução da prestação de trabalho.

2. Salvo estipulação em contrário, a prestação de pré-reforma é atualizada anualmente em percentagem igual à do aumento de retribuição de que o trabalhador beneficiaria se estivesse em pleno exercício de funções ou, não havendo tal aumento, à taxa de inflação.

3. A prestação de pré-reforma goza das garantias dos créditos de trabalhador emergentes de contrato de trabalho.

COMENTÁRIOS:

1. Antecedentes legislativos: Arts. 359º, do CT/2003 e 6º, do DL nº 261/91, de 25 de julho.

2. Caso a pré-reforma consista na redução da prestação de trabalho e apenas neste caso, o montante inicial da prestação de pré-reforma não pode ser superior à retribuição do trabalhador na data do acordo, nem inferior a 25% desta ou à retribuição do trabalho (nº 1).

A prestação de pré-reforma não é entendida como retribuição: *I – Não é retribuição a prestação recebida pelo trabalhador na situação de pré-reforma (artigos 318º e 320º do Código do Trabalho).* [Ac. da RP, de 23.11.20 *in* www.dgsi.pt (Proc. nº 4067/17.4T8VNG.P2)].

3. Salvo acordo estabelecido pelas partes em contrário, a prestação de pré-reforma é atualizada anualmente em percentagem igual à do aumento de retribuição de que o trabalhador beneficiaria se estivesse em pleno exercício de funções ou, não havendo tal aumento, à taxa de inflação (nº 2). Ou seja, este segmento da norma é apenas aplicável supletivamente.

Tendo o trabalhador e a empregadora, num acordo de suspensão do contrato de trabalho e que, em simultâneo, também configura um acordo de pré-reforma, regulado o momento e a forma de atualização da prestação de pré-reforma, excluída fica a aplicação do regime supletivo previsto no nº 2 do artigo 320º do CT/2009 à atualização daquela prestação. [Ac. da RL, de 15.04.15 *in* www.dgsi.pt (Proc. nº 25810/13.5T2SNT.L1-4)].

I – Se um acordo de pré-reforma prevê a atualização da prestação de pré-reforma nele estabelecida, mas regula apenas o momento em que à mesma se procede e os componentes salariais sobre que incide, não prevendo a forma de alcançar o seu quantum, deve quanto a este específico aspeto lançar-se mão do regime supletivo legal previsto para as atualizações da prestação de pré-reforma. II – Segundo o regime supletivo estabelecido no Decreto-Lei nº 261/91, de 25 de julho, a prestação de pré-reforma deve ser atualizada anualmente, ou seja, uma vez por ano, não se impondo que acompanhe pari passu eventuais aumentos remuneratórios intercorrentes de que seria objeto a retribuição do trabalhador ao longo do ano, caso se mantivesse em exercício efetivo de funções. III – A percentagem a atender nos termos de tal regime para fixar o quantum da prestação pecuniária mensal atualizada de pré-reforma deverá ser a que corresponde ao aumento verificado entre a retribuição equivalente à prestação de trabalho efetivo que serviu de base à fixação inicial da pensão (ou que serviu de base à sua última atualização) e a retribuição equivalente à prestação de trabalho efetivo que seria devida no momento em que se procede à atualização. IV – Às prestações de pré-reforma aplica-se o regime prescricional previsto no artigo 337º do Código do Trabalho de 2009. [Ac. da RP, de 19.12.12 *in* www.dgsi.pt (Proc. nº 167/11.2TTPRT.P1)].

4. A prestação de pré-reforma goza das garantias dos créditos de trabalhador emergentes de contrato de trabalho, nomeadamente, privilégios creditórios (art. 333º) e Fundo de Garantia Salarial (art. 336º), de acordo com o nº 3.

5. Quanto ao prazo prescricional aplicável, se o especial (art. 337º, CT) ou geral (art. 309º e 310º, CC), a jurisprudência entende-o como especial. *Vide* os Acs. da RP, de 22.10.13 *in* www.dgsi.pt (Proc. nº 230/12.2TTSTS-A.P1) e de 19.12.12 *in* www.dgsi.pt (Proc. nº 167/11.2TTPRT.P1).

Artigo 321º – Direitos de trabalhador em situação de pré-reforma

1. O trabalhador em situação de pré-reforma pode exercer outra atividade profissional remunerada.

2. O acordo de pré-reforma pode atribuir ao trabalhador outros direitos não decorrentes na lei.

3. Em caso de falta culposa de pagamento da prestação de pré-reforma ou, independentemente de culpa, se a mora se prolongar por mais de 30 dias, o trabalhador tem direito a retomar o pleno exercício de funções, sem prejuízo da antiguidade, ou a resolver o contrato, com direito a indemnização nos termos dos nºs 2 e 3 do artigo seguinte.

COMENTÁRIOS:

1. Antecedentes legislativos: Arts. 358º e 360º, do CT/2003 e 5º e 7º, do DL nº 261/91, de 25 de julho.

2. Atendendo a que a situação de pré-reforma se caracteriza pela redução ou suspensão da prestação de trabalho, o trabalhador pode exercer outra atividade profissional remunerada (nº 1).

3. Em nome do princípio da liberdade contratual (art. 405º, do CC), o acordo de pré-reforma pode atribuir ao trabalhador outros direitos não decorrentes na lei (nº 2).

4. Em caso de falta culposa de pagamento da prestação de pré-reforma ou, independentemente de culpa, se a mora se prolongar por mais de 30 dias, o trabalhador tem direito:

– A retomar o pleno exercício de funções, sem prejuízo da antiguidade, cessando a situação de pré-reforma (art. 322º, nº 1, al. *b*)) ou

– A resolver o contrato, com direito a indemnização no montante das prestações de pré-reforma até à idade legal de reforma por velhice, tendo por base o montante da prestação de pré-reforma à data da cessação do contrato de trabalho (nº 3).

Artigo 322º – Cessação de pré-reforma

1. A pré-reforma cessa:

***a*) Com a reforma do trabalhador, por velhice ou invalidez;**

***b*) Com o regresso do trabalhador ao pleno exercício de funções, por acordo com o empregador ou nos termos do nº 3 do artigo anterior;**

***c*) Com a cessação do contrato de trabalho.**

2. Na situação prevista na alínea *c*) do número anterior, caso a modalidade de cessação do contrato de trabalho conferisse ao trabalhador direito a indemnização ou compensação se estivesse no pleno exercício de funções, aquele tem direito a indemnização no montante das prestações de pré-reforma até à idade legal de reforma por velhice.

3. A indemnização referida no número anterior tem por base o montante da prestação de pré-reforma à data da cessação do contrato de trabalho.

COMENTÁRIOS:

1. Antecedentes legislativos: Arts. 361º, do CT/2003 e 11º, nºs 1 a 3, do DL 261/91, de 25 de julho.

2. A pré-reforma cessa:

– Com a reforma do trabalhador, por velhice ou invalidez, aplicando-se o regime da caducidade do contrato [art. 343º, al. *c*)], de acordo com o nº 1, al. *a*);

– Com o regresso do trabalhador ao pleno exercício de funções, por acordo com o empregador ou por falta culposa de pagamento da prestação de pré-reforma [al. *b*)];

– Com a cessação do contrato de trabalho [al. *c*)], nos termos gerais (art. 340º). Caso a modalidade de cessação do contrato de trabalho conferisse ao trabalhador direito a indemnização se estivesse no pleno exercício de funções (*v.g.*, concedida no despedimento por facto imputável ao trabalhador considerado ilícito) ou compensação (*v.g.*, atribuída nos despedimentos coletivos, por extinção de posto de trabalho ou inadaptação), o trabalhador tem direito a indemnização no montante das prestações de pré-reforma até à idade legal de reforma por velhice (nº 2).

A indemnização referida tem por base o montante da prestação de pré-reforma à data da cessação do contrato de trabalho (nº 3).

CAPÍTULO VI – Incumprimento do contrato

SECÇÃO I – Disposições gerais

Artigo 323º – Efeitos gerais do incumprimento do contrato de trabalho

1. A parte que faltar culposamente ao cumprimento dos seus deveres é responsável pelo prejuízo causado à contraparte.

2. O empregador que faltar culposamente ao cumprimento de prestações pecuniárias é obrigado a pagar os correspondentes juros de mora à taxa legal, ou a taxa superior estabelecida em instrumento de regulamentação coletiva de trabalho ou acordo das partes.

3. A falta de pagamento pontual da retribuição confere ao trabalhador a faculdade de suspender ou fazer cessar o contrato, nos termos previstos neste Código.

COMENTÁRIOS:

1. Antecedentes legislativos: Arts. 363º e 364º, do CT/2003 e 300º a 315º, da RCT.

2. A parte que faltar culposamente ao cumprimento dos seus deveres é responsável pelo prejuízo causado à contraparte (nº 1), acolhendo-se a regra geral de impossibilidade culposa prevista no art. 801º, nº 1, do CC.

3. O empregador que faltar culposamente ao cumprimento de prestações pecuniárias é obrigado a pagar os correspondentes juros de mora à taxa legal, prevista no art. 559º, nº 1, do CC, regulamentado pela P nº 291/2003, de 08 de abril ou a taxa superior estabelecida em instrumento de regulamentação coletiva de trabalho ou acordo das partes (nº 2), com os limites estabelecidos no art. 1146º, do CC.

O pagamento pontual da retribuição encontra-se previsto no art. 278º, nº 4, que prescreve: "o montante da retribuição deve estar à disposição do trabalhador na data do vencimento ou em dia útil anterior". O empregador considera-se constituído em mora quando, por causa que lhe seja imputável, a prestação retributiva, ainda possível, não foi efetuada no tempo previsto no art. 278º, nº 4, segundo o disposto no art. 804º, nº 2, do CC.

4. A falta de pagamento pontual da retribuição confere ao trabalhador a faculdade de suspender o contrato (nos termos dos arts. 325º a 327º) ou a resolvê-lo (de acordo com o art. 394º, nº 2, al. *a*)), dispõe o nº 3.

Artigo 324º – Efeitos para o empregador de falta de pagamento pontual da retribuição

1. Ao empregador em situação de falta de pagamento pontual de retribuição é aplicável o disposto no artigo 313º.

2. O ato de disposição do património da empresa praticado em situação de falta de pagamento pontual de retribuições, ou nos seis meses anteriores, é anulável nos termos do artigo 314º.

3. A violação do nº 1 é punida com pena de prisão até 3 anos, sem prejuízo de pena mais grave aplicável ao caso.

COMENTÁRIOS:

1. Antecedentes legislativos: Arts. 301º, 302º e 467º, da RCT e 13º e 14º, da L nº 17/86, de 14 de junho.

2. O presente artigo visa impedir a prática de atos que possam prejudicar a garantia patrimonial dos créditos dos trabalhadores prevista no art. 333º.

Da leitura conjugada do nº 1 e do art. 313º, resulta que o empregador, em situação de falta de pagamento pontual de retribuição, não pode, sob pena de prisão até 3 anos, sem prejuízo de pena mais grave aplicável ao caso (nº 3):

a) Distribuir lucros ou dividendos, pagar suprimentos e respetivos juros ou amortizar quotas sob qualquer forma;

b) Remunerar membros dos corpos sociais por qualquer meio, em percentagem superior à paga aos respetivos trabalhadores;

c) Comprar ou vender ações ou quotas próprias a membros dos corpos sociais;

d) Efetuar pagamentos a credores não titulares de garantia ou privilégio com preferência em relação aos créditos dos trabalhadores, salvo se tais pagamentos se destinarem a permitir a atividade da empresa;

e) Efetuar pagamentos a trabalhadores que não correspondam ao rateio do montante disponível, na proporção das respetivas retribuições;

f) Efetuar liberalidades, qualquer que seja o título;

g) Renunciar a direitos com valor patrimonial;

h) Celebrar contratos de mútuo na qualidade de mutuante;

i) Proceder a levantamentos de tesouraria para fim alheio à atividade da empresa.

A proibição a que se refere qualquer das alíneas *d*) a *g*) cessa em caso de declaração expressa neste sentido, por escrito, de dois terços dos trabalhadores abrangidos (nº 2, do art. 313º *ex vi* nº 1).

3. O ato de disposição do património da empresa praticado em situação de falta de pagamento pontual de retribuições, ou nos seis meses anteriores, é anulável nos termos do art. 314º (nº 2).

SECÇÃO II – Suspensão de contrato de trabalho por não pagamento pontual da retribuição

Artigo 325º – Requisitos da suspensão de contrato de trabalho

1. No caso de falta de pagamento pontual da retribuição por período de 15 dias sobre a data do vencimento, o trabalhador pode suspender o contrato de trabalho, mediante comunicação por escrito ao empregador e ao serviço com competência inspetiva do ministério responsável pela área laboral, com a antecedência mínima de oito dias em relação à data de início da suspensão.

2. O trabalhador pode suspender o contrato de trabalho antes de decorrido o período de 15 dias referido no número anterior, quando o empregador declare por escrito que prevê que não vai pagar a retribuição em dívida até ao termo daquele prazo.

3. A falta de pagamento pontual da retribuição por período de 15 dias é declarada, a pedido do trabalhador, pelo empregador ou, em caso de recusa, pelo serviço referido no nº 1, no prazo de cinco ou 10 dias, respetivamente.

4. A declaração referida nos nºs 2 ou 3 deve especificar o montante das retribuições em dívida e o período a que respeitam.

5. Constitui contraordenação leve a violação do disposto no nº 3.

COMENTÁRIOS:

1. Antecedentes legislativos: Arts. 303º e 487º, da RCT e 3º, da L nº 17/86, de 14 de junho.

2. No caso de falta de pagamento pontual da retribuição (em sentido lato) por período de 15 dias sobre a data do vencimento, o trabalhador pode suspender o contrato de trabalho, contanto cumpra dois requisitos, de natureza formal e temporal (nº 1):

i) Comunicação, por escrito, ao empregador e à ACT

A ACT prossegue as atribuições definidas pelo art. 2º, do DReg nº 47/2012, de 31 de julho, cabendo-lhe a "promoção da melhoria das condições de trabalho, através da fiscalização do cumprimento das normas em matéria laboral e o controlo do cumprimento da legislação relativa à segurança e saúde no trabalho, bem como a promoção de políticas de prevenção dos riscos profissionais, quer no âmbito das relações laborais privadas, quer no âmbito da Administração Pública" (art. 2º, nº 1).

ii) Antecedência mínima de 8 dias à data da produção de efeitos da declaração de suspensão contratual

IV – Tendo em atenção o disposto na al. a) do art. 327º e nº 1 do art. 325º, ambos do CT/2009, a cessação da suspensão da relação laboral dos autos deveria ser efetuada por escrito, com o envio por parte da Autora da carta respetiva com uma antecedência mínima de 8 dias sobre o levantamento de tal suspensão. V – Ainda que se possa concordar com a Ré quando diz que, no dia 20/8/2018, não estava obrigada a receber e a ocupar laboralmente a Autora, dado a suspensão da contrato de trabalho ainda não estar formalizada e juridicamente terminada, traduzindo-se, nessa medida, a referida apresentação, feita naquele dia, num ato prematuro, a afirmação por via telefónica efetuada pelo Administrador da empregadora de que a Autora não tinha de ali estar por a empresa não ter trabalho para lhe dar, que marca o tom da discussão das diversas questões de direito que estão em debate nos presentes autos, desvaloriza e torna secundário ou acessório esse facto que, no fundo e juridicamente, não afeta de forma alguma a ilicitude do despedimento de que a recorrida foi alvo. VI – Não tendo sido alegado pela recorrente nem ficado minimamente demonstrado que a Ré, através do seu Administrador, ordenou alguma vez a comparência da Autora nas suas instalações para esta reiniciar a sua atividade profissional, nos termos que aquela teria decidido previamente e em concreto, como lhe competia, tendo antes a Autora alegado e provado que aquele lhe dissera que ela não tinha nada que estar à porta dos escritórios de empresa naquele dia 20 de agosto de 2018, dado não ter trabalho para ela, ideia aliás que já antes tinha transmitido à Apelada, nos contactos telefónicos anteriormente havidos entre ambos, nunca se poderão qualificar juridicamente como faltas e para mais injustificadas as ausências assacadas pela Ré no referido procedimento disciplinar, quer na primeira Nota de Culpa, quer na segunda Nota de Culpa, pois essa não comparência reiterada nunca se pode configurar como «a ausência de trabalhador do local em que devia desempenhar a atividade durante o período normal de trabalho diário». (art. 248º do CT/2009).
[Ac. da RL, de 15.01.20 *in* www.dgsi.pt (Proc. nº 3121/18.0T8BRR.L1-4)].

3. O trabalhador pode suspender o contrato de trabalho antes de decorrido o período de 15 dias referido no número anterior, quando o empregador declare por escrito que prevê que não vai pagar a retribuição em dívida até ao termo daquele prazo (nº 2). A declaração deve especificar o montante das retribuições em dívida e o período a que respeitam (nº 4).

4. Para efeitos probatórios, prevê-se uma declaração confirmativa do empregador, quanto ao não pagamento da retribuição, por período de 15 dias, a qual pode ser suprida mediante declaração da ACT (nº 3). A declaração deve especificar o montante das retribuições em dívida e o período a que respeitam (nº 4).

Duvidamos da exequibilidade desta norma.

5. A proteção do trabalhador em caso de não pagamento pontual da retribuição é assegurada pelos arts. 25º a 31º, da L nº 105/2009, de 14 de setembro.

Artigo 326º – Prestação de trabalho durante a suspensão

O trabalhador pode exercer outra atividade remunerada durante a suspensão do contrato de trabalho, com respeito do dever de lealdade ao empregador originário.

COMENTÁRIOS:

1. Antecedentes legislativos: Arts. 307º, da RCT e 10º, da L nº 17/86, de 14 de junho.

2. O trabalhador pode exercer outra atividade remunerada durante a suspensão do contrato de trabalho com respeito do dever de lealdade ao empregador originário, cumprindo o disposto no art. 128º, nº 1, al. *f*), 1ª parte.

Artigo 327º – Cessação da suspensão do contrato de trabalho

A suspensão do contrato de trabalho cessa:

***a*) Mediante comunicação do trabalhador, nos termos do nº 1 do artigo 325º, de que põe termo à suspensão a partir de determinada data;**

***b*) Com o pagamento integral das retribuições em dívida e juros de mora;**

***c*) Por acordo entre trabalhador e empregador para regularização das retribuições em dívida e juros de mora.**

COMENTÁRIOS:

1. Antecedentes legislativos: Arts. 305º, da RCT e 5º, da L nº 17/86, de 14 de junho.

2. A suspensão do contrato de trabalho cessa:

a) Mediante comunicação do trabalhador, nos termos do nº 1, do art. 325º, de que põe termo à suspensão a partir de determinada data; por ter optado, nomeadamente pela resolução contratual (art. 340º, al. *g*));

b) Com o pagamento integral das retribuições em dívida e juros de mora;

c) Por acordo entre trabalhador e empregador para regularização das retribuições em dívida e juros de mora, tendo-se estabelecido um plano creditório.

SECÇÃO III – Poder disciplinar

Artigo 328º – Sanções disciplinares

1. No exercício do poder disciplinar, o empregador pode aplicar as seguintes sanções:

***a*) Repreensão;**

***b*) Repreensão registada;**

***c*) Sanção pecuniária;**

d) Perda de dias de férias;

e) Suspensão do trabalho com perda de retribuição e de antiguidade;

f) Despedimento sem indemnização ou compensação.

2. O instrumento de regulamentação coletiva de trabalho pode prever outras sanções disciplinares, desde que não prejudiquem os direitos e garantias do trabalhador.

3. A aplicação das sanções deve respeitar os seguintes limites:

a) As sanções pecuniárias aplicadas a trabalhador por infrações praticadas no mesmo dia não podem exceder um terço da retribuição diária e, em cada ano civil, a retribuição correspondente a 30 dias;

b) A perda de dias de férias não pode pôr em causa o gozo de 20 dias úteis;

c) A suspensão do trabalho não pode exceder 30 dias por cada infração e, em cada ano civil, o total de 90 dias.

4. Sempre que o justifiquem as especiais condições de trabalho, os limites estabelecidos nas alíneas *a*) e *c*) do número anterior podem ser elevados até ao dobro por instrumento de regulamentação coletiva de trabalho.

5. A sanção pode ser agravada pela sua divulgação no âmbito da empresa.

6. Constitui contraordenação grave a violação do disposto nos nºs 3 ou 4.

COMENTÁRIOS:

1. Antecedentes legislativos: Arts. 366º, 368º, 369º e 680º, do CT/2003 e 27º, 28º e 29º, da LCT.

2. A ação disciplinar é um direito que assiste ao empregador, por isso, a RP entendeu que "não são indemnizáveis os danos não patrimoniais decorrentes da mera instauração de processo disciplinar". (Ac. de 09.03.98 *in* CJ, Ano XXIII, Tomo II, p. 253).

Da leitura atenta do nº 1, podemos extrair que o legislador estabeleceu um elenco, ainda que não taxativo, bastante limitador das sanções disciplinares aplicáveis ao trabalhador infrator. Esta limitação justifica-se pela natureza privada que o exercício do poder disciplinar assume.

O elenco das sanções disciplinares não é, como já referimos, taxativo. Com efeito, nos termos do nº 2, os instrumentos de regulamentação coletiva de trabalho, e só eles, podem prever outras sanções disciplinares, sendo tal possibilidade negada aos contratos de trabalho. Já, em relação ao regulamento interno de empresa, embora o mesmo possa incidir sobre a disciplina do trabalho, esta não abrange o universo sancionatório, mormente a previsão de outras sanções disciplinares.

Note-se que o exercício da ação disciplinar não prejudicava o direito de o empregador exigir indemnização de prejuízos ou promover a aplicação de sanção penal, a que a infração eventualmente dê lugar. Atualmente, o nº 1, do art. 323º, estabelece, em termos gerais, que a "parte que faltar culposamente ao cumprimento dos seus deveres é responsável pelo prejuízo causado à contraparte".

No Proc. nº 197/14.2TTGDM.P1, foi decidido que não "constitui coação moral a colocação de um trabalhador perante a alternativa de procedimento disciplinar e denúncia crime por furto ou a assinatura de denúncia do seu contrato de trabalho, na medida em que tanto o procedimento disciplinar como a denúncia crime não constituem a ameaça de um mal ilícito". (Ac. da RP, de 15.06.15 *in* www.dgsi.pt).

As sanções disciplinares admitidas em instrumentos de regulamentação coletiva de trabalho devem respeitar os direitos e garantias gerais dos trabalhadores consagrados, designadamente, nos arts. 127º e 129º. Daí a inadmissibilidade de certas sanções como a despromoção (que implica uma baixa de categoria) e a transferência para outro local de trabalho.

Podemos assim concluir que o elenco das sanções disciplinares, não sendo taxativo, goza de uma margem de alargamento bastante limitada. Como conclui António Monteiro Fernandes, *Direito do Trabalho*, p. 245, os instrumentos de regulamentação coletiva limitam-se, na sua maioria, "a reproduzir o elenco legal de sanções: e boa parte das que se desviam desse padrão não faz mais do que introduzir escalões quantitativos de alguns tipos de pena, alargando assim o leque das reações disciplinares disponíveis e facilitando a sua graduação (por exemplo: suspensão até 3 dias; suspensão de 4 a 8 dias; suspensão de 9 a 12 dias; e por aí adiante até 30 dias)".

Segundo a RE comete "contraordenação muito grave uma empresa exploradora de grandes superfícies que proceda a descontos na retribuição duma sua trabalhadora, caixa de supermercado, a título de quebras de caixa, por quantia decorrente do desaparecimento de valor colocados num saco furtado por terceiro". (Ac. de 15.09.09 *in* CJ, Ano XXXIV, Tomo IV, p. 269).

A infração disciplinar pode ser definida como a "violação pelo trabalhador de todo e qualquer um dos deveres laborais, comuns e especiais (incluindo-se aqui também a regulamentação coletiva por via administrativa), convencionais ou empresariais – o que inclui deveres decorrentes do contrato de trabalho, da regulamentação coletiva convencional que lhe seja aplicável, bem como de regulamentos internos ou de usos de empresa", Maria do Rosário Palma Ramalho, *Do fundamento do poder disciplinar laboral*, pp. 214 e 215.

A tentativa, entendida como a prática de *atos de execução* de uma infração que, todavia, não chega a consumar-se, pode ser objeto de censura disciplinar. Para o efeito, basta que o trabalhador tenha praticado atos de execução de uma determinada infração, que demonstrem não só uma forte probabilidade de verificação da mesma, como também a intenção da prática da conduta infratora. Para maiores desenvolvimentos sobre a figura da tentativa no direito penal, *vide* Eduardo Correia, *Direito Criminal*, vol. II, ps. 226 e ss..

Para Mário Pinto/Pedro Furtado Martins/António Nunes de Carvalho, *Comentários às leis do trabalho*, p. 141, "A ideia fundamental é a de que a infração disciplinar abrange todas as violações dos deveres inerentes à situação jurídica de trabalho subordinado, quer os deveres que se prendem com a execução do débito laboral, quer aqueles que se relacionem com a posição do trabalhador na organização à qual o trabalho é prestado, independentemente dos comportamentos em causa atingirem ou não a correta execução dos deveres inerentes à realização do trabalho".

A este propósito é de referir que o cumprimento da prestação principal imposta ao trabalhador não coincide necessariamente com um comportamento disciplinar adequado. De facto, não é difícil imaginar situações em que o trabalhador, embora satisfazendo a prestação principal, viola deveres legais.

Os elementos da infração são:

i) o sujeito (necessariamente um trabalhador);

ii) o facto

O facto pode traduzir-se "numa atuação, conduzida pelo agente, que integre a competente previsão disciplinar. Ao contrário do Direito penal, não há, aqui, qualquer tipicidade: o facto tanto pode consistir na violação de deveres tipificados na lei como na inobservância de deveres genéricos", António Menezes Cordeiro, *Manual de Direito do Trabalho*, pp. 750 e 751);

iii) a culpa

No domínio da doutrina jurídico-penal a culpa pode ser entendida "como censura ético-jurídica dirigida a um sujeito por não ter agido de modo diverso, está tal pensamento ligado à aceitação da liberdade do agente, à aceitação do seu «poder de agir doutra maneira»", Eduardo Correia, *Direito Criminal*, vol. I, p. 316.

Na determinação da culpa, é necessário investigar:

"1º dum ponto de vista endógeno, se o agente era imputável;

2º dum ponto de vista exógeno, se não havia quaisquer circunstâncias exteriores, na moldura das quais se desenvolveu o facto, que se configurassem de tal modo que arrastassem o agente irresistivelmente para a sua prática, roubando-lhe toda a possibilidade de se comportar diferentemente;

3º finalmente, se o facto se pode imputar pessoalmente ao agente a título de dolo ou negligência", Eduardo Correia *Direito Criminal*, vol. I, p. 316.

Vejamos agora no campo disciplinar-laboral se tais requisitos são exigíveis. A imputabilidade, entendida como aquele "conjunto de qualidades pessoais que são necessárias para ser possível a censura ao agente por ele não ter agido doutra maneira", Eduardo Correia, *Direito Criminal*, vol. I, p. 317, deve ser exigida para que o trabalhador possa ser disciplinarmente censurado. Uma vez que a imputabilidade é indissociável da culpa, ao empregador resta a possibilidade de invocar, por exemplo, a caducidade do contrato, alegando impossibilidade de o trabalhador prestar o seu trabalho, cfr. al. *b*), do art. 343º.

O segundo requisito parece-nos também aplicável.

No que diz respeito à imputação do facto a título de dolo ou negligência, não restam dúvidas que a atuação dolosa deve ser objeto de censura disciplinar. Já no que concerne à atuação negligente, a questão não é tão clara. Em nossa opinião e sem nos determos numa abordagem mais profunda, também a negligência – que se verifica quando o trabalhador não previu, como podia, a realização da infração (negligência inconsciente) ou quando tendo-a previsto, confiou que ela não se iria verificar (negligência consciente) – é passível de censura disciplinar, e isto porque comporta, antes de mais, a omissão de um dever objetivo de zelo e diligência que o trabalhador é obrigado a observar (cfr. as anotações à al. *c*), do art. 128º);

iv) A ilicitude

A ilicitude consiste na inobservância de deveres jurídicos.

O ónus da prova da verificação de uma infração disciplinar impende sobre o empregador. Esta regra assenta nos princípios que norteiam o processo penal, *maxime* o do *in dubio pro reo*, segundo o qual o infrator goza de uma presunção de inocência até prova em contrário. Assim, mesmo que o comportamento do trabalhador tenha natureza omissiva, a demonstração da sua verificação cabe ao empregador, porquanto é este que, munido de um poder punitivo, condena o trabalhador e sobre o qual deve impender o ónus de alegar e provar toda a matéria factual que compõe a infração. Por outro lado, o processo disciplinar laboral, como já expedimos, apresenta fortes consonâncias com a disciplina jurídica do processo penal, segundo a qual o infrator goza de uma presunção de inocência até prova em contrário.

Ancorando-se no princípio da igualdade, devemos considerar que se dois ou mais trabalhadores cometerem infrações disciplinares da mesma gravidade, todos eles devem ser punidos com igual sanção disciplinar (Ac. da RC, de 15.04.99 *in* CJ, Ano XXIV, Tomo II, p. 65). Neste aresto, foi decidido que em "caso de agressão mútua, a não punição de um deles conduz à incoerência disciplinar da empresa e ao entendimento de inexistência de justa causa na única sanção de despedimento decretada".

3. Analisemos, agora, cada uma das sanções disciplinares tipificadas no nº 1, tendo desde já em consideração que a repreensão, a repreensão registada, a sanção pecuniária, a perda de dias de férias e a suspensão do trabalho com perda de retribuição são sanções conservatórias do contrato, enquanto que o despedimento é uma sanção extintiva do contrato.

a) Repreensão

A repreensão "consiste na advertência, aviso ou censura que a entidade patronal – normalmente o respetivo superior hierárquico – dirige ao trabalhador, admoestando-o pela infração praticada e alertando-o para a necessidade de executar corretamente os seus deveres", MÁRIO PINTO/PEDRO FURTADO MARTINS/ANTÓNIO NUNES DE CARVALHO, *Comentários às leis do trabalho*, p. 136.

Esta sanção tem como objetivo principal exortar o trabalhador-infrator para o acatamento dos seus deveres, incutindo-lhe a necessidade de reposição da estabilidade da relação jurídica em causa e de atuação conforme com *as linhas jurídico-normativas que a cosem*;

b) Repreensão registada

A repreensão simples é manifestada verbalmente, enquanto que a repreensão registada, como o próprio nome indica, é sujeita a registo.

Foram julgadas lícitas e proporcionais as sanções de repreensão registada aplicadas a:

– Um "gerente de agência bancária que, apesar de lhe terem sido dadas instruções, por diversas vezes, para preencher o registo dos tempos de trabalho em conformidade com o seu horário de trabalho, continuou a inscrever como hora de início da sua prestação de trabalho a hora a que chegava à porta da agência e não a hora a que, efetivamente, entrava na agência e começava a trabalhar, depois de chegarem os trabalhadores, que por determinação do empregador, estavam incumbidos de abrir as instalações da agência". [Ac. do STJ, de 24.01.18 *in* www.dgsi.pt (Proc. nº 1634/15.4T8AVR.S1)];

– Um "trabalhador que subordinadamente exercia as funções de Técnico Oficial de Contas ao serviço da ré, que consistiu em estar largos meses sem comunicar à Direção da ré a divergência que existia entre o preço por que a venda de um imóvel tinha sido lançada na contabilidade da empresa e o preço por que a venda tinha sido efetivamente realizada e constava da respetiva escritura". [Ac. do STJ, de 24.02.10 *in* www.dgsi.pt (Proc. nº 6/05.3TTFAR.S1)];

c) Sanção pecuniária

A aplicação da sanção pecuniária "implica o não pagamento ao trabalhador de parte da retribuição a que normalmente teria direito. Isto é, a parte do trabalho não corresponde qualquer vencimento", Nuno Abranches Pinto, *Instituto Disciplinar Laboral*, p. 95.

Esta sanção não visa a reparação dos danos causados, os quais "podem nem existir", Mário Pinto/Pedro Furtado Martins/António Nunes de Carvalho, *Comentários às leis do trabalho*, p. 137.

Importa salientar que o montante da sanção pecuniária aplicada deve ser entregue ao serviço responsável pela gestão financeira do orçamento da segurança social (art. 330º, nº 3). No fundo, esta sanção poderá ser encarada, à semelhança da multa (criminal), como um direito de crédito do Estado. Cfr. Jorge Figueiredo Dias, *Direito Penal Português – As Consequências Jurídicas do Crime*, p. 118. O objetivo, aqui, é evitar "abusos por parte do empregador que poderá ser tentando a perspetivar a sanção pecuniária como instrumento de redução de custos", Nuno Abranches Pinto, *Instituto Disciplinar Laboral*, p. 95. Para este mesmo autor, *loc. cit.*, esta regra evidencia ainda "a natureza não indemnizatória do instituto disciplinar laboral".

De qualquer forma não deixa de causar alguma perplexidade o facto de uma sanção, cujo montante aplicado reverte para o Estado, seja definida e imposta por uma entidade privada. Cfr. António Pinto Monteiro, *Cláusula Penal e Indemnização*, p. 155, nota 340.

A aplicação desta sanção disciplinar colide com a garantia do trabalhador, consagrada na al. *d*), do art. 129º (que corporiza o princípio da irredutibilidade da retribuição), daí que o legislador tenha definido, na al. *a*), do nº 3, limites máximos para o seu montante. Por outro lado, no caso de aplicação abusiva, o empregador deve indemnizar o trabalhador nos termos gerais, não podendo a indemnização ser inferior a 10 vezes a importância da sanção pecuniária (art. 331º, nºs 3 e 5);

d) Perda de dias de férias

O direito a férias é irrenunciável e o seu gozo não pode ser substituído, ainda que com o acordo do trabalhador, por qualquer compensação, económica ou outra (art. 237º, nº 3).

Apesar do regime garantístico que envolve este direito, o legislador, no CT/2003, decidiu introduzir a perda de dias de férias no elenco das sanções disciplinares.

Da aplicação desta sanção resulta uma diminuição do período de férias cujo gozo assistiria ao trabalhador. A este propósito coloca-se a questão de saber se a mesma se estende ao subsídio de férias. Para Nuno Abranches Pinto, *Instituto Disciplinar Laboral*, p. 96, a "sanção em apreço envolve não apenas o direito ao gozo de férias, mas igualmente o direito ao respetivo subsídio. Com efeito, não estará tanto em causa a aplicação de duas sanções, mas antes a aplicação de uma única sanção com reflexos de natureza patrimonial e pessoal". Por sua vez, Maria do Rosário Palma Ramalho, *Tratado de Direito do Trabalho*, Parte II, p. 599, entende que "esta consequência não é de admitir, não só porque o subsídio de férias é um direito do trabalhador garantido pela lei (art. 264º, nº 2), pelo que não pode ser limitado por outra pessoa que não o respetivo titular, mas também, pragmaticamente, porque admitir tal esta consequência aumentaria a probabilidade de utilização abusiva desta sanção por parte dos empregadores". Cfr., neste mesmo sentido, Maria Adelaide Domingos, *Poder e procedimento disciplinar no Código do Trabalho*", pp. 481 e ss.;

e) Suspensão do trabalho com perda de retribuição e antiguidade

A suspensão, enquanto sanção disciplinar, consiste no afastamento compulsivo-temporário do trabalhador da estrutura empresarial onde presta trabalho, com perda da retribuição e de antiguidade correspondente ao período de exclusão (pois só assim serão atingidos os objetivos sancionatório-punitivos em causa).

A suspensão do trabalho nestes termos, para além de afetar o princípio da irredutibilidade da retribuição, prejudica, ainda, a valorização profissional do trabalhador, daí que o legislador, na al. *c*), do nº 3, tenha imposto um limite máximo.

Foram reconhecidas como sendo adequadas e proporcionais as seguintes sanções de suspensão:

– De dois dias, "suspensa por dois anos, determinada pelo empregador a carteiro que anota correspondências que não conseguiu entregar com a menção de 'falta de tempo', quando as anotações a fazer estão previstas para as situações em que a falta de entrega é imputável ao destinatário ou ao remetente das correspondências". [Ac. da RC, de 29.10.15 *in* www.dgsi.pt (Proc. nº 325/14.8T8CBR.C1)];

– De 25 dias "com perda de retribuição e de antiguidade a comportamento do trabalhador caracterizado em desobediência reiterada a toda a sua cadeia hierárquica na entidade empregadora, nem sequer assegurando ao seu máximo superior hierárquico que situações idênticas não se repetiriam". [Ac. da RP, de 23.01.12 *in* www.dgsi.pt (Proc. nº 619/08.1TTVFR.P1)];

– De 30 dias, devido ao facto de o trabalhador ter "dirigido ao conselho de administração da empregadora uma exposição, em que invocou ter sido discriminado na sua carreira profissional, «por motivos que se prendem com a sua não filiação sindical, anterior filiação, assim como pelo seu passado de defesa dos seus direitos em Tribunal contra a NAV», na qual consignou imputações graves e ofensivas da honra, da consideração e do bom nome das pessoas que integram o conselho de administração da empregadora e de um colega de trabalho, o que configura a violação do dever de respeitar e tratar com urbanidade e probidade o empregador, os superiores hierárquicos e os companheiros de trabalho". [Ac. do STJ, de 14.09.11 *in* www.dgsi.pt (Proc. nº 3000/06.3TTLSB.L1.S1)];

– De 30 dias, "aplicada a um trabalhador, que não compareceu às sessões de formação para que foi convocado pela sua entidade patronal, quando não resulte do acervo fáctico provado as razões pelas quais aquele não devia obediência a esta ordem". [Ac. do STJ, de 21.04.16 *in* www.dgsi.pt (Proc. nº 79/13.5TTVCT.G1.S1)].

No Proc. nº 1278/08.7TTLSB.L1-4, a RL entendeu que não era "admissível recurso para a Relação, pela R., da sentença que anulou uma sanção disciplinar de 10 dias de suspensão com perda de retribuição e de antiguidade e condenou a R. a pagar ao A. as quantias descontadas por força do cumprimento dessa sanção, cujo valor global perfaz €737,67, ainda que se considere incluído, na sucumbência da recorrente não apenas os valores retributivos descontados, mas também os efeitos financeiros da perda de antiguidade sobre o direito a diuturnidades, a pensão complementar de reforma e a pensão de sobrevivência cujo valor não foi indicado". (Ac. de 12.10.11 *in* www.dgsi.pt).

Este mesmo tribunal fez notar que no "caso de suspensão do trabalhador, devida a facto que lhe era imputável, não é devido subsídio de refeição que tem natureza compensatória proveniente das maiores despesas originadas pela tomada de refeições fora de casa". (Ac. de 24.11.93 *in* CJ, Ano XVIII, Tomo V, p. 186);

f) Despedimento imediato sem qualquer indemnização ou compensação

Remetemos para as notas inseridas nos arts. 351º e ss..

4. O nº 3 estabelece os limites às sanções disciplinares.

No exercício do poder disciplinar, o empregador goza de alguma margem de manobra, designadamente na determinação do grau de gravidade da infração e na aplicação da sanção que entenda adequada. Ora, se tal poder discricionário está sujeito a um conjunto de regras e princípios, não devemos esquecer que a aplicação de qualquer sanção disciplinar implica, com maior ou menor intensidade, uma afetação dos direitos e garantias do trabalhador. De tal forma que o legislador optou por estabelecer limites para algumas das sanções disciplinares tipificadas, procurando evitar o exercício abusivo do poder disciplinar, bem como a afetação desproporcional daqueles direitos e garantias (designadamente e no que diretamente diz respeito à aplicação das sanções disciplinares limitada por este número: o princípio da irredutibilidade da retribuição).

A violação de tais limites determina, desde logo, que a sanção disciplinar seja abusiva, admitindo-se, quanto a nós, a sua redução pelo tribunal.

Na al. *a*), do nº 3, o legislador impôs dois limites quantitativos à aplicação da sanção pecuniária:

a) O primeiro proíbe que a sanção pecuniária aplicada a um trabalhador por infrações praticadas no mesmo dia exceda 1/3 da retribuição diária. Pela leitura do texto legal, podemos concluir que o limite referido apenas se aplica às sanções pecuniárias aplicadas a um trabalhador por infrações praticadas no mesmo dia (independentemente da sua natureza e espécie). Tal limite não se aplica quando estejam em causa infrações praticadas em dias diferentes. Assim, coloca-se a seguinte questão: qual o limite na aplicação de uma multa pela prática de uma infração disciplinar?

Entendemos que será de aplicar o limite de 1/3 da retribuição diária, fazendo uma interpretação extensiva do texto legal e recorrendo ao argumento de maioria de razão, concluímos que o legislador ao aplicar tal limite às sanções pecuniárias impostas por infrações praticadas no mesmo dia, "há de forçosamente pretender abranger também" a sanção pecuniária aplicada pela prática de uma só infração disciplinar;

b) O segundo determina que as sanções pecuniárias aplicadas por infrações praticadas em cada ano civil, não possam exceder a retribuição correspondente a 30 dias, ou seja, o montante global das sanções pecuniárias aplicadas ao trabalhador-infrator num ano civil, independentemente do número de infrações praticadas, não pode exceder a retribuição correspondente a 30 dias. A questão, na prática, poderá não se levantar, já que o cometimento reiterado de infrações disciplinares fundamentará certamente a aplicação de outras sanções mais graves.

Em relação à sanção da perda de dias de férias (al. *b*), do nº 3), o legislador estabeleceu como limite a não afetação do gozo de 20 dias úteis de férias. Conforme salienta Maria Adelaide Domingos, *Poder e procedimento disciplinar no Código do Trabalho*, p. 480, assim, esta sanção não poderá ser aplicada no "ano da contratação, porque o trabalhador só pode goza o máximo de 20 dias úteis de férias (artigo 212º, nº 2, *atual art. 239º, nº 1,* itálico nosso)".

No que diz respeito à suspensão de trabalho com perda de retribuição (al. *c*), do nº 3), a lei definiu expressamente o limite temporal da suspensão por cada infração (30 dias).

O tempo global de suspensão de trabalho com perda de retribuição não pode ultrapassar, em cada ano civil, 90 dias.

Para efeitos deste número e como salientam MÁRIO PINTO/PEDRO FURTADO MARTINS/ANTÓNIO NUNES DE CARVALHO, *Comentários às leis do trabalho*, p. 152, "só interessam os dias úteis, já que somente nesses dias é que se poderá verificar a suspensão do trabalho. Nos dias de descanso semanal e nos feriados não é devido qualquer trabalho".

5. Quanto à possibilidade estabelecida no nº 4, importa referir que as especiais condições de trabalho devem ser aqui entendidas como aquelas circunstâncias que se prendem com o exercício de uma determinada atividade laboral e que impõem ao trabalhador um comportamento especialmente diligente e/ou empenhado, sublevando o critério do homem médio na avaliação do grau de culpa do infrator. Neste grupo, podemos incluir todas aquelas atividades em que é assumido um certo risco para a vida dos trabalhadores ou em que os riscos associados à prática de uma infração disciplinar são elevados para a empresa.

6. O nº 5 consagra a possibilidade de o empregador promover a divulgação das sanções disciplinares aplicadas no âmbito da empresa. Trata-se de uma sanção acessória expressamente admitida na lei, cujo âmbito espacial foi restringido à empresa, sendo absolutamente inadmissível a publicação das sanções noutros locais públicos ou privados.

Artigo 329º – Procedimento disciplinar e prescrição

1. O direito de exercer o poder disciplinar prescreve um ano após a prática da infração, ou no prazo de prescrição da lei penal se o facto constituir igualmente crime.

2. O procedimento disciplinar deve iniciar-se nos 60 dias subsequentes àquele em que o empregador, ou o superior hierárquico com competência disciplinar, teve conhecimento da infração.

3. O procedimento disciplinar prescreve decorrido um ano contado da data em que é instaurado quando, nesse prazo, o trabalhador não seja notificado da decisão final.

4. O poder disciplinar pode ser exercido diretamente pelo empregador, ou por superior hierárquico do trabalhador, nos termos estabelecidos por aquele.

5. Iniciado o procedimento disciplinar, o empregador pode suspender o trabalhador se a presença deste se mostrar inconveniente, mantendo o pagamento da retribuição.

6. A sanção disciplinar não pode ser aplicada sem audiência prévia do trabalhador.

7. Sem prejuízo do correspondente direito de ação judicial, o trabalhador pode reclamar para o escalão hierarquicamente superior ao que aplicou a san-

ção, ou recorrer a processo de resolução de litígio quando previsto em instrumento de regulamentação coletiva de trabalho ou na lei.

8. Constitui contraordenação grave a violação do disposto no nº 6.

COMENTÁRIOS:

1. Antecedentes legislativos: Arts. 365º, nº 2, 371º, 372º e 680º, do CT/2003 e 26º, nº 2 e 31º, da LCT.

2. Em relação ao CT/2003, é de destacar o nº 3. Nos termos deste preceito, o procedimento disciplinar prescreve decorrido um ano contado da data em que é instaurado quando, nesse prazo, o trabalhador não seja notificado da decisão final. Com este preceito, o legislador reagiu "a uma crítica, que era justificada, e que vinha sendo feito quanto à não previsão legal de um prazo parta a finalização do procedimento disciplinar, com custos ao nível da insegurança sobre o destino da relação laboral", Maria Adelaide Domingos, *Poder e Procedimento Disciplinar: Algumas alterações introduzidas pelo Código do Trabalho de 2009*", p. 454.

3. A prescrição da infração disciplinar prevista no nº 1 apresenta fortes afinidades com a prescrição do direito penal. Com efeito, em ambas, estamos no âmbito da intervenção punitiva. Destarte, o legislador optou por determinar a aplicação, ao direito disciplinar laboral, dos prazos prescricionais da lei penal, nos casos em que a infração disciplinar constitua igualmente crime.

Jorge Figueiredo Dias, *Direito Penal Português – As consequências Jurídicas do Crime*, p. 699, faz notar que "o decurso de um largo período sobre a prática de um crime ou sobre o decretamento de uma sanção não executada faz com que não possa falar-se de uma estabilidade contrafáctica das expectativas comunitárias, já apaziguadas ou definitivamente frustradas".

No domínio do direito disciplinar laboral é de salientar, ainda, a necessidade do empregador aplicar a sanção disciplinar em momento oportuno e atual, podendo assim beneficiar de um melhor apuramento da verdade material e, por outro lado, repondo, no caso de uma sanção disciplinar corretiva, o equilíbrio da relação jurídico-laboral.

Para a RP, na "apreciação da prescrição laboral com prazo estendido ao prazo de prescrição criminal, o que implica a qualificação dos factos praticados como crime, deve atender-se ao exato juízo censório do empregador". [Ac. de 16.12.15 *in* www.dgsi.pt (Proc. nº 13640/15.4T8PRT.P1)].

A prescrição em análise não se deve confundir com a caducidade do procedimento disciplinar prevista no nº 2.

A contagem da prescrição inicia-se no momento da *prática da infração*. A expressão *prática da infração* assenta no critério geral da consumação do direito penal, prevista no art. 3º, do CP, nos termos do qual "O facto considera-se praticado no momento em que o agente a atuou ou, no caso de omissão, deveria ter atuado, independentemente do momento em que o resultado típico se tenha produzido".

A contagem da prescrição inicia-se, em caso de tentativa, desde o dia do último ato de execução, Jorge Figueiredo Dias, *Direito Penal Português – As consequências Jurídicas do Crime*, p. 706.

Já no que diz respeito às infrações constituídas por um conjunto de atos (infrações continuadas), a prescrição começa a correr desde o dia da prática do último ato. Cfr. o Ac. do STJ, de 02.05.18 *in* www.dgsi.pt (Proc. nº 1887/14.5T8BRR-A.L1.S1). Segundo Nuno Abranches Pinto, *Instituto Disciplinar Laboral*, p. 125, a "qualificação de uma infração como continuada impõe que as múltiplas infrações praticadas pelo trabalhador sejam as mesmas (que sejam os mesmos os deveres violados ou que exista uniformidade nos valores jurídicos agredidos – por exemplo se o trabalhador uns dias chega atrasado e outros dias nem sequer comparece ao serviço)".

Para Bernardo Xavier, *Prescrição*, pp. 266 e 267, "O art. 27º, nº 3, da LCT, que estabelece o prazo prescricional de um ano para as infrações disciplinares, não tem de reger para as situações que fundamentam a justa causa de despedimento, a qual, aliás não assenta necessariamente em infração disciplinar demonstrada em processo próprio. Mesmo a quem restringe o despedimento por justa causa à sanção disciplinar não é lícito transpor esta norma avulsa da LCT – e na qual não tinha esse alcance – para o quadro totalmente novo da L. Desp., (e, por maioria da razão, para a nova legislação) que contém um sistema tendencialmente integrado e completo no que se refere à matéria de eficácia dos fundamentos do despedimento".

A prescrição interrompe-se com a instauração do procedimento disciplinar.

No caso de despedimento, o procedimento disciplinar considera-se instaurado com a comunicação da nota de culpa. Cfr. as anotações ao nº 3, do art. 353º. Já "nos restantes casos, julga-se que poderá valer a mera iniciativa disciplinar, traduzida no «despacho nesse sentido da entidade competente» ou na «autuação do processo pelo instrutor para o efeito nomeado»", Mário Pinto/Pedro Furtado Martins/António Nunes de Carvalho, *Comentários às leis do trabalho*, p. 151.

A propósito do nº 1, importa ter presente que o TC, no Ac. nº 625/2011, de 19.12.11, não julgou "inconstitucional a norma do artigo 372º, nº 2, do Código do Trabalho, aprovado pela Lei nº 99/2003, de 27 de agosto, interpretada no sentido de que basta a configuração, em abstrato, do alegado crime, para operar a prescrição prevista na lei penal para os factos que constituem ilícito disciplinar". (DR, II Série, de 02.02.2012).

4. O empregador (ou superior hierárquico competente) deve exercer o poder disciplinar nos 60 dias subsequentes ao conhecimento da infração (nº 2), por forma a satisfazer, o mais prontamente possível, os resultados e objetivos pretendidos, mormente a reposição do equilíbrio das relações entre os trabalhadores, a manutenção da produ-

tividade e a conservação da estrutura organizacional. No fundo, manter a conduta do trabalhador em perfeita sintonia com os interesses da empresa. Por outro lado, uma atuação disciplinar tardia poderia agravar os efeitos e implicações que já são inerentes à infração.

Como vimos supra, o prazo prescricional consagrado no nº 1 apresenta fortes afinidades com a figura da prescrição do direito penal. Por seu turno, o prazo agora em análise, na medida em que se prende com o exercício de um poder, configura um prazo de caducidade, sendo aplicável o regime dos arts. 328º a 333º, do CC.

No domínio da teoria geral da relação jurídica, a prescrição e a caducidade acarretam a extinção de direitos quando estes não sejam exercidos durante certo lapso de tempo. Para maiores desenvolvimentos sobre as diferenças existentes entre estas duas formas de extinção de um direito, veja-se Carlos Alberto da Mota Pinto, *Teoria Geral do Direito Civil*, 3ª edição, pp. 374 e ss..

O prazo de caducidade começa a contar a partir do momento em que o empregador ou o superior hierárquico competente teve conhecimento da infração. No proc. 3867/18.2T8CBR.C1, a RC concluiu que não "se tendo apurado que o vogal do conselho de administração executivo da empregadora se encontrava investido do poder disciplinar que compete àquele órgão colegial, o prazo de caducidade a que alude o nº 2 não se iniciou em que o mesmo teve conhecimento dos factos imputados ao trabalhador, mas tão só quando aquele órgão teve conhecimento dos mesmos". (Ac. de 10.07.19 *in* www.dgsi.pt). De notar que esta decisão foi confirmada pelo STJ, no Ac. de 12.02.20 *in* jurisprudencia.csm.org.pt e CJ, Ano XXVIII, Tomo I, p. 205. Nesta mesma linha, a RC decidiu que o prazo de 60 dias "não se conta a partir do conhecimento da infração por qualquer superior hierárquico do trabalhador, mas sim do conhecimento da mesma pelo superior hierárquico com competência disciplinar, ainda que delegada pelo empregador". [Ac. de 10.07.19 *in* www.dgsi.pt (Proc. nº 1158/17.5T8VIS.C1)]. Cfr., ainda, o Ac. do STJ, de 15.09.16 *in* www.dgsi.pt (Proc. nº 14633/14.4T2SNT.L1.S1).

A instauração do procedimento disciplinar verifica-se quando o empregador pratica qualquer ato impulsionador e percetível, *v.g.*, a elaboração e apresentação da acusação, a comunicação da intenção de atuar disciplinarmente e, no caso específico do despedimento, a comunicação da nota de culpa.

A propósito, é de salientar que o procedimento disciplinar tendente ao despedimento segue uma tramitação própria regulada nos arts. 352º e ss..

Jorge Leite/Coutinho de Almeida, *Coletânea de Leis do Trabalho*, p. 77, consideram que, em qualquer processo, é sempre essencial que haja "pelo menos, quatro fases: acusação, defesa, instrução e decisão".

Mário Pinto/Pedro Furtado Martins/António Nunes de Carvalho, *Comentários às leis do trabalho*, p. 157, entendem que o início de processo de inquérito (que se mostre necessário ao apuramento dos factos com eventual relevância disciplinar) "interrompe o prazo de caducidade da ação disciplinar". Perfilhamos deste entendimento, sublinhando, contudo, que tal inquérito deverá ter sempre como objetivo o apuramento da matéria que seja essencial para a composição do cenário factual da infração.

Como podemos ler no Ac. do STJ, de 23.05.18, se "os factos conhecidos e as circunstâncias em que foram praticados, não estiverem suficientemente esclarecidos, de forma a fundamentar a nota de culpa, poderá o empregador proceder a um inquérito prévio a iniciar nos trinta dias subsequentes àquele conhecimento, para proceder ao apuramento dos factos e à recolha das respetivas provas", interrompendo-se assim o prazo de caducidade em causa. [*In* www.dgsi.pt (Proc. nº 7489/15.1T8LSB.L1.S1)]. Cfr., ainda, os Acs. da RE, de 13.07.17 *in* www.dgsi.pt (Proc. nº 1758/16.0T8EVR.E1); da RP, de 03.02.14 *in* www.dgsi.pt (Proc. nº 157/12.8TTBGC.P1); da RL, de 18.12.13 *in* www.dgsi.pt (Proc. nº 4523/06.0TTLSB.L1-4); da RC, de 21.11.13 *in* www.dgsi.pt (Proc. nº 706/12.1TTLRA.C1) e do STJ, de 07.03.12 *in* CJ, Ano XX, Tomo I, p. 263.

A RL ressalva que, sendo instaurado depois de esgotado o prazo de caducidade dos 60 dias, o inquérito não tem a virtualidade de suspender tal prazo. [Ac. de 26.09.18 *in* www.dgsi.pt (Proc. nº 8127/18.6T8LSB-A.L1-4)].

No Proc. nº 2913/14.3TTLSB.L1.S1, o STJ acabou por concluir que, tendo o inquérito prévio, iniciado em 2.08.2013, "sido concluído no dia 20.02.2014 e a notificação da nota de culpa tido lugar em 21.04.2014, ocorreu a caducidade do direito de exercício do procedimento disciplinar". (Ac. de 09.02.17 *in* www.dgsi.pt.).

O art. 329º, do CC, dispõe que o prazo de caducidade, se a lei não fixar outra data, começa a correr no momento em que o direito puder legalmente ser exercido.

Ora, no que diz respeito ao prazo em apreço, a lei fixou uma data determinada, qual seja a do conhecimento da infração pelo empregador ou superior hierárquico competente. No entanto, pode acontecer que o empregador, embora tendo conhecimento da infração disciplinar, desconheça a identidade do seu autor. *Quid iuris*?

Na nossa opinião, a contagem do prazo de caducidade deverá iniciar-se quando o empregador ou superior hierárquico competente tiver conhecimento de todos os elementos essenciais que compõem a infração, designadamente, a sua autoria (os restantes circunstancialismos poderão ser apurados no âmbito do procedimento disciplinar). Cfr. o Ac. do STJ, de 05.06.13 *in* www.dgsi.pt (Proc. nº 192/10.0TTVNF.P1S1).

Este prazo tem de ser articulado com o prazo prescricional do nº 1. Assim, o início do procedimento disciplinar terá de ter lugar dentro de um ano após a prática da infração e nos 60 dias seguintes ao conhecimento da mesma.

A quem cabe alegar e provar o decurso do prazo de caducidade?

De acordo com o art. 343º, nº 2, do CC, "Nas ações que devam ser propostas dentro de certo prazo a contar da data em que o autor teve conhecimento de determinado facto, cabe ao réu a prova de o prazo ter já decorrido, salvo se outra for a solução especialmente consignada na lei". Depois de analisado o seu fundamento jurídico, entendemos que esta disposição é aplicável à caducidade do procedimento disciplinar, pelo que é ao trabalhador que cumpre alegar e provar que o empregador ou o superior hierárquico com competência disciplinar "tinha conhecimento da infração há mais de 60 dias". Cfr. os Acs. da RG, de 12.11.20 *in* www.dgsi.pt (Proc. nº 135/20.3YRGMR) e de 19.04.18 *in* www.dgsi.pt (Proc. nº 2950/15.0T8BRG.G1); da RP, de 23.02.15 *in* www.dgsi.pt (Proc. nº 306/12.6TTVFR.P2); do STJ, de 05.03.13 *in* www.dgsi.pt (Proc. nº 1361/09.1TTPRT.P1.S1); da RC, de 31.01.13 *in* www.dgsi.pt (Proc. nº 439/ /11.6TTTMR.C1) e do STJ, de 29.09.99 *in* CJ, Ano VII, Tomo III, p. 255.

Todavia, provando-se "que foi excedido o prazo de 60 dias entre o conhecimento da infração pela entidade com competência disciplinar e a notificação da nota de culpa, com o que opera a caducidade do direito de exercer a ação disciplinar, impende, por sua vez, sobre o empregador o ónus de alegação e prova da instauração do procedimento prévio de inquérito já que tal constitui um facto impeditivo dessa caducidade (art. 342º, nº 2, do Cód. Civil)". [Ac. da RP, de 23.02.15 *in* www.dgsi.pt (Proc. nº 306/12.6TTVFR.P2)].

Não devemos esquecer que se o empregador ou o superior hierárquico com competência disciplinar, culposamente, tornar impossível a prova ao trabalhador, há inversão do ónus da prova, conforme dispõe o nº 2, do art. 344º, do CC.

Sobre a relação entre o segredo de justiça e o processo disciplinar, *vide* Pedro Petrucci de Freitas, *Segredo de justiça e processo disciplinar: uma necessária incompatibilidade,* ps. 85 e ss..

Do ponto de vista adjetivo, a exceção perentória de caducidade da ação de impugnação de sanção disciplinar, porque não versa sobre direitos indisponíveis, mas antes sobre direito que está na livre disposição das partes, não é de conhecimento oficioso, necessitando de ser invocada por aquele a quem aproveita, nos termos dos arts. 303º e 333º, nº 2, do CC. Cfr. o Ac. do STJ, de 07.09.17 *in* www.dgsi.pt (Proc. nº 15786/ /16.2T8LSB.S1).

Na ótica da RP, "não se poderá concluir, por via da aplicação (analógica) do art. 357º, nº 1, do citado diploma, no sentido da caducidade do direito de aplicação da sanção disciplinar do despedimento se entre a receção da resposta à nota de culpa e o início da primeira diligência probatória decorreram mais de 30 dias". [Ac. de 27.04.15 *in* www.dgsi.pt (Proc. nº 903/13.2TTMTS-A.P1)].

5. O procedimento disciplinar prescreve decorrido um ano contado da data em que é instaurado quando, nesse prazo, o trabalhador não seja notificado da decisão final (nº 3).

Ao abrigo desta norma, o STJ entendeu que iniciando-se o curso deste prazo na data da instauração do procedimento, conta-se para este efeito o tempo decorrido até à notificação da decisão final, sendo irrelevante o prazo decorrido com a reclamação para o escalão hierarquicamente superior apresentada ao abrigo do nº 7. [Ac. de 15.04.15 *in* www.dgsi.pt (Proc. nº 44/13.2TTEVR.E1.S1)].

6. O nº 4 preceitua que o poder disciplinar também pode ser exercido pelos superiores hierárquicos do trabalhador. Trata-se de uma extensão subjetiva do exercício do poder disciplinar, que se desenvolve, via de regra, numa organização com estrutura hierarquizada.

A lei impõe que os superiores hierárquicos exerçam esse poder nos termos definidos pelo empregador, porquanto o mesmo advém de uma estrutura contratual de sinalagmas plurifacetados, de que o empregador e o trabalhador são os únicos protagonistas. Por outro lado, não devemos esquecer que grande parte dos superiores hierárquicos têm, eles próprios, um vínculo jurídico-laboral.

A determinação dos termos em que o poder disciplinar é exercido pelos superiores hierárquicos, "tanto pode fazer-se previamente, com caráter geral e abstrato, nomeadamente através dos regulamentos internos, ou das convenções coletivas de trabalho, como efetuar-se caso a caso", Mário Pinto/Pedro Furtado Martins/António Nunes de Carvalho, *Comentários às leis do trabalho*, p. 133.

A delegação pode ser total ou parcial, sendo legítimo que o empregador reserve para si a aplicação de determinadas sanções disciplinares.

Como é natural, os superiores hierárquicos, no exercício delegado do poder disciplinar, estão sujeitos às mesmas regras e limitações impostas ao empregador.

Julgamos ser aconselhável que a delegação respeite a forma escrita, de molde a evitar possíveis desentendimentos e incompatibilidades nesse exercício, com prejuízo claro para o trabalhador.

A RE esclareceu que o "poder disciplinar pode ser exercido por pessoa diversa do empregador, seja um superior hierárquico com funções disciplinares, seja outra pessoa com poderes de representação para o efeito". [Ac. de 11.04.19 *in* www.dgsi.pt (Proc. nº 1071/18.9T8EVR-A.1)]. Cfr., ainda, os Acs. da RL, de 04.05.16 *in* www.dgsi.pt (Proc. nº 66/13.3TTFUN.L2-4) e de 30.04.14 *in* www.dgsi.pt (Proc. nº 396/12.1TTPDL.L1-4); da RP, de 19.12.12 *in* CJ, Ano XXXVII, Tomo V, p. 223 e do STJ, de 21.03.12 *in* www.dgsi.pt (Proc. nº 161/09.3TTVLG.P1.S1).

Neste contexto, a RG fez notar que "o início do prazo de caducidade do procedimento disciplinar reporta-se à data em que a pessoa com competência disciplinar (o empregador ou a pessoa em quem essa competência haja sido delegada) tenha conhecimento da infração". [Ac. de 20.04.17 *in* www.dgsi.pt (Proc. nº 2535/14.9T8GMR-B.G1)].

Importa realçar que o trabalhador pode exigir a prova dos poderes de representação. Cfr. os Acs. da RP, de 27.03.17 *in* www.dgsi.pt (Proc. nº 5948/15.5T8OAZ.P1) e de 13.04.15 *in* www.dgsi.pt (Proc. nº 994/14.9TTPNF.P1).

7. Depois de iniciado o procedimento disciplinar, o empregador pode suspender a prestação do trabalhador, mantendo este, no entanto, o direito à retribuição (nº 5).

A retribuição deve aqui ser entendida em conformidade com o conceito do art. 258º, nº 1. Sobre o subsídio de alimentação, *vide* o Ac. da RL, de 05.12.12 *in* www.dgsi.pt (Proc. nº 2918/11.6TTLSB.L1-4).

Para que esta medida possa ser aplicada é necessário que a presença do trabalhador se *mostre inconveniente*. Existe conveniência na suspensão do trabalhador quando a sua presença se mostre suscetível de gerar conflitos; produzir prejuízos; fazer denegrir a imagem da empresa; afetar a produtividade, etc. No fundo, a suspensão, que apresenta uma natureza preventiva, depende da necessidade de tutela dos interesses da empresa. Cfr., ainda e no que diz respeito ao despedimento, o art. 354º.

8. O nº 6 consagra o princípio da processualidade ou da defesa (*vide*, ainda, o art. 355º), segundo o qual "a aplicação de uma sanção disciplinar deve ser precedida de um processo próprio, destinado a apurar/averiguar da gravidade dos factos e sua integração em infracção disciplinar, o grau de culpa do trabalhador e, por fim, a decidir qual a sanção a aplicar". [Ac. da RP, de 09.03.20 *in* www.dgsi.pt (Proc. nº 2217/ /19.5T8VNG.P1)].

Este princípio procura garantir ainda a defesa do trabalhador, designadamente a sua audição prévia e a realização de todas as diligências por si indicadas que sejam relevantes para o apuramento da verdade material. Cfr. os Acs. da RP, de 09.03.20 *in* www.dgsi.pt (Proc. nº 2217/19.5T8VNG.P1); da RC, de 16.12.15 *in* www.dgsi.pt (Proc. nº 3501/14.0T8VIS.C1) e de 11.04.13 *in* www.dgsi.pt (Proc. nº 217/12.5TTLRA.C1).

Podemos concluir que há audiência do arguido "quando ele se apercebeu da acusação e dela se pôde defender", Bernardo Xavier, *Deficiência da nota de culpa e direito de defesa em processo disciplinar laboral*, p. 395.

A acusação deve ser percetível para um homem medianamente inteligente e diligente, por conseguinte, a sua elaboração quer-se pautada pela clareza e precisão.

O princípio da processualidade ou da defesa confere ainda ao arguido os direitos de defesa perante a acusação de que é alvo, de examinar o processo, de juntar documentos, de arrolar testemunhas e de requerer outras diligências probatórias que se mostrem relevantes para o apuramento da verdade material. Note-se que o empregador, no exercício discricionário do poder disciplinar, pode recusar todas as diligências que se mostrem irrelevantes e meramente dilatórias.

Segundo o STJ, a "não audição do trabalhador na fase de inquérito não constitui nulidade do processo disciplinar, por tal não se traduzir numa violação do direito de defesa do trabalhador posteriormente alvo de procedimento disciplinar". [Ac. de 24.02.10 *in* www.dgsi.pt (Proc. nº 6/05.3TTFAR.S1)].

9. O nº 7 estabelece o direito de reclamação do trabalhador perante a sanção disciplinar aplicada. Como é natural, tal direito não prejudica a possibilidade de impugnação judicial.

A reclamação deve ser dirigida para o superior hierárquico na estrutura disciplinar da empresa.

Não parece aceitável estabelecer limites aos graus de reclamação.

O âmbito da reclamação pode compreender a aplicação da sanção e/ou a respetiva medida.

Os instrumentos de regulamentação coletiva de trabalho podem prever a possibilidade de o trabalhador recorrer a mecanismos de resolução de litígio. Cfr. os exemplos indicados por Maria do Rosário Palma Ramalho, *Do fundamento do poder disciplinar laboral*, p. 85, nota 94.

Artigo 330º – Critério de decisão e aplicação de sanção disciplinar

1. A sanção disciplinar deve ser proporcional à gravidade da infração e à culpabilidade do infrator, não podendo aplicar-se mais de uma pela mesma infração.

2. A aplicação da sanção deve ter lugar nos três meses subsequentes à decisão, sob pena de caducidade.

3. O empregador deve entregar ao serviço responsável pela gestão financeira do orçamento da segurança social o montante de sanção pecuniária aplicada.

4. Constitui contraordenação grave a violação do disposto nos nºs 2 ou 3.

COMENTÁRIOS:

1. Antecedentes legislativos: Arts. 367º, 370º, nº 1, 373º e 680º, do CT/2003 e 27º, nº 2, 30º, nºs 1 e 3, da LCT.

2. A sanção disciplinar deve ser proporcional à gravidade da infração e à culpabilidade do infrator (nº 1). Daqui podemos, por exemplo, extrair que a aplicação da sanção de despedimento só "deve ser aplicada quando, à luz da boa fé, não seja exigível ao empregador aplicar outras, de cariz conservatório". [Ac. do STJ, de 26.06.19 *in* www.dgsi.pt (Proc. nº 218/18.0T8CTB.C1.S1)]. Cfr., ainda, o Ac. da RE, de 11.02.21 *in* www.dgsi.pt (Proc. nº 1516/19.0T8BJA.E1).

No domínio da delinquência disciplinar e para a compreensão do seu substrato e fundamento jurídicos, são assinaláveis os contributos da dogmática jurídico-penal. Sendo de destacar, desde logo, o princípio da proibição do excesso ou da proporcionalidade. Na verdade, a medida da pena não pode, em caso algum, ultrapassar a medida da culpa, a qual, neste campo, "constitui um limite inultrapassável de todas e quaisquer considerações preventivas – sejam de prevenção geral positiva ou antes negativa, de integração ou antes de intimidação, sejam de prevenção especial positiva ou negativa, de socialização, de segurança ou de neutralização", Jorge Figueiredo Dias, *Direito Penal Português – As consequências Jurídicas do Crime*, p. 230.

A gravidade da infração deve ser avaliada, tendo por base: o grau de perturbação provocada no vínculo laboral, na organização e imagem da empresa; a afetação (real ou potencial) dos interesses da empresa; a possibilidade de reincidência; os efeitos produzidos (presentes e futuros); o comportamento habitual dos restantes trabalhadores, etc.. Estes são alguns dos elementos que entendemos ponderáveis no apuramento do grau de gravidade da infração, sendo certo que cada uma das situações deve ser analisada em concreto.

Na avaliação da culpabilidade do trabalhador, para efeitos de determinação da proporcionalidade da sanção disciplinar, o empregador deverá ter em consideração se o trabalhador atuou com dolo (e qual o tipo de dolo) ou negligência e, por outro lado, ponderar a existência de circunstâncias exteriores e sua influência para a determinação da conduta do agente. No Proc. nº 618/19.8T8BRR.L1-4, estava em causa a licitude de um despedimento fundado em faltas injustificadas, o qual foi julgado desproporcional pela RL. Com efeito, no aresto proferido nestes autos, pode ler-se o seguinte: "IX – Estando-se perante um caso como o dos autos, em que o médico-assistente considerou que a doença natural ou não-profissional que já havia fundado os dois anteriores CITT se conserva [ou até se agravou], mantendo o seu parecer médico-legal e assim contrariando o da Comissão de Verificação, então a opção que a entidade empregadora possui como forma de reação a esses novos CITT não é simplesmente olhar para eles como se não existissem ou se se limitassem a ser uma folha de papel em branco sem valor algum mas antes, de acordo com as competências definidas no artigo 14º do Decreto-Lei nº 360/97, de 17 de Dezembro, vir reclamar ou recorrer para a comissão de reavaliação de incapacidade temporária territorialmente competente, com vista a rebater aquela nova emissão de CITT e a obter um parecer médico-legal que resolvendo o diferendo existente, seja a palavra definitiva na matéria e coloque assim uma pedra final no assunto". X – Se tal Comissão de Reavaliação, confirmar o parecer de «APTO» da primeira Comissão, à entidade empregadora não será exigível mais nenhum procedimento ou diligência, podendo então e sem margem para dúvidas tomar a decisão desfavorável para o trabalhador a que se refere o artigo 22º da Lei nº 105/2009 de 14 de setembro. XI – No quadro exposto e face ao teor da alínea b) do artigo 14º, a questão de ter sido prorrogada a anterior doença natural ou de ter sido declarada uma nova doença pelo médico-assistente, para efeitos de se considerarem legítimas ou não as posteriores faltas ao trabalho dada pelo trabalhador, para além de ser de ordem essencialmente formal, perde a relevância e importância que quer a Ré, como o tribunal da 1ª instância, lhe vieram a conferir. XII – Houve uma manifesta precipitação legal da parte da Ré que, ao invés de desenvolver aquela última diligência junto da Comissão de Reavaliação da Segurança Social, com vista a abalar a credibilidade e valor médico-legal dos novos CITT, deixou os mesmos intocados e a produzir os seus normais, válidos e legítimos efeitos e avançou logo para o regime jurídico-laboral das faltas injustificadas e para o procedimento disciplinar com base nas mesmas com vista ao seu despedimento com justa causa, como efetivamente veio a acontecer, o que, em nosso entender, tem efeitos jurídicos importantes na economia dos autos, em termos de ponderação da adequação, proporcionalidade e justiça da justa causa do despedimento aplicada pela Ré ao Autor. XIII – O quadro fáctico e jurídico muito particular que ressalta dos autos não consente que a sanção de despedimento com justa causa seja a única adequada, possível e exigível à conduta do Autor, face ao disposto no artigo 330º do Código do Trabalho de 2009, aos elementos de antiguidade, passado disciplinar e reputação profissionais e uma conduta disciplinar com uma ilicitude e culpa de reduzido alcance e relevo, sem uma gravidade ou consequências minimamente alegadas e demonstradas e cujo sancionamento com o despedimento mereceu parecer negativo da Comissão de Trabalhadores. XIV – Tal comportamento não acarreta assim uma qualquer quebra inevitável e irrecuperável de confiança, que torne nessa medida inexigível para a Ré a manutenção do vínculo laboral em questão, sendo ainda perfeitamente adequada e proporcional a aplicação de uma sanção disciplinar que fosse claramente conservatória do vínculo laboral". (Ac. de 23.09.20 *in* www.dgsi.pt).

No controlo judicial do exercício do poder disciplinar, o tribunal não pode substituir a sanção aplicada. Como esclarece a RL, a "sindicabilidade das sanções aplicadas pelo Tribunal não comporta a substituição da sanção aplicada, mas apenas a sua revogação ou confirmação". [Ac. de 23.09.20 *in* www.dgsi.pt (Proc. nº 14266/19.9T8LSB.L1-4)]. Cfr., ainda, os Acs. do STJ, de 10.04.14 *in* www.dgsi.pt (Proc. nº 1284/10.1TTVNG.P1.S1); da RL, de 19.12.12 *in* www.dgsi.pt (Proc. nº 414/11.0TTLSB-A.L1-4) e do STJ de 16.05.12 *in* www.dgsi.pt (Proc. nº 3982/06.5TTLSB.L1.S1). Mário Pinto/Pedro Furtado Martins/António Nunes de Carvalho, *Comentários às leis do trabalho*, p. 144, falam da possibilidade de redução da sanção.

O exercício do poder disciplinar deve ainda obedecer ao princípio *ne bis in idem*, ao abrigo do qual pela mesma infração não pode ser aplicada ao trabalhador mais do que uma sanção (nº 1, parte final). Para a RP, o cumprimento deste princípio "pressupõe que se encontre devidamente identificada uma infração disciplinar e obrigatoriamente a factualidade que lhe está inerente e que é imputado ao trabalhador/arguido no âmbito do tipo e do contexto de um processo laboral. Há assim que estabelecer uma comparação entre os dois processos – o em curso e o já julgado ou decidido. Tal comparação, além das infrações propriamente ditas assacadas, pressupõe necessariamente, como essência e alma, os factos que foram e são imputados ao trabalhador/arguido e que permitiram concluir pela prática da infração disciplinar. Pretende-se aqui "evitar que o empregador desconsidere a apreciação disciplinar anterior no sentido de promover o agravamento dessa apreciação". [Ac. de 26.09.16 *in* www.dgsi.pt (Proc. nº 4116/15.0T8OAZ-A.P1)].

3. O nº 2 é dedicado à caducidade da aplicação da sanção disciplinar. Nos termos desta disposição, o empregador, depois de tomar a decisão, deve executar a sanção no prazo de três meses. Como dilucida a RC, deve interpretar-se o uso da palavra "aplicação" no sentido de "execução" da sanção. Segundo este tribunal, é o que resulta da epígrafe do presente e artigo "e compreende-se que assim o seja, já que previamente à imposição de uma sanção, designadamente do elenco das conservatórias da relação laboral, necessário se torna que o empregador avalie o comportamento do trabalhador considerado ilícito, escolhendo, como lhe impõe o nº 1 desse art. 330º, aquela que se revele como proporcional à gravidade da infração, e só num momento ulterior proceda à execução da sanção, que deverá ocorrer nos 3 meses ulteriores à decisão". [Ac. de 29.01.21 *in* www.dgsi.pt (Proc. nº 1937/18.6T8GRD-A.C1)].

Para Mário Pinto/Pedro Furtado Martins/António Nunes de Carvalho, *Comentários às leis do trabalho*, p. 159, "... o prazo só corre se existir a efetiva possibilidade de a sanção ser executada. Assim, por exemplo, se a sanção consistir na suspensão com perda de retribuição, mas o contrato se encontrar suspenso em virtude de doença prolongada do trabalhador, só será possível executar a sanção após o regresso do trabalhador, não correndo entretanto o prazo de prescrição". Cfr. Maria Adelaide Domingos, *Poder e Procedimento Disciplinar: Algumas alterações introduzidas pelo Código do Trabalho de 2009*, p. 456.

No Proc. nº 79/13.5TTVCT.G1.S1, o STJ considerou que tendo sido aplicada ao trabalhador uma sanção disciplinar de 30 dias de suspensão, com perda de retribuição, por despacho de 10.11.2011, do Diretor dos Recursos Humanos da empregadora, tendo a sua aplicação se iniciado em 12.03.2012, mostra-se caducada a sanção disciplinar por força do disposto no nº 2, uma vez que a aplicação da sanção não teve lugar nos três meses subsequentes à referida decisão. (Ac. de 21.04.16 *in* www.dgsi.pt). Cfr., ainda, o Ac. da RG, de 14.05.15 *in* www.dgsi.pt (Proc. nº 79/13.5TTVCT.G1).

Artigo 331º – Sanções abusivas

1. Considera-se abusiva a sanção disciplinar motivada pelo facto de o trabalhador:

a) Ter reclamado legitimamente contra as condições de trabalho;

b) Se recusar a cumprir ordem a que não deva obediência, nos termos da alínea e) do nº 1 e do nº 2 do artigo 128º;

c) Exercer ou candidatar-se ao exercício de funções em estrutura de representação coletiva dos trabalhadores;

d) Ter alegado ser vítima de assédio ou ser testemunha em processo judicial e/ou contraordenacional de assédio;

e) Em geral, exercer, ter exercido, pretender exercer ou invocar os seus direitos ou garantias.

2. Presume-se abusivo o despedimento ou outra sanção aplicada alegadamente para punir uma infração, quando tenha lugar:

***a*) Até seis meses após qualquer dos factos mencionados no número anterior;**

***b*) Até um ano após a denúncia ou outra forma de exercício de direitos relativos a igualdade, não discriminação e assédio.**

3. O empregador que aplicar sanção abusiva deve indemnizar o trabalhador nos termos gerais, com as alterações constantes dos números seguintes.

4. Em caso de despedimento, o trabalhador tem direito a optar entre a reintegração e uma indemnização calculada nos termos do nº 3 do artigo 392º.

5. Em caso de sanção pecuniária ou suspensão do trabalho, a indemnização não deve ser inferior a 10 vezes a importância daquela ou da retribuição perdida.

6. O empregador que aplique sanção abusiva no caso previsto na alínea *c*) do nº 1 deve indemnizar o trabalhador nos seguintes termos:

***a*) Os mínimos a que se refere o número anterior são elevados para o dobro;**

***b*) Em caso de despedimento, a indemnização não deve ser inferior ao valor da retribuição base e diuturnidades correspondentes a 12 meses.**

7. Constitui contraordenação muito grave a aplicação de sanção abusiva.

COMENTÁRIOS:

1. Antecedentes legislativos: Arts. 374º, 375º e 680º, do CT/2003 e 32º e 33º, da LCT.

2. O presente artigo tem a redação introduzida pela L nº 73/2017, de 16 de agosto e pela L nº 93/2019, de 04 de setembro.

3. No âmbito do reforço do quadro legislativo para a prevenção da prática de assédio, a L nº 73/2017, alterou a al. *b*), do nº 2, substituindo a expressão "reclamação" por "denúncia" e acrescentando o vocábulo "assédio".

Por seu turno, a L nº 93/2019 aditou a al. *d*), incluindo no elenco das sanções abusivas as que forem motivados pelo facto de o trabalhador ter alegado ser vítima de assédio ou ser testemunha em processo judicial e/ou contraordenacional de assédio.

A L nº 93/2019 alterou ainda o escalão de gravidade da aplicação de sanção abusiva, que agora constitui contraordenação muito grave.

4. No exercício do poder disciplinar, o empregador está vinculado a um conjunto de princípios dos quais se destaca o da boa fé. Este princípio impõe que o poder disciplinar seja exercido com o propósito de manter o equilíbrio das relações entre os

trabalhadores, a produtividade e a estrutura organizacional da empresa. No fundo, visa manter o comportamento do trabalhador em perfeita sintonia com os interesses empresariais. Para o STJ *a "ratio legis* do caráter abusivo da sanção reside na natureza persecutória da punição, ou seja, no facto de a verdadeira razão da aplicação da sanção se situar fora da punição da conduta ilícita e culposa do trabalhador". [Ac. de 26.05.15 *in* www.dgsi.pt (Proc. nº 373/10.7TTPRT.P1.S1)].

Cfr., ainda, os Acs. da RC, de 29.01.21 *in* www.dgsi.pt (Proc. nº 1937/18.6T8GRD--A.C1) e do STJ de 15.04.15 *in* www.dgsi.pt (Proc. nº 44/13.2TTEVR.E1.S1) e de 16.12.10 *in* www.dgsi.pt (Proc. nº 314/08.1TTVFX.L1.S1) e CJ, Ano XVIII, Tomo III, p. 276.

5. Nos termos do nº 1, consideram-se abusivas as sanções disciplinares motivadas pelo facto de o trabalhador:

a) Ter reclamado legitimamente contra as condições de trabalho

De acordo com a alínea *c*), do nº 1, do art. 127º, o empregador deve proporcionar ao trabalhador boas condições de trabalho, tanto do ponto de vista físico, como do ponto de vista moral. Neste mesmo sentido, o art. 59º, nº 1, als. *b*) e *c*), da CRP, consagra o direito dos trabalhadores à organização do trabalho em condições socialmente dignificantes (de forma a facultar a realização pessoal e a permitir a conciliação da atividade profissional com a vida familiar) e à prestação do trabalho em condições de saúde e segurança.

Como não podia deixar de ser, o trabalhador tem o direito de reivindicar tais condições de trabalho, sendo proibido ao empregador opor-se, por qualquer forma, a esse exercício. Cfr. anotações à al. *a*), do nº 1, do art. 129º.

No Proc. nº 834/18.0T8BJA.E1, a RE entendeu que a repreensão disciplinar aplicada ao Autor não possuía natureza abusiva porque não se mostrou verificado o elemento objetivo, ou seja, que o trabalhador tivesse reclamado legitimamente contra as condições de trabalho ou que, em geral, tivesse pretendido exercer ou invocar os seus direitos ou garantias, nem o elemento subjetivo, "traduzido na intenção persecutória ou de retaliação do Ré". (Ac. de 23.04.20 *in* CJ, Ano XLV, Tomo II, p. 218);

b) Se recusar a cumprir ordem a que não deva obediência, nos termos da alínea e) do nº 1 e do nº 2 do artigo 128º

Incluem-se, aqui, as situações de desobediência legítima, *vide* as anotações à al. *e*), do nº 1, do art. 128º;

c) Exercer ou candidatar-se ao exercício de funções em estrutura de representação coletiva dos trabalhadores;

No Proc. nº 178/08.5TTBCL.P2 estava em causa um trabalhador que integrou o piquete de greve e "que pediu reunião com o Inspetor de Jogos para acesso do piquete ao I... – e que nessa reunião foi denunciada, por pessoa não apurada, a constituição dum segundo fundo de maneio da caixa que levou a que o empregador fosse punido com coima". A RP declarou que se presumia "abusiva a sanção disciplinar aplicada ao trabalhador ao abrigo da al. *d*) do nº 1 do art. 374º do CT2003, por estar inequivocamente em causa o coexercício de funções sindicais, e ao abrigo da al. *b*), por ser direito do trabalhador, enquanto cidadão, denunciar diretamente às autoridades qualquer ilegalidade, não podendo este direito ser coartado pela ordem de serviço reputada violada". (Ac. de 23.04.12 *in* www.dgsi.pt);

d) Em geral, exercer, ter exercido, pretender exercer ou invocar os direitos ou garantias

Esta alínea traduz-se numa consolidação, no domínio disciplinar, da garantia conferida ao trabalhador na alínea *a*), do nº 1, do art. 129º (cfr. as anotações aí inseridas).

No nosso entendimento, o elenco do nº 1 é taxativo. Cfr. os Acs. da RC, de 16.12.15 *in* www.dgsi.pt (Proc. nº 3501/14.0T8VIS.C1) e do STJ, de 04.04.01 *in* CJ, Ano IX, Tomo II, p. 253 e de 21.03.01 *in* CJ, Ano IX, Tomo I, p. 303. De facto, a sua al. *e*) contém um conteúdo nitidamente mais amplo e generalista. Esta taxatividade implica que as consequências gerais consagradas no nºs 3 a 6 sejam aplicáveis apenas às sanções abusivas motivadas pelos factos ali indicados. Assim, o comportamento disciplinar abusivo do empregador (que não esteja previsto no nº 1) só poderá ser punido nos termos gerais do direito civil, mediante recurso à figura do abuso de direito (art. 334º, do CC). Lembramos que o empregador, no exercício dos seus direitos, deve proceder de boa fé (art. 126º, nº 1). Cfr. a perspetiva de Nuno Abranches Pinto, *Instituto Disciplinar Laboral*, pp. 177 e ss..

A RP não qualificou como abusiva uma "sanção disciplinar aplicada ao Autor, que integrou o piquete de greve, por ter dado indicações a um outro trabalhador para desligar um equipamento, no circunstancialismo em que se apura que os três trabalhadores que tiveram intervenção direta e imediata no ato de desligar o equipamento foram sancionados disciplinarmente, mas apenas dois (um dos quais o Autor) integravam o piquete de greve, sendo certo que todos os outros trabalhadores que integravam o mesmo piquete e que não tiveram intervenção direta e imediata no ato não foram sancionados". [Ac. de 17.03.14 *in* www.dgsi.pt (Proc. nº 42/12.3TTMTS.P1)].

6. De acordo com o disposto no art. 342º, do CC, a prova da aplicação de uma sanção abusiva caberia ao trabalhador. Contudo, o legislador, tendo em consideração a dificuldade de demonstração dos elementos que compõem o abuso disciplinar, fixou no nº 2 uma presunção legal, a qual pode, naturalmente, ser ilidida mediante prova em contrário (art. 350º, nº 2, do CC).

Destarte, presume-se abusivo o despedimento ou outra sanção aplicada alegadamente para punir uma infração, quando tenha lugar até seis meses após qualquer dos factos mencionados no nº 1 (al. *a*), do nº 2) ou até um ano após a denúncia ou outra forma de exercício de direitos relativos a igualdade, não discriminação e assédio (al. *b*), do nº 2).

Na visão da RP, não é suscetível de ilidir a presunção do nº 2 "a circunstância de, tendo embora o trabalhador incorrido em responsabilidade disciplinar, a mesma encontrar-se, todavia, extinta por prescrição ou caducidade do direito de exercício do poder disciplinar e, não obstante, o empregador aplicar a sanção". [Ac. de 05.10.15 *in* www.dgsi.pt (Proc. nº 248/10.0TTPRT.P1)].

A decisão de despedimento com invocação de justa causa "constitui sanção disciplinar abusiva se, não provada a justa causa, ela ocorreu nos seis meses anteriores a essa decisão e perante o seguinte circunstancialismo: ter o trabalhador, por determinado período de tempo, comparecido diariamente e durante o seu horário de trabalho, nas instalações do empregador para prestar a sua atividade, sem que, injustificadamente, lhe tivessem sido atribuídas quaisquer tarefas; se, nessa sequência e por reclamação do trabalhador, a empregadora foi objeto de duas visitas inspetivas por parte da ACT; e se, em duas cartas remetidas pelo trabalhador à empregadora, aquele reclama o pagamento de determinadas retribuições a que se julga com direito". [Ac. da RP, de 17.03.14 *in* www.dgsi.pt (Proc. nº 396/11.9TTMTS.P1)].

Num caso em que a empregadora não logrou ilidir a presunção em análise, a RP reputou "como equilibrada, justa e adequada uma indemnização, em substituição da reintegração, calculada com base em 40 dias de retribuição base e diuturnidades por cada ano completo ou fracção de antiguidade, quando existiu um despedimento ilícito e abusivo, derivado da inexistência de justa causa e de, a sanção de despedimento ter sido aplicada, 53 dias após, o trabalhador ter enviado à empregadora carta a reclamar sobre as suas condições de trabalho". [Ac. de 09.01.20 *in* www.dgsi.pt (Proc. nº 3552/18.5T8AVR.P1)].

No plano processual, a RP decidiu que a presunção aqui em análise deve ser "discutida" em sede da ação principal e não no âmbito da providência cautelar de suspensão de despedimento. [Ac. de 26.04.10 *in* www.dgsi.pt (Proc. nº 1870/09.2TTPRT.P1)].

7. O nº 3 prevê o dever do indemnizar o trabalhador pelos prejuízos causados com a aplicação da sanção abusiva, onde se incluem os danos não patrimoniais. Cfr. o Ac. da RP, de 03.06.19 *in* www.dgsi.pt (Proc. nº 3468/17.2T8PNF.P1).

8. Se a sanção abusiva consistir no despedimento, o trabalhador tem direito a optar entre a reintegração e uma indemnização, determinada pelo tribunal entre 30 e 60 dias de retribuição base e diuturnidades por cada ano completo ou fração de antiguidade, não podendo ser inferior ao valor correspondente a seis meses de retribuição base e diuturnidades (cfr., conjugadamente, o nº 4, do presente artigo e o nº 3, do art. 392º). De acordo com o entendimento de MÁRIO PINTO/PEDRO FURTADO MARTINS/ANTÓNIO NUNES DE CARVALHO, *Comentários às leis do trabalho*, p. 165, convém analisar os termos em que a indemnização prevista no nº 4 se articula com os efeitos do despedimento ilícito consagrados, designadamente, no art. 389º. Para estes autores, a "obri-

gação de o empregador pagar as retribuições vencidas até à data da sentença (cfr. nº 1, *a*) do citado art. 13º) não se duvida que ela é cumulável com a indemnização pela aplicação da sanção abusiva".

9. Em caso de sanção pecuniária ou suspensão do trabalho abusiva, a indemnização a pagar ao trabalhador não deve ser inferior a 10 vezes a importância daquela ou da retribuição perdida (nº 5).

Uma vez que a aplicação de sanção abusiva, constitui justa causa de resolução do contrato (al. *c*), do nº 2, do art. 394º), a RP clarificou que não configura abuso de direito a cumulação da indemnização prevista no nº 5 com a indemnização resultante daquela resolução, "sendo a própria lei a prever a possibilidade de ambas as consequências decorrentes da aplicação de sanção abusiva e destinando-se as indemnizações a ressarcir diferentes danos". [Ac. de 05.10.15 *in* www.dgsi.pt (Proc. nº 248/10.0TTPRT.P1)].

10. O regime jurídico da nulidade das sanções abusivas, na falta de regime especial, encontra-se regulado nos arts. 285º e ss., do CC. Destarte, a declaração de nulidade da sanção abusiva implica, nos termos do art. 289º, do CC, a obrigação de reposição da situação em que as partes se encontravam antes da aplicação da referida sanção.

No caso da repreensão, tal reposição perfila-se difícil, podendo, não obstante, passar por um pedido de desculpas publicitado nos mesmos termos da referida sanção.

Tratando-se de sanção pecuniária ou suspensão do trabalho com perda de retribuição, deverá ser restituído ao trabalhador o montante que deixou de auferir.

Por outro lado, o empregador, estando vinculado, nos termos do art. 332º, ao registo das sanções disciplinares, deve eliminar desse registo as sanções abusivas que venham a ser consideradas nulas.

O empregador deve ainda tomar todas as diligências de modo a atenuar os efeitos que a aplicação da sanção abusiva provocou na imagem e valoração profissionais do trabalhador.

Artigo 332º – Registo de sanções disciplinares

1. O empregador deve ter um registo atualizado das sanções disciplinares, feito por forma que permita facilmente a verificação do cumprimento das disposições aplicáveis, nomeadamente por parte das autoridades competentes que solicitem a sua consulta.

2. Constitui contraordenação leve a violação do disposto no número anterior.

COMENTÁRIOS:

1. Antecedentes legislativos: Arts. 376º e 680º, do CT/2003 e 35º, da LCT.

2. O registo de sanções disciplinares tem como finalidade permitir a verificação do cumprimento das disposições aplicáveis. Para NUNO ABRANCHES PINTO, *Instituto Disciplinar Laboral*, p. 111, não está excluída a utilização do registo "pelo empregador ou pelo trabalhador para outros fins que devam considerar justificados".

Conforme refere este autor, *loc. cit.*, nota 236, a alteração introduzida pela L nº 7/2009, "sugere o alargamento do espectro de utilização do registo na medida em que introduz a expressão "nomeadamente"".

Pela nossa parte, entendemos que a conteúdo objetivo da finalidade do registo continua a ser apenas a "verificação do cumprimento das disposições aplicáveis". A expressão "nomeadamente" reporta-se apenas ao âmbito subjetivo da norma.

SECÇÃO IV – Garantias de créditos do trabalhador

Artigo 333º – Privilégios creditórios

1. Os créditos do trabalhador emergentes de contrato de trabalho, ou da sua violação ou cessação gozam dos seguintes privilégios creditórios:

***a*) Privilégio mobiliário geral;**

***b*) Privilégio imobiliário especial sobre bem imóvel do empregador no qual o trabalhador presta a sua atividade.**

2. A graduação dos créditos faz-se pela ordem seguinte:

***a*) O crédito com privilégio mobiliário geral é graduado antes de crédito referido no nº 1 do artigo 747º do Código Civil;**

***b*) O crédito com privilégio imobiliário especial é graduado antes de crédito referido no artigo 748º do Código Civil e de crédito relativo a contribuição para a segurança social.**

COMENTÁRIOS:

1. Antecedentes legislativos: Arts. 377º, do CT/2003; 25º, da LCT; 12º, da LSA e 4º, da L nº 96/2001, de 20 de agosto.

2. Até à entrada em vigor da LSA, os créditos laborais gozavam apenas do privilégio geral consagrado na al. *d*), do nº 1, do art. 737º, do CC, para o qual remetia o art. 25º, da LCT. Cfr. MIGUEL LUCAS PIRES, *Dos privilégios Creditórios – Regime Jurídico e sua Influência no Concurso de Credores*, p. 261.

O legislador, com o objetivo de dotar o direito à retribuição de melhores garantias, definiu, através da L nº 17/86, de 14 de junho (LSA), uma disciplina própria para este crédito.

Em relação ao privilégio mobiliário geral, a nossa doutrina considerava que, tendo sido intenção do legislador colocar os créditos salariais numa posição cimeira, era incompreensível a parte final da al. *a*), do nº 3, do art. 12º, da LSA, na medida em que, submetia tais créditos à ordem enunciada no artigo 737º, do CC.

Assim, até à entrada em vigor da Lei nº 96/2001, de 20 de agosto, tínhamos um regime jurídico dos privilégios creditórios que assentava em dois tratamentos distintos. De um lado, o art. 25º, da LCT, atribuía-lhes o privilégio que a lei geral consignava (mais precisamente o art. 737º, do CC). Do outro lado, tínhamos o regime especial previsto no art. 12º, da LSA.

Com a introdução do regime da L nº 96/2001, a al. *d*), do nº 1, do art. 737º, do CC, podia considerar-se derrogada, pois conferia privilégio mobiliário geral aos créditos emergentes do contrato de trabalho ou da sua violação ou cessação, apenas relativos aos últimos 6 meses. Para maiores desenvolvimentos sobre o regime anterior ao CT/2003, *vide* Miguel Lucas Pires, *A amplitude e a (in)constitucionalidade dos privilégios creditórios dos trabalhadores*, pp. 59 e ss..

Conforme já referimos, um setor da nossa doutrina defendia que a parte final da al. *a*), do nº 3, do art. 12º, da LSA devia ser objeto de uma interpretação revogatória. Para pôr fim à questão, tal parte foi excluída da al. *a*), do nº 2. Destarte, os créditos laborais continuaram a prevalecer não só sobre os créditos por imposto, por fornecimentos destinados à produção agrícola, por dívidas do foro, decorrentes de responsabilidade civil, do autor de obra intelectual, previsto no art. 747º, nº 1, als. *a*), *b*), *c*), *d*) e *e*), do CC, mas também (e aqui é que está a novidade) sobre todos os privilégios mobiliários gerais previstos no art. 737º, do CC.

À semelhança de todo e qualquer privilégio, os créditos laborais não têm preferência sobre os privilégios por despesas de justiça, cfr. art. 746º, do CC. A este propósito é de referir que, nos termos do nº 2, do art. 12º, da LSA, os créditos por salários em atraso prevaleciam sobre os créditos respeitantes a despesas de justiça. Já no que concerne aos créditos laborais, a L nº 96/2001 não lhes atribuiu tal prevalência.

3. Privilégio creditório pode ser entendido como "o direito conferido a certos credores de serem pagos com preferência sobre os demais, em atenção à natureza dos seus créditos, independentemente de registo", João de Matos Antunes Varela, *Das obrigações em geral*, vol. II, p. 565.

Os privilégios creditórios dividem-se em duas classes: mobiliários e imobiliários. Os primeiros recaem sobre bens móveis, podendo subdividir-se em gerais ou especiais, "consoante incidam sobre *todos* os móveis do devedor existentes à data da penhora ou de ato equivalente ou apenas onerem os bens móveis de determinada natureza ou origem", João de Matos Antunes Varela, *Das obrigações em geral*, vol. II, p. 566.

No âmbito da distinção entre privilégios gerais e privilégios especiais, Miguel Lucas Pires, *Dos privilégios Creditórios – Regime Jurídico e sua Influência no Concurso de Credores*, p. 111, sustenta que o privilégio especial é "um direito real de garantia que se constitui e se torna operativo desde a data em que se constitui o crédito que garante", enquanto que o privilégio geral "apenas goza de natureza real após a apreensão dos bens do devedor...".

Por outro lado, os privilégios especiais conferem "aos respetivos titulares a prevalência do seu direito sobre qualquer outro constituído sobre o mesmo bem em momento posterior (arts. 750º e 751º), ao invés do que sucede com o privilégio geral, o qual, em razão da sua indeterminabilidade, cede perante os direitos de terceiro constituídos antes da concretização do respetivo objeto (art. 749º)", Miguel Lucas Pires, *ob. cit.*, p. 109.

4. Nos termos da al. *a*), do nº 1, os créditos dos trabalhadores emergentes do contrato de trabalho, da sua violação ou cessação gozam de privilégio mobiliário geral.

Este privilégio mobiliário geral, não incidindo sobre coisa certa e determinada, mas sobre o património do devedor, não é um verdadeiro direito real, "mas uma mera preferência de pagamento, que assume a eficácia que lhe é própria aquando do ato da penhora, ou seja, que confere preferência no pagamento em relação aos credores comuns". [Ac. da RC, de 21.05.19 *in* www.dgsi.pt (Proc. nº 4705/17.9T8VIS-B.C1)].

Neste mesmo aresto, lê-se que o penhor, sendo uma garantia real completa, que confere ao credor o direito à satisfação do seu crédito com preferência sobre os demais credores, prevalece contra e em relação aos privilégios mobiliários gerais de que gozam os créditos laborais e os créditos do Estado.

No Proc. nº 3810/17.6T8VIS-B.C1, a RC estabeleceu a "seguinte graduação: 1º: O crédito do ISS; 2º: O crédito garantido por penhor; 3º: Os créditos laborais; e 4º: Os créditos do Estado". (Ac. de 28.05.19 *in* www.dgsi.pt). Cfr., ainda, o Ac. da RP, de 16.06.20 *in* www.dgsi.pt (Proc. nº 2720/18.4T8STS-C.P1).

No Proc. nº 4705/17.9T8VIS-B.C1 existia ainda um crédito do Estado com privilégio mobiliário especial, procedendo este mesmo tribunal à "seguinte graduação: 1º: O crédito do ISS; 2º: O crédito garantido por penhor; 3º: O crédito do Estado com tal privilégio mobiliário especial; 4º: Os créditos laborais; e 5º: Os créditos do Estado (com privilégio mobiliário geral)". (Ac. de 21.05.19 *in* www.dgsi.pt). Cfr., ainda, o Ac. da RP, de 11.09.18 *in* www.dgsi.pt (Proc. nº 1211/17.5T8AMT-E.P1).

A RL, apoiando-se no disposto nos arts. 666º, nº 1 e 749º, nº 1, do CC, entendeu que, "quer os créditos laborais, quer os créditos por impostos e contribuições à Segurança Social, dispondo embora de privilégio mobiliário geral, devem ser graduados após os emergentes da constituição de penhor". [Ac. de 13.10.16 *in* www.dgsi.pt (Proc. nº 81/13.7TYLSB-B.L1-8)].

Ainda sobre a questão da graduação de créditos, estando em causa créditos do Estado, a RL esclareceu que "a aplicação cumulativa dos arts. 666º, nº 1 e 749º, nº 1 do Código Civil, 333º, nº 2, al. *a*) do Código de Trabalho, art. 204º, nº 1 e 2 do CRCSPSS (Código dos Regimes Contributivos do Sistema Previdencial de Segurança Social, aprovado pela Lei nº 110/2009 de 16 de Setembro, parêntesis nosso) e art. 747º, nº 1, al. *a*) para, nos seus precisos termos, fixar a graduação sucessiva dos créditos pignoratício, créditos laborais, e créditos privilegiados do Estado sobre o produto do bem objeto do penhor, desemboca em conflito de normas de impossível conciliação prática, situação que, por força do art. 8º, nº 1 e 3 do Código Civil, determina que pelo menos, mas também pelo mínimo necessário, uma das normas e ordenação legal concursiva por ela regulada tenha que ser preterida em beneficio da aplicação de outra". Concluindo que o "referido 'pelo menos, e pelo mínimo' é cumprido mediante uma interpretação/aplicação restritiva do art. 204º, nº 2 do CRCSPSS, através do sacrifício/preterição da ordenação bilateral legal do penhor e do privilegio creditório da Segurança Social, com o objetivo de dar cumprimento e primazia à preferência de pagamento do crédito laboral sobre o crédito da Segurança Social prevista pela conjugação dos art. 333º, nº 2, al. *a*) do Código de Trabalho e 204º, nº 1 do CRCSPSS, e que, apenas como efeito colateral, conduz à graduação do penhor em primeiro lugar, seguindo-se-lhe na graduação o crédito laboral e os créditos privilegiados do Estado". [Ac. de 24.11.20 *in* www.dgsi.pt (Proc. nº 1536/10.0TYLSB-G.L1-1)].

5. Com o CT/2009, o privilégio imobiliário especial passou a abranger o "bem imóvel do empregador no qual o trabalhador preste a sua atividade" (al. *b*), do nº 1) e não "os bens imóveis nos quais o trabalhador preste a sua atividade".

Ao abrigo deste regime, os créditos laborais não gozam de um privilégio imobiliário geral, pelo que, no pagamento do objeto da venda de bens imóveis (com exceção dos bens imóveis onde o trabalhador exerça a sua atividade) o trabalhador deixou de ter prevalência sobre todos os credores que não gozem de direito especial sobre esses bens (os credores comuns). No entanto, o presente artigo confere aos créditos laborais um privilégio imobiliário especial sobre o bem imóvel onde o trabalhador exerça a sua atividade. Privilégio esse oponível "a terceiros que adquiram o prédio ou um direito real sobre ele e preferem à consignação de rendimentos, à hipoteca ou ao direito de retenção, ainda que estas garantias sejam anteriores" (art. 751º, do CC). [Ac. da RE, de 28.04.16 *in* www.dgsi.pt (Proc. nº 631/12.6TTSTR-B.E1)].

De realçar que os nossos tribunais, fazendo uma interpretação mais ampla da norma, têm defendido que a al. *b*), do nº 1 abrange todos os imóveis da empregadora que estejam afetos à sua atividade empresarial, "à qual os trabalhadores estão funcionalmente ligados, independentemente da localização dos seu posto de trabalho, o que afasta, *a se*, qualquer ligação naturalística, atendendo-se apenas e tão-só à relação laboral existente, fonte do crédito e os bens imóveis afetos à atividade prosseguida, que constituem a garantia daquele, ficando excluídos todos aqueles imóveis embora pertencentes ao empregador, mas que estejam arrendados e/ou que tenham sido afetados a quaisquer outros fins diversos da específica atividade económico/empresarial". [Ac. da RE, de 08.11.18 *in* www.dgsi.pt (Proc. nº 4029/16.9T8STB-C.

E1)]. Cfr., ainda, os Acs. da RE, de 24.09.20 *in* www.dgsi.pt (Proc. nº 3390/19.8T8STR-B.E1); da RC, de 01.06.20 *in* www.dgsi.pt (Proc. nº 331/09.4TBCNF-B.C1); do STJ, de 27.11.19 *in* www.dgsi.pt (Proc. nº 7553/15.7T8VIS-G.C1.S2); da RE, de 30.05.19 *in* www.dgsi.pt (Proc. nº 1014/15.1T8STR-C.E1); da RG, de 09.05.19 *in* www.dgsi.pt (Proc. nº 7577/16.7T8VNF-D.G1); da RE, de 14.02.19 *in* www.dgsi.pt (Proc. nº 1633/12.8TBBNV-B.E1); da RC, de 26.02.19 *in* www.dgsi.pt (Proc. nº 7553/15.7T8VIS-G.C1) e de 21.02.18 *in* www.dgsi.pt (Proc. nº 7899/16.7T8CBR-C.C1); da RL, de 23.11.17 *in* www.dgsi.pt (Proc. nº 227-16.3T8VFC-G.L1-6); do STJ, de 30.05.17 *in* www.dgsi.pt (Proc. nº 4118/15.7T8CBR-B.C1.S1); da RC, de 16.05.17 *in* www.dgsi.pt (Proc. nº 923/11.1TBCTB-C.C2); da RL, de 19.01.17 *in* www.dgsi.pt (Proc. nº 1436/14.5T8PDL-C.L1-2); da RE, de 20.10.16 *in* www.dgsi.pt (Proc. nº 104/14.2T8MNN.E1); da RG, de 15.01.15 *in* www.dgsi.pt (Proc. nº 924/13.5TBVVD-C.G1) e do STJ, de 13.01.15 *in* www.dgsi.pt (Proc. nº 1145/12.0TBBCL-C.G1.S1).

Em todo o caso, não devemos esquecer que, nalguns casos, o trabalhador não exerce a sua atividade em bens imóveis pertencentes ao empregador. De facto, pode suceder que o empregador ocupe o bem imóvel, a título de arrendamento ou que a atividade seja prestada em bens imóveis pertencentes aos clientes do empregador (veja-se, a título de exemplo, a construção civil) ou fora das instalações do empregador (*v.g.*, teletrabalho, previsto nos arts. 165º e ss.). Neste contexto, importa atender ao âmbito espacial da atividade do trabalhador. O nº 1, do art. 193º, diz-nos que "o trabalhador deve, em princípio, realizar a sua prestação no local contratualmente definido".

No que concerne às empresas de construção civil, a RG decidiu que apenas "gozam desse privilégio os imóveis que integram o estabelecimento onde os trabalhadores exerceram a sua atividade, os quais, no caso dos trabalhadores da construção civil poderão ser a sede, os estaleiros, armazéns, escritórios e locais de venda". [Ac. de 03.04.14 *in* www.dgsi.pt (Proc. nº 1500/13.8TBGMR-D.G1)]. Cfr., ainda, os Acs. da RP, de 28.04.14 *in* www.dgsi.pt (Proc. nº 434/07.0TYVNG-B.P1) e da RG, de 13.03.14 *in* www.dgsi.pt (Proc. nº 8746/12.4TBBRG-E.G1).

Já os imóveis construídos por estas empresas, destinados a comercialização estão excluídos da garantia do privilégio imobiliário especial prevista na al. *b*), do nº 1. Cfr. o Ac. do STJ nº 8/2016 (Uniformização de Jurisprudência), de 22.02.16, pub. no DR, I Série, de 15.04.2016. Cfr., ainda, os Acs. do STJ, de 13.11.14 *in* www.dgsi.pt (Proc. nº 1444/08.5TBAMT-A.P1.S1) e de 13.11.14 *in* www.dgsi.pt (Proc. nº 1315/11.8TJVNF-A.P1.S1); da RG, de 29.05.14 *in* www.dgsi.pt (Proc. nº 5049/11.5TBBRG-J.G1) e da RP, de 27.05.14 *in* CJ, Ano XXXIX, Tomo III, p. 207.

No Proc. 7553/15.7T8VIS-G.C1.S2, o STJ declarou que os três imóveis em relação aos quais se reconheceu vigorar o privilégio imobiliário especial em causa, "não eram, por um lado, destinados à comercialização pela insolvente sociedade de construção civil (ficando, pois, excluídos do âmbito de aplicação do AUJ nº 8/2016, de 23-2-2016), e, por outro, que se tratando, respetivamente, da sede da entidade patronal, de um armazém de apoio e garagem e, finalmente, de um grande armazém, onde eram depositados materiais e parqueadas viaturas da empresa e onde funcionava a carpintaria e pintura, se encontravam afetos à atividade empresarial da insolvente, à qual, os trabalhadores se encontravam funcionalmente ligados". (Ac. de 27.11.19 *in* www.dgsi.pt).

No proc. nº 331/09.4TBCNF-B.C1, a RC acabou por concluir que "o trabalhador que exerce as suas funções laborais em diversas obras e na condução de uma carrinha que transporta os trabalhadores para essas obras goza de privilégio imobiliário sobre os imóveis da respectiva entidade empregadora onde estão instalados os escritórios da empresa e onde é guardado o material utilizado nas obras, ainda que a efectiva prestação da sua actividade laboral não se desenvolva no interior dos referidos imóveis". (Ac. de 01.06.20 *in* www.dgsi.pt).

A propósito de uma empresa de construção civil entretanto declarada insolvente, a RE proclamou que relativamente a ela "não se encontra a vinculatividade exigida por lei para considerar que os trabalhadores gozam de privilégio imobiliário especial quanto a uma habitação destinada à instalação de um gerente por esta não se integrar na categoria de bem imóvel no qual o assalariado presta a sua actividade". [Ac. de 24.09.20 *in* www.dgsi.pt (Proc. nº 3390/19.8T8STR-B.E1)].

Ao nível processual, impõe-se destacar o Ac. da RG, de 22.10.20, onde foi decidido que a "consideração na decisão recorrida que os imóveis apreendidos para a massa, depois de atos de resolução desconhecidos, estiveram "*num momento ou noutro afetos à atividade da empresa*", que tinha como o objeto a construção civil e mediação imobiliária, corresponde a matéria conclusiva, vaga e insuficiente para se poder apreciação de direito, atendendo, nomeadamente, à jurisprudência uniformizada do AUJ nº 8/2016 (e às teses vencidas aí discutidas)", em relação ao regime da al. b), do nº 1, do presente artigo. Lê-se ainda, neste aresto, que a "falta de elenco de factos provados, com falta de elementos para os mesmos poderem ser conhecidos e decididos pelo Tribunal da Relação, determina a anulação da decisão recorrida, nos termos do art.662º/2-c) do C. P. Civil, para apuramento sobre factos necessários (cuja falta determinou a anulação) e a prolação de nova decisão (com fundamentação de facto e de direito)". [*In* www.dgsi.pt (Proc. nº 4679/12.2TBGMR-A.G2)].

Na perspetiva de que o privilégio creditório incide sobre a sede de direito de sociedade comercial, *vide* o Ac. da RG, de 17.09.15 *in* www.dgsi.pt (Proc. nº 2731//11.0TBBRG-E.G1).

6. Ao nível do ónus da prova, cabe ao trabalhador alegar e provar os factos constitutivos do privilégio imobiliário especial, designadamente se o imóvel do empregador foi o local onde prestava a sua atividade laborar ou se aquele estava afeto a tal atividade. Cfr. os Acs. da RE, de 08.11.18 *in* www.dgsi.pt (Proc. nº 4029/16.9T8STB-C.E1) e de 28.06.18 *in* www.dgsi.pt (Proc. nº 1165/12.4TBVNO-E.E1); da RL, de 14.07.16 *in* www.dgsi.pt (Proc. nº 173-09.7TCFUN-A.L1-6); da RE, de 23.06.16 *in* www.dgsi.pt

(Proc. nº 379/12.1TTFAR-E.E1) e da RL, de 24.02.15 *in* www.dgsi.pt (Proc. nº 1288/ /10.4TYLSB-AB.L1-7).

A RP admitiu que, na ausência de alegação dos factos constitutivos do privilégio imobiliário especial, os mesmos podem ser adquiridos processualmente, socorrendo--se o tribunal dos elementos constantes do processo ou proceder à sua indagação oficiosa. [Ac. de 23.09.14 *in* www.dgsi.pt (Proc. nº 528/13.2TBFND-C.C1)].

Importa ter em atenção que, não se provando nenhum dos factos que permitiriam preencher a previsão da al. *b*), do nº 1, "o crédito dos trabalhadores beneficia apenas de privilégio mobiliário geral, devendo ser graduado, para ser pago pelo produto dos bens móveis", antes de crédito referido no nº 1, do art. 747º, do CC (al. *a*), do nº 2). [Ac. da RP, de 19.03.15 *in* www.dgsi.pt (Proc. nº 1745/12.8TBVFR-B.P2)].

7. Um dos palcos de atuação dos privilégios creditórios é o processo de insolvência, por isso impõe-se algumas referências a decisões judiciais proferidas nesse âmbito.

No Proc. nº 7899/16.7T8CBR-C.C1, a RC reconheceu que, tendo a insolvente por objeto a indústria de construção civil, urbanização, obras públicas e empreitadas gerais, não se considera afeto à respetiva atividade "empresarial o imóvel em que pernoitavam os gerentes, engenheiros civis e contabilista da insolvente, quando se deslocavam em serviço ao Algarve, e onde eram guardados, na cave, materiais e ferramentas de trabalho, em pequeno número e reduzida utilização, bem como, projetos de obras já elaborados". (Ac. de 21.02.18 *in* www.dgsi.pt). A RE decidiu que o local onde o trabalhador presta a sua atividade, "tanto podem ser o local habitual como aquele outro para onde se deslocava quando aumentavam as necessidades de produção na unidade fabril". [Ac. de 20.10.16 *in* www.dgsi.pt (Proc. nº 104/14.2T8MNN.E1)].

No Ac. da RC, de 08.07.15 *in* www.dgsi.pt (Proc. nº 406/14.8TBCVL-A.C1), podemos ler que: se "o objeto social da Insolvente consistia no comércio de artigos de vestuário, exercendo tal atividade através duma cadeia de lojas de venda ao público, todas elas arrendadas; se a Insolvente era proprietária de 2 imóveis – um, onde tinha instalados os serviços administrativos e contabilísticos, bem como o armazém a partir do qual tais lojas eram abastecidas, e outro, um talhão de terreno destinado a construção urbana, mas utilizado para parqueamento das viaturas com que procedia à distribuição dos artigos de vestuário pelos diversos pontos de venda –, deve entender-se que tais imóveis estão afetos e integram, de forma estável, a organização empresarial da empresa e, nessa medida, os créditos laborais das trabalhadoras balconistas das lojas têm privilégio imobiliário geral sobre tais prédios".

A RL assevera mesmo que os "créditos dos trabalhadores gozam de privilégio imobiliário especial sobre a universalidade de imóveis do insolvente onde era exercida a atividade comercial do insolvente". [Ac. de 18.06.15 *in* www.dgsi.pt (Proc. nº 293/ /09.8TBHRT-E.L1-8)].

Segundo a RC, deve "presumir-se que os imóveis afetos à organização da empresa integram o processo da respetiva produção, a menos que o credor interessado em que o privilégio imobiliário não possa favorecer o credor-trabalhador demonstre que assim não é". [Ac. de 26.02.19 *in* www.dgsi.pt (Proc. nº 7553/15.7T8VIS-G.C1)]. Neste contexto interpretativo, a RL fez notar que, tendo "sido apreendidos para a massa insolvente dois imóveis pertencentes à insolvente, sendo um, um armazém e o outro um espaço destinado em exclusivo ao comércio, é de presumir terem estado tais imóveis afetos à organização empresarial da insolvente, uma sociedade comercial por quotas, tendo por objeto o comércio de mobiliário, artes decorativas, eletrodomésticos, eletrificações e colocação de alcatifas". [Ac. de 19.01.17 *in* www.dgsi.pt (Proc. nº 1436/14.5T8PDL-C.L1-2)].

Ancorando-se no presente artigo, a RE reconheceu que os "créditos dos trabalhadores provenientes de salários, verificados e reconhecidos como créditos laborais e não impugnados, beneficiam de privilégio creditório imobiliário especial sobre a venda do imóvel onde a insolvente tinha a sua sede, mesmo que o trabalhador nunca tenha desenvolvido a sua atividade neste imóvel, devendo esses créditos ser pagos antes de quaisquer outros, incluindo a hipoteca, uma vez que a sede de uma empresa se inclui no seu acervo patrimonial e está adstrito ao cumprimento do seu objeto social, objeto que o trabalhador também prosseguiu com a atividade que exerceu no interesse da empresa". [Ac. de 12.06.19 *in* www.dgsi.pt (Proc. nº 749/16.6T8OLH.E1)]. Cfr., ainda, o Ac. da RL, de 07.07.16 *in* www.dgsi.pt (Proc. nº 286/16.9T8BRR-B.L1-2).

Se da lista de créditos reconhecidos constar créditos de trabalhadores da insolvente, "como beneficiando de privilégio imobiliário especial, mas sem especificar sobre que imóvel versa esse privilégio, não pode o julgador, sem mais, fazer incidir esse privilégio sobre os imóveis apreendidos para a massa insolvente". [Ac. da RL, de 07.07.16 *in* www.dgsi.pt (Proc. nº 10163-14.2T2SNT-A.L1-8)]. Cfr., ainda, o Ac. do STJ, de 21.04.15 *in* www.dgsi.pt (Proc. nº 793/10.7T2AVR-A.C1.S1).

No caso de créditos de trabalhadores que à data da insolvência não prestem funções para a insolvente, os mesmos gozam do privilégio imobiliário previsto na al. *b*), do nº 1, ainda que, naquela data, a insolvente já não exerça nos imóveis em causa a sua atividade comercial. Cfr. o Ac. da RE, de 16.04.15 *in* CJ, Ano XL, Tomo II, p. 246.

O regime do art. 738º, nº 1, do CPC, que define as impenhorabilidades parciais, não contempla na sua letra a situação de um crédito privilegiado reconhecido no âmbito de processo especial de revitalização, relativo a créditos laborais (indemnização ou compensação pela cessação do contrato de trabalho). Cfr. o Ac. da RG, de 13.09.18 *in* www.dgsi.pt (Proc. nº 3345/14.9T8GMR-D.G1).

8. Façamos uma distinção entre créditos emergentes do contrato de trabalho e créditos emergentes da sua cessação. Os primeiros são aqueles que têm por conteúdo prestações patrimoniais devidas pelo empregador ao trabalhador em virtude da

simples existência e normal cumprimento do contrato – salários, subsídios de refeição, de férias e de Natal, etc. Os segundos têm como facto constitutivo a cessação do contrato de trabalho; a indemnização devida ao trabalhador por despedimento ilícito ou resolução com justa causa ou a compensação por despedimento coletivo ou outra extinção do posto de trabalho. Cfr. o Ac. do STJ, de 09.02.99 *in* CJ, Ano VII, Tomo I, p. 88.

Os juros de mora, sendo um crédito acessório das retribuições, deverão ser considerados como créditos emergentes do contrato de trabalho.

9. A propósito da constitucionalidade da solução legal aqui adotada, Miguel Lucas Pires, *A amplitude e a (in)constitucionalidade dos privilégios creditórios dos trabalhadores*, p. 85, considera não haver nenhuma desconformidade com a Constituição, pois a opção por colocar em lugar cimeiro os créditos privilegiados dos trabalhadores ou os protegidos por hipotecas pertence, de acordo com as decisões mencionadas (Acs. do TC nºs 498/2003 e 284/2007, parêntesis nosso), ao legislador.

Mais concretamente, se no Acórdão nº 498/2003 se afirma expressamente que a prevalência dos privilégios imobiliários gerais sobre os créditos hipotecários não viola normas ou princípios constitucionais, por maioria de razão se deve entender que o mesmo sucederá com a anteposição do privilégio imobiliário especial criado pelo Código do Trabalho". Cfr., ainda, o Ac. da RC, de 26.02.19 *in* www.dgsi.pt (Proc. nº 7553/15.7T8VIS-G.C1).

Artigo 334º – Responsabilidade solidária de sociedade em relação de participações recíprocas, de domínio ou de grupo

Por crédito emergente de contrato de trabalho, ou da sua violação ou cessação, vencido há mais de três meses, respondem solidariamente o empregador e sociedade que com este se encontre em relação de participações recíprocas, de domínio ou de grupo, nos termos previstos nos artigos 481º e seguintes do Código das Sociedades Comerciais.

COMENTÁRIOS:

1. Antecedentes legislativos: Art. 378º, do CT/2003.

2. O presente artigo, enquanto mecanismo de proteção de créditos laborais, tem por finalidade reforçar a garantia de cumprimento através da responsabilização de outras sociedades que não a empregadora. O legislador parte aqui do pressuposto que o trabalhador não conseguirá obter a satisfação creditícia junto da empregadora nos três meses subsequentes ao seu vencimento. Cfr. os Acs. do STJ, de 06.02.19 *in* www.dgsi.pt (Proc. nº 49/14.6TTBRR.L1.S1); da RP, de 19.10.15 *in* www.dgsi.pt (Proc. nº 596/14.0TTPRT-A.P1) e de 25.06.12 *in* www.dgsi.pt (Proc. nº 595/10.0TTBCL.P1) e

do STJ, de 09.11.11 *in* www.dgsi.pt (Proc. nº 1332/07.2TTVNG.P1.S1) e CJ, Ano XIX, Tomo III, p. 255.

Devemos, contudo, ter em atenção que este reforço só se aplica às sociedades que se encontrem em relação de participações recíprocas de domínio ou de grupo, nos termos dos arts. 481º e ss., do CSC.

A RP ressalva que, nestes casos, o trabalhador pode "acionar diretamente qualquer uma das empresas pertencentes ao grupo, apesar de não serem os seus empregadores e sem passar previamente pelo seu próprio empregador". [Ac. de 25.06.12 *in* www.dgsi.pt (Proc. nº 595/10.0TTBCL.P1)].

Do ponto de vista processual, a RL esclareceu que têm "legitimidade passiva numa ação especial de impugnação da regularidade e licitude do despedimento, na qual são também pedidos outros créditos salariais vencidos há mais de três meses, as sociedades que são referenciadas pelo A. como estando em relação de grupo com a empregadora, sendo demandadas como responsáveis solidárias", nos termos do presente artigo. [Ac. de 30.05.12 *in* www.dgsi.pt (Proc. nº 190/11.7TTFUN.L1-4)].

3. Para beneficiar da garantia creditícia do presente artigo, o trabalhador tem o ónus de alegar e provar a existência das sociedades que se encontram entre si numa situação de participação recíproca, de domínio ou de grupo, uma vez que se trata de facto constitutivo do direito que invoca (art. 342º, nº 1, do CC). Cfr. os Acs. do STJ, de 06.02.19 *in* www.dgsi.pt (Proc. nº 49/14.6TTBRR.L1.S1); da RE, de 28.01.16 *in* www.dgsi.pt (Proc. nº 136/13.8TTEVR.E1) e CJ, Ano XLI, Tomo I, p. 245 e do STJ, de 09.11.11 *in* www.dgsi.pt (Proc. nº 1332/07.2TTVNG.P1.S1) e CJ, Ano XIX, Tomo III, p. 255.

No Proc. nº 503/12.4TTTMR.E1, a RE entendeu que, quando "a empregadora, uma sociedade por quotas, detém 100% das quotas de outra sociedade por quotas, verifica-se uma relação de grupo entre as duas, por domínio total da primeira sobre a segunda, pelo que respondem as duas solidariamente pelo pagamento dos créditos dos trabalhadores, vencidos há mais de três meses". (Ac. de 12.10.17 *in* www.dgsi.pt).

Este mesmo tribunal concluiu "que se verifica essa relação de domínio, no circunstancialismo em que se apura que uma das sociedades detém uma participação maioritária do capital das outras, sendo que todas mantinham uma direção unitária, usufruíam e mantinham a direção da prestação dos trabalhadores/Autores". (Ac. de 28.01.16 *in* www.dgsi.pt (Proc. nº 136/13.8TTEVR.E1) e CJ, Ano XLI, Tomo I, p. 245).

Perante a ausência de uma participação ou domínio direto da recorrente sobre as sociedades 1ª e 2ª Rés, a RP acabou por decidir que "o seu domínio indireto sobre elas só se poderia constituir – e relevar em termos de responsabilidade solidária com o empregador – através *i*) de uma sociedade dependente da recorrente que participasse no capital das duas Rés; *ii*) de uma sociedade que estivesse em relação de grupo com a recorrente e participasse no capital daquelas duas Rés; ou *iii*) de uma pessoa que, por conta de recorrente, detivesse ações no capital social das duas Rés". [Ac. de 14.07.10 *in* www.dgsi.pt (Proc. nº 1332/07.2TTVNG.P1)].

A circunstância de os funcionários da empregadora desempenharem o serviço de duas outras sociedades, não permite o enquadramento no presente artigo. Cfr. o Ac. da RL, de 26.04.18 *in* www.dgsi.pt (Proc. nº 49/14.6TTBRR.L1-4).

No Proc. nº 3853/18.2T8VCT.G1, a RG entendeu que o "facto da sede da sociedade dominante se situar em Portugal ou fora do nosso país não constitui fundamento material suficiente para legitimar o tratamento diverso e menos favorável relativamente aos trabalhadores de empresas dominadas por sociedades sediadas no estrangeiro que, desta forma, não gozariam do mesmo nível de proteção dos créditos laborais dos trabalhadores de empresas dominadas por sociedades sediadas em Portugal, razão pela qual acompanhamos o juízo de inconstitucionalidade proferido pelo tribunal constitucional no Acórdão nº 227/2015". Por isso, nada "impede que existindo já créditos vencidos ou não há mais de três meses, a acção seja proposta contra todos os legalmente responsáveis, sendo certo que aqueles, que não o empregador, apenas responderão pelos créditos que se mostrarem vencidos há mais de três meses aquando da prolação da sentença, considerando assim que a sua obrigação está sujeita a termo". (Ac. de 05.03.20 *in* www.dgsi.pt e CJ, Ano XLV, Tomo II, p. 246).

No acórdão aí mencionado, o TC julgou inconstitucional a interpretação conjugada das normas contidas no presente artigo e no art. 481º, nº 2, proémio, do CSC, "na parte em que impede a responsabilidade solidária da sociedade com sede fora de território nacional, em relação de participações recíprocas, de domínio ou de grupo com uma sociedade portuguesa, pelos créditos emergentes da relação de trabalho subordinado estabelecida com esta, ou da sua rutura". (Ac. do TC nº 227/2015, de 28.04.15, pub. no DR, II Série, de 09.06.2015).

4. A RP fez notar que a responsabilidade solidária dos empregadores em contexto de grupo, prevista no presente artigo, é mais ampla do que o regime de solidariedade previsto no CSC. Com efeito, enquanto "neste só existe responsabilidade solidária em casos de domínio total, da sociedade dominante ou diretora, naquele tal responsabilidade estende-se às relações de participações recíprocas, de domínio ou de grupo". [Ac. de 29.02.16 *in* www.dgsi.pt (Proc. nº 1445/13.1TTPRT.P1)].

O trabalhador pode interpor uma ação declarativa de condenação com vista à declaração da existência de um contrato de trabalho e, simultaneamente, à condenação solidária da empregadora e sociedades que com esta se encontrem numa relação de domínio, nos créditos laborais em dívida. Cfr. os Acs. da RP, de 19.10.15 *in* www.dgsi.pt (Proc. nº 596/14.0TTPRT-A.P1) e de 07.09.15 *in* www.dgsi.pt (Proc. nº 620/14.6TTPRT-A.P1).

5. Acerca dos complementos para as pensões de reforma por velhice, a RP, chamando a atenção para o facto do legislador ter procurado "salvaguardar os direitos dos trabalhadores e pensionistas das sociedades abrangidas pelos processos de fusão e reestruturação autorizados e definidos, respetivamente, pelos Decretos-Lei nº 122/94, de 14 de Maio e nº 219/2000, de 9 de Setembro", esclareceu que, emergindo "o direito reclamado pelos autores do disposto no nº 7, do art. 2º do Decreto-Lei nº 219/2000, de 9 de Setembro, o mesmo tem fonte legal e autónoma do regime do art. 334º do CT 09". [Ac. de 23.11.20 *in* www.dgsi.pt (Proc. nº 4067/17.4T8VNG.P2)].

Excluído do âmbito subjetivo do presente artigo foi também um Fundo de Capital de Risco. [Ac. da RL, de 27.01.21 *in* www.dgsi.pt (Proc. nº 3610/18.6T8CSC.L1-4)].

6. Segundo o STJ, a interpretação do presente artigo, quando alguma das sociedades coligadas responsáveis tenha a sua sede no estrangeiro e se pretenda valer do disposto no nº 2, do art. 481º, do CSC, integra o pressuposto de admissão da revista excecional previsto na al. *a*), do nº 1, do art. 672º, do CPC. [Ac. de 11.11.20 *in* www.dgsi.pt (Proc. nº 3853/18.2T8VCT.G1.S3)].

7. Para maiores desenvolvimentos sobre o presente artigo, *vide* Maria do Rosário Palma Ramalho, *Grupos Empresarias e Societários. Incidências Laborais*, pp. 621 e ss.; Rita Garcia Pereira, *A Garantia dos Créditos Laborais no Código do Trabalho: breve nótula sobre o art. 378º (Responsabilidade solidária das sociedades em relação de domínio ou de grupo)*, pp. 177 e ss. e Rui Manuel Pinto Soares Pereira Dias, *Responsabilidade por Exercício de Influência sobre a Administração de Sociedades Anónimas*, pp. 139 e ss..

Artigo 335º – Responsabilidade de sócio, gerente, administrador ou diretor

1. O sócio que, só por si ou juntamente com outros a quem esteja ligado por acordos parassociais, se encontre numa das situações previstas no artigo 83º do Código das Sociedades Comerciais, responde nos termos do artigo anterior, desde que se verifiquem os pressupostos dos artigos 78º, 79º e 83º daquele diploma e pelo modo neles estabelecido.

2. O gerente, administrador ou diretor responde nos termos previstos no artigo anterior, desde que se verifiquem os pressupostos dos artigos 78º e 79º do Código das Sociedades Comerciais e pelo modo neles estabelecido.

COMENTÁRIOS:

1. Antecedentes legislativos: Art. 379º, do CT/2003.

2. Se o gerente não observar culposa as disposições legais ou contratuais destinadas à proteção dos créditos emergentes de contrato de trabalho, ou da sua violação ou cessação, tornando o património social insuficiente para a satisfação desses créditos, o sócio que o designou pode ser solidariamente responsável pelo pagamento dos mesmos, nos termos dos arts. 78º e 83º, do CSC, do art. 334º e do presente artigo.

3. Também o gerente, o administrador ou o diretor podem responder solidariamente pelo pagamento dos créditos laborais, desde que se verifiquem os pressupostos dos arts. 78º e 79º, do CSC e pelo modo neles estabelecido.

No Proc. nº 28/14.3TTABT.E1, a RE reconheceu que, tendo sido demonstrado que os "gerentes da sociedade devedora dissiparam o seu património em benefício de uma sociedade por estes constituída de que eram sócios-gerentes e que também se dedicava ao mesmo ramo de atividade, em prejuízo do trabalhador cujo crédito foi reconhecido por decisão judicial e que se viu, assim, impossibilitado de obter o pagamento do seu crédito através da execução que havia instaurado, consideram-se preenchidos os requisitos necessários para a responsabilidade solidária dos gerentes", prevista no nº 2. (Ac. de 26.02.15 *in* www.dgsi.pt).

Na apreciação do TJ, os trabalhadores, credores de uma sociedade anónima por força da cessação do seu contrato de trabalho, não têm o direito de intentar, na mesma jurisdição do trabalho que é competente para conhecer da ação que intentaram com vista ao reconhecimento do seu crédito salarial, uma ação fundada em responsabilidade contra o administrador dessa sociedade por não ter convocado a respetiva assembleia geral, apesar das perdas graves que esta tinha sofrido, para efeitos de declarar esse administrador codevedor solidário do referido crédito salarial. [Ac. de 14.12.17 *in* JOUE, C-52, de 12.02.18 (Proc. C-243/16)].

4. A responsabilidade prevista no presente artigo depende: da atuação se ter traduzido na inobservância culposa de disposições legais ou contratuais destinadas a proteger os interesses dos credores sociais; do património da sociedade se ter tornado insuficiente para a satisfação dos créditos laborais e da verificação do nexo causal entre o ato do sócio/gerente e essa insuficiência. Cfr. os Acs. da RE, de 25.09.14 *in* CJ, Ano XXXIX, Tomo IV, p. 257 e de 17.05.11 *in* www.dgsi.pt (Proc. nº 649/09.6TTSTB.E1).

Na ótica da RL, a gestão danosa, quando conexionada com a responsabilização pessoal de sócios e/ou administradores/gerentes, não deve ser somente configurada à luz da desconsideração da personalidade jurídica, mas sim, em função dos factos alegados e dados como assentes, ser também reconduzido ao regime dos arts. 334º e 335º, do CT e 78º, 79º e 83º, do CSC. [Ac. de 08.10.14 *in* www.dgsi.pt (Proc. nº 228/12.0TTLSB.L1-4)]. Sobre gestão danosa, *vide*, ainda, deste mesmo tribunal, o Ac.

de 04.05.16 *in* www.dgsi.pt (Proc. nº 990/11.8TTLSB.L1-4) e CJ, Ano XLI, Tomo III, p. 131.

As falsas declarações, de inexistência de ativo e passivo, constantes de Ata de dissolução e encerramento da liquidação de sociedade empregadora geram apenas a responsabilização pessoal dos liquidatários, de acordo com o art. 158º do CSC. (Ac. da RE, de 25.09.14 *in* CJ, Ano XXXIX, Tomo IV, p. 257).

5. Sobre o trabalhador recai o ónus de alegar e provar os factos constitutivos do direito de pedir a condenação solidária prevista no presente artigo, mais precisamente os pressupostos da responsabilidade (art. 342º, nº 1, do CC). Cfr. os Acs. da RG, de 19.11.15 *in* CJ, Ano XL, Tomo IV, p. 279; da RL, de 05.12.12 *in* www.dgsi.pt (Proc. nº 1706/11.4TTLSB.L1-4) e CJ, Ano XXXVII, Tomo V, p. 152; da RP, de 05.03.12 *in* www.dgsi.pt (Proc. nº 775/08.9TTPRT.P1) e da RE, de 17.05.11 *in* www.dgsi.pt (Proc. nº 649/09.6TTSTB.E1).

No Proc. nº 205/11.9TTPTM.E1, o trabalhador limitou-se a pedir a condenação solidária de uma pessoa singular, por ter sido sócio e/ou gerente das sociedades demandadas, declarando a RE que daí não decorria fundamento legal que permitisse tal condenação. (Ac. de 25.10.12 *in* www.dgsi.pt).

Para uma análise de situações jurídicas onde foi decidido que não havia responsabilidade solidária, *vide*, por exemplo, o Ac. do STJ, de 21.11.12 *in* www.dgsi.pt (Proc. nº 3365/04.1TTLSB.L1.S1).

6. O art. 997º, nº 1, do CC, determina que a sociedade e os sócios, pessoal e solidariamente, respondem pelas dívidas sociais. Por seu turno, o art. 1020º, do CC, preceitua que, encerrada a liquidação e extinta a sociedade, os antigos sócios continuam responsáveis perante terceiros pelo pagamento dos débitos que não tenham sido saldados, como se não tivesse havido liquidação.

Estes dois preceitos não são aplicáveis, no quadro do direito laboral, devido à existência do regime especial constante do presente artigo. Cfr. o Ac. da RE, de 25.09.14 *in* CJ, Ano XXXIX, Tomo IV, p. 257.

5. No plano processual, a RL reconheceu legitimidade passiva numa ação especial de impugnação da regularidade e licitude do despedimento, na qual foram também pedidos outros créditos salariais vencidos há mais de três meses, às sociedades que tinham sido referenciadas pelo autor como estando em relação de grupo com a empregadora, sendo demandadas como responsáveis solidárias, nos termos do art. 334º, bem como, ao sócio gerente da empregadora demandado como responsável solidário, nos termos do presente artigo e do art. 79º, nº 1, do CSC, "pelos danos directamente causados no exercício de tais funções, mormente os danos emergentes do despedi-

mento que o A. reputa de ilícito e de abusivo". [Ac. de 30.05.12 *in* www.dgsi.pt (Proc. nº 190/11.7TTFUN.L1-4)].

Artigo 336º – Fundo de Garantia Salarial

O pagamento de créditos de trabalhador emergentes de contrato de trabalho, ou da sua violação ou cessação, que não possam ser pagos pelo empregador por motivo de insolvência ou de situação económica difícil, é assegurado pelo Fundo de Garantia Salarial, nos termos previstos em legislação específica.

COMENTÁRIOS:

1. Antecedentes legislativos: Arts. 380º, do CT/2003 e 316º a 326º, da RCT.

2. No âmbito do processo de insolvência é de salientar a possibilidade de arbitramento de alimentos aos trabalhadores que careçam de outros meios de subsistência, nos termos do art. 84º, nº 3, do CIRE.

3. O regime do Fundo de Garantia Salarial, a que alude o presente artigo, foi aprovado pelo DL nº 59/2015, de 21 de abril, a qual transpôs para a ordem jurídica interna a Diretiva 2008/94/CE, do Parlamento Europeu e do Conselho, de 22.10.08, relativa à proteção dos trabalhadores assalariados em caso de insolvência do empregador.

O DL nº 59/2015 revogou os arts. 316º a 326º, da L nº 35/2004, de 29 de julho e o DL nº 139/2001, de 24 de abril.

4. O TC, no Ac. nº 602/2006, de 14.11.06, havia julgado inconstitucional, "por violação do nº 1 do artigo 20º e da alínea *a*) do nº 1 do artigo 59º, um e outro da lei fundamental, a norma vertida no preceito da alínea *d*) do nº 7 do artigo 39º do Código da Insolvência e de Recuperação de Empresas, aprovado pelo Decreto-Lei nº 53/2004, de 18 de Março, quando interpretado no sentido de que dele decorre, nos casos em que foi proferida sentença nos termos do nº 1 daquele artigo, a imposição, ao trabalhador que não desfrute de condições económicas suficientes e que pretenda instaurar novo processo de insolvência para efeitos de nele ser reconhecida a reclamação do seu crédito por salários não pagos pela entidade insolvente, com vista ao disposto na alínea *a*) do artigo 324º da Lei nº 35/2004, de 29 de Julho, do depósito de um montante que o juiz razoavelmente entenda necessário para garantir o pagamento das dívidas previsíveis da massa insolvente, não contemplando o benefício de apoio judiciário a possibilidade de isenção desse depósito". (DR, 2ª Série, de 29.12.2006).

Para maiores desenvolvimentos, *vide* Maria Adelaide Domingos, *A Tutela dos Créditos Laborais Através do Fundo de Garantia Salarial*, pp. 247 e ss..

5. A reclamação ao Fundo, prevista no presente artigo, assume-se como um mecanismo de tutela ao dispor do trabalhador "independente e autónomo do reconhecimento dos créditos salariais em sede de insolvência e, por a sua satisfação se pretender célere, não se compagina com as inerentes demoras da ação tendente ao reconhecimento". [Ac. da RP, de 15.06.20 *in* www.dgsi.pt (Proc. nº 8950/18.1T8VNG-H.P1)]. Destarte, para fazer tal reclamação o trabalhador deve apresentar um requerimento instruído com uma declaração ou cópia autenticada de documento comprovativo dos créditos reclamados pelo trabalhador emitida pelo administrador de insolvência ou pelo administrador judicial provisório (al. *a*), do nº 2, do art. 5º, do DL nº 59/2015).

O Fundo assegura o pagamento dos créditos que se tenham vencido nos seis meses anteriores à propositura da ação de insolvência ou à apresentação do requerimento no processo especial de revitalização ou do requerimento de utilização do procedimento extrajudicial de recuperação de empresas (art. 2º, nº 4, do DL nº 59/2015). Sobre a conformidade desta norma com a legislação comunitária, veja-se o Ac. do TJ, de 28.11.13 *in* JOUE, C-45, de 15.02.14 (Proc. C-309/12).

Por outro lado, enquanto mecanismo de emergência social, o Fundo só é acionado se o crédito do trabalhador não for satisfeito no processo de insolvência. [Ac. da RG, de 09.04.13 *in* www.dgsi.pt (Proc. nº 260/12.4TBFAF-D.G1)].

6. O Fundo fica sub-rogado nos direitos e nos privilégios creditórios do trabalhador, na medida dos pagamentos efetuados, acrescidos de juros de mora vincendos (art. 4º, nº 1, do DL nº 59/2015). Como se lê no Ac. da RE, de 07.11.19, a "medida da satisfação do crédito, relevante para efeitos de sub-rogação, não pode exceder o direito de crédito que pertencia ao credor primitivo". [*In* www.dgsi.pt (Proc. nº 143/17.1T8PTG-M.E1)].

O crédito do Fundo de Garantia Salarial (credor sub-rogado) gerado pela satisfação parcial de créditos dos trabalhadores e a parte remanescente dos créditos destes não pagos por esse fundo, beneficiando da mesma garantia, são graduados a par (art. 4º, nº 2, do DL nº 59/2015). Assim, no mapa de rateio final do processo de insolvência, devem ser incluídos e contemplados, paritária e proporcionalmente e pagos rateadamente, em igualdade de condições. Cfr. os Acs. do STJ, de 07.05.14 *in* www.dgsi.pt (Proc. nº 128/11.1TBACN-D.C1.S1); da RP, de 07.02.12 *in* www.dgsi.pt (Proc. nº 232/03.0TYVNG-U.P1) e do STJ, de 20.10.11 *in* www.dgsi.pt (Proc. nº 703/07.9TYVNG.P1.S1).

7. No Proc. nº 2057/08.7TBACB-F.C1, estava em causa uma sentença de graduação e verificação de créditos de 22/09/2008 e um pagamento do crédito por parte do FGS ao trabalhador ocorrido em março de 2010. A RC entendeu que, "pago o débito que a insolvente tinha para com o seu trabalhador, fica, por via desse pagamento, o FGS sub-rogado nos poderes que ao trabalhador competiam – art. 593º do CC – e é nessa qua-

lidade que se dirige ao tribunal onde corre o processo de insolvência, o que pode fazer mediante requerimento autónomo devidamente instruído" e não através do incidente de habilitação do adquirente. (Ac. de 30.11.10 *in* www.dgsi.pt).

8. O Fundo efetua o pagamento dos créditos garantidos mediante requerimento do trabalhador, do qual constam, designadamente a identificação do requerente e do respetivo empregador e a discriminação dos créditos objeto do pedido (art. 5º, nº 1, do DL nº 59/2015).

Nos termos do nº 2, deste preceito, o requerimento é instruído, consoante as situações, com os seguintes documentos:

a) Declaração ou cópia autenticada de documento comprovativo dos créditos reclamados pelo trabalhador, emitida pelo administrador de insolvência ou pelo administrador judicial provisório;

b) Declaração comprovativa da natureza e do montante dos créditos em dívida declarados no requerimento pelo trabalhador, quando o mesmo não seja parte constituída, emitida pelo empregador;

c) Declaração de igual teor, emitida pelo serviço com competência inspetiva do ministério responsável pela área do emprego, quando não seja possível obtenção dos documentos previstos nas alíneas anteriores.

Ao abrigo destes preceitos, a RG decidiu que "não é exigível uma decisão judicial para comprovar os créditos emergentes de um despedimento laboral, quando sejam reclamados e reconhecidos no processo de insolvência". [Ac. de 14.05.20 *in* www.dgsi.pt (Proc. nº 4809/19.3T8VNF.G1)].

9. Segundo a RG, no processo de recuperação previsto no CPEREF, ao contrário do processo de falência, não é obrigatória a reclamação de créditos, sendo que a homologação da medida torna esta obrigatória para todos os credores que não disponham de garantia real sobre bens do devedor ou a ela tenham renunciado, desde que anteriores à entrada da petição em juízo. [Ac. de 23.04.20 *in* www.dgsi.pt (Proc. nº 825/04.8TTGMR-B.G1)].

10. Como esclareceu a RP, o "FGS nunca poderia ser demandado numa ação a pedir o pagamento de indemnização por rescisão de um dado contrato de trabalho e salários devidos a um trabalhador, nem contra o mesmo ser movida execução da sentença que julgou parcialmente procedente tal ação, ou provocar ali a sua intervenção principal, dada a dissolução e encerramento da liquidação da executada, por tal extinção administrativa nada ter a ver com as situações previstas para a intervenção daquela Entidade de molde a assegurar o pagamento ao trabalhador de créditos emergentes do contrato de trabalho ou da sua violação ou cessação e que se circunscrevem à insolvência, ao processo especial de revitalização (PER) e ao procedimento extraju-

dicial de recuperação de empresas (SIREVE)". (Ac. de 14.07.20 *in* www.dgsi.pt (Proc. nº 15/14.1TTOAZ.1.P1) e CJ, Ano XLV, Tomo III, p. 250).

SECÇÃO V – Prescrição e prova

Artigo 337º – Prescrição e prova de crédito

1. O crédito de empregador ou de trabalhador emergente de contrato de trabalho, da sua violação ou cessação prescreve decorrido um ano a partir do dia seguinte àquele em que cessou o contrato de trabalho.

2. O crédito correspondente a compensação por violação do direito a férias, indemnização por aplicação de sanção abusiva ou pagamento de trabalho suplementar, vencido há mais de cinco anos, só pode ser provado por documento idóneo.

COMENTÁRIOS:

1. Antecedentes legislativos: Arts. 381º, do CT/2003 e 38º, da LCT.

2. Manuel de Andrade, *Teoria Geral da Relação Jurídica*, vol. II, p. 464, considera que "o fundamento específico do instituto prescricional (...) é a inércia do respetivo titular, que ou significa renúncia ao seu direito ou de qualquer maneira o torna indigno de proteção jurídica".

O regime jurídico do instituto da prescrição (aqui aplicável) está previsto nos arts. 300º e ss., do CC. Desse regime, destacamos o facto da prescrição poder ser invocada por "aquele a quem aproveita" (art. 303º, do CC), admitindo, genericamente, a suspensão e interrupção (respetivamente, arts. 318º e ss. e 323º e ss., do CC). Por conseguinte, o tribunal não pode suprir, de ofício, a prescrição prevista no nº 1, uma vez que a mesma, para ser eficaz, "tem de ser invocada por aquele a quem aproveita, razão pela qual, em conformidade, quem pretenda dela beneficiar tem de a alegar e provar em juízo, sendo que, tratando-se de um facto extintivo de direitos, incide o ónus de alegar e provar os respetivos fundamentos sobre o devedor, atento o regime decorrente do nº 2 do artigo 342º do CC, pois que é a esse que tal facto aproveita". [Ac. da RP, de 09.03.20 *in* www.dgsi.pt (Proc. nº 6793/18.1T8PRT.P1)].

A prescrição pode ser interrompida através de citação ou notificação judicial de qualquer ato que exprima a intenção de exercer o direito (art. 323º, do CC), de compromisso arbitral (art. 324º, do CC) ou do reconhecimento do respetivo direito (art. 325º, do CC). Segundo a RL, não equivale ao reconhecimento da dívida, para efeitos interruptivos da prescrição (art. 325º, nº 1, do CC), "a fixação de uma compensação pela cessação do contrato com a menção da sua quitação". (Ac. de 11.07.18 *in* www.dgsi.pt (Proc. nº 3187/17.0T8BRR.L1-4) e CJ, Ano XLIII, Tomo III, p. 177).

Como clarifica o STJ, o efeito interruptivo determinado no nº 2, do art. 323º, do CC, assenta em três pressupostos:

– Que o prazo prescricional ainda esteja a decorrer e assim se mantenha nos cinco dias posteriores à propositura da ação;

– Que a citação não tenha sido realizada nesse prazo de cinco dias;

– Que o retardamento na efetivação desse ato não seja imputável ao Autor. [Ac. de 15.01.17 *in* www.dgsi.pt (Proc. nº 14143/14.0T8LSB.L1.S1)].

Para beneficiar da interrupção da prescrição prevista no art. 323º, nº 2, do CC, o autor deve pedir a citação mais de cinco dias antes da data do termo do prazo de um ano e um dia. Cfr. o Ac. da RE, de 16.02.17 *in* www.dgsi.pt (Proc. nº 1191/15.1T8TMR.E1).

Por outro lado, caso o tenha feito, "impõe-se ao tribunal que diligencie para que esta ocorra de imediato, não se mostrando razoável nem consentânea com a natureza desse ato a citação da Ré quatro dias úteis depois de ter sido ordenada". [Ac. da RL, de 19.12.18 *in* www.dgsi.pt (Proc. nº 2125/18.7T8LSB.L1-4)].

No proc. nº 578/05.2TTALM.L1.S1, o STJ elucidou que atenta a data da propositura da ação, 20.05.2005, não se verifica a exceção da prescrição de créditos do trabalhador, prevista no art. 381º, nº 1, do CT (atual, art. 337º) pois esta interrompeu-se nos termos do nº 2, do art. 323º, do CC, em 25.05.2005, "uma vez que a citação não foi efetuada dentro dos cinco dias depois de ter sido requerida, por causa não imputável ao requerente". (Ac. de 16.12.20 *in* www.dgsi.pt).

No proc. 1274/18.6T8VFX.L1.S1, o mesmo STJ decidiu que, tendo a autora proposto a ação contra as rés "em 16 de abril de 2018 e o processo sido submetido a despacho judicial apenas em 26 de abril de 2018, ou seja dez dias após aquela primeira data, mostram-se verificados os aludidos requisitos pelo que em 21 de abril de 2018 verificou-se a interrupção do prazo de prescrição a que se alude no nº 1 do art. 337º do CT, com as consequências previstas no art. 326º do CC". (Ac. de 24.06.20 *in* jurisprudencia.csm.org.pt).

Num caso em que a ação for proposta em 21 de agosto e a secção abriu conclusão ao juiz do processo em 08 de outubro seguinte e nessa sequência a ré foi citada em 17 de outubro, a RE concluiu que, resultando dos autos que a demora na citação é imputável à organização judiciária e não a qualquer ato do autor, não se verificou a prescrição dos créditos reclamados. [Ac. de 19.01.17 *in* www.dgsi.pt (Proc. nº 478/13.2TTFAR.E1)].

A apresentação dos documentos depois dos cinco dias estabelecidos no art. 323º, nº 2, do CC, não exclui a interrupção da prescrição ali estabelecida. [Ac. do STJ, de 15.01.17 *in* www.dgsi.pt (Proc. nº 14143/14.0T8LSB.L1.S1)].

No Proc. nº 32646/15.7T8LSB.L1.S1, o STJ entendeu que, tendo o contrato de trabalho cessado em 28 de novembro de 2014, o prazo prescricional de um ano iniciou-se em 29 de novembro de 2014 e terminou "às 24 horas do dia 29 de novembro de 2015, que, por coincidir com um domingo, transferiu-se para as 24 horas do primeiro dia útil seguinte, 30 de novembro de 2015". Assim, olhando a que a ré foi citada "no dia 30 de novembro de 2015, é de concluir que a interrupção do prazo prescricional assinalado ocorreu antes do respetivo termo". (Ac. de 09.11.17 *in* www.dgsi.pt). A RL sustentou que "só faz sentido que se transfira para o dia seguinte o termo do prazo, se o ato tiver de ser praticado em juízo e o último dia for um dia sem essa possibilidade por ser domingo ou feriado". [Ac. de 16.12.15 *in* www.dgsi.pt (Proc. nº 1681/14.3TTLSB.L1.-4)].

Já no Proc. nº 16952/18.1T8SNT.L1-4, a RL julgou prescrito "o direito do trabalhador que propõe em 2018 uma ação com fundamento em créditos vencidos e não pagos e em responsabilidade civil por danos não patrimoniais relativamente a um contrato de trabalho revogado em 2017, sem pagar a taxa de justiça, nem juntar decisão conferindo apoio judiciário, e de forma que careceu de aperfeiçoamento (nomeadamente aludindo a um despedimento que não existiu e que veio pedir inicialmente que fosse declarado nulo e a empregadora condenada a pagar salários de tramitação), sendo que, quando a R. foi citada, já decorrera há muito, por motivos imputáveis à A., o prazo de um ano a contar da cessação do contrato". (Ac. de 20.11.19 *in* www.dgsi.pt).

Chamamos a atenção para o Ac. da RL, de 11.04.18, onde foi decidido que, tendo "o Autor instaurado a ação no antepenúltimo dia precedente ao prazo prescricional, às 18.39 horas, com pedido de citação urgente, que foi deferido no dia seguinte, e distribuído para cumprimento nesse dia, realizando-se a citação após o decurso do prazo prescricional, atendendo ao horário de funcionamento das Secretarias Judiciais, e ao horário de trabalho dos funcionários judiciais (cfr. art. 2º, nº 1 da Lei 66/2013 de 29 de Agosto e despacho do Diretor Geral a propósito da referida Lei), o facto de a citação não ser levada a efeito na véspera do termo do prazo prescricional, não pode ser atribuído a negligência dos Serviços, antes da própria parte, que, acautelando-se, deveria ter instaurado a ação mais cedo, de preferência observando o prazo a que se refere o artigo 323º, nº 2 do C. Civil, ou, pelo menos, com a antecedência mínima razoável para permitir a citação anterior à preclusão do prazo em curso". [*In* www.dgsi.pt (Proc. nº 1994/17.2T8BRR.L1-4)].

Verificou-se igualmente a prescrição, "no circunstancialismo em que se apura que o contrato de trabalho cessou em 10-05-2016, pelo que o prazo de prescrição se iniciou no dia seguinte, a trabalhadora intentou a ação em 08-05-2017 e nela requereu a citação urgente da Ré (fê-lo, portanto, menos de 5 dias antes do termo do prazo de prescrição, pelo que não pode beneficiar da interrupção da prescrição prevista no nº 2 do artigo 323º do Código Civil) e a empregadora foi citada para a ação em 22 de Maio seguinte". [Ac. da RE, de 08.03.18 *in* www.dgsi.pt (Proc. nº 1187/17.7T8PTM.E1)].

Foi declarado inerte e, por isso, originador de prescrição, o comportamento de uma "trabalhadora que se arroga titular de créditos emergentes do contrato de trabalho, mas que não impugnou o seu crédito apresentado pela empregadora/devedora em processo especial de revitalização, nem reclamou outros créditos já vencidos, neste processo, tendo tido tal possibilidade, nem se manifestou por qualquer ato considerado meio adequado a interromper a prescrição", vindo a intentar uma ação judicial quando já havia decorrido o prazo previsto no presente artigo. [Ac. da RC, de 13.10.16 *in* www.dgsi.pt (Proc. nº 1380/14.6T8LRA-A.C1)].

3. Na hipótese de ter sido apresentado pedido de proteção jurídica na modalidade de nomeação de patrono, a RL esclareceu que a leitura mais adequada à letra e espírito do nº 4, do art. 33º, da Lei do Apoio Judiciário é aquela que entende que, com esse pedido, "se considera adjetiva e juridicamente ficcionada a propositura da ação a que tal pedido respeita, fazendo-a coincidir temporalmente e por determinação legal com a apresentação desse pedido". [Ac. de 27.05.20 *in* www.dgsi.pt (Proc. nº 1/19.5T8LRS.L1-4)].

Por isso, lê-se ainda nesse aresto, "a caducidade se considera interrompida na data desse pedido e a prescrição, no 6º dia após tal apresentação no Instituto da Segurança Social, nos termos e para os efeitos do número 2 do artigo 323º do Código Civil, funcionando então o regime do número 1 do artigo 327º do mesmo diploma legal, nem que seja por interpretação extensiva ou integração analógica, quer do número 4 daquele mesmo artigo 323º, quer deste último preceito, por forma a se aí enquadrar também o cenário excecional do número 4 do art. 33º da Lei do Apoio Judiciário.

Sendo assim, não há lugar a partir do 7º dia após o pedido de apoio judiciário na vertente da nomeação patrono ao começo da contagem de um novo prazo de prescrição de 1 ano do número 1 do artigo 337º do Código de Trabalho de 2009, só acontecendo tal cenário após o trânsito em julgado da decisão que ponha termo à ação judicial em presença.

A admitir-se a posição jurisprudencial de reinício de um novo prazo prescricional após o pedido de nomeação de patrono, sempre a recontagem do prazo de 1 ano só se poderia iniciar na data em que a nomeação do patrono tivesse sido concretizada e notificada ao referente e ao causídico em questão, o que logo remeteria o termo do prazo de prescrição de 1 ano do artigo 337º, número 1, do CT/2009, para data situada em momento posterior a 17 de maio de 2019, ou seja, após a data da citação da Ré (ainda que por uma curta diferença de dois ou três dias) e, naturalmente, depois da efetiva propositura desta ação, que ocorreu no dia 31/12/2018". Cfr., ainda, os Acs. da RP, de 08.01.18 *in* www.dgsi.pt (Proc. nº 8158/16.0T8VNG.P1); de 12.09.16 *in* www.dgsi.pt (Proc. nº 2220/15.4T8VLG.P1) e de 01.07.13 *in* www.dgsi.pt (Proc. nº 704/12.5TTOAZ.P1).

No Proc. nº 49/14.6TTFAR.E1, a RE concluiu que, "tendo o contrato de trabalho cessado em 16.05.2012, pedida proteção jurídica na modalidade de consulta jurídica em 26.03.2013 e pedida nomeação de patrono em 25.06.2013, é esta a data em que a ação se considera proposta, pelo que ocorreu a prescrição dos créditos laborais reclamados pelo trabalhador". (Ac. de 15.03.19 *in* www.dgsi.pt e CJ, Ano XLIV, Tomo II, p. 278).

Por seu turno, no Proc. 440/18.9T8MTS.S1, o contrato de trabalho cessou em 30.11.2016, vindo a respetiva ação a ser instaurada em 28.01.2018, "sendo certo que por força do disposto no art. 33º, nº 4, da Lei 34/2004, de 29 de julho (regime de acesso ao direito e aos tribunais) considera-se proposta em 29 de novembro de 2017, data em que o autor formulou, junto da Segurança Social, o pedido de apoio judiciário na modalidade de nomeação de patrono. Assim, o prazo de prescrição de um ano iniciou-se em 1 de dezembro de 2016 e terminou às 24 horas do dia 2 de dezembro de 2017. A ré veio a ser citada em 8 de fevereiro de 2018, não tendo ocorrido até essa data qualquer ato suscetível de interromper a prescrição". O STJ acabaria por confirmar a decisão de procedência da exceção da prescrição. (Ac. de 10.04.19 *in* www.dgsi.pt e CJ, Ano XXVII, Tomo II, p. 193).

4. Estão abrangidos pelo nº 1 os créditos pertencentes ao trabalhador e ao empregador que emergem diretamente do contrato de trabalho ou os que resultem da sua violação ou cessação.

Também os juros de mora de créditos emergentes do contrato de trabalho, da sua violação ou cessação, são eles próprios créditos abrangidos pelo nº 1, não lhes sendo aplicável, entre outros, os arts. 306º, nº 1 e 310º, do CC. Cfr. os Acs. da RG, de 25.06.20 *in* www.dgsi.pt (Proc. nº 58/19.9T8VCT.G1) e de 20.02.20 *in* www.dgsi.pt (Proc. nº 259/18.79T8BGC.G1); do STJ, de 23.01.19 *in* www.dgsi.pt (Proc. nº 4568/13.3TTLSB.L2.S1); da RE, de 12.07.18 *in* www.dgsi.pt (Proc. nº 472/17.4T8STC.E1), de 04.04.18 *in* www.dgsi.pt (Proc. nº 1/16.7T8TMR.E1-A) e de 28.06.17 *in* www.dgsi.pt (Proc. nº 1907/16.9T8PTM.E1); do STJ, de 16.06.16 *in* www.dgsi.pt (Proc. nº 438/14.6TTPRT.P1.S1); da RP, de 06.06.16 *in* www.dgsi.pt (Proc. nº 3200/15.5T8AVR.P1); da RE, de 09.03.16 *in* www.dgsi.pt (Proc. nº 166/14.2TTTMR.E1); da RP, de 15.02.16 *in* www.dgsi.pt (Proc. nº 295/14.2TTMAI.P1); de 01.02.16 *in* www.dgsi.pt (Proc. nº 124/14.7T8VNG.P1); de 18.01.16 *in* www.dgsi.pt (Proc. nº 224/14.3TTPRT.P1); de 13.04.15 *in* www.dgsi.pt (Proc. nº 1457/13.5TTVNG-A.P1); de 01.12.14 *in* www.dgsi.pt (Proc. nº 80/14.1TTVLG.P1-A) e de 17.11.14 *in* www.dgsi.pt (Proc. nº 293/13.3TTVNF.P1) e da RL, de 08.10.14 *in* www.dgsi.pt (Proc. nº 1115/13.0TTLSB.L1-4) e de 18.06.14 *in* www.dgsi.pt (Proc. nº 2420/12.9TTLSB.L1-4).

A RG entendeu que o presente artigo é aplicável aos "créditos do trabalhador vinculado por contrato de trabalho a pessoa colectiva pública, no âmbito dos serviços e estabelecimentos do SNS, relativos ao período de mobilização". [Ac. de 20.02.20 *in* www.dgsi.pt (Proc. nº 89/18.6T8BGC.G1)].

5. Ficam excluídos do âmbito de aplicação do nº 1, os créditos fundados em atos diversos do contrato de trabalho ou da sua cessação, mesmo que exigíveis em virtude dessa cessação.

Indiquemos algumas situações que não foram enquadradas no presente artigo:

– A responsabilidade civil decorrente da violação do legalmente estabelecido em matéria de saúde e segurança no local de trabalho de que resultou doença profissional, pode ter, simultaneamente, natureza extracontratual e contratual. Neste caso, "é de aplicar o princípio da consunção da responsabilidade extracontratual pela contratual, sendo o prazo de prescrição o ordinário estabelecido no art. 309º e não o de 3 anos previsto no art. 498º, ambos do CC, nem o de 1 ano cominado no art. 381º, nº 1 do Código do Trabalho/2003, sendo que neste se visam os créditos remuneratórios que integram a prestação de entidade empregadora na relação sinalagmática definida pelo contrato de trabalho". [Ac. do STJ, de 15.05.19 *in* www.dgsi.pt (Proc. nº 835/15.0T8LRA.C3.S1)];

– Situação de erro-vício na celebração do acordo revogatório do contrato de trabalho, suscetível de conduzir à anulabilidade desse acordo, "pois não estamos em presença de um crédito laboral, não podendo o Autor ser coatado no exercício do seu direito, numa situação em que pode não depender de si o acesso ao conhecimento dos factos subjacentes ao alegado erro". [Ac. da RL, de 12.09.18 *in* www.dgsi.pt (Proc. nº 25940/17.4T8LSB.L1-4)];

– Direito a uma indemnização e a quantias decorrentes da situação de reforma por invalidez. [Ac. da RL, de 05.07.18 *in* www.dgsi.pt (Proc. nº 27945/17.6T8LSB-AL1-4)];

– Crédito laboral reconhecido por sentença ou por outro título executivo. Cfr. os Acs. da RL, de 20.06.18 *in* CJ, Ano XLIII, Tomo III, p. 171 e da RP, de 15.09.14 *in* www.dgsi.pt (Proc. nº 881/13.8TTBRG-A.P1) e de 30.06.14 *in* www.dgsi.pt (Proc. nº 1453/ /12.0TTVNG-A.P1);

– Crédito emergente da violação de pacto de não concorrência pós-contratual. (Ac. da RL, de 27.09.17 *in* www.dgsi.pt (Proc. nº 441/05.7TTCSC.L1-4) e CJ, Ano XLII, Tomo IV, p. 150);

– Reconhecimento da duração do vínculo laboral, com uma determinada categoria e retribuição, com vista a comprovar tais factos, junto dos serviços da Segurança Social. (Ac. da RE, de 15.01.15 *in* CJ, Ano XL, Tomo I, p. 255).

6. No âmbito do presente artigo, o que vale para o início da contagem da prescrição é o momento da cessação do vínculo contratual. O legislador partiu aqui da ideia que os créditos dos trabalhadores são indisponíveis e irrenunciáveis durante a execução da relação de trabalho, atendendo à posição de subordinação em que se encontra o trabalhador, a qual coarta a formação plena e livre da sua vontade negocial. Cfr. o Ac. da RP, de 10.07.19 *in* www.dgsi.pt (Proc. nº 3277/17.9T8PNF.P1).

Miguel Lucas Pires, *Dos privilégios Creditórios – Regime Jurídico e sua Influência no Concurso de Credores*, p. 257, nota 12, considera que estamos perante uma presunção ilidível, nos termos do art. 350º, nº 2, do CC.

Para António Monteiro Fernandes, *Direito do Trabalho*, p. 446, o que importa para o início da contagem da prescrição "é o momento da *rutura da relação de dependên-*

cia, não o momento da cessação efetiva do vínculo jurídico, a qual, em virtude de decisão judicial que (por exemplo) declare ilícito o despedimento, pode até ser juridicamente neutralizada. O momento decisivo é, por conseguinte, aquele em que a relação *factual* de trabalho cessa, ainda que, posteriormente, o ato que lhe tenha posto termo venha a ser invalidado".

Assim, pode acontecer que "um trabalhador cujos créditos se venceram há 20 ou 30 anos os possa vir reclamar, para tal bastando que o seu contrato tenha cessado há menos de um ano", Miguel Lucas Pires, *Dos privilégios Creditórios – Regime Jurídico e sua Influência no Concurso de Credores*, p. 259.

Se empregador e trabalhador celebrarem novo contrato de trabalho imediatamente após a cessação de outro, "sem qualquer intervalo de tempo entre a cessação do primeiro e a celebração do segundo, determina que o prazo de prescrição dos créditos emergentes do primeiro contrato e da sua cessação só se inicie no dia seguinte ao da cessação do segundo". [Ac. da RP, de 02.05.16 *in* www.dgsi.pt (Proc. nº 1675/13.6TTPRT.P1)]. Cfr., ainda, os Acs. da RG, de 03.12.15 *in* www.dgsi.pt (Proc. nº 116/14.6T8VRL.G1) e da RL, de 02.07.14 *in* www.dgsi.pt (Proc. nº 4598/12.2TTLSB.L1-4).

O desligamento do serviço para efeito de aposentação faz cessar o contrato de trabalho, "iniciando-se o prazo de prescrição dos créditos laborais no dia seguinte". [Ac. da RL, de 02.12.15 *in* www.dgsi.pt (Proc. nº 1044/14.0T8LSB.L1-4)].

O contrato de trabalho declarado nulo ou anulado produz efeitos como válido em relação ao tempo em que seja executado, nos termos do nº 1, do art. 122º, sendo que os créditos dele emergentes, da sua violação ou cessação, prescrevem decorrido um ano a partir do dia seguinte àquele em que cessou, por força do nº 1. Cfr. os Acs. do STJ, de 29.10.14 *in* www.dgsi.pt (Proc. nº 1125/13.8T4AVR.S1) e de 08.10.14 *in* www.dgsi.pt (Proc. nº 1111/13.8T4AVR.S1).

João Leal Amado, *Proteção do salário*, pp. 193 e ss., considera que o prazo de um ano do nº 1 é demasiado curto.

A propósito do decurso da prescrição durante a relação de trabalho, cfr. Bernardo Xavier, *Prescrição dos Créditos Laborais*, pp. 243 e ss..

O TC, no Ac. nº 185/2004, de 23.03.04, entendeu não ser inconstitucional a interpretação do artigo 38º, nº 1, da LCT (atual nº 1), "de acordo com a qual o prazo de impugnação judicial de decisão de sanção disciplinar de um dia de suspensão sem vencimento prescreve no prazo de um ano contado desde a data de comunicação da aplicação da respetiva sanção, mesmo que o contrato de trabalho não haja cessado". (DR, II Série, de 11.05.2004).

7. O direito de impugnar uma sanção disciplinar conservatória do vínculo laboral está sujeito ao prazo previsto no presente artigo. Estão aqui presentes os princípios da certeza e segurança jurídicas, que se manifestam na necessidade de evitar que, sobre a

sanção aplicada, recaía, por longo período, o espectro da impugnabilidade. Por outro lado, é importante ter presente que o nº 2 (que é uma consequência do nº 1) faz referência expressa à impugnação de sanções abusivas. Cfr. os Acs. da RP, de 27.04.15 *in* www.dgsi.pt (Proc. nº 339/14.8TTMAI-A.P1) e da RL, de 23.02.05 *in* CJ, Ano XXX, Tomo I, p. 160. Ver ainda as considerações de Pedro Sousa Macedo, *Poder Disciplinar Patronal*, pp. 159 e ss..

Convém distinguir o prazo prescricional previsto no presente artigo do prazo de impugnação do despedimento previsto no art. 387º. Note-se que o prazo de impugnação do despedimento é um prazo de caducidade. De facto, quando a lei fixa um determinado prazo para o exercício de um direito, são-lhe aplicáveis as regras da caducidade, "a menos que a lei se refira expressamente à prescrição", art. 298º, nº 2, do CC.

É oportuno relembrar que, aplicando-se a ação especial de impugnação da regularidade e licitude do despedimento individual, o direito de ação está sujeito ao prazo de caducidade de 60 dias (art. 387º, nº 2).

Nos demais casos de impugnação de despedimento em que o meio processual próprio é o processo comum, aplica-se o regime de prescrição estabelecido no presente artigo, abrangendo o prazo de um ano aí estabelecido quer a propositura da ação, quer os créditos emergentes de despedimento ilícito. Cfr. o Ac. da RP, de 30.05.18 *in* www.dgsi.pt (Proc. nº 2613/16.0T8MTS-A.P1) e CJ, Ano XLIII, Tomo III, p. 250.

No despedimento coletivo, a ação de impugnação deve ser interposta no prazo de caducidade de 6 meses (art. 388º, nº 2), sem prejuízo do prazo geral do presente artigo. Assim, se o trabalhador não impugnar o despedimento no prazo de 6 meses, precludiu o direito de peticionar os créditos decorrentes do despedimento ilícito, no entanto, pode, dentro do prazo de 1 após a cessação do contrato, reclamar os créditos decorrentes da sua vigência e cessação, *v.g.*, os créditos referentes às férias, subsídio de férias e de Natal e a compensação decorrente da cessação, etc.. Cfr. o Ac. da RE, de 07.09.16 *in* www.dgsi.pt (Proc. nº 82/14.8TTSTR.E2).

No entendimento do STJ, o prazo de prescrição do direito à reintegração do trabalhador é o ordinário de vinte anos, conforme previsto no art. 309º, do CC. Com efeito, no Ac. de 26.02.97, considerou que se "for reconhecida e declarada judicialmente a persistência da relação jurídica derivada do contrato de trabalho, por sentença transitada em julgado, também de condenação do empregador na reintegração do trabalhador, e não houver, por culpa daquele, restabelecimento da relação laboral de facto, concretizando a reintegração ordenada pelo tribunal, a única prescrição suscetível de afetar o direito do trabalhador ou a correspondente obrigação do empregador, é a ordinária de 20 anos, prevista no artigo 309º, ex vi do art. 311º, ambos do Código Civil". (*In* BMJ, 464, p. 315).

No Proc. nº 16514/18.3T8SNT.L1-4, a RL preconizou que, tendo havido já decisão judicial a julgar ilícito o despedimento e a determinar a reintegração da trabalhadora, embora ainda sem trânsito em julgado, em ação intentada antes do completar do prazo prescricional previsto no nº 1 na primeira ação, "uma vez que existe a possibilidade de a mesma vir a ser confirmada e a transitar em julgado, tal implicando a reposição ou retoma da vigência jurídica do contrato de trabalho que foi celebrado entre autora e ré, sempre a autora poderá vir a ter a possibilidade de invocar os mesmos créditos no prazo de um ano após nova e futura cessação do contrato de trabalho", por força do nº 1. (Ac. de 29.05.19 *in* www.dgsi.pt).

Na hipótese de a relação laboral ser reatada – "por força da decisão transitada em julgado que suspendeu o despedimento do trabalhador – esse reatamento não tem o efeito de «anular» o decurso do prazo de prescrição, a correr desde o dia seguinte ao seu despedimento, e relativamente a créditos não reclamados pelo trabalhador na acção de impugnação do despedimento entretanto instaurada". (Ac. da RP, de 26.09.16 *in* www.dgsi.pt (Proc. nº 634/15.9T8MTS.P1) e CJ, Ano XLI, Tomo IV, p. 206).

Sobre o malefício da prescrição no direito do trabalho, cfr. Nilton Correia, *Prescrição. Um Ofício da magistratura?*".

8. A propósito da extinção de um contrato de trabalho celebrado com um administrador de uma sociedade anónima, debrucemo-nos um pouco sobre o proc. nº 360/20.7T8EVR.E1. Nestes autos, o autor entendia que o contrato de trabalho fora retomado após a renúncia à administração, em 31.12.2019, enquanto que as rés entendiam que este se extinguiu em 31.10.2005, data em que foi nomeado vogal do conselho de administração da 1ª R..

Da leitura conjugada dos nºs 1 e 2, do art. 398º, do CSC, extraímos que quando for designada administrador uma pessoa que, na sociedade ou em sociedades que com esta estejam em relação de domínio ou de grupo, exerça quaisquer funções temporárias ou permanentes ao abrigo de contrato de trabalho, subordinado ou autónomo, os contratos relativos a tais funções extinguem-se, se tiverem sido celebrados há menos de um ano antes da designação, ou suspendem-se, caso tenham durado mais do que esse ano. Sucede que o TC declarou "a inconstitucionalidade, com força obrigatória geral, da norma constante do nº 2 do artigo 398º do Código das Sociedades Comerciais, aprovado pelo Decreto-Lei nº 262/86, de 2 de setembro, na parte em que determina a extinção do contrato de trabalho, celebrado há menos de um ano, de titular que seja designado administrador da sociedade empregadora, por violação do disposto na alínea *d*) do artigo 55º e na alínea *a*) do nº 2 do artigo 57º da Constituição, na redação vigente à data em que a norma foi editada (Lei Constitucional nº 1/82, de 30 de setembro)". (Ac. nº 774/2019, de 17.12.19, pub. no DR, Série I, de 27.01.2020). Neste acórdão, foram limitados os efeitos da inconstitucionalidade declarada, "de modo a que se produzam apenas a partir da publicação do presente Acórdão".

A RE, considerando "que a extinção do contrato de trabalho do autor, em virtude de ter sido nomeado administrador da 1ª R., nos termos do art. 398º, nº 2 do CSC, ocorreu em 31.10.2005, ou seja, em data muito anterior à data de produção dos efeitos jurídicos da inconstitucionalidade", entendeu que aquela declaração de inconstitucionalidade não se aplicava "ao facto gerador da extinção do contrato de trabalho do autor". Acabando por concluir que, tendo o contrato de trabalho se extinguido em 31.10.2005 e a ação entrado em juízo em 19.02.2020, mostra-se "há muito transcorrido o prazo de um ano e um dia, estando, assim prescritos os créditos peticionados pelo autor". (Ac. de 25.02.21 *in* www.dgsi.pt).

9. Atenta a sua natureza e efeitos que dela decorrem, a prescrição assume-se como uma exceção perentória, cuja procedência determina a absolvição do pedido, nos termos do nº 3, do art. 576º, do CPC. Cfr. o Ac. da RP, de 09.03.20 *in* www.dgsi.pt (Proc. nº 6793/18.1T8PRT.P1).

10. Em respeito pelos valores da certeza e segurança jurídicas, o nº 2 estabelece, em matéria probatória, um regime especial, de acordo com o qual os créditos correspondentes à compensação por violação do direito a férias (art. 246º), indemnização por aplicação de sanção abusiva (art. 331º, nº 3) ou pela realização de trabalho suplementar (art. 268º), vencidos há mais de 5 anos, só podem ser provados por documento idóneo. Cfr. o Ac. da RG, de 10.07.19 *in* www.dgsi.pt (Proc. nº 3235/18.6T8VNF.G1).

A exigência probatória do nº 2 não prejudica o prazo prescricional do nº 1, ou seja, para os créditos que o mesmo contempla continua a vigora o prazo prescricional de 1 ano. Como esclareceu a RG, o disposto no nº 2 não consagra um regime de prescrição, mas tão só uma exigência especial de prova e somente relativamente aos créditos ali enunciados. [Ac. de 04.02.21 *in* www.dgsi.pt (Proc. nº 786/19.9T8VRL.G1)].

O legislador procurou aqui combater a perda da frescura probatória, limitando os meios de prova de que o trabalhador pode lançar mão para demonstrar a existência dos factos constitutivos desses mesmos créditos.

O nº 2 tem natureza excecional, por essa razão a exigência da prova ("documento idóneo") "destina-se apenas aos créditos aí expressamente referidos, não abrangendo quaisquer outros créditos do trabalhador vencidos há mais de cinco anos, como, por exemplo, o direito à remuneração a título de férias vencidas e não gozadas". (Ac. da RE, de 12.07.18 *in* www.dgsi.pt (Proc. nº 1944/17.6T8EVR.E1) e CJ, Ano XLIII, Tomo III, p. 292). Cfr., ainda, os Acs. da RL, de 24.01.19 *in* www.dgsi.pt (Proc. nº 4462/15.3T8SNT-B.L2-6); da RE, de 08.11.17 *in* www.dgsi.pt (Proc. nº 1306/15.0T8EVR.E1) e CJ, Ano XLII, Tomo V, p. 279 e de 14.09.17 *in* www.dgsi.pt (Proc. nº 97/14.6T8STR.E1) e do STJ, de 29.04.15 *in* www.dgsi.pt (Proc. nº 10/12.5TTTVD.L1.S1).

Miguel Lucas Pires, *Dos privilégios Creditórios – Regime Jurídico e sua Influência no Concurso de Credores*, p. 260, nota 18, refere que, "tendo em conta a distância que medeia entre o surgimento destes créditos e a sua reclamação, poderiam surgir dúvidas quanto à prova da sua existência, daí a lei ter exigido como suporte da pretensão do trabalhador certos meios de prova particularmente impressivos".

Quanto ao alcance da expressão "documento idóneo", a mesma parece manifestar a intenção do legislador em se referir apenas a documentos escritos. Conforme salienta MIGUEL LUCAS PIRES, *ob. cit.*, p. 259, nota 17, "a noção de documento constante do art. 362º do C.C., abarca "qualquer objeto elaborado pelo homem com o fim de reproduzir ou representar uma pessoa, coisa ou facto", o que parece excluir a confissão do próprio conceito de documento. Todavia, dentro dos documentos escritos, não será de exigir documento autêntico ou autenticado: bastará documento particular que revele a existência dos créditos referidos no art. 38º, nº 2, da LCT". Por sua vez, MANUEL JOSÉ PINTO DOS SANTOS, *A prescrição de créditos emergentes do contrato de trabalho*, p. 39, considera que o documento é idóneo quando não deixa "quaisquer dúvidas ao julgador quanto ao seu conteúdo e validade", devendo provir "da própria entidade patronal, revelando a sua posição de devedor".

Concretizando este conceito indeterminado, a RP declarou que apenas "têm tal idoneidade os documentos escritos emanados da própria entidade empregadora e que, por si sós, tenham força probatória bastante para demonstrar a existência dos factos constitutivos do crédito, sem recurso a outros meios de prova, designadamente prova testemunhal". [Ac. de 14.03.16 *in* www.dgsi.pt (Proc. nº 574/13.6TTMAI.P1)]. Cfr., ainda, o Ac. do STJ, de 17.12.14 *in* www.dgsi.pt (Proc. nº 397/11.7TTMTS.P1.S1).

A retribuição, sendo indisponível, "não pode ser objeto de confissão extrajudicial a declaração de recebimento do vencimento, conforme art. 354º, al. b), do Código Civil, pelo que não faz prova plena o recibo de vencimento assinado pela trabalhadora, apesar do disposto nos arts. 374º, nº 1, e 376º, nº 1 e 2, do Código Civil". [Ac. da RP, de 10.07.19 *in* www.dgsi.pt (Proc. nº 3277/17.9T8PNF.P1)].

O empregador está obrigado a conservar as folhas de registo do tacógrafo e impressões durante um período de, pelo menos, um ano a partir da sua utilização, devendo remeter uma cópia aos trabalhadores (condutores) interessados, caso estes o solicitem. Se o trabalhador não solicitar tal cópia, nesse período, a invocação, pela empregadora, da destruição daqueles documentos "não revela uma omissão deliberada e culposa capaz de legitimar a inversão do ónus da prova". [Ac. da RP, de 26.05.15 *in* www.dgsi.pt (Proc. nº 324/12.4TTSTS.P1)].

CAPÍTULO VII – Cessação de contrato de trabalho

SECÇÃO I – Disposições gerais sobre cessação de contrato de trabalho

Artigo 338º – Proibição de despedimento sem justa causa

É proibido o despedimento sem justa causa ou por motivos políticos ou ideológicos.

COMENTÁRIOS:

1. Antecedentes legislativos: Arts. 382º, do CT/2003 e 3º, nº 1, da LCCT.

2. Acerca do *conceito subjetivo e objetivo de justa causa* explicam José Joaquim Gomes Canotilho/Vital Moreira: "Tratando-se de um conceito não determinado constitucionalmente, há que recorrer às regras de «densificação semântica» de conceitos constitucionais relativamente indeterminados. Existem a este respeito duas posições distintas, aliás sucessivamente perfilhadas pelo Tribunal Constitucional. Segundo a primeira, partindo do conceito de justa causa conceitualmente adquirido à data da Constituição (e que, em princípio, teria sido por ela recebido), o mesmo supunha um comportamento culposo, censurável, do próprio trabalhador, suficientemente grave para habilitar o empregador a pôr fim imediato à relação de trabalho sem indemnização ao trabalhador (...). Segundo outra interpretação, menos estrita e menos historicamente condicionada, o conceito de justa causa é relativamente aberto, excluindo seguramente os despedimentos por vontade discricionária do empregador, mas não excluindo despedimentos por motivos objetivos, não imputáveis nem ao empregador nem ao trabalhador. (...). Tal é a solução perfilhada pela lei (...), com o beneplácito do Tribunal Constitucional", *Constituição da República Portuguesa Anotada*, p. 708.

A propósito desta querela doutrinária sobre o *sentido de justa causa* recebido pelo art. 53º, da CRP, José João Abrantes explica que: "Coroando toda uma tendência para a progressiva redução do critério e do âmbito de justa causa, chegou-se, com o Decreto-Lei nº 372-A/75, de 16 de julho, a uma noção, que a fazia corresponder a um comportamento culposo do trabalhador que, pela sua gravidade e consequências, produzisse a impossibilidade de subsistência da relação de trabalho. Estávamos, em resultado de toda uma evolução anterior, chegados à definição de um critério subjetivo de justa causa, em que apenas relevavam os motivos ligados a atos ilícitos praticados pelo trabalhador. Ora, a Constituição procedeu a uma receção deste conceito", *O Direito do Trabalho e a Constituição*, pp. 19 e ss.

Jorge Leite/Coutinho de Almeida entendem constituir uma verdadeira "fraude constitucional" transitar de um conceito subjetivo para um conceito objetivo, "erigindo, designadamente, as razões e uso empresariais em justa causa de despedimento", *Coletânea de Leis do Trabalho*, p. 247.

Em posição contrária, Bernardo Xavier considera que "a Constituição pretendeu aqui, para além da proibição de certas motivações especialmente abusivas, eliminar o sistema de despedimentos discricionários sem qualquer motivo justificativo, em que era possível a perda arbitrária do lugar. Mas não parece que a Constituição tenha querido assumir o antigo conceito de justa causa. (...)", *A extinção do contrato de trabalho*, p. 434.

Guilherme Dray conclui que o ordenamento jurídico português permite a convivência da justa causa subjetiva, aferida pelo comportamento culposo do trabalhador, com a justa causa objetiva, em que tal comportamento culposo está ausente, contanto que ambas se reduzam à "impossibilidade de subsistência da relação de trabalho", *Justa causa e esfera privada*, p. 28.

Para João Leal Amado, o TC tem vinda a sustentar interpretações atualistas da justa causa que nada tem que ver com a sua origem. Com efeito, nos tempos de abril defendia uma interpretação estrita, vindo, com o tempo, a postular uma conceção ampla da mesma norma. *Despedimento ilícito e salários intercalares: a dedução do alliunde perceptum – uma boa solução?*, pp. 43 e ss.

A interpretação do Tribunal Constitucional, vertida no Ac. nº 107/88, de 31.05.88, proíbe "os despedimentos sem qualquer motivo (*ad nutum*) ou sem motivo justo (razoável), ou seja, os despedimentos arbitrários" (DR, I Série, de 21.07.1988).

Pois ao alargar-se "o conceito de justa causa para despedimento individual a factos, situações ou circunstâncias objetivas que inviabilizam a relação de trabalho e estejam ligados à aptidão do trabalhador ou sejam fundados em motivos económicos, tecnológicos, estruturais ou de mercado, relativos à empresa, estabelecimento ou serviço, legitimam o despedimento por factos não ligados à conduta do trabalhador, e em, termos muito amplos, poderá entender-se que contende com os direitos da segurança no emprego e ao trabalho, previstos nos artigos 53º e 59º, nº 1, da Constituição", *loc. cit.*.

Posteriormente, no Ac. nº 64/91, de 04.04.91, o mesmo TC, nomeadamente, a propósito da cessação do contrato de trabalho por inadaptação do trabalhador e de salários em atraso, acolheu o entendimento de que a Constituição ao lado da chamada "justa causa subjetiva" não vedou ao legislador ordinário "a consagração de certas causas de rescisão unilateral do contrato de trabalho pela entidade patronal com base em motivos objetivos, desde que as mesmas não derivem de culpa do empregador ou do trabalhador e que tornem praticamente impossível a subsistência do vínculo laboral". Admitindo a compatibilidade da cessação do contrato de trabalho por inadaptação do trabalhador com o princípio constitucional da proibição dos despedimentos sem justa causa, como *ultima ratio*, e desde que não sirva para um aproveitamento dos despedimentos arbitrários. (DR, I-A, de 11.04.1991).

"O parecer do TC será agora mais condescendente para com os interesses económicos, admitindo os despedimentos individuais fundados em «causas objetivas não imputáveis a culpa do trabalhador» que, em cada caso concreto, tornem praticamente impossível a subsistência da relação de trabalho", pois a justa causa é suscetível de cobrir "factos, situações ou circunstâncias objetivas, não se limitando à noção de justa causa disciplinar, que está assente no nosso direito do trabalho desde 1976", Paula Quintas, *A problemática constitucional de justa causa nos despedimentos objetivos*, p. 434.

Recuperam-se os despedimentos com motivo atendível, ou seja, por "facto, situação ou circunstância objetiva, ligado à pessoa do trabalhador ou à empresa, que, dentro dos condicionalismos da empresa, torne contrária aos interesses desta e aos interesses globais da economia a manutenção da relação de trabalho", apesar de não denominados desta forma, atendendo a que a justa causa deixou de ser apenas subjetiva, dado que é aceitável que um facto não relacionado com a pessoa do trabalhador torne necessária a cessação contratual, face aos interesses do empregador.

Longe vão os tempos em que o TC (Ac. nº 107/88) considerava que o alargamento do conceito de justa causa a factos, situações ou circunstâncias objetivas que inviabilizam a relação de trabalho e estevam ligados à aptidão do trabalhador ou eram fundados em motivos tecnológicos, estruturais ou de mercado, relativos à empresa, estabelecimento ou serviço, violavam a CRP, Paula Quintas, *A problemática constitucional de justa causa,* p. 252.

Artigo 339º – Imperatividade do regime de cessação do contrato de trabalho

1. O regime estabelecido no presente capítulo não pode ser afastado por instrumento de regulamentação coletiva de trabalho ou por contrato de trabalho, salvo o disposto nos números seguintes ou em outra disposição legal.

2. Os critérios de definição de indemnizações e os prazos de procedimento e de aviso prévio consagrados neste capítulo podem ser regulados por instrumento de regulamentação coletiva de trabalho.

3. Os valores de indemnizações podem, dentro dos limites deste Código, ser regulados por instrumento de regulamentação coletiva de trabalho.

COMENTÁRIOS:

1. Antecedentes legislativos: Arts. 383º, do CT/2003 e 2º, nº 1 e 59º, nº 1, da LCCT.

2. O presente artigo acolhe um enquadramento taxativo, de caráter garantístico, proibindo o afastamento ou modificação de todo o regime previsto no cap. VII (Cessação do contrato de trabalho) por instrumento de regulamentação coletiva de trabalho ou por contrato de trabalho, salvo os casos previstos na lei (nº 1).

3. Todavia, os critérios de definição de indemnizações e os prazos de procedimento e de aviso prévio podem ser regulados por instrumento de regulamentação coletiva de trabalho (nº 2).

V – Apesar da distinção/diferença que os CT de 2003 e de 2009 estabelecem entre "indemnização" e "compensação", aquela associada à cessação ilícita do contrato de trabalho (artigos 389º, nº 1, a), 390º, 391º, 399º, 401º e 403º) e esta ao normal exercício de promover a cessação do contrato pelo trabalhador (artigos 344º, nº 2, 345º, nº 4, 346º, nº 5, 366º, 372º e 379º), deve entender-se que a permissão legal para a intervenção da autonomia coletiva também abrange a compensação porque não há razão material para se sustentar um tratamento diferente e porque o termo "indemnização" é utilizado no preceito do artigo 339º, nº 3, em sentido amplo. [Ac. da RP, de 18.01.16 *in* www.dgsi.pt (Proc. nº 167/15.3T8MTS.P1)].

4. Igualmente, os valores de indemnizações podem, dentro dos limites deste Código, ser regulados por instrumento de regulamentação coletiva de trabalho (nº 3).

5. *As partes pretenderam ancorar-se numa cláusula penal, estabelecendo uma indemnização que seria devido ao autor caso o incumprimento viesse a ocorrer. Todavia, a liberdade contratual estás-lhe vedada, por força da imperatividade do regime jurídico relativo à cessação do contrato de trabalho, tal como resulta, expressamente, do artigo 339º do Código do Trabalho.* [Ac. da RL, de 17.02.16 *in* www.dgsi.pt (Proc. nº 3679/13.0TTLSB.L1-4)].

Artigo 340º – Modalidades de cessação do contrato de trabalho

Para além de outras modalidades legalmente previstas, o contrato de trabalho pode cessar por:

a) Caducidade;

b) Revogação;

c) Despedimento por facto imputável ao trabalhador;

d) Despedimento coletivo;

e) Despedimento por extinção de posto de trabalho;

f) Despedimento por inadaptação;

g) Resolução pelo trabalhador;

h) Denúncia pelo trabalhador.

COMENTÁRIOS:

1. Antecedentes legislativos: Arts. 384º, do CT/2003 e 3º, nº 2, da LCCT.

2. Aquando da codificação, o Código do Trabalho *civilizou-se*, aproximando-se do regime geral, que pressupõe, na sua essência, a paridade entre as partes. Esta opção foi debatida por vários doutrinários:

Paulo Morgado de Carvalho, situa o Direito do Trabalho, como um direito protecionista, "em virtude da patente desigualdade real entre as partes, e em que está constantemente em causa a dignidade da pessoa dos trabalhadores e os seus direitos fundamentais, como os direitos de cidadania", *Percurso pelo regime da cessação do contrato de trabalho, no Código do Trabalho*, p. 15.

João Leal Amado entende que se *deslaborizou* o Código do Trabalho a favor da «pulsão civilística», apontando ainda, outros exemplos dessa «formatação civilista»: o "art. 93º do Código, relativo à culpa na formação do contrato de trabalho (que se limita a reproduzir o disposto no art. 277º do Código Civil), no seu art. 119º/1, relativo à boa fé na execução do contrato de trabalho (que se limita a reproduzir o disposto no art. 762º/2 do Código Civil) ou no seu art. 363º, relativo ao incumprimento culposo do contrato de trabalho (que se limita a reproduzir o disposto no art. 798º do Código Civil)", *Algumas notas sobre o regime do despedimento*, p. 277.

3. O presente preceito *ressuscita* as manifestações cessatórias da LCCT, atendendo à crítica dominante da excessiva *civilização* do CT/2003.

A redação do CT/2009 acolhe a possibilidade de cessação por outras modalidades legalmente previstas, apelando, nomeadamente, aos regimes avulsos e ao direito civil.

I – A celebração dum contrato de cessão de exploração duma farmácia não determina a suspensão do contrato de trabalho da sua Diretora Técnica, no caso de ela ter passado a explorar aquele estabelecimento, a partir de então. II – A assunção pela Diretora Técnica da farmácia das vestes de empregadora, em consequência do contrato fez extinguir, por confusão, o contrato de trabalho preexistente. (Ac. do STJ, de 08.06.05 *in* CJ, Ano XIII, Tomo II, p. 264).

4. As tipologias apresentadas enquadram a:

– Caducidade [al. *a*)], pelo efeito jurídico do decurso do tempo ou por alguma vicissitude que impeça a prestação superveniente, absoluta e definitiva de dar ou receber trabalho.

– Revogação [al. *b*)], ou seja, o acordo das partes em pôr termo à relação contratual.

– Resolução pelo empregador (por ato unilateral) via *despedimento subjetivo* (por facto imputável ao trabalhador), al. *c*), ou *objetivo* [por motivos de mercado, estruturais ou tecnológicos – despedimento coletivo e despedimento por extinção de posto de trabalho – ou por inadaptação superveniente do trabalhador ao posto de trabalho (despedimento por inadaptação) ou por inadaptação do trabalhador sem ter havido modificações no posto de trabalho (despedimento por inaptidão)], als. *d*) a *f*).

O art. 53º, da CRP, ao caucionar o direito à segurança no emprego como direito fundamental, dentro dos direitos, liberdades e garantias, obriga ao despedimento causal e rejeita o despedimento *ad nutum*, mantendo o CT que são ilícitos os despedimentos cujo motivo justificativo seja declarado improcedente [art. 381º, al. *b*)].

A favor da posição do trabalhador, a lei proíbe não só as causas de cessação que exorbitem o elenco de admissibilidade, como ainda todas as demais que, destituídas de cobertura legal, enquadrem injusta causa invocada. Veja-se a exemplificação de Bernardo Xavier/Pedro Furtado Martins/António Nunes de Carvalho, que comentavam o enquadramento jurisprudencial levado a cabo perante as, assim chamadas *cessações factuais* do vínculo laboral que têm vindo a ser entendidas como configurando um despedimento ilícito. *V.g.* os casos em que a causa invocada de cessação do contrato de trabalho é a caducidade, apurando-se mais tarde que tal causa inexiste conforme apresentada; as situações em que a qualificação contratual é de trabalho não subordinado, quando afinal o era, e a entidade empregadora o denuncia livremente, conforme permitem as relações não subordinadas; a invocabilidade da caducidade do contrato de trabalho qualificado como a termo, quando afinal o termo aposto padece de nulidade, *Cessação factual da relação de trabalho e aplicação do regime jurídico do despedimento*, p. 41.

I – O despedimento traduz-se na rutura da relação laboral por ato unilateral do empregador, mediante uma declaração feita verbalmente, por escrito ou por qualquer outro meio de manifestação da vontade (declaração negocial expressa), ou mediante uma declaração que possa ser deduzida de atos equivalentes que com toda a probabilidade a revelem (declaração negocial tácita). II – Provando-se que o empregador promoveu a cessação do contrato de trabalho através da celebração com o trabalhador dum acordo de revogação do mesmo, que ambos assinaram, fica prejudicada a unilateralidade que necessariamente caracteriza o despedimento, ainda que tal acordo fosse nulo ou anulável por vício da vontade ou outra causa, pois esta situação apenas acarretaria a destruição dos respetivos efeitos e a consequente manutenção em vigor do contrato de trabalho e das obrigações dele emergentes, designadamente a de prestação de trabalho pelo trabalhador e a de pagamento da retribuição pelo empregador. [Ac. da RG, de 04.02.21 *in* www.dgsi.pt (Proc. nº 6108/19.1T8BRG.G1)].

– Resolução pelo trabalhador (al. *g*)), fundamentada num determinado comportamento violador do empregador (*resolução subjetiva*) ou alheia a tal comportamento (*resolução objetiva*).

– Denúncia pelo trabalhador (al. *h*)), salvo no caso em que o contrato ainda se encontra em período experimental, em que pode ser exercida por ambas as partes (art. 114º).

Artigo 341º – Documentos a entregar ao trabalhador

1. Cessando o contrato de trabalho, o empregador deve entregar ao trabalhador:

***a*) Um certificado de trabalho, indicando as datas de admissão e de cessação, bem como o cargo ou cargos desempenhados;**

***b*) Outros documentos destinados a fins oficiais, designadamente os previstos na legislação de segurança social, que deva emitir mediante solicitação.**

2. O certificado de trabalho só pode conter outras referências a pedido do trabalhador.

3. Constitui contraordenação leve a violação do disposto neste artigo.

COMENTÁRIOS:

1. Antecedentes legislativos: Arts. 385º, do CT/2003 e 57º, da LCCT.

2. A al. *a*), do nº 1, impõe a entrega ao trabalhador de um certificado de trabalho, que indique as datas de admissão e de cessação, bem como o cargo ou cargos desempenhados, o qual só contemplará outras menções, a pedido do trabalhador (nº 2).

A al. *b*), do nº 1, reporta-se, nomeadamente, à declaração comprovativa de desemprego involuntário, para efeito de concessão do respetivo subsídio.

Artigo 342º – Devolução de instrumentos de trabalho

Cessando o contrato de trabalho, o trabalhador deve devolver imediatamente ao empregador os instrumentos de trabalho e quaisquer outros objetos pertencentes a este, sob pena de incorrer em responsabilidade civil pelos danos causados.

COMENTÁRIOS:

1. Antecedentes legislativos: Art. 386º, do CT/2003.

2. Cessando o contrato de trabalho, o trabalhador deve devolver imediatamente ao empregador os instrumentos de trabalho e quaisquer outros objetos pertencentes a este, os quais possuem hoje, um leque muito amplo de demonstração, sendo os mais comuns o automóvel, o telemóvel e o computador, disponíveis para uso laboral, sob pena de incorrer em responsabilidade civil pelos danos causados.

III – Estando provado nos autos que os instrumentos de trabalho disponibilizados ao trabalhador são propriedade de um terceiro, ao empregador não assiste outro direito que não seja o de poder pedir a sua restituição material, ainda que por via judicial, e não, imediatamente, o valor material dos mesmos, designadamente quando não provou que efetuou, sem sucesso, prévio pedido de restituição material. [Ac. da RL, de 13.01.16 *in* www.dgsi.pt (Proc. nº 648/12.0TTLSB.L1-4)].

2. Não tendo a entidade empregadora provado, como lhe competia, que o trabalhador tinha na sua posse, aquando da cessação da relação laboral, os bens constantes do inventário junto aos autos, carece do necessário suporte fáctico, bem como de fundamento legal, a condenação do trabalhador no pagamento do valor respeitante aos mencionados bens. [Ac. do STJ, de 23.11.11 *in* www.dgsi.pt (Proc. nº 875/07.2TTVIS.C1.S1)].

SECÇÃO II – Caducidade de contrato de trabalho

Artigo 343º – Causas de caducidade de contrato de trabalho

O contrato de trabalho caduca nos termos gerais, nomeadamente:

a) Verificando-se o seu termo;

b) Por impossibilidade superveniente, absoluta e definitiva, de o trabalhador prestar o seu trabalho ou de o empregador o receber;

c) Com a reforma do trabalhador, por velhice ou invalidez.

COMENTÁRIOS:

1. Antecedentes legislativos: Arts. 387º, do CT/2003 e 4º, da LCCT.

2. Em sentido amplo, a caducidade implica a cessação duma situação por superveniência de um facto a que a lei ou outra fonte atribua esse efeito, destarte, o con-

trato de trabalho, aparentemente, extinguir-se-ia de imediato, prescindindo de qualquer manifestação de vontade em tal sentido, bastando a ocorrência de certos factos ou situações previstas no próprio contrato ou nas normas que o regem.

Na verdade, a caducidade laboral obriga a declaração própria, amplamente ilustrada nos casos dos contratos a termo [arts. 344º e 345º e 348º, nº 2, al. *c*)] e até de um procedimento, no caso de encerramento total e definitivo da empresa (art. 346º, nº 3), entre outros exemplos.

António Monteiro Fernandes, explica sabiamente que "A salvaguarda da ideia de "automatismo" da caducidade – uma ideia que quer arrastar consigo a de inevitabilidade – tem sido apoiada na consideração de que as manifestações de vontade integradoras de várias hipóteses legais tidas por causas de caducidade não assumem o caráter de declarações negociais, mas de meras "declarações de ciência" quanto à inviabilidade ou inutilidade superveniente da relação de trabalho, ou destinadas a "exteriorizar o apuramento da situação conducente à caducidade", visando, assim, apenas "atestar ou comprovar uma situação de facto". É inegável que essas declarações ou manifestações constituem peças da estrutura das hipóteses legais a que se liga, "causalmente", a caducidade do contrato de trabalho. Neste sentido, dir-se-á, que a vontade de uma ou ambas as partes apresenta-se como condição da concretização de um juízo do legislador, no sentido de que o vínculo deve poder cessar por inviabilidade ou inutilidade. Não se trataria aí, pois, de verdadeiras declarações negociais, suscetíveis de, sem mais, produzirem o efeito extintivo, mas de "atos-condição" da produção desse efeito pelos factos previstos na lei como causas de caducidade. (...). No entanto, melhor vistas as coisas, esse elemento volitivo parece merecer, pelo menos em algumas das hipóteses típicas configuradas pela lei, um "estatuto" mais elevado do que o de mera condição da realização dos pressupostos de uma cessação contratual *ope legis*. Na verdade, essa função é incompatível com a possibilidade de as referidas manifestações ou declarações resultarem de escolhas livres, de opções ditadas pelo interesse ou, simplesmente, pela preferência do declarante. Uma coisa é a manifestação de uma constatação de facto – facto que poderia ser ignorado, sem tal evidenciação, pela contraparte, nomeadamente o trabalhador –, outra é a manifestação de uma opção, de uma decisão do declarante, de entre várias possibilidades admitidas pela situação concreta. A consciência dessa característica, por parte do legislador, insinuou-se no regime da caducidade, como é sabido, através da atribuição, aos trabalhadores atingidos em certas situações de caducidade, de compensações económicas idênticas às devidas nos casos de despedimento por causa objetiva. Mas nem todas as causas de caducidade têm essa consequência", *Uma figura com máscara: A caducidade do contrato de trabalho*, pp. 644 e 645.

3. A al. *a*) cuida dos contratos a termo, assim, a caducidade ocorre com o termo (resolutivo) do contrato e inerente declaração de vontade, o chamado aviso prévio [arts. 344º e 345º e 348º, nº 2, al. *c*)].

Acerca da falta de automatismo da figura, conclui António Monteiro Fernandes, "A cessação do vínculo resulta da conjugação de uma estipulação inicial – a cláusula de termo resolutivo – e uma declaração de vontade de uma das partes, que é a causa imediata dessa cessação. A causa de caducidade é a combinação de dois factos, sendo um deles ... uma declaração de vontade", *Uma figura com máscara: A caducidade do contrato de trabalho,* p. 647.

4. A caducidade verifica-se, ainda, pela *impossibilidade superveniente, absoluta* e *definitiva,* de o trabalhador prestar trabalho ou de o empregador o receber, dado que, e tendo presente a sinalagmaticidade que caracteriza o contrato de trabalho, vinculando-se as partes reciprocamente, se uma das obrigações se extingue, em consequência, a outra extingue-se também [al. *b*)].

A impossibilidade obriga ao preenchimento de três requisitos cumulativos:

– *Superveniente* (ou seja, o facto ocorre após a celebração do contrato de trabalho),

– *Absoluta,* i.é, total, não permitindo o exercício da atividade contratada;

– *Definitiva,* pois não é mais viável a prestação ou o recebimento do trabalho (dado que, se o fosse, o regime aplicável, seria então, o da suspensão),

Recorremos, novamente, a António Monteiro Fernandes, "Da jurisprudência das últimas décadas extraem-se exemplos gritantes da multiplicidade de critérios utilizados para se atingir essa "impossibilidade" justificativa da caducidade dos contratos de trabalho. Vejamos alguns: a não aceitação de funções alternativas por trabalhador vítima de acidente de trabalho; a inexistência de posto de trabalho viável para trabalhador incapacitado por doença profissional para a prestação contratada; a recusa de novas funções por trabalhador vítima de doença profissional, por incumprimento da exigência de garantias formais da inexistência de riscos; a não transformação da entidade empregadora em "empresa de trabalho portuário", impedindo-a de receber trabalho desse tipo; a destruição do edifício e de todo o recheio do estabelecimento que o empregador explorava; a não renovação do alvará de exploração da atividade radiofónica; a falta de inscrição do trabalhador na recém-criada Ordem dos Enfermeiros; a falta de habilitação própria para o ensino, depois de extintas autorizações provisórias; a abolição, determinada pelo Ministério da Educação, de um curso ministrado num estabelecimento de ensino particular; a extinção de entidade reguladora (substituída por outra); a controversa situação do cozinheiro portador do vírus HIV; e até, por último, o soturno regresso do trabalhador de um impedimento prolongado por doença a um estabelecimento encerrado e vazio". *Uma figura com máscara: A caducidade do contrato de trabalho,* pp. 649-650.

Sobre o momento em que ocorre a caducidade, decidiu a RL, que *o contrato de trabalho não caduca no momento em que o empregador tem a perceção de que a impossibilidade é definitiva, mas antes quando a impossibilidade definitiva se verifica efetivamente.* [Ac. de 06.11.19 *in* www.dgsi.pt (Proc. nº 21636/18.8T8LSB.L1-4)].

Quanto à impossibilidade superveniente, absoluta e definitiva de o trabalhador prestar trabalho:

Sendo os requisitos cumulativos, não se verifica a caducidade do contrato de trabalho de médico dentista *se o mesmo se vê impedido de exercer a sua atividade profissional em razão da suspensão da sua inscrição na Ordem dos médicos Dentistas, por falta de pagamento das respetivas quotas, sendo que a referida suspensão cessa logo que estas últimas sejam liquidadas pelo trabalhador.* (Ac. do STJ, de 26.10.17 *in* CJ, Ano XXV, Tomo III, p. 224); e igualmente, não se verifica, se o trabalhador, *apesar de não possuir o cartão de acesso ao «lado ar» do aeroporto, desempenhou durante seis meses as funções para que foi contratado no «lado terra», para cujo acesso não se exige aquele cartão não conduz a uma impossibilidade superveniente absoluta de o trabalhador prestar as suas funções.* (Ac. da RL, de 30.06.10 *in* CJ, Ano XXXV, Tomo III, p. 157).

Verifica-se a caducidade no caso de trabalhador, que no decurso do cumprimento do contrato, *passou a sofrer de doença – esclerose múltipla – diagnosticada posteriormente, e, portanto, superveniente, que o impede fisicamente de exercer as suas funções de vigilante.* (Ac. da RP, de 17.01.05 *in* CJ, Ano XXX, Tomo I, p. 229). No mesmo sentido, *v.* os Acs. do STJ, de 25.01.12 *in* www.dgsi.pt (Proc. nº 344/07.0TTEVR.E1.S1) e da RE, de 29.04.11 *in* www.dgsi.pt (Proc. nº 1086/08.5TTSTB.E1).

Sobre a falta de habilitação própria, ainda, *v.* o Ac. do STJ, de 14.04.10 *in* www.dgsi.pt (Proc. nº 36/07.0TTCSC.L1.S1) e CJ, Ano XVIII, Tomo II, p. 229. No mesmo sentido, v. o Ac. do STJ, de 12.03.06 *in* CJ, Ano XVI, Tomo I, p. 291.

A impossibilidade de prestar trabalho, não se situa e cinge à impossibilidade de cumprimento do objeto contratual, pois há que acolher os fenómenos de reconversão funcional ou de exercício de funções compatíveis.

Assim, *radicando a impossibilidade do trabalhador prestar trabalho num acidente de trabalho, o objeto do contrato pode modificar-se contra a vontade do empregador na medida em que a lei lhe impõe o dever de assegurar àquele ocupação em funções compatíveis com a sua desvalorização (arts. 284º, nº 8 do CT de 2009 e 161º, nº 1 da LAT de 2009).* [Ac. da RL, de 13.01.16 *in* www.dgsi.pt (Proc. nº 497/15.4T8PDL.L1-4)].

A impossibilidade superveniente, absoluta e definitiva de o trabalhador continuar a exercer as funções para que foi contratado, devido a incapacidade decorrente de doença profissional contraída em resultado direto da atividade exercida ao serviço do empregador, só determina a caducidade do contrato de trabalho, nos termos do artigo 387º, alínea b), do Código do Trabalho de 2003, se for impossível ao empregador proceder à reconversão funcional do trabalhador, a que se refere o artigo 9º do Decreto-Lei nº 248/99, de 2 de julho. [Ac. da RE, de 08.05.12 *in* www.dgsi.pt (Proc. nº 661/08.2TTFAR.E1)]. No mesmo sentido, *v.* o Ac. da RE, de 06.02.09 *in* CJ, Ano XXXIV, Tomo I, p. 155.

Quanto à impossibilidade superveniente, absoluta e definitiva de o empregador receber trabalho:

O *caso em que a entidade empregadora, vendida a sua frota, procede à locação de viaturas de turismo para o exercício da respetiva atividade.* [Ac. da RP, de 16.04.12 *in* www.dgsi.pt

(Proc. nº 151/11.6TTBCL-A.P1)]. Sobre o despejo do empregador, não conseguindo outro local para se instalar, *v.* o Ac. da RL, de 17.04.96 *in* CJ, Ano XXI, Tomo II, p. 175.

Para Jorge Leite, "A expropriação do imóvel em que se encontra instalado um estabelecimento, ou a sua destruição por incêndio ou outro motivo, ou o despejo judicial, podem justificar uma decisão de despedimento ou de suspensão dos contratos, mas não são casos de caducidade", *A transposição das diretivas comunitárias sobre despedimento coletivo,* p. 40, nota 23.

5. O contrato caduca, igualmente, pelo atingimento da reforma por velhice ou invalidez por parte do trabalhador [al. *c*)].

Relativamente à reforma por velhice, criticando o automatismo atribuído à figura, António Monteiro Fernandes, conclui: "É, pois, muito claro que o contrato não caduca por mero efeito da reforma por velhice – nem, muito menos, por efeito do preenchimento, por parte do trabalhador, das condições legais para o acesso ao direito à pensão de reforma. A "caducidade" só opera, no momento da passagem do trabalhador à reforma, se um ou ambos os contraentes assim o quiserem e declararem – possibilidade que se mantém nos trinta dias seguintes". *Uma figura com máscara: A caducidade do contrato de trabalho,* pp. 653 e 654.

Quanto à reforma por invalidez, em crítica ao regime do CT/2003 (que acolhia o previsto na LCCT), comenta o mesmo Autor, "Com o citado DL 64 A/89, foi incluída entre as causas de caducidade, ao lado da reforma «por velhice», a reforma «por invalidez» (art. 4º-c)). O próprio legislador incorria aí numa imprecisão terminológica lamentável e desnecessária. Na verdade, no sistema normativo de segurança social, o conceito de reforma restringe-se à proteção na velhice; e a situação de invalidez já seria suscetível de ativar a caducidade por via da «impossibilidade superveniente, absoluta e definitiva, de o trabalhador prestar o seu trabalho»" a que também se referia o diploma, *Direito do Trabalho,* p. 494.

A caducidade do contrato de trabalho por invalidez, resulta da impossibilidade prestacional do trabalhador para qualquer tipo de trabalho, em termos mais rigorosos, resulta de uma incapacidade de ganho.

2. Tendo sido posteriormente atribuída à autora uma IPATH, nos termos da Clª 59ª nº 3 do referido AE, competia à mesma desencadear o processo de reforma por invalidez, dando desse facto conhecimento à ré através da pertinente documentação, pagando-lhe esta, nesse caso, o equivalente àquilo que a trabalhadora viria a receber a título de pensão de reforma enquanto não fosse deferido o respetivo pedido, procedendo as partes, após esse deferimento, ao acerto de contas respetivo. 3. O referido normativo convencional, não contempla o direito do trabalhador auferir, naquelas condições, qualquer compensação ou indemnização pela caducidade do contrato de trabalho decorrente da sua impossibilidade superveniente, absoluta e definitiva em prestar a sua atividade. [Ac. da RL, de 27.05.20 *in* www.dgsi.pt (Proc. nº 766/19.4T8LSB.L1-4)].

I – A reforma do trabalhador por invalidez gera caducidade do contrato de trabalho. II – Para o Código do Trabalho é indiferente que a invalidez se qualifique, face ao regime da segurança social, de relativa. [Ac. da RC, de 10.05.12 *in* www.dgsi.pt (Proc. nº 497/11.3T4AVR.C1)].

6. Relativamente à atribuição do direito compensatório decorrente da caducidade contratual, é nosso entender, que o mesmo só é atribuível nos casos em que a lei expressamente assim dispõe (cfr. com os arts. 344º, 345º, 346º e 347º, nº 5). Quanto ao princípio geral do direito à justa indemnização (art. 62º, nº 2, da CRP), o princípio respeita apenas à requisição e à expropriação por utilidade pública de propriedade privada.

O trabalhador ilicitamente despedido não tem direito à indemnização por antiguidade, em substituição da reintegração, se à data da sentença o seu contrato de trabalho já tiver cessado por caducidade, em virtude do trabalhador ter passado à situação de reforma. [Ac. da RL, de 19.10.11 *in* www.dgsi.pt (Proc. nº 140/08.8TTLRS.L1-4)].

Artigo 344º - Caducidade de contrato de trabalho a termo certo

1. O contrato de trabalho a termo certo caduca no final do prazo estipulado, ou da sua renovação, desde que o empregador ou o trabalhador comunique à outra parte a vontade de o fazer cessar, por escrito, respetivamente, 15 ou oito dias antes de o prazo expirar.

2. Em caso de caducidade de contrato de trabalho a termo certo por verificação do seu termo, o trabalhador tem direito a compensação correspondente a 18 dias de retribuição base e diuturnidades por cada ano completo de antiguidade, calculada nos termos do artigo 366º, salvo se a caducidade decorrer de declaração do trabalhador nos termos do número anterior.

3. (*Revogado*).

4. (*Revogado*).

5. Constitui contraordenação grave a violação do disposto no nº 2.

COMENTÁRIOS:

1. Antecedentes legislativos: Arts. 388º e 681º, nº 1, al. *a*), do CT/2003 e 4º, da LCCT.

2. O presente artigo tem a redação introduzida pela L nº 69/2013, de 30 de agosto e pela L nº 93/2019, de 4 de setembro, que alteraram o nº 2.

3. A ocorrência por si só do termo não promove a cessação da relação contratual (apesar de, quanto ao contrato de trabalho a termo certo ser indicada, inclusive, a data da respetiva cessação, art. 141º, nº 1, al. *f*), *in fine*), a caducidade para produzir efeitos exige uma declaração de vontade das partes nesse sentido.

O nº 1 indica prazo próprio para o empregador e o trabalhador comunicarem a vontade de fazer cessar o contrato (respetivamente, 15 ou 8 dias), afastando, quanto ao trabalhador, a aplicação dos prazos gerais da denúncia (art. 400º).

Na eventualidade de as partes não procederem à realização do aviso prévio no prazo estipulado, o contrato renova-se, por igual período (art. 149º, nº 2, 1ª parte) ou converte-se [art. 147º, nº 2, al. *b*)].

O legislador afastou expressamente, no contrato a termo certo, a aplicação da norma do nº 3, do art. 345º (referente ao pagamento da retribuição correspondente ao período de aviso prévio em falta).

As consequências de uma declaração intempestiva por parte do empregador, podem reconduzir-se a uma declaração ineficaz, mantendo-se o contrato em vigor ou configurar uma resolução ilícita, caso o empregador não aceite receber a prestação.

A jurisprudência tem acolhido a tese do despedimento ilícito, num entendimento, a nosso ver, discutível. Na verdade, não se encontram preenchidos os pressupostos materiais e formais para o despedimento.

Para mais desenvolvimentos, *v*. Maria do Rosário Palma Ramalho, *Tratado de Direito do Trabalho*, Parte II, p. 765 e Júlio Gomes, *Direito do Trabalho*, p. 923.

Analise-se, para melhor compreensão desta questão de grande relevância prática, o entendimento do STJ: *1.O contrato de trabalho a termo certo caduca no final do prazo estipulado, ou da sua renovação, desde que o empregador ou o trabalhador comunique à outra parte a vontade de o fazer cessar, por escrito, respetivamente 15 ou oito dias antes de o prazo expirar – art. 344º, nº 1, do Código do Trabalho/2009 – comunicação prévia que constitui pressuposto necessário de operação da caducidade. 2. As partes podem acordar que o contrato de trabalho a termo certo não fica sujeito a renovação. Na ausência dessa estipulação e de declaração de qualquer das partes que o faça cessar, feita com a antecedência prévia legalmente estabelecida, o contrato renova-se no final do termo, por igual período, considerando-se como único contrato aquele que seja objeto de renovação. 3. Provando-se que a empregadora e o trabalhador outorgaram, entre si, um contrato de trabalho a termo certo, com início em 16.1.2009 e pelo prazo de 18 meses, que cessaria, por caducidade, mediante aviso prévio, por escrito, com pelo menos 15 dias de antecedência, e que, por carta de 7 de julho de 2010, a empregadora informou o trabalhador de que o mesmo caducaria em 15 desse mês de julho, tal comunicação é intempestiva, ocorrendo assim a renovação automática do contrato, por igual período. 4. Esta comunicação extintiva do vínculo, não atuando como caducidade do contrato, por intempestiva, consubstancia uma forma de cessação da relação laboral equivalente a um despedimento ilícito.* [Ac. de 09.10.13 *in* www.dgsi.pt (Proc. nº 1104/10.7TTCBR.C1.S1)].

Para entendimento cabal da aparente incongruência entre os pontos 3 e 4, apresentam-se alguns excertos do Relatório: "*Embora não respeitando a prevista antecedência legal mínima, a R. comunicou realmente ao A. que o contrato caducará no dia 15 de julho de 2010, mais o informando de que naquela data lhe seriam liquidados todos os créditos retributivos devidos ao abrigo do contrato. Valendo a declaração negocial com o sentido que um declaratário normal, colocado na posição do real declaratário, possa deduzir do comportamento do declarante, salvo se este não puder razoavelmente contar com ele – como reza o art. 236º/1 do Cód. Civil, sob a epígrafe 'sentido normal da declaração' – um declaratário normal, colocado na posição do A., não poderia deixar de entender que a R., invocando embora fazê-lo a coberto da caducidade, colocou um ponto final da relação laboral existente entre os litigantes (usando as palavras certas constantes do Acórdão deste Supremo Tribunal, atrás referido). E a prova inequívoca de que foi realmente esse o seu propósito – e de que o A. o interpretou adequadamente – é a carta que a R. lhe enviou posteriormente, em 8 de outubro de 2010, dizendo-lhe que afinal se tratava de um lapso administrativo, pelo que deveria comparecer na empresa para continuar a exercer as suas funções. Simplesmente, como bem se consigna no Acórdão revidendo, não só a natureza do pretenso lapso não resultou minimamente esclarecida, como a comunicação/declaração negocial extintiva, de 7.7.2010, se tornara já plenamente eficaz (desde que chegou ao poder do seu destinatário ou foi dele conhecida), tornando-se desde então irrevogável – cfr. arts. 224º/1 e 230º/1 do Cód. Civil. Vide também anotação 1. a este inciso, in 'Código Civil Anotado', de Pires de Lima e Antunes Varela, Vol. I., 4ª edição, revista e actualizada, Coimbra Editora, 1987. Daí a absoluta inocuidade jurídica, para o efeito, da (2ª) declaração emitida pela R. em 8.10.2010. O A., a partir de 15.7.2010 não mais compareceu na empresa. Ante o analisado teor da comunicação do empregador, não tinha qualquer motivo, dever ou razão, juridicamente fundada, para se apresentar/manter no exercício das contratadas funções, após aquela data. Em suma: Aquela missiva/declaração, não operando validamente a caducidade do contrato – com a sua inexorável renovação por igual período, no final do termo estipulado –, nem constituindo outra qualquer causa típica de cessação do vínculo, não pode deixar de consubstanciar/equivaler-se, por falta de cobertura da disciplina legal, a um despedimento ilícito, como justamente se ajuizou".*

PINTO HESPANHOL (no seu voto de vencido) rejeita a tese de despedimento ilícito: *"No caso, provou-se que o autor e a ré firmaram um contrato de trabalho a termo certo, com início em 16 de Janeiro de 2009 e pelo prazo de dezoito meses, que cessaria por caducidade, mediante aviso prévio, por escrito, que a empregadora deveria enviar, com pelo menos 15 dias de antecedência [facto provado 2)], sendo que, por carta de 7 de Julho de 2010, a ré informou o autor que o mesmo caducaria em 15 de Julho de 2010, já que não o pretendia renovar [facto provado 3)]. Ora, nos termos do estabelecido no nº 1 do artigo 236º do Código Civil, «[a] declaração negocial vale com o sentido que um declaratário normal, colocado na posição do real declaratário, possa deduzir do comportamento do declarante, salvo se este não puder razoavelmente contar com ele". É a chamada teoria da impressão do destinatário que, pelo seu carácter eminentemente objectivista, se entende ser aquela que dá «tutela plena à legítima confiança da pessoa em face de quem é emitida a declaração» (*MOTA PINTO, *Teoria Geral do Direito Civil, 4ª edição, Coimbra Editora, Coimbra, 2005, p. 444).Segundo* PIRES DE LIMA *e* ANTUNES VARELA *(Código Civil Anotado, vol. I, Coimbra Editora, 1967, pp. 152-153), «o sentido da declaração negocial é aquele que seria apreendido por um declaratário normal, ou seja medianamente instruído e diligente, colocado na posição do declaratário real, em face do comportamento do declarante», sendo que «[a] normalidade do declaratário, que a lei toma como padrão, exprime-se não só na capacidade para entender o texto ou conteúdo da declaração, mas também na diligência para recolher todos os elementos que, coadjuvando a declaração, auxiliem a descoberta da vontade real do declarante». Perante* *aquela comunicação de 7 de julho de 2010, um declaratário normal colocado na posição do autor compreenderia que a empregadora pretendeu expressar a sua vontade de não renovar o contrato a partir de 15 de julho de 2010, «ao abrigo do art. 388º do Código do Trabalho aprovado pela Lei nº 99/2003 de 27 de agosto», normativo que regia sobre a caducidade do contrato de trabalho a termo certo. Acontece que, sendo tal comunicação intempestiva, seja à luz do normativo invocado pela empregadora, seja face ao expressamente acordado na cláusula 3ª do contrato de trabalho a termo certo firmado entre as partes [facto provado 2)], a dita comunicação era ineficaz para fazer cessar o contrato por caducidade, e não estando excedido o seu prazo máximo de duração ou o número máximo de renovações, verificou-se a renovação automática do contrato, por igual período. Logo, o autor devia ter continuado a apresentar-se no local do trabalho, o que não fez, estando demonstrado, neste plano de consideração, que, «[a] partir de 15/07/10, o A. não mais compareceu na empresa nem exerceu qualquer actividade para a ré», nem mesmo quando a ré, «em 08/10/10, enviou ao A. uma comunicação dizendo-lhe que se tratava de um lapso administrativo, pelo que deveria comparecer na empresa para continuar a exercer as suas funções» [factos provados 9) e 10)].E não se diga que a comunicação endereçada pela ré ao autor, no dia 7 de Julho de 2010, terá de ser equiparada a um despedimento ilícito. O despedimento caracteriza-se por ser uma decisão unilateral por parte do empregador, que assenta em factos ocorridos durante a execução do contrato e que determina a antecipação do momento convencionado para a cessação do contrato. Ora, provou-se que a ré «enviou ao A. a carta junta a fls. 13 e 14» [facto provado 3)], datada de 7 de julho de 2010, em que o informou «ao abrigo do art. 388º do Código do Trabalho aprovado pela Lei nº 99/2003 de 27 de agosto, pelo qual se rege o contrato de trabalho a termo anteriormente celebrado com V. Exa, que o mesmo caducará no dia 15 de julho de 2010, pois não é nossa intenção renovar o mesmo», acrescentando que, nessa data, lhe seriam liquidados «todos os valores ao abrigo do contrato (nomeadamente subsídio de férias e proporcionais de subsídio de Natal)» e que devia «gozar férias a que tem direito até essa data». Por conseguinte, a comunicação emitida pela ré, em 7 de julho de 2010, no contexto da relação contratual de trabalho a termo certo outorgada, apenas manifesta a vontade de não renovar o contrato, no final do termo estipulado entre as partes, pelo que não equivale a um despedimento, por carência do necessário suporte fáctico".*

III – A comunicação feita pelo empregador, afirmando a pretensão de não proceder à renovação do contrato de trabalho a termo certo sem respeitar a antecedência legalmente exigida e quando já operara a renovação do contrato, traduz-se em despedimento ilícito – com as consequências daí decorrentes. [Ac. da RE, de 08.05.12 *in* www.dgsi.pt (Proc. nº 595/09.3TTFAR.E1)].

Quanto às consequências de uma declaração intempestiva por parte do trabalhador, apenas possui a cominação de remeter para os prazos gerais da denúncia, com o aviso prévio mínimo de 30 dias, se o contrato tiver duração igual ou superior a seis meses, ou de 15 dias, se for de duração inferior (art. 400º, nº 3), dado que constitui mera formalidade *ad probationem.*

Querendo o trabalhador *pôr fim ao contrato antes do respetivo termo deve observar os prazos previstos no artigo 400º do mesmo diploma legal; (iii) a comunicação escrita de denúncia do contrato de trabalho pelo trabalhador é uma formalidade ad probationem, não produzindo a sua falta a invalidade da denúncia e justificando-se a exigência da forma escrita apenas para a prova de que foi respeitado o prazo de aviso prévio.* (Ac. da RE, de 20.11.12 *in* www.dgsi.pt (Proc. nº 94/11.3TTEVR.E1) e CJ, Ano XXXVI, Tomo V, p. 333).

4. Em caso de caducidade de contrato de trabalho, o trabalhador tem direito a compensação correspondente a 18 dias de retribuição base e diuturnidades por cada ano completo de antiguidade, calculada nos termos do artigo 366º, salvo se a caducidade decorrer de declaração do trabalhador (nº 2).

Na hipótese de, no próprio contrato a termo, *ab initio*, se prever que o contrato não se renova, prescindindo-se de posterior declaração nesse sentido, o trabalhador mantém o direito à compensação. A alteração realizada pela L nº 93/2019 pretendeu vincar esta questão. Aliás, a Proposta de Lei nº 136/XIII indica que se procedeu à "clarificação que, no caso de as partes acordarem que o contrato a termo não está sujeito a renovação, se mantém o direito do trabalhador à compensação por caducidade".

Ainda, para efeito de atribuição de subsídio de desemprego ALEXANDRA MARQUES SEQUEIRA/VICTOR HUGO VENTURA entendem determinante que o trabalhador não tenha dado causa à perda de emprego, "ainda que, formalmente, possa ser autor (ou, no caso de cláusula de não renovação, coautor) da desvinculação contratual. Decisivo, portanto, é que se verifique uma "insusceptibilidade de atribuição ao trabalhador da responsabilidade pela extinção do vínculo". Ora, a realidade demonstra que, nos casos em que é introduzida uma cláusula de não renovação no contrato, essa cláusula não resulta, de facto, da vontade do trabalhador, realidade que não pode ser ignorada e que, efetivamente, o próprio legislador não ignora", *O impacto da nova redação do art. 344º, nº 2, do Código do Trabalho, no conceito de "desemprego involuntário" para efeitos de atribuição do subsídio de desemprego*", pp. 176 e 177.

5. Sobre a não consagração de direito indemnizatório:

2) Os artigos 151º e 153º TFUE e o artigo 4º, nº 1, do Acordo-Quadro relativo a contratos de trabalho a termo que figura em anexo à Diretiva 1999/70 devem ser interpretados no sentido de que não se opõem a uma legislação nacional que não prevê o pagamento de indemnização aos trabalhadores contratados a termo como funcionários interinos, aquando da cessação das suas funções, ao passo que aos agentes contratuais contratados a termo é concedida uma indemnização aquando da cessação do seu contrato de trabalho. [Ac. do TJ, de 22.01.20 *in* JOUE, C-77, de 09.03.20 (Processo apenso C-177/18)].

Tendo sido solicitada a condenação da empregadora em indemnização por despedimento ilícito e concluindo-se que ocorreu declaração de resolução do contrato de trabalho a termo certo por caducidade, deve conhecer-se de tal pedido como de indemnização nos termos do art. 344º, nº 2, do Código do Trabalho. [Ac. da RP, de 07.04.16 *in* www.dgsi.pt (Proc. nº 9525/15.2T8VNG-A.P1)].

6. Sobre a possibilidade de revogação da declaração de caducidade de não renovação do contrato de trabalho:

II – A revogação da comunicação da não renovação do contrato de trabalho a termo por parte da entidade empregadora terá também que obedecer à forma escrita, por as razões da exigência especial da forma escrita lhe serem aplicáveis (artigo 221º, nº 2 do CC). IV – O empregador, que pretenda efetuar a revogação da declaração da caducidade do contrato a termo, carece não só de a fazer por escrito, como também de fazer chegar esse escrito ao trabalhador antes ou ao mesmo tempo que a declaração da caducidade, como sucede, em termos gerais, com a revogação da aceitação ou da rejeição da proposta contratual (artigo 235º do CC). [Ac. do STJ, de 23.11.11 *in* www.dgsi.pt (Proc. nº 99/06.6TTFAR.S1)].

I – No contrato de trabalho a termo certo a comunicação da sua não renovação, sujeita ao aviso prévio previsto no art. 388º, nº 1, do CT/2003, consubstancia um negócio jurídico unilateral, de natureza recetícia, que se torna eficaz logo que chegue ao conhecimento do destinatário, embora os seus efeitos apenas ocorram em momento posterior. II – Uma vez rececionada, pelo trabalhador, a comunicação da não renovação do contrato de trabalho a termo certo emitida pelo empregador, não pode este, ainda que antes da produção dos efeitos dessa declaração (cessação do contrato), revogar unilateralmente essa declaração, nada impedindo, porém, que tal revogação possa ter lugar por vontade de ambas as partes. [Ac. da RP, de 08.11.10 *in* www.dgsi.pt (Proc. nº 299/09.7TTBCL.P1)].

Artigo 345º – Caducidade de contrato de trabalho a termo incerto

1. O contrato de trabalho a termo incerto caduca quando, prevendo-se a ocorrência do termo, o empregador comunique a cessação do mesmo ao trabalhador, com a antecedência mínima de sete, 30 ou 60 dias conforme o contrato tenha durado até seis meses, de seis meses a dois anos ou por período superior.

2. Tratando-se de situação prevista na alínea *e*) ou *h*) do nº 2 do artigo 140º que dê lugar à contratação de vários trabalhadores, a comunicação a que se refere o número anterior deve ser feita, sucessivamente, a partir da verificação da diminuição gradual da respetiva ocupação, em consequência da normal redução da atividade, tarefa ou obra para que foram contratados.

3. Na falta da comunicação a que se refere o nº 1, o empregador deve pagar ao trabalhador o valor da retribuição correspondente ao período de aviso prévio em falta.

4. Em caso de caducidade de contrato de trabalho a termo incerto, o trabalhador tem direito a compensação que corresponde à soma dos seguintes montantes:

a) A 18 dias de retribuição base e diuturnidades por cada ano completo de antiguidade, no que respeita aos três primeiros anos de duração do contrato;

b) A 12 dias de retribuição base e diuturnidades por cada ano completo de antiguidade, nos anos subsequentes.

5. A compensação prevista no número anterior é calculada nos termos do artigo 366º.
6. Constitui contraordenação grave a violação do disposto no nº 4.

COMENTÁRIOS:
1. Antecedentes legislativos: Arts. 389º e 681º, nº 1, al. *a*), do CT/2003 e 50º, da LCCT.

2. O presente artigo tem a redação introduzida pela L nº 69/2013, de 30 de agosto, a qual alterou o nº 4 na versão dada pela L nº 23/2012, de 25 de junho (este preceito tinha já sido alterado pela L nº 53/2011, de 14 de outubro), aditou o nº 5 e renumerou o nº 5 (agora nº 6).

3. Para além da previsão da verificação do termo (*v.g.*, a recuperação do trabalhador substituído), é necessário que o empregador proceda à comunicação prévia ao trabalhador, com uma antecedência mínima de sete dias, para contratos que tenham durado até 6 meses; 30 dias, para contratos de seis meses a dois anos; e 60 dias, para contratos de duração superior a dois anos (nº 1).

Tratando-se de situação prevista nas alíneas *e*) ou *h*), do nº 2, do art. 140º, que dê lugar à contratação de vários trabalhadores, a comunicação deve ser feita, sucessivamente, a partir da verificação da diminuição gradual da respetiva ocupação, em consequência da normal redução da atividade, tarefa ou obra para que foram contratados (nº 2).

4. Na falta da comunicação (total ou parcial) a que se refere o nº 1, o empregador deve pagar ao trabalhador o valor da retribuição correspondente ao período de aviso prévio em falta, não se aplicando a conversão do contrato (salvo nos casos previstos no art. 147º, nº 2, al. *c*), em que o empregador continua a receber trabalho), dispõe o nº 3.

Neste caso, foi suprida a omissão contida nos contratos a termo certo na hipótese de comunicação intempestiva ou inexistente.

Atendendo a que o preceito apenas aborda o efeito cominatório da falta de comunicação por parte do empregador e nada diz sobre igual omissão por parte do trabalhador, entendemos que não é de aplicar à inércia deste, igual consequência, devendo apelar-se ao regime geral de denúncia contratual (art. 401º).

5. A compensação corresponde a 18 dias por cada ano completo de antiguidade, no que respeita aos três primeiros anos de duração do contrato [nº 4, al. *a*)]; e a 12 dias de retribuição-base e diuturnidades, por cada ano completo de antiguidade, no ano subsequente [al. *b*)].

A al. *b*) exige uma interpretação restritiva (de anos subsequentes para *ano subsequente*), dado que o contrato não pode exceder 4 anos (art. 148º, nº 5), sendo calculada nos termos do art. 366º, que, apesar de inserido no despedimento coletivo, deve ser aplicado, adaptando-se à figura da caducidade (nº 5).

Artigo 346º – Morte de empregador, extinção de pessoa coletiva ou encerramento de empresa

1. A morte de empregador em nome individual faz caducar o contrato de trabalho na data do encerramento da empresa, salvo se o sucessor do falecido continuar a atividade para que o trabalhador se encontra contratado, ou se verificar a transmissão da empresa ou estabelecimento.

2. A extinção de pessoa coletiva empregadora, quando não se verifique a transmissão da empresa ou estabelecimento, determina a caducidade do contrato de trabalho.

3. O encerramento total e definitivo de empresa determina a caducidade do contrato de trabalho, devendo seguir-se o procedimento previsto nos artigos 360º e seguintes, com as necessárias adaptações.

4. O disposto no número anterior não se aplica a microempresas, de cujo encerramento o trabalhador deve ser informado com a antecedência prevista nos nºs 1 e 2 do artigo 363º

5. Verificando-se a caducidade do contrato em caso previsto num dos números anteriores, o trabalhador tem direito a compensação calculada nos termos do artigo 366º, pela qual responde o património da empresa.

6. (*Revogado*).

7. Constitui contraordenação grave a violação do disposto no nº 5.

COMENTÁRIOS:

1. Antecedentes legislativos: Arts. 390º e 681º, nº 1, al. *a*), do CT/2003 e 6º, da LCCT.

2. O presente artigo tem a redação introduzida pela L nº 23/2012, de 25 de junho, a qual revogou o nº 6 (este mesmo preceito havia sido alterado pela L nº 53/2011, de 14 de outubro) e alterou o nº 7, na versão da L nº 53/2011, de 14 de outubro.

3. A morte de empregador em nome individual por si só, não faz caducar o contrato de trabalho. O que releva é o encerramento definitivo da empresa, por falta de sucessor do falecido que assegure a continuidade da atividade para que o trabalhador se encontra contratado ou não verificação da transmissão da empresa ou estabelecimento, prevista no art. 285º (nº 1).

III – Para que se verifique a transmissão do estabelecimento é necessário que este conserve a sua identidade e a prossecução ininterrupta da sua atividade. IV – Tal transmissão não se verifica se o estabelecimento continua só para se fazer o levantamento do estado em que ele se encontra. (Ac. da RL, de 19.01.05 *in* CJ, Ano XXX, Tomo I, p. 149).

De igual modo, a extinção de pessoa coletiva empregadora só opera a caducidade do contrato quando não se verifique a transmissão da empresa ou estabelecimento (art. 285º), nº 2.

Manuel Cavaleiro Brandão indica que "A letra da lei parece apontar no sentido de que o facto determinante da caducidade dos contratos de trabalho é a extinção da pessoa coletiva empregadora. Ora, no caso das sociedades comerciais, a sociedade apenas se considera extinta pelo «registo do encerramento da liquidação» (artigo 160º, nº 2, CSC). (...) A interpretação literal da norma – tendente a fazer coincidir o momento da caducidade dos contratos de trabalho com o momento do encerramento da liquidação, por ser, em sentido estrito, o da extinção jurídica da sociedade – parecer ser, assim, objetivamente inadequada", *Algumas notas (interrogações)*, p. 207.

A extinção, por via legal, de uma entidade pública e da transferência das suas atribuições e competências para outro organismo não configura uma situação de transmissão de estabelecimento, implicando antes, de acordo com o art. 346º, nº 2, do CT/2009, a caducidade dos contratos de trabalho que aquela entidade mantinha à data da sua extinção, tendo os trabalhadores, contudo, direito ao recebimento da compensação calculada nos termos do nº 2 do art. 366º do CT/2009. (Ac. da RE, de 14.01.16 *in* CJ, Ano XLI, Tomo I, p. 242).

4. O encerramento total e definitivo de empresa por vontade do empregador (as chamadas *extinções programadas*), igualmente provoca a caducidade do contrato de trabalho (nº 3).

Sobre noção de empresa e estabelecimento, *V.* António Monteiro Fernandes, *Direito do Trabalho,* pp. 228 e ss. e Pedro Furtado Martins, *Cessação do contrato de trabalho,* pp. 83 e ss. Por todos, Jorge Manuel Coutinho de Abreu, *Da empresarialidade.*

A nível procedimental, deve seguir-se o disposto nos arts. 360º e ss., ou seja, os contratos caducam, mas a nível procedimental, são atendíveis, *mutatis mutandis,* os trâmites do despedimento coletivo.

Assim, acolhe-se o dever de comunicação (art. 360º), por paralelismo com o dever de informação previsto para as microempresas, pese embora, se concorde que o mesmo visa essencialmente atos de recuperabilidade contratual, previstos no nº 1, do art. 361º.

Bem como, o dever de aviso prévio (art. 363º), e os direitos consequenciais do aviso prévio, como o crédito de horas (art. 364º) e a denúncia contratual (art. 365º).

No caso de microempresas (art. 100º, nº 1, al. *a*)), o procedimento é aligeirado, devendo apenas o trabalhador ser informado com a antecedência prevista nos nºs 1 e 2, do art. 363º (que consideram o aviso prévio atenta a respetiva antiguidade) do encerramento (nº 4).

Sobre a cominação a aplicar pela inobservância das exigências procedimentais (nº 3) e/ou do cumprimento do aviso prévio (nº 4), a RG entendeu que *a caducidade do contrato, por encerramento total e definitivo da empresa, operará de per se, indiferente a tais for-*

malismos, cujo incumprimento não determina a aplicação das consequências da ilicitude do despedimento coletivo. II- O incumprimento de aviso prévio (cfr. diversas alíneas do nº 1 e nº 2 do art. 363º, do CT) não integra nenhuma das causas de ilicitude do despedimento coletivo, mormente a prevista na al. b) do art. 383º, do CT. [Ac. de 18.12.20 *in* www.dgsi.pt (Proc. nº 2010/20.2T8GMR-A.G1)]. No mesmo sentido, Manuel Cavaleiro Brandão, *Algumas notas (interrogações)*, pp. 211 e 212.

Quanto à revogabilidade da declaração de caducidade, a RL, decidiu que sendo a comunicação ao trabalhador, uma declaração recetícia, *é a partir do momento em que chega ao poder deste último ou é dele conhecida que opera a caducidade, embora com efeitos diferidos ao termo do pré-aviso. II – A partir desse momento, e de acordo com o art. 230º do CC, a declaração emitida pela entidade empregadora torna-se irrevogável. III – Para que tal não aconteça seria necessário que a entidade patronal fizesse chegar à trabalhadora essa declaração antes, ou até ao mesmo tempo, que a declaração da caducidade, como acontece com a revogação da aceitação ou rejeição da proposta contratual (art. 235 do CC). IV – Não o tendo sido, a revogação da declaração de caducidade só é possível com o acordo do trabalhador.* [Ac. de 16.05.12 *in* www.dgsi.pt (Proc. nº 1510/09.1T2SNT.L1-4)].

5. Verificando-se a caducidade do contrato, o trabalhador tem direito a compensação calculada nos termos do artigo 366º, pela qual responde o património da empresa (nº 5).

Artigo 347º – Insolvência e recuperação de empresa

1. A declaração judicial de insolvência do empregador não faz cessar o contrato de trabalho, devendo o administrador da insolvência continuar a satisfazer integralmente as obrigações para com os trabalhadores enquanto o estabelecimento não for definitivamente encerrado.

2. Antes do encerramento definitivo do estabelecimento, o administrador da insolvência pode fazer cessar o contrato de trabalho de trabalhador cuja colaboração não seja indispensável ao funcionamento da empresa.

3. A cessação de contratos de trabalho decorrente do encerramento do estabelecimento ou realizada nos termos do nº 2 deve ser antecedida de procedimento previsto nos artigos 360º e seguintes, com as necessárias adaptações.

4. O disposto no número anterior não se aplica a microempresas.

5. Na situação referida no nº 2, o trabalhador tem direito à compensação prevista no artigo 366º

6. O disposto no nº 3 aplica-se em caso de processo de insolvência que possa determinar o encerramento do estabelecimento.

7. Constitui contraordenação grave a violação do disposto no nº 5.

COMENTÁRIOS:

1. Antecedentes legislativos: Arts. 391º, do CT/2003 e 56º, da LCCT.

2. O presente artigo tem a redação introduzida pela L nº 23/2012, de 25 de junho, a qual alterou o nº 5 (na versão dada pela L nº 53/2011, de 14 de outubro) e aditou o nº 7.

3. O art. 3º, do CIRE, considera em situação de insolvência o devedor que se encontre impossibilitado de cumprir as suas obrigações vencidas (nº 1). As pessoas coletivas e os patrimónios autónomos por cujas dívidas nenhuma pessoa singular responda pessoal e ilimitadamente, por forma direta ou indireta, são também considerados insolventes quando o seu passivo seja manifestamente superior ao ativo, avaliados segundo as normas contabilísticas aplicáveis (nº 2).

1) O artigo 2º, nº 1, da Diretiva 2008/94/CE do Parlamento Europeu e do Conselho, de 22 de outubro de 2008, relativa à proteção dos trabalhadores assalariados em caso de insolvência do empregador, deve ser interpretado no sentido de que apenas se pode considerar que um empregador se encontra em «estado de insolvência» quando tenha sido objeto de um pedido de abertura de um processo executivo com base num direito à reparação, reconhecido por decisão judicial, mas o crédito tenha sido declarado incobrável no âmbito do processo executivo devido ao estado de insolvência de facto desse empregador. No entanto, cabe ao órgão jurisdicional de reenvio verificar se, em conformidade com o artigo 2º, nº 4, desta diretiva, o Estado-Membro em causa decidiu alargar a proteção dos trabalhadores assalariados prevista na referida diretiva a essa situação de insolvência, constatada por via de processos que não os mencionados no referido artigo 2º, nº 1, que estejam previstos no direito nacional. [Ac. do TJ, de 25.11.20 *in* JOUE, C-35, de 01.02.21 (Processo C-799/19)].

A declaração judicial de insolvência não produz efeitos extintivos na relação laboral, dado tratarem-se de esferas jurídicas de intervenção distintas.

Assim, o administrador da insolvência deve continuar a satisfazer integralmente as obrigações emergentes dos contratos de trabalho, enquanto o estabelecimento não for definitivamente encerrado (nº 1, do preceito em anotação).

Para Pedro Romano Martinez, "Em determinadas circunstâncias, como consequência da insolvência do empregador, poderá o estabelecimento ser definitivamente encerrado (art. 347º, nº 1, *in fine*, do CT).

Com o encerramento definitivo do estabelecimento cessam os contratos de trabalho. É o encerramento definitivo da empresa ou de um seu estabelecimento, derivado da declaração de insolvência, que constitui uma causa especial de cessação do contrato de trabalho. No fundo, se a insolvência implica o encerramento do estabelecimento, com o encerramento surge uma impossibilidade objetiva de manutenção da relação laboral, concretamente uma impossibilidade superveniente, absoluta e definitiva de o empregador receber o trabalho (art. 343º, alínea *b*), do CT). Conclui-se, assim, que o encerramento definitivo do estabelecimento em razão da declaração de insolvência do empregador determina a cessação do contrato de trabalho por caducidade", *Direito do Trabalho*, pp. 936 e 937.

Antes do encerramento definitivo do estabelecimento, o administrador da insolvência pode fazer cessar o contrato de trabalho de trabalhador cuja colaboração não seja indispensável ao funcionamento da empresa (nº 2), de acordo com critérios que livremente elegerá.

4. A cessação de contratos de trabalho decorrente do encerramento do estabelecimento (nº 1, 2ª parte), ou a cessação realizada pelo administrador da insolvência antes do encerramento definitivo do estabelecimento (nº 2), bem como no caso de processo de insolvência que possa determinar o encerramento do estabelecimento (nº 6) deve ser antecedida de procedimento previsto nos arts. 360º e ss., com as necessárias adaptações (nº 3), salvo tratando-se de microempresas (nº 4). Sobre o conceito de microempresa, *v.* art. 100º, nº 1, al. *a*).

Não enferma de qualquer vício a decisão judicial que, perante certidão que dá conta do trânsito em julgado de sentença proferida em processo de insolvência, e tendo os trabalhadores reclamado aí os seus créditos, seguindo o Acórdão de Uniformização de Jurisprudência de 8/5/2013 (publicado no DR 1ª Série de 25.02.2014), declara extinta a instância em processo de despedimento coletivo por impossibilidade superveniente da lide. [Ac. da RL, de 09.10.19 *in* www.dgsi.pt (Proc. nº 7070/19.6T8SNT.L1-4)].

II – Não obstante, não constando da letra da norma do art. 347º CT, qualquer referência à consequência no caso de incumprimento das formalidades, temos para nós que a mesma deve ser objeto de interpretação extensiva no sentido de se considerar a aplicação do regime do despedimento coletivo no que concerne às consequências da omissão dos procedimentos, uma vez que, a razão de ser de tais procedimentos com as devidas adaptações é a mesma, ou seja, a proteção dos trabalhadores designadamente no que concerne aos seus direitos no caso concreto os direitos de créditos, decorrentes da extinção do contrato de trabalho, concluindo-se que a letra da seu texto fica aquém do espírito da lei, pois que a fórmula verbal adotada peca por defeito, por dizer menos do que aquilo que pretendia (art. 9º do CC). Ou seja, a razão da obrigação das formalidades está indubitavelmente abrangida no espírito da lei, razão pela qual nem sequer estamos em face de uma qualquer lacuna da lei. III – A norma do art. 388º do CT não substancia, não tem cabimento quando os trabalhadores exercem os seus direitos de créditos em sede de insolvência, uma vez que art. 90º do CIRE dispõe que os credores da insolvência apenas poderão exercer os seus direitos em conformidade com os preceitos do presente Código. [Ac. da RG, de 15.03.16 *in* www.dgsi.pt (Proc. nº 814.14.4TJVNF-F.G1)].

5. O nº 5 indica expressamente que o trabalhador tem direito à compensação por caducidade do contrato de trabalho. Na versão original do CT/2009, a agora suprida omissão levantava sérias dúvidas interpretativas, que foram finalmente esclarecidas com o aditamento do nº 5 (e renumeração do número seguinte) realizada pela L nº 53/2011, de 14 de outubro.

I – Aos créditos vencidos após o despacho que procedeu à nomeação do administrador provisório, referentes à cessação da relação laboral, não é aplicável disposto no artigo 17º-E, nº 1, do CIRE, ainda que o PER esteja pendente, na medida em que esta disposição legal se reporta apenas às dívidas existentes à data da decisão a que se refere a alínea a) do nº 3 do art. 17º-C do CIRE. II – De outro modo, os credores, cujos créditos se vencessem posteriormente àquela data, ficavam impossibilitados de ver reconhecido judicialmente o seu direito, o que iria colidir com o princípio fundamental de acesso ao direito e aos tribunais, consagrado no artigo 20º da CRP. [Ac. da RG, de 21.01.21 *in* www.dgsi.pt (Proc. nº 1446/20.3T8BRG.G1)].

I – A decisão do administrador de insolvência de fazer cessar o contrato de trabalho duma trabalhadora faz nascer para esta o direito a ser paga pela massa insolvente, pois trata-se duma dívida constituída no decurso do processo de insolvência e no exercício da atividade do administrador. II – Dispondo o artigo 46º, nº 1 do CIRE que a massa insolvente se destina à satisfação dos credores da insolvência, depois de pagas as suas próprias dívidas, resulta daqui que as dívidas da massa insolvente são pagas com precipuicidade, sendo os créditos sobre a insolvência preteridos no confronto com aquelas. III – A ação a reclamar o pagamento de dívidas laborais da massa insolvente duma empresa que continua em laboração, pode ser proposta contra a insolvente, representada pelo respetivo administrador de insolvência. [Ac. do STJ, de 16.06.16 *in* www.dgsi.pt (Proc. nº 775/12.4TTMTS.P3.S1)].

1. O crédito emergente e decorrente da cessação do contrato de trabalho deve ser considerado como um "crédito sobre a massa" e não como um "crédito sobe a insolvência". 2. Quem é titular – ou se arroga – dum crédito sobre a massa não preenche a previsão do art. 128º do CIRE e não deve, tem ou pode reclamar o seu crédito nos termos de tal preceito; devendo antes aguardar/requerer que tal crédito, sobre a massa, lhe seja liquidado, com precipuidade, nos termos do art. 172º do CIRE. 3. Logo, não pode nem deve ver o seu crédito verificado e graduado, uma vez que não é este o desígnio da verificação de créditos do Título V do CIRE (o mesmo é dizer, do apenso, e respetivos incidentes, previsto no art. 132º do CIRE). [Ac. da RC, de 14.07.10 *in* www.dgsi.pt (Proc. nº 562/09.7T2AVR-P.C1)]. *V.*, também, o Ac. da RC, de 14.07.10 *in* CJ, Ano XXXV, Tomo III, p. 38.

6. Sobre a responsabilidade do administrador de insolvência na fase de apreciação e reconhecimento dos créditos dos trabalhadores, *vide* o Ac. da RG, de 19.11.20 *in* www.dgsi.pt (Proc. nº 21582/18.5T8LSB.G1).

Artigo 348º – Conversão em contrato a termo após reforma por velhice ou idade de 70 anos

1. Considera-se a termo o contrato de trabalho de trabalhador que permaneça ao serviço decorridos 30 dias sobre o conhecimento, por ambas as partes, da sua reforma por velhice.

2. No caso previsto no número anterior, o contrato fica sujeito ao regime definido neste Código para o contrato a termo resolutivo, com as necessárias adaptações e as seguintes especificidades:

a) É dispensada a redução do contrato a escrito;

b) O contrato vigora pelo prazo de seis meses, renovando-se por períodos iguais e sucessivos, sem sujeição a limites máximos;

c) A caducidade do contrato fica sujeita a aviso prévio de 60 ou 15 dias, consoante a iniciativa pertença ao empregador ou ao trabalhador;

d) A caducidade não determina o pagamento de qualquer compensação ao trabalhador.

3. O disposto nos números anteriores é aplicável a contrato de trabalho de trabalhador que atinja 70 anos de idade sem ter havido reforma.

COMENTÁRIOS:

1. Antecedentes legislativos: Arts. 392º, do CT/2003 e 5º, da LCCT.

2. Explica António Monteiro Fernandes, "O que, na realidade, se reconhece no regime legal é a atribuição de virtualidade justificativa da rutura do contrato à reforma por velhice do trabalhador. Essa rutura só ocorrerá se interessar a uma ou ambas as partes; sendo unilateral, ficará socialmente legitimada pelo facto de o trabalhador ter obtido o acesso à pensão por velhice. Por outras palavras: razões de política de emprego levam o legislador a considerar, em tais hipóteses, justificada a iniciativa rescisória de uma das partes, em regra o empregador. É uma nova e peculiar corporização da ideia de "justa causa" de resolução do contrato que assim emerge da massa inconsistente do regime da "caducidade." *Uma figura com máscara: A caducidade do contrato de trabalho*, pp. 654 e 655.

Acolhendo a ausência de automatismo da caducidade, declarou a RP que, *I – A aquisição do estatuto de reformado por velhice depende de um ato voluntário do interessado reconhecido por ato administrativo da competência do Centro Nacional de Pensões. II – A comunicação escrita da entidade empregadora ao trabalhador de que o seu contrato de trabalho caducava, pelo facto de atingir os 65 anos de idade, em data que indica, não tem essa virtualidade já que a reforma só opera por e após a declaração nesse sentido daquele Centro. III – Não operando a caducidade de forma automática, mantendo-se estável o referido contrato de trabalho –, sequer sem conversão em precário, nos termos do art. 348º/1 e 3 do CT/2009 –, a referida comunicação da entidade patronal configura um despedimento ilícito.* [Ac. de 21.03.11 *in* www.dgsi.pt (Proc. nº 783/09.2TTPRT.P1)].

A questão da caducidade do contrato de trabalho, mormente por efeito da reforma do trabalhador, não é de conhecimento oficioso, *dado que não se trata de matéria excluída da disponibilidade das partes.* [Ac. da RL, de 24.11.20 *in* www.dgsi.pt (Proc. nº 9438/14.5T2SNT-D.L1-4)].

3. O efeito extintivo geral dos contratos de trabalho, nos casos de trabalhadores em idade de reforma, enquadra uma medida de fomento de oportunidades de acesso ao emprego, que visa libertar postos de trabalho

No entanto, a reforma por velhice não se confunde com a impossibilidade de trabalhar. Assim, a lei permite que o trabalhador em idade de reforma continue a sua prestação, impondo, apesar dessa permissão, a automática conversão do contrato celebrado para contrato a termo certo, o que ocorrerá permanecendo o trabalhador ao serviço decorridos 30 dias sobre o conhecimento da reforma (nº 1).

Francisco Liberal Fernandes, entende que "a nova relação laboral em causa dirige-se basicamente à satisfação de interesses privados dos contraentes: do trabalhador, porque a manutenção em atividade pode ser motivada por razões de natureza económica ou ter um objetivo de ocupação ou de valorização pessoal ou social; do empregador, na medida em que continua a contar com a prestação do trabalhador nas mesmas condições que anteriormente, com a diferença de que o vínculo contratual passa agora a ser mais flexível do que o precedente", *Sobre a indemnização em caso de caducidade do contrato a termo do trabalhador reformado que continua ao serviço da mesma entidade patronal*, p. 221.

O regime contratual do trabalhador-reformado goza de um regime especial: Dispensa-se a redução a escrito (al. *a*)), colidindo expressamente com o regime geral dos contratos a termo (cfr. art. 141º, nº 1): a caducidade do contrato fica sujeita a aviso prévio de 60 ou 15 dias, consoante a iniciativa pertença ao empregador ou ao trabalhador (al. *c*)), afastando-se do regime geral previsto no art. 344º, nº 1 e não determina o pagamento de qualquer compensação ao trabalhador (al. *d*)).

4. Nada impede que o trabalhador que atinja 70 anos de idade, continue a trabalhar (nomeadamente, para angariação de carreira contributiva), não requerendo o estatuto de reformado (nº 3).

O contrato apenas caduca caso o trabalhador o denuncie no prazo de 30 dias, após perfazer 70 anos.

Para António Monteiro Fernandes, "As hipóteses correlacionadas pelo referido nº 3 são as seguintes: de um lado, a do trabalhador que atinge 70 anos sem ter pedido a reforma; do outro, a do trabalhador que, tendo obtido a reforma, permaneceu ao serviço por mais trinta dias. Deste modo, o regime decorrente da remissão é, unicamente, o da conversão em contrato a termo de seis meses – a qual, no primeiro caso, se aplica imediatamente no momento em que a idade de 70 anos é atingida". *Uma figura com máscara*, p. 661.

Tendo o trabalhador atingido os 70 anos de idade ou obtido a reforma, *tais factos não possuem a virtualidade de, per se, fazerem extinguir o contrato de trabalho por caducidade.* [Ac. do STJ de 21.09.17 *in* www.dgsi.pt (Proc. nº 31971/15.1T8LSB.L1.S1)].

I – Não se opera a caducidade do contrato da trabalhadora que atinja os 70 anos de idade, sem ter havido a sua reforma, convertendo-se, porém, o contrato de trabalho por tempo indeterminado num contrato de trabalho a termo resolutivo por 6 meses, renováveis. II – A carta enviada pelo empregador a tal trabalhadora a comunicar a denúncia do contrato de trabalho por ter atingido os

70 anos de idade, consubstancia um despedimento ilícito. (Ac. da RL, de 23.09.15 *in* CJ, Ano XL, Tomo IV, p. 152).

5. É possível, igualmente, ao trabalhador em idade de reforma contratar com outro empregador, aplicando-se o regime especial previsto nesta norma. Outro entendimento seria cercear a liberdade contratual e o direito ao trabalho.

I – A circunstância de um trabalhador já ser reformado por velhice não impede a posterior celebração de contrato de trabalho válido. II – O novo empregador não pode prevalecer-se do conhecimento posterior à contratação de reformado do trabalhador, preexistente à sua admissão, para invocar a caducidade do contrato, fazendo apelo ao disposto nos arts. 343º, c) e 348º, nº 1, do CT/09. (Ac. da RL, de 11.04.18 *in* CJ, Ano XLIII, Tomo II, p. 162).

II – Mas o regime estabelecido no nº 3 desse preceito, de acordo com o qual quando o trabalhador atinja os 70 anos de idade é aplicável tanto a um trabalhador que se mantém vinculado ao mesmo empregador depois da reforma, como ao que for admitido de novo após a reforma por velhice. (Ac. da RL, de 20.10.10 *in* www.dgsi.pt (Proc. nº 420/09.5TTLSB.L1-4) e CJ, Ano XXXV, Tomo IV, p. 160).

SECÇÃO III – Revogação de contrato de trabalho

Artigo 349º – Cessação de contrato de trabalho por acordo

1. O empregador e o trabalhador podem fazer cessar o contrato de trabalho por acordo.
2. O acordo de revogação deve constar de documento assinado por ambas as partes, ficando cada uma com um exemplar.
3. O documento deve mencionar expressamente a data de celebração do acordo e a de início da produção dos respetivos efeitos, bem como o prazo legal para o exercício do direito de fazer cessar o acordo de revogação.
4. As partes podem, simultaneamente, acordar outros efeitos, dentro dos limites da lei.
5. Se, no acordo ou conjuntamente com este, as partes estabelecerem uma compensação pecuniária global para o trabalhador, presume-se que esta inclui os créditos vencidos à data da cessação do contrato ou exigíveis em virtude desta.
6. Constitui contraordenação leve a violação do disposto nos nºs 2 ou 3.

COMENTÁRIOS:

1. Antecedentes legislativos: Arts. 393º, 394º e 681º, nº 4, do CT/2003 e 7º e 8º, da LCCT.

2. O presente artigo tem a redação introduzida pela L nº 73/2017, de 16 de agosto, a qual alterou o nº 3.

3. O empregador e o trabalhador podem fazer cessar o contrato de trabalho por acordo (nº 1).

Pelo exercício do ato revogatório, verdadeiro contrato extintivo *ad libitum*, pois não carece de manifestação de motivação, desvinculam-se as partes da relação juslaboral.

4. O acordo revogatório é um negócio formal (em arrepio, portanto, do princípio geral do consensualismo que suporta a celebração contratual), pelo que deve constar de documento escrito assinado por ambas as partes, nos termos do nº 2. Se as partes não reduzem a escrito o seu consenso, será aplicável o regime da nulidade das declarações negociais impropriamente formuladas, previsto no art. 219º, do CC.

A referida exigência de forma constitui uma formalidade *ad substantiam, sendo que a nulidade por falta de forma determina a restituição de tudo o que tiver sido prestado ou, se a restituição em espécie não for possível, o valor correspondente.* [Ac. da RE, de 31.05.12 *in* www.dgsi.pt (Proc. nº 33/11.1TTSTB.E1)]. No mesmo sentido, *v.* o Ac. da RP, de 11.10.10 *in* www.dgsi.pt (Proc. nº 167/09.2TTLMG.P1).

5. O contrato revogatório que consubstancia a vontade das partes de porem termo à relação laboral deverá mencionar a data da respetiva celebração e o momento a partir do qual produzirá efeitos, bem como o prazo legal para o exercício do direito de fazer cessar o acordo de revogação (nº 3). É este o alcance do dever de informação que incumbe ao empregador, reforçado pela L nº 73/2017. Atente-se no facto de a data da celebração do acordo revogatório e o momento a partir do qual produzirá efeitos puderem não ser coincidentes, o que obriga a especial cautela na contagem do prazo para efeito de cessação do acordo de revogação, o qual se se inicia, como vimos, com a celebração do acordo revogatório.

A declaração de revogação pode ser produzida em qualquer *tempus* contratual, havendo perenidade no vínculo ou estando este em crise.

6. As partes podem, simultaneamente, acordar outros efeitos, dentro dos limites da lei, nomeadamente, um certo valor pecuniário (comum nos chamados *despedimentos negociados*), refere o nº 4.

Elucida Pedro Romano Martinez, "Ao cessar o contrato de trabalho, há certas prestações que o empregador deve efetuar ao trabalhador; *i.é.* que se vencem com a cessação, como o direito a férias e respetivo subsídio (art. 245º do CT). Por outro lado, se o empregador está em mora relativamente, por exemplo, a retribuições vencidas, estas prestações deverão ser efetuadas aquando da cessação do contrato (cfr., todavia, o art. 337º do CT). Em contrapartida, o trabalhador também pode ser devedor do empregador, nomeadamente em relação a adiantamentos por conta da retribuição. Em qualquer dessas hipóteses, ao ajustar-se um acordo revogatório é frequente que se «acertem as contas», estabelecendo efeitos para além da cessação do contrato.

Mas os efeitos associados à cessação não se resumem a uma compensação de prestações derivadas do contrato de trabalho, pois as partes podem ter-se vinculado a outros deveres, em contratos coligados com este. Assim, se o empregador arrendou uma casa ao trabalhador ou lhe emprestou dinheiro para adquirir um automóvel, ao revogar o contrato de trabalho as partes providenciarão as consequências da cessação nestes outros contratos, que poderão subsistir". *Contrato de trabalho*, p. 952.

7. O nº 5 estabelece uma presunção quanto à compensação pecuniária de natureza global (global porque não discrimina a que título se venceram os créditos e qual o valor individual de cada um), atribuída *ope voluntatis* ao trabalhador, entendendo-se que em tal compensação se consideram incluídos e pagos os créditos do trabalhador já vencidos exigíveis em virtude da cessação do contrato de trabalho.

Questiona-se se a presunção será de se considerar *iuris tantum* ou *iuris et de iuris*. Sendo certo que decorre do regime civil que a presunção relativa constitui a regra e a presunção absoluta, a exceção.

Parece ser de aplicar dentro do espírito do sistema, o princípio que oferece maiores garantias ao trabalhador, permitindo-lhe ilidir a presunção invocada contra o seu direito de crédito, nos termos do art. 350º, nº 2, do CC.

V. a favor do valor relativo da declaração presuntiva, JOÃO LEAL AMADO, *Revogação do contrato e compensação pecuniária para o trabalhador: notas a um acórdão do Supremo Tribunal de Justiça*, p. 170; JOANA VASCONCELOS, *A revogação do contrato de trabalho*, p. 78 e DIOGO VAZ MARECOS, *Código do Trabalho Anotado*, p. 863.

Para ANTÓNIO MONTEIRO FERNANDES, "Há no preceito uma forte sugestão no sentido de se tratar de uma presunção *iuris et de iure* (...) Cremos hoje, porém, que o *thema probandi* a considerar não é esse. O trabalhador tem sempre que provar os seus créditos e ao empregador cabe demonstrar que os satisfez. O que está em causa é outro ponto: o de saber se foram, na verdade, *considerados* todos os créditos do trabalhador no ajuste da compensação. De acordo com o art. 349º/4, *presume-se que sim* quando a compensação é «global». Mas – é a opinião para a qual evoluímos – o trabalhador pode provar o contrário, isto é, provar que este ou aquele crédito *não foram, sequer, tidos em conta* quando se definiu o valor a pagar pelo empregador. E sendo assim, torna-se possível atribuir sentido útil à presunção – como presunção *iuris tantum*," *Direito do Trabalho*, p. 486.

Entendeu a RE, ao tempo do CT/2003*: 1.A inserção, no acordo de revogação do contrato de trabalho, de uma compensação pecuniária de natureza global, a favor do trabalhador, faz presumir que nela foram incluídos e liquidados os créditos vencidos à data dessa cessação, ou exigíveis em virtude da mesma (art. 394º, nº 3, do C.T. de 2003). 2. Dessa forma, a lei pre-*

sume, não o pagamento deste ou daquele crédito emergente do contrato, mas sim que, não obstante haver créditos do trabalhador pendentes, as partes pretenderam vê-los incluídos naquela compensação, de modo a darem por definitivamente extintos quaisquer direitos que entre si pudessem exercer. 3. A presunção será assim elidida não pela demonstração da existência da dívida, mas pela prova, que incumbe à parte trabalhadora, de as partes negociantes terem pretendido excluir essa dívida do âmbito da compensação acordada. [Ac. de 08.06.10 *in* www.dgsi.pt (Proc. nº 369/08.9TTPTM.E1)].

8. Já se tratando de uma compensação pecuniária discriminada e não de natureza global, os valores devidos serão relacionados, aplicando-se, havendo erro de cálculo, a previsão do art. 249º, do CC.

9. Para a configuração de um contrato de remissão de dívida (art. 863º, CC), são admissíveis *os documentos escritos, intitulados "Recibo de Quitação", subscritos pelo trabalhador, na data da cessação do contrato de trabalho, referindo "Eu, abaixo assinado, declaro que recebi as importâncias acima referidas, nada mais tendo a haver seja a que título for ficando assim liberto de quaisquer encargos, mesmo de natureza social, assim como a Empresa, pelo que dou total quitação".* [Ac. da RP, de 18.01.21 *in* www.dgsi.pt (Proc. nº 1957/19.3T8VFR.P1)].

Estabelecendo-se, num acordo de revogação do contrato de trabalho, uma compensação pecuniária a favor do trabalhador, sem mencionar a natureza global da mesma, tal cláusula não vale como acordo de remissão abdicativa de outros créditos. [Ac. da RL, de 20.11.19 *in* www.dgsi.pt (Proc. nº 16104/18.0T8LSB-4)].

I – O sentido da declaração do trabalhador de que "lhe foram pagos todos os valores a que tinha direito pelo exercício das funções de servente" não vale como mera declaração de quitação (de ter recebido os valores efetivamente devidos), sobretudo quando se prova que alguns deles não foram pagos. II – Não havendo discriminação de valores e tratando-se de declaração genérica, posterior à cessação do contrato de trabalho e com a solenidade da forma escrita, o seu sentido normal é o de que se trata de uma renúncia do trabalhador a reclamar o pagamento de créditos pelo anterior exercício das suas funções laborais. III – Uma vez que, ao juntá-la aos autos, o empregador demonstrou a intenção de a aceitar, a referida declaração é eficaz como declaração remissiva. IV – Não ocorrendo pressupostos conducentes à invalidade desta declaração, a remissão opera a extinção dos créditos retributivos peticionados pelo trabalhador, mas já não dos emergentes da ilicitude do despedimento, que não constituem valores devidos pelo exercício de funções. (Ac. da RC, de 19.11.15 *in* CJ, Ano XL, Tomo V, p. 52).

(i) a remissão abdicativa (artigo 863º, do Código Civil) pressupõe duas declarações: (a) uma do credor, declarando renunciar ao direito de exigir a prestação; (b) outra do devedor, declarando aceitar aquela renúncia. (ii) porém, esta aceitação pode ser tácita, face ao que estatuem os artigos 217º, 219º e 234º, do Código Civil. (iii) tendo entre as partes ocorrido diversa troca de informações, no âmbito das quais a Ré declarou ao Autor não estar disposta a pagar-lhe qualquer quantia a título de "compensação" pela cessação do contrato – uma vez que considerava ter havido justa

causa de despedimento, configura remissão abdicativa, a declaração daquele em que para além de declarar que recebeu da Ré todos os valores de remunerações a que tinha direito até à cessação do contrato, declara ainda que "não tem quaisquer outros valores a reclamar". [Ac. da RC, de 05.11.15 *in* www.dgsi.pt (Proc. nº 63/14.1T8STB.E1)].

V., ainda, os Acs. da RP, de 07.11.11 *in* www.dgsi.pt (Proc. nº 808/09.1TTOAZ.P1); da RE, de 24.03.11 *in* CJ, Ano XXXVI, Tomo II, p. 280; da RL, de 27.05.09 *in* www.dgsi.pt (Proc. nº 3475/07.3TTLSB.L1-4); da RP, de 03.11.08 *in* CJ, Ano XXXIII, Tomo V, p. 238 e do STJ, de 06.12.06 *in* CJ, Ano XIV, Tomo III, p. 300.

10. Sobre a ocorrência de vício na formação da vontade dos contraentes, *v.* os Acs. da RE, de 27.10.09 *in* www.dgsi.pt (Proc. nº 133/07.2TTBJA.E1) e da RC, de 26.03.09 *in* CJ, Ano XXXIV, Tomo II, p. 53.

11. Para efeito de atribuição do subsídio de desemprego, consideram-se *desemprego involuntário*, as situações de cessação do contrato de trabalho, por acordo, que se integrem num processo de redução de efetivos, quer por motivo de reestruturação, viabilização ou recuperação da empresa, quer ainda por a empresa se encontrar em situação económica difícil, independentemente da sua dimensão (art. 10º, nº 1, do DL nº 220/2006, de 03 de novembro).

São, ainda, consideradas as cessações do contrato de trabalho por acordo fundamentadas em motivos que permitam o recurso ao despedimento coletivo ou por extinção do posto de trabalho, tendo em conta a dimensão da empresa e o número de trabalhadores abrangidos, nos termos seguintes (nº 4):

a) Nas empresas que empreguem até 250 trabalhadores, são consideradas as cessações de contrato de trabalho até três trabalhadores inclusive ou até 25% do quadro de pessoal, em cada triénio;

b) Nas empresas que empreguem mais de 250 trabalhadores, são consideradas as cessações de contrato de trabalho até 62 trabalhadores inclusive, ou até 20% do quadro de pessoal, com um limite máximo de 80 trabalhadores em cada triénio.

Os limites estabelecidos no número anterior são aferidos por referência aos três últimos anos, cuja contagem se inicia na data da cessação do contrato, inclusive, e pelo número de trabalhadores da empresa no mês anterior ao da data do início do triénio, com observância do critério mais favorável (nº 5).

Para efeitos dos nºs 4 e 5 são consideradas as pessoas singulares e coletivas, independentemente da sua natureza e das finalidades que prossigam, que beneficiem da atividade profissional de terceiros prestada em regime de trabalho subordinado ou situações legalmente equiparadas para efeitos de segurança social (nº 6).

Na declaração comprovativa da situação de desemprego, o empregador tem de declarar os fundamentos que permitam o recurso ao despedimento coletivo ou por extinção do posto de trabalho, sem prejuízo de, a qualquer momento, lhe poder ser exigida a exibição de documentos probatórios dos fundamentos invocados (art. 74º, nº 1). Nas situações previstas no número anterior o empregador tem ainda de declarar que a cessação do contrato de trabalho se encontra compreendida nos limites estabelecidos no nº 4 do artigo 10º e que informou o trabalhador desse facto (nº 2).

Considera-se, ainda, *desemprego involuntário*, as situações de cessação de contrato de trabalho por acordo que visem o reforço da qualificação e da capacidade técnica das empresas e não determinem a diminuição do nível de emprego (art. 10º-A, nº 1). Para efeito de manutenção do nível de emprego, a mesma tem de se verificar até ao final do mês seguinte ao da cessação do contrato de trabalho e considera-se assegurada por meio de contratação de novo trabalhador mediante contrato sem termo a tempo completo, para posto de trabalho a que corresponda o exercício de atividade de complexidade técnica, elevado grau de responsabilidade ou que pressuponha uma especial qualificação (nº 2). Os serviços de segurança social devem informar o serviço com competência inspetiva do ministério responsável pela área laboral quando detetem ou suspeitem do incumprimento do disposto nos números anteriores para que notifique o empregador por forma a que este, no prazo máximo de 30 dias após a notificação, assegure a manutenção do nível de emprego (nº 3). Às cessações de contrato de trabalho efetuadas ao abrigo do presente artigo não são aplicáveis os limites estabelecidos no nº 4 do artigo anterior (nº 4). Nas situações de cessação do contrato de trabalho por acordo, em violação dolosa do disposto nos nºs 1, 2 e 3, o trabalhador mantém o direito às prestações de desemprego, ficando o empregador obrigado perante a segurança social ao pagamento do montante correspondente à totalidade do período de concessão da prestação inicial de desemprego (nº 6).

III – Os acordos revogatórios do contrato de trabalho são absolutamente livres, não carecem de consignação de qualquer motivo, mas quando tal sucede, designadamente quando se consigne como motivo a extinção do posto de trabalho, a lei não exige que o mesmo seja contemporâneo ou obtido no decurso do procedimento de extinção do posto de trabalho. IV – Tendo sido negociado entre empregador e trabalhadora o acordo quanto à cessação do contrato e submetido à apreciação do/a Advogado/a da trabalhadora a documentação emitida para o efeito, não poderia ela desconhecer que com a instauração do procedimento com vista à extinção do posto de trabalho apenas visava o empregador satisfazer a pretensão daquela de romper o vínculo contratual, mas ficando a auferir subsídio de desemprego. E, conhecendo a trabalhadora a real vontade do empregador ao emitir e entregar as comunicações que se refere a alínea I) dos factos provados, de outra forma não poderia ela interpretar o comportamento do empregador (art. 236º, nº 2, do CC). V- Não obstante as vestes formais de despedimento por extinção do posto de trabalho, a verdade é que a cessação do contrato ocorreu por acordo revogatório plasmado no documento aludido na alínea I) da factualidade provada, que reúne os requisitos a que alude o art. 349º do CT. [Ac. da RG de 23.04.20 *in* www.dgsi.pt (Proc. nº 2133/19.0T8VNF.G1)].

Artigo 350º – Cessação do acordo de revogação

1. O trabalhador pode fazer cessar o acordo de revogação do contrato de trabalho mediante comunicação escrita dirigida ao empregador, até ao sétimo dia seguinte à data da respetiva celebração.

2. O trabalhador, caso não possa assegurar a receção da comunicação no prazo previsto no número anterior, deve remetê-la por carta registada com aviso de receção, no dia útil subsequente ao fim do prazo.

3. A cessação prevista no nº 1 só é eficaz se, em simultâneo com a comunicação, o trabalhador entregar ou puser, por qualquer forma, à disposição do empregador a totalidade do montante das compensações pecuniárias pagas em cumprimento do acordo, ou por efeito da cessação do contrato de trabalho.

4. Excetua-se do disposto nos números anteriores o acordo de revogação devidamente datado e cujas assinaturas sejam objeto de reconhecimento notarial presencial, nos termos da lei.

COMENTÁRIOS:

1. Antecedentes legislativos: Arts. 395º, do CT/2003 e 1º, da L nº 38/96, de 31 de agosto.

2. O nº 1 concede ao trabalhador a faculdade de, unilateralmente, fazer cessar o acordo de revogação do contrato de trabalho, no quadro do exercício do *direito ao arrependimento,* a realizar até ao sétimo dia seguinte à data da celebração do acordo revogatório, mediante comunicação escrita, uma vez que se trata de um negócio formal, constituindo o documento escrito uma formalidade *ad substantiam*.

V. o Ac. da RL, de 05.05.10 *in* www.dgsi.pt (Proc. nº 1259/06.5TTVFX.L1-4).

Para a doutrina dominante, trata-se de uma cessação dotada de eficácia retroativa, recuperando-se o vínculo laboral como se não tivesse ocorrido o acordo de revogação. *V.*, por todos, Pedro Furtado Martins, *Cessação do contrato de trabalho,* pp. 145-146.

Esta possibilidade é vedada nos casos em que as assinaturas das partes são objeto de reconhecimento notarial presencial, prevendo-se que a intervenção notarial só "homologará" os acordos que acautelem os direitos do trabalhador, nomeadamente patrimoniais (nº 4).

Trata-se de uma forma de *blindagem* do direito potestativo do trabalhador de fazer cessar o acordo de revogação, pois atribui-se ao documento particular (agora autenticado) força probatória plena, nos termos do art. 377º, do CC.

Não obstando, para aquele efeito, que tenha ocorrido apenas o reconhecimento da assinatura do primeiro. (Ac. do STJ, de 01.03.18 *in* CJ, Ano XXVI, Tomo I, p. 232).

3. Sobre se reconhecimento presencial pode ser elaborado por Advogado, entendemos que a exigência "notarial" afasta tal pretensão.

O art. 5º, nºs 1 e 2, do DL nº 237/2001, de 30 de agosto, sobre Reconhecimentos com menções especiais, estipula que:

"1 – As câmaras de comércio e indústria, reconhecidas nos termos do Decreto-Lei nº 244/92, de 29 de outubro, os advogados e os solicitadores podem fazer reconhecimentos com menções especiais, por semelhança, nos termos previstos no Código do Notariado.

2 – Podem ainda as entidades referidas no número anterior certificar, ou fazer e certificar, traduções de documentos".

Indicando que os reconhecimentos e as traduções efetuados pelas entidades previstas no artigo anterior conferem ao documento a mesma força probatória que teria se tais atos tivessem sido realizados com intervenção notarial (artigo 6º).

Ainda, o DL nº 76-A/2006, de 29 de março, consagra no art. 38º (Competência para os reconhecimentos de assinaturas, autenticação e tradução de documentos e conferência de cópias), que:

"1 – Sem prejuízo da competência atribuída a outras entidades, as câmaras de comércio e indústria, reconhecidas nos termos do Decreto-Lei nº 244/92, de 29 de outubro, os conservadores, os oficiais de registo, os advogados e os solicitadores podem fazer reconhecimentos simples e com menções especiais, presenciais e por semelhança, autenticar documentos particulares, certificar, ou fazer e certificar, traduções de documentos, nos termos previstos na lei notarial, bem como certificar a conformidade das fotocópias com os documentos originais e tirar fotocópias dos originais que lhes sejam presentes para certificação, nos termos do Decreto-Lei nº 28/2000, de 13 de março.

2 – Os reconhecimentos, as autenticações e as certificações efetuados pelas entidades previstas nos números anteriores conferem ao documento a mesma força probatória que teria se tais atos tivessem sido realizados com intervenção notarial".

Entendimento jurisprudencial em sentido conforme à possibilidade de reconhecimento por Advogado: *O entendimento de que um Advogado se encontra impedido de reconhecer presencialmente a assinatura de uma declaração de rescisão unilateral de um contrato de trabalho de um trabalhador de uma cliente sua afigura-se incompatível não só com a intenção do legislador ao atribuir aos Advogados tal possibilidade, assim como com a sua qualidade de "colaborador da justiça".* [Ac. da RL, de 30.06.11 *in* www.dgsi.pt (Proc. nº 243/09.1TTFUN.L1-4)].

Em sentido desconforme: *O reconhecimento notarial presencial da assinatura da denúncia do contrato de trabalho não pode ser efetuado por advogado, pese embora o disposto no art. 38º, nºs 1 e 2, do Decreto-Lei nº 76-A/2006, de 29.03.* [Ac. da RP, de 04.07.11 *in* www.dgsi.pt (Proc. nº 1050/08.4TTVNG.P1)].

4. O trabalhador, caso não possa assegurar a receção da comunicação escrita dirigida ao empregador, até ao sétimo dia seguinte à data da respetiva celebração, deve remetê-la por carta registada com aviso de receção, no dia útil subsequente ao fim do prazo (nº 2).

5. A cessação do acordo de revogação só é eficaz se, em simultâneo com a comunicação, o trabalhador entregar ou puser, por qualquer forma, à disposição do empregador a totalidade do montante das compensações pecuniárias pagas em cumprimento do acordo, ou por efeito da cessação do contrato de trabalho (nº 3). Já não serão objeto da devolução os créditos salariais vencidos.

Em caso de devolução por título de crédito, se este não detiver boa cobrança, a cessação do acordo de revogação não opera (não se atribuindo ao empregador a qualidade de mero credor), dado que a entrega da compensação é condição *sine qua non* de validade do acordo revogatório.

SECÇÃO IV – Despedimento por iniciativa do empregador

SUBSECÇÃO I – Modalidades de despedimento

DIVISÃO I – Despedimento por facto imputável ao trabalhador

Artigo 351º – Noção de justa causa de despedimento

1. Constitui justa causa de despedimento o comportamento culposo do trabalhador que, pela sua gravidade e consequências, torne imediata e praticamente impossível a subsistência da relação de trabalho.

2. Constituem, nomeadamente, justa causa de despedimento os seguintes comportamentos do trabalhador:

a) Desobediência ilegítima às ordens dadas por responsáveis hierarquicamente superiores;

b) Violação de direitos e garantias de trabalhadores da empresa;

c) Provocação repetida de conflitos com trabalhadores da empresa;

d) Desinteresse repetido pelo cumprimento, com a diligência devida, de obrigações inerentes ao exercício do cargo ou posto de trabalho a que está afeto;

e) Lesão de interesses patrimoniais sérios da empresa;

f) Falsas declarações relativas à justificação de faltas;

g) Faltas não justificadas ao trabalho que determinem diretamente prejuízos ou riscos graves para a empresa, ou cujo número atinja, em cada ano civil, cinco seguidas ou 10 interpoladas, independentemente de prejuízo ou risco;

h) Falta culposa de observância de regras de segurança e saúde no trabalho;

i) Prática, no âmbito da empresa, de violências físicas, injúrias ou outras ofensas punidas por lei sobre trabalhador da empresa, elemento dos corpos sociais ou empregador individual não pertencente a estes, seus delegados ou representantes;

j) Sequestro ou em geral crime contra a liberdade das pessoas referidas na alínea anterior;

l) Incumprimento ou oposição ao cumprimento de decisão judicial ou administrativa;

m) Reduções anormais de produtividade.

3. Na apreciação da justa causa, deve atender-se, no quadro de gestão da empresa, ao grau de lesão dos interesses do empregador, ao caráter das relações entre as partes ou entre o trabalhador e os seus companheiros e às demais circunstâncias que no caso sejam relevantes.

COMENTÁRIOS:

1. Antecedentes legislativos: Arts. 396º, do CT/2003 e 9º e 12º, nº 5, da LCCT.

2. O despedimento por facto imputável ao trabalhador cai no âmbito da *resolução por incumprimento*, estando em causa uma atuação culposa que, pela sua gravidade e consequência, dita a inexigibilidade da manutenção do vínculo contratual.

O conceito de justa causa haverá que ser determinado atendendo aos princípios, normas e direitos constitucionalmente consagrados (*v.g., direito à segurança no emprego*, art. 53º, 1ª parte; *ao trabalho*, art. 59º, nº 1, al. *a*) e *à organização do trabalho*, art. 60º, nº 1, al. *b*), todos da CRP), concretizáveis caso a caso. O conceito visa, ainda, tornar adequada a sanção aplicável ao ilícito legal e/ou contratual cometido, limitando nessa matéria o poder disciplinar do empregador, proibindo a aplicação de sanções abusivas.

Na apreciação da justa causa, deve atender-se, no quadro de gestão da empresa, ao grau de lesão dos interesses do empregador, ao caráter das relações entre as partes ou entre o trabalhador e os seus companheiros e às demais circunstâncias que no caso sejam relevantes (nº 3).

3. A validade substancial do despedimento por facto imputável ao trabalhador exige, para verificação de justa causa, a observância cumulativa de três elementos: um *subjetivo*, referente a um comportamento culposo do trabalhador; outro, *objetivo*, que atende à respetiva gravidade e consequências; e um *nexo causal* que gera a impossibilidade de manutenção do vínculo contratual.

O grau de gravidade do comportamento culposo, que pressupõe uma violação, quer por ação, quer por omissão, dos deveres legais ou contratuais do trabalhador, tem que ser avaliado em termos objetivos, segundo o critério de bom *pater familias*, revelando causa adequada à impossibilidade de subsistência do nexo laboral, pois vem atingir os valores que as normas constitucionais pretendem garantir.

O regime legal, de acordo com o poder disciplinar concedido ao empregador (art. 98º) estabelece o chamado despedimento-sanção [art. 328º, nº 1, al. *f*)] aplicável como censura máxima atenta a gravidade do comportamento do trabalhador e perante a necessária ponderação do grau das sanções aplicáveis, considerando, sempre, a relação fiduciária que caracteriza a relação juslaboral.

Entendimento jurisprudencial sobre a validade substancial:

I – Para que o comportamento do trabalhador integre a justa causa de despedimento é necessário que seja grave em si mesmo e nas suas consequências. II – A gravidade e a culpa devem ser apreciadas em termos objetivos e concretos, de acordo com o entendimento de um bom pai de família ou de um empregador normal, em face do caso concreto e segundo critérios de objetividade e razoabilidade. III – A advertência do empregador "está a exagerar as competências" retira gravidade disciplinar aos atos do trabalhador, imputados na nota de culpa meses depois da sua ocorrência. IV – Evitar o desperdício de produtos alimentares, por Diretora Técnica de Centro Social, é um comportamento socialmente louvável e não censurável disciplinarmente [Ac. da RP, de 17.12.20 *in* www.dgsi.pt (Proc. nº 1880/19.1T8MTS.P1)].

1. A justa causa de despedimento compreende três elementos: o comportamento culposo do trabalhador; comportamento grave em si mesmo e de consequências danosas e o nexo de causalidade entre este comportamento e a impossibilidade de subsistência da relação laboral face àquela gravidade, ou seja, o comportamento tem de ser imputado ao trabalhador a título de culpa (com dolo ou negligência); e a gravidade e impossibilidade devem ser apreciadas em termos objetivos e concretos relativamente à empresa. 2. Não é de exigir ao empregador que mantenha a relação laboral com um trabalhador que invocando limitações físicas, realizava tarefas sob protesto ou executava o serviço de forma incompleta e que de forma intencional prestou aos médicos informações falsas sobre o seu estado de saúde, induzindo-os intencionalmente em erro para que as condicionantes apostas nos resultados de aptidão fossem cada vez mais, com o objetivo de exercer o mínimo das funções exigíveis a um trabalhador do grupo profissional de carteiro e que mentia, ainda, sobre aquele seu estado. 3. Este comportamento do trabalhador, violador dos deveres de boa fé e lealdade e de realizar o trabalho com zelo e diligência, é grave em si mesmo e nas suas consequências de forma a originar uma absoluta quebra de confiança entre o empregador e o trabalhador, pelo que, verifica-se a impossibilidade prática e imediata da subsistência da relação de trabalho, existe motivo justificativo para o despedimento do trabalhador. [Ac. da RC, de 21.02.20 *in* www.dgsi.pt (Proc. nº 944/18.3T8CLD.C1)].

Deve concluir-se pela inexistência de justa causa e, consequentemente, pela ilicitude do despedimento, num caso, como o presente, em que o trabalhador, pese embora tenha sido indicado para integrar um grupo de trabalho onde se iria tratar da situação de um banco a que o réu veio a aplicar a medida de resolução e a criação de um banco de transição, se não se provou que o mesmo tinha informação privilegiada relativamente à medida que veio a ser concretamente aplicada na altura em que procedeu à venda das ações que detinha daquela instituição bancária. [Ac. da RL, de 12.02.20 *in* www.dgsi.pt (Proc. nº 8127/18.6T8LSB.L1-4)].

2 – A justa causa para despedimento é uma noção complexa e para a averiguar deve-se recorrer ao entendimento de um "bonus pater familias", de um "empregador razoável", segundo critérios de objetividade e razoabilidade (art. 487º, nº 2, do CC), em face do condicionalismo de cada caso concreto. 3 – E, para a impossibilidade prática e imediata da relação de trabalho como crité-

rio básico de "justa causa", é necessária uma prognose sobre a inviabilidade das relações contratuais concluindo-se pela inidoneidade da relação para prosseguir a sua função típica. [Ac. da RL, de 15.06.16 *in* www.dgsi.pt (Proc. nº 1500/14.0T8BRR.L1-4)].

VI – Funcionando a inimputabilidade como fator que impede a formulação de um juízo de censura (em conformidade com o critério do "bonus pater familias") relativamente aos atos ilícitos, incumbe ao trabalhador o ónus, quer de alegar, quer de provar, os factos necessários para levar a concluir que, quando prosseguiu cada uma das condutas violadoras dos deveres laborais que se lhe impunham, não tinha capacidade para avaliar a ilicitude dos seus atos e para se determinar de acordo com essa avaliação ou tinha essa capacidade diminuída (o que é suscetível de mitigar o grau de culpa). [Ac. da RP, de 23.05.16 *in* www.dgsi.pt (Proc. nº 2849/15.0T8MTS.P1)].

I – A conduta da trabalhadora traduzida no ato incontinente de urinar, no seu local de trabalho, para dentro de um balde de transporte da matéria-prima usada para a confeção dos produtos alimentares fabricados pela Ré, não constitui infração disciplinar suscetível de fundar o despedimento da Autora com invocação de justa causa. [Ac. da RL, de 27.01.16 *in* www.dgsi.pt (Proc. nº 670/15.5T8VFX.L1-4)].

Assume a gravidade que o conceito de justa causa pressupõe o comportamento da auxiliar de educação de uma instituição de solidariedade social que agrediu física (duas vezes) e verbalmente (uma vez) crianças de 4 anos de idade que estavam a seu cargo no jardim de infância. [Ac. da RP, de 14.11.11 *in* www.dgsi.pt (Proc. nº 963/10.8TTBRG.P1)].

O conceito de culpa pode coenvolver o dolo (intenção de) ou a mera negligência (ausência do dever de cuidado e diligência).

Sobre a gravidade da conduta culposa:

Há justa causa de despedimento de uma trabalhadora que desempenhando funções de atendimento ao público em que é a "face visível" do seu empregador se recusa a identificar um colega, pondo em causa o direito de reclamação de um utente e se recusa obstinadamente a identificar-se junto das autoridades policiais. Tal conduta é subjetiva e objetivamente grave e imprópria de quem lida com clientes num balcão de apoio aos mesmos em um aeroporto. [Ac. do STJ, de 28.10.20 *in* www.dgsi.pt (Proc. nº 13533/19.6T8LSB.L1.S1)].

O comportamento da trabalhadora, consubstanciado em dar puxões e empurrões a uma utente, sem que se mostre descrito com clareza em que consistiram e que existe nexo de causalidade adequada entre os mesmos e o agravamento da depressão da utente, bem como da falta de vontade desta em ir para a instituição, a partir dos factos, é culposo, mas não é de tal modo grave, que torne imediata e praticamente impossível a subsistência da relação de trabalho. [Ac. da RE, de 25.05.16 *in* www.dgsi.pt (Proc. nº 518/15.0T8EVR.E1)].

4. A validade formal do despedimento por facto imputável ao trabalhador exige um procedimento disciplinar para demonstração e comprovação do factualismo, exercício do direito de defesa e apuramento da verdade material (arts. 352º a 358º).

De relevar que o empregador usa o poder disciplinar laboral por *ação de justiça direta*, cabendo-lhe o papel de parte, instrutor e juiz. E só em sede de heterotutela, essa ação direta é escrutinada, apreciada e valorizada, através de ação em processo comum ou de ação especial de impugnação judicial da regularidade e licitude do despedimento previstas no CPT.

Entendimento jurisprudencial sobre a validade formal:

I – O despedimento traduz-se na rutura da relação laboral, por ato unilateral do empregador, mediante uma declaração feita por palavras, escrito ou qualquer outro meio de manifestação da vontade (declaração negocial expressa) ou que possa ser deduzida de atos equivalentes, que, com toda a probabilidade a revelem (declaração negocial tácita). II – Essa declaração tem sempre de ser dotada do sentido inequívoco de pôr termo ao contrato de trabalho, que deve ser apurado segundo a capacidade de entender e diligência de um normal declaratário, colocado na posição do real declaratário e que, como tal, seja entendida pelo trabalhador. [Ac. da RG, de 19.05.16 *in* www.dgsi.pt (Proc. nº 443/14.2TTVCT.G1)].

II – Para que a regra constitucional da proibição dos despedimentos arbitrários assuma verdadeira eficácia prática é necessário não apenas que o despedimento se funde em justa causa, mas igualmente que o mesmo tenha sido precedido de procedimento disciplinar válido, que assegure ao trabalhador, de forma eficaz, a defesa contra os factos de que é acusado. [Ac. da RC, de 19.11.15 *in* www.dgsi.pt (Proc. nº 2170/15.4T8CBR.C1)].

5. Sobre o ónus da prova: *1- Incumbe ao trabalhador a prova do invocado despedimento, por parte da entidade empregadora. 2- Da instauração de processo disciplinar (com suspensão de funções) e da falta de pagamento das retribuições não é possível concluir pela verificação de despedimento tácito. 3- Na falta de prova do despedimento ilícito (causa de pedir da acção), deveremos concluir que está ferida de nulidade e vai para além do pedido a sentença que condena no pagamento de salários devidos depois da data do invocado despedimento, com fundamento na vigência do contrato.* [Ac. da RL, de 27.01.21 *in* www.dgsi.pt (Proc. nº 1796/19.1T8CSC.L1-4)].

6. O nº 2 estabelece uma *enumeração exemplificativa* de comportamentos que merecerão o grau máximo de censura, concretizados sempre casuisticamente ao previsto e estatuído no nº 1, tornando inexigível a manutenção do vínculo laboral, sancionando situações que, por razões imputáveis ao trabalhador, tenham entrado de tal modo em crise, que não mais se possam manter.

A concretização de comportamentos passíveis de enquadrar o conceito *justa causa* obriga sempre à análise, também, do art. 128º, naquilo que se considera um duplo regime de exemplificações de comportamentos violadores.

Concluindo, o segmento apresenta algumas exemplificações de comportamentos que enformam a justa causa de despedimento, no entanto, e em rigor, nunca será de desmerecer o leque dos deveres consagrados no art. 128º (matriz sempre a relevar para o apuramento da justa causa):

– *Desobediência ilegítima às ordens dadas por responsáveis hierarquicamente superiores* (al. *a*)), indicado, também, no art. 128º, nº 1, al. *e*), sendo corolário do poder de direção do empregador (art. 97º) que cabe ao trabalhador respeitar, excetuados os casos de ordens ilegítimas, ou seja, quando está em causa a colisão com os direitos e garantias do próprio trabalhador.

O dever de obediência respeita tanto a ordens ou instruções do empregador como a ordens do superior hierárquico do trabalhador, dentro dos poderes que a este são atribuídos (art. 128º, nº 2).

Entendimento jurisprudencial sobre a violação do dever de obediência:

I – É de considerar muito grave e ilícita a conduta do autor que, enquanto motorista de serviços públicos, apesar de ter recebido o pagamento de passageiras que se faziam transportar no autocarro que conduzia ao serviço da ré, apenas imprimiu os respetivos títulos de transportes ao chegar à paragem de autocarro onde se encontravam funcionários da ré com funções de fiscalização após tê-los avistado, e que se não fora a intervenção de tais agentes, teria feito seus os valores que lhe haviam sido pagos pelo dito transporte. II – A referida conduta consubstancia violação pelo trabalhador dos seus deveres de obediência, zelo, diligência e lealdade e faz quebrar irremediavelmente a base da confiança em que assenta a relação laboral, criando no espírito da ré empregadora a fundada dúvida sobre a idoneidade futura do autor, constituindo justa causa de despedimento. [Ac. da RL, de 27.01.21 *in* www.dgsi.pt (Proc. nº 26009/19.2.T8LSB.L1-4)].

III – Consubstancia justa causa de despedimento o comportamento do A. que: – quando a superiora hierárquica lhe exigia o ponto da situação do cumprimento do "planning", este apresentava as suas anotações de forma ilegível; – Na sequência de uma discussão que, entretanto, surgiu entre o A. e a superiora hierárquica, aquele começou a repetir sem parar as expressões "bla bla bla bla bla", recusando-se a dar resposta às questões que a referida superiora lhe ia colocando nesse momento. – Na sequência de ordem dada pela superiora hierárquica para a realização de determinada tarefa em relação a um "dossier", o A., embora não necessitando de qualquer informação adicional para a ele aceder, fingiu que não conseguia a ele aceder, não tendo realizado nenhuma das tarefas que lhe haviam sido solicitadas pela testemunha I.... – Insistia em ler na vertical os documentos em PDF, tendo, inclusivamente, uma sua colega oferecido a sua ajuda para o ensinar a rodar os documentos e facilitar a análise, o que este sempre recusou. – Durante a semana apenas realizava as tarefas, previstas no "planning" semanal, para os dois primeiros dias de trabalho, aproximadamente, deixando por completar as restantes tarefas. IV – Tais comportamentos consubstanciam violação reiterada e grave dos deveres laborais, por parte do A., de urbanidade, obediência, zelo e diligência, sendo demonstrativos de uma postura de desafio e hostilidade para com a sua superiora hierárquica, tornando objetivamente inexigível à Ré a manutenção da relação laboral e determinando a perda da confiança no futuro comportamento do trabalhador. [Ac. da RP, de 23.11.20 *in* www.dgsi.pt (Proc. nº 6107/18.0T8MTS.P1)].

Consubstancia justa causa de despedimento o seguinte comportamento da A. que, perante uma chamada de atenção pela legal representante da Ré pelo não cumprimento de uma ordem que lhe havia sido dada [e da qual resultou a errada colocação de ilhoses e a devolução, pelo cliente, da encomenda]: lhe disse em tom de voz alto: "Os ilhós davam. Eu meti!"; a A. tinha na mão esquerda a tesoura de costura, e estando a mão da Autora fechada sobre a tesoura, brandiu-a no ar, enquanto gesticulava e dizia com voz alta, estando virada de frente para a gerente da R, e junto desta: "Vai-me despedir? Vai-me despedir? Então despeça-me"; a A. repetiu esta expressão em voz alta e, enquanto gesticulava, chegou a tocar com a mão esquerda, que continha a tesoura e que estava fechada sobre esta, no antebraço da gerente da Ré. [Ac. da RP, de 27.04.20 *in* www.dgsi.pt (Proc. nº 1544/18.6T8PNF.P1)].

Trabalhador que, perante uma legítima ordem de serviço, se recusa a cumpri-la, afirmando que só o faria se a mesma lhe fosse dada por escrito e fundamentadamente, mesmo depois de, num segundo momento, ter sido chamado ao gabinete da direção da R., onde lhe foi explicada a necessidade de tal ordem. [Ac. do STJ, de 25.01.12 *in* www.dgsi.pt (Proc. nº 666/04.2TTVFR.P1.S1)].

Trabalhadora que persistentemente desobedece ao cumprimento do horário determinado pela entidade empregadora, horário esse que, não consubstanciando qualquer alteração, se limitou a consagrar a fixação de um dia certo na semana para que praticasse o horário da tarde, ao invés da rotatividade até aí vigente quanto à prática de tal horário. [Ac. do STJ, de 07.10.10 *in* www.dgsi.pt (Proc. nº 439/07.0TTFAR.E1.S1)].

Comportamento do trabalhador que, contrariando frontalmente uma ordem de serviço, autoriza um pagamento, com a conta a descoberto, instruindo, para tal efeito, uma sua subordinada no sentido de manter a referida ordem no saldo da caixa pagadora, sem ser debitada, fazendo com isso acumular o descoberto da referida conta. [Ac. do STJ, de 22.09.10 *in* www.dgsi.pt (Proc. nº 217/2002.L1.S1)].

Trabalhador que se recusou, ilegitimamente, a cumprir a ordem de transferência do local de trabalho dada pela ré e incorreu em ausências nesse novo local de trabalho. (Ac. do STJ, de 17.03.10 *in* CJ, Ano XVIII, Tomo I, p. 253).

– *Violação de direitos e garantias de trabalhadores da empresa* (al. *b*)), cabendo ao trabalhador respeitar o livre exercício dos direitos e garantias dos colegas de trabalho (por ex., respeitar o exercício legítimo do direito à greve).

– *Provocação repetida de conflitos com trabalhadores da empresa* (al. *c*)), que corresponde ao dever de respeito, consagrado no art. 128º, nº 1, al. *a*).

– *Desinteresse repetido pelo cumprimento, com a diligência devida, de obrigações inerentes ao exercício do cargo ou posto a que está afeto* (al. *d*)), igualmente previsto sob a forma de dever de zelo e diligência no art. 128º, nº 1, al. *c*).

Entendimento jurisprudencial sobre os deveres de zelo e diligência:

II – Sendo o autor trabalhador experiente no desempenho deste tipo de tarefa, deveria ter procedido à avaliação sobre a exequibilidade do visionamento das gravações de imagem em causa, naquelas condições, com garantias de erro mínimo. E, caso constatasse a dificuldade de executar a tarefa que foi determinada naquelas condições, sem que tal pudesse comprometer o resultado, ao invés de se lançar nela sem nada questionar, deveria ter alertado o empregador. III – Era-lhe exigível que ante-

cipasse a possibilidade de errar, quer em termos quantitativamente significativos quer deixando escapar alguma situação de especial relevância. Como o autor bem sabe, trata-se de detectar situações que ocorrem num curto período de tempo, por vezes em escassos segundos, acrescendo que dissimuladas. De resto, tenha-se presente, o que estava em causa era detectar situações que escaparam à normal vigilância diária, feita através do visionamento directo das imagens captadas pelas câmaras de vigilância em tempo real. IV – Não o tendo feito, admitiu a possibilidade de erro, confiando que não se verificaria, porventura crendo nas suas capacidades, acabando por não dedicar a atenção e cuidados necessários à visualização, com os consequentes erros que foram apurados. V – Daí que não possa aceitar-se que as oito situações não detectadas se enquadrem na margem de erro que seria razoável considerar, antes se crendo que o autor efectivamente violou o dever de zelo e diligência. [Ac. da RP, de 18.01.21 *in* www.dgsi.pt (Proc. nº 1372/19.9T8VFR.P1)].

Resumindo-se o comportamento da trabalhadora a uma não resposta à solicitação de uma informação por parte de uma colega de trabalho, em setembro de 2014; à não entrega da coleção dentro do prazo, sem qualquer explicação ou justificação e à falta de comunicação com a sua empregadora, em dezembro de 2014 mas ponderando que em 9 e 10 de dezembro, a trabalhadora faltou ao trabalho e justificou a sua falta, o seu comportamento assume menor gravidade e não consubstancia um manifesto e repetido desinteresse pelo cumprimento com a diligência devida das obrigações inerentes ao posto de trabalho; falta de zelo e diligência houve mas já não um desinteresse repetido pelo cumprimento com a diligência devida. [Ac. da RP, de 02.05.16 *in* www.dgsi.pt (Proc. nº 1083/15.4T8MTS.P1)].

Trabalhador bancário, diretor de balcão, que permitiu saldos devedores por montantes e períodos superiores ao regulamentado e desobedeceu, conscientemente, a normas atinentes à concessão de crédito. [Ac. do STJ, de 05.07.12 *in* www.dgsi.pt (Proc. nº 3309/10.1TTLSB.L1.S1)].

Vendedor, que, estando incumbido, além do mais, de visitar clientes tendo em vista a venda de produtos da empregadora e o recebimento do pagamento do preço, se constata que não efetuava tais visitas ou as efetuava com grandes atrasos, constatando-se ainda que perante uma reclamação de um cliente e na presença do mesmo, não procurou resolver o "problema" do cliente e afirmou de imediato "[o] cliente estava muito bem a comprar noutra empresa e fomos buscá-lo para não cumprir/falhar". [Ac. da RE, de 29.03.12 *in* www.dgsi.pt (Proc. nº 836/10.4TTPTM.E1)].

Trabalhadora, admitida para desempenhar as funções de porteira, que não assegurou a limpeza das partes comuns do prédio, desde julho de 2002, do que resultou a acumulação de lixo naqueles locais, e não procedeu, desde 20 de abril de 2003, ao despejo e limpeza do recipiente geral do lixo, o que determinou a acumulação de lixo nesse recipiente. [Ac. do STJ, de 25.01.12 *in* www.dgsi.pt (Proc. nº 268/04.3TTLSB.L1.S1)].

– *Lesão de interesses patrimoniais sérios da empresa* [al. *e*)].

A jurisprudência tem procedido à densificação da noção de interesse patrimonial sério com base em dois critérios:

– Um, de índole quantitativa, reportando-se à expressão pecuniária;

– Outro, de índole qualitativa, que atende à repercussão da lesão do interesse patrimonial na empresa.

Cremos que a relevância do dano deve ser aferida no contexto do caso e na aptidão, maior ou menor, para questionar a confiança entre as partes.

Não enquadra lesão de interesse patrimonial sério, a atuação do motorista que, ao retirar os acessórios que lhe pertenciam do veículo que lhe estava confiado, danificou o sistema de travagem [Ac. STJ, de 09.11.05 *in* www.dgsi.pt (Proc. nº 05S2133)]; o encarregado da secção de produção de vapor, frio e ar comprimido de uma empresa que se dedica ao fabrico de cerveja, que, tendo aderido a uma greve regularmente decretada, ordenou a um ajudante de fogueiro que cortasse o vapor que estava a ser fornecido, tendo em vista razões de segurança, na medida em que era perigoso manter o funcionamento do vapor sem haver quem o controlasse e ele sabia que todos os fogueiros tinham aderido a greve. [Ac. STJ, de 17.01.85 *in* www.dgsi.pt (Proc. nº JSTJ00000481)].

– *Falsas declarações relativas à justificação de faltas* [al. *f*)], que ilustra o dever de lealdade, previsto no art. 128º, nº 1, al. *f*).

O trabalhador justifica a falta recorrendo a factos que não correspondem à verdade, tendo plena consciência de tal falsidade, por forma a angariar uma justificação, para a ausência, que bem sabe não lhe é devida.

O legislador mantém o repúdio pela falta fraudulenta (sendo o exemplo mais comum, a apresentação de *atestados médicos de complacência*).

– *Faltas não justificadas ao trabalho que determinem diretamente prejuízos ou riscos graves para a empresa, ou cujo número atinja, em cada ano civil, cinco seguidas ou 10 interpoladas, independentemente de prejuízo ou risco* [al. *g*)], correspondendo ao cumprimento do dever de assiduidade e pontualidade previsto no art. 128º, nº 1, al. *b*).

O dever principal de assiduidade está relacionado com o dever de promover todos os atos tendentes à melhoria da produtividade da empresa (dever secundário), articulados, ambos, com o dever geral de diligência, corolários do princípio da boa-fé contratual.

As faltas que determinem diretamente prejuízos ou riscos graves para a empresa consubstanciam infração instantânea.

A falta cujo número atinja, em cada ano civil, cinco seguidas ou 10 interpoladas, independentemente de prejuízo ou risco, constitui infração continuada, cuja prescrição ocorre no termo do ano civil em que as faltas tiveram lugar, não havendo transferência para o ano civil seguinte.

Entendimento jurisprudencial sobre a violação do dever de assiduidade:

II – Constitui justa causa de despedimento o comportamento do trabalhador, ora impugnante, que para além de faltar injustificadamente ao trabalho por período muito superior a cinco dias seguidos – com início em 10 de agosto de 2018 e que, à data da remessa da nota de culpa para o trabalhador, em 8 de outubro de 2018, ainda não havia cessado –, revelou uma posição de desobediência inequívoca e ilegítima ou não acatamento persistente da determinação imposta pela entidade empregadora no âmbito do respetivo poder de direção e dentro dos limites decorrentes do contrato e das normas que o regem, ao qual não podia o impugnante eximir-se já que a entidade empregadora, ora recorrida, não estava limitada ou condicionada legalmente à aprovação/concessão da licença sem remuneração previamente solicitada, nem relativamente ao respetivo prazo de prorrogação, revelando ainda o impugnante um claro propósito em não retomar, a breve trecho, o cumprimento das obrigações contratuais. [Ac. da RG, de 12.11.20 *in* www.dgsi.pt (Proc. nº 135/20.3YRGMR)].

I. O Autor incorreu em 10 faltas injustificadas no mesmo ano civil, atento a disposto no artigo 253º, nº 1, 2, 4 e 5 do Código do Trabalho. A justificação das faltas não depende apenas do respetivo fundamento, mas também da comunicação da ausência ao empregador nos termos do mesmo artigo 253º; atento o disposto no artigo 256º, nº 2 do Código do Trabalho, trata-se de uma infração grave pelo facto de terem ocorrido, nestes 10 dias de faltas injustificadas, dias que são anteriores ou posteriores a dias de descanso, pois os dias 15 e 21 de novembro eram dias de folga do trabalhador. Esta conduta do Autor integra de modo inequívoco a infração disciplinar expressamente tipificada no art. 351º, nº 2, alínea g), do Código do Trabalho. IV. Tendo o trabalhador incumprido reiteradamente o dever de comparecer ao serviço nos termos referidos, considera-se irremediavelmente comprometida a relação de confiança com o seu empregador, por ter criado neste uma dúvida séria sobre a idoneidade futura da sua conduta, tornando inexigível a manutenção da relação laboral; justificando-se a sanção disciplinar de despedimento, por não se vislumbrar, no quadro das sanções disciplinares conservatórias, qualquer uma suscetível de restabelecer a relação de confiança posta em causa pelo comportamento do trabalhador que não se preocupou em dar, de algum modo, a conhecer a razão das suas ausências. [Ac. do STJ, de 11.11.20 *in* www.dgsi.pt (Proc. nº 2776/19.2T8SNT.L1.S1)].

As ausências injustificadas ao curso determinado pela empregadora, reveladoras de violação do dever de assiduidade e do dever de realizar o trabalho com o zelo e diligência, constituem justa causa para despedir por a respectiva magnitude abalar a confiança do empregador sobre a trabalhadora. (Ac. da RL, de 09.09.20 *in* CJ, Ano XLV, Tomo IV, p. 135).

6. É gravemente culposo o comportamento do trabalhador que, ao longo de um ano civil, falta injustificadamente em oito dias completos e ainda em períodos inferiores ao período normal de trabalho diário que, adicionados, correspondem a mais oito períodos normais de trabalho diário, mais duas horas e catorze minutos, em especial quando em nove ocasiões as faltas ocorrem em datas anteriores ou posteriores a dias de folga. 7. Não basta, porém, a ocorrência de um comportamento culposo do trabalhador para justificar o despedimento, importando verificar se a gravidade do comportamento e as suas consequências danosas tornaram impossível a subsistência da relação de trabalho. [Ac. da RE, de 13.07.20 *in* www.dgsi.pt (Proc. nº 100/19.2T8FAR.E1)].

XIV – Logo o Autor, no ano de 2018, deu 8 faltas injustificadas por referência a jornadas completas de trabalho e uma quanto a meio-dia laboral, sendo que apenas nos deparamos com 4 faltas e meia dadas sem fundamento material para elas e sem comunicação antecipada e justificação oportuna e suficiente, relativamente a um trabalhador com 9 anos, 2 meses e três semanas de antiguidade na empresa, sem quaisquer antecedentes disciplinares, que foi dirigente sindical do SITRA, entre julho de 2017 e fevereiro de 2018, teve o estatuto de trabalhador-estudante desde setembro de 2017 até à data do seu despedimento, tendo ainda a seu cargo e a viver consigo, desde 20/5/2015, a sua filha, nascida a 17/1/2010, nos termos do acordo de responsabilidades paren-

tais firmado com a mãe da menor e homologado judicialmente. XV – Tudo isto conjugado aponta no sentido de uma diminuição significativa da culpa do Autor, como da própria ilicitude de algumas das faltas injustificadas verificadas ao domingo e ao sábado, não tendo havido, nessa medida, uma qualquer quebra irrecuperável de confiança nem era inexigível à Ré a manutenção do vínculo laboral em questão, sendo perfeitamente adequada e proporcional a aplicação de uma outra sanção disciplinar, que fosse conservatória do vínculo laboral. [Ac. da RL, de 13.07.20 *in* www.dgsi.pt (Proc. nº 514/19.9T8BRR.L1-4)]

v) constitui justa causa de despedimento a ausência ao trabalho durante 32 dias, sem comunicação e/ou justificação à empregadora, após esta ter advertido o trabalhador por duas vezes que estava em situação de faltas injustificadas. [Ac. da RE, de 23.04.20 in www.dgsi.pt (Proc. nº 61/19.9T8FAR.E1)].

Para os efeitos da verificação da justa causa de despedimento prevista no art. 351º, nº 2, al. g), do Código do Trabalho, deve considerar-se como falta a ausência do trabalhador durante toda uma jornada de trabalho, independentemente do concreto número de horas de trabalho que a mesma comportasse. (Do relatório: Se é certo que nos dias 18 de janeiro, 1 de fevereiro, 24 de maio, 6 de junho, e 20 de junho de 2015, o horário de trabalho do A. era efetivamente das 6,30 às 9,30 horas (cfr. factos T), U), X), Y), e Z)), também é verdade que em todos esses dias, aliás tal como nos demais dias em que faltou, o A. não compareceu nas instalações da R. para exercer as suas funções durante a totalidade do período fixado no horário a que nesses mesmos dias estava obrigado (cfr. facto EE)). Ou seja: não estão aqui em causa meros atrasos na chegada ao trabalho, mais ou menos prolongados, mas sim completas ausências do trabalhador durante toda a jornada de trabalho que deveria cumprir, em determinados dias do ano de 2015) [Ac. da RE, de 16.02.17 in www.dgsi.pt (Proc. nº 380/16.6T8FAR.E1)].

ii) no caso de um trabalhador dar 10 ou mais faltas injustificadas interpoladas num ano civil, para apreciação da gravidade do comportamento a lei dispensa a prova dos prejuízos ou riscos graves para o trabalho que tais faltas tenham causado; iv) todavia, tal situação não determina, de forma automática, a verificação de justa causa de despedimento, sendo ainda necessário e para este efeito apreciar outros factores relevantes, como sejam o grau de culpa do trabalhador ou as necessidades de prevenção geral e especial; v) verifica-se justa causa de despedimento no circunstancialismo em que se apura que uma trabalhadora, operadora de loja com cerca de 07 anos de antiguidade na empresa, faltou injustificadamente ao trabalho durante mais de 11 dias interpolados no ano de 2013, o que causou transtornos na organização do serviço na equipa em que se integrava e prejuízos à empregadora, já que teve que que recorrer a trabalho suplementar prestado por outros trabalhadores, daí decorrendo custos acrescidos, sendo ainda certo que quer prévia quer posteriormente às faltas a trabalhadora nunca apresentou qualquer justificação para as mesmas ao empregador. [Ac. da RE, de 29.09.16 *in* www.dgsi.pt (Proc. nº 251/14.0TTFAR.E2)].

II – Não constitui justa causa de despedimento as faltas injustificadas dadas por trabalhadora que, tendo sofrido um acidente de trabalho, originador de várias sequelas e debilidades físicas, após largo período de ausência, como assistente de bordo, é colocada em vários serviços, de terra, da ré, não adequadas em termos de condições de segurança e saúde no trabalho para aquela. [Ac. da RL, de 16.03.16 in www.dgsi.pt (Proc. nº 3937/09.8TTLSB.L1-4)].

8. Doze dias de faltas interpoladas injustificadas dadas por um trabalhador, desde 31/01/2014 até 30/07/2014, só podem constituir justa causa de despedimento, independentemente de qualquer prejuízo ou risco para a empresa, se essas faltas revelarem um comportamento gravemente culposo, por parte desse trabalhador e se esse comportamento tornar imediata e praticamente impossível a subsistência da relação de trabalho. [Ac. da RL, de 18.11.15 *in* www.dgsi.pt (Proc. nº 8762/15.4T8SNT.L1-4)].

I – Não obstante ter ficado provado que a trabalhadora deu 13 faltas injustificadas e, portanto, com o seu comportamento violou o dever de assiduidade a que, estava adstrita por imposição legal, certo é para que tal comportamento possa constituir justa causa de despedimento é necessário que, em concreto, seja culposo e grave, entendida a gravidade no sentido de impossibilidade de subsistência da relação laboral. [Ac. da RP, de 19.03.12 *in* www.dgsi.pt (Proc. nº 626/10.4TTGMT.P1)]. No mesmo sentido, *v.* o Ac. da RP, de 28.02.11 *in* www.dgsi.pt (Proc. nº 816/08.0TTVNG.P1).

A atitude absentista assumida pelo trabalhador/apelante ao faltar injustificadamente ao serviço nos dias 28 de fevereiro, 1 de março, 2 de abril, 10 e 24 de junho, 25 e 28 de agosto, 9 e 12 de setembro de 2009, sobretudo nos dias 28 de fevereiro, 1 de março e 10 de junho – a entidade empregadora tinha alterado as folgas que inicialmente havia concedido para os dias 28 de fevereiro e 1 de março de 2009 e não concedeu dispensa do serviço no dia 10 de junho –, constitui atitude de gravidade suficiente para pôr definitivamente em crise a base de confiança que pressupõe um normal relacionamento laboral, para mais quando o trabalhador/apelante tinha já passado disciplinar na empresa por haver sofrido, anteriormente, duas outras sanções disciplinares de relevo, mostrando-se, por isso, justificado o despedimento de que foi alvo por parte da empregadora/apelada. [Ac. da RL, de 21.09.11 *in* www.dgsi.pt (Proc. nº 405/10.9TTVFX.L1-4)].

X – No primeiro segmento desse preceito, ou seja, o que se refere às faltas não justificadas que determinem diretamente prejuízos ou riscos graves, o início do prazo de prescrição não oferece dúvidas, devendo contar-se a partir do momento em que as faltas em causa ocorreram. XI – No segundo segmento, o que se reporta ao número de faltas no ano civil, importa considerar a posição jurisprudencial de acordo com a qual a prescrição se deve iniciar no termo do ano civil em que as faltas tiveram lugar. [Ac. da RC, de 25.03.10 *in* www.dgsi.pt (Proc. nº 1241/06.2TT CBR.C1)].

A problemática das faltas por motivo de prisão mantém-se no CT/2009, o legislador continua a não regular diretamente esta matéria, ao contrário da prática em outros ordenamentos jurídicos.

As faltas ocorridas por motivo de prisão podem sê-lo a título definitivo ou a título preventivo:

– Nas faltas em virtude de prisão preventiva impera um juízo de probabilidade na condenação do arguido.

Parte da doutrina, apenas aceita a sua justificabilidade, havendo sentença absolutória posterior e nunca de condenação.

A propósito de determinado acórdão que considerou justificáveis as faltas em prisão preventiva seguidas de decisão de absolvição, comenta ALBINO MENDES BAPTISTA: "Se a sentença fosse de absolvição, o despedimento, entretanto ocorrido teria de ficar sem efeito, consubstanciando-se numa decisão precipitada e descabida. Com a agravante de a entidade patronal poder, entretanto, ter feito novas contratações ou ter procedido a alterações organizativas e/ou produtivas. Ou seja, a suspensão do contrato de trabalho operaria retroativamente. Se a sentença fosse de condenação, as faltas correspondentes ao período de prisão preventiva, seriam retroativamente injustificadas, só então validando o despedimento efetuado", *Faltas por motivo de prisão*, pp. 67 e ss.

– Nas faltas em virtude de condenação, formula-se já um juízo de culpabilidade.

Para as faltas em virtude de sentença de condenação, já haveria a "certeza jurídica de que as faltas daí resultantes podem ser imputadas ao condenado a título de culpa". (Ac. do STJ, de 30.10.87 *in* BMJ, 370, p. 472).

Questiona-se ainda, caso se entenda que as faltas são justificadas, se o contrato caducaria, havendo prisão efetiva (prolongada inclusive), apesar da impossibilidade, em rigor terminológico, não ser definitiva.

Incluem-se nesta forma de caducidade situações que num entendimento mais exigente não integrariam uma impossibilidade absoluta e definitiva de o empregador receber a prestação, mas em que se verifica a perda do interesse do credor na prestação. Seria excessivo forçar o empregador a lançar mão repetidas vezes do trabalho precário, até ao regresso do trabalhador-arguido substituído.

– *Falta culposa de observância de regras de segurança e saúde no trabalho* [al. *h*)], igualmente subscrita no art. 128º, nº 1, als. *i*) e *j*). O regime jurídico da promoção da segurança e saúde no trabalho foi aprovado pela L nº 102/2009, de 10 de setembro.

Entendimento jurisprudencial sobre alcoolémia:

1 – Resultou apurado que o trabalhador desempenhava as suas funções de servente de pedreiro numa obra de remodelação de habitação e, na altura, foi-lhe detetada uma taxa de álcool no sangue igual ou superior a 0,5 g/l. 2 – Atenta a imprecisão da referida taxa e uma vez que não resulta dos factos provados a prática pelo trabalhador de infração disciplinar anterior, a sanção de despedimento não é a adequada ao caso concreto. [Ac. da RL, de 25.09.19 *in* www.dgsi.pt (Proc. nº 2823/18.5T8FNC.L1-4)].

I – Durante a execução do contrato o trabalhador é obrigado a deixar-se submeter a teste de alcoolemia, caso o empregador ou outra pessoa, médico, enfermeiro ou técnico qualificado, por sua delegação, lho ordene. II – Proibindo a convenção coletiva aplicável a execução do contrato, durante a parte restante do respetivo dia, aos trabalhadores que, submetidos ao teste de alcoolemia, apresentem uma taxa igual ou superior a 0,5 g/l, a deteção de tal quantidade de álcool pode constituir justa causa de despedimento se, efetuado um juízo global nos termos do art. 396º do

CT/2003, for possível extrair tal conclusão. [Ac. da RP, de 20.12.11 *in* www.dgsi.pt (Proc. nº 520/08.9TTMTS.P2)]. No mesmo sentido, *v.* o Ac. da RL, de 26.10.11 *in* www.dgsi.pt (Proc. nº 978/10.6TTALM.L1-4).

– *Prática, no âmbito da empresa, de violências físicas, injúrias ou outras ofensas punidas por lei sobre trabalhador da empresa, elemento dos corpos sociais ou empregador individual não pertencente a estes, seus delegados ou representantes* [al. *i*)], ínsita, também, nos deveres de respeito, urbanidade e probidade, previstos no art. 128º, nº 1, al. *a*).

Entendimento jurisprudencial sobre injúrias e outras ofensas punidas por lei:

1. O diretor de uma agência bancária que no local de trabalho, à frente de trabalhadoras suas subordinadas, referiu-se ao Diretor Comercial, seu superior hierárquico, como «Aquele boi grande e gordo», e que na mesma ocasião aproximou-se de uma dessas trabalhadoras, colocou as suas mãos na cabeça desta e direcionou-a para junto do seu rosto, como se tivesse a intenção de lhe dizer um segredo, aproximou a boca do ouvido daquela e, mantendo o tom de voz elevado, disse-lhe: «Estás armada em grande vaca?», assumiu um comportamento intolerável ofensivo da dignidade de qualquer ser humano de acordo com o nosso padrão de civilização. 2. Os factos descritos violam, gravemente, o dever de respeito consagrado no art. 128º, nº 1, alínea a) do Código do Trabalho, bem como o Código Geral de Conduta, estabelecido pela R., pelo que este comportamento assumiu uma gravidade tal que quebrou a relação de confiança que preside ao contrato de trabalho, não sendo exigível a um empregador razoável a manutenção desse contrato que deve assentar numa base de confiança recíproca entre as partes. [Ac. do STJ, de 28.10.20 *in* www.dgsi.pt (Proc. nº 3213718.5T8VN6.P1.S1)].

I. Se o trabalhador praticou uma ofensa punida por lei sobre uma formanda da Ré, ou seja, ato sexual de relevo com pessoa incapaz de resistência, é manifesta a gravidade do seu comportamento, em si mesmo, e nas suas consequências, desde logo, porque tipificado como crime e tendo em conta que a empregadora intervém junto de cidadãos com deficiências ou incapacidades e respetivas famílias, de forma a proporcionar a sua inclusão social e melhoria na sua qualidade de vida, respetivamente. Não é exigível à empregadora que mantenha a relação laboral com um trabalhador que no exercício das suas funções de coordenador, atuou da forma descrita, o que originou uma absoluta quebra de confiança. 3. Se o contrato de trabalho cessou por despedimento regular e lícito, em setembro de 2018, estando a empregadora ainda em tempo de desenvolver a formação contínua (artigo 130º, nº 2, do CT), o que não fez por ato imputável ao trabalhador que inviabilizou a possibilidade de promoção daquela formação, inexiste qualquer crédito de formação respeitante a esse ano de 2018. [Ac. da RC, de 20.03.20 *in* www.dgsi.pt (Proc. nº 1654/18.7T8GRD.C1)].

II. É esse o caso quando um trabalhador, ao ser insultado por outro, que, considerando que o primeiro não estaria a ajudar a carregar sacos de cimento, como devia, lhe chama repetidamente "corno" e "chuleta", e ainda lhe apoda a mulher de "puta", se mune de um martelo com intuito agressivo, de que é impedido pela intervenção de terceiros. A desproporção entre as injúrias, ainda que fortemente censuráveis, e a gravidade da potencial agressão com um martelo, suscetível de pôr em perigo a integridade física e até a vida do visado, torna inexigível a manutenção da rela-

ção laboral, ainda que o trabalhador tenha 18 anos de antiguidade, não tenha antecedentes e até estivesse em dia de folga, cujo gozo foi interrompido por chamada do empregador. [Ac. da RL, de 25.09.19 *in* www.dgsi.pt (Proc. nº 2892/18.8T8PDL.L1-4)].

V – As expressões "deficiente e arrogante, mentirosa e porco" dirigidas pelo trabalhador aos sócios da empresa, sua empregadora, tendo natureza injuriosa e difamatória, constituem justa causa de despedimento [Ac. da RP, de 24.01.18 *in* www.dgsi.pt (Proc. nº 2066/15.0T8PNF.P1)].

Prática repetida de impropérios e insultos dirigidos a colegas de trabalho. [Ac. da RE, de 23.06.16 *in* www.dgsi.pt (Proc. nº 642/15.0T8EVR.E1)].

Conduta do trabalhador que, numa reunião com outros trabalhadores e seus subordinados, referindo-se ao membro da administração da empregadora a quem hierarquicamente reporta, profere expressões objetivamente atentatórias da honra e imagem profissionais do mesmo. [Ac. do STJ, de 10.12.15 *in* www.dgsi.pt (Proc. nº 2367/12.9TTLSB.L1.S1)].

Trabalhadora do estabelecimento da empregadora, que se envolveu com o marido desta, no local de trabalho. [Ac. do STJ, de 07.03.12 *in* www.dgsi.pt (Proc. nº 17/10.7TTEVR.E1.S1)].

Entendimento jurisprudencial sobre violências físicas:

II – Atendendo à natureza do serviço público prestado pelo empregador, exige-se que os seus trabalhadores exerçam as respetivas funções de forma idónea, integra e respeitadora dos mais elementares direitos, como seja o direito à integridade física de quem com eles se relaciona, de forma a preservar e dignificar a imagem da instituição onde prestam serviço. III – Integra justa causa de despedimento o comportamento do trabalhador que de forma livre e consciente se envolve em discussão com o condutor, C. C. e o agride fisicamente quando este se virou costas, com pelo menos, um murro na cabeça, que o fez cair primeiro sobre o veículo e depois no chão, causando assim danos no telemóvel, bem como no veículo por aquele conduzido. IV – Não é de exigir ao empregador que mantenha ao seu serviço um trabalhador que tendo como uma das suas funções andar no giro, agride, por motivo fútil, um terceiro com quem se cruzou na rua. [Ac. da RG, de 23.04.20 *in* www.dgsi.pt (Proc. nº 1877/18.9T8BGC.G1)].

3. No caso de uma ajudante de lar e centro de dia, que durante a higiene corporal prestada a uma idosa indefesa, mas na presença de outra trabalhadora e da própria filha da idosa, introduz uma esponja na boca da idosa, não se pode concluir pela ocorrência de um tratamento violento, ou humilhante e degradante, se igualmente se apura a ocorrência de um quadro em que a idosa tentava introduzir na boca a esponja e as toalhas, e se ignoram factos relevantes associados à intensidade e gravidade do ato, como intenção maliciosa, tempo do ato, quantidade de esponja introduzida, ou se a utente engoliu nessa sequência alguma água ou sabão. [Ac. da RE, de 05.12.19 *in* www.dgsi.pt (Proc. nº 2458/18.2T8EVR.E1)].

II. Consubstancia justa causa de despedimento, o (em síntese) comportamento da trabalhadora de estabelecimento de ensino que, com plena consciência do seu ato e vontade de o realizar: na sequência de altercação com uma sua colega de trabalho e com superiora hierárquica (por pretender ser ela, em vez da sua colega, a descascar a fruta das crianças ao invés de proceder à limpeza das mesas) e na presença das crianças, pega numa faca e com ela desfere, ou tenta desferir, em si própria golpe no pulso, o que, para além de provocar grande alarido e gritos das funcionárias, assustou as crianças, tendo sido necessária a intervenção de outras trabalhadoras no sentido de as acalmarem. [Ac. da RP, de 09.09.19 *in* www.dgsi.pt (Proc. nº 12532/18.0T8PRT.P1)].

– *Sequestro ou em geral crime contra a liberdade de trabalhador da empresa, dos corpos sociais ou empregador individual não pertencente a estes, seus delegados ou representantes* (al. *j*)); de acordo com o dever de respeito, previsto no art. 128º, nº 1, al. *a*).

– *Incumprimento ou oposição ao cumprimento de decisão judicial ou administrativa* (al. *l*));

– *Reduções anormais de produtividade* (al. *m*)), contemplado, também, no art. 128º, nº 1, al. *h*);

– O *dever de lealdade* (art. 128º, nº 1, al. *f*)), que apesar de se apresentar como conceito indeterminado, a concretizar individualmente, difusamente consagrado pelo corpo do regime laboral, suporta toda a relação contratual.

Ao referir-se o empenho empresarial do trabalhador, o dever de lealdade pede uma colaboração ativa do trabalhador.

Entendimento jurisprudencial sobre a violação do dever de lealdade:

4. Se o empregador não logrou demonstrar a intenção apropriativa do trabalhador e a utilização por este de valores pertencentes aos clientes, em proveito próprio, não se pode concluir pela violação do dever de lealdade. 5. Demonstrado, apenas, que em cinco dias do mesmo mês, o trabalhador não procedeu à prestação diária de contas a que estava obrigado, entregando os valores cobrados aos clientes com alguns dias de atraso, este facto revela apenas atraso na prestação de contas. 6. Sendo uma infracção disciplinar, não impossibilita a subsistência da relação laboral, se igualmente se demonstra que o trabalhador se encontrava com alterações emocionais intensas e estado depressivo por eminência de perda de familiar próximo, podendo este facto ser motivo de desorientação, de desregulação de procedimentos, ou falta de paciência para executar determinadas tarefas, nomeadamente as associadas à prestação diária de contas. [Ac. da RE, de 11.02.21 *in* www.dgsi.pt (Proc. nº 1516/19.0T8BJA.E1)].

A conduta de um trabalhador bancário ao não observar as regras e procedimentos internos do empregador, respeitantes à carteirização de clientes, no que respeita à idade destes, bem como ao permitir a subscrição de um produto PPR por um cliente que não tinha idade para o efeito, com o intuito de alcançar os objetivos comerciais, embora não se tendo provado que tenha havido prejuízo para os clientes, é suscetível de abalar a confiança que subjaz à relação laboral, sendo patente a violação dos deveres de obediência e lealdade, previstos no art. 128º, nº 1, alíneas e) e f) do Código do Trabalho, pelo que a sanção disciplinar aplicada de despedimento com justa causa é adequada e proporcional à conduta a culposa do trabalhador, que pela sua gravidade e consequências, tornou imediata e praticamente impossível a subsistência da relação de trabalho. [Ac. do STJ, de 28.10.20 *in* www.dgsi.pt (Proc. nº 2670/18.4T8CSC.L1.S1)].

I – Tendo a Ré instituído a regra de todas as trabalhadoras, quando chegavam à fábrica, terem de colocar os telemóveis numa caixa, podendo embora fazer uso dos mesmos nas pausas de trabalho, regra essa instituída dado a A. utilizar muitas vezes o telemóvel no horário de trabalho, consubstancia justa causa de despedimento da A. o comportamento desta que: i) tinha disponível no seu cacifo um telemóvel que funcionava, mas deixando outro que não funcionava na caixa no sentido de fazer crer que se encontrava a cumprir o determinado; ii) ao ter sido confrontada com tal facto pela legal representante da Ré, lhe disse que o seu telemóvel estava na caixa, tendo-o ido buscar e mostrou-lho, dizendo que o mesmo não tinha bateria; iii) posteriormente, após a abertura do cacifo, onde se encontrava o outro telemóvel e com isso confrontada, disse à mencionada legal representante "Sua besta. És uma cabra. Ordinária", o que foi presenciado por terceiro (fornecedor da Ré) e iv) agravado pelo facto de, tendo-lhe sido nesse dia comunicado que estava suspensa e que lhe iria ser instaurado procedimento disciplinar, a A., no dia a seguir ter-se apresentado nas instalações da Ré e pedido para falar com a legal representante, quando esta se lhe dirigia, lhe virou as costas e lhe disse, em tom sarcástico, "Xau amor". II – Os comportamentos referidos no ponto anterior violam, de forma grave e de modo a tornar inexigível a manutenção da relação laboral: o referido em i) e ii), os deveres de lealdade e de boa-fé na execução contratual e no seu relacionamento com a Ré; e, o referido em iii), os deveres de respeito e urbanidade [deveres estes violados também pelo referido em iv), ainda que este, por si só e desacompanhado dos demais, não constituísse justa causa para o despedimento]. [Ac. da RP, de 10.12.19 *in* www.dgsi.pt (Proc. nº 934/18.6T8PNF.P1)].

É passível de ser responsabilizado contratualmente, por violação do dever de lealdade, o trabalhador que na vigência do contrato de trabalho atua de modo a facilitar a atividade ulterior de uma sociedade que se viria a constituir para concorrer com a empregadora do trabalhador. (Ac. da RL, de 04.12.19 *in* CJ, Ano XLIV, Tomo V, p. 341).

IV – A inexistência de vínculo de exclusividade com o empregador não colide com o dever de não trabalhar em empresas concorrentes no âmbito de dever de lealdade, quando o empregador não dê a sua anuência a esse trabalho e o mesmo beneficie a empresa concorrente. (Ac. da RC, de 06.11.19 *in* CJ, Ano XLIV, Tomo V, p. 340).

II – Na atividade bancária, a exigência geral de boa fé na execução dos contratos assume um especial significado e reveste-se por isso de particular acuidade pois a relação juslaboral pressupõe a integridade, lealdade de cooperação e absoluta confiança da/na pessoa contratada. [Ac. do STJ, de 06.11.19 *in* www.dgsi.pt (Proc. nº 19844/17.8T8LSB.L1.S1)].

I – Integra justa causa de despedimento o comportamento da trabalhadora que ciente das dificuldades do empregador na sequência do despejo das suas instalações, se preparava para ir trabalhar para uma empresa concorrente da Ré, num novo projeto, angariando para o efeito clientes, designadamente desviando os clientes da Ré e seduzindo-os para integrarem esse novo projeto. [Ac. da RG, de 10.10.19 *in* www.dgsi.pt (Proc. nº 1616/18.4TEVRL.G1)].

II – Viola o dever (de lealdade), o trabalhador que exercendo funções numa empresa cuja atividade consiste na proteção, vigilância e segurança de pessoas e bens, faz fora do seu horário de trabalho, tarefas de segurança privada, que publicitava na sua página no Facebook. III – Tal conduta, torna inexigível que a empregadora o mantenha ao seu serviço, configurando assim uma situação de justa causa de despedimento. (Ac. do STJ, de 05.06.19 *in* CJ, Ano XXVII, Tomo II, p. 206).

Trabalhador bancário que procede a depósito, em conta sua, de cheque que não lhe é dirigido, tendo, previamente anulado o depósito que havia sido efetuado noutra conta, processa depósitos sem dependência de entrada de numerário e os anula, e executa transferências de contas cliente sem dependência de ordens deste. [Ac. do STJ, de 17.03.16 *in* www.dgsi.pt (Proc. nº 695/03.3TTGMR.G1.S1)].

Trabalhador que retira das instalações da empresa bens, sem autorização desta, contra instruções expressas da entidade patronal. [Ac. da RP, de 19.10.15 *in* www.dgsi.pt (Proc. nº 402/14.5TTVNG.P1)].

Trabalhadora, docente universitária, que, por duas vezes, oculta deliberadamente à entidade empregadora o facto de exercer funções docentes em outro estabelecimento universitário, do mesmo passo que, com essa conduta, viola, igualmente, o dever de comunicar à entidade empregadora a acumulação de funções docentes, conforme imposto pelo art. 51º, nº 3, al. a), do Regime Jurídico das Instituições de Ensino Superior, aprovado pela Lei nº 62/2007, de 10 de setembro. [Ac. do STJ, de 11.02.15 *in* www.dgsi.pt (Proc. nº 500/13.2TTPRT.P1.S2)].

Trabalhador bancário, diretor de balcão, que permitiu saldos devedores por montantes e períodos superiores ao regulamentado e desobedeceu, conscientemente, a normas atinentes à concessão de crédito. [Ac. do STJ, de 05.07.12 *in* www.dgsi.pt (Proc. nº 3309/10.1TTLSB.L1.S1)].

Divulgação de recibo de vencimento de outra trabalhadora, que lhe foi entregue, por engano, e apossamento de um documento que estava sobre a secretária do Diretor de Produção, fotocopiando-o e divulgando-o. [Ac. do STJ, de 20.06.12 *in* www.dgsi.pt (Proc. nº 417/ /10.2TTVNF.P1.S1)].

Trabalhador que entra para sócio de uma sociedade concorrente da patronal, com o mesmo objeto, concorrendo às obras desta, tendo inclusive ganho a adjudicação de duas. (Ac. da RP, de 05.12.11 *in* CJ, Ano XXXVI, Tomo V, p. 331).

Trabalhador – subgerente bancário – traduzido na concessão direta de crédito a familiares de um cliente da instituição bancária empregadora – cuja concessão estava reservada a um escalão decisório hierarquicamente superior –, crédito esse cujo produto veio a ser, imediatamente, transferido para a conta do referido cliente. [Ac. do STJ, de 22.09.10 *in* www.dgsi.pt (Proc. nº 217/2002.L1.S1)].

– *Velar pela conservação e boa utilização de bens relacionados com o trabalhador que lhe foram confiados pelo empregador* [art. 128º, nº 1, al. *g*)].

7. Os ilícitos disciplinares não se esgotam no espaço *jus* laboral, contanto que a atuação do trabalhador que decorre fora do domínio contratual, possua uma projeção no desempenho exigível.

O caso do trabalhador desportivo que não repousa o suficiente, ou que se embriaga frequentemente, é apresentado como exemplo típico de uma conduta que extravasa o âmbito laboral, mas que tem repercussão no modo do desempenho, naquilo que é de esperar do trabalhador, logo reconduzível a ilícito disciplinar.

Constitui justa causa de despedimento a venda de estupefacientes feita por um trabalhador a colegas de trabalho, ainda que os atos de tráfico das drogas ocorram fora do local de trabalho. (Ac. da RE, de 15.01.08 *in* CJ, Ano XXXIII, Tomo I, p. 268).

Trabalhadora que faz afirmações injuriosas e graves a um gerente da sua entidade patronal falando a seu pai sobre o comportamento do gerente, seu marido, num café onde se encontravam, mas não o faz na qualidade de trabalhadora mas de cônjuge daquele gerente e fora das instalações da empresa, está-se perante uma conduta extralaboral, não se preenchendo, assim, a previsão da al. i) do nº 2 do art. 396º do C. Trabalho (prática no âmbito da empresa de injúrias) não causadora de justa causa de despedimento. (Ac. da RL, de 21.11.07 *in* CJ, Ano XXXII, Tomo V, p. 146).

8. O contrato de trabalho deve honrar a relação fiduciária e a perda dessa confiança, imputável ao trabalhador, pode determinar o despedimento.

Entendimento jurisprudencial sobre perda de confiança:

II – Integra justa causa de despedimento o comportamento do trabalhador que engendrou um esquema, com o qual enganou não só os seus subordinados, como o seu superior hierárquico, utilizando a colaboração de um funcionário da Ré (em termos de esforço e disponibilidade), infringindo quer as disposições legais que titulam os direitos desse colaborador, quer em violação das normas internas da Ré, com o fito de atingir bons resultados na organização das lojas que estavam sob a sua alçada, com reduzidos custos, mas com um total desrespeito pelas obrigações inerentes ao exercício do cargo a que estava afeto, o que demonstra a violação do disposto no art. 128º, nº 1, als. a), c) e) e f), do Código do Trabalho. III – Um funcionário com um nível considerável de responsabilidade e com um cargo de confiança, que engana o empregador, manipulando informação, prejudicando pelo menos um trabalhador de grau hierárquico inferior ao seu, destrói de forma irreparável e absoluta a confiança indispensável à manutenção da relação laboral, não sendo adequado a aplicação de qualquer outra sanção que não o despedimento. [Ac. da RG, de 03.12.20 *in* www.dgsi.pt (Proc. nº 560/18.0T8VRL.G1)].

I. O comportamento de um trabalhador, assistente de bordo, ao adicionar durante um voo uma substância não concretamente apurada na garrafa de água da Supervisora de Cabina, deliberadamente e sem o consentimento desta, assume uma grande gravidade, pelo simples facto dessa adição, só por si, independentemente da natureza da substância, poder causar uma contaminação suscetível de pôr em risco as capacidades físicas e psíquicas da visada. II. O referido comportamento, dada sua gravidade, quebrou a relação de confiança que preside ao contrato de trabalho, pelo que não é exigível a um empregador razoável a manutenção desse contrato que deve assentar numa base de confiança recíproca entre as partes, sendo adequada e proporcional a sanção disciplinar aplicada pelo empregador ao trabalhador de despedimento com justa causa. [Ac. do STJ, de 25.11.20 *in* www.dgsi.pt (Proc. nº 2368/18.3T8CSC.L1.S1].

III – O mero anúncio na sua página pessoal da disponibilidade da trabalhadora para aceitar trabalhos em regime de freelancer em áreas ligadas ao design, marketing e publicidade e que são distintas das prosseguidas na atividade do empregador, não se reconduz à violação de qualquer dever de não concorrência por parte da mesma nem se traduz no incumprimento de uma lícita cláusula de exclusividade em favor da Ré, limitativa da liberdade de trabalho da A. IV – Não tendo sido divulgada pela trabalhadora, com o dito anúncio na sua página pessoal, informação confidencial ou sigilosa da empregadora mas antes campanhas publicitárias da mesma destinadas ao conhecimento público e não estando demonstrado qualquer prejuízo por ela sofrido, não se pode afirmar que o comportamento da trabalhadora, mesmo que censurável, seja de tal forma grave que justifique a quebra irremediável da relação de confiança inerente à relação laboral, tanto mais que acatou a determinação para retirada da dita página dos trabalhos realizados para a empregadora. (Ac. da RE de 24.09.20 *in* CJ, Ano XLV, Tomo IV, p. 239).

Alteração, sucessiva, dos plafonds de cartões de crédito, por parte de trabalhador bancário, sem a devida autorização hierárquica, com movimentações cruzadas entre duas contas bancárias de que era titular, em inobservância das correspondentes normas procedimentais de controlo instituídas. [Ac. do STJ, de 23.11.11 *in* www.dgsi.pt (Proc. nº 28/06.7TTLSB.L1.S1)].

Desconto efetuado por operador de caixa de supermercado, em três dias seguidos, fora das condições devidas que o empregador impôs a esse respeito, de vales de desconto apresentados por clientes. [Ac. da RP, de 19.09.11 *in* www.dgsi.pt (Proc. nº 1461/10.5TTPNF.P1)].

Tentativa de furto de objetos expostos para venda no estabelecimento da R por parte da A em conluio com uma sua outra colega de trabalho, independentemente do respetivo valor. [Ac. da RL, de 20.10.10 *in* www.dgsi.pt (Proc. nº 537/08.3TTFUN.L1-4)].

Conhecimento de infrações disciplinares graves cometidas por um trabalhador de quem o A. já fora superior hierárquico e que nada fez para pôr termo à conduta do infrator. [Ac. do STJ, de 21.04.10 in www.dgsi.pt (Proc. nº 207/07.0TTGRD.C1.S1)].

Exercício de atividade de solicitador de execução, por conta própria, simultaneamente com o exercício das funções contratadas com o réu, nas quais se integravam funções próprias de solicitador, em regime de exclusividade de funções. (Ac. do STJ, de 27.02.08 *in* CJ, Ano XVI, Tomo I, p. 289).

Furto de objetos ou dinheiro no local de trabalho pertencentes a colega. (Ac. da RL, de 29.06.06 *in* CJ, Ano XXXI, Tomo III, p. 161).

Apropriação de forma ardilosa e sub-reptícia, por um trabalhador de um hipermercado, de um bidão de detergente pertencente à empresa de limpeza do mesmo hipermercado, tendo, para o efeito, agido de comum acordo com uma funcionária daquela, tentando iludir os funcionários de segurança, pretextando com a necessidade de fazer limpeza num local de outro piso, onde se encontrava o veículo do dito trabalhador, em cuja bagageira guardou o bidão. (Ac. da RP, de 19.09.05 *in* CJ, Ano XXX, Tomo IV, p. 240).

Artigo 352º – Inquérito prévio

Caso o procedimento prévio de inquérito seja necessário para fundamentar a nota de culpa, o seu início interrompe a contagem dos prazos estabelecidos nos nºs 1 ou 2 do artigo 329º, desde que ocorra nos 30 dias seguintes à suspeita

de comportamentos irregulares, o procedimento seja conduzido de forma diligente e a nota de culpa seja notificada até 30 dias após a conclusão do mesmo.

COMENTÁRIOS:

1. Antecedentes legislativos: Arts. 412º, do CT/2003 e 10º, nº 12, da LCCT.

2. A instauração do procedimento prévio de inquérito para fundamentar a nota de culpa interrompe a contagem dos prazos estabelecidos no artigo 329º, quer o *prazo de reação disciplinar,* quer o *prazo de prescrição da infração disciplinar,* desde que ocorra nos 30 dias seguintes à suspeita de comportamentos irregulares, o procedimento seja conduzido de forma diligente e a nota de culpa seja notificada até 30 dias após a conclusão do inquérito.

Sobre a eficácia interruptiva do inquérito:

II – A abertura de um procedimento de inquérito, para apurar as circunstâncias em que os factos ocorreram, com a realização de apenas duas diligências que demoraram dois dias tendo decorrido 37 dias, entre a sua abertura e a notificação da nota de culpa ao trabalhador, não tem eficácia interruptiva da caducidade do prazo estabelecido no artigo 329º, nº 2, do CT, por a sua condução não ter ocorrido com a diligência devida. (Ac. do STJ, de 13.02.19 *in* CJ, Ano XXVII, Tomo I, p. 224).

III – Para impedir a caducidade do direito do exercício disciplinar, havendo inquérito prévio, o empregador dispõe de 30 dias após a conclusão do inquérito para notificar o trabalhador da nota de culpa, ou seja, 30 dias a contar da última diligência probatória e não de eventual relatório final do instrutor. [Ac. da RC, de 29.02.12 *in* www.dgsi.pt (Proc. nº 298/10.6TTFIG.C1)].

Continua por clarificar qual o tempo (razoável) de duração do inquérito, sendo que os prazos expostos não se aplicam à duração efetiva do mesmo, mas apenas aos momentos isolados de intervenção do poder de averiguação do empregador, apesar do indicado no art. 329º, nº 3.

3. O inquérito como medida facultativa e prévia à nota de culpa, a qual inicia o procedimento, tem que ser realizado por quem possui competência disciplinar.

1. Uma vez que o Conselho de Administração da empregadora, que é o órgão com competência disciplinar, não ordenou a instauração de procedimento prévio de inquérito, e não tendo a empregadora alegado, nem provado, que o sobredito Conselho de Administração tenha delegado a respetiva competência disciplinar no presidente da sua Direção, as diligências de prova realizadas no âmbito do procedimento ordenado por aquele presidente e, bem assim, o relatório preliminar subsequente, não podem considerar-se um procedimento prévio de inquérito válido e relevante para os efeitos previstos na lei. [Ac. do STJ, de 29.02.12 *in* www.dgsi.pt (Proc. nº 355/10.9TTBRR-A.L1.S1)]. No mesmo sentido, *v.* o Ac. da RP, de 14.05.12 *in* www.dgsi.pt (Proc. nº 1625/08.1TTPRT.P1).

Artigo 353º – Nota de culpa

1. No caso em que se verifique algum comportamento suscetível de constituir justa causa de despedimento, o empregador comunica, por escrito, ao trabalhador que o tenha praticado a intenção de proceder ao seu despedimento, juntando nota de culpa com a descrição circunstanciada dos factos que lhe são imputados.

2. Na mesma data, o empregador remete cópias da comunicação e da nota de culpa à comissão de trabalhadores e, caso o trabalhador seja representante sindical, à associação sindical respetiva.

3. A notificação da nota de culpa ao trabalhador interrompe a contagem dos prazos estabelecidos nos nºs 1 ou 2 do artigo 329º.

4. Constitui contraordenação grave, ou muito grave no caso de representante sindical, o despedimento de trabalhador com violação do disposto nos nºs 1 ou 2.

COMENTÁRIOS:

1. Antecedentes legislativos: Arts. 411º e 681º, nº 1, al. *b*), do CT/2003 e 10º, nºs 1, 2, 3 e 10, da LCCT.

2. Cabe ao empregador (ou a instrutor nomeado) a comunicação, por escrito, ao trabalhador, *da intenção de proceder ao seu despedimento*, juntando nota de culpa com a descrição circunstanciada dos factos que são imputados ao trabalhador (nº 1).

A nota de culpa inicia o procedimento disciplinar (salvo a exceção do nº 2, do art. 354º), manifestando o poder autotutelado do empregador, em que o próprio decisor é parte no processo, pertencendo-lhe exclusivamente a direção da instrução. Por sua vez, a intervenção do tribunal é limitada a uma atividade conformadora da admissibilidade ou não da sanção de despedimento, não lhe cabendo qualquer poder punitivo, *maxime*, aplicando uma outra sanção disciplinar que entenda mais coadunável aos valores em crise.

O teor da nota de culpa deve delimitar os comportamentos censuráveis ao trabalhador, quanto à sua gravidade e alcance, circunscrevendo o factualismo disciplinar em causa, não podendo perder-se em considerandos e/ou considerações apriorísticas e/ou valorações jurídicas. A descrição circunstanciada dos factos obriga à concretização, apuramento e evidência dos mesmos (ou seja, *quem*, *quando*, *como*), não sendo validada uma abordagem genérica e abstrata. Nada impede, no entanto, que a nota de culpa se apoie em notas remissivas, desde que entendíveis pelo destinatário.

Da nota de culpa não tem que constar o direito aplicável: *I – O empregador não é obrigado a indicar, na nota de culpa, as normas jurídicas violadas pelo trabalhador.* [Ac. da RP, de 21.05.12 *in* www.dgsi.pt (Proc. nº 1212/09.7TTGMR.P1)]. No mesmo sentido, *v.* os Acs. da RP, de 14.11.11 *in* www.dgsi.pt (Proc. nº 836/10.4TTVFR-A.P1) e da RL, de 12.10.11 *in* www.dgsi.pt (Proc. nº 34/10.7TTCLD.L1-4).

3. A nota de culpa é usualmente classificada como uma declaração de vontade recetícia ou recipienda, *i.e.*, logo que chega ao poder ou é conhecida pelo destinatário a declaração torna-se eficaz (art. 224º, nº 1, 1ª parte, CC), fundamentada e explícita na factualidade subjacente à vontade de pôr termo à vinculação contratual.

4. Cabe ao empregador a prova dos factos integrantes na nota de culpa. *V.* o Ac. da RL, de 19.10.11 *in* www.dgsi.pt (Proc. nº 25/10.8TBHRT.L1-4).

5. Durante o período de reação disciplinar e no mesmo procedimento, o empregador pode enviar nova nota de culpa ao trabalhador, seja para lhe imputar factos que não foram incluídos na primeira nota, nomeadamente por, então, não serem ainda do seu conhecimento, seja para precisar melhor os factos aí já incluídos. Nesse sentido, *v.* os Acs. da RL, de 23.02.11 *in* www.dgsi.pt (Proc. nº 884/10.4TTLRS-A.L1-4) e do STJ, de 27.05.10 *in* www.dgsi.pt (Proc. nº 467/06.3TTCBR.C1.S1).

6. O empregador, na mesma data em que comunica ao trabalhador a intenção de proceder ao seu despedimento, remete cópias da comunicação e da nota de culpa à comissão de trabalhadores da empresa, e, caso o trabalhador seja representante sindical, à associação sindical respetiva (nº 2), se tal intenção não for indicada, considera-se o procedimento inválido (art. 382º, nº 2, al. *b*)), e, em consequência, o despedimento será considerado ilícito (art. 382º, nº 1), mesmo sendo justa a motivação que assiste ao empregador, pois a defesa dos interesses do trabalhador não foi acautelada.

Transpondo para a linguagem penal, dir-se-ia que, além da acusação que contra ele foi deduzida, o trabalhador deve igualmente conhecer a moldura penal máxima aplicável.

O legislador ao impor este dever de informação ao empregador valorizou o *elemento garantístico*, tendo em vista a defesa do trabalhador, que entendeu, será (melhor) acautelada estando em crise o contrato de trabalho.

7. A notificação da nota de culpa ao trabalhador interrompe a contagem dos prazos estabelecidos para a reação disciplinar e para a prescrição da infração (nº 3, que remete para os nºs 1 ou 2, do art. 329º).

8. Quer a tramitação das sanções conservadoras corretivas (repreensão, repreensão registada, sanção pecuniária, perda de dias de férias e suspensão do trabalho com perda de retribuição e de antiguidade, apesar de, e quanto a esta última, suscitar igualmente alguma penalização para o empregador, que é obrigado a manter as contribuições para a Segurança Social, nos termos do art. 328º, nº 1, als. *a*) a *e*)), quer a tramitação da sanção expulsiva (despedimento imediato sem qualquer indemnização ou compensação, segundo o art. 328º, nº 1, al. *f*)) devem salvaguardar o *direito de defesa do trabalhador*.

A nosso ver, o procedimento disciplinar apenas será obrigatório para efeito de sanção de despedimento. Para as restantes sanções, apenas se exige o cumprimento do direito à audiência prévia do trabalhador (art. 329º, nº 6).

9. No contexto do regime não codificado, Jorge Leite referenciava como alguns dos princípios de direito disciplinar: o princípio do contraditório (arts. 10º, da LCCT e 31º, nº 3, da LCT); o princípio do *ne bis in idem* (art. 27º, nº 2, *in fine*, da LCT); o princípio da proporcionalidade (arts. 27º, nº 3, da LCT e 10º, nº 9, da LCT); o princípio da igualdade (art. 13º, da LCT); o princípio *in dubio pro reo* e o princípio da tipicidade e da taxatividade das sanções (art. 27º, nº 1, da LCT), *Direito do Trabalho*, p. 110.

Artigo 354º – Suspensão preventiva de trabalhador

1. Com a notificação da nota de culpa, o empregador pode suspender preventivamente o trabalhador cuja presença na empresa se mostrar inconveniente, mantendo o pagamento da retribuição.

2. A suspensão a que se refere o número anterior pode ser determinada nos 30 dias anteriores à notificação, desde que o empregador justifique, por escrito, que, tendo em conta indícios de factos imputáveis ao trabalhador, a presença deste na empresa é inconveniente, nomeadamente para a averiguação de tais factos, e que ainda não foi possível elaborar a nota de culpa.

COMENTÁRIOS:

1. Antecedentes legislativos: Arts. 417º e 681º, nº 1, al. *a*), do CT/2003 e 11º, da LCCT.

2. A suspensão do trabalhador como medida preventiva manifesta o poder discricionário do empregador que exerce já uma certa ação punitiva à margem e independentemente do desfecho do procedimento disciplinar, legitimada, no entanto, como medida cautelar tendente a evitar conflitos sociais (em nome da paz da empresa) e para um melhor apuramento da verdade.

O regime regra é o da suspensão preventiva do trabalhador (cuja presença na empresa se mostrar inconveniente), sem perda de retribuição, *ocorrer com a notificação da nota de culpa* (nº 1).

I – Justifica-se a suspensão preventiva do trabalhador de uma instituição bancária com a notificação da nota de culpa do procedimento disciplinar contra ele instaurado em que lhe é imputada a prática, no local e tempo de trabalho, de atos passíveis de serem integrados nos tipos de ilícito contraordenacional (de assédio sexual) e criminal (de importunação sexual), relativamente a uma colega de trabalho sua subordinada. (Ac. da RC, de 12.04.18 *in* CJ, Ano XLIII, Tomo II, p. 61).

O nº 2 prevê um regime especial, podendo a suspensão *anteceder em 30 dias a notificação da nota de culpa*, desde que o empregador justifique, por escrito, que tendo em conta indícios de factos imputáveis ao trabalhador, a presença deste na empresa se mostra inconveniente, nomeadamente, para averiguação do factualismo, não tendo ainda sido possível elaborar a nota de culpa.

A suspensão preventiva irregular *não invalida o procedimento disciplinar, tanto mais que não prejudica o direito de defesa do trabalhador, não havendo uma clara necessidade de intervenção deste Tribunal para uma melhor aplicação do direito, nem estando em causa "interesses de particular relevância social".* [Ac. do STJ, de 16.12.20 *in* www.dgsi.pt (Proc. nº 3195/ /19.6T8VNF.G1.S1)]

3. A suspensão preventiva de trabalhador eleito para as estruturas de representação coletiva não obsta a que o mesmo possa ter acesso aos locais e atividades que se compreendam no exercício normal dessas funções (art. 410º, nº 1).

4. Sobre o direito à suspensão, *v.* o direito de ocupação efetiva que cabe ao trabalhador, *v.* Ac. do TC nº 951/96, de 10.07.96, pub. no DR, II Série, de 18.12.1996.

Artigo 355º – Resposta à nota de culpa

1. O trabalhador dispõe de 10 dias úteis para consultar o processo e responder à nota de culpa, deduzindo por escrito os elementos que considera relevantes para esclarecer os factos e a sua participação nos mesmos, podendo juntar documentos e solicitar as diligências probatórias que se mostrem pertinentes para o esclarecimento da verdade.

2. Constitui contraordenação grave, ou muito grave no caso de representante sindical, o despedimento de trabalhador com violação do disposto no número anterior.

COMENTÁRIOS:

1. Antecedentes legislativos: Arts. 413º e 681º, nº 1, al. *b*)*,* do CT/2003 e 10º, nº 4, da LCCT.

2. O trabalhador dispõe de 10 dias úteis para consultar o processo e responder à nota de culpa, deduzindo por escrito os elementos que considera relevantes para esclarecer os factos e a sua participação nos mesmos, podendo juntar documentos e solicitar as diligências probatórias que se mostrem pertinentes para o esclarecimento da verdade (nº 1).

O preceito acolhe o *princípio do contraditório,* permitindo ao trabalhador contestar ou confessar os factos que lhe são imputados. Para que a contradita seja devidamente exercida, o procedimento deve ser conduzido de forma colaborante e diligente, para viabilizar a defesa do trabalhador.

Integra violação do princípio do contraditório e do direito à defesa no âmbito do procedimento disciplinar (...), acarretando a respetiva invalidade, não se ter a instrutora pronunciado sobre o requerimento de junção duma conta corrente pretensamente existente entre a empresa e o trabalhador, e que este havia apresentado na resposta à nota de culpa. [Ac. do STJ, de 16.06.16 *in* www.dgsi.pt (Proc. nº 3008/14.5TTLSB.L1.S1)].

3. O procedimento disciplinar é considerado inválido se não tiver sido respeitado o direito do trabalhador a consultar o processo ou a responder à nota de culpa, ou, ainda, o prazo para resposta à mesma (art. 382º, nº 2, al. *c*)).

O regime da tramitação do procedimento disciplinar pretende preservar as garantias de defesa do trabalhador, que vão agora para além da audiência prévia prevista no art. 329º, nº 6, nomeadamente:

a) *Direito à consulta, de forma adequada, dos autos disciplinares*

O empregador tem o ónus de facultar ao trabalhador a consulta do processo, dentro do prazo legalmente prescrito, após a notificação da nota de culpa, o que significa que este deverá encontrar-se à disposição do trabalhador para esse efeito entre o termo inicial e o termo final do respetivo prazo. Os entraves colocados pelo empregador a esse direito à informação (fruto da «administrativização» do procedimento disciplinar), tornando a consulta demasiado onerosa ou dispendiosa constituem violação grave do direito de defesa, equiparando-se à pura recusa em facultar esses elementos.

Desta forma, *I – O processo disciplinar é inválido, por violação do direito de defesa do trabalhador arguido, se o instrutor, apesar de comunicar o prazo em que o processo pode ser consultado, não viabiliza tal consulta, que lhe foi expressa e repetidamente pedida, em tal prazo e quando os elementos já constantes do processo, à data de prolação da nota de culpa, não são vertidos integralmente nesta.* [Ac. da RP de 14.11.11 *in* www.dgsi.pt (Proc. nº 37/10.1TTBGC.P1)].

Por outro lado, a lei apenas concede ao trabalhador o direito de consulta, mas já não o direito à entrega ou reprodução da documentação. Pelo que, *II – A permissão de consulta dessa documentação probatória, mas não de entrega ou extração de fotocópias da mesma, não determina a invalidade do procedimento disciplinar, tanto mais quando, alegado pelo trabalhador que essa omissão prejudicou o exercício do seu direito de defesa, disso não fez prova atenta a resposta negativa ao quesito da base instrutória em que tal questão era colocada.* [Ac. da RP, de 26.10.09 *in* www.dgsi.pt (Proc. nº 505/08.5TTPNF.P1)].

b) *Garantia de resposta do trabalhador à nota de culpa, no prazo de 10 dias úteis, podendo juntar documentos e solicitar as diligências probatórias a realizar*

O conceito de dia útil é o vertido no art. 279º, al. *b*), CC, não se considerando o dia *a quo*, ou seja, o dia da notificação do trabalhador.

Sobre as consequências do desrespeito do prazo de dedução da resposta à nota de culpa, a jurisprudência divide-se.

No sentido de decretar a invalidade do procedimento disciplinar: 3. *Não tendo a empregadora respeitado o prazo estipulado, convencionalmente, para a resposta à nota de culpa, é inválido o procedimento disciplinar para efetivação de despedimento por facto imputável ao trabalhador.* [Ac. do STJ, de 29.02.12 *in* www.dgsi.pt (Proc. nº 355/10.9TTBRR-A.L1.S1)].

Em sentido divergente, *v.* o Ac. da RC, de 10.02.11 *in* www.dgsi.pt (Proc. nº 59/09.5TTGRD.C1).

4. Se o trabalhador optar por não responder à nota de culpa, tal não implica confissão ou aceitação dos factos que lhe são imputados. *I – A falta de resposta do trabalhador à nota de culpa não constitui confissão extrajudicial dos factos dela constantes.* [Ac. da RP, de 22.11.10 *in* www.dgsi.pt (Proc. nº 82/09.0TTMTS.P1)].

Sobre o ónus da prova no que concerne a uma confissão obtida sob coação: *IV – É admissível a confissão extrajudicial em sede de processo disciplinar de factos que possam integrar ilícito criminal, podendo a mesma ter força probatória plena, em sede de resposta à nota de culpa. V – Pertence ao trabalhador o ónus da prova de que a confissão prestada em sede de processo disciplinar foi obtida mediante coação.* [Ac. da RP, de 19.10.15 *in* www.dgsi.pt (Proc. nº 402/14.5TTVNG.P1)].

5. A resposta à nota de culpa constitui uma declaração recetícia.

II – A resposta à nota de culpa constitui uma declaração recetícia que carece de ser dada a conhecer ao destinatário e é eficaz logo que chegue ao poder do destinatário ou dele é conhecida – cfr. Art. 224º do Código Civil. III – Se o trabalhador só coloca essa resposta no correio no dia em que terminava o prazo para a sua apresentação e ela só chega ao conhecimento da entidade patronal posteriormente, tem de concluir-se que a apresentação ocorreu fora do prazo. [Ac. da RP, de 12.04.10 *in* www.dgsi.pt (Proc. nº 489/08.0TTMAI.P1)].

Artigo 356º – Instrução

1. O empregador, por si ou através de instrutor que tenha nomeado, deve realizar as diligências probatórias requeridas na resposta à nota de culpa, a menos que as considere patentemente dilatórias ou impertinentes, devendo neste caso alegá-lo fundamentadamente por escrito.

2. (*Revogado*).

3. O empregador não é obrigado a proceder à audição de mais de três testemunhas por cada facto descrito na nota de culpa, nem mais de 10 no total.

4. O trabalhador deve assegurar a comparência das testemunhas que indicar.

5. Após a conclusão das diligências probatórias, o empregador apresenta cópia integral do processo à comissão de trabalhadores e, caso o trabalhador seja representante sindical, à associação sindical respetiva, que podem, no prazo de cinco dias úteis, fazer juntar ao processo o seu parecer fundamentado.

6. Para efeito do número anterior, o trabalhador pode comunicar ao empregador, nos três dias úteis posteriores à receção da nota de culpa, que o parecer

sobre o processo é emitido por determinada associação sindical, não havendo neste caso lugar a apresentação de cópia do processo à comissão de trabalhadores.

7. Constitui contraordenação grave, ou muito grave no caso de representante sindical, o despedimento de trabalhador com violação do disposto nos nºs 1, 5 e 6.

COMENTÁRIOS:

1. Antecedentes legislativos: Arts. 414º e 681º, nº 1, al. *b*), do CT/2003 e 10º, nºs 5, 6 e 7, da LCCT.

2. O presente artigo tem a redação introduzida pela L nº 23/2012, de 25 de junho, a qual alterou os nºs 1. 3, 5 e 7 e revogou o nº 2.

O TC, no Ac. nº 338/2010, de 22.09.13, quanto à redação originária do preceito, entendeu declarar inconstitucional o nº 1, dado que "a eliminação da obrigatoriedade da instrução em processo disciplinar, que nos termos do nº 1 do artigo 356º passa a depender da vontade do empregador (ou seja, de uma das partes no processo), é suscetível de violar quer o princípio do contraditório quer o princípio do direito de defesa, consagrados expressamente no artigo 32º da Constituição em relação ao processo criminal, mas que, por serem garantias que estão no próprio cerne do princípio do Estado de direito democrático, devem ter-se por inerentes a todos os processos sancionatórios, qualquer que seja a sua natureza". (DR, I Série, de 08.11.2013).

3. Sendo o procedimento disciplinar um *processo de parte*, o empregador, diretamente ou por instrutor nomeado, realiza as diligências probatórias requeridas na nota de culpa, a menos que as considere patentemente dilatórias ou impertinentes, devendo neste caso alegá-lo, fundamentadamente, por escrito (nº 1).

O *princípio de igualdade de armas*, impede ao empregador um juízo de livre arbítrio da oportunidade das diligências probatórias, posto que estão em causa as garantias do trabalhador.

I – À exceção das diligências probatórias requeridas pelo trabalhador na resposta à nota de culpa e que o empregador, nos termos do art. 356º, nº 1, do CT/2009, deverá levar a cabo [a menos que as considere patentemente dilatórias ou impertinentes, caso em que o deverá alegar fundamentadamente, por escrito], o Código do Trabalho não lhe impõe a realização, no âmbito do procedimento disciplinar, de diligências probatórias tendentes a demonstrar a bondade das acusações que imputa ao trabalhador. III – O procedimento disciplinar é um processo de parte, que está na disponibilidade e sob tutela do empregador e que é por ele, e por sua conta e risco, conduzido, cabendo-lhe decidir da realização, ou não, de diligências probatórias que sustentem a nota de culpa e a decisão do despedimento, sendo certo que se, porventura, imputar ao trabalhador factos que, em caso de impugnação judicial do despedimento, não logre provar em sede de processo judicial, o despedimento deverá ser declarado ilícito. [Ac. da RP, de 14.03.16 *in* www.dgsi.pt (Proc. nº 1097/15.4T8VLG-A.P1)].

4. A lei omite o prazo para realização das diligências probatórias, contudo, em nome do *princípio da celeridade* e em prol da descoberta da verdade, estas deverão ser realizadas em tempo útil e conforme o art. 329º, nº 3, que dispõe que o procedimento disciplinar prescreve decorrido um ano contado da data em que é instaurado quando, nesse prazo, o trabalhador não seja notificado da decisão final.

Não se mostra violado o princípio da celeridade processual pelo facto de o Processo disciplinar ter estado parado entre diligências durante cerca de dois meses, porque o legislador não fixou prazo para a realização das diligências probatórias, para além do referido no nº 3 do art. 329º do CT, nem caducou o direito da entidade empregadora aplicar a sanção do despedimento porque o prazo de 30 dias a que alude o art. 357º, nºs 1 e 2 do CT conta-se a partir da última diligência de instrução. [Ac. da RL, de 29.06.16 *in* www.dgsi.pt (Proc. nº 69/13.8TTLRS.L2-4)].

O legislador de 2009 ao introduzir um prazo de prescrição do procedimento disciplinar e ao manter intocada a matéria relativa à realização da instrução no procedimento disciplinar, sem lhe introduzir prazos para a realização das diligências probatórias, entendeu desnecessário impor um prazo para as mesmas, bastando-se com o facto de tal procedimento ser concluído dentro daquele prazo prescricional. (Ac. da RL, de 13.01.16 *in* CJ, Ano XLI, Tomo I, p. 129).

5. O trabalhador não tem que ser notificado da realização das diligências nem lhe é facultada a sua presença ou de advogado que o represente. (Ac. da RP, de 12.12.05 *in* CJ, Ano XXX, Tomo V, p. 247).

6. O empregador não é obrigado a proceder à audição de mais de três testemunhas por cada facto descrito na nota de culpa, no limite de 10 testemunhas no total (nº 3).

II – Se o arguido identifica uma testemunha e além dessa, pede para serem ouvidas as colegas que se encontravam no local aquando da ocorrência, sem as identificar e sem indicar a que factos depõe cada uma, não compete à R. deixar de ouvir a 1ª indicada e única identificada, sob o argumento de que ouvidas as outras seis, a toda a matéria, ultrapassam o limite previsto no art. 414º, nº 2 do CT. [Ac. da RL, de 06.06.12 *in* www.dgsi.pt (Proc. nº 18/09.8TTALM.L1-4)].

II – A prova testemunhal produzida no procedimento disciplinar é irrelevante no processo judicial. [Ac. da RL, de 11.01.12 *in* www.dgsi.pt (Proc. nº 554/10.3TTBRR.L1-4)].

O instrutor de processo disciplinar instaurado a trabalhador (visando o seu despedimento), que é em simultâneo advogado do empregador, permanece adstrito ao seu dever de sigilo profissional, se for arrolado como testemunha no mesmo pelo primeiro. [Ac. da RL, de 23.06.10 *in* www.dgsi.pt (Proc. nº 3951/09.3TTLSB.L1-4)].

Sobre a redução a escrito das declarações prestadas pelas testemunhas arroladas em processo disciplinar, matéria que continua omissa no CT/2009, profere Jorge Leite, "A instauração de um Processo disciplinar pressupõe uma crise disciplinar e é, por isso, um ato grave da relação laboral, particularmente quando está em risco a manutenção do emprego. Daí que se considere razoável a preocupação da lei em evitar dificuldades de prova dos momentos essenciais do Processo disciplinar. (...) Parece evidente que só a forma escrita se revela adequada à satisfação da certeza e da segurança jurídica", *Direito do Trabalho, da Cessação do Contrato de Trabalho*, pp. 175 e 176, citado em ADSTA, Ano XXXVIII, nº 454, p. 1323.

7. Cabe ao trabalhador assegurar a comparência das testemunhas que indicar (nº 4). Face ao dever de convocação, não determina invalidade do procedimento disciplinar a não comparência das testemunhas do trabalhador.

I – Não afeta objetivamente, o direito à defesa do trabalhador, nem acarreta a invalidade do procedimento disciplinar a não inquirição de testemunha, requerida e indicada pelo trabalhador na resposta à nota de culpa, se aquela se ficou a dever ao facto de o trabalhador não a fazer comparecer, nem indicar à instrutora uma data sobre a disponibilidade da testemunha para ser inquirida, após uma primeira falta desta não justificada. [Ac. da RP, de 09.01.20 *in* www.dgsi.pt (Proc. nº 3552/18.5T8AVR.P1)].

II – Cabe ao trabalhador assegurar a comparência de testemunhas por si arroladas na resposta à nota de culpa, nos dias designados para a sua inquirição. III – A falta de inquirição de testemunhas não inquina o processo disciplinar desde que seja imputável ao trabalhador a não comparência das mesmas, como é o caso, na medida em que não provou dificuldades monetárias ou a impossibilidade de uma delas ser inquirida na Amadora, pelo que, assim, não houve limitação do direito de defesa. (Ac. da RP, de 12.12.05 *in* CJ, Ano XXX, Tomo V, p. 247).

8. Após a conclusão das diligências probatórias, o empregador apresenta cópia integral do processo à comissão de trabalhadores e, caso o trabalhador seja representante sindical, à associação sindical respetiva, que podem, no prazo de cinco dias úteis, fazer juntar ao processo o seu parecer fundamentado (nº 5).

O eventual incumprimento pelo empregador, não tem a virtualidade de levar à invalidade do procedimento disciplinar. [Ac. da RE, de 14.01.16 *in* www.dgsi.pt (Proc. nº 642/ /15.0T8EVR.E1)].

Dispensa-se a apresentação de cópia do processo à comissão de trabalhadores, caso o trabalhador comunique ao empregador, nos três dias úteis posteriores à receção da nota de culpa, que o parecer sobre o processo é emitido por determinada associação sindical (nº 6).

9. Aparentemente e numa interpretação isolada do art. 382º, nº 2, as diligências probatórias requeridas pelo trabalhador não sendo praticadas, não produziriam no procedimento disciplinar qualquer efeito negativo, todavia, o art. 389º, nº 2, considera que a omissão das diligências probatórias qualifica o *despedimento como irregular.*

10. *V.* o regime especial de despedimento de trabalhadora grávida, puérpera ou lactante ou de trabalhador no gozo de licença parental (art. 63º) e de trabalhador membro de representação coletiva (art. 410º).

1. Um membro da Direção de uma União de Sindicatos deve ser considerado como um 'representante sindical', para os efeitos do art. 356º, nº 5, do Código do Trabalho. [Ac. da RE, de 23.06.16 *in* www.dgsi.pt (Proc. nº 642/15.0T8EVR.E1)].

Artigo 357º – Decisão de despedimento por facto imputável ao trabalhador

1. Recebidos os pareceres referidos no nº 5 do artigo anterior ou decorrido o prazo para o efeito, o empregador dispõe de 30 dias para proferir a decisão de despedimento, sob pena de caducidade do direito de aplicar a sanção.

2. Quando não exista comissão de trabalhadores e o trabalhador não seja representante sindical, o prazo referido no número anterior conta-se a partir da data da conclusão da última diligência de instrução.

3. (*Revogado*).

4. Na decisão são ponderadas as circunstâncias do caso, nomeadamente as referidas no nº 3 do artigo 351º, a adequação do despedimento à culpabilidade do trabalhador e os pareceres dos representantes dos trabalhadores, não podendo ser invocados factos não constantes da nota de culpa ou da resposta do trabalhador, salvo se atenuarem a responsabilidade.

5. A decisão deve ser fundamentada e constar de documento escrito.

6. A decisão é comunicada, por cópia ou transcrição, ao trabalhador, à comissão de trabalhadores, ou à associação sindical respetiva, caso aquele seja representante sindical ou na situação a que se refere o nº 6 do artigo anterior.

7. A decisão determina a cessação do contrato logo que chega ao poder do trabalhador ou é dele conhecida ou, ainda, quando só por culpa do trabalhador não foi por ele oportunamente recebida.

8. Constitui contraordenação grave, ou muito grave no caso de representante sindical, o despedimento de trabalhador com violação do disposto nos nºs 1, 2 e 5 a 7.

COMENTÁRIOS:

1. Antecedentes legislativos: Arts. 415º, 416º e 681º, nº 1, al. *b*), do CT/2003 e 10º, nºs 8, 9 e 10, da LCCT.

2. O presente artigo tem a redação introduzida pela L nº 23/2012, de 25 de junho, a qual alterou o nº 8 e revogou o nº 3.

3. Recebidos os pareceres da comissão de trabalhadores e, caso o trabalhador seja representante sindical, da associação sindical respetiva (nº 5 do art. 356º) ou decorrido

o prazo para o efeito, o empregador dispõe de 30 dias para proferir a decisão de despedimento, sob pena de caducidade do direito de aplicar a sanção, prazo perentório, portanto (nº 1).

Quando não exista comissão de trabalhadores e o trabalhador não seja representante sindical, o prazo de 30 dias conta-se a partir da data da conclusão da última diligência de instrução (nº 2).

Entendimento jurisprudencial sobre a contagem do prazo de caducidade:

I. A declaração do empregador, dirigida a um trabalhador, a comunicar o despedimento deste, por carta registada, expedida em 12/5/2004, tendo o aviso deixado na caixa de correio a data de 13/5/2004, torna-se eficaz, nos termos do art. 224º, nº 1 do Código Civil, em 24/5/2004, data em que a carta foi levantada nos CTT, onde estava disponível para entrega, e chegou ao poder do destinatário, uma vez que se provou que este teve necessidade de se ausentar da sua residência para o estrangeiro, desde o dia 12/5/2004, só tendo regressado em 22/5/2004, não sendo, assim, aplicável o disposto no nº 2 do referido art. 224. II. Tendo a ação sido proposta em 20/5/2005 e considerando a data de 24/5/2004 como a data do despedimento, foi cumprido o prazo previsto no art. 435º do Código do Trabalho (de 2003), *não se verificando a exceção de caducidade do direito de ação.* [Ac. do STJ, de 16.12.20 *in* www.dgsi.pt (Proc. nº 578/05.2TTALM.L1.S1)].

II – Se o trabalhador não requerer diligências de prova, o prazo de que o empregador dispõe para proferir a decisão disciplinar contar-se-á após a receção da resposta à nota de culpa ou o decurso do respetivo prazo. [Ac. da RP, de 23.05.16 *in* www.dgsi.pt (Proc. nº 934/ /15.8T8VLG.P1)].

I – O que releva, para o efeito de contagem do prazo de caducidade a que se refere o nº 1 do artigo 357º do Código do Trabalho de 2009, é a prolação da decisão em si, e não a data em que o trabalhador tem conhecimento da decisão final sobre o despedimento. [Ac. da RL, de 16.05.12 *in* www.dgsi.pt (Proc. nº 576/12.0TTLSB-A.L1-4)].

II – Porque o despedimento é uma declaração negocial recetícia, o que releva como data da decisão é a data em que ela chega ao conhecimento do destinatário (ou foi posta à sua disposição, só não sendo conhecida por razões a ele imputáveis). [Ac. da RL, de 22.06.11 *in* www.dgsi.pt (Proc. nº 95/10.9TTPDL.L1-4)].

(i) No âmbito do Código do Trabalho de 2009, o prazo de 30 dias que o empregador dispõe para proferir a decisão sobre o despedimento, sob pena de caducidade do direito de aplicar a sanção, conta-se a partir da produção da prova, seja a requerida pelo trabalhador, seja a que o empregador entenda útil e necessária ao Processo disciplinar. [Ac. da RE, de 12.04.11 *in* www.dgsi.pt (Proc. nº 17/10.7TTEVR.E1)].

4. Na decisão de despedimento são ponderadas as circunstâncias do caso, nomeadamente, no quadro de gestão da empresa, ao grau de lesão dos interesses do empregador, ao caráter das relações entre as partes ou entre o trabalhador e os seus companheiros e às demais circunstâncias que no caso sejam relevantes (art. 351º, nº 3), a adequação do despedimento à culpabilidade do trabalhador e os pareceres dos

representantes dos trabalhadores. Ainda, não podem ser invocados factos não constantes da nota de culpa ou da resposta do trabalhador, salvo se atenuarem a responsabilidade (nº 4).

Todavia, *I – A desconformidade factual entre a nota de culpa e a decisão final que conclui pelo despedimento não conduz, de modo necessário, à declaração de invalidade de todo o procedimento disciplinar, cumprindo averiguar, na economia de ambas as peças processuais, em que factos assenta tal desconformidade e em que medida eles se refletem no direito de defesa do trabalhador. II – Detetada uma desconformidade factual entre a nota de culpa e a decisão de despedimento, com a identificação de factos novos de natureza não atenuativa da responsabilidade do trabalhador, a consequência a retirar é a da impossibilidade de considerar esses factos na formulação do juízo da justa causa de despedimento.* (Ac. do STJ, de 09.10.19 *in* CJ, Ano nº XXVII, Tomo III, p. 294).

5. A decisão deve ser fundamentada e constar de documento escrito (nº 5).

Pelo que, a "*total não descrição circunstanciada, na decisão de despedimento, dos factos considerados provados conduz à invalidade do procedimento disciplinar.* [Ac. da RC, de 05.11.15 *in* www.dgsi.pt (Proc. nº 461/15.3T8GRD-A.C1)].

O mérito da decisão final do empregador depende do respeito pelos *princípios da adequabilidade*, da *proporcionalidade* e da *coerência disciplinar*, necessariamente presentes em todo o poder de punir.

O art. 382º, nº 2, al. *d*), considera inválido o procedimento disciplinar se a comunicação e os seus fundamentos não for reduzida a escrito ou não seja elaborada nos termos do nº 4 do artigo 357º.

Admite-se, sem reservas, a fundamentação remissiva expressa, apoiando-se a decisão disciplinar em determinada peça processual que não reproduz, mas para a qual remete, facultando-a com a comunicação do despedimento. *Para que seja admissível a fundamentação da decisão do despedimento por remissão para a nota de culpa, nomeadamente quanto aos factos imputados ao trabalhador, essa remissão tem de ser expressa, não podendo deixar margem para quaisquer dúvidas quanto aos factos que se consideram provados.* [Ac. da RE, de 12.01.10 *in* www.dgsi.pt (Proc. nº 660/08.4TTSTR.E1)].

6. A decisão é comunicada, por cópia ou transcrição, ao trabalhador, à comissão de trabalhadores, ou à associação sindical respetiva, caso aquele seja representante sindical ou na situação a que se refere o nº 6 do art. 356º (nº 6).

7. A decisão determina a cessação do contrato logo que chega ao poder do trabalhador ou é dele conhecida ou, ainda, quando só por culpa do trabalhador não foi por ele oportunamente recebida (nº 7), tendo o valor, portanto, de uma declaração recetícia ou recipienda, igualmente eficaz quando só por culpa do trabalhador não foi por ele oportunamente recebida (art. 224º, do CC). A declaração há de ainda ser univocamente manifestada.

Artigo 358º – Procedimento em caso de microempresa

1. No procedimento de despedimento em microempresa, caso o trabalhador não seja membro de comissão de trabalhadores ou representante sindical, são dispensadas as formalidades previstas no nº 2 do artigo 353º, no nº 5 do artigo 356º e nos nºs 1, 2, 3 e 6 do artigo anterior, sendo aplicável o disposto nos números seguintes.

2. Na ponderação e fundamentação da decisão, é aplicável o disposto no nº 4 do artigo anterior, com exceção da referência a pareceres de representantes dos trabalhadores.

3. O empregador pode proferir a decisão dentro dos seguintes prazos:

***a*) Se o trabalhador não responder à nota de culpa, 30 dias a contar do termo do prazo para resposta à mesma;**

***b*) 30 dias a contar da conclusão da última diligência;**

***c*) (*Revogada*).**

4. Se o empregador não proferir a decisão até ao termo do prazo referido em qualquer das alíneas do número anterior, o direito de aplicar a sanção caduca.

5. A decisão é comunicada, por cópia ou transcrição, ao trabalhador.

6. Constitui contraordenação grave a violação do disposto nos nºs 3 ou 5.

COMENTÁRIOS:

1. Antecedentes legislativos: Arts. 418º e 681º, nº 1, al. *b*), do CT/2003 e 15º, da LCCT.

2. O presente artigo tem a redação introduzida pela L nº 23/2012, de 25 de junho, a qual alterou a al. *b*) e revogou a al. *c*), do nº 3.

3. O procedimento de despedimento nas microempresas é simplificado.

Neste procedimento disciplinar e caso o trabalhador não seja membro de comissão de trabalhadores ou representante sindical, são dispensadas as seguintes formalidades:

– A remissão da nota de culpa para a comissão de trabalhadores ou associação sindical (no caso de trabalhador representante sindical), nos termos previstas no nº 2, do art. 353º;

– A apresentação, após a receção da resposta à nota de culpa ou a conclusão das diligências probatórias, da cópia integral do Processo à comissão de trabalhadores e, caso o trabalhador seja representante sindical, à associação sindical respetiva, segundo o nº 5, do art. 356º;

– A tramitação referida nos nºs 1, 2 e 6, do art. 357º.

Na ponderação e fundamentação da decisão são ponderadas as circunstâncias do caso, nomeadamente as referidas no nº 3 do artigo 351º, a adequação do despedimento à culpabilidade do trabalhador, não podendo ser invocados factos não constantes da nota de culpa ou da resposta do trabalhador, salvo se atenuarem a responsabilidade (nº 2).

O empregador pode proferir a decisão dentro dos seguintes prazos (nº 3):

a) Se o trabalhador não responder à nota de culpa, 30 dias a contar do termo do prazo para resposta à mesma;

b) 30 dias a contar da conclusão da última diligência;

O não proferimento da decisão no prazo determinado implica a caducidade do direito de sancionar (nº 4).

A decisão é comunicada, por cópia ou transcrição, ao trabalhador (nº 5).

4. O art. 382º, nº 2, al. *d*), considera inválido o procedimento se a comunicação da decisão de despedir e os seus fundamentos não for realizada por escrito, ou não atenda às circunstâncias do caso, nomeadamente as referidas no nº 3, do art. 351º, à adequação do despedimento à culpabilidade do trabalhador, não podendo ser invocados factos não constantes da nota de culpa ou da resposta do trabalhador, salvo se atenuarem a responsabilidade.

DIVISÃO II – Despedimento coletivo

Artigo 359º – Noção de despedimento coletivo

1. Considera-se despedimento coletivo a cessação de contratos de trabalho promovida pelo empregador e operada simultânea ou sucessivamente no período de três meses, abrangendo, pelo menos, dois ou cinco trabalhadores, conforme se trate, respetivamente, de microempresa ou de pequena empresa, por um lado, ou de média ou grande empresa, por outro, sempre que aquela ocorrência se fundamente em encerramento de uma ou várias secções ou estrutura equivalente ou redução do número de trabalhadores determinada por motivos de mercado, estruturais ou tecnológicos.

2. Para efeitos do disposto no número anterior consideram-se, nomeadamente:

***a*) Motivos de mercado – redução da atividade da empresa provocada pela diminuição previsível da procura de bens ou serviços ou impossibilidade superveniente, prática ou legal, de colocar esses bens ou serviços no mercado;**

***b*) Motivos estruturais – desequilíbrio económico-financeiro, mudança de atividade, reestruturação da organização produtiva ou substituição de produtos dominantes;**

***c*) Motivos tecnológicos – alterações nas técnicas ou Processos de fabrico, automatização de instrumentos de produção, de controlo ou de movimentação**

de cargas, bem como informatização de serviços ou automatização de meios de comunicação.

COMENTÁRIOS:

1. Antecedentes legislativos: Arts. 397º, do CT/2003 e 16º e 26º, nº 2, da LCCT.

2. Depois de esclarecido que os *despedimentos objetivos* são legítimos, atendendo à insustentabilidade da relação contratual, os tipos acolhidos pela lei são o despedimento coletivo, o despedimento por extinção de posto de trabalho e o despedimento por inadaptação (nas duas modalidades).

O despedimento coletivo está ligado a situações de crise na empresa, surgindo como uma expressão típica do seu poder de gestão.

O despedimento abrange uma pluralidade de trabalhadores, fundando-se a rutura dos contratos numa razão comum a todos eles: questões de mercado, estruturais ou tecnológicas, assente numa perspetiva de *sobrevivência empresarial.*

Desta forma, um mesmo e único ato jurídico do empregador dissolve uma variedade de relações jurídicas laborais, constituídas em momentos diferentes, fundado numa motivação alheia à atuação dos trabalhadores, suscitado por razões igualmente não imputáveis ao empregador, ditas objetivas.

3. De acordo com o presente preceito, a figura do despedimento coletivo obriga ao preenchimento dos seguintes requisitos (nº 1):

– *Quanto à duração do procedimento*: cessação operada simultânea ou sucessivamente no período de três meses;

Esclarece Bernardo Xavier, "Não se trata de termo da espécie prevista no art. 278º do Código Civil, nem de um prazo processual (ou procedimental) dilatório ou perentório, para praticar um determinado ato, mas simplesmente um requisito de dimensionamento para exercício de certos atos jurídicos.

De qualquer modo, supomos que as regras do art. 296º e seguintes do Código Civil são aplicáveis", *Despedimento coletivo*, p. 400.

O artigo 1º, nº 1, primeiro parágrafo, alínea a), da Diretiva 98/59/CE do Conselho, de 20 de julho de 1998, relativa à aproximação das legislações dos Estados-Membros respeitantes aos despedimentos coletivos, deve ser interpretado no sentido de que, para apreciar se um despedimento individual impugnado faz parte de um despedimento coletivo, o período de referência previsto nesta disposição para determinar a existência de um despedimento coletivo deve ser calculado tendo em conta qualquer período de 30 ou de 90 dias consecutivos durante o qual esse despedimento individual tenha ocorrido e durante o qual se tenha verificado o maior número de despedimentos efetuados pelo empregador por um ou vários motivos não inerentes à pessoa dos trabalhadores, na aceção desta mesma disposição. [Ac. do TJ, de 11.11.20 *in* JOUE, C-19, de 18.01.21 (Processo C-300/19)]

– *Quanto ao número de trabalhadores*: dois ou cinco, conforme se trate de microempresa e de pequena empresa ou de média e grande empresa (cuja tipologia se encontra prevista no art. 100º);

1. O despedimento coletivo não perde tal qualificação pelo facto de a final, só ter sido despedido um dos oito trabalhadores inicialmente indicados para tal, em virtude dos contratos de trabalho dos outros sete terem cessado por mútuo acordo, no decurso da fase de negociações. (Ac. do STJ, de 25.03.10 *in* www.dgsi.pt (Proc. nº 469/09.8YFLSB) e PDT, nº 85, jan.-abr. 2010, p. 54).

Em relação ao tipo de trabalhadores abrangidos pelo despedimento coletivo, estes devem apresentar uma vinculação à empresa, com caráter permanente.

Os trabalhadores sob contrato a termo (certo ou incerto) não nos parecem fazer parte desse quadro. Como contrato precário que é, o contrato a termo não se coaduna com a política de "redimensionamento da empresa" de que fala Bernardo Xavier.

Por outro lado, o conceito de empresa laboral, deseja-se o mais lato possível, acolhendo o enunciado por Jorge Manuel Coutinho de Abreu, como "organização de meios que constitui um instrumento de exercício relativamente continuado de uma atividade de produção, cujos trabalhadores estão sujeitos, individual e coletivamente, ao regime do direito do trabalho", *Da empresarialidade – As empresas no direito*, p. 299.

Ainda, para os efeitos pretendidos pelo mecanismo do despedimento coletivo, o conceito de empregador prescinde do escopo lucrativo da empresa.

É entendimento do TJ que: *O termo «empregador», na aceção do artigo 1º, nº 1, alínea a) da Diretiva 98/59/CE, também abrange os empregadores que, no âmbito das respetivas atividades, não prosseguem fins lucrativos. Com efeito, como decorre do próprio teor do artigo 1º desta diretiva, esta disposição aplica-se aos despedimentos efetuados por «um empregador», sem quaisquer distinções, pelo que se refere a qualquer empregador. A interpretação contrária também não seria conforme à finalidade desta diretiva, como decorre do seu segundo considerando. (...)*, (*In* PDT, nº 66, p. 57);

– *Quanto ao fundamento*: encerramento de uma ou várias secções ou estrutura equivalente (as chamadas reestruturações) ou redução de pessoal (*downsizing*), em ambos os casos, por motivos de mercado, estruturais ou tecnológicos (definidos no nº 2).

Para Pedro Romano Martinez, a indicação do nº 2 é meramente exemplificativa, podendo haver outros motivos justificativos do despedimento, *Direito do Trabalho*, p. 992.

IV – Verifica-se fundamento objetivo para o despedimento coletivo se a empregadora procede a reorganização dos serviços, eliminando os postos de trabalho de uma categoria profissional e distribuindo as funções a esta cometidas pelos restantes trabalhadores, sem necessidade de aumento de acréscimo de horas de trabalho por parte destes. [Ac. da RG, de 06.02.20 *in* www.dgsi.pt (Proc. nº 660/14.5TTBCL.G1)].

II – Uma mera redução, não quantificada, de custos referentes à operação de uma das quatro lojas da empregadora, fundada na diminuição do volume de vendas desse concreto estabeleci-

mento, ao longo de dois anos, não pode ser entendida como motivo proporcionalmente adequado ao encerramento dessa loja e aos custos sociais do mesmo derivados, até porque nem sequer se demonstrou a dimensão dos prejuízos, a existirem, da atividade global dessa loja no mercado onde se acha inserida e a funcionar. III – Sendo assim, os motivos invocados pela empregadora para o encerramento dessa loja não preenchem os pressupostos do despedimento coletivo decorrentes dos nºs 1 e 2, als. a) e b) do art. 359º, do CT/2009. (Ac. do STJ *in* CJ, Ano XXVII, Tomo III, p. 276).

III – A redução da atividade, motivada por razões de mercado, refletidas na crise económica empresarial, não tem que ser previamente comprovada, pelo que o despedimento coletivo pode ser operado com esse fundamento, não sendo exigível que a sua consumação, para que se mostre séria e iminente, seja abruta/imediata. [Ac. do STJ, de 06.12.11 *in* www.dgsi.pt (Proc. nº 414/ /06.2TTVNG.P1.S1)].

4. O encerramento definitivo do estabelecimento ou a extinção do empregador reconduzem-se à figura da caducidade contratual, prevista no art. 346º.

5. Acerca da unicidade do motivo determinante do despedimento coletivo, Filipe Fraústo da Silva defende que "devendo ser unitária e comum a motivação no que à queda de postos de trabalho respeita – resultante de uma decisão de gestão – não é necessário que num mesmo procedimento de despedimento coletivo apenas se possa promover a cessação de contratos de trabalho relativos a postos de trabalho cuja queda seja retornável ao mesmo e único fator. A motivação é comum, os fatores em que assenta podem ser plurais e heterogéneos", *Observações acerca da seleção social no procedimento de despedimento coletivo*, p. 93.

6. Quanto ao ónus da prova do despedimento coletivo, é à empresa que compete alegar os factos que integram os fundamentos apresentados.

Bernardo Xavier critica a aplicação «automática» do art. 342º, do CC, de molde a fazer recair sobre o empregador o ónus de demonstrar os factos constitutivos do seu direito.

"Como poderá funcionar completamente tal ónus numa decisão que se não baseia apenas em factos, mas em valorações, apreciações e juízos de prognose?", *Anotação ao Ac. do STJ, de 01.03.2000*, p. 43.

Na verdade, os factos determinantes do despedimento devem ser perspetivados na situação concreta da empresa.

Aceitamos a tese de Bernardo Xavier, que realça o ónus do empregador na demonstração da efetiva queda dos postos de trabalho, no caso de despedimento por motivo de crise de mercado ou estrutural. Tratando-se de motivo tecnológico, parece-nos que a explicação e comprovação serão bastante acessíveis.

7. O controlo jurisdicional deverá averiguar da justeza da decisão do empregador quanto aos interesses em presença e comprovar a veracidade da justa causa objetiva, face ao factualismo, respeitando os critérios de gestão empresarial.

II – O controlo judicial da decisão de despedimento coletivo deve incidir, também, sobre a razoabilidade da decisão de despedir face à prognose do empregador. III – Além disso, tal controlo deve incidir sobre a proporcionalidade entre a motivação apresentada e a decisão de proceder ao despedimento coletivo e sobre a racionalidade dessa decisão, dada a exigência constitucional de justa causa para que haja despedimento e dado o necessário equilíbrio e a compatibilização entre todos os interesses e valores constitucionais em jogo, designadamente a liberdade de iniciativa económica privada (art. 61º CRP) e a segurança no emprego (art. 53º CRP). IV – Num enquadramento de decréscimo da atividade da empresa, em consequência da diminuição da procura de serviços pelos seus clientes exclusivos, e de decréscimo dos resultados líquidos de receitas para o qual também contribuiu o aumento de encargos com o pessoal resultante de decisões judiciais que determinaram a readmissão de trabalhadores, é gestionariamente lícito que a empresa tome medidas tendentes a repor o seu equilíbrio económico-financeiro e a sua sustentabilidade futura com recurso, se necessário, ao despedimento coletivo. V – É legítimo e não discriminatório (direta ou indiretamente) e critério de seleção de serem abrangidos no despedimento coletivos os trabalhadores da empresa que exerçam as suas funções para entidades externas que prescindiram do desempenho de funções por parte dos mesmos. (Ac. da RC, de 26.06.20 *in* CJ, Ano XLV, Tomo III, p. 333).

III – Estamos perante uma decisão de gestão empresarial; é o empresário que decide se, por exemplo, quer automatizar o equipamento com a consequente redução de pessoal ou pretende encerrar uma secção, ainda que economicamente viável, quando tem interesse em restringir as suas atividades. IV – Não cabe ao tribunal apreciar o mérito de tais decisões, porque o empresário é livre de empreender um caminho ruinoso; o tribunal só tem de verificar se o empregador não está a agir em abuso de direito ou se o motivo não foi ficticiamente criado. [Ac. da RL, de 06.04.11 *in* www.dgsi.pt (Proc. nº 17/08.7TTSNT.L1-4)].

9. A legalidade do despedimento coletivo terá de ser aferida segundo os critérios empresariais utilizados pelo empregador, sendo que ao tribunal não compete ajuizar da bondade desses critérios nem da bondade da medida adotada. 10. Ao tribunal apenas compete verificar a veracidade dos motivos estruturais, tecnológicos ou conjunturais que foram invocados pelo empregador e a existência de um nexo causal entre esses motivos e o despedimento, por forma a que, segundo juízos de razoabilidade, se possa concluir que tais motivos eram idóneos a justificar o despedimento coletivo. [Ac. do STJ, de 17.09.09 *in* www.dgsi.pt (Proc. nº 08S3844)].

Não será de desconsiderar que os critérios para seleção dos trabalhadores a despedir são os unicamente equacionados pelo empregador, não havendo na lei qualquer moldura valorativa. *V.* o Ac. do STJ, de 09.12.10 *in* www.dgsi.pt (Proc. nº 4107/ /07.5TTLSB.L1.S1).

8. A Diretiva do Conselho 98/59/CE do Conselho, de 20 de julho (que revogou a Diretiva 75/129, de 17 de fevereiro, alterada pela Diretiva 92/56/CEE, do Conselho, de

24 de junho) enuncia as garantias dos direitos dos trabalhadores face aos despedimentos coletivos.

No Ac. de 12.10.04, o TJ condenou o Estado português por transposição incorreta dos arts. 1º, 6º e 7º, da Diretiva 98/59/CE, declarando que: "Ao restringir a noção de despedimentos coletivos a despedimentos por razões estruturais, tecnológicas ou conjunturais e ao não alargar esta noção a despedimentos por todas as razões não inerentes à pessoa dos trabalhadores, a República Portuguesa não cumpriu as obrigações que lhe incumbem por força dos artigos 1º e 6º da Diretiva 98/59/CE do Conselho, de 20 de julho de 1998, relativa à aproximação das legislações dos Estados-Membros respeitantes aos despedimentos coletivos" (http://curia. eu.int/jurisp/cgi-bin/form.pl?).

9. A ilicitude do despedimento coletivo encontra-se regulada no art. 383º.

Artigo 360º – Comunicações em caso de despedimento coletivo

1. O empregador que pretenda proceder a um despedimento coletivo comunica essa intenção, por escrito, à comissão de trabalhadores ou, na sua falta, à comissão intersindical ou às comissões sindicais da empresa representativas dos trabalhadores a abranger.

2. Da comunicação a que se refere o número anterior devem constar:

a) Os motivos invocados para o despedimento coletivo;

b) O quadro de pessoal, discriminado por setores organizacionais da empresa;

c) Os critérios para seleção dos trabalhadores a despedir;

d) O número de trabalhadores a despedir e as categorias profissionais abrangidas;

e) O período de tempo no decurso do qual se pretende efetuar o despedimento;

f) O método de cálculo de compensação a conceder genericamente aos trabalhadores a despedir, se for caso disso, sem prejuízo da compensação estabelecida no artigo 366º ou em instrumento de regulamentação coletiva de trabalho.

3. Na falta das entidades referidas no nº 1, o empregador comunica a intenção de proceder ao despedimento, por escrito, a cada um dos trabalhadores que possam ser abrangidos, os quais podem designar, de entre eles, no prazo de cinco dias úteis a contar da receção da comunicação, uma comissão representativa com o máximo de três ou cinco membros consoante o despedimento abranja até cinco ou mais trabalhadores.

4. No caso previsto no número anterior, o empregador envia à comissão neste referida os elementos de informação discriminados no nº 2.

5. O empregador, na data em que procede à comunicação prevista no nº 1 ou no número anterior, envia cópia da mesma ao serviço do ministério respon-

sável pela área laboral com competência para o acompanhamento e fomento da contratação coletiva.

6. Constitui contraordenação grave o despedimento efetuado com violação do disposto nos nºs 1 a 4 e constitui contraordenação leve o efetuado com violação do disposto no nº 5.

COMENTÁRIOS:

1. Antecedentes legislativos: Arts. 419º e 681º, nº 1, al. *c*), do CT/2003 e 17º, da LCCT.

2. O presente artigo tem a redação introduzida pela L nº 23/2012, de 25 de junho, a qual alterou a al. *f*), do nº 2 na versão dada pela L nº 53/2011, de 14 de outubro.

3. A comunicação de despedimento coletivo é realizada, por escrito, à comissão de trabalhadores ou, na sua falta, à comissão intersindical ou às comissões sindicais da empresa representativas dos trabalhadores a abranger (nº 1).

Na ausência das comissões mencionadas, o empregador comunica a intenção de proceder ao despedimento, por escrito, a cada um dos trabalhadores que possam ser abrangidos, os quais podem designar, de entre eles, no prazo de cinco dias úteis a contar da receção da comunicação, uma comissão representativa (comissão *ad hoc*) com o máximo de três ou cinco membros, consoante o despedimento abranja até cinco ou mais trabalhadores (nº 3). E o empregador envia a esta comissão *ad hoc* os elementos de informação indicados no nº 2 (nº 4).

Como bem analisa Pedro Furtado Martins, "Todavia, quando na empresa não existam estruturas representativas e não for designada a comissão" (*ad hoc*), "nada se prevê quanto à transmissão das informações complementares aos trabalhadores que vão ser despedidos, o que é estranho", *Cessação do contrato de trabalho*, p. 332.

Neste cenário, o trabalhador fica completamente desprotegido e desconhecedor, nomeadamente quanto aos motivos invocados para o despedimento (nº 2, al. *a*)) e os critérios para seleção dos trabalhadores a despedir (al. *c*)), o que muito se assemelha a um despedimento *ad nutum*.

Ainda, o art. 383º, al. *a*) apenas configura como despedimento ilícito aquele em que se omite os atos previstos nos nºs 1 ou 4 do art. 360º (não acolhendo o nº 3).

Como referem José Joaquim Gomes Canotilho/Vital Moreira, "Essas situações devem ser, de igual forma, suficientemente fundadas em causas adequadamente determináveis e submetidas a um apropriado procedimento de controlo (não bastando a decisão da entidade patronal), de modo a impedir que a via dos despedimentos coletivos se transforme, através de discriminações individualizadas, em instrumento de despedimentos individuais." *Constituição da República Portuguesa Anotada*, volume I, p. 710.

Pelo que, para permitir a sindicabilidade da pretensão de despedir, o empregador deve remeter aos trabalhadores as informações previstas no nº 2, em conformidade com o princípio da segurança no emprego e da proibição dos despedimentos sem justa causa, (art. 53º da CRP).

Para certa jurisprudência, não havendo comissão *ad hoc*, é obrigatória a remessa dos elementos de informação previstos no artigo 360º, nº 2, aos trabalhadores individualmente considerados, sob pena de ilicitude do despedimento. *V.* os Acs. da RP, de 18.01.16 *in* www.dgsi.pt (Proc. nº 233/13.0TTSTS-A.P1) e de 04.06.12 *in* www.dgsi.pt (Proc. nº 1222/10.1TTVNG-A.P1).

Aos trabalhadores é conferida a faculdade de constituição de comissão que os represente. Perante a inércia dos trabalhadores nada na lei obriga o empregador a nomear tal comissão ou a promover um diálogo individual com cada um dos trabalhadores, hipótese, aliás, de discutível aplicação prática.

A ausência de comissão de trabalhadores, comissão intersindical, comissões sindicais ou comissão *ad hoc*, não é motivo que determine a ilicitude do despedimento. *V.*, nesse sentido, os Acs. da RG, de 05.11.15 *in* www.dgsi.pt (Proc. nº 1004/13.9TTPNF.G1); da RL, de 12.09.13 *in* www.dgsi.pt (Proc. nº 381/12.3TTLSB.L1.S1) e do STJ, de 19.12.12 *in* www.dgsi.pt (Proc. nº 1222/10.1TTVNG-A.P1.S1).

III – A entidade patronal não estava obrigada a comunicar à comissão ad hoc prevista no art. 360º, nº 3 do CT2009 a intenção de proceder ao despedimento coletivo se, antes da constituição daquela comissão, comunicou a todos os trabalhadores abrangidos pelo despedimento coletivo a intenção de proceder ao despedimento. (Ac. da RP, de 28.02.11 *in* CJ, Ano XXXVI, Tomo I, p. 250).

4. A comunicação de despedimento coletivo deve contemplar (nº 2):

– Os motivos invocados para o despedimento coletivo [al. *a*)], que constam do art. 359º, nº 2.

O empregador, na comunicação final de despedimento dirigida aos trabalhadores, tem de indicar os motivos que, com base nos critérios por ele previamente definidos, o levaram a despedir cada um dos trabalhadores. [Ac. da RE, de 14.02.12 *in* www.dgsi.pt (Proc. nº 39/10.8TTSTB.E1)].

– O quadro de pessoal, discriminado por setores organizacionais da empresa [al. *b*)];

– Os critérios para seleção dos trabalhadores a despedir [al. *c*)], de acordo com o entendimento do empregador, desde que não tendenciosos ou arbitrários.

Ao contrário do despedimento por extinção do posto de trabalho, no despedimento coletivo não há qualquer parametrização legal.

Filipe Fraústo da Silva considera suscetíveis de aproveitamento critérios – "desde que proporcionem métodos objetivos de quantificação e aplicação que não dependam da subjetiva apreciação do empresário e, além disso, na condição de essa quantificação e aplicação se mostrarem evidenciados no procedimento em termos que permitem a sua compreensão pelos trabalhadores visados e a sua sindicabilidade judicial – que se liguem, por exemplo, à produtividade, à adaptabilidade, à assiduidade, à aptidão (nível de qualificação, de formação ou de experiência detido, por exemplo), ao nível retributivo, ao passado disciplinar, ao custo de indemnização, etc., isolada ou combinadamente entre si e, como se afigura de pendor social, como a situação pessoal ou familiar do trabalhador, a empregabilidade", *Observações acerca da seleção social no procedimento de despedimento coletivo*, p. 96.

I) Os critérios de seleção ou de escolha dos trabalhadores que devam integrar o procedimento por despedimento coletivo, devem mostrar-se congruentes com os motivos invocados pelo empregador para a concretização desse despedimento; II) Os referidos critérios de seleção ou de escolha não podem assentar em fatores discriminatórios, nem em fatores que revelem puro arbítrio por parte do empregador, devendo ser, qualquer deles, passível de avaliação e aplicação objetiva; III) Contrariamente ao que se decidiu no acórdão recorrido, o despedimento da Autora/Recorrida realizado no âmbito do despedimento coletivo lançado pela Ré/Recorrente, não se pode reputar de ilícito, tratando-se, ao invés disso, de um despedimento lícito, dado que concretizado com respeito pelas disposições legais que o regulam, com as consequências jurídicas daí decorrentes. [Ac. do STJ, de 16.12.20 *in* www.dgsi.pt (Proc. nº 3089/15.4T8SNT.L2.S1)]. Os critérios apresentados no despedimento foram: (*a*) Supressão em absoluto do posto de trabalho; (*b*) Avaliação de desempenho; (*c*) Performance da equipa; (*d*) Mobilidade (se aplicável à função); (*e*) Potencial; (*f*) Perfil, Competências e Alinhamento com a Visão e Estratégia MDLZ (Mondelez).

II – No despedimento coletivo, os critérios a seguir na escolha dos trabalhadores abrangidos visam possibilitar o controlo da ação da empregadora, que não pode ser arbitrária, devendo pautar-se pelos princípios de não discriminação e da adequação. Exige-se ainda a verificação do nexo causal entre as motivações e o despedimento de cada um dos concretos trabalhadores abrangidos. III – Se o critério de escolha dos trabalhadores a despedir, redunda na prática na escolha dos trabalhadores que não aceitaram subscrever um "acordo de polivalência", com a possibilidade de execução de tarefas de qualquer uma de três categorias previstas no IRCT, no quadro de um denominado "novo perfil de caixa" que a empregadora antes do despedimento coletivo implementou mediante celebração de acordos de polivalência, agregando as categorias de caixa privativo, caixa fixo e ficheiro fixo, o mesmo mostra-se discriminatório e arbitrário. [Ac. da RG, de 06.02.20 *in* www.dgsi.pt (Proc. nº 660/14.5TTBCL.G1)].

V – Se o empregador, nesse despedimento, elege como critério o da «avaliação do mérito do desempenho, efetuado pelos responsáveis seus superiores hierárquicos», tal critério não contém qualquer fator de discriminação ou puro arbítrio, antes implica que sejam utilizados, por exemplo, métodos objetivos relativos ao apuramento da assiduidade e da produtividade, o que permite a sua compreensão pelos visados e o controlo do modo como a seleção é efetuada. (Ac. do STJ, de 03.03.10 *in* CJ, Ano XVIII, Tomo I, p. 244).

I – Os critérios de seleção definidos pelo empregador só cumprem o escopo legal se tiverem um mínimo de racionalidade e de congruência por forma a permitirem estabelecer o necessário nexo entre os motivos invocados para fundamentar o despedimento e se este pode considerar-se justificado face ao disposto no artigo 53º da CRP. III – Os critérios estabelecidos pelo empregador indicando apenas "a menor necessidade da sua prestação e a menor afetação do nível de eficiência dos serviços, correlacionados com a redução dos custos resultante", são tão vagos, genéricos e abstratos que não permitem estabelecer qualquer nexo entre os fundamentos invocados e o concreto despedimento do trabalhador. (Ac. da RL, de 25.03.09 *in* CJ, Ano XXXIV, Tomo II, p. 164).

– O número de trabalhadores a despedir e as categorias profissionais abrangidas [al. *d*)];

– O período de tempo no decurso do qual se pretende efetuar o despedimento [al. *e*)], o qual deverá decorrer, *maximum*, no arco temporal de três meses;

– O método de cálculo de compensação a conceder genericamente aos trabalhadores a despedir, se for caso disso, sem prejuízo da compensação estabelecida no art. 366º ou em instrumento de regulamentação coletiva de trabalho [al. *f*)].

5. O empregador, na data em que procede à comunicação prevista no nº 1 ou na data do envio dos elementos de informação previstos no nº 2 (nº 4), envia cópia da mesma ao serviço do ministério responsável pela área laboral com competência para o acompanhamento e fomento da contratação coletiva (nº 5).

O serviço do ministério responsável pela área laboral corresponde à Direção-Geral do Emprego e das Relações de Trabalho (DGERT), nos termos do art. 12º, do DL nº 167-C/2013, de 31 de dezembro, alterado pelo DL nº 28/2015, de 10 de fevereiro (que aprovou a Lei Orgânica do Ministério da Solidariedade, Emprego e Segurança Social).

6. O empregador que encerre, temporária ou definitivamente, empresa ou estabelecimento, sem que tenha iniciado procedimento com vista a despedimento coletivo incorre em responsabilidade penal (art. 316º).

7. A falta de comunicação prevista nos nºs 1 ou 4 implica ilicitude do despedimento coletivo [art. 383º, al. *a*)].

Bem como, conforme já referido, a falta de comunicação fundamentada ao trabalhador não representado (nºs 3 e 4).

Artigo 361º – Informações e negociação em caso de despedimento coletivo

1. Nos cinco dias posteriores à data do ato previsto nos nºs 1 ou 4 do artigo anterior, o empregador promove uma fase de informações e negociação com a estrutura representativa dos trabalhadores, com vista a um acordo sobre a dimensão e efeitos das medidas a aplicar e, bem assim, de outras medidas que reduzam o número de trabalhadores a despedir, designadamente:

a) Suspensão de contratos de trabalho;
b) Redução de períodos normais de trabalho;
c) Reconversão ou reclassificação profissional;
d) Reforma antecipada ou pré-reforma.

2. A aplicação de medida prevista na alínea *a*) ou *b*) do número anterior a trabalhadores abrangidos por procedimento de despedimento coletivo não está sujeita ao disposto nos artigos 299º e 300º.

3. A aplicação de medida prevista na alínea *c*) ou *d*) do nº 1 depende de acordo do trabalhador.

4. O empregador e a estrutura representativa dos trabalhadores podem fazer-se assistir cada qual por um perito nas reuniões de negociação.

5. Deve ser elaborada ata das reuniões de negociação, contendo a matéria acordada, bem como as posições divergentes das partes e as opiniões, sugestões e propostas de cada uma.

6. Constitui contraordenação grave o despedimento efetuado com violação do disposto nos nºs 1 ou 3.

COMENTÁRIOS:

1. Antecedentes legislativos: Arts. 420º e 681º, nº 1, al. *c*), do CT/2003 e 18º, da LCCT.

2. A fase das informações e negociação inicia-se nos cinco dias posteriores à comunicação com a estrutura representativa dos trabalhadores (comissão de trabalhadores ou, na sua falta, comissão intersindical ou comissões sindicais) ou à data do envio dos elementos referidos no nº 2 do art. 360º à comissão *ad hoc*, com vista a um acordo sobre a dimensão e efeitos das medidas a aplicar e, bem assim, de outras medidas que reduzam o número de trabalhadores a despedir.

Retomando a questão do trabalhador não representado:

I – Não havendo na empresa estruturas representativas dos trabalhadores [ERT], mesmo ad hoc, o despedimento coletivo é ilícito se o empregador não facultar a participação de cada um deles na fase de informações e de negociação do mesmo procedimento. [Ac. RP, de 04.06.12 in www.dgsi.pt (Proc. nº 1222/10.1TTVNG-A.P1)].

Do elenco das medidas consta, designadamente (nº 1):

– Suspensão de contratos de trabalho [al *a*)]; sem sujeição ao disposto nos arts. 299º e 300º (respetivamente, Comunicações em caso de redução ou suspensão e Informações e negociação em caso de redução ou suspensão), nº 2.

– Redução de períodos normais de trabalho [al. *b*)]; sem sujeição ao disposto nos arts. 299º e 300º (respetivamente, Comunicações em caso de redução ou suspensão e Informações e negociação em caso de redução ou suspensão), nº 2.

– Reconversão ou reclassificação profissional [al. *c*)]; a qual depende de acordo do trabalhador (nº 3).

– Reforma antecipada ou pré-reforma [al. *d*)]; a qual depende de acordo do trabalhador (nº 3).

3. O empregador e a estrutura representativa dos trabalhadores podem fazer-se assistir cada qual por um perito nas reuniões de negociação (nº 4).

Deve ser elaborada ata das reuniões de negociação, contendo a matéria acordada, bem como as posições divergentes das partes e as opiniões, sugestões e propostas de cada uma (nº 5).

4. A não promoção da fase de negociação enferma o despedimento de ilicitude (art. 383, al. *a*), 2ª parte).

Artigo 362º – Intervenção do ministério responsável pela área laboral

1. O serviço competente do ministério responsável pela área laboral participa na negociação prevista no artigo anterior, com vista a promover a regularidade da sua instrução substantiva e procedimental e a conciliação dos interesses das partes.

2. O serviço referido no número anterior, caso exista irregularidade da instrução substantiva e procedimental, deve advertir o empregador e, se a mesma persistir, deve fazer constar essa menção da ata das reuniões de negociação.

3. A pedido de qualquer das partes ou por iniciativa do serviço referido no número anterior, os serviços regionais do emprego e da formação profissional e da segurança social indicam as medidas a aplicar, nas respetivas áreas, de acordo com o enquadramento legal das soluções que sejam adotadas.

4. Constitui contraordenação leve o impedimento à participação do serviço competente na negociação referida no nº 1.

COMENTÁRIOS:

1. Antecedentes legislativos: Arts. 421º e 681º, nº 4, do CT/2003 e 19º, da LCCT.

2. O serviço do ministério responsável pela área laboral (de acordo com a Lei Orgânica do Ministério da Solidariedade, Emprego e Segurança Social, aprovada pelo DL nº 167-C/2013, de 31 de dezembro, alterado pelo DL nº 28/2015, de 10 de fevereiro) participa na negociação prevista no art. 361º, com vista a promover a regularidade da sua instrução substantiva e procedimental e a conciliação dos interesses das partes (nº 1).

Contudo, *não se faz depender dessa participação a licitude desse despedimento. É o que, por interpretação "a contrario", resulta do disposto no art. 383º, nº 1 do mencionado Código.* [Ac. da RL, de 23.09.09 *in* www.dgsi.pt (Proc. nº 272-09.5TTVFX.L1-4)].

3. O nº 2 procura reforçar a regularidade do Processo, acolhendo-se um dever de advertência a cargo do serviço competente do ministério responsável pela área laboral, caso exista irregularidade da instrução substantiva e procedimental, e se a mesma persistir, deve o mesmo fazer constar essa menção da ata das reuniões de negociação.

A intervenção deste serviço pretende impedir os chamados *despedimentos coletivos fraudulentos*, usados por vezes, quando a revogação do contrato não pode ser realizada por discordância do trabalhador.

4. A pedido de qualquer das partes (empregador ou trabalhador) ou por iniciativa do serviço competente do ministério responsável pela área laboral, os serviços regionais do emprego e da formação profissional e da segurança social indicam as medidas a aplicar, nas respetivas áreas, de acordo com o enquadramento legal das soluções que sejam adotadas (nº 3).

5. Tratando-se de trabalhadora grávida, puérpera ou lactante ou de trabalhador no gozo de licença parental, é exigível, também, o parecer da CITE (Comissão para a Igualdade no Trabalho e no Emprego), nos termos do art. 63º, nº 3, al. *b*).

Artigo 363º – Decisão de despedimento coletivo

1. Celebrado o acordo ou, na falta deste, após terem decorrido 15 dias sobre a prática do ato referido nos nºs 1 ou 4 do artigo 360º ou, na falta de representantes dos trabalhadores, da comunicação referida no nº 3 do mesmo artigo, o empregador comunica a cada trabalhador abrangido a decisão de despedimento, com menção expressa do motivo e da data de cessação do contrato e indicação do montante, forma, momento e lugar de pagamento da compensação, dos créditos vencidos e dos exigíveis por efeito da cessação do contrato de trabalho, por escrito e com antecedência mínima, relativamente à data da cessação, de:

***a*) 15 dias, no caso de trabalhador com antiguidade inferior a um ano;**

***b*) 30 dias, no caso de trabalhador com antiguidade igual ou superior a um ano e inferior a cinco anos;**

***c*) 60 dias, no caso de trabalhador com antiguidade igual ou superior a cinco anos e inferior a 10 anos;**

***d*) 75 dias, no caso de trabalhador com antiguidade igual ou superior a 10 anos.**

2. No caso de o despedimento abranger ambos os cônjuges ou pessoas que vivam em união de facto, a comunicação prevista no número anterior deverá ser feita com a antecedência mínima prevista no escalão imediatamente superior ao que seria aplicável se apenas um deles integrasse o despedimento.

3. Na data em que envia a comunicação aos trabalhadores, o empregador remete:

a) Ao serviço competente do ministério responsável pela área laboral, a ata das reuniões de negociação ou, na sua falta, informação sobre a justificação de tal falta, as razões que obstaram ao acordo e as posições finais das partes, bem como relação de que conste o nome de cada trabalhador, morada, datas de nascimento e de admissão na empresa, situação perante a segurança social, profissão, categoria, retribuição, a medida decidida e a data prevista para a sua aplicação;

b) À estrutura representativa dos trabalhadores, cópia da relação referida na alínea anterior.

4. Não sendo observado o prazo mínimo de aviso prévio, o contrato cessa decorrido o período de aviso prévio em falta a contar da comunicação de despedimento, devendo o empregador pagar a retribuição correspondente a este período.

5. O pagamento da compensação, dos créditos vencidos e dos exigíveis por efeito da cessação do contrato de trabalho deve ser efetuado até ao termo do prazo de aviso prévio, salvo em situação prevista no artigo 347º ou regulada em legislação especial sobre recuperação de empresas e reestruturação de setores económicos.

6. Constitui contraordenação grave o despedimento efetuado com violação do disposto nos nºs 1, 2 ou 5 e constitui contraordenação leve a violação do disposto no nº 3.

COMENTÁRIOS:

1. Antecedentes legislativos: Arts. 398º, 422º e 681º, nº 1, al. *c*), do CT/2003 e 20º, nº 1 e 21º, da LCCT.

2. Celebrado o acordo sobre a dimensão e efeitos das medidas a aplicar (previsto no art. 361º, nº 1) ou, na falta deste, após terem decorrido 15 dias sobre a *prática do ato* referido no nº 1 do art. 360º [comunicação da intenção de despedimento à comissão de trabalhadores ou à comissão intersindical ou às comissões sindicais], ou nº 4 do art. 360º [envio à comissão *ad hoc* dos elementos de informação, indicados no nº 2] ou, na falta de representantes dos trabalhadores, da comunicação referida no nº 3, do art. 360º [comunicação da intenção de proceder ao despedimento a cada um dos trabalhadores que possam ser abrangidos], o empregador comunica, por escrito, a cada trabalhador abrangido a decisão de despedimento.

"A lei refere a contagem do prazo à «data da prática do ato» – isto é, da comunicação inicial – o que está longe de ser claro, pois tanto pode ser entendido como a data em que se *envia* essa comunicação como a data em que a mesma é *recebida*. Não obstante a solução não ser inatacável, sempre será mais prudente contar o prazo a partir da data da receção pelo trabalhador, ou melhor, da data em que recebeu a comunicação o último trabalhador a quem a mesma foi enviada", PEDRO FURTADO MARTINS, *Cessação do contrato de trabalho*, p. 345.

A decisão de despedimento deve mencionar expressamente o motivo e a data de cessação do contrato e indicar o montante, forma, momento e lugar de pagamento da compensação, dos créditos vencidos e dos exigíveis por efeito da cessação do contrato de trabalho.

O aviso prévio da comunicação da decisão de despedimento não tem prazo único, sendo proporcional à antiguidade do trabalhador, nº 1, do presente artigo.

Os prazos enunciados possuem natureza dilatória (art. 139º, nº 2, do CPC), não podendo o empregador antecipá-los. A lei sublinha tal assunção, atribuindo-lhes a natureza de "prazo mínimo". E a sua grandeza evolui, conforme já dito, consoante a antiguidade do trabalhador, ou seja, a cristalização do fator tempo na condição do trabalhador.

Configura despedimento ilícito a não observância do prazo para decidir o despedimento, referido no nº 1 do artigo 363º [art. 383º, al. *b*)].

Estabeleceu-se um regime especial no caso de o despedimento abranger ambos os cônjuges ou pessoas que vivam em união de facto, sendo que, nesse caso, a comunicação deverá ser feita com a antecedência mínima prevista no escalão imediatamente superior (nº 2).

3. Na data em que envia a comunicação aos trabalhadores, o empregador remete (nº 3):

a) Ao serviço competente do ministério responsável pela área laboral, a ata das reuniões de negociação ou, na sua falta, informação sobre a justificação de tal falta, as razões que obstaram ao acordo e as posições finais das partes, bem como relação de que conste o nome de cada trabalhador, morada, datas de nascimento e de admissão na empresa, situação perante a segurança social, profissão, categoria, retribuição, a medida decidida e a data prevista para a sua aplicação.

O serviço do ministério responsável pela área laboral a que alude o nº 1, corresponde à Direção-Geral do Emprego e das Relações de Trabalho (DGERT), nos termos do art. 12º, do DL nº 167-C/2013, de 31 de dezembro, alterado pelo DL nº 28/2015, de 10 de fevereiro (que aprovou a Lei Orgânica do Ministério da Solidariedade, Emprego e Segurança Social);

b) À estrutura representativa dos trabalhadores, cópia da relação referida na alínea anterior.

4. A falta de cumprimento do período mínimo de aviso prévio não configura despedimento ilícito (art. 383º, *a contrario*), apresentando-se sanção própria: o contrato de trabalho cessa, com o ónus para o empregador do pagamento da retribuição (em sen-

tido amplo) correspondente ao período de aviso prévio em falta (nº 4). Sendo, ainda, este obrigado a assumir as contribuições para a segurança social, como se o contrato estivesse ainda em execução.

Oferece-se ao trabalhador uma maior tutela das prestações devidas, devendo o pagamento da compensação, dos créditos vencidos e dos exigíveis por efeito da cessação do contrato de trabalho ser efetuado até ao termo do prazo de aviso prévio, salvo casos especiais (nº 5).

Configura despedimento ilícito a não colocação à disposição do trabalhador despedido, até ao termo do prazo de aviso prévio, a compensação devida (art. 366º) e os créditos vencidos ou exigíveis em virtude da cessação do contrato de trabalho, sem prejuízo do disposto na parte final do nº 5 do artigo 363º [art. 383º, al. *c*)].

5. Segundo o disposto no art. 175º, nº 5, não é permitido celebrar contrato de utilização de trabalho temporário para satisfação de necessidades que foram asseguradas por trabalhador cujo contrato tenha cessado nos 12 meses anteriores por despedimento coletivo.

Artigo 364º – Crédito de horas durante o aviso prévio

1. Durante o prazo de aviso prévio, o trabalhador tem direito a um crédito de horas correspondente a dois dias de trabalho por semana, sem prejuízo da retribuição.

2. O crédito de horas pode ser dividido por alguns ou todos os dias da semana, por iniciativa do trabalhador.

3. O trabalhador deve comunicar ao empregador a utilização do crédito de horas, com três dias de antecedência, salvo motivo atendível.

4. Constitui contraordenação leve a violação do disposto neste artigo.

COMENTÁRIOS:

1. Antecedentes legislativos: Arts. 399º e 681º, nº 4, do CT/2003 e 22º, da LCCT.

2. A finalidade de concessão dos créditos de horas correspondente a dois dias de trabalho por semana, sem prejuízo da retribuição, concedido durante o prazo de aviso prévio (nº 1) visa permitir ao trabalhador a angariação de um novo emprego, sabendo que o contrato que detinha até então vai terminar.

O crédito de horas pode ser dividido por alguns ou todos os dias da semana, por iniciativa do trabalhador (nº 2).

O trabalhador deve comunicar ao empregador a utilização do crédito de horas, com três dias de antecedência, salvo motivo atendível (nº 3).

Artigo 365º – Denúncia do contrato pelo trabalhador durante o aviso prévio

Durante o prazo de aviso prévio, o trabalhador pode denunciar o contrato de trabalho, mediante declaração com a antecedência mínima de três dias úteis, mantendo o direito a compensação.

COMENTÁRIOS:

1. Antecedentes legislativos: Arts. 400º, do CT/2003 e 23º, nº 2, da LCCT.

2. Neste contexto, o regime da denúncia, consagrado no art. 400º, possui *natureza atípica*, dado que o trabalhador mantem o direito à compensação prevista no art. 366º e os prazos de denúncia afastam-se do regime geral.

Artigo 366º – Compensação por despedimento coletivo

1. Em caso de despedimento coletivo, o trabalhador tem direito a compensação correspondente a 12 dias de retribuição base e diuturnidades por cada ano completo de antiguidade.

2. A compensação prevista no número anterior é determinada do seguinte modo:

a) O valor da retribuição base mensal e diuturnidades do trabalhador a considerar para efeitos de cálculo da compensação não pode ser superior a 20 vezes a retribuição mínima mensal garantida;

b) O montante global da compensação não pode ser superior a 12 vezes a retribuição base mensal e diuturnidades do trabalhador ou, quando seja aplicável o limite previsto na alínea anterior, a 240 vezes a retribuição mínima mensal garantida;

c) O valor diário de retribuição base e diuturnidades é o resultante da divisão por 30 da retribuição base mensal e diuturnidades;

d) Em caso de fração de ano, o montante da compensação é calculado proporcionalmente.

3. O empregador é responsável pelo pagamento da totalidade da compensação, sem prejuízo do direito ao reembolso, por aquele, junto do fundo de compensação do trabalho ou de mecanismo equivalente e do direito do trabalhador a acionar o fundo de garantia de compensação do trabalho, nos termos previstos em legislação específica.

4. Presume-se que o trabalhador aceita o despedimento quando recebe do empregador a totalidade da compensação prevista neste artigo.

5. A presunção referida no número anterior pode ser ilidida desde que, em simultâneo, o trabalhador entregue ou ponha, por qualquer forma, a totalidade da compensação paga pelo empregador à disposição deste último.

6. Nos casos de contrato de trabalho a termo e de contrato de trabalho temporário, o trabalhador tem direito a compensação prevista no nº 2 do artigo 344º e do nº 4 do artigo 345º, consoante os casos, aplicando-se, ainda, o disposto nos nºs 2 a 5 do presente artigo.

7. Constitui contraordenação grave a violação do disposto nos nºs 1, 2, 3 e 6.

COMENTÁRIOS:

1. Antecedentes legislativos: Arts. 401º e 681º, nº 1, al. *a*), do CT/2003 e 23º, nº 1, da LCCT.

2. O presente artigo tem a redação introduzida pela Lei nº 69/2013, de 30 de agosto, a qual alterou todo o preceito com exceção do nº 2, o qual tinha sido modificado pela L nº 23/2012, de 25 de junho.

3. Assiste ao trabalhador o direito a receber uma compensação correspondente a 12 dias de retribuição base e diuturnidades por cada ano completo de antiguidade (nº 1).

A circunstância de uma atribuição configurar retribuição não significa que deva integrar o valor da compensação por despedimento coletivo (Ac. da RL, de 13.06.20 *in* CJ, Ano XLV, Tomo III/2020, p. 335).

A restrição imposta à latitude da compensação (que era, outrora, de 20 dias) deve, ainda, ser conjugada com o disposto no nº 2:

– O valor da retribuição base mensal e diuturnidades para efeito de cálculo da compensação não pode exceder 20 vezcs a rmmg [al. *a*)];

– O montante global da compensação não pode exceder 12 vezes a retribuição base mensal e diuturnidades do trabalhador ou, quando seja aplicável o limite previsto na alínea *a*), a 240 vezes a rmmg [al. *b*)];

– O valor diário de retribuição base e diuturnidades resulta da divisão por 30 dias da retribuição base mensal e diuturnidades [al. *c*)];

– Em caso de fração de ano, aplica-se o princípio da proporcionalidade [al. *d*)].

Com a vigência do regime transitório, aprovado pela L nº 69/2013, de 30 de agosto, o disposto no presente artigo apenas se aplicará aos contratos celebrados a partir de 01.10.2013. Nos restantes casos de cessação do contrato por despedimento coletivo, será aplicável o regime transitório.

4. A legislação específica prevista no nº 3, relativa ao Fundo de Compensação do Trabalho (FCT) e ao Fundo de Garantia de Compensação do Trabalho (FGCT), encontra-se prevista na L nº 70/2013, de 30 de agosto (alterada pelo DL nº 210/2015, de 25 de setembro).

O empregador responde pelo pagamento da totalidade da compensação, podendo exigir reembolso junto do FCT ou de mecanismo equivalente; por sua vez, ao trabalhador assiste o direito de acionar o FGCT.

5. Presume-se a aceitação do despedimento quando o trabalhador recebe a totalidade da compensação prevista no art. 366º (nº 4).

A presunção em causa possui a natureza de ilidível, cabendo ao trabalhador o ónus da prova de que não pretende a desvinculação.

Alerta avisadamente João Leal Amado, "Qual o sentido útil a atribuir a semelhante presunção de aceitação do despedimento? Não vislumbro outro que não seja o de impedir o trabalhador – salvo, é claro, se este conseguir ilidir a presunção – de impugnar judicialmente o despedimento. Se o trabalhador receber a compensação isso significa, segundo o Código, que ele aceita o despedimento. E, se ele aceita o despedimento, então não poderá, mais tarde, contestá-lo em tribunal – a proibição de *venire contra factum proprium* a tanto obstaria", *Algumas notas sobre o regime do despedimento*, p. 281.

A jurisprudência subscreve que a aceitação da compensação valida o despedimento, mesmo que este seja ilícito, impedindo o trabalhador de o impugnar judicialmente.

A aceitação do despedimento pelo trabalhador, nos termos do artigo 366º do Código do Trabalho, valida a decisão da entidade patronal, mesmo que esta fosse inválida. [Ac. da RE, de 22.10.20 *in* www.dgsi.pt (Proc. nº 709/15.4T8OLH-K.E1].

V. também, Ac. da RP, de 14.05.12 *in* www.dgsi.pt (Proc. nº 739/09.5TTMTS.P1).

6. A presunção não colhe quanto aos créditos exigíveis por efeito da cessação do contrato de trabalho.

IV – Quanto aos créditos exigíveis por efeito da cessação do contrato de trabalho, o pagamento não se presume e constitui exceção perentória com alegação e prova a cargo do devedor (art. 342º-2 do CC). [Ac. da RL, de 27.01.16 *in* www.dgsi.pt (Proc. nº 2078/14.0T8LSB.L1-4)].

II – A presunção contida no art. 366º, nº 4 do CT/2009 (que corresponde ao art. 401º do CT/2003) liga-se, necessariamente, mas apenas, à aceitação do despedimento coletivo, à impossibilidade de impugnar a sua licitude, não ao exercício de qualquer outro direito, incluindo o relativo ao próprio montante da compensação. Por isso, o trabalhador despedido pode usar a ação comum, de início ou depois de ter desistido da ação especial, para exercer direitos diversos do de impugnar o despedimento coletivo e não há aí ofensa ao caso julgado ou violação constitucional do princípio da segurança e certeza do direito. [Ac. da RC, de 16.06.11 *in* www.dgsi.pt (Proc. nº 150/09.8TTFIG.C1)].

7. A ilisão obriga a que, em simultâneo, o trabalhador entregue ou ponha, por qualquer forma (em sentido lato), a totalidade da compensação paga pelo empregador à disposição deste último (nº 5).

I – Presume-se que o trabalhador aceita o despedimento coletivo quando recebe a compensação prevista no art. 366º, nº 1 do CT2009. III – Para ilidir tal presunção, deveria o trabalhador ter procedido à devolução da compensação imediatamente após o recebimento ou em prazo curto e fazer a prova do contrário. IV – Não o tendo feito, presume-se a aceitação do despedimento coletivo, o que constitui facto impeditivo da ilicitude do despedimento, integrando uma exceção perentória pelo que, provada aquela, deve o empregador ser absolvido do pedido. [Ac. da RP, de 14.05.12 *in* www.dgsi.pt (Proc. nº 739/09.5TTMTS.P1)].

Acerca da expressão "em simultâneo", o entendimento jurisprudencial firmado acolhe que tem que lhe *ser atribuída a maleabilidade necessária (prazo razoável) para poder abarcar um conjunto de situações que exigem uma apreciação flexível respeitante a eventuais factos que poderão ser alegados pelo trabalhador para afastar a presunção da aceitação do despedimento.* [Ac. do STJ, de 23.09.20 *in* www.dgsi.pt (Proc. nº 10840/19.1T8LSB.L1.S1)].

No mesmo sentido, *vide* o Ac. da RL, de 26.02.20 *in* www.dgsi.pt (Proc. nº 10840/19.1T8LSB.L1-4).

8. Nos casos de contrato de trabalho a termo e de contrato de trabalho temporário, o trabalhador tem direito a compensação prevista no nº 2, do art. 344º e do nº 4, do art. 345º, consoante os casos, aplicando-se, ainda, o disposto nos nºs 2 a 5 (nº 6).

9. Dispõe, ainda, o artigo 8º, da L nº 69/2013, sob a epígrafe Relação entre as fontes de regulação, que:

"São nulas as disposições de instrumentos de regulamentação coletiva de trabalho celebrados antes da entrada em vigor da presente lei que prevejam montantes superiores aos resultantes do Código do Trabalho, relativas:

a) Ao disposto no nº 2 do artigo 344º, no nº 4 do artigo 345º e no artigo 366º, ou sempre que esta disposição resulte aplicável, do Código do Trabalho, na redação conferida pela presente lei;

b) A valores e critérios de definição de compensação por cessação de contrato de trabalho estabelecidos no artigo anterior".

Artigo 366º-A – Compensação para novos contratos de trabalho (*Revogado*).

COMENTÁRIOS:

O presente artigo, que havia sido aditado pela L nº 53/2011, de 14 de outubro, foi revogado pelo art. 9º, nº 2, da L nº 23/2012, de 25 de junho.

DIVISÃO III – Despedimento por extinção de posto de trabalho

Artigo 367º – Noção de despedimento por extinção de posto de trabalho

1. Considera-se despedimento por extinção de posto de trabalho a cessação de contrato de trabalho promovida pelo empregador e fundamentada nessa

extinção, quando esta seja devida a motivos de mercado, estruturais ou tecnológicos, relativos à empresa.

2. Entende-se por motivos de mercado, estruturais ou tecnológicos os como tal referidos no nº 2 do artigo 359º

COMENTÁRIOS:

1. Antecedentes legislativos: Arts. 402º, do CT/2003 e 26º, da LCCT.

2. Para António Monteiro Fernandes, esta modalidade de despedimento terá uma "fisionomia híbrida, cruzando características do despedimento por justa causa e do despedimento coletivo.

Do primeiro, sobretudo, foi absorvido o critério de aferição da legitimidade do motivo de rutura. O art. 368º/1-*b*) exige que «seja praticamente impossível a subsistência da relação de trabalho» (...) notar-se-á agora que a sua referenciação parece ter sido imposta pela necessidade de compatibilização destes fundamentos objetivos com a proibição constitucional do despedimento «sem justa causa».

Mas, ao contrário do que sucede com a justa causa disciplinar, a lei cuida de explicitar, em certa medida, um critério de determinação da «impossibilidade prática» da subsistência da relação de trabalho. Ela existe – segundo o art. 368º/4 – "quando o empregador não disponha de outro (posto de trabalho) compatível com a categoria profissional do trabalhador", *Direito do Trabalho*, p. 546.

3. O despedimento em causa, *subsidiário do despedimento coletivo*, é determinado pela extinção do posto de trabalho, quando esta seja devida a motivos de mercado, estruturais ou tecnológicos, relativos à empresa (nºs 1 e 2).

Sobre os motivos elencados, explica Pedro Furtado Martins, "tudo indica que o objetivo fundamental destas referências é dar «cobertura à racionalidade económica na fixação a cada momento dos postos de trabalho necessários à empresa». Nesta perspetiva, decisiva é a ligação causal entre os motivos invocados e os postos de trabalho extintos". *Cessação do Contrato de Trabalho,* p. 285.

Jurisprudência sobre os motivos económicos:

A falta de pagamento do condomínio por parte de alguns condóminos não constitui fundamento enquadrável nos "motivos económicos" para se efetuar o despedimento por extinção do posto de trabalho do porteiro do prédio. [Ac. da RL, de 08.09.10 *in* www.dgsi.pt (Proc. nº 2231/08.6TTLSB.L1-4)].

Constituem despedimentos ilícitos as cessações de contratos de trabalho decretadas por uma empresa com invocação da necessidade de extinção de postos de trabalho, se não demonstra motivos económicos para tanto (nem de mercado, nem estruturais, nem tecnológicos). (Ac. da RC, de 24.05.07 *in* CJ, Ano XXXII, Tomo III, p. 62).

Jurisprudência sobre a relação de causalidade:

No despedimento por extinção do posto de trabalho, o empregador deve indicar e provar fundamentos de facto concretos que levem, numa relação de congruência, de forma razoável, ao despedimento daquele trabalhador. Não o fazendo, o despedimento é ilícito. *Por conseguinte, não basta indicar para bem fundamentar o despedimento que a R. teve uma quebra de produção e venda de 10% e que eliminou o processo manual até então efetuado pela trabalhadora, quando nada se diz quanto à possibilidade de a afetar a outra atividade e nem por que razão teria de ser necessariamente aquela trabalhadora a ser despedida.* [Ac. da RL, de 12.02.20 *in* www.dgsi.pt (Proc. nº 1015/19.0T8CSC.L1-4)].

I – Mostra-se verificado o nexo de causalidade entre os motivos invocados pela empregadora, uma Cooperativa Vitivinícola, e a decisão de extinção do posto de trabalho do seu enólogo, se a primeira fundou a decisão em motivos de mercado e estruturais, tendo provado a existência, nos últimos 3 anos, de uma diminuição significativa da venda de uva por cooperadores, assim como de um aumento na ordem dos 400% do preço da uva, o que a levou a aprovar em Assembleia Geral alterações na estrutura organizativa da Cooperativa, na tentativa de rentabilizar os recursos, colocando os membros do Conselho de Administração a exercer funções não remuneradas, procedendo à cessação por mútuo acordo do contrato de trabalho do Coordenador Geral e tomando a decisão de recorrer ao outsourcing no sector da enologia, o que levou à extinção do posto de trabalho do enólogo, com a diferença verificada nos custos anuais deste setor de uma despesa de € 33.694,36 para uma despesa de cerca de € 17.000,00, o que confere racionalidade e razoabilidade à decisão de extinguir o posto de trabalho de enólogo a tempo inteiro. [Ac. da RL, de 20.11.19 *in* www.dgsi.pt (Proc. nº 42/18.0T8SRQ.L1-4)].

Jurisprudência sobre o controle judicial do despedimento:

VI – O despedimento por extinção do posto de trabalho, assentando na autonomia contratual do empregador ligada às necessidades de dimensionamento da sua empresa, tem subjacente premissas economicistas, pelo que, realizado o despedimento de acordo com as formalidades a que ele se encontra sujeito, o seu controle judicial terá de se harmonizar com a liberdade da empresa e da sua gestão, tendo-se presente o fim em causa. VII – Assim, a legalidade do despedimento terá de ser aferida com respeito pelo critério empresarial e, nunca, à luz de mecanismos de viabilização da empresa, não competindo ao julgador substituir-se ao empregador, cabendo-lhe tão só um juízo racionalmente controlável sobre os fundamentos do despedimento – Ac. do STJ de 7/11/2001, proc. 01S594, in www.dgsi.pt. VIII – Todavia, e como se refere no Ac. da Relação de Lisboa de 25/1/2012, disponível em www.dgsi.pt, o facto das decisões do empregador a esse nível constituírem atos de gestão não pode impedir o tribunal de verificar se as medidas são tomadas com respeito pelos direitos dos trabalhadores, sem que isso signifique que o tribunal se esteja a substituir ao empregador, ou a imiscuir-se na gestão da empresa. IX – Neste sentido, a jurisprudência (ver acórdãos da Rel. Lisboa de 23/04/2008, de 11/11/2009, 10/11/2010, 10/11/2012, 10/4/2013 e 24/4/2013 e do STJ de 7/07/2009, 15/3/2012 e de 21/3/2013, todos disponíveis no referido site), no âmbito do controle material da motivação do despedimento, tem considerado que este deve abranger basicamente: 1º – A verificação da veracidade do motivo invocado; 2º – A verificação da existência de um nexo de causalidade entre os motivos invocados e o despedimento, de molde a concluir-se que, de acordo com juízos de razoabilidade, aque-

les são adequados a justificar a redução de trabalhadores; 3º – Finalmente, tem-se também entendido que se deve controlar a proporcionalidade entre a motivação apresentada e decisão de despedir e racionalidade dessa medida, face à necessidade de ponderar os dois valores constitucionais em jogo (iniciativa económica privada versus segurança no emprego – arts. 61º e 53º da CRP). X – Por outro lado, para a extinção do posto de trabalho, não é necessário que desapareçam todas as funções inerentes ao mesmo, pois o legislador aceita que as funções correspondentes aos postos de trabalho extintos possam permanecer para além da extinção, como decorre da referência ao "conteúdo funcional", constante do nº 2 do art. 368º do CT, que não teria sentido se a extinção ficasse reduzida aos casos em que as funções desaparecem na totalidade. XI – Recai sobre a entidade empregadora o ónus de alegar e provar os factos justificativos do despedimento e que se consideram suscetíveis de determinar a impossibilidade da subsistência da relação de trabalho. [Ac. da RC, de 07.02.20 *in* www.dgsi.pt (Proc. nº 3019/18.1T8LRA.C1)].

No sentido da sindicabilidade jurisdicional da atuação e das escolhas do empregador estar limitada face à liberdade de iniciativa dos órgãos dirigentes da empresa. *V.* o Ac. do STJ, de 15.03.12 *in* www.dgsi.pt (Proc. nº 554/07.0TTMTS.P1.S1).

4. Cabe ao empregador a demonstração e prova concreta da motivação.

No despedimento por extinção do posto de trabalho, a entidade empregadora tem de invocar factos concretos que, integrando os conceitos de "motivos de mercado, estruturais ou tecnológicos, relativos à empresa", tenham o necessário nexo causal com o concreto posto de trabalho a extinguir, sob pena de se estar a permitir a existência de despedimentos arbitrários. (Ac. da RL, de 11.11.09 *in* www.dgsi.pt (Proc. nº 181-09.8TTCSC.L1-4) e CJ, Ano XXXIV, Tomo V, p. 142).

Artigo 368º – Requisitos de despedimento por extinção de posto de trabalho

1. O despedimento por extinção de posto de trabalho só pode ter lugar desde que se verifiquem os seguintes requisitos:

a) Os motivos indicados não sejam devidos a conduta culposa do empregador ou do trabalhador;

b) Seja praticamente impossível a subsistência da relação de trabalho;

c) Não existam, na empresa, contratos de trabalho a termo para tarefas correspondentes às do posto de trabalho extinto;

d) Não seja aplicável o despedimento coletivo.

2. Havendo na secção ou estrutura equivalente uma pluralidade de postos de trabalho de conteúdo funcional idêntico, para determinação do posto de trabalho a extinguir, a decisão do empregador deve observar, por referência aos respetivos titulares, a seguinte ordem de critérios relevantes e não discriminatórios:

a) Pior avaliação de desempenho, com parâmetros previamente conhecidos pelo trabalhador;

b) Menores habilitações académicas e profissionais;

c) Maior onerosidade pela manutenção do vínculo laboral do trabalhador para a empresa;

d) Menor experiência na função;

e) Menor antiguidade na empresa.

3. O trabalhador que, nos três meses anteriores ao início do procedimento para despedimento, tenha sido transferido para posto de trabalho que venha a ser extinto, tem direito a ser reafetado ao posto de trabalho anterior caso ainda exista, com a mesma retribuição base.

4. Para efeito da alínea *b*) do nº 1, uma vez extinto o posto de trabalho, considera-se que a subsistência da relação de trabalho é praticamente impossível quando o empregador não disponha de outro compatível com a categoria profissional do trabalhador.

5. O despedimento por extinção do posto de trabalho só pode ter lugar desde que, até ao termo do prazo de aviso prévio, seja posta à disposição do trabalhador a compensação devida, bem como os créditos vencidos e os exigíveis por efeito da cessação do contrato de trabalho.

6. Constitui contraordenação grave o despedimento com violação do disposto nas alíneas *c*) e *d*) do nº 1 e nos nºs 2 ou 3.

COMENTÁRIOS:

1. Antecedentes legislativos: Arts. 403º e 681º, nº 1, al. *d*), do CT/2003 e 27º, da LCCT.

2. O presente artigo tem a redação introduzida pela L nº 27/2014, de 08 de maio, a qual alterou os nºs 2 e 4, já modificados pela L nº 23/2012, de 25 de junho. A versão do nº 4, contida na L nº 23/2012, reconduzia-se à demonstração de que o empregador observara "critérios relevantes e não discriminatórios face aos objetivos subjacentes à extinção do posto de trabalho", deixando de vigorar o requisito de inexistência de posto de trabalho compatível.

3. O TC, no Ac. 602/2013, de 20.09.13, declarou inconstitucionais os nºs 2 e 4, na versão dada pela L nº 23/2012, por violação da proibição de despedimentos sem justa causa consagrada no art. 53º, da CRP. Decidiu o TC: "Conclui-se, por isso, que o nº 2 do artigo 368º do Código do Trabalho, na redação dada pela Lei nº 23/2012, de 25 de junho, viola a proibição de despedimentos sem justa causa consagrada no artigo 53º da Constituição, na medida em que não fornece as necessárias indicações normativas quanto aos critérios que devem presidir à decisão do empregador de seleção do posto de trabalho a extinguir. A norma impugnada, não só permite que essa escolha fique na disponibilidade do empregador, como funcionaliza a "relevância" dos critérios a esco-

lher exclusivamente às razões subjacentes à decisão de extinção do posto de trabalho, alheando-as das razões que devem presidir à escolha do concreto posto de trabalho a extinguir (e do concreto trabalhador a despedir)". (...). Quanto ao nº 4, "não se permitindo que o trabalhador inadaptado a um determinado posto de trabalho que sofreu modificações, seja despedido quando haja outro posto de trabalho disponível e compatível com a sua qualificação e aptidão profissional. A revogação do preceito em análise é, em razão do exposto, inconstitucional, uma vez que viola a proibição de despedimentos sem justa causa consagrada no artigo 53º da Constituição". (DR, I Série, de 24.11.2013).

4. O despedimento por extinção de posto de trabalho obriga a um procedimento (de natureza não disciplinar) escrito e em que se observe um conjunto de requisitos e pressupostos formais e substanciais.

É ao empregador que cabe o ónus da prova da verificação de tais requisitos. *V.* o Ac. da RL, de 27.06.12 *in* www.dgsi.pt (Proc. nº 1270/09.4TTLSB.L1-4).

Justificam o despedimento os seguintes requisitos cumulativos (nº 1):

– Inexistência de conduta culposa do empregador ou do trabalhador, dado que os motivos indicados no nº 2, do art. 367º, são relativos à empresa [al. *a*)]; caso fossem imputáveis ao trabalhador, o contrato cessaria por despedimento com justa causa (art. 351º).

– Impossibilidade de subsistência da relação de trabalho [al. *b*)], ou seja, o empregador não dispõe de outro "posto de trabalho compatível com a categoria profissional do trabalhador" (nº 4).

A lei não exclui que os motivos económicos que fundamentam a extinção de posto de trabalho digam respeito apenas a um departamento, secção ou estrutura equivalente da empresa, exigindo-se apenas que os fundamentos da cessação do contrato de trabalho respeitem a esta. II. Existe consequencialidade entre os motivos alegados para a extinção de posto de trabalho e a decisão de despedimento se, uma vez demonstrados aqueles, se comprova que por sua causa o trabalhador deixou de poder exercer as funções inerentes à sua categoria profissional por não existir em toda a empresa qualquer outro posto de trabalho vago e compatível com a categoria que o trabalhador detinha. [Ac. do STJ, de 31.05.16 *in* www.dgsi.pt (Proc. nº 473/06.8TTCSC. L1.S1)]. No mesmo sentido, *v.* o Ac. do STJ, de 19.11.15 *in* www.dgsi.pt (Proc. nº 568/10.3TTVNG.P1.S1).

III – A avaliação da impossibilidade de subsistência da relação de trabalho por não dispor o empregador de posto de trabalho compatível com a categoria do trabalhador está circunscrita à estrutura empresarial do empregador, ainda que esteja este inserido num grupo de empresas, a menos que se justifique o levantamento da personalidade coletiva por a mesma ter sido usada de modo ilícito ou abusivo para prejudicar terceiros. (Ac. do STJ, de 09.09.09 *in* CJ, Ano XVII, Tomo III, p. 237).

II – Estando provado que no departamento de distribuição da Ré existem dois postos de trabalho de chefe de expedição e que havia cessado, por mútuo acordo, o contrato de trabalho do tra-

balhador que ocupava um destes postos, antes de ter cessado o contrato de trabalho do Autor, é óbvio que a Ré passou a dispor de um lugar vago na Secção de Expedição compatível com a categoria profissional daquele. (Ac. da RP, de 29.11.04 *in* CJ, Ano XXIX, Tomo V, p. 228).

– Inexistência, na empresa, de contratos de trabalho a termo para tarefas correspondentes às do posto de trabalho extinto [al. *c*)];

– Inaplicabilidade do despedimento coletivo [al. *d*)].

5. Com a publicação da L nº 27/2014, de 08 de maio, estabelece-se, no nº 2, que havendo na secção ou estrutura equivalente uma pluralidade de postos de trabalho de conteúdo funcional idêntico, para determinação do posto de trabalho a extinguir, a decisão do empregador deve observar critérios imperativos, de ordem gradativa e hierarquizada, relevantes e não discriminatórios, em termos de trabalhadores comparados.

Assim, *III – Havendo vários postos de trabalho com conteúdo funcional idêntico ao do posto de trabalho a extinguir deverão, na escolha do concreto trabalhador a despedir, ser observados, de forma hierarquizada, os critérios definidos no art. 368º, nº 2, do CT/2009, na redação da Lei 27/2014, sendo que, só se, pelo critério anterior, não for possível a escolha do trabalhador, se passará ao seguinte. IV – No critério previsto na al. b) do nº 2 do citado art. 368º, invocando o empregador na decisão de despedimento, no âmbito do critério de escolha do trabalhador a despedir, que todos eles têm idênticas habilitações académicas, deverá, seguidamente, comparar e apreciar das habilitações profissionais, critério que também se aplica no âmbito da docência do ensino básico. V – A habilitação profissional como requisito legal para o exercício de determinada profissão não coincide, ou pelo menos não coincide necessariamente, com as habilitações profissionais, como critério de escolha dos trabalhadores a despedir, a que se reporta o art. 368º, nº 2, al. b), do CT/2009. VI – Não tendo o empregador, na decisão de despedimento, comparado e apreciado do critério a que se reporta a 2ª parte do citado art. 368º [habilitações profissionais] dos vários professores com postos de trabalho de conteúdo funcional idêntico, vindo a despedir a A. com base em critérios subsequentes àquele na ordem prevista no citado preceito, é o despedimento ilícito.* [Ac. da RP, de 27.06.19 *in* www.dgsi.pt (Proc. nº 1605/18.9T8VLG.P1)].

Jurisprudência sobre o conteúdo funcional:

II – Exercendo um trabalhador funções correspondentes a duas categorias profissionais (de lavador de viaturas e de caixa), conforme o contratado, não ocorre extinção do seu posto de trabalho se apenas deixou de haver na empresa a lavagem de veículos. III – Assim, é ilícito o despedimento desse trabalhador pela entidade patronal fundado na extinção do seu posto de trabalho. (Ac. da RC, de 19.12.07 *in* CJ, Ano XXXII, Tomo V, p. 649).

Os critérios legais indicados para a escolha dos trabalhadores a despedir são:

a) Pior avaliação de desempenho, com parâmetros previamente conhecidos pelo trabalhador;

A avaliação de desempenho ocupa o primeiro lugar e a respetiva parametrização é delineada exclusivamente pelo empregador, o que pode permitir uma avaliação tendenciosa, pouco transparente e até oportunista.

Para um critério sindicável pelo tribunal, preconizam David Carvalho Martins/Duarte Abrunhosa e Sousa, “por força dos princípios da tutela da confiança e da tutela da materialidade subjacente, o empregador deve informar previamente o trabalhador sobre *(i)* a existência de um sistema de avaliação de desempenho, *(ii)* as suas finalidades organizacionais, *(iii)* os dados e informações avaliados, *(iv)* o período sujeito a avaliação (*v.g.* trimestre, semestre ou ano), *(v)* o tipo de classificações a aplicar (qualitativas e/ou quantitativas), *(vi)* o procedimento de avaliação (*v.g.* resposta a inquérito, recolha de dados contabilísticos ou financeiros e/ou entrevista), *(vii)* o período habitual de comunicação dos resultados, *(viii)* o (eventual) grau de tolerância sobre os objetivos a cumprir e *(ix)* as possíveis consequências (*v.g.* a consideração dos resultados em eventual despedimento por extinção de posto de trabalho (ou despedimento coletivo). Este grau de detalhe assume particular importância, porque a informação recolhida pelo sistema de avaliação pode ter efeitos extintivos da relação de trabalho e, nesse sentido, o empregador deve criar as condições para que o trabalhador conheça – ou deva conhecer – o modo de execução da atividade esperado em comparação com o alcançado”, *Os critérios de seleção no despedimento por extinção de posto de trabalho,* p. 153.

Ainda, António Nunes de Carvalho, “Desta sorte, a notação profissional – enquanto juízo sintético sobre a atividade desenvolvida pelo trabalhador na organização produtiva – apenas poderá incidir sobre aspetos relevantes para a viabilidade da relação laboral e com um grau de objetividade que se preste a controlo externo, o mesmo valendo para os respetivos critérios de aplicação desses parâmetros. (...). Por outro lado, a referência legal à «pior avaliação de desempenho» adequadamente sublinha que está em causa a realização de uma escolha, de entre os trabalhadores que integram o universo circunscrito de acordo com o disposto no proémio do nº 2 do art. 368º. Significa isto que os parâmetros e critérios devem ser adequados a uma graduação dos trabalhadores, o que pressupõe a referência a um quadro de referência unitário (para os trabalhadores a considerar) e aplicado em termos tais que se adeque a essa graduação”, *Esboço de uma abordagem juslaboral da avaliação de desempenho,* p. 207.

A avaliação de desempenho deve ser atendida em termos médios, num arco temporal razoável, para uma ponderação justa e equilibrada.

b) Menores habilitações académicas e profissionais;

No mesmo critério, situam-se dois: menores habilitações académicas e profissionais, atento o desempenho a reter.

Explica Pedro Furtado Martins, “Há que atender aos postos de trabalho que permanecem e às habilitações académicas e profissionais requeridas para o desempenho das funções que lhe são inerentes”, *Cessação do Contrato de Trabalho,* p. 321.

Na mesma linha de raciocínio, David Carvalho Martins/Duarte Abrunhosa e Sousa, “Por outras palavras, uma formação (ou qualificação) de grau inferior deve prevalecer sobre uma formação (ou qualificação) de grau superior, quando se mostre mais diretamente relacionada com o conteúdo funcional essencial do posto de trabalho", *op. cit.*, p. 156.

c) Maior onerosidade pela manutenção do vínculo laboral do trabalhador para a empresa;

A maior onerosidade ou o menor custo retributivo pode permitir que trabalhadores com retribuições mais elevadas (pela antiguidade ou atividade laboral premiada) sejam atingidos.

Explicam David Carvalho Martins/Duarte Abrunhosa e Sousa: "Numa primeira análise, parece resultar a necessidade de consideração de todos os custos laborais associados à manutenção do contrato de trabalho. Todavia, parece-nos que esta linha interpretativa deve ser matizada por três orientações: (*i*) a comparação deve incidir sobre os elementos comuns aos trabalhadores potencialmente abrangidos pelo despedimento, ou seja, às prestações que sejam contrapartida do modo específico da execução do trabalho; (*ii*) não devem ser contabilizados os custos diretamente relacionados com o desempenho, os bons serviços ou a produtividade, sob pena de, por absurdo, ser despedido o trabalhador mais dedicado e produtivo, por exemplo, num contexto de redução do volume de vendas; e, em particular, (*iii*) não devem ser considerados os custos que estejam diretamente relacionados com a organização do trabalho e que possam ser eliminados unilateralmente pelo empregador ou com o acordo do trabalhador", *op. cit.*, p. 160.

d) Menor experiência na função;

A "experiência na função vai depender sempre da análise das circunstâncias do caso concreto. Não obstante, podemos retirar algumas diretrizes de interpretação, a saber: (*i*) a experiência na função não equivale a antiguidade na função; (*ii*) a noção de antiguidade pode ajudar na determinação da experiência na função; (*iii*) pode ser considerada uma experiência na função anterior para o mesmo empregador ou para um empregador pretérito", David Carvalho Martins/Duarte Abrunhosa e Sousa, *op. cit.*, p. 161.

e) Menor antiguidade na empresa.

Como critério residual situa-se o de menor antiguidade na empresa, independentemente da experiência profissional do trabalhador.

6. Permite-se a recuperação do posto de trabalho anteriormente desempenhado, em caso de transferência do trabalhador para posto de trabalho, entretanto extinto (nº 3).

7. A exemplo do regime conferido no despedimento coletivo, a tutela do trabalhador é reforçada, atendendo a que o despedimento por extinção do posto de trabalho só pode ter lugar desde que, até ao termo do prazo de aviso prévio, seja posta à disposição do trabalhador a compensação devida (art. 366º), bem como os créditos vencidos e os exigíveis por efeito da cessação do contrato de trabalho (nº 5).

I – É contrária à boa fé e aos bons costumes a cláusula do acordo de cessação do contrato de trabalho que autoriza a Ré, sem possibilidade de controlo por parte do Autor, a protelar no tempo, para além do que é razoável, o pagamento da compensação acordada [a Ré obrigou-se a pagar ao Autor uma prestação mensal até totalizar a quantia de €11000, de montante variável "de acordo com a disponibilidade de tesouraria da empresa no último dia de cada mês"], quando, em condições normais, estaria obrigada a colocar à disposição do Autor o montante da compensação, sob pena de ilicitude do despedimento. [Ac. da RP, de 20.12.11 *in* www.dgsi.pt (Proc. nº 959/09.2TTVNG.P2)]. *Vide*, também, o Ac. da RL, de 20.11.19 *in* www.dgsi.pt (Proc. nº 42/18.0T8SRQ.L1-4).

8. O art. 384º considera ilícito o despedimento que não cumpra os requisitos do nº 1, do art. 368º [al. *a*)] e não observe o disposto no nº 2, do art. 368º [al. *b*)].

V. os Acs. da RP, de 26.09.11 *in* www.dgsi.pt (Proc. nº 1131/09.7TTBCL.P1) e do STJ, de 11.05.09 *in* www.dgsi.pt (Proc. nº 0847878).

Artigo 369º – Comunicações em caso de despedimento por extinção de posto de trabalho

1. No caso de despedimento por extinção de posto de trabalho, o empregador comunica, por escrito, à comissão de trabalhadores ou, na sua falta, à comissão intersindical ou comissão sindical, ao trabalhador envolvido e ainda, caso este seja representante sindical, à associação sindical respetiva:

_a_) A necessidade de extinguir o posto de trabalho, indicando os motivos justificativos e a secção ou unidade equivalente a que respeita;

_b_) A necessidade de despedir o trabalhador afeto ao posto de trabalho a extinguir e a sua categoria profissional;

_c_) Os critérios para seleção dos trabalhadores a despedir.

2. Constitui contraordenação grave o despedimento efetuado com violação do disposto no número anterior.

COMENTÁRIOS:

1. Antecedentes legislativos: Arts. 423º e 681º, nº 1, al. *d*), do CT/2003 e 28º, da LCCT.

2. O presente artigo tem a redação introduzida pela L nº 23/2012, de 25 de junho, a qual aditou a al. *c*) ao nº 1.

3. O empregador comunica, por escrito, à comissão de trabalhadores ou, na sua falta, à comissão intersindical ou comissão sindical, ao trabalhador envolvido e ainda, caso este seja representante sindical, à associação sindical respetiva:

– A necessidade de extinguir o posto de trabalho, indicando os motivos justificativos e a secção ou unidade equivalente a que respeita [al. *a*)];

– A necessidade de despedir o trabalhador afeto ao posto de trabalho a extinguir e a sua categoria profissional [al. *b*)];

– Os critérios para seleção dos trabalhadores a despedir [al. *c*)], enunciados no art. 368º, nº 2.

1. Na comunicação dirigida ao trabalhador a que alude o art. 369 do CT – em que a entidade empregadora o informa da necessidade de extinguir o seu posto de trabalho – devem estar especificados os fundamentos que conduzem à cessação do vínculo, com a descrição de todas as circunstâncias e factos concretos que integram esses motivos e que permitam demonstrar o nexo de causalidade entre a extinção daquele posto de trabalho e a cessação do contrato do trabalhador atingido. Mais devem figurar os critérios que conduziram à seleção do trabalhador em causa e não outro. 2. A comunicação que não esteja instruída com esses elementos acarreta a ilicitude do despedimento, de acordo com o disposto no nº 1 do art. 384, c) do CT. [Ac. da RL, de 09.10.19 *in* www.dgsi.pt (Proc. nº 9048/18.8T8LRS.L1-4)].

O não cumprimento das comunicações previstas no presente artigo, qualifica o despedimento como ilícito [art. 384º, al. *c*)].

Artigo 370º – Consultas em caso de despedimento por extinção de posto de trabalho

1. Nos 15 dias posteriores à comunicação prevista no artigo anterior, a estrutura representativa dos trabalhadores, o trabalhador envolvido e ainda, caso este seja representante sindical, a associação sindical respetiva podem transmitir ao empregador o seu parecer fundamentado, nomeadamente sobre os motivos invocados, os requisitos previstos no nº 1 do artigo 368º ou os critérios a que se refere o nº 2 do mesmo artigo, e as alternativas que permitam atenuar os efeitos do despedimento.

2. Qualquer trabalhador envolvido ou entidade referida no número anterior pode, nos cinco dias úteis posteriores à comunicação do empregador, solicitar ao serviço com competência inspetiva do ministério responsável pela área laboral a verificação dos requisitos previstos nas alíneas *c*) e *d*) do nº 1 e no nº 2 do artigo 368º, informando simultaneamente do facto o empregador.

3. O serviço a que se refere o número anterior elabora e envia ao requerente e ao empregador relatório sobre a matéria sujeita a verificação, no prazo de sete dias após a receção do requerimento.

COMENTÁRIOS:

1. Antecedentes legislativos: Arts. 403º, 424º e 681º, nº 1, al. *d*), do CT/2003 e 27º e 29º, da LCCT.

2. O presente artigo tem a redação introduzida pela L nº 23/2012, de 25 de junho e pela L nº 93/2019, de 4 de setembro, as quais alteraram os nºs 1 e 2.

3. Nos 15 dias posteriores à comunicação prevista no art. 369º, a estrutura representativa dos trabalhadores, o trabalhador envolvido e ainda, caso este seja representante sindical, a associação sindical respetiva, podem transmitir ao empregador o seu parecer fundamentado, nomeadamente, sobre:

– Os motivos invocados que legitimem o despedimento por extinção de posto de trabalho;

– Os requisitos previstos no nº 1 do artigo 368º ou os critérios a que se refere o nº 2 do mesmo artigo, e

– As alternativas que permitam atenuar os efeitos do despedimento (nº 1).

A contagem do prazo, obedece ao disposto no art. 87º, do CPA (aprovado pelo DL nº 4/2015, de 07 de janeiro).

4. Qualquer trabalhador envolvido ou comissão de trabalhadores ou comissão intersindical ou comissão sindical e caso este seja representante sindical, a associação sindical respetiva, pode, nos cinco dias úteis posteriores à comunicação do empregador, solicitar à ACT, a verificação:

– Da não existência de contratos de trabalho a termo para tarefas correspondentes às do posto de trabalho extinto [art. 368º, nº 1, al. *c*)];

– Da não aplicabilidade do despedimento coletivo [al. *d*)];

– Dos critérios referidos no nº 2, informando simultaneamente do facto o empregador (nº 2).

[O serviço com competência inspetiva do ministério responsável pela área laboral, corresponde à Autoridade para as Condições do Trabalho (ACT), nos termos do art. 11º, do DL nº 167-C/2013, de 31 de dezembro, na versão dada pelo DL nº 28/2015, de 10 de fevereiro].

A ACT elabora e envia ao requerente e ao empregador relatório sobre a matéria sujeita a verificação, no prazo de sete dias após a receção do requerimento (nº 3).

5. Tratando-se de trabalhadora grávida, puérpera ou lactante ou de trabalhador no gozo de licença parental, é exigível, também, o parecer da CITE (Comissão para a Igualdade no Trabalho e no Emprego), nos termos do art. 63º, nº 3, al. *c*).

Artigo 371º – Decisão de despedimento por extinção de posto de trabalho

1. Decorridos cinco dias a contar do termo do prazo previsto no nº 1 do artigo anterior, ou, sendo caso disso, a contar da receção do relatório a que se refere o nº 3 do mesmo artigo ou do termo do prazo para o seu envio, o empregador pode proceder ao despedimento.

2. A decisão de despedimento é proferida por escrito, dela constando:

a) Motivo da extinção do posto de trabalho;

b) Confirmação dos requisitos previstos no nº 1 do artigo 368º;

c) Prova da aplicação dos critérios de determinação do posto de trabalho a extinguir, caso se tenha verificado oposição a esta;

d) Montante, forma, momento e lugar do pagamento da compensação e dos créditos vencidos e dos exigíveis por efeito da cessação do contrato de trabalho;

e) Data da cessação do contrato.

3. O empregador comunica a decisão, por cópia ou transcrição, ao trabalhador, às entidades referidas no nº 1 do artigo 369º e, bem assim, ao serviço com competência inspetiva do ministério responsável pela área laboral, com antecedência mínima, relativamente à data da cessação, de:

a) 15 dias, no caso de trabalhador com antiguidade inferior a um ano;

b) 30 dias, no caso de trabalhador com antiguidade igual ou superior a um ano e inferior a cinco anos;

c) 60 dias, no caso de trabalhador com antiguidade igual ou superior a cinco anos e inferior a 10 anos;

d) 75 dias, no caso de trabalhador com antiguidade igual ou superior a 10 anos.

4. O pagamento da compensação, dos créditos vencidos e dos exigíveis por efeito da cessação do contrato de trabalho deve ser efetuado até ao termo do prazo de aviso prévio.

5. Constitui contraordenação grave o despedimento efetuado com violação do disposto nos nºs 1 e 2, assim como a falta de comunicação ao trabalhador referida no nº 3.

6. Constitui contraordenação leve a falta de comunicação às entidades e ao serviço referidos no nº 3.

COMENTÁRIOS:

1. Antecedentes legislativos: Arts. 425º e 681º, nº 1, al. *d*), do CT/2003 e 30º, da LCCT.

2. O presente artigo tem a redação introduzida pela L nº 23/2012, de 25 de junho, a qual alterou as als. *b*) e *c*) do nº 2, o nº 5 e aditou o nº 6.

O preceito acompanha a versão da proposta de L nº 46/XII.

3. Decorridos cinco dias a contar do termo do prazo para emissão do parecer (a que alude o art. 370º, nº 1), ou, sendo caso disso, a contar da receção do relatório da ACT ou do termo do prazo para o seu envio, o empregador pode proceder ao despedimento (nº 1).

A decisão de despedimento além de proferida por escrito, é motivada (nº 2) e comunicada aos trabalhadores e às entidades referidas no nº 1 do artigo 369º [comissão de trabalhadores ou comissão intersindical ou comissão sindical, ou, em caso de trabalhador representante sindical, associação sindical respetiva], bem como ao serviço com competência inspetiva do ministério responsável pela área laboral, com um aviso prévio proporcional à respetiva antiguidade do trabalhador (nº 3).

O serviço com competência inspetiva do ministério responsável pela área laboral corresponde à Autoridade para as Condições do Trabalho (ACT), nos termos do art. 11º, do DL nº 167-C/2013, de 31 de dezembro, na versão dada pelo DL nº 28/2015, de 10 de fevereiro (nº 3).

I – Não fere de nulidade o despedimento por extinção do posto de trabalho a decisão proferida sem que tenha sido junto o parecer da ACT, se foi proferida depois de decorrido o prazo legal estipulado no nº 3 do artigo 370º do CT, para a ACT remeter o seu parecer. II – Como quer que se considere o prazo referido no artigo 371º do CT, nunca o seu incumprimento conduzirá à caducidade ou prescrição do exercício do direito de proferir decisão de despedimento. III – A licitude do despedimento não é afectada pela circunstância de poderem vir a ser reconhecidos créditos ao trabalhador, que eram litigiosos, não incluídos na compensação a que alude o artigo 384º do CT. [Ac. da RG, de 17.12.20 *in* www.dgsi.pt (Proc. nº 701/20.7T8BRG-A.G1)].

III – Decidida e comunicada ao trabalhador a cessação do vínculo laboral, por extinção do posto de trabalho, não é possível a entidade patronal suspender o prazo prévio em curso, mesmo que a finalidade seja para o processamento de procedimento disciplinar com vista ao seu despedimento com justa causa. [Ac. da RP, de 14.03.11 *in* www.dgsi.pt (Proc. nº 763/09.8TTBRG.P1)].

4. Por sua vez, o pagamento da compensação, dos créditos vencidos e dos exigíveis por efeito da cessação do contrato de trabalho deve ser efetuado até ao termo do prazo de aviso prévio (nº 4).

Considera-se ilícito o despedimento em que o empregador não tenha posto à disposição do trabalhador despedido, até ao termo do prazo de aviso prévio, a compensação por ele devida a que se refere o artigo 366º, por remissão do artigo 372º, e os créditos vencidos ou exigíveis em virtude da cessação do contrato de trabalho (art. 384º, al. *d*)).

5. Segundo o disposto no art. 175º, nº 5, não é permitido celebrar contrato de utilização de trabalho temporário para satisfação de necessidades que foram asseguradas por trabalhador cujo contrato tenha cessado nos 12 meses anteriores por despedimento por extinção de posto de trabalho.

Artigo 372º – Direitos de trabalhador em caso de despedimento por extinção de posto de trabalho

Ao trabalhador despedido por extinção do posto de trabalho aplica-se o disposto no nº 4 e na primeira parte do nº 5 do artigo 363º e nos artigos 364º a 366º.

COMENTÁRIOS:

1. Antecedentes legislativos: Arts. 404º, do CT/2003 e 31º, da LCCT.

2. O presente artigo tem a redação introduzida pela L nº 23/2012, de 25 de junho, o qual já tinha sido alterado pela L nº 53/2011, de 14 de outubro.

3. A norma remete para os seguintes artigos:

- 363º, nº 4, que dispõe: "Não sendo observado o prazo mínimo de aviso prévio, o contrato cessa decorrido o período de aviso prévio em falta a contar da comunicação de despedimento, devendo o empregador pagar a retribuição correspondente a este período";

- 363º, nº 5, 1ª parte, que indica: "O pagamento da compensação, dos créditos vencidos e dos exigíveis por efeito da cessação do contrato de trabalho deve ser efetuado até ao termo do prazo de aviso prévio";

III – A legalidade do despedimento não passa pela efetiva e real satisfação da compensação e dos créditos do trabalhador despedido até à estrita data em que finda o prazo de aviso prévio e cessa o contrato, mas tão só pela "disponibilização" desses montantes, entendida esta como o reconhecimento e disposição do empregador de proceder à sua satisfação até tal data, a que corresponde a efetiva possibilidade de serem recebidos pelo trabalhador despedido. [Ac. da RL, de 28.03.12 *in* www.dgsi.pt (Proc. nº 165/11.6TTVFX.L1-4)].

II – Não está satisfeita a disponibilização da compensação devida com a indicação genérica pelo empregador de que pretende pagar, antes se impondo que concretize as quantias em dívida, e como as pretende pagar, de modo a que se possa afirmar a verdadeira possibilidade do trabalhador receber as mesmas quantias. (Ac. da RP, de 20.12.11 *in* CJ, Ano XXXVI, Tomo V, p. 333).

- 364º, relativo ao crédito de horas durante o aviso prévio;

- 365º, que cuida da denúncia do contrato pelo trabalhador durante o aviso prévio;

- 366º, sobre a compensação por despedimento coletivo aplicável, *mutatis mutandis*, ao despedimento por extinção de posto de trabalho.

Entendimento jurisprudencial quanto à presunção da aceitação do despedimento:

I – A aceitação pela A. do despedimento por extinção do posto de trabalho (uma vez que não elidiu a presunção resultante de ter recebido a compensação posta à sua disposição) não faz precludir o direito da mesma a ver reapreciada a questão do cálculo da compensação e consequentemente, obter a condenação da R. na respetiva diferença, se esse pedido foi deduzido subsidiariamente para o caso de improcedência da ilicitude e não apenas no âmbito da impugnação do despedimento. [Ac. da RL, de 27.06.12 *in* www.dgsi.pt (Proc. nº 54/10.1TTALM.L1-4)].

I – Presume-se que o trabalhador aceita o despedimento por extinção do posto de trabalho quando recebe a compensação oferecida pelo empregador, mesmo que ela não corresponda à legalmente devida. II – A presunção só pode ser ilidida se o trabalhador devolver a compensação recebida. III – A presunção não impede o trabalhador de reclamar outros créditos laborais não decor-

rentes da ilicitude do despedimento. (Ac. da RC, de 19.10.11 *in* CJ, Ano XXXVI, Tomo IV, p. 70).

V., ainda, os Acs. da RL, de 21.09.11 *in* www.dgsi.pt (Proc. nº 4983/07.1TTLSB.L1-4) e da RP, de 12.04.10 *in* www.dgsi.pt (Proc. nº 160/09.5TTVNG.P1).

DIVISÃO IV – Despedimento por inadaptação

Artigo 373º – Noção de despedimento por inadaptação

Considera-se despedimento por inadaptação a cessação de contrato de trabalho promovida pelo empregador e fundamentada em inadaptação superveniente do trabalhador ao posto de trabalho.

COMENTÁRIOS:

1. Antecedentes legislativos: Arts. 405º, do CT/2003 e 1º, do DL nº 400/91, de 16 de outubro.

2. O despedimento por inadaptação, decorrente da introdução de inovações tecnológicas no posto de trabalho, foi aceite pelo Acordo Económico e Social de outubro de 1990, como um novo caso de cessação do contrato de trabalho.

A sua constitucionalidade foi confirmada pelo Ac. do TC nº 64/91, de 11.04.91.

Sobre a origem do regime, explica João Soares Ribeiro que "O instituto da inadaptação surgiu porque os empresários se queixavam de que não havia nenhum mecanismo legal que lhes permitisse «gerir» os recursos humanos tendo em conta a evolução técnica e tecnológica, o que facilmente lhes fazia perder competitividade face às empresas congéneres estrangeiras pelo que, em última análise, a falta dum tal instrumento legal que poderia sacrificar alguns trabalhadores que não conseguiriam acompanhar o progresso, se iria traduzir, a prazo, numa perda irremediável de todos os postos de trabalho daquelas empresas condenadas à obsolescência e à extinção", *Cessação do contrato de trabalho por inadaptação do trabalhador*, p. 401.

A política subjacente a esta medida visa libertar postos de trabalho que podem ser melhor aproveitados por outro trabalhador, flexibilizando uma escolha mais eficiente de recursos humanos.

Artigo 374º – Situações de inadaptação

1. A inadaptação verifica-se em qualquer das situações previstas nas alíneas seguintes, quando, sendo determinada pelo modo de exercício de funções do trabalhador, torne praticamente impossível a subsistência da relação de trabalho:

***a*) Redução continuada de produtividade ou de qualidade;**

b) Avarias repetidas nos meios afetos ao posto de trabalho;

c) Riscos para a segurança e saúde do trabalhador, de outros trabalhadores ou de terceiros.

2. Verifica-se ainda inadaptação de trabalhador afeto a cargo de complexidade técnica ou de direção quando não se cumpram os objetivos previamente acordados, por escrito, em consequência do seu modo de exercício de funções e seja praticamente impossível a subsistência da relação de trabalho.

3. O disposto nos números anteriores não prejudica a proteção conferida aos trabalhadores com capacidade de trabalho reduzida, deficiência ou doença crónica.

4. A situação de inadaptação referida nos números anteriores não deve decorrer de falta de condições de segurança e saúde no trabalho imputável ao empregador.

COMENTÁRIOS:

1. Antecedentes legislativos: Arts. 406º, do CT/2003 e 2º, do DL nº 400/91, de 16 de outubro.

2. O presente artigo tem a redação introduzida pela L nº 23/2012, de 25 de junho, a qual aditou os nºs 3 e 4. O nº 4 correspondia à al. *e*), do art. 375º, nº 1.

3. O nº 1 (regime geral) é dedicado à denominada *inadaptação funcional*.

O nº 2 (regime especial) regula a *inadaptação técnica*, associada a cargos de complexidade técnica ou de direção quando o trabalhador não cumpra os objetivos previamente acordados.

4. Resguardou-se a situação dos trabalhadores com capacidade de trabalho reduzida, deficiência ou doença crónica (nº 3) e ainda, o facto de a inadaptação não dever decorrer de falta de condições de segurança e saúde no trabalho imputável ao empregado (nº 4).

5. O despedimento por inadaptação é ilícito se o empregador não cumprir o disposto nos nºs 3 e 4 (art. 385º, al. *a*), 1ª parte).

Artigo 375º – Requisitos e despedimento por inadaptação

1. O despedimento por inadaptação em situação referida no nº 1 do artigo anterior só pode ter lugar desde que, cumulativamente, se verifiquem os seguintes requisitos:

a) Tenham sido introduzidas modificações no posto de trabalho resultantes de alterações nos Processos de fabrico ou de comercialização, de novas tecnologias ou equipamentos baseados em diferente ou mais complexa tecnologia, nos seis meses anteriores ao início do procedimento;

b) Tenha sido ministrada formação profissional adequada às modificações do posto de trabalho, por autoridade competente ou entidade formadora certificada;

c) Tenha sido facultado ao trabalhador, após a formação, um período de adaptação de, pelo menos, 30 dias, no posto de trabalho ou fora dele sempre que o exercício de funções naquele posto seja suscetível de causar prejuízos ou riscos para a segurança e saúde do trabalhador, de outros trabalhadores ou de terceiros;

d) Não exista na empresa outro posto de trabalho disponível e compatível com a categoria profissional do trabalhador;

e) (*Revogada*).

2. O despedimento por inadaptação na situação referida no nº 1 do artigo anterior, caso não tenha havido modificações no posto de trabalho, pode ter lugar desde que, cumulativamente, se verifiquem os seguintes requisitos:

a) Modificação substancial da prestação realizada pelo trabalhador, de que resultem, nomeadamente, a redução continuada de produtividade ou de qualidade, avarias repetidas nos meios afetos ao posto de trabalho ou riscos para a segurança e saúde do trabalhador, de outros trabalhadores ou de terceiros, determinados pelo modo do exercício das funções e que, em face das circunstâncias, seja razoável prever que tenham caráter definitivo;

b) O empregador informe o trabalhador, juntando cópia dos documentos relevantes, da apreciação da atividade antes prestada, com descrição circunstanciada dos factos, demonstrativa de modificação substancial da prestação, bem como de que se pode pronunciar por escrito sobre os referidos elementos em prazo não inferior a cinco dias úteis;

c) Após a resposta do trabalhador ou decorrido o prazo para o efeito, o empregador lhe comunique, por escrito, ordens e instruções adequadas respeitantes à execução do trabalho, com o intuito de a corrigir, tendo presentes os factos invocados por aquele;

d) Tenha sido aplicado o disposto nas alíneas *b*) e *c*) do número anterior, com as devidas adaptações.

3. O despedimento por inadaptação em situação referida no nº 2 do artigo anterior pode ter lugar:

a) Caso tenha havido introdução de novos Processos de fabrico, de novas tecnologias ou equipamentos baseados em diferente ou mais complexa tecnologia, a qual implique modificação das funções relativas ao posto de trabalho;

b) Caso não tenha havido modificações no posto de trabalho, desde que seja cumprido o disposto na alínea *b*) do número anterior, com as devidas adaptações.

4. O empregador deve enviar à comissão de trabalhadores e, caso o trabalhador seja representante sindical, à respetiva associação sindical, cópia da comunicação e dos documentos referidos na alínea *b*) do nº 2.

5. A formação a que se referem os nºs 1 e 2 conta para efeito de cumprimento da obrigação de formação a cargo do empregador.

6. O trabalhador que, nos três meses anteriores ao início do procedimento para despedimento, tenha sido transferido para posto de trabalho em relação ao qual se verifique a inadaptação tem direito a ser reafetado ao posto de trabalho anterior, caso não esteja ocupado definitivamente, com a mesma retribuição base.

7. O despedimento só pode ter lugar desde que sejam postos à disposição do trabalhador a compensação devida, os créditos vencidos e os exigíveis por efeito da cessação do contrato de trabalho, até ao termo do prazo de aviso prévio.

8. Constitui contraordenação grave a violação do disposto neste artigo.

COMENTÁRIOS:

1. Antecedentes legislativos: Arts. 407º, 408º e 681º, nº 1, al. *e*), do CT/2003 e 3º, nºs 1 a 3, do DL nº 400/91, de 16 de outubro.

2. O presente artigo tem a redação introduzida pela L nº 27/2014, de 08 de maio, que recuperou a al. *d*), repristinando parcialmente o teor originário do CT/2009. O preceito já havia sido modificado pela L nº 23/2012, de 25 de junho, a qual alterou a al. *c*), do nº 1, os nºs 2 a 4, aditou os nºs 6 a 8 e revogou as als. *d*) e *e*) do nº 1.

O TC, no Ac. 602/2013, de 20.09.13, declarou a inconstitucionalidade, com força obrigatória geral, da revogação da al. *d*), do nº 1, na redação dada pela Lei nº 23/2012, por violação da proibição de despedimentos sem justa causa consagrada no art. 53º, da CRP. Nesse acórdão lê-se o seguinte: "Em suma, a exigência da impossibilidade da subsistência da relação de trabalho nas situações de inadaptação do trabalhador ao posto de trabalho legalmente previstas no artigo 374º do Código do Trabalho não se verifica enquanto existir na empresa um outro posto de trabalho disponível e compatível com a qualificação profissional do mesmo trabalhador e com a capacidade prestativa que o mesmo mantenha. Consequentemente, o despedimento com fundamento na inadaptação do trabalhador só pode ocorrer na ausência de um posto de trabalho alternativo. A omissão da exigência expressa deste requisito, a propósito da disciplina do despedimento por inadaptação do trabalhador, caso não tenha havido modificações no seu posto de trabalho, é explicada por razões ligadas à história do preceito e, devido às assinaladas conexões sistemáticas, não é suficiente para considerar legalmente admissível um despedimento por inadaptação com inobservância de tal requisito".

Sobre a novidade do despedimento por inaptidão agora consagrado, o Tribunal entendeu que "mesmo na ausência de modificações introduzidas no posto de trabalho, continua a não ser exigível ao empregador a manutenção do vínculo laboral com um trabalhador que, reconhecidamente, não consegue trabalhar com o equipamento disponibilizado, que põe em risco a sua segurança ou a de outros pelo modo como realiza a sua prestação ou cuja produtividade diminuiu drástica e definitivamente. Ainda não se justifica retirar quaisquer consequências da omissão entre os requisitos do nº 2 do citado artigo 375º de uma referência ao requisito «ausência de um posto de trabalho alternativo». Desde logo, porque tal omissão está em linha com as já analisadas alterações aos regimes do despedimento por extinção de posto de trabalho e do despedimento por inadaptação decorrente de modificações do posto de trabalho operadas pela Lei nº 23/2012, de 25 de junho (cfr. supra, respetivamente, os nºs 32 e 34). Estranho seria, na verdade, que, tendo a lei revogado tal requisito a propósito dessas outras modalidades de despedimento preexistentes, o viesse a exigir relativamente a uma modalidade de despedimento que veio consagrar *ex novo*". (DR, I Série, de 24.11.2013).

A propósito das alterações introduzidas pela L nº 23/2012, no âmbito dos despedimentos por motivos objetivos, lê-se na exposição de motivos da proposta de L nº 46/XII o seguinte:

"*O despedimento por inadaptação passará a ser permitido mesmo nas situações em que não tenham sido introduzidas modificações no posto de trabalho. Esta alteração permite ao empregador uma reação em caso de uma modificação substancial da prestação do trabalhador, da qual resulte, nomeadamente, uma redução continuada da produtividade ou da qualidade, avarias repetidas nos meios afetos ao posto de trabalho ou riscos para a segurança e saúde do trabalhador, de outros trabalhadores ou de terceiros*".

Na citada exposição de motivos é ainda referida a necessidade de salvaguarda da existência de um motivo válido para o despedimento, tendo sido "*estabelecido um procedimento adequado, bem como a possibilidade de defesa por parte do trabalhador, ao qual é ainda atribuída uma oportunidade para a melhoria da sua prestação, evitando assim o despedimento*".

3. Concentrando o preceito duas figuras jurídicas, entendemos dever sistematizá-las, abordando separadamente a inadaptação (devido a *modificações no posto de trabalho*) e a inaptidão (que ocorre na *ausência de modificações no posto de trabalho*), quer no concernente ao aspeto funcional, quer no respeitante ao aspeto técnico.

4. *Inadaptação funcional*

A inadaptação funcional verifica-se quando, determinada pelo modo de exercício de funções do trabalhador, torne praticamente impossível a subsistência da relação de trabalho, nas seguintes situações (art. 374º, nº 1):

a) Redução continuada de produtividade ou de qualidade;

b) Avarias repetidas nos meios afetos ao posto de trabalho;

c) Riscos para a segurança e saúde do trabalhador, de outros trabalhadores ou de terceiros.

Não ocorre neste tipo de despedimento qualquer juízo de censura ao trabalhador, o que o distingue do despedimento por facto imputável.

O disposto no nº 1 não prejudica a proteção conferida aos trabalhadores com capacidade de trabalho reduzida, deficiência ou doença crónica (nº 3).

A situação de inadaptação não deve decorrer de falta de condições de segurança e saúde no trabalho imputável ao empregador (nº 4).

O não cumprimento do disposto nos nºs 3 e 4, configura despedimento ilícito (art. 385º, al. *a*), 1ª parte).

O despedimento só pode ter lugar desde que, cumulativamente, se verifiquem os seguintes requisitos (art. 375º, nº 1), sob pena de configurar despedimento ilícito (art. 385º, al. *a*), 2ª parte):

a) Tenham sido introduzidas *modificações no posto de trabalho* resultantes de alterações nos processos de fabrico ou de comercialização, de novas tecnologias ou equipamentos baseados em diferente ou mais complexa tecnologia, nos seis meses anteriores ao início do procedimento.

Reflete António Monteiro Fernandes, nas situações de inadaptação superveniente, ou seja, ligadas a modificações do posto de trabalho trata-se de "uma justa causa que tem, a montante, uma cadeia de decisões técnicas e gestionárias do empregador/empresário", *Direito do Trabalho*, p. 557.

b) Tenha sido ministrada formação profissional adequada às modificações do posto de trabalho, por autoridade competente ou entidade formadora certificada;

c) Tenha sido facultado ao trabalhador, após a formação, um período de adaptação de, pelo menos, 30 dias, no posto de trabalho ou fora dele sempre que o exercício de funções naquele posto seja suscetível de causar prejuízos ou riscos para a segurança e saúde do trabalhador, de outros trabalhadores ou de terceiros;

d) Não exista na empresa outro posto de trabalho disponível e compatível com a categoria profissional do trabalhador.

O trabalhador que, nos três meses anteriores ao início do procedimento para despedimento, tenha sido transferido para posto de trabalho em relação ao qual se verifique a inadaptação tem direito a ser reafectado ao posto de trabalho anterior, caso não esteja ocupado definitivamente, com a mesma retribuição base (art. 375º, nº 6).

O despedimento só pode ter lugar desde que sejam postos à disposição do trabalhador a compensação devida, os créditos vencidos e os exigíveis por efeito da cessação do contrato de trabalho, até ao termo do prazo de aviso prévio (art. 375º, nº 7).

5. *Inaptidão funcional*

A inaptidão funcional verifica-se quando, determinada pelo modo de exercício de funções do trabalhador, torne praticamente impossível a subsistência da relação de trabalho, nas seguintes situações (art. 374º, nº 1 *ex vi* art. 375º, nº 2):

a) Redução continuada de produtividade ou de qualidade;

b) Avarias repetidas nos meios afetos ao posto de trabalho;

c) Riscos para a segurança e saúde do trabalhador, de outros trabalhadores ou de terceiros.

O disposto no nº 1 não prejudica a proteção conferida aos trabalhadores com capacidade de trabalho reduzida, deficiência ou doença crónica (art. 374º, nº 3).

A situação de *inadaptação* não deve decorrer de falta de condições de segurança e saúde no trabalho imputável ao empregador (nº 4).

O não cumprimento do disposto nos nºs 3 e 4, do art. 374º, configura despedimento ilícito (art. 385º, al. *a*), 1ª parte).

O despedimento por inaptidão (caso não tenha havido modificações no posto de trabalho), pode ter lugar desde que, cumulativamente, se verifiquem os seguintes requisitos (art. 375º, nº 2), sob pena de configurar despedimento ilícito (art. 385º, al. *a*), 2ª parte).

a) Modificação substancial da prestação realizada pelo trabalhador, de que resultem, nomeadamente, a redução continuada de produtividade ou de qualidade, avarias repetidas nos meios afetos ao posto de trabalho ou riscos para a segurança e saúde do trabalhador, de outros trabalhadores ou de terceiros, determinados pelo modo do exercício das funções e que, em face das circunstâncias, seja razoável prever que tenham caráter definitivo.

O conceito "modificação substancial da prestação" deve ser trabalhado cuidadosamente, dado que está em causa a dissolução da relação laboral. Para António Monteiro Fernandes, "pode tratar-se dos resultados de um processo de avaliação periódica de desempenho, ou da definição (unilateral ou consensual) de certos níveis mínimos de rendimento de trabalho, ou ainda da instituição de controlos de qualidade. Os produtos de tais procedimentos não são (...) em si mesmos, judicialmente atacáveis, exceto se puder ser demonstrado o seu caráter arbitrário ou discriminatório", *Direito do Trabalho*, p. 558.

Tal modificação resulta de causas já consagradas no nº 1, do art. 374º, mas agora podendo ser aditada, pela permissão do *nomeadamente*. Não descortinamos razão que explique a repetição das situações já coenvolvidas. Seria seguramente de esperar que o nomeadamente (pela vacuidade e abertura) apresentasse novos cenários. Aliás, num caso de perda de emprego, o regime deveria quedar-se na taxatividade.

Entende Pedro Furtado Martins, "esta modalidade – em que a justificação do despedimento assenta na «perda de qualidade ou rendimento do trabalho» parece implicar um confronto com a qualidade ou o rendimento da prestação do trabalhador no passado, pois só a partir daí será observada a redução que a lei menciona", *Cessação do contrato de trabalho*, p. 410.

Raquel Cabral Ferreira, alerta para a consciencialização por parte do trabalhador de que "está constantemente a ser observado e que se deixar de produzir como até agora pode ser dispensado", *Despedimento por inadaptação e por inaptidão*, p. 70. Concordamos com tal receio, particularmente sentido por trabalhadores vulneráveis, nomeadamente em função da idade.

Assim como acolhemos a tese do *juízo de prognose* defendida por certos A., pois, na verdade, o empregador antecipa a impossibilidade superveniente e definitiva.

b) O empregador informe o trabalhador, juntando cópia dos documentos relevantes, da apreciação da atividade antes prestada, com descrição circunstanciada dos factos, demonstrativa de modificação substancial da prestação, bem como de que se pode pronunciar por escrito sobre os referidos elementos em prazo não inferior a cinco dias úteis; nessa apreciação (espera-se) com base em juízos objetivos consta, portanto, o *antes* e o *depois* e o circunstancialismo fático e demonstrativo, sujeito a arguição por parte do trabalhador. A defesa do trabalhador reveste natureza facultativa.

O empregador deve enviar à comissão de trabalhadores e, caso o trabalhador seja representante sindical, à respetiva associação sindical, cópia da comunicação e dos documentos (nº 4).

c) Após a resposta do trabalhador ou decorrido o prazo para o efeito, o empregador lhe comunique, por escrito, ordens e instruções adequadas respeitantes à execução do trabalho, com o intuito de a corrigir, tendo presentes os factos invocados por aquele;

d) Tenha sido ministrada formação profissional adequada às modificações do posto de trabalho, por autoridade competente ou entidade formadora certificada e sido facultado ao trabalhador, após a formação, um período de adaptação de, pelo menos, 30 dias, no posto de trabalho ou fora dele sempre que o exercício de funções naquele posto seja suscetível de causar prejuízos ou riscos para a segurança e saúde do trabalhador, de outros trabalhadores ou de terceiros (nº 2, als. *b*) e *c*)).

Não há lugar à exigência de que "Não exista na empresa outro posto de trabalho disponível e compatível com a categoria profissional do trabalhador" (art. 375º, nº 1, al. *d*)).

O trabalhador que, nos três meses anteriores ao início do procedimento para despedimento, tenha sido transferido para posto de trabalho em relação ao qual se verifique a *inadaptação* tem direito a ser reafetado ao posto de trabalho anterior, caso não esteja ocupado definitivamente, com a mesma retribuição base (art. 375º, nº 6).

O despedimento só pode ter lugar desde que sejam postos à disposição do trabalhador a compensação devida, os créditos vencidos e os exigíveis por efeito da cessação do contrato de trabalho, até ao termo do prazo de aviso prévio (art. 375º, nº 7).

6. *Inadaptação técnica*

Verifica-se inadaptação de trabalhador afeto a cargo de complexidade técnica ou de direção, quando não se cumpram os objetivos previamente acordados, por escrito, em consequência do seu modo de exercício de funções e seja praticamente impossível a subsistência da relação de trabalho (art. 374º, nº 2).

Elucida RAQUEL CABRAL FERREIRA "a doutrina discute se a sujeição do despedimento ao incumprimento dos objetivos fixados se traduz numa condição resolutiva – aproximando esta modalidade de despedimento à caducidade – ou se apenas representa o requisito primordial do despedimento por inadaptação, enquanto modalidade de resolução do contrato de trabalho", *op. cit.*, p. 56.

Em defesa da tese da caducidade, FRANCISCO LIBERAL FERNANDES, *Despedimento por inadaptação dos trabalhadores que exerçam cargos de complexidade técnica ou de direção*, p. 16.

Em defesa da tese contrária, RAQUEL CABRAL FERREIRA, *op. cit.*, p. 56, JÚLIO GOMES, *Direito do Trabalho*, p. 998.

Acolhemos que o acordo sobre os objetivos deve mencionar que o incumprimento pode determinar a cessação do contrato de trabalho, em nome da lisura contratual.

O disposto neste preceito não prejudica a proteção conferida aos trabalhadores com capacidade de trabalho reduzida, deficiência ou doença crónica (art. 374º, nº 3).

A situação de inadaptação referida não deve decorrer de falta de condições de segurança e saúde no trabalho imputável ao empregador (nº 4).

O despedimento resulta da introdução de novos processos de fabrico, de novas tecnologias ou equipamentos baseados em diferente ou mais complexa tecnologia, a qual implique modificação das funções relativas ao posto de trabalho [art. 375º, nº 3, al. *a*)], sob pena de configurar despedimento ilícito (art. 385º, al. *a*), 2ª parte).

O trabalhador que, nos três meses anteriores ao início do procedimento para despedimento, tenha sido transferido para posto de trabalho em relação ao qual se verifique a inadaptação tem direito a ser reafetado ao posto de trabalho anterior, caso não esteja ocupado definitivamente, com a mesma retribuição base (art. 375º, nº 6).

O despedimento só pode ter lugar desde que sejam postos à disposição do trabalhador a compensação devida, os créditos vencidos e os exigíveis por efeito da cessação do contrato de trabalho, até ao termo do prazo de aviso prévio (art. 375º, nº 7).

7. Inaptidão técnica

Verifica-se inadaptação de trabalhador afeto a cargo de complexidade técnica ou de direção quando não se cumpram os objetivos previamente acordados, por escrito, em consequência do seu modo de exercício de funções e seja praticamente impossível a subsistência da relação de trabalho (art. 374º, nº 2).

O disposto neste preceito não prejudica a proteção conferida aos trabalhadores com capacidade de trabalho reduzida, deficiência ou doença crónica (art. 374º, nº 3).

A situação de inadaptação referida não deve decorrer de falta de condições de segurança e saúde no trabalho imputável ao empregador (nº 4).

Este despedimento por inaptidão (caso não tenha havido modificações no posto de trabalho), ocorre, desde que, o empregador informe o trabalhador, juntando cópia dos documentos relevantes, da apreciação da atividade antes prestada, com descrição circunstanciada dos factos, demonstrativa de modificação substancial da prestação, bem como de que se pode pronunciar por escrito sobre os referidos elementos em prazo não inferior a cinco dias úteis (art. 375º, nº 2, al. *b*) *ex vi* nº 3, al. *b*)), sob pena de configurar despedimento ilícito (art. 385º, al. *a*), 2ª parte).

Indica Pedro Furtado Martins, "A remissão é circunscrita à al. *b*), do nº 2, do art. 375º, o que implica que depois de receber a resposta do trabalhador o empregador não tem de emitir ordens e instruções destinadas a que aquele corrija a situação. E também não é necessário ministrar formação profissional adequada nem conceder tempo de adaptação, exigências que constam da al. *d*), do nº 2, para a qual também não se remete", *Cessação do contrato de trabalho*, p. 414.

Não há lugar à exigência de que "Não exista na empresa outro posto de trabalho disponível e compatível com a categoria profissional do trabalhador" (art. 375º, nº 1, al. *d*)).

O trabalhador que, nos três meses anteriores ao início do procedimento para despedimento, tenha sido transferido para posto de trabalho em relação ao qual se verifique a *inadaptação* tem direito a ser reafetado ao posto de trabalho anterior, caso não esteja ocupado definitivamente, com a mesma retribuição base (art. 375º, nº 6).

O despedimento só pode ter lugar desde que sejam postos à disposição do trabalhador a compensação devida, os créditos vencidos e os exigíveis por efeito da cessação do contrato de trabalho, até ao termo do prazo de aviso prévio (art. 375º, nº 7).

Artigo 376º – Comunicações em caso de despedimento por inadaptação

1. No caso de despedimento por inadaptação, o empregador comunica, por escrito, ao trabalhador e, caso este seja representante sindical, à associação sindical respetiva:

a) A intenção de proceder ao despedimento, indicando os motivos justificativos;

b) As modificações introduzidas no posto de trabalho ou, caso estas não tenham existido, os elementos a que se referem as alíneas *b*) e *c*) do nº 2 do artigo anterior;

c) Os resultados da formação profissional e do período de adaptação, a que se referem as alíneas *b*) e *c*) do nº 1 e a alínea *d*) do nº 2 do artigo anterior.

2. Caso o trabalhador não seja representante sindical, decorridos três dias úteis após a receção da comunicação referida no número anterior, o empregador deve fazer a mesma comunicação à associação sindical que o trabalhador tenha indicado para o efeito ou, se este não o fizer, à comissão de trabalhadores ou, na sua falta, à comissão intersindical ou comissão sindical.

3. Constitui contraordenação grave o despedimento efetuado com violação do disposto neste artigo.

COMENTÁRIOS:

1. Antecedentes legislativos: Arts. 426º e 681º, nº 1, al. *e*), do CT/2003 e 4º, do DL nº 400/91, de 16 de outubro.

2. O presente artigo tem a redação introduzida pela L nº 23/2012, de 25 de junho, a qual alterou o nº 1, aditou o nº 2 e renumerou o nº 2 (agora 3).

3. O procedimento do despedimento por inadaptação começa com a comunicação, por escrito, do empregador ao trabalhador e, caso este seja representante sindical, à associação sindical respetiva (nº 1):

a) Da intenção de proceder ao despedimento, indicando os motivos justificativos;

b) Das modificações introduzidas no posto de trabalho ou, caso estas não tenham existido, da apreciação da atividade antes prestada, com descrição circunstanciada dos factos, demonstrativa de modificação substancial da prestação e das ordens e instruções adequadas respeitantes à execução do trabalho, com o intuito de a corrigir, tendo presentes os factos que o trabalhador tenha invocado (als. *b*) e *c*), do nº 2, do art. 375º);

c) Dos resultados da formação profissional adequada às modificações do posto de trabalho ou à modificação substancial da prestação realizada pelo trabalhador, que tenha sido ministrada por autoridade competente ou entidade formadora certificada e do período de adaptação facultado ao trabalhador, após a formação (als. *b*) e *c*) do nº 1 e al. *d*) do nº 2, do art. 375º).

Na eventualidade de o trabalhador não ser representante sindical, o empregador, decorridos três dias úteis após a receção daquela comunicação, deve fazer a mesma comunicação à associação sindical que o trabalhador tenha indicado para o efeito ou, se este não o fizer, à comissão de trabalhadores ou, na sua falta, à comissão intersindical ou comissão sindical (art. 376º, nº 2).

4. A falta de alguma dessas comunicações conduz à ilicitude do despedimento [art. 385º, al. *b*)].

Artigo 377º – Consultas em caso de despedimento por inadaptação

1. Nos 10 dias posteriores à comunicação prevista no artigo anterior, o trabalhador pode juntar os documentos e solicitar as diligências probatórias que se mostrem pertinentes, sendo neste caso aplicável o disposto nos nºs 3 e 4 do artigo 356º, com as necessárias adaptações.

2. Caso tenham sido solicitadas diligências probatórias, o empregador deve informar o trabalhador, a estrutura representativa dos trabalhadores e, caso aquele seja representante sindical, a associação sindical respetiva, do resultado das mesmas.

3. Após as comunicações previstas no artigo anterior, o trabalhador e a estrutura representativa dos trabalhadores podem, no prazo de 10 dias úteis, transmitir ao empregador o seu parecer fundamentado, nomeadamente sobre os motivos justificativos do despedimento.

4. Constitui contraordenação grave a violação do disposto no nº 2.

COMENTÁRIOS:

1. Antecedentes legislativos: Arts. 427º, do CT/2003 e 5º, do DL nº 400/91, de 16 de outubro.

2. O presente artigo tem a redação introduzida pela L nº 23/2012, de 25 de junho.

3. O trabalhador tem o direito (nos 10 dias posteriores à comunicação de despedimento) de apresentar documentos e solicitar diligências probatórias pertinentes. O empregador não é obrigado a proceder à audição de mais de três testemunhas por cada facto, nem mais de 10 no total e é ao trabalhador que cabe assegurar a comparência das mesmas (nº 1 *ex vi* do art. 356º, nºs 3 e 4).

Caso tenham sido solicitadas diligências probatórias, o empregador deve informar o trabalhador, a estrutura representativa dos trabalhadores e a associação sindical respetiva, se o trabalhador for representante sindical, do resultado das mesmas (nº 2).

Após as comunicações previstas no art. 376º, o trabalhador e a estrutura representativa dos trabalhadores podem, no prazo de 10 dias úteis, transmitir ao empregador o seu parecer fundamentado, nomeadamente sobre os motivos justificativos do despedimento (nº 3).

4. Tratando-se de trabalhadora grávida, puérpera ou lactante ou um trabalhador no gozo de licença parental, é exigível, também, o parecer da CITE (Comissão para a Igualdade no Trabalho e no Emprego), nos termos do art. 63º, nº 3, al. *d*).

Artigo 378º – Decisão de despedimento por inadaptação

1. Após a receção dos pareceres referidos no artigo anterior ou o termo do prazo para o efeito, o empregador dispõe de 30 dias para proceder ao despedimento, sob pena de caducidade do direito, mediante decisão fundamentada e por escrito de que constem:

***a*) Motivo da cessação do contrato de trabalho;**

***b*) Confirmação dos requisitos previstos no artigo 375º;**

***c*) Montante, forma, momento e lugar do pagamento da compensação e dos créditos vencidos e dos exigíveis por efeito da cessação do contrato de trabalho;**

***d*) Data da cessação do contrato.**

2. O empregador comunica a decisão, por cópia ou transcrição, ao trabalhador, às entidades referidas nos nºs 1 e 2 do artigo 376º e, bem assim, ao serviço com competência inspetiva do ministério responsável pela área laboral, com antecedência mínima, relativamente à data da cessação, de:

***a*) 15 dias, no caso de trabalhador com antiguidade inferior a um ano;**

***b*) 30 dias, no caso de trabalhador com antiguidade igual ou superior a um ano e inferior a cinco anos;**

***c*) 60 dias, no caso de trabalhador com antiguidade igual ou superior a cinco anos e inferior a 10 anos;**

***d*) 75 dias, no caso de trabalhador com antiguidade igual ou superior a 10 anos.**

3. Constitui contraordenação grave o despedimento efetuado com violação do disposto no nº 1 ou do aviso prévio referido no nº 2, e constitui contraordenação leve a violação do disposto no nº 2, no que respeita à falta de comunicação às entidades e ao serviço nele referidos.

COMENTÁRIOS:

1. Antecedentes legislativos: Arts. 428º e 681º, nº 1, al. *e*), do CT/2003 e 6º, do DL nº 400/91, de 16 de outubro.

2. O presente artigo tem a redação introduzida pela L nº 23/2012, de 25 de junho, a qual alterou o nº 1 e o nº 2.

3. Após a receção dos pareceres referidos no art. 377º ou o termo do prazo para o efeito, o empregador dispõe de 30 dias para proceder ao despedimento, sob pena de caducidade do direito, mediante decisão fundamentada e por escrito de que constem (nº 1):

a) Motivo da cessação do contrato de trabalho;

b) Confirmação dos requisitos previstos no artigo 375º;

c) Montante, forma, momento e lugar do pagamento da compensação e dos créditos vencidos e dos exigíveis por efeito da cessação do contrato de trabalho;

d) Data da cessação do contrato.

4. O nº 2 cuida da comunicação da decisão ao trabalhador, às entidades referidas nos nºs 1 e 2, do art. 376º e ao serviço com competência inspetiva do ministério responsável pela área laboral, que corresponde à Autoridade para as Condições do Trabalho (ACT), nos termos do art. 11º, do DL nº 167-C/2013, de 31 de dezembro, na versão dada pelo DL nº 28/2015, de 10 de fevereiro.

O prazo de antecedência da comunicação varia consoante a antiguidade dos trabalhadores.

Artigo 379º – Direitos de trabalhador em caso de despedimento por inadaptação

1. Ao trabalhador despedido por inadaptação aplica-se o disposto no nº 4 e na primeira parte do nº 5 do artigo 363º e nos artigos 364º a 366º.

2. Em caso de despedimento por inadaptação nas situações referidas no nº 2 e na alínea *b*) do nº 3 do artigo 375º, a denúncia do contrato de trabalho por parte do trabalhador pode ter lugar após a comunicação referida na alínea *b*) do mesmo nº 2.

COMENTÁRIOS:

1. Antecedentes legislativos: Arts. 409º, do CT/2003 e 7º, do DL nº 400/91, de 16 de outubro.

2. O presente artigo tem a redação introduzida pela L nº 23/2012, de 25 de junho, modificado pela L nº 53/2011, de 14 de outubro.

3. Em caso de despedimento por inadaptação, o trabalhador tem direito a:

– "Não sendo observado o prazo mínimo de aviso prévio, o contrato cessa decorrido o período de aviso prévio em falta a contar da comunicação de despedimento, devendo o empregador pagar a retribuição correspondente a este período" (art. 363º, nº 4);

– Receber a compensação em certo momento: "O pagamento da compensação, dos créditos vencidos e dos exigíveis por efeito da cessação do contrato de trabalho deve ser efetuado até ao termo do prazo de aviso prévio" (art. 363º, nº 5, 1ª parte);

– Crédito de horas, relativo ao tempo de aviso prévio (art. 364º);

– Denunciar o contrato durante o aviso prévio (art. 365º);

– Compensação (art. 366º).

4. Em caso de despedimento por inaptidão, ou seja, caso não tenha havido modificações no posto de trabalho [art. 375º, nºs 2 e 3, al. *b*)], a denúncia do contrato de trabalho por parte do trabalhador pode ter lugar após a informação da apreciação da atividade antes prestada, nos termos do art. 375º, nº 2, al. *b*), de acordo com o nº 2.

5. O despedimento é ilícito se o empregador não tiver posto à disposição do trabalhador despedido, até ao termo do prazo de aviso prévio, a compensação por ele devida a que se refere o artigo 366º por remissão do nº 1 do artigo 379º e os créditos vencidos ou exigíveis em virtude da cessação do contrato de trabalho (art. 385º, al. *c*)).

Artigo 380º – Manutenção do nível de emprego

1. Nos 90 dias seguintes a despedimento por inadaptação, deve ser assegurada a manutenção do nível de emprego na empresa, por meio de admissão ou transferência de trabalhador no decurso de procedimento tendente a despedimento por facto que não lhe seja imputável.

2. Em caso de incumprimento do disposto no número anterior, o serviço com competência inspetiva do ministério responsável pela área laboral notifica o empregador para que assegure a manutenção do nível de emprego, em prazo não superior a 30 dias.

3. Constitui contraordenação grave o despedimento efetuado com violação do disposto nos nºs 1 ou 2, sendo a violação do nº 2 punível com o dobro da coima.

COMENTÁRIOS:

1. Antecedentes legislativos: Arts. 410º, do CT/2003 e 10º, nºs 1 e 2, als. *a*) e *c*), do DL nº 400/91, de 16 de outubro.

2. A obrigatoriedade da manutenção do nível de emprego na empresa visa exatamente impedir o aproveitamento deste tipo de despedimento para redução dos postos de trabalho.

3. A contagem do prazo de 90 dias a que alude o nº 1, deve ser realizada nos termos do art. 87º, do CPA, aprovado pelo DL nº 4/2015, de 07 de janeiro.

4. O serviço com competência inspetiva do ministério responsável pela área laboral a que alude o nº 2, corresponde à Autoridade para as Condições do Trabalho (ACT), nos termos do art. 11º, do DL nº 167-C/2013, de 31 de dezembro, na versão dada pelo DL nº 28/2015, de 10 de fevereiro.

SUBSECÇÃO II – Ilicitude de despedimento

Artigo 381º – Fundamentos gerais de ilicitude de despedimento

Sem prejuízo do disposto nos artigos seguintes ou em legislação específica, o despedimento por iniciativa do empregador é ilícito:

a) Se for devido a motivos políticos, ideológicos, étnicos ou religiosos, ainda que com invocação de motivo diverso;

b) Se o motivo justificativo do despedimento for declarado improcedente;

c) Se não for precedido do respetivo procedimento;

_d_) Em caso de trabalhadora grávida, puérpera ou lactante ou de trabalhador durante o gozo de licença parental inicial, em qualquer das suas modalidades, se não for solicitado o parecer prévio da entidade competente na área da igualdade de oportunidades entre homens e mulheres.

COMENTÁRIOS:

1. Antecedentes legislativos: Arts. 429º e 51º, nº 4, do CT/2003 e 12º, da LCCT.

2. Mantém-se o princípio geral de despedimento ilícito com os seguintes fundamentos:

– Por motivos políticos, ideológicos, étnicos ou religiosos (na linha do plasmado no art. 53º, da CRP), ainda que com invocação de razão diversa (al. *a*));

No entanto, nas *organizações de tendência*, aquelas que apresentam uma ideologia consentânea com a sua atividade, um despedimento por motivos proibidos no princípio geral pode ser considerado legítimo. Por ex., e em sede de legislação específica, a Lei dos Partidos Políticos, considera justa causa de despedimento, "o facto de um funcionário se desfiliar ou fazer propaganda contra o partido que o emprega ou a favor de uma candidatura sua concorrente" (artigo 38º, nº 2, da LOrg nº 2/2003, de 22 de agosto, na versão dada pela LOrg nº 1/2018, de 19 de abril). O mesmo se dirá de qualquer trabalhador de organização religiosa, que se recuse a adotar o respetivo credo.

Quanto aos trabalhadores de representação coletiva, o TC entendeu que a lei ordinária não pode estabelecer os limites à liberdade de organização e de regulamentação dos sindicatos para além dos que são impostos pela própria Constituição (Ac. nº 39/91, de 14.02.91 *in* BMJ, nº 404, 1991, p. 127);

– Improcedência do motivo justificativo (al. *b*));

– Ausência de procedimento disciplinar, que visa sancionar os chamados despedimentos verbais (al. *c*));

Entendimento jurisprudencial sobre abuso do direito:

III – Atua com abuso do direito o trabalhador que propõe, contra a entidade empregadora, ação judicial invocando despedimento ilícito, por esta o ter dispensado do serviço por mera comunicação escrita, quando desde há cerca de 21 anos, para efeitos fiscais e de Segurança Social, havia acordado em deixar de exercer as suas funções para aquela como trabalhador dependente e passando a fazê-lo como empresário em nome individual, com a atividade de «angariador/comissionista» e tendo, desde então, o valor da sua remuneração deixado de ser estabelecido com referência ao mês e passando a sê-lo com referência à hora, recebendo aquele, mensalmente, quantias variáveis. [Ac. do STJ, de 16.11.11 *in* www.dgsi.pt (Proc. nº 203/08.0TTSNT.P1.S1)].

– Violação do regime especial de proteção no despedimento de trabalhadora grávida, puérpera ou lactante ou de trabalhador durante o gozo de licença parental inicial, no que concerne ao pedido de parecer prévio da entidade competente na área da igualdade de oportunidades entre homens e mulheres (al. *d*)).

I. Não tendo sido solicitado parecer prévio da CITE, numa situação de trabalhadora lactante, o seu despedimento é ilícito por força da d) do art. 381º do CT. [Ac. da RL, de 15.12.11 *in* www.dgsi.pt (Proc. nº 576/10.5TTBRR.L1-4)]. No mesmo sentido, *v.*, deste mesmo tribunal, o Ac. de 15.11.11 *in* CJ, Ano XXXVI, Tomo V, p. 171.

Artigo 382º – Ilicitude de despedimento por facto imputável ao trabalhador

1. O despedimento por facto imputável ao trabalhador é ainda ilícito se tiverem decorrido os prazos estabelecidos nos nºs 1 ou 2 do artigo 329º, ou se o respetivo procedimento for inválido.

2. O procedimento é inválido se:

***a*) Faltar a nota de culpa, ou se esta não for escrita ou não contiver a descrição circunstanciada dos factos imputados ao trabalhador;**

***b*) Faltar a comunicação da intenção de despedimento junta à nota de culpa;**

***c*) Não tiver sido respeitado o direito do trabalhador a consultar o Processo ou a responder à nota de culpa ou, ainda, o prazo para resposta à nota de culpa;**

***d*) A comunicação ao trabalhador da decisão de despedimento e dos seus fundamentos não for feita por escrito, ou não esteja elaborada nos termos do nº 4 do artigo 357º ou do nº 2 do artigo 358º.**

COMENTÁRIOS:

1. Antecedentes legislativos: Arts. 430º, do CT/2003 e 12º, nº 3, da LCCT.

2. O art. 381º consagrou os fundamentos gerais de ilicitude aplicáveis a qualquer tipo de despedimento (subjetivo ou objetivo).

O presente normativo cuida apenas da ilicitude de despedimento por facto imputável ao trabalhador, que completa os casos indicados nos fundamentos gerais.

Assim, o nº 1 considera ilícito o despedimento decorrente da:

– Intempestividade da reação disciplinar e da prescrição da infração (1ª parte);

– Invalidade do procedimento disciplinar (2ª parte).

O presente preceito deve ser, pensamos, conjugado com o art. 329º, nº 3, CT, relativo ao prazo de um ano para conclusão do procedimento disciplinar.

3. A invalidade do procedimento disciplinar é desenvolvida no nº 2, que elenca as omissões ou vícios formais ou materiais que determinaram tal efeito.

Este regime especial da invalidade do procedimento disciplinar *exclui o regime típico da nulidade previsto no Código Civil, nomeadamente a possibilidade do tribunal dela conhecer oficiosamente (artigo 286º do Código Civil).* [Ac. do STJ, de 14.07.10 *in* www.dgsi.pt (Proc. nº 3256/05.9TTLSB.L1.S1)].

A lei determina como inválidos os procedimentos em que:

– Não se apresente nota de culpa, não haja redução a escrito da mesma, ou esta não contenha a descrição circunstanciada dos factos imputados ao trabalhador (al. *a*));

A (mera) desconformidade factual entre a nota de culpa e a decisão final que conclui pelo despedimento *não conduz, de modo necessário, à declaração de invalidade de todo o procedimento disciplinar, cumprindo averiguar, na economia de ambas as peças processuais, em que factos assenta tal desconformidade e em que medida eles se refletem no direito de defesa do trabalhador. IV – Detetada uma desconformidade factual entre a nota de culpa e a decisão de despedimento, com a identificação de factos novos de natureza não atenuativa da responsabilidade do trabalhador, a consequência a retirar é a da impossibilidade de considerar esses factos na formulação do juízo da justa causa de despedimento.* [Ac. do STJ, de 09.10.19 *in* www.dgsi.pt (Proc. nº 2123/17.8T8LRA.C1.S1)];

– Se omita a comunicação da intenção de despedir junto à nota de culpa (al. *b*));

– Se desrespeite o princípio do contraditório, traduzido no direito de consulta do processo, de resposta à nota de culpa e de respeito pelo prazo de resposta à nota de culpa (al. *c*));

I – O Processo disciplinar é inválido, por violação do direito de defesa do trabalhador arguido, se o instrutor, apesar de comunicar o prazo em que o Processo pode ser consultado, não viabiliza tal consulta, que lhe foi expressa e repetidamente pedida, em tal prazo e quando os elementos já constantes do Processo, à data de prolação da nota de culpa, não são vertidos integralmente nesta. [Ac. da RP, de 14.11.11 *in* www.dgsi.pt (Proc. nº 37/10.1TTBGC.P1)].

V., também, os Acs. da RL, de 20.10.10 *in* www.dgsi.pt (Proc. nº 537/08.3TTFUN.L1-4) e da RP, de 25.03.10 *in* www.dgsi.pt (Proc. nº 256/08.0TTVLG.P1).

– Não haja redução a escrito da comunicação ao trabalhador da decisão de despedir e dos respetivos fundamentos ou não esteja elaborada nos termos do art. 357º, nº 4 ou do art. 358º, nº 2 (al. *d*)).

Entendeu a RP que o *elenco constante do art. 382º, nº 2, do CT/2009 [relativo às causas determinantes da invalidade do procedimento disciplinar com vista ao despedimento] tem natureza taxativa, dele não constando o recurso, pelo empregador, a meios de prova eventualmente ilícitos (v.g., videovigilância) para fundamentar as acusações imputadas no âmbito do procedimento disciplinar.* [Ac. de 14.03.16 *in* www.dgsi.pt (Proc. nº 1097/15.4T8VLG-A.P1)].

4. A condução do procedimento disciplinar tem que ser realizada por quem detém a competência sancionatória ou representante legítimo.

I – Não poderá ter-se como válido, em sentido normativo, um Processo disciplinar que, embora tramitado, formalmente, à luz dos respetivos requisitos procedimentais, não é, no entanto, instaurado por quem tem poderes de representação para o efeito. [Ac. da RP, de 22.11.10 *in* www.dgsi.pt (Proc. nº 548/09.1TTGDM.P1)].

I – É inválido o procedimento disciplinar cuja decisão final, notificada à A., foi proferida por funcionário dos recursos humanos que, não sendo gerente da R., tão pouco tinha poderes para a prática desse ato. [Ac. da RP, de 25.10.10 *in* www.dgsi.pt (Proc. nº 861/07.2TTVFR.P1)].

Artigo 383º – Ilicitude de despedimento coletivo

O despedimento coletivo é ainda ilícito se o empregador:

***a*) Não tiver feito a comunicação prevista nos nºs 1 ou 4 do artigo 360º ou promovido a negociação prevista no nº 1 do artigo 361º;**

***b*) Não tiver observado o prazo para decidir o despedimento, referido no nº 1 do artigo 363º;**

***c*) Não tiver posto à disposição do trabalhador despedido, até ao termo do prazo de aviso prévio, a compensação por ele devida a que se refere o artigo 366º e os créditos vencidos ou exigíveis em virtude da cessação do contrato de trabalho, sem prejuízo do disposto na parte final do nº 5 do artigo 363º.**

COMENTÁRIOS:

1. Antecedentes legislativos: Arts. 431º, do CT/2003 e 24º, nºs 1 e 3, da LCCT.

2. O presente artigo tem a redação introduzida pela L nº 23/2012, de 25 de junho, a qual alterou a al. *c*). Esta alínea havia sido já alterada pela L nº 53/2011, de 14 de outubro.

3. Além dos fundamentos gerais de ilicitude previstos no art. 381º, o despedimento coletivo é, ainda, ilícito se o empregador não tiver:

– Feito a comunicação da intenção de proceder ao despedimento coletivo, por escrito, à comissão de trabalhadores ou, na sua falta, à comissão intersindical ou às comissões sindicais da empresa representativas dos trabalhadores a abranger (art. 360º, nº 1); ou omitido o dever de envio à comissão *ad hoc* dos elementos de informação discriminados no nº 2 (art. 360º, nº 4), segundo a al. *a*), 1ª parte.

Conforme referimos na edição anterior, não podemos deixar de manifestar alguma perplexidade no facto de o legislador não ter incluído expressamente nos fundamentos de ilicitude do despedimento a ausência da comunicação prevista, também, no nº 3, do art. 360º. *V.* nota ao art. 360º;

– Promovido uma fase de informações e negociação com a estrutura representativa dos trabalhadores, caso esta exista, com vista a um acordo sobre a dimensão e efeitos das medidas a aplicar e, bem assim, de outras medidas que reduzam o número de trabalhadores a despedir (nº 1, al. *a*), 2ª parte);

– Observado o prazo para decidir o despedimento, referido no nº 1 do artigo 363º (al. *b*));

Do art. 363º, nº 1, o legislador apenas menciona o prazo para decidir, a nosso ver, a norma deveria acolher, igualmente, a menção expressa do motivo da cessação.

– Posto à disposição do trabalhador despedido, até ao termo do prazo de aviso prévio, a compensação devida (art. 366º) e os créditos vencidos ou exigíveis em virtude da cessação do contrato de trabalho, até ao termo do aviso prévio, sem prejuízo do disposto na parte final do nº 5 do art. 363º (al. *c*)).

O artigo 363º, nº 5, indica que "O pagamento da compensação, dos créditos vencidos e dos exigíveis por efeito da cessação do contrato de trabalho deve ser efetuado até ao termo do prazo de aviso prévio, salvo em situação prevista no artigo 347º ou regulada em legislação especial sobre recuperação de empresas e reestruturação de sectores económicos".

Sobre a aplicação da derrogação indicada na parte final do preceito, a RL decidiu que: *Para se verificar a exceção ínsita na parte final do artigo 383º, alínea c) do Código do Trabalho, dispensando a exigência de colocar à disposição do trabalhador alvo de um despedimento coletivo a totalidade dos montantes em dívida até ao termo do prazo de aviso prévio, não basta que a empregadora se tenha submetido a um processo especial de revitalização, sendo ainda necessário que o despedimento coletivo seja decidido no âmbito desse processo e se mostre previsto no plano de recuperação proposto.* [Ac. de 26.02.20 *in* www.dgsi.pt (Proc. nº 2477/15.0T8FNC.L2-4)].

Numa análise crítica da seleção legal dos vícios do procedimento, v. PEDRO FURTADO MARTINS, *Da cessação do contrato de trabalho*, pp. 361 e 362.

Artigo 384º – Ilicitude de despedimento por extinção de posto de trabalho

O despedimento por extinção de posto de trabalho é ainda ilícito se o empregador:

_a_) Não cumprir os requisitos do nº 1 do artigo 368º;

_b_) Não observar o disposto no nº 2 do artigo 368º;

_c_) Não tiver feito as comunicações previstas no artigo 369º;

_d_) Não tiver posto à disposição do trabalhador despedido, até ao termo do prazo de aviso prévio, a compensação por ele devida a que se refere o artigo 366º, por remissão do artigo 372º, e os créditos vencidos ou exigíveis em virtude da cessação do contrato de trabalho.

COMENTÁRIOS:

1. Antecedentes legislativos: Arts. 432º, do CT/2003 e 32º, nº 1, da LCCT.

2. O presente artigo tem a redação introduzida pela L nº 23/2012, de 25 de junho, a qual alterou as als. *b*) e *d*). A alínea *d*) havia sido já alterada pela L nº 53/2011, de 14 de outubro.

3. A interpretação jurídica do mesmo deve atender às alterações introduzidas no art. 368º, pela L nº 27/2014, de 08 de maio.

4. Os fundamentos gerais de ilicitude previstos no art. 381º, devem ser atendidos. Nomeadamente a proibição de despedimentos verbais: *1. O despedimento verbal promovido pelo empregador, que no ato invocou a extinção do posto de trabalho, é necessariamente ilícito, por inexistência de razões substantivas conhecidas que pudessem legitimar o uso dessa forma de cessa-*

ção do contrato de trabalho, e bem assim por absoluta inobservância do procedimento escrito previsto na lei. [Ac. da RE, de 17.11.09 *in* www.dgsi.pt (Proc. nº 41/09.2TTEVR.E1)].

O despedimento por extinção de posto de trabalho é, ainda, ilícito, quando o empregador não atenda aos seguintes requisitos:

– Os motivos indicados não sejam devidos a conduta culposa do empregador ou do trabalhador [art. 368º, nº 1, al. *a*), por remissão da al. *a*)];

– Seja praticamente impossível a subsistência da relação de trabalho [art. 368º, nº 1, al. *b*), por remissão da al. *a*)];

– Não existam, na empresa, contratos de trabalho a termo para tarefas correspondentes às do posto de trabalho extinto [art. 368º, nº 1, al. *c*), por remissão da al. *a*)];

– Não seja aplicável o despedimento coletivo [art. 368º, nº 1, al. *d*), por remissão da al. *a*)];

– Não tenha respeitado os critérios relevantes e não discriminatórios [previstos no art. 368º, nº 2, por remissão da al. *b*)]:

a) Pior avaliação de desempenho, com parâmetros previamente conhecidos pelo trabalhador;

b) Menores habilitações académicas e profissionais;

c) Maior onerosidade pela manutenção do vínculo laboral do trabalhador para a empresa;

d) Menor experiência na função;

e) Menor antiguidade na empresa;

– Não cumprimento das comunicações ao trabalhador, comissão sindical e associação sindical, se representante sindical, previstas no art. 369º [al. *c*)];

– Não tiver posto à disposição do trabalhador a compensação devida (art. 366º) e os créditos vencidos ou exigíveis em virtude da cessação do contrato de trabalho [al. *d*)].

Artigo 385º – Ilicitude de despedimento por inadaptação

O despedimento por inadaptação é ainda ilícito se o empregador:

***a*) Não cumprir o disposto nos nºs 3 e 4 do artigo 374º ou nos nºs 1 a 3 do artigo 375º;**

***b*) Não tiver feito as comunicações previstas no artigo 376º;**

***c*) Não tiver posto à disposição do trabalhador despedido, até ao termo do prazo de aviso prévio, a compensação por ele devida a que se refere o artigo 366º por remissão do nº 1 do artigo 379º e os créditos vencidos ou exigíveis em virtude da cessação do contrato de trabalho.**

COMENTÁRIOS:

1. Antecedentes legislativos: Arts. 433º, do CT/2003 e 8º, nº 1, do DL nº 400/91, de 16 de outubro.

2. O presente artigo tem a redação introduzida pela L nº 23/2012, de 25 de junho, a qual alterou as als. *b*) e *c*). A alínea *c*) havia sido alterada pela L nº 53/2011, de 14 de outubro. A al. *a*) foi retificada pela DRet nº 38/2012, de 23 de julho, a qual aditou a referência ao nº 4, do art. 374º. A atual versão remete para o art. 368º, nº 2 e repristinou a versão existente antes da L nº 53/2011, de 14 de outubro, eliminando a remissão para o art. 366º-A.

3. Além dos fundamentos gerais previstos no art. 381º, o despedimento por inadaptação é, ainda, ilícito se:

– O empregador não salvaguardar a proteção conferida aos trabalhadores com capacidade de trabalho reduzida, deficiência ou doença crónica (al. *a*), 1ª parte e art. 374º, nº 3);

– A situação de inadaptação dever-se de falta de condições de segurança e saúde no trabalho imputável ao empregador (al. *a*), 1ª parte e art. 374º, nº 4);

– O empregador não tiver atendido, cumulativamente, aos requisitos vertidos no art. 375º, nºs 1 a 3 (al. *a*), 2ª parte);

– O empregador não tiver feito as comunicações previstas no art. 376º (al. *b*)), ou seja;

O empregador não tiver comunicado, por escrito, ao trabalhador e, caso este seja *representante sindical*, à associação sindical respetiva ou caso este *não seja representante sindical*, à associação sindical que o trabalhador tenha indicado para o efeito, à comissão de trabalhadores ou à comissão intersindical ou comissão sindical: a intenção de proceder ao despedimento, indicando os motivos justificativos (art. 376º, nº 1, al. *a*)); as modificações introduzidas no posto de trabalho (art. 376º, nº 1, al. *b*), 1ª parte) **ou**, caso estas não tenham existido, os elementos das als. *b*) e *c*), do nº 2, do art. 375º [ou seja, informação ao trabalhador, juntando cópia dos documentos relevantes, da apreciação da atividade antes prestada, com descrição circunstanciada dos factos, demonstrativa de modificação substancial da prestação, bem como de que se pode pronunciar por escrito sobre os referidos elementos em prazo não inferior a cinco dias úteis Após a resposta do trabalhador ou decorrido o prazo para o efeito, comunicação, por escrito, das ordens e instruções adequadas respeitantes à execução do trabalho, com o intuito de a corrigir, tendo presentes os factos invocados por aquele], art. 376º, nº 1, al. *b*), 2ª parte.

O empregador não tiver comunicado os resultados da formação profissional e do período de adaptação, a que se referem as alíneas *b*) e *c*) do nº 1 e a al. *d*) do nº 2 do art. 375º [art. 376º, nº 1, al. *c*)].

– Não tiver posto à disposição do trabalhador a compensação devida (art. 366º) e os créditos vencidos ou exigíveis em virtude da cessação do contrato de trabalho [al. *c*)].

Artigo 386º – Suspensão de despedimento

O trabalhador pode requerer a suspensão preventiva do despedimento, no prazo de cinco dias úteis a contar da data da receção da comunicação de despedimento, mediante providência cautelar regulada no Código de Processo do Trabalho.

COMENTÁRIOS:

1. Antecedentes legislativos: Arts. 434º, do CT/2003 e 14º, nº 1, 25º, nº 1 e 33º, nº 1, da LCCT.

2. Para além das garantias do trabalhador ligadas à sua defesa indicadas propriamente no procedimento disciplinar, outras há também de inegável interesse, nomeadamente o direito a requerer a suspensão preventiva do despedimento, regulada nos arts. 33º-A a 40º-A, CPT (aprovado pelo DL nº 480/99, de 09 de novembro, na redação dada pela L nº 107/2019, de 10 de setembro), como procedimento cautelar especificado.

O procedimento cautelar de suspensão de despedimento é aplicável a qualquer modalidade de despedimento por iniciativa do empregador, seja individual, seja coletivo, e independentemente do modo ou da forma da comunicação ao trabalhador da decisão de despedimento (artigo 33º-A (*Âmbito*), CPT).

3. Quer no caso de trabalhadora grávida, puérpera ou lactante ou de trabalhador no gozo de licença parental, quer no caso de trabalhador membro de estrutura de representação coletiva dos trabalhadores, a suspensão judicial do despedimento só não é decretada se o parecer for favorável ao despedimento e o tribunal considerar que existe probabilidade séria de verificação de justa causa (respetivamente arts. 63º, nº 7 e 410º, nº 4).

4. Ao abrigo do presente artigo, o procedimento cautelar de suspensão de despedimento deve ser intentado pelo trabalhador no prazo de cinco dias úteis a contar da data da receção da comunicação de despedimento.

Deste preceito, aferimos, numa primeira análise, que este prazo conta-se a partir do recebimento da comunicação de despedimento.

Já o prazo de impugnação do despedimento individual (art. 387º, nº 2) inicia-se com a comunicação de despedimento ou com a cessação do contrato. Esta previsão de dois factos iniciadores da contagem justifica-se pela circunstância de, nos despedimentos por facto imputável ao trabalhador, a decisão determinar a cessação do contrato logo que chega ao poder do trabalhador ou é dele conhecida (art. 357º, nº 7), enquanto que, nos despedimentos por extinção do posto de trabalho ou por inadaptação, a decisão deve ser comunicada ao trabalhador com uma antecedência mínima, relativamente à data da cessação (arts. 371º, nº 3 e 378º, nº 2). Este período de aviso prévio vale igualmente para os despedimentos coletivos (art. 363º, nº 1), começando, também aqui, o prazo para impugnação do despedimento a contar-se após a cessação do contrato (art. 388º, nº 2).

O presente artigo, que é uma reminiscência do passado, não leva em linha de conta que, nos despedimentos coletivos, por extinção do posto de trabalho e por inadaptação, as relações laborais não se extinguem com o recebimento da decisão de despedimento (como nos despedimentos por facto imputável ao trabalhador), mas sim, depois de cumprido o prazo de aviso prévio a que aludem os arts. 363º, nº 1, 371, nº 3 e 378º, nº 2.

Tudo visto, causa alguma estranheza que o trabalhador interponha o procedimento cautelar de suspensão de despedimento para repor uma relação laboral que, nesse momento, pode ainda não ter cessado. É também possível que a providência cautelar seja decretada antes do despedimento produzir os seus efeitos, isto é, antes de terminar o prazo de aviso prévio. Cfr. a visão de Pedro Furtado Martins, *Cessação do Contrato de Trabalho*, p. 447.

Assim, recomenda-se que o legislador ajuste o presente artigo às particularidades de cada modalidade de despedimento.

5. À semelhança dos limites temporais fixados nos arts. 387º, nº 2 e 388º, nº 2, para a impugnação do despedimento, o prazo aqui consignado é um prazo de caducidade, uma vez que também foi estabelecido para o exercício de um direito sem a lei fazer referência expressamente à prescrição (art. 298º, nº 2, do CC).

Se o trabalhador não observar este prazo preclude o direito de obter a suspensão do despedimento.

A caducidade é um evento extintivo do direito invocado pelo trabalhador, por isso, recai sobre o empregador o ónus da prova dos factos que demonstram a sua verificação, mormente o decurso do prazo estabelecido (art. 342º, nº 2, do CC).

Artigo 387º – Apreciação judicial do despedimento

1. A regularidade e licitude do despedimento só pode ser apreciada por tribunal judicial.

2. O trabalhador pode opor-se ao despedimento, mediante apresentação de requerimento em formulário próprio, junto do tribunal competente, no prazo de 60 dias, contados a partir da receção da comunicação de despedimento ou da data de cessação do contrato, se posterior, exceto no caso previsto no artigo seguinte.

3. Na ação de apreciação judicial do despedimento, o empregador apenas pode invocar factos e fundamentos constantes de decisão de despedimento comunicada ao trabalhador.

4. Em casos de apreciação judicial de despedimento por facto imputável ao trabalhador, sem prejuízo da apreciação de vícios formais, o tribunal deve sempre pronunciar-se sobre a verificação e procedência dos fundamentos invocados para o despedimento.

COMENTÁRIOS:

1. Antecedentes legislativos: Arts. 435º, do CT/2003 e 12º, nº 4, 25º, nº 2 e 32º, nº 2, todos da LCCT.

2. A regularidade e licitude do despedimento só pode ser apreciada por tribunal judicial (nº 1).

A impugnação judicial é o momento adequado para aferir do exercício legítimo da atividade discricionária do empregador de pôr termo ao contrato de trabalho. Explica HÉLDER QUINTAS que "Esta jurisdicionalização (em que o tribunal, no fundo, intervém como instrumento de recurso) impõe-se, desde logo, por força dos princípios e direitos fundamentais do trabalhador em causa, alguns deles com dignidade constitucional, *v.g.*, o princípio da segurança no emprego (art. 53º da CRP) e o direito ao trabalho (art. 58º da CRP)", *A (Nova) Ação de impugnação judicial da regularidade e licitude do despedimento*, p. 143.

3. Neste momento, ocorrem duas possibilidades:

– No caso em que seja comunicada por escrito ao trabalhador a decisão de despedimento individual, seja por *facto imputável ao trabalhador*, seja por *extinção do posto de trabalho*, seja por *inadaptação*, a ação de impugnação judicial da regularidade e licitude do despedimento inicia-se com a entrega, pelo trabalhador ou por mandatário judicial por este constituído, junto do juízo do trabalho competente, no prazo de 60 dias, de requerimento em formulário eletrónico ou em suporte de papel, do qual consta declaração do trabalhador de oposição ao despedimento (art. 98º-C, nº 1, CPT), exceto no caso de apresentação de providência cautelar de suspensão preventiva do despedimento, em que se dispensa a apresentação do formulário (nº 2).

Esta ação especial possui natureza urgente (art. 26º, nº 1, al. *a*), CPT).

i) o processo especial de impugnação judicial da regularidade e licitude do despedimento é o meio próprio e único ao dispor da trabalhadora para reagir judicialmente contra a decisão de despedimento escrito proferido pela empregadora, na sequência de um procedimento disciplinar. ii) verifica-se a caducidade da ação referida na alínea anterior se for instaurada após o decurso do prazo de 60 dias previsto no art. 387º, nº 2 do CT. [Ac. da RE, de 27.02.20 *in* www.dgsi.pt (Proc. nº 875/19.0T8TMR.E1)].

Esta nova ação de impugnação do despedimento é apenas aplicável aos casos em que haja despedimento assumido formalmente enquanto tal, "ficando fora do âmbito desta impugnação outras situações, como sejam: o despedimento verbal; a invocação do abandono do trabalho...; os casos em que haja divergência sobre a qualificação do contrato entre as partes; os casos em que o trabalhador entenda que não há motivo justificativo para o contrato a termo. [Ac. da RC, de 29.03.12 *in* www.dgsi.pt (Proc. nº 1149/11.0TTCBR.C1)].

– No caso em que não seja comunicada por escrito ao trabalhador a decisão de despedimento individual, seja por *facto imputável ao trabalhador*, seja por *extinção do posto de trabalho*, seja por *inadaptação*, não se pode aplicar este Processo especial, recorrendo-se ao Processo comum previsto no CPT. E, neste caso, o prazo de reação continua a ser o de um ano (art. 337º, CT).

I – A ação de impugnação de despedimento por extinção do posto de trabalho invocado por uma porteira de prédio urbano em regime de propriedade horizontal tem de ser intentada no prazo de um ano a contar da data em que o mesmo ocorreu, sendo este considerado um prazo de caducidade desde a entrada em vigor do CT/2003. [Ac. do STJ, de 14.01.16 *in* www.dgsi.pt (Proc. nº 359/14.2TTLSB.L1.S1)].

4. O nº 3 vinca o poder da atividade judicial conformadora do poder disciplinar do empregador, como Processo de partes, cingindo a apreciação judicial aos factos carreados pelo empregador no procedimento disciplinar.

5. O nº 4 indica que, sem prejuízo da apreciação de vícios formais, o tribunal deve sempre pronunciar-se sobre a verificação e procedência dos fundamentos invocados para o despedimento.

6. Cabe ao trabalhador a demonstração e a prova do despedimento ilícito (dado que ocorre uma *presunção de culpa*). A inversão do ónus probatório (*presunção de inocência*) surge somente em duas situações distintas entre si, presumindo-se então que o despedimento foi feito sem justa causa: no caso de trabalhadora grávida, puérpera ou lactante ou de trabalhador no gozo de licença parental (art. 63º, nº 2) e de candidato a membro de qualquer dos corpos sociais de associação sindical que exerça ou haja exercido funções nos mesmos corpos sociais há menos de 3 anos (art. 410º, nº 3).

Artigo 388º – Apreciação judicial do despedimento coletivo

1. A ilicitude do despedimento coletivo só pode ser declarada por tribunal judicial.

2. A ação de impugnação do despedimento coletivo deve ser intentada no prazo de seis meses contados da data da cessação do contrato.

3. É aplicável à ação de impugnação do despedimento coletivo o disposto no nº 3 do artigo anterior.

COMENTÁRIOS:

1. Antecedentes legislativos: Arts. 435º, do CT/2003 e 12º, 25º e 32º da LCCT.

2. A ilicitude do despedimento coletivo só pode ser declarada por tribunal judicial (nº 1) e deve ser intentada no prazo de seis meses contados da data da cessação do contrato (nº 2).

A ação de impugnação do despedimento coletivo deve ser intentada no prazo de seis meses contados da data da cessação do contrato (nº 2), prazo esse que apenas ocorre neste tipo de despedimento, tratando-se de um prazo de caducidade (art. 298º, nº 2, do CC). [Ac. da RP, de 02.05.16 *in* www.dgsi.pt (Proc. nº 24856/15.3T8PRT.P1)].

3. A atividade judicial conformadora do poder disciplinar do empregador, como processo de partes, cinge a apreciação judicial aos factos carreados pelo empregador no procedimento (nº 3).

4. A ação de impugnação corre os seus termos em Processo especial (arts. 156º a 161º, CPT).

Artigo 389º – Efeitos da ilicitude de despedimento

1. Sendo o despedimento declarado ilícito, o empregador é condenado:

a) A indemnizar o trabalhador por todos os danos causados, patrimoniais e não patrimoniais;

b) Na reintegração do trabalhador no mesmo estabelecimento da empresa, sem prejuízo da sua categoria e antiguidade, salvo nos casos previstos nos artigos 391º e 392º.

2. No caso de mera irregularidade fundada em deficiência de procedimento por omissão das diligências probatórias referidas nos nºs 1 e 3 do artigo 356º, se forem declarados procedentes os motivos justificativos invocados para o despedimento, o trabalhador tem apenas direito a indemnização correspondente a metade do valor que resultaria da aplicação do nº 1 do artigo 391º

3. Constitui contraordenação grave a violação do disposto no nº 1.

COMENTÁRIOS:

1. Antecedentes legislativos: Arts. 436º e 681º, nº 1, als. *a*) e *b*), do CT/2003 e 13º, nº 1, al. *b*), da LCCT.

2. O presente artigo tem a redação introduzida pela L nº 23/2012, de 25 de junho, a qual alterou o nº 2.

3. Além da indemnização por antiguidade prevista no art. 391º, a lei confere ao trabalhador *direito indemnizatório relativo a danos* patrimoniais e não patrimoniais que, pela sua gravidade mereçam a tutela do direito, contanto que demonstrado o respetivo nexo causal (nº 1, al. *a*)).

VII – A indemnização por danos morais, peticionada na sequência do termo de uma relação laboral, para que seja devida, é necessário demonstrarem-se os requisitos da responsabilidade contratual (arts. 381º e 389, nº 1, al. a) do CT) e será, sempre, necessário atentar que os danos sofridos pelo trabalhador devem integrar uma lesão grave, que vá para além daquela que, sempre acontece, em situações similares de termo de relações laborais, porque o direito à indemnização com fundamento em danos não patrimoniais não é de admitir como regra mas, apenas, no caso singular, de haver uma justificação segura, que leve a concluir pela necessidade de reparar uma lesão que restaria apoditicamente não satisfeita. VIII – Para, em direito laboral, haver direito à indemnização com fundamento em danos não patrimoniais, terá o trabalhador de provar que houve violação culposa dos seus direitos, causadora de danos que, pela sua gravidade, mereçam a tutela do direito, o que se verificará, em termos gerais, naqueles casos em que a culpa do empregador seja manifesta, os danos sofridos pelo trabalhador se configurem como, objetivamente, graves e o nexo de causalidade não mereça discussão razoável. [Ac. da RP, de 09.01.20 *in* www.dgsi.pt (Proc. nº 3552/18.5T8AVR.P1)].

2. *As insónias constituem um dano não patrimonial que, pela sua gravidade, merecem a tutela do direito, pelo que a entidade empregadora deverá indemnizar os Trabalhadores.* [Ac. da RL, de 09.09.19 *in* www.dgsi.pt (Proc. nº 610/16.4T8SNT.L1-4)].

2. *Devem ser reparados os danos não patrimoniais que o trabalhador sofra com o despedimento e que pela sua gravidade e consequências mereçam a tutela do direito, sendo valorada a indemnização de acordo com critérios de equidade.* [Ac. da RG, de 04.02.16 *in* www.dgsi.pt (Proc. nº 1414/19TTGMR.G1)].

No mesmo sentido, *v.* os Acs. do STJ, de 19.04.12 *in* www.dgsi.pt (Proc. nº 1210//06.2TTLSB.L1.S1) e de 25.01.12 *in* www.dgsi.pt (Proc. nº 4212/07.8TTLSB.L1.S1).

Mostra-se equilibrada a fixação de uma indemnização no montante de €2.000,00 conhecendo o réu o estado depressivo do trabalhador, por ter sido ilicitamente despedido (...), tanto mais que, uma vez despedido iria deixar de beneficiar das taxas de juro bonificadas e do seguro de vida. (Ac. da RP, de 25.03.19 *in* CJ, Ano XLIV, Tomo II, p. 346).

VII – É ajustado valor de €3.000,00 para compensar uma trabalhadora que, em consequência do seu despedimento, ficou afetada psicologicamente, desorientada e muito transtornada, sofrendo ainda instabilidade, ansiedade e desgosto ao ver de novo o seu filho mudar de escola, pela necessidade que teve de alterar a sua residência por estar sem trabalho e sem dinheiro. [Ac. da RL, de 20.06.12 *in* www.dgsi.pt (Proc. nº 627/10.2TTBRR.L1-4)].

4. Subscrevendo o direito ao trabalho, o legislador prefere a *reintegração do trabalhador* em detrimento da dissolução contratual, esta última realizada mediante pagamento da indemnização por antiguidade [nº 1, al. *b*)].

Não tendo o trabalhador, por sua iniciativa ou a pedido do empregador, exercido, oportunamente, o direito de optar pela atribuição de indemnização em substituição da reintegração, cumpria ao tribunal decretar a sua reintegração. [Ac. do STJ, de 12.04.12 *in* www.dgsi.pt (Proc. nº 176/1998.L1.S1)].

A reintegração visa a reconstituição natural da situação que existiria se não tivesse ocorrido o despedimento ilícito (art. 562º, CC), trata-se, portanto, de uma sanção reconstitutiva.

Essa reintegração do trabalhador tem como consequência a reposição do contrato de trabalho na plenitude dos seus efeitos, cabendo ao empregador executar o que foi judicialmente decidido.

Não acatando o empregador a ordem judicial, é responsável pelo *pagamento das retribuições subsequentes ao trânsito em julgado dessa condenação, representando estas a indemnização correspondente ao dano sofrido em consequência do incumprimento (art. 933º, 1 do CPC).* [Ac. da RP, de 29.06.09 *in* www.dgsi.pt (Proc. nº 0847108)].

A reintegração é realizada no mesmo estabelecimento da empresa (não no mesmo posto de trabalho, mas e apenas no *mesmo estabelecimento*), recuperando o trabalhador a sua categoria e antiguidade, salvo nos casos previstos nos arts. 391º (Indemnização em substituição da reintegração a pedido do trabalhador) e 392º (Indemnização em substituição da reintegração a pedido do empregador).

Pode ocorrer, no entanto, que o posto de trabalho se tenha extinto e, naturalmente, não cabe ao empregador o dever de o repor; bem como a atividade contratada já ter sido ocupada por outro trabalhador (questão sensível para o nosso legislador que indica como motivação para o contrato a termo, a substituição de trabalhador enquanto decorre ação judicial de apreciação do despedimento). Pode apelar-se nesses casos à reintegração em atividade compatível ou em reintegração em outro estabelecimento, desde que se respeite os requisitos da transferência do trabalhador.

Para Pedro Furtado Martins, "a exigência de que a reintegração se faça no mesmo estabelecimento não obsta a que, dentro das limitações impostas pelo contrato e pela lei à mudança de local de trabalho, o empregador transfira o trabalhador para outro estabelecimento", *Cessação do contrato de trabalho*, p. 516.

Em última instância e concluindo-se que a reintegração é uma prestação impossível, estamos perante uma impossibilidade objetiva, absoluta e superveniente de receber trabalho, ou seja, uma caducidade.

I – A obrigação de o empregador reintegrar o trabalhador no seu posto de trabalho implica, não só, que o mesmo não seja prejudicado na sua antiguidade e categoria, como também que ao mesmo sejam atribuídas as funções antes exercidas. II – Não cumpre a obrigação de reintegração se o trabalhador bancário, que à data do despedimento exercia funções de gerência, é colocado a emitir pareceres técnicos em Processos de crédito. [Ac. da RC, de 16.02.12 *in* www.dgsi.pt (Proc. nº 550/08.0TTAVR-D.C1)].

4. *Constitui comportamento ilegítimo, subsumível na noção de despedimento ilícito, a terminante disposição do empregador em não admitir um trabalhador, vinculado por um contrato de trabalho sem termo, a retomar as suas funções, consubstanciada na reiterada comunicação escrita de que não era autorizada a sua apresentação ao serviço.* [Ac. do STJ, de 12.01.12 *in* www.dgsi.pt (Proc. nº 1530/08.1TTLSB.L1.S1)].

II – Não tendo a executada provado que concedeu ao trabalhador os mesmos ou semelhantes meios e condições de trabalho que lhe possibilitassem um resultado do trabalho qualitativa e quantitativamente igual ou semelhante ao que era realizado antes do despedimento, conclui-se no sentido de que não foi efetuada a reintegração na empresa, o que conduz à improcedência da oposição à execução. [Ac. da RP, de 03.10.11 *in* www.dgsi.pt (Proc. nº 661/06.7TTMTS-C.P2)].

No mesmo sentido, *v.* o Ac. da RC, de 16.06.11 *in* CJ, Ano XXXVI, Tomo III, p. 82.

5. Recai sobre o empregador o ónus de convocar o trabalhador para retomar as respetivas funções.

I – No caso de declaração de ilicitude do despedimento e de condenação da entidade empregadora a reintegrar o trabalhador no seu posto de trabalho, cabe àquela o ónus de convocar o trabalhador com vista à sua efetiva reintegração; não cabe ao trabalhador o dever de se apresentar para efeitos da sua reintegração. (Ac. da RL, de 24.01.18 *in* CJ, Ano XLIII, Tomo I, p. 132). *V.* o Ac. da RP, de 12.09.11 *in* CJ, Ano XXXVI, Tomo IV, p. 228.

6. Considera-se válido o *despedimento irregular*, (por omissão das diligências probatórias referidas nos nºs 1 e 3 do art. 356º), contanto sejam julgados procedentes os motivos justificativos invocados para o despedimento, tendo o trabalhador, neste caso, apenas direito à indemnização correspondente a metade do valor que resultaria da aplicação do nº 1, do art. 391º (nº 2).

Sobre a bondade desta solução, para nós, discutível, a CLB entendeu que o princípio constitucional de proibição de despedimento ilícito deve ser exclusivo do despedimento *ad nutum* (sem justa causa), pelo que as invalidades procedimentais deverão ser tratadas como atos irregulares. Assim, "O despedimento (apenas) formalmente ilícito é um *ato irregular* que, por isso, deve dar origem a uma obrigação de indemnizar pelos prejuízos causados, sem, contudo, afastar a possibilidade de efetiva cessação da relação de trabalho quando o empregador demonstre, e o tribunal ateste, existir causa justificativa para essa cessação", Paula Quintas, *Apreciação de alguns aspetos cruciais do «Livro Branco das Relações Laborais»*, p. 315.

É verdade que há validade substancial do despedimento, pois assenta em comportamento ilícito e culposo do trabalhador, todavia, no que concerne à validade formal, o princípio do contraditório não foi assegurado, pelo que, a procedência dos motivos justificativos, não recebeu arguição.

Considera Pedro Furtado Martins, quanto ao grau de ilicitude decorrente da ordenação estabelecida no artigo 381º, que "nenhuma das situações abrangidas por este preceito é suscetível de ocorrer no despedimento irregular. As duas primeiras [alíneas *a*) e *b*)] têm a ver com a improcedência dos motivos do despedimento, que não se verifica nas situações de irregularidade, que pressupõe o oposto, ou seja, a declaração de procedência dos motivos justificativos do despedimento. A inexistência de procedimento [al. *c*]] também não ocorre, pois, a irregularidade do despedimento pressupõe que o despedimento foi antecedido do procedimento, existindo apenas falhas de instrução. Finalmente, também não se verifica a hipótese da al. *d*), uma vez que a falta de solicitação do parecer da CITE gera a ilicitude e a invalidade do despedimento, e não a mera irregularidade. Assim, tudo indica que a remissão que o art. 389º, 2 faz para o artigo 391º, 1 acaba por ter como resultado que na fixação da indemnização devida pelo despedimento irregular o tribunal atenda apenas ao valor da retribuição, não tendo qualquer sentido ponderar o grau de ilicitude", *Cessação do Contrato de Trabalho*, pp. 567 e 568.

II. O dever do tribunal apreciar a verificação dos fundamentos invocados para o despedimento, ao abrigo do nº 4 do art. 387º do CT, apenas se compreende à luz da nova figura do despedimento irregular contida no nº 2 do art. 389º do CT, mas já não quando estão em causa vícios que impliquem a ilicitude do despedimento, como por exemplo, nos casos de inexistência do Processo disciplinar, ou na falta do parecer prévio da CITE, nos termos das alienas b) e d) do art. 381º do CT, pois neste caso seria admitir-se a prática de atos inúteis, o que contraria o disposto no art. 137º do CPC. [Ac. da RL, de 15.12.11 *in* www.dgsi.pt (Proc. nº 576/10.5TTBRR.L1-4)].

7. O incumprimento, por parte do empregador, da decisão judicial que declarou o direito à reintegração do trabalhador, motiva uma ação de prestação de facto decorrente de tal incumprimento, que é cumulável com o pedido (em Processo executivo), de sanção pecuniária compulsória, à luz do art. 829º-A, CC: *Se é certo que a ré, em abstrato, devia ter tomado a iniciativa de abordar de novo os Autores no sentido de esclarecem a sua posição definitiva quanto à sua reintegração ou recebimento de indemnização por antiguidade, não pode, contudo, a omissão de uma efetiva atuação da empregadora nesse sentido ser entendida, no contexto particular dos autos – em que a empregadora já havia inicialmente comunicado aos trabalhadores a sua intenção de os reintegrar, posição que foi mantendo ao longo da ação e relativamente à qual os mesmos haviam declarado optar pela indemnização em substituição da reintegração, evidenciando o seu desinteresse por esta última – como violadora do dever de reintegração que emerge do referido Acórdão da Secção Social do STJ e como fundamento legítimo para os Autores se assumirem coimo credores da sanção pecuniária compulsória dos autos.* (Ac. do STJ, de 13.11.19, CJ, Ano XXVII, Tomo III, p. 269).

I. A lei permite que numa execução laboral o exequente trabalhador peça a condenação do executado empregador numa sanção pecuniária compulsória até que este realize a prestação, de facto e infungível, de o reintegrar na empresa (art. 74º-A, nº 2 do CPT). [Ac. da RL, de 20.04.16 *in* www.dgsi.pt (Proc. nº 99/12.7TTVFX-B.L1-4)].

Artigo 390º – Compensação em caso de despedimento ilícito

1. Sem prejuízo da indemnização prevista na alínea *a*) do nº 1 do artigo anterior, o trabalhador tem direito a receber as retribuições que deixar de auferir desde o despedimento até ao trânsito em julgado da decisão do tribunal que declare a ilicitude do despedimento.

2. Às retribuições referidas no número anterior deduzem-se:

***a*) As importâncias que o trabalhador aufira com a cessação do contrato e que não receberia se não fosse o despedimento;**

***b*) A retribuição relativa ao período decorrido desde o despedimento até 30 dias antes da propositura da ação, se esta não for proposta nos 30 dias subsequentes ao despedimento;**

***c*) O subsídio de desemprego atribuído ao trabalhador no período referido no nº 1, devendo o empregador entregar essa quantia à segurança social.**

COMENTÁRIOS:

1. Antecedentes legislativos: Arts. 437º, do CT/2003 e 13º, nºs 1, al. *a*) e 2, da LCCT.

2. Em caso de despedimento ilícito, a lei *ficciona* que o contrato de trabalho termina com o proferimento da decisão transitada em julgado de condenação do empregador.

O direito ao recebimento das chamadas *prestações intercalares* (retribuições devidas ao trabalhador desde a data do despedimento até ao trânsito em julgado da decisão do tribunal que declare a ilicitude do despedimento), segundo previsão do nº 1 do preceito, cumulam-se com o direito a indemnização por todos os danos, patrimoniais e não patrimoniais (art. 389º, nº 1, al *a*)).

O empregador é obrigado à prestação retributiva como se o contrato tivesse estado em execução, por aplicação da norma civil do art. 795º, nº 1, do CC, que exonera o credor de efetuar a contraprestação que lhe caberia, fruto da sinalagmaticidade contratual.

Sobre o conhecimento oficioso do direito a auferir as prestações intercalares (visto como um direito disponível), o que afastaria o princípio da condenação extra *vel ultra petitum*, consagrada no art. 74º CPT:

I – Na ação declarativa interposta pelo trabalhador em consequência de despedimento de que tenha sido alvo por parte do seu empregador, rege o princípio do dispositivo que vincula o Tribunal a decidir apenas em função daquilo que o trabalhador despedido lhe haja efetivamente peticionado; II- Se o trabalhador pretender reagir contra esse despedimento, designadamente com fundamento na ilicitude do mesmo, e pretender obter, como consequência, os (ou alguns dos) efeitos dessa ilicitude, deve pedir, na ação instaurada para o efeito, para além da declaração de ilicitude do despedimento, a condenação do empregador na prestação de qualquer das obrigações daí decorrentes. [Ac. do STJ, de 25.11.20 *in* www.dgsi.pt (Proc. nº 6577/15.9T8FNC-C.L1.S1)]. No mesmo sentido, deste mesmo tribunal, *v.* o Ac. de 18.06.14 *in* www.dgsi (Proc. nº 450/ /07.1TTCSC.L1.S1).

Para Paulo Sousa Pinheiro, "se estas prestações vincendas não forem expressamente peticionadas, o juiz não poderá condenar além do pedido fazendo uso do preceituado no artigo 74º do CPT (...) subjaz a esta impossibilidade, mais uma vez, o facto de estas prestações não se situarem no campo da inderrogabilidade absoluta, pois não têm inerentes razões de interesse e ordem pública, antes respeitando a interesses meramente individuais", *A condenação extra vel ultra petitum no Código de Processo do Trabalho*, p. 228.

Em sentido divergente, Joana Vasconcelos situa a questão fora da aplicação da condenação *extra vel ultra petitum*, pois entende que o direito à reintegração do trabalhador e ao pagamento das prestações intercalares são "consequência imediata da invalidade que esta sempre causa e exprimem a subsistência do vínculo laboral, inatingido pelo ato extintivo viciado", não exigindo a sua dedução autónoma e específica, *Reintegração, retribuições intercalares e pedido na ação com processo especial para impugnação do despedimento*, pp. 1035-1036.

Na perspetiva de Pedro Furtado Martins, "pelo menos, quando a impugnação do despedimento seguir a forma da nova ação especial, não parece haver fundamento para exigir que o trabalhador deduza, autónoma e especificamente, os pedidos de condenação nos efeitos decorrentes da ilicitude do despedimento", *Cessação do contrato de trabalho*, p. 491.

3. O conceito de retribuição aqui vertido é o conceito amplo, tornando-se retroativamente exigíveis as retribuições que o trabalhador deixou de auferir desde a data do despedimento até à data de trânsito em julgado da ação. Incluindo-se, nomeadamente, os subsídios de férias e de natal, respetivos complementos salariais, subsídio de alimentação (na parte que exceder os montantes normalmente pagos a esse título), subsídio por trabalho suplementar; subsídio por isenção de horário de trabalho; "prémio/ complemento" devido em função da produtividade e dos lucros.

V. os Acs. do STJ, de 22.02.17 *in* www.dgsi.pt (Proc. nº 659/12.6TTMTS.P2-A.S1); da RL, de 16.03.16 *in* www.dgsi.pt (Proc. nº 3620/10.1TTLSB-B.L1); da RP, de 09.05.16 *in* www.dgsi.pt (Proc. nº 294/14.4TTPRT.P1) e de 16.12.15 *in* www.dgsi.pt (Proc. nº 191/09.5TTMTS.P4); da RL, de 21.03.12 *in* www.dgsi.pt (Proc. nº 491/05.3TTBRR. L1-4) e do STJ, de 17.06.10 *in* www.dgsi.pt (Proc. nº 173/07.1TTMAI.S1).

Nas prestações intercalares incluem-se as férias não gozadas; ou seja, no período correspondente a um ano civil, os salários intercalares abarcam 14 mensalidades (as retribuições mensais correspondentes aos 12 meses do ano, o subsídio de férias e o subsídio de Natal). [Ac. da RP, de 02.05.16 *in* www.dgsi.pt (Proc. nº 659/12.6TTMTS.P1)].

I – Cessado o contrato de trabalho por via de despedimento ilícito, a obrigação de reparar todo o dano inclui o subsídio de alimentação, pois a inexecução do contrato não é imputável ao trabalhador. [Ac. da RP, de 07.02.11 *in* www.dgsi.pt (Proc. nº 820/03.4TTBRG-J.P1)].

III – A entidade empregadora é responsável pelo montante das gratificações (donativos de terceiros, clientes do casino) durante o período em que o trabalhador se manteve fora do serviço por efeito de despedimento ilícito. (Ac. da RP, de 29.11.10 *in* www.dgsi.pt (Proc. nº 431/ /08.8TTBCL.P1) e CJ, Ano XXXV, Tomo V, p. 242).

Para Pedro Furtado Martins, apenas são devidas as retribuições que o trabalhador teria auferido "na pendência da ação, o que não abarca a reposição dos períodos de repouso ou uma compensação pela sua fictícia não-concessão", *Cessação do Contrato de Trabalho*, p. 485.

Sobre o valor de incidência dos descontos legais: *Apurado o montante das retribuições intercalares, deduzido o subsídio de desemprego, obtém-se a quantia bruta a cujo pagamento a empregadora é obrigada pelo despedimento ilícito e é sobre essa mesma quantia que deverão incidir os descontos legais obrigatórios e não sobre todo o valor bruto.* (Ac. da RL, de 13.07.20 (Proc. nº 9444/16.5T8LSB.L1) CJ, Ano XLV, Tomo III, p. 182).

4. O direito à dedução nas prestações intercalares reporta-se:

i) A quaisquer rendimentos (de trabalho ou outros), comprovadamente obtidos com a cessação do contrato e que o trabalhador não receberia se não fosse o despedimento, provando-se, claro, o respetivo nexo causal (nº 2, al. *a*)), acolhendo o disposto no art. 795º, nº 2, do CC, quanto ao benefício atribuído ao devedor com a exoneração da prestação, que será descontado na contraprestação. A dedução do *alliunde perceptum* (as referidas prestações intercalares) visa evitar uma dupla fonte de rendimentos do trabalhador, o que geraria uma iniquidade patrimonial.

A dedução legal não reflete apenas as prestações recebidas por novo contrato de trabalho, mas qualquer prestação remuneratória, de trabalho dependente ou independente, ou outra. Tratando-se de situação de pluriemprego, naturalmente que apenas serão deduzidas as retribuições inerentes ao despedimento ilícito e não outras. Igualmente não serão deduzidas as retribuições advindas de prestação a terceiro, consentida pelo empregador e o subsídio de doença.

V. os Acs. da RC, de 08.11.17 *in* CJ, Ano XLII, Tomo V, p. 145; da RP, de 16.12.15 *in* www.dgsi.pt (Proc. nº 7/14.6T8OAZ.P1); do STJ, de 12.04.12 *in* www.dgsi.pt (Proc. nº 176/1998.L1.S1); da RP, de 14.11.11 *in* www.dgsi.pt (Proc. nº 398/10.2TTVNF.P1) e da RL, de 30.03.11 *in* www.dgsi.pt (Proc. nº 176/1998.L1-4).

O ónus probatório da perceção de rendimentos de trabalho recai sobre o empregador, de acordo com a previsão do art. 342º, do CC. *V.* os Acs. da RP, de 08.03.19 *in* CJ, Ano XLIV, Tomo II, p. 345; do STJ, de 27.06.12 *in* www.dgsi.pt (Proc. nº 493/ /06.2TTBCL.P2.S1) e da RP, de 20.12.11 *in* www.dgsi.pt (Proc. nº 406/10.7TTVCT.P1) e de 28.03.11 *in* www.dgsi.pt (Proc. nº 340/07.8TTOAZ-B.P1).

I – Ter "lucro" significa, correntemente, ter um proveito económico em determinada atividade depois de deduzidos os custos e os encargos com essa mesma atividade, representado que houve um acréscimo patrimonial. II – No caso de trabalhador independente explorando o trabalhador um estabelecimento por conta própria, tudo o que ele recebe da sua atividade só significará um acréscimo patrimonial se deduzidas as despesas de funcionamento ele tiver um resultado líquido positivo ou lucro. III – Só na medida desse lucro é que as deduções previstas no nº 2 do art. 437º, nº 2, do CT/2003 ou no art. 390º, nº 2, al. a), do CT/2009 podem ter lugar. (Ac. da RL, de 11.07.19 *in* CJ, Ano XLIV, Tomo III, p. 190);

ii) Às impugnações tardias, só recebendo o trabalhador, nesse caso, o direito às prestações intercalares a partir dos 30 dias que antecedem a propositura da ação (nº 2, al. *b*)), contados a partir do dia *a quo*, incluindo sábados, domingos e feriados, para deste modo, estimular o trabalhador a impugnar celeremente o despedimento.

A presente norma corretiva das impugnações tardias perdeu sentido nas ações especiais de impugnação do despedimento por facto imputável ao trabalhador e nos despedimentos por extinção de posto de trabalho e por inadaptação, atendendo a que se concede ao trabalhador 60 dias para realização da referida impugnação.

Mantém o interesse para o Processo comum, atendendo ao prazo impugnatório de um ano;

iii) Ao subsídio de desemprego, devendo o empregador entregar essa quantia à segurança social (nº 2, al. *c*)).

Esta matéria é de conhecimento oficioso. *V.* os Acs. da RG, de 04.02.21 *in* www.dgsi.pt (Proc. nº 1519/19.5T8BCL.G1) e da RP, de 06.06.16 *in* www.dgsi.pt (Proc. nº 275/12.2TTVFR.P2); de 17.12.14 *in* www.dgsi.pt (Proc. nº 568/10.3TTVNG.P1) e de 11.10.11 *in* www.dgsi.pt (Proc. nº 2354/09.4TTPNF.P1).

Havendo condenação por despedimento ilícito e subsídios de desemprego a entregar, deve a segurança social reclamá-los diretamente do empregador, não podendo o Fundo de Garantia Salarial fazê-los acrescer aos pagamentos que efetuou aos trabalhadores do empregador insolvente nos termos do art. 322º da Lei nº 35/2004. [Ac. da RP, de 29.03.11 *in* www.dgsi.pt (Proc. nº 84/06.8TYVNG-K.P1)].

5. Dando assentimento à crítica da morosidade judicial, a CLB propôs a adoção do modelo espanhol "fazendo com que o Estado assuma, no todo ou em parte, os custos que possam ser associados à excessiva demora na conclusão da ação judicial", Paula Quintas, *Apreciação de alguns aspetos cruciais do "Livro Branco das Relações Laborais"*, p. 311.

Assim, o pagamento das retribuições devidas ao trabalhador após o decurso de 12 meses desde a apresentação do formulário referido no artigo 98º-C, CPT, até à notificação da decisão de 1ª instância será efetuado pela entidade competente da área da segurança social (art. 98º-N, CPT). Não se incluindo nesse período de 12 meses:

a) Os períodos de suspensão da instância, nos termos do artigo 269º do Código de Processo Civil;

b) O período correspondente à mediação, tentativa de conciliação e ao aperfeiçoamento dos articulados;

c) Os períodos correspondentes a férias judiciais;

d) Os períodos em que a causa esteve a aguardar o impulso processual das partes por razão que lhes seja imputável (artigo 98º-O, do CPT).

Artigo 391º – Indemnização em substituição de reintegração a pedido do trabalhador

1. Em substituição da reintegração, o trabalhador pode optar por uma indemnização, até ao termo da discussão em audiência final de julgamento, cabendo ao tribunal determinar o seu montante, entre 15 e 45 dias de retribuição base e diuturnidades por cada ano completo ou fração de antiguidade, atendendo ao valor da retribuição e ao grau de ilicitude decorrente da ordenação estabelecida no artigo 381º

2. Para efeitos do número anterior, o tribunal deve atender ao tempo decorrido desde o despedimento até ao trânsito em julgado da decisão judicial.

3. A indemnização prevista no nº 1 não pode ser inferior a três meses de retribuição base e diuturnidades.

COMENTÁRIOS:

1. Antecedentes legislativos: Arts. 439º, nºs 1 a 3, do CT/2003 e 13º, nº 3, da LCCT.

2. Em caso de ilicitude do despedimento, o trabalhador pode optar pelo direito à reintegração ou o direito à indemnização por antiguidade, recuperando em qualquer caso, parte dos direitos creditórios e estatutários próprios como se sempre tivesse estado em serviço (art. 390º, nº 1), sem prejuízo de indemnização por danos patrimoniais e morais (art. 389º, nº 1, al. *a*)).

O montante da indemnização em substituição de reintegração a pedido do trabalhador corresponde a uma moldura de entre 15 e 45 dias de retribuição base e diuturnidades por cada ano completo ou fração, valendo a fração creditoriamente o mesmo que um ano, segundo o previsto no nº 1, nunca podendo ser inferior a três meses de retribuição base e diuturnidades (nº 3).

A moldura referida impõe a valoração do grau de ilicitude nos termos da ordenação do art. 381º, bem como o valor da retribuição auferida.

A *ratio legis* é tratar desigual e proporcionalmente casos desiguais.

A lei não é clara quanto à forma de estabelecer tal valoração.

No entanto, e ao contrário da maioria dos Autores, não entendemos que o referente máximo (45 dias) seja para as situações de baixo salário e o referente mínimo (15 dias) para as situações opostas.

Antes pelo contrário, as retribuições elevadas merecerão um agravamento, pois para o trabalhador a perda retributiva, em todas as suas variadas projeções, será maior.

Quanto ao grau de ilicitude do despedimento, naturalmente que será sempre considerado como condição de agravamento da indemnização.

O direito optativo do trabalhador ocorre até ao termo da discussão em audiência final de julgamento e uma vez declarado torna-se irrevogável. Ao interesse do trabalhador em gerir o seu tempo de escolha, contrapõe-se a segurança empresarial do empregador, que não pode ser confrontado com um pedido de reintegração quando contando legitimamente com a dissolução contratual, de acordo com o declarado pelo trabalhador, já (re)organizou ou recrutou novos trabalhadores.

Da previsão legal resulta indubitavelmente que só a retribuição base e diuturnidades são contempladas para efeito da aplicação da indemnização por antiguidade. Outro entendimento cairia no âmbito da interpretação *contra legem*. Sendo certo que o "intérprete presumirá que o legislador consagrou as soluções mais acertadas e soube exprimir o seu pensamento em termos adequados" (art. 9º, nº 3, CC).

VI – É de reputar como equilibrada, justa e adequada uma indemnização, em substituição da reintegração, calculada com base em 40 dias de retribuição base e diuturnidades por cada ano completo ou fração de antiguidade, quando existiu um despedimento ilícito e abusivo, derivado da inexistência de justa causa e de, a sanção de despedimento ter sido aplicada, 53 dias após, o trabalhador ter enviado à empregadora carta a reclamar sobre as suas condições de trabalho, sem que a última lograsse ilidir a presunção estabelecida no nº 2, do art. 331º, do CT. [Ac. da RP, de 09.01.20 *in* www.dgsi.pt (Proc. nº 3552/18.5T8AVR.P1)].

I – Na determinação do montante da indemnização de antiguidade há que atender ao valor da retribuição auferida pelo trabalhador e ao grau de ilicitude do despedimento. II – Mostra-se adequada e ponderada a indemnização de 30 dias de retribuição base fixados para cálculo da indemnização por antiguidade, se o trabalhador auferir mensalmente a quantia de €658,21 e se o despedimento foi declarado ilícito por não se reunirem os requisitos para a extinção do posto de trabalho. [Ac. da RP, de 28.02.11 *in* www.dgsi.pt (Proc. nº 442/09.6TTVFR.P1)].

VI – Considerando o critério da retribuição, uma vez que a retribuição auferida é de montante superior ao do salário mínimo nacional, vigente à data do despedimento – €403,00, segundo o Decreto-Lei nº 2/2007, de 3 de janeiro –, deverá a indemnização ser fixada atendendo a um número de dias inferior ao limite máximo da moldura legal, que é de 45; considerando o critério da ilicitude do despedimento, resultando ela da prescrição da infração disciplinar, por uma mera questão de dias e havendo que reconhecer que, em face dos factos provados, não se poderá deixar de sustentar que o comportamento da autora foi altamente censurável, traduzido em falhas de caixa não contabilizadas que se prolongaram entre setembro de 2005 e janeiro de 2006, o que vale por dizer que, dentro de tal prisma, se não antevê como injustificado, arbitrário ou desproporcionado que o comportamento prosseguido pela autora viesse a ser sancionado com a sanção disciplinar mais severa, temos que nos afastar também daquele limite máximo, pois ele está reservado para as situações mais gravosas, como sejam os despedimentos com invocação de motivos políticos, ideológicos, étnicos ou religiosos ou com invocação de factos, não provados, que integrem crimes, por exemplo é de fixar a indemnização de antiguidade atendendo a 25 dias de retri-

buição por anuidade, ou seja, no ponto aquém do médio dos limites vertidos no nº 1 do art. 439º, por esta se mostrar equitativa e adequada. [Ac. da RL, de 23.02.11 *in* www.dgsi.pt (Proc. nº 848/08.8TTLSB.L1-4)].

3. Para cálculo da indemnização substitutiva deverá o tribunal atender "a todo o tempo decorrido desde a data do despedimento até ao trânsito em julgado da decisão judicial" (nº 2).

4. No caso de oposição procedente do empregador à reintegração, a indemnização por antiguidade é calculada entre 30 e 60 dias (art. 392º, nº 3).

5. Em caso de despedimento ilícito de trabalhadora grávida, puérpera ou lactante, ou de trabalhador no gozo de licença parental, o nº 8, do art. 63º, confere, em alternativa à reintegração, o direito a uma indemnização calculada nos termos previstos no nº 3, do art. 392º, sendo o limite mínimo de seis meses de indemnização por antiguidade, sem prejuízo, em qualquer caso, de indemnização por danos morais.

6. Também ao trabalhador membro de estrutura de representação coletiva dos trabalhadores, é conferido o direito de optar entre a reintegração na empresa e uma indemnização calculada nos termos previstos no nº 3, do art. 392º, nunca inferior à retribuição-base e diuturnidades correspondentes a seis meses (art. 410º, nº 6).

7. Os valores da indemnização podem ser regulados por instrumento de regulamentação coletiva de trabalho (art. 339º, nº 3).

IV – Embora os valores da indemnização de antiguidade possam ser regulados por instrumento de regulamentação coletiva de trabalho, tal possibilidade apenas existe desde que se mantenham dentro dos limites previstos no artigo 391º do CT. [Ac. do STJ, de 12.05.16 *in* www.dgsi.pt (Proc. nº 44/10.4TTVRL.G1.S1)].

Artigo 392º – Indemnização em substituição de reintegração a pedido do empregador

1. Em caso de microempresa ou de trabalhador que ocupe cargo de administração ou de direção, o empregador pode requerer ao tribunal que exclua a reintegração, com fundamento em factos e circunstâncias que tornem o regresso do trabalhador gravemente prejudicial e perturbador do funcionamento da empresa.

2. O disposto no número anterior não se aplica sempre que a ilicitude do despedimento se fundar em motivo político, ideológico, étnico ou religioso, ainda que com invocação de motivo diverso, ou quando o fundamento da oposição à reintegração for culposamente criado pelo empregador.

3. Caso o tribunal exclua a reintegração, o trabalhador tem direito a indemnização, determinada pelo tribunal entre 30 e 60 dias de retribuição base e diuturnidades por cada ano completo ou fração de antiguidade, nos termos estabelecidos nos nºs 1 e 2 do artigo anterior, não podendo ser inferior ao valor correspondente a seis meses de retribuição base e diuturnidades.

COMENTÁRIOS:

1. Antecedentes legislativos: Arts. 438º, nºs 2 a 4 e 439º, nºs 4 e 5, do CT/2003 e 13º, nºs 1, al. *b*) e 3, da LCCT.

2. O nº 1 indica que tratando-se de *microempresa* (definida no art. 100º, nº 1, al. *a*), protegendo o valor paz da empresa, que poderia ser perturbado pela reintegração do trabalhador) ou de *trabalhador que ocupe cargo de administração ou de direção* (onde está especialmente em causa a relação de confiança), o empregador pode opor-se à reintegração do trabalhador (exercendo o direito de veto à reintegração), provando a grave perturbação e prejuízo para o funcionamento da empresa potencialmente resultantes da reintegração.

3. Sobre se o exercício deste direito de oposição é suscetível de constituir uma violação da garantia de segurança no emprego e proibição de despedimentos sem justa causa consagrada no art. 53º, da CRP, o TC, no Ac. nº 306/2003, de 25.06.03, ao tempo do CT/2003, pronunciou-se sobre a constitucionalidade desta faculdade. O Tribunal Constitucional revisitou a jurisprudência do Acórdão nº 107/88, e a proferida em matérias semelhantes e/ou conexas, para concluir que "a norma em análise, ao prever, em certos termos, a oposição, pelo empregador, à reintegração, por o regresso do trabalhador de microempresa, ou que ocupe cargo de administração ou de direção, ser prejudicial e perturbador do funcionamento da empresa não é inconstitucional num sistema que, como o nosso, admite também justas causas objetivas de despedimento (assim, os citados Acórdãos nºs 107/88, 64791 e 581/95). Na verdade, nas microempresas, se o reatamento da relação de trabalho importar, numa avaliação objetiva e realizada por uma entidade com garantias de independência, grave prejuízo e perturbação para a prossecução da atividade da empresa, pode, em confronto com este resultado, não ser exigível a subsistência do vínculo contratual, e, assim, a reintegração do trabalhador". E mais adiante, "Está-se, assim, perante um regime que não ameaça de forma desproporcionada a estabilidade do emprego, até porque só pode funcionar precedendo uma decisão judicial, ou seja, rodeada da garantia do juiz – realizando, em termos não censuráveis, uma concordância prática dos interesses em presença, por isso mesmo não ferindo as exigências constitucionais" (DR, I-A, de 18.07.2003).

Entendimento novamente subscrito, pelo TC, no Ac. nº 338/10, de 22.09.10, onde decidiu declarar a constitucionalidade do art. 392º, do CT. (DR, I Série, de 08.11.2010).

Em contrário, Júlio Gomes/Raquel Carvalho defendem que "A possibilidade do afastamento da reintegração, na sequência de uma oposição, pelo empregador, ainda que ponderada pelo tribunal, nos termos contidos na lei, parece violar, tanto o princípio de que não pode haver despedimentos sem justa causa, como o princípio da igualdade. Relativamente à proibição constitucional de despedimentos sem justa causa importa considerar que um despedimento ilícito é, tanto aquele em que materialmente não existe justa causa, como aquele em que, por vícios formais da responsabilidade do empregador, não foi possível determinar validamente se ela existe, pelo que (e até porque o ónus da prova da justa causa cabe ao empregador) tudo se passa como se ela não existisse. (...). Permitir-lhe invocar estes comportamentos (prejuízo grave, perturbação causada) para se opor à reintegração é, ainda, permitir-lhe retirar vantagens da prática de um facto ilícito. (...). Mas a norma legal viola também, na nossa opinião, o princípio da igualdade. De facto, esta faculdade de oposição à reintegração existe apenas relativamente a trabalhadores que ocupem cargos de administração ou de direção – expressão ambígua, que tanto abrange cargos de direção superior, como outros de chefia intermédia – e casos de microempresas (e aqui quanto à totalidade dos trabalhadores). Cria-se, assim, um regime diferenciado entre as empresas, consoante o número de trabalhadores de cada uma delas, esquecendo-se que esse número depende, ao menos em parte, de uma decisão do empregador e é, frequentemente, manipulável, consoante a técnica de organização jurídica adotada", *Código do Trabalho – a (inconstitucionalidade) das normas relativas à repetição do procedimento disciplinar e à reintegração*, p. 218.

4. Sobre o conceito de trabalhador que ocupe cargo de administração ou de direção, Pedro Furtado Martins observa:

"Não é fácil delimitar o que se entende por cargos de administração ou de direção. Para os primeiros, porque consideramos que só se referem a situações que não envolvam administradores em sentido estrito, isto é, membros do conselho de administração das sociedades anónimas, dada a incompatibilidade entre o exercício desse cargo social e a relação de trabalho subordinado. Quanto aos segundos, porque a lei não adianta o que se deve entender por cargos de direção, ainda que utilize a expressão com frequência", *Cessação do Contrato de Trabalho*, p. 527.

5. O direito de veto à reintegração do trabalhador não é conferido sempre que a ilicitude do despedimento se funde em motivos políticos, ideológicos, étnicos ou religiosos, ainda que com invocação de motivo diverso, bem como nos casos em que o fundamento justificativo da oposição à reintegração foi culposamente criado pelo empregador, permitindo-lhe, portanto, beneficiar com a violação da lei (nº 2).

6. Legitimado este direito de oposição, eleva-se o referente para efeito de cálculo de indemnização por antiguidade entre 30 dias e 60 dias (nº 3).

5 – *Tendo sido confessado o pedido de exclusão da reintegração, a indemnização de substituição arbitra-se por aplicação do disposto no Art. 392º/3 do CT.* [Ac. da RG, de 22.10.15 *in* www.dgsi.pt (Proc. nº 1084/13.7TTBRG.G1)].

7. As trabalhadoras grávidas, puérperas e lactantes e os trabalhadores no gozo de licença parental gozam de um regime especial, não podendo o empregador opor-se à reintegração (art. 63º, nº 8).

Quanto aos trabalhadores membros de estrutura de representação coletiva (art. 410º, nº 6), consideramos que já é conferida a possibilidade de exercício de veto à reintegração, por mera confrontação entre aquele regime e o nº 8, do art. 63º.

8. O art. 98º-J, nº 2, CPT, relativo ao processo especial, indica que no caso de o empregador pretender que o tribunal exclua a reintegração do trabalhador (nos termos previstos no art. 392º) deve requerê-lo, desde logo, no mesmo articulado, invocando os factos e circunstâncias que fundamentam a sua pretensão, e apresentar os meios de prova para o efeito.

Assim, nos termos do nº 3, do art. 98º-J, CPT, se o empregador não apresentar o articulado referido no número anterior, ou não juntar o procedimento disciplinar ou os documentos comprovativos do cumprimento das formalidades exigidas, o juiz declara a ilicitude do despedimento do trabalhador e:

a) Condena o empregador a reintegrar o trabalhador no mesmo estabelecimento da empresa, sem prejuízo da sua categoria e antiguidade, ou, caso o trabalhador tenha optado por uma indemnização em substituição da reintegração, a pagar-lhe, no mínimo, uma indemnização correspondente a 30 dias de retribuição base e diuturnidades por cada ano completo ou fração de antiguidade, sem prejuízo do disposto nos nºs 2 e 3 do artigo 391º do Código do Trabalho;

b) Condena ainda o empregador no pagamento das retribuições que o trabalhador deixou de auferir desde a data do despedimento até ao trânsito em julgado da decisão judicial que declare a ilicitude do despedimento;

c) Ordena a notificação do trabalhador para, querendo, no prazo de 15 dias, apresentar articulado no qual peticione quaisquer outros créditos emergentes do contrato de trabalho, da sua violação ou da sua cessação, incluindo a indemnização prevista na alínea *a*) do nº 1 do artigo 389º do Código do Trabalho.

SUBSECÇÃO III – Despedimento por iniciativa do empregador em caso de contrato a termo

Artigo 393º – Regras especiais relativas a contrato de trabalho a termo

1. As regras gerais de cessação do contrato aplicam-se a contrato de trabalho a termo, com as alterações constantes do número seguinte.

2. Sendo o despedimento declarado ilícito, o empregador é condenado:

***a*) No pagamento de indemnização dos danos patrimoniais e não patrimoniais, que não deve ser inferior às retribuições que o trabalhador deixou de auferir desde o despedimento até ao termo certo ou incerto do contrato, ou até ao trânsito em julgado da decisão judicial, se aquele termo ocorrer posteriormente;**

***b*) Caso o termo ocorra depois do trânsito em julgado da decisão judicial, na reintegração do trabalhador, sem prejuízo da sua categoria e antiguidade.**

3. Constitui contraordenação grave a violação do disposto no número anterior.

COMENTÁRIOS:

1. Antecedentes legislativos: Arts. 440º e 681º, nº 1, al. *a*), do CT/2003 e 52º, nºs 1 e 2, da LCCT.

2. A cessação do contrato de trabalho a termo possui um regime especial.

Sendo o despedimento declarado ilícito, o empregador é condenado no pagamento de indemnização dos danos patrimoniais e não patrimoniais, que não deve ser inferior às retribuições que o trabalhador deixou de auferir desde o despedimento até ao termo certo ou incerto do contrato, ou até ao trânsito em julgado da decisão judicial, se aquele termo ocorrer posteriormente (2, al. *a*)). Pretende-se, quanto a nós, atribuir, a título de montante indemnizatório patrimonial, pelo menos, o valor das prestações intercalares.

Caso o termo ocorra depois do trânsito em julgado da decisão judicial, na reintegração do trabalhador, sem prejuízo da sua categoria e antiguidade (nº 2, al. *b*)).

Nas palavras de PEDRO FURTADO MARTINS, as retribuições intercalares só são devidas "até ao momento em que ocorreria o termo aposto ao contrato, salvo se esse momento se verificar já depois do trânsito em julgado da decisão judicial (o que será raro), caso em que apenas serão consideradas as retribuições vencidas até esta. Por outras palavras, dir-se-á que neste caso a lei assume que, não tendo o contrato terminado pelo despedimento ilícito, sempre terminaria por caducidade no final do período contratual acordado", *Cessação do contrato de trabalho*, p. 558.

I – Declarada a ilicitude de despedimento no caso de contrato de trabalho a termo certo além da indemnização, é devida a compensação por caducidade se esta tiver ocorrido antes da decisão que declara a ilicitude do despedimento. II – Esta compensação é devida mesmo nos contratos a termo por período inferior a um ano, sendo determinada proporcionalmente. (Ac. da RP, de 25.03.19 *in* CJ, Ano XLIV, Tomo II, p. 249).

3. O art. 52º, nº 3, da LCCT, previa a dedução do *alliunde perceptum*, mas já não acolhia a cominação pela propositura tardia da ação de impugnação judicial.

Parece-nos que, quer a dedução do *aliunde perceptum*, quer a dedução dos rendimentos auferidos com a recuperada disponibilidade do trabalhador penalizam gravemente uma indemnização que nunca será muito avultada. A jurisprudência divide-se.

No sentido da não dedução: *III – À indemnização prevista no art. 393º, nº 2, do CT/2009, devida em caso de despedimento ilícito operado no âmbito de contrato de trabalho a termo, não são aplicáveis as deduções a que se reportam o art. 390º, nº 2, do CT/2009.* [Ac. da RP, de 14.03.16 *in* www.dgsi.pt (Proc. nº 214/15.9T8PNF.P1)].

I – Nos contratos de trabalho a termo, não se aplica o regime das deduções previsto no artigo 390º, nº 2, do Código do Trabalho (CT). [Ac. da RP, de 16.12.15 *in* www.dgsi.pt (Proc. nº 97/14.6T8OAZ.P1)].

No sentido da dedução: *III – A indemnização por despedimento ilícito no contrato a termo, sendo delimitada pelo valor das retribuições que o trabalhador deixou de auferir desde o despedimento até ao trânsito da decisão judicial ou ao termo do contrato, quando este tem lugar antes da data do trânsito da decisão judicial, deve ter em conta as deduções previstas nas três alíneas do nº 2 do art. 390º do CT de 2009.* [Ac. da RL, de 22.06.11 *in* www.dgsi.pt (Proc. nº 95/10.9TTPDL.L1-4)].

SECÇÃO V – Cessação de contrato de trabalho por iniciativa do trabalhador

SUBSECÇÃO I – Resolução de contrato de trabalho pelo trabalhador

Artigo 394º – Justa causa de resolução

1. Ocorrendo justa causa, o trabalhador pode fazer cessar imediatamente o contrato.

2. Constituem justa causa de resolução do contrato pelo trabalhador, nomeadamente, os seguintes comportamentos do empregador:

a) Falta culposa de pagamento pontual da retribuição;

b) Violação culposa de garantias legais ou convencionais do trabalhador, designadamente a prática de assédio praticada pela entidade empregadora ou por outros trabalhadores;

c) Aplicação de sanção abusiva;

d) Falta culposa de condições de segurança e saúde no trabalho;

e) Lesão culposa de interesses patrimoniais sérios do trabalhador;

f) Ofensa à integridade física ou moral, liberdade, honra ou dignidade do trabalhador, punível por lei, incluindo a prática de assédio denunciada ao serviço com competência inspetiva na área laboral, praticada pelo empregador ou seu representante;

3. Constituem ainda justa causa de resolução do contrato pelo trabalhador:

a) Necessidade de cumprimento de obrigação legal incompatível com a continuação do contrato;

b) Alteração substancial e duradoura das condições de trabalho no exercício lícito de poderes do empregador;

c) Falta não culposa de pagamento pontual da retribuição;

d) Transmissão para o adquirente da posição do empregador no respetivo contrato de trabalho, em consequência da transmissão da empresa, nos termos dos nºs 1 ou 2 do artigo 285º, com o fundamento previsto no nº 1 do artigo 286º-A.

4. A justa causa é apreciada nos termos do nº 3 do artigo 351º, com as necessárias adaptações.

5. Considera-se culposa a falta de pagamento pontual da retribuição que se prolongue por período de 60 dias, ou quando o empregador, a pedido do trabalhador, declare por escrito a previsão de não pagamento da retribuição em falta, até ao termo daquele prazo.

COMENTÁRIOS:

1. Antecedentes legislativos: Arts. 441º, do CT/2003; 308º, nºs 1 e 2, da RCT e 34º, nº 1 e 35º, nºs 1, 2 e 4, da LCCT.

2. O presente artigo tem a redação introduzida pela L nº 73/2017, de 16 de agosto, que alterou al. *f*) do nº 2; pela L nº 14/18, de 19 de março, que aditou a al. *d*) ao nº 3 e pela L nº 93/2019, de 4 de setembro, que alterou a al. *b*), do nº 2.

3. A resolução do contrato de trabalho configura um direito potestativo do trabalhador, de, por ato unilateral recetício, proceder à desvinculação contratual, por considerar a relação laboral insustentável. A declaração resolutória há de ser livre e adequadamente formada. A indicação "pode fazer cessar imediatamente o contrato" (nº 1), não deve ser interpretada como uma declaração automática e com efeitos extintivos imediatos.

Cabe ao trabalhador optar pela resolução contratual ou pela prévia suspensão do contrato, estes direitos podem ser exercidos sucessivamente, *i.e.*, o trabalhador opta pela suspensão contratual no pressuposto de que o empregador irá, mais cedo ou mais tarde, cumprir, e, na eventualidade de tal não suceder, invoca a resolução contratual.

No entanto, alerta António Monteiro Fernandes, "essa sucessão pode ser problemática, uma vez que, como também a jurisprudência tem salientado, a suspensão do contrato não interrompe – nem, segundo cremos, suspende, o decurso do prazo de caducidade do direito à resolução. A suspensão só é legítima após a constatação factual do atraso, e esse é também o momento em que, nos termos do art. 395º/1, se inicia a contagem daquele prazo. Por outras palavras: a suspensão do contrato pode consumir, no todo ou em parte, o prazo de caducidade do direito de resolução", *Resolução do contrato por mora na retribuição – prazos e presunções de culpa*, p. 63.

A suspensão de contrato por não pagamento pontual da retribuição encontra-se prevista nos arts. 325º a 327º. O não pagamento pelo período de tempo de 15 dias sobre a data de vencimento (art. 278º, nº 4), permite ao trabalhador invocar este regime (art. 325º, nº 1).

4. A justa causa resolutiva pode ser *subjetiva* (nº 2) ou *objetiva* (nº 3). A distinção é importante, porquanto só a resolução subjetiva, que assenta num juízo de desvalor de ação ou omissão imputável ao empregador, é indemnizável (art. 396º).

Na apreciação da justa causa, deve atender-se, de acordo com o nº 4, ao disposto no nº 3, do art. 351º, *mutatis mutandis* (quadro de gestão da empresa, ao grau de lesão dos interesses do empregador, ao caráter das relações entre as partes ou entre o trabalhador e os seus companheiros e às demais circunstâncias que no caso sejam relevantes).

5. Constituem *justa causa subjetiva* de resolução do contrato pelo trabalhador, nomeadamente, os seguintes comportamentos do empregador (nº 2):

– Falta culposa de pagamento pontual da retribuição [al *a*)];

O pagamento pontual da retribuição corresponde ao vertido no art. 278º, nº 4.

Presume-se iuris et de iure que há falta culposa quando se prolongue por período de 60 dias, ou quando o empregador, a pedido do trabalhador, declare por escrito a previsão de não pagamento da retribuição em falta, até ao termo daquele prazo (nº 5).

III – O incumprimento culposo pelo empregador do dever de pagar pontualmente a retribuição, atento a importância da mesma no âmbito da relação de trabalho, releva como fundamento de justa causa para resolução do contrato de trabalho, por parte do trabalhador, desde que se possa considerar objetivamente grave. (Ac. do STJ, de 06.05.20 *in* CJ, Ano XXVIII, Tomo II, p. 265).

IV – A falta de pagamento ao trabalhador da retribuição por prazo igual ou superior a 60 dias, conduz à presunção inilidível de que a falta de pagamento pontual pelo empregador é culposa. V – Constitui justa causa de resolução do contrato de trabalho pelo trabalhador a falta de pagamento continuado de retribuições mensais, por período superior a 60 dias, por não se tratar de um atraso pontual, por tempo excessivo, o que acarreta a impossibilidade prática e imediata de manutenção do contrato de trabalho. [Ac. da RG, de 05.03.19 *in* www.dgsi.pt (Proc. nº 3853/18.2T8VCT.G1)].

1. A falta de pagamento de retribuições, que se prolongue por mais de 60 dias, presume-se culposa, não sendo ilidível essa presunção de culpa. [Ac. da RE, de 09.06.16 *in* www.dgsi.pt (Proc. nº 177/14.8TTTMR.E1)].

IV. A lei presume, iuris et de iure, a existência de justa causa para o trabalhador resolver o contrato caso o empregador lhe não pague a retribuição por um período de 60 dias (art. 394º, nº 5 do CT). [Ac. da RL, de 18.05.16 *in* www.dgsi.pt (Proc. nº 320/15.0T8FNC.L1-4)].

I – Não se verifica falta culposa do pagamento pontual da retribuição, numa situação em que o trabalhador não se deslocou ao local de cumprimento da obrigação para receber o que lhe era devido, como era prática usual, sem que se demonstrasse que estivesse impedido de o fazer, nem solicitou à empregadora tal pagamento, não se prolongando a omissão do cumprimento por período de 60 dias. [Ac. da RC, de 28.04.16 *in* www.dgsi.pt (Proc. nº 6745/14.0T8CBR.C1)].

O legislador indica agora expressamente que se considera que há falta culposa de pagamento pontual da retribuição quando se prolongue por período de 60 dias, ou quando o empregador, a pedido do trabalhador, declare por escrito a previsão de não pagamento da retribuição em falta, até ao termo daquele prazo. Sendo a falta de pagamento pontual da retribuição inferior a 60 dias, presume-se culposa (art. 799º, nº 1, do Cód. Civil), presunção essa ilidível. Prolongando-se por 60 dias ou mais, a falta considera-se culposa, consistindo numa presunção de culpa. [Ac. da RP, de 21.02.11 *in* www.dgsi.pt (Proc. nº 345/10.1TTPNF.P1)].

Nada obsta a que o trabalhador invoque a justa causa antes de esgotado tal período, se, face à sua condição concreta, não lhe for possível suportar a mora salarial. Apenas não beneficiará da presunção legal.

1-Não obsta a que o trabalhador resolva o contrato de trabalho com fundamento na falta de pagamento pontual da retribuição a circunstância de essa falta de pagamento não se ter prolongado por mais de 60 dias; o que sucede é que, em tal caso, não será aplicável a presunção juris et de jure prevista no nº 5 do artigo 394º do CT. [Ac. da RL, de 27.01.21 *in* www.dgsi.pt (Proc. nº 3147/18.3T8BRR.L1-4)].

Uma interpretação do regime em apreço que obrigue os trabalhadores a esperar, de forma cega e imperativa, pelo referido prazo de incumprimento remuneratório de 60 dias, pois só no termo do mesmo poderão lançar mão da resolução com justa causa da respetiva relação laboral, para além da sua duvidosa constitucionalidade, constitui, em muitos casos, uma violência intolerável de cariz pessoal, familiar e social para os visados por tal regime. [Ac. da RL de 02.11.11 *in* www.dgsi.pt (Proc. nº 124/09.9TTSNT.L1-4)]. No mesmo sentido, *v.* o Ac. do STJ, de 21.03.16 *in* www.dgsi.pt (Proc. nº 337/13.9TTFUN.L1.S1). Em sentido contrário, *v.* o Ac. da RE, de 27.09.11 *in* www.dgsi.pt (Proc. nº 223/09.7TTEVR.E1).

Ainda há que ponderar as situações em que sistemática e rotineiramente, o empregador não liberta a retribuição na data do respetivo vencimento, constituindo-se em mora. O empregador incumpre o contrato de trabalho, não por falta em absoluto de pagamento, mas por conduta moratória, disponibilizando a retribuição mensal devida, *v.g.*, 15, 20 dias depois do respetivo vencimento. Bem como, o pagamento faseado da retribuição e demais prestações retributivas como prática usual, em vez do devido pagamento integral e contínuo.

Estas práticas provocam no trabalhador angústia e justo receio, agravados pela persistência da atuação, e inerente perda de confiança na relação estabelecida. Perante a violação do *princípio da pontualidade* no cumprimento dos contratos, existe justa causa para a resolução contratual

O não pagamento dos vencimentos do autor, respeitantes aos meses de março e abril (com exceção da verba de euros 200,00 paga em maio), não pode deixar de refletir-se negativamente no seu agregado familiar, composto por sua companheira, e por outra pessoa; situação agravada pelo facto de também esta ser funcionária da ré, e existir atraso no pagamento dos salários dos restantes funcionários, existindo, assim, justa causa para a resolução do contrato promovida por aquele. [Ac. da RL, de 16.03.16 *in* www.dgsi.pt (Proc. nº 246/14.4TPDL.L1-4)].

O legislador ao expressamente ressalvar o cumprimento pontual da obrigação, quis, no nosso entender, estabelecer que o cumprimento tardio, como prática contínua, vale como incumprimento, não sendo exigível ao trabalhador a continuidade da relação laboral. [Ac. da RE, de 06.12.11 *in* www.dgsi.pt (Proc. nº 152/10.1TTPTM.E1)].

VIII – Independentemente da culpa do empregador, um trabalhador não pode estar sujeito, de forma persistente, ao não recebimento pontual das remunerações de trabalho. Tratam-se de créditos que têm a natureza, por regra, de créditos alimentares e a persistência no incumprimento é, em abstrato, apta a causar danos à segurança da sua subsistência e a uma vida digna (art. 394º, nº 3, al. c), CT/2009). [Ac. da RC, de 10.02.11 *in* www.dgsi.pt (Proc. nº 1022/09.1TTCBR.C1)].

Atendendo a que a justa causa é apreciada nos termos do nº 3 do artigo 351º, cabe demonstrar que o não pagamento dos salários é impeditivo da manutenção da relação de trabalho, o que não ocorre tratando-se de *falta de pagamento das retribuições relativas a alguns meses, efetuada no contexto de um acordo celebrado entre as partes segundo o qual se operava a compensação do valor dessas retribuições com uma dívida anterior do trabalhador à entidade empregadora, tanto mais que nada se provou sobre a situação económica e familiar do trabalhador decorrente do não pagamento da retribuição, nem os autos fornecem elementos de prova acerca da não existência de outras fontes de rendimento.* [Ac. do STJ, de 31.05.16 *in* www.dgsi.pt (Proc. nº 337/13.9TTFUN.L1.S1)].

III – Não integra justa causa de resolução do contrato de trabalho por iniciativa do trabalhador o não pagamento do valor corresponde a trabalho suplementar prestado em dias de descanso obrigatório e complementar e feriado, ao longo de um ano, no montante de € 442,90 (quatrocentos e quarenta e dois euros e noventa cêntimos). [Ac. do STJ, de 11.09.19 *in* www.dgsi.pt (Proc. nº 2302/17.8T8BRR.L1.S1)].

3 – Não integram justa causa de resolução do contrato de trabalho, por iniciativa do trabalhador, a falta de pagamento de componentes da retribuição que se mantém durante cerca de 5 anos, sem que tenha colocado o trabalhador numa situação de absoluta carência de meios económicos e gerado transtornos sérios ou consequências nefastas para a sua vida pessoal e familiar, bem como a suspensão do exercício de funções, em violação do dever de ocupação efetiva, revogada pela empregadora, antes ainda de o trabalhador decidir resolver o contrato. [Ac. do STJ, de 28.01.16 *in* www.dgsi.pt (Proc. nº 774/13.9TTVNG.P1.S1)].

Sobre a ilisão da presunção: *Estando apenas em falta o pagamento de uma pequena fração respeitante a duas retribuições e tendo ficado demonstrado que essa falta de pagamento ficou a dever-*

-se a dificuldades económico-financeiras da empresa, não procedentes de culpa sua, fica ilidida a referida presunção. [Ac. da RL, de 02.03.11 *in* www.dgsi.pt (Proc. nº 178/09.8TTALM.L1-4)].

Questiona-se, ainda, a relevância do incumprimento por parte do empregador de uma única prestação retributiva ou se a figura apenas se aplica havendo uma continuidade no incumprimento.

Entendimento jurisprudencial a favor do primeiro entendimento: *O facto da retribuição cujo pagamento está em falta se reportar apenas a parte de um mês, não obsta por si só à possibilidade de resolução do contrato pelo trabalhador, desde que verificados os restantes pressupostos que a legitimam.* [Ac. da RE, de 08.05.12 *in* www.dgsi.pt (Proc. nº 134/11.6TTEVR.E1)].

A favor do segundo entendimento: *Nos contratos de execução continuada ou periódica, que "criam uma relação contratual mais complexa", cada prestação ou cada inadimplemento não devem ser tomados e valorados isoladamente, mas, antes, com referência à relação contratual complexiva. Assim, em regra, não bastará o inadimplemento de uma só prestação para fazer desaparecer o interesse do credor na subsistência da relação e para legitimar a resolução.* [Ac. da RL, de 08.05.12 *in* www.dgsi.pt (Proc. nº 483/09.3TMSNT.L1-1)]. *V.*, ainda, o Ac. da RL, de 06.10.10 *in* www.dgsi.pt (Proc. nº 516/09.3TTFUN.L1-4).

Interessante o Ac. do STJ sobre retribuição não declarada:

3. O autor em carta datada de 05/05/2017, resolveu o contrato de trabalho com a ré, tendo invocado a falta de pagamento de quantias devidas a título de retribuição e respetivos subsídios de férias e de natal, respeitantes à parte não declarada da sua retribuição, num total de €28 967,25 líquidos, cujo pagamento vinha insistindo desde 2014. 4. Este incumprimento justifica a resolução do contrato pelo trabalhador, pois a violação dos direitos do autor assumiu uma gravidade tal que não lhe restava outra via senão a da rutura contratual, a tal não obstando o facto de a remuneração em falta corresponder a valores não declarados, sem sujeição aos descontos legais, na medida em que se trata de remuneração acordada entre as parte, que fazia parte da principal contrapartida do trabalho prestado pelo autor, não sendo exigível que tivesse de alegar e provar, em simultâneo, um prejuízo sério decorrente do não pagamento dessa parte da retribuição.5. Tendo em conta que o valor não pago da remuneração do autor ascende ao montante total de € 28.967,2, considerando a sua antiguidade na ré, de mais de 14 anos, e o valor da retribuição base mensal por ele auferida (€ 2.073,00) entendemos como adequada e equitativa a sua fixação em 30 dias de retribuição. [Ac. de 14.10.20 *in* www.dgsi.pt (Proc. nº 3957/17.9T8FNC.L1.S1)].

– Violação culposa de garantias legais ou convencionais do trabalhador, designadamente a prática de assédio praticada pela entidade empregadora ou por outros trabalhadores [al. *b*)], nomeadamente, por violação do dever de ocupação efetiva que cabe ao empregador [art. 129º, nº 1, al. *b*)];

III – Invocada como fundamento da resolução de um contrato de trabalho, nos termos do artigo 394º, nºs 1 e 2, al. b), do Código do Trabalho, a privação do uso de veículo automóvel, que era facultada pelo empregador para uso profissional e pessoal, não é possível considerar-se que era inexigível ao trabalhador a manutenção da relação de trabalho, não tendo este provado o reflexo da privação daquele uso no valor da retribuição globalmente auferida. [Ac. do STJ, de 04.07.18 in www.dgsi.pt (Proc. nº 14383/16.7T8PRT.P1.S1)].

– Aplicação de sanção abusiva [al. *c*)], prevista no art. 331º;

– Falta culposa de condições de segurança e saúde no trabalho [al. *d*)], sendo de relevar, neste contexto, o regime jurídico de promoção da segurança e saúde no trabalho aprovado pela L nº 102/2009, de 10 de setembro (na redação dada pela L nº 28/2016, de 23 de agosto).

III. Deve concluir-se pela verificação de justa na resolução do contrato por parte de trabalhadora que, enquanto caixa num supermercado, ao longo de vários anos foi vítima de assaltos, ofensas à sua integridade física e psíquica e de roubo, sem que a entidade patronal tenha tomado as medidas adequadas para evitar ou minorar o risco de ocorrência dessas situações. [Ac. da RP, de 07.05.10 *in* www.dgsi.pt (Proc. nº 807/08.0TTVNG.P1)].

I – Não viola as condições de segurança, higiene e saúde no trabalho a colocação do trabalhador vítima de agressão por colega no mesmo local de trabalho do agressor. (Ac. da RL, de 14.05.08 *in* CJ, Ano XXXIII, Tomo III, p. 148).

– Lesão culposa de interesses patrimoniais sérios do trabalhador [al. *e*)].

Esta motivação distingue-se da falta culposa de pagamento pontual da retribuição [prevista na al. *a*)], pois a lesão de interesses patrimoniais sérios do trabalhador possui uma tutela pararetributiva, como por ex., o caso da transferência do trabalhador que implique prejuízos sérios para este.

I – Na resolução por justa causa invocada pelo trabalhador há um menor nível de exigência na avaliação da inexigibilidade na manutenção da relação laboral relativamente àquele que é exigido ao empregador quando invoca justa causa para despedir. II – O que se justifica pelo facto de a proteção do emprego não se aplicar ao trabalhador que se auto despede e porque este não dispõe de outros meios para reagir a incumprimentos, enquanto que o empregador dispõe de todo um leque de sanções. III – Integra justa causa objetiva a resolução do contrato baseada em mudança de local de trabalho para sítio que se situa a 43km do local de residência da autora e que implica o uso de 4 transportes (2 autocarros, 2 comboios) ou, em alternativa o uso de automóvel privado, quando os custos dessas deslocações não foram previamente garantidos à trabalhadora. IV – E quando esses custos podem atingir cerca de 100€, o que representa uma diminuição incomportável num vencimento de cerca de 800€, totalmente gastos em despesas familiares essenciais. V – E que, além do mais, impede a autora de exercer as responsabilidades parentais de levar e trazer da escola um filho menor de 7 anos, que necessita, ainda, duas vezes por semana, de ser levado a cuidados de saúde especiais. [Ac. da RG, de 20.02.20 *in* www.dgsi.pt (Proc. nº 6982/18.9T8VNF.G1)].

ii) a transferência definitiva de trabalhadora para outro local de trabalho sem acordo prévio e sem prévia justificação do motivo pela empregadora é ilícita. iii) o acréscimo de tempo na viagem e sobretudo o acréscimo de despesa decorrente de ter que percorrer mais 440 quilómetros por mês, sem que a empregadora o pagasse, auferindo a trabalhadora a quantia líquida mensal de € 588, tendo em conta o baixo salário, constitui justa causa para a resolução do contrato de trabalho pela trabalhadora. [Ac. da RE, de 16.01.20 *in* www.dgsi.pt (Proc. nº 94/19.5T8TMR.E1)].

III – Constitui justa causa de resolução do contrato de trabalho, o prejuízo sério que a transferência de local de trabalho cause ao trabalhador. IV – Existe prejuízo sério quando a transferência obriga o trabalhador a gastar quatro horas diárias nas deslocações de ida e volta à residência. [Ac. da RP, de 10.12.19 *in* www.dgsi.pt (Proc. nº 2945/18.2T8AGD.P1)].

ii. Tendo a Ré/apelante transferido definitivamente o local de trabalho da Autora/apelada para a Câmara Municipal de Lagos, de forma a causar para esta prejuízos sérios decorrentes de uma tal transferência, a par da verificação de uma substancial alteração das suas condições de trabalho e das suas funções, tal constitui justa causa para a resolução de contrato de trabalho por parte desta. [Ac. da RE, de 09.03.16 *in* www.dgsi.pt (Proc. nº 552/10.7TTFAR.E1)].

VI – Tendo a Ré violado de forma culposa a garantia legal do A. à irredutibilidade da retribuição e, tendo, ainda, retirado o veículo ao A., alterando de forma substancial e duradoura as suas condições de trabalho, existe justa causa de resolução do contrato pelo trabalhador. [Ac. da RP, de 16.12.15 *in* www.dgsi.pt (Proc. nº 45/14.3TTVFR.P1)].

III – Não preenche o conceito de lesão séria o desconto ilícito de quantias variáveis no salário mensal do trabalhador, alegadamente por gastos em telefone, se este não prova, em face dos proventos que aufere ao serviço da empresa, que o desconto de tais quantias lhe tenha causado algum prejuízo, e muito menos sério, na sua economia doméstica. [Ac. da RC, de 21.03.11 *in* www.dgsi.pt (Proc. nº 205/09.9TTVIS.C1)].

2. A conduta passiva do empregador permitindo que uma sua trabalhadora, no seio da empresa, alterasse a repartição das gorjetas entre os empregados, ao arrepio de uma regra existente na empresa, lesando os direitos e discriminando outra trabalhadora, assume uma ilicitude que, pelo seu grau de culpa, e pela sua gravidade é suscetível de condicionar a relação laboral, de forma a que seja inexigível a sua manutenção por parte do trabalhador. [Ac. da RE, de 09.03.10 *in* www.dgsi.pt (Proc. nº 160/08.2TTFAR.E1)].

– Ofensa à integridade física ou moral, liberdade, honra ou dignidade do trabalhador, punível por lei, incluindo a prática de assédio denunciada ao serviço com competência inspetiva na área laboral, praticada pelo empregador ou seu representante [al *f*)], que consubstanciará, igualmente, ilícito penal (art. 181º, nº 1, do CP).

i. Constitui justa causa para resolução de contrato de trabalho assumida pelo Autor/apelado, o comportamento ilícito e culposamente adotado pelo sócio gerente e representante legal da Ré/apelante, sua entidade empregadora, comportamento que se traduziu em haver agredido aquele fisicamente no seu local de trabalho e em tempo de trabalho perante outro trabalhador, desferindo-lhe duas palmadas no peito e um murro na boca de que resultou ferida irregular no lábio inferior. [Ac. da RE, de 30.03.16 *in* www.dgsi.pt (Proc. nº 803/11.0TTFAR.E1)].

II. Existe justa causa subjetiva de resolução do contrato pelo trabalhador quando o empregador o assedia, entre outras coisas mudando-lhe o sítio onde prestava a atividade, proibindo-o de se deslocar na empresa salvo ir à casa de banho, e de conversar com outros elementos, lhe retira o telemóvel sem qualquer motivo, lhe proíbe a entrada pela porta que até aí utilizava, lhe retira o acesso à net, pri-

meiro totalmente e depois com a exceção de sites com as palavras "text" ou "textil", tudo na sequência de propostas para aceitar uma substancial redução na retribuição ou a cessação com a compensação sugerida pela R., muito inferior ao valor médio de uma retribuição de antiguidade, que o A. não aceitou. [Ac. da RG, de 18.02.16 *in* www.dgsi.pt (Proc. nº 98/12.9TTGMR.G1)].

II – Resultando provado que durante mais de dois anos a R. não atribuiu ao A. os meios necessários ao exercício das funções correspondentes à categoria profissional contratada, impediu-o de auferir o subsídio atribuído aos motoristas de veículos pesados de serviço público de passageiros que trabalham em regime de agente único, privou-o do contacto com os demais colegas, obrigou-o a permanecer de pé no exterior, sujeitando-o às variações climatéricas e provocou-lhe danos graves, atentatórios da sua saúde física e psicológica, impõe-se concluir que a R. assumiu comportamentos que constituem justa causa de resolução, nos termos do art. 394º, nº 2, alíneas b) e f), do CT. [Ac. do STJ, de 28.01.16 *in* www.dgsi.pt (Proc. nº 579/11.1TTCSC.L1.S1)].

IV – Configura justa causa de resolução do contrato pelo trabalhador a ofensa na dignidade deste que consiste na instalação de uma câmara de videovigilância no respetivo gabinete, sem que particulares exigências relativas à atividade exercida o justifiquem. [Ac. da RL, de 25.01.12 *in* www.dgsi.pt (Proc. nº 428/09.0TTLSB.L1-4)].

A não atribuição do aumento anual da retribuição à autora, quando todos os outros trabalhadores foram aumentados, constitui um fator de discriminação particularmente grave na medida em que não ocorreu qualquer justificação para essa desigualdade de tratamento, e ainda uma conduta repetida por parte da ré que afetou a dignidade da autora e o respeito que lhe era devido enquanto trabalhadora justifica a resolução imediata do contrato por parte desta com justa causa. (Ac. da RC, de 04.11.11 *in* CJ, Ano XXXV, Tomo V, p. 65).

6. Constituem *justa causa objetiva* de resolução do contrato pelo trabalhador, os seguintes comportamentos do empregador (nº 3):

– Necessidade de cumprimento de obrigação legal incompatível com a continuação do contrato [al *a)*], matéria que remete para o regime das incompatibilidades;

– Alteração substancial e duradoura das condições de trabalho no exercício lícito de poderes do empregador [al. *b)*], nomeadamente a impossibilidade de cumprimento da ordem de transferência do local de trabalho (art. 194º).

– Falta não culposa de pagamento pontual da retribuição [al. *c)*], caso em que o incumprimento é alheio ao empregador, por ex., decorre de erro técnico da entidade bancária incumbida de realizar a transferência para a conta do trabalhador;

– Transmissão para o adquirente da posição do empregador no respetivo contrato de trabalho, em consequência da transmissão da empresa, nos termos dos nºs 1 ou 2 do artigo 285º, com o fundamento previsto no nº 1 do art. 286º-A [al. *d)*].

A presente alínea tem que ser interpretada fazendo apelo a outros regimes, como o da transferência definitiva do local de trabalho.

Assim, havendo prejuízo sério do trabalhador (assente, nomeadamente na manifesta falta de solvabilidade ou situação financeira difícil do adquirente ou, ainda, se a política de organização do trabalho deste não merecer confiança ao trabalhador) pode este, em alternativa, optar pela oposição ou pela resolução com justa causa.

7. Cabe ao trabalhador o ónus da prova tanto dos fundamentos invocados para a resolução, como da vigência e execução do contrato, atento o disposto no art. 342º, nº 1, CC.

VIII – Assim, cabe ao trabalhador provar os factos que alicerçam a justa causa e que indiciam a situação de inexigibilidade de prossecução da relação laboral que constitui o seu núcleo essencial (excetuada, sendo o caso, a culpa do empregador, que se presume, nos termos gerais do art. 799º, nº 1, do CC), suportando o mesmo, as consequências da sua, eventual, insuficiência, nomeadamente, de não poder considerar-se a existência de justa causa para a resolução do contrato por iniciativa daquele. [Ac. da RP, de 18.11.19 *in* www.dgsi.pt (Proc. nº 3875/18.3T8MTS.P1)]. *V.* o Ac. da RP, de 03.05.10 *in* www.dgsi.pt (Proc. nº 32/09.3TTBCL.P1).

Artigo 395º – Procedimento para resolução de contrato pelo trabalhador

1. O trabalhador deve comunicar a resolução do contrato ao empregador, por escrito, com indicação sucinta dos factos que a justificam, nos 30 dias subsequentes ao conhecimento dos factos.

2. No caso a que se refere o nº 5 do artigo anterior, o prazo para resolução conta-se a partir do termo do período de 60 dias ou da declaração do empregador.

3. Se o fundamento da resolução for o referido na alínea *a*) do nº 3 do artigo anterior, a comunicação deve ser feita logo que possível.

4. O empregador pode exigir que a assinatura do trabalhador constante da declaração de resolução tenha reconhecimento notarial presencial, devendo, neste caso, mediar um período não superior a 60 dias entre a data do reconhecimento e a da cessação do contrato.

COMENTÁRIOS:

1. Antecedentes legislativos: Arts. 442º e 449º, nºs 4 e 5, do CT/2003 e 34º, nº 2 e 35º, nº 3, da LCCT.

2. A eficácia da declaração firma-se em certos pressupostos formais e substanciais.

Os pressupostos de validade formal da resolução assentam na exigência de redução a escrito (com indicação dos respetivos fundamentos) no prazo legal estabelecido de 30 dias contado a partir do conhecimento do facto que motivou a resolução (nº 1).

I. O prazo de 30 dias subsequente ao conhecimento dos factos que fundamentam o direito do trabalhador resolver o contrato de trabalho é de caducidade, porquanto a lei não se lhe refere expressamente como sendo de prescrição (arts. 395º, nº 1 do CT e 298º, nº 2 do CC). [Ac. da RL, de 18.05.16 *in* www.dgsi.pt (Proc. nº 320/15.0T8FNC.L1-4)].

O prazo de 30 dias para o trabalhador comunicar à empregadora a resolução do contrato de trabalho, nos termos do art. 395º, nº 1 do CT, deve ser exercido nesse prazo, sob pena de caducidade do direito respetivo. [Ac. da RE, de 11.02.16 *in* www.dgsi.pt (Proc. nº 318/13.2TTPTM.E1)].

Nos termos do art. 395º, nº 1, do CT/2009, a resolução do contrato de *trabalho pelo trabalhador, com invocação de justa causa, depende da observância dos requisitos de forma a que se reporta o mencionado preceito, formalidade esta que tem natureza ad substantiam, delimitando, o seu conteúdo, a invocabilidade em juízo dos factos suscetíveis de serem apreciados para tal efeito.* [Ac. da RP, de 26.03.12 *in* www.dgsi.pt (Proc. nº 1282/10.5TTBRG.P1)].

A contagem do prazo inicia-se com o conhecimento dos factos, ou melhor, com a assunção da inexigibilidade prestacional (nº 1).

IX – O prazo de 30 dias a que alude o nº 1 do art. 395º do CT caracteriza-se como um prazo de caducidade, atento o disposto no nº 2 do art. 298º do Cod. Civil ("quando, por força da lei ou por vontade das partes, um direito deva ser exercido dentro de certo prazo, são aplicáveis as regras da caducidade, a menos que a lei se refira expressamente à prescrição"). X – O trabalhador só pode resolver o contrato de trabalho, sem observância de pré-aviso, e com direito a indemnização, se se verificar um comportamento que seja imputável à entidade empregadora, a título de culpa, e que esse comportamento, pela sua gravidade e consequências, torne inexigível a manutenção do vínculo laboral. XI – Em situações de caráter continuado e de efeitos duradouros, que se agravam com o decurso do tempo, o prazo de caducidade a que se refere o art. 395º, nº 1, do CT, só se conta a partir do momento em que os efeitos da violação por parte do empregador, no contexto da relação laboral, assumem tal gravidade que a subsistência do contrato de trabalho se torna impossível, ou seja, se torna intolerável para o trabalhador, perante esses factos e as suas nefastas consequências, a manutenção da relação de trabalho [Ac. da RC, de 29.01.21 *in* www.dgsi.pt (Proc. nº 1937/18.6T8GRD-A.C1)].

Invocando-se o assédio laboral corporizado em diversas práticas cometidas ao longo do tempo, o prazo de caducidade do direito de resolver o contrato de trabalho com justa causa deve contar-se não a partir da consumação de cada uma das práticas que enforma o assédio, mas sim da última. (Ac. da RL, de 13.03.19 *in* CJ, Ano XLIV, Tomo I, p. 198).

II – Nesta situação, o prazo de caducidade de 30 dias para o trabalhador poder resolver o contrato inicia-se, não com o conhecimento da materialidade dos factos, mas sim quando no contexto da relação laboral assumam uma tal gravidade que a subsistência do contrato de trabalho se torna praticamente impossível. (Ac. da RP, de 18.01.16 *in* CJ, Ano XLI, Tomo I, p. 298). No mesmo sentido, *v.* o Ac. da RL, de 13.01.16 *in* www.dgsi.pt (Proc. nº 903/15.8T8FNC.L1-4).

Concluindo, para a resolução do contrato ser considerada lícita, é necessário o preenchimento dos seguintes requisitos:

Em primeiro lugar, que cumpriu o respetivo procedimento para a resolução do contrato, ou seja, que comunicou a resolução ao contrato de trabalho ao empregador, por escrito, com indicação sucinta dos factos que a justificam, nos 30 dias subsequentes ao conhecimento dos factos. Em segundo lugar, terá de provar os fundamentos que estiveram na origem da resolução, ou seja, os factos que, embora sucintamente, indicou na comunicação de resolução escrita que enviou ao empregador. Em terceiro, terá de provar que esses factos constituem justa causa de resolução do contrato de trabalho. [Ac. da RP, de 29.02.16 *in* www.dgsi.pt (Proc. nº 651/15.9T8MTS.P1)]. No mesmo sentido, *v.* o Ac. da RC, de 07.04.16 *in* www.dgsi.pt (Proc. nº 446/14.7TTLRA.C1).

3. A referência "indicação sucinta" induz em erro, dado que a declaração resolutiva deve apresentar de forma concreta e expressa (logo, potencialmente desenvolvida) todo o factualismo que suporta a justa causa.

I – O trabalhador deve fazer a comunicação da resolução do contrato de trabalho com invocação de justa causa por escrito, com a "indicação sucinta dos factos que a justificam" [nº 1, do art. 395º], sendo a partir dessa indicação que se afere a procedência dos motivos invocados para a resolução, já que "apenas são atendíveis para a justificar" os factos que dela constarem [nº 3, do art. 398º]. II – Justamente porque na apreciação judicial da licitude da resolução apenas são atendíveis os factos que foram invocados para a justificar, mas também porque essa comunicação tem que permitir que para o empregador sejam percetíveis os fundamentos invocados na resolução do contrato, a expressão "indicação sucinta dos factos", embora possa sugerir outra leitura, deve ser entendida no sentido de que o trabalhador não está dispensado de concretizar, com o mínimo de precisão, os factos que estão na base da sua decisão. [Ac. da RP, de 17.12.20 *in* www.dgsi.pt (Proc. nº 22665/19.0T8PRT.P1)].

I – Em matéria de cessação de contrato de trabalho por iniciativa do trabalhador, o artigo 395º, nº 1 do CT não exige uma descrição circunstanciada dos factos, como acontece na nota de culpa, em que é necessário dar a conhecer ao trabalhador todos os factos que lhe são imputáveis, mas apenas uma indicação sucinta dos mesmos. Ainda assim, deve o trabalhador enunciar, de forma clara e suficiente, os fundamentos da resolução imediata do contrato, por forma a permitir ao empregador percecionar e avaliar os mesmos e, se necessário, a apreciação judicial da justa causa, que apenas pode atender aos factos descritos na comunicação de resolução. (cfr. art. 398º, nºs 1 e 3 do CT). II – Não cumpre o disposto no artigo 395º, nº 1 do CT, o escrito para comunicação da resolução do contrato de trabalho, pelo trabalhador, com justa causa, que não delimita temporalmente os factos, e limita-se a expressar conclusões. [Ac. da RL, de 29.04.20 *in* www.dgsi.pt (2023/19.7T8VFX.L1-4)].

1. A carta de resolução do contrato de trabalho que o trabalhador dirige ao empregador, alegando fazê-lo «(...) por motivo de diminuição da minha retribuição e modificação das minhas condições de trabalho, de forma a que dessa modificação resulta uma diminuição da minha retribuição e demais regalias, diminuição da retribuição sem o meu acordo expresso, violação culposa das garantias legais ou convencionais que tinha contratualizadas e lesão culposa dos meus interesses patrimoniais e alteração substancial e duradoura das condições de trabalho por vossa imposição» não satisfaz os requisitos de natureza procedimental previstos no art. 395º, nº 1 do Código do Trabalho, posto que contém apenas afirmações de natureza conclusiva, reproduzindo fórmulas legais, e não a descrição sucinta de factos devidamente concretizados, designadamente no tempo. [Ac. da RL, de 05.12.19 in www.dgsi.pt (Proc. nº 234/19.4T8BRG-A.G1)].

i) O trabalhador deve indicar de forma sucinta os factos concretos que justificam a resolução do contrato de trabalho. ii) A mera alegação de imputações genéricas, juízos de valor e conclusões, sem indicação de factos concretos, não cumpre o requisito formal referido e tem como consequência a ilicitude da resolução do contrato de trabalho. [Ac. da RE, de 12.07.18 in www.dgsi.pt (Proc. nº 638/17.7T8PTM.E1)].

O trabalhador tem de invocar factos concretos na comunicação de resolução do contrato com justa causa. Não pode limitar-se a invocar as conclusões que extrai dos factos, relegando a alegação destes para a petição inicial de ação que venha a intentar contra o empregador, para efetivação dos direitos resultantes da resolução com justa causa. [Ac. da RP, de 18.06.12 *in* www.dgsi.pt (Proc. nº 728/10.7TTMTS.P1)].

4. No caso de resolução fundada em falta de pagamento pontual da retribuição, o prazo para resolução (30 dias) conta-se a partir do termo do período de 60 dias ou da declaração do empregador (nº 2).

Nas hipóteses contempladas no nº 5 do art. 394º do Código do Trabalho (falta de pagamento da retribuição que se prolongue por período de 60 dias, ou em que o empregador declare a previsão de não pagamento até ao termo desses 60 dias), o prazo de 30 dias para resolução do contrato de trabalho pelo trabalhador conta-se a partir do termo do período de 60 dias ou da declaração do empregador, nos termos do art. 395º, nºs 1 e 2 do mesmo diploma legal, ou seja, tal direito deve ser exercido entre o 61º e o 90º dia de mora patronal, sob pena de caducar. [Ac. da RG, de 18.02.16 *in* www.dgsi.pt (Proc. nº 351/12.1TTGMR.G1)].

VI – O art. 395º, nºs 1 e 2, do CT/2009 estipula um prazo de 30 dias a partir do termo do período de 60 dias para o exercício do direito de resolução pelo trabalhador. VII – Porém, o que releva para a lei não é o facto instantâneo do incumprimento, mas a situação continuada de incumprimento. Tratando-se de um facto continuado, se se mantiver a omissão de pagamento da retribuição, então o tal prazo de 30 dias sobre o conhecimento dos factos que a fundamenta (art. 395º, nº 1) só deve iniciar-se quando cessar a situação ilícita que assuma gravidade para a sustentação do recurso à resolução. [Ac. da RC, de 10.02.11 *in* www.dgsi.pt (Proc. nº 1022/09.1TTCBR.C1)].

5. No caso da resolução objetiva prevista no art. 394º, nº 3, al. *a*), a declaração deve ser feita logo que possível (nº 3).

6. O empregador pode *blindar* a declaração resolutiva, através da exigência de reconhecimento notarial presencial da assinatura do trabalhador constante da declaração de resolução (nº 4).

Sobre se o reconhecimento presencial pode ser elaborado por Advogado, *v.* nota ao art. 350º, nº 4.

Artigo 396º – Indemnização ou compensação devida ao trabalhador

1. Em caso de resolução do contrato com fundamento em facto previsto no nº 2 do artigo 394º, o trabalhador tem direito a indemnização, a determinar entre 15 e 45 dias de retribuição base e diuturnidades por cada ano completo de antiguidade, atendendo ao valor da retribuição e ao grau da ilicitude do comportamento do empregador, não podendo ser inferior a três meses de retribuição base e diuturnidades.

2. No caso de fração de ano de antiguidade, o valor da indemnização é calculado proporcionalmente.

3. O valor da indemnização pode ser superior ao que resultaria da aplicação do nº 1 sempre que o trabalhador sofra danos patrimoniais e não patrimoniais de montante mais elevado.

4. No caso de contrato a termo, a indemnização não pode ser inferior ao valor das retribuições vincendas.

5. Em caso de resolução do contrato com o fundamento previsto na alínea *d*) do nº 3 do artigo 394º, o trabalhador tem direito a compensação calculada nos termos do artigo 366º.

COMENTÁRIOS:

1. Antecedentes legislativos: Arts. 443º, do CT/2003 e 36º, nº 2 e 52º, nº 4, da LCCT.

2. O presente artigo tem a redação introduzida pela L nº 14/2018, de 19 de março, que alterou a epígrafe e aditou o nº 5.

3. Apenas a resolução subjetiva, ou seja, fundada em motivos imputáveis ao empregador, é indemnizável (art. 394º, nº 2).

Nestes termos, o nº 1 concede ao trabalhador direito a indemnização, a determinar entre 15 e 45 dias de retribuição base e diuturnidades por cada ano completo de antiguidade, atendendo ao:

i) valor da retribuição

IV – A referência à retribuição funciona como um fator de equidade na fixação do montante indemnizatório, de modo a evitar que a natural variação dos níveis de remuneração dos trabalhadores, em função da categoria, qualificação e responsabilidade profissional, possa introduzir desequilíbrios e desvirtuar o caráter ressarcitório da obrigação, que, por regra, deverá ter em conta também a situação económica do lesado – art. 494º do Cód. Civil. [Ac. da RL, de 06.07.11 *in* www.dgsi.pt (Proc. nº 1584/07.8TTLSB.L1-4)].

VI – Assim, afigura-se equilibrada a fixação da indemnização em 35 dias, ou seja, acima do ponto médio da respetiva moldura, pois que, por um lado, a remuneração auferida pela autora, representando mais do que o quíntuplo da remuneração mínima mensal garantida não deixa de refletir a sua situação económica e, por outro lado, o grau de ilicitude do comportamento do réu, por se reportar à violação reiterada de uma obrigação estruturante do contrato, assume intensidade tal que não favorece a formulação de um juízo atenuativo da correspondente censura. [Ac. da RL, de 06.07.11 *in* www.dgsi.pt (Proc. nº 1584/07.8TTLSB.L1-4)];

ii) grau da ilicitude do comportamento do empregador

Ou seja, releva o índice de censurabilidade que o comportamento do empregador manifestou.

A indemnização por antiguidade é devida até ao momento de produção plena dos efeitos da declaração resolutória, independentemente de impugnação judicial da mesma pelo empregador, prevista no art. 398º

Sendo a causa de pedir a existência de justa causa para a resolução do contrato de trabalho e sendo a causa invocada na comunicação da resolução a falta de pagamento de parte de uma retribuição mensal, quando a trabalhadora entrou de baixa médica antes do fim do mês e não voltou ao trabalho antes da comunicação da resolução, não há fundamento suficiente para a indemnização prevista no art. 396º do CT, por não se mostrar impossível a subsistência da relação laboral. [Ac. da RP, de 18.02.19 *in* www.dgsi.pt (Proc. nº 22074/17.5T8PRT.P1)].

I – Na fixação da indemnização prevista no nº 1 do artigo 396º do Código do Trabalho, entre um mínimo de 15 e um máximo de 45 dias de retribuição base e diuturnidades, são tomados em consideração, de forma articulada, a retribuição do trabalhador, a respetiva antiguidade e a ilicitude inerente à violação de direitos que fundamenta a resolução. III – O valor da indemnização pode ser superior ao da aplicação da fórmula prevista no dispositivo referido no número anterior «sempre que o trabalhador sofra danos de montante mais elevado», nomeadamente, quando a indemnização alcançada nos termos daquela norma do nº 1 não satisfaça integralmente os danos concretamente sofridos pelo trabalhador. IV – Não integra abuso do direito, nos termos do artigo 334º do Código Civil, a resolução dos contratos de trabalho por trabalhadores quando, num quadro de atrasos reiterados no pagamento de salários, a empregadora não pagou aos trabalhadores o subsídio de férias de 2012, bem como a retribuição de agosto, setembro e outubro do mesmo ano, sendo que os trabalhadores resolveram o respetivo contrato com tal fundamento em 05 de novembro seguinte. [Ac. do STJ, de 06.12.17 *in* www.dgsi.pt (Proc. nº 311/13.5TTEVR.E2.S)].

1 – Na fixação do valor da indemnização devida em consequência da resolução do contrato pelo trabalhador, com justa causa, deve ter-se em consideração o valor da retribuição e o grau de ilicitude, sendo aquele mais elevado quanto menor for a retribuição e quanto maior for a ilicitude do comportamento do empregador. [Ac. do STJ, de 18.02.16 *in* www.dgsi.pt (Proc. nº 428//13.6TTPRT.P1.S2)].

4. Esta indemnização não pode ser inferior a três meses de retribuição base e diuturnidades (nº 1, *in fine*).

5. No caso de fração de ano de antiguidade, o valor da indemnização é calculado proporcionalmente (nº 2).

6. O valor da indemnização devida ao trabalhador pode ser superior ao que resultaria da aplicação do nº 1 sempre que o trabalhador sofra danos patrimoniais e não patrimoniais de montante mais elevado (nº 3), remetendo para as regras gerais de responsabilidade civil.

IV – Em caso de indemnização por danos patrimoniais e/ou não patrimoniais cujo cômputo seja superior à indemnização que resulta da aplicação do art. 396º-1 do CT/2009, o total indemnizatório ficará limitado ao valor dessa indemnização por danos patrimoniais e/ou não patrimoniais, não se somando, igualmente, as duas indemnizações. [Ac. da RL, de 25.09.19 *in* www.dgsi.pt (Proc. nº 2910/18.0T8PDL.L1-4)].

7. Os contratos a termo gozam de regime especial. Desta forma, o trabalhador tem como limite mínimo o valor das retribuições vincendas (nº 4).

I. O artigo 396º do Código do Trabalho é uma norma de natureza imperativa, sendo que o crédito indemnizatório resultante da sua aplicação só se encontra na livre disponibilidade do trabalhador após a cessação do contrato de trabalho. II. Na indemnização – retribuições vincendas – devida ao trabalhador pela resolução do contrato de trabalho a termo com justa causa, devem ser contabilizadas até à data do termo do contrato [Ac. do STJ, de 16.12.20 *in* www.dgsi.pt (Proc. nº 673/19.0T8PTM.E1.S1)].

Artigo 397º – Revogação da resolução

1. O trabalhador pode revogar a resolução do contrato, caso a sua assinatura constante desta não seja objeto de reconhecimento notarial presencial, até ao sétimo dia seguinte à data em que chegar ao poder do empregador, mediante comunicação escrita dirigida a este.

2. É aplicável à revogação o disposto nos nºs 2 ou 3 do artigo 350º.

COMENTÁRIOS:

1. Antecedentes legislativos: Arts. 449º, nºs 1, 2 e 3, do CT/2003 e 1º, nºs 2 a 5 e 2º, da L nº 38/96, de 31 de agosto.

2. O trabalhador pode revogar a resolução do contrato, até ao sétimo dia seguinte à data em que chegar ao poder do empregador, mediante comunicação escrita dirigida a este (nº 1).

O exercício do *direito de arrependimento* coloca duas questões: por um lado, a tutela dos interesses subjacentes à necessidade de aviso, mais ou menos alargado, que precede a desvinculação contratual; por outro, e já depois de realizada a desvinculação contratual, o direito do trabalhador se autoreadmitir com os inerentes prejuízos daí decorrentes para o empregador (*v.g.*, contratação de novos trabalhadores, suspensão da atividade, despesas com recrutamento).

Para afastamento deste direito revogatório, a lei impõe como regime de salvaguarda do empregador, o reconhecimento notarial da assinatura do trabalhador. Ou seja, a revogabilidade só vinga para o documento não reconhecido.

Os documentos reconhecidos integram uma subespécie dos documentos particulares ou não autênticos.

Por documentos autênticos entendem-se os documentos "exarados, com as formalidades legais, pelas autoridades públicas nos limites da sua competência ou, dentro do círculo de atividade que lhe é atribuído, pelo notário ou outro oficial público de fé pública" (art. 363º, nº 2, do CC).

Sobre se o reconhecimento presencial pode ser elaborado por Advogado, entendemos que a exigência "notarial" afasta tal pretensão, cfr. anotação ao art. 350º, nº 4.

3. O nº 2, ao remeter para o art. 350º, nºs 2 e 3 (e não conforme decorre por lapso do preceito, nºs 2 ou 3), postula que caso o trabalhador não possa assegurar a receção da comunicação até ao sétimo dia seguinte à data em que a comunicação chegou ao poder do empregador, deve enviá-la por carta registada com aviso de receção, no dia útil subsequente ao fim do prazo. Ainda, a revogação da resolução só é eficaz se, em simultâneo com a comunicação, o trabalhador entregar ou puser, por qualquer forma, à disposição do empregador a totalidade do montante das compensações pecuniárias pagas em cumprimento do acordo, ou por efeito da cessação do contrato de trabalho.

Artigo 398º – Impugnação da resolução

1. A ilicitude da resolução do contrato pode ser declarada por tribunal judicial em ação intentada pelo empregador.

2. A ação deve ser intentada no prazo de um ano a contar da data da resolução.

3. Na ação em que for apreciada a ilicitude da resolução, apenas são atendíveis para a justificar os factos constantes da comunicação referida no nº 1 do artigo 395º.

4. No caso de a resolução ter sido impugnada com base em ilicitude do procedimento previsto no nº 1 do artigo 395º, o trabalhador pode corrigir o vício até ao termo do prazo para contestar, mas só pode utilizar esta faculdade uma vez.

COMENTÁRIOS:

1. Antecedentes legislativos: Arts. 444º e 445º, do CT/2003 e 34º, nº 3, da LCCT.

2. A invalidade da resolução do contrato de trabalho apenas pode ser declarada, como tal, por sentença judicial, em ação intentada pelo empregador (nº 1).

A exemplo do já vertido para a impugnação do despedimento ilícito impôs-se um prazo de reação, que corresponde a um ano a contar da data de resolução por parte do trabalhador. Confrontando o descrito prazo com os 60 dias conferidos ao trabalhador no processo especial de impugnação judicial da regularidade e licitude do despedimento por facto imputável ao trabalhador, por extinção do posto de trabalho e por inadaptação, forçosamente haverá que considerar tal prazo de um ano, excessivamente longo, estando em causa o princípio da igualdade entre partes (nº 2).

3. Estabelece-se que são atendíveis na ação de impugnação os factos constantes da comunicação referida no nº 1, do art. 395º, acompanhando o regime da impugnação do despedimento (nº 3).

4. Atente-se que a impugnação da resolução assenta na vertente procedimental e substantiva (nº 4).

Na vertente procedimental, destaque-se como sanáveis a não redução a escrito da resolução e a falta de indicação do factualismo que suporta a pretensão; como insanáveis, o desrespeito pelo prazo resolutório.

Para Joana Vasconcelos, numa visão mais rigorosa: "Caso o "vício" respeite à "indicação sucinta dos factos" que justificam a imediata cessação do contrato pelo trabalhador, e de modo a preservar o sentido útil do estatuído no nº 3 do presente preceito, haverá que distinguir consoante aquele consista na ausência de indicação de factos, hipótese em que será insanável, ou resida na sua mera incompletude, caso em que se mostra possível a sua correção, dentro dos limites nele traçados», Pedro Romano Martinez, AAVV, *Código do Trabalho Anotado*, p. 921.

I – Interposta ação de impugnação da resolução do contrato de trabalho, com fundamento na ilicitude do procedimento previsto no nº 1 do artigo 395º do Código do Trabalho, por falta de indicação sucinta dos factos em que se funda a justa causa de resolução, o nº 4 do artigo 398º do mesmo compêndio legal, permite o suprimento do "vício", pelo trabalhador. II – A possibilidade consagrada nº 4 do artigo 398º do Código do Trabalho pressupõe: (i) que o vício do procedimento, apontado pelo empregador, seja sanável; (ii) que a sua correção passa pelo cumprimento do procedimento prescrito no nº 1 do artigo 395º do referido compêndio legal. III – O articulado designado por "contestação" constitui uma peça do processo judicial, não sendo o meio ou procedimento adequado para suprir o "vício" relativo à "falta de indicação sucinta dos factos". (sumário da relatora) [Ac. da RE, de 17.12.20 *in* www.dgsi.pt (Proc. nº 128/20.0T8PTM.E1)].

Artigo 399º – Responsabilidade do trabalhador em caso de resolução ilícita

Não se provando a justa causa de resolução do contrato, o empregador tem direito a indemnização dos prejuízos causados, não inferior ao montante calculado nos termos do artigo 401º.

COMENTÁRIOS:

1. Antecedentes legislativos: Arts. 446º, do CT/2003 e 37º, da LCCT.

2. Não se provando a justa causa de resolução do contrato, o empregador tem direito a indemnização dos prejuízos causados, não inferior ao montante correspondente à indemnização devida por denúncia sem aviso prévio, nos termos do art. 401º.

3 – Tendo o trabalhador resolvido o contrato, com efeitos imediatos, invocando justa causa com fundamento na falta de pagamento das retribuições intercalares, sendo a resolução declarada ilícita, constituiu-se na obrigação de indemnizar a empregadora nos termos do art. 399º do CT. [Ac. do STJ, de 07.04.16 *in* www.dgsi.pt (Proc. nº 355/14.0TTCBR.C1.S1)]. No mesmo sentido, *v.* o Ac. da RP, de 09.01.12 *in* www.dgsi.pt (Proc. nº 218/08.8TTVRL.P1).

Para Pedro Furtado Martins, "Se o trabalhador resolve o contrato quando já não o podia fazer – por se ter esgotado o prazo de 30 dias previsto para o efeito – e sem cumprir o aviso prévio de denúncia que a justa causa o isentava de conceder, a declaração extintiva configura uma denúncia sem aviso prévio. Isto porque já não pode ser qualificada como o exercício do direito de resolver o contrato, pois tal direito caducou pelo decurso do prazo estabelecido no art. 395º. Assim sendo, o trabalhador fica constituído na obrigação de indemnizar o empregador pelos prejuízos causados pela cessação do contrato sem aviso, com o mínimo correspondente ao estipulado no art. 401º.", *Cessação do contrato de trabalho*, pp. 580 e 581.

SUBSECÇÃO II – Denúncia de contrato de trabalho pelo trabalhador

Artigo 400º – Denúncia com aviso prévio

1. O trabalhador pode denunciar o contrato independentemente de justa causa, mediante comunicação ao empregador, por escrito, com a antecedência mínima de 30 ou 60 dias, conforme tenha, respetivamente, até dois anos ou mais de dois anos de antiguidade.

2. O instrumento de regulamentação coletiva de trabalho e o contrato de trabalho podem aumentar o prazo de aviso prévio até seis meses, relativamente a trabalhador que ocupe cargo de administração ou direção, ou com funções de representação ou de responsabilidade.

3. No caso de contrato de trabalho a termo, a denúncia pode ser feita com a antecedência mínima de 30 ou 15 dias, consoante a duração do contrato seja de pelo menos seis meses ou inferior.

4. No caso de contrato a termo incerto, para efeito do prazo de aviso prévio a que se refere o número anterior, atende-se à duração do contrato já decorrida.

5. É aplicável à denúncia o disposto no nº 4 do artigo 395º.

COMENTÁRIOS:

1. Antecedentes legislativos: Arts. 447º e 449º, nº 4, do CT/2003 e 1º, nºs 2 a 5, 2º, 38º, nºs 1 e 2 e 52º, nºs 5 e 7, da L nº 38/96, de 31 de agosto.

2. Na denúncia, a causa da desvinculação não é revelada, podendo ocorrer a todo o momento (contratual), com ressalva da salvaguarda do tempo de aviso prévio, tanto mais longo quanto maior for a antiguidade do trabalhador, por se presumir que será mais penoso e difícil para o empregador promover a substituição do trabalhador, atendendo, nomeadamente, à maior experiência e conhecimentos angariados (nº 1).

Elucida Pedro Furtado Martins, "O aviso prévio funciona como um termo suspensivo aposto à denúncia, pelo que, enquanto decorre o prazo do aviso, a relação laboral mantém-se na plenitude dos seus efeitos, continuando o trabalhador obrigado a prestar o trabalho e o empregador a retribuí-lo. Porque o contrato continua em vigor, nada impede que na pendência do aviso operem outras causas de cessação do vínculo laboral, designadamente a caducidade por morte do trabalhador ou da reforma do mesmo ou até o despedimento promovido pelo empregador", *Cessação do contrato de trabalho*, pp. 592 e 593.

Sobre a natureza da "comunicação escrita", pensa-se que visa essencialmente salvaguardar a posição do trabalhador, conferindo-lhe um meio de prova idóneo da comunicação. Partilhamos a opinião daqueles que a consideram mera formalidade *ad probationem*.

II – O nº 1 do artigo 400º do Código de Trabalho (CT) prevê que a denúncia seja efetuada de forma escrita, respeitando esta ao aviso prévio e não propriamente à denúncia, uma vez que se visa acautelar o trabalhador quanto à prova da sua vontade extintiva e do cumprimento do prazo de aviso prévio. III – Os efeitos jurídicos da falta de formalização do aviso prévio traduzem-se em dificuldades/restrições de carácter probatório, tal como resulta do disposto nos artigos 364º, nº 2, 393º, nº 1, 351º, 388º e 390º do Código Civil., incumbindo ao autor/trabalhador a demonstração do momento em que denunciou verbalmente o contrato de trabalho, bem como o eventual funcionamento/afastamento do regime previsto para a denúncia sem aviso prévio (art. 401º do CT). [Ac. da RG, de 04.02.21 *in* www.dgsi.pt (Proc. nº 1424/19.5T8VRL.G1)].

A exigência de documento escrito para a denúncia do contrato de trabalho pelo trabalhador não é uma formalidade ad substantiam, mas tão só ad probationem, pelo que, quando feita apenas oralmente, não deixa, por isso, de ser eficaz, o que bem se compreende sendo, como é, o trabalho uma liberdade. [Ac. da RL, de 16.12.15 *in* www.dgsi.pt (Proc. nº 2898/14.6TTLSB.L1-4)].

I – O ordenamento jurídico português consagrou, no artigo 236º, nº 1, do Código Civil, a teoria da impressão do destinatário, segundo a qual nela deve prevalecer o sentido objetivo que se obtenha do ponto de vista do declaratário concreto supondo-o uma pessoa razoável. II – Do nº 2, do citado preceito, resulta que se o declaratário entendeu a declaração no sentido querido pelo declarante, nesse sentido é de interpretar a declaração. (Ac. do STJ, de 15.09.10 *in* www.dgsi.pt (Proc. nº 293/07.2TTSNT.L1.S1) e CJ, Ano XVIII, Tomo III, p. 251).

3. Nos contratos sem termo, o prazo conferido é de 30 dias para os trabalhadores com antiguidade até 2 anos e de 60 dias em caso de mais de dois anos de antiguidade (nº 1).

Os prazos referidos podem ser alargados até 6 meses por instrumentos de regulamentação coletiva de trabalho e por contratos individuais de trabalho, em algumas situações (nº 2).

No que concerne ao contrato a termo certo, o prazo é de trinta ou quinze dias, consoante a duração do contrato seja de pelo menos seis meses ou inferior (nº 3).

No caso de contrato a termo incerto, o cálculo do prazo de aviso prévio, também de trinta ou de quinze dias, é estabelecido atendendo ao tempo de duração efetiva do contrato (nº 4).

4. O empregador pode exigir que a assinatura do trabalhador constante da declaração de denúncia tenha reconhecimento notarial presencial (nº 5, o qual remete para o art. 395º, nº 4).

Artigo 401º – Denúncia sem aviso prévio

O trabalhador que não cumpra, total ou parcialmente, o prazo de aviso prévio estabelecido no artigo anterior deve pagar ao empregador uma indemnização de valor igual à retribuição base e diuturnidades correspondentes ao período em falta, sem prejuízo de indemnização por danos causados pela inobservância do prazo de aviso prévio ou de obrigação assumida em pacto de permanência.

COMENTÁRIOS:

1. Antecedentes legislativos: Arts. 448º, do CT/2003 e 39º e 52º, nº 6, da LCCT.

2.A inobservância do pré-aviso, obriga o trabalhador ao pagamento de uma indemnização correspondente à retribuição base e diuturnidades correspondentes ao período de aviso prévio em falta, sem embargo de responsabilidade civil por danos eventualmente causados em virtude da intempestiva cessação (se os houver) ou emergentes da violação de obrigações assumidas em pacto de permanência.

IV – A indemnização prevista no artigo 401º do CT opera automaticamente, pelo facto de ter sido omitido, total ou parcialmente o aviso prévio, ou seja sem necessidade de alegação e prova de eventuais prejuízos que a falta de cumprimento de tal aviso possa causar ao empregador, cujo valor será, no mínimo e independentemente da ocorrência de danos, igual ao da retribuição base e diuturnidades, podendo ser mais elevado quando o empregador prove que sofreu danos de montante superior ao valor mínimo da indemnização que o trabalhador está obrigado a pagar. [Ac. da RG, de 04.02.21 *in* www.dgsi.pt (Proc. nº 1424/19.5T8VRL.G1)].

I – Caso a dispensa do prazo de aviso prévio correspondente à denúncia do contrato de trabalho resulte de ato unilateral do empregador, este último fica obrigado apenas a pagar ao trabalhador a retribuição relativa ao período de aviso prévio concedido pelo segundo, mas de cujo cumprimento aquele o isentou. II – tendo o Autor, não obstante ser sabedor de que a ré havia antecipado em apenas 13 dias os efeitos da denúncia, declarado dez dias após o termo do contrato de trabalho que estavam saldados os seus créditos laborais e nada mais tinha a reclamar daquela e recebido dias antes os valores relativos à liquidação das contas finais, há que concluir que o trabalhador, de forma livre, consciente e não sujeito a qualquer forma de subordinação decorrente do vínculo laboral, renunciou a outros créditos que poderiam decorrer do desenvolvimento e cessação do contrato de trabalho. [Ac. da RE, de 21.11.19 *in* CJ, Ano XLIV, Tomo V, p. 281).

3. O nº 5, do art. 241º, permite que em caso de cessação do contrato de trabalho sujeita a aviso prévio, o empregador pode determinar que o gozo das férias tenha lugar imediatamente antes da cessação.

As férias forçadas são práticas comuns, com o benefício económico inerente para o empregador.

Esta possibilidade tem sido apresentada como um argumento de peso a favor da prescindibilidade do aviso prévio por parte do empregador.

Assume-se que o período de aviso prévio visa salvaguardar essencialmente a posição do empregador, de tal forma que a sua violação gera uma penalização, mais ou menos, grave para o trabalhador.

Se assim for, é compreensível que se entenda este direito como disponível na esfera dos seus interesses imediatos. O empregador, livremente, prescinde da dilação da denúncia, ocorrendo a desvinculação contratual imediatamente, com menor custo económico, poupando-lhe nomeadamente os meses de retribuição correspondentes ao período de aviso devido.

Afigura-se-nos que o direito a aviso prévio é um direito disponível somente na esfera jurídica do trabalhador e daí as sanções que visam ressaltar o seu caráter de livre disponibilidade.

Artigo 402º – Revogação da denúncia

1. O trabalhador pode revogar a denúncia do contrato, caso a sua assinatura constante desta não tenha reconhecimento notarial presencial, até ao sétimo dia seguinte à data em que a mesma chegar ao poder do empregador, mediante comunicação escrita dirigida a este.

2. É aplicável à revogação o disposto nos nºs 2 ou 3 do artigo 350º.

COMENTÁRIOS:

1. Antecedentes legislativos: Arts. 449º, nºs 1, 2 e 3, do CT/2003 e 1º, nºs 2 a 5 e 2º, da L nº 38/96, de 31 de agosto.

2. O nº 2, ao remeter para o art. 350º, nºs 2 e 3 (e não nºs 2 ou 3, indicados por lapso), postula que caso o trabalhador, não possa assegurar a receção da comunicação até ao sétimo dia seguinte à data em que a comunicação chegou ao poder do empregador, deve enviá-la por carta registada com aviso de receção, no dia útil subsequente ao fim do prazo.

A revogação da resolução só é eficaz se, em simultâneo com a comunicação, o trabalhador entregar ou puser, por qualquer forma, à disposição do empregador a totalidade do montante das compensações pecuniárias pagas em cumprimento do acordo, ou por efeito da cessação do contrato de trabalho.

3. Sobre se reconhecimento presencial pode ser elaborado por Advogado, cfr. anotação ao art. 350º, nº 4.

Artigo 403º – Abandono do trabalho

1. Considera-se abandono do trabalho a ausência do trabalhador do serviço acompanhada de factos que, com toda a probabilidade, revelam a intenção de não o retomar.

2. Presume-se o abandono do trabalho em caso de ausência de trabalhador do serviço durante, pelo menos, 10 dias úteis seguidos, sem que o empregador seja informado do motivo da ausência.

3. O abandono do trabalho vale como denúncia do contrato, só podendo ser invocado pelo empregador após comunicação ao trabalhador dos factos constitutivos do abandono ou da presunção do mesmo, por carta registada com aviso de receção para a última morada conhecida deste.

4. A presunção estabelecida no nº 2 pode ser ilidida pelo trabalhador mediante prova da ocorrência de motivo de força maior impeditivo da comunicação ao empregador da causa da ausência.

5. Em caso de abandono do trabalho, o trabalhador deve indemnizar o empregador nos termos do artigo 401º.

COMENTÁRIOS:

1. Antecedentes legislativos: Arts. 450º, do CT/2003 e 40º, da LCCT.

2. A declaração desvinculante do trabalhador, dentro do procedimento previsto no art. 400º, integra a figura da denúncia com aviso prévio.

Caso se deduza ou venha a deduzir de "factos que, com toda a probabilidade, a revelam" (nomeadamente, a celebração de contrato de trabalho com novo empregador), integra o conceito de abandono do trabalho que valerá como denúncia sem aviso prévio (nº 1). Neste caso, "A ausência ao serviço corresponde, tão-só, ao elemento objetivo do abandono, ao qual, porém, terá de unir-se o elemento subjetivo, o *animus* extintivo por parte do trabalhador, JOÃO LEAL AMADO, *Contrato de trabalho*, p. 449.

I – O abandono do posto de trabalho pressupõe a prova de um elemento objetivo constituído pela ausência ao trabalho e de um subjetivo constituído pela intenção do trabalhador não retomar o trabalho, propósito que se extrai de factos concludentes que, com toda a probabilidade, o revelem. II – Não é idónea à prova da intenção de não retomar o trabalho, a conduta do trabalhador, motorista de veículos pesados de transporte internacional de mercadorias, que fica em casa a aguardar instruções do empregador, após a prestação do último serviço, o qual não concluiu, porque o empregador não atendeu diversas chamadas por si efetuadas por motivo relacionado com o trabalho de carga, nem as retribuiu. III – Se a conduta do trabalhador não assume significado inequívoco quanto ao seu propósito de extinguir o contrato de trabalho e o empregador entende que aquele não cumpriu os seus deveres contratuais, mormente de obediência e de assiduidade, então deve recorrer a processo disciplinar. [Ac. da RG, de 17.12.19 *in* www.dgsi.pt (Proc. nº 1777/18.2T8BCL.G1)].

I. Não integra a figura do abandono do trabalho, o comportamento do trabalhador (vigilante), que após a entidade empregadora lhe ter dado ordem para se apresentar nas instalações de um novo cliente se recusa a fazê-lo por pretender outro horário de trabalho mais conveniente e que perante a manutenção daquela ordem se apresentou na sede da empresa, tendo enviado carta à empregadora, insurgindo-se a contra invocação de abandono do trabalho feita por esta e contra a falta de indicação de um novo local para prestar serviço. II. Não se pode concluir pela violação do dever de ocupação efetiva do autor, quando a inatividade em que este se viu colocado lhe é imputável, visto ter sido o mesmo a optar, no contexto acima assinalado, por faltar ao trabalho nas novas instalações que, legitimamente, a ré lhe havia determinado para o efeito. [Ac. da RL, de 25.09.19 *in* www.dgsi.pt (Proc. nº 1395/18.5T8CSC.L1-4)].

3. Presume-se, juris tantum, o abandono do trabalho em caso de ausência de trabalhador do serviço durante, pelo menos, 10 dias úteis seguidos, sem que o empregador seja informado do motivo da ausência (nº 2).

IV. Para operar a presunção de abandono do trabalho o empregador tem que desconhecer o motivo da ausência (que dele não foi informado), independentemente da sua realidade; não é esse o caso se o trabalhador informou o empregador que não aceita a alteração das tarefas que, bem ou mal, considera terem sido contratadas. V. As relações laborais entre os partidos políticos e os seus trabalhadores estão sujeitas às leis gerais de trabalho. VI. Julgar-se que o trabalhador não abandonou o trabalho e que o seu despedimento pelo empregador, um partido político, foi ilícito e por isso deve reintegrá-lo não importa intrusão na vida nem colide com a governação daquele e por isso não é inconstitucional. [Ac. da RL, de 29.04.20 in www.dgsi.pt (Proc. nº 21635/18.0T8LSB.L1-4)].

– Dispõe o normativo inserto no nº 1 do artigo 403º do Código do Trabalho que se considera "abandono do trabalho a ausência do trabalhador do serviço acompanhada de factos que, com toda a probabilidade, revelam a intenção de não o retomar". II – Por sua vez, o nº 2 do preceito dispõe o seguinte: "presume-se o abandono do trabalho em caso de ausência de trabalhador do serviço durante, pelo menos, 10 dias úteis seguidos, sem que o empregador seja informado do motivo da ausência". III – Esta presunção pode ser ilidida pelo trabalhador, mediante prova da ocorrência de motivo de força maior impeditivo da comunicação ao empregador da causa da ausência, nos termos previstos pelo nº 4 do normativo. IV – Para o empregador que pretenda ver reconhecida a denúncia do contrato de trabalho pelo trabalhador, com fundamento na situação prevista pelo artigo 403º do C.T., e querendo beneficiar da presunção prevista no nº 2 do normativo, compete- -lhe alegar e provar a verificação do facto indiciário do abandono. V – Este facto integra dois elementos: (i) a não comparência do trabalhador ao serviço durante um período mínimo de dez dias úteis seguidos; (ii) a falta de informação do motivo da ausência. VI – Mas o que releva verdadeiramente para efeitos extintivos da relação laboral é a vontade do trabalhador em colocar um fim ao vínculo contratual, o seu animus extintivo, exteriorizado através de factos concludentes, ou seja, que com toda a probabilidade revelem a vontade do trabalhador dissolver o contrato. VII – Não há abandono de trabalho quando o empregador conhece ou tem obrigação de conhecer que a ausência, mesmo que prolongada, se deve a outros motivos que não a vontade de o trabalhador pôr termo ao contrato de trabalho; e, havendo este conhecimento, tão pouco pode prevalecer ou funcionar a presunção a que alude o nº 2 do artigo 403º do Cód. do Trabalho. [Ac. da RC, de 18.12.19 in www.dgsi.pt (Proc. nº 5117/18.2T8VIS.C1)].

4. Esta presunção legal pode ser afastada invocando o trabalhador caso de força maior impeditiva da comunicação da ausência, invertendo-se, por conseguinte, o ónus probatório estabelecido no art. 342º, do CC (nº 4).

V – Verifica-se uma situação de denúncia do contrato por abandono do trabalho quando após um ano de doença consecutiva, com a apresentação de sucessivos atestados médicos, o trabalhador não se apresenta ao serviço durante cerca de dois meses, sem apresentar qualquer justificação e sem ter demonstrado que motivo de força maior o impediu de comunicar ao empregador a causa da ausência. [Ac. da RC, de 19.11.15 in www.dgsi.pt (Proc. nº 495/14.5TTLRA.C1)].

Fundando-se o abandono do posto de trabalho em faltas do trabalhador por mais de dez dias úteis consecutivos, o ónus de alegação e prova distribui-se do seguinte modo: o empregador tem de alegar e provar aquela ausência, o que lhe permitirá beneficiar da presunção de abandono; o trabalhador tem de alegar e provar que comunicou a ausência e o respetivo motivo, sem o que não conseguirá ilidir aquela presunção. (Ac. da RL, de 27.05.15 in CJ, Ano XL, Tomo III, p. 345). No mesmo sentido, v. o Ac. da RE, de 07.02.12 in www.dgsi.pt (Proc. nº 537/10.3TTPTM. E1).

5. A presunção de abandono do trabalho só vale, no entanto, como cessação do contrato, quando invocada pelo empregador, e comunicada ao trabalhador para a última morada conhecida (nº 3). Em caso de abandono do trabalho, o trabalhador deve indemnizar o empregador nos termos do art. 401º (nº 5).

TÍTULO III – Direito coletivo

SUBTÍTULO I – Sujeitos

CAPÍTULO I – Estruturas de representação coletiva dos trabalhadores

SECÇÃO I – Disposições gerais sobre estruturas de representação coletiva dos trabalhadores

Artigo 404º – Estruturas de representação coletiva dos trabalhadores

Para defesa e prossecução coletivas dos seus direitos e interesses, podem os trabalhadores constituir:

a) Associações sindicais;

b) Comissões de trabalhadores e subcomissões de trabalhadores;

c) Representantes dos trabalhadores para a segurança e saúde no trabalho;

d) Outras estruturas previstas em lei específica, designadamente conselhos de empresa europeus.

COMENTÁRIOS:

1. Antecedentes legislativos: Art. 451º, do CT/2003.

2. Em relação ao CT/2003, é de destacar a referência expressa aos representantes dos trabalhadores para a segurança e saúde no trabalho e a alusão a outras estruturas previstas em lei específica, como conselhos de empresa europeus.

3. O art. 54º, da CRP, consagra expressamente o direito de os trabalhadores criarem "comissões para defesa dos seus interesses e intervenção democrática na vida da empresa".

A liberdade sindical para defesa dos interesses dos trabalhadores está consagrada no art. 55º, da CRP.

Sobre a liberdade sindical negativa, *vide* JÚLIO GOMES, *Da liberdade sindical negativa (e da importância de se chamar sindicato)*.

4. Em relação aos conselhos de empresa europeus, *vide* a L nº 96/2009, de 03 de setembro, a qual transpôs para a ordem jurídica interna a Diretiva nº 2009/38/CE, do Parlamento Europeu e do Conselho, de 06 de maio (relativa à instituição de um conselho de empresa europeu ou de um procedimento de informação e consulta dos trabalhadores nas empresas ou grupos de empresas de dimensão comunitária).

5. As estruturas de representação coletiva dos trabalhadores, ainda que destituídas de personalidade jurídica, gozam de capacidade judiciária ativa e passiva (art. 2º-A, do CPT).

Artigo 405º – Autonomia e independência

1. As estruturas de representação coletiva dos trabalhadores são independentes do Estado, de partidos políticos, de instituições religiosas ou associações de outra natureza, sendo proibidos qualquer ingerência destes na sua organização e gestão, bem como o seu recíproco financiamento.

2. Sem prejuízo das formas de apoio previstas neste Código, os empregadores não podem, individualmente ou através das suas associações, promover a constituição, manter ou financiar o funcionamento, por quaisquer meios, de estruturas de representação coletiva dos trabalhadores ou, por qualquer modo, intervir na sua organização e gestão, assim como impedir ou dificultar o exercício dos seus direitos.

3. O Estado pode apoiar as estruturas de representação coletiva dos trabalhadores nos termos previstos na lei.

4. O Estado não pode discriminar as estruturas de representação coletiva dos trabalhadores relativamente a quaisquer outras entidades.

5. Constitui contraordenação grave a violação do disposto nos nºs 1 ou 2.

COMENTÁRIOS:

1. Antecedentes legislativos: Arts. 452º e 682º, do CT/2003 e 6º, do DL nº 215-B/ /75, de 30 de abril.

2. A independência das associações sindicais face ao patronato, ao Estado, às confissões religiosas, aos partidos e outras associações políticas é uma garantia constitucionalmente consagrada no art. 55º, nº 4, da CRP.

No Proc. nº 611/05.8TTPRT.P1.S1, o STJ entendeu que, de acordo com o princípio da autonomia e independência previsto no presente artigo, não se podia qualificar "como de trabalho, em relação à entidade empregadora, o acidente de viação em que o trabalhador, que exercia as funções de dirigente sindical, a tempo inteiro, desde o ano de 2000, situação geradora de impedimento continuado da prestação da atividade laboral e que persistia à data do acidente, regressava à sua residência após executar serviço determinado pela associação sindical de que era dirigente". (Ac. de 30.05.12 *in* www.dgsi.pt).

3. A violação dos nºs 1 e 2 é punida com pena de multa até 120 dias (nº 1, do art. 407º).

Se a violação for praticada por administradores, diretores, gerentes ou trabalhadores que ocupem lugares de chefia a pena é de um ano de prisão (nº 2, do art. 407º).

Os dirigentes sindicais ou delegados sindicais que forem condenados nestes termos perdem os direitos atribuídos no presente Código (nº 3, do art. 407º).

Artigo 406º – Proibição de atos discriminatórios

1. É proibido e considerado nulo o acordo ou outro ato que vise:

***a*) Subordinar o emprego de trabalhador à condição de este se filiar ou não se filiar numa associação sindical ou de se retirar daquela em que esteja inscrito;**

***b*) Despedir, transferir ou, por qualquer modo, prejudicar trabalhador devido ao exercício dos direitos relativos à participação em estruturas de representação coletiva ou à sua filiação ou não filiação sindical.**

2. Constitui contraordenação grave a violação do disposto no número anterior.

COMENTÁRIOS:

1. Antecedentes legislativos: Arts. 453º e 682º, do CT/2003 e 37º, do DL nº 215-B/75, de 30 de abril.

2. O exercício da liberdade sindical sem discriminação é garantido pelo art. 55º, nº 2, da CRP.

A proibição do empregador discriminar o trabalhador em função da filiação sindical está consagrada no regime da igualdade e não discriminação previsto nos arts. 24º e 25º.

3. Nos termos da al. *a*), do nº 1, é proibido e considerado nulo o acordo ou outro ato que vise subordinar o emprego de trabalhador à condição de este se filiar ou não se filiar numa associação sindical ou de se retirar daquela em que esteja inscrito.

Tal proibição estende-se também aos casos em que se visa despedir, transferir ou, por qualquer modo, prejudicar trabalhador devido ao exercício dos direitos relativos à participação em estruturas de representação coletiva ou à sua filiação ou não filiação sindical (al. *b*), do nº 1). A nulidade do ato de instauração do procedimento disciplinar decorrente da aplicação desta alínea "pressupõe a prova de que, com essa instauração, o empregador pretendeu prejudicar o trabalhador pelo facto de o mesmo ter exercido os direitos decorrentes da qualidade de membro de estrutura representativa de trabalhadores". [Ac. da RP, de 08.09.14 *in* www.dgsi.pt (Proc. nº 727/12.4TTBRG.P1)].

Importa ainda ter presente que o "trabalhador eleito para as estruturas de representação coletiva de trabalhadores tem direito a auferir todas as prestações como se estivesse em serviço efetivo, incluindo o subsídio de refeição, quando em gozo de crédito de horas conexo com a respetiva condição". (Ac. da RG, de 16.06.16 *in* CJ, Ano XLI, Tomo III, p. 272).

No Proc. nº 9906/17.7T8LLSB.L1.S1, o STJ elucidou que, prevendo "a convenção coletiva o direito do trabalhador a uma prestação pelo empregador após a cessação do contrato de trabalho por mútuo acordo, em certas condições, que designa por "reforma antecipada", a cláusula que regula a alteração do montante a pagar pelo empregador aquando da efetiva concessão da reforma pela Segurança Social tem apenas esse escopo de ajustar a quantia a pagar a essa nova situação, sendo que o direito do trabalhador a uma prestação por parte do empregador já nasceu aquando da celebração do acordo de cessação". Destarte, lê-se ainda nesse aresto, "o que importa é que a convenção coletiva esteja em vigor no momento da celebração desse acordo". (Ac. de 16.12.20 *in* www.dgsi.pt).

4. A violação do disposto no presente artigo é punida com pena de multa até 120 dias (nº 1, do art. 407º).

Se a violação for praticada por administradores, diretores, gerentes ou trabalhadores que ocupem lugares de chefia a pena é de um ano de prisão (nº 2, do art. 407º).

Os dirigentes sindicais ou delegados sindicais que forem condenados nestes termos perdem os direitos atribuídos no presente Código (nº 3, do art. 407º).

Artigo 407º – Crime por violação da autonomia ou independência sindical, ou por ato discriminatório

1. A entidade que viole o disposto nos nºs 1 ou 2 do artigo 405º ou no artigo anterior é punida com pena de multa até 120 dias.

2. O administrador, diretor, gerente ou outro trabalhador que ocupe lugar de chefia que seja responsável por ato referido no número anterior é punido com pena de prisão até 1 ano.

3. Perde os direitos específicos atribuídos por este Código o dirigente ou delegado sindical que seja condenado nos termos do número anterior.

COMENTÁRIOS:

1. Antecedentes legislativos: Arts. 611º, do CT/2003 e 38º, do DL nº 215-B/75, de 30 de abril.

2. O crime de violação da autonomia ou independência sindical previsto e punido pelos arts. 405º, nº 2 e 407º, nº 1 – "ao punir a conduta dos empregadores que promovem a constituição, mantêm ou financiam o funcionamento, por quaisquer meios, de estruturas de representação coletiva dos trabalhadores ou, por qualquer modo, intervêm na sua organização e gestão, assim como impedem ou dificultam o exercício dos seus direitos –, salvaguarda direta e imediatamente os interesses das estruturas de representação coletiva dos trabalhadores". [Ac. da RL, de 07.07.10 *in* www.dgsi.pt (Proc. nº 774/09.3TDLSB.L1-3)].

Artigo 408º – Crédito de horas de representantes dos trabalhadores

1. Beneficiam de crédito de horas, nos termos previstos neste Código ou em legislação específica, os trabalhadores eleitos para as estruturas de representação coletiva dos trabalhadores.

2. O crédito de horas é referido ao período normal de trabalho e conta como tempo de serviço efetivo, inclusivamente para efeito de retribuição.

3. Sempre que pretenda utilizar o crédito de horas, o trabalhador deve informar o empregador, por escrito, com a antecedência mínima de dois dias, salvo motivo atendível.

4. Não pode haver lugar a cumulação do crédito de horas pelo facto de o trabalhador pertencer a mais de uma estrutura de representação coletiva dos trabalhadores.

5. Constitui contraordenação grave a violação do disposto no nº 1.

COMENTÁRIOS:

1. Antecedentes legislativos: Arts. 454º e 682º, do CT/2003; 22º e 32º, do DL nº 215-B/75, de 30 de abril e 20º, da L nº 46/79, de 12 de setembro.

2. Nos termos previstos neste Código ou em legislação específica, os trabalhadores eleitos para as estruturas de representação coletiva dos trabalhadores beneficiam de crédito de horas (nº 1). Segundo a RL, da conjugação do disposto nos nºs 1 e 6 do art. 55º, da CRP com o estabelecido nos nºs 1 e 2, do presente artigo e no nº 1, do art. 468º, "resulta haver o legislador pretendido que os trabalhadores que simultaneamente exerçam funções de dirigentes sindicais tenham precisamente os mesmos direitos que os seus colegas de trabalho, enquanto no uso do crédito de horas legalmente conferido para o exercício das suas funções sindicais, de tal forma que a utilização desse crédito de horas corresponde a trabalho efetivamente prestado, sem que, portanto, dele resulte qualquer prejuízo para o trabalhador/dirigente sindical, seja a nível retributivo, seja a qualquer outro nível patrimonial". (Ac. de 27.09.17 *in* www.dgsi.pt (Proc. nº 3517/15.9T8CSC.L1-4) e CJ, Ano XLII, Tomo IV, p. 145).

A RL fez notar que o "tempo de ausência no posto de trabalho dos dirigentes e delegados sindicais, para o exercício das funções sindicais, dentro do crédito legal de horas, conta como tempo de serviço efetivo para todos os efeitos, inclusive remuneratórios, tudo se passando como se esses trabalhadores tivessem estado, durante esse tempo, no seu posto de trabalho exercendo as suas funções para a entidade patronal. Assim, não pode o empregador efetuar quaisquer descontos referentes a esse tempo de ausência". [Ac. de 07.10.09 *in* www.dgsi.pt (Proc. nº 4603-05.9TTLSB.L1-4)].

3. O nº 4 proíbe a cumulação do crédito de horas quando o trabalhador, simultaneamente, pertencer a mais de uma estrutura de representação coletiva de trabalhadores. Da leitura conjugada dos nºs 3, do art. 440º e 4, do art. 468º, podemos extrair que esta cumulação é igualmente proibida quando o membro de direção desempenha tal cargo em mais do que uma associação sindical, ou seja, em mais do que um sindicato, federação, união ou confederação.

Na visão da RE, o empregador tem a "obrigação de conceder a utilização de uma parcela do período normal de trabalho, sem perda de retribuição (e no caso dos membros de direção, com direito a faltas justificadas), para o exercício da atividade sindical que é exigida ao delegado sindical e ao dirigente sindical, no âmbito das respetivas atribuições", por isso, "sendo o trabalhador delegado sindical na empresa e, simultaneamente, membro de direção sindical, tem direito ao crédito de horas por cada uma das atribuições". [Ac. de 31.10.18 *in* www.dgsi.pt (Proc. nº 3573/17.5T8STR.E1)].

Na hipótese de trabalhador que seja simultaneamente membro de direção de associação sindical e membro de comissão de trabalhadores, a RL decidiu que o mesmo "tem direito a acumular os créditos de horas estipulados na lei para o exercício de uma e de outra dessas funções, com o direito a auferir a retribuição correspondente, a cargo do empregador, como tempo de serviço efetivo". (Ac. de 12.07.12 *in* CJ, Ano XXXVII, Tomo III, p. 178).

"O crédito de horas, até 4 dias por mês, atribuído aos dirigentes sindicais para o exercício das respetivas funções, traduz uma medida de proteção da liberdade sindical, constitucionalmente imposta e cumprida pelo legislador ordinário e visa fazer com que os empregadores não prejudiquem, por qualquer forma, os trabalhadores eleitos para as respetivas estruturas representativas, por causa do exercício das correspondentes funções, fazendo equivaler a utilização do crédito a trabalho efetivo, para todos os efeitos, inclusive o da retribuição". [Ac. da RP, de 30.01.12 *in* www.dgsi.pt (Proc. nº 45/11.5TTOAZ.P1)].

Artigo 409º – Faltas de representantes dos trabalhadores

1. A ausência de trabalhador por motivo do desempenho de funções em estrutura de representação coletiva dos trabalhadores de que seja membro, que exceda o crédito de horas, considera-se justificada e conta como tempo de serviço efetivo, salvo para efeito de retribuição.

2. A ausência de delegado sindical motivada pela prática de atos necessários e inadiáveis no exercício das correspondentes funções considera-se justificada, nos termos do número anterior.

3. O trabalhador ou a estrutura de representação coletiva em que se integra comunica ao empregador, por escrito, as datas e o número de dias em que aquele necessita de ausentar-se para o exercício das suas funções, com um dia de antecedência ou, em caso de imprevisibilidade, nas quarenta e oito horas posteriores ao primeiro dia de ausência.

4. A inobservância do disposto no número anterior torna a falta injustificada.

5. Constitui contraordenação grave a violação do disposto no nº 1.

COMENTÁRIOS:

1. Antecedentes legislativos: Arts. 455º e 682º, do CT/2003; 22º, do DL nº 215-B/75, de 30 de abril; 20º, da L nº 46/79, de 12 de setembro e 23º e 26º, da LFFF.

2. A ausência de trabalhador por motivo do desempenho de funções em estrutura de representação coletiva dos trabalhadores de que seja membro, que exceda o crédito de horas previsto no artigo 408º, considera-se justificada e conta como tempo de serviço efetivo, salvo para efeito de retribuição (nº 1). No entanto, o STJ entendeu que configurava "um exercício abusivo desse direito a reclamação pelo autor, dirigente sindical, do pagamento daquelas retribuições relativamente aos períodos em que trabalhou na ré apenas um dia por mês e cinco dias por mês, exercendo nos restantes dias as suas funções sindicais enquanto membro da direção da associação sindical". (Ac. de 12.07.07 *in* CJ, Ano XV, Tomo II, p. 292).

3. Quanto ao efeito das faltas justificadas, cfr. art. 255º.

Artigo 410º – Proteção em caso de procedimento disciplinar ou despedimento

1. A suspensão preventiva de trabalhador membro de estrutura de representação coletiva não obsta a que o mesmo tenha acesso a locais e exerça atividades que se compreendem no exercício das correspondentes funções.

2. Na pendência de Processo judicial para apuramento de responsabilidade disciplinar, civil ou criminal com fundamento em exercício abusivo de direitos na qualidade de membro de estrutura de representação coletiva dos trabalhadores, aplica-se ao trabalhador visado o disposto no número anterior.

3. O despedimento de trabalhador candidato a membro de qualquer dos corpos sociais de associação sindical ou que exerça ou haja exercido funções nos mesmos corpos sociais há menos de três anos presume-se feito sem justa causa.

4. A providência cautelar de suspensão de despedimento de trabalhador membro de estrutura de representação coletiva dos trabalhadores só não é decretada se o tribunal concluir pela existência de probabilidade séria de verificação da justa causa invocada.

5. A ação de apreciação da licitude de despedimento de trabalhador a que se refere o número anterior tem natureza urgente.

6. Em caso de ilicitude de despedimento por facto imputável ao trabalhador membro de estrutura de representação coletiva, este tem direito a optar entre a reintegração e uma indemnização calculada nos termos do nº 3 do artigo 392º ou em instrumento de regulamentação coletiva de trabalho, não inferior à retribuição base e diuturnidades correspondentes a seis meses.

COMENTÁRIOS:

1. Antecedentes legislativos: Arts. 456º, do CT/2003; 11º, 12 e 14º, da LCCT; 24º, do DL nº 215-B/75, de 30 de abril e 16º, da L nº 46/79, de 12 de setembro.

2. O nº 3 estabelece a presunção de inexistência de justa causa do despedimento de trabalhador candidato a membro de qualquer dos corpos sociais de associação sindical ou que exerça ou haja exercido funções nos mesmos corpos sociais há menos de três anos.

No Proc. nº 7583/11.8T2SNT.L1.S1, esta presunção foi considerada ilidida porque "o trabalhador subscreveu uma carta contendo afirmações que ofenderam a honra e a vida privada e familiar de um superior hierárquico e de uma trabalhadora, e que eram desnecessárias para o exercício do direito de crítica contra a gestão da empresa, violando, assim, o trabalhador, culposamente, deveres de urbanidade para com as pessoas visadas na carta". (Ac. do STJ, de 04.07.13 *in* www.dgsi.pt).

Um trabalhador que, enquanto Coordenador Regional de um Sindicato, é dirigente sindical, goza da proteção especial dos representantes dos trabalhadores prevista, designadamente no presente artigo. [Ac. do STJ, de 30.03.11 *in* www.dgsi.pt (Proc. nº 4611/07.5TTLSB.L1.S1)].

3. Se o trabalhador que seja membro de estrutura de representação coletiva dos trabalhadores for alvo de despedimento, a respetiva providência cautelar de suspensão só não é decretada se o tribunal, em face da matéria indiciariamente demonstrada, concluir pela existência de probabilidade séria de verificação da justa causa invocada (nº 4). Cfr. o Ac. da RE, de 14.01.16 *in* www.dgsi.pt (Proc. nº 642/15.0T8EVR.E1).

A RE concluiu que não se verificou a referida probabilidade séria e, por consequência, decretou a suspensão do despedimento no seguinte circunstancialismo:

"– o trabalhador, que havia sido mandatado pela respetiva estrutura sindical para apresentar uma queixa na Comissão para a Igualdade no trabalho e no Emprego (CITE) contra a respetiva empregadora, apresentou a mesma, mencionando, além do mais, que a uma outra trabalhadora não renovaram o contrato, estando ela na situação de aleitação de filho recém-nascido, e foi "mandada para casa", sem que a mesma empregadora tenha comunicado a caducidade do contrato à CITE, e se vem a apurar que a trabalhadora em causa se encontrava em situação de incapacidade temporária por estado de doença desde 08-04-2010, tendo sido mãe de uma criança em 24-08-2010, encontrando-se em outubro de 2010, quando lhe foi comunicada a não renovação do contrato de trabalho a termo, em gozo de situação de licença parental, facto que foi comunicado à CITE em data posterior à queixa do trabalhador;

– Não respondeu a dois ofícios da empregadora em que lhe solicitava se havia apresentado à CITE a referida queixa, tendo tais ofícios merecido resposta do Sindicato de que o trabalhador é membro;

– Recusou-se a assinar o comprovativo do recebimento da nota de culpa". [Ac. de 27.09.11 *in* www.dgsi.pt (Proc. nº 427/11.2TTSTB.E1)].

Artigo 411º – Proteção em caso de transferência

1. O trabalhador membro de estrutura de representação coletiva dos trabalhadores não pode ser transferido de local de trabalho sem o seu acordo, salvo quando tal resultar de extinção ou mudança total ou parcial do estabelecimento onde presta serviço.

2. O empregador deve comunicar a transferência do trabalhador a que se refere o número anterior à estrutura a que este pertence, com antecedência igual à da comunicação feita ao trabalhador.

3. Constitui contraordenação grave a violação do disposto neste artigo.

COMENTÁRIOS:

1. Antecedentes legislativos: Arts. 457º e 682º, do CT/2003; 23º e 34º, do DL nº 215-B/75, de 30 de abril e 16º, da L nº 46/79, de 12 de setembro.

2. Nos termos do nº 1, do art. 194º, o empregador pode transferir o trabalhador para outro local de trabalho, temporária ou definitivamente, nas seguintes situações:

a) Em caso de mudança ou extinção, total ou parcial, do estabelecimento onde aquele presta serviço;

b) Quando outro motivo do interesse da empresa o exija e a transferência não implique prejuízo sério para o trabalhador.

Por força do nº 1, do presente artigo, se a transferência resultar de mudança ou extinção, total ou parcial, do estabelecimento onde o trabalhador presta serviço a sua concordância não é necessária, mesmo que este seja membro de estrutura de representação coletiva dos trabalhadores.

Já se a transferência resultar de outro motivo do interesse da empresa, o presente artigo impõe o acordo do trabalhador, se este for membro de estrutura de representação coletiva dos trabalhadores. Sobre esta questão, veja-se o Ac. da RE, de 23.06.16 *in* www.dgsi.pt (Proc. nº 642/15.0T8EVR.E1).

Artigo 412º – Informações confidenciais

1. O membro de estrutura de representação coletiva dos trabalhadores não pode revelar aos trabalhadores ou a terceiros informações que tenha rece-

bido, no âmbito de direito de informação ou consulta, com menção expressa da respetiva confidencialidade.

2. O dever de confidencialidade mantém-se após a cessação do mandato de membro de estrutura de representação coletiva dos trabalhadores.

3. O empregador não é obrigado a prestar informações ou a proceder a consultas cuja natureza seja suscetível de prejudicar ou afetar gravemente o funcionamento da empresa ou do estabelecimento.

COMENTÁRIOS:

Antecedentes legislativos: Arts. 458º e 459º, do CT/2003 e 23º, da L nº 46/79, de 12 de setembro.

Artigo 413º – Justificação e controlo judicial em matéria de confidencialidade de informação

1. A qualificação de informação como confidencial, a não prestação de informação ou a não realização de consulta deve ser fundamentada por escrito, com base em critérios objetivos, assentes em exigências de gestão.

2. A qualificação como confidencial da informação prestada, a recusa de prestação de informação ou a não realização de consulta pode ser impugnada pela estrutura de representação coletiva dos trabalhadores em causa, nos termos previstos no Código de Processo do Trabalho.

COMENTÁRIOS:

1. Antecedentes legislativos: Art. 460º, do CT/2003.

2. O Processo especial de impugnação da confidencialidade de informações ou da recusa da sua prestação ou da realização de consultas está previsto nos arts. 186º-A a 186º-C, do CPT. A RL veio esclarecer que este processo deve destinar-se apenas à remoção de confidencialidade de informações que se invoca, para promover a sua prestação ou ainda para a realização de consultas. [Ac. de 20.06.16 *in* www.dgsi.pt (Proc. nº 30165/15.0T8LSB.L1-4)].

Artigo 414º – Exercício de direitos

1. O membro de estrutura de representação coletiva dos trabalhadores não pode, através do exercício dos seus direitos ou do desempenho das suas funções, prejudicar o normal funcionamento da empresa.

2. O exercício abusivo de direitos por parte de membro de estrutura de representação coletiva dos trabalhadores é passível de responsabilidade disciplinar, civil ou criminal, nos termos gerais.

COMENTÁRIOS:

Antecedentes legislativos: Arts. 470º, do CT/2003 e 37º, da L nº 46/79, de 12 de setembro.

SECÇÃO II – Comissões de trabalhadores

SUBSECÇÃO I – Disposições gerais sobre comissões de trabalhadores

Artigo 415º – Princípios gerais relativos a comissões, subcomissões e comissões coordenadoras

1. Os trabalhadores têm direito de criar, em cada empresa, uma comissão de trabalhadores para defesa dos seus interesses e exercício dos direitos previstos na Constituição e na lei.

2. Podem ser criadas subcomissões de trabalhadores em estabelecimentos da empresa geograficamente dispersos.

3. Qualquer trabalhador da empresa, independentemente da idade ou função, tem o direito de participar na constituição das estruturas previstas nos números anteriores e na aprovação dos respetivos estatutos, bem como o direito de eleger e ser eleito.

4. Podem ser criadas comissões coordenadoras para melhor intervenção na reestruturação económica, para articulação de atividades das comissões de trabalhadores constituídas nas empresas em relação de domínio ou de grupo, bem como para o exercício de outros direitos previstos na lei e neste Código.

COMENTÁRIOS:

1. Antecedentes legislativos: Arts. 461º, do CT/2003; 330º, da RCT e 1º e 3º, da L nº 46/79, de 12 de setembro.

2. A constituição, estatutos e eleição das comissões, das subcomissões de trabalhadores e das comissões coordenadoras estava regulada nos arts. 327º a 352º, da RCT.

Os direitos das comissões e subcomissões de trabalhadores estavam regulados nos arts. 353º a 364º, da RCT.

3. O direito de os trabalhadores criarem comissões de trabalhadores para defesa dos seus interesses e intervenção democrática na vida da empresa está consagrado no nº 1, do art. 54º, da CRP.

Artigo 416º – Personalidade e capacidade de comissão de trabalhadores

1. A comissão de trabalhadores adquire personalidade jurídica pelo registo dos seus estatutos pelo serviço competente do ministério responsável pela área laboral.

2. A capacidade da comissão de trabalhadores abrange todos os direitos e obrigações necessários ou convenientes para a prossecução dos seus fins.

COMENTÁRIOS:

Antecedentes legislativos: Art. 462º, do CT/2003.

Artigo 417º – Número de membros de comissão de trabalhadores, comissão coordenadora ou subcomissão

1. O número de membros de comissão de trabalhadores não pode exceder os seguintes:

a) Em empresa com menos de 50 trabalhadores, dois;

b) Em empresa com 50 ou mais trabalhadores e menos de 200, três;

c) Em empresa com 201 a 500 trabalhadores, três a cinco;

d) Em empresa com 501 a 1000 trabalhadores, cinco a sete;

e) Em empresa com mais de 1000 trabalhadores, sete a 11.

2. O número de membros de subcomissão de trabalhadores não pode exceder os seguintes:

a) Em estabelecimento com 50 a 200 trabalhadores, três;

b) Em estabelecimento com mais de 200 trabalhadores, cinco.

3. Em estabelecimento com menos de 50 trabalhadores, a função da subcomissão de trabalhadores é assegurada por um só membro.

4. O número de membros de comissão coordenadora não pode exceder o número das comissões de trabalhadores que a mesma coordena, nem o máximo de 11 membros.

COMENTÁRIOS:

Antecedentes legislativos: Arts. 464º e 465º, do CT/2003 e 3º, nº 3 e 14º, da L nº 46/ /79, de 12 de setembro.

Artigo 418º – Duração do mandato

O mandato de membros de comissão de trabalhadores, comissão coordenadora ou subcomissão de trabalhadores não pode exceder quatro anos, sendo permitidos mandatos sucessivos.

COMENTÁRIOS:

Antecedentes legislativos: Art. 343º, da RCT.

Artigo 419º – Reunião de trabalhadores no local de trabalho convocada por comissão de trabalhadores

1. A comissão de trabalhadores pode convocar reuniões gerais de trabalhadores a realizar no local de trabalho:

_a_) Fora do horário de trabalho da generalidade dos trabalhadores, sem prejuízo do normal funcionamento de turnos ou de trabalho suplementar;

_b_) Durante o horário de trabalho da generalidade dos trabalhadores até um período máximo de quinze horas por ano, que conta como tempo de serviço efetivo, desde que seja assegurado o funcionamento de serviços de natureza urgente e essencial.

2. O empregador que proíba reunião de trabalhadores no local de trabalho comete contraordenação muito grave.

COMENTÁRIOS:

1. Antecedentes legislativos: Arts. 468º, nºs 1 e 2 e 685º, do CT/2003 e 21º, da L nº 46/79, de 12 de setembro.

2. A comissão de trabalhadores pode convocar reuniões gerais de trabalhadores a realizar no local de trabalho fora do horário da generalidade dos trabalhadores, sem prejuízo do normal funcionamento de turnos ou de trabalho suplementar (al. *a*), do nº 1).

Durante o horário de trabalho da generalidade dos trabalhadores, estas reuniões ficam limitadas a um período máximo de quinze horas por ano, que conta como tempo de serviço efetivo, desde que seja assegurado o funcionamento de serviços de natureza urgente e essencial (al. *b*), do nº 1). A RL veio esclarecer que o "direito de reunião por um período máximo de 15 horas não pode ser assacado individualmente a cada um dos assalariados, de per si, mas deve ser ponderado em termos globais e indiferenciados, cabendo à entidade ou grupo de trabalhadores que convocou tal reunião informar o empregador do tempo de duração da mesma". [Ac. de 10.10.12 *in* www.dgsi.pt (Proc. nº 4745/09.1TTLSB.L1-4)].

De notar ainda que, neste último caso, a comissão de trabalhadores deve apresentar proposta que vise assegurar o funcionamento de serviços de natureza urgente e essencial (nº 2, do art. 420º). Naturalmente, se considerar que estes existem. Cfr. o Ac. da RC, de 17.10.13 *in* www.dgsi.pt (Proc. nº 312/12.0TTCVL.C1) e CJ, Ano XXXVIII, Tomo IV, p. 72.

Artigo 420º – Procedimento para reunião de trabalhadores no local de trabalho

1. A comissão de trabalhadores deve comunicar ao empregador, com a antecedência mínima de quarenta e oito horas, a data, a hora, o número previsível de participantes e o local em que pretende que a reunião de trabalhadores se efetue e afixar a respetiva convocatória.

2. No caso de reunião a realizar durante o horário de trabalho, a comissão de trabalhadores deve apresentar proposta que vise assegurar o funcionamento de serviços de natureza urgente e essencial.

3. Após receber a comunicação referida no nº 1 e, sendo caso disso, a proposta referida no número anterior, o empregador deve pôr à disposição da entidade promotora, desde que esta o requeira, um local no interior da empresa ou na sua proximidade apropriado à realização da reunião, tendo em conta os elementos da comunicação e da proposta, bem como a necessidade de respeitar o disposto na parte final da alínea *a*) ou *b*) do nº 1 do artigo anterior.

4. Constitui contraordenação muito grave a violação do disposto no número anterior.

COMENTÁRIOS:

1. Antecedentes legislativos: Arts. 468º, nº 3 e 685º, do CT/2003 e 21º, da L nº 46/79, de 12 de setembro.

2. No caso de reunião a realizar durante o horário de trabalho, a comissão de trabalhadores deve apresentar proposta que vise assegurar o funcionamento de serviços de natureza urgente e essencial (nº 2). Segundo a RC resulta desta "norma legal que o ónus de apresentação da proposta nela prevista é da comissão de trabalhadores ou da comissão sindical que convoca a reunião de trabalhadores a decorrer em horário e no local de trabalho, sendo que a proposta deve acompanhar a comunicação da convocação da reunião de trabalhadores". Se a comissão sindical considerar, "com ou sem colaboração prévia da empresa, que não existem serviços urgentes e essenciais a assegurar, a mesma fará a comunicação prevista no art. 420º/1 do CT/09 sem qualquer proposta referente a serviços urgentes e essenciais". (Ac. de 17.10.13 *in* www.dgsi.pt (Proc. nº 312/12.0TTCVL.C1) e CJ, Ano XXXVIII, Tomo IV, p. 72).

Artigo 421º – Apoio à comissão de trabalhadores e difusão de informação

1. O empregador deve pôr à disposição da comissão ou subcomissão de trabalhadores instalações adequadas, bem como os meios materiais e técnicos necessários ao exercício das suas funções.

2. É aplicável à comissão e subcomissão de trabalhadores o disposto no artigo 465º, com as necessárias adaptações.

3. Constitui contraordenação grave a violação do disposto neste artigo.

COMENTÁRIOS:

Antecedentes legislativos: Arts. 469º e 685º, do CT/2003 e 22º, da L nº 46/79, de 12 de setembro.

Artigo 422º – Crédito de horas de membros das comissões

1. Para o exercício das suas funções, o membro das seguintes estruturas tem direito ao seguinte crédito mensal de horas:

a) Subcomissão de trabalhadores, oito horas;

b) Comissão de trabalhadores, vinte e cinco horas;

c) Comissão coordenadora, vinte horas.

2. Em microempresa, os créditos de horas referidos no número anterior são reduzidos a metade.

3. Em empresa com mais de 1000 trabalhadores, a comissão de trabalhadores pode deliberar por unanimidade redistribuir pelos seus membros um montante global correspondente à soma dos créditos de horas de todos eles, com o limite individual de quarenta horas mensais.

4. O trabalhador que seja membro de mais de uma das estruturas referidas no nº 1 não pode cumular os correspondentes créditos de horas.

5. Em empresa do setor empresarial do Estado com mais de 1000 trabalhadores, a comissão de trabalhadores pode deliberar por unanimidade que um dos membros tenha crédito de horas correspondente a metade do seu período normal de trabalho, não sendo neste caso aplicável o disposto no nº 3.

6. Constitui contraordenação grave a violação do disposto nos nºs 1, 2, 3 ou 5.

COMENTÁRIOS:

1. Antecedentes legislativos: Arts. 467º e 685º, do CT/2003 e 20º, da L nº 46/79, de 12 de setembro.

2. Os membros das comissões de trabalhadores têm um crédito de horas dentro do horário de trabalho para exercício de atividades sindicais, sem perda de retribuição, o qual só pode ser utilizado para aquelas atividades, e não para outros fins. Assim, se o "trabalhador invoca para faltar ao trabalho o exercício de atividades sindicais e utiliza esse tempo para outras atividades viola os deveres de assiduidade e de honestidade". (Ac. da RL, de 27.10.04 *in* CJ, Ano XXIX, Tomo IV, p. 162).

SUBSECÇÃO II – Informação e consulta

Artigo 423º – Direitos da comissão e da subcomissão de trabalhadores

1. A comissão de trabalhadores tem direito, nomeadamente, a:

a) Receber a informação necessária ao exercício da sua atividade;

b) Exercer o controlo da gestão da empresa;

c) Participar, entre outros, em Processo de reestruturação da empresa, na elaboração dos planos e dos relatórios de formação profissional e em procedimentos relativos à alteração das condições de trabalho;

d) Participar na elaboração da legislação do trabalho, diretamente ou por intermédio das respetivas comissões coordenadoras;

e) Gerir ou participar na gestão das obras sociais da empresa;

f) Promover a eleição de representantes dos trabalhadores para os órgãos sociais das entidades públicas empresariais;

g) Reunir, pelo menos uma vez por mês, com o órgão de gestão da empresa para apreciação de assuntos relacionados com o exercício dos seus direitos.

2. Compete à subcomissão de trabalhadores, de acordo com orientação geral estabelecida pela comissão:

a) Exercer, mediante delegação pela comissão de trabalhadores, os direitos previstos nas alíneas *a*), *b*), *c*) e *e*) do número anterior;

b) Informar a comissão de trabalhadores sobre os assuntos de interesse para a atividade desta;

c) Fazer a ligação entre os trabalhadores do respetivo estabelecimento e a comissão de trabalhadores;

d) Reunir com o órgão de gestão do estabelecimento, nos termos da alínea *g*) do número anterior.

3. O órgão de gestão da empresa ou do estabelecimento, consoante o caso, elabora a ata da reunião referida na alínea *g*) do nº 1 ou na alínea *d*) do nº 2, que deve ser assinada por todos os participantes.

4. Constitui contraordenação grave a violação do disposto nas alíneas *e*) ou *g*) do nº 1, na alínea *d*) do nº 2 ou no número anterior.

COMENTÁRIOS:

1. Antecedentes legislativos: Arts. 354º, 355º e 488º, da RCT.

2. O direito das comissões de trabalhadores a receber todas as informações necessárias ao exercício da sua atividade tem um caráter instrumental em relação às funções que legalmente lhe são conferidas.

"No que toca ao conhecimento dos instrumentos de gestão, o direito de informação deve considerar-se respeitado com simples fornecimento de cópia desses documentos; e quanto aos indicadores de gestão económica, financeira e social, bem como os aspetos globais da atividade da empresa, o mesmo direito fica preenchido com o conhecimento daqueles indicadores e aspetos pela comissão de trabalhadores, sem haver necessidade de qualquer comprovação". [Ac. da RP, de 18.02.13 *in* www.dgsi.pt (Proc. nº 80/11.3TTBRG.P1)].

A informação pedida pela Comissão de Trabalhadores no exercício do seu direito a informação só pode ser recusada se prejudicar ou afetar gravemente o funcionamento da empresa ou do estabelecimento. Se o empregador entender que a informação é melindrosa, *v.g.* em termos concorrenciais, pode fornecê-la com a expressa menção da confidencialidade". (Ac. da RP, de 26.09.11 *in* CJ, Ano XXXVI, Tomo IV, p. 232).

Nesta circunstância, os membros da Comissão de Trabalhadores estão impedidos de revelar aos trabalhadores ou a terceiros essas informações, nos termos do art. 412º, nº 1.

3. A RL recusou legitimidade às comissões de trabalhadores para, em substituição ou representação dos trabalhadores, interporem ações em defesa dos interesses destes. Cfr. o Ac. de 06.02.13 *in* www.dgsi.pt (Proc. nº 2463/10.7TTLSB.L1-4).

Artigo 424º – Conteúdo do direito a informação

1. A comissão de trabalhadores tem direito a informação sobre:

***a*) Planos gerais de atividade e orçamento;**

***b*) Organização da produção e suas implicações no grau da utilização dos trabalhadores e do equipamento;**

***c*) Situação do aprovisionamento;**

***d*) Previsão, volume e administração de vendas;**

***e*) Gestão de pessoal e estabelecimento dos seus critérios básicos, montante da massa salarial e sua distribuição por grupos profissionais, regalias sociais, produtividade e absentismo;**

***f*) Situação contabilística, compreendendo o balanço, conta de resultados e balancetes;**

***g*) Modalidades de financiamento;**

***h*) Encargos fiscais e parafiscais;**

***i*) Projeto de alteração do objeto, do capital social ou de reconversão da atividade da empresa.**

2. Constitui contraordenação grave a violação do disposto no número anterior.

COMENTÁRIOS:

Antecedentes legislativos: Arts. 356º e 488º, da RCT.

Artigo 425º – Obrigatoriedade de consulta da comissão de trabalhadores

O empregador deve solicitar o parecer da comissão de trabalhadores antes de praticar os seguintes atos, sem prejuízo de outros previstos na lei:

***a*) Modificação dos critérios de classificação profissional e de promoções dos trabalhadores;**

b) Mudança de local de atividade da empresa ou do estabelecimento;

c) Qualquer medida de que resulte ou possa resultar, de modo substancial, diminuição do número de trabalhadores, agravamento das condições de trabalho ou mudanças na organização de trabalho;

d Dissolução ou pedido de declaração de insolvência da empresa.

COMENTÁRIOS:

Antecedentes legislativos: Art. 357º, nº 1, da RCT.

SUBSECÇÃO III – Controlo de gestão da empresa

Artigo 426º – Finalidade e conteúdo do controlo de gestão

1. O controlo de gestão visa promover o empenhamento responsável dos trabalhadores na atividade da empresa.

2. No exercício do controlo de gestão, a comissão de trabalhadores pode:

a) Apreciar e emitir parecer sobre o orçamento da empresa e suas alterações, bem como acompanhar a respetiva execução;

b) Promover a adequada utilização dos recursos técnicos, humanos e financeiros;

c) Promover, junto dos órgãos de gestão e dos trabalhadores, medidas que contribuam para a melhoria da atividade da empresa, designadamente nos domínios dos equipamentos e da simplificação administrativa;

d) Apresentar à empresa sugestões, recomendações ou críticas tendentes à qualificação inicial e à formação contínua dos trabalhadores, à melhoria das condições de trabalho nomeadamente da segurança e saúde no trabalho;

e) Defender junto dos órgãos de gestão e fiscalização da empresa e das autoridades competentes os legítimos interesses dos trabalhadores.

3. O controlo de gestão não abrange:

a) O Banco de Portugal;

b) A Imprensa Nacional-Casa da Moeda, S. A.;

c) Estabelecimentos fabris militares e atividades de investigação militar ou outras com interesse para a defesa nacional;

d) Atividades que envolvam competências de órgãos de soberania, de assembleias regionais ou governos regionais.

4. Constitui contraordenação grave o impedimento por parte do empregador ao exercício dos direitos previstos no nº 2.

COMENTÁRIOS:

Antecedentes legislativos: Arts. 359º, 360º, 361º e 488º, da RCT.

Artigo 427º – Exercício do direito a informação e consulta

1. A comissão de trabalhadores ou a subcomissão solicita por escrito, respetivamente, ao órgão de gestão da empresa ou do estabelecimento os elementos de informação respeitantes às matérias abrangidas pelo direito à informação.

2. A informação é prestada por escrito, no prazo de oito dias, ou de 15 dias se a sua complexidade o justificar.

3. O disposto nos números anteriores não prejudica o direito de a comissão ou a subcomissão de trabalhadores receber informação em reunião a que se refere a alínea *g*) do nº 1 ou a alínea *d*) do nº 2 do artigo 423º

4. No caso de consulta, o empregador solicita por escrito o parecer da comissão de trabalhadores, que deve ser emitido no prazo de 10 dias a contar da receção do pedido, ou em prazo superior que seja concedido atendendo à extensão ou complexidade da matéria.

5. Caso a comissão de trabalhadores peça informação pertinente sobre a matéria da consulta, o prazo referido no número anterior conta-se a partir da prestação da informação, por escrito ou em reunião em que tal ocorra.

6. A obrigação de consulta considera-se cumprida uma vez decorrido o prazo referido no nº 4 sem que o parecer tenha sido emitido.

7. Quando esteja em causa decisão por parte do empregador no exercício de poderes de direção e organização decorrentes do contrato de trabalho, o procedimento de informação e consulta deve ser conduzido por ambas as partes no sentido de alcançar, sempre que possível, o consenso.

8. Constitui contraordenação grave a violação do disposto no nº 2 ou na primeira parte do nº 4.

COMENTÁRIOS:

Antecedentes legislativos: Arts. 357º, nºs 2, 4 e 5, 358º e 488º, da RCT.

Artigo 428º – Representantes dos trabalhadores em órgãos de entidade pública empresarial

1. A comissão de trabalhadores de entidade pública empresarial promove a eleição de representantes dos trabalhadores para os órgãos sociais da mesma, aplicando-se o disposto neste Código em matéria de caderno eleitoral, secções de voto, votação e apuramento de resultados.

2. A comissão de trabalhadores deve comunicar ao ministério responsável pelo setor de atividade da entidade pública empresarial o resultado da eleição a que se refere o número anterior.

3. O órgão social em causa e o número de representantes dos trabalhadores são regulados nos estatutos da entidade pública empresarial.

COMENTÁRIOS:
Antecedentes legislativos: Art. 362º, da RCT.

SUBSECÇÃO IV – Participação em processo de reestruturação da empresa

Artigo 429º – Exercício do direito de participação nos processos de reestruturação

1. O direito de participar em processos de reestruturação da empresa é exercido pela comissão de trabalhadores, ou pela comissão coordenadora em caso de reestruturação da maioria das empresas cujas comissões esta coordena.

2. No âmbito da participação na reestruturação da empresa, a comissão de trabalhadores ou a comissão coordenadora tem direito a:

a) Informação e consulta prévias sobre as formulações dos planos ou projetos de reestruturação;

b) Informação sobre a formulação final dos instrumentos de reestruturação e de se pronunciarem antes de estes serem aprovados;

c) Reunir com os órgãos encarregados de trabalhos preparatórios de reestruturação;

d) Apresentar sugestões, reclamações ou críticas aos órgãos competentes da empresa.

3. Constitui contraordenação grave o impedimento por parte do empregador ao exercício dos direitos previstos no número anterior.

COMENTÁRIOS:
Antecedentes legislativos: Arts. 363º, 364º e 488º, da RCT.

SUBSECÇÃO V – Constituição, estatutos e eleição

Artigo 430º – Constituição e aprovação dos estatutos de comissão de trabalhadores

1. A constituição e a aprovação dos estatutos de comissão de trabalhadores são deliberadas em simultâneo pelos trabalhadores da empresa, com votos distintos, dependendo a validade da constituição da validade da aprovação dos estatutos.

2. A deliberação de constituir a comissão de trabalhadores deve ser tomada por maioria simples dos votantes, sendo suficiente para a aprovação dos estatutos a deliberação por maioria relativa.

3. A votação é convocada com a antecedência mínima de 15 dias por, pelo menos, 100 ou 20% dos trabalhadores da empresa, com ampla publicidade e menção expressa de data, hora, local e ordem de trabalhos, devendo ser remetida simultaneamente cópia da convocatória ao empregador.

4. O regulamento da votação deve ser elaborado pelos trabalhadores que a convocam e publicitado simultaneamente com a convocatória.

5. Os projetos de estatutos submetidos a votação são propostos por, no mínimo, 100 ou 20% dos trabalhadores da empresa, devendo ser nesta publicitados com a antecedência mínima de 10 dias.

6. O disposto nos números anteriores é aplicável a alteração de estatutos, com as necessárias adaptações.

COMENTÁRIOS:

Antecedentes legislativos: Arts. 328º, 331º, 334º, nº 1, 337º e 339º, da RCT.

Artigo 431º – Votação da constituição e aprovação dos estatutos de comissão de trabalhadores

1. A identidade dos trabalhadores da empresa à data da convocação da votação deve constar de caderno eleitoral constituído por lista elaborada pelo empregador, discriminada, sendo caso disso, por estabelecimento.

2. O empregador entrega o caderno eleitoral aos trabalhadores que convocaram a assembleia, no prazo de quarenta e oito horas após a receção de cópia da convocatória, procedendo estes à sua imediata afixação nas instalações da empresa.

3. A votação decorre de acordo com as seguintes regras:

a) Em cada estabelecimento com um mínimo de 10 trabalhadores deve haver, pelo menos, uma secção de voto;

b) Cada secção de voto não pode ter mais de 500 votantes;

c) A mesa da secção de voto dirige a respetiva votação e é composta por um presidente e dois vogais que são, para esse efeito, dispensados da respetiva prestação de trabalho.

4. Cada grupo de trabalhadores proponente de um projeto de estatutos pode designar um representante em cada mesa, para acompanhar a votação.

5. As urnas de voto são colocadas nos locais de trabalho, de modo a permitir que todos os trabalhadores possam votar, sem prejudicar o normal funcionamento da empresa ou estabelecimento.

6. A votação inicia-se, pelo menos, trinta minutos antes do começo e termina, pelo menos, sessenta minutos depois do termo do período de funcionamento da empresa ou estabelecimento, podendo os trabalhadores dispor do tempo indispensável para votar durante o respetivo horário de trabalho.

7. A votação deve, na medida do possível, decorrer simultaneamente em todas as secções de voto.

8. Constitui contraordenação muito grave a violação do disposto nos nºs 1 ou 2, na alínea *a*) do nº 3, no nº 5 ou na primeira parte do nº 6, e constitui contraordenação grave a violação do disposto na parte final da alínea *c*) do nº 3 ou na parte final do nº 6.

COMENTÁRIOS:

Antecedentes legislativos: Arts. 332º, 333º, 334º, nºs 2, 3 e 4 e 488º, da RCT.

Artigo 432º – Procedimento para apuramento do resultado

1. A abertura das urnas de voto para o respetivo apuramento deve ser simultânea em todas as secções de voto, ainda que a votação tenha decorrido em horários diferentes.

2. Os membros da mesa de voto registam o modo como decorreu a votação em ata, que, depois de lida e aprovada, rubricam e assinam a final.

3. A identidade dos votantes deve ser registada em documento próprio, com termos de abertura e encerramento, assinado e rubricado pelos membros da mesa, o qual constitui parte integrante da ata.

4. O apuramento global das votações da constituição da comissão de trabalhadores e da aprovação dos estatutos é feito pela comissão eleitoral, que lavra a respetiva ata, nos termos do nº 2.

5. A comissão eleitoral referida no número anterior é constituída por um representante dos proponentes de projetos de estatutos e igual número de representantes dos trabalhadores que convocaram a assembleia constituinte.

6. A comissão eleitoral, no prazo de 15 dias a contar da data do apuramento, comunica o resultado da votação ao empregador e afixa-o, bem como cópia da respetiva ata, no local ou locais em que a votação teve lugar.

7. Constitui contraordenação grave a oposição do empregador à afixação do resultado da votação, nos termos do número anterior.

COMENTÁRIOS:

Antecedentes legislativos: Arts. 335º, 336º, nº 2, 338º e 488º, da RCT.

Artigo 433º – Regras gerais da eleição de comissão e subcomissões de trabalhadores

1. Os membros da comissão e das subcomissões de trabalhadores são eleitos, de entre as listas apresentadas pelos trabalhadores da empresa ou estabelecimento, por voto direto e secreto, segundo o princípio de representação proporcional.

2. A eleição é convocada com a antecedência de 15 dias, ou prazo superior estabelecido nos estatutos, pela comissão eleitoral constituída nos termos dos estatutos ou, na sua falta, por, no mínimo, 100 ou 20% dos trabalhadores da empresa, com ampla publicidade e menção expressa de data, hora, local e ordem de trabalhos, devendo ser remetida simultaneamente cópia da convocatória ao empregador.

3. Só podem concorrer listas subscritas por, no mínimo, 100 ou 20% dos trabalhadores da empresa ou, no caso de listas de subcomissões de trabalhadores, 10% dos trabalhadores do estabelecimento, não podendo qualquer trabalhador subscrever ou fazer parte de mais de uma lista concorrente à mesma estrutura.

4. A eleição dos membros da comissão e das subcomissões de trabalhadores decorre em simultâneo, sendo aplicável o disposto nos artigos 431º e 432º, com as necessárias adaptações.

5. Na falta da comissão eleitoral eleita nos termos dos estatutos, a mesma é constituída por um representante de cada uma das listas concorrentes e igual número de representantes dos trabalhadores que convocaram a eleição.

COMENTÁRIOS:

Antecedentes legislativos: Art. 340º, da RCT.

Artigo 434º – Conteúdo dos estatutos da comissão de trabalhadores

1. Os estatutos da comissão de trabalhadores devem prever:

a) A composição, eleição, duração do mandato e regras de funcionamento da comissão eleitoral que preside ao ato eleitoral, da qual tem o direito de fazer parte um delegado designado por cada lista concorrente, e que deve assegurar a igualdade de oportunidades e imparcialidade no tratamento das listas;

b) O número, duração do mandato e regras da eleição dos membros da comissão de trabalhadores e o modo de preenchimento das vagas;

c) O funcionamento da comissão;

d) A forma de vinculação da comissão;

e) O modo de financiamento das atividades da comissão, o qual não pode, em caso algum, ser assegurado por uma entidade alheia ao conjunto dos trabalhadores da empresa;

f) A articulação da comissão, se for o caso, com subcomissões de trabalhadores ou comissão coordenadora;

g) O destino do respetivo património em caso de extinção da comissão, o qual não pode ser distribuído pelos trabalhadores da empresa.

2. O mandato dos membros da comissão não pode ter duração superior a quatro anos, sendo permitida a reeleição para mandatos sucessivos, salvo disposição estatutária em contrário.

3. Os estatutos podem prever a existência de subcomissões de trabalhadores em estabelecimentos geograficamente dispersos.

COMENTÁRIOS:

1. Antecedentes legislativos: Art. 329º, da RCT.

2. A propósito dos estatutos de comissões de trabalhadores e comissões coordenadoras, cfr. o art. 8º, da Lei Preambular.

Artigo 435º – Estatutos da comissão coordenadora

Os estatutos da comissão coordenadora estão sujeitos ao disposto nos nºs 1 e 2 do artigo anterior, com as necessárias adaptações, devendo nomeadamente indicar a localidade da sede.

COMENTÁRIOS:

Antecedentes legislativos: Art. 344º, nº 2, da RCT.

Artigo 436º – Adesão e revogação de adesão a comissão coordenadora

À adesão ou revogação de adesão de comissão de trabalhadores a uma comissão coordenadora é aplicável o disposto no nº 1 do artigo 433º.

Artigo 437º – Eleição de comissão coordenadora

1. Os membros das comissões de trabalhadores aderentes elegem, de entre si, os membros da comissão coordenadora, por voto direto e secreto e segundo o princípio da representação proporcional.

2. A eleição é convocada com a antecedência de 15 dias, ou prazo superior estabelecido nos estatutos, por pelo menos duas comissões de trabalhadores aderentes.

3. A eleição é feita por listas subscritas por, no mínimo, 20% dos membros das comissões de trabalhadores aderentes, apresentadas até cinco dias antes da votação.

4. Deve ser elaborada ata do ato eleitoral, assinada por todos os presentes, à qual fica anexo o documento de registo dos votantes.

COMENTÁRIOS:

Antecedentes legislativos: Art. 348º, da RCT.

Artigo 438º – Registos e publicações referentes a comissões e subcomissões

1. A comissão eleitoral requer ao serviço competente do ministério responsável pela área laboral o registo da constituição da comissão de trabalhadores

e dos estatutos ou das suas alterações, juntando os estatutos ou as alterações aprovados, bem como cópias certificadas das atas do apuramento global e das mesas de voto, acompanhadas dos documentos de registo dos votantes.

2. A comissão eleitoral, no prazo de 10 dias a contar da data do apuramento, requer ainda ao serviço competente do ministério responsável pela área laboral o registo da eleição dos membros da comissão de trabalhadores e das subcomissões de trabalhadores, juntando cópias certificadas das listas concorrentes, bem como das atas do apuramento global e das mesas de voto, acompanhadas dos documentos de registo dos votantes.

3. As comissões de trabalhadores que participaram na constituição da comissão coordenadora requerem ao serviço competente do ministério responsável pela área laboral, em caso de eleição no prazo de 10 dias, o registo:

a) Da constituição da comissão coordenadora e dos estatutos ou das suas alterações, juntando os estatutos ou as alterações aprovados, bem como cópias certificadas da ata da reunião em que foi constituída a comissão e do documento de registo dos votantes;

b) Da eleição dos membros da comissão coordenadora, juntando cópias certificadas das listas concorrentes, bem como da ata da reunião e do documento de registo dos votantes.

4. As comunicações dirigidas ao serviço referido nos números anteriores devem indicar corretamente o endereço da estrutura em causa, indicação que deve ser mantida atualizada.

5. Os estatutos de comissões de trabalhadores ou comissão coordenadora são entregues em documento eletrónico, nos termos de portaria do ministro responsável pela área laboral.

6. Nos 30 dias posteriores à receção dos documentos referidos nos números anteriores, o serviço competente do ministério responsável pela área laboral:

a) Regista a constituição da comissão de trabalhadores ou da comissão coordenadora, bem como os estatutos ou as suas alterações;

b) Regista a eleição dos membros da comissão e subcomissões de trabalhadores ou da comissão coordenadora;

c) Publica no Boletim do Trabalho e Emprego os estatutos da comissão de trabalhadores ou da comissão coordenadora, ou as respetivas alterações;

d) Publica no Boletim do Trabalho e Emprego a composição da comissão de trabalhadores, das subcomissões de trabalhadores ou da comissão coordenadora.

7. A comissão de trabalhadores, a subcomissão ou a comissão coordenadora só pode iniciar as suas atividades depois da publicação dos estatutos e da respetiva composição, nos termos do número anterior.

COMENTÁRIOS:

1. Antecedentes legislativos: Arts. 350º, 351º, 342º e 349º, da RCT.

2. Em relação ao CT/2003, prevê-se, no nº 5, que os estatutos de comissões de trabalhadores e comissões coordenadoras sejam entregues, para registo, em documento eletrónico, de modo a facilitar a edição eletrónica do Boletim do Trabalho e Emprego.

A entrega em documento eletrónico, prevista no nº 5, foi regulada pela P nº 1172/ /2009, de 06 de outubro.

Artigo 439º – Controlo de legalidade da constituição e dos estatutos das comissões

1. Nos oito dias posteriores à publicação dos estatutos da comissão de trabalhadores ou da comissão coordenadora, ou das suas alterações, o serviço competente do ministério responsável pela área laboral remete ao magistrado do Ministério Público da área da sede da empresa, ou da sede da comissão coordenadora, uma apreciação fundamentada sobre a legalidade da constituição da comissão e dos estatutos, ou das suas alterações, bem como cópia certificada dos documentos referidos, respetivamente, no nº 1 ou na alínea *a*) do nº 3 do artigo anterior.

2. É aplicável, com as devidas adaptações, o disposto no artigo 447º.

COMENTÁRIOS:

1. Antecedentes legislativos: Art. 352º, da RCT.

2. Conforme resulta do preâmbulo do presente código, é de notar, em relação ao CT/2003, que, no âmbito da apreciação da legalidade dos estatutos de estruturas de representação coletiva dos trabalhadores, prevê-se que o serviço competente do ministério responsável pela área laboral, caso os estatutos contenham disposições contrárias à lei, notifique a organização em causa para que esta tenha a possibilidade de alterar as mesmas disposições, no prazo de 180 dias, antes do envio da apreciação fundamentada sobre a legalidade dos estatutos ao magistrado do Ministério Público junto do tribunal competente (cfr., conjugadamente, o nº 2 e o art. 447º, nº 5).

No mesmo âmbito, prevê-se ainda que, caso os estatutos contenham disposição contrária à lei, haverá lugar a ação tendente à declaração judicial, não de extinção da associação, mas de nulidade dessa disposição se a matéria em causa for regulada por lei imperativa ou se a regulamentação da mesma não for essencial ao funcionamento da organização (cfr., conjugadamente, nº 2 e art. 447º, nº 8).

SECÇÃO III – Associações sindicais e associações de empregadores

SUBSECÇÃO I – Disposições preliminares

Artigo 440º – Direito de associação

1. Os trabalhadores têm o direito de constituir associações sindicais a todos os níveis para defesa e promoção dos seus interesses sócio-profissionais.
2. Os empregadores têm o direito de constituir associações de empregadores a todos os níveis para defesa e promoção dos seus interesses empresariais.
3. As associações sindicais abrangem sindicatos, federações, uniões e confederações.
4. As associações de empregadores abrangem associações, federações, uniões e confederações.
5. Os estatutos de federações, uniões e confederações podem admitir a representação direta de trabalhadores não representados por sindicatos, ou de empregadores não representados por associações de empregadores.

COMENTÁRIOS:

1. Antecedentes legislativos: Arts. 475º e 506º, do CT/2003; 2º, al. *c*) e 3º, do DL nº 215-B/75, de 30 de abril e 1º e 3º, do DL nº 215-C/75, de 30 de abril.

2. No presente Código, o legislador optou por dar um tratamento sistemático comum às associações sindicais e às associações de empregadores. Com efeito, no CT/2003, o regime das associações sindicais estava previsto nos arts. 475º a 505º, enquanto que as associações de empregadores estavam tratadas nos arts. 506º a 523º.

3. A liberdade de associação é um direito constitucionalmente consagrado no art. 46º, da CRP.

O direito que os trabalhadores têm de constituir associações sindicais para defesa dos seus direitos e interesses está consagrado no art. 55º, nº 1, da CRP.

Artigo 441º – Regime subsidiário

1. As associações sindicais e as associações de empregadores estão sujeitas ao regime geral do direito de associação em tudo o que não contrarie este Código ou a natureza específica da respetiva autonomia.
2. Não são aplicáveis a associações sindicais e a associações de empregadores as normas do regime geral do direito de associação suscetíveis de determinar restrições inadmissíveis à respetiva liberdade de organização.

COMENTÁRIOS:

Antecedentes legislativos: Arts. 482º e 512º, do CT/2003; 46º, do DL nº 215-B/75, de 30 de abril e 14º, do DL nº 215-C/75, de 30 de abril.

Artigo 442º – Conceitos no âmbito do direito de associação

1. No âmbito das associações sindicais, entende-se por:

a) Sindicato, a associação permanente de trabalhadores para defesa e promoção dos seus interesses sócio-profissionais;

b) Federação, a associação de sindicatos de trabalhadores da mesma profissão ou do mesmo setor de atividade;

c) União, a associação de sindicatos de base regional;

d) Confederação, a associação nacional de sindicatos, federações e uniões;

e) Secção sindical, o conjunto de trabalhadores de uma empresa ou estabelecimento filiados no mesmo sindicato;

f) Delegado sindical, o trabalhador eleito para exercer atividade sindical na empresa ou estabelecimento;

g) Comissão sindical, a organização dos delegados sindicais do mesmo sindicato na empresa ou estabelecimento;

h) Comissão intersindical, a organização, a nível de uma empresa, dos delegados das comissões sindicais dos sindicatos representados numa confederação, que abranja no mínimo cinco delegados sindicais, ou de todas as comissões sindicais nela existentes.

2. No âmbito das associações de empregadores, entende-se por:

a) Associação de empregadores, a associação permanente de pessoas, singulares ou coletivas, de direito privado, titulares de uma empresa, que têm habitualmente trabalhadores ao seu serviço;

b) Federação, a associação de associações de empregadores do mesmo setor de atividade;

c) União, a associação de associações de empregadores de base regional;

d) Confederação, a associação nacional de associações de empregadores, federações e uniões.

COMENTÁRIOS:

1. Antecedentes legislativos: Arts. 476º e 508º, do CT/2003; 2º, do DL nº 215-B/75, de 30 de abril e 1º, nº 2, do DL nº 215-C/75, de 30 de abril.

2. Caso se verifiquem os requisitos previstos na al. *a*), do nº 2 e "tendo sido publicados no Boletim do Trabalho e Emprego os respetivos Estatutos, há que concluir que a Ré detém a qualidade de Associação de Empregadores, devendo a ação seguir a forma

de Processo especial prevista no art. 164 do CPT". [Ac. da RL, de 05.07.18 *in* www.dgsi.pt (Proc. nº 21824/17.4T8LSB.L1-4)].

Artigo 443º – Direitos das associações

1. As associações sindicais e as associações de empregadores têm, nomeadamente, o direito de:

***a*) Celebrar convenções coletivas de trabalho;**

***b*) Prestar serviços de caráter económico e social aos seus associados;**

***c*) Participar na elaboração da legislação do trabalho;**

***d*) Iniciar e intervir em Processos judiciais e em procedimentos administrativos quanto a interesses dos seus associados, nos termos da lei;**

***e*) Estabelecer relações ou filiar-se, a nível nacional ou internacional, em organizações, respetivamente, de trabalhadores ou de empregadores.**

2. As associações sindicais têm, ainda, o direito de participar nos Processos de reestruturação da empresa, especialmente no respeitante a ações de formação ou quando ocorra alteração das condições de trabalho.

3. As associações de empregadores não podem dedicar-se à produção ou comercialização de bens ou serviços ou de qualquer modo intervir no mercado, sem prejuízo do disposto na alínea b) do nº 1.

COMENTÁRIOS:

1. Antecedentes legislativos: Arts. 477º e 510º, do CT/2003; 4º, do DL nº 215-B/75, de 30 de abril e 5º, do DL nº 215-C/75, de 30 de abril.

2. As associações sindicais têm o direito de participarem na elaboração da legislação do trabalho (*a*), do nº 2, do art. 56º, da CRP), bem como o direito de se envolverem nos processos de reestruturação da empresa (al. *e*), do nº 2, do art. 56º, da CRP).

O direito de estabelecimento de relações ou de filiação em organizações sindicais internacionais é um direito constitucionalmente consagrado no nº 5, do art. 55º, da CRP.

3. A admissibilidade de prestação de serviços prevista na al. *b*), do nº 1, "não permite que associações de empregadores, consagrem estatutariamente a possibilidade irrestrita, mediante a alusão genérica de que são suas receitas as "vendas" e "prestação de serviços", de vir a obter esses recebimentos mediante atividades destinadas a outros que não sejam seus associados". (Ac. da RP, de 18.09.08 *in* CJ, Ano XXXIII, Tomo IV, p. 63).

4. A legitimidade das associações sindicais para intervir em procedimento administrativo está prevista no art. 68º, nº 1, do CPA.

5. A legitimidade das associações sindicais e de empregadores, no âmbito do processo laboral, está regulada no art. 5º, do CPT. No Proc. nº 729/13.3TTVNG.P1.S1, o STJ entendeu que, tendo a associação sindical pedido "que sejam declarados ilícitos os cortes impostos pela Ré, desde agosto de 2012, à retribuição prevista no nº 7 da cláusula 74ª do CCT do setor, e que a mesma seja condenada a devolver os valores retirados àquela remuneração a cada um dos seus trabalhadores seus filiados, e ainda, que a R seja condenada a inserir o valor pago a título de diuturnidades no cálculo do valor mensal pago na retribuição prevista no nº 7, da cláusula 74ª daquele CCT, com o consequente pagamento a cada uma dos seus trabalhadores seus filiados das diferenças daí decorrentes, configura-se uma ação relativa a direitos respeitantes a interesses coletivos, dado que esta pluralidade de trabalhadores partilha do mesmo interesse – o de ver considerada ilegal a atuação da R a partir de agosto de 2012 e que o valor pago a título de diuturnidades seja incluído na retribuição prevista no nº 7, da cláusula 74ª do CCT do setor". (Ac. de 22.04.15 *in* www.dgsi.pt).

No Ac. da RP, de 10.09.14, foi decidido que se "o Sindicato pede a condenação da Ré a devolver determinados valores aos trabalhadores seus filiados, resulta que a ação não é relativa a direitos respeitantes aos interesses coletivos que representa, pelo que, não estamos perante qualquer interesse coletivo, um interesse que assuma uma dimensão qualitativa nova mas antes perante uma mera agregação de interesses individuais que não adquire perante eles, um certo grau de abstração e autonomia, ficando afastada a legitimidade do Autor". (*In* CJ, Ano XXXIX, Tomo IV, p. 222).

Este mesmo tribunal, no Proc. nº 669/12.3TTBRG.P1, fez notar que não "se verifica a violação generalizada de direitos individuais se não foram identificados quaisquer outros trabalhadores associados mas tão só o representado do A". (Ac. da RP, de 14.10.13 *in* www.dgsi.pt).

Artigo 444º – Liberdade de inscrição

1. No exercício da liberdade sindical, o trabalhador tem o direito de, sem discriminação, se inscrever em sindicato que, na área da sua atividade, represente a categoria respetiva.

2. Pode manter a qualidade de associado o trabalhador que deixe de exercer a sua atividade, mas não passe a exercer outra não representada pelo mesmo sindicato ou não perca a condição de trabalhador subordinado.

3. O empregador tem o direito de, sem discriminação, se inscrever em associação de empregadores que, na área da sua atividade, o possa representar.

4. O empresário que não empregue trabalhadores pode inscrever-se em associação de empregadores, não podendo, contudo, intervir nas decisões respeitantes a relações de trabalho.

5. O trabalhador não pode estar simultaneamente filiado, a título da mesma profissão ou atividade, em sindicatos diferentes.

6. O trabalhador ou o empregador pode desfiliar-se a todo o tempo, mediante comunicação escrita com a antecedência mínima de 30 dias.

COMENTÁRIOS:

1. Antecedentes legislativos: Arts. 479º, 506º, nº 2 e 523º, do CT/2003; 16º, do DL nº 215-B/75, de 30 de abril e 17º, do DL nº 215-C/75, de 30 de abril.

2. A liberdade de inscrição é uma garantia constitucionalmente consagrada na al. *b*), do nº 1, do art. 55º, da CRP.

SUBSECÇÃO II – Constituição e organização das associações

Artigo 445º – Princípios de autorregulamentação, organização e gestão democráticas

As associações sindicais e as associações de empregadores regem-se por estatutos e regulamentos por elas aprovados, elegem livre e democraticamente os titulares dos corpos sociais e organizam democraticamente a sua gestão e atividade.

COMENTÁRIOS:

1. Antecedentes legislativos: Arts. 480º e 511º, do CT/2003; 13º, do DL nº 215-B/75, de 30 de abril e 2º, do DL nº 215-C/75, de 30 de abril.

2. As associações sindicais devem reger-se pelos princípios da organização e da gestão democráticas, baseados na eleição periódica e por escrutínio secreto dos órgãos dirigentes, sem sujeição a qualquer autorização ou homologação, e assentes na participação ativa dos trabalhadores em todos os aspetos da atividade sindical (art. 55º, nº 3, da CRP).

Algumas das regras a que estão sujeitas as associações sindicais e as associações de empregadores, no respeito pelos princípios da organização e gestão democráticas, estão elencadas no nº 1, do art. 451º.

3. O princípio da gestão democrática, onde se inclui o princípio da igualdade ou de igual tratamento, "não obsta a que se estabeleça um estatuto distinto para cada um dos seus associados, designadamente decorrentes da idade e do tempo de associação, desde que essa diferenciação seja razoável e não se mostre arbitrária". Assim, não existe violação desse princípio "quando, num período inicial de 2 anos, com vista à consolidação da organização e dos objetivos de uma associação de empregadores, se restrinja o direito de voto aos seus sócios fundadores, mas já se infringem esses prin-

cípios quando se atribui, a esses mesmos fundadores e título definitivo, um maior número de votos do que a qualquer outro associado". (Ac. da RP, de 18.09.08 *in* CJ, Ano XXXIII, Tomo IV, p. 63).

Artigo 446º - Autonomia e independência das associações

1. O exercício de cargo de direção de associação sindical ou de associação de empregadores é incompatível com o exercício de qualquer cargo de direção em partido político, instituição religiosa ou outra associação relativamente à qual exista conflito de interesses.

2. É aplicável a associações de empregadores o disposto nos nºs 1, 3 ou 4 do artigo 405º, com as necessárias adaptações.

COMENTÁRIOS:

1. Antecedentes legislativos: Arts. 481º e 507º, do CT/2003 e 6º, nº 3, do DL nº 215-B/75, de 30 de abril.

2. A independência das associações sindicais face ao patronato, ao Estado, às confissões religiosas, aos partidos e outras associações políticas é uma garantia constitucionalmente consagrada no art. 55º, nº 4, da CRP.

Artigo 447º - Constituição, registo e aquisição de personalidade

1. A associação sindical ou a associação de empregadores constitui-se e aprova os respetivos estatutos mediante deliberação da assembleia constituinte, que pode ser assembleia de representantes de associados, e adquire personalidade jurídica pelo registo daqueles por parte do serviço competente do ministério responsável pela área laboral.

2. O requerimento do registo de associação sindical ou associação de empregadores, assinado pelo presidente da mesa da assembleia constituinte, deve ser acompanhado dos estatutos aprovados e de certidão ou cópia certificada da ata da assembleia, tendo em anexo as folhas de registo de presenças e respetivos termos de abertura e encerramento.

3. Os estatutos de associação sindical ou associação de empregadores são entregues em documento eletrónico, nos termos de portaria do ministro responsável pela área laboral.

4. O serviço competente do ministério responsável pela área laboral regista os estatutos, após o que:

***a*) Publica os estatutos no Boletim do Trabalho e Emprego, nos 30 dias posteriores à sua receção;**

***b*) Remete ao magistrado do Ministério Público no tribunal competente certidão ou cópia certificada da ata da assembleia constituinte, dos estatutos**

e do pedido de registo, acompanhados de apreciação fundamentada sobre a legalidade da constituição da associação e dos estatutos, nos oito dias posteriores à publicação, sem prejuízo do disposto no número seguinte.

5. Caso os estatutos contenham disposições contrárias à lei, o serviço competente, no prazo previsto na alínea *b*) do número anterior, notifica a associação para que esta altere as mesmas, no prazo de 180 dias.

6. Caso não haja alteração no prazo referido no número anterior, o serviço competente procede de acordo com o disposto na alínea *b*) do nº 4.

7. A associação sindical ou a associação de empregadores só pode iniciar o exercício das respetivas atividades após a publicação dos estatutos no Boletim do Trabalho e Emprego, ou 30 dias após o registo.

8. Caso a constituição ou os estatutos iniciais da associação sejam desconformes com a lei imperativa, o magistrado do Ministério Público no tribunal competente promove, no prazo de 15 dias a contar da receção dos documentos a que se refere a alínea *b*) do nº 4, a declaração judicial de extinção da associação ou, no caso de norma dos estatutos, a sua nulidade, se a matéria for regulada por lei imperativa ou se a regulamentação da mesma não for essencial ao funcionamento da associação.

9. Na situação referida no número anterior, o serviço competente do ministério responsável pela área laboral, em caso de extinção da associação, segue o procedimento previsto no nº 4 do artigo 456º ou, em caso de nulidade de norma dos estatutos, promove a publicação imediata de aviso no Boletim do Trabalho e Emprego.

COMENTÁRIOS:

1. Antecedentes legislativos: Arts. 483º e 513º, do CT/2003; 10º, do DL nº 215-B/75, de 30 de abril e 7º, do DL nº 215-C/75, de 30 de abril.

2. O presente artigo tem a redação introduzida pela L nº 93/2019, de 04 de setembro, a qual alterou o nº 9, substituindo a remissão para o nº 3, do artigo 456º pela remissão para o seu nº 4. Esta modificação impunha-se devido à renumeração dos números desse preceito.

3. A associação sindical ou a associação de empregadores constitui-se e aprova os respetivos estatutos mediante deliberação da assembleia constituinte, que pode ser assembleia de representantes de associados e adquire personalidade jurídica pelo registo daqueles por parte do serviço competente do ministério responsável pela área laboral (nº 1).

No Proc. nº 06B2647, foi decidido que os "estatutos duma associação podem validamente consignar que as deliberações da assembleia geral, previstas no artigo 175º, nºs 2 e 3 do Código Civil, são tomadas com votos também dos associados representados". (Ac. do STJ, de 16.11.06 *in* www.dgsi.pt).

4. Os estatutos das associações sindicais e associações de empregadores são entregues, para registo, em documento eletrónico, de modo a facilitar a edição eletrónica do *Boletim do Trabalho e Emprego* (nº 3). Esta entrega é feita nos termos da P nº 1172/2009, de 06 de outubro.

5. No âmbito da apreciação da legalidade dos estatutos de estruturas de representação coletiva dos trabalhadores e de associações de empregadores, impõe-se que o serviço competente do ministério responsável pela área laboral, caso os estatutos contenham disposições contrárias à lei, notifique a organização em causa para que esta tenha a possibilidade de alterar as mesmas disposições, no prazo de 180 dias, antes do envio da apreciação fundamentada sobre a legalidade dos estatutos ao magistrado do Ministério Público junto do tribunal competente (nº 5).

Na perspetiva da RL, esta notificação prévia "não se reduz a um mero formalismo de índole burocrática, sem sentido ou alcance práticos e jurídicos, mas antes visa regularizar, de forma cautelar e administrativa, situações de nulidade de cláusulas de Estatutos, evitando assim o recurso aos tribunais e, mais importante ainda, procurando sanar de uma forma expedita e com a colaboração da associação visada um vício dos seus Estatutos". Assim, se a mesma não for efetuada, estamos perante uma omissão de uma formalidade essencial, que "implica não se mostrarem reunidos os pressupostos legais para ser feita a comunicação ao Ministério Público do Tribunal do Trabalho de Lisboa, para efeitos deste último desencadear a ação dos nºs 8 do art. 447º ou nº 2 do art. 449º". (Ac. de 12.03.14 *in* www.dgsi.pt (Proc. nº 303/13.4TTLSB.L1-4) e CJ, Ano XXXIX, Tomo II, p. 166).

6. Se a constituição ou os estatutos iniciais da associação forem desconformes com a lei imperativa, o magistrado do Ministério Público no tribunal competente promove, no prazo de 15 dias a contar da receção da certidão ou cópia certificada da ata da assembleia constituinte, dos estatutos e do pedido de registo e da apreciação de legalidade fundamentada, a declaração judicial de extinção da associação ou, no caso de norma dos estatutos, a sua nulidade, se a matéria for regulada por lei imperativa ou se a regulamentação da mesma não for essencial ao funcionamento da associação (nº 8). A RP veio esclarecer que este prazo é meramente indicativo e não um prazo de caducidade. [Ac. de 05.11.12 *in* www.dgsi.pt (Proc. nº 870/10.4TTVFR.P1)].

Nesta situação, o serviço competente do ministério responsável pela área laboral, em caso de extinção da associação, procede ao cancelamento do registo dos respetivos estatutos ou, em caso de nulidade de norma dos mesmos, promove a publicação imediata de aviso no *Boletim do Trabalho e Emprego* (cfr., articuladamente, os nºs 9, do presente artigo e 4, do art. 456º).

A RL fez notar que, do confronto entre o nº 2, do art. 449º com o nº 8, do art. 447º "resulta que ali só se prevê a nulidade das alterações dos Estatutos das Associações, ao passo que na segunda regra se coloca ao lado de tal nulidade a possibilidade de se proceder à extinção das mesmas, explicando-se tal distinção do legislador pelo facto do artigo 447º visar, como a própria epígrafe diz, a «constituição, registo e aquisição de personalidade» das Associações, ao passo que o artigo 449º se destina ao controle da posterior «Alteração de Estatutos»". (Ac. de 12.03.14 *in* www.dgsi.pt (Proc. nº 303/13.4TTLSB.L1-4) e CJ, Ano XXXIX, Tomo II, p. 166).

A propósito do regime disciplinar previsto na lei para as associações sindicais, a RL declarou a sua imperatividade. (Ac. de 09.10.19 *in* CJ, Ano XLIV, Tomo IV, p. 155).

7. O art. 8º, da lei preambular, impõe a obrigatoriedade da revisão estatutária das associações sindicais de cláusulas que contrariem normas imperativas. Segundo a RP, "não faz sentido defender que «as normas cuja invalidade é peticionada não foram objeto de qualquer alteração, pois já existiam nos anteriores estatutos da ré aprovados e publicados, e em vigor durante treze anos». Já que, a obrigatoriedade de revisão dos estatutos advinha precisamente dessa desconformidade com a lei, e ao mantê-las no novo estatuto está-se a contrariar o que está na génese dessa mesma obrigatoriedade de revisão". [Ac. de 27.04.15 *in* www.dgsi.pt (Proc. nº 565/14.0TTPRT.P1)].

Artigo 448º – Aquisição e perda da qualidade de associação de empregadores

A associação de empresários constituída ao abrigo do regime geral do direito de associação pode adquirir a qualidade de associação de empregadores, pelo Processo definido no artigo anterior, desde que preencha os requisitos previstos neste Código, e pode perder essa qualidade por vontade dos associados ou decisão judicial tomada nos termos do nº 8 do mesmo artigo.

COMENTÁRIOS:

Antecedentes legislativos: Arts. 522º, do CT/2003 e 16º, do DL nº 215-C/75, de 30 de abril.

Artigo 449º – Alteração de estatutos

1. A alteração de estatutos fica sujeita a registo e ao disposto nos nºs 2 a 6 do artigo 447º, com as necessárias adaptações.

2. Caso as alterações dos estatutos da associação sejam desconformes com lei imperativa, o magistrado do Ministério Público no tribunal competente promove, no prazo de 15 dias a contar da receção dessas alterações, a declaração judicial de nulidade das mesmas, mantendo-se em vigor os estatutos existentes à data do pedido de registo.

3. Na situação referida no número anterior, é aplicado o nº 9 do artigo 447º

4. As alterações a que se refere o nº 1 só produzem efeitos em relação a terceiros após publicação no Boletim do Trabalho e Emprego ou, na falta desta, 30 dias após o registo.

COMENTÁRIOS:

1. Antecedentes legislativos: Arts. 484º e 514º, do CT/2003; 10º, nº 6, do DL nº 215-B/75, de 30 de abril e 11º, do DL nº 215-C/75, de 30 de abril.

2. No Proc. nº 2045/10.3TTLSB.L1-4, a RL entendeu que, verificando-se a alteração de um artigo dos Estatutos de uma "Organização Sindical, (que anteriormente eram legais) a qual determina, por essa via, que um outro artigo constante dos mesmos passe a violar uma norma de caráter imperativo, a nulidade daí decorrente não determina a extinção daquela, mas apenas a ineficácia da alteração levada a cabo". (Ac. de 18.01.12 *in* www.dgsi.pt).

Artigo 450º – Conteúdo dos estatutos

1. Com os limites dos artigos seguintes, os estatutos de associação sindical ou associação de empregadores devem regular:

***a*) A denominação, a localidade da sede, o âmbito subjetivo, objetivo e geográfico, os fins e a duração, quando a associação não se constitua por período indeterminado;**

***b*) Os respetivos órgãos, entre os quais deve haver uma assembleia geral ou uma assembleia de representantes de associados, um órgão colegial de direção e um conselho fiscal, bem como o número de membros e o funcionamento daqueles;**

***c*) A extinção e consequente liquidação da associação, bem como o destino do respetivo património.**

2. Os estatutos de associação sindical devem ainda regular o exercício do direito de tendência.

3. A denominação deve identificar o âmbito subjetivo, objetivo e geográfico da associação e não pode confundir-se com a de outra associação existente.

4. No caso de os estatutos preverem a existência de uma assembleia de representantes de associados, esta exerce os direitos previstos na lei para a assembleia geral, cabendo aos estatutos indicar, caso haja mais de uma assembleia de representantes de associados, a que exerce os referidos direitos.

5. Em caso de extinção judicial ou voluntária de associação sindical ou associação de empregadores, os respetivos bens não podem ser distribuídos pelos associados, exceto quando estes sejam associações.

COMENTÁRIOS:

1. Antecedentes legislativos: Arts. 485º, 490º, 515º e 520º, do CT/2003; 14º e 19º, do DL nº 215-B/75, de 30 de abril e 8º, 9º, nº 1, e 19º, do DL nº 215-C/75, de 30 de abril.

2. Como esclarece a RL, as "associações sindicais regem-se por estatutos e regulamentos por elas aprovados, elegem livre e democraticamente os titulares dos corpos sociais e organizam democraticamente a sua gestão e actividade". [Ac. de 24.06.20 *in* www.dgsi.pt (Proc. nº 11986/17.6T8LSB.L1-4)]. Neste aresto, é ainda mencionado que o "legislador ordinário impõe, dentro da conformação constitucional da liberdade sindical, da qual a liberdade de organização e de regulamentação interna é emanação, é a tipologia estruturante dos órgãos de governo, mas não se imiscuiu nas competências específicas de cada órgão, matéria que integra a liberdade de organização e regulamentação interna e relativamente à qual existe liberdade de modelação do conteúdo dos estatutos". Aquele tribunal acaba por concluir que a "liberdade de organização e regulamentação interna das associações sindicais que é garantida aos trabalhadores no exercício da liberdade sindical, "sem sujeição a qualquer autorização ou homologação", só pode sofrer os limites impostos pelos princípios da organização e da gestão democráticas ou em tanto quanto for "necessário para salvaguardar outros direitos ou interesses constitucionalmente protegidos" (nº 2 do artigo 18º da CRP)".

3. Um dos direitos constitucionalmente reconhecidos aos trabalhadores no exercício da liberdade sindical é o direito de tendência, nas formas determinados pelos estatutos (art. 55º, nº 2, al. *e*), da CRP). Neste seguimento, o nº 2 impõe que os estatutos de associação sindical, para além do mencionado no nº 1, regulem o exercício desse direito. No Proc. nº 1501/13.6TTLSB.L1-4, a RL reconheceu que não era inconstitucional a interpretação do nº 2, por violação do princípio constitucional da liberdade sindical, na medida em que ela não impunha um modelo que a Ré devesse observar na concretização do dever de regulação do direito de tendência. (Ac. de 03.12.14 *in* www.dgsi.pt). Cfr., ainda, deste mesmo tribunal, o Ac. de 26.02.14 *in* www.dgsi.pt (Proc. nº 2006/13.0TTLSB.L1-4).

A regulação do direito de tendência não pode ser feita de forma vaga e genérica, devendo definir, em concreto, os termos e condições em que se efetivará o seu exercício, de modo que não se distinga do direito de qualquer associado a livremente exprimir os seus pontos de vista nos órgãos da associação. Cfr. os Acs. da RE, de 23.06.16 *in* www.dgsi.pt (Proc. nº 305/13.0TTSTR.E1) e da RL, de 03.12.14 *in* www.dgsi.pt (Proc. nº 1501/13.6TTLSB.L1-4) e de 26.02.14 *in* www.dgsi.pt (Proc. nº 2006/13.0TTLSB.L1-4).

Convém frisar que esta obrigação não prejudica a liberdade de definição das formas de pôr em prática o exercício do direito. Cfr. o Ac. da RL, de 04.05.11 *in* www.dgsi.pt (Proc. nº 2563/08.3TTLSB.L1-4).

4. As disposições estatutárias que não regulem em concreto o exercício do direito de tendência, limitando-se à simples remissão dessa regulamentação para momento ulterior, desrespeitam preceitos legais de caráter imperativo e, por isso, são nulas (arts. 280º, 294º e 295º, do CC). Cfr. o Ac. da RL, de 16.01.07 *in* www.dgsi.pt (Proc. nº 9429/2006-7).

Foram considerados como não cumprindo as exigências legais e constitucionais:

– Os "estatutos que se limitam ao reconhecimento genérico do direito de tendência, remetendo a sua regulação para normas exteriores aos estatutos". [Ac. da RL, de 03.12.14 *in* www.dgsi.pt (Proc. nº 1501/13.6TTLSB.L1-4)];

– Os "estatutos que, para além do reconhecimento genérico do direito de tendência, remetem a concretização da forma do seu exercício para normas regulamentares a definir e aprovar pelo conselho geral, sob proposta da direção". [Ac. da RL, de 31.01.08 *in* www.dgsi.pt (Proc. nº 9912/2007-2)].

5. O direito de tendência deve estar regulamentado nos estatutos de todas as associações sindicais (sindicatos, federações, uniões, confederações), independentemente do seu grau. Cfr. os Ac. da RL, de 03.12.14 *in* www.dgsi.pt (Proc. nº 1501/13.6TTLSB.L1-4); de 02.07.14 *in* CJ, Ano XXXIX, Tomo III, p. 180 e de 26.02.14 *in* www.dgsi.pt (Proc. nº 2006/13.0TTLSB.L1-4).

A RL esclareceu que o "direito de eleger e ser eleito para os corpos gerentes e demais órgãos e cargos de representação sindical, de tomar parte nas assembleias gerais e outras reuniões para que tenha havido convocação, o facto de competir a determinada associação sindical "fomentar a análise crítica e a discussão coletiva de assuntos de interesse geral dos associados" e de ser assegurado aos associados "o direito de reclamar perante a direção, conselho fiscal ou assembleias gerais dos atos que considerem lesivos dos seus direitos ou constituam infrações dos seus estatutos e sugerir o que entender por conveniente" (artigo 10º), têm a ver com a democraticidade interna do seu funcionamento, exigida pelo artigo 486º do Código do Trabalho, não integrando a concretização do falado direito de tendência". [Ac. de 17.05.07 *in* www.dgsi.pt (Proc. nº 3841/2007-6)].

No Proc. nº 579/13.7TTOAZ.P1, a RP concluiu que era legal a remissão que se fazia "no nº 4 do art. 18º dos Estatutos do Sindicato Nacional dos Profissionais da Indústria e Comércio do Calçado, Malas e Afins para o respetivo Regulamento, concretamente o seu Anexo V, na medida em que desse Anexo constava a regulamentação do direito de tendência – mostrando-se, assim, cumprido o disposto no nº 2". (Ac. de 19.01.15 *in* www.dgsi.pt).

Para uma análise de situações em que a regulação do direito de tendência foi considerada suficiente, veja-se, por exemplo, o Ac. da RL de 23.10.13 *in* www.dgsi.pt (Proc. nº 4781/12.0TTLSB.L1-4).

Artigo 451º – Princípios da organização e da gestão democráticas

1. No respeito pelos princípios da organização e da gestão democráticas, as associações sindicais e as associações de empregadores devem reger-se, nomeadamente, em obediência às seguintes regras:

a) Todo o associado no gozo dos seus direitos tem o direito de participar na atividade da associação, incluindo o de eleger e ser eleito para os corpos sociais e ser nomeado para qualquer cargo associativo, sem prejuízo de poder haver requisitos de idade e de tempo de inscrição;

b) São asseguradas a igualdade de oportunidades e imparcialidade no tratamento das listas concorrentes a eleições para os corpos sociais;

c) O mandato dos membros da direção não pode ter duração superior a quatro anos, sendo permitida a reeleição para mandatos sucessivos, salvo disposição estatutária em contrário;

2. Os estatutos de associação de empregadores podem atribuir mais de um voto a certos associados, com base em critérios objetivos, nomeadamente em função da dimensão da empresa, até ao limite de 10 vezes o número de votos do associado com o menor número de votos.

3. Os estatutos podem permitir a participação de membros em mais de um órgão, salvo se um desses órgãos for o conselho fiscal, não podendo o número daqueles ultrapassar um terço do total dos membros.

COMENTÁRIOS:

1. Antecedentes legislativos: Arts. 486º e 516º, do CT/2003; 17º, do DL nº 215-B/75, de 30 de abril e 10º, do DL nº 215-C/75, de 30 de abril.

2. A RP, considerando que a associação sindical se rege pelos princípios de organização e gestão democráticas, decidiu que "a convocatória para a reunião da Direção deve conter na ordem de trabalhos a destituição da Comissão Executiva, sob pena de anulabilidade da deliberação dessa destituição, por aplicação analógica do disposto no art. 174º, nº 3, do Cód. Civil". [Ac. de 13.10.14 *in* www.dgsi.pt (Proc. nº 1621/ /13.7TTPRT.P1)].

No Proc. nº 829/16.8T8LSB.L1-4, a RL entendeu que não era suscetível de impugnação judicial uma "decisão da mesa da assembleia geral do STAD que não admitiu uma lista a eleições, mas apenas a decisão que a assembleia geral do sindicato tome ao reexaminar a questão". (Ac. de 06.07.17 *in* www.dgsi.pt).

Artigo 452º – Regime disciplinar

1. O regime disciplinar aplicável aos associados deve assegurar o direito de defesa do associado e prever que o procedimento seja escrito e que a sanção de expulsão seja apenas aplicada em caso de grave violação de deveres fundamentais.

2. O regime disciplinar da associação de empregadores não pode conter normas que interfiram com a atividade económica exercida pelos associados.

COMENTÁRIOS:

Antecedentes legislativos: Arts. 487º e 517º, do CT/2003; 18º, do DL nº 215-B/75, de 30 de abril e 9º, nº 2, do DL nº 215-C/75, de 30 de abril.

Artigo 453º – Impenhorabilidade de bens

1. São impenhoráveis os bens móveis e imóveis de associação sindical ou associação de empregadores cuja utilização seja estritamente indispensável ao seu funcionamento.

2. O disposto no número anterior não se aplica a bem imóvel quando se verifiquem as seguintes condições:

***a*) A aquisição, construção, reconstrução, modificação ou beneficiação desse bem seja feita mediante recurso a financiamento por terceiros, com garantia real previamente registada;**

***b*) O financiamento por terceiros e as condições de aquisição sejam objeto de deliberação do órgão estatutariamente competente.**

COMENTÁRIOS:

1. Antecedentes legislativos: Arts. 488º e 518º, do CT/2003; 5º, nº 2, do DL nº 215-B/75, de 30 de abril; 6º, nº 2, do DL nº 215-C/75, de 30 de abril e artigo único do DL nº 259/91, de 18 de julho.

2. No entendimento da RP, as "quotas sindicais são penhoráveis, porquanto não são imprescindíveis à manutenção e funcionamento do respetivo sindicato, nem se encontram especialmente afetas à realização de fins de utilidade pública". [Ac. de 05.07.12 *in* www.dgsi.pt (Proc. nº 1759/10.2YYPRT-A.P1)].

Artigo 454º – Publicitação dos membros da direção

1. O presidente da mesa da assembleia geral deve remeter a identidade dos membros da direção de associação sindical ou associação de empregadores, bem como cópia da ata da assembleia que os elegeu, ao serviço competente do ministério responsável pela área laboral no prazo de 30 dias após a eleição, para publicação imediata no Boletim do Trabalho e Emprego.

2. A identidade dos membros da direção deve ser entregue em documento eletrónico, nos termos de portaria do ministro responsável pela área laboral.

COMENTÁRIOS:

1. Antecedentes legislativos: Arts. 489º e 519º, do CT/2003; 20º, do DL nº 215-B/75, de 30 de abril e 12º, nº 1, do DL nº 215-C/75, de 30 de abril.

2. Cfr. o art. 9º, da Lei Preambular.

3. O prazo de 30 dias, após a realização da assembleia geral de associação de empregadores que elege novos membros da direção, fixado no nº 1, "para que se comunique a identidade dos mesmo para publicação do BTE, não tem natureza meramente ordenativa, não sendo meramente indicativo, pelo que é legítima a recusa da entidade oficial em proceder a tal publicação se solicitada após o decurso de tal prazo". [Ac. da RP, de 18.05.20 *in* www.dgsi.pt (Proc. nº 10729/19.4T8LSB.P1)].

4. Quando a publicação da identidade dos membros da direção não tiver sido requerida nos termos do nº 1, num período de seis anos a contar da publicação anterior, o serviço competente do ministério responsável pela área laboral deve comunicar o facto ao magistrado do Ministério Público no tribunal competente, o qual promove, no prazo de 15 dias a contar da receção dessa comunicação, a declaração judicial de extinção da associação (art. 456º, nº 1).

A RP veio esclarecer que a extinção de uma associação de empregadores não ocorre automaticamente pelo decurso do prazo de seis anos previsto no citado art. 456º, nº 1, "pelo que deve ela improceder se, antes do trânsito em julgado da decisão, a associação solicitar a publicação" nos termos previstos no art. 454º, nº 1. [Ac. de 18.05.20 *in* www.dgsi.pt (Proc. nº 10729/19.4T8LSB.P1)].

5. A entrega em documento eletrónico, prevista no nº 2, foi regulada pela P nº 1172/2009, de 06 de outubro.

Artigo 455º – Averbamento ao registo

A associação sindical ou associação de empregadores deve indicar a atualização do endereço da sede, quando a mesma não conste de alteração dos estatutos, ao serviço competente do ministério responsável pela área laboral, o qual procede ao seu averbamento no respetivo registo.

Artigo 456º – Extinção de associações e cancelamento do registo

1. Quando a associação sindical ou de empregadores não tenha requerido a publicação nos termos do nº 1 do artigo 454º da identidade dos membros da direção num período de seis anos a contar da publicação anterior, o serviço competente do ministério responsável pela área laboral deve comunicar o facto ao magistrado do Ministério Público no tribunal competente, o qual promove, no prazo de 15 dias a contar da receção dessa comunicação, a declaração judicial de extinção da associação.

2. A extinção judicial ou voluntária de associação sindical ou associação de empregadores deve ser comunicada ao serviço competente do ministério responsável pela área laboral:

a) Pelo tribunal, mediante cópia da decisão que determine a extinção, transitada em julgado;

b) Pelo presidente da mesa da assembleia geral, mediante certidão ou cópia certificada da ata da assembleia que delibere a extinção, com as folhas de presenças e respetivos termos de abertura e encerramento.

3. A comunicação deve ser acompanhada da identificação dos filiados na associação de empregadores em causa abrangidos por cada um dos contratos coletivos de que esta seja outorgante.

4. O serviço referido no número anterior procede ao cancelamento do registo dos estatutos da associação em causa e promove a publicação imediata de aviso no Boletim do Trabalho e Emprego.

5. O serviço referido nos números anteriores remete ao magistrado do Ministério Público no tribunal competente certidão ou cópia certificada da ata da assembleia que delibere a extinção, acompanhada de apreciação fundamentada sobre a legalidade da deliberação, nos oito dias posteriores à publicação do aviso.

6. No caso de a deliberação de extinção da associação ser desconforme com a lei ou os estatutos, o magistrado do Ministério Público promove, no prazo de 15 dias a contar da receção, a declaração judicial de nulidade da deliberação.

7. O tribunal comunica a declaração judicial de nulidade da deliberação de extinção da associação, transitada em julgado, ao serviço referido nos números anteriores, o qual revoga o cancelamento e promove a publicação imediata de aviso no Boletim do Trabalho e Emprego.

8. A extinção da associação ou a revogação do cancelamento produz efeitos a partir da publicação do respetivo aviso.

COMENTÁRIOS:

1. Antecedentes legislativos: Arts. 491º e 521º, do CT/2003 e 48º, do DL nº 215-B/75, de 30 de abril.

2. Cfr. o art. 9º, da Lei Preambular.

3. O presente artigo tem a redação introduzida pela L nº 93/2019, de 04 de setembro.

4. O presidente da mesa da assembleia geral da associação sindical ou de empregadores deve, no prazo de 30 dias após a eleição, remeter ao serviço competente do ministério responsável pela área laboral a identidade dos membros da direção eleitos para publicação no Boletim de Trabalho e Emprego. Se este requerimento não for apresentado durante o período de 6 anos a contar da publicação anterior, esse mesmo serviço deve comunicar o facto ao magistrado do Ministério Público no tribunal com-

petente, o qual promove, no prazo de 15 dias a contar da receção dessa comunicação, a declaração judicial de extinção da associação (cfr., conjugadamente, o nº 1, do art. 454º e o nº 1, do presente artigo).

5. Nos termos do nº 2, a extinção judicial ou voluntária de associação sindical ou associação de empregadores deve ser comunicada ao serviço competente do ministério responsável pela área laboral:

a) Pelo tribunal, mediante cópia da decisão que determine a extinção, transitada em julgado;

b) Pelo presidente da mesa da assembleia geral, mediante certidão ou cópia certificada da ata da assembleia que delibere a extinção, com as folhas de presenças e respetivos termos de abertura e encerramento.

6. Com o aditamento do nº 3, pela L nº 93/2019, passa a exigir-se, no caso de extinção de associação de empregadores, que essa comunicação seja acompanhada da identificação dos filiados abrangidos por cada um dos contratos coletivos de que seja outorgante.

7. O nº 4 (que corresponde, sem alterações, ao nº 3) alude ao serviço "referido no número anterior". Sucede que, esta referência está hoje desajustada face às alterações levadas a cabo pela L nº 93/2019. Com efeito, o serviço em causa está referido no nº 2 e não no nº 3 (número anterior ao nº 4). Ou seja, o nº 4 devia aludir ao "serviço referido no nº 2" e não "ao serviço referido no número anterior".

SUBSECÇÃO III – Quotização sindical

Artigo 457º – Quotização sindical e proteção dos trabalhadores

1. O trabalhador não pode ser obrigado a pagar quotas para associação sindical em que não esteja inscrito.

2. A cobrança e entrega de quotas sindicais pelo empregador não podem implicar para o trabalhador qualquer discriminação nem o pagamento de despesas não previstas na lei ou limitar de qualquer modo a sua liberdade de trabalho.

3. O empregador pode proceder ao tratamento informático de dados pessoais dos trabalhadores referentes a filiação sindical, desde que, nos termos da lei, sejam exclusivamente utilizados para cobrança e entrega de quotas sindicais.

4. A associação sindical não pode recusar a passagem de documento essencial à atividade profissional do trabalhador que seja da sua competência por motivo de falta de pagamento de quotas.

COMENTÁRIOS:

1. Antecedentes legislativos: Arts. 492º e 493º, do CT/2003 e 4º e 5º, da L nº 81/ /2001, de 28 de julho.

2. A liberdade de inscrição, que proíbe que o trabalhador seja obrigado a pagar quotizações para sindicato em que não esteja inscrito, é uma garantia constitucionalmente consagrada na al. *b*), do nº 2, do art. 55º, da CRP.

Artigo 458º – Cobrança de quotas sindicais

1. O empregador deve proceder à cobrança e entrega de quotas sindicais quando o instrumento de regulamentação coletiva de trabalho aplicável o preveja e o trabalhador o autorize, ou mediante opção expressa do trabalhador dirigida ao empregador.

2. O trabalhador deve formular por escrito e assinar a declaração de autorização ou de opção referida no número anterior e nela indicar o valor da quota sindical ou o determinado em percentagem da retribuição a deduzir e a associação sindical à qual o mesmo deve ser entregue.

3. A cobrança e entrega de quota sindical implica que o empregador deduza da retribuição do trabalhador o valor da quota e o entregue à associação sindical respetiva, até ao dia 15 do mês seguinte.

4. A responsabilidade pelas despesas necessárias à entrega da quota sindical pode ser definida por instrumento de regulamentação coletiva de trabalho ou acordo entre empregador e sindicato ou trabalhador.

5. O trabalhador pode fazer cessar a cobrança e entrega de quota sindical pelo empregador mediante declaração escrita e assinada que lhe dirija neste sentido.

6. O trabalhador deve enviar cópias das declarações previstas nos números anteriores à associação sindical respetiva.

7. A declaração de autorização ou de opção do trabalhador de cobrança da quota sindical e a declaração sobre a cessação deste procedimento produzem efeitos a partir do mês seguinte ao da sua entrega ao empregador.

8. Constitui contraordenação muito grave a recusa ou falta de cobrança, pelo empregador, da quota sindical, através da dedução na retribuição do trabalhador que a haja autorizado ou decidido.

COMENTÁRIOS:

Antecedentes legislativos: Arts. 494º e 683º, do CT/2003 e 2º, da L nº 81/2001, de 28 de julho.

Artigo 459º – Crime de retenção de quota sindical

O empregador que retiver e não entregar à associação sindical a quota sindical cobrada é punido com a pena prevista para o crime de abuso de confiança.

COMENTÁRIOS:

1. Antecedentes legislativos: Arts. 612º, do CT/2003 e 6º, nº 2, da L nº 81/2001, de 28 de julho.

2. O crime de abuso de confiança está previsto no art. 205º, do CP.

SUBSECÇÃO IV – Atividade sindical na empresa

Artigo 460º – Direito a atividade sindical na empresa

Os trabalhadores e os sindicatos têm direito a desenvolver atividade sindical na empresa, nomeadamente através de delegados sindicais, comissões sindicais e comissões intersindicais.

COMENTÁRIOS:

1. Antecedentes legislativos: Arts. 496º, do CT/2003 e 25º, do DL nº 215-B/75, de 30 de abril.

2. O direito de exercício de atividade sindical na empresa está constitucionalmente consagrado na al. *d*), do nº 2, do art. 55º, da CRP.

Artigo 461º – Reunião de trabalhadores no local de trabalho

1. Os trabalhadores podem reunir-se no local de trabalho, mediante convocação por um terço ou 50 trabalhadores do respetivo estabelecimento, ou pela comissão sindical ou intersindical:

a) Fora do horário de trabalho da generalidade dos trabalhadores, sem prejuízo do normal funcionamento de turnos ou de trabalho suplementar;

b) Durante o horário de trabalho da generalidade dos trabalhadores até um período máximo de quinze horas por ano, que conta como tempo de serviço efetivo, desde que seja assegurado o funcionamento de serviços de natureza urgente e essencial.

2. É aplicável à realização de reunião referida no número anterior o disposto no artigo 420º, com as necessárias adaptações.

3. Os membros de direção de associações sindicais representativas dos trabalhadores que não trabalhem na empresa podem participar na reunião,

mediante comunicação dos promotores ao empregador com a antecedência mínima de seis horas.

4. O empregador que proíba reunião de trabalhadores no local de trabalho ou o acesso de membro de direção de associação sindical a instalações de empresa onde decorra reunião de trabalhadores comete contraordenação muito grave.

COMENTÁRIOS:

1. Antecedentes legislativos: Arts. 497º, do CT/2003; 396º a 398º, da RCT e 26º, do DL nº 215-B/75, de 30 de abril.

2. Os trabalhadores podem reunir-se no local de trabalho, durante o horário de trabalho da generalidade dos trabalhadores até um período máximo de quinze horas por ano, que conta como tempo de serviço efetivo, desde que seja assegurado o funcionamento de serviços de natureza urgente e essencial (al. *b*), do nº 1). Cfr. o Ac. da RC, de 17.10.13 *in* www.dgsi.pt (Proc. nº 312/12.0TTCVL.C1).

Artigo 462º – Eleição, destituição ou cessação de funções de delegado sindical

1. O delegado sindical é eleito e destituído nos termos dos estatutos do respetivo sindicato, por voto direto e secreto.

2. O mandato do delegado sindical não pode ter duração superior a quatro anos.

3. Podem constituir-se comissões sindicais na empresa ou estabelecimento e comissões intersindicais na empresa, de acordo com as alíneas *g*) e *h*) do nº 1 do artigo 442º

4. A direção do sindicato comunica por escrito ao empregador a identidade de cada delegado sindical, bem como dos que fazem parte de comissão sindical ou intersindical, e promove a afixação da comunicação nos locais reservados a informação sindical.

5. O disposto no número anterior é aplicável em caso de destituição ou cessação de funções de delegado sindical.

COMENTÁRIOS:

Antecedentes legislativos: Arts. 498º e 499º, do CT/2003 e 29º e 36º, do DL nº 215-B/75, de 30 de abril.

Artigo 463º – Número de delegados sindicais

1. O número máximo de delegados sindicais que beneficiam do regime de proteção previsto neste Código é determinado da seguinte forma:

a) Em empresa com menos de 50 trabalhadores sindicalizados, um;

b) Em empresa com 50 a 99 trabalhadores sindicalizados, dois;
c) Em empresa com 100 a 199 trabalhadores sindicalizados, três;
d) Em empresa com 200 a 499 trabalhadores sindicalizados, seis;
e) Em empresa com 500 ou mais trabalhadores sindicalizados, o número resultante da seguinte fórmula:

$$6 + [(n - 500): 200]$$

2. Para efeito da alínea *e*) do número anterior, *n* é o número de trabalhadores sindicalizados.

3. O resultado apurado nos termos da alínea *e*) do número anterior é arredondado para a unidade imediatamente superior.

COMENTÁRIOS:

Antecedentes legislativos: Arts. 500º, do CT/2003 e 33º, do DL nº 215-B/75, de 30 de abril.

Artigo 464º – Direito a instalações

1. O empregador deve pôr à disposição dos delegados sindicais que o requeiram um local apropriado ao exercício das suas funções, no interior da empresa ou na sua proximidade, disponibilizado a título permanente em empresa ou estabelecimento com 150 ou mais trabalhadores.

2. Constitui contraordenação grave a violação do disposto no número anterior.

COMENTÁRIOS:

Antecedentes legislativos: Arts. 501º e 682º, do CT/2003 e 30º, do DL nº 215-B/75, de 30 de abril.

Artigo 465º – Afixação e distribuição de informação sindical

1. O delegado sindical tem o direito de afixar, nas instalações da empresa e em local apropriado disponibilizado pelo empregador, convocatórias, comunicações, informações ou outros textos relativos à vida sindical e aos interesses sócio-profissionais dos trabalhadores, bem como proceder à sua distribuição, sem prejuízo do funcionamento normal da empresa.

2. Constitui contraordenação grave a violação do disposto no número anterior.

COMENTÁRIOS:

Antecedentes legislativos: Arts. 502º e 682º, do CT/2003 e 31º, do DL nº 215-B/75, de 30 de abril.

Artigo 466º – Informação e consulta de delegado sindical

1. O delegado sindical tem direito a informação e consulta sobre as seguintes matérias, além de outras referidas na lei ou em convenção coletiva:

a) Evolução recente e provável evolução futura da atividade da empresa ou do estabelecimento e da sua situação económica;

b) Situação, estrutura e provável evolução do emprego na empresa ou no estabelecimento e eventuais medidas preventivas, nomeadamente quando se preveja a diminuição do número de trabalhadores;

c) Decisão suscetível de desencadear mudança substancial na organização do trabalho ou nos contratos de trabalho.

2. É aplicável à informação e consulta de delegados sindicais o disposto nos nºs 1, 2, 4, 5, 6 e 7 do artigo 427º

3. O disposto no presente artigo não é aplicável a microempresa ou a pequena empresa.

COMENTÁRIOS:

1. Antecedentes legislativos: Art. 503º, do CT/2003.

2. Em relação ao CT/2003, é de destacar, no nº 3, o afastamento da exceção referente a estabelecimento com menos de 20 trabalhadores pertencente a média ou grande empresa, para adequar o regime ao disposto na Diretiva nº 2002/14/CE, do Parlamento Europeu e do Conselho, de 11 de março (cfr. exposição de motivos constante da proposta de lei nº 216/X).

3. Quanto aos tipos de empresa, cfr. art. 100º.

Artigo 467º – Crédito de horas de delegado sindical

1. O delegado sindical tem direito, para o exercício das suas funções, a um crédito de cinco horas por mês, ou oito horas por mês se fizer parte de comissão intersindical.

2. Constitui contraordenação grave a violação do disposto no número anterior.

COMENTÁRIOS:

Antecedentes legislativos: Arts. 504º e 682º, do CT/2003 e 32º, nº 1, do DL nº 215-B/75, de 30 de abril.

SUBSECÇÃO V – Membro de direção de associação sindical

Artigo 468º – Crédito de horas e faltas de membro de direção

1. Para o exercício das suas funções, o membro de direção de associação sindical tem direito a crédito de horas correspondente a quatro dias de trabalho por mês e a faltas justificadas, nos termos dos números seguintes.

2. Sem prejuízo do disposto em instrumento de regulamentação coletiva de trabalho, em cada empresa, o número máximo de membros de direção de associação sindical com direito a crédito de horas e a faltas justificadas sem limitação de número é determinado da seguinte forma:

a) Em empresa com menos de 50 trabalhadores sindicalizados, um;
b) Em empresa com 50 a 99 trabalhadores sindicalizados, dois;
c) Em empresa com 100 a 199 trabalhadores sindicalizados, três;
d) Em empresa com 200 a 499 trabalhadores sindicalizados, quatro;
e) Em empresa com 500 a 999 trabalhadores sindicalizados, seis;
f) Em empresa com 1000 a 1999 trabalhadores sindicalizados, sete;
g) Em empresa com 2000 a 4999 trabalhadores sindicalizados, oito;
h) Em empresa com 5000 a 9999 trabalhadores sindicalizados, 10;
i) Em empresa com 10 000 ou mais trabalhadores sindicalizados, 12.

3. No caso de membro de direção de federação, união ou confederação, a aplicação da fórmula referida no número anterior tem em conta o número de trabalhadores filiados nas associações que fazem parte dessa estrutura.

4. O trabalhador que seja membro de direção de mais de uma associação sindical não tem direito a cumulação de crédito de horas.

5. Os membros de direção que excedam o número máximo calculado nos termos dos números anteriores têm direito a faltas justificadas até ao limite de 33 por ano.

6. A direção da associação sindical deve comunicar ao empregador, até 15 de janeiro de cada ano e nos 15 dias posteriores a qualquer alteração da sua composição, a identidade dos membros a quem se aplica o disposto no nº 2.

7. A direção da associação sindical pode atribuir crédito de horas a outro membro da mesma, desde que não ultrapasse o montante global atribuído nos termos dos nºs 1 e 2 e informe o empregador da alteração da repartição do crédito com a antecedência mínima de 15 dias.

8. Quando as faltas justificadas se prolongarem efetiva ou previsivelmente para além de um mês, aplica-se o regime da suspensão do contrato de trabalho por facto respeitante ao trabalhador, sem prejuízo do disposto em instrumento de regulamentação coletiva de trabalho aplicável, que preveja funções sindi-

cais a tempo inteiro ou outras situações específicas, relativamente ao direito à retribuição de trabalhador.

9. Constitui contraordenação muito grave a violação do disposto no nº 1.

COMENTÁRIOS:

1. Antecedentes legislativos: Arts. 505º e 682º, do CT/2003; 399º a 403º, da RCT e 22º, nº 2, do DL nº 215-B/75, de 30 de abril.

2. Aos trabalhadores é reconhecida, constitucionalmente, a liberdade sindical, condição e garantia da construção da sua unidade para defesa dos seus direitos e interesses (art. 55º, nº 1, da CRP).

No caso específico dos representantes eleitos dos trabalhadores, os mesmos gozam ainda do direito à informação e consulta, bem como à proteção legal adequada contra quaisquer formas de condicionamento, constrangimento ou limitação do exercício legítimo das suas funções (art. 55º, nº 6, da CRP). A propósito deste direito, o STJ declarou que a "lei fundamental impõe que a lei ordinária crie condições adequadas ao exercício de funções sindicais e à sua proteção; todavia, dentro dessas formas de proteção não se enquadra a da progressão na carreira, donde não é por via do estabelecimento, pela contratação coletiva, de regras que, para essa progressão, pressupõem o efetivo exercício de funções – a par da avaliação do mérito – que o direito sindical previsto no artigo 55º, nº 6, da Constituição da República Portuguesa, é afetado ou violado". [Ac. de 30.04.14 *in* www.dgsi.pt (Proc. nº 3230/11.6TTLSB.S1)].

Numa linha de conformidade constitucional, os nºs 1 e 2, do art. 408º, determinam que os trabalhadores eleitos para as estruturas de representação coletiva dos trabalhadores beneficiam de crédito de horas, nos termos previstos neste Código ou em legislação específica, o qual é referido ao período normal de trabalho e conta como tempo de serviço efetivo, inclusivamente para efeito de retribuição.

O nº 1 vem precisamente concretizar este direito em relação a membro de direção de associação sindical, fixando para estes um crédito de horas correspondente a quatro dias de trabalho por mês e a faltas justificadas.

Em todo este quadro normativo, o legislador procurou assegurar que os trabalhadores que simultaneamente exerçam funções de dirigentes sindicais não sejam prejudicados por esse exercício em relação aos restantes colegas de trabalho. Cfr. o Ac. da RL, de 27.09.17 *in* www.dgsi.pt (Proc. nº 3517/15.9T8CSC.L1-4).

3. O trabalhador que seja membro de direção de mais de uma associação sindical não tem direito a cumulação de crédito de horas (nº 4). De acordo com este preceito, é proibida a cumulação quando o membro de direção desempenhe tal cargo em mais do que uma das seguintes estruturas: associação sindical, federação, união ou confederação. Cfr. o Ac. da RE, de 31.10.18 *in* www.dgsi.pt (Proc. nº 3573/17.5T8STR.E1).

4. A direção da associação sindical deve comunicar ao empregador, até 15 de janeiro de cada ano e nos 15 dias posteriores a qualquer alteração da sua composição, a identidade dos membros com direito a crédito de horas e a faltas justificadas sem limitação de número (nºs 2 e 6). O prazo de 15 de janeiro aqui previsto "não é um prazo de caducidade, antes um prazo indicativo". [Ac. da RP, de 17.12.20 *in* www.dgsi.pt (Proc. nº 3124/18.4T8VFR.P1)].

Com a imposição desta comunicação visa-se garantir que o empregador possa reorganizar a mão-de-obra em função da desocupação temporária dos postos de trabalho que aqueles membros ocupam.

5. O nº 7 autoriza a direção da associação sindical a atribuir crédito de horas a outro membro da mesma, desde que não ultrapasse o montante global atribuído nos termos dos nºs 1 e 2 e informe o empregador da alteração da repartição do crédito com a antecedência mínima de 15 dias. Esta transferência "não pode operar relativamente a um membro da direção que já beneficie do seu próprio crédito de horas". [Ac. da RP, de 17.12.20 *in* www.dgsi.pt (Proc. nº 3124/18.4T8VFR.P1)].

6. Se as faltas justificadas se prolongarem efetiva ou previsivelmente para além de um mês, aplica-se o regime da suspensão do contrato de trabalho por facto respeitante ao trabalhador, sem prejuízo do disposto em instrumento de regulamentação coletiva de trabalho aplicável, que preveja funções sindicais a tempo inteiro ou outras situações específicas, relativamente ao direito à retribuição de trabalhador (nº 8).

A suspensão do contrato de trabalho por facto respeitante ao trabalhador está regulada nos arts. 296º e 297º.

No Proc. nº 362/10.1TTVCT.P1, a RP concluiu que a prática assumida por um empregador de não aplicar o regime de suspensão nos termos do nº 8 "é apta a produzir efeitos jurídico-contratuais na esfera do trabalhador, integrando o seu contrato de trabalho". Por isso, a alteração dessa prática "só poderia produzir efeitos se o trabalhador tivesse dado o seu acordo". (Ac. de 27.02.12 *in* www.dgsi.pt).

A RL veio esclarecer que, na hipótese de a situação de ausência se mostrar largamente dominante sobre a prestação de trabalho, "é razoável, à luz das regras da experiência, extrair a ilação de que a redução dessa prestação a uma expressão mínima visa apenas impedir que opere a suspensão do contrato, excedendo-se nesse caso manifestamente os limites impostos pela boa fé, entendida em termos objetivos". Este tribunal acabou por concluir que, no "caso concreto – em que o tempo de trabalho efetivamente prestado ao empregador no período a que se reporta a reclamação do crédito (de quatro dias de salário por mês), nunca foi além de 2 e 3 dias em cada mês – redunda num manifesto desequilíbrio e desproporção de tal modo acentuados, que permitem concluir pela verificação do sub-tipo de abuso de direito que o Prof. Menezes Cordeiro designa como "desproporção grave entre o benefício do titular exercente e o sacrifício por ele imposto a outrem", sendo consequentemente ilegítimo o exercício do direito". (Ac. de 29.02.12 *in* www.dgsi.pt (Proc. nº 924/10.7TTVFX.L1-4) e CJ, Ano XXXVII, Tomo I, p. 160).

CAPÍTULO II – Participação na elaboração de legislação do trabalho

Artigo 469º – Noção de legislação do trabalho

1. Entende-se por legislação do trabalho a que regula os direitos e obrigações dos trabalhadores e empregadores, enquanto tais, e as suas organizações.

2. São considerados legislação do trabalho os diplomas que regulam, nomeadamente, as seguintes matérias:

_a_) Contrato de trabalho;

_b_) Direito coletivo de trabalho;

_c_) Segurança e saúde no trabalho;

_d_) Acidentes de trabalho e doenças profissionais;

_e_) Formação profissional;

_f_) Processo do trabalho.

3. Considera-se igualmente matéria de legislação do trabalho a aprovação para ratificação de convenções da Organização Internacional do Trabalho.

COMENTÁRIOS:

1. Antecedentes legislativos: Arts. 524º, do CT/2003; 2º, da L nº 16/79, de 26 de maio e artigo único da L nº 36/99, de 26 de maio.

2. O direito de participação das associações sindicais na elaboração da legislação do trabalho é um direito constitucionalmente consagrado na al. *a*), do nº 2, do art. 56º, da CRP.

O direito de participação das associações sindicais e das associações de empregadores na elaboração da legislação do trabalho está previsto na al. *c*), do nº 1, do art. 443º.

Artigo 470º – Precedência de discussão

Qualquer projeto ou proposta de lei, projeto de decreto-lei ou projeto ou proposta de decreto regional relativo a legislação do trabalho só pode ser discutido e votado pela Assembleia da República, pelo Governo da República, pelas Assembleias Legislativas das regiões autónomas e pelos Governos Regionais depois de as comissões de trabalhadores ou as respetivas comissões coordenadoras, as associações sindicais e as associações de empregadores se terem podido pronunciar sobre ele.

COMENTÁRIOS:

Antecedentes legislativos: Arts. 525º, do CT/2003; 3º, da L nº 16/79, de 26 de maio e artigo único da L nº 36/99, de 26 de maio.

Artigo 471º – Participação da Comissão Permanente de Concertação Social

A Comissão Permanente de Concertação Social pode pronunciar-se sobre qualquer projeto ou proposta de legislação do trabalho, podendo ser convocada por decisão do presidente mediante requerimento de qualquer dos seus membros.

COMENTÁRIOS:

Antecedentes legislativos: Art. 526º, do CT/2003.

Artigo 472º – Publicação de projetos e propostas

1. Para efeitos do disposto no artigo 470º, os projetos e propostas são publicados em separata das seguintes publicações oficiais:

a) *Diário da Assembleia da República*, tratando-se de legislação a aprovar pela Assembleia da República;

b) *Boletim do Trabalho e Emprego*, tratando-se de legislação a aprovar pelo Governo da República;

c) *Diários das Assembleias Regionais*, tratando-se de legislação a aprovar pelas Assembleias Legislativas das regiões autónomas;

d) *Jornal Oficial*, tratando-se de legislação a aprovar por Governo Regional.

2. As separatas referidas no número anterior contêm, obrigatoriamente:

a) O texto integral das propostas ou projetos, com os respetivos números;

b) A designação sintética da matéria da proposta ou projeto;

c) O prazo para apreciação pública.

3. A Assembleia da República, o Governo da República, a Assembleia Legislativa de região autónoma ou o Governo Regional faz anunciar, através dos órgãos de comunicação social, a publicação da separata e a designação das matérias que se encontram em fase de apreciação pública.

COMENTÁRIOS:

Antecedentes legislativos: Arts. 527º, do CT/2003; 4º, da L nº 16/79, de 26 de maio e artigo único da L nº 36/99, de 26 de maio.

Artigo 473º – Prazo de apreciação pública

1. O prazo de apreciação pública não pode ser inferior a 30 dias.

2. O prazo pode ser reduzido para 20 dias, a título excecional e por motivo de urgência devidamente justificado no ato que determina a publicação.

COMENTÁRIOS:

Antecedentes legislativos: Arts. 528º, do CT/2003; 5º, da L nº 16/79, de 26 de maio e artigo único da L nº 36/99, de 26 de maio.

Artigo 474º – Pareceres e audições das organizações representativas

1. Durante o prazo de apreciação pública, as entidades referidas no artigo 470º podem pronunciar-se sobre o projeto ou proposta e solicitar audição oral à Assembleia da República, ao Governo da República, à Assembleia Legislativa de região autónoma ou ao Governo Regional, nos termos da regulamentação própria de cada um destes órgãos.

2. O parecer da entidade que se pronuncia deve conter:

a) Identificação do projeto ou proposta;

b) Identificação da comissão de trabalhadores, comissão coordenadora, associação sindical ou associação de empregadores que se pronuncia;

c) Âmbito subjetivo, objetivo e geográfico ou, tratando-se de comissão de trabalhadores ou comissão coordenadora, o setor de atividade e a área geográfica da empresa ou empresas;

d) Número de trabalhadores ou de empregadores representados;

e) Data, assinatura de quem legalmente represente a entidade ou de todos os seus membros e carimbo da mesma.

COMENTÁRIOS:

Antecedentes legislativos: Arts. 529º, do CT/2003; 404º e 405º, da RCT; 6º, da L nº 16/79, de 26 de maio e artigo único da L nº 36/99, de 26 de maio.

Artigo 475º – Resultado de apreciação pública

1. As posições das entidades que se pronunciam em pareceres ou audições são tidas em conta pelo legislador como elementos de trabalho.

2. O resultado da apreciação pública consta:

a) De preâmbulo de decreto-lei ou de decreto regional;

b) De relatório anexo a parecer de comissão especializada da Assembleia da República ou da Assembleia Legislativa de região autónoma.

COMENTÁRIOS:

Antecedentes legislativos: Arts. 530º, do CT/2003; 7º, da L nº 16/79, de 26 de maio e artigo único da L nº 36/99, de 26 de maio.

SUBTÍTULO II – Instrumentos de regulamentação coletiva de trabalho

CAPÍTULO I – Princípios gerais relativos a instrumentos de regulamentação coletiva de trabalho

SECÇÃO I – Disposições gerais sobre instrumentos de regulamentação coletiva de trabalho

Artigo 476º – Princípio do tratamento mais favorável

As disposições de instrumento de regulamentação coletiva de trabalho só podem ser afastadas por contrato de trabalho quando este estabeleça condições mais favoráveis para o trabalhador.

COMENTÁRIOS:

1. Antecedentes legislativos: Arts. 531º, do CT/2003 e 14º, nº 1, do DL nº 519-C1/79, de 29 de dezembro.

2. Cfr. os arts. 3º e 7º, nº 1, da Lei Preambular.

3. Nos termos do art. 531º, do CT/2003, o afastamento de disposições dos instrumentos de regulamentação coletiva de trabalho por contrato de trabalho só era admissível se o contrato de trabalho definisse um regime mais favorável para o trabalhador e as disposições dos instrumentos de regulamentação coletiva de trabalho não proibissem tal afastamento.

Com o CT/2009, passou a admitir-se que o contrato de trabalho, estabelecendo condições mais favoráveis para o trabalhador, afaste disposições de instrumento de regulamentação coletiva de trabalho, eliminando-se a possibilidade de este impedir a prevalência de contrato de trabalho mais favorável. Cfr. a exposição de motivos constante da proposta de lei nº 216/X.

4. Como proclamou a RG, é admissível a adoção "de um sistema retributivo diferente daquele consagrado no CCT aplicável, se o mesmo for mais vantajoso para o trabalhador", como decorre, desde logo, do preceituado nos arts. 3º, 129º, nº 1, al. d) e 476º, do CT. [Ac. de 17.12.20 *in* www.dgsi.pt (Proc. nº 5416/18.3T8VNF.G1)]. Neste aresto, é expedido que um acordo remuneratório que se revele globalmente mais desfavorável ao trabalhador do que o sistema remuneratório previsto no CCT é nulo.

5. No que tange ao ónus da prova da existência do acordo de um esquema remuneratório especial, em substituição do regime retributivo estabelecido no CCT e que o mesmo é mais vantajoso para o trabalhador, a RG esclareceu que tal cabe ao empre-

gador, uma vez que se trata de matéria modificativa do direito invocado pelo trabalhador, nos termos do nº 2, do art. 342º, do CC. [Ac. de 17.12.20 *in* www.dgsi.pt (Proc. nº 5416/18.3T8VNF.G1)].

6. Com base na regra do presente artigo, a RP decidiu que "não obstante as partes terem acordado uma retribuição mensal de 702,00, prevendo-se no IRCT aplicável a retribuição de € 1.118,69, é esta a devida". [Ac. de 06.01.14 *in* www.dgsi.pt (Proc. nº 571/12.9TTMTS.P1)].

Este tribunal fez notar que o anterior art. 531º, do CT/2003 (que corresponde ao presente artigo), tinha natureza imperativa, por isso a alteração de alguma das componentes remuneratórias convencionalmente acordadas e previstas em CCT, seja por acordo entre os outorgantes, seja unilateralmente pelo empregador, é nula, "a não ser que este prove que o sistema praticado resulta, a final, mais favorável ou vantajoso para o trabalhador". [Ac. de 10.07.19 *in* www.dgsi.pt (Proc. nº 3386/17.4T8VFR.P1)]. Neste aresto, podemos ainda ler que essa "nulidade pode ser conhecida e oficiosamente declarada pelo tribunal, e tem efeito retroativo, devendo ser restituído tudo o que tiver sido prestado ou, se a restituição em espécie não for possível, o valor correspondente, não estando essa declaração de nulidade condicionada à formulação, para esse efeito, de pedido reconvencional".

No Proc. nº 14472/17.0T8PRT.P1, a mesma RP declarou que os "eventuais acordos dos trabalhadores a alterações de horários que impliquem trabalho em sábados, seja nos próprios contratos de trabalho, seja por declarações posteriores, não lhes são favoráveis e são, como tais, nulos à face do art. 476º do CT e arts. 280º e 294º do CC". No entanto, tais acordos podem, "até que os trabalhadores deles manifestem vontade de se desvincular, ser obstáculo a reclamação do pagamento do trabalho prestado em sábados como suplementar por denotarem um abuso de direito, nos termos do art. 334º do CC". (Ac. de 04.02.19 *in* www.dgsi.pt).

No Proc. nº 746/03.1TTALM.S1, o STJ constatou que, da CCT em causa, resultava que o valor da retribuição/hora, para efeitos de trabalho suplementar, devia ser calculado levando em conta não só a retribuição base e as diuturnidades, mas também os subsídios que o trabalhador auferia. Assim, o "facto de, em determinados períodos, a ré ter pago o trabalho suplementar, ao autor, com um acréscimo/hora superior ao previsto no referido CCT, não releva para efeitos do apuro das diferenças salariais que àquele são devidas em razão de no cálculo do valor/hora a ré só ter atendido à retribuição base e às diuturnidades". (Ac. de 25.03.10 *in* www.dgsi.pt).

Mais recentemente, o mesmo STJ deixou claro que não "se provando nos autos a existência de qualquer sistema remuneratório alternativo, mais favorável para o trabalhador, acordado entre as partes, cumpre verificar o cumprimento ou incumprimento pelo empregador da convenção coletiva aplicável, cabendo ao empregador o ónus da prova do respetivo cumprimento". [Ac. de 09.09.20 *in* jurisprudencia.csm.org.pt (Proc. nº 1533/17.5T8CLD.C1.S1)].

7. Segundo a RL, se a aplicabilidade de um instrumento de regulamentação coletiva for convencionada em sede do contrato individual de trabalho, a força vinculativa do mesmo "equivale à força do próprio contrato individual, não devendo aplicar-se o que no referido instrumento contraria o expressamente clausulado no contrato individual". [Ac. de 20.06.12 *in* www.dgsi.pt (Proc. nº 627/10.2TTBRR.L1-4)].

8. Uma vez que na interpretação e integração do conteúdo normativo das convenções coletivas devem ser observadas as regras dos art. 9º, do CC, "sem perder de vista o regime que as regula no âmbito do Código de Trabalho de 2009 (artigos 2º, 3º e 476º e seguintes), a leitura que mais se coaduna com o elemento histórico e com a letra, razão de ser e espírito da cláusula 44ª do CCT de 2012 é a que vai no sentido da imediata obrigatoriedade da alteração/extensão do contrato de seguro de vida existente ou da sua eventual celebração (caso aquela modificação não fosse possível), como da imediata aplicação aos trabalhadores da Ré, como o Autor, do benefício convencional de que passaram a usufruir em situações de reforma por invalidez". [Ac. da RL, de 11.07.19 *in* www.dgsi.pt (Proc. nº 27945/17.6T8LSB.L1-4)].

Artigo 477º – Forma de instrumento de regulamentação coletiva de trabalho

O instrumento de regulamentação coletiva de trabalho reveste a forma escrita, sob pena de nulidade.

COMENTÁRIOS:

Antecedentes legislativos: Arts. 532º, do CT/2003 e 4º, nº 1, do DL nº 519-C1/79, de 29 de dezembro.

Artigo 478º – Limites do conteúdo de instrumento de regulamentação coletiva de trabalho

1. O instrumento de regulamentação coletiva de trabalho não pode:

_a_) Contrariar norma legal imperativa;

_b_) Regulamentar atividades económicas, nomeadamente períodos de funcionamento, regime fiscal, formação dos preços e exercício da atividade de empresas de trabalho temporário, incluindo o contrato de utilização;

_c_) Conferir eficácia retroativa a qualquer cláusula que não seja de natureza pecuniária.

2. O instrumento de regulamentação coletiva de trabalho pode instituir regime complementar contratual que atribua prestações complementares do subsistema previdencial na parte não coberta por este, nos termos da lei.

COMENTÁRIOS:

1. Antecedentes legislativos: Arts. 533º, do CT/2003 e 6º, do DL nº 519-C1/79, de 29 de dezembro.

2. Cfr. os arts. 7º, nºs 2 e 3, da Lei Preambular.

3. Os instrumentos de regulamentação coletiva têm origem num acordo entre um empregador ou uma associação de empregadores e uma ou mais associações sindicais, o qual regula as situações juslaborais individuais e coletivas de uma determinada profissão ou setor de atividade enquadrada numa certa área geográfica ou empresa. Esta liberdade negocial das partes está, contudo, limitada ao respeito por normas imperativas, sob pena de nulidade (al. *a*), do nº 1). Cfr. o Ac. do STJ, de 20.06.12 *in* www.dgsi.pt (Proc. nº 2674/07.2TTLSB.L1.S1).

O STJ entendeu que violava norma imperativa "as cláusulas de um ACT que:

1) Restringem os meios probatórios que podem ser utilizados para a alegação e prova da existência de uma união de facto;

2) Impõem um ónus de declaração (e um prazo) que a Lei nº 7/2001 de 11 de maio, com a redação introduzida pela Lei nº 23/2010 de 30 de agosto, não prevê, contrariando a possibilidade, que a referida Lei expressamente concede, de um dos membros da união só a invocar após a morte do outro;

3) Pretendem limitar a relevância, para efeitos de atribuição de uma pensão, das uniões de facto àquelas cujo prazo de dois anos se inicie a partir da data de entrega à entidade subscritora da declaração sob compromisso de honra dos dois unidos". [Ac. de 10.04.19 *in* www.dgsi.pt (Proc. nº 517/16.5T8BJA.E1.S1)].

Artigo 479º – Apreciação relativa à igualdade e não discriminação

1. No prazo de 30 dias a contar da publicação de instrumento de regulamentação coletiva de trabalho negocial ou decisão arbitral em processo de arbitragem obrigatória ou necessária, o serviço competente do ministério responsável pela área laboral, ouvidos os interessados, procede à apreciação fundamentada da legalidade das suas disposições em matéria de igualdade e não discriminação.

2. Caso delibere no sentido da existência de disposições discriminatórias, o serviço competente do ministério responsável pela área laboral notifica as partes nos instrumentos de regulamentação coletiva de trabalho que contenham aquelas disposições para, no prazo de 60 dias, procederem às respetivas alterações.

3. Decorrido o prazo previsto no número anterior sem que se verifiquem as necessárias alterações, o serviço competente do ministério responsável pela área laboral envia a sua apreciação ao magistrado do Ministério Público junto do tribunal competente, acompanhada dos documentos relevantes, nomeadamente de cópia da ata da deliberação e das pronúncias dos interessados.

4. Para efeito do número anterior, considera-se competente, pela ordem a seguir indicada, o tribunal em cuja área tenham sede:

_a_) Todas as associações sindicais e associações de empregadores ou empresas celebrantes da convenção coletiva;

_b_) O maior número das entidades referidas;

_c_) Qualquer das entidades referidas.

5. Caso constate a existência de disposição ilegal na matéria em causa, o magistrado do Ministério Público promove, no prazo de 15 dias, a declaração judicial da nulidade dessas disposições.

6. A decisão judicial que declare a nulidade de disposição é remetida pelo tribunal ao serviço competente do ministério responsável pela área laboral, para efeito de publicação no Boletim do Trabalho e Emprego.

COMENTÁRIOS:

1. O presente artigo tem a redação introduzida pela L nº 23/2012, de 25 de junho.

2. Da leitura conjugada do presente artigo e do art. 25º, podemos concluir que o legislador instituiu um procedimento de apreciação fundamentada sobre a legalidade, em matéria de igualdade e não discriminação, das disposições de convenções coletivas e decisões arbitrais, posterior à respetiva publicação, que pode conduzir à declaração judicial da nulidade dessas disposições, em ação proposta pelo Ministério Público; as disposições discriminatórias nulas consideram-se substituídas pelas disposições mais favoráveis aplicáveis à generalidade dos trabalhadores. Cfr. a exposição de motivos constante da proposta de L nº 216/X.

3. Na versão anterior à L nº 23/2012, o serviço competente do ministério responsável pela área laboral procedia à apreciação fundamentada da legalidade das disposições em matéria de igualdade e não discriminação do instrumento de regulamentação coletiva de trabalho negocial ou decisão arbitral em Processo de arbitragem obrigatória ou necessária.

Casos existissem disposições discriminatórias, enviava a apreciação ao magistrado do Ministério Público junto do tribunal competente (nº 1, na versão anterior à L nº 23/ /2012).

A L nº 23/2012 fez impender sobre o serviço competente do ministério responsável pela área laboral o dever de ouvir os interessados antes de apreciar fundamentadamente a legalidade daquelas disposições (nº 1).

4. Caso delibere no sentido da existência de disposições discriminatórias, aquele serviço deve notificar as partes nos instrumentos de regulamentação coletiva de trabalho que contenham aquelas disposições para, no prazo de 60 dias, procederem às respetivas alterações (nº 2).

Se, depois de decorrido este prazo, tais alterações não se verificarem, envia finalmente a sua apreciação ao magistrado do Ministério Público junto do tribunal competente, acompanhada dos documentos relevantes, nomeadamente de cópia da ata da deliberação e das pronúncias dos interessados (nº 3).

Artigo 480º – Publicidade de instrumento de regulamentação coletiva de trabalho aplicável

1. O empregador deve afixar em local apropriado da empresa a indicação de instrumentos de regulamentação coletiva de trabalho aplicáveis.

2. Constitui contraordenação leve a violação do disposto no número anterior.

COMENTÁRIOS:

Antecedentes legislativos: Art. 534º, do CT/2003.

SECÇÃO II – Concorrência de instrumentos de regulamentação coletiva de trabalho

Artigo 481º – Preferência de instrumento de regulamentação coletiva de trabalho negocial vertical

O instrumento de regulamentação coletiva de trabalho negocial de um setor de atividade afasta a aplicação de instrumento da mesma natureza cujo âmbito se define por profissão ou profissões relativamente àquele setor de atividade.

COMENTÁRIOS:

Antecedentes legislativos: Arts. 535º, do CT/2003 e 12º, do DL nº 519-C1/79, de 29 de dezembro.

Artigo 482º – Concorrência entre instrumentos de regulamentação coletiva de trabalho negociais

1. Sempre que exista concorrência entre instrumentos de regulamentação coletiva de trabalho negociais, são observados os seguintes critérios de preferência:

a) O acordo de empresa afasta a aplicação do acordo coletivo ou do contrato coletivo;

b) O acordo coletivo afasta a aplicação do contrato coletivo.

2. Nos outros casos, os trabalhadores da empresa em relação aos quais se verifica a concorrência escolhem o instrumento aplicável, por maioria, no prazo de 30 dias a contar da entrada em vigor do instrumento de publicação

mais recente, comunicando a escolha ao empregador interessado e ao serviço com competência inspetiva do ministério responsável pela área laboral.

3. Na ausência de escolha pelos trabalhadores, é aplicável:

a) O instrumento de publicação mais recente;

b) Sendo os instrumentos em concorrência publicados na mesma data, o que regular a principal atividade da empresa.

4. A deliberação prevista no nº 2 é irrevogável até ao termo da vigência do instrumento adotado.

5. Os critérios de preferência previstos no nº 1 podem ser afastados por instrumento de regulamentação coletiva de trabalho negocial, designadamente, através de cláusula de articulação de:

a) Convenções coletivas de diferente nível, nomeadamente interconfederal, sectorial ou de empresa;

b) Contrato coletivo que estabeleça que determinadas matérias, como sejam a mobilidade geográfica e funcional, a organização do tempo de trabalho e a retribuição, sejam reguladas por convenção coletiva.

COMENTÁRIOS:

1. Antecedentes legislativos: Arts. 536º, do CT/2003 e 14º, do DL nº 519-C1/79, de 29 de dezembro.

2. O presente artigo tem a redação introduzida pela L nº 23/2012, de 25 de junho.

Conforme resulta da exposição de motivos da proposta de lei nº 46/XII (que esteve na base da L nº 23/2012), "*No âmbito dos instrumentos de regulamentação coletiva de trabalho, são implementadas medidas de descentralização organizada, que se traduzem, por um lado, na possibilidade de os contratos coletivos estabelecerem que determinadas matérias, tais como a mobilidade geográfica e funcional, a organização do tempo de trabalho e a retribuição, podem ser reguladas por outra convenção coletiva, contribuindo desse modo para uma melhor articulação entre os instrumentos de regulamentação coletiva e, de um modo geral, para a promoção da contratação coletiva*".

Para maiores desenvolvimentos sobre a alteração ao nº 5 introduzida pela L nº 23/ /2012, *vide* JÚLIO GOMES, *Algumas reflexões sobre as alterações introduzidas no Código do Trabalho pela Lei nº 23/2012 de 25 de junho*, pp. 611 e ss..

3. Os instrumentos de regulamentação coletiva de trabalho negociais são a convenção coletiva, o acordo de adesão e a decisão arbitral em processo de arbitragem voluntária (art. 2º, nº 2). De notar que as convenções coletivas podem ainda dividir-se em contratos coletivos, acordos coletivos e acordos de empresa (art. 2º, nº 3).

Se houver concorrência entre convenções coletivas, o nº 1 estabeleceu critérios de preferência, impondo a seguinte graduação:

1º Os acordos de empresa;
2º Os acordos coletivos;
3º Os contratos coletivos.

4. No caso de concorrência entre convenção coletiva, o acordo de adesão e a decisão arbitral em processo de arbitragem voluntária, os trabalhadores da empresa em relação aos quais esta se verifica escolhem o instrumento aplicável, por maioria, no prazo de 30 dias a contar da entrada em vigor do instrumento de publicação mais recente, comunicando a escolha ao empregador interessado e ao serviço com competência inspetiva do ministério responsável pela área laboral (nº 2).

Se essa escolha não se verificar, o nº 3 manda aplicar o instrumento de publicação mais recente ou, sendo os instrumentos em concorrência publicados na mesma data, o que regular a principal atividade da empresa. Cfr. o Ac. da RE, de 15.02.18 *in* www.dgsi.pt (Proc. nº 116/17.4T8PTG.E1) e CJ, Ano XLIII, Tomo I, p. 258.

Artigo 483º – Concorrência entre instrumentos de regulamentação coletiva de trabalho não negociais

1. Sempre que exista concorrência entre instrumentos de regulamentação coletiva de trabalho não negociais, são observados os seguintes critérios de preferência:

***a*) A decisão de arbitragem obrigatória afasta a aplicação de outro instrumento;**

***b*) A portaria de extensão afasta a aplicação de portaria de condições de trabalho.**

2. Em caso de concorrência entre portarias de extensão aplica-se o previsto nos nºs 2 a 4 do artigo anterior, relativamente às convenções coletivas objeto de extensão.

COMENTÁRIOS:

1. Antecedentes legislativos: Art. 537º, do CT/2003.

2. Os instrumentos de regulamentação coletiva de trabalho não negociais são a portaria de extensão, a portaria de condições de trabalho e a decisão arbitral em processo de arbitragem obrigatória ou necessária (art. 2º, nº 4).

Se houver concorrência entre estes instrumentos, o nº 1 estabeleceu critérios de preferência, a favor de decisão de arbitragem obrigatória em detrimento de outro instrumento, bem como a favor da portaria de extensão em detrimento de portaria de condições de trabalho. Na linha desta última preferência, a RP decidiu que ao "contrato de trabalho celebrado entre um motorista e empresa que exerce a atividade de transporte público de passageiros em veículos pesados é aplicável o CCT celebrado entre a ANTROP – Associação Nacional de Transportes Rodoviários de Pesados de

Passageiros e a FESTRU, publicado no BTE nº 8, de 29.02.80, ex vi da PE publicada no BTE nº 27, de 22.07.1980 (e não o ACT celebrado entre a então Rodoviária Nacional e os sindicatos representativos dos trabalhadores ao seu serviço, publicado no BTE nº 3, de 22.01.1977, ex vi das "PRT para os Transportes Rodoviários e o ensino de condução automóvel", publicadas nos BTE nºs 16, de 29.04.1977 e 26, de 15.07.1977)". [Ac. de 13.06.11 *in* www.dgsi.pt (Proc. nº 210/09.5TUBRG.P1)].

3. No caso particular de concorrência entre portarias de extensão, os trabalhadores, relativamente às convenções coletivas objeto de extensão, escolhem a aplicável, por maioria, no prazo de 30 dias a contar da entrada em vigor da que tenha sido publicada mais recente, comunicando a escolha ao empregador interessado e ao serviço com competência inspetiva do ministério responsável pela área laboral (cfr. conjugadamente, os nºs 2, do presente artigo e 2, do art. 482º).

Se essa escolha não se verificar, aplica-se a que tenha sido publicada mais recentemente ou, tendo sido publicadas na mesma data, a que regular a principal atividade da empresa (cfr. conjugadamente, os nºs 2, do presente artigo e 3, do art. 482º).

Como expediu a RP, em "caso de concorrência de Portarias de Extensão aplica-se o disposto no art. 482º, nºs 2 e 3 do CT/2009, ex vi do art. 483º, nº 2 do mesmo, pelo que, não tendo sido feita prova da escolha a que se reporta o nº 2 do citado art. 482º, aplicar-se-á a Portaria de Extensão de publicação mais recente". [Ac. de 30.01.12 *in* www.dgsi.pt (Proc. nº 21/11.8TTVNF.P1)].

Artigo 484º – Concorrência entre instrumentos de regulamentação coletiva de trabalho negociais e não negociais

A entrada em vigor de instrumento de regulamentação coletiva de trabalho negocial afasta a aplicação, no respetivo âmbito, de anterior instrumento de regulamentação coletiva de trabalho não negocial.

COMENTÁRIOS:

Antecedentes legislativos: Arts. 538º, do CT/2003 e 38º, do DL nº 519-C1/79, de 29 de dezembro.

CAPÍTULO II – Convenção coletiva

SECÇÃO I – Contratação coletiva

Artigo 485º – Promoção da contratação coletiva

O Estado deve promover a contratação coletiva, de modo que as convenções coletivas sejam aplicáveis ao maior número de trabalhadores e empregadores.

COMENTÁRIOS:
Antecedentes legislativos: Art. 539º, do CT/2003.

Artigo 486º – Proposta negocial

1. O Processo de negociação inicia-se com a apresentação à outra parte de proposta de celebração ou de revisão de uma convenção coletiva.

2. A proposta deve revestir forma escrita, ser devidamente fundamentada e conter os seguintes elementos:

***a*) Designação das entidades que a subscrevem em nome próprio ou em representação de outras;**

***b*) Indicação da convenção que se pretende rever, sendo caso disso, e respetiva data de publicação;**

***c*) Indicação de instrumento de regulamentação coletiva de trabalho negocial e respetiva data de publicação, sendo caso disso, para efeitos do nº 5 do artigo 482º.**

COMENTÁRIOS:

1. Antecedentes legislativos: Arts. 544º, do CT/2003 e 16º, do DL nº 519-C1/79, de 29 de dezembro.

2. O presente artigo tem a redação introduzida pela L nº 23/2012, de 25 de junho.

3. Com o aditamento da al. *c*), do nº 2, pela L nº 23/2012, a proposta de celebração ou de revisão de uma convenção coletiva passou a ter que conter, também, a indicação de instrumento de regulamentação coletiva de trabalho negocial e respetiva data de publicação, designadamente para efeitos do art. 482º, do nº 5.

O nº 5, do art. 482º, que também foi alterada pela L nº 23/2012, prevê a possibilidade de afastamento, por instrumento de regulamentação coletiva de trabalho negocial, dos critérios de preferência aplicáveis nos casos de concorrência entre estes instrumentos.

Artigo 487º – Resposta à proposta

1. A entidade destinatária da proposta deve responder, de forma escrita e fundamentada, nos 30 dias seguintes à receção daquela, salvo se houver prazo convencionado ou prazo mais longo indicado pelo proponente.

2. Em caso de proposta de revisão de uma convenção coletiva, a entidade destinatária pode recusar-se a negociar antes de decorrerem seis meses de vigência da convenção, devendo informar o proponente no prazo de 10 dias úteis.

3. A resposta deve exprimir uma posição relativa a todas as cláusulas da proposta, aceitando, recusando ou contrapropondo.

4. Em caso de falta de resposta ou de contraproposta, no prazo a que se refere o nº 1 e nos termos do nº 3, o proponente pode requerer a conciliação.

5. Constitui contraordenação grave a violação do disposto nos nºs 1 ou 3.

COMENTÁRIOS:

1. Antecedentes legislativos: Arts. 545º e 686º, do CT/2003 e 17º, do DL nº 519-C1/79, de 29 de dezembro.

2. Em relação ao CT/2003, é de destacar, no nº 2, a faculdade conferida à entidade destinatária de recusar a negociar antes de decorrerem seis meses de vigência da convenção, devendo informar o proponente no prazo de 10 dias úteis.

3. No proc. nº 1748/19.1T8BRR.L1- 4, a RL fez notar que numa "causa em que se pede a declaração de invalidade, por extemporânea, da denúncia comunicada pela R., na qualidade de destinatária de mera proposta de revisão do Acordo de Empresa, após decurso do prazo previsto no nº 1 do art. 487º do Código do Trabalho, bem como que se declare vigente e aplicável o referido Acordo de Empresa o seu valor deve ser fixado em € 30.000,01, o sempre lhe permite, sendo caso disso, recurso até ao STJ". (Ac. de 28.10.20 *in* www.dgsi.pt).

Artigo 488º – Prioridade em matéria negocial

1. As partes devem, sempre que possível, atribuir prioridade à negociação da retribuição e da duração e organização do tempo de trabalho, tendo em vista o ajuste do acréscimo global de encargos daí resultante, bem como à segurança e saúde no trabalho.

2. A inviabilidade de acordo inicial sobre as matérias referidas no número anterior não justifica a rutura de negociação.

COMENTÁRIOS:

Antecedentes legislativos: Arts. 546º, do CT/2003 e 21º, do DL nº 519-C1/79, de 29 de dezembro.

Artigo 489º – Boa fé na negociação

1. As partes devem respeitar, no Processo de negociação coletiva, o princípio de boa fé, nomeadamente respondendo com a brevidade possível a propostas e contrapropostas, observando o protocolo negocial, caso exista, e fazendo-se representar em reuniões e contactos destinados à prevenção ou resolução de conflitos.

2. Os representantes das associações sindicais e de empregadores devem, oportunamente, fazer as necessárias consultas aos trabalhadores e aos empre-

gadores interessados, não podendo, no entanto, invocar tal necessidade para obter a suspensão ou interrupção de quaisquer atos.

3. Cada uma das partes deve facultar à outra os elementos ou informações que esta solicitar, na medida em que tal não prejudique a defesa dos seus interesses.

4. Não pode ser recusado, no decurso de Processo de negociação de acordo coletivo e de empresa, o fornecimento dos relatórios e contas de empresas já publicados e o número de trabalhadores, por categoria profissional, que se situem no âmbito de aplicação do acordo a celebrar.

5. Comete contraordenação grave a associação sindical, a associação de empregadores ou o empregador que não se faça representar em reunião convocada nos termos do nº 1.

COMENTÁRIOS:

Antecedentes legislativos: Arts. 547º e 687º, do CT/2003 e 22º, do DL nº 519-C1/79, de 29 de dezembro.

Artigo 490º – Apoio técnico da Administração

1. Na preparação da proposta negocial e da respetiva resposta, bem como durante as negociações, os serviços competentes dos ministérios responsáveis pela área laboral e pela área de atividade fornecem às partes a informação necessária de que dispõem e que estas solicitem.

2. As partes devem enviar as propostas e respostas, com a respetiva fundamentação, ao ministério responsável pela área laboral nos 15 dias seguintes à sua apresentação.

COMENTÁRIOS:

Antecedentes legislativos: Arts. 548º, do CT/2003 e 16º, nº 6 e 20º, do DL nº 519-C1/79, de 29 de dezembro.

SECÇÃO II – Celebração e conteúdo

Artigo 491º – Representantes de entidades celebrantes

1. A convenção coletiva é assinada pelos representantes das entidades celebrantes.

2. Para efeitos do disposto no número anterior, consideram-se representantes:

a) Os membros de direção de associação sindical ou associação de empregadores, com poderes para contratar;

b) Os gerentes, administradores ou diretores com poderes para contratar;

c) No caso de empresa do setor empresarial do Estado, os membros do conselho de gerência ou órgão equiparado, com poderes para contratar;

d) As pessoas titulares de mandato escrito com poderes para contratar, conferido por associação sindical ou associação de empregadores, nos termos dos respetivos estatutos, ou por empregador.

3. Sem prejuízo da possibilidade de delegação noutras associações sindicais, a associação sindical pode conferir à estrutura de representação coletiva dos trabalhadores na empresa poderes para, relativamente aos seus associados, contratar com empresa com, pelo menos, 150 trabalhadores.

4. A revogação do mandato só é eficaz após comunicação à outra parte, por escrito e até à assinatura da convenção coletiva.

COMENTÁRIOS:

1. Antecedentes legislativos: Arts. 540º, do CT/2003 e 4º, do DL nº 519-C1/79, de 29 de dezembro.

2. O presente artigo tem a redação introduzida pela L nº 23/2012, de 25 de junho.

3. Com a redação do nº 3, introduzida pela L nº 23/2012, admite-se que, nas empresas com pelo menos 150 trabalhadores, as associações sindicais possam conferir às estruturas de representação coletiva dos trabalhadores os poderes para a celebração de convenções coletivas. Cfr. exposição de motivos da proposta de lei nº 46/XII (que esteve na base da L nº 23/2012). No CT/2003, o limite mínimo de trabalhadores por empresa era 500.

4. A al. *d*), nº 2, refere que o mandato para assinar convenção coletiva deve ser conferido pela associação sindical ou associação de empregadores, nos termos dos respetivos estatutos, ou por empregador.

Artigo 492º – Conteúdo de convenção coletiva

1. A convenção coletiva deve indicar:

a) Designação das entidades celebrantes;

b) Nome e qualidade em que intervêm os representantes das entidades celebrantes;

c) Âmbito do sector de atividade, profissional e geográfico de aplicação, exceto tratando-se de revisão que não altere o âmbito da convenção revista;

d) Data de celebração;

e) Convenção revista e respetiva data de publicação, se for o caso;

f) Valores expressos de retribuição base para todas as profissões e categorias profissionais, caso tenham sido acordados;

g) Estimativa dos números de empregadores e de trabalhadores abrangidos pela convenção.

2. A convenção coletiva deve regular:

a) As relações entre as entidades celebrantes, em particular quanto à verificação do cumprimento da convenção e a meios de resolução de conflitos coletivos decorrentes da sua aplicação ou revisão;

b) As ações de formação profissional, tendo presentes as necessidades do trabalhador e do empregador;

c) As condições de prestação do trabalho relativas à segurança e saúde;

d) Medidas que visem a efetiva aplicação do princípio da igualdade e não discriminação;

e) Outros direitos e deveres dos trabalhadores e dos empregadores, nomeadamente retribuição base para todas as profissões e categorias profissionais;

f) Os Processos de resolução dos litígios emergentes de contratos de trabalho, nomeadamente através de conciliação, mediação ou arbitragem;

g) A definição de serviços necessários à segurança e manutenção de equipamentos e instalações, de serviços mínimos indispensáveis para ocorrer à satisfação de necessidades sociais impreteríveis, caso a atividade dos empregadores abrangidos satisfaça necessidades sociais impreteríveis, bem como dos meios necessários para os assegurar em situação de greve;

h) Instrumento de regulamentação coletiva de trabalho negocial e respetiva data de publicação, para efeitos do nº 5 do artigo 482º

3. A convenção coletiva deve prever a constituição e regular o funcionamento de comissão paritária com competência para interpretar e integrar as suas cláusulas.

4. A convenção coletiva pode prever que o trabalhador, para efeito da escolha prevista no artigo 497º, pague um montante nela estabelecido às associações sindicais envolvidas, a título de comparticipação nos encargos da negociação.

COMENTÁRIOS:

1. Antecedentes legislativos: Arts. 541º, 542º, nº 1 e 543º, do CT/2003 e 5º, 41º e 23º, nº 1, do DL nº 519-C1/79, de 29 de dezembro.

2. O presente artigo tem a redação introduzida pela L nº 23/2012, de 25 de junho.

3. O CT/2009 tinha consagrado a al. *h*), do nº 2, nos termos da qual a convenção coletiva devia regular os efeitos dela decorrentes, em caso de caducidade, relativa-

mente aos trabalhadores abrangidos pela mesma, até à entrada em vigor de outro instrumento de regulamentação coletiva de trabalho.

Com a L nº 23/2012, esta alínea for alterada, passando a prever a obrigação de a convenção coletiva regular instrumento de regulamentação coletiva de trabalho negocial e respetiva data de publicação, para efeitos do nº 5, do art. 482º.

O nº 5, do art. 482º, que também foi alterada pela L nº 23/2012, prevê a possibilidade de afastamento, por instrumento de regulamentação coletiva de trabalho negocial, dos critérios de preferência aplicáveis nos casos de concorrência entre estes instrumentos.

4. O nº 4 permite que a convenção coletiva preveja a possibilidade de um trabalhador não sindicalizado escolher essa convenção como aplicável, pagando determinado montante à associação sindical celebrante, a título de comparticipação nos encargos da negociação.

5. "Na interpretação das cláusulas de conteúdo regulativo das convenções coletivas de trabalho regem as normas atinentes à interpretação da lei, contidas no artigo 9º do Código Civil, visto tais cláusulas serem dotadas de generalidade e abstração e serem suscetíveis de produzir efeitos na esfera jurídica de terceiros". (Ac. do STJ nº 1/2019, pub. no DR, I Série, de 19.03.2019). Cfr., ainda, deste mesmo tribunal superior, os Acs. de 16.12.20 *in* www.dgsi.pt (Proc. nº 9906/17.7T8LLSB.L1.S1); de 28.09.17 *in* www.dgsi.pt (Proc. nº 1148/16.5TBBRG.G1.S2); de 19.04.12 *in* www.dgsi.pt (Proc. nº 142/09.7TTCSC.L1.S1) e de 04.05.11 *in* www.dgsi.pt (Proc. nº 4319/07.1TTLSB.L1.S1).

Artigo 493º – Comissão paritária

1. A comissão paritária a que se refere o nº 3 do artigo anterior é formada por igual número de representantes das entidades celebrantes.

2. A comissão paritária só pode deliberar desde que esteja presente metade dos representantes de cada parte.

3. A deliberação tomada por unanimidade é depositada e publicada nos mesmos termos da convenção coletiva e considera-se para todos os efeitos como integrando a convenção a que respeita.

4. A deliberação tomada por unanimidade, uma vez publicada, é aplicável no âmbito de portaria de extensão da convenção.

COMENTÁRIOS:

Antecedentes legislativos: Arts. 542º, do CT/2003 e 41º, do DL nº 519-C1/79, de 29 de dezembro.

SECÇÃO III – Depósito de convenção coletiva

Artigo 494º – Procedimento do depósito de convenção coletiva

1. A convenção coletiva é entregue, para depósito, ao serviço competente do ministério responsável pela área laboral.

2. A terceira revisão parcial consecutiva de uma convenção deve ser acompanhada de texto consolidado assinado nos mesmos termos, o qual, em caso de divergência, prevalece sobre os textos a que se refere.

3. A convenção e o texto consolidado são entregues em documento eletrónico, nos termos de portaria do ministro responsável pela área laboral.

4. O depósito depende de a convenção satisfazer os seguintes requisitos:

a) Ser celebrada por quem tenha capacidade para o efeito;

b) Ser acompanhada de títulos comprovativos da representação das entidades celebrantes, no caso referido na alínea *d*) do nº 2 do artigo 491º, emitidos por quem possa vincular as associações sindicais e as associações de empregadores ou os empregadores celebrantes;

c) Obedecer ao disposto no nº 1 do artigo 492º;

d) Ser acompanhada de texto consolidado, sendo caso disso;

e) Obedecer ao disposto no nº 3, bem como o texto consolidado, sendo caso disso.

5. O pedido de depósito deve ser decidido no prazo de 15 dias a contar da receção da convenção pelo serviço competente.

6. A recusa fundamentada do depósito é imediatamente notificada às partes, sendo devolvidos a convenção coletiva, o texto consolidado e os títulos comprovativos da representação.

7. Considera-se depositada a convenção cujo pedido de depósito não seja decidido no prazo referido no nº 5.

COMENTÁRIOS:

1. Antecedentes legislativos: Arts. 549º e 550º, do CT/2003 e 24º, do DL nº 519-C1/79, de 29 de dezembro.

2. O nº 2 prevê que o texto consolidado que deve acompanhar a terceira revisão parcial consecutiva de uma convenção, para efeito de depósito, seja assinado nos mesmos termos da convenção, e que o mesmo, em caso de divergência, prevalece sobre os textos a que se refere.

3. Nos termos do nº 3, a convenção coletiva e o texto consolidado devem ser entregues em documento eletrónico, de modo a facilitar a edição eletrónica do Boletim do Trabalho e Emprego.

As entregas em documento eletrónico, previstas no nº 3, foram reguladas pela P nº 1172/2009, de 06 de outubro.

Artigo 495º – Alteração de convenção antes da decisão sobre o depósito

1. Enquanto o pedido de depósito não for decidido, as partes podem efetuar, por acordo, qualquer alteração formal ou substancial da convenção entregue para esse efeito.

2. A alteração referida no nº 1 interrompe o prazo de depósito referido no nº 5 do artigo anterior.

COMENTÁRIOS:

Antecedentes legislativos: Arts. 551º, do CT/2003 e 25º, do DL nº 519-C1/79, de 29 de dezembro.

SECÇÃO IV – Âmbito pessoal de convenção coletiva

Artigo 496º – Princípio da filiação

1. A convenção coletiva obriga o empregador que a subscreve ou filiado em associação de empregadores celebrante, bem como os trabalhadores ao seu serviço que sejam membros de associação sindical celebrante.

2. A convenção celebrada por união, federação ou confederação obriga os empregadores e os trabalhadores filiados, respetivamente, em associações de empregadores ou sindicatos representados por aquela organização quando celebre em nome próprio, nos termos dos respetivos estatutos, ou em conformidade com os mandatos a que se refere o nº 2 do artigo 491º

3. A convenção abrange trabalhadores e empregadores filiados em associações celebrantes no início do Processo negocial, bem como os que nelas se filiem durante a vigência da mesma.

4. Caso o trabalhador, o empregador ou a associação em que algum deles esteja inscrito se desfilie de entidade celebrante, a convenção continua a aplicar-se até ao final do prazo de vigência que dela constar ou, não prevendo prazo de vigência, durante um ano ou, em qualquer caso, até à entrada em vigor de convenção que a reveja.

COMENTÁRIOS:

1. Antecedentes legislativos: Arts. 552º, 553º e 554º, nº 1, do CT/2003 e 7º e 8º, do DL nº 519-C1/79, de 29 de dezembro.

2. Por força do princípio da filiação ou da dupla filiação plasmado no nº 1, a convenção coletiva obriga o empregador que a subscreve ou filiado em associação de empregadores celebrante, bem como os trabalhadores ao seu serviço que sejam membros de associação sindical celebrante. Como se lê no Ac. da RL, de 13.02.19, de acordo com este princípio "as CCT's só vinculam os seus subscritores ou inscritos nas respetivas associações de classe". [*In* www.dgsi.pt (Proc. nº 26157/17.3T8LSB.L1-4)].

Note-se, contudo, que não está afastada a possibilidade de alargamento, total ou parcial, do âmbito da convenção coletiva através de portarias de extensão, a empregadores e a trabalhadores integrados no âmbito do setor de atividade e profissional definido naquele instrumento (art. 514º, nº 1). Nas palavras da RE, "a entidades empregadoras do mesmo sector económico e a trabalhadores da mesma profissão ou profissão análoga, desde que exerçam a sua atividade no âmbito do sector de atividade e profissional definido na convenção coletiva". (Ac. de 15.02.18 *in* www.dgsi.pt (Proc. nº 116/17.4T8PTG.E1) e CJ, Ano XLIII, Tomo I, p. 258). Cfr., ainda, os Acs. da RL, de 22.11.17 *in* www.dgsi.pt (Proc. nº 10457/16.2T8LSB.L1-4); da RP, de 06.11.17 *in* www.dgsi.pt (Proc. nº 3294/16.6T8PRT.P1); da RC, de 15.09.17 *in* www.dgsi.pt (Proc. nº 3910/16.0T8VIS.C1); do STJ, de 09.03.17 *in* www.dgsi.pt (Proc. nº 161/15.4T8VRL.G1.S1); da RP, de 07.11.16 *in* www.dgsi.pt (Proc. nº 5286/15.3T8MTS.P1); do STJ, de 10.09.14 *in* www.dgsi.pt (Proc. nº 203/12.5TTGRD.C1.S1); da RC, de 27.06.14 *in* www.dgsi.pt (Proc. nº 512/13.6TTVIS.C1) e de 30.01.14 *in* www.dgsi.pt (Proc. nº 204/12.3TTGDR.C1); da RL, de 15.02.12 *in* www.dgsi.pt (Proc. nº 3250/09.0TTLSB.L1-4) e do STJ, de 06.12.06 *in* www.dgsi.pt (Proc. nº 06S1825).

3. a RL deixou claro que o nº 1, a nota de rodapé nº 252, do Livro Verde sobre as Relações Laborais (Ed. Gabinete de Estratégia e Planeamento do Ministério do Trabalho, Solidariedade e Segurança Social, segundo a qual exceto "se a denúncia for apresentada pelo destinatário da proposta negocial, acompanhada da resposta à proposta, em que o prazo legal supletivo para responder é de 30 dias a contar da receção da proposta (artigo 487º, nº 1) – não deve ser interpretada no sentido de o prazo de 30 dias referido no nº 1º do artigo 496º do CT/2009 constituir um prazo de caducidade em relação a um dos outorgantes de convenção colectiva, tanto mais que, em bom rigor, a proposta negocial até pode bem ser mais embrionária do que a comunicação de denúncia, visto que esta última, ao contrário da primeira, tem de ser acompanhada de proposta negocial global". [Ac. de 28.10.20 *in* www.dgsi.pt (Proc. nº 1748/19.1T8BRR.L1- 4)].

4. A RL elencou os seguintes desvios que o princípio da filiação ou da dupla filiação pode comportar:

"– Extensão dos efeitos da convenção coletiva a trabalhadores e/ou a empregadores não filiados na associação sindical ou patronal outorgante (ou por se terem filiado na associação após a outorga da convenção ou por se terem desfiliado da associação depois de iniciado o Processo negocial (art. 496, nºs 3 e 4);

– Extensão dos efeitos da convenção coletiva a empregador não outorgante, por efeito da transmissão de empresa ou de estabelecimento (art. 498);

– Extensão dos efeitos da convenção coletiva a trabalhador não sindicalizado, por escolha desse trabalhador (art. 497);

– Extensão dos efeitos da convenção coletiva a trabalhadores inicialmente não abrangidos, por portaria de extensão (art. 514)". (Ac. de 08.11.17 *in* CJ, Ano XLII, Tomo V, p. 148).

Este mesmo tribunal acrescenta que não "se verificando qualquer dessas situações, a cláusula do contrato individual de trabalho celebrado entre o trabalhador e o empregador que prevê a aplicabilidade de determinado IRCT está ferida de nulidade por violação de norma legal imperativa que impõe o princípio da dupla filiação e que emerge do princípio constitucional da liberdade sindical, razão pela qual é inaplicável". (Ac. de 08.11.17 *in* CJ, Ano XLII, Tomo V, p. 148).

5. A filiação ou a verificação das condições que tornam aplicável um determinado instrumento de regulamentação coletiva é um facto constitutivo do direito, por isso, o ónus de alegação e prova recaí sobre quem o invoca (art. 342º, nº 1 do CC). Cfr. os Acs. da RL, de 13.02.19 *in* www.dgsi.pt (Proc. nº 26157/17.3T8LSB.L1-4) e de 22.11.17 *in* www.dgsi.pt (Proc. nº 10457/16.2T8LSB.L1-4) e do STJ, de 06.12.06 *in* www.dgsi.pt (Proc. nº 06S1825).

6. No Proc. nº 1405/17.3T8BRR.L1-4, a RL decidiu que não "se encontrando a trabalhadora filiada nas associações sindicais que subscreveram os dois instrumentos de regulamentação coletiva que a mesma reclama em termos de aplicação ao vínculo laboral dos autos, tal significa, face aos artigos 7º e 8º do DL 519-C1/79, de 29/12, 552º a 554º do CT/2003 e 496º do CT/2009 e ao princípio da dupla filiação que neles se encontra consagrado, que aquela Regulamentação Coletiva, segundo essa primeira regra, não podia ser aplicada à relação de trabalho em análise". (Ac. de 11.07.19 *in* www.dgsi.pt).

No Proc. nº 426/18.3T8BRR. L1-4, este mesmo tribunal declarou que carecia de "eficácia normativa geral como instrumento de regulamentação colectiva um acordo estabelecido entre uma empresa de serviços de limpeza e um sindicato que não foi objecto de publicação oficial, ainda que tenha eficácia contratual imediata entre as partes outorgantes nos termos prescritos no artigo 406º do Código Civil, vinculando a empresa, por um lado, e, por outro, o sindicato e os trabalhadores por ele representados". (Ac. de 12.02.20 *in* www.dgsi.pt).

7. A propósito do ato voluntário de perda da qualidade de associação de empregadores, o STJ veio esclarecer que a mesma não equivale à desfiliação (coletiva) dos

empregadores, nem tem os efeitos jurídicos previstos no nº 4, do presente artigo. (Ac. de 08.07.20 *in* CJ, Ano XXVIII, Tomo II, p. 257).

Artigo 497º – Escolha de convenção aplicável

1. Caso sejam aplicáveis, no âmbito de uma empresa, uma ou mais convenções coletivas ou decisões arbitrais, o trabalhador que não seja filiado em qualquer associação sindical pode escolher qual daqueles instrumentos lhe passa a ser aplicável, desde que o mesmo se integre no âmbito do setor de atividade, profissional e geográfico do instrumento escolhido.

2. O trabalhador pode efetuar a escolha a que se refere o número anterior nos três meses posteriores à entrada em vigor do instrumento escolhido ou ao início da execução do contrato de trabalho, se este for posterior.

3. A aplicação da convenção nos termos do nº 1 mantém-se até ao final da sua vigência, com o limite de 15 meses.

4. O trabalhador pode revogar a escolha, cessando a aplicação da convenção seis meses após a comunicação dessa revogação ou antes se, entretanto, se esgotar o prazo referido no número anterior.

5. O trabalhador só pode fazer uso da faculdade prevista no nº 1 uma vez enquanto estiver ao serviço do mesmo empregador, ou de outro a que sejam aplicáveis as mesmas convenções coletivas ou decisões arbitrais.

COMENTÁRIOS:

1. O presente artigo tem a redação introduzida pela L nº 93/2019, de 04 de setembro.

2. O nº 1 permite que o trabalhador não filiado em qualquer associação sindical escolha como aplicável uma convenção coletiva ou decisão arbitral aplicável no âmbito da empresa. Com a L nº 93/2019 essa escolha passou a estar dependente da integração do trabalhador no âmbito do setor de atividade, profissional e geográfico do instrumento escolhido. Sílvia Saraiva e Outros, *Brevíssimas notas sobre as alterações ao Código do Trabalho (a Lei nº 90/2019, de 4 de setembro e a Lei nº 93/2019, de 4 de setembro)*, p. 96, fala de conexão material e de conexão territorial/geográfica.

3. O nº 2 impõe ao trabalhador que exerça o seu direito de opção no prazo máximo de 3 meses após:

– A entrada em vigor do instrumento escolhido

ou

– O início da execução do contrato de trabalho, se este tiver sido ulterior à entrada em vigor daquele instrumento.

4. Na versão anterior à L nº 93/2019, extraíamos da leitura conjugada dos nºs 2 e 3, que a convenção escolhida era aplicável ao trabalhador durante a sua vigência ou, caso não tivesse prazo de vigência, durante o período mínimo de um ano.

Com a alteração resultante da L nº 93/2019, o trabalhador continua a estar vinculado à convenção que escolheu durante a sua vigência, sendo, no entanto, instituído agora o limite máximo de 15 meses. Por conseguinte, findo este prazo, "sem que o prazo de vigência do instrumento escolhido se tenha esgotado, o trabalhador deixa de ser abrangido pelo mesmo". SÍLVIA SARAIVA E OUTROS, *Brevíssimas notas sobre as alterações ao Código do Trabalho (a Lei nº 90/2019, de 4 de setembro e a Lei nº 93/2019, de 4 de setembro),* p. 96.

5. Ao trabalhador continua a ser conferido o direito de revogação (sem efeitos imediatos) da escolha do instrumento de regulamentação coletiva, todavia com as alterações que cumpre dar nota.

No regime anterior à L nº 93/2019, o trabalhador podia revogar a escolha da convenção, contudo esta continuava a aplicar-se até ao final do prazo de vigência que dela constasse ou, não prevendo prazo de vigência, durante um ano ou, em qualquer caso, até à entrada em vigor de convenção que a revisse (cfr., conjugadamente, os nºs 4, da versão anterior do presente artigo e 4, do art. 496º).

Ao abrigo do nº 4, na redação dada pela L nº 93/2019, a aplicação da convenção cessa no prazo de 6 meses após a comunicação da revogação ou no final do período de vigência (ou do período de 15 meses após a escolha) se este se verificar antes de decorrido aquele prazo (de 6 meses).

6. O nº 5, que constitui mais uma novidade da L 93/2019, vem estabelecer que o trabalhador só pode exercer o direito de opção previsto no nº 1 uma vez enquanto estiver ao serviço do mesmo empregador, ou de outro a que sejam aplicáveis as mesmas convenções coletivas ou decisões arbitrais.

Estamos claramente perante uma limitação à liberdade de escolha que poderá justificar-se na necessidade de corrigir um preceito que, segundo alguns, incentivava à não filiação e, por isso, violava o princípio da liberdade sindical.

Nas palavras de SÍLVIA SARAIVA E OUTROS, *Brevíssimas notas sobre as alterações ao Código do Trabalho (a Lei nº 90/2019, de 4 de setembro e a Lei nº 93/2019, de 4 de setembro),* p. 97, com este nº 5, "pretende-se obviar a que o trabalhador usufrua apenas das vantagens da convenção, o da sua aplicação, sem sofrer os ónus inerentes à filiação – v.g. não estar obrigado a quotizações sindicais, nem a outros deveres decorrentes dos estatutos da associação sindical".

7. Para maiores desenvolvimentos, *vide* JÚLIO GOMES, *Nótula sobre o artigo 497º do Código do Trabalho de 2009.*

8. O TC decidiu não declarar a inconstitucionalidade do presente artigo. (Ac. nº 338/2010, de 22.09.10, pub. no DR, I Série, de 08.11.2010).

Artigo 498º – Aplicação de convenção em caso de transmissão de empresa ou estabelecimento

1. Em caso de transmissão, por qualquer título, da titularidade de empresa ou estabelecimento ou ainda de parte de empresa ou estabelecimento que constitua uma unidade económica, o instrumento de regulamentação coletiva de trabalho que vincula o transmitente é aplicável ao adquirente até ao termo do respetivo prazo de vigência ou no mínimo durante 12 meses a contar da transmissão, salvo se entretanto outro instrumento de regulamentação coletiva de trabalho negocial passar a aplicar-se ao adquirente.

2. Após o decurso do prazo referido no número anterior, caso não seja aplicável ao adquirente qualquer instrumento de regulamentação coletiva de trabalho, mantêm-se os efeitos já produzidos no contrato de trabalho pelo instrumento de regulamentação coletiva de trabalho que vincula o transmitente, relativamente às matérias referidas no nº 8 do artigo 501º.

3. O disposto nos números anteriores é aplicável a transmissão, cessão ou reversão da exploração de empresa, estabelecimento ou unidade económica.

4. Constitui contraordenação grave a violação do disposto no nº 2.

COMENTÁRIOS:

1. Antecedentes legislativos: Arts. 555º, do CT/2003 e 9º, do DL nº 519-C1/79, de 29 de dezembro.

2. O presente artigo tem a redação introduzida pela L nº 14/2018, de 19 de março.

3. Com a L nº 18/2021, de 08 de abril, foram aditados ao art. 285º os nºs 10 e 14.

O nº 10 vem estender, expressamente, o regime desse preceito a todas as situações de transmissão de empresa ou estabelecimento por adjudicação de contratação de serviços que se concretize por concurso público ou por outro meio de seleção, no setor público e privado, nomeadamente à adjudicação de fornecimento de serviços de vigilância, alimentação, limpeza ou transportes, produzindo efeitos no momento da adjudicação.

Por seu turno, o nº 14 determina que o disposto no presente artigo, é aplicável aos trabalhadores das empresas ou estabelecimentos transmitidos ao abrigo do art. 285º.

4. Em caso de transmissão, por qualquer título, da titularidade de empresa, ou estabelecimento ou ainda de parte de empresa ou estabelecimento que constitua uma unidade económica, transmitem-se para o adquirente a posição do empregador nos contratos de trabalho dos respetivos trabalhadores, bem como a responsabilidade pelo pagamento de coima aplicada pela prática de contraordenação laboral (art. 285º, nº 1).

Nesta hipótese, o instrumento de regulamentação coletiva de trabalho que vincula o transmitente é aplicável ao adquirente até ao termo do respetivo prazo de vigência ou no mínimo durante 12 meses a contar da transmissão, salvo se, entretanto outro instrumento de regulamentação coletiva de trabalho negocial passar a aplicar-se ao adquirente (nº 1). Cfr. o Ac. da RP, de 22.06.09 *in* CJ, Ano XXXIV, Tomo III, p. 245.

5. Se, após o decurso deste prazo, não for aplicável ao adquirente qualquer instrumento de regulamentação coletiva de trabalho, mantêm-se os efeitos já produzidos no contrato de trabalho pelo instrumento que vincula o transmitente, relativamente à retribuição, categoria e respetiva definição, duração do tempo de trabalho e regimes de proteção social cujos benefícios sejam substitutivos dos assegurados pelo regime geral de segurança social ou com protocolo de substituição do Serviço Nacional de Saúde, de parentalidade e de segurança e saúde no trabalho. Cfr. conjugadamente os nºs 2 (aditado pela L nº 14/2018), do presente artigo e 8, do art. 501º.
A violação do disposto no nº 2 constitui contraordenação grave (nº 4).

6. O nº 3, à semelhança do anterior nº 2, estende o disposto nos nºs 1 e 2 à transmissão, cessão ou reversão da exploração de empresa, estabelecimento ou unidade económica.

7. Ao abrigo do art. 9º, do DL nº 519-C1/79, de 29 de dezembro, a RG entendeu que a "garantia consagrada na Base XLVI "Das Bases da Concessão", aprovadas pelo Dec. Lei nº 248-A/99, de 06/07, de que a integração dos trabalhadores na nova concessionária se procederá sem perda de quaisquer direitos ou regalias, não pretende cristalizar na nova entidade, a aplicabilidade do IRCT aplicável à anterior concessionária, como obrigatória e tendencialmente perpétua. Pretendeu-se apenas proteger a situação jurídico-laboral do trabalhador, garantindo que o mesmo não perde direitos já adquiridos. Tal garantia não abrange meras expectativas". Segundo este tribunal uma "interpretação no sentido de que se pretendeu garantir a aplicabilidade do IRCT aplicável à anterior concessionária, para além do prazo legalmente previsto de vinculação e até a mesma ser substituída, afrontaria o princípio da filiação e afrontaria as regras relativas à contratação pública". Acabando por concluir que as "diuturnidades vincendas constituem meras expectativas jurídicas, pelo que não pode continuar a aplicar-se quanto a elas o IRCT aplicável à anterior concessionária, decorrido que seja o prazo legalmente previsto em que o mesmo vincula a nova entidade empregadora, não constituindo tal circunstância afronta a direitos adquiridos, desde que se mantenha o pagamento dos valores correspondentes às diuturnidades que se haviam vencido à data da cessação dessa vinculação". [Ac. de 23.04.20 *in* www.dgsi.pt (Proc. nº 3342/18.5T8GMR.G1)].

SECÇÃO V – Âmbito temporal de convenção coletiva

Artigo 499º – Vigência e renovação de convenção coletiva

1. A convenção coletiva vigora pelo prazo ou prazos que dela constarem e renova-se nos termos nela previstos.

2. Considera-se que a convenção, caso não preveja prazo de vigência, vigora pelo prazo de um ano e renova-se sucessivamente por igual período.

COMENTÁRIOS:

1. Antecedentes legislativos: Arts. 556º, do CT/2003 e 11º, do DL nº 519-C1/79, de 29 de dezembro.

2. Com o presente artigo, a convenção coletiva passa a vigorar pelo prazo ou prazos que dela constarem e renova-se nos termos nela previstos ou, na sua falta, pelo prazo de um ano, renovando-se sucessivamente por igual período.

Artigo 500º – Denúncia de convenção coletiva

1. Qualquer das partes pode denunciar a convenção coletiva, mediante comunicação escrita dirigida à outra parte, acompanhada de proposta negocial global.

2. A denúncia deve, sem prejuízo da sua validade e eficácia, ser acompanhada de fundamentação quanto a motivos de ordem económica, estrutural ou a desajustamentos do regime da convenção denunciada.

3. No prazo de 10 dias a contar da data da denúncia, a parte autora da denúncia deve remeter ao serviço competente do ministério responsável pela área laboral cópia da mesma e da proposta negocial global referida no nº 1.

4. Não se considera denúncia a mera proposta de revisão de convenção, não determinando a aplicação do regime de sobrevigência e caducidade.

COMENTÁRIOS:

1. Antecedentes legislativos: Arts. 558º, do CT/2003 e 16º, do DL nº 519-C1/79, de 29 de dezembro.

2. O presente artigo tem a redação introduzida pela L nº 93/2019, de 04 de setembro.

3. O presente artigo permite a denúncia da convenção coletiva por qualquer das partes, mediante comunicação escrita dirigida à outra parte, contanto a mesma seja acompanhada de proposta negocial global. No CT/2003, a denúncia devia ser feita com uma antecedência de, pelo menos, 3 meses, relativamente ao termo do prazo de vigência (art. 558º, nº 2, do CT/2003). Esta alteração resultou da proposta apresentada pela CLB. Com efeito no relatório dessa comissão lê-se o seguinte: "*Atualmente, a denúncia pode ser feita até três meses antes do termo do prazo de vigência da convenção ou de qualquer das renovações. Ora nada parece justificar que a denúncia seja impedida durante esse período de três meses, que só tem por efeito retardar mais a revisão da convenção*".

4. Com a L nº 93/2019 foram aditados os nºs 2 e 3.

O nº 2 afasta a natureza *ad nutum* da denúncia, impondo que a mesma, sem prejuízo da sua validade e eficácia, seja acompanhada de fundamentação quanto a motivos de ordem económica, estrutural ou a desajustamentos do regime da convenção denunciada.

Por sua vez, o nº 3 obriga a parte denunciante a remeter ao serviço competente do ministério responsável pela área laboral (DGERT), no prazo de 10 dias a contar da data da denúncia, cópia da mesma e da proposta negocial global referida no nº 1.

5. A propósito da proposta de revisão de convenção, convém frisar que a mesma não se considera denúncia (nº 4).

Artigo 501º – Sobrevigência e caducidade de convenção coletiva

1. A cláusula de convenção que faça depender a cessação da vigência desta da substituição por outro instrumento de regulamentação coletiva de trabalho caduca decorridos três anos sobre a verificação de um dos seguintes factos:

a) Última publicação integral da convenção;

b) Denúncia da convenção;

c) Apresentação de proposta de revisão da convenção que inclua a revisão da referida cláusula.

2. Após a caducidade da cláusula referida no número anterior, ou em caso de convenção que não regule a sua renovação, aplica-se o disposto nos números seguintes.

3. Havendo denúncia, a convenção mantém-se em regime de sobrevigência durante o período em que decorra a negociação, incluindo conciliação, mediação ou arbitragem voluntária, ou no mínimo durante 12 meses.

4. Sempre que se verifique uma interrupção da negociação, incluindo conciliação, mediação ou arbitragem voluntária, por um período superior a 30 dias, o prazo de sobrevigência suspende-se.

5. Para efeitos dos nºs 3 e 4 o período de negociação, com suspensão, não pode exceder o prazo de 18 meses.

6. Decorrido o período referido nos nºs 3 e 5, consoante o caso, a convenção mantém-se em vigor durante 45 dias após qualquer das partes comunicar ao ministério responsável pela área laboral e à outra parte que o Processo de negociação terminou sem acordo, após o que caduca.

7. Na ausência de acordo anterior sobre os efeitos decorrentes da convenção em caso de caducidade, o ministro responsável pela área laboral notifica as partes, dentro do prazo referido no número anterior, para que, querendo, acordem esses efeitos, no prazo de 15 dias.

8. Após a caducidade e até à entrada em vigor de outra convenção ou decisão arbitral, mantêm-se os efeitos acordados pelas partes ou, na sua falta, os já produzidos pela convenção nos contratos de trabalho no que respeita à retribuição

do trabalhador, categoria e respetiva definição, duração do tempo de trabalho e regimes de proteção social cujos benefícios sejam substitutivos dos assegurados pelo regime geral de segurança social ou com protocolo de substituição do Serviço Nacional de Saúde, de parentalidade e de segurança e saúde no trabalho.

9. Além dos efeitos referidos no número anterior, o trabalhador beneficia dos demais direitos e garantias decorrentes da legislação do trabalho.

10. As partes podem acordar, durante o período de sobrevigência, a prorrogação da vigência da convenção por um período determinado, ficando o acordo sujeito a depósito e publicação.

11. O acordo sobre os efeitos decorrentes da convenção em caso de caducidade está sujeito a depósito e publicação.

COMENTÁRIOS:

1. Antecedentes legislativos: Art. 557º, do CT/2003.

2. O presente artigo tem a redação introduzida pela L nº 55/2014, de 25 de agosto e pela L nº 93/2019, de 04 de setembro.

3. Os prazos de sobrevigência das convenções coletivas de trabalho, previstos nos nºs 3 a 7, do presente artigo, foram suspensos por 24 meses, a contar do dia 10.03.2021 (arts. 2º, nº 1 e 3º, da L nº 11/2021, de 09 de março).

Ficam igualmente sujeitos a esta suspensão os prazos de sobrevigência que se apliquem na sequência de denúncia de convenção coletiva realizada após o dia 10.03.2021, bem como os prazos de sobrevigência que estejam em curso, na sequência de denúncia de convenção coletiva de trabalho realizada antes dessa data (arts. 2º, nº 2 e 3º, da L nº 11/2021).

4. A propósito do presente artigo, importa ter em consideração o disposto nos arts. 7º e 10º, da Lei Preambular. Cfr. os Acs. do STJ, de 14.12.16 *in* www.dgsi.pt (Proc. nº 8303/14.0T8LSB.L1.S1); de 13.10.16 *in* www.dgsi.pt (Proc. nº 8308/14.1T8LSB.L1.S1); de 17.11.16 *in* www.dgsi.pt (Proc. nº 7388/15.7T8LSB.L1.S1) e de 06.12.16 *in* www.dgsi.pt (Proc. nº 8306/14.5T8LSB.L1.S1); da RL, de 18.11.15 *in* www.dgsi.pt (Proc. nº 112/14.3T8LSB.L1-4) e CJ, Ano XL, Tomo V, p. 132 e do STJ, de 22.04.15 *in* www.dgsi.pt (Proc. nº 1220/13.3TTPRT.S1).

5. A L nº 55/2014 trouxe as seguintes alterações:

a) A primeira prende-se com o prazo de caducidade previsto no nº 1, o qual foi alterado de 5 para 3 anos. Assim, a cláusula de convenção que faça depender a cessação da vigência desta da substituição por outro instrumento de regulamentação coletiva de trabalho caduca decorridos três anos sobre a última publicação integral da convenção, a denúncia da convenção ou a apresentação de proposta de revisão da convenção que inclua a revisão da referida cláusula;

b) A segunda reporta-se ao período mínimo de manutenção da convenção em regime de sobrevigência no caso de denúncia previsto no nº 3, o qual passou de 18 para 12 meses. Neste caso, havendo denúncia e na hipótese de não decorrer negociação, a sobrevigência da convenção está assegurado por um período de 12 meses;

c) A terceira refere-se à suspensão do prazo de sobrevigência. Com efeito, o nº 4 (aditado pela referida lei) vem prever a suspensão daquele prazo, no caso de ocorrer uma interrupção da negociação, por um período superior a 30 dias;

d) A quarta reside no aditamento do nº 5, o qual consagra um prazo máximo para a negociação (18 meses).

De facto, nos termos deste número, o período de negociação, com suspensão, não pode exceder o prazo de 18 meses, para efeitos dos nºs 3 e 4;

e) Finalmente, a quinta alteração consiste na modificação do prazo de manutenção da convenção em vigor, previsto no nº 6 (anterior nº 4), o qual foi reduzido de 60 para 45 dias. De acordo com este número, decorrido o período referido nos nºs 3 e 5, consoante o caso, a convenção mantém-se em vigor durante 45 dias após qualquer das partes comunicar ao ministério responsável pela área laboral e à outra parte que o Processo de negociação terminou sem acordo, após o que caduca.

6. A caducidade de uma convenção ou decisão arbitral, sendo uma modalidade de cessação da situação laboral coletiva instituída, implica a extinção dos seus efeitos. Todavia, o legislador, para evitar um vazio de regulamentação, preceituou no nº 8 que, durante o período compreendido entre a caducidade e a entrada em vigor de nova convenção ou decisão arbitral, mantêm-se, na relação laboral, os efeitos acordados pelas partes ou, na falta de acordo, os efeitos produzidos pela convenção no que respeita a determinadas matérias. Sobre a natureza mitigada do regime do nº 8, veja-se o Ac. da RC, de 07.12.17 *in* www.dgsi.pt (Proc. nº 1164/16.7T8CVL.C1).

A L nº 93/2019 modificou apenas o nº 8, aditando, na parte final, a expressão "... de parentalidade e de segurança e saúde no trabalho". Com esta alteração assistimos a um alargamento do âmbito material da eficácia pós-caducidade. Por outras palavras, quando uma convenção ou decisão arbitral caducar e enquanto não entrar em vigor outra convenção ou decisão arbitral mantém-se os efeitos acordados pelas partes ou, na sua falta, os já produzidos pela convenção nos contratos de trabalho, agora também, quanto à parentalidade e segurança e saúde no trabalho, que assim acrescem às matérias da retribuição, categoria e respetiva definição, duração do tempo de trabalho e regimes de proteção social cujos benefícios sejam substitutivos dos assegurados pelo regime geral de segurança social ou com protocolo de substituição do Serviço Nacional de Saúde.

Na visão da RL, os institutos ressalvados no nº 8 "cristalizam-se, de forma dinâmica, no respetivo vínculo de trabalho, conforme se achavam definidos ou eram concretizados nos termos da dita convenção coletiva, à data da cessação desta última, continuando a relação laboral, assim enformada e formatada, a processar-se de acordo com os parâmetros definidos por esse quadro contratual e convencional, aplicando-se quanto aos demais as regras do Código do Trabalho e legislação complementar". [Ac. de 17.02.16 *in* www.dgsi.pt (Proc. nº 8303/14.0T8LSB.L1-4)].

Mesmo nas situações de plena eficácia da caducidade da convenção coletiva, por força do nº 8, "os efeitos de tal convenção mantêm-se em vigor relativamente às partes envolvidas até à entrada em vigor de outra convenção ou decisão arbitral". [Ac. da RE, de 16.01.20 *in* www.dgsi.pt (Proc. nº 8952/16.2T8STB.E1)].

Ao nível retributivo, a RP elucidou que o nº 8 "acautela apenas os efeitos já produzidos pela convenção no que respeita à retribuição do trabalhador, não abarcando os efeitos futuros quanto às remunerações vincendas". [Ac. de 17.12.20 *in* www.dgsi.pt (Proc. nº 3124/18.4T8VFR.P1)].

Quanto à manutenção dos efeitos retributivos de convenção coletiva de trabalho caducada, veja-se o Ac. da RL, de 11.01.17 *in* www.dgsi.pt (Proc. nº 6106/15.4T8SNT-4).

Reconhecendo a manutenção dos direitos que decorriam do contrato de trabalho celebrado, a RE concluiu, no Proc. nº 851/16.4T8PTM.E1, que, não obstante a caducidade da convenção, mantinha-se "a cláusula do contrato de trabalho, nos termos da qual a autora, docente, teria um horário de trabalho de 35 horas, sendo 22 horas letivas e 13 horas não letivas". (Ac. de 28.06.17 *in* www.dgsi.pt).

A RP considerou que clausulando-se "na convenção que caducou que com as tabelas salariais dela constantes deixa de haver lugar ao pagamento do trabalho noturno onde estiver a ser pago, tal só pode significar que na fixação da retribuição mínima constante de tais tabelas já se compensou o maior sacrifício que o trabalho noturno exige e, por isso, que não se podem dissociar os valores mínimos retributivos previstos para os trabalhadores da inexistência, autónoma, de pagamento de trabalho noturno", por isso, apesar da caducidade, "mantendo-se as tabelas retributivas nela previstas, não é devido ao trabalhador o pagamento, autónomo, do trabalho noturno". (Ac. de 12.05.14 *in* www.dgsi.pt (Proc. nº 440/12.2TTVFR.P1) e CJ, Ano XXXIX, Tomo III, p. 266). Sobre o pagamento autónomo do trabalho noturno, veja-se ainda, deste mesmo tribunal, o Ac. de 23.02.15 *in* www.dgsi.pt (Proc. nº 486/13.3TTVNG.P1).

No Ac. da RC de 07.06.19, lê-se que, por regra, "as diuturnidades previstas num CCT são devidas mesmo nos casos em que a retribuição de base auferida pelo trabalhador seja superior à retribuição mínima prevista nesse CCT para a respetiva categoria profissional". [*In* www.dgsi.pt (Proc. nº 1033/18.6T8FIG.C1)].

No que concerne à manutenção dos efeitos produzidos pela convenção coletiva de trabalho no que respeita à categoria profissional e respetiva definição, *vide o* Ac. da RP, de 12.11.12 *in* www.dgsi.pt (Proc. nº 1210/10.8TTVNG.P1).

A RL veio esclarecer que o nº 8 "sempre levaria que, independentemente da Portaria de Extensão, os efeitos da decisão arbitral subsistissem até à entrada em vigor de outra convenção ou decisão arbitral", não envolvendo "qualquer inconstitucionalidade o facto de a portaria estender os efeitos da atualização devida nos subsídios retractivamente, durante o período de alguns meses, não se vislumbrando qualquer desproporção ou sacrifício injusto e inesperado para a Ré". [Ac. de 31.05.17 *in* www.dgsi.pt (Proc. nº 1597/16.9T8PDL.L1-4)].

Segundo a RP, por força da regra prevista no nº 8, os trabalhadores abrangidos pela convenção "não passam, ainda que ao abrigo de Portaria de Extensão, a ficar sujeitos e obrigados a convenção coletiva celebrada por associação sindical em que não estão filiados". (Ac. de 11.09.17 *in* CJ, Ano XLII, Tomo IV, p. 218).

7. Sobre a produção dos efeitos da caducidade de uma CCT, a RP veio esclarecer que a mesma está dependente do respetivo aviso de caducidade. [Ac. de 11.10.18 *in* www.dgsi.pt (Proc. nº 14752/16.2T8PRT.P1)].

8. O TC decidiu não declarar a inconstitucionalidade do presente artigo. (Ac. nº 338/2010, de 22.09.10, pub. no DR, I Série, de 08.11.2010).

Artigo 501º-A – Arbitragem para a suspensão do período de sobrevigência e mediação

1. Qualquer das partes pode requerer ao presidente do Conselho Económico e Social, no período entre 90 e 60 dias antes do decurso do período de sobrevigência referido nos nºs 3 ou 5 do artigo anterior, arbitragem para a suspensão do período de sobrevigência e mediação pelo árbitro presidente.

2. A arbitragem referida no número anterior tem por objeto a verificação da existência de probabilidade séria de as partes chegarem a acordo para a revisão parcial ou total da convenção coletiva.

3. A arbitragem rege-se pelo disposto no artigo 512º e pela legislação específica a que se refere o artigo 513º

4. O tribunal arbitral, caso entenda que existe probabilidade séria de as partes chegarem a acordo, determina a suspensão do período de sobrevigência por um prazo não superior a quatro meses, e remete a negociação para mediação, podendo fixar o seu objeto.

5. Esta suspensão não conta para o cômputo do prazo previsto no nº 5 do artigo anterior.

6. A mediação referida no nº 4 é assegurada pelo árbitro que presidiu ao tribunal arbitral.

7. A parte informa o serviço competente do ministério responsável pela área laboral do pedido referido no nº 1 e o tribunal arbitral informa o mesmo serviço do teor da decisão arbitral na data de notificação das partes.

8. O mediador elabora e remete às partes a sua proposta de revisão parcial ou total da convenção no prazo correspondente a metade do prazo fixado de acordo com o nº 4.

9. É aplicável à mediação o disposto no artigo 527º, com as necessárias adaptações.

10. É aplicável, ao local em que decorre a mediação e ao seu apoio administrativo, o disposto em legislação específica sobre o local de funcionamento e apoio administrativo do tribunal arbitral, com as necessárias adaptações.

COMENTÁRIOS:

1. O presente artigo foi aditado pela L nº 93/2019, de 04 de setembro.

Nos termos do art. 13º, nº 2, daquela lei, o presente artigo produz efeitos a partir da entrada em vigor de legislação específica que regular a mesma matéria.

2. No caso de denúncia, a convenção mantém-se em regime de sobrevigência durante o período em que decorra a negociação, incluindo conciliação, mediação ou arbitragem voluntária, ou no mínimo durante 12 meses (art. 501º, nº 3).

Note-se que o período de negociação, com suspensão, não pode exceder o prazo de 18 meses (art. 501º, nº 5).

Qualquer uma das partes pode requerer ao presidente do Conselho Económico e Social, no período entre 90 e 60 dias antes do decurso daquele período de sobrevigência, arbitragem para a sua suspensão e mediação pelo árbitro presidente, informando desse pedido a DGERT (cfr. os nºs 1 e 7).

Nesta arbitragem, o tribunal arbitral procura verificar se existe probabilidade séria de as partes chegarem a acordo para a revisão parcial ou total da convenção coletiva (nº 2). Em caso afirmativo, determina a suspensão do período de sobrevigência por um prazo não superior a quatro meses, e remete a negociação para mediação, podendo fixar o seu objeto (nº 4). Convém frisar que, por força do nº 5, do presente artigo, esta suspensão não conta para o cômputo do prazo de 18 meses previsto no nº 5, do art. 501º.

3. Ulteriormente, o mediador elabora e remete às partes a sua proposta de revisão parcial ou total da convenção no prazo correspondente a metade do prazo fixado para a suspensão (nº 8). Ou seja, se o tribunal fixar, por exemplo, o prazo de 4 meses para a suspensão do período de sobrevigência, a proposta deve ser apresentada dentro do prazo de 2 meses.

Para a elaboração da proposta, o mediador pode solicitar às partes e a qualquer departamento do Estado os dados e informações de que estes disponham e que considere necessários (nº 5, do art. 527º, por remissão do nº 9, do presente artigo).

As partes devem comparecer em reuniões convocadas pelo mediador (nº 6, do art. 527º, por remissão do nº 9, do presente artigo).

A aceitação da proposta por qualquer das partes deve ser comunicada ao mediador no prazo de 10 dias a contar da sua receção (nº 8, do art. 527º, por remissão do nº 9, do presente artigo).

No decurso deste prazo, o mediador tem a faculdade de contactar qualquer das partes em separado, se o considerar conveniente para a obtenção do acordo (nº 7, do art. 527º, por remissão do nº 9, do presente artigo).

4. A mediação é assegurada pelo árbitro que presidiu ao tribunal arbitral (nº 6).

No entanto, em caso de necessidade, compete ao Conselho Económico e Social proceder ao sorteio de árbitros (cfr., articuladamente, os nºs 3, do presente artigo e 2, do art. 512º).

Esta entidade deve ainda assegurar:

– O pagamento de honorários, despesas de deslocação e de estada de árbitros e peritos;

– O apoio técnico e administrativo necessário ao funcionamento do tribunal arbitral (cfr., articuladamente, os nºs 3, do presente artigo e 3, do art. 512º).

A legislação específica a que se refere o nº 3 é o DL nº 259/2009, de 25 de setembro, o qual regula o regime jurídico da arbitragem obrigatória e a arbitragem necessária, bem como a arbitragem sobre serviços mínimos durante a greve e os meios necessários para os assegurar, de acordo com os arts. 513º e 538º, nº 4, al. *b*).

5. O tribunal arbitral informa a DGERT do teor da decisão arbitral na data de notificação das partes (nº 7).

6. O tribunal arbitral funciona em local indicado pelo presidente do Conselho Económico e Social, só sendo permitida a utilização de instalações de qualquer das partes no caso de estas e os árbitros estarem de acordo (art. 14º, nº 1, do DL nº 259/2009, por remissão do nº 10, do presente artigo).

Se não for possível usar as instalações deste Conselho, compete ao ministério responsável pela área laboral a disponibilização de instalações para o funcionamento do tribunal (art. 14º, nº 2, do DL nº 259/2009, por remissão do nº 10, do presente artigo).

Também o apoio administrativo ao funcionamento do tribunal arbitral deve ser assegurado pelo Conselho Económico e Social (art. 15º, nº 1, do DL nº 259/2009, por remissão do nº 10, do presente artigo).

Compete ao ministério responsável pela área laboral fornecer o apoio administrativo suplementar que seja indispensável ao funcionamento do tribunal arbitral (art. 15º, nº 2, do DL nº 259/2009, por remissão do nº 10, do presente artigo).

Artigo 502º – Cessação da vigência de convenção coletiva

1. A convenção coletiva pode cessar, no todo ou em parte:

***a*) Mediante revogação por acordo das partes;**

b) Por caducidade:

i) Nos termos do artigo 501º;

ii) Decorrente de extinção de associação sindical ou associação de empregadores outorgantes.

2. A convenção coletiva ou parte dela pode ser suspensa temporariamente na sua aplicação, em situação de crise empresarial, por motivos de mercado, estruturais ou tecnológicos, catástrofes ou outras ocorrências que tenham afetado gravemente a atividade normal da empresa, desde que tal medida seja indispensável para assegurar a viabilidade da empresa e a manutenção dos postos de trabalho, por acordo escrito entre as associações de empregadores e as associações sindicais outorgantes sem prejuízo da possibilidade de delegação.

3. O acordo previsto no número anterior deve ter menção expressa à fundamentação e determinar o prazo de aplicação da suspensão e os efeitos decorrentes da mesma.

4. Aplicam-se à suspensão e à revogação as regras referentes ao depósito e à publicação de convenção coletiva.

5. A suspensão e a revogação prejudicam os direitos decorrentes da convenção, salvo se na mesma forem expressamente ressalvados pelas partes.

6. Em caso de extinção ou perda da qualidade de associação sindical ou de associação de empregadores outorgantes de convenção coletiva, é aplicável o disposto no nº 8 do artigo 501º

7. O disposto no número anterior não se aplica:

a) Havendo extinção ou perda da qualidade de associação de empregadores outorgante de contrato coletivo, promovida de forma voluntária com o objetivo de, por essa via, obter a caducidade da convenção, após apreciação do serviço competente do ministério responsável pela área laboral, e verificado o previsto nos nºs 4 a 7 do artigo 456º, com as devidas adaptações, a deliberação que tenha aquelas por objeto será nula e de nenhum efeito;

b) Havendo extinção ou perda da qualidade de união, federação ou confederação sindical ou de empregadores outorgantes, em nome próprio e nos termos dos respetivos estatutos, de convenção coletiva, promovida de forma voluntária com o objetivo de, por essa via, obter a caducidade da convenção, após apreciação do serviço competente do ministério responsável pela área laboral, e verificado o previsto nos nºs 4 a 7 do artigo 456º, com as devidas adaptações, a deliberação que tenha aquelas por objeto será nula e de nenhum efeito;

c) Nas hipóteses previstas nas alíneas anteriores, manter-se-á em vigor a convenção coletiva cuja caducidade se intentou promover.

8. O serviço competente do ministério responsável pela área laboral procede à publicação no Boletim do Trabalho e Emprego de aviso sobre a data

da suspensão e da cessação da vigência de convenção coletiva, nos termos do artigo 501º.

COMENTÁRIOS:

1. Antecedentes legislativos: Art. 559º, do CT/2003.

2. O presente artigo tem a redação introduzida pela L nº 55/2014, de 25 de agosto e pela L nº 93/2019, de 04 de setembro.

3. Cfr. o art. 10º, da Lei Preambular.

4. A L nº 55/2014 introduziu a figura da suspensão temporária total ou parcial da convenção coletiva, estabelecendo o nº 2 três requisitos cumulativos. Dois de natureza material e um de natureza formal.

Assim e de acordo com este preceito, a suspensão depende da:

– Verificação de uma situação de crise empresarial, por motivos de mercado, estruturais ou tecnológicos, catástrofes ou outras ocorrências que tenham afetado gravemente a atividade normal da empresa;

– Necessidade de assegurar a viabilidade da empresa e a manutenção dos postos de trabalho;

– Existência de acordo escrito entre as associações de empregadores e as associações sindicais outorgantes sem prejuízo da possibilidade de delegação. Note-se que este acordo deve mencionar expressamente a fundamentação e determinar o prazo de aplicação da suspensão e os efeitos decorrentes da mesma (nº 3).

5. Na subal. *ii*), da al. *b*), do nº 1 (aditada pela L nº 93/2019), passou a estar prevista como modalidade de cessação da convenção coletiva a caducidade decorrente de extinção (judicial ou voluntária – art. 456º) de associação sindical ou associação de empregadores outorgantes.

Após a caducidade (decorrente de extinção ou perda da qualidade de associação sindical ou de associação de empregadores outorgantes de convenção coletiva) e até à entrada em vigor de outra convenção ou decisão arbitral, mantêm-se os efeitos acordados pelas partes ou, na sua falta, os já produzidos pela convenção nos contratos de trabalho no que respeita à retribuição do trabalhador, categoria e respetiva definição, duração do tempo de trabalho e regimes de proteção social cujos benefícios sejam substitutivos dos assegurados pelo regime geral de segurança social ou com protocolo de substituição do Serviço Nacional de Saúde, de parentalidade e de segurança e saúde no trabalho (art. 501º, nº 8, por remissão do nº 6, do presente artigo, aditado pela L nº 93/2019).

6. Aplicam-se à suspensão e à revogação as regras referentes ao depósito e à publicação de convenção coletiva (nº 4). O procedimento do depósito de convenção coletiva está consagrado no art. 494º, por sua vez, a publicação de instrumento de regulamentação coletiva de trabalho está prevista no art. 519º.

Como se lê no Ac. da RL, de 30.11.16 *in* www.dgsi.pt (Proc. nº 1748/14.8T8CSC. L1-4), o "aviso de caducidade de um CCT tem que ser publicado no BTE (art. 502º, nº 4 do CT); e o mesmo acontece com o próprio CCT, que só depois entra em vigor, nos termos da lei (art. 519º, nº 1 do CT)". Como refere este mesmo tribunal, em acórdão mais recente, a "publicação do aviso da caducidade de convenção colectiva de trabalho dever-se-á considerar condição necessária à eficácia da caducidade". (Ac. de 11.03.20 *in* www.dgsi.pt (Proc. nº 256/19.5T8CSC.L1-4) e CJ, Ano XLV, Tomo II, p. 116).

7. O nº 5 estabelece que a suspensão e a revogação prejudicam os direitos decorrentes da convenção, salvo se na mesma forem expressamente ressalvados pelas partes. A RP dilucidou "que, em matéria remuneratória, a revogação da contratação colectiva não pode prejudicar o trabalhador, o qual manterá o vencimento que, até então, lhe era pago – desde logo, em obediência ao princípio da irredutibilidade da retribuição, previsto na al. d) do nº 1 do art. 129º do CT". Esta posição foi ainda suportada pelo art. 503º, nº 2, onde se lê que a "mera sucessão de convenções colectivas não pode ser invocada para diminuir o nível de protecção global dos trabalhadores". [Ac. de 14.07.20 *in* www.dgsi.pt (Proc. nº 7836/19.7T8PRT.P1)].

8. O disposto no nº 6 não é aplicável se houver extinção ou perda da qualidade de associação de empregadores outorgante de contrato coletivo, bem como se houver extinção ou perda da qualidade de união, federação ou confederação sindical ou de empregadores outorgantes, em nome próprio e nos termos dos respetivos estatutos, de convenção coletiva, que tenham sido promovidas de forma voluntária com o objetivo de, por essa via, obter a caducidade da convenção, após apreciação da DGERT (als. *a*) e *b*), do nº 7, aditado pela L nº 93/2019).

A deliberação que tenha aquelas extinções por objeto será nula e de nenhum efeito se for desconforme com a lei ou os estatutos, devendo o magistrado do Ministério Público promove a respetiva declaração judicial de nulidade (cfr., articuladamente, o nº 6, do art. 456º e as als. *a*) e *b*), do nº 7, do presente artigo).

Nestes casos, manter-se-á em vigor a convenção coletiva cuja caducidade se intentou promover (al. *c*), do nº 7).

9. A DGERT procede à publicação no *Boletim do Trabalho e Emprego* de aviso sobre a data da suspensão e da cessação da vigência de convenção coletiva, nos termos do artigo 501º (nº 8). Na base teleológica da exigência deste aviso estão razões de certeza e segurança jurídicas. Cfr. entre outros, o Ac. da RL, de 28.10.20 *in* www.dgsi.pt (Proc. nº 1748/19.1T8BRR.L1- 4).

De notar que a caducidade não fica dependente desta publicação. Todavia e conforme alerta o STJ, se o aviso não for publicado a mesma "só será oponível aos trabalhadores quando o empregador os informar por escrito", nos termos estabelecidos no art. 109º, nº 1. [Ac. de 16.12.20 *in* www.dgsi.pt (Proc. nº 8952/16.2T8STB.E1.S1)]. Cfr., ainda, os Acs. da RE, de 16.01.20 *in* www.dgsi.pt (Proc. nº 8952/16.2T8STB.E1) e do STJ, de 11.12.19 *in* www.dgsi.pt (Proc. nº 14752/16.2T8PRT.P1.S1) e de 11.12.19 *in* www.dgsi.pt (Proc. nº 404/17.0T8STB.E1.S1) e CJ, Ano XXVII, Tomo III, p. 273.

Artigo 503º – Sucessão de convenções coletivas

1. A convenção coletiva posterior revoga integralmente a convenção anterior, salvo nas matérias expressamente ressalvadas pelas partes.

2. A mera sucessão de convenções coletivas não pode ser invocada para diminuir o nível de proteção global dos trabalhadores.

3. Os direitos decorrentes de convenção só podem ser reduzidos por nova convenção de cujo texto conste, em termos expressos, o seu caráter globalmente mais favorável.

4. No caso previsto no número anterior, a nova convenção prejudica os direitos decorrentes de convenção precedente, salvo se forem expressamente ressalvados pelas partes na nova convenção.

COMENTÁRIOS:

1. Antecedentes legislativos: Arts. 560º, do CT/2003 e 15º, do DL nº 519-C1/79, de 29 de dezembro.

2. No Direito Coletivo Laboral, vigora a regra geral segundo a qual a nova convenção só pode derrogar direitos decorrentes de convenção anterior se do texto constar, em termos expressos, o seu caráter globalmente mais favorável (nº 3). Como frisou a RL, a "regra geral no direito laboral é a da impossibilidade de derrogação das cláusulas que importem para o trabalhador regime menos favorável ou o da manutenção das vantagens adquiridas e consagradas em convenção anterior". [Ac. de 05.04.17 *in* www.dgsi.pt (Proc. nº 4220/14.2T8SNT.L1-4)]. Neste processo, foi decidido que, como "a partir do novo CCT se passou a exigir a relação direta entre a licenciatura obtida e as concretas funções exercidas, tal significou uma redução evidente de um direito anteriormente conferido pelo anterior CCT, mas que foi "compensada", pelo menos teoricamente, pelo conjunto das normas estabelecidas no novo CCT a que se atribuiu a natureza de globalmente mais favorável".

A RP esclareceu que incumbe às "partes outorgantes da nova convenção coletiva – e não a um empregador ou trabalhador em concreto, nem ao julgador – aferir do seu caráter globalmente mais favorável". [Ac. de 07.01.19 *in* www.dgsi.pt (Proc. nº 1176/18.6T8OAZ.P1)].

3. O presente artigo aplica-se apenas à sucessão de convenções coletivas e não dos instrumentos de regulamentação coletiva em geral. Assim ficam foram do seu âmbito, por exemplo, a sucessão de Decisões Arbitrais. Cfr. o Ac. da RP, de 19.12.12 *in* www.dgsi.pt (Proc. nº 494/11.9TTVNG.P1).

4. Sobre a amplamente discutida aplicação do Acordo de Empresa celebrado entre a Quimigal, E. P., e os respetivos sindicatos outorgantes, após o desmembramento da Quimigal, S. A., veja-se o Ac. nº 1/2000, de Uniformização de Jurisprudência, de 16.12.99, pub. no DR, Série-A, de 02.02.2000. Cfr., ainda, os Acs. da RL, de 08.05.13 *in* www.dgsi.pt (Proc. nº 567/11.8TTVFX.L1-4); do STJ, de 30.04.13 *in* www.dgsi.pt (Proc. nº 369/10.9TTBRR.L1.S1) e da RL, de 02.05.12 *in* www.dgsi.pt (Proc. nº 369/10.9TTBRR.L1-4).

CAPÍTULO III – Acordo de adesão

Artigo 504º – Adesão a convenção coletiva ou a decisão arbitral

1. A associação sindical, a associação de empregadores ou o empregador pode aderir a convenção coletiva ou a decisão arbitral em vigor.

2. A adesão opera-se por acordo entre a entidade interessada e aquela ou aquelas que se lhe contraporiam na negociação da convenção, se nela tivesse participado.

3. Da adesão não pode resultar modificação do conteúdo da convenção ou da decisão arbitral, ainda que destinada a aplicar-se somente no âmbito da entidade aderente.

4. Ao acordo de adesão aplicam-se as regras referentes ao depósito e à publicação de convenção coletiva.

COMENTÁRIOS:

Antecedentes legislativos: Arts. 563º, do CT/2003 e 28º, do DL nº 519-C1/79, de 29 de dezembro.

CAPÍTULO IV – Arbitragem

SECÇÃO I – Disposições comuns sobre arbitragem

Artigo 505º – Disposições comuns sobre arbitragem de conflitos coletivos de trabalho

1. As regras sobre conteúdo obrigatório e depósito de convenção coletiva aplicam-se à decisão arbitral, com as necessárias adaptações.

2. Os árbitros enviam o texto da decisão arbitral às partes e ao serviço competente do ministério responsável pela área laboral, para efeitos de depósito e publicação, no prazo de cinco dias a contar da decisão.

3. A decisão arbitral produz os efeitos da convenção coletiva.

4. O regime geral da arbitragem voluntária é subsidiariamente aplicável.

COMENTÁRIOS:

Antecedentes legislativos: Arts. 565º e 566º, do CT/2003 e 34º, do DL nº 519-C1/ /79, de 29 de dezembro.

SECÇÃO II – Arbitragem voluntária

Artigo 506º – Admissibilidade da arbitragem voluntária

A todo o tempo, as partes podem acordar em submeter a arbitragem as questões laborais resultantes, nomeadamente, da interpretação, integração, celebração ou revisão de convenção coletiva.

COMENTÁRIOS:

Antecedentes legislativos: Arts. 564º, do CT/2003 e 34º, nº 1, do DL nº 519-C1/79, de 29 de dezembro.

Artigo 507º – Funcionamento da arbitragem voluntária

1. A arbitragem voluntária rege-se por acordo das partes ou, na sua falta, pelo disposto nos números seguintes.

2. A arbitragem é realizada por três árbitros, sendo dois nomeados, um por cada parte, e o terceiro escolhido por aqueles.

3. As partes informam o serviço competente do ministério responsável pela área laboral do início e do termo do procedimento.

4. Os árbitros podem ser assistidos por peritos e têm o direito de obter das partes, do ministério responsável pela área laboral e do ministério responsável pela área de atividade a informação disponível de que necessitem.

5. Constitui contraordenação muito grave a não nomeação de árbitro nos termos do nº 2 e constitui contraordenação leve a violação do disposto no nº 3.

COMENTÁRIOS:

Antecedentes legislativos: Arts. 565º e 688º, do CT/2003 e 34º, do DL nº 519-C1/79, de 29 de dezembro.

SECÇÃO III – Arbitragem obrigatória

Artigo 508º – Admissibilidade de arbitragem obrigatória

1. O conflito resultante de celebração de convenção coletiva pode ser dirimido por arbitragem obrigatória:

a) Tratando-se de primeira convenção, a requerimento de qualquer das partes, desde que tenha havido negociações prolongadas e infrutíferas, conciliação ou mediação frustrada e não tenha sido possível dirimir o conflito por meio de arbitragem voluntária, em virtude de má-fé negocial da outra parte, ouvida a Comissão Permanente de Concertação Social;

b) Havendo recomendação nesse sentido da Comissão Permanente de Concertação Social, com voto favorável da maioria dos membros representantes dos trabalhadores e dos empregadores;

c) Por iniciativa do ministro responsável pela área laboral, ouvida a Comissão Permanente de Concertação Social, quando estejam em causa serviços essenciais destinados a proteger a vida, a saúde e a segurança das pessoas.

2. O disposto nas alíneas *b*) e *c*) do número anterior é aplicável no caso de revisão de convenção coletiva.

COMENTÁRIOS:

1. Antecedentes legislativos: Arts. 567º, do CT/2003 e 35º, nº 1, do DL nº 519-C1/79, de 29 de dezembro.

2. Em relação ao CT/2003, é de destacar que a arbitragem obrigatória só pode agora ser requerida pelas partes se o conflito resultar da celebração de primeira convenção (al. *a*), do nº 1).

Artigo 509º – Determinação de arbitragem obrigatória

1. A arbitragem obrigatória pode ser determinada por despacho fundamentado do ministro responsável pela área laboral, atendendo:

a) Ao número de trabalhadores e empregadores afetados pelo conflito;

b) À relevância da proteção social dos trabalhadores abrangidos;

c) Aos efeitos sociais e económicos do conflito;

d) À posição das partes quanto ao objeto da arbitragem.

2. O ministro responsável pela área laboral deve ouvir previamente as partes ou, no caso da alínea *a*) do nº 1 do artigo anterior, a contraparte requerida, bem como a entidade reguladora e de supervisão do setor de atividade em causa.

3. A audiência da entidade reguladora e de supervisão deve ser efetuada pela Comissão Permanente de Concertação Social previamente à recomenda-

ção prevista na alínea *b*) do nº 1 do artigo anterior, em caso de conflito entre partes representadas por associações de trabalhadores e de empregadores com assento na Comissão, se estas o requererem conjuntamente.

4. O despacho que determina a arbitragem obrigatória é imediatamente notificado às partes e ao secretário-geral do Conselho Económico e Social.

5. O Código do Procedimento Administrativo é subsidiariamente aplicável.

COMENTÁRIOS:

Antecedentes legislativos: Arts. 568º, do CT/2003; 407º, da RCT e 35º, nº 1, do DL nº 519-C1/79, de 29 de dezembro.

SECÇÃO IV – Arbitragem necessária

Artigo 510º – Admissibilidade da arbitragem necessária

Caso, após a caducidade de uma ou mais convenções coletivas aplicáveis a uma empresa, grupo de empresas ou setor de atividade, não seja celebrada nova convenção nos 12 meses subsequentes, e não haja outra convenção aplicável a pelo menos 50% dos trabalhadores da mesma empresa, grupo de empresas ou setor de atividade, pode ser determinada uma arbitragem necessária.

COMENTÁRIOS:

No presente artigo, prevê-se a instituição de arbitragem necessária, a determinar no caso de, após a caducidade de uma ou mais convenções coletivas aplicáveis a uma empresa, grupo de empresas ou setor de atividade, não ser celebrada nova convenção nos 12 meses subsequentes e não haver outra convenção aplicável a pelo menos 50% dos trabalhadores da mesma empresa, grupo de empresas ou setor de atividade.

Artigo 511º – Determinação de arbitragem necessária

1. A arbitragem necessária é determinada por despacho fundamentado do ministro responsável pela área laboral, mediante requerimento de qualquer das partes nos 12 meses subsequentes ao termo do prazo referido no artigo anterior.

2. Para efeitos de verificação do requisito de não existência de outra convenção aplicável a, pelo menos, 50% dos trabalhadores da mesma empresa, grupo de empresas ou setor de atividade, o ministro responsável pela área laboral promove a publicação imediata, no Boletim do Trabalho e Emprego, de aviso mencionando o requerimento referido no número anterior para que os interessados possam deduzir oposição fundamentada, por escrito, no prazo de 15 dias.

3. A decisão sobre o requerimento referido no nº 1 é proferida no prazo de 60 dias a contar da receção do mesmo.

4. Ao despacho referido no nº 1 são aplicáveis os nºs 4 e 5 do artigo 509º

5. O objeto da arbitragem é definido pelas partes ou, se estas o não fizerem, pelos árbitros, tendo em consideração as circunstâncias e as posições assumidas pelas partes sobre o mesmo.

COMENTÁRIOS:

A arbitragem necessária instituída nesta secção pode ser requerida por qualquer das partes nos 12 meses seguintes ao decurso do prazo de 12 meses após a caducidade da convenção (cfr., conjugadamente, o nº 1 e o art. 510º).

SECÇÃO V - Disposições comuns à arbitragem obrigatória e à arbitragem necessária

Artigo 512º - Competência do Conselho Económico e Social

1. Compete ao presidente do Conselho Económico e Social participar na constituição das listas de árbitros nos termos de lei específica.

2. Compete ao Conselho Económico e Social proceder em caso de necessidade ao sorteio de árbitros para efeito de arbitragem para a suspensão do período de sobrevigência, arbitragem obrigatória ou arbitragem necessária, nos termos previstos, respetivamente, nos artigos 501º-A, 508º e 510º.

3. O Conselho Económico e Social assegura:

a) O pagamento de honorários, despesas de deslocação e de estada de árbitros e peritos;

b) O apoio técnico e administrativo necessário ao funcionamento do tribunal arbitral.

COMENTÁRIOS:

1. Antecedentes legislativos: Arts. 570º, do CT/2003 e 412º a 417º, da RCT.

2. O presente artigo tem a redação introduzida pela L nº 93/2019, de 04 de setembro.

3. A alteração resultante da L nº 93/2019, está correlacionada com o aditamento do art. 501º-A, referente à arbitragem para a suspensão do período de vigência e mediação. Com efeito, impunha-se prever a competência do Conselho Económico e Social para sortear árbitros, não só no caso de arbitragem obrigatória (art. 508º) e arbitragem necessária (art. 510º), mas também naquela modalidade específica de arbitragem.

Artigo 513º – Regulamentação da arbitragem

O regime da arbitragem para suspensão do período de sobrevigência, a arbitragem obrigatória ou necessária, no que não é regulado nas secções precedentes, consta de lei específica.

COMENTÁRIOS:

1. Antecedentes legislativos: Art. 572º, do CT/2003.

2. O presente artigo tem a redação introduzida pela L nº 93/2019, de 04 de setembro.

3. A alteração resultante da L nº 93/2019 traduziu-se na inclusão da referência à arbitragem para suspensão do período de sobrevigência. Esta inclusão impunha-se por força do aditamento do art. 501º-A, que veio consagrar aquela modalidade específica de arbitragem.

4. A arbitragem obrigatória e a arbitragem necessária foram regulamentadas pelo DL nº 259/2009, de 25 de setembro.

CAPÍTULO V – Portaria de extensão

Artigo 514º – Extensão de convenção coletiva ou decisão arbitral

1. A convenção coletiva ou decisão arbitral em vigor pode ser aplicada, no todo ou em parte, por portaria de extensão a empregadores e a trabalhadores integrados no âmbito do setor de atividade e profissional definido naquele instrumento.

2. A extensão é possível mediante ponderação de circunstâncias sociais e económicas que a justifiquem, nomeadamente a identidade ou semelhança económica e social das situações no âmbito da extensão e no do instrumento a que se refere.

COMENTÁRIOS:

1. Antecedentes legislativos: Arts. 573º e 575º, do CT/2003 e 27º e 29º, nºs 1 e 2, do DL nº 519-C1/79, de 29 de dezembro.

2. No elenco dos instrumentos de regulamentação coletiva de trabalho não negociais, o legislador substituiu o regulamento de extensão (art. 573º, do CT/2003) pela portaria de extensão prevista no presente artigo, *ressuscitando*, assim, a figura abandonada no CT/2003.

3. Com o presente artigo, a extensão de convenção coletiva ou decisão arbitral passa a poder ter lugar, no âmbito do mesmo setor de atividade e profissional, em área diversa da do referido instrumento, ainda que nesta exista associação sindical ou associação de empregadores. Todavia, mantém-se a regra decorrente do regime de concorrência de instrumentos segundo a qual a extensão não se aplica no âmbito de outras convenções existentes, bem como o procedimento de não abranger trabalhadores ou empregadores quando as respetivas associações representativas o solicitem. Cfr. a exposição de motivos da proposta de lei nº 216/X.

4. Segundo a RP, apesar "de inexistir a dupla filiação a extensão de um contrato colectivo de trabalho a entidades patronais não inscritas nas associações subscritoras depende de essas entidades exercerem a sua actividade no sector económico a que a convenção se aplica, nos termos do nº 1, do Código do Trabalho e dos termos concretos em que aquela extensão se mostra prescrita nas portarias de extensão". (Ac. de 14.07.20 *in* www.dgsi.pt (Proc. nº 8534/18.4T8PRT.P1) e CJ, Ano XLV, Tomo III, p. 244).

5. No Proc. nº 4183/16.0T8VCT.G1, a RG considerou que, não "sendo aplicável o Estatuto do Ensino Particular e Cooperativo às escolas profissionais, é, de igual passo, insuscetível de a estas ser aplicável, diretamente ou por via de Portaria de Extensão, um instrumento de regulamentação coletiva que, visando a regulação daquele concreto sector de atividade e podendo ter, embora, em comum com as escolas profissionais a vertente do ensino, difere, depois, destas no que toca a criação, organização e funcionamento". (Ac. de 07.02.2019 *in* www.dgsi.pt).

Para o STJ, na "qualificação do setor de atividade económica de uma empresa, para efeitos de aplicação de uma portaria de extensão, deve atender-se ao objeto social da empresa (ou seja, ao tipo de atividade que em termos estatutários lhe cabe exercer) e à atividade que efetivamente exerce". [Ac. de 09.03.17 *in* www.dgsi.pt (Proc. nº 161/15.4T8VRL.G1.S1)]. Neste aresto foi decidido que não "preenchia o núcleo fundamental da categoria de Operador Informático, descrita no Anexo I do contrato coletivo de trabalho entre a Associação Portuguesa das Empresas do Setor Elétrico e Eletrónico e a FETESE – Federação dos Sindicatos da Indústria e Serviços e outros, publicado no Boletim do Trabalho e Emprego nº 23, de 22/06/2013, o trabalhador que apenas intervém na reparação e manutenção de computadores, fora do âmbito da atividade administrativa da empresa".

A RC entendeu que a P nº 900/2006, de 01/09, dirigida às IPSS que prossigam as atividades reguladas "na CCT da CNIS – Confederação Nacional das Instituições de Solidariedade, não pode ser aplicada, por via de extensão, a entidades equiparadas a IPSS, por na mesma não se referir tal". [Ac. de 16.01.14 *in* www.dgsi.pt (Proc. nº 667/12.7T4AVR.C1)].

No Proc. nº 1280/17.8T8BGC.G1, a RG fez notar que a "atividade de comércio de produtos agrícolas e para a agricultura não é o mesmo que atividade de frutas e produtos hortícolas". (Ac. de 07.11.19 *in* www.dgsi.pt).

Artigo 515º – Subsidiariedade

A portaria de extensão só pode ser emitida na falta de instrumento de regulamentação coletiva de trabalho negocial.

COMENTÁRIOS:

Antecedentes legislativos: Art. 3º, do CT/2003.

Artigo 515º-A – Efeitos da cessação de vigência de convenção ou decisão arbitral aplicada por portaria de extensão

Em caso de cessação de vigência de convenção coletiva ou decisão arbitral aplicada por portaria de extensão, é aplicável o disposto no nº 8 do artigo 501º.

COMENTÁRIOS:

1. O presente artigo foi aditado pela L nº 93/2019, de 04 de setembro.

2. Em caso de cessação de vigência de convenção coletiva ou decisão arbitral aplicada por portaria de extensão, mantêm-se, até à entrada em vigor de outra convenção ou decisão arbitral, os efeitos acordados pelas partes ou, na sua falta, os já produzidos pela convenção nos contratos de trabalho no que respeita à retribuição do trabalhador, categoria e respetiva definição, duração do tempo de trabalho e regimes de proteção social cujos benefícios sejam substitutivos dos assegurados pelo regime geral de segurança social ou com protocolo de substituição do Serviço Nacional de Saúde, de parentalidade e de segurança e saúde no trabalho (Cfr., conjugadamente, o presente artigo e o nº 8, do art. 501º).

Artigo 516º – Competência e procedimento para emissão de portaria de extensão

1. Compete ao ministro responsável pela área laboral a emissão de portaria de extensão, salvo havendo oposição a esta por motivos de ordem económica, caso em que a competência é conjunta com a do ministro responsável pelo setor de atividade.

2. O ministro responsável pela área laboral manda publicar o projeto de portaria de extensão no Boletim do Trabalho e Emprego.

3. Qualquer pessoa singular ou coletiva que possa ser, ainda que indiretamente, afetada pela extensão pode deduzir oposição fundamentada, por escrito, nos 15 dias seguintes à publicação do projeto.

4. O Código do Procedimento Administrativo é subsidiariamente aplicável.

COMENTÁRIOS:

1. Antecedentes legislativos: Arts. 574º e 576º, do CT/2003 e 29º, nºs 2, 3, 5 e 6, do DL nº 519-C1/79, de 29 de dezembro.

2. O nº 4 prevê a aplicação subsidiária do Código de Procedimento Administrativo, o qual foi aprovado pelo DL nº 4/2015, de 07 de janeiro.

CAPÍTULO VI – Portaria de condições de trabalho

Artigo 517º – Admissibilidade de portaria de condições de trabalho

1. Quando circunstâncias sociais e económicas o justifiquem, não exista associação sindical ou de empregadores nem seja possível a portaria de extensão, pode ser emitida portaria de condições de trabalho.

2. A portaria de condições de trabalho só pode ser emitida na falta de instrumento de regulamentação coletiva de trabalho negocial.

COMENTÁRIOS:

1. Antecedentes legislativos: Arts. 578º, do CT/2003 e 36º, nº 1, do DL nº 519-C1/ /79, de 29 de dezembro.

2. A subsidiariedade dos instrumentos de regulamentação coletiva de trabalho não negocial estava prevista no art. 3º, do CT/2003.

3. No âmbito dos instrumentos de regulamentação coletiva de trabalho não negociais, o legislador substituiu o regulamento de condições mínimas (art. 577º, do CT/2003) pela portaria de condições de trabalho prevista no presente artigo.

Artigo 518º – Competência e procedimento para emissão de portaria de condições de trabalho

1. São competentes para a emissão de portaria de condições de trabalho o ministro responsável pela área laboral e o ministro responsável pelo setor de atividade.

2. Os estudos preparatórios de portaria de condições de trabalho são assegurados por uma comissão técnica constituída por despacho do ministro responsável pela área laboral.

3. A comissão técnica é formada por membros designados pelos ministros competentes para a emissão da portaria e inclui, sempre que possível, assessores designados pelos representantes dos trabalhadores e dos empregadores interessados, em número determinado pelo despacho constitutivo.

4. A comissão técnica deve elaborar os estudos preparatórios no prazo de 60 dias a contar do despacho que a constitua.

5. O ministro responsável pela área laboral pode, em situações excecionais, prorrogar o prazo previsto no número anterior.

6. O disposto nos nºs 2 a 4 do artigo 516º é aplicável à elaboração de portaria de condições de trabalho.

COMENTÁRIOS:

Antecedentes legislativos: Arts. 577º, 579º e 580º, do CT/2003 e 36º e 37º, do DL nº 519-C1/79, de 29 de dezembro.

CAPÍTULO VII – Publicação, entrada em vigor e aplicação

Artigo 519º – Publicação e entrada em vigor de instrumento de regulamentação coletiva de trabalho

1. O instrumento de regulamentação coletiva de trabalho é publicado no Boletim do Trabalho e Emprego e entra em vigor, após a publicação, nos termos da lei.

2. O disposto no número anterior não prejudica a publicação de portaria de extensão e de portaria de condições de trabalho no Diário da República, da qual depende a respetiva entrada em vigor.

3. O instrumento de regulamentação coletiva de trabalho que seja objeto de três revisões parciais consecutivas é integralmente republicado.

COMENTÁRIOS:

1. Antecedentes legislativos: Arts. 581º, do CT/2003 e 10º, 26º e 39º, do DL nº 519-C1/79, de 29 de dezembro.

2. No Proc. nº 27945/17.6T8LSB.L1-4, foi decidido que, atenta "a data da publicação do BTE em causa (15/1/2012) e da sua produção de efeitos, nos termos da lei (artigo 519º do CT/2009), é irrelevante, para os termos do litígio dos autos, que a entrada em vigor do regime da cláusula 44ª tenha acontecido apenas no dia 20/1/2012, mas sempre se dirá que considerando o teor dessa disposição convencional, que regula manifestamente matéria com incidência pecuniária, há que fazer apelo à aplicação retroativa da mesma a partir do dia 1/1/2012". (Ac. da RL, de 11.07.19 *in* www.dgsi.pt).

Artigo 520º – Aplicação de instrumento de regulamentação coletiva de trabalho

1. Os destinatários de instrumento de regulamentação coletiva de trabalho devem proceder de boa fé no seu cumprimento.

2. Na aplicação de convenção coletiva ou acordo de adesão, atende-se às circunstâncias em que as partes fundamentaram a decisão de contratar.

3. Quem faltar culposamente ao cumprimento de obrigação emergente de instrumento de regulamentação coletiva de trabalho é responsável pelo prejuízo causado, nos termos gerais.

COMENTÁRIOS:

Antecedentes legislativos: Arts. 561º e 562º, do CT/2003.

Artigo 521º – Violação de disposição de instrumento de regulamentação coletiva de trabalho

1. A violação de disposição de instrumento de regulamentação coletiva de trabalho respeitante a uma generalidade de trabalhadores constitui contraordenação grave.

2. A violação de disposição de instrumento de regulamentação coletiva de trabalho constitui, por cada trabalhador em relação ao qual se verifica a infração, contraordenação leve.

3. O disposto no nº 1 não se aplica se, com base no nº 2, forem aplicáveis ao empregador coimas em que o somatório dos valores mínimos seja igual ou superior ao quantitativo mínimo da coima aplicável de acordo com o nº 1.

COMENTÁRIOS:

1. Antecedentes legislativos: Art. 687º, nºs 1, 2 e 3, do CT/2003.

2. Segundo a RE, a interpretação do presente artigo "que determina o limite da coima aplicável em função do número de trabalhadores não viola os princípios constitucionais da igualdade e proporcionalidade". [Ac. de 14.04.16 *in* www.dgsi.pt (Proc. nº 2487/15.8T8STR.E1)].

SUBTÍTULO III – Conflitos coletivos de trabalho

CAPÍTULO I – Resolução de conflitos coletivos de trabalho

SECÇÃO I – Princípio de boa fé

Artigo 522º – Boa fé

Na pendência de um conflito coletivo de trabalho as partes devem agir de boa fé.

COMENTÁRIOS:

Antecedentes legislativos: Art. 582º, do CT/2003.

SECÇÃO II – Conciliação

Artigo 523º – Admissibilidade e regime da conciliação

1. O conflito coletivo de trabalho, designadamente resultante da celebração ou revisão de convenção coletiva, pode ser resolvido por conciliação.

2. Na falta de regulamentação convencional, a conciliação rege-se pelo disposto no número seguinte e no artigo seguinte.

3. A conciliação pode ter lugar em qualquer altura:

a) Por acordo das partes;

b) Por iniciativa de uma das partes, em caso de falta de resposta à proposta de celebração ou de revisão de convenção coletiva, ou mediante aviso prévio de oito dias, por escrito, à outra parte.

COMENTÁRIOS:

Antecedentes legislativos: Arts. 583º e 584º, nº 1, do CT/2003 e 30º e 31º, nº 1, do DL nº 519-C1/79, de 29 de dezembro.

Artigo 524º – Procedimento de conciliação

1. A conciliação, caso seja requerida, é efetuada pelo serviço competente do ministério responsável pela área laboral, assessorado, sempre que necessário, pelo serviço competente do ministério responsável pelo setor de atividade.

2. O requerimento de conciliação deve indicar a situação que a fundamenta e o objeto da mesma, juntando prova do aviso prévio no caso de ser subscrito por uma das partes.

3. Nos 10 dias seguintes à apresentação do requerimento, o serviço competente verifica a regularidade daquele e convoca as partes para o início da

conciliação, devendo, em caso de revisão de convenção coletiva, convidar para a conciliação a associação sindical ou de empregadores participantes no Processo de negociação e não envolvida no requerimento.

4. A associação sindical ou de empregadores referida na segunda parte do número anterior deve responder ao convite no prazo de cinco dias.

5. As partes convocadas devem comparecer em reunião de conciliação.

6. A conciliação inicia-se com a definição das matérias sobre as quais vai incidir.

7. No caso de a conciliação ser efetuada por outra entidade, as partes devem informar do início e termo respetivos o serviço competente do ministério responsável pela área laboral.

8. Comete contraordenação grave a associação sindical, a associação de empregadores ou o empregador que não se faça representar em reunião para que tenha sido convocado.

COMENTÁRIOS:

1. Antecedentes legislativos: Arts. 584º, 585º e 687º, do CT/2003 e 31º e 32º, do DL nº 519-C1/79, de 29 de dezembro.

2. Em relação ao CT/2003, é de destacar a redução do prazo para início do procedimento de conciliação de conflitos coletivos de trabalho de 15 para 10 dias após o pedido.

Artigo 525º – Transformação da conciliação em mediação

A conciliação pode ser transformada em mediação, nos termos dos artigos seguintes.

COMENTÁRIOS:

Antecedentes legislativos: Art. 586º, do CT/2003.

SECÇÃO III – Mediação

Artigo 526º – Admissibilidade e regime da mediação

1. O conflito coletivo de trabalho, designadamente resultante da celebração ou revisão de uma convenção coletiva, pode ser resolvido por mediação.

2. Na falta de regulamentação convencional, a mediação rege-se pelo disposto no número seguinte e nos artigos seguintes.

3. A mediação pode ter lugar:

a) Por acordo das partes, em qualquer altura, nomeadamente no decurso da conciliação;

b) **Por iniciativa de uma das partes, um mês após o início de conciliação, mediante comunicação, por escrito, à outra parte.**

COMENTÁRIOS:

1. Antecedentes legislativos: Arts. 587º, do CT/2003 e 33º, nº 1, do DL nº 519-C1/79, de 29 de dezembro.

2. A L nº 29/2013, de 19 de abril, estabeleceu os princípios gerais aplicáveis à mediação realizada em Portugal, bem como os regimes jurídicos da mediação civil e comercial, dos mediadores e da mediação pública.

O disposto nesta lei aplica-se à mediação de conflitos coletivos de trabalho apenas na medida em que não seja incompatível com o disposto no presente artigo e nos arts. 527º e 528º (art. 46º, da L nº 29/2013).

Artigo 527º – Procedimento de mediação

1. A mediação, caso seja requerida, é efetuada por mediador nomeado pelo serviço competente do ministério responsável pela área laboral, assessorado, sempre que necessário, pelo serviço competente do ministério responsável pelo setor de atividade.

2. O requerimento de mediação deve indicar a situação que a fundamenta e o objeto da mesma, juntando prova da comunicação à outra parte caso seja subscrito por uma das partes.

3. Nos 10 dias seguintes à apresentação do requerimento, o serviço competente verifica a regularidade daquele e nomeia o mediador, dando do facto conhecimento às partes.

4. Caso a mediação seja requerida por uma das partes, o mediador solicita à outra que se pronuncie sobre o objeto da mesma e, em caso de divergência, decide tendo em consideração a viabilidade da mediação.

5. Para a elaboração da proposta, o mediador pode solicitar às partes e a qualquer departamento do Estado os dados e informações de que estes disponham e que aquele considere necessários.

6. As partes devem comparecer em reuniões convocadas pelo mediador.

7. O mediador deve remeter a proposta às partes no prazo de 30 dias a contar da sua nomeação e, no decurso do prazo referido no número seguinte, pode contactar qualquer das partes em separado, se o considerar conveniente para a obtenção do acordo.

8. A aceitação da proposta por qualquer das partes deve ser comunicada ao mediador no prazo de 10 dias a contar da sua receção.

9. Recebidas as respostas ou decorrido o prazo estabelecido no número anterior, o mediador comunica em simultâneo a cada uma das partes a aceitação ou recusa da proposta, no prazo de dois dias.

10. O mediador deve guardar sigilo sobre as informações recebidas no decurso do procedimento que não sejam conhecidas da outra parte.

11. Comete contraordenação grave a associação sindical, a associação de empregadores ou o empregador que não se faça representar em reunião convocada pelo mediador.

COMENTÁRIOS:

1. Antecedentes legislativos: arts. 587º, nº 3, 588º, 589º, nº 2 e 687º, do CT/2003 e 31º e 33º, do DL nº 519-C1/79, de 29 de dezembro.

2. O nº 3 estabelece que a verificação da regularidade do pedido de mediação de conflitos coletivos de trabalho e a nomeação de mediador devem ter lugar no prazo de 10 dias.

Artigo 528º – Mediação por outra entidade

1. As partes podem solicitar ao ministro responsável pela área laboral, mediante requerimento conjunto, o recurso a uma personalidade constante da lista de árbitros presidentes para desempenhar as funções de mediador.

2. Caso o ministro concorde e a personalidade escolhida aceite ser mediador, os correspondentes encargos são suportados pelo ministério responsável pela área laboral.

3. No caso de a mediação não ser efetuada pelo serviço competente do ministério responsável pela área laboral, este deve ser informado pelas partes dos respetivos início e termo.

COMENTÁRIOS:

Antecedentes legislativos: Arts. 587º, nº 4 e 588º, nº 2, do CT/2003.

SECÇÃO IV – Arbitragem

Artigo 529º – Arbitragem

Os conflitos coletivos de trabalho que não resultem da celebração ou revisão de convenção coletiva podem ser dirimidos por arbitragem, nos termos previstos nos artigos 506º e 507º.

COMENTÁRIOS:

Antecedentes legislativos: Arts. 590º, do CT/2003 e 34º, do DL nº 519-C1/79, de 29 de dezembro.

CAPÍTULO II – Greve e proibição de lock-out

SECÇÃO I – Greve

Artigo 530º – Direito à greve

1. A greve constitui, nos termos da Constituição, um direito dos trabalhadores.

2. Compete aos trabalhadores definir o âmbito de interesses a defender através da greve.

3. O direito à greve é irrenunciável.

COMENTÁRIOS:

1. Antecedentes legislativos: Arts. 591º, do CT/2003 e 1º, da L nº 65/77, de 26 de agosto.

2. O direito à greve é um direito constitucionalmente consagrado no art. 57º, da CRP.

A definição do âmbito de interesses a defender através da greve, que não pode ser legalmente limitado, compete aos trabalhadores (art. 57º, nº 2, da CRP).

À lei cabe definir as condições de prestação, durante a greve, de serviços necessários à segurança e manutenção de equipamentos e instalações, bem como de serviços mínimos indispensáveis para ocorrer à satisfação de necessidades sociais impreteríveis (art. 57º, nº 3, da CRP).

No nosso ordenamento jurídico é proibido *o lock-out* (art. 57º, nº 4, da CRP).

3. No Parecer nº 123/76-B, da PGR, de 03.03.77 (BMJ, 265, p. 57) citado por Pedro Ortins Bettencourt/Albino Mendes Baptista, *Legislação do Trabalho*, p. 303, é considerado que "nos termos da CRP, a lei não pode limitar no âmbito de interesses a defender através da greve a objetivos profissionais, sendo consideradas como lícitas as greves políticas desde que não se ponham em causa «o organismo político do Estado», assim como a greve de solidariedade «quando apoia interesses cuja prossecução através da greve deva considerar-se lícita".

4. A greve em sentido jurídico "só é preenchida por comportamentos conflituais consistentes na *abstenção coletiva e concertada da prestação de trabalho, através da qual um grupo de trabalhadores intenta exercer pressão no sentido de obter a realização de certo interesse ou objetivo comum*". António Monteiro Fernandes, *Direito do Trabalho*, p. 809.

5. No que concerne à licitude da greve e à recusa de garantia dos serviços mínimos, cfr. o parecer da PGR nº 41/2011, pub. no DR, 2ª Série, de 01.02.2012.

Artigo 531º – Competência para declarar a greve

1. O recurso à greve é decidido por associações sindicais.

2. Sem prejuízo do disposto no número anterior, a assembleia de trabalhadores da empresa pode deliberar o recurso à greve desde que a maioria dos trabalhadores não esteja representada por associações sindicais, a assembleia seja convocada para o efeito por 20% ou 200 trabalhadores, a maioria dos trabalhadores participe na votação e a deliberação seja aprovada por voto secreto pela maioria dos votantes.

COMENTÁRIOS:

Antecedentes legislativos: Arts. 592º, do CT/2003 e 2º, da L nº 65/77, de 26 de agosto.

Artigo 532º – Representação dos trabalhadores em greve

1. Os trabalhadores em greve são representados pela associação ou associações sindicais que decidiram o recurso à greve ou, no caso referido no nº 2 do artigo anterior, por uma comissão de greve, eleita pela mesma assembleia.

2. As entidades referidas no número anterior podem delegar os seus poderes de representação.

COMENTÁRIOS:

Antecedentes legislativos: Arts. 593º, do CT/2003 e 3º, da L nº 65/77, de 26 de agosto.

Artigo 533º – Piquete de greve

A associação sindical ou a comissão de greve pode organizar piquetes para desenvolverem atividades tendentes a persuadir, por meios pacíficos, os trabalhadores a aderirem à greve, sem prejuízo do respeito pela liberdade de trabalho de não aderentes.

COMENTÁRIOS:

1. Antecedentes legislativos: Arts. 594º, do CT/2003 e 4º, da L nº 65/77, de 26 de agosto.

2. O direito ao estímulo da greve não pode colidir com o direito de abstenção dos trabalhadores não-grevistas. Sobre os limites de atuação dos piquetes, Maria do Rosário Palma Ramalho, *Lei da Greve Anotada*, p. 29, cita, entre outros, os seguintes pareceres da PGR:

O nº 48/78, de 29/6/1978, BMJ 283-123, que considerou "haver exercício abusivo do direito de greve sempre que a atuação dos piquetes consista em ameaças, intimidação ou qualquer violência sobre os não grevistas, que os conduza a modificar a sua decisão inicial de não adesão à greve."

O nº 106/79, de 31/08/1979, BMJ 294-87, que considerou ainda "ilegal a atuação do piquete de greve consistente em fiscalizar as entradas e saídas de pessoas e veículos dos locais de trabalho".

3. Uma vez que o piquete se assume como um mecanismo integrador do direito de greve, "qualquer obstaculizarão ilegítima à sua operacionalidade, por parte da empregadora, constitui um comportamento legalmente censurável e punido como contraordenação".

Não devemos, contudo, esquecer que os interesses coletivos protegidos através da consagração desse mecanismo são suscetíveis "de, em concreto, conflituarem com outros interesses de igual ou superior valor social, económico, pelo que se deverá avaliar casuisticamente se a empregadora pode impedir o acesso do piquete de greve ao interior das suas instalações". (Ac. da RE, de 15.11.18 *in* www.dgsi.pt (Proc. nº 797/15.3T8STC.E1) e CJ, Ano XLIII, Tomo V, p. 265).

Artigo 534º – Aviso prévio de greve

1. A entidade que decida o recurso à greve deve dirigir ao empregador, ou à associação de empregadores, e ao ministério responsável pela área laboral um aviso com a antecedência mínima de cinco dias úteis ou, em situação referida no nº 1 do artigo 537º, 10 dias úteis.

2. O aviso prévio de greve deve ser feito por meios idóneos, nomeadamente por escrito ou através dos meios de comunicação social.

3. O aviso prévio deve conter uma proposta de definição de serviços necessários à segurança e manutenção de equipamento e instalações e, se a greve se realizar em empresa ou estabelecimento que se destine à satisfação de necessidades sociais impreteríveis, uma proposta de serviços mínimos.

4. Caso os serviços a que se refere o número anterior estejam definidos em instrumento de regulamentação coletiva de trabalho, este pode determinar que o aviso prévio não necessita de conter proposta sobre os mesmos serviços, desde que seja devidamente identificado o respetivo instrumento.

COMENTÁRIOS:

1. Antecedentes legislativos: Arts. 595º, do CT/2003 e 5º, da L nº 65/77, de 26 de agosto.

2. Em consonância com a previsão de que a convenção coletiva regule os serviços necessários à segurança e manutenção de equipamentos e instalações e os serviços mínimos indispensáveis para ocorrer à satisfação de necessidades sociais impreteríveis

(al. *g*), do nº 2, do art. 492º), permite-se, no nº 4, que a convenção dispense o aviso prévio de greve de conter proposta sobre os mesmos serviços, devendo neste caso identificar devidamente a convenção em causa (cfr. exposição de motivos da proposta de lei nº 216/X).

3. Se a greve se prolongar "para além do termo inicialmente fixado ou comunicado, "é necessário ser dado novo pré-aviso". (Ac. da RL, de 23.11.11 *in* www.dgsi.pt (Proc. nº 1640/09.8TTLSB.L1-4) e CJ, Ano XXXVI, Tomo V, p. 76).

4. A declaração de greve deve ser levada ao conhecimento do empregador com a antecedência de 5 dias úteis, incluindo-se aqui os dias de semana de 2ª a 6ª feira, com exceção dos feriados. Cfr. o Ac. da RP, de 12.10.09 *in* CJ, Ano XXXIV, Tomo IV, p. 233.

5. Segundo a RL, com "a previsão da obrigação de prestação de serviços necessários à manutenção e segurança de equipamentos e instalações por parte das Associações Sindicais e dos trabalhadores durante a greve (artigos 534º, nº 3 e 537º, nº 2, do Código do Trabalho), pretende-se obstar a que a greve atinja ou afete a aptidão funcional da empresa ou do estabelecimento para a retoma da laboração normal depois de finalizada a paralisação, e, mediatamente, salvaguardar o princípio da *iniciativa económica privada* (art. 61º da CRP), na perspetiva da "*liberdade de organização, gestão e atividade da empresa*". Este tribunal acabou por não considerar ilegal uma greve "declarada e comunicada à ré mediante aviso prévio emitido por Associação Sindical de que são associados os autores, onde não consta uma proposta de definição de serviços necessários à segurança e manutenção de equipamento e instalações, quando se ignora, de todo, se a dita greve implicou (ou não) a paralisação completa dos serviços da ré, se todos os trabalhadores a ela aderiram (ou não) e/ou se não havia outros trabalhadores não aderentes que pudessem realizar as prestações em causa". [Ac. de 24.02.21 *in* www.dgsi.pt (Proc. nº 1566/18.4T8FNC.L1-4)].

A RE fez notar que a proposta de definição de serviços mínimos, prevista no nº 3, "a incluir no aviso prévio de greve declarada por associações sindicais inseridas em setores de atividade que satisfaçam 'necessidades sociais impreteríveis', visa garantir que essas associações, apesar de envolvidas num conflito laboral agudo, como é a greve, não deixem de assumir uma postura de responsabilidade no que toca à satisfação de necessidades básicas da população". Por essa razão, não será ilegal "uma greve cujo aviso prévio não foi acompanhado de uma proposta concreta e minuciosa de definição de serviços mínimos, mas na qual se manifesta inequivocamente a disponibilidade dos trabalhadores para assegurar esses serviços mínimos, e para fazê-lo à semelhança do sucedido por ocasião de anteriores greves". [Ac. de 01.07.08 *in* www.dgsi.pt (Proc. nº 2725/07-2)].

Artigo 535º – Proibição de substituição de grevistas

1. O empregador não pode, durante a greve, substituir os grevistas por pessoas que, à data do aviso prévio, não trabalhavam no respetivo estabelecimento ou serviço nem pode, desde essa data, admitir trabalhadores para aquele fim.

2. A tarefa a cargo de trabalhador em greve não pode, durante esta, ser realizada por empresa contratada para esse fim, salvo em caso de incumprimento dos serviços mínimos necessários à satisfação das necessidades sociais impreteríveis ou à segurança e manutenção de equipamento e instalações e na estrita medida necessária à prestação desses serviços.

3. Constitui contraordenação muito grave a violação do disposto nos números anteriores.

COMENTÁRIOS:

1. Antecedentes legislativos: Arts. 596º e 689º, do CT/2003 e 6º, da L nº 65/77, de 26 de agosto.

2. No quadro da exceção à proibição de substituição de grevistas em caso de incumprimento dos serviços mínimos, prevê-se, no nº 2, que a empresa contratada para realizar tarefas de trabalhadores em greve deve restringir a sua atividade à estrita medida necessária à prestação desses serviços (cfr. exposição de motivos da proposta de lei nº 216/X).

3. A proibição legal que impende sobre o empregador retroage à data do aviso prévio (nº 1).

4. Para que o efeito útil da greve seja preservado proíbe-se a deslocação de trabalhadores sujeitos ao domínio do mesmo empregador, bem como a contratação de novos trabalhadores (nº 1).

No nº 2, proíbe-se ainda que a tarefa a cargo do trabalhador grevista seja realizada por uma empresa recrutada especialmente para a substituição dos trabalhadores em greve, salvo no caso de não estarem garantidas a satisfação das necessidades sociais impreteríveis ou os serviços necessários à segurança e manutenção do equipamento e instalações e na estrita medida necessária à prestação desses serviços.

"Nas empresas de prestação de serviços de segurança, atenta a especificidade da respetiva organização, a determinação do local onde, de acordo com a distribuição de serviço organizada pela empregadora, estava prevista, durante a greve, a apresentação do trabalhador para prestar a sua atividade laboral, é o elemento essencial para a identificação do serviço, relevante nos termos do art. 535º do CT". (Ac. da RL, de 05.04.17 *in* CJ, Ano XLII, Tomo II, p. 139).

5. A RE decidiu que, tendo a generalidade dos trabalhadores do Centro da Ré de Olhão se recusado a prestar trabalho suplementar, na sequência da referida greve, e tendo a empregadora "recorrido a duas trabalhadores afetas a outros Centros, para desenvolver a atividade daqueles, devido à acumulação de trabalho existente naquele Centro ou até para demonstrar que em dia de greve consegue dar resposta ao serviço existente, praticou a contraordenação p. e p no art. 535º, nºs 1 e 3 do CT (substituição de grevistas)". (Ac. de 08.06.17 *in* CJ, Ano XXLII, Tomo III, p. 307).

6. A violação do disposto no nº 1 ou 2 é punida com pena de multa até 120 dias (art. 543º, nº 1). Cfr. o Ac. da RC, de 16.12.15 *in* www.dgsi.pt (Proc. nº 2509/15.2T8VIS.C1).

O bem jurídico protegido neste tipo legal de crime é a autonomia e independência sindical. Cfr. o Ac. da RC, de 26.02.14 *in* www.dgsi.pt (Proc. nº 729/11.8TACBR-A.C1). Neste aresto, é ainda reconhecida a legitimidade dos sindicatos para se constituírem assistentes no respetivo processo crime.

Artigo 536º – Efeitos da greve

1. A greve suspende o contrato de trabalho de trabalhador aderente, incluindo o direito à retribuição e os deveres de subordinação e assiduidade.

2. Durante a greve, mantêm-se, além dos direitos, deveres e garantias das partes que não pressuponham a efetiva prestação do trabalho, os direitos previstos em legislação de segurança social e as prestações devidas por acidente de trabalho ou doença profissional.

3. O período de suspensão conta-se para efeitos de antiguidade e não prejudica os efeitos decorrentes desta.

COMENTÁRIOS:

1. Antecedentes legislativos: Arts. 597º, do CT/2003 e 7º, da L nº 65/77, de 26 de agosto.

2. Durante a greve suspende-se o contrato de trabalho de trabalhador aderente, incluindo o direito à retribuição e os deveres de subordinação e assiduidade, mantendo-se os direitos, deveres e garantias das partes que não pressuponham a efetiva prestação do trabalho, bem os direitos previstos em legislação de segurança social e as prestações devidas por acidente de trabalho ou doença profissional (nºs 1 e 2).

A RL dilucidou que "durante o período de greve fica suspenso o "dever de assiduidade" do trabalhador, pelo que as ausências devidas por motivo de greve não deverão, em princípio, ser consideradas faltas para efeitos de desconto nos "prémios de assiduidade"". [Ac. de 24.02.21 *in* www.dgsi.pt (Proc. nº 1517/19.9T8TVD.L1-4)]

Como se lê no Ac. da RP, de 19.12.12, a "greve importa uma abstenção ao trabalho, abstenção essa que deve ser total. Tendo a greve por efeito a suspensão do contrato não pode a mesma confundir-se com uma execução parcial ou imperfeita do contrato, devendo constituir um pleno não cumprimento contratual". Assim, o "trabalhador que aderiu a uma greve que foi declarada apenas aos serviços/funções relacionados com os jogos das máquinas (e não também aos restantes), não se absteve totalmente de prestar o seu trabalho, pelo que não se verifica a suspensão do contrato de trabalho que a greve pressupõe". [*In* www.dgsi.pt (Proc. nº 123/12.3TTVFR-A.P1)].

No Proc. nº 361/12.9TTLRA.C1, a RC concluiu que era "devido o prémio de assiduidade nos dias de greve, dado que as ausências ao trabalho resultantes de adesão à greve lícita não são consideradas faltas". (Ac. de 10.07.13 *in* www.dgsi.pt). Também a RP deixou claro que o "empregador não pode retirar aos trabalhadores que aderiram à greve 10% do prémio anual previsto no Regulamento com o fundamento de que a adesão corresponde a falta ao trabalho". [Ac. de 03.06.13 *in* www.dgsi.pt (Proc. nº 155/12.1TTVNF.P1)].

O direito de greve só deve ser sacrificado no mínimo indispensável, sob pena de violação do princípio da proporcionalidade.

Nesta esteira, a RL entendeu que a "obrigação de recolha, pelo diretor de turma, ou de quem o substitua, em momento anterior ao da reunião do Conselho de Turma, de todos os elementos referentes à avaliação de cada aluno, esvazia o direito de greve, traduzindo-se numa imposição ilegal de serviços mínimos se essa reunião tem que realizar-se em período de greve". [Ac. de 17.10.18 *in* www.dgsi.pt (Proc. nº 1572/18.9YRLSB.L1-4)].

No Proc. nº 1566/18.4T8FNC.L1-4), a RL fez notar que, não "se concluindo pela ilegalidade da greve, não podem considerar-se injustificadas as ausências ao serviço por parte dos autores nos aludidos dias, sendo os efeitos da greve os decorrentes do art. 536º do Código do Trabalho". (Ac. de 24.02.21 *in* www.dgsi.pt).

3. Segundo a RP, o trabalhador que "adira à greve não tem de comunicar antecipadamente que a ela vai aderir". [Ac. de 05.01.15 *in* www.dgsi.pt (Proc. nº 717/13.0TTVNG.P1)]. Neste aresto, foi decidido que inexistia "justa causa para o despedimento numa situação em que um trabalhador que adira à greve de prestação de trabalho suplementar, recusa prestar um serviço atribuído 13 minutos entes do términus do seu horário de trabalho, não desconhecendo a ré que fora decretada uma greve à prestação de trabalho suplementar, o qual implicava necessariamente que fosse prestado para além do horário normal de trabalho".

Sobre a necessidade de comunicação em momento ulterior, este mesmo tribunal veio esclarecer que, não "sendo a autora filiada em sindicato que declarou a greve ou, pelo menos, não tendo a sua entidade empregadora sequer conhecimento que fosse sindicalizada, se porventura não concluiu o Processo de acreditação como examinar em razão de não ter completado a formação presencial com os procedimentos on line adequados, por ter aderido à greve e no dia ou dias em que o devia fazer não ter comparecido ao trabalho, então deveria ter levado esse facto ao conhecimento daquela, posteriormente, no quadro do Processo de justificação de falta ao trabalho". [Ac. de 05.03.18 *in* www.dgsi.pt (Proc. nº 2292/16.4T8VFR.P1)].

4. "As ausências ao trabalho resultantes de adesão à greve lícita não são consideradas faltas, para efeitos do disposto no nº 2 da cláusula 27ª do acordo de empresa celebrado entre a Metropolitano de Lisboa, E. P., e a FESTRU – Federação dos Sindicatos de Transportes Rodoviários e Urbanos e outros, publicado no Boletim do Trabalho e Emprego, 1ª série, nº 13, de 8 de abril de 2002". (Ac. do STJ nº 6/2009 (Uniformização de Jurisprudência), de 04.03.09, pub. no DR, 1ª Série, de 02.04.2009).

Artigo 537º – Obrigação de prestação de serviços durante a greve

1. Em empresa ou estabelecimento que se destine à satisfação de necessidades sociais impreteríveis, a associação sindical que declare a greve, ou a comissão de greve no caso referido no nº 2 do artigo 531º, e os trabalhadores aderentes devem assegurar, durante a mesma, a prestação dos serviços mínimos indispensáveis à satisfação daquelas necessidades.

2. Considera-se, nomeadamente, empresa ou estabelecimento que se destina à satisfação de necessidades sociais impreteríveis o que se integra em algum dos seguintes setores:

a) Correios e telecomunicações;

b) Serviços médicos, hospitalares e medicamentosos;

c) Salubridade pública, incluindo a realização de funerais;

d) Serviços de energia e minas, incluindo o abastecimento de combustíveis;

e) Abastecimento de águas;

f) Bombeiros;

g) Serviços de atendimento ao público que assegurem a satisfação de necessidades essenciais cuja prestação incumba ao Estado;

h) Transportes, incluindo portos, aeroportos, estações de caminho de ferro e de camionagem, relativos a passageiros, animais e géneros alimentares deterioráveis e a bens essenciais à economia nacional, abrangendo as respetivas cargas e descargas;

i) Transporte e segurança de valores monetários.

3. A associação sindical que declare a greve, ou a comissão de greve no caso referido no nº 2 do artigo 531º, e os trabalhadores aderentes devem prestar, durante a greve, os serviços necessários à segurança e manutenção de equipamentos e instalações.

4. Os trabalhadores afetos à prestação de serviços referidos nos números anteriores mantêm-se, na estrita medida necessária a essa prestação, sob a autoridade e direção do empregador, tendo nomeadamente direito a retribuição.

COMENTÁRIOS:

1. Antecedentes legislativos: Arts. 598º e 600º, do CT/2003 e 8º, nºs 1 a 3, da L nº 65/77, de 26 de agosto.

2. O TC não julgou inconstitucional o nº 2, do art. 598º, do CT/2003. (Ac. nº 572/2008, de 26.11.08, pub. no DR, Série II, de 12.01.2009).

3. A definição dos serviços mínimos, não pode anular o direito de greve ou reduzir substancialmente a sua eficácia. Cfr. o Ac. da RL, de 25.05.11 *in* www.dgsi.pt (Proc. nº 88/11.7YRLSB.L1-4). Neste aresto, lê-se que é de fixar tais serviços, quando "os mesmos apenas consubstanciam uma continuidade mínima na satisfação das necessidades sociais vitais, como é o direito de deslocação, da liberdade de trabalho, do acesso à educação e à prestação de cuidados de saúde".

Como esclarece a RL, qualquer "greve que afete serviços que se destinem à satisfação de necessidades sociais impreteríveis, seja no horário normal de laboração da empresa ou fora desse horário – trabalho suplementar – seja nas necessárias deslocações em serviço, impõe a fixação de serviços mínimos, pretendendo a lei evitar que estes setores fiquem à mercê de uma qualquer imprevisibilidade dos recursos". [Ac. de 10.10.12 *in* www.dgsi.pt (Proc. nº 666/12.9YRLSB-4)].

Sobre a intervenção de tribunal arbitral para definição de serviços mínimos em período de greve, veja-se o Ac. da RL, de 13.04.11 *in* www.dgsi.pt (Proc. nº 5/11.6YRLSB-4).

Sobre os serviços mínimos, veja-se, entre outros, Francisco Liberal Fernandes, *A obrigação de Serviços Mínimos como técnica de regulação da Greve nos serviços essenciais*; Alcino Silva Marques, *Os serviços mínimos na jurisprudência dos tribunais arbitrais* e Joana Costa Henriques, *A Fixação de Serviços Mínimos: as Arbitragens no âmbito do CES sobre o Setor dos Transportes*.

4. No que tange à atividade transportadora de passageiros e prevista na al. *h*), do nº 2, a RL concluiu que a "ocupação de cerca de 13% dos serviços normalmente prestados pela CARRIS não restringe ou comprime o direito à greve em contravenção dos limites constitucionais e legais que ressaltam dos artigos 57º da Constituição da República Portuguesa e 537º e 538º do Código do Trabalho de 2009". [Ac. de 27.06.12 *in* www.dgsi.pt (Proc. nº 505/12.0YRLSB-4)]. No Proc. nº 2/2012.4YRLSB-4, este mesmo tribunal considerou que a "fixação, como serviços mínimos a prestar, na empresa CARRIS e no dia da greve geral – 24 de novembro de 2011 –, da realização de uma percentagem de 50% de realização de carreiras que servem essencialmente hospitais, centros de saúde, escolas e universidades, e com a supressão pura e simples de outras carreiras, não viola os princípios da necessidade, adequação e proporcionalidade, sendo que está em causa uma empresa de transportes públicos que a lei classifica

como empresa que se destina à satisfação de necessidades sociais impreteríveis". (Ac. de 28.03.12 *in* www.dgsi.pt).

Nesta mesma linha, a RP decidiu que a fixação dos serviços mínimos a prestar pela E... em 10% das suas linhas noturna e diurna e, no serviço de madrugada, em 2 linhas das 11 existentes, não restringia, nem desvirtuava o direito à greve, nem violava os arts. 57º, da CRP e 537º e 538º. [Ac. de 24.09.12 *in* www.dgsi.pt (Proc. nº 83/12.0YRPRT.P1)].

No Proc. nº 906/10.9YRLSB-4, foi dado como provado que o "tribunal arbitral fixou como serviços mínimos a prestar nos dias da greve, apenas, uma carreira no período da manhã e outra no período da tarde, entre os quatro destinos que aquela empresa cobre e que são: Cacilhas – Cais do Sodré; Montijo – Cais do Sodré; Seixal – Cais do Sodré Trafaria – Porto – Brandão – Belém". A RL entendeu que "ao estabelecer tal mínimo não houve violação dos invocados princípios da necessidade, adequação e proporcionalidade, sendo que a única alternativa seria a de não fixar quaisquer serviços mínimos, como entende o recorrente, mas que não é compatível com as normas que regulam o direito à greve, pois está em causa uma empresa de transportes públicos fluviais que a lei classifica como empresa que se destina à satisfação de necessidades sociais impreteríveis". (Ac. da RL, de 07.12.10 *in* www.dgsi.pt e CJ, Ano XXXV, Tomo V, p. 171).

5. Se a associação sindical não indicar os trabalhadores que ficam adstritos à prestação dos serviços mínimos, cabe ao empregador escalonar aqueles que irão cumprir tais serviços, os quais ficam subordinados ao dever de obediência. Cfr. os Acs. da RL, de 03.12.14 *in* www.dgsi.pt (Proc. nº 2028/11.6TTLSB.L1-4) e de 19.12.12 *in* www.dgsi.pt (Proc. nº 1641/11.6TTLSB.L1-4).

Artigo 538º – Definição de serviços a assegurar durante a greve

1. Os serviços previstos nos nºs 1 e 3 do artigo anterior e os meios necessários para os assegurar devem ser definidos por instrumento de regulamentação coletiva de trabalho ou por acordo entre os representantes dos trabalhadores e os empregadores abrangidos pelo aviso prévio ou a respetiva associação de empregadores.

2. Na ausência de previsão em instrumento de regulamentação coletiva de trabalho ou de acordo sobre a definição dos serviços mínimos previstos no nº 1 do artigo anterior, o serviço competente do ministério responsável pela área laboral, assessorado sempre que necessário pelo serviço competente do ministério responsável pelo setor de atividade, convoca as entidades referidas no número anterior para a negociação de um acordo sobre os serviços mínimos e os meios necessários para os assegurar.

3. Na negociação de serviços mínimos relativos a greve substancialmente idêntica a, pelo menos, duas greves anteriores para as quais a definição de

serviços mínimos por arbitragem tenha igual conteúdo, o serviço referido no número anterior propõe às partes que aceitem essa mesma definição, devendo, em caso de rejeição, a mesma constar da ata da negociação.

4. No caso referido nos números anteriores, na falta de acordo nos três dias posteriores ao aviso prévio de greve, os serviços mínimos e os meios necessários para os assegurar são definidos:

***a*) Por despacho conjunto, devidamente fundamentado, do ministro responsável pela área laboral e do ministro responsável pelo setor de atividade;**

***b*) Tratando-se de empresa do setor empresarial do Estado, por tribunal arbitral, constituído nos termos de lei específica sobre arbitragem obrigatória.**

5. A definição dos serviços mínimos deve respeitar os princípios da necessidade, da adequação e da proporcionalidade.

6. O despacho e a decisão do tribunal arbitral previstos no número anterior produzem efeitos imediatamente após a sua notificação às entidades a que se refere o nº 1 e devem ser afixados nas instalações da empresa, estabelecimento ou serviço, em locais destinados à informação dos trabalhadores.

7. Os representantes dos trabalhadores em greve devem designar os trabalhadores que ficam adstritos à prestação dos serviços mínimos definidos e informar do facto o empregador, até vinte e quatro horas antes do início do período de greve ou, se não o fizerem, deve o empregador proceder a essa designação.

COMENTÁRIOS:

1. Antecedentes legislativos: Arts. 599º, do CT/2003; 439º a 449º, da RCT e 8º, nºs 4 a 8, da L nº 65/77, de 26 de agosto.

2. O presente artigo tem a redação introduzida pela L nº 105/2009, de 14 de setembro.

3. A al. *b*), do nº 4, foi alterada pelo art. 35º, nº 1, da L nº 105/2009, de 14 de setembro, sendo de salientar a eliminação dos serviços da administração direta ou indireta do Estado e das autarquias locais do respetivo âmbito.

4. Os serviços mínimos indispensáveis à satisfação de necessidades sociais impreteríveis e os serviços necessários à segurança e manutenção de equipamentos e instalações, bem como os meios necessários para os assegurar, devem ser definidos por instrumento de regulamentação coletiva de trabalho ou por acordo entre os representantes dos trabalhadores e os empregadores abrangidos pelo aviso prévio ou a respetiva associação de empregadores (cfr., articuladamente, o nº 1, do presente artigo e os nºs 1 e 3, do art. 537º).

A RL esclareceu que a "fixação dos serviços mínimos tem de traduzir-se na determinação objetiva e concreta, até onde for materialmente possível, quer das necessidades sociais impreteríveis (fundamentação), quer da sua satisfação suficiente mediante a indicação dos correspondentes serviços mínimos, quer finalmente dos meios humanos destinados a garanti-los, o que tem de ser feito em termos quantitativos (número de trabalhadores ou percentagem dos mesmos, em função da execução habitual da atividade da entidade empregadora) e qualitativos (horários/turnos, locais e categorias profissionais), pois só assim se logra os objetivos procurados por essas normas: o decurso da greve dentro dos parâmetros da legalidade, normalidade e paz social, o que passa também pela efetiva prestação dos ditos serviços mínimos". [Ac. de 03.12.14 *in* www.dgsi.pt (Proc. nº 2028/11.6TTLSB.L1-4)].

5. Na negociação de serviços mínimos relativos a greve substancialmente idêntica a, pelo menos, duas greves anteriores para as quais a definição de serviços mínimos por arbitragem tenha igual conteúdo, o serviço referido no número anterior propõe às partes que aceitem essa mesma definição, devendo, em caso de rejeição, a mesma constar da ata da negociação (nº 3).

6. Se nos três dias posteriores ao aviso prévio de greve não houver acordo, os serviços mínimos e os meios necessários para os assegurar são definidos por despacho conjunto, devidamente fundamentado, do ministro responsável pela área laboral e do ministro responsável pelo setor de atividade (al. *a*), do nº 4).

Estando em causa empresa do setor empresarial do Estado, tal definição compete ao tribunal arbitral, constituído nos termos do DL nº 259/2009, de 25 de setembro (al. *b*), do nº 4). Cfr. o Ac. da RL, de 06.10.10 *in* www.dgsi.pt (Proc. nº 803/10.8YRLSB-4) e CJ, Ano XXXV, Tomo IV, p. 155.

A RL dilucidou que apesar "de ter sido ultrapassado o prazo de três dias entre o conhecimento do aviso prévio da greve pela empresa e a reunião de negociação de um acordo sobre os serviços mínimos, isso não obstava a que fosse despoletada a intervenção do Tribunal Arbitral". [Ac. de 16.03.11 *in* www.dgsi.pt (Proc. nº 3/11.0YRLSB-4)].

7. Na definição dos serviços mínimos devem ser respeitados os princípios da necessidade, da adequação e da proporcionalidade (nº 5).

A RL entendeu que, tendo "o Acórdão do Tribunal Arbitral decidido quanto à greve «No que respeita aos assistentes operacionais, os meios humanos necessários para cumprir os serviços mínimos definidos correspondem ao do pessoal ao serviço no turno de domingo, com o acréscimo de um assistente operacional por serviço de internamento, em cada um dos turnos de manhã e da tarde», tendo fundamentado que «o tribunal considera que, num período de greve com a duração de um dia, é necessário assegurar efetivamente a distribuição da alimentação aos doentes, pelo que essa situação integra o conceito de necessidades sociais impreteríveis, implicando necessariamente a fixação dos serviços mínimos», atenta a natureza dos direitos em confronto com o direito de greve e uma vez que a prestação dos cuidados de alimentação aos doentes em regime de internamento assume natureza inadiável, a definição dos serviços mínimos aí efetuada é adequada, necessária e proporcional à situação em causa". (Ac. de 18.01.19 *in* CJ, Ano XLIV, Tomo I, p. 201).

Para este mesmo tribunal afigurou-se igualmente adequada e proporcional face à necessidade de assegurar uma alimentação conveniente dos doentes internados, a medida de um Centro Hospitalar que garantiu "obrigatoriamente as tarefas da copa e de distribuição de alimentação nos serviços de internamento por, pelo menos, um «Assistente Operacional» em cada turno de manhã e de tarde, sob pena de os doentes ficarem privados do pequeno-almoço, almoço, lanche e jantar no dia de greve". [Ac. de 24.10.18 *in* www.dgsi.pt (Proc. nº 1571/18.0YRLSB-4)].

No Proc. nº 6/11.4YRLSB-4, a RL reconheceu que o "tribunal arbitral, ao fixar como serviços mínimos a prestar, na empresa Soflusa e no dia da greve geral – 24 de novembro de 2010 –, um total de 15 carreiras fluviais das 94 habitualmente realizadas, entre o Barreiro e o Terreiro do Paço, incidindo a sua grande maioria nas chamadas "horas de ponta", não violou os princípios da necessidade, adequação e proporcionalidade, sendo que a alternativa de não fixar quaisquer serviços mínimos não é compatível com as normas que regulam o direito à greve, pois está em causa uma empresa de transportes públicos fluviais que a lei classifica como empresa que se destina à satisfação de necessidades sociais impreteríveis". (Ac. de 16.03.11 *in* www.dgsi.pt).

Cfr., ainda, os Acs. da RL, de 04.05.11 *in* www.dgsi.pt (Proc. nº 4/11.8YRLSB-4); de 13.04.11 *in* www.dgsi.pt (Proc. nº 219/11-9YRLSB-4); de 16.03.11 *in* www.dgsi.pt (Proc. nº 3/11.0YRLSB-4) e de 24.02.10 *in* www.dgsi.pt (Proc. nº 1726/09.9YRSB-4).

8. No caso específico de greves que afetem os transportes aéreos, a RL entendeu que os "serviços mínimos reconduzem-se unicamente a operações básicas imprescindíveis (v. g., recolha de lixo e reposição da água potável) ou a casos imprevistos e excecionais de premente e indispensável necessidade de limpeza do aludido espaço público ou dos aparelhos em questão, por questões de operacionalidade imediata relacionada com a segurança, higiene e saúde dos passageiros e utentes do aeroporto, sob pena de contenção ou restrição inadmissível do direito de greve, nos seus contornos legais e constitucionais". [Ac. de 03.12.14 *in* www.dgsi.pt (Proc. nº 2028/11.6TTLSB. L1-4)].

No Proc. nº 454/13.5YRLSB-4, foi decidido que, apesar da "especificidade da insularidade imponha que, em caso de greve nos transportes aéreos, as populações das ilhas não fiquem absolutamente isoladas, isso não justifica que se definam como serviços mínimos todos os voos programados de e para as Regiões Autónomas, nem o justificam o facto de a greve em causa ter a duração de três dias e/ou de ter lugar na semana anterior à Páscoa. A definição de serviços mínimos como a totalidade dos voos programados de e para as Regiões Autónomos equivaleria à negação aos trabalhadores das empresas transportadoras aéreas do direito de greve, violando os princípios da necessidade, da adequação e da proporcionalidade". (Ac. da RL, de 19.06.13 *in* www.dgsi.pt).

9. O TC não julgou inconstitucionais os nºs 3 e 4, do art. 599º, do CT/2003. (Ac. nº 572/2008, de 26.11.08, pub. no DR, Série II, de 12.01.2009).

Artigo 539º – Termo da greve

A greve termina por acordo entre as partes, por deliberação de entidade que a tenha declarado ou no final do período para o qual foi declarada.

COMENTÁRIOS:

1. Antecedentes legislativos: Arts. 602º, do CT/2003 e 9º, da L nº 65/77, de 26 de agosto.

2. A Procuradoria-Geral da República emitiu parecer no sentido de que o acordo e a deliberação "que põem termo à greve podem ser expressos ou implícitos, deduzindo-se, nesse caso, tacitamente de factos que, com toda a probabilidade, os revelam (art. 217º, nº 1, do Código Civil)". Acrescentando ainda que o "decretamento de uma greve por outro sindicato para o mesmo período temporal é, ainda que tenha subjacente as mesmas revindicações, irrelevante, não podendo daí retirar-se um qualquer acordo entre as partes, uma vontade legítima de pôr termo à greve ou um outro qualquer facto extintivo da mesma". (Parecer nº 7/2020, pub. no DR, II Série, de 23.10.2020).

Artigo 540º – Proibição de coação, prejuízo ou discriminação de trabalhador

1. É nulo o ato que implique coação, prejuízo ou discriminação de trabalhador por motivo de adesão ou não a greve.

2. Constitui contraordenação muito grave o ato do empregador que implique coação do trabalhador no sentido de não aderir a greve, ou que o prejudique ou discrimine por aderir ou não a greve.

COMENTÁRIOS:

1. Antecedentes legislativos: Arts. 603º e 689º, do CT/2003 e 10º, da L nº 65/77, de 26 de agosto.

2. O empregador não pode coagir o trabalhador no sentido de não aderir a greve, nem prejudicá-lo ou discriminá-lo por aderir ou não à mesma, sob pena de incorrer na prática de uma contraordenação muito grave (nº 2).

O STJ, começando por referir que são nulos, nos termos do nº 1, "os atos de que decorre coação, prejuízo, ou discriminação de trabalhador por motivo de adesão ou não a uma greve", acabou por concluir que era suscetível de se enquadrar neste número "a ponderação como faltas das ausências ao serviço motivadas por adesão a greve lícita, na avaliação da assiduidade, como pressuposto de um prémio monetário instituído pelo empregador a favor dos trabalhadores". (Ac. de 29.01.20 *in* jurisprudencia.csm.org.pt (Proc. nº 2065.16.4T8BRG.G1.S1) e CJ, Ano XXVIII, Tomo I, p. 201).

Na análise da RL, praticou esta contraordenação "a empregadora que considera indevidamente, apesar de informação da inspeção do trabalho em contrário, que um aviso de greve não abrange certos trabalhadores e que a própria greve é ilícita por falta de cumprimento da obrigação de serviços mínimos, e que assim aplica o regime das faltas injustificadas a dezassete trabalhadores que fizeram greve". [Ac. de 12.06.19 *in* www.dgsi.pt (Proc. nº 1060/17.0Y4FNC.L1-4)].

A RE enquadrou igualmente nesta tipo contraordenacional o comportamento de uma empregadora que, "tendo alguns dos seus trabalhadores aderido a uma greve decretada pela estrutura sindical entre as 0h00 do dia 19 e as 6h00 do dia 22 de abril de 2010, considera os contratos de trabalho suspensos não só nesse período, como também nos dois dias subsequentes (dias 22 e 23), por entender que nestes últimos dias, embora os trabalhadores tenham comparecido no local de trabalho e cumprido o período de trabalho no horário de definido pela empregadora, eles limitaram-se a desenvolver tarefas coadunantes com o arranque do complexo industrial, nomeadamente das máquinas e equipamentos para que logo que fosse possível se iniciasse a produção dos produtos petrolíferos refinados". [Ac. de 11.02.16 *in* www.dgsi.pt (Proc. nº 19/14.4T8STC.E1)].

A RL deixou claro que à "luz dos princípios que regem o direito à greve e do que vem sendo maioritariamente entendido, não constitui dever, nem obrigação do trabalhador comunicar à entidade patronal a intenção de fazer greve". [Ac. de 25.11.20 *in* www.dgsi.pt (Proc. nº 10501/19.1T8LSB.L1-4)]. Nesse aresto, é ainda mencionado que a "greve constitui um direito constitucional e exercer livremente pelo trabalhador, sem sujeição a qualquer tipo de pressões ou condicionamentos", por isso, não se tendo demonstrado nesse caso, "a prática pelo autor de qualquer infração disciplinar, carece de fundamento a sanção disciplinar que lhe foi aplicada, podendo a mesma ser encarada como um ato que implica coacção ou prejuízo para o trabalhador por motivo de adesão à greve".

3. A violação do disposto no nº 1 é punida com pena de multa até 120 dias (art. 543º, nº 1).

Artigo 541º – Efeitos de greve declarada ou executada de forma contrária à lei

1. A ausência de trabalhador por motivo de adesão a greve declarada ou executada de forma contrária à lei considera-se falta injustificada.

2. O disposto no número anterior não prejudica a aplicação dos princípios gerais em matéria de responsabilidade civil.

3. Em caso de incumprimento da obrigação de prestação de serviços mínimos, o Governo pode determinar a requisição ou mobilização, nos termos previstos em legislação específica.

COMENTÁRIOS:

1. Antecedentes legislativos: Arts. 601º e 604º, do CT/2003, os quais correspondiam aos arts. 8º, nº 9 e 11º, da L nº 65/77, de 26 de agosto.

2. A RL fez notar que o art. 601º, do CT/2003, por comparação com o nº 3, "contém, em termos de redação, uma diferença fundamental, ao afirmar que tal requisição civil pode ser determinada, «sem prejuízo dos efeitos gerais» (frase que inexiste no nº 3 do art. 541º), abrindo a porta, pelo menos na vigência de tal diploma legal, a outras consequências e que são as decorrentes do instituto da responsabilidade civil". [Ac. de 03.12.14 *in* www.dgsi.pt (Proc. nº 2028/11.6TTLSB.L1-4)].

Artigo 542º – Regulamentação da greve por convenção coletiva

1. A convenção coletiva pode regular, além das matérias referidas na alínea *g*) do nº 2 do artigo 492º, procedimentos de resolução de conflitos suscetíveis de determinar o recurso à greve, bem como limitar o recurso a greve por parte de associação sindical celebrante, durante a vigência daquela, com a finalidade de modificar o seu conteúdo.

2. A limitação prevista na segunda parte do número anterior não prejudica, nomeadamente, a declaração de greve com fundamento:

***a*) Na alteração anormal de circunstâncias em que as partes fundamentaram a decisão de contratar;**

***b*) No incumprimento da convenção coletiva.**

3. O trabalhador não pode ser responsabilizado pela adesão a greve declarada em incumprimento de limitação prevista no nº 1.

COMENTÁRIOS:

1. Antecedentes legislativos: Art. 606º, do CT/2003.

2. O nº 1 atribui à convenção coletiva a possibilidade de:

a) estabelecer procedimentos de resolução de conflitos suscetíveis de determinar o recurso à greve (1ª parte) e

b) limitar o recurso a greve por parte de associação sindical celebrante, durante a vigência daquela, com a finalidade de modificar o seu conteúdo (2ª parte, trata-se da chamada "cláusula de paz social relativa").

3. O nº 2 estabelece que a cláusula de paz social relativa não prejudica a declaração de greve com fundamento na alteração anormal das circunstâncias em que as partes fundamentaram a decisão de contratar [al. *a*)] ou no incumprimento da convenção coletiva [al. *b*)].

Artigo 543º – Responsabilidade penal em matéria de greve

A violação do disposto no nº 1 ou 2 do artigo 535º ou no nº 1 do artigo 540º é punida com pena de multa até 120 dias.

COMENTÁRIOS:

Antecedentes legislativos: Arts. 613º, do CT/2003 e 15º, da L nº 65/77, de 26 de agosto.

SECÇÃO II – *Lock-out*

Artigo 544º – Conceito e proibição de *lock-out*

1. Considera-se *lock-out* qualquer paralisação total ou parcial da empresa ou a interdição do acesso a locais de trabalho a alguns ou à totalidade dos trabalhadores e, ainda, a recusa em fornecer trabalho, condições e instrumentos de trabalho que determine ou possa determinar a paralisação de todos ou alguns setores da empresa, desde que, em qualquer caso, vise atingir finalidades alheias à normal atividade da empresa, por decisão unilateral do empregador.

2. É proibido o *lock-out*.

3. Constitui contraordenação muito grave a violação do disposto no número anterior.

COMENTÁRIOS:

1. Antecedentes legislativos: Arts. 605º e 689º, do CT/2003 e 14º, da L nº 65/77, de 26 de agosto.

2. A proibição do *lock out* está constitucionalmente consagrada no art. 57º, nº 4, da CRP.

Explicam José Joaquim Gomes Canotilho/Vital Moreira, *Constituição da República Portuguesa anotada*, 1º vol., p. 317, "o *lock-out*, sendo ilegítimo, não tem qualquer influência sobre as relações de trabalho: não suspende as relações emergentes do contrato de trabalho, designadamente a retribuição, nem tem qualquer efeito sobre a antiguidade e os efeitos dela decorrentes. Mas, traduzindo-se numa violação do contrato de trabalho (incumprimento da obrigação de dar trabalho), o *lock-out* constitui a entidade patronal em responsabilidade contratual, podendo conferir aos trabalhadores o direito de resolução do contrato por incumprimento da outra parte. Isto naturalmente sem prejuízo da proteção penal que a lei preveja para garantir esta proibição constitucional".

3. A violação do disposto no nº 2 é punida com pena de prisão até dois anos ou com pena de multa até 240 dias (art. 545º).

Artigo 545º – Responsabilidade penal em matéria de *lock-out*

A violação do disposto no nº 2 do artigo 544º é punida com pena de prisão até 2 anos ou com pena de multa até 240 dias.

COMENTÁRIOS:

Antecedentes legislativos: Arts. 613º, do CT/2003 e 15º, da L nº 65/77, de 26 de agosto.

LIVRO II – RESPONSABILIDADES PENAL E CONTRAORDENACIONAL

CAPÍTULO I – Responsabilidade penal

Artigo 546º – Responsabilidade de pessoas coletivas e equiparadas

As pessoas coletivas e entidades equiparadas são responsáveis, nos termos gerais, pelos crimes previstos no presente Código.

COMENTÁRIOS:

1. Antecedentes legislativos: Art. 607º, do CT/2003.

2. O Direito Penal do Trabalho, enquanto quadro disciplinador de crimes praticados contra os trabalhadores no desempenho da atividade laboral, tem-se assumido na consciência coletiva do mundo do trabalho.

Questão distinta é a regulação dos riscos inerentes à atividade laboral, independentemente de qualquer atuação culposa do empregador, amplamente tratada no regime jurídico dos acidentes de trabalho e doenças profissionais. No entanto, muitas vezes, os acidentes de trabalho, "encobrem realidades bem mais graves, parece-nos ter estado – e estar ainda, mercê da absorção mais ou menos generalizada, mas difusa, de certas doutrinas económicas, sociais e, até, políticas – uma certa conceção do homem trabalhador que valoriza muito mais a sua chamada *integridade produtiva* do que a sua *integridade inteira*, passe a redundância, onde os valores da vida, da saúde, da família e do seu bem estar moral e social também deviam pesar alguma coisa", conclui CARLOS ALEGRE, *A questão da responsabilidade criminal em segurança, higiene e saúde no trabalho*", p. 339.

Acerca da "invisibilidade" das condutas de cariz criminal, JORGE LEITE, *Direito Penal do Trabalho, uma sentença histórica*, p. 107, manifesta a sua preocupação pela política generalizada de atribuir a todos os atos e omissões o cariz de acidental, "que razões, ou que interesses, explicam (mas a meu ver, não justificam) que se tenha deixado interiorizar a convicção de que não é crime a morte de trabalhador soterrado, por falta de entivação, na vala que ajudava a abrir? Que razões, ou que interesses, explica, que se tenha deixado interiorizar a convicção de que não é crime a amputação do braço da criança que, ao serviço de outrem, é surpreendida pela lâmina insensível e implacável da máquina com que trabalhava? Que razões, ou que interesses, explicam que não seja considerado crime o aborto de trabalhadoras grávidas provocado pela manipulação de produtos ou pelo ritmo de trabalho ou pelas cargas excessivas que a lei considera transportarem tal risco e, por isso, proíbe? Porque é que tudo aparece reduzido à ideia de mero acidente?".

Assim, o frágil quadro sancionatório existente reconduz-se ao regime da responsabilidade civil e ao ilícito contraordenacional laboral, sendo escassas as normas penais incriminadoras.

3. Indiquemos alguns dos crimes laborais previstos em diferente legislação:

a) Código Penal:

– Crime de maus tratos (art. 152º-A);

– Crime de violação de regras de segurança (art. 152º-B);

– Crime de escravidão (art. 159º);

– Crime de tráfico de pessoas (art. 160º).

– Crime de infração de regras de construção, dano em instalações e perturbação de serviços [art. 277º, nº 1, als. *a*) e *b*)];

b) Código do Trabalho

– Crime por utilização indevida de trabalho de menor (art. 82º);

– Crime de desobediência por não cessação da atividade de menor (art. 83º);

– Responsabilidade penal em caso de encerramento de empresa ou estabelecimento (art. 316º);

– Efeitos para o empregador de falta de pagamento pontual da retribuição (art. 324º);

– Crime por violação da autonomia ou independência sindical, ou por ato discriminatório (art. 407º);

– Crime de retenção de quota sindical (art. 459º);

– Responsabilidade penal em matéria de greve (art. 543º);

– Responsabilidade penal em matéria de *lock-out* (art. 545º);

– Desobediência qualificada (art. 547º).

4. A configuração da conduta do empregador como criminosa só é considerada se o ato ilícito lhe for imputado a título de culpa (por dolo ou mera negligência). A culpa, quer no domínio da responsabilidade contratual, quer extracontratual, traduz-se na omissão reprovável de um dever de diligência (do *bonus pater famílias*), aferido em abstrato.

No caso de acidente de trabalho, esse nexo de imputação estabelece-se (ou melhor, presume-se) quando o mesmo resultar da inobservância das regras de segurança e saúde.

Cabe ao empregador respeitar os arts. 281º e 282º relativos às matérias de segurança e saúde no trabalho, a fim de assegurar aos trabalhadores condições laborais idóneas e aplicar as medidas necessárias por forma a combater, na sua origem, o risco de acidentes de trabalho que sejam previsíveis face aos locais de trabalho e aos processos de trabalho adotados.

5. Uma realidade corrente em Portugal, mais precisamente a falta de segurança na construção civil, é tipificada como *infração de regras de construção, dano em instalações e perturbação de serviços* (art. 277º), consagrado como crime de perigo (os crimes de perigo, ao contrário dos crimes de dano, bastam-se com o mero perigo de ocorrência do evento criminoso) comum (cuidando de se proteger valores como a vida ou a integridade física de outrem).

"O ponto crucial deste crime, não falando obviamente nos problemas dogmáticos que suscita, *reside no facto de que condutas cujo desvalor de ação é de pequena monta se repercutem, amiúde, num desvalor de resultado de efeitos não poucas vezes catastróficos*", Lopes Rocha, *Jornadas de Direito Criminal*, CEJ, p. 371, citado no Ac. da RC, de 05.06.97, QL, nº 11, Ano V, 1998, p. 99. Pela primeira vez na jurisprudência portuguesa, foi o empregador condenado por tal crime, neste acórdão histórico.

Dos autos resultou que os arguidos "J. e A. levavam a cabo a construção de um edifício de vários pisos, sob a direção técnica do arguido S., sem observância do que prescrevem os arts. 40º, 42º e 152º do Regulamento de Segurança no Trabalho da Construção Civil (Decreto 41 821, de 11 de agosto de 1958), assim violando as regras de segurança atinentes à construção civil e criando perigo para a vida dos trabalhadores que ali desenvolviam as suas atividades, ocasionando infelizmente a morte de um deles. Tal conduta configura, sem dúvida, a autoria (...), por banda de cada um deles, nas referidas qualidades de dono da obra (J.), empreiteiro executor e responsável pelos trabalhos de cofragem e descofragem (A.) e responsável ela direção técnica e segurança da obra (S.)," de um crime de violação das regras de construção previsto e punido ao tempo pelos arts. 263º, nº 1 e 267º, do CP (antes da revisão do DL nº 48/95, de 15 de março) e atualmente pelos arts. 277º, nº 1, al. *a*) e 285º.

Cfr. o art. 152º-B, do CP, que tipifica o crime de violação de regras de segurança.

Note-se que, nos termos do art. 12º, nº 7, da Lei Preambular, "o regime sancionatório constante do Código do Trabalho não revoga qualquer disposição do Código Penal".

6. No passado, a responsabilidade criminal das pessoas coletivas foi matéria que suscitou grandes discrepâncias doutrinárias. Com efeito, o art. 11º, do CP, na ver-

são anterior à introduzida pela L nº 59/2007, dispunha o seguinte: "Salvo disposição em contrário, só as pessoas singulares são suscetíveis de responsabilidade criminal". A responsabilidade das pessoas coletivas só era admitida a título excecional.

Os principais argumentos esgrimidos contra a responsabilização vincavam que, sendo a ação criminal violadora dos valores e dos interesses do Homem, só poderia ter como agente atuante a pessoa física. Questionava-se ainda a possibilidade de aferir a culpa da pessoa coletiva e, sendo esta aferível, qual seria a punição adequada. Claro que determinadas sanções como a pena de privação da liberdade eram de imediato excluídas, atenta a natureza não corpórea da pessoa coletiva.

Deve-se a Jorge Figueiredo Dias o mérito de ter desbravado os caminhos necessários para a configuração e explanação de solução contrária.

Conforme conclui Mário Monte, *Da proteção penal do consumidor*, p. 239, "Ficou, assim, traçado o caminho indispensável para passar do mero reconhecimento da necessidade político-criminal da responsabilidade criminal das pessoas coletivas, à sua instituição dogmática.

Tal pensamento foi sendo acompanhado por outros, quer no âmbito jurisprudencial, quer doutrinal, quer legal, um pouco por toda a parte. É, assim que hoje é quase comum ouvir-se falar no princípio *societas delinquere potest* e assegurar-se que as pessoas coletivas, também, podem ser responsabilizadas criminalmente (...)".

Claro que, atenta a natureza da pessoa coletiva, os tipos legais de crimes a preencher situam-se, necessariamente, no âmbito do direito penal secundário.

A responsabilidade criminal das pessoas coletivas está expressamente prevista no art. 11º, do CP. No que diz respeito às penas aplicáveis às pessoas coletivas, *vide* os arts. 90º-A a 90º-M, do CP.

Artigo 547º – Desobediência qualificada

Incorre no crime de desobediência qualificada o empregador que:

***a*) Não apresentar ao serviço com competência inspetiva do ministério responsável pela área laboral documento ou outro registo por este requisitado que interesse ao esclarecimento de qualquer situação laboral;**

***b*) Ocultar, destruir ou danificar documento ou outro registo que tenha sido requisitado pelo serviço referido na alínea anterior.**

COMENTÁRIOS:

1. Antecedentes legislativos: Art. 468º, da RCT.

2. O crime de desobediência está previsto no art. 348º, do CP. De acordo com o nº 2, deste artigo, nos casos em que uma disposição legal cominar a punição de desobediência qualificada (como o presente artigo) a pena é de prisão até dois anos ou de multa até 240 dias.

CAPÍTULO II - Responsabilidade contraordenacional

Artigo 548º - Noção de contraordenação laboral

Constitui contraordenação laboral o facto típico, ilícito e censurável que consubstancie a violação de uma norma que consagre direitos ou imponha deveres a qualquer sujeito no âmbito de relação laboral e que seja punível com coima.

COMENTÁRIOS:

1. Antecedentes legislativos: Arts. 614º, do CT/2003 e 1º, da L nº 116/99, de 04 de agosto.

2. A diferença entre o ilícito penal e o chamado ilícito de mera ordenação social não é puramente formal, mas sim substancial. A contraordenação é um "aliud *que se diferencia qualitativamente do crime na medida em que o respetivo ilícito e as reações que lhe cabem não são diretamente fundamentáveis num plano ético-jurídico, não estando, portanto, sujeitas aos princípios e corolários do direito criminal*", Eduardo Correia, *Direito Penal e Direito de Mera Ordenação Social*, p. 268.

Em relação ao ilícito penal, importa referir que o direito penal secundário se contrapõe ao direito penal primário não por vigorar entre eles qualquer hierarquia ou graduação, mas porque são distintos os bens jurídicos que pretendem proteger.

Os bens jurídicos do direito penal primário relacionam-se com "o livre desenvolvimento da personalidade do homem como tal" Jorge Figueiredo Dias, *Os novos rumos da política criminal e o direito penal português*, p. 17, citado por A. Henriques Gaspar, *Relevância criminal das práticas contrárias aos interesses dos consumidores*, p. 41. Já no direito penal secundário os bens protegidos "se relacionam com a atuação da personalidade do homem enquanto fenómeno social, em comunidade e em dependência recíproca", *ibidem*.

Daí a integração no direito penal secundário de valores que se prendem com a sua mencionada vertente económica e social, exemplificando-se com o direito penal económico.

No âmbito de proteção penal, "adquirem particular relevo, no plano individual, os bens jurídicos vida, integridade física e saúde e propriedade, e no plano coletivo ou difuso, a saúde pública e a ordem sócio-económica", explica A. Henriques Gaspar, *ibidem*.

3. A noção de contraordenação laboral prevista no presente artigo "pressupõe, além da tipificação legal (art. 1º do RGCO) a prática de um facto ilícito e censurável, mesmo que apenas a título de negligência, essa, de acordo com o art. 550º do CT, sempre punível". [Ac. da RC, de 02.06.11 *in* www.dgsi.pt (Proc. nº 974/10.3T4AVR.C1)].

Neste aresto, foi decidido que não era "imputável um comportamento negligente ao empregador que não prevê determinado risco exatamente quando o técnico especializado o não prevê".

A RE entendeu que, "nada estando provado acerca de qualquer comportamento censurável duma empresa de transportes, num caso de desrespeito de pausa de trabalho por um seu motorista, condutor dum veículo pesado de mercadorias, falha o elemento subjetivo da infração, o que tem de levar à absolvição da empresa acusada". (Ac. de 25.03.10 *in* CJ, Ano XXXV, Tomo II, p. 265).

4. O regime processual aplicável às contraordenações laborais e de segurança social foi aprovado pela L nº 107/2009, de 14 de setembro.

5. Para maiores desenvolvimentos sobre as contraordenações laborais, *vide* João Soares Ribeiro, *Contraordenações Laborais/2009*; João Monteiro, *A Responsabilidade contraordenacional no CT/2009* e Maria Benedita Pernas, *Contraordenações laborais.*

Artigo 549º – Regime das contraordenações laborais

As contraordenações laborais são reguladas pelo disposto neste Código e, subsidiariamente, pelo regime geral das contraordenações.

COMENTÁRIOS:

1. Antecedentes legislativos: Arts. 615º, do CT/2003 e 2º, da L nº 116/99, de 04 de agosto.

2. O regime geral das contraordenações está previsto no DL nº 433/82, de 27 de outubro.

3. "No regime de processamento e decisão das contraordenações laborais é admitida a condenação de empregador pela autoridade administrativa no pagamento de quantias devidas a trabalhador emergentes de créditos salariais verificados pela mesma". (Ac. da RL de 15.01.14 *in* CJ, Ano XXXIX, Tomo I, p. 156).

Artigo 550º – Punibilidade da negligência

A negligência nas contraordenações laborais é sempre punível.

COMENTÁRIOS:

1. Antecedentes legislativos: Arts. 616º, do CT/2003 e 3º, da L nº 116/99, de 04 de agosto.

2. A negligência deduz-se de determinada conduta omissiva face à inobservância do dever objetivo de cuidado imposto por lei. Cfr. o Ac. da RP, de 18.02.08 *in* CJ, Ano XXXIII, Tomo I, p. 229.

3. A RL dilucidou que no "ilícito contra-ordenacional, fora os casos de dolo, a culpa funda-se na violação de procedimento que uma determinada norma imponha ao agente, ou seja e dito de outro modo, a imputação subjetiva a título de negligência materializa-se na factualidade imputada ao agente, a quem incumbia observar um certo procedimento imposto por uma determinada norma". [Ac. de 22.03.17 *in* www.dgsi.pt (Proc. nº 4948/16.2T8LSB.L1-4)].

4. Nas contraordenações laborais, sempre puníveis a título de negligência, o elemento subjetivo da conduta pode presumir-se da descrição do elemento objetivo, como esclareceu a RE. [Ac. de 14.01.21 *in* www.dgsi.pt (Proc. nº 558/20.8T8TMR.E1)]. Neste aresto, lê-se que, tratando-se "a arguida de empresa que se dedica à exploração de uma pedreira, onde operam trabalhadores e máquinas, presume-se o comportamento negligente se não implementa as medidas de segurança que ela mesmo estabeleceu para protecção dos seus trabalhadores no plano de segurança e saúde". Acrescentando-se, ainda, que no "art. 15º, nº 10 da Lei 102/2009, de 10 de setembro, está em causa a implementação das medidas de segurança, envolvendo não apenas a organização dos serviços do empregador, mas igualmente a mobilização dos meios e dos equipamentos de protecção necessários à efectiva implementação de tais medidas de segurança". Cfr., ainda, o Ac. da RP, de 10.12.19 *in* www.dgsi.pt (Proc. nº 70/19.8T8VFR.P1).

Artigo 551º – Sujeito responsável por contraordenação laboral

1. O empregador é o responsável pelas contraordenações laborais, ainda que praticadas pelos seus trabalhadores no exercício das respetivas funções, sem prejuízo da responsabilidade cometida por lei a outros sujeitos.

2. Quando um tipo contraordenacional tiver por agente o empregador abrange também a pessoa coletiva, a associação sem personalidade jurídica ou a comissão especial.

3. Se o infrator for pessoa coletiva ou equiparada, respondem pelo pagamento da coima, solidariamente com aquela, os respetivos administradores, gerentes ou diretores.

4. O contratante e o dono da obra, empresa ou exploração agrícola, bem como os respetivos gerentes, administradores ou diretores, assim como as sociedades que com o contratante, dono da obra, empresa ou exploração agrícola se encontrem em relação de participações recíprocas, de domínio ou de grupo, são solidariamente responsáveis pelo cumprimento das disposições

legais e por eventuais violações cometidas pelo subcontratante que executa todo ou parte do contrato nas instalações daquele ou sob responsabilidade do mesmo, assim como pelo pagamento das respetivas coimas.

COMENTÁRIOS:

1. Antecedentes legislativos: Arts. 617º, do CT/2003 e 4º, nºs 1, al. *a*), 2 e 4, da L nº 116/99, de 04 de agosto.

2. O presente artigo tem a redação introduzida pela L nº 28/2016, de 23 de agosto.

3. Em relação ao CT/2003, é de destacar, no nº 1, a instituição da responsabilidade do empregador pelas contraordenações, ainda que praticadas pelos seus trabalhadores no exercício das respetivas funções.

4. A L nº 28/2016 também procedeu à quinta alteração ao regime jurídico da promoção da segurança e saúde no trabalho, aprovado pela L nº 102/2009, de 10 de setembro e à terceira alteração ao regime jurídico do exercício e licenciamento das agências privadas de colocação e das empresas de trabalho temporário, aprovado pelo DL nº 260/2009, de 25 de setembro.

Com a L nº 28/2016, procurou-se tomar "medidas efetivas para prevenir o trabalho forçado e proteger e compensar as vítimas desta prática de escravatura moderna", em respeito pelo "Protocolo da OIT sobre trabalho forçado, que foi adotado por uma maioria esmagadora em junho de 2014 na Conferência anual da OIT" (cfr. exposição de motivos constante do Projeto de Lei nº 146/XIII/1ª).

5. Se o infrator for pessoa coletiva ou equiparada, respondem pelo pagamento da coima, solidariamente com aquela, os respetivos administradores, gerentes ou diretores (nº 3). Segundo a RP esta responsabilidade solidária "não pressupõe a prática, por estes, de qualquer ilícito contraordenacional, com base na culpa ou com base na culpa presumida, nem há qualquer transmissão da responsabilização pela prática da contraordenação". Com efeito, o nº 3 "institui uma solidariedade no pagamento da coima não na infração, ou seja, consagra uma garantia de satisfação do pagamento da coima". [Ac. de 10.07.19 *in* www.dgsi.pt (Proc. nº 3405/18.7T8PNF.P1)]. Cfr., ainda, os Acs. da RE, de 22.11.17 *in* www.dgsi.pt (Proc. nº 3232/16.6T8FAR.E1) e de 16.04.15 *in* www.dgsi.pt (Proc. nº 24/14.0T8EVR.E1).

O TC não julgou inconstitucional a norma constante do nº 3, "quando aí se estabelece, quanto ao sujeito responsável por contraordenação laboral, que, se o infrator for pessoa coletiva ou equiparada, respondem pelo pagamento da coima, solidariamente com aquela, os respetivos administradores, gerentes ou diretores". (Ac. nº 201/2014, de 03.03.14, pub. no DR, II série, de 07.04.2014). Já a RC entendeu que este preceito "padece de inconstitucionalidade material, por violar o disposto no nº 3 do art. 30º da CRP, devendo, por esse motivo, ser recusada a sua aplicação". [Ac. de 20.12.11 *in* www.dgsi.pt (Proc. nº 356/11.0T4AVR.C1)].

6. No caso do presente artigo, assistimos, no nº 4 (que na versão anterior estabelecia a responsabilidade solidária do contratante "pelo pagamento da coima aplicada ao subcontratante que execute todo ou parte do contrato nas instalações daquele ou sob responsabilidade do mesmo, pela violação de disposições a que corresponda uma infração muito grave, salvo se demonstrar que agiu com a diligência devida"), a diversas alterações.

Em primeiro lugar, a responsabilidade passa a impender não apenas sobre o contratante, mas também sobre o dono da obra, empresa ou exploração agrícola.

Em segundo lugar, o legislador incluiu no universo subjetivo da responsabilidade os gerentes, administradores ou diretores, assim como as sociedades que com o contratante, dono da obra, empresa ou exploração agrícola se encontrem em relação de participações recíprocas, de domínio ou de grupo.

Ao nível objetivo, é de destacar que, no regime anterior, a responsabilidade recaía apenas sobre o pagamento das coimas e sobre a violação de disposições a que correspondesse uma infração muito grave. Agora, a responsabilidade verifica-se em relação ao cumprimento das disposições legais e a eventuais violações (independentemente da natureza da infração), bem como ao pagamento das respetivas coimas.

7. "Não exime uma entidade patronal da prática de uma contraordenação muito grave prevista e punida pelos arts. 13º, nº 3, e 25º, nº 1, alínea c), do Decreto-Lei nº 273/2003, de 29 de outubro, com referência aos arts. 551º, nº 3, 554º, nº 4, alínea e), e 562º, nº 1, do Código do Trabalho, o facto de se estar na rectal final de uma obra e a possível falta de espaço (nomeadamente não se poder instalar, na via pública, um contentor para montagem do escritório, por falta de espaço para tal) para se poder guardar o Plano de Segurança e Saúde na frente da mesma". [Ac. da RL, de 11.09.19 *in* www.dgsi.pt (Proc. nº 328/19.6T8PDL.L1-4)].

8. A RL veio esclarecer que a relação existente entre o dono da obra e o empreiteiro não preenchia a previsão da norma do art. 617º, nº 2, do CT/2003 (atual nº 4, do presente artigo). Cfr. o Ac. de 19.09.12 *in* www.dgsi.pt (Proc. nº 26889/11.0T2SNT.L1-4).

No CT/2003, "a responsabilidade solidária dos administradores, gerentes ou diretores pelo pagamento das coimas aplicadas às pessoas coletivas só tinha lugar nos casos em que o agente da infração fosse um subcontratante". (Ac. da RC, de 04.12.09 *in* CJ, Ano XXXIV, Tomo V, p. 59). Nesta decisão, é ainda referido que o alargamento das situações de responsabilidade solidária decorrente do presente artigo só pode aplicar-se a factos registados depois da entrada em vigor do CT/2009.

9. No que tange às infrações ao horário de trabalho dum motorista, a RC fez notar o CT/2009 alterou o regime punitivo das empresas de transportes. Com efeito, para que estas sejam sancionadas a este título, "é necessário que lhe seja diretamente imputada a prática dum ilícito, quer seja a nível da exclusiva autoria, quer de coautoria, quer de cumplicidade". Por conseguinte, sendo "a materialidade do facto contraordenacional preenchida unicamente com a conduta do motorista, não pode a entidade patronal deste ser punida com uma coima por tal facto, ainda que ele tenha ocorrido antes da entrada em vigor do Código do Trabalho vigente". (Ac. de 09.03.04 *in* CJ, Ano XXIX, Tomo II, p. 53). Cfr., ainda, deste mesmo tribunal, o Ac. de 15.07.04 *in* CJ, Ano XXIX, Tomo IV, p. 52.

Artigo 552º – Apresentação de documentos

1. As pessoas singulares, coletivas e entidades equiparadas notificadas pelo serviço com competência inspetiva do ministério responsável pela área laboral para exibição, apresentação ou entrega de documentos ou outros registos ou de cópia dos mesmos devem apresentá-los no prazo e local identificados para o efeito.

2. Constitui contraordenação leve a violação do disposto no número anterior.

Artigo 553º – Escalões de gravidade das contraordenações laborais

Para determinação da coima aplicável e tendo em conta a relevância dos interesses violados, as contraordenações laborais classificam-se em leves, graves e muito graves.

COMENTÁRIOS:

Antecedentes legislativos: Arts. 619º, do CT/2003 e 6º, da L nº 116/99, de 04 de agosto.

Artigo 554º – Valores das coimas

1. A cada escalão de gravidade das contraordenações laborais corresponde uma coima variável em função do volume de negócios da empresa e do grau da culpa do infrator, salvo o disposto no artigo seguinte.

2. Os limites mínimo e máximo das coimas correspondentes a contraordenação leve são os seguintes:

_a_) Se praticada por empresa com volume de negócios inferior a € 10 000 000, de 2 UC a 5 UC em caso de negligência e de 6 UC a 9 UC em caso de dolo;

b) Se praticada por empresa com volume de negócios igual ou superior a € 10 000 000, de 6 UC a 9 UC em caso de negligência e de 10 UC a 15 UC em caso de dolo.

3. Os limites mínimo e máximo das coimas correspondentes a contraordenação grave são os seguintes:

a) Se praticada por empresa com volume de negócios inferior a € 500 000, de 6 UC a 12 UC em caso de negligência e de 13 UC a 26 UC em caso de dolo;

b) Se praticada por empresa com volume de negócios igual ou superior a € 500 000 e inferior a € 2 500 000, de 7 UC a 14 UC em caso de negligência e de 15 UC a 40 UC em caso de dolo;

c) Se praticada por empresa com volume de negócios igual ou superior a € 2 500 000 e inferior a € 5 000 000, de 10 UC a 20 UC em caso de negligência e de 21 UC a 45 UC em caso de dolo;

d) Se praticada por empresa com volume de negócios igual ou superior a € 5 000 000 e inferior a € 10 000 000, de 12 UC a 25 UC em caso de negligência e de 26 UC a 50 UC em caso de dolo;

e) Se praticada por empresa com volume de negócios igual ou superior a € 10 000 000, de 15 UC a 40 UC em caso de negligência e de 55 UC a 95 UC em caso de dolo.

4. Os limites mínimo e máximo das coimas correspondentes a contraordenação muito grave são os seguintes:

a) Se praticada por empresa com volume de negócios inferior a € 500 000, de 20 UC a 40 UC em caso de negligência e de 45 UC a 95 UC em caso de dolo;

b) Se praticada por empresa com volume de negócios igual ou superior a € 500 000 e inferior a € 2 500 000, de 32 UC a 80 UC em caso de negligência e de 85 UC a 190 UC em caso de dolo;

c) Se praticada por empresa com volume de negócios igual ou superior a € 2 500 000 e inferior a € 5 000 000, de 42 UC a 120 UC em caso de negligência e de 120 UC a 280 UC em caso de dolo;

d) Se praticada por empresa com volume de negócios igual ou superior a € 5 000 000 e inferior a € 10 000 000, de 55 UC a 140 UC em caso de negligência e de 145 UC a 400 UC em caso de dolo;

e) Se praticada por empresa com volume de negócios igual ou superior a € 10 000 000, de 90 UC a 300 UC em caso de negligência e de 300 UC a 600 UC em caso de dolo.

5. O volume de negócios reporta-se ao ano civil anterior ao da prática da infração.

6. Caso a empresa não tenha atividade no ano civil anterior ao da prática da infração, considera-se o volume de negócios do ano mais recente.

7. No ano de início de atividade são aplicáveis os limites previstos para empresa com volume de negócios inferior a € 500 000.

8. Se o empregador não indicar o volume de negócios, aplicam-se os limites previstos para empresa com volume de negócios igual ou superior a € 10 000 000.

9. A sigla UC corresponde à unidade de conta processual.

COMENTÁRIOS:

1. Antecedentes legislativos: Arts. 620º, do CT/2003 e 7º e 9º, da L nº 116/99, de 04 de agosto.

2. A UC é a unidade de conta processual na qual é expressa a taxa de justiça (art. 5º, nº 1, do RCP).

A UC é atualizada anual e automaticamente de acordo com o indexante dos apoios sociais (IAS), devendo atender-se, para o efeito, ao valor de UC respeitante ao ano anterior (art. 5º, nº 2, do RCP).

3. Como esclarece a RC, o presente artigo e os arts. 555º e 556º "contêm a previsão dos montantes das coimas a aplicar quando estejam em causa infrações singulares". Sendo que, nos casos de pluralidade/concurso de infrações laborais regem as normas do art. 558º, nº 3 e do art. 19º, nº 1, do RGCO, "aí se definindo o limite máximo da moldura da coima única. E em ambas essas disposições se faz apelo aos limites abstratos e não às coimas concretamente aplicadas". [Ac. de 23.04.15 *in* www.dgsi.pt (Proc. nº 69/14.0T8GRD.C1)].

Este mesmo tribunal entendeu que não deve ser considerada como inconstitucional a coima abstratamente estabelecida para a contraordenação p. e p. na al. *b*), do nº 4, do presente artigo e nos nºs 3 e 4, do art. 264º. [Ac. de 17.01.13 *in* www.dgsi.pt (Proc. nº 282/11.2TTCVL.C1) e *in* CJ, Ano XX, Tomo III, p. 54].

4. No Proc. nº 1838/18.8T8AVR.P1, a RP deixou claro que a factualidade pertinente para os limites mínimo e máximo da coima previstos no presente artigo, "implicando um agravamento de tais limites, é matéria com relevo para a decisão da causa, impondo-se que conste expressamente da decisão administrativa para poder ser considerada provada, em sede de decisão de facto, pelo Tribunal". Se tal não suceder, "a inclusão de tal factualidade consubstancia uma alteração substancial dos factos, traduzida num agravamento da posição da Arguida no processo, pela elevação dos limites da sanção". (Ac. de 22.06.20 *in* www.dgsi.pt).

Artigo 555º – Outros valores de coimas

1. A cada escalão de gravidade das contraordenações, em caso em que o agente não tenha trabalhadores ao serviço ou, sendo pessoa singular, não

exerça uma atividade com fins lucrativos corresponde o valor de coimas previsto nos números seguintes.

2. A contraordenação leve corresponde coima de 1 UC a 2 UC em caso de negligência ou de 2 UC a 3,5 UC em caso de dolo.

3. A contraordenação grave corresponde coima de 3 UC a 7 UC em caso de negligência ou de 7 UC a 14 UC em caso de dolo.

4. A contraordenação muito grave corresponde coima de 10 UC a 25 UC em caso de negligência ou de 25 UC a 50 UC em caso de dolo.

COMENTÁRIOS:

1. Antecedentes legislativos: Arts. 621º, do CT/2003 e 8º, da L nº 116/99, de 04 de agosto.

2. Os montantes das coimas dependem, desde logo, da qualidade do agente (pessoa singular ou empresa). Assim, se este for uma empresa, a coima varia em função do escalão de gravidade da infração, do volume de negócios e do grau de culpa, devendo ser fixada nos termos do art. 554º. Por sua vez, se o agente não tiver trabalhadores ao serviço ou, sendo pessoa singular, não exerça uma atividade com fins lucrativos, a coima variará em função do escalão de gravidade da infração e do grau de culpa, aplicando-se o presente artigo. Neste caso, o volume de negócios não é elemento de determinação da coima, uma vez que, estando perante um agente que não tenha trabalhadores ao serviço ou, sendo pessoa singular, não exerça uma atividade com fins lucrativos, a dimensão da atividade produtiva perde especial relevância.

3. Nem o art. 621º, do CT/2003, nem a versão do presente artigo constante da proposta de Lei nº 216/X, faziam referência a agente que não fosse empresa. A este propósito convinha distinguir a "empresa" da "não empresa". Segundo António Menezes Cordeiro, *Manual de Direito Comercial*, pp. 233 e 234 a empresa é "um conjunto concatenado de meios materiais e humanos, dotados de uma especial organização e de uma direção, de modo a desenvolver uma atividade segundo regras de racionalidade económica". Para Jorge Manuel Coutinho de Abreu, *Curso de Direito Comercial*, p. 243, a empresa, em sentido objetivo, pode ser definida como a "unidade jurídica fundada em organização de meios que constitui um instrumento de exercício relativamente estável e autónomo de uma atividade de produção para a troca".

Todos os sujeitos que não coubessem nestas definições não eram empresas. Exemplo de empregadores "não empresas" eram os profissionais liberais, *vide*, para maiores desenvolvimentos, Jorge Manuel Coutinho de Abreu, *Da empresarialidade – As empresas no direito*, pp. 98 a 110.

Com o presente artigo, a questão ficou resolvida.

Artigo 556º – Critérios especiais de medida da coima

1. Os valores máximos das coimas aplicáveis a contraordenações muito graves previstas no nº 4 do artigo 554º são elevados para o dobro em situação de violação de normas sobre trabalho de menores, segurança e saúde no trabalho, direitos de estruturas de representação coletiva dos trabalhadores e direito à greve.

2. Em caso de pluralidade de agentes responsáveis pela mesma contraordenação é aplicável a coima correspondente à empresa com maior volume de negócios.

COMENTÁRIOS:

Antecedentes legislativos: Arts. 622º, do CT/2003 e 10º, da L nº 116/99, de 04 de agosto.

Artigo 557º – Dolo

O desrespeito de medidas recomendadas em auto de advertência é ponderado pela autoridade administrativa competente, ou pelo julgador em caso de impugnação judicial, designadamente para efeitos de aferição da existência de conduta dolosa.

COMENTÁRIOS:

Antecedentes legislativos: Arts. 623º, do CT/2003 e 11º, da L nº 116/99, de 04 de agosto.

Artigo 558º – Pluralidade de contraordenações

1. Quando a violação da lei afetar uma pluralidade de trabalhadores individualmente considerados, o número de contraordenações corresponde ao número de trabalhadores concretamente afetados, nos termos dos números seguintes.

2. Considera-se que a violação da lei afeta uma pluralidade de trabalhadores quando estes, no exercício da respetiva atividade, foram expostos a uma situação concreta de perigo ou sofreram dano resultante de conduta ilícita do infrator.

3. A pluralidade de infrações dá origem a um processo e as infrações são sancionadas com uma coima única que não pode exceder o dobro da coima máxima aplicável em concreto.

4. Se, com a infração praticada, o agente obteve um benefício económico, este deve ser tido em conta na determinação da medida da coima nos termos do disposto no artigo 18º do regime geral das contraordenações, na redação dada pelo Decreto-Lei nº 244/95, de 14 de setembro.

COMENTÁRIOS:

1. Antecedentes legislativos: Arts. 624º, do CT/2003 e 451º, da RCT.

2. O art. 18º, do RJCO, dispõe o seguinte:

"1. A determinação da medida da coima faz-se em função da gravidade da contraordenação, da culpa, da situação económica do agente e do benefício económico que este retirou da prática da contraordenação.

2. Se o agente retirou da infração um benefício económico calculável superior ao limite máximo da coima, e não existirem outros meios de o eliminar, pode este elevar-se até ao montante do benefício, não devendo todavia a elevação exceder um terço do limite máximo legalmente estabelecido.

3. Quando houver lugar à atenuação especial da punição por contraordenação, os limites máximo e mínimo da coima são reduzidos a metade."

3. Como esclarece a RP, no "caso de a infração respeitar a vários trabalhadores, devem ser fixadas as coimas parcelares antes da fixação da coima única". [Ac. de 11.06.12 *in* www.dgsi.pt (Proc. nº 964/11.9TTBCL.P1)].

Já na hipótese de "cúmulo jurídico, a coima única tem como limite máximo o dobro da coima máxima aplicável em concreto e não da aplicada em concreto. O limite mínimo corresponde à mais elevada das coimas concretamente aplicadas". (Ac. da RL, de 22.02.17 *in* CJ, Ano XLII, Tomo I, p. 145).

4. Convém ter em consideração que o art. 521º refere-se à violação de disposição de instrumento de regulamentação coletiva de trabalho, enquanto que o presente artigo se reporta a situações de violação da lei. Por outro lado, no art. 521º está em causa apenas uma contraordenação, enquanto no presente artigo está em causa uma pluralidade de contraordenações. Por conseguinte, a violação de um instrumento de regulamentação coletiva enquadra-se no art. 521º, e tratando-se de um contraordenação leve, a coima aplicável é determinada em função do número de trabalhadores, não sendo de aplicar o disposto no presente artigo ou no art. 19º, do RJCO, quanto a concurso de contraordenações. Cfr. o Ac. da RE, de 14.04.16 *in* www.dgsi.pt (Proc. nº 2487/15.8T8STR.E1).

5. A RE dilucidou que, no "cúmulo jurídico das sanções aplicáveis a uma arguida deve-se incluir não apenas as respeitantes às infrações cometidas dentro da área territorial da Delegação onde foram praticadas, mas também as sanções de todas as infrações cometidas pela arguida em território nacional". [Ac. de 21.01.16 *in* www.dgsi.pt (Proc. nº 1216/15.0T8VCT.G1)].

6. Para maiores desenvolvimentos sobre o presente artigo, *vide* JOÃO SOARES RIBEIRO, *Pluralidade de contraordenações (artigo 558º do CT)*.

Artigo 559º – Determinação da medida da coima

1. Na determinação da medida da coima, além do disposto no regime geral das contraordenações, são ainda atendíveis a medida do incumprimento das recomendações constantes de auto de advertência, a coação, falsificação, simulação ou outro meio fraudulento usado pelo agente.

2. No caso de violação de normas de segurança e saúde no trabalho, são também atendíveis os princípios gerais de prevenção a que devem obedecer as medidas de proteção, bem como a permanência ou transitoriedade da infração, o número de trabalhadores potencialmente afetados e as medidas e instruções adotadas pelo empregador para prevenir os riscos.

3. Cessando o contrato de trabalho, no caso de o arguido cumprir o disposto no artigo 245º e proceder ao pagamento voluntário da coima por violação do disposto no nº 1 ou 5 do artigo 238º, no nº 1, 4 ou 5 do artigo 239º ou no nº 1, 2 ou 3 do artigo 244º, esta é liquidada pelo valor correspondente à contraordenação leve.

COMENTÁRIOS:

Antecedentes legislativos: Arts. 625º, do CT/2003 e 12º, da L nº 116/99, de 04 de agosto.

Artigo 560º – Dispensa de coima

A coima prevista para as contraordenações referidas no nº 4 do artigo 353º, no nº 2 do artigo 355º, no nº 7 do artigo 356º, no nº 8 do artigo 357º, no nº 6 do artigo 358º, no nº 6 do artigo 360º, no nº 6 do artigo 361º, no nº 6 do artigo 363º, no nº 6 do artigo 368º, no nº 2 do artigo 369º, no nº 5 do artigo 371º, no nº 8 do artigo 375º, no nº 3 do artigo 376º, no nº 3 do artigo 378º e no nº 3 do artigo 380º, na parte em que se refere a violação do nº 1 do mesmo artigo, não se aplica caso o empregador assegure ao trabalhador os direitos a que se refere o artigo 389º.

COMENTÁRIOS:

1. O presente artigo tem a redação introduzida pela L nº 23/2012, de 25 de junho.

2. No âmbito das contraordenações laborais a dispensa de pena prevista no art. 74º, do CP só é admitida nos casos expressamente indicados no presente artigo. A RP fez notar que nos "demais ilícitos contraordenacionais laborais não existe qualquer lacuna a colmatar que permita a aplicação de tal instituto jurídico". (Ac. de 10.09.18 *in* CJ, Ano XLIII, Tomo IV, p. 254).

Como esclareceu a RL, o "instituto da dispensa de coima não é geralmente aplicável às contraordenações e também não às laborais por não apresentação pelo motorista das folhas do registo tacógrafo relativas ao período dos 28 dias anteriores a que alude o art. 25º, nº 1, alínea a) do RPCLSS". [Ac. de 09.10.19 *in* www.dgsi.pt (Proc. nº 2277/18.6T8BRR.L1-4)].

Artigo 561º – Reincidência

1. É sancionado como reincidente quem comete uma contraordenação grave praticada com dolo ou uma contraordenação muito grave, depois de ter sido condenado por outra contraordenação grave praticada com dolo ou contraordenação muito grave, se entre as duas infrações tiver decorrido um prazo não superior ao da prescrição da primeira.

2. Em caso de reincidência, os limites mínimo e máximo da coima são elevados em um terço do respetivo valor, não podendo esta ser inferior ao valor da coima aplicada pela contraordenação anterior desde que os limites mínimo e máximo desta não sejam superiores aos daquela.

COMENTÁRIOS:

Antecedentes legislativos: Arts. 626º, do CT/2003 e 13º, da L nº 116/99, de 04 de agosto.

Artigo 562º – Sanções acessórias

1. No caso de contraordenação muito grave ou reincidência em contraordenação grave, praticada com dolo ou negligência grosseira, é aplicada ao agente a sanção acessória de publicidade.

2. No caso de reincidência em contraordenação prevista no número anterior, tendo em conta os efeitos gravosos para o trabalhador ou o benefício económico retirado pelo empregador com o incumprimento, podem ainda ser aplicadas as seguintes sanções acessórias:

***a*) Interdição do exercício de atividade no estabelecimento, unidade fabril ou estaleiro onde se verificar a infração, por um período até dois anos;**

***b*) Privação do direito de participar em arrematações ou concursos públicos, por um período até dois anos.**

3. A publicidade da decisão condenatória consiste na inclusão em registo público, disponibilizado na página eletrónica do serviço com competência inspetiva do ministério responsável pela área laboral, de um extrato com a caracterização da contraordenação, a norma violada, a identificação do infrator, o setor de atividade, o lugar da prática da infração e a sanção aplicada.

4. A publicidade referida no número anterior é promovida pelo tribunal competente, em relação a contraordenação objeto de decisão judicial, ou pelo serviço referido no mesmo número, nos restantes casos.

COMENTÁRIOS:

1. Antecedentes legislativos: Arts. 627º, do CT/2003 e 14º, da L nº 116/99, de 04 de agosto.

2. No quadro do reforço das sanções acessórias, o nº 1 prevê que, no caso de contraordenação muito grave ou de reincidência em contraordenação grave, praticada com dolo ou negligência grosseira, seja aplicada ao agente a sanção acessória de publicidade. Por outro lado e tendo em conta os efeitos gravosos para o trabalhador e/ou a vantagem económico de que beneficiou o agente, estipula-se que as sanções acessórias de interdição do exercício de atividade no estabelecimento, unidade fabril ou estaleiro onde se verificar a infração possam ser aplicadas por um período até dois anos (no CT/2003 eram seis meses) ou de privação do direito de participar em arrematações ou concursos públicos, por um período até dois anos (no CT/2003 eram 6 meses).

3. O nº 3 prevê que a sanção acessória de publicidade consista na inclusão em registo público, disponibilizado na página eletrónica do serviço com competência inspetiva do ministério responsável pela área laboral, de um extrato com a caracterização da contraordenação, a norma violada, a identificação do infrator, o setor de atividade, o lugar da prática da infração e a sanção aplicada.

Artigo 563º – Dispensa e eliminação da publicidade

1. A sanção acessória de publicidade pode ser dispensada, tendo em conta as circunstâncias da infração, se o agente tiver pago imediatamente a coima a que foi condenado e se não tiver praticado qualquer contraordenação grave ou muito grave nos cinco anos anteriores.

2. Decorrido um ano desde a publicidade da decisão condenatória sem que o agente tenha sido novamente condenado por contraordenação grave ou muito grave, é a mesma eliminada do registo referido no artigo anterior.

3. O disposto no nº 1 não se aplica no caso de contraordenação a que se refere o nº 5 do artigo 29º.

COMENTÁRIOS:

1. O presente artigo tem a redação introduzida pela L nº 73/2017, de 16 de agosto (retificada pela DRet nº 28/2017, de 02 de outubro), a qual no âmbito do reforço do quadro legislativo para a prevenção da prática de assédio, aditou o nº 3.

2. A sanção acessória de publicidade, prevista no nº 1, do artigo 562º, pode ser dispensada, tendo em conta as circunstâncias da infração, se o agente tiver pago imediatamente a coima a que for condenado e se não tiver praticado qualquer contraordenação grave ou muito grave nos cinco anos anteriores (nº 1).

3. Esta dispensa não é permitida estando em causa contraordenação decorrente da prática de assédio (nº 3, do presente artigo e nº 5, do art. 29º).

Artigo 564º – Cumprimento de dever omitido

1. Sempre que a contraordenação laboral consista na omissão de um dever, o pagamento da coima não dispensa o infrator do seu cumprimento se este ainda for possível.

2. A decisão que aplique a coima deve conter, sendo caso disso, a ordem de pagamento de quantitativos em dívida ao trabalhador, a efetuar dentro do prazo estabelecido para o pagamento da coima.

3. Em caso de não pagamento, a decisão referida no número anterior serve de base à execução efetuada nos termos do artigo 89º do regime geral das contraordenações, na redação dada pelo Decreto-Lei nº 244/95, de 14 de setembro, aplicando-se as normas do Processo comum de execução para pagamento de quantia certa.

COMENTÁRIOS:

1. O não pagamento da coima dará lugar à execução, que será promovida, perante o tribunal competente, segundo o artigo 61º, salvo quando a decisão que serve de base à execução tiver sido proferida pela relação, caso em que a execução poderá também promover-se perante o tribunal da comarca do domicílio do executado (art. 89º, nº 1, do RJCO).

A execução é promovida pelo representante do Ministério Público junto do tribunal competente, aplicando-se, com as necessárias adaptações, o disposto no Código de Processo Penal sobre a execução da multa (art. 89º, nº 2, do RJCO).

Quando a execução tiver por base uma decisão da autoridade administrativa, esta remeterá os autos ao representante do Ministério Público competente para promover a execução (art. 89º, nº 3, do RJCO).

2. No Proc. nº 688/15.8T8FAR.E1, foi decidido que não "obstante, tendo a arguida sido notificada nos termos dos referidos artigos 17º e 19º não só para proceder ao pagamento voluntário da coima, como também para pagar as importâncias em dívida aos trabalhadores e à segurança social, tendo apenas pago voluntariamente a coima, que equivale a condenação, tal, em conjugação com o disposto no artigo 564º do Código do Trabalho, configura decisão quanto a essas importâncias em dívida, que serve de base às execução efetuada nos termos do artigo 89º do regime geral das contraordenações". (Ac. da RE, de 18.01.18 *in* www.dgsi.pt).

3. O TC não julgou inconstitucional a norma do nº 2, "na interpretação de que concede a um ente administrativo, em sede do procedimento de contraordenação, e acres-

cendo à aplicação da coima, a competência para emitir uma ordem de pagamento dos quantitativos em dívida ao trabalhador". (Ac. nº 510/2016, de 21.09.16, pub. no DR, II série, de 24.10.2016).

Artigo 565º – Registo individual

1. O serviço com competência inspetiva do ministério responsável pela área laboral organiza um registo individual dos sujeitos responsáveis pelas contraordenações laborais, de âmbito nacional, do qual constam as infrações praticadas, as datas em que foram cometidas, as coimas e as sanções acessórias aplicadas, assim como as datas em que as decisões condenatórias se tornaram irrecorríveis.

2. Os tribunais e os departamentos das administrações regionais dos Açores e da Madeira com competência para a aplicação de coimas remetem ao serviço referido no número anterior os elementos neste indicados.

COMENTÁRIOS:

Antecedentes legislativos: Arts. 629º, do CT/2003 e 16º, da L nº 116/99, de 04 de agosto.

Artigo 566º – Destino das coimas

1. Em Processo cuja instrução esteja cometida ao serviço com competência inspetiva do ministério responsável pela área laboral, metade do produto da coima aplicada reverte para este, a título de compensação de custos de funcionamento e despesas processuais, tendo o remanescente o seguinte destino:

a) Fundo de Acidentes de Trabalho, no caso de coima aplicada em matéria de segurança e saúde no trabalho;

b) 35% para o serviço responsável pela gestão financeira do orçamento da segurança social e 15% para o Orçamento do Estado, relativamente a outra coima.

2. O serviço referido no número anterior transfere trimestralmente para as entidades referidas no número anterior as importâncias a que têm direito.

COMENTÁRIOS:

Antecedentes legislativos: Arts. 628º, do CT/2003 e 15º, da L nº 116/99, de 04 de agosto.

Lei nº 107/2009, de 14 de setembro

Aprova o regime processual aplicável às contraordenações laborais e de segurança social

A Assembleia da República decreta, nos termos da alínea c) do artigo 161º da Constituição, o seguinte:

CAPÍTULO I – Objeto, âmbito e competência

Artigo 1º – Objeto e âmbito

A presente lei estabelece o regime jurídico do procedimento aplicável às contraordenações laborais e de segurança social.

Artigo 2º – Competência para o procedimento de contraordenações

1. O procedimento das contraordenações abrangidas pelo âmbito de aplicação da presente lei compete às seguintes autoridades administrativas:

a) À Autoridade para as Condições do Trabalho (ACT), quando estejam em causa contraordenações por violação de norma que consagre direitos ou imponha deveres a qualquer sujeito no âmbito de relação laboral e que seja punível com coima;

b) Ao Instituto da Segurança Social, I. P. (ISS, I. P.), quando estejam em causa contraordenações praticadas no âmbito do sistema de segurança social.

2. Sempre que se verifique uma situação de prestação de atividade, por forma aparentemente autónoma, em condições características de contrato de trabalho, que possa causar prejuízo ao trabalhador ou ao Estado ou a falta de comunicação de admissão do trabalhador na segurança social, qualquer uma

das autoridades administrativas referidas no número anterior é competente para o procedimento das contraordenações por esse fato.

3. A ACT é igualmente competente e instaura o procedimento previsto no artigo 15º-A da presente lei, sempre que se verifique, na relação entre a pessoa que presta uma atividade e outra ou outras que dela beneficiam, a existência de características de contrato de trabalho, nos termos previstos no nº 1 do artigo 12º do Código do Trabalho, aprovado pela Lei nº 7/2009, de 12 de fevereiro.

NOTAS:

O presente artigo tem a redação introduzida pela L nº 63/2013, de 27 de agosto e pela L nº 55/2017, de 17 de julho.

Artigo 3º – Competência para a decisão

1. A decisão dos processos de contraordenação compete:

a) Ao inspetor-geral do Trabalho (IGT), no caso de contraordenações laborais;

b) Ao conselho diretivo do ISS, I. P., no caso de contraordenações praticadas no âmbito do sistema de segurança social.

2. Nos termos do nº 2 do artigo anterior a decisão dos processos de contraordenação compete ao inspetor-geral do Trabalho quando o respetivo procedimento tiver sido realizado pela ACT e ao conselho diretivo do ISS, I. P., quando tiver sido realizado pelo ISS, I. P..

3. As competências a que se refere o presente artigo podem ser delegadas nos termos do Código do Procedimento Administrativo (CPA).

Artigo 4º – Competência territorial

São territorialmente competentes para o procedimento das contraordenações, no âmbito das respetivas áreas geográficas de actuação de acordo com as competências previstas nas correspondentes leis orgânicas:

a) Os serviços desconcentrados da ACT em cuja área se haja verificado a contraordenação;

b) Os serviços do ISS, I. P., em cuja área se haja verificado a contraordenação.

CAPÍTULO II – Atos processuais na fase administrativa

Artigo 5º – Forma dos atos processuais

1. No âmbito do procedimento administrativo, os atos processuais podem ser praticados em suporte informático com aposição de assinatura eletrónica qualificada.

2. Os atos processuais e documentos assinados nos termos do número anterior substituem e dispensam para quaisquer efeitos a assinatura autógrafa no processo em suporte de papel.

3. Para os efeitos previstos nos números anteriores, apenas pode ser utilizada assinatura eletrónica qualificada de acordo com os requisitos legais e regulamentares exigíveis pelo sistema de certificação eletrónica do Estado.

4. A tramitação processual no âmbito do procedimento administrativo pode ser efetuada informaticamente.

Artigo 6º – Contagem dos prazos

1. À contagem dos prazos para a prática de atos processuais previstos na presente lei são aplicáveis as disposições constantes da lei do processo penal.

2. A contagem referida no número anterior não se suspende durante as férias judiciais.

JURISPRUDÊNCIA:

i) estando em causa a notificação de uma decisão da autoridade administrativa que aplicou uma coima, tal decisão deveria ser assim notificada não apenas à arguida e ao responsável solidário, como ainda ao respetivo defensor, em termos idênticos.

ii) trata-se de uma garantia de defesa, devendo o arguido e o seu defensor estar cientes dos atos praticados no processo com implicações pessoais diretas, para em conjunto poderem ponderar uma eventual reação.

iii) assim, o prazo para a prática de ato processual subsequente conta-se a partir da data da notificação efetuada em último lugar – art. 113º, nº 10 do Código de Processo Penal, igualmente aplicável por fora do art. 6º, nº 1 da Lei 107/2009.

Ac. da RE, de 22.10.20 *in* www.dgsi.pt (Proc. nº 1777/19.5T8TMR.E1)

I – A Lei 107/2009, de 14.09., remete, no nº 1 do artigo 6º, em matéria de contagem de prazos, para as disposições constantes do Código de Processo Penal, ou seja, para o artigo 107º, nº 5 deste diploma.

II – Assim, no que respeita à Lei 107/2009, a contagem dos prazos é contínua, só não se suspendendo durante as férias.

III – Prevendo-se no Código de Processo Penal a possibilidade do acto ser praticado no prazo, nos termos e com as consequências previstas no Código de Processo Civil, tal significa que o recurso de impugnação judicial da decisão da autoridade administrativa pode ser interposto num dos três dias úteis após o termo do prazo mediante o pagamento da multa a que alude o nº 5 do artigo 139º do Código de Processo Civil, com referência ao disposto no artigo 107º-A alínea b) do Código de Processo Penal.

Ac. da RP, de 07.12.18 *in* www.dgsi.pt (Proc. nº 3223/18.2T8MTS.P1)

(i) Por força do que se encontra estatuído no nº 1 do artigo 6º da Lei nº 107/2009, de 14 de Setembro, à contagem de prazos para a prática de actos processuais previstos nessa lei são aplicáveis as disposições constantes da lei do processo penal;

(ii) Por sua vez, prevendo-se neste compêndio legal a possibilidade do acto ser praticado no prazo, nos termos e com as consequências previstas no Código de Processo Civil, tal significa que o recurso de impugnação judicial da decisão da autoridade administrativa pode ser interposto num dos três dias úteis após o termo do prazo mediante o pagamento da multa a que alude o nº 5 do artigo 139º do Código de Processo Civil.

Ac. da RE, de 19.01.17 *in* www.dgsi.pt (Proc. nº 989/16.8T8TMR.E1)

Instaurado processo de contra-ordenação laboral em data anterior à entrada em vigor da Lei nº 107/2009, de 14 de Setembro, à contagem do prazo de impugnação judicial da decisão da autoridade administrativa que, já na vigência deste último diploma, aplique uma coima, é aplicável o novo regime nele introduzido pelo número 1 do seu artigo 6º, correndo o prazo de forma contínua, não se suspendendo por isso aos sábados, domingos e feriados.

Ac. do STJ nº 5/2013 (Fixação de Jurisprudência), de 17.01.13, pub. no DR, I Série, de 15.02.2013

Artigo 7º – Notificações

1. As notificações são dirigidas para a sede ou para o domicílio dos destinatários.

2. Os interessados que intervenham em quaisquer procedimentos levados a cabo pela autoridade administrativa competente, devem comunicar, no prazo de 10 dias, qualquer alteração da sua sede ou domicílio.

3. Se do incumprimento do disposto no número anterior resultar a falta de recebimento pelos interessados de notificação, esta considera-se efetuada para todos os efeitos legais, sem prejuízo do disposto no artigo seguinte.

Artigo 8º – Notificação por carta registada

1. As notificações em processo de contraordenação são efetuadas por carta registada, com aviso de receção, sempre que se notifique o arguido do auto de notícia, da participação e da decisão da autoridade administrativa que lhe aplique coima, sanção acessória ou admoestação.

2. Sempre que o notificando se recusar a receber ou assinar a notificação, o distribuidor do serviço postal certifica a recusa, considerando-se efetuada a notificação.

3. A notificação por carta registada considera-se efetuada na data em que seja assinado o aviso de receção ou no 3º dia útil após essa data, quando o aviso seja assinado por pessoa diversa do notificando.

Artigo 9º – Notificação na pendência de processo

1. As notificações efetuadas na pendência do processo não referidas no nº 1 do artigo anterior são efetuadas por meio de carta simples.

2. Quando a notificação seja efetuada por carta simples deve ficar expressamente registada no processo a data da respetiva expedição e a morada para a qual foi enviada, considerando-se a notificação efetuada no 5º dia posterior à data ali indicada, devendo esta cominação constar do ato de notificação.

3. Sempre que exista o consentimento expresso e informado do arguido ou este se encontre representado por defensor constituído, as notificações referidas no número anterior podem ser efetuadas por telefax ou via correio eletrónico.

4. Para efeitos do disposto no número anterior, considera-se consentimento expresso e informado a utilização de telefax ou correio eletrónico pelo arguido como meio de contactar a autoridade administrativa competente.

5. Quando a notificação seja efetuada por telefax ou via correio eletrónico, presume-se que foi feita na data da emissão, servindo de prova, respetivamente, a cópia do aviso onde conste a menção de que a mensagem foi enviada com sucesso, bem como a data, hora e número de telefax do recetor ou extrato da mensagem efetuada, o qual será junto aos autos.

6. Sempre que o arguido se encontre representado por defensor legal as notificações são a este efetuadas.

CAPÍTULO III - Da ação inspetiva

Artigo 10º – Procedimentos inspetivos

1. No exercício das suas funções profissionais o inspetor do trabalho efetua, sem prejuízo do disposto em legislação específica, os seguintes procedimentos:

a) Requisitar, com efeitos imediatos ou para apresentação nos serviços desconcentrados do serviço com competência inspetiva do ministério responsável pela área laboral, examinar e copiar documentos e outros registos que interessem para o esclarecimento das relações de trabalho e das condições de trabalho;

b) Notificar o empregador para adotar medidas de prevenção no domínio da avaliação dos riscos profissionais, designadamente promover, através de organismos especializados, medições, testes ou peritagens incidentes sobre os componentes materiais de trabalho;

c) Notificar para que sejam adotadas medidas imediatamente executórias, incluindo a suspensão de trabalhos em curso, em caso de risco grave ou probabilidade séria da verificação de lesão da vida, integridade física ou saúde dos trabalhadores;

d) Levantar autos de notícia e participações, relativamente a infrações constatadas no exercício das respetivas competências, podendo ainda levantar autos de advertência em caso de infrações classificadas como leves e das quais ainda não tenha resultado prejuízo grave para os trabalhadores, para a administração do trabalho ou para a segurança social.

2. No exercício das suas funções profissionais o inspetor da segurança social efetua, sem prejuízo dos previstos em legislação específica, os seguintes procedimentos:

a) Requisitar e copiar, com efeitos imediatos, para exame, consulta e junção aos autos, livros, documentos, registos, arquivos e outros elementos pertinentes em poder das entidades cuja atividade seja objeto da sua ação e que interessem à averiguação dos fatos objeto da ação inspetiva;

b) Levantar autos de notícia e participações, relativamente a infrações constatadas no exercício das respetivas competências, podendo ainda levantar autos de advertência em caso de infrações classificadas como leves e das quais ainda não tenha resultado prejuízo grave para a segurança social;

c) Notificar trabalhadores, beneficiários ou não, bem como entidades empregadoras, que sejam encontrados em situação de infração, podendo igualmente proceder à notificação de outros cidadãos, com vista à sua inquirição como testemunhas e ou declarantes, com a faculdade de reduzir a escrito os respetivos depoimentos;

d) Direito de acesso livre-trânsito, nos termos da lei, pelo tempo e horário necessários ao desempenho das suas funções, nas instalações das entidades sujeitas ao exercício das suas atribuições;

e) Obter, das entidades fiscalizadas para apoio nas ações de fiscalização, a cedência de instalações adequadas, material e equipamento próprio, bem como a colaboração de pessoal que se mostre indispensável;

f) Trocar correspondência, em serviço, com todas as entidades públicas ou privadas sobre assuntos de serviço da sua competência;

g) Requisitar a colaboração necessária das autoridades policiais e administrativas, para o exercício das suas funções.

3. O inspetor do trabalho ou da segurança social, consoante os casos, pode, caso assim o entenda, notificar ou entregar imediatamente ao infrator os instrumentos referidos nos nºs 1 e 2.

4. A notificação ou a entrega deve ser feita com a indicação da contraordenação verificada, das medidas recomendadas ao infrator e do prazo para o seu cumprimento, avisando-o de que o incumprimento das medidas recomendadas influi na determinação da medida da coima.

JURISPRUDÊNCIA:

I – A actividade de inspeccionar qualquer local de trabalho, prevista na alínea a) do nº 1 do art. 11º do DL nº 102/2000, de 02-06, reporta-se apenas à circunstância de autorizar o inspector do trabalho a ter livre acesso ao espaço onde a actividade laboral é exercida por trabalhador dependente.

II – Nesse sentido, não se mostra incluída na referida acção de inspeccionar a realização de buscas.

III – As inspectoras da ACT, ao entraram num escritório de advogados, com o único intuito de verificar da afixação do horário de trabalho, da elaboração do registo dos tempos de trabalho, da inscrição na segurança social e da existência de seguro de trabalho da trabalhadora dependente, não põem em causa o sigilo profissional, nem violam os princípios da legalidade, proporcionalidade e lealdade.

Ac. da RE, de 20.12.18 *in* www.dgsi.pt (Proc. nº 9184/15.2T8STB.E1) *i. em processo de contraordenação, pode o senhor inspetor do trabalho autuante proceder a registos fotográficos no exercício da sua atividade inspetiva, desde que os mesmos possam ser relevantes para o desenvolvimento da ação inspetiva;*

ii. (...)

Ac. da RE, de 14.01.16 *in* www.dgsi.pt (Proc. nº 591/12.3TTFAR.E1)

Artigo 11º – Notificação no âmbito de procedimentos inspetivos

No caso de entrega imediata, a notificação considera-se feita na pessoa do infrator quando seja efetuada em qualquer pessoa que na altura o represente, ou na sua falta, em qualquer trabalhador que se encontre a exercer funções no local.

Artigo 12º – Modo e lugar do cumprimento

1. Se o cumprimento da norma a que respeita a contraordenação for comprovável por documentos, o sujeito responsável exibe ou envia a título devolutivo os documentos comprovativos do cumprimento no serviço territorialmente competente da respetiva autoridade administrativa, dentro do prazo fixado.

2. No caso de contraordenação não abrangida pelo disposto no número anterior, o inspetor pode ordenar ao sujeito responsável pela contraordenação que, dentro do prazo fixado, comunique ao serviço territorialmente competente que tomou as medidas necessárias para cumprir a norma.

CAPÍTULO IV – Tramitação processual

SECÇÃO I – Da fase administrativa

Artigo 13º – Auto de notícia e participação

1. O auto de notícia e a participação são elaborados pelos inspetores do trabalho ou da segurança social, consoante a natureza das contraordenações em causa.

2. Sem prejuízo do disposto em legislação especial, há lugar a auto de notícia quando, no exercício das suas funções o inspetor do trabalho ou da segurança social, verificar ou comprovar, pessoal e diretamente, ainda que por forma não imediata, qualquer infração a normas sujeitas à fiscalização da respetiva autoridade administrativa sancionada com coima.

3. Consideram-se provados os fatos materiais constantes do auto de notícia levantado nos termos do número anterior enquanto a autenticidade do documento ou a veracidade do seu conteúdo não forem fundadamente postas em causa.

4. Relativamente às infrações de natureza contraordenacional cuja verificação não tenha sido comprovada pessoalmente pelo inspetor do trabalho ou da segurança social, há lugar à elaboração de participação instruída com os elementos de prova disponíveis e a indicação de, pelo menos, duas testemunhas e o máximo de cinco, independentemente do número de contraordenações em causa.

Artigo 14º – Auto de infração

1. O auto de infração é levantado por qualquer técnico da segurança social.

2. Há lugar a auto de infração quando seja verificada por qualquer técnico no exercício das suas funções infração correspondente a contraordenação da segurança social.

3. Consideram-se provados os fatos materiais constantes do auto levantado nos termos do número anterior enquanto a autenticidade do documento ou a veracidade do seu conteúdo não forem fundadamente postas em causa.

Artigo 15º – Elementos do auto de notícia, da participação e do auto de infração

1. O auto de notícia, a participação e o auto de infração referidos nos artigos anteriores mencionam especificadamente os fatos que constituem a contraordenação, o dia, a hora, o local e as circunstâncias em que foram cometidos e o que puder ser averiguado acerca da identificação e residência do arguido, o nome e categoria do autuante ou participante e, ainda, relativamente à participação, a identificação e a residência das testemunhas.

2. Quando o responsável pela contraordenação seja uma pessoa coletiva ou equiparada, indica-se, sempre que possível, a sede da pessoa coletiva e a identificação e a residência dos respetivos gerentes, administradores ou diretores.

3. No caso de subcontrato, indica-se, sempre que possível, a identificação e a residência do subcontratante e do contratante principal.

JURISPRUDÊNCIA:

i) se o facto complexo consistente em acidente de trabalho com violação de regras de segurança for suscetível de gerar responsabilidade penal e contraordenacional (além de outra índole), por violação de regras de segurança e saúde no trabalho, a competência para a sua instrução e julgamento é do Ministério Público e do tribunal, respetivamente.

ii) a entidade administrativa deve remeter os autos ao Ministério Público, pois neste caso perde competência relativamente a esta matéria.

iii) a autoridade administrativa só voltará a ter competência para instruir e decidir o processo de contraordenação se o Ministério Público proferir despacho nesse sentido no processo penal.

iv) viola o princípio ne bis in idem *a autoridade administrativa que instrui um processo de contraordenação e sanciona a arguida com coima, relativamente a factos pelos quais o Ministério Público ordenou o arquivamento do processo penal, após suspensão provisória do processo com êxito.*

Ac. da RE, de 05.11.20 *in* www.dgsi.pt (Proc. nº 2272/19.8T8STR.E1)

I – O auto de notícia deve descrever a materialidade dos factos, não constituindo em si mesmo uma acusação que tenha de conter os elementos que caracterizam a existência de uma infração, nomeadamente o elemento subjetivo do ilícito;

II – Verifica-se o assédio moral previsto no artigo 29º do CT, devendo a empregadora/arguida ser condenada pela prática de uma contra-ordenação muito grave, no circunstancialismo em que se apura que depois do regresso do trabalhador – quadro superior, director de uma unidade produtiva e adjunto do director-geral da arguida – após a baixa médica prolongada, face à recusa por este na celebração do acordo de cessação do contrato de trabalho, lhe ordena para entregar a viatura que lhe estava atribuída, marca Audi A6 avant, e recebesse a viatura Ford Focus S Wagon, e que procurasse fabricantes e fornecedores internacionais para um produto que a arguida comercializava usando somente os meios de consulta das bases de dados e estabelecendo contactos via telefone ou correio eletrónico, tarefa que não o ocupava a 100%, bem sabendo que face à posição que o trabalhador ocupava na empresa, tais ordens e o esvaziamento funcional eram suscetíveis de afectar a sua dignidade, humilhá-lo, constrangê-lo e pressioná-lo a aceitar o acordo de cessação do contrato de trabalho.

Ac. da RE, de 06.12.17 *in* www.dgsi.pt (Proc. nº 2823/16.0T8STB.E1)

Artigo 15º-A – Procedimento a adotar em caso de inadequação do vínculo que titula a prestação de uma atividade em condições correspondentes às do contrato de trabalho

1. Caso o inspetor do trabalho verifique, na relação entre a pessoa que presta uma atividade e outra ou outras que dela beneficiam, a existência de características de contrato de trabalho, nos termos previstos no nº 1 do artigo 12º do Código do Trabalho, aprovado pela Lei nº 7/2009, de 12 de fevereiro, lavra um auto e notifica o empregador para, no prazo de 10 dias, regularizar a situação, ou se pronunciar dizendo o que tiver por conveniente.

2. O procedimento é imediatamente arquivado no caso em que o empregador faça prova da regularização da situação do trabalhador, designadamente mediante a apresentação do contrato de trabalho ou de documento comprovativo da existência do mesmo, reportada à data do início da relação laboral.

3. Findo o prazo referido no nº 1 sem que a situação do trabalhador em causa se mostre devidamente regularizada, a ACT remete, em cinco dias, participação dos fatos para os serviços do Ministério Público junto do tribunal do lugar da prestação da atividade, acompanhada de todos os elementos de prova recolhidos, para fins de instauração de ação de reconhecimento da existência de contrato de trabalho.

4. A ação referida no número anterior suspende até ao trânsito em julgado da decisão o procedimento contraordenacional ou a execução com ela relacionada.

NOTAS:

O presente artigo foi aditado pela L nº 63/2013, de 27 de agosto e, entretanto, alterado pela L nº 55/2017, de 17 de julho.

JURISPRUDÊNCIA:

I – A nulidade da sentença por omissão de pronúncia só ocorre quando fique por decidir alguma das questões suscitadas pelas partes, o que não sucede quando o tribunal não se debruce sobre simples conclusões, argumentos, opiniões, factualidade irrelevante ou contraditória com outra apurada.

II – A acção especial de reconhecimento da existência de contrato de trabalho é uma acção de simples apreciação positiva, cujo objecto não se esgota com a celebração em data posterior à visita inspectiva da ACT, de um contrato de trabalho com efeitos reportados a uma data posterior à da visita.

III – O contrato de trabalho celebrado entre empregador e trabalhador só inutilizará a acção de reconhecimento da existência de contrato de trabalho, se for reconhecido pelos outorgantes e existência do contrato de trabalho nos precisos termos peticionados pelo Ministério Público, ou seja, desde a data indicada na petição inicial ou numa outra anterior a esta.

IV – Estando por reconhecer a relação estabelecida entre trabalhador e empregador desde o início da relação contratual e até 31-12-2018, de forma a fixar-se a data de início da relação laboral em conformidade com o previsto no art. 186º-O, nºs. 8 e 9 do CPT., que deve ser comunicada à ACT e ao Instituto da Segurança Social, com vista à regularização das contribuições, é de concluir pela manutenção da utilidade da acção.

V – A defesa do interesse público, no caso, não se esgotou com reconhecimento do contrato de trabalho com início em data posterior aos factos constatados pela ACT aquando das visitas levadas a cabo no âmbito da acção de fiscalização, mantendo-se assim o interesse em agir do Ministério Público, que transcende o interesse particular do próprio trabalhador.

VI – Decorre do disposto no art. 12º do CT, que presume-se a existência de um contrato de trabalho sempre que ocorram alguns dos seguintes indícios: o local de trabalho coincidir com instalações do beneficiário da actividade ou por ele controladas [al. a) do nº 1]; a pertença ao beneficiário da actividade dos equipamentos e instrumentos de trabalho [al.b) do nº 1]; a existência de horário de trabalho [al.c) do nº 1]; o carácter periódico da retribuição paga como contrapartida da actividade [al. d) do nº 1]; o desempenho de funções de direcção ou chefia na empresa pela prestador da actividade [al.e) do nº 1 do art. 12º].

VII – Tendo estes indícios natureza meramente exemplificativa, teoricamente basta que se verifiquem dois destes indícios para que se possa presumir a existência de um contrato de trabalho.

VIII – É de reconhecer a existência de contrato de trabalho quando se verifique a existência de quatro dos cinco indicadores de laboralidade, elencados na presunção legal do art. 12ºdo CT, que a Ré não afastou, já que dos factos provados não resulta que a prestação da actividade tivesse sido exercida de modo autónomo, característico da prestação de serviço.

Ac. da RG, de 03.12.20 *in* www.dgsi.pt (Proc. nº 3642/19.7T8GMR.G1)

I – (...)

II – Na acção de reconhecimento da existência de contrato de trabalho, criada pela Lei 63/2013, de 27.08 e a que se reportam os arts.186º-K do CPT e segs, a sentença transitada em julgado que reconheça a existência de um contrato de trabalho, no que se reporta ao empregador, faz caso julgado material [art. 619º, nº 1, do CPC/2013], a qual, por via da autoridade material desse caso julgado, se lhe impõe também no âmbito do processo contra-ordenacional que previamente havia sido instaurado pela ACT nos termos do art. 15º-A, nº 1, da citada Lei 107/2009 [introduzido pela citada Lei 63/2013] e que, de harmonia com o nº 4 do mesmo, havia ficado suspenso até ao trânsito em julgado de tal decisão.

III – O reconhecimento da existência do contrato de trabalho não tem natureza constitutiva, mas meramente declarativa, de simples reconhecimento da sua existência, sendo que o facto dos "prestadores da actividade" não pretenderem "regularizar" a situação em consonância com o tipo contratual verdadeiramente vigente entre as partes não obsta à responsabilidade contra-ordenacional do empregador.

IV – Se o legislador entendeu ser de estabelecer um determinado enquadramento contributivo para os trabalhadores por conta de outrem (contrato de trabalho) e outro, diferente, para os trabalhadores por conta própria (prestação de serviços) é porque é aquele o regime contributivo que, em caso de contrato de trabalho, serve os interesses do Estado, não podendo as partes da relação jurídico privada que, efectiva e realmente estão vinculadas por um contrato de trabalho, por sua vontade e por via da falsa existência de um contrato de prestação de serviços, ficarem sujeitas ao regime contributivo legal vigente paras os trabalhadores independentes.

Ac. da RP, de 18.05.20 *in* www.dgsi.pt (Proc. nº 15931/19.6T8PRT.P1)

I – A nulidade da sentença por omissão de pronúncia só ocorre quando fique por decidir alguma das questões suscitadas pelas partes, o que não sucede quando o tribunal não se debruce sobre simples conclusões, argumentos, opiniões, factualidade irrelevante ou contraditória com outra apurada.

II – Só existe excesso de pronúncia *nos termos do art. 615º, nº 1, alínea d), do CPC.*, *quando o juiz se ocupa de questões que não foram submetidas à sua apreciação pelas partes e sem que a lei permita ou imponha o seu conhecimento oficioso. Tal não sucede quando o juiz profere sentença estando pendente um incidente de suspeição. O que poderia estar em causa seria uma nulidade processual, resultante da eventual prática de acto que a lei não admite. Contudo, nesta sede a sua arguição seria sempre de considerar extemporânea, pois teria de ter sido suscitada na sequência do despacho que indeferiu o pedido de suspensão da instância, o que não sucedeu. cfr. arts. 195º, nº 1 e 199º, nº 1 do CPC.*

III – A acção especial de reconhecimento da existência de contrato de trabalho é uma acção de simples acção de apreciação positiva, cujo objecto não se esgota com a celebração em data posterior à visita inspectiva da ACT, de um contrato de trabalho com efeitos reportados a uma data posterior à da visita. Tal resulta desde logo claro do disposto no artigo 15-A, nº 2 da Lei nº 107/2009, de 14 de Setembro ao estabelecer que o procedimento é imediatamente arquivado, nos casos em que o empregador faça prova da regularização da situação do trabalhador reportada à data do início da relação laboral

IV – O contrato de trabalho celebrado entre empregador e trabalhador só inutilizará a acção de reconhecimento da existência de contrato de trabalho, se for reconhecido pelos outorgantes e existência do contrato de trabalho nos precisos termos peticionados pelo Ministério Público, ou seja desde a data indicada na petição inicial ou numa outra anterior a esta.

V – Estando por reconhecer a relação estabelecida entre a C. C. e a Recorrente desde o início da relação contratual e até 31-12-2018, de forma a fixar-se a data de início da relação laboral em conformidade com o previsto no art. 186º-O, nsº 8 e 9 do CPT., *que deve ser comunicada à ACT e ao Instituto da Segurança Social, com vista à regularização das contribuições é de concluir pela manutenção da utilidade da presente acção.*

VI – A defesa do interesse público, no caso, não se esgotou com reconhecimento do contrato de trabalho com início em data posterior aos factos constatados pela ACT aquando das visitas levadas a cabo no âmbito da acção de fiscalização, mantendo-se assim o interesse em agir do Ministério Público, que transcende o interesse particular do próprio trabalhador.

VII – É de reconhecer a existência de contrato de trabalho quando se verifique que o trabalhador, durante 11 anos lectivos consecutivos esteve inserido na estrutura organizativa do empregador, exercendo a sua actividade de docente/formador, recebendo como contrapartida uma quantia mensal ainda que variável em função da horas mensalmente prestadas, recebendo ordens e orientações do empregador, que detinha o poder de fiscalização, quer porque procedia a avaliação do desempenho, quer porque em caso de violação das normas regulamentares que o trabalhador estava obrigado a observar lhe podia aplicar as sanções que constam do seu regulamento interno, entre as quais se destaca a cessação imediata do contrato celebrado, sem direito a indemnização.

Ac. da RG, de 21.05.20 *in* www.dgsi.pt (Proc. nº 3617/19.8T8GMR.G1)

I – A ação para reconhecimento da existência de contrato de trabalho (ARECT) assume-se como causa prejudicial à possibilidade de prossecução do processo contraordenacional ou do processo de execução, constituindo-se a sentença naquela proferida como caso julgado material em relação à autoridade administrativa, solução esta que resulta do nº 4 do artigo 15º-A da Lei nº 107/2009, de 14 de setembro, ao impor a suspensão do procedimento contraordenacional ou da execução com ela relacionada até ao trânsito em julgado da decisão proferida naquela ação.

II – A suspensão, que decorre como se viu expressamente da lei e que opera também mesmo nos casos em que já ocorra a execução, evidencia, de modo claro, que mesmo a autoridade do chamado caso resolvido, caraterística das decisões administrativas, cede perante a decisão que venha a ser proferida na AERECT, só se compreendendo que a suspensão também opere na fase executiva pelo respeito que se quer ver atribuído a essa decisão judicial.

III – Daí que, proferida que seja sentença transitada em julgado pelo tribunal na AERECT, não caiba propriamente à ACT uma mera atividade de ponderação do ali decidido, no sentido de o respeitar ou não, impondo-se-lhe, pelo contrário, que a sentença seja respeitada, pelos efeitos do caso julgado material formado com aquela decisão, prejudicial como se disse em relação ao processo de contraordenação.

IV – A instância na AERECT não se inicia com a apresentação da petição inicial em juízo, no caso pelo Ministério Público, iniciando-se antes, diversamente, com o recebimento da participação, como resulta nº 6 do artigo 26º do CPT, pelo que, cumprido por parte da ACT o disposto no nº 3 do artigo 15º-A do RCOLSS, a partir de então a ação terá de considerar-se pendente, do que decorrerá, por aplicação do disposto no nº 4 do indicado artigo 15º-A, que o processo de contraordenação terá de ficar suspenso.

V – Como pressuposto da cessação da suspensão é que a AERECT já não se encontre pendente, tendo a ACT remetido a participação a que se alude no ponto anterior, tendo-se assim já como iniciada a instância na ação, caso não lhe tenha sido comunicada a sentença final (comunicação determinada oficiosamente ao tribunal), impõe-se-lhe que se esclareça, antes de proferir decisão final no processo de contraordenação, assim junto do Tribunal competente, em que estado se encontrava a ação.

VI – Proferindo a ACT decisão final no processo de contraordenação num momento em que este processo se deva considerar suspenso face à pendência da AERECT, é de considerar que aquela decisão não foi validamente proferida, pois que só ao tribunal estava cometida a competência para o fazer, arrogando-se assim a ACT a um poder/competência que então não detinha.

Ac. da RP, de 25.03.19 *in* www.dgsi.pt (Proc. nº 19/18.5T9VFR-A.P1)

i) A notificação do auto de notícia não tem que ser na própria pessoa da empregadora.

ii) os inspetores da ACT podem depor em julgamento sobre factos que presenciaram na fase investigatória e que conduziram à elaboração do auto de notícia.

iii) a ação de reconhecimento da existência de contrato de trabalho é uma ação de simples apreciação positiva e visa pôr fim à situação de incerteza quanto a determinada situação de facto e de direito, qualificando-a.

iv) o regime jurídico relativo à ação de reconhecimento de existência de contrato de trabalho não é inconstitucional, pois neste caso prevalece o interesse público em detrimento do interesse particular em querer prestar a atividade como prestador de serviços.

Ac. da RE, de 31.10.18 *in* www.dgsi.pt (Proc. nº 1140/18.5T8STR.E1)

1. As normas dos artigos 26º, nº 1, alínea i), e 186º-K, nº 1, ambos do Código de Processo do Trabalho, que atribuem natureza urgente à acção de reconhecimento da existência de contrato de trabalho e fixam o prazo de 20 dias para o Ministério Público a intentar, não ofendem os princípios constitucionais do Estado de direito democrático, na vertente do princípio da segurança jurídica ou da protecção da confiança, da liberdade de escolha do género de trabalho e da igualdade, tal como não infringem o princípio do respeito da dignidade da pessoa humana, o direito ao desenvolvimento da personalidade e o direito à iniciativa privada e cooperativa.

2. O prazo estipulado no nº 1 do artigo 186º-K do Código de Processo do Trabalho tem natureza processual e está sujeito ao regime dos artigos 138º e seguintes do Código de Processo Civil.

3. Contando-se o prazo de 20 dias para apresentação da petição inicial a partir da recepção da participação da ACT, o que ocorreu em 21 de Abril de 2014, e tendo o Ministério Público praticado esse acto em 15 de Maio de 2014, portanto, dentro do prazo máximo suplementar para a prática de acto processual, previsto no nº 5 do artigo 139º do Código de Processo Civil, tem ainda o direito de praticar aquele acto, devendo o processo seguir a normal e subsequente tramitação.

Ac. do STJ, de 06.05.15 *in* www.dgsi.pt (Proc. nº 327/14.4TTLRA.C1.S1)

Artigo 16º – Impedimentos

O autuante ou o participante não podem exercer funções instrutórias no mesmo processo.

Artigo 17º – Notificação ao arguido das infrações laborais

1. O auto de notícia, a participação e o auto de infração são notificados ao arguido, para, no prazo de 15 dias, proceder ao pagamento voluntário da coima.

2. Dentro do prazo referido no número anterior, pode o arguido, em alternativa, apresentar resposta escrita ou comparecer pessoalmente para apresentar resposta, devendo juntar os documentos probatórios de que disponha e arrolar ou apresentar testemunhas, até ao máximo de duas por cada infração.

3. Quando tiver praticado três ou mais contraordenações a que seja aplicável uma coima única, o arguido pode arrolar até ao máximo de cinco testemunhas por todas as infrações.

JURISPRUDÊNCIA:

1. O "Assento" do Supremo Tribunal de Justiça nº 1/2003, publicado no Diário da República nº 21/ /2003, Série I-A, de 25/01/2003, tendo-se pronunciado sobre o art. 50º – direito de audição e defesa do arguido previamente à aplicação de uma coima ou de uma sanção acessória – do Regime Geral do Ilícito de Mera Ordenação Social, aprovado pelo DL nº 433/82, de 27 de Outubro, não releva em sede de procedimento por contra-ordenações laborais, posto que o Regime Processual Aplicável às Contra-ordenações Laborais e de Segurança Social, aprovado pela Lei nº 107/2009, de 14 de Setembro, contém norma própria sobre a matéria, concretamente o seu art. 17º, conjugadamente com o estabelecido no seu art. 15º sobre os requisitos que deve observar o auto de notícia a notificar ao arguido.

2. A prévia audição do arguido, nos termos conjugados dos citados arts. 15º e 17º do Regime Processual Aplicável às Contra-ordenações Laborais e de Segurança Social, não impõe a concretização do elemento subjectivo da contra-ordenação que lhe é imputada.

3. Quer na decisão final da autoridade administrativa, quer na decisão judicial proferida no recurso de impugnação judicial daquela, a verificação objectiva da conduta que integra a descrição típica do ilícito contra-ordenacional permite concluir, por presunção natural, judicial ou de experiência, que o agente agiu, por acção ou por omissão, pelo menos negligentemente.

4. Estando em causa uma contra-ordenação, ao existir um erro sobre a proibição, nos termos do art. 8º do Regime Geral do Ilícito de Mera Ordenação Social, existe necessariamente falta de consciência da ilicitude do facto, nos termos do art. 9º do mesmo diploma, mas, se a conduta for punível a título de negligência, como ressalvado no nº 3 daquela primeira norma, a mesma só se tem por excluída se o erro não for censurável, nos termos do nº 1 da segunda norma.

5. Considerando que as contra-ordenações laborais são sempre puníveis a título de negligência, ainda que a arguida não tivesse consciência da ilicitude da sua conduta, tal falta seria censurável, pois, tratando-se de uma sociedade por quotas, dedicada à actividade de fabricação de betão pronto, com um volume de negócios de 4.175.890,00 € (RU 2015), que tinha um trabalhador seu a laborar na obra em causa, era-lhe exigível que averiguasse e apreendesse as obrigações legais a que estava sujeita, na medida em que as empresas, se querem operar no mercado, têm o dever ético-jurídico de diligenciar por colmatar as lacunas de conhecimento, informando-se e esclarecendo-se em matéria de deveres inerentes à utilização de recursos humanos, em geral, e de segurança e saúde no trabalho, em particular.

Ac. da RG, de 05.03.19 *in* www.dgsi.pt (Proc. nº 2481/19.0T8GMR.G1)

I – O pagamento voluntário da coima, na sequência da notificação efectuada nos artigos 17º e 19º da Lei nº 107/2009, de 14 de Setembro, equivale a condenação e determina o arquivamento do processo;

II – O pagamento pela arguida das importâncias em dívida aos trabalhadores e à segurança social – importâncias essa que determinaram o levantamento da contra-ordenação – não configura qualquer sanção acessória;

III – Não obstante, tendo a arguida sido notificada nos termos dos referidos artigos 17º e 19º não só para proceder ao pagamento voluntário da coima, como também para pagar as importâncias em dívida aos trabalhadores e à segurança social, tendo apenas pago voluntariamente a coima, que equivale a condenação, tal, em conjugação com o disposto no artigo 564º do Código do Trabalho, configura decisão quanto a essas importâncias em dívida, que serve de base às execução efectuada nos termos do artigo 89º do regime geral das contra-ordenações.

Ac. da RE, de 18.01.18 *in* www.dgsi.pt (Proc. nº 688/15.8T8FAR.E1)

Artigo 18º – Notificação ao arguido das infrações de segurança social

1. O arguido é notificado dos fatos que lhe são imputados para, no prazo de 15 dias, proceder ao pagamento voluntário da coima, ou para contestar, querendo, devendo apresentar os documentos probatórios de que disponha e arrolar testemunhas, até ao máximo de duas por cada infração.

2. Quando tiver praticado três ou mais contraordenações a que seja aplicável uma coima única, o arguido pode arrolar até ao máximo de cinco testemunhas por todas as infrações.

Artigo 19º – Pagamento voluntário da coima

1. Em qualquer altura do processo, mas sempre antes da decisão da autoridade administrativa competente, nos casos em que a infração seja qualificada

como leve, grave ou muito grave praticada com negligência, o arguido pode proceder ao pagamento voluntário da coima, nos termos seguintes:

a) Em caso de pagamento voluntário da coima efetuado no prazo de 15 dias estabelecido no nº 1 dos artigos 17º e 18º, a coima é liquidada pelo valor mínimo que corresponda à contraordenação praticada com negligência, devendo ter em conta o agravamento a título de reincidência, sem custas processuais;

b) Em caso de pagamento voluntário da coima efetuado posteriormente ao decurso do prazo previsto na alínea anterior, mas antes da decisão da autoridade administrativa competente, a coima é liquidada pelo valor mínimo que corresponda à contraordenação praticada com negligência, devendo ter em conta o agravamento a título de reincidência, acrescido das devidas custas processuais.

2. Se a contraordenação consistir na falta de entrega de mapas, relatórios ou outros documentos ou na omissão de comunicações obrigatórias, o pagamento voluntário da coima só é possível se o arguido sanar a falta no mesmo prazo.

3. O pagamento voluntário da coima, nos termos do nº 1, equivale a condenação e determina o arquivamento do processo, não podendo o mesmo ser reaberto, e não podendo os fatos voltar a ser apreciados como contraordenação, salvo se à contraordenação for aplicável sanção acessória, caso em que prossegue restrito à aplicação da mesma.

4. Se o infrator agir com desrespeito das medidas recomendadas no auto de advertência, a coima pode ser elevada até ao valor mínimo do grau que corresponda à infração praticada com dolo.

JURISPRUDÊNCIA:

I – A autoridade administrativa só pode legalmente aplicar uma coima única a contraordenações em relação às quais se verifiquem os requisitos determinantes da conexão ou da apensação (arts. 24º a 29º do CPP).

II – Não está previsto no art. 19º do RGCO nem no RPCOLSS a punição do concurso de contraordenações surgido em termos supervenientes, pelo que não há concurso entre contraordenações que sejam conhecidas após a condenação definitiva por qualquer uma delas.

III – Nas circunstâncias concretas provadas nos autos, a arguida obstou injustificadamente à prestação efetiva de trabalho por parte dos três trabalhadores identificados no processo, tendo nessa medida cometido três contraordenações muito graves p. e p. pelos artigos 129º, nºs 1, al. b) e 2 e 554º, nºs 1 e 4 do CT".

Ac. da RE, de 24.10.19 *in* CJ, Ano XLIV, Tomo IV, p. 285

I – Face ao disposto nos artigos 19º e 32º do RGCC (aplicável por força do disposto no artigo 60º da Lei nº 100/2009, de 14/09), tal regime não prevê o concurso superveniente de contraordenações, pelo que inexistindo qualquer omissão não há que recorrer, a título subsidiário, ao regime do concurso superveniente previsto no artigo 78º do CP.

II – O art. 129º do C.T. estabelece as garantias do trabalhador consubstanciadas em proibições impostas ao empregador.

III – Nos termos do nº 1, al. b) de tal normativo é proibido ao empregador "Obstar injustificadamente à prestação efectiva de trabalho."

IV – Tal normativo impõe o dever de ocupação efectiva do trabalhador e como refere Monteiro Fernandes, in Direito do Trabalho, 12ª edição p. 281 “O seu reconhecimento pressupõe a ideia de que pode ser exigido a uma entidade empregadora que, sem ou mesmo contra a sua vontade, utilize efectivamente os serviços de um trabalhador na organização de que é titular”.

Ac. da RC, de 15.03.19 *in* www.dgsi.pt (Proc. nº 1873/18.6T8VIS.C1)

I – Não padece de nulidade a por insuficiência de fundamentação (omissão de pronúncia de prova documental constante dos autos), a sentença cuja motivação se afigura de suficientemente clara, perceptível e objectivada no que respeita à prova dos factos que foram considerados provados, dela constando pronúncia expressa e suficiente no que respeita à prova documental trazida aos autos pela recorrente.

II – Em face do disposto nos artigos 19º e 32º do DL nº 433/82 de 27/10, aplicável ex vi art. 60º da Lei nº 107/2009, de 14/09, deles não resultando previsto o regime do concurso superveniente de contra ordenações e inexistindo qualquer omissão não há fundamento para recorrer a título subsidiário, ao regime do concurso superveniente previsto no artigo 78º do CP., que aliás apenas contem as regras aplicáveis não ao concurso de infracções, mas sim ao concurso de crimes.

III – Para arguir a nulidade por violação do disposto no art. 19º do RGCOC, não basta invocar a omissão de diligências da ACT na verificação da existência de outros processos, tanto neste Centro Local como em todo o território nacional, pois impunha-se que a arguida indicasse os processos de contra-ordenação existentes em território nacional que deviam ter sido considerados para determinação da coima única.

IV – Prescreve o art. 129º nsº 1 al. b) e 2 do CT que é proibido ao empregador obstar injustificadamente à prestação efetiva de trabalho, daqui resulta o dever de ocupação efectiva, implicando tal violação a prática de uma contra-ordenação muito grave.

V – A violação de tal dever ocorre se a inactividade do trabalhador é imposta pelo empregador de forma injustificada, constitua uma violação ao princípio da boa-fé ou constitua uma situação de abuso de direito.

Ac. da RG, de 05.03.19 *in* www.dgsi.pt (Proc. nº 834/19.2T9VRL.G1)

I – Não há nulidade por violação do princípio “ne bis in idem” numa decisão que sanciona a arguida pela violação da obrigação de informar o trabalhador sobre os riscos profissionais e as medidas de prevenção e proteção, quando a mesma já foi sancionada noutro processo pela violação de prever os riscos inerentes ao posto de trabalho.

II – A cedência do trabalhador a terceiros não exonera o empregador de averiguar as condições concretas em que aquele vai exercer funções para prever os riscos envolvidos e o informar das medidas de prevenção e proteção adequadas, sob pena de incorrer na contra-ordenação prevista e punida no art. artigo 19º, nº 1, 2 e 7 da Lei nº 102/2009, de 10 de setembro.

Ac. da RP, de 15.11.18 *in* www.dgsi.pt (Proc. nº 4859/17.4T8OAZ.P1)

Artigo 20º – Responsabilidade solidária pelo pagamento da coima

O disposto nos artigos 17º, 18º e 19º é aplicável, com as necessárias adaptações, ao sujeito solidariamente responsável pelo pagamento da coima.

Artigo 21º – Testemunhas

1. As testemunhas indicadas pelo arguido na resposta escrita devem por ele ser apresentadas na data, na hora e no local indicados pela entidade instrutora do processo.

2. Os depoimentos prestados nos termos do número anterior podem ser documentados em meios técnicos áudio-visuais.

3. Os depoimentos ou esclarecimentos recolhidos nos termos do número anterior não são reduzidos a escrito, nem é necessária a sua transcrição para efeitos de recurso, devendo ser junta ao processo cópia das gravações.

Artigo 22º – Adiamento da diligência de inquirição de testemunhas

1. A diligência de inquirição de testemunhas apenas pode ser adiada uma única vez, ainda que a falta à primeira marcação tenha sido considerada justificada.

2. Considera-se justificada a falta motivada por fato não imputável ao faltoso que o impeça de comparecer no ato processual.

3. A impossibilidade de comparecimento deve ser comunicada com cinco dias de antecedência, se for previsível, e no dia e hora designados para a prática do ato ou no prazo de vinte e quatro horas em caso de manifesta impossibilidade, se for imprevisível, constando da comunicação a indicação do respetivo motivo e da duração previsível do impedimento, sob pena de não justificação da falta.

4. Os elementos de prova da impossibilidade de comparecimento devem ser apresentados com a comunicação referida no número anterior.

Artigo 23º – Legitimidade das associações sindicais como assistentes

1. Nos processos instaurados no âmbito da presente secção, podem constituir-se assistentes as associações sindicais representativas dos trabalhadores relativamente aos quais se verifique a contraordenação.

2. À constituição de assistente são aplicáveis, com as necessárias adaptações, as disposições do Código de Processo Penal.

3. Pela constituição de assistente não são devidas quaisquer taxas.

Artigo 24º – Prazo para a instrução

1. O prazo para a conclusão da instrução é de 60 dias.

2. O prazo referido no número anterior pode ser sucessivamente prorrogado por iguais períodos em casos devidamente fundamentados.

3. Para efeitos do nº 1, a contagem do prazo inicia-se com a distribuição do processo ao respetivo instrutor.

JURISPRUDÊNCIA:

I – O prazo para a conclusão da instrução do procedimento contra-ordenacional, previsto no artigo 24º da Lei 107/2009, tem natureza meramente aceleratória e disciplinar, não implicando a sua inobservância nulidade do procedimento.

II – A falta de despacho de prorrogação do prazo, nos termos do nº 2 do mesmo artigo, ou a falta de fundamentação deste, não implicam a nulidade da instrução.

III – O artigo 25º do RPACOLSS (artigo 58º do RGCO) regula de forma completa os requisitos da decisão administrativa. Não se exige na norma uma fundamentação nos termos de uma sentença judicial, limitando-se a exigir uma exposição concisa dos motivos de facto e de direito que fundamentam a decisão, com indicação das provas que serviram para formar a convicção.

IV – Havendo impugnação da decisão administrativa, esta, por força da norma do art. 62º, nº 1 do RGCO, converte-se em acusação. Decisivo em tal circunstância é que tal decisão contenha os requisitos duma acusação.

V – A atenuação especial da pena é questão inclusa da aplicação da sanção, fixação do montante da coima ou outra medida. Apreciados que sejam os factos à luz do direito e das normas e concluindo-se por uma determinada pena, é impróprio dizer que ocorreu omissão de pronúncia por não se abordar a atenuação especial, que é matéria a conjugar naquela apreciação, ainda que o julgador não se refira expressamente a ela.

Ac. da RG, de 06.02.20 *in* www.dgsi.pt (Proc. nº 325/18.9T8BRG.G1)

O prazo de 60 dias previsto no artigo 24º da Lei 107/2009, de 14.09 para a conclusão da instrução no âmbito do procedimento contraordenacional tem natureza meramente aceleratória e disciplinar, não implicando a sua inobservância nulidade ou caducidade do referido procedimento.

Ac. da RP, de 21.10.19 *in* www.dgsi.pt (Proc. nº 75/19.9T8MAI.P1)

I – É entendimento uniforme da jurisprudência e da doutrina que os prazos a que se refere o art. 24º, nº 1 da Lei nº 107/2009 são prazos meramente aceleratórios e disciplinares, pelo que o seu incumprimento acarreta, eventualmente, consequências disciplinares para os funcionários que, culposamente, deixarem de os cumprir.

II – Não são prazos peremptórios que tornariam nulos os actos praticados para além do seu termo.

III – O referido prazo não constitui um prazo de caducidade do procedimento contra-ordenacional na sua fase administrativa, mas antes um prazo indicativo, instrumental, orientador da actividade da ACT, que se quer expedita, pronta, atual, célere, eficiente e eficaz.

IV – O regime da caducidade das convenções colectivas é mitigado, no que respeita à salvaguarda dos direitos dos trabalhadores individualmente considerados, pelo que estabelece o nº 8 do art. 501º CT/2009.

Ac. da RC, de 07.12.17 *in* www.dgsi.pt (Proc. nº 1164/16.7T8CVL.C1)

Artigo 25º – Decisão condenatória

1. A decisão que aplica a coima e ou as sanções acessórias contém:

a) A identificação dos sujeitos responsáveis pela infração;

b) A descrição dos fatos imputados, com indicação das provas obtidas;

c) A indicação das normas segundo as quais se pune e a fundamentação da decisão;

d) A coima e as sanções acessórias.

2. Da decisão consta também a informação de que:

a) A condenação se torna definitiva e exequível se não for judicialmente impugnada nos termos dos artigos 32º a 35º;

b) Em caso de impugnação judicial, o tribunal pode decidir mediante audiência ou, caso os sujeitos responsáveis pela infração, o Ministério Público e o assistente, quando exista, não se oponham, mediante simples despacho.

3. A decisão contém ainda a ordem de pagamento da coima no prazo máximo de 10 dias após o carácter definitivo ou o trânsito em julgado da decisão.

4. Não tendo o arguido exercido o direito de defesa nos termos do nº 2 do artigo 17º e do nº 1 do artigo 18º, a descrição dos fatos imputados, das provas, e das circunstâncias relevantes para a decisão é feita por simples remissão para o auto de notícia, para a participação ou para o auto de infração.

5. A fundamentação da decisão pode consistir em mera declaração de concordância com fundamentos de anteriores pareceres, informações ou propostas de decisão elaborados no âmbito do respetivo processo de contraordenação.

JURISPRUDÊNCIA:

Atento o disposto no art. 25º, nº 5 da Lei nº 107/2009, de 14/09, a decisão da entidade administrativa que aplicou coima pode ser efectuada quanto à sua fundamentação de facto e de Direito por remissão para a proposta de decisão.

Ac. da RL, de 16.12.20 *in* www.dgsi.pt (Proc. nº 1928/17.4T8VFX.L1-4)

I – O nº 5 do art. 25ºda Lei 107/2009, de 14.09 é expresso no sentido de que a fundamentação da decisão administrativa pode ser feita por remissão para o teor da proposta de decisão, remissão essa que tanto abrange a fundamentação de facto, como a fundamentação de direito, apenas dela estando excluída a parte decisória propriamente dita (de condenação, e respectiva medida da coima, ou de absolvição).

(...)

Ac. da RP, de 18.05.20 *in* www.dgsi.pt (Proc. nº 15931/19.6T8PRT.P1)

I – Quer o RPCL (aprovado pela Lei nº 107/2009, de 14/09), quer o subsidiariamente aplicável RGCO (aprovado pelo DL nº 433/82, de 27/10, com as alterações que subsequentemente lhe foram introduzidas), não prevêem regras sobre o regime das nulidades dos actos e, particularmente, sobre a decisão proferida pela autoridade administrativa.

II – Assim, haverá que atender, com as necessárias adaptações, ao regime consignado no CPP (art. 41º, nº 1 do RGCO).

III – A lei processual penal diz-nos que a sentença é nula quando não contiver as menções a que alude no nº 1 do art. 379º do CPP, no caso das contraordenações as menções referidas no art. 25º (decisão condenatória) da Lei nº 107/09.

IV – Mas uma decisão será ainda nula quando a entidade administrativa deixe de se pronunciar sobre questões que devesse apreciar – al. c) do nº 1 do art. 379º do CPP.

V – O art. 129º, nº 1, al. a) do CT consagra o dever segundo o qual é proibido ao empregador obstar injustificadamente à prestação efetiva de trabalho, dever este que a doutrina e a jurisprudência desde há muito aceitam como fazendo parte de um princípio geral aplicável no domínio das relações labotais.

VI – Sabendo-se que a colaboração creditória assume particular relevo na contratação laboral, torna-se mister que o empregador disponibilize as condições materiais e organizativas bastantes para que o trabalhador exercite, em termos adequados, a sua prestação laboral.

Ac. da RC, de 10.07.18 *in* www.dgsi.pt (Proc. nº 8300/17.4T8CBR.C1)

I – A decisão da autoridade administrativa não tem a exigência de uma sentença penal.

II – As nulidades da decisão da autoridade administrativa carecem de arguição, não podendo o tribunal conhecer delas oficiosamente.

Acs. da RE, de 28.06.17 *in* www.dgsi.pt (Proc. nº 742/16.9T8BJA.E1) e de 28.04.17 *in* www.dgsi.pt (Proc. nº 2342/16.4T8PTM.E1)

I. O art. 25º da Lei nº 107/2009, de 14 de setembro, Regime Processual das Contra-Ordenações Laborais e de Segurança Social, enuncia os elementos que a decisão da autoridade administrativa há de conter, não incluindo o exame crítico da prova.

II. A decisão administrativa não é equiparável a uma sentença e não tem de conter os requisitos que a lei, nomeadamente processual penal, impõe para esta; corresponde, sim, impugnada judicialmente e apresentada em juízo pelo Ministério Publico, nos termos do art. 37 da Lei nº 107/2009 (e do art. 62 do RGCO, Regime Geral das Contra-Ordenações, aprovado pelo DL nº 433/82, de 27 de outubro, com as alterações sucessivas designadamente a introduzida pelo DL nº 244/95, de 14/09) a uma acusação.

III. Não padece de nulidade a decisão administrativa que descrimina os factos provados e enuncia os fundamentos da decisão de facto, ainda que não refira os factos oferecidos pela arguida nem diga porque não teve por relevante a prova, designadamente testemunhal, desta.

IV. Não é omissa quanto ao elemento subjetivo do tipo a decisão administrativa que descreve com alguma minúcia factos que mostram a forma consciente e voluntária com que, no seu entender, a arguida agiu.

Ac. da RL de 30.11.16 *in* www.dgsi.pt (Proc. nº 33951/15.8T8LSB.L1-4)

Artigo 26º – Natureza de título executivo

A decisão condenatória de aplicação de coima que não se mostre liquidada no prazo legal tem a natureza de título executivo.

Artigo 27º – Pagamento da coima em prestações

1. Excecionalmente, quando o arguido o requeira e desde que a sua situação económica o justifique, pode a autoridade administrativa competente, após decisão condenatória, autorizar o pagamento da coima em prestações, não podendo a última delas ir além de um ano subsequente ao carácter definitivo da decisão.

2. A falta de pagamento de uma prestação implica o vencimento de todas as outras.

3. Para efeitos de apreciação do pedido do pagamento da coima em prestações, o arguido tem de fazer prova da impossibilidade de pagamento imediato da coima.

4. Nos casos em que seja autorizado o pagamento da coima em prestações, são pagos com a primeira prestação e pela seguinte ordem:

a) Créditos laborais em que o empregador tenha sido condenado;

b) Dívidas à segurança social e respetivas custas.

JURISPRUDÊNCIA:

1. Nos autos de contra-ordenação laboral, ao abrigo do nº 5 do art. 88 do DL nº 433/82 (Regime geral das contra-ordenações) aplicável por força do art. 60 da mesma Lei 107/2009, apenas, o pagamento da coima aplicada pode ser deferido em prestações.

2. No que respeita ao pagamento dos créditos laborais do trabalhador e das dívidas à segurança social está na disponibilidade destes o seu pagamento faseado em prestações mensais como, também, decorre do art. 27 da referida Lei nº 107/2009.

Ac. da RL de 18.12.13 *in* www.dgsi.pt (Proc. nº 104/12.7TTFUN.L2-4)

SUBSECÇÃO I – Processo especial

Artigo 28º – Âmbito

1. A infração classificada como leve ou grave, com valor mínimo legal inferior ou igual ao valor de 10 UC, segue a forma de processo especial.

2. O processo especial não é aplicável quando o infrator já tenha sido condenado por infração anterior, sobre a qual ainda não decorreu um prazo superior ao da prescrição da respetiva coima, contado a partir da data da decisão condenatória.

Artigo 29º – Procedimento

1. A autoridade administrativa competente, antes da acusação, notifica o infrator da descrição sumária dos fatos imputados, com menção das disposições legais violadas e indicação do valor da coima calculada.

2. Na mesma notificação o infrator é informado da possibilidade de pagamento da coima, no prazo de cinco dias, com a redução prevista nos termos do artigo seguinte, desde que proceda simultaneamente ao cumprimento da obrigação devida.

3. A ausência de resposta do infrator, recusa de pagamento no prazo referido no nº 2 ou o não cumprimento da obrigação devida, determina o imediato prosseguimento do processo de acordo com as regras previstas nos artigos 17º a 27º, com as seguintes adaptações:

a) O prazo previsto no nº 1 dos artigos 17º e 18º é reduzido para 10 dias;

b) O prazo previsto no nº 1 do artigo 19º é reduzido para 10 dias;

c) O prazo previsto no nº 1 do artigo 24º é reduzido para 30 dias.

Artigo 30º – Redução da coima

O valor da coima, calculado para os efeitos do nº 2 do artigo anterior, corresponde a 75 % do montante mínimo legal aplicável.

Artigo 31º – Efeitos do cumprimento

O cumprimento da obrigação devida e o respetivo pagamento da coima nos termos do nº 2 do artigo 28º equivale a decisão condenatória definitiva, não podendo o fato voltar a ser apreciado como contraordenação, nem o infrator impugnar judicialmente aquela decisão.

SECÇÃO II – Fase judicial

Artigo 32º – Impugnação judicial das decisões de aplicação das coimas

A decisão da autoridade administrativa de aplicação de coima é suscetível de impugnação judicial.

JURISPRUDÊNCIA:

I – Conforme o disposto no artigo 32º da Lei nº 107/2009, de 14/09, a decisão da autoridade administrativa de aplicação de coima é susceptível de impugnação judicial.

II – Esta (impugnação) é apresentada na autoridade administrativa, no prazo de 20 dias após a sua notificação (nº 2 do artigo 33º da citada Lei), prazo ao qual são aplicáveis as disposições constantes da lei do processo penal e que não se suspende durante as férias judiciais (artigo 6º da mesma Lei), ou seja, é um prazo contínuo e quando terminar em dia que o tribunal estiver encerrado transfere-se para o primeiro dia útil seguinte (artigo 138º do C.P.C., ex vi do artigo 104º do C.P.P.).

III – As notificações em processo de contraordenação são efetuadas por carta registada, com aviso de receção, sempre que se notifique o arguido da decisão administrativa que lhe aplique uma coima – nº 1 do artigo 8º da citada Lei nº 107/2009.

IV – Uma vez que o AR foi assinado por pessoa diferente do advogado destinatário e que é inaplicável o disposto no artigo 8º da Lei nº 107/2009, de 14/09, posto que a notificação por carta registada aí prevista respeita apenas ao arguido e aos actos e decisões aí discriminados, por força do disposto no nº 2 do artigo 113º do CPP, a notificação do advogado da arguida presume-se feita no 3º dia útil posterior ao do envio, ou seja no dia 03/07/2020, data a partir da qual se conta o prazo para impugnação da decisão administrativa, visto que foi a notificação efetuada em último lugar (nº 10 do artigo 113º do CPP).

Ac. da RC, de 18.12.20 *in* www.dgsi.pt (Proc. nº 3422/20.7T8CBR.C1)

I – No regime de processamento e decisão das contra-ordenações laborais é admitida a condenação de empregador pela autoridade administrativa no pagamento de quantias devidas a trabalhador emergentes de créditos salariais verificados pela mesma.

II – Essa competência conferida pela lei não enferma de inconstitucionalidade por violação das garantias das partes.

Ac. da RL de 15.01.14 *in* CJ, Ano XXXIX, Tomo I, p. 156

Artigo 33º – Forma e prazo

1. A impugnação judicial é dirigida ao tribunal de trabalho competente e deve conter alegações, conclusões e indicação dos meios de prova a produzir.

2. A impugnação judicial é apresentada na autoridade administrativa que tenha proferido a decisão de aplicação da coima, no prazo de 20 dias após a sua notificação.

JURISPRUDÊNCIA:

I – Tendo sido os próprios recorrentes a requererem ao Tribunal e Juízo Local Cível de Aveiro – no qual começaram incorrectamente por apresentar a impugnação judicial via Citius como se fossem intentar uma acção cível – o envio da peça processual recusada para o Juízo do Trabalho de Aveiro, a remessa do expediente a este Tribunal não foi determinada oficiosamente, antes resultando da pretensão que formularam.

II – Distribuída a impugnação judicial como Processo de Contra-ordenação Laboral na sequência daquele requerimento, o Juízo do Trabalho de Aveiro não podia deixar de se pronunciar sobre a admissibilidade do recurso, tendo em conta, nomeadamente, os artigos 33º e 38º, nº 1, da Lei 107/2009.

III – O Tribunal a quo não é um órgão da Administração Pública e, logo, não tinha aplicação o disposto no art. 41º do CPA. Caso o tribunal a quo tivesse procedido nos termos agora pretendidos pelos recorrentes estaria a aplicar indevidamente essa norma e concomitantemente a fazer tábua rasa do regime legal aplicável, nomeadamente, do disposto nos referidos artigos 33º e 38º, nº 1, da Lei 107/2009.

IV – Se os recorrentes estão convictos da correção do entendimento que vêm defender, então deveriam oportunamente ter reagido contra aquela primeira decisão, que rejeitou a impugnação judicial e determinou o arquivamento dos autos, interpondo recurso para este tribunal superior. Como decorre do nº 2, do art. 38º da Lei 107/09, do despacho que rejeita a impugnação judicial (a que se refere o nº 1), "há recurso, que sobe imediatamente".

V – Notificado o mandatário dos recorrentes da recusa do requerimento, o que ocorreu no dia imediatamente seguinte à apresentação indevida do expediente, uma conduta normalmente diligente impunha uma actuação pronta no sentido de verificar a razão da recusa, constatar o erro cometido e proceder à sua imediata correcção, bastando para tal proceder à apresentação da impugnação nos serviços da ACT, ou seja, observando o disposto no art. 33º da Lei 107/2009. Se os recorrentes assim tivessem procedido, note-se, ainda em prazo, nada teria obstado à admissibilidade da impugnação judicial.

VI – A apresentação do requerimento no Juízo Local Cível de Aveiro pelo ilustre mandatário, requerendo o envio da peça processual recusada para o Juízo do Trabalho de Aveiro, não pode de todo considerar-se como lapso não imputável a título de culpa grave. Aceita-se que a apresentação do expediente via citius no Juízo Local Cível de Aveiro tenha resultado de lapso sem culpa grave, mas se depois desse primeiro erro foi praticado um segundo, para mais na sequência da notificação da recusa do expediente efectuada por aquele Tribunal ao ilustre mandatário, é forçoso concluir que não houve a normal diligência que era devida e exigível, logo, consubstanciando essa conduta a prática de um acto processual indevido a título de culpa grave, logo, ficando fora da previsão da norma do artigo 146º, nº 2, do CPC.

VII – Os recorrentes só ficaram sujeitos à maior demora na prolação da decisão em razão de terem requerido a remessa do expediente que indevidamente apresentaram via citius no Juízo Local Cível de Aveiro, para o Juízo do Trabalho de Aveiro, novamente procedendo incorrectamente. Foram esses dois erros consecutivos, relevando aqui particularmente o segundo, a causa adequada para que entretanto decorresse o prazo para apresentação da impugnação judicial na ACT. Ficam impedidos de usar o direito à impugnação judicial, mas por causa que lhes é exclusivamente imputável, muito simplesmente, por não terem tido a diligência devida em exercê-lo nos termos prescritos pela lei.

VIII – Sendo certo que a impugnação judicial deve ser apresentada na autoridade administrativa que tenha proferido a decisão de aplicação da coima (art. 33º/2, da Lei 107/09), bem assim que a prática desse acto não é, nem poderia ser praticado via CITIUS, por a utilização desta aplicação apenas estar prevista para os Tribunais Judiciais [cfr. art. 140º da Lei nº 62/2013, de 26 de Agosto –Lei de Organização do Sistema Judiciário); e, art. 1º, da Portaria nº 280/2013, de 26 de Agosto (Tramitação Electrónica de Processos Judiciais)], não tem cabimento pretender-se que a remessa do expediente, apesar de efectuada por aquela via, mas incorrectamente, esteja a coberto da previsão da norma do nº 1 do art. 144º do CPC.

Ac. da RP, de 17.12.20 *in* www.dgsi.pt (Proc. nº 3370/19.3T8AVR.P1)

I – O art. 33º/2 da Lei 107/09, de 14/09, tem por objecto apenas o prazo de dedução da impugnação judicial das decisões condenatórias proferidas pelas autoridades administrativas no âmbito do procedimento das contra-ordenações, e o prazo de 20 dias aí previsto está sujeito à regra da continuidade decorrente do estatuído no art. 144º/1 do CPC.

II – O prazo de impugnação judicial da decisão da ACT e do ISS que condene uma pessoa individual ou colectiva pela prática de uma contra-ordenação laboral ou contra a segurança social não se suspende aos sábados, domingos e feriados (arts. 6º/1 da Lei 107/09,; 104º/1 do CPC; e 144º/1 do CPC), do mesmo modo que não se suspende durante as férias judiciais.

Ac. da RC, de 10.07.13 *in* www.dgsi.pt (Proc. nº 38/13.8TTFIG.C1)

Em processo de contra ordenação laboral a nova lei que encurta o prazo de que o arguido dispunha para interpor recurso de impugnação, que constitui uma das formas do exercício do seu direito de defesa, tem que ser encarada como agravando sensivelmente de forma evitável a respectiva situação processual, pelo que cumpre aplicar a tal título, nos termos do disposto no artigo 5º, nº 2º al a) do CPP – aplicável por força do nº 1º do artigo 41º do RGCO, para o qual remete também o disposto no artigo 60º da Lei nº 107/2009, de 14/09 – a Lei anterior.

Ac. da RL, de 30.06.10 *in* www.dgsi.pt (Proc. nº 18/10.5TTCLD.L1-4)

Artigo 34º – Tribunal competente

É competente para conhecer da impugnação judicial o tribunal de trabalho em cuja área territorial se tiver verificado a contraordenação.

Artigo 35º – Efeitos da impugnação judicial

1. A impugnação judicial tem efeito meramente devolutivo.

2. A impugnação judicial tem efeito suspensivo se o recorrente depositar o valor da coima e das custas do processo, no prazo referido no nº 2 do artigo 33º, em instituição bancária aderente, a favor da autoridade administrativa competente que proferiu a decisão de aplicação da coima.

3. O depósito referido no número anterior pode ser substituído por garantia bancária, na modalidade «à primeira solicitação».

Artigo 36º – Envio dos autos ao Ministério Público

1. Recebida a impugnação judicial e, sendo caso disso, efetuado o depósito referido no artigo anterior, a autoridade administrativa competente envia os autos ao Ministério Público no prazo de 10 dias, podendo, caso o entenda, apresentar alegações.

2. Até ao envio dos autos, pode a autoridade administrativa competente revogar, total ou parcialmente, a decisão de aplicação da coima ou sanção acessória.

Artigo 37º – Apresentação dos autos ao juiz

O Ministério Público torna sempre presentes os autos ao juiz, com indicação dos respetivos elementos de prova, valendo este ato como acusação.

JURISPRUDÊNCIA:

I. Em processo de contra-ordenação laboral, a decisão da autoridade administrativa é susceptível de impugnação judicial, a qual, apresentada, embora, àquela, é enviada para o Ministério Público, que, nos termos do art. 37º do regime processual das contra-ordenações laborais e de segurança social, "torna sempre presentes os autos ao juiz, com indicação dos respectivos elementos de prova, valendo este acto como acusação."

II. Assim, valendo o acto como acusação, se aquela decisão for omissa quanto a factos, não se lhe deve aplicar o regime legal supletivo vigente para a sentença que omita a fundamentação.

III. Nessa medida, considerando-se a decisão administrativa / acusação manifestamente infundada, deve o juiz decidir o arquivamento do processo mediante despacho a que se refere o art. 39º, nºs 1, 2 e 3 do mencionado regime processual.

Ac. da RG, de 30.06.16 *in* www.dgsi.pt (Proc. nº 808/16.5T8VCT)

Artigo 38º – Não aceitação da impugnação judicial

1. O juiz rejeita, por meio de despacho, a impugnação judicial feita fora do prazo ou sem respeito pelas exigências de forma.

2. Deste despacho há recurso, que sobe imediatamente

JURISPRUDÊNCIA:

I – O envio atempado para a autoridade administrativa da impugnação judicial através de correio electrónico, sem aposição de assinatura electrónica avançada, apesar de não respeitar o disposto no art. 3º, nº 1, da Portaria nº 642/2004, de 16-06, não implica, per se, a rejeição imediata dessa impugnação judicial.

II – Na realidade, inexiste qualquer disposição legal a determinar essa cominação perante este tipo de irregularidade e tal não se mostra sequer consentâneo com o regime contra-ordenacional que pressupõe exigências formais bem menos rígidas e exigentes que as previstas para o processo criminal.

III – Assim, perante tal situação, o juiz da 1ª instância deve convidar o subscritor da impugnação judicial, para, em prazo que se entenda razoável, apresentar nesse tribunal o original da impugnação enviada, devidamente assinada, ou ratificar, pessoalmente, tal impugnação.

Ac. da RE, de 30.01.20 *in* www.dgsi.pt (Proc. nº 1753/19.8T8PTM.E1)

I. Só a sociedade arguida num procedimento contra-ordenacional tem legitimidade para impugnar judicialmente no Juízo do Tribunal a coima em que foi condenada pela ACT.

II. Se apenas uma segunda sociedade, ainda que do mesmo grupo, o fizer, a impugnação judicial deve ser rejeitada por esse motivo.

III. Se a segunda sociedade recorrer da decisão que rejeitou o recurso e este não for admitido por despacho do Juiz, a decisão que condenou a primeira transita em julgado se a rejeição for confirmada na reclamação interposta para o Presidente do Tribunal Relação.

IV. Daí que improceda o recurso que, em simultâneo com aquele, a arguida havia interposto da decisão do Juiz do Trabalho que rejeitara a impugnação judicial interposta pela segunda sociedade.

Ac. da RL, de 22.11.17 *in* www.dgsi.pt (Proc. nº 756/16.9T8LSB.L1-4)

Artigo 39º – Decisão judicial

1. O juiz decide do caso mediante audiência de julgamento ou através de simples despacho.

2. O juiz decide por despacho quando não considere necessária a audiência de julgamento e o arguido ou o Ministério Público não se oponham.

3. O despacho pode ordenar o arquivamento do processo, absolver o arguido ou manter ou alterar a condenação.

4. O juiz fundamenta a sua decisão, tanto no que respeita aos fatos como no que respeita ao direito aplicado e às circunstâncias que determinaram a

medida da sanção, podendo basear-se em mera declaração de concordância com a decisão condenatória da autoridade administrativa.

5. Em caso de absolvição, o juiz indica porque não considera provados os fatos ou porque não constituem uma contraordenação.

JURISPRUDÊNCIA:

I – Tratando-se de factualidade pertinente para os limites mínimo e máximo da coima (artigo 554º do Código do Trabalho), implicando um agravamento de tais limites, é matéria com relevo para a decisão da causa, impondo-se que conste expressamente da decisão administrativa para poder ser considerada provada, em sede de decisão de facto, pelo Tribunal.

II – Assim não sucedendo, a inclusão de tal factualidade consubstancia uma alteração substancial dos factos, traduzida num agravamento da posição da Arguida no processo, pela elevação dos limites da sanção.

III – Tratando-se de uma alteração substancial dos factos, não tendo a Arguida concordado com a continuação do julgamento por esse novo facto, é nula a sentença, nos termos previstos no artigo 379º, nº 1, alínea b) do Código de Processo Penal, atento o disposto no artigo 410º, nº 3 do mesmo Código, impondo-se a sua anulação e a devolução do processo ao tribunal recorrido, como previsto no artigo 75º, nº 2, alínea b) do RGCO, se com os demais factos fixados pelo Tribunal a quo, *se entende ser de manter a condenação da Recorrente, ainda que não sendo possível ir para além do mínimo em termos de escalão de gravidade da contraordenação laboral.*

Ac. da RP, de 22.06.20 *in* www.dgsi.pt (Proc. nº 1838/18.8T8AVR.P1)

A sentença proferida em processo laboral não pode remeter em todas as situações para a decisão administrativa.

Ac. da RE, de 23.04.20 *in* www.dgsi.pt (Proc. nº 1514/19.4T8EVR.E1)

Não julga inconstitucional a norma que permite o agravamento da coima decorrente de contraordenação laboral em sede de impugnação judicial interposta pelo arguido em sua defesa, interpretativamente extraída do artigo 39º, nº 3, da Lei nº 107/2009, de 14 de setembro.

Ac. do TC nº 141/2019, de 12.03.19, pub. no DR, Série II, de 27.05.2019

I – Em processo de contraordenação laboral o juiz só poderá decidir por despacho quando (i) considere desnecessária a realização da audiência e (ii) o arguido e o Ministério Público se não oponham à decisão do recurso por despacho.

II – Os casos em que o juiz poderá decidir por despacho são os casos em que a decisão final não dependa da realização de diligências de prova.

III – A oposição à decisão por despacho poderá ser manifestada pelo arguido no requerimento de interposição de recurso e pelo Ministério Público ao apresentar o processo ao juiz, devendo entender-se que constituem manifestação implícita de oposição o oferecimento de prova que deva ser produzida em audiência.

IV – Assim, tendo no requerimento de interposição do recurso a arguida apresentado prova testemunhal, deve entender-se que se opõe à decisão por despacho.

V – E deve também entender-se que se opõe a decisão por simples despacho, agora de forma expressa, se tendo sido notificada para manifestar a sua oposição à decisão por simples despacho, veio em resposta afirmar que considera que a audição das testemunhas por si arroladas se revela imprescindível quanto ao apuramento dos factos, prescindindo todavia da audição dessas mesmas testemunhas apenas se forem consideradas procedentes as excepções que deduziu e que conduzem à sua absolvição.

VI – No circunstancialismo descrito, tendo o tribunal decidido por despacho cometeu a nulidade prevista no art. 120º, nº 2, alª d), do Cód. Proc. Penal, nulidade consistente na violação do seu direito de defesa, por preterição da realização da audiência de julgamento.

Ac. da RE, de 12.09.18 *in* www.dgsi.pt (Proc. nº 1738/17.9T8TMR.E1)

Tendo ficado demonstrado em processo contraordenacional que a arguida pagou a todos os seus trabalhadores as diuturnidades previstas no CCT aplicável, tendo a mesma sido absolvida do pagamento da coima aplicada pela ACT, bem como do pagamento dos créditos dos trabalhadores que haviam sido apurados como estando em dívida, a título de diuturnidades, tal decisão impõe-se com a autoridade do caso julgado em ação interposta pelos trabalhadores a reclamar o pagamento das aludidas diuturnidades.

Ac. da RE, de 08.11.17 *in* www.dgsi.pt (Proc. nº 2553/16.2T8STR.E1)

I – Da conjugação das normas do art. 379º, nº 1, al. c) do Código de Processo Penal (aplicável por força dos arts. 41º, nº 1 e 74º, nº 4 do RGCO, por sua vez aplicáveis ex vi *art. 60º do RPCOLSS) e do art. 39º, nº 4, do RPCOLSS, resulta que o juiz pode legitimamente fundamentar a sua decisão através de mera declaração de concordância com a decisão condenatória da autoridade administrativa, desde que esta se tenha pronunciado sobre todas as questões suscitadas no recurso de impugnação interposto da mesma.*

II – Por força do nº 2 do art. 260º do Código do Trabalho, o subsídio de refeição não integra, em regra, o conceito de retribuição, a menos que, na parte que exceda o seu montante normal, tenha sido previsto no contrato de trabalho ou se deva considerar pelos usos como elemento integrante da retribuição do trabalhador.

III – Assim, tudo aquilo que for pago acima dos montantes previstos no IRCT aplicável, ao longo dos anos e de forma regular e periódica, tem que se considerar, em regra, como fazendo parte da retribuição, tendo até em conta o princípio da boa fé.

IV – O recurso para o Tribunal da Relação, da sentença que decidiu da impugnação da decisão administrativa de contra-ordenação, porque visa a reapreciação de questões colocadas na impugnação perante o tribunal da 1ª instância, e não de outras, novas, não pode conhecer de uma questão que não foi presente ao tribunal recorrido.

Ac. da RG, de 29.06.17 *in* www.dgsi.pt (Proc. nº 4318/16.2T8VCT.G1)

I – A mera falta de notificação da arguida das «alegações» da ACT não se reconduz, por referência à tramitação do processo contraordenacional ou à sentença recorrida, a qualquer uma das nulidades que se acham elencadas nos arts. 119º e 379º do C.P.P. e que respeitam aos vícios procedimentais insanáveis que podem afetar o processo penal e implicam a sua nulidade parcial ou total ou às irregularidades da sentença penal.

II – A regra do nº 1 do art. 36º do RPCOLSS, ao permitir a apresentação das «alegações» *pela autoridade administrativa (no caso vertente, a ACT), obriga a que o teor das mesmas seja efetivamente notificado à arguida mas já não implica a possibilidade de resposta da mesma a tais alegações, a não ser que estas suscitem alguma nulidade, exceção ou questão nova que não se mostre já abordada, de forma expressa ou implícita, na decisão administrativa ou mesmo no processo contraordenacional, na sua fase administrativa e que, em nome do princípio do contraditório, reclame a pronúncia da arguida.*

III – A falta de notificação em causa, ainda que se possa traduzir numa irregularidade processual, nos termos do nº 2 do art. 118º do C.P.P., seguro é que segundo o art. 123º do C.P.P. já se mostrava sanada à data da sua invocação nas alegações de recurso, dado a recorrente ter sido notificada do despacho judicial de fls. 118, conforme ressalta de fls. 122 e ter intervindo nos autos sem nada invocar quanto à irregularidade em apreço (fls. 119 a 121).

IV – Essa irregularidade não afetou minimamente a validade e eficácia jurídica da sentença judicial aqui alvo de contestação, dado o conteúdo da resposta dada pela ACT às alegações de recurso da arguida, se ter cingido às fronteiras substanciais da decisão administrativa impugnada para o tribunal da 1ª instância.

V – A opção do julgador constante do nº 1 do art. 39º do RPCOLSS não é discricionária ou aleatória, dependendo não apenas da concordância do Ministério Público e do arguido, como ainda da verificação de determinados pressupostos de facto e de direito, que, na situação dos autos e face ao ataque que a aqui recorrente fez a parte da factualidade dada como assente pela Autoridade das Condições de Trabalho, não estavam manifestamente reunidos.

VI – Esse cenário, contudo, modificou-se supervenientemente, com a aceitação expressa por parte da recorrente em que a sua impugnação judicial fosse decidida através de um simples despacho judicial, significando tal declaração da arguida que, não obstante o teor igualmente "fáctico" *(digamos assim) da sua impugnação judicial, ao vir concordar posteriormente com a apreciação desta última por intermédio desse mero despacho, veio renunciar à produção nos autos (v.g., na Audiência de Julgamento) da requerida prova testemunhal, tendo tal postura adjetiva de ser ainda interpretada no sentido da subsequente conformação da arguida com a Matéria de Facto dada como Provada na aludida decisão administrativa, que assim e em regra, se deverá manter intocada e inalterada.*

VII – O que se deixou afirmado no Ponto anterior não exclui situações excecionais de contradição inequívoca entre factos dados como assentes na aludida decisão administrativa ou de existência de prova nos autos (documental ou outra), que imponha ao juiz a modificação ou eliminação de alguns dos pontos de facto ali dados como provados ou o aditamento de factos que não foram devidamente considerados pela entidade administrativa.

VIII – Tendo sido aceite que a impugnação judicial fosse decidida por simples despacho judicial e seguros de que não há contradição ou precisão de alterar a pedido ou oficiosamente a Factualidade dada como Provada, que se sustenta, por outro lado e unicamente nos meios de prova considerados pela ACT na sua decisão, não é adjetivamente necessário que a sentença recorrida tenha de fundamentar de novo e extensamente os factos simplesmente «importados» da dita decisão administrativa, convindo recordar que, segundo a parte final do nº 4 do art. 39º do RPCOLSS, tal despacho ou sentença pode «basear-se em mera declaração de concordância com a decisão condenatória da autoridade administrativa.».

IX – Nada ressalta da sentença, quer em sede de fundamentação de facto como mesmo de direito (por adesão e referência à decisão administrativa da ACT) que possa ser reputado de chocante, absurdo ou nitidamente contrário às regras da experiência, lógica e senso comuns e, nessa medida, imponha uma atuação deste Tribunal da Relação de Lisboa destinada a repor a razoabilidade, coerência ou justeza da matéria de facto dada por assente, nos moldes perseguidos pela recorrente (erro notório na apreciação da prova).

X – O julgamento por adesão, que é consentido pelo nº 4 do art. 39º do RPCOLSS, quer para o mero despacho judicial como para a sentença propriamente dita, prolatada após a realização da Audiência de Julgamento, refere-se, naturalmente, à decisão condenatória da autoridade administrativa e não a quaisquer outras peças ou elementos processuais, não sendo, nessa medida, legalmente possível ao julgador radicar a sua sentença ou despacho judiciais apenas nas «alegações» da ACT ou em qualquer outro documento constante do processo contraordenacional (v.g., um parecer jurídico ou um Acórdão ou sentença proferidos noutro processo por um tribunal da 2ª ou 1ª instância).

XI – Naturalmente que o tribunal recorrido, ao confirmar de facto e de direito a decisão da ACT, quer no que toca à fundamentação propriamente dita, como à sua decisão final condenatória, afasta, de forma implícita, a consideração no caso dos autos da norma contida no art. 48º do RPCOLSS (admoestação judicial) que, de qualquer maneira, nunca seria suscetível de ser chamada à cena na apreciação da prática pela arguida das 6 contraordenações que lhe foram imputadas pela ACT, dado quatro delas serem graves, apenas tendo a natureza de leves as demais, que, contudo, não surgem isoladas mas em conjugação e cumulação com algumas das outras (graves), não se evidenciando no cometimento das infrações leves uma reduzida culpa da perpetrante, que pudesse ser excecional e isoladamente ponderada, para efeitos de condenação da arguida por aquelas duas numa mera admoestação judicial (com o inerente desmembramento do cúmulo jurídico efetuado e sua recomposição, com referência apenas às demais contraordenações graves consideradas).

Ac. da RL, de 18.11.15 *in* www.dgsi.pt (Proc. nº 6606/15.6T8SNT.L1-4)

Artigo 40º – Marcação da audiência

Ao aceitar a impugnação judicial o juiz marca a audiência, salvo no caso referido no nº 2 do artigo anterior.

Artigo 41º – Retirada da acusação

A todo o tempo, e até à sentença em primeira instância ou até ser proferido o despacho previsto no nº 2 do artigo 39º, pode o Ministério Público, com o acordo do arguido e da autoridade administrativa, retirar a acusação.

JURISPRUDÊNCIA:

Nestes termos, o Tribunal Constitucional decide não julgar inconstitucional a norma constante do artigo 41º da Lei nº 107/2009 de 14 de setembro, na parte em que exige o prévio acordo da autoridade administrativa para a retirada da acusação pelo Ministério Público.

Ac. do TC nº 226/2011, de 03.05.11 *in* www.tribunalconstitucional.pt

Artigo 42º – Participação do arguido na audiência

1. O arguido não é obrigado a comparecer à audiência, salvo se o juiz considerar a sua presença como necessária ao esclarecimento dos fatos.

2. O arguido pode sempre fazer-se representar por defensor legal.

3. Nos casos em que o juiz não ordenou a presença do arguido a audiência prossegue sem a presença deste.

Artigo 43º – Ausência do arguido

Nos casos em que o arguido não comparece nem se faz representar por advogado, tomam-se em conta as declarações que tenham sido colhidas no âmbito do processo de contraordenação que correu termos na autoridade administrativa competente ou regista-se que ele nunca se pronunciou sobre a matéria dos autos, apesar de lhe ter sido concedida a oportunidade para o fazer, e procede-se a julgamento.

Artigo 44º – Participação do Ministério Público

O Ministério Público está presente na audiência de julgamento.

Artigo 45º – Participação da autoridade administrativa competente

1. O tribunal comunica à autoridade administrativa competente a data da audiência para, querendo, esta poder participar na audiência.

2. O Ministério Público, após notificação da decisão de arquivamento do processo, absolvição ou alteração da condenação, solicita a pronúncia por escrito da autoridade administrativa competente, no prazo de cinco dias, a fim de ser equacionado um eventual recurso no processo.

3. O tribunal comunica à autoridade administrativa competente, de imediato e antes do trânsito em julgado, a sentença, bem como as demais decisões finais.

Artigo 46º – Retirada da impugnação judicial

1. A impugnação judicial pode ser retirada pelo arguido até à sentença em primeira instância ou até ser proferido o despacho previsto no nº 2 do artigo 39º.

2. Depois do início da audiência de julgamento, a impugnação judicial só pode ser retirada mediante o acordo do Ministério Público.

Artigo 47º – Prova

1. Compete ao Ministério Público promover a prova de todos os fatos que considere relevantes para a decisão.

2. Compete ao juiz determinar o âmbito da prova a produzir.

3. O Ministério Público e o arguido podem arrolar até ao máximo de duas testemunhas por cada infração.

4. Quando se trate de três ou mais contraordenações a que seja aplicável uma coima única, o Ministério Público e o arguido podem arrolar até ao máximo de cinco testemunhas por todas as infrações.

JURISPRUDÊNCIA:

Tendo o tribunal concedido à acusação e à defesa oportunidade para se pronunciarem quanto ao limite do número de testemunhas a apresentar em face do concurso de 49 contraordenações em que pode ser aplicável uma coima única, nos termos do art. 47º, nº 3 da Lei nº 107/2009, de 14.09, e não tendo estes dito o que quer que fosse sobre a matéria, não se mostra violado o direito de defesa e não é inconstitucional em concreto a norma jurídica acabada de citar.

Ac. da RE, de 23.04.20 *in* www.dgsi.pt (Proc. nº 1512/19.8T8EVR.E1)

Artigo 48º – Admoestação judicial

Excecionalmente, se a infração consistir em contraordenação classificada como leve e a reduzida culpa do arguido o justifique, pode o juiz proferir uma admoestação.

JURISPRUDÊNCIA:

i) não existe erro notório na apreciação da prova, quando a fundamentação da resposta à matéria de facto dada pelo tribunal recorrido permite que sigamos o raciocínio do julgador e é compreensível por uma pessoa média, perante o que consta apenas do texto da sentença.

ii) o erro vício da insuficiência da matéria de facto para a decisão não se confunde com a falta de factos que permitam a condenação.

iii) a sanção de admoestação só é aplicável se a contraordenação for leve e a culpa da arguida reduzida.

Ac. da RE, de 03.12.20 *in* www.dgsi.pt (Proc. nº 2286/19.8T8STR.E1)

i) é aplicável subsidiariamente ao concurso de contraordenações laborais o regime jurídico previsto no art. 19º do Regime Geral das Contraordenações.

ii) não há concurso entre contraordenações que sejam conhecidas após a condenação definitiva por qualquer uma delas.

iii) a aplicação do cúmulo jurídico nos mesmos termos previstos para os crimes traria problemas de competência material insanáveis, pois cada autoridade administrativa tem competência limitada à instrução e decisão das contraordenações relativas à matéria em questão e não está prevista a competência material para efetuar o cúmulo jurídico decorrente de concurso de contraordenações de diferentes matérias.

iv) a arguida só não será responsabilizada pela prática da contraordenação se provar que organizou o trabalho de modo a que o condutor pudesse trazer consigo ou de algum modo permitir a leitura dos discos do tacógrafo utilizados pelo mesmo nos 28 dias anteriores ou do documento justificativo da falta dos referidos registos.

v) a sanção de admoestação só é aplicável se a contraordenação for leve e a culpa da arguida reduzida.

Ac. da RE, de 22.10.20 *in* www.dgsi.pt (Proc. nº 1171/19.8T8STR.E1)

I. O instituto da dispensa de coima não é geralmente aplicável às contra-ordenações e também não às laborais por não apresentação pelo motorista das folhas do registo tacógrafo relativas ao período dos 28 dias anteriores a que alude o art. 25º, nº 1, alínea a) do RPCLSS.

II. Isto porque: (i) o RGCC regula integralmente o regime de coimas nos arts. 17º a 26º e no 51º a admissibilidade de admoestação, tal como no art. 48º do RPCLSS, mas não previu a dispensa de coima; (iii) se fosse intenção da lei permitir a dispensa de coima tê-lo-ia dito de forma expressa, como fez no caso das contra-ordenações tributárias (art. 32º, nº 1 do RGIT) e até no caso de certas contra-ordenações laborais (art. 560º do CT).

III. A admoestação só pode ser aplicada se, cumulativamente: (i) a contra-ordenação for classificada como leve, e (ii) houver reduzida culpa do arguido (art. 48º do RPCLSS).

IV. Não é o caso daquela que é legalmente classificada como muito grave (art. 25º, nº 1 da Lei nº 27/2010, de 30 de agosto).

Ac. da RL, de 09.10.19 *in* www.dgsi.pt (Proc. nº 2277/18.6T8BRR.L1-4)

I – O nº 3 do artigo 551º do Código do Trabalho, ao estabelecer que se o infractor for uma pessoa colectiva ou equiparada, respondem pelo pagamento da coima, solidariamente com aquela, os respectivos administradores, gerentes ou directores, não imputa a estes qualquer solidariedade quanto à infracção, mas apenas a solidariedade quanto ao pagamento da coima, de forma a garantir o pagamento desta face a quaisquer riscos decorrentes do funcionamento da pessoa colectiva.

II – Decorre do artigo 48º da Lei nº 107/2009, de 14-09, que a sanção de admoestação só pode ser aplicada se, cumulativamente, (i) a infracção consistir em contra-ordenação classificada como leve, e (ii) houver reduzida culpa do arguido.

Ac. da RE, de 22.11.17 *in* www.dgsi.pt (Proc. nº 3232/16.6T8FAR.E1)

Artigo 49º – Decisões judiciais que admitem recurso

1. Admite-se recurso para o Tribunal da Relação da sentença ou do despacho judicial proferidos nos termos do artigo 39º, quando:

a) For aplicada ao arguido uma coima superior a 25 UC ou valor equivalente;

b) A condenação do arguido abranger sanções acessórias;

c) O arguido for absolvido ou o processo for arquivado em casos em que a autoridade administrativa competente tenha aplicado uma coima superior a 25 UC ou valor equivalente, ou em que tal coima tenha sido reclamada pelo Ministério Público;

d) A impugnação judicial for rejeitada;

e) O tribunal decidir através de despacho não obstante o recorrente se ter oposto nos termos do disposto no nº 2 do artigo 39º.

2. Para além dos casos enunciados no número anterior, pode o Tribunal da Relação, a requerimento do arguido ou do Ministério Público, aceitar o recurso da decisão quando tal se afigure manifestamente necessário à melhoria da aplicação do direito ou à promoção da uniformidade da jurisprudência.

3. Se a sentença ou o despacho recorrido são relativos a várias infrações ou a vários arguidos e se apenas quanto a alguma das infrações ou a algum dos arguidos se verificam os pressupostos necessários, o recurso sobe com esses limites.

JURISPRUDÊNCIA:

I – No processo de impugnação judicial de decisão da autoridade administrativa não é obrigatória a assistência do arguido por advogado, quer para interposição de recurso, quer para assegurar a sua defesa em juízo quando não tenha constituído defensor – caso em que poderá intervir activamente no julgamento – quer quando não compareça em juízo nem se faça representar por advogado, desde que o juiz não tenha considerado a sua comparência necessária ao esclarecimento dos factos.

II – O nº 1, do artigo 49º, da Lei nº 107/2009, de 14 de Setembro, ao condicionar a admissibilidade do recurso aos casos em que tenha sido "aplicada ao arguido uma coima superior a 25 UC ou valor equivalente", reporta-se ao valor da coima individualmente considerada aplicada pela prática de uma determinada contra-ordenação e não, quando for caso de pluralidade de infracções, à coima única aplicada em cúmulo jurídico.

III – Trabalhados realizados a uma altura de 8 metros envolvem um risco de queda com consequências graves, significando isso estar-se perante uma situação de risco elevado, nos termos enunciados no art. 79º, al. a), da Lei 102/09.

IV – Impunha-se uma actuação preventiva da recorrida entidade empregadora, avaliando todas os aspectos necessários à execução dos trabalhos em causa, para avaliação da melhor forma de serem executados, nomeadamente, identificando os perigos e riscos envolventes e arranjando soluções para os evitar tanto quanto possível, para depois se planear a metodologia a seguir em conformidade com essa avaliação preventiva, definindo os procedimentos concretos a serem observados, bem assim para se prestarem aos trabalhadores todas as instruções e indicações bem definidas e concretas, necessárias à sua compreensão daquele planeamento, que em princípio salvaguardariam a sua segurança [art. 15º, 1 e 2 alíneas a), b) e c), e nº 3, da Lei 102/2009].

V – Concomitantemente, impunha-se que fossem assegurados meios de proteção contra quedas, fossem colectivos ou individuais, desde que adequados às circunstâncias da situação.

Ac. da RP, de 08.09.20 *in* www.dgsi.pt (Proc. nº 4203/19.6T8MTS.P1)

I – Nada impede, no quadro do número 2 do artigo 49º do RPCOLSS, a aceitação formal do presente recurso contraordenacional, apesar de a decisão recorrida se reconduzir ao despacho judicial previsto nos números 1 a 3 do artigo 49º do dito regime e não à sentença lavrada após a produção de prova em Audiência de Discussão e Julgamento, conforme o número 1 desse mesmo regime legal.

II – Não obstante nos movermos no seio dos importantes institutos da parentalidade e da conciliação entre a vida profissional e a vida pessoal e familiar, a que somos particularmente sensíveis, o objeto do presente recurso não só depende da leitura e interpretação de concretos documentos apresentados nos autos, o que particulariza, desde logo, o litígio em análise, como não nos coloca, no demais, perante questões de direito essenciais, intrinsecamente duvidosas ou equívocas, de grande relevância prática ou jurídica e de significativo impacto social, nos referidos planos das responsabilidades familiares e patronais e no que se refere ao pedido e concessão aos trabalhadores do horário flexível previsto nos artigos 35º, número 1, alínea q), 56º e 57º do Código do Trabalho de 2009.

III – Logo, pelos fundamentos expostos, não se consideram reunidos os pressupostos legais previstos no número 2 do artigo 49º da Lei nº 107/2009, de 14 de setembro para efeitos do recebimento e julgamento excecionais do presente recurso de contraordenação interposto pelo Ministério Público.

Ac. da RL, de 11.03.20 *in* www.dgsi.pt (Proc. nº 15617/19.1T8LSB.L1-4)

I – Para que a Relação conclua pela admissibilidade do recurso a título extraordinário na consideração de tal se afigurar "manifestamente necessário à melhoria da aplicação do direito", *não basta ao recorrente formular requerimento autónomo e limitar-se a invocar esse fundamento, antes se lhe impondo que nele alegue as razões concretas e precisas que evidenciem a existência desse fundamento, dado que a apreciação e decisão dessa pretensão constituem questão prévia relativamente à apreciação do recurso.*

II – A manifesta necessidade "à melhoria da aplicação do direito" prevista no nº 2, do art. 49º da Lei 100/2009, só se verifica quando da decisão impugnada se observe um erro jurídico grosseiro, incomum, uma errónea aplicação do direito bem visível, não se destinando, pois, a corrigir eventuais erros de julgamento.

Ac. da RP, de 10.12.19 *in* www.dgsi.pt (Proc. nº 3017/18.5T8AVR.P1)

O recurso é manifestamente necessário à melhoria da aplicação do direito, nos termos do art. 49º, nº 2 do regime processual das contra-ordenações laborais e de segurança social, quando esteja em causa uma questão de direito autónoma e que, por ser amplamente controversa na doutrina e na jurisprudência, com relevante aplicação prática, apresente uma dignidade ou importância que extravase o caso concreto, de tal forma que se imponha o seu melhor esclarecimento pela instância superior, com vista a propiciar um contributo qualificado no seu tratamento e aplicação a título imediato e em casos idênticos futuros.

Ac. da RG, de 19.11.19 *in* www.dgsi.pt (Proc. nº 1770/19.8T8VCT.G1)

I – No âmbito do processo contra-ordenacional de natureza laboral, em regra apenas é admissível recurso para o Tribunal da Relação das decisões enumeradas taxativamente no art. 49º do RPACOLSS.

II- Da conjugação dos nºs 1 als. a) e b) e 3 do artigo 49º do RPACOLSS resulta a inadmissibilidade do recurso relativamente às contra-ordenações cuja coima aplicada seja inferior a 25 UC ou valor equivalente e não tenha sido aplicada sanção acessória.

Ac. da RG, de 10.07.19 *in* www.dgsi.pt (Proc. nº 1139/18.1T9VRL.G1)

I – A manifesta necessidade "à melhoria da aplicação do direito" prevista no nº 2, do art. 49º da Lei 100/2009, só se verifica quando da decisão impugnada se observe um erro jurídico grosseiro, incomum, uma errónea aplicação do direito bem visível, não se destinando, pois, a corrigir eventuais erros de julgamento.

II – A "melhoria da aplicação do direito" pressupõe que se esteja perante uma questão "que seja manifestamente complexa, de difícil resolução, na doutrina e na jurisprudência, e cuja subsunção jurídica imponha um importante e detalhado exercício de exegese, com o objetivo de se vir a obter um consenso quanto à provável interpretação das normas à mesma aplicáveis".

III – Não foi usado qualquer fundamento para justificar a aceitação do recurso por se afigurar manifestamente necessário à melhor aplicação do direito.

IV – Os fundamentos invocados – invocação de jurisprudência alegadamente divergente quanto à "interpretação do disposto no Art. 1º, nº 1 do Dec. Lei nº 237/2007 de 19 de junho, mais especificamente, o âmbito de aplicação do referido diploma legal" – apenas poderão ser atendidos como visando justificar a admissibilidade do recurso por tal se afigurar manifestamente necessário à promoção da uniformidade da jurisprudência.

V – Cada um dos arestos invocados debruça-se sobre diferente questão, sendo nessa indagação que se pronuncia sobre a aplicação, ou não, de determinadas normas daquele diploma.

VI – O pressuposto em que a recorrente assenta para pretender ver admitido o recurso não se verifica, visto não poder de todo dizer-se que a jurisprudência citada diverge quanto à "interpretação do disposto no Art. 1º, nº 1 do Dec. Lei nº 237/2007 de 19 de junho, mais especificamente, o âmbito de aplicação do referido diploma legal".

Ac. da RP, de 11.04.19 *in* www.dgsi.pt (Proc. nº 1714/18.4T8AVR.P1)

I – No âmbito do processo contra-ordenacional de natureza laboral, em regra apenas é admissível recurso para a Relação das decisões enumeradas taxativamente no art. 49º do RPACOLSS.

II – É irrecorrível o despacho judicial que indeferiu o pagamento de custas de parte, ao abrigo do artigo 25º do RCP, por a arguida ter obtido provimento parcial na impugnação.

Ac. da RG, de 31.10.18 *in* www.dgsi.pt (Proc. nº 3672/17.3T8VCT.G1)

Não obsta à aplicação do art. 49º, nº 1 da Lei 107/2009 a eventual discussão no processo de questões relacionadas com a competência do processamento das contra-ordenações atento ao disposto no art. 38º, nº 1 do DL 433/82, de 27.10 e o primado do direito comunitário.

Ac. da RG, de 20.09.18 *in* www.dgsi.pt (Proc. nº 6360/17.7T8BRG.G1)

1 – Nos processos de contra-ordenações laborais, na avaliação da admissibilidade do recurso para o Tribunal da Relação deve-se ter em consideração o art. 49º da Lei nº 107/2009 de 14/09.

2 – Nos recursos para o Tribunal da Relação relativa a contra-ordenações a matéria de facto é intangível por mera força do recurso, como demanda o disposto nos arts. 75º do DL nº 433/82 e 51º da Lei nº 107/2009.

Ac. da RG, de 19.04.18 *in* www.dgsi.pt (Proc. nº 2099/17.1T8VCT.G1)

I – Do teor da conjugação dos nºs 1 al. a) e 3 do artigo 49º do RPACOLSS resulta a inadmissibilidade do recurso relativamente às contra-ordenações cuja coima aplicável seja inferior a 25 UC ou valor equivalente.

II – O recurso para o Tribunal da Relação, da sentença que decidiu da impugnação da decisão administrativa de contraordenação, porque visa a reapreciação de questões colocadas na impugnação perante o tribunal da 1ª instância e não de outras novas, não pode conhecer de uma questão que não foi presente ao tribunal recorrido.

III – O art. 48º do RPACOLSS, faz depender a medida sancionatória de admoestação no caso de se tratar de contra-ordenação classificada como leve, exigindo-se também a "reduzida culpa do arguido", o que no caso não se verifica, uma vez que a contra-ordenação está classificada de muito grave.

Ac. da RG, de 07.12.17 *in* www.dgsi.pt (Proc. nº 143/17.1T9VRL.G1)

I – Em processo de contra-ordenação laboral, a admissibilidade de recurso para a Relação deve aferir-se em função da coima concretamente aplicada a cada infracção, e não em função do montante da coima única aplicada em cúmulo jurídico.

II – Colocando os recorrentes apenas no recurso para a Relação que sejam responsáveis pelo pagamento dos créditos devidos aos trabalhadores, trata-se de uma questão nova, pelo que da mesma não é de conhecer, sendo certo, também, não ser de conhecimento oficioso.

III – Não pode afirmar-se, sem mais, que a arguida tenha agido com falta de cuidado ou com falta de diligência, ou ainda que tenha assumido um comportamento culposo que levou a não pagar o subsídio de Natal de 2012 aos trabalhadores e, por consequência, não pode concluir-se que tenha cometido a contra-ordenação decorrente desse não pagamento, por falta de verificação do elemento subjectivo da infracção, se decorre da matéria de facto que pelo menos a partir de 2010 a arguida apresentava significativos resultados líquidos negativos, que os capitais próprios vieram anualmente a decrescer (€ 413.087,25 em 2010, € 205.518,20 em 2011 e € 23.011,41 em 2012) e, inversamente, o passivo a aumentar (€ 58.7841,21 em 2010, € 811.838,71 em 2011 e € 865.164,54 em 2012), constatando-se ainda que no ano de 2012 (ano do pagamento do subsídio de Natal em falta) tinha um capital próprio (de € 23.011,41) inferior ao devido por subsídio de Natal (€ 32.897,00) – que em 2013 correu em relação a si um processo especial de revitalização (PER) e no ano de 2014 veio a ser declarada a insolvência da mesma.

Ac. da RE, de 06.12.17 *in* www.dgsi.pt (Proc. nº 3438/16.8T8FAR.E1)

1 – Nos processos de contra-ordenação laboral, na avaliação da admissibilidade do recurso para o Tribunal da Relação deve-se ter em consideração o art. 49º da Lei nº 107/2009, de 14/09.

2 – Na contra-ordenação laboral a admoestação só é aplicável à contra-ordenação leve.

Ac. da RG, de 16.11.17 *in* www.dgsi.pt (Proc. nº 1570/17.0T8VCT.G1)

I – Não é admissível recurso em processo de contra-ordenação de decisões da 1ª instância que apreciem vícios da decisão final da entidade administrativa e afirmem a sua nulidade sem, simultaneamente, porem termo ao procedimento contra-ordenacional.

II – É o que sucede se a decisão da 1ª instância declara a nulidade da decisão da ACT, sem ordenar o arquivamento do processo, mas afirmando que a ACT deverá realizar o cúmulo jurídico das coimas aplicadas à recorrente, o que constitui uma decorrência lógica da aplicação do regime das nulidades do CPP, com os inerentes efeitos – art 122º, segundo o qual as nulidades tornam inválido o acto em que se verificarem, bem como os que dele dependerem e aquelas puderem afectar (nº 1) os quais devem ser repetidos (nº 2).

III – Sendo a contra-ordenação punida, em concreto, com uma coima inferior a € 25 UC's, também por isso não é admissível o recurso.

Ac. da RL, de 25.01.17 *in* www.dgsi.pt (Proc. nº 12940/16.0T8LSB.L1-4)

1 – Na fase de recurso a junção de documentos reveste natureza excepcional, tanto pelo estabelecido nos arts. 423º, 425º, 651º, nº 1 do CPC ex vi art. 60º da Lei nº 107/2009, de 14.09, 41º do DL nº 433/82 de 27.10 e 4º do CPP, como no art. 165º do CPP.

2 – A superveniência a justificar a junção deve ser antes de tudo objectiva.

3 – Mas pressuposto inicial de tal normativo é a necessidade e utilidade dos documentos para a descoberta da verdade.

4 – Nos processos de contraordenações laborais, na avaliação da admissibilidade do recurso para o Tribunal da Relação deve-se ter em consideração o art. 49º da Lei nº 107/2009 de 14/09.

5 – Nos termos dos arts. 36º e 37º da Lei nº 107/2009, a remessa dos autos ao Ministério Público que os torna presentes ao juiz, valendo como acusação ou valendo a decisão da autoridade administrativa como acusação, a decisão judicial passou a pronunciar-se sobre a matéria da acusação se decide manter as coimas aplicadas e não se verificando, pois, qualquer nulidade da sentença.

6 – Nos recursos para o Tribunal da Relação relativos a contraordenações a matéria de fato é intangível por mera força o recurso, como demanda o disposto nos arts. 75º do DL nº 433/82 e 51º da Lei nº 107/2009.

Ac. da RG, de 20.10.16 *in* www.dgsi.pt (Proc. nº 650/16.3T8VCT.G1)

I – Atento o disposto no art. 49º, nº 2 da Lei nº 107/2009, de 14.09, o Tribunal da Relação pode aceitar o recurso contraordenacional, a requerimento do arguido ou do Mº Pº, quando tal se afigure manifestamente necessário à melhoria da aplicação do direito ou à promoção da uniformidade da jurisprudência.

II – No que concerne à primeira parte desse normativo, importa destacar que o legislador não define o que entende por 'melhoria da aplicação do direito', pelo que compete ao intérprete explicitar o conteúdo do conceito genérico utilizado.

III – Só se verifica essa manifesta necessidade quando na decisão impugnada se observe um erro jurídico grosseiro, incomum, uma errónea aplicação do direito visível, assim não sucedendo perante uma mera discordância quanto à aplicação do direito.

IV – A 'melhoria da aplicação do direito' justifica-se quando a decisão proferida pelo tribunal recorrido revele um erro evidente (manifesto), clamoroso, intolerável, incontroverso e de tal forma grave que não se pode manter, por constituir uma decisão absurda de exercício da função jurisdicional.

V – É sabido que o direito de mera ordenação social corresponde a uma censura de natureza social e administrativa distinta da que está subjacente ao direito criminal.

VI – Enquanto a culpa penal comporta um juízo de censura ético-jurídica, a culpa no âmbito do direito contraordenacional corresponde a um juízo de censura de violação de um dever legal – art. 9º, nº 1 do DL nº 433/82, de 27/10.

Ac. da RC, de 13.10.16 *in* www.dgsi.pt (Proc. nº 2368/15.5T8CBR.C1)

Não julga inconstitucional a norma constante da alínea a) do nº 1 do artigo 49º da Lei nº 107/2009, de 14 de setembro, na medida em que estabelece como alçada de recurso para o Tribunal da Relação de decisão judicial que confirme a condenação administrativa por contraordenação laboral que o valor da coima aplicada seja superior a 25 unidades de conta ou valor equivalente.

Ac. do TC nº 106/2014, de 12.02.14, pub no DR, Série II, de 25.03.2014

A admissibilidade de recurso para melhoria da aplicação do direito, nos termos do art. 49º, nº 2 da Lei 107/2009, de 12.2, depende da existência da manifesta necessidade de prevenir solução jurídica evidentemente grosseira, errada, indigna ou que comporte efeitos particularmente graves.

Ac. da RP, de 24.09.12 *in* www.dgsi.pt (Proc. nº 426/11.4TTBGC.P1)

Artigo 50º – Regime do recurso

1. O recurso é interposto no prazo de 20 dias a partir da sentença ou do despacho, ou da sua notificação ao arguido, caso a decisão tenha sido proferida sem a presença deste.

2. Nos casos previstos no nº 2 do artigo anterior, o requerimento segue junto ao recurso, antecedendo-o.

3. Nestes casos, a decisão sobre o requerimento constitui questão prévia, que é resolvida por despacho fundamentado do tribunal, equivalendo o seu indeferimento à retirada do recurso.

4. O recurso segue a tramitação do recurso em processo penal, tendo em conta as especialidades que resultem desta lei.

JURISPRUDÊNCIA:

A taxa de justiça pela interposição de recurso para o tribunal da Relação de decisão judicial sobre decisão administrativa é devida e paga a final.

Ac. da RG, de 16.07.19 *in* www.dgsi.pt (Proc. nº 6215/18.8T8GMR-B.G1)

I – Nos processos de contra-ordenação, não cabe recurso para o Tribunal da Relação das decisões dos tribunais de primeira instância que tenham por objecto decisões intercalares da autoridade administrativa recorrida.

II – Em caso de cúmulo jurídico, a coima única tem como limite máximo o dobro da coima máxima aplicável em concreto e não da aplicada em concreto. O limite mínimo corresponde à mais elevada das coimas concretamente aplicadas.

Ac. da RL, de 22.02.17 *in* CJ, Ano XLII, Tomo I, p. 145

I – Nos termos do art. 50º, nºs 1 e 4, da Lei 107/2009, que aprovou o regime processual aplicável às contraordenações laborais e de segurança social (RCOLSS) o prazo para interposição do recurso é de 20 dias, prazo esse que, então, estava em consonância com os prazos para interposição do recurso e para a resposta ao mesmo, constantes dos arts. 411º, nº 1, e 413º do CPP, na redação anterior à introduzida pela Lei 20/2013, de 21.02.

II – Pese embora a Lei 20/2013 haja alterado o CPP, fixando, para o processo penal, em 30 dias o prazo para recorrer e para responder ao recurso, por via da aplicação da jurisprudência fixada pelo STJ, no seu Acórdão nº 1/2009, publicado no DR, 1ª série, de 16.01.2009, proferido em situação similar que então se colocou, o prazo para interposição do recurso é o de 20 dias previsto no citado art. 50º, nº 1 (e não o de 30 dias previsto no CPP), sendo aquele, também, o prazo para a resposta ao recurso.

Ac. da RP, de 24.10.16 *in* www.dgsi.pt (Proc. nº 2797/15.4T8PNF.P1)

I. Nos termos do art. 50º, nº 4 da Lei nº 107/2009, de 14/9, o recurso interposto para o tribunal da relação da decisão judicial que conheceu de uma impugnação judicial de decisão administrativa, referente a uma contraordenação laboral, segue a tramitação do recurso em processo penal, tendo em conta as especialidades que resultam da referida lei.

II. Uma das especialidades a considerar é a que resulta do art. 35º da citada lei, ou seja a impugnação judicial, incluindo o recurso para a segunda instância, tem efeito meramente devolutivo, salvo se o recorrente depositar o valor da coima e das custas do processo, ou prestar garantia bancária, na modalidade à primeira solicitação, *no prazo de vinte dias, em instituição bancária aderente, a favor da autoridade administrativa competente que proferiu a decisão de aplicação da coima.*

III. A imputação subjectiva do facto ao seu agente, na forma de dolo ou negligência, tem de ser encontrada perlo julgador no conjunto da factualidade consumada, com recurso às regras da experiência comum.

IV. A negligência, nas contraordenações, reside na conduta do agente ao omitir um dever de cuidado a que estava obrigado por lei.

V. Se constar da matéria de facto dada como provada que o condutor de um veículo de mercadorias, trabalhador por conta de outrem, não se fazia acompanhar do mapa de horário de trabalho, acordo de isenção de horário de trabalho ou livrete individual de controlo, é suficiente para imputar, a título de negligência, uma contraordenação à sua entidade patronal, pois a negligência está materializada nesses factos e resulta da inobservância pela entidade patronal do procedimento imposto pela lei de providenciar no sentido de que o seu trabalhador, no ato da condução, se faça acompanhar dos referidos documentos.

Ac. da RE, de 09.06.16 *in* www.dgsi.pt (Proc. nº 222/16.2T8EVR.E1)

Artigo 51º – Âmbito e efeitos do recurso

1. Se o contrário não resultar da presente lei, a segunda instância apenas conhece da matéria de direito, não cabendo recurso das suas decisões.

2. A decisão do recurso pode:

a) Alterar a decisão do tribunal recorrido sem qualquer vinculação aos termos e ao sentido da decisão recorrida;

b) Anulá-la e devolver o processo ao tribunal recorrido.

JURISPRUDÊNCIA:

I – Sendo, em processo contra-ordenacional, imputada à arguida a violação de clª de CCT aplicável por via da existência de Portaria de Extensão [havendo PE concorrentes] e tendo a sentença recorrida, como pressuposto da aplicabilidade do CCT tido como violado, a inexistência de filiação sindical dos trabalhadores em causa e a ausência de escolha pelos mesmos do instrumento de regulamentação colectiva cuja aplicabilidade pretendem, mas não constando tais pressupostos da factualidade provada, ou não provada, nada impede que a Relação, ao abrigo do disposto nos arts. 410º, nº 2, a), do CPP e 51º, nº 2, b), da Lei 107/2009, anule o julgamento e sentença para apuramento da verificação, ou não, de tal factualidade, dando-a como provada ou não provada.

II – Já a anulação para se apurar, para além dos referidos pressupostos, em que sindicatos se encontram filiados os trabalhadores [caso o sejam] e qual o CCT cuja aplicabilidade terão escolhido [caso hajam efectuado tal escolha] ultrapassa a competência da Relação, consubstancia designadamente, violação dos princípios do acusatório e do contraditório, configurando decisão surpresa com a qual a Recorrente não teria que, legitima ou fundamentadamente, contar e determinando a anulação, nessa parte, do acórdão.

Ac. da RP, de 22.02.21 *in* www.dgsi.pt (Proc. nº 3768/19.7T8OAZ.P1)

I – Em sede de contra-ordenações laborais a segunda instância, por regra, tem os seus poderes de cognição limitados à matéria de direito, estando excluída a sua intervenção em sede de decisão sobre a matéria de facto, embora sem prejuízo da apreciação de questões de conhecimento oficioso, nomeadamente os vícios decisórios ao nível da matéria de facto previstos no artigo 410º, nº 2, do CPP, mas desde que desde resultem do texto da decisão recorrida, por si só ou conjugada com as regras da experiência comum.

II – Para os efeitos do art. 410º, nº 2, al. b), do CPP, a contradição insanável da fundamentação ou entre a fundamentação e a decisão consiste na incompatibilidade, insusceptível de ser ultrapassada através da própria decisão recorrida, entre os factos provados, entre estes e os não provados ou entre a fundamentação e a decisão, devendo resultar do texto da decisão recorrida, sem influência de elementos exteriores àquela, a não ser as regras da experiência comum.

III – A Lei 27/2010, no art. 10º, veio consagrar uma das soluções previstas pelo art. 10º, nº 3, do Regulamento nº 561/2006, qual seja uma forma mitigada da responsabilidade objectiva ou presumida.

Ac. da RP, de 22.02.21 *in* www.dgsi.pt (Proc. nº 4170/19.6T8OAZ.P1)

I – Em matéria contraordenacional, a Relação apenas conhece de direito, e não já em matéria de facto, sem prejuízo, todavia, do conhecimento dos vícios previstos no citado art. 410º, nº 2, do CPP, subsidiariamente aplicável, conhecimento esse que é oficioso e pode ter lugar mesmo que o tribunal ad quem apenas conheça de direito.

II – Só perante a eventual inexistência de filiação sindical é que há que equacionar a aplicabilidade dos CCT ex vi das respectivas PE e, em caso de concorrência, se poderá ponderar qual dos instrumentos concorrentes será o aplicável.

III – Partindo a sentença recorrida do pressuposto de que os trabalhadores identificados na decisão da matéria de facto não se encontrarem filiados em qualquer associação sindical e, bem assim, que não foi feita a escolha a que se reporta o citado art. 482º, nº 2, mas não constando tais pressupostos da decisão da matéria de facto dada como provada na sentença, impõe-se concluir que esta se mostra, nos termos do art. 410º, nº 2, al. a), do CPP, insuficiente para a verificação das contraordenações imputadas, o que determina, nos ter-

mos do art. 51º, nº 2, al. b), da Lei 107/2009, de 14.09, a necessidade de anulação do julgamento com vista ao apuramento da factualidade pertinente.

Ac. da RP, de 17.12.20 *in* www.dgsi.pt (Proc. nº 3768/19.7T8OAZ.P1)

I – O Tribunal a quo *circunstancia bem para além da suficiência, com precisão, clareza e objectividade, o que resultou da prova e as razões que justificam aquelas considerações, permitindo perceber sem dificuldade qual foi o percurso lógico seguido para chegar à fixação dos factos e, para além disso, para qualificar o depoimento da testemunha (..) naqueles termos – "claro, exato e consistente" – e considerar contraditórias afirmações da testemunha (..), desatendendo parte do seu depoimento. A discordância da recorrente, que resulta da sua própria convicção, não é fundamento para suportar a arguir a nulidade da sentença por insuficiência de fundamentação, que objectivamente não se verifica.*

II – Tendo o Tribunal a quo *começado por concluir que a recorrente não observou o* "ónus da apresentação da sua defesa pelos meios adequados à mesma ser recebida pela entidade administrativa", *para reagir à decisão no que concerne à arguida nulidade da decisão administrativa, a recorrente deveria ter começado por questionar aquela primeira conclusão afirmada na fundamentação da sentença, trazendo argumentos, nomeadamente, de ordem jurídica, cujas respostas fossem susceptíveis de conduzir à alteração do decidido. Como não o fez, nessa parte a sentença transitou em julgado.*

III – Só podia discutir-se se a interpretação "do disposto no artigo 121º do CPP é inconstitucional por violar o artigo 2º, 111º da CRP", *desde que o Tribunal* a quo *tivesse primeiro concluído pela validade e tempestividade da apresentação da defesa pela arguida, caso em que aquela segunda questão se perfilaria como decisiva e a resposta dada seria então o único fundamento da improcedência da arguida nulidade da decisão administrativa por violação do direito de defesa da Arguida, previsto nos artigos 50º do RGCO e 32º, nº 10 da CRP.*

IV – O que a recorrente está a pretender consubstancia inequivocamente uma impugnação da decisão sobre a matéria de facto, com vista à sua alteração, para se dar como provado matéria que a 1ª instância deu como não provada. Ora, tal não é admissível, pois conforme decorre do art. 51º, nº 1, da Lei 107/2009 – em termos paralelos ao disposto no art. 75º, nº 1, do RGCO –, como regra a segunda instância apenas conhece da matéria de direito.

V – Contrariamente ao que defende, face ao disposto no art. 21º do DL 273/2003, de 29/10, não lhe é alheio, ou indiferente, desresponsabilizando-a das suas obrigações de entidade executante, saber quem são os trabalhadores que estão em obra e qual o seu empregador. Tem que haver coincidência entre o subempreiteiro contratado pela entidade executante e o empregador dos trabalhadores que estão efectivamente em obra, cabendo àquela, sendo precisamente por essa razão que a lei impõe ao subempreiteiro a obrigação de lhe comunicar o seu registo dos trabalhadores em obra ou de lhe facultar o acesso por meios informáticos.

VI – Tendo a arguida e recorrente estado presente numa sessão de esclarecimento sobre as obrigações legais da entidade executante que decorreu nos serviços da ACT e sendo certo que é uma sociedade comercial cuja actividade é a construção de edifícios residenciais e não residenciais, não pode, por isso, deixar de conhecer as normas referentes à actividade de empreiteira e às formalidades exigidas para tal actividade, designadamente quanto ao registo de subempreiteiros, sendo de concluir, como o fez o Tribunal a quo, que a sua actuação d não pode deixar de configurar "uma consciente, contratação de uma subempreiteira sem cumprir as condições legais exigidas para o respectivo registo, o que importa, uma actuação dolosa, como se afirmou na decisão impugnada".

Ac. da RP, de 23.11.20 *in* www.dgsi.pt (Proc. nº 1508/19.0T8MAI.P1)

Existe erro notório na apreciação da prova, quando a fundamentação da resposta à matéria de facto dada pelo tribunal recorrido permite que sigamos o raciocínio do julgador e verificamos que não teve em conta depoimentos de testemunhas que transcreve e que considera isentas e credíveis.

Ac. da RE, de 14.07.20 *in* www.dgsi.pt (Proc. nº 1097/19.5T8EVR.E1)

I – Apesar da recorrente/arguida não ter como objecto social essencial o transporte de mercadorias, não se podendo considerar como uma empresa do sector dos transportes rodoviários, exerce a actividade de transporte rodoviário em território nacional, ao efectuar deslocações de veículos pesados de mercadorias por estradas aberta ao público, em vazio ou em carga e tanto basta para que lhe seja aplicável o Regulamento (CE) nº 561/2006, do Parlamento Europeu e do Conselho, de 15 de Março, e no que respeita aos trabalhadores móveis em actividades de transporte rodoviário efectuadas em território nacional lhe seja aplicável o DL nº 237/2007 de 19/06.

II – O distribuidor da recorrente não estando sujeito a aparelho de controlo, vulgo tacógrafo, mas integrando o pessoal viajante não condutor, tinha a obrigação de usar o Livrete Individual de Controlo para registo do número de horas de trabalho prestadas, nos termos do art. 4º, nºs 1 e 2 do DL nº 237/2007 de 19/06 e dos arts. 1º, nºs 2 e 3 e 3º da Portaria nº 983/2007, de 27/08.

III – Exercendo o trabalhador as funções de distribuidor, que consistem essencialmente na entrega aos clientes dos produtos transportados no veículo, tendo por isso como local de trabalho o veículo, sem o qual não conseguiria exercer as suas funções, o registo do tempo de trabalho deve ser feito através do Livrete Individual de Controlo – arts. 1º, nºs 1 e 3 e 3º da Portaria nº 983/2007, de 27/08.

Ac. da RG, de 25.06.20 *in* www.dgsi.pt (Proc. nº 160/20.4T8VCT.G1)

I – No domínio do regime processual das contra-ordenações laborais e de segurança social aprovado pela Lei nº 107/2009, de 14 de Setembro, os poderes cognitivos do Tribunal da Relação estão, em regra, restringidos à matéria de direito, sem prejuízo de alteração da decisão do tribunal recorrido "sem qualquer vinculação aos termos e ao sentido da decisão recorrida" ou de anulação e devolução do processo ao tribunal recorrido, conforme preceituado nas alíneas a) e b), do nº 2, do art. 51º, bem como do conhecimento oficioso dos vícios a que alude o artigo 410º, nºs 2 e 3, do Código de Processo Penal.

II – Os vícios da decisão elencados no nº 2 do artigo 410º do Código de Processo Penal têm de emergir, resultar do próprio texto, da peça escrita, por si só considerada ou conjugada com as regras da experiência comum, o que significa que os mesmos têm de ser intrínsecos à própria decisão, como peça autónoma.

III – Não se vislumbrando pela análise da fundamentação da decisão sobre a matéria de facto, isto é, os fundamentos que justificam a convicção formada, sustentada na prova que é referida, qualquer erro de lógica na construção do raciocínio, alguma incoerência que seja, ou sequer desfasamento, em relação às regras de experiência comum, é forçoso concluir que não pode de todo afirmar-se a existência do alegado erro notório na apreciação da prova.

IV – A intervenção do Tribunal da Relação no processo contra-ordenacional é idêntica à do Supremo Tribunal de Justiça na apreciação dos recursos de revista em processo penal.

V – A preterição do princípio in dubio pro reo *pressupõe que o julgador tenha ficado na dúvida sobre factos relevantes e, nesse estado de dúvida, tenha decidido contra o arguido.*

VI – A apreciação da eventual violação do princípio in dubio pro reo *encontra-se dependente de critério idêntico ao que se aplica ao conhecimento dos vícios da matéria de facto: há-de ser pela mera análise da decisão que se deve concluir pela violação deste princípio.*

Ac. da RP, de 22.06.20 *in* www.dgsi.pt (Proc. nº 1836/19.4T8OAZ.P1)

I – Nas contra-ordenações laborais, a segunda instância tem os seus poderes de cognição limitados à matéria de direito, estando excluída a sua intervenção em sede de decisão sobre a matéria de facto.

II – Salvo se se verificarem os vícios da sentença: (i) a insuficiência para a decisão da matéria de facto provada; (ii) a contradição insanável da fundamentação ou entre a fundamentação e a decisão; (iii) erro notório na apreciação da prova.

III – Para a aplicação de qualquer sanção acessória das legalmente previstas, não basta a verificação do pressuposto específico da cada uma, sendo ainda necessário que, no concreto caso, se verifiquem também os pressupostos gerais de aplicação da sanção acessória em apreciação, como, a "gravidade da infracção" (censurabilidade do facto) e a "culpa do agente" (censurabilidade do agente), atento o disposto no citado artigo 21º, nº 1, do DL nº 433/82, de 27.10.

IV – Nos termos do artigo 11º, do Decreto-Lei nº 64/2007 de 14 de Março, os estabelecimentos de apoio social geridos por entidades privadas, com fins lucrativos, só podem iniciar a actividade, após a concessão da respectiva licença de funcionamento pelo Instituto da Segurança Social, I. P. (ISS), ainda que provisória.

V – Verificam-se todos os pressupostos legais para a aplicação da sanção acessória de encerramento por 12 meses, de um lar de idosos, quando a falta do seu licenciamento perdura por mais de dois anos, sem que a arguida, em nova contraordenação, cuja coima pagou, tenha alegado e provado a concessão desse licenciamento, ainda que provisório.

Ac. da RP, de 09.03.20 *in* www.dgsi.pt (Proc. nº 1991/19.3T8PNF.P1)

I – Sem prejuízo das questões de conhecimento oficioso, assim deteção de vícios decisórios ao nível da matéria de facto (emergentes da simples leitura do texto da decisão recorrida, por si só ou conjugada com as regras da experiência comum) previstos no artigo 410º, nº 2, do Código de Processo Penal (CPP), bem como verificação de nulidades que não devam considerar-se sanadas nos termos dos artigos 379º, nº 2 e 410º, nº 3, do mesmo código, o tribunal da relação conhece, no âmbito contraordenacional laboral, apenas de matéria de direito, como resulta do artigo 51º da Lei nº 107/2009, de 14 de Setembro (RJCOL).

II – O vício da nulidade por excesso de pronúncia, previsto na alínea c) do nº 1 do artigo 379º, do CPP, tendo diretamente a ver com o objeto e limites da atividade de conhecimento por parte do tribunal – a que se alude, do mesmo modo, no CPC, assim o seu artigo 608º, nº 2 –, tem subjacente o princípio geral estabelecido no direito processual de que o tribunal deve resolver todas as questões de que deva conhecer, oficiosamente ou por lhe terem sido colocas pelas partes, sendo que, omitindo o tribunal este dever de julgamento, extravasando o que é objeto do seu conhecimento, a decisão é nula nessa parte (artigos 615º, nº 1, al. d), do CPC, e 379º, nº 1, al. c), do CPP).

III – Está vedada ao tribunal, no momento da aplicação do direito, a utilização de argumentos de facto que não encontrem direta sustentação na factualidade que deu como provada, sendo que, por imperativo legal, será esta factualidade, e apenas esta, que deverá fundamentar a decisão quando àquela aplicação do direito, assim sobre a verificação ou não no caso concreto dos elementos do tipo ou tipos de infração que são imputados ao arguido – o que decorre, para além do mais, das regras de elaboração da sentença, desde logo, do disposto nos artigos 374º, nº 2, e 379º, nº 1, al. a), do CPP, nesta parte não afastados pelo artigo 39º do RJCOL.

IV – Apesar do não cumprimento pelo tribunal da regra mencionada em III no momento da aplicação do direito, não ocorre, porém, o vício da nulidade por excesso de pronúncia quando o aquele se pronuncia, em sede de matéria de facto e respetiva motivação, sobre um ponto de facto sobre o qual o mesmo tribunal tem a obrigação de se pronunciar e cuja prova, em termos de convicção, sequer dependa daqueles referidos argumentos.

V – Os vícios elencados no nº 2 do artigo 410º são anomalias decisórias ao nível da confeção da sentença, circunscritos à matéria de facto, apreensíveis pelo seu simples texto, sem recurso a quaisquer outros elementos a ela estranhos, impeditivos de bem se decidir tanto ao nível da matéria de facto como de direito.

VI – Não há que confundir o vício do erro notório na apreciação da prova com a insuficiência de prova para a decisão de facto proferida, ou com a divergência entre a convicção pessoal do recorrente sobre a prova produzida em audiência e a convicção que o tribunal firmou sobre os factos, questões essas do âmbito da livre apreciação da prova – princípio inscrito no artigo 127º do CPP –, sendo que, para além disso, conhecendo o tribunal da relação no âmbito contraordenacional laboral apenas de matéria de direito, não se encontrando perante prova legal, sequer se pode prevalecer de prova documentada, não podendo pois sindicar a boa ou má valoração dessa prova, razão pela qual, querer discutir nessas condições a valoração da prova produzida, traduzir-se-ia em querer impugnar a convicção do tribunal esquecendo a citada regra.

VII – O erro-vício não se confunde com errada apreciação e valoração das provas, com o erro de julgamento relativamente à apreciação e valoração da prova produzida, pois que, tendo como denominador comum a sindicância da matéria de facto, são muito diferentes na sua estrutura, alcance e consequências, indagando-se o primeiro através da análise do texto e reconduzindo-se a última a erro de julgamento da matéria de facto, analisando-se assim em momento anterior à produção do texto, na ponderação conjugada e exame crítico das provas produzidas.

VIII – O vício de insuficiência para a decisão da matéria de facto provada ocorre quando a factualidade dada como provada na sentença é insuficiente para fundamentar a solução de direito e quando o tribunal deixou de investigar toda a matéria de facto com interesse para a decisão final.

Ac. da RP, de 09.01.20 *in* www.dgsi.pt (Proc. nº 1204/19.8T8OAZ.P1)

I – Nos termos do art. 51º, nº 1, da Lei nº 107/2009, de 14-09, em caso de recurso, em situações de contra-ordenações laborais, a segunda instância apenas conhece da matéria de direito, excepto se forem invocados os vícios constantes do nº 2 do art. 410º do Código de Processo Penal.

II – Qualquer pessoa estranha ao serviço para efeitos do disposto no § 3 do art. 77º do Decreto nº 41821/ /58, de 11-08, é qualquer pessoa, trabalhador ou não da obra, que, relativamente ao serviço que se encontra em execução, não possui qualquer tarefa a realizar.

III – Assim, sendo o sinistrado o trabalhador que transportava a terra, após a mesma ser retirada da vala, era estranho ao serviço quando a obra se encontrava na fase de colocação do pó de pedra sobre as condutas de esgoto em valas abertas, através de uma pá giratória de rastos, com um balde pendurado, que estava a ser manobrada pelo trabalhador qualificado para tal serviço.

IV – Compete à entidade empregadora actuar de molde a fazer respeitar a proibição de aproximação de pessoas estranhas ao serviço quando uma escavadora mecânica se encontra em funcionamento, erigindo um perímetro mínimo de segurança em redor da actividade da escavadora mecânica, designadamente através da colocação de barreiras ou de sinalética adequada.

Ac. da RE, de 30.05.19 *in* www.dgsi.pt (Proc. nº 2199/18.0T8EVR.E1)

Impede a rejeição do recurso em processo de contra-ordenação no caso da coima ser inferior a 25 Uc, nomeadamente a mera discussão genérica e abstracta do primado do direito comunitário e sem se concretizar em que termos ocorre a necessidade de melhoria da aplicação de direito ou de promoção de uniformidade da jurisprudência.

Ac. da RG, de 09.05.19 *in* www.dgsi.pt (Proc. nº 524/18.3T8BGC.G1)

I – Por força do disposto no artigo 13º, nº 1, da Lei nº 27/2010, a empresa é responsável por qualquer infração cometida pelo condutor, excepto se demonstrar que organizou o trabalho de modo a que o condutor possa cumprir o disposto no Regulamento (CEE) nº 3821/85 e no capítulo II do Regulamento (CE) nº 561/2006:

II – Por isso, à empresa compete alegar e demonstrar, com rigor e precisão, que planeou a organização do concreto trabalho do condutor por forma a que o mesmo cumprisse as normas do Regulamento.

III – Tal não se verifica se não obstante se provar que a empresa dá formação periódica aos seus motoristas sobre a forma de funcionamento do tacógrafo e sobre os tempos de descanso, transmitindo instruções para que as regras sejam respeitadas, instaurando processos disciplinares aos motoristas que não cumpram os tempos de condução e descanso, não se prova, contudo, que no dia-a-dia da gestão do serviço de cada motorista garante o garante o planeamento da organização e realização do trabalho de harmonia com o Regulamento.

Ac. da RE, de 08.03.18 *in* www.dgsi.pt (Proc. nº 1278/16.3T8TMR.E2)

No ilícito contra-ordenacional, fora os casos de dolo, a culpa funda-se na violação de procedimento que uma determinada norma imponha ao agente, ou seja e dito de outro modo, a imputação subjetiva a título de negligência materializa-se na factualidade imputada ao agente, a quem incumbia observar um certo procedimento imposto por uma determinada norma.

A utilidade da norma do art. 75º, nº 2, alínea a), do R.G.C.O. introduzido pelo Decreto-Lei nº 433/82 de 27-10 e consequentemente da norma do art. 51º, nº 2, al. a) da Lei nº 107/2009 de 14-09, está na atribuição ao tribunal de recurso de poderes de alteração do decidido (não vinculação aos termos e ao sentido da decisão recorrida) *independentemente de a questão.*

Ac. da RL, de 22.03.17 *in* www.dgsi.pt (Proc. nº 4948/16.2T8LSB.L1-4)

I – A decisão judicial no âmbito dos processos referentes a contraordenações de cariz laboral como a dos autos pode ter uma estrutura forma e material bastante menos exigente do que aquela reclamada para a sentença penal ou inclusive para a decisão a proferir em processos contraordenacionais de natureza não laboral, como a do transcrito artigo 58º do RGCO.

II – O julgamento por adesão é consentido pelo número 4 do artigo 39º do RPCOLSS, quer para o mero despacho judicial como para a sentença propriamente dita, prolatada após a realização da Audiência de Julgamento e refere-se, naturalmente, à decisão condenatória da autoridade administrativa.

III – O regime geral das contraordenações, no seu artigo 75º, assim como o próprio artigo 51º do RPCOLSS, restringem, fora de situações muito excecionais (designadamente, a insuficiência da matéria de facto ou o erro notório na apreciação da prova), o recurso para as relações à matéria de direito.

IV – O trabalhador e motorista da arguida não apresentou oportunamente à autoridade policial os discos tacógrafos nem documento fornecido pela entidade empregadora que, legitimamente, justificasse tal impossibilidade, à revelia do que impunha o regime legal aplicável, impendendo sobre a entidade empregadora o dever de controlar, acompanhar e fiscalizar o efetivo e continuado cumprimento dessas obrigação, como de outras respeitantes ao desempenho profissional da atividade de motorista (o que, no caso dos autos, não aconteceu, pois a arguida consentiu que o seu trabalhador circulasse naquelas condições).

V – A formação dada na matéria dos tempos de trabalho e de repouso, com referência aos discos tacógrafos, não é suficiente, só por si, para imputar a prática da infração dos autos ao trabalhador, pois este não passou a desenvolver a sua atividade profissional em autogestão e divorciado das ordens, instruções e controlo da empresa arguida.

VI – Ainda que se aceitasse que o motorista só teria começado a laborar para a arguida no dia anterior ao da sua autuação, o mesmo, apesar de se encontrar provido intelectualmente da necessária e competente formação, não conseguiria justificar, só por si e com os escassos meios que teria ao seu dispor, tal situação perante a autoridade policial, sem que a sua entidade empregadora o munisse da documentação necessária a demonstrar tal facto e a dispensá-lo de possuir os discos tacógrafos dos 28 dias anteriores, que em tal cenário seriam inexistentes.

Ac. da RL, de 16.03.16 *in* www.dgsi.pt (Proc. nº 196/15.7T8BRR.L1-4)

I – Decorre directamente do art. 51º/1 da Lei nº 107/09, de 14/09 (RGCOLSS) que em sede de contra-ordenações laborais a segunda instância tem os seus poderes de cognição limitados à matéria de direito, estando excluída, por regra, a sua intervenção em sede de decisão sobre a matéria de facto.

II – Sendo assim, não faz qualquer sentido que se proceda à gravação da prova oral produzida no decurso da audiência de julgamento em primeira instância.

III – Da conjugação dos arts. 15º/1 e 50º do RGCOLSS resulta que devem ser comunicados ao arguido em sede de processo contra-ordenacional, designadamente os factos que lhe são imputados, a sua qualificação jurídica e sanções eventualmente aplicáveis, por forma a que o arguido tome efectivo conhecimento da totalidade dos aspectos relevantes para a decisão a proferir posteriormente, assim se lhe facultando a possibilidade real de se defender.

IV – O art. 58º/1/c do RGCO tem o seu âmbito de aplicação circunscrito à decisão condenatória da autoridade administrativa que em sede da fase administrativa do procedimento de contra-ordenação aplique coimas ou sanções acessórias.

V – O art. 32º/10 da CRP não exige que o processo contra-ordenacional, enquanto processo sancionatório, assegure um conjunto de garantias equivalentes às previstas no processo criminal.

VI – A fase da instrução do procedimento de contra-ordenação tem o seu início no momento imediatamente subsequente à dedução do auto de notícia, que não faz parte da instrução, e prolonga-se até à decisão final por parte da autoridade administrativa.

VII – É jurisprudência uniforme dos tribunais superiores a de que os vícios enumerados no art. 410º/2 do CPP representam anomalias decisórias ao nível da elaboração da sentença, circunscritas à matéria de facto, devendo ser apreensíveis pelo seu simples texto, sem recurso a quaisquer outros elementos a ela estranhos, designadamente depoimentos exarados no processo ou documentos juntos ao mesmo, impeditivos de bem se decidir tanto ao nível da matéria de facto como de direito.

VIII –O erro notório na apreciação da prova (art. 410º/2/c do CPP) verifica-se quando um homem médio, perante o teor da decisão recorrida, por si só ou conjugada com o senso comum, facilmente percebe que o tribunal violou as regras da experiência ou de que efectuou uma apreciação manifestamente incorrecta, desadequada, baseada em juízos ilógicos, arbitrários ou mesmo contraditórios. O erro notório também se verifica quando se violam as regras sobre prova vinculada ou das legis artis.

Ac. da RP, de 25.06.15 *in* www.dgsi.pt (Proc. nº 555/14.2TTCBR.C1)

I – O Tribunal da Relação, em regra e no âmbito dos recursos de contra-ordenação laboral, apenas conhece de direito, por força do disposto no art. 51º/1 da Lei 107/09, de 14/09.

II – Ressalva-se dessa regra a apreciação oficiosa que o Tribunal da Relação deve levar a efeito dos vícios enunciados no art. 410º/2 e 3 do CPP.

III – É jurisprudência uniforme dos tribunais superiores a de que os vícios enumerados no art. 410º/2 do CPP representam anomalias decisórias ao nível da elaboração da sentença, circunscritas à matéria de facto, devendo ser apreensíveis pelo seu simples texto, sem recurso a quaisquer outros elementos a ela estranhos, designadamente depoimentos exarados no processo ou documentos juntos ao mesmo, impeditivos de bem se decidir tanto ao nível da matéria de facto como de direito.

IV – O estado de necessidade surge quando o agente é colocado perante a alternativa de ter de escolher entre cometer o ilícito ou deixar que, como consequência necessária de o não cometer, ocorra outro mal maior ou pelo menos igual ao do ilícito.

V – Depende, também, da verificação de outros requisitos, como a falta de outro meio menos prejudicial do que o facto praticado e a probabilidade de eficácia do meio empregado.

Ac. da RC, de 10.07.13 *in* www.dgsi.pt (Proc. nº 254/12.0TTCTB.C1)

CAPÍTULO V – Prescrição

Artigo 52º – Prescrição do procedimento

Sem prejuízo das causas de suspensão e interrupção da prescrição previstas no regime geral das contraordenações, o procedimento extingue-se por efeito da prescrição logo que sobre a prática da contraordenação hajam decorrido cinco anos.

JURISPRUDÊNCIA:

Não julga inconstitucional a norma do artigo 52º da Lei nº 107/2009, de 14 de setembro, «ao prever um prazo único de cinco anos para a prescrição do procedimento por contraordenação laboral, independentemente da gravidade da infração, do grau de culpa do infrator, da sua capacidade económica ou da moldura aplicável»

Ac. do TC nº 297/2016, de 12.05.16, pub. no DR, Série II, de 09.06.2016

Artigo 53º – Suspensão da prescrição

1. A prescrição do procedimento por contraordenação suspende-se, para além dos casos especialmente previstos na lei, durante o tempo em que o procedimento:

a) Não possa legalmente iniciar-se ou continuar por falta de autorização legal;

b) Não possa prosseguir por inviabilidade de notificar o arguido por carta registada com aviso de receção;

c) Esteja pendente a partir do envio do processo ao Ministério Público até à sua devolução à autoridade administrativa competente, nos termos previstos no regime geral das contraordenações;

d) Esteja pendente a partir da notificação do despacho que procede ao exame preliminar do recurso da decisão da autoridade administrativa competente, até à decisão final do recurso.

2. Nos casos previstos nas alíneas *b*), *c*) e *d*) do número anterior, a suspensão não pode ultrapassar seis meses.

Artigo 54º – Interrupção da prescrição

1. A prescrição do procedimento por contraordenação interrompe-se:

a) Com a comunicação ao arguido dos despachos, decisões ou medidas contra ele tomados ou com qualquer notificação;

b) Com a realização de quaisquer diligências de prova, designadamente exames e buscas, ou com o pedido de auxílio às autoridades policiais ou a qualquer autoridade administrativa;

c) Com a notificação ao arguido para exercício do direito de audição ou com as declarações por ele prestadas no exercício desse direito;

d) Com a decisão da autoridade administrativa competente que procede à aplicação da coima.

2. Nos casos de concurso de infrações, a interrupção da prescrição do procedimento criminal determina a interrupção da prescrição do procedimento por contraordenação.

3. A prescrição do procedimento tem sempre lugar quando, desde o seu início e ressalvado o tempo de suspensão, tenha decorrido o prazo da prescrição acrescido de metade.

Artigo 55º – Prescrição da coima

Sem prejuízo das causas de suspensão e interrupção da prescrição previstas no regime geral das contraordenações, as coimas prescrevem no prazo de cinco anos, a partir do carácter definitivo ou do trânsito em julgado da decisão condenatória.

Artigo 56º – Suspensão da prescrição da coima

A prescrição da coima suspende-se durante o tempo em que:

a) Por força da lei, a execução não pode começar ou não pode continuar a ter lugar;

b) A execução está interrompida;

c) Esteja em curso plano de pagamento em prestações.

Artigo 57º – Interrupção da prescrição da coima

1. A prescrição da coima interrompe-se com a sua execução.

2. A prescrição da coima ocorre quando, desde o seu início e ressalvado o tempo de suspensão, tenha decorrido o prazo normal da prescrição acrescido de metade.

Artigo 58º – Prescrição das sanções acessórias

Aplica-se às sanções acessórias o regime previsto nos artigos anteriores para a prescrição da coima.

CAPÍTULO VI - Custas

Artigo 59º – Custas processuais

Sempre que o contrário não resulte da presente lei, são aplicáveis, com as devidas adaptações, as disposições do regulamento das custas processuais.

JURISPRUDÊNCIA:

i. (...)

ii. a al. u) do nº 1 do art. 4º do RCP, ao referir-se a «... ações que tenham por objeto litígios relativos ao direito do trabalho» *como não estando isentas de custas, o legislador não restringe a aplicação da norma a determinado tipo de ações, abarca, ao invés, qualquer tipo de ações desde que tenham por objeto litígios – enquanto discordâncias ou controvérsias – em matéria de direito do trabalho.*

Ac. da RE, de 14.01.16 *in* www.dgsi.pt (Proc. nº 591/12.3TTFAR.E1)

CAPÍTULO VII – Disposições finais

Artigo 60º – Direito subsidiário

Sempre que o contrário não resulte da presente lei, são aplicáveis, com as devidas adaptações, os preceitos reguladores do processo de contraordenação previstos no regime geral das contraordenações.

JURISPRUDÊNCIA:

O despacho inicial, proferido em sede de impugnação judicial de contraordenação laboral, em que, por recurso a uma fórmula vaga, se declara a tempestividade da impugnação, não forma caso julgado formal.

Ac. da RL, de 24.02.21 *in* www.dgsi.pt (Proc. nº 1551/20.6T8BRR.L1-4)

I – Nas contra-ordenações laborais, em que a negligência é sempre punível, o elemento subjectivo – dolo ou negligência – tem de extrair-se da factualidade provada, que integra o elemento objectivo.

II – A mera especificação de pormenor na sentença, sem relevância na qualificação jurídica dos factos, não integra o conceito da alteração não substancial dos factos, para efeitos do disposto nos artigos 379º, nº 1, alínea b), e 358º, nº 1, ambos do CPP.

III – A ausência das garantias do direito de defesa não se reporta à simples omissão do acto de notificação para exercício de tal direito (reconduzível, por conseguinte, uma inexistência "física"), mas a ausência processual, no sentido de impossibilidade do exercício de tal direito.

IV – Não há violação do direito de defesa quando a arguida foi: (i) notificada do auto de notícia e respondeu; (ii) notificada da decisão administrativa e impugnou-a; (iii) notificada da audiência de julgamento e apresentou os elementos de prova que lhe aprouve, incluindo para provar que não agiu com culpa.

Ac. da RP, de 10.12.19 *in* www.dgsi.pt (Proc. nº 70/19.8T8VFR.P1)

I) O recurso extraordinário para fixação de jurisprudência, no âmbito contraordenacional laboral, é admissível nos termos dos artigos 437º a 448º, todos do Código de Processo Penal, por força do artigo 41º, nº 1, do Regime Geral das Contraordenações, aprovado pelo Decreto-Lei nº 433/82, de 27 de outubro, e este também "ex vi" artigo 60º, do Regime Jurídico do Procedimento aplicável às Contraordenações Laborais e de Segurança Social, aprovado pela Lei nº 107/2009, de 14 de setembro.

II) Nos termos dos artigos 437º, nº 2, do CPP, 54º, nº 1, e 126º, nº 2, estes da Lei de Organização do Sistema Judiciário, a competência para dele conhecer pertence ao pleno da Secção Social do Supremo Tribunal de Justiça.

III) Para que se verifique oposição de julgados é necessário: a) que as asserções antagónicas dos acórdãos invocados como opostos tenham tido como efeito fixar ou consagrar soluções diferentes para a mesma questão fundamental de direito; b) que as decisões em oposição sejam expressas; c) que as situações de facto e o respetivo enquadramento jurídico sejam, em ambas as decisões, idênticos.

IV) A expressão "soluções opostas" pressupõe que nos dois acórdãos é idêntica a situação de facto, em ambos havendo expressa resolução de direito e que a oposição respeita às decisões e não aos seus fundamentos.

V) No acórdão fundamento decidiu-se ter sido cometida a nulidade prevista no artigo 120º, nº 2, alínea d), do CPP, aplicável por força dos artigos 60º, do RPCOLSS, e 41º, do RGCO, pelo que se ordenou a devolução dos autos à ACT porque, havendo conhecimento, na fase administrativa, da existência de outros processos de contraordenação instaurados contra a ali acoimada, entendeu-se que aquela devia ter-se pronunciado sobre o eventual concurso e se, fosse o caso, ter aplicado uma coima única.

VI) No acórdão recorrido entendeu-se que a decisão administrativa não padecia do vício da nulidade porque a ACT, desconhecendo a existência de mais algum processo contraordenacional instaurado contra a Recorrente, não é obrigada a proceder à averiguação oficiosa de todos os processos que a nível nacional corram contra a mesma, por inexistir disposição legal que o imponha.

VII) Inexistindo oposição de julgados, por a situação de facto de ambos os acórdãos não ser idêntica, é de rejeitar o recurso extraordinário interposto para fixação de jurisprudência.

Ac. do STJ, de 23.10.19 *in* www.dgsi.pt (Proc. nº 1418/18.8T8STR.E1-A.S1)

I – O fundamento de revisão previsto na alínea d) do nº 1 do artigo 449º do Código de Processo Penal importa a verificação cumulativa de dois pressupostos: por um lado, a descoberta de novos factos ou meios de prova e, por outro lado, que tais novos factos ou meios de prova suscitem graves dúvidas sobre a justiça da condenação.

II – O recurso de revisão, como recurso extraordinário, não é um recurso ordinário, nem sucedâneo deste, pelo que, não se apresentando novos factos ou meios de prova nos termos afirmados em I, não pode infirmar-se a decisão, transitada em julgado, a propósito da aplicação que nessa se fez de determinada Convenção Coletiva de Trabalho.

Ac. da RP, de 15.11.18 *in* www.dgsi.pt (Proc. nº 481/16.0T8VFR-A.P1)

Artigo 61º – Cumprimento da obrigação devida

O pagamento da coima não dispensa o infrator do cumprimento da obrigação, se este ainda for possível.

Artigo 62º – Comunicações entre autoridades administrativas competentes

1. Para efeitos do disposto no nº 2 do artigo 2º, as autoridades administrativas competentes comunicam entre si, trimestralmente, os procedimentos de contraordenação em curso e as coimas aplicadas.

2. As autoridades administrativas competentes devem comunicar entre si, no prazo de 10 dias, a verificação de infração a que corresponda uma contraordenação laboral ou de segurança social que não seja da sua competência.

Artigo 63º – Regiões Autónomas

Na aplicação da presente lei às Regiões Autónomas são tidas em conta as competências legais atribuídas aos respetivos órgãos e serviços regionais.

Artigo 64º – Norma revogatória

São revogados os artigos 14º a 32º do Decreto-Lei nº 64/89, de 25 de fevereiro.

Artigo 65º – Entrada em vigor

1. A presente lei entra em vigor no 1º dia do mês seguinte ao da sua publicação.

2. As disposições da presente lei referentes aos meios áudio-visuais e informáticos só entram em vigor na data da sua implementação pelos competentes serviços do ministério responsável pela área laboral.

Aprovada em 23 de julho de 2009.

O Presidente da Assembleia da República, Jaime Gama.

Promulgada em 31 de agosto de 2009.

Publique-se.

BIBLIOGRAFIA

ABRANTES, COSTA – *Cláusulas de mobilidade geográfica do trabalhador. Algumas questões, Direito do Trabalho + Crise = Crise do Direito do Trabalho*, Atas do Congresso de Direito do Trabalho, Coimbra Editora, 2011

– *Contrato de trabalho e Direitos Fundamentais*, Coimbra Editora, 2005

– *O novo Código do Trabalho e os direitos de personalidade do trabalhador*, A reforma do Código do Trabalho, CEJ/IGT, Coimbra Editora, 2004

– *Contrato de Trabalho e meios de vigilância do trabalhador*, Estudos em Homenagem ao prof. Doutor Raúl Ventura, vol. II, Coimbra Editora, 2003

– *O Código do Trabalho e a Constituição*, QL, Ano X, nº 22, Coimbra Editora, 2003

– *Contrato de Trabalho e Direitos Fundamentais*, II CNDT, Almedina, 1999

– *A transmissão do Estabelecimento Comercial e a Responsabilidade pelas Dívidas Laborais*, QL, Ano V, nº 11, 1998

ABRANTES, JOSÉ JOÃO – *Algumas considerações a propósito do prazo para decisão do Processo disciplinar*, Direito do Trabalho – Ensaios, Lisboa, 1994

– *O Direito do Trabalho e a Constituição*, AAFDL, 1990

ABREU, JORGE MANUAL COUTINHO DE – *A questão da responsabilidade criminal em segurança, higiene e saúde no trabalho*, IV CNDT, Almedina, 2002

– *Curso de Direito Comercial*, Vol. I, Almedina, 1998

– *Da empresarialidade – As empresas no direito*, Almedina, 1998

ALEGRE, CARLOS – *Acidentes de Trabalho e Doenças profissionais – Regime Jurídico Anotado*, 2ª Edição, Almedina, 2001

ALEXANDRINO, JOSÉ DE MELO – *Direitos Fundamentais – Introdução Geral, Principia*, 2007

ALEXY, ROBERT – *Teoria dos Direitos Fundamentais*, tradução de Virgílio Afonso da Silva da 5ª edição alemã (*Theorie der Grundrechte*, publicada pela Suhrkamp Verlag, em 2006), Malheiros Editores, teoria & direito público, 2008

ALLEN, EDUARDO – *Contrato de Trabalho – As Novas Leis (com anotações)*, AAFDL, 1989

ALMEIDA, ANTÓNIO – *Cláusulas Contratuais Gerais e o Postulado da Liberdade Contratual*, RPDC, nº 11, setembro de 1997

ALMEIDA, ANTÓNIO PEREIRA DE – *Sociedades Comerciais e Valores Mobiliários*, 5ª edição, Coimbra Editora, 2008

Almeida, Carlos Ferreira de – *Contratos*, II, Almedina, 2007

Almeida, Joana – *Do artigo 348º do Código do Trabalho à luz do Direito Comunitário*, RDES, Ano L, nºs 3-4, Almedina, 2009

Almeida, José Eusébio – *A nova ação de impugnação judicial da regularidade e licitude do despedimento*, PDT, nº 85, Coimbra Editora, jan.-abr., 2010

– *A indemnização na resolução com justa causa (subjetiva) do contrato de trabalho pelo trabalhador*, PDT, nº 67, Coimbra Editora, jan.-abr., 2004

Almeida, Maria Eunice Lopes de – *O teletrabalho e o direito a trabalhar*, QL, Ano XXVII, nº 56, Almedina, 2020

Almeida, Teodora Bastos de – *O direito à privacidade e a proteção de dados genéticos: uma perspetiva de direito comparado*, BFD, vol. LXXIX, Coimbra, 2003

Amado, João Leal – *Contrato de trabalho – Noções básicas*, 3ª edição, Almedina, 2020

– *A Lei nº 93/2019 e o trabalho intermitente: uma lei gorada?*, QL, nº 55, número especial, Almedina, jul./dez. 2019

– *Pessoal e profissional: entre o romance e o assédio. Comentário ao Acórdão da Relação de Évora, de 14/09/2017*, QL, Ano XXIV, nº 52, Almedina, jan./jun. 2018

– *Transmissão da empresa e contrato de trabalho: algumas notas sobre o regime jurídico do direito de oposição*, RLJ, Ano 147º, nº 4010, maio-junho de 2018

– *De Novo Sobre Uma Velha Questão: A Compensação Por Caducidade nos Contratos a Termo Certo*, ROA, Ano 74, abr./jun. 2014

– *Modificação substancial das condições de trabalho: o caso da mobilidade geográfica*, QL, Ano XV, nº 32, Coimbra Editora, 2008

– *O contrato de trabalho entre a presunção legal de laboralidade e o presumível desacerto legislativo*, Temas Laborais Luso-Brasileiros, JUTRA, Coimbra Editora, 2007

– *Algumas notas sobre o regime do despedimento*, VII CNDT, Almedina, 2004

– *Tratamento mais favorável e art. 4º/1, do Código do Trabalho: o fim de um princípio?*, A Reforma do Código do Trabalho, Coimbra Editora, 2004

– *A revogação do contrato de trabalho (Nótula sobre os artigos 393º a 395º do CT)*, PDT, nº 69, 2004

– *Vinculação* versus *Liberdade*, Coimbra Editora, 2002

– *Falta de pagamento da retribuição e rescisão do contrato pelo trabalhador: um direito virtual?*, QL, Ano V, nº 11, Coimbra Editora, 1998

– *Despedimento ilícito e salários intercalares: a dedução do alliunde perceptum – uma boa solução?*, QL, Ano I, nº 1, 1995

– *Pornografia, informática e despedimento (a propósito de um acórdão da Relação de Lisboa)*, QL, Ano I, nº 2, 1994

– *Revogação do contrato e compensação pecuniária para o trabalhador: notas a um acórdão do Supremo Tribunal de Justiça*, QL, Ano I, nº 3, 1994

– *A proteção do salário*, Separata do volume XXXIX do Suplemento ao BFD, Coimbra, 1993

– *Salários em atraso (direito à rescisão do contrato ou à suspensão da prestação de trabalho)*, PDT, nº 50, 1997

Andrade, Manuel de – *Teoria Geral da Relação Jurídica*, vol. II, reimpressão, Almedina, 1992

– *Teoria Geral da Relação Jurídica*, vol. I, Almedina, 1987

Apostolides, Sara Costa – *Do Dever Pré-Contratual de Informação e da sua Aplicabilidade na Formação do Contrato de Trabalho*, Almedina, 2008

Ascensão, José de Oliveira – *O Direito – Introdução e Teoria Geral – Uma pers-*

petiva Luso-Brasileira, Almedina, 1993

Assis, Rui – *O poder de direção do empregador*, Coimbra Editora, 2005

Azevedo, Archer – *(In)Aponibilidade da condição resolutiva ao contrato de trabalho*, QL, Ano XXIV, nº 50, Almedina, jan./jun. 2017

Baptista, Albino Mendes – *Contrato de trabalho a termo – regras especiais em matéria de cessação*, PDT, nº 59, jan.-dez., 2018

– *A nova ação de impugnação do despedimento e a revisão do Código de Processo do Trabalho*, Wolters Kluwer/Coimbra Editora, 2010

– *As faltas ao trabalho por motivo de doença (não profissional) do trabalhador*, VIII CNDT, Almedina, 2006

– *Estudos sobre o Código do Trabalho*, Coimbra Editora, 2004

– *Nota sobre a mobilidade geográfica dos trabalhadores*, VII CNDT, Almedina, 2004

– *Primeiras reflexões sobre os efeitos da ilicitude do despedimento no novo Código do Trabalho*, PDT, nº 66, Coimbra Editora, set.-dez., 2003

– *Código de Processo do Trabalho – Anotado*, *Quid Iuris*, 2000

– *Jurisprudência do Trabalho Anotada*, 3ª edição, reimpressão, *Quid Iuris*, 2000

– *Faltas por motivo de prisão*, QL, Ano V, nº 11, Coimbra Editora, 1998

– *A Duração do Período Experimental nos Contratos a Termo*, PDT, nº 55, 1998

– *O Conceito de "Prejuízo Sério" e a Transferência de Local de Trabalho nas Grandes Aglomerações Urbanas*, PDT, nº 54

– *O direito de arrependimento*, PDT, nº 52

– *Transferência do trabalhador para outro local de trabalho, aviso prévio e esclarecimento sobre as condições da mudança*, QL, Ano VI, nº 14, Coimbra Editora, 1999

Barreto, João Loff – *Indemnização por despedimento – art. 13º, nº 3 do DL 64-A/89*, ROA, Ano 53, 1993

Barroso, Helena Tapp – *Justa causa por violação do dever de assiduidade; faltas não justificadas ao trabalho e falsas declarações relativas às justificações das faltas – uma abordagem do caso das falsas declarações para justificação de faltas em especial*, EIDT, Vol. II, Almedina, 2001

Bettencourt, Pedro Ortins de – *Trabalho de Estrangeiros*, XI-XII, CNDT, Almedina, 2009

– *Os regimes de Teletrabalho*, Estudos jurídicos em Homenagem ao Professor António Motta Veiga, Almedina, 2007

– *Contrato de Trabalho a Termo*, Erasmos Editora, 1996

Bettencourt, Pedro Ortins/Baptista, Albino Mendes – *Legislação do Trabalho*, 7ª edição, *Quid Iuris*, 2001

Borges, Isabel – *Notas sobre o obstar "culposamente ao gozo das férias"*, Estudos de Direito do Trabalho em Homenagem ao professor Monteiro Fernandes, Parte I, Nova Causa, 2017

Borges, Sofia Leite – *A justa causa de despedimento por lesão de interesses patrimoniais sérios da empresa e pela prática de atos lesivos da economia nacional*, EIDT, Vol. II, Almedina, 2001

Borgogelli, Franca – *O direito e a jurisprudência social comunitária*, QL, Ano IV, nºs 9 e 10, Coimbra Editora, 1997

Brandão, Manuel Cavaleiro – *Algumas notas (interrogações) em torno da cessação de contratos de trabalho em caso de «encerramento da empresa» e de «insolvência e recuperação de empresa»*, PDT, nº 87, set.-dez., 2010

Brito, Pedro Madeira de – *Justa causa de despedimento com fundamento na violação dos deveres de assiduidade, zelo e diligência*, EIDT, Vol. II, Almedina, 2001

Cabo, Sérgio Gonçalves do – *O novo regime do contrato de trabalho a prazo*, AAFDL, 1992

Cabral, Fernando/Roxo, Manuel – *Segurança e Saúde do Trabalho – Legislação Anotada*, Almedina, 2003

Coimbra, António Dias – *A convenção coletiva de âmbito europeu: – eficácia jurídica*, QL, Ano I, nº 3, 1994

Camara, Manuel de la – *Estudios de Derecho Mercantil*, primera parte, editoriales de Derecho Reunidas, 1991

Camanho, Paula – *O contrato de trabalho a termo*, A Reforma do Código do Trabalho, CEJ e IGT, Coimbra Editora, 2004

Campos, Fernanda – *Contrato de Trabalho e Presunção de Laboralidade*, Código do Trabalho a Revisão de 2009, Coimbra Editora, 2010

Campos, João Mota de – *Direito Comunitário*, Vol. II, 3ª Edição, Fundação Calouste Gulbenkian, 1990

Canotilho, José Joaquim Gomes – *Direito Constitucional*, Almedina, 1999

Canotilho, José Joaquim Gomes/Vital, Moreira – *Constituição da República Portuguesa Anotada*, vol. I, 4ª edição, Coimbra Editora, 2007

Cardoso, Álvaro Lopes – *Manual de Processo do Trabalho*, Livraria Petrony, 2000

Cardoso, Soraia Filipa Pereira – *Processo Especial de Revitalização*, Almedina, 2016

Carvalho, António Nunes – *Esboço de uma abordagem juslaboral da avaliação de desempenho*, Estudos de Direito do Trabalho em Homenagem ao professor Monteiro Fernandes, Parte I, Nova Causa, 2017

– *Mobilidade funcional e estatuto retributivo*, RDES, Ano LIV, nºs 1 e 3, Almedina, 2013

– *Mobilidade Funcional*, Código do Trabalho a Revisão de 2009, Coimbra Editora, 2010

– *Duração e organização do tempo de trabalho no Código do Trabalho*, VI CNDT, Almedina, 2004

– *Contrato de trabalho. Revogação por acordo. Compensação pecuniária global: o seu valor*, RDES, Ano XXXVI, 1994

– *Sobre o Dever de Ocupação Efetiva do Trabalhador*, RDES, Ano XXXIII, 1991

Carvalho, Catarina de Oliveira – *Reflexões sobre a proteção laboral das vítimas de violência doméstica – Breve análise comparativa entres os regimes português e espanhol*, Para Jorge Leite – Escritos jurídico-laborais, I, Coimbra Editora, 2014

– *O equívoco jurisprudencial quanto à (in) admissibilidade do contrato de trabalho com pluralidade de empregadores antes do início de vigência do Código do Trabalho – Comentário ao acórdão do STJ de 18-05-2006*, QL, Ano XIV, nº 30, Coimbra Editora, 2007

– *A regulamentação nacional do tempo de trabalho e o direito comunitário: omissões e incompatibilidades*, QL, Ano XIII, nº 27, Coimbra Editora, 2006

– *Contrato de trabalho e pluralidade de empregadores*, QL, Ano XII, nº 26, Coimbra Editora, 2005

– *Algumas questões sobre a empresa e o Direito do trabalho no novo Código do Trabalho*, A Reforma do Código do Trabalho, Coimbra Editora, 2004

– *A mobilidade geográfica dos trabalhadores no Código do Trabalho*, VII CNDT, Almedina, 2004

– *A proteção da maternidade e paternidade no Código do Trabalho*, RDES, jan./set., 2004

– *A problemática da igualdade e não – discriminação no Direito do Trabalho*, IV CNDT, Almedina, 2002

– *Da mobilidade dos trabalhadores no âmbito dos grupos de empresas nacionais*, Publicações Universidade Católica, 2001

Carvalho, Luís Nandin de – *Conflitualidade no teletrabalho*, II CNDT, Almedina, 1999

Carvalho, Messias de – *Ação de impugnação judicial da regularidade e licitude do despedimento*, Direito do Trabalho + Crise = Crise do Direito do Trabalho, Atas do Congresso de Direito do Trabalho, Coimbra Editora, 2011

– *A ação de impugnação da regularidade e licitude do despedimento*, Estudos nº 6, 2010

Carvalho, Messias de/Almeida, Nunes de – *Direito do Trabalho e Nulidade do Despedimento*, Almedina, 1984

Carvalho, Paula Marques – *Manual Prático de Processo Penal*, 12ª edição, Almedina, 2019

Carvalho, Paulo Morgado de – *Percurso pelo regime da cessação do contrato de trabalho, no Código do Trabalho*, Sub Iudice, 27, janeiro-março, 2004

Castro, Catarina Sarmento e – *A proteção dos dados pessoais dos trabalhadores*, QL, Ano IX, nº 19, Coimbra Editora, 2002

Coimbra, António Dias – *A convenção coletiva de âmbito europeu: – eficácia jurídica*, QL, Ano I, nº 3, 1994

– *Uso laboral*, Para Jorge Leite – Escritos jurídico-laborais, I, Coimbra Editora, 2014

Colaço, António Bernardo – *O infetado de VIH: a aguardar cidadania plena em sede laboral (Resenha jurisdicional; pistas para uma solução jurídica)*, Revista do Ministério Público, Ano 24, nº 93, jan./março 2003

Cordeiro, António Menezes – *Direito do Trabalho*, vol. II, Almedina, 2019

– *Justas causas de Despedimento*, EIDT, Vol. II, Almedina, 2001

– *Manual de Direito Comercial*, Vol. I, Almedina, 2001

– *Tratado de Direito Civil Português*, I Parte Geral, Tomo I, Almedina, 1999

– *Da boa-fé no direito civil*, Coleção Teses, reimpressão, Almedina, 1997

– *Da Responsabilidade Civil dos Administradores nas Sociedades Comerciais*, Lex, 1997

– *Da cessação do contrato de trabalho por inadaptação do trabalhador perante a Constituição da República (Parecer)*, RDES, Ano XXXIII, 1991

– *Da constitucionalidade das comissões de serviços laborais (Parecer)*, RDES, Ano XXXIII (VI da 2ª Série), nºs 1-2, 1991

– *Da alteração das circunstâncias*, Separata dos Estudos em Memória do Prof. Doutor Paulo Cunha, Lisboa, 1987

Cordeiro, A. Barreto Menezes – *Comentário ao Regulamento Geral de Proteção de dados e à Lei nº 58/2019*, Coordenação de A. Barreto Menezes Cordeiro, CIDP, Almedina, 2021

Correia, António Damasceno – *Anotações ao regime jurídico do contrato a termo*, QL, Ano XVI, nº 33, Coimbra Editora, 2009

Correia, Eduardo – *Direito Criminal*, Vol. I, Almedina, 1993

– *Direito Criminal*, Vol. II, Almedina, 1993

– *Direito Penal e Direito de Mera Ordenação Social*, BFD, Coimbra, 1973

Correia, A. Ferrer – *Direito Internacional Privado – Alguns problemas*, Almedina, 1997

– *Erro e Interpretação na Teoria do Negócio Jurídico*, Coleção Teses, 3ª tiragem, Almedina, 1985

– *Lições de Direito Comercial*, Vol. I, Universidade Coimbra, 1973

– *Lições de Direito Comercial*, vol. II, Universidade de Coimbra, 1968

Correia, João Conde – *Contributo para a análise da inexistência e das nulidades processuais penais, Studia Iuridica*, nº 44, Coimbra Editora, 1999

Correia, Nilton – *Prescrição. Um Ofício da magistratura?*, Temas Laborais Luso-Brasileiros, JUTRA, Coimbra Editora, 2007

Costa, Jorge Artur – *O dever de lealdade do trabalhador, em especial a obrigação de não concorrência. A pós-eficácia do dever de lealdade*, QL, Ano XXV, nº 53, jul./dez. 2018, Almedina

Costa, Mário Júlio de Almeida/Menezes Cordeiro, António – *Cláusulas Contratuais Gerais*, Almedina, 1991

Costeira, Joana – *Os efeitos da declaração judicial de insolvência no contrato de trabalho*, PDT, 2019-I

Cottino, Gastone – *Diritto Commerciale*, volume primo, Padova, CEDAM, 1976

Cunha, Joaquim da Silva – *Direito Internacional Público – Introdução e Fontes*, 5ª edição, Almedina, 1993

Curado, Ana Pascoal – *Alteração do Pagamento do Subsídio de Refeição – Os* Tickets *de Refeição*, RDES, Ano LIV, nºs 1 e 3, Almedina, 2013

Damas, Joaquim – *A redução da duração do trabalho e a adaptação dos horários na Lei nº 21/96*, QL, Ano IV, nºs 9-10, Coimbra Editora, 1997

Dias, Amadeu – *Polivalência funcional*, QL, Ano V, nº 12, Coimbra Editora, 1998

– *Redução do Tempo de Trabalho, Adaptabilidade do Horário e Polivalência Funcional*, Coimbra Editora, 1997

Dias, Jorge Figueiredo – *Direito Penal Português – As consequências Jurídicas do Crime*, Aequitas, Editorial Notícias, 1993

– *Enquadramento do procedimento disciplinar na ordem jurídica portuguesa*, BFD, Vol. LXXIII, Coimbra, 1997

Dias, Rui Manuel Pinto Soares Pereira – *Responsabilidade por Exercício de Influência sobre a Administração de Sociedades Anónimas*, Almedina, 2007

Domingos, Maria Adelaide – *Poder e Procedimento Disciplinar: Algumas alterações introduzidas pelo Código do Trabalho de 2009*, Código do Trabalho a Revisão de 2009, Coimbra Editora, 2010

– *Poder e Procedimento Disciplinar no Código do Trabalho*, A Reforma do Código do Trabalho, CEJ/IGT, Coimbra Editora, 2004

Duarte, Diogo Pereira – *Comentário ao Regulamento Geral de Proteção de dados e à Lei nº 58/2019*, Coordenação de A. Barreto Menezes Cordeiro, CIDP, Almedina, 2021

Dray, Guilherme – *Teletrabalho, Sociedade de Informação e Direito*, EIDT, Vol. III, Almedina, 2002

– *Autonomia privada e igualdade na formação e execução de contratos individuais de trabalho*, EIDT, Vol. I, Almedina, 2001

– *Justa causa e esfera privada*, EIDT, Vol. II, Almedina, 2001

Falcão, David/Tomás, Sérgio Tenreiro – *Lições de Direito do Trabalho – A relação individual de trabalho*, 3ª edição, Almedina, 2015

Fernandes, Luís Carvalho – *Efeitos da Declaração de Insolvência no Contrato de Trabalho segundo o Código da Insolvência e da Recuperação de Empresas*, RDES, Ano XLV, nºs 1, 2 e 3, 2004

– *A teoria da imprevisão no direito civil português*, reimpressão, *Quid Iuris*, 2001

– *A conversão dos negócios jurídicos civis*, *Quid Iuris*, 1993

Fernandes, Francisco Liberal – *A Lei nº 29/2017 e o combate à fraude no destacamento de trabalhadores na União Europeia*, RIDT, Ano I, 2021, nº 1, IDT, disponível em https://idt.fdulisboa.pt/

– *O tempo de trabalho*, Coimbra Editora, 2012

– *A obrigação de Serviços Mínimos como técnica de regulação da Greve nos serviços essenciais*, Wolters Kluwer/Coimbra Editora, 2010

– *Sobre a indemnização em caso de caducidade do contrato a termo do trabalhador reformado que continua ao serviço da mesma entidade patronal*, QL, Ano IX, nº 20, Coimbra Editora, 2002

– *Transmissão do estabelecimento e oposição do trabalhador*, QL, Ano VI, nº 14, Coimbra Editora, 1999

– *Comentário às Leis da Duração do Trabalho e do Trabalho Suplementar*, Coimbra Editora, 1995

– *Alteração unilateral do horário de trabalho*, QL, Ano I, nº 3, 1994

– *Despedimento por inadaptação dos trabalhadores que exerçam cargos de complexidade técnica ou de direção*, PDT, nº 41, 1992.

Fernandes, Francisco Liberal /Basto, Bárbara de Sousa – *O banco de horas grupal na Lei 93/2019*, QL, Ano XXVI, nº 55, número especial, Almedina, jul./dez. 2019

Fernandes, Maria Malta – *Os limites à subordinação jurídica do trabalhador*, Quid Iuris, 2008

Fernandes, António Monteiro – *Uma figura com máscara: A caducidade do contrato de trabalho*, RIDT, ano I, 2021, nº 1, IDT, disponível em https://idt.fdulisboa.pt/

– *Resolução do contrato por mora da retribuição – prazos e presunções de culpa*, PDT, 2017-I

– *Notas breves sobre o despedimento ilícito*, RDES, Almedina, jan.-dez., 2016

– *Direito do Trabalho*, 17ª edição, Almedina, 2014

– *A justa causa de despedimento entre a Constituição e a lei – Notas de um "check-up" periódico*, QL, Ano XIX, nº 39, Coimbra Editora, 2012

– *A "Reforma Laboral" de 2012 – Observações em torno da Lei 23/2012*, ROA, Ano 72, abr./set. 2012

Ferrara, Francesco – *Interpretação e Aplicação das Leis*, Coleção Studium, 4ª edição, Arménio Amado – Editor Sucessor, 1987

Ferreira, Abel Sequeira – *A justa causa de despedimento no contexto dos grupos de empresas*, EIDT, Vol. II, Almedina, 2001

Ferreira, Raquel Cabral – Despedimento por inadaptação e por inaptidão – Algumas considerações á luz da reforma legislativa operada pela Lei 23/2012 de 25 de junho, QL, Ano XXI, nº 44, Coimbra Editora, 2014

Festas, David de Oliveira – *O direito à reserva da intimidade da vida privada do trabalhador no Código do Trabalho*, ROA, Ano 64, 2004

Fialho, Manuela Bento – *Poder e Procedimento Disciplinar*, Código do Trabalho a Revisão de 2009, Coimbra Editora, 2010

Fidalgo, Vitor Palmela – *Comentário ao Regulamento Geral de Proteção de dados e à Lei nº 58/2019*, Coordenação de A. Barreto Menezes Cordeiro, CIDP, Almedina, 2021

Frada, Manuel Carneiro da – *Teoria da Confiança e Responsabilidade Civil*, reimpressão, Almedina, 2007

Freitas, José Lebre de – *Código Civil Anotado*, vol. I, Almedina, 2ª edição, 2019

Freitas, Pedro Petrucci de – *Segredo de justiça e Processo disciplinar: uma necessária incompatibilidade*, QL, Ano XXI, nº 44, Coimbra Editora, 2014

– *Da Ação de reconhecimento da existência de contrato de trabalho: breves comentários*, ROA, Ano 73, out./dez. 2013

GASPAR, A. HENRIQUES – *Relevância criminal das práticas contrárias aos interesses dos consumidores*, BMJ, nº 448, 1995

GIRON, MARTINEZ/CAMANHO, PAULA – *Contratação a termo*, Código do Trabalho – alguns aspetos cruciais, Gabinete de Estudos do Trabalho, UCP, Principia, 2003

GOMES, JÚLIO – *Da liberdade sindical negativa (e da importância de se chamar sindicato)*, RIDT, Ano I, 2021, nº 1, IDT, disponível em https://idt.fdulisboa.pt/

– *Algumas reflexões críticas sobre a lei nº 14/2018 de 19 de março*, PDT, 1º Semestre de 2018, Número I, CEJ

– *A Reforma Laboral Contínua*, ROA, Ano 74, abr./jun. 2014

– *Nótula sobre o artigo 497º do Código do Trabalho de 2009*, QL, Ano XXI, nº 44, Coimbra Editora, 2014

– *Algumas reflexões sobre as alterações introduzidas no código do trabalho pela lei nº 23/2012 de 25 de junho*, Centro de Estudos Judiciários *in* http://www.cej.mj.pt/cej/recursos/ebooks/trabalho/o_tempo_de_trabalho.pdf), 2014

– *Algumas reflexões sobre as alterações introduzidas no Código do Trabalho pela Lei nº 23/2012 de 25 de junho*, ROA, Ano 72, abr./set. 2012

– *Nótula sobre a proteção da vítima de violência doméstica na nova legislação laboral*, BOA, nº 64, 2010

– *Dos usos da empresa em Direito do Trabalho*, RDES, Ano XLIX, nºs 1-4, Almedina, 2009

– *Novas, novíssimas e não tão novas questões sobre a transmissão da unidade económica em Direito do Trabalho*, QL, Ano XV, nº 32, Coimbra Editora, 2008

– *Direito do Trabalho*, Coimbra Editora, 2007

– *Comentário de Urgência ao Acórdão do TJCE, de 20 de novembro de 2003*, RDES, Ano XLV, Jan./Set., 2004

– *O contrato de trabalho a termo ou a tapeçaria de Penélope? In* Estudos do Instituto de Direito do trabalho, vol. IV, Coimbra: Almedina, 2003

– *Algumas observações críticas sobre a jurisprudência recente em matéria de retribuição e afins*, IV CNDT, Almedina, 2002

– *A jurisprudência recente do tribunal de justiça das comunidades europeias em matéria de transmissão de empresa, estabelecimento ou parte de estabelecimento – inflexão ou continuidade?*, EIDT, Vol. I, Almedina, 2001

– *Do uso e abuso do período experimental*, RDES, Ano XLI, nºs 1 e 2, 2000

– *As cláusulas de não concorrência no Direito do Trabalho*, RDES, Ano XXXX, nº 1, 1999

GOMES, JÚLIO/GUEDES, AGOSTINHO – *Algumas considerações sobre a transferência do trabalhador, nomeadamente no que concerne à repartição do ónus da prova*, RDES, Ano XXXIII, nºs 1 e 2, 1991

GOMES, JÚLIO/CARVALHO, CATARINA – *Sobre o regime da invalidade do Contrato de Trabalho*, II CNDT, Almedina, 1999

GOMES, JÚLIO/CARVALHO, RAQUEL – *Anotação ao Acórdão do Tribunal da Relação de Coimbra de 15/05/2014 (ou da aplicação da declaração de inconstitucionalidade dos números 2 e 4 do artigo 368º do Código do Trabalho)*, QL, Ano XXI, nº 44, Coimbra Editora, 2014

– *Código do Trabalho – a (in)constitucionalidade das normas relativas à repetição do Procedimento disciplinar e à reintegração*, QL, Ano X, nº 22, Coimbra Editora, 2003

GOMES, MARIA IRENE – *Os cargos de direção no Direito do Trabalho Português*, Direito do Trabalho + Crise = Crise do Direito do Trabalho, Atas do Congresso de Direito do Trabalho, Coimbra Editora, 2011

– *Considerações sobre o regime jurídico do contrato de trabalho a termo certo no CT*, QL, Ano XI, nº 24, Coimbra Editora, 2004

– *Principais aspetos do regime jurídico do trabalho exercido em comissão de serviço*, Estudos de Direito do Trabalho em Homenagem ao Professor Manuel Afonso Olea, Almedina, 2004

– *Grupos de sociedades e algumas questões laborais*, QL, Ano V, 12, 1998

Gonçalves, Luísa Andias – *Prestações compensatórias de subsídio de férias e de subsídio de Natal*, Para Jorge leite – Escritos jurídico-laborais I, Coimbra Editora, 2014

Guerra, Amadeu – *A privacidade no local de trabalho*, Almedina, 2004

Guerreiro, Lúcia – *A formação profissional e o pagamento de horas extraordinárias/suplementares – Análise dos seus critérios/requisitos – Semelhanças e diferenças entre o regime público e privado*, Para Jorge Leite – Escritos jurídico-laborais, I, Coimbra Editora, 2014

Henriques, Joana Costa – *A Fixação de Serviços Mínimos: as Arbitragens no âmbito do CES sobre o Sector dos Transportes*, Estudos de Direito do Trabalho, Coimbra Editora, 2011

Hirigoyen, Marie-France – *O Assédio no Trabalho*, Pergaminho, 2002

Hubmann, Heinrich – *Das Persön-lichkeitsrecht*, 2ª edição, Munster-Cologne, 1976

Jorge, Fernando Pessoa – *Ensaio sobre os pressupostos da responsabilidade civil*, *reimpressão*, Almedina, 1995

Lages, Rita – *A língua do contrato de trabalho de estrangeiros e o risco da diversidade linguística*, QL, Ano XVI, nº 34, Coimbra Editora, 2009

Lamas, Juan Rivero – *Despedimento modificativo*, Código do Trabalho – alguns aspetos cruciais, Gabinete de Estudos do Trabalho, UCP, *Principia*, 2003

Leitão, Luís Menezes – *A proteção dos dados pessoais no contrato de trabalho*, A reforma do Código do Trabalho, CEJ/IGT, Coimbra Editora, 2004

Leitão, Sara – *Duração, renovação e sucessão de contratos a termo: alterações introduzidas pela Lei nº 93/2019, de 4 de setembro*, RDES, Ano LX, nºs 1-4, Almedina, janeiro-dezembro, 2019

Leite, Fausto – *Mobilidade*, Código do Trabalho a Revisão de 2009, Coimbra Editora, 2010

Leite, Jorge – *Escritos jurídico-laborais I*, Coimbra Editora, 2014

– *Código do Trabalho – algumas questões de (in)constitucionalidade*, QL, Ano X, nº 22, Coimbra Editora, 2003

– *Inconstitucionalidade das normas sobre despedimentos coletivos ou a história de um Processo legislativo atribulado*, QL, Ano VIII, nº 17, Coimbra Editora, 2001

– *Comissão de serviço*, QL, Ano VII, nº 16, Coimbra Editora, 2000

– *Direito do Trabalho*, Volumes I e II, Serviços de Textos da Universidade de Coimbra, 1999

– *Direito Penal do Trabalho, uma sentença histórica*, QL, Ano V, nº 11, Coimbra Editora, 1998

– *A transposição das diretivas comunitárias sobre despedimento coletivo*, PDT, nº 55, 1998

– *Flexibilidade funcional*, QL, Ano IV, nºs 9-10, Coimbra Editora, 1997

– *Observatório legislativo*, QL, Ano III, nº 8, Coimbra Editora, 1996

– *Contratos a termo por lançamento de nova atividade*, QL, Ano II, nº 5, Coimbra Editora, 1995

– *As faltas ao Trabalho no Direito do Trabalho Português*, RDE, Ano IV, nº 2, 1978

Leite, Jorge/Almeida, Coutinho – *Coletânea de Leis do Trabalho*, Coimbra Editora, 1985

Lima, Pires/Varela, Antunes – *Código Civil Anotado*, Vol. I, 4ª edição, Coimbra Editora, 1987

– *Código Civil Anotado*, Vol. II, 3ª edição, Coimbra Editora, 1986

Lopes, Sónia Kietzmann – *O assédio moral no trabalho*, PDT, nº 82, 2009

Lourenço, Rodrigo Serra – *Sobre o direito de oposição dos trabalhadores na transmissão do estabelecimento ou empresa*, ROA, Ano 69, 2009

Lourenço, Santos – *Das Sociedades por Cotas*, II volume, Ottosgrafica, 1950

Macedo, Pedro de Sousa – *Poder Disciplinar Patronal*, Almedina, 1990

Machado, Carmo Sousa/Oliveira, João Galamba – *Direito à desconexão--como evitar a intrusão e a exaustão?*, RIDT, Ano I, 2021, nº 1, IDT, disponível em https://idt.fdulisboa.pt/

Machado, João Baptista – *Introdução ao Direito e ao Discurso Legitimador*, Almedina, 1995

– *Lições de Direito Internacional Privado*, 3ª edição, Almedina, 1995

– *Tutela da confiança e "venire contra factum proprium"*, Obra Dispersa, vol. I, Scientia Iuridica, 1991

Machado, Jónatas – *Liberdade de expressão – dimensões constitucionais da esfera pública no sistema social*, Studia Jurídica, Coimbra Editora, 2002

Machado, Susana Sousa – *Direitos de personalidade – Casos Práticos Solicitadoria*, Almedina, 2019

– *O cliente tem sempre razão? Breve comentário à recente jurisprudência do Tribunal de Justiça sobre o uso de lenço islâmico no local de trabalho*, PDT, 2017-I

– *Contrato de trabalho a termo – a transposição da diretiva 1999/70/CE para o ordenamento jurídico português: (in)compatibilidades*, Coimbra Editora, 2009

Marecos, Diogo Vaz – *Código do Trabalho Anotado*, 4ª edição, Coimbra Editora, 2020

Marques, Alcino Silva – *Os serviços mínimos na jurisprudência dos tribunais arbitrais*, QL, Ano XVI, nº 34, Coimbra Editora, 2009

Marques, Ferreira – *Sanção pecuniária compulsória – sede própria para a sua fixação*, PDT, nº 52

Marques, Jorge Manuel Pereira – *O Contrato de Trabalho a Termo Resolutivo como Instrumento de Política Económica*, Coimbra Editora, 2011

Martinez, Pedro Romano – *Direito do Trabalho*, 7ª edição, Almedina, 2015

– *O Código do Trabalho e a reforma de 2012. Apreciação geral*, RDES, Ano LIII (XXVI da 2ª Série), Almedina, 2012

– *Apontamentos sobre a cessação do contrato de trabalho à luz do Código do Trabalho*, AAFDL, 2004

– *Incumprimento contratual e justa causa de despedimento*, EIDT, Vol. II, Almedina, 2001

Martinez, Pedro Romano e Aavv – *Código do Trabalho Anotado*, 13ª edição, Almedina, 2020

Martins, António Carvalho – *Responsabilidade dos Administradores ou Gerentes por Dívidas de Impostos*, 2ª edição, Coimbra Editora, 1999

– *Responsabilidade Pré-Contratual*, Coimbra Editora, 2002

Martins, David Carvalho – *Novo regime da transmissão de unidade económica: algumas notas*, PDT, CEJ, 1º Semestre de 2018-I

Martins, David Carvalho/Sousa, Duarte Abrunhosa – *O direito à rein-*

tegração do trabalhador e o poder de oposição do empregador: em busca de equilíbrios, PDT, 2017-I

– *Os critérios de seleção no despedimento por extinção de posto de trabalho*, Transformações recentes do Direito do Trabalho Ibérico – Livro Razão, *E-book*, 2016

Martins, Pedro Furtado – *Da Cessação do Contrato de Trabalho*, 4ª edição, *Principia*, 2017

– *Contrato de trabalho a termo irrenovável e compensação de caducidade*, PDT, nº 87, set.-dez., 2010

– *Duas questões a propósito dos efeitos da transferência do estabelecimento nas relações de trabalho: Artigo 321º do Código do Trabalho e oposição do trabalhador à transmissão do contrato de trabalho*, IX e X CNDT, Almedina, 2007

– *Consequências do despedimento ilícito: Indemnização/Reintegração*, Código do Trabalho – Alguns aspetos cruciais, *Principia*, 2003

– *Despedimento ilícito, reintegração na empresa e dever de ocupação efetiva – Contributo para o estudo dos efeitos da declaração da invalidade do despedimento*, Direito e Justiça, UCP, Suplemento, 1992

– *Despedimento ilícito e reintegração do trabalhador*, RDES, Ano XXXI, nºs 3 e 4, 1989

Martins, Pedro Furtado/ Carvalho, António Nunes – *Trabalho igual, Salário igual – Nulidade de revogação do contrato de trabalho*, RDES, Ano XXXIV, nº 4, 1992

Martins, Pedro Furtado/Tiziano, Treu – *Despedimento ilícito*, Código do Trabalho – alguns aspetos cruciais, Gabinete de Estudos do Trabalho, UCP, *Principia*, 2003

Martins, Alexandre Soveral – *O Exercício de Atividades Concorrentes pelos Gerentes de Sociedades por Quotas*, BFD, Vol. LXXII, Coimbra, 1996

Martins, João Zenha – *A jurisprudência do Tribunal de Justiça sobre os abusos nos contratos a termo: breve excurso*, PDT, 2018-II

– *Em Torno da (In)Admissibilidade de Pactos de Permanência Anteriores ao Contrato de Trabalho*, ROA, Ano 77, Jan./Jun. 2017

– *Cedência de Trabalhadores e Grupos de Empresas*, coleções cadernos laborais nº 2, IDT, Almedina, 2002

– *Definição e condições gerais da cedência ocasional de trabalhadores no Código do Trabalho*, QL, Ano V, nº 12, Coimbra Editora, 1998

Mendes, Armindo Ribeiro – *Os recursos no Código de Processo Civil Revisto*, Lex, 1998

Mesquita, José Andrade – *Tipificações legais de justa causa*, EIDT, Vol. II, Almedina, 2001

Mesquita, Paulo Dá – *Algumas notas sobre o art. 52º, do RJCCT, aprovado pelo DL nº 64-A/89, de 27-0*, PDT, nº 45

Miranda, Jorge – *Manual de Direito Constitucional*, Tomo IV, 4ª edição, Coimbra Editora, 2008

Monte, Mário – *Da proteção penal do consumidor*, Almedina, 1996

Monteiro, João – *A Responsabilidade contraordenacional no CT/2009*, Código do Trabalho a Revisão de 2009, Coimbra Editora, 2010

Monteiro, Lúis Miguel – *Referendo para a instituição do banco de horas*, RIDT, Ano I, 2021, nº 1, IDT, disponível em https://idt.fdulisboa.pt/

– *Algumas questões sobre a organização do tempo de trabalho*, RDES, Ano XLI, nºs 3 e 4, 2000

Monteiro, António Pinto – *Cláusula Penal e Indemnização*, coleção teses, Almedina, 1990

– *Contrato de Agência – Anotação ao Decreto-Lei nº 178/86*, 2ª edição, Almedina, 1993

– *Sobre a proteção do agente comercial no Direito Português e Europeu*, BFD, Vol. LXXI, Coimbra, 1995

Morais, Domingos José – *Meios de vigilância à distância (casos práticos na jurisprudência)*, PDT, 2018-II

– *O Poder e o Procedimento Disciplinar*, Código do Trabalho a Revisão de 2009, Coimbra Editora, 2010

– *Possibilidade de reabertura do procedimento disciplinar*, QL, Ano XI, nº 23, Coimbra Editora, 2004

Morais, Silva – *Dois estudos – Justa causa e motivo atendível de despedimento – Trabalho temporário*, Edição Cosmos, 1991

Moreira, António José – *Flexibilidade*, Código do Trabalho a Revisão de 2009, Coimbra Editora, 2010

– *Trabalho Temporário*, 2ª edição, Almedina, 2001

– *Compêndio de Leis do Trabalho*, 8ª edição, Almedina, 2000

Moreira, Teresa Coelho – *Dados pessoais: breve análise do art. 28º da lei nº 58/2019, de 8 de agosto*, QL, Ano XXVI, nº 55, número especial, jul./dez., Almedina, 2019.

– *A privacidade dos trabalhadores e o controlo eletrónico da utilização da Internet*, QL, Ano XVII, nºs 35-36, Coimbra Editora, 2010

– *Controlo do correio eletrónico dos trabalhadores: comentário ao acórdão do Tribunal da Relação do Porto, de 8 de fevereiro de 2010*, QL, Ano XVI, nº 34, Coimbra Editora, 2009

Mota, António Gustavo da – *A Evolução da Técnica e da Organização do Trabalho*, Almedina, 1996

Mota, Laura – *A mentira no contexto do dever de lealdade laboral e a sua relevância como justa causa de despedimento – comentário ao acórdão do Supremo Tribunal de Justiça de 11 de fevereiro de 2015. Processo nº 500/13.2TTPRT.P1.S2 4ª Secção*, ROA, Ano 75, jul./dez. 2015

Moura, José Barros – *A Convenção Coletiva entre as Fontes de Direito do Trabalho*, Almedina, 1984

– *Direito do trabalho e integração económica*, QL, Ano II, nº 5, 1995

Nascimento, Ricardo/Gama, Alexandre – *RGPD em Contexto Laboral*, BOA, nº 24, 2019

Neto, Abílio – *Código Comercial – Código das Sociedades – Legislação Complementar – Anotados*, 14ª edição, Ediforum, 1998

Neto, José Dallegrave – *Contrato de trabalho: conceção, tendências e resistências*, Temas Laborais Luso-Brasileiros, JUTRA, Coimbra Editora, 2007

Oliveira, António Luís M. C. Bentes de – *Algumas notas sobre o boletim de pagamento de retribuição*, Para – Jorge Leite – Escritos jurídico-laborais, I, Coimbra Editora, 2014

Oliveira, António Sarmento de – *Mobilidade de trabalhadores intraempresas e interempresas*, ROA, Ano 74, jul./dez. 2014

Pacheco, Mago Graciano de Rocha – *O assédio moral no trabalho: O elo mais fraco*, Almedina, 2007

Paes Marques, Francisco – *Comentário ao Regulamento Geral de Proteção de dados e à Lei nº 58/2019*, Coordenação de A. Barreto Menezes Cordeiro, CIDP, Almedina, 2021

Parreira, Isabel Ribeiro – *Da polivalência funcional ao objeto do contrato de trabalho*, VI CNDT, Almedina, 2004

– *O assédio moral no trabalho*, V CNDT, Almedina, 2003

Pereira, André Gonçalves/Quadros, Fausto de – *Manual de Direito Internacional Público*, 3ª edição, Almedina, 1993

Pereira, Duarte Amorim – *Há vida para além do trabalho: notas sobre o direito ao repouso e a desconexão profissional*, QL, Almedina, jul.-dez., 2018

Pereira, Rita Garcia – *Avaliação dos danos patrimoniais do trabalhador resultantes de assédio e de violação do dever de ocupação efetiva. Análise da jurisprudência*, PDT, 2017-II

– *Casa dos segredos: Um novo templo para a subordinação jurídica*, Para Jorge Leite – Escritos jurídico-laborais, I, Coimbra Editora, 2014

– *Mobbing ou Assédio Moral no Trabalho*, Coimbra Editora, 2009

– *A Garantia dos Créditos Laborais no Código do Trabalho: breve nótula sobre o art. 378º (Responsabilidade solidária das sociedades em relação de domínio ou de grupo)*, QL, Ano XI, nº 24, Coimbra Editora, 2004

Pernas, Maria Benedita – *Contraordenações laborais*, Código do Trabalho a Revisão de 2009, Coimbra Editora, 2010

Pimpão, Céline Rosa – *A Tutela do Trabalhador em Matéria de Segurança, (Higiene) e Saúde*, Coimbra Editora, 2011

Pinheiro, Paulo Sousa – *A condenação extra vel ultra petitum no Código de Processo do Trabalho*, Revista de Ciências Empresariais e Jurídicas, nº 12, 2007.

Pinto, Maria José Costa – *Poder e Procedimento Disciplinar no Código do Trabalho de 2009*, Código do Trabalho a Revisão de 2009, Coimbra Editora, 2010

Pinto, Carlos Alberto da –*Teoria Geral do Direito Civil*, 3ª edição, Coimbra Editora, 1993

– *Cessão da posição contratual*, reimpressão, Almedina, 1982

– *Contratos de adesão*, RDES, Ano XX, 1973

Pinto, Mário – *Direito do Trabalho – Introdução, Relações Coletivas de Trabalho*, UCE, 1996

Pinto, Mário/Martins, Pedro Furtado/Carvalho, António Nunes – *Comentário às leis do trabalho*, Vol. I, Lex, 1994

Pinto, Nuno Abranches – *Instituto Disciplinar Laboral*, Coimbra Editora, 2009

Pinto, Paulo Mota – *A proteção da vida privada e a Constituição*, BFDUC, Coimbra Editora, Vol. LXXVI, 2000

Pinto, Pedro Freitas – *A proteção da vítima do crime de violência doméstica no foro laboral*, PDT, nº 85, jan.-abr., 2010

Pinto, Ricardo Leite – *Liberdade de imprensa e vida privada*, ROA, Ano 54, vol. I, 1994

Pires, Miguel Lucas – *Garantia dos Créditos Laborais*, Código do Trabalho a Revisão de 2009, Coimbra Editora, 2010

– *A amplitude e a (in)constitucionalidade dos privilégios creditórios dos trabalhadores*, QL, Ano XV, nº 31, Coimbra Editora, 2008

– *Dos privilégios Creditórios – Regime Jurídico e sua Influência no Concurso de Credores*, Almedina, 2004

Pita, Manuel António – *Direito Comercial*, 2ª edição, Fisco, 1992

Póvoa, Cláudia Vaz – *A Boa Fé na Formação do Contrato de Trabalho e o Regime do Período Experimental*, Estudos de Direito do Trabalho, Coimbra Editora, 2011

Prata, Ana – *Contratos de Adesão e Cláusulas Contratuais Gerais*, Almedina, 2010

– *Dicionário Jurídico*, 3ª edição, Almedina, 1995

PRETO, SÓNIA – *Alguns aspetos da retribuição: I – A remuneração durante as férias*, RDES, Ano LIV, nºs 1 e 3, Almedina, 2013

– *Alguns aspectos da retribuição: II – Os subsídios anuais (subsídio de férias, de Natal e de balanço)*. RDES, Ano LIV, nº 4, Almedina, 2013

PROENÇA, JOSÉ CARLOS BRANDÃO – *A resolução do contrato no direito civil – do enquadramento e do regime*, Coimbra Editora, 1996

PRUX, ÓSCAR IVAN – *Um novo enfoque quanto à responsabilidade civil do profissional liberal*, RPDC, nº 6, 1996

QUINTAS, HÉLDER – *Breves notas sobre o passado, o presente e o futuro do regime da transmissão de empresa ou estabelecimento*, PDT, CEJ, 2019 – I

– *A (nova) ação de impugnação judicial da regularidade e licitude do despedimento*, PDT, nº 86, maio-ag. 2010

– *A concretização do princípio da boa fé enquanto limite normativo das cláusulas de mobilidade geográfica*, PDT, nºs 74 e 75, maio-agosto/set.-dez., 2006

QUINTAS, PAULA – *O novo regime do contrato a termo após as alterações introduzidas pelas leis nºs 90/2019 e 93/2019, de 4 de setembro*, QL nº 56, Almedina, jan.-jun. 2020

– *Súmula do entendimento jurisprudencial dos conceitos trabalhador á procura de primeiro emprego e desempregado de longa (ou muito longa) duração*, PDT, CEJ, 2020-I

– *A problemática constitucional da justa causa nos despedimentos objetivos*. Estudos em Homenagem ao Professor Monteiro Fernandes, Editora Nova Causa, II, 2017

– *O percurso jurídico do assédio laboral*, PDT, vol. 1, nº 1 – 2016

– *Manual de Direito da Segurança e Saúde no Trabalho*, 4ª edição, Almedina, 2016

– *Os Direitos de Personalidade Consagrados no Código do Trabalho na Perspetiva Exclusiva do Trabalhador Subordinado – Direitos (Des)Figurados*, coleção teses, Almedina, 2011

– *O direito à palavra no mundo do trabalho: liberdade de expressão ou delito de opinião?*, PDT, nºs 76, 77 e 78, jan.-dez., 2007

– *Apreciação de alguns aspetos cruciais do «Livro Branco das Relações Laborais» no que concerne à contratação individual – a pulsão flexibilizadora do legislador*, PDT, nºs 74 e 75, maio-ag. 2006

– *A perversidade da tutela indemnizatória do art. 443º do CT – a desigualdade entre iguais (breve reflexão)*, PDT, nº 71, maio-ag. 2005

– *A precariedade dentro da precariedade ou a demanda dos trabalhadores a procura de primeiro emprego*, QL, Ano XI, nº 24, Coimbra Editora, 2004

– *Da problemática do efeito direto das diretivas comunitárias*, Dixit, 2000

– *A dificultosa transposição da Diretiva 98/59/CE, do Conselho, de 20 de julho de 1998*, S.I., nº 302

QUINTAS, PAULA/QUINTAS, HÉLDER – *Manual de Direito do Trabalho e de Processo do Trabalho*, 9ª edição, Almedina, 2020

– *Da prática laboral à luz do novo Código do Trabalho*, 4ª edição, Almedina, 2007

– *O Regime Jurídico dos Despedimentos*, 2ª edição, Almedina, 2006

– *Regulamentação do Código do Trabalho*, 3ª edição, Almedina, 2006

RAMALHO, MARIA DO ROSÁRIO PALMA – *Tratado de Direito do Trabalho*, Parte II, 6ª edição, Almedina, 2016

– *Delimitação do contrato de trabalho e presunção de laboralidade no novo Código do Trabalho – Breves notas*, Direito do Trabalho + Crise = Crise do Direito do Tra-

balho, Atas do Congresso de Direito do Trabalho, Coimbra Editora, 2011
– *Grupos Empresarias e Societários. Incidências Laborais*, Almedina, 2008
– *Novas formas de realidade laboral: o teletrabalho*, Estudos de Direito do Trabalho, Almedina, 2003
– *Estudos de Direito do Trabalho*, vol. I, Almedina, 2003
– *Da autonomia dogmática do Direito do Trabalho*, coleção teses, Almedina, 2001
– *Sobre os limites do poder disciplinar laboral*, I CNDT, Almedina, 1998
– *Igualdade de Tratamento entre Trabalhadores e trabalhadoras em matéria remuneratória: a aplicação da Diretiva 75/117/CE em Portugal*, ROA, Ano 57, 1997
– *Lei da Greve Anotada*, Lex, 1994
– *Do fundamento do poder disciplinar laboral*, Almedina, 1993

Ramos, Rui Moura – *Das Relações Privadas Internacionais – Estudos de Direito Internacional Privado*, Coimbra Editora, 1995
– *Das Comunidades à União Europeia – Estudos de Direito Comunitário*, Coimbra Editora, 1994
– *Da lei aplicável ao contrato de trabalho internacional*, coleção teses, Almedina, 1991

Raposo, Vera Lúcia – *Os limites da igualdade: um enigma por desvendar*, QL, Ano XI, nº 23, Coimbra Editora, 2004

Rato, João – *A Ação de reconhecimento da existência de contrato de trabalho – interrogações sobre a intervenção do Ministério Público e outras perplexidades*, Para Jorge Leite – Escritos jurídico-laborais, I, Coimbra Editora, 2014
– *Contrato de Trabalho a termo para substituição de trabalhador ausente – reforma do trabalhador substituído – efeitos sobre aquele contrato de trabalho*, PDT, nº 48

Rebelo, Glória – *Assédio moral e dignidade no trabalho*, PDT, nºs 76-77-78, 2007
– *Do conceito de Atividade no Código do Trabalho*, ROA, Ano 65, 2005
– *Para uma Organização Qualificante: da importância dos conceitos de actividade e de mobilidade funcional no Código do Trabalho*, QL, Ano XII, nº 25, Coimbra Editora, 2005
– *Teletrabalho e privacidade*, Editora RH, 2004

Redinha, Maria Regina Gomes– *Código novo ou código revisto? – A propósito das modalidades do contrato de trabalho*, Código do Trabalho a Revisão de 2009, Coimbra Editora, 2010
– *Incidência Laboral*, PDT, nº 87, set.-dez., 2010
– *Controlo do correio eletrónico dos trabalhadores*, comentário ao acórdão do Tribunal da Relação do Porto, de 08.02.10, QL, Ano XVI, nº 34, Coimbra Editora, 2009
– *Os direitos de personalidade no Código do Trabalho: atualidade e oportunidade da sua inclusão*, A reforma do Código do Trabalho, CEJ/IGT, Coimbra Editora, 2004
– *Assédio moral ou Mobbing no trabalho*, Faculdade de Direito da Universidade de Lisboa, Estudos em homenagem ao Professor Raul Ventura, vol. II, Coimbra Editora, 2003
– *O teletrabalho*, QL, Ano VIII, nº 17, Coimbra Editora, 2001
– *Relação Laboral Fragmentada (A)*, Coimbra Editora, 1995

Reis, João – *Reforma de 2019: algumas observações*, QL, Ano XXVI, nº 55, número especial, jul/dez, Almedina, 2019
– *Princípio do tratamento mais favorável e da norma mínima*, Para Jorge Leite – Escritos jurídico-laborais, I, Coimbra Editora, 2014

– *O regime da transmissão da empresa no Código do Trabalho*, Nos 20 Anos do Código das Sociedades Comerciais, vol. I, Coimbra Editora, 2007
– *Contrato de trabalho plurilocalizado e Ordem pública internacional*, QL, Ano III, nº 8, Coimbra Editora, 1996
– *Lei aplicável ao contrato de trabalho segundo a Convenção de Roma*, QL, Ano II, nº 4, Coimbra Editora, 1995
– *Suspensão do contrato – Dever de comunicação do impedimento*, QL, Ano I, nº 2, 1994
Reis, Pedro – *Nada de novo debaixo do Sol: o período experimental e a precariedade das relações laborais*, QL, Ano XXVI, nº 55, número especial, Almedina, jul./dez., 2019
Reis, Raquel Tavares dos – *Liberdade de consciência e de religião e contrato de trabalho do trabalhador de tendência – que equilíbrio do ponto de vista das relações individuais de trabalho?*, Coimbra Editora, 2004
Ribeiro, Joaquim Sousa – *As fronteiras juslaborais e a (falsa) presunção de laboralidade*, Nos 20 Anos do Código das Sociedades Comerciais, vol. I, Coimbra Editora, 2007
– *O problema do contrato*, coleção teses, Almedina, 1999
Ribeiro, João Soares – *Pluralidade de contraordenações (artigo 558º do CT)*, Para Jorge Leite – Escritos jurídico-laborais, I, Coimbra Editora, 2014
– *Contraordenações Laborais/2009*, Código do Trabalho a Revisão de 2009, Coimbra Editora, 2010
– *A «civilização» do Código do Trabalho*, Minerva, REL, Ano III, 5, 2004
– *Contraordenações laborais – Regime Jurídico Anotado contido no Código do Trabalho*, Almedina, 2ª edição, Almedina, 2004
– *Cessação do contrato de trabalho por inadaptação do trabalhador*, IV CNDT, Almedina, 2001
– *Contraordenações laborais*, Almedina, 2000
– *Prazo para a prolação disciplinar*, I CNDT, Almedina, 1999
Ribeiro, Maria de Fátima – *Dois Temas de Direito Comunitário do Trabalho*
– *O Tempo de trabalho no Direito Comunitário*, Publicações Universidade Católica, 2000
Ribeiro, Vitor – *Alteração do Local de Trabalho – Prejuízo Sério – Rescisão do Contrato pelo Trabalhador – o Prazo de 15 dias do art. 34º, nº 2, do DL 64-A/89, de 27.02*, PDT, nº 51
Rijo, Nuno – *Período experimental e parentalidade – Denúncia do contrato de trabalho de trabalhadora grávida, puérpera ou lactante durante o período experimental*, QL, Ano XXIV, nº 52, jan./jun., 2018, Almedina
Rocha, Gonçalves – *Sobre o regime da CCT/Jurisprudência – Notas breves*, PDT, nº 51
Rocha, Tiago – *Algumas considerações sobre o conceito de tempo de trabalho, em especial sobre o tempo de deslocação*, QL, Ano XXIV, nº 52, Almedina, jan./jun. 2018
Rodrigues, Ilídio Duarte – *A Administração das Sociedades por Quotas e Anónimas – Organização e Estatuto dos Administradores*, livraria Petrony, 1990
Rodrigues, Patrícia Pinto – *O Teletrabalho: enquadramento Jus-Laboral*, Estudos de Direito do Trabalho, Coimbra Editora, 2011
Rouxinol, Milena Silva – *A violação do direito a férias – contributo para a leitura do art. 246º do Código do Trabalho*, PDT, 2020-I
– *A Lei nº 94/2019, de 4/09, e o alargamento da duração do período experimental,*

QL, Ano XXVI, nº 55, número especial, Almedina, jul./dez., 2019

– *Comentário breve ao Acórdão do Tribunal da Relação do porto de 5 de março de 2018 – o problema da contagem dos dias de férias e a interpretação do nº 3 do artigo 238º do CT*, PDT, 2018-I

– *Nótula em torno do art. 366º, nºs 4 e 5, do Código do Trabalho (o afastamento da presunção, em especial)*, PDT, 2017-I

– *O regime da relação entre fontes laborais no Código do Trabalho de 2009*, Código do Trabalho a Revisão de 2009, Coimbra Editora, 2010

– *O direito a férias no Código do Trabalho de 2009*, QL, Ano XVI, nº 33, Coimbra Editora, 2009

– *Cedência de trabalhadores e partilha de responsabilidades no domínio da segurança e saúde – reflexão*, QL, Ano XV, nº 32, Coimbra Editora, 2008

Sá, Almeno de – *Cláusulas Contratuais Gerais e Diretiva Sobre Cláusulas Abusivas*, Almedina, 1999

Sampaio, Gonçalves – *A prova por documentos particulares – Na doutrina, na Lei e na Jurisprudência* Almedina, 1987

Santos, Manuel José Pinto dos – *A prescrição de créditos emergentes do contrato de trabalho*, Almedina, 1982

Santos, Paulo Duarte – *Brevíssimas notas sobre as alterações ao Código do Trabalho (a Lei nº 90/2019, de 4 de setembro e a Lei nº 93/2019, de 4 de setembro)*, Jurisdição do Trabalho e da Empresa, Caderno especial, CEJ, outubro de 2019

Santos, Pedro B. – *Do assédio laboral – pelo reenquadramento do assédio moral no ordenamento jurídico português*, Almedina, 2017

Santos, Sabina Pereira – *Sentido e limites da harmonização legislativa em matéria social – a adaptabilidade do tempo de trabalho*, IV CNDT, Almedina, 2002

Saraiva, Sílvia – *Brevíssimas notas sobre as alterações ao Código do Trabalho (a Lei nº 90/2019, de 4 de setembro e a Lei nº 93/ /2019, de 4 de setembro)*, Jurisdição do Trabalho e da Empresa, Caderno especial, CEJ, outubro de 2019

Seixas, José Luís Pereira – *Pacto de Permanência, Liberdade de Trabalho e Desvinculação do Trabalhador*, RDES, Ano LIV, nºs 1 e 3, Almedina, 2013

Sequeira, Alexandra Marques – *Ocupação Efetiva e Trabalhador Desportivo*, RDES, Ano XLV, jan./set., 2004

Sequeira, Alexandra Marques/Ventura, Victor Hugo – *O impacto da nova redação do artigo 344º, nº 2, do Código do Trabalho, no conceito de "desemprego involuntário" para efeitos de atribuição do subsídio de desemprego*, QL, Ano XXVI, nº 55, Almedina, jul./dez., 2019

Silva, Eva Moreira da– *Da Responsabilidade Pré-Contratual por Violação dos Deveres de Informação*, Almedina, 2003

Silva, Germano Marques da – *Direito Penal Português*, Vol. I, Parte Geral, Verbo, 1997

Silva, Filipe Fráusto da – *A ilicitude do despedimento disciplinar – salários intercalares, reintegração e proteção no desemprego*, PDT, 2017-I

– *Reflexões em torno do valor do uso pessoal de viatura da empresa que integre a retribuição do trabalhador*, Para Jorge Leite – Escritos jurídico-laborais, I, Coimbra Editora, 2014

– *Observações acerca da seleção social no procedimento de despedimento coletivo*, QL, Ano XVII, nºs 35-36, Coimbra Editora, 2010

Silva, João Calvão da – *Cumprimento e sanção pecuniária compulsória*, 2ª edição, 2ª reimpressão, Separata do volume XXX do Suplemento ao BFD, Coimbra, 1997

SILVA, KÁTIA COSTA E – *Mobilidade transnacional de trabalhadores e empresas*, PDT, 2018-II

SILVA, LUÍS GONÇALVES – *Estudos de Direito do Trabalho (Código do Trabalho)*, Vol. I, IDT, Almedina, 2004

SILVA, MARIA MANUELA MAIA DA – *A discriminação sexual no mercado de trabalho – Uma reflexão sobre as discriminações diretas e indiretas* QL, Ano VII, nº 15, Coimbra Editora, 2000

– *O conceito de retribuição e a garantia retributiva*, II CNDT, Almedina, 1999

– *O Tempo no Processo Disciplinar*, I CNDT, Almedina, 1998

– *Mobilidade funcional*, QL, Ano IV, nºs 9-10, Coimbra Editora, 1997

SOARES, ALBINO DE AZEVEDO – *Lições de Direito Internacional Público*, 4ª edição, Coimbra Editora, 1988

SOTTOMAYOR, MARIA CLARA – *Dever de lealdade dos trabalhadores e tutela do fim das pessoas coletivas*, Para Jorge Leite – Escritos jurídico-laborais, I, Coimbra Editora, 2014

SOUSA, PEDRO FERREIRA DE – *O procedimento disciplinar laboral – Uma construção jurisprudencial*, Almedina, 2016

SOUSA, PEDRO FERREIRA DE/ MOREIRA, FÁBIO NAVE – *O tempo de disponibilidade do trabalhador – perspetiva laboral, fiscal e contributiva*, PDT, 2018-II

SOUSA, RABINDRANATH CAPELO DE – *O direito geral de personalidade*, Coimbra Editora, 1995

SUPIOT, ALAIN, AAVV – *Transformações do trabalho e futuro do Direito do Trabalho na Europa*, Perspetivas Laborais 1, Associação de Estudos Laborais, Coimbra Editora, 2003

TAVARES, ASSIS – *As Sociedades Anónimas*, vol. I, 2ª edição, Livraria Clássica Editora, Lisboa

TELLES, INOCÊNCIO GALVÃO – *Manual do Contratos em Geral*, 4ª edição, Coimbra Editora, 2002

VARELA, ANTUNES – *Das Obrigações em Geral*, Vol. II, 6ª edição, Almedina, 1995

– *Das Obrigações em Geral*, Vol. I, 6ª edição, Almedina, 1989

VARELA, ANTUNES/BEZERRA, J. MIGUEL/ NORA, SAMPAIO E – *Manual de Processo Civil*, 2ª edição, Coimbra Editora, 1985

VASCONCELOS, JOANA – *Sobre a impugnação pelo empregador da resolução do contrato de trabalho*, PDT, 2019-I

– *Reintegração, retribuições intercalares e pedido na ação com processo especial para impugnação do despedimento*, Para Jorge Leite. Escritos Jurídico-Laborais, Volume I, Coimbra Editora, Coimbra, 2014

– *A revogação do contrato de trabalho*, coleção teses, Almedina, 2011

– *Proteção do trabalhador vítima de violência doméstica*, Direito do Trabalho + Crise = Crise do Direito do Trabalho, Atas do Congresso de Direito do Trabalho, Coimbra Editora, 2011

– *Despedimento Ilícito, Salários Intercalares e Deduções [Art. 13º-2 do DL 64 A/89]*, RDES, Ano XXXII, nºs 1, 2, 3 e 4, 1990

– *A transmissão da Empresa ou Estabelecimento no Código do Trabalho*, PDT, nº 71

VEIGA, ANTÓNIO MOTTA – *Lições de Direito do Trabalho*, 8ª Edição, Universidade Lusíada, 2000

VEIGA, ANTERO – *A responsabilidade da entidade patronal por culpa na produção da doença profissional – o ónus de prova e a fase administrativa prévia à ação*, PDT, 2017-II

VENTURA, VICTOR HUGO DE JESUS – *A inexigibilidade como motivo de justificação de faltas no direito do trabalho*, QL, Ano XXI, nº 44, Coimbra Editora, 2014

VERDASCA, A. T. – *Assédio moral no local de trabalho: O caso do setor bancário português.* (Tese de Doutoramento), Lisboa, ISEG – Instituto Superior de Economia e Gestão, 2011

VICENTE, DÁRIO MOURA – *A Competência Internacional no Código de Processo Civil Revisto: Aspetos Gerais – Aspetos do Novo Processo Civil*, Lex, 1997

VICENTE, JOANA NUNES – *A Lei nº 93/ /2019, de 4/9 e a revisão do regime jurídico do contrato a termo certo*, QL, Ano XXVI, nº 55, Almedina, 2019

– *Flexibilidade funcional*, Direito do Trabalho + Crise = Crise do Direito do Trabalho, Atas do Congresso de Direito do Trabalho, Coimbra Editora, 2011

– *Noção de Contrato de Trabalho e Presunção de Laboralidade*, Código do Trabalho a Revisão de 2009, Coimbra Editora, 2010

– *O fenómeno da sucessão de contratos (a termo) – breves considerações à luz do Código do Trabalho revisto*, QL, Ano XVI, nº 33, Coimbra Editora, 2009

VICENTE, JOANA NUNES/ROUXINOL, MILENA SILVA – *Alguns aspetos sobre o despedimento de trabalhadora grávida – observações a propósito do acórdão do Tribunal da Relação do Porto*, de 20-05-2013, PDT, 2018-II

VIEIRA, FILIPA ISABEL SOARES DA SILVA – *O trabalhador estudante – especificidades no regime da prestação da atividade laboral*, QL, Ano XXI, nº 44, Coimbra Editora, 2014

VILLA, MARCO – *Il diritto di critica del lavoratore e il licenziamento per giusta causa: una línea di confine*, RGL, 2000, p. 465.

XAVIER, BERNARDO – *Manual de Direito do Trabalho*, 2ª edição, Verbo, 2014

– *Prescrição dos Créditos Laborais*, RDES, Ano XLIX, nºs 1-4, Almedina, 2009

– *Regime do Despedimento Coletivo e as Alterações da L nº 32/99*, EIDT, Vol. III, Almedina, 2002

– *Anotação ao Ac. STJ, de 01.03.2000*, RDES, ano XLII, nºs 1 e 2, 2001

– *O regime dos despedimentos coletivos e as modificações introduzidas pela lei nº 32/99, de 18.05*, EIDT, Vol. I, Almedina, 2001

– *O despedimento coletivo no dimensionamento da empresa*, Verbo, 2000

– *Recusa da prestação do trabalho por não uso de fato apropriado. Suspensão. Despedimento disciplinar*, RDES, Ano XXXIII, nºs 3 e 4, 1991

– *Prescrição de infração disciplinar (art. 29º, 3 da LCT)*, RDES, Ano XXXII, nºs 1, 2, 3 e 4, 1990

– *A extinção do contrato de trabalho*, RDES, Ano XXXI, nºs 3 e 4, 1989

– *Deficiência da nota de culpa e direito de defesa em Processo disciplinar laboral*, RDES, Ano XXIX, nº 3, 1987

– *Sucessão no tempo de Instrumentos de Regulamentação Coletiva e princípio do tratamento mais favorável*, RDES, Ano XXIX, nº 4, 1987

– *A crise e alguns institutos de Direito do Trabalho*, RDES, Ano 28, nº 4, out-dez, Coimbra, 1986

– *Polis*, Enciclopédia Verbo da Sociedade e do Estado, nº 2, Verbo, 1984

XAVIER, BERNARDO/MARTINS, PEDRO FURTADO/CARVALHO, ANTÓNIO NUNES – *Cessação factual da relação de trabalho e aplicação do regime jurídico do despedimento*, RDES, Ano XXXX, nº 1, 1999

XAVIER, VASCO LOBO – *Direito Comercial* (lições), Coimbra, 1977-78

ÍNDICE REMISSIVO

D

J

L

R

S

ÍNDICE GERAL